〔美〕托马斯·R. 比莱茨基 **(Tomasz R. Bielecki)**
〔澳〕马雷克·卢特考斯基 **(Marek Rutkowski)** 著
唐齐鸣 黄苒 杨龙 熊洁敏 译

Finance Textbook

高级金融学译丛

信用风险

建模、估值和对冲

CREDIT RISK

Modeling, Valuation and Hedging

格致出版社 上海人民出版社

图书在版编目(CIP)数据

信用风险:建模、估值和对冲/(美)比莱茨基(Bielecki,T. R.),(澳)卢特考斯基(Rutkowski,M.)著;唐齐鸣等译. —上海:格致出版社:上海人民出版社,2011.1(2016.6 重印)
(高级金融学译丛)
ISBN 978-7-5432-1938-0

Ⅰ.①信… Ⅱ.①比…②卢…③唐… Ⅲ.①信用-风险管理-研究 Ⅳ.①F830.5

中国版本图书馆 CIP 数据核字(2011)第 042287 号

责任编辑 钱 敏
封面装帧 人马艺术工作室·储平

高级金融学译丛
信用风险:建模、估值和对冲
[美]托马斯·R. 比莱茨基 [澳]马雷克·卢特考斯基 著
唐齐鸣 等译

出 版	世纪出版股份有限公司 格致出版社 世纪出版集团 上海人民出版社 (200001 上海福建中路 193 号 www.ewen.cc) 编辑部热线 021-63914988 市场部热线 021-63914081 www.hibooks.cn
发 行	上海世纪出版股份有限公司发行中心
印 刷	苏州望电印刷有限公司
开 本	787×1092 1/16
印 张	33
插 页	2
字 数	637,000
版 次	2011 年 6 月第 1 版
印 次	2016 年 6 月第 2 次印刷

ISBN 978-7-5432-1938-0/F·413 定价:62.00 元

Preface

前言

在过去的30年,数理金融与金融工程学科的发展使科学研究领域迅速扩张。该现象背后的主要原因是高深的定量方法成功地帮助了专业人士进行金融风险管理。预计,新发展的信用衍生品行业也将受益于高等数学方法的利用,并随着处理信用风险的需要而成长起来,信用风险成为金融风险的一个基本部分。最近几年,我们目睹了这方面研究工作的迅速发展,而这些研究的目的在于更好地理解、模拟以及对冲信用风险。

第1章简要概述了与信用风险相关的问题,目的在于引入一些基本概念和相关符号,而不是从经济和金融方面描述金融市场这一重要部门。对这部分内容感兴趣的读者可查阅相关文献,如Francis等(1999)或Nelken(1999)为信用衍生品行业提供了更为详尽的描述。

写这本专著的主要目的是全面总结信用风险研究领域的过去发展,同时提出该领域的最新进展。本书的一个重要方面在于试图缩短信用风险的数学理论与金融实践之间的差距,这些将作为本书数学建模研究的动机所在。数学的发展体现了一种综合方式,涵盖了信用风险建模中的结构(公司价值)和简约(基于强度)方法,这些模型适用于单一违约和多个违约的情形。特别地,本书对具有若干信用评级的可违约利率期限结构的各种无套利模型进行了详细的研究。

本书分为三个部分。第一部分包括第1—3章,主要介绍用传统的公司价值方法对公司债务进行估值以及对冲(或套期保值)。研究的出发点是为公司资产(包括公司的负债与股东权益)的总价值进行动态建模以及规范公司资产的资本结构。为此,这种方法通常命名为结构方法。为了简洁起见,本书始终选择后一种称呼习惯。

现代金融合约,或者是用于金融机构之间的交易或者是提供给场外交易投资者,一般都相当复杂且涉及几种风险。其中,一种称为市场风险(如利率风险)的风险通常现在已经相对比较好理解。针对不同数学复杂层次,处理这种风险的理论与实践方法在不同教科书与专著中都进行了详细介绍。为此，我们将较少关注一个给定合约包含的市场风险，更多地关注信用风险。

正如前面已经提到过的，第 1 章提出了构成信用风险估值和管理领域的基本概念，引入了与违约权益相关的术语和符号，对信用风险有关的基本市场工具进行了概述，介绍性地描述了三种类型的信用风险敏感性工具，即公司债券、可损权益和信用衍生品。利用数学工具对这三种类型工具的分析将在后文中介绍。到目前为止，大多数信用风险分析都直接参照公司债务。在此背景下，一般称合约出售方为借款人或债务人，称合约购买方为债权人或贷款人。然而，为公司债务估值所发展的方法同样适用于可损权益和信用衍生品。

为了在统一的框架下估值和对冲信用风险，需发展一个量化模型。已有的信用风险模型大致分为两类：结构模型和简约模型，简约模型又称为基于强度模型。我们的主要目的是深入分析这两种方法，并为信用风险建模提供坚实的数学基础。区分随机信用风险模型和商业公司为度量和管理信用风险所发展的不太复杂的模型相当重要。后一种方法在本书中未详细讨论。

随后的两章专门讨论结构方法。在第 2 章中，我们将对经典的 Merton(1974)方法，以及由 Geske(1997)、Mason 和 Bhattacharya(1981)、Shimko 等(1993)、Zhou(1996)及 Buffet(2000)提出的变形方法进行了详尽研究。这种方法有时被称为期权理论方法(option-theoretic approach)，因为它直接由金融期权估值的 Black-Scholes-Merton 方法得出。紧接着的第 3 章详细研究了 Black 和 Cox(1976)的方法。我们还讨论了他们方法的一般化，相关文献有 Brennan 和 Schwartx(1977，1980)、Kim 等(1993a)、Nielsen 等(1993)、Longstaff 和 Schwartz(1995)、Briys 和 de Varenne(1997)，以及 Cathcart 和 El-Jahel(1998)。由于违约时间是指定的，以上参考文献中所引用的模型被称为首次经(通)过时间模型。

在结构方法框架内，定义违约时间为价值过程第一次穿越违约触(引)发界限的时间。价值过程和违约触发界限都是模型的本原。公司价值和通常与指定的公司债务相关的界限过程(barrier process)的联合建模是结构方法的关键所在。由于违约时间是基于模型本原定义的，因此通常为模型内生的。另一个在结构和简约模型中都很重要的因素是在违约情况下承诺的回收现金流，一般又称为违约回收率，等价地以违约损失来计算。正常地，可以将回收风险作为信用风险的一个特定部分挑出，毋庸多言，在实践和大多数已有的信用风险模型中，利差风险、违约风险和回收风险交织存在。最后需要指出的是，书中对公司债务回收率的计量经济学研究相对比较少，感兴趣的读者可以参阅如 Altman 和 Kishore(1996)，或 Carty 和 Lieberman(1996)的研究。

原始的 Merton 模型侧重于分析具有有限到期日的可违约债务工具的情况，且假定违约只能在到期日发生。相反，首次经过时间技术不仅允许估值的债券工具有有限和无限到期日，而且更重要的是，它允许违约发生在参照债务工具或参照实体的整个生命周期内。

结构方法从经济学角度来看更具有吸引力，因为它直接把违约事件与公司资本结构演变联系起来，因此涉及市场的基本面。另一个具有吸引力的特征是，结构方法可直接派生出可违约权益的对冲策略。重要的是，这种方法可以用于研究公司的最优资本结构。特别地，人们还可以将宣布破产的最有利时机作为一个动态优化问题进行研究。这方面研究最初源于 Black 和 Cox（1976），随后是 Leland（1994），Anderson 和 Sundaresan（1996），Anderson、Sundaresan 和 Tychon（1996），Leland 和 Toft（1996），Fan 和 Sundareasn（1997），Mella-Barral 和 Perraudin（1997），Mella-Barral 和 Tychon（1999），Ericsson（2000），Anderson，Pan 和 Sundaresan（2000），以及 Anderson 和 Sundaresan（2000）。

有些学者用此方法预测违约事件，然而本书对这个问题不进行详细讨论。注意到，结构方法对违约时间的建模没有考虑任何意外性因素——这意味着所产生的随机时间关于基础滤子是可（预）料的。这种特征源于观察到的由结构模型所预测的短期信用利差与市场数据之间的差异。

第二部分，我们系统地提供了另一种信用风险建模所需的技术工具，即允许为不可料的违约随机时间或其他信用事件建模的简约方法。第二部分的主要目标是要得出基于简约方法的各种数学结论。这需要大量关注有关随机时间的风险函数、风险过程和鞅风险过程的特性，以及关于这些函数和过程的相关（条件）概率和（条件）期望的估值。在这一部分，读者可以发现各种 Girsanov 定理以及鞅表示定理的相关版本。最后，在基于强度方法的框架下，我们全面研究了与几种随机时间建模相关的问题。

第二部分所提供的大多数结论都是已知的，然而，这里不可能引用所有相关的参考文献。特别值得关注的是下面的文献：Dallacherie（1970，1972）、Chou 和 Meyer（1975）、Dellacherie 和 Meyer（1978a，1978b）、Davis（1976）、Elliott（1977）、Jeulin 和 Yor（1978）、Mazziotto 和 Szpirglas（1979）、Jeulin（1980）、Brémaud（1981）、Artzner 和 Delbaen（1995）、Duffie 等（2000）、Bélanger 等（2001），以及 Israel 等（2001）。要强调的是，第二部分的探讨改编自 Jeanblanc 和 Rutkowski（2000a，2000b，2002）的论文。

第三部分专门从不同方面对简约型方法（通常也称为基于强度方法）进行研究。据我们所知，这种方法由 Pye（1974）及 Litterman 和 Iben（1991）始创，后由 Lando（1994）、Jarrow 和 Turnbull（1995），以及 Madan 和 Unal（1998）各自独立地具体化。这种方法的进一步发展可以从一些文章中找到，其中有 Hull 和 White（1995）、Das 和 Tufano（1996）、Duffie 等（1996）、Schönbucher（1996）、Lando（1997，1998）、Monkkonen（1997）、Lotz（1998，1999），以及 Collin-Dufresne 和 Solnik（2001）。

第三部分，从许多方面通过真实生活中的信用衍生品例子阐述了已发展的理论，描述了与风险管理相关的市场方法，这是本书实践性最强的一部分。第 8 章，在单一参照信用的情形下，讨论了有关基于强度的可违约权益估值和对冲这些最基本的问题。从数学的角度来看，基于强度的随机时间建模取决于可靠性理论中发展的随机时间建模的技术。这种方法中关键的概念是一个参照工具或实体的生存概率，更具体地说，是表示违约强度的风险率。在基于强度方法的最简单版本中，对造成这种风险率的因素没有任何假设。复杂一点的版本包括可能影响信用利差动态过程的因素。

建模的重要内容包括：基础概率测度的选择（根据实际应用，选择真实世界或风险中性概率测度）、建模的目的（风险管理或衍生品估值）以及强度的来源。一个典型的情况是，模型中没有包括公司价值过程；并且，强度的设置或者是基于市场数据的模型校准或者是基于历史观测值的估计。在这个意义上，违约时间是外生设定的。值得注意的是，在简约型方法中，违约时间不是一个关于基础信息流的可料停时。与结构方法相反，简约方法允许意外性因素，在此背景下这是一个具有吸引力的特征。另外，简约方法也不需要指定公司负债偿还的优先次序结构，而这点在结构方法中通常是需要指定的。然而，在所谓的混合方法中，用于违约风险率建模的公司价值过程，或其他一些表示经济基本面的过程，通常被间接地用于定义违约时间。

第 9 章和第 10 章处理一些参照信用实体的情形，研究的主要目的是估值篮子信用衍生品和研究违约相关。在随机时间条件独立的情形下，可得到典型的篮子信用衍生品的封闭形式解。我们也给出了一些有关违约相关和条件期望的公式。在违约强度相互依赖的一般情况下，我们证明了可违约债券的拟一显性估值问题是可解的。这与以往的成果形成对比，特别是 Kusuoka（1999）及 Jarrow 和 Yu（2001）似乎认为在没有某些附加限制下，通过标准方法进行的估值问题是很难处理的。

鉴于基于马尔可夫链方法在信用转移建模中的重要作用，第 11 章介绍了这一理论的相关内容。

第 12 章对具有多个评级的信用风险模型的各个方面进行了考察。在信用风险管理和信用衍生品估值两种情形中，需要计算标的信用名在不同信用评级类之间的转移概率。这反映了信用风险敏感性工具（公司债券和贷款）真实市场的基本特征。在实践中，信用评级是信用名的自然属性。多数学者从马尔可夫链角度解决信用转移的建模问题。第 12 章主要致力于条理性地概述由以下学者发展的马尔可夫模型的方法，其中有 Das 和 Tufano（1996）、Jarrow 等（1997）、Nakazato（1997）、Duffie 和 Singleton（1998a）、Arvanitis 等（1998）、Kijima（1998）、Kijima 和 Komoribayashi（1998）、Thomas 等（1998）、Lando（2000a）、Wei（2000），以及 Lando 和 Skødeberg（2002）。

第 13 章继续并进一步发展第 12 章涉及的主题。特别地，基于 Bielecki 和 Rutkowski（1999，2000a，2000b，2001a）以及 Schönbucher（2000）的研究，我们介绍了将瞬时远期利率的 HJM 建模方法与信用转移条件马尔可夫模型相结合的最新进展，特别突出了利率风险的市场价格和信用风险的市场价格的概率解释。后者是数学发展的动力，其数学基础为与随机时间分析相结合的鞅方法、时间非齐次条件马尔可夫链和跳跃过程理论。

众所周知，还有一些关于利率的无违约期限结构建模的方法，这些方法都是基于短期利率、瞬时远期利率或市场利率(如伦敦银行同业拆借利率或互换利率)。正如上面所提到的，基于瞬时远期利率的可违约期限结构模型在第 13 章中予以讨论。第 14 章和第 15 章，从某种意义上来说是第 13 章的补充，介绍了可违约远期合约以及与可违约市场利率相关类型的各种典型例子。最后还介绍了远期伦敦银行同业拆借利率的 BGM 模型、Jamshidian 的远期互换利率模型，以及一些与可违约伦敦银行同业拆借利率和互换利率建模相关的内容。

希望本书对于金融分析师和信用衍生品交易者而言，是有价值的。本书有些内容也同样适用于参与信用风险敏感型投资组合管理的市场实践者，金融理论、数理金融、金融工程和概率论领域的研究生和研究人员也将受益于本书。虽然它提供了与信用风险相关的大多数问题的一个全面的论述，但有些内容本书并未考察到或只是简洁地进行了探讨，如流动性风险、信贷组合管理及经济计量学研究等。

再次强调，本书中所提出的模型主要用于为信用风险敏感型金融衍生品进行估值。为此，我们集中研究了信用风险的无套利(或鞅)建模方法。虽然对冲出现在本专著的标题中，但我们只提供了与信用风险对冲问题相关的理论成果的一个简单描述。对这方面问题进行全面、完整地论述需要另一本单独的著作来完成。

在技术方面，读者应熟悉研究生水平的概率理论、随机过程理论、随机分析基本原理以及偏微分方程等内容。如前所述，本书的第二部分系统地阐述了强度方法的基本数学技术。至于数学背景，包括随机过程理论和基于伊腾(Itô)积分的随机分析的大多数基本定义与概念，读者可参阅如 Dellacherie (1972)、Elliott (1997)、Dellacherie 和 Meyer (1978a)、Brémaud (1981)、Jacod 和 Shiryaev (1987)、Ikeda 和 Watanabe (1989)、Protter (1990)、Karatzas 和 Shreve (1991)、Revuz 和 Yor (1991)、Williams (1991)、He 等 (1992)、Davis (1993)、Krylov (1995)、Neftci (1996)、Øksendal (1998)、Rolski 等 (1998)、Rogers 和 Williams (2000)，以及 Steele (2000)。特别地，对于标准布朗运动的定义与性质，可参考 Itô 和 MacKean (1965) 书中的第 1 章、Karatzas 和 Shreve (1991) 书中的第 2 章或 Krylov (1995) 书中的第 2 章。

熟识套利定价理论和金融衍生品基础知识也是读者应当具备的。至于套利定价理论、利率期限结构建模以及其他与金融工程相关方面的详尽论述，有大量的专著可供我们查阅，这里列举一些：Baxter 和 Renie (1996)、Duffie (1996)、Lamberton 和 Lapeyre (1996)、Neftci (1996)、Musiela 和 Rutkowski (1997a)、Pliska (1997)、Bingham 和 Kiesel (1998)、Björk (1998)、Karatzas 和 Shreve (1998)、Elliott 和 Kopp (1999)、Mel'nikov (1999)、Hunt 和 Kennedy (2000)、Brigo 和 Mercurio (2001)，以及 Martellini 和 Priaulet (2001)。关于信用风险衍生品和信用风险管理具体问题的讨论可参见 Duffee 和 Zhou (1996)、Das (1998a，1998b)、Caouette 等 (1998)、Tavakoli (1998)、Cossin 和 Pirotte (2000)、Ammann (1999，2000)，以及 Duffie 和 Singleton

(2003)的研究。

有必要强调的是,我们不再另外提及所做出的一般标准技术假设:

——假设所有的参照概率空间是完备的(相对于参照概率测度);

——所有滤子满足右连续和完备性(参见 Karatzas 和 Shreve(1991)中第 20 页)的一般条件;

——具有概率为 1 的有限左极限的所有随机过程的样本轨道(样本函数)都是右连续函数;换言之,假设所有随机过程是 RCLL(如 càdlàg);

——所有随机变量和随机过程满足合适的可积性条件,以确保所考虑的条件期望、确定性或随机积分等的存在。为了解释上的简洁性,我们通常假设相关随机变量和随机过程的有界性存在。

作为一种规则,我们采用 Musiela 和 Rutkowski(1997a)专著中的符号与术语。为了方便读者,还提供了书中使用最频繁符号的索引。尽管我们努力使本书中的符号统一,但有些地方也使用了一些特别的符号。

非常感谢 Monique Jeanblanc 在之前的手稿版本中所提出的大量有益的评论,形成了本书一些重要的改进。本书第二作者借此机会感谢与 Monique Jeanblanc 成功、愉快的合作。

写作过程中,我们还从许多具有价值的评论中获益颇多,其中有 John Fuque、Marek Musiela、Ben Goldys、Ashay Kadam、Atsushi Kawai、Volker Läger,以及 Jochen Georg Sutor。他们也发现了之前草稿中的一些明显错误;当然,对书中所有尚存在的错误我们责无旁贷。手稿的大部分是 Marek Rutkowski 在澳大利亚的一年时间内完成的。他要感谢悉尼新南威尔士大学数学系同仁的盛情款待。

Tomasz Bielecki 非常感谢来自于国家科学基金(DMS-9971307)和国家科学研究委员会(Komitet Badań Naukowych)(PBZ-KBN-016/P03/1999)的部分资助。

Marek Rutkowski 非常感谢来自于国家科学研究委员会(Komitet Badań Naukowych)(PBZ-KBN-016/P03/1999)的部分资助。

我们还要向 Springer 出版社的工作人员表示感谢。感谢自 1998 年 6 月于华沙巴拿赫中心与 Catriona Byrne 第一次会谈以来她的鼓励以及严格的编辑监督,感谢 Daniela Brandt 和 Susanne Denskus 提供的宝贵的技术指导,同样感谢 Katarzyna Rutkowska 提供的文本编辑上的帮助。

最后,要感谢我们的妻子。Tomasz Bielecki 感谢 Malgosia 的耐心,Marek Rutkowski 感谢 Ola 的支持。

托马斯·R. 比莱茨基于芝加哥

马雷克·卢特考斯基于华沙

Contents

目 录

第二部分　风险过程

第三部分　简约型建模方法

第一部分　结构方法

1 信用风险导论

违约风险意味着一种可能性，这种可能性指的是金融合同中的一方可能不履行他(她)在合约中承诺的合约义务。如果这种情况真的发生了，就称这一方违约，或者违约事件发生了。更一般地，我们所提及的信用风险是指与任何形式的信用事件有关的风险，如信用等级的变化(包括在信用评估中的降级或者升级)，信用利差的变化和违约事件。因而，利差风险是信用风险的另一个组成部分。为了更好地分析复杂合约，必须先明确参照[1](信用)风险和交易对手方(信用)风险之间的差别。第一个通用名词是针对这样的情形：假定合同双方没有违约风险，但由于合同的某些特性会使某个参照实体的信用风险在合同的履约过程中起非常重要的作用。换句话讲，参照风险是合约风险的一个组成部分，它与合约之外的第三方即参照实体有关。在本书中，第三方是指给定合同中的参照实体。信用衍生品是最近才发展起来的金融工具，它允许市场的参与方规避或交易参照信用风险。信用衍生品的主要目的就是在交易对手之间全部或部分地转移参照风险。在大多数情况下，可以视合同中的一方为购买了一份保险来规避参照信用风险，也称这一方为参照信用风险的出售方，那么，承担参照信用风险的那一方就是风险的购买方。

现在集中考虑来自对手方的风险。所有场外交易衍生品的一个重要特性是它们没有清算机构或交易机构为其提供担保，这一点和交易所交易合同不同，所以交易双方都会面临另一方违约的风险。但是，在实践中一般都会要求合同方不定期地向市场提供抵押品或者有关记录。在诸如可损权益和可违约互换这样的合同中，交易对手方风险已经明确出现。在这两种情况中，为了正确评价合同价值，需要量化双方的违约风险。根据

① 原文为“reference”，有多种含义：参照、标的、相关等，本书统一翻译为参照。——译者注

所考虑的是一方违约风险或双方违约风险，称一份合同涵盖了单方（一方）风险或双方（两方）违约风险。

1.1 公司债券

公司债券是由公司签发的债务工具，它是公司资本结构的一部分（类似权益）。通过签发债券，公司做出了在未来时期向债券持有人给予明确支付的承诺，同时公司也会为这个承诺收取一定的费用。但是，公司也可能违背它的承诺，此时，债券持有人将不能全额收到事先承诺的支付金额，从而遭受资金损失。当然，这种违约（可能是公司破产造成的）只有在某只债券存续期内出现才有意义——存续期指的是从债券发行日至到期日这一段时间。

公司债券是可损权益的一个特例（可损权益的正式定义参阅第 2.1 节）。将一张债券的本金或票面价值记为 L 单位现金（如美元）。现在考虑一张折价债券——也就是假设该债券不支付票息。规定债券的到期期限为 T。通常，一张期限为 T 的可违约债券在 t 时刻的套利价格表示为 $D(t, T)$。特别地，当 $D(T, T)=L$ 时，则表示在到期日之前或到期日当天都没有发生违约。同样地，符号 $B(t, T)$ 通常用来表示期限为 T、面值为 1 的无违约风险债券在 t 时刻的套利价格。当然 $B(T, T)=1$。

可违约期限结构指的是由有违约倾向的公司债券或主权债券收益所暗含的利率期限结构。关于信用风险的文献大部分都是探讨可违约期限结构建模和信用衍生品定价的。本书后面提出的理论大部分也是针对这两种类型的债券。用一个通用词汇——可违约债券——来指代任何有违约可能性的债券。同样，无违约债券是指在预先规定的日期向债券持有人同时支付票息和面值。可违约债券又称风险债券，无违约债券通常指无风险债券或国库券。当然，所有债券的持有人都会面临市场（利率）风险。而“无风险”这个词是用来假设具有高信用品质的债券没有信用风险（或至少可以忽略不计）。

本书中使用到的数学技巧主要是用于评估通常的公司债务。公司债券就是这类债务中的一种，而公司贷款属于另一种债务。尽管我们明确探讨的对象主要是公司债券，但是大部分内容同样适用于一般的公司债务。公司债券有其独有的特点，在此做一个简单的描述。这些特点包括：回收规则，保险契约，信用评级和违约相关等，这些不仅和公司债券有关，事实上它们和通常的受损者权益也有关系（参阅第 2.1 节有关定义）。

1.1.1 回收规则

首先给出回收规则的简单描述，这有利于建立相应的数学模型。实践中，具体的回收规则都会包括一些典型条款，如基于债务顺序的优先违约支付（债务顺序条款或优先结构）。一般而言，如果在到期日之前发生了违约，回收策略（又称回收条款、回收规则）就决定了支付给债权人回收支付的时间和额度。

通常用回收率 δ 来定义回收支付。回收率指的是一旦发生违约，向债券持有人支付的金额占债券面值的一个比例。回收支付的时间当然是另一个重要的组成部分。如果在违约发生时（通常用 τ 来表示），按债券面值的一个固定的比例支付给债券持有人，那么称这种回收策略为面值部分回收。假设债券的面值为 1（即 $L=1$），将这种回收策略表示为在 T 期进行结算的未定权益 $\widetilde{D}^{\delta}(T, T)$，它等于：

$$\widetilde{D}^{\delta}(T, T)=\mathbb{1}_{\{\tau>T\}}+\delta B^{-1}(\tau, T)\,\mathbb{1}_{\{\tau\leqslant T\}}$$

如果一旦发生违约，将在到期日支付债券面值的一个固定比例的金额，称这种回收策略为国库券价值部分回收。在这种规则下，债券形式上等价于支付：

$$D^{\delta}(T, T)=\mathbb{1}_{\{\tau>T\}}+\delta\,\mathbb{1}_{\{\tau\leqslant T\}}$$

它在 t 时刻的价值用 $D^{\delta}(t, T)$ 表示，显然 $\widetilde{D}^{0}(t, T)=D^{0}(t, T)$。另一种约定——市场价值部分回收——指的是在违约发生时，债券持有人可收到该公司债券违约前市场价值的一个比例。与之等价的未定权益可以表示为：

$$D(T, T)=\mathbb{1}_{\{\tau>T\}}+\delta D(\tau^{-}, T)B^{-1}(\tau, T)\,\mathbb{1}_{\{\tau\leqslant T\}}$$

其中，$D(\tau^{-}, T)$ 表示债券在违约发生之前的即刻价值。在金融文献中，经常用通用名词“违约损失”(loss given default，LGD)来描述一旦违约发生时可能的价值损失（原则上，LGD 等于 1 减去回收率）。

现在来讨论一个更为抽象的回收规则的公式。在大多数关于信用风险的著作中，都假设，如果债券在存续期内发生违约时，要么在违约当期 τ 时进行回收支付，要么在到期日 T 进行回收支付。前一种情况下，回收支付由回收过程 Z 在违约时的价值 Z_{τ} 决定。而在后一种情况中，回收支付由回收权益 $\widetilde{X}$ 的实现所决定。正式地，分别称与第 2.1 节中的权益 DCT^{2} 和 DCT^{1} 相对应的上述两种情况为违约当期实现回收的可违约权益和到期日实现回收的可违约权益。

需要强调的是，根据债券当前的市场价值，可将回收过程和（或）回收价值设定为内生的或者外生的。事实上，从数学角度来对回收规则进行详细说明是很复杂的。作为内生回收规则的一个例子，考虑在到期日 T 进行回收支付的情形。回收支付额为每单位面值支付 V_T/L_T，且 $V_T<L_T$（否则公司的债务会全额支付给贷款方）。这里，V_T 代表债券到期时公司资产的总价值，而 L_T 则表示债券到期时公司负债的总价值，（随机）比率 V_T/L_T 通常指回收比率。在大多数可违约利率期限结构模型中（如 Merton 模型或者 Black-Cox 模型），这个比率对债券估值起着重要的作用。

1.1.2 安全条款

在市场实践中，违约（破产）会以多种形式出现。典型的情况是，破产意味着公司的债券持有人接管了公司，公司面临重组。在实践中，破产程序的一个重要组成部分是议价过程。出于简化的原因，以下讨论并未考虑这个部分。

外生性破产是指受一些保护性条款约定的破产情形，如要求净资产为正值的保护性约定；或者指一旦触发某个外生规定的资产价值（如债务的本金价值）时即告发生破产的情形。

内生性破产是指当公司价值低于某个事先确定的水平时，由公司股权人宣布公司破产的情形。在最优资本结构方法的框架内，这个事先选定的某个价值水平是为了保证公司权益价值最大化和公司债务最小化。我们会在第 3.3 节讨论有关最优资本结构的一些结论。关于战略性债务偿付（strategic debt service）的更详尽分析可以参考一些原始文献，如 Leland（1994，1998）、Anderson 和 Sundaresan（1996）、Ericsson 和 Reneby（1998）、Mella-Barral（1999），以及 Ericsson（2000）。

在讨论信用风险结构方法的文献中，为了对违约事件进行界定，曾引入与公司债务有关的安全条款的数学概念。一般而言，将安全条款模型化为界限过程[①]（barrier process）（又称阈值过程），在后续讨论中通常用 v 表示。在大多数情况下，到期日以前或者到期日当天，一旦公司的价值过程 V 低于界限过程 v 时，则引发违约事件。就本书而言，选用名词“安全条款”来描述任何在债务到期日前引发违约事件的机制。

1.1.3 信用利差

信用利差衡量的是公司债券收益超过同类国库券（也就是假设为无风险债券）收益的差额。根据不同的情况，信用利差既可以用来表示到期收益之间的差额，也可以表示瞬时远期利率之间的差额。通用名词“信用利差的期限结构”指的就是这种差额的期限

---

① 原文为“barrier process”，有多种译法，本书认为“界限过程”较为接近原意。——译者注

结构。事实上，如何确定信用利差是大多数信用风险模型研究的最终目标，也是一些经济计量学研究的课题。有些作者主要关注信用利差的直接建模，而并不关注如何从其他基本原理来对它进行推导。当研究的是那些将信用利差作为标的工具的信用衍生品时，利用这种建模的方法是非常方便的。

在实践中，大家广泛接受的用于衡量公司财务困境的尺度是：公司证券与同类无风险债券相比有一个大的利差。在不发生违约的情况下，困境证券(distressed securities)就等同于指代一些公司债券所提供的高水平的信用利差。困境证券一个比较狭义的定义是：被公开持有和交易的曾有违约行为的公司或是已备案进入破产保护的公司的负债或权益证券。关于困境证券概念的更详尽分析可以参阅 Altman(1998)。

1.1.4 信用评级

公司的信用评级是一种衡量公司违约倾向的方法。往往把信用评级确定为一个有限集合中的诸元素，也可以是指由信用等级或信用类别组成的集合。某些情况下，信用等级可能指的是由一些商业评级机构给出的信用评级，如穆迪投资服务公司、标准普尔公司、FITCH IBCE，以及 DUFF & Phelps[①]。但是这并不意味我们也一定要把理论方法中的信用评级理解为由某个商业评级机构给出的信用级别。首先，许多大金融机构拥有他们自己的信用评级体系，这些体系是通过内部固有的一套方法建立的，故以内部评级著称。第二，官方的信用评级主要反映违约的可能性，所以不必对债务的信用特性给出足够的评估。最后，公司信用水平的改善或恶化通常不会使其信用等级马上上升或下降。关于现有评级体系的更多资料可以参考 Atman(1997)、Carty(1997)、Crouhy 等(2001)，以及 Krahmen 和 Weber(2001)。本书中的通用名词"信用评级"(或信用质量)是用来描述公司债务的任何分类，且为了特定目的可以对该类别进行调整。

1.1.5 公司息票债券

我们需要明确区别在连续时间内支付息票利息的公司息票债券和在离散时间点支付息票利息的同类债券。可将前者视为一种有助于分析后者的理论结构。为了对公司债务行为进行定性和定量研究，许多金融文献(尤其是和结构方法有关的文献)广泛使用了连续票息率的公司息票债券。

---

① 有兴趣的读者可以查询穆迪投资服务公司的网址 www. moodys. com 或者标准普尔公司的网址 www. standardpoors. com。

简短描述一下在离散时间区间上付息的公司息票债券。需要强调的是，票息的支付要先于违约发生的时间，因此，也可以把息票债券认为是由下列证券构成的投资组合：

——息票可违约的证券，有时等价于具有零回收的可违约零息票债券[①]；

——面值可违约的证券，一般可视为具有非零回收的可违约零息票债券。

考虑一个面值为 L 的公司息票债券，在 $T=T_n$ 时到期，并承诺在 $T_1<T_2<\cdots<T=T_n$ 等时刻支付(固定的或者可变的)息票利息 c_i。现假设回收支付是面值的一个比例，一旦在到期日之前或到期日时发生违约，将在到期日 T 给予回收支付。在这种约定下，债券的现金流是：

$$\sum_{i=1}^{n} c_i \mathbb{1}_{\{\tau>T_i\}} \mathbb{1}_{T_i}(t)+(L\mathbb{1}_{\{\tau>T\}}+\delta L\mathbb{1}_{\{\tau\leqslant T\}})\mathbb{1}_T(t) \tag{1.1}$$

其中，τ 代表债券的违约时间，变量 t 代表运行的时间。注意，只有最后一项(对应于在到期日给予的回收支付)取决于所选择的特定回收策略(回忆一下，票息的支付属于零回收)。由式(1.1)所描述的公司债券也能在形式上表述为一笔现金流 $D_c(T,T)$，它在债券到期日 T 实现清算并由下述公式给出：

$$D_c(T,T)=\sum_{i=1}^{n} c_i B^{-1}(T_i,T)\mathbb{1}_{\{\tau>T_i\}}+L\mathbb{1}_{\{\tau>T\}}+\delta L\mathbb{1}_{\{\tau\leqslant T\}}$$

这个未定权益在 $t<\tau$ 时的套利价格(一份公司债券在违约之前的价值)由 $D_c(t,T)$ 给出。明显地，在集合 $\{\tau>t\}$ 上用 $D_c(t,T)$来表示债券违约前的价值是比较方便的，那么随机变量 $D_c(\tau,T)$就可以称为公司息票债券违约后的价值。类似的术语约定可以应用于可违约零息票债券，当然，事实上也可以用于所有类别的可违约权益(claim)。

1.1.6 固定和浮动利率票据

如果一份债务合同约定票息支付是固定的，那么研究的对象就是固定息票债券(又称固定利率票据)。考虑两份固定息票支付债券，一份是无风险债券，另一份是可违约债券，其他约定相同。如果两份债券都按平价交易(即它们的价格等于面值)，那么为了补偿投资者所面临的信用风险，自然会期待公司债券的息票利率高于无风险债券的息票利率。而在市场实践中的观察也的确证明了这一点，因此，对于给定的一份公司债券，其相应的偏差就是指该债券利率超过国库券利率的固定利率信用利差(fix-rate credit spread)。正如日常中已习以为然的，信用利差反映了票据签发者被市场所认可的信用质

① 正式地，当所有可违约的零息票债券(包括面值可违约的情况)都有相同的违约时间时，这种等价关系成立。

量，通常金融市场会要求较低信用质量的债务给予较高的风险溢酬，所以对于一个信用质量较低的债务人而言，资本成本的价格就较高。需要指出的是，市场实践者常常交替使用信用风险和利差风险这两个名词。

为了对固定利率的信用利差进行量化，对于 $t=0$，假设 $B(0, T_i)$和 $D(0, T_i)$分别是熟知的具有单位面值的零息票国库券和零息票公司债券的市场价格。于是，利差 $S := c' - c$，其中，息票利率 c 和 c'容易由下面的式子得到：

$$\sum_{i=1}^{n-1} cB(0, T_i) + (1+c)B(0, T_n) = 1$$

$$\sum_{i=1}^{n-1} c'D(0, T_i) + (1+c')D(0, T_n) = 1$$

后一个等式是建立在一个隐含假设基础之上的，即公司息票债券的价格等于各兑息日的零息票份额的总和，当所有息票同时发生违约且息票回收率 δ 为零时这个等式才成立。信用利差会随着时间 t 和到期日 $T = T_n$ 的变化而发生变化，由此产生了信用利差的一个特殊期限结构。一份公司浮动利率票据(FRN)是可违约负债的另一个重要例子。与固定利率的票据相比，浮动利率票据的每次票息支付都会根据该份票息兑息日的浮动利率来确定(或者更精确地说是在重置日)。考虑如下设定的浮动利率票据：面值为 L，到期日为 $T = T_n$，息票支付时间为 $T_0 = 0 < T_1 < \cdots < T_n$。用 $L(T_i)$来表示计息区间 $[T_i, T_{i+1}]$ 上的无风险借款和贷款的浮动利率。在每个息票兑息日 T_i，浮动利率票据的票息都是根据经信用风险调整的浮动利率 $\hat{L}(T_i) = L(T_i) + s$ 来进行支付的，其中的 $L(T_i)$是无风险浮动利率，非负常数 s 表示债券特有的浮动利率信用利差(floating-rate credit spread)。至于其他同类票据，较大的信用利差 s 通常对应于票据签发者较低的信用质量。

让我们来分析一下以平价交易的公司浮动利率票据超过无风险浮动利率的信用利差。根据目前有关回收策略(见式(1.1)的表述)的约定，这样一份浮动利率公司票据的现金流可以正式表示为：

$$\sum_{i=1}^{n} \hat{L}(T_i) \mathbb{1}_{\{\tau > T_i\}} \mathbb{1}_{T_i}(t) + (\mathbb{1}_{\{\tau > T\}} + \delta \mathbb{1}_{\{\tau \leqslant T\}}) \mathbb{1}_{T}(t)$$

不失一般性，此处取 $L = 1$。另一方面，也可以将一份浮动利率公司票据看成是一笔单独的现金流，在 T 期进行结算，有下列等式成立：

$$\mathrm{FRN}(T, T) = \sum_{i=0}^{n} \hat{L}(T_i) B^{-1}(T_i, T) \mathbb{1}_{\{\tau > T_i\}} + \mathbb{1}_{\{\tau > T\}} + \delta \mathbb{1}_{\{\tau \leqslant T\}}$$

回顾前面提到过 τ 代表违约时间，而 δ 代表常量回收率。这样一份未定权益在 $t<\tau$ 时的套利交易价格用 FRN(t, T)表示。利用简单的无套利原理不难证明，如果浮动利率 $L(T_i)$满足

$$L(T_i)=\frac{1}{(T_{i+1}-T_i)}\left(\frac{1}{B(T_i,\ T_{i+1})}-1\right)$$

那么，无风险浮动利率票据在 0 时刻必定以平价进行交易。假设 $\hat{L}(T_i)=L(T_i)+s$，且浮动利率公司票据在 0 时刻以平价进行交易，那么从下列等式中可以求出 0 时刻的信用利差 s：

$$\sum_{i=0}^{n}\widetilde{D}(0,\ T_i)+s\sum_{i=0}^{n}D^0(0,\ T_i)+D^{\delta}(0,\ T_n)=1$$

其中，$\widetilde{D}(0,\ T_i)$ 表示 T_i 时刻结算的随机损益 $L(T_i)\mathbb{1}_{\{\tau>T_i\}}$ 在 0 时刻的价值，而 $D^0(0,\ T_i)(i=1,\ 2,\ \cdots,\ n)$ 和 $D^{\delta}(0,\ T_n)$表示当浮动利率公司票据出现问题时（根据连带违约的约定，这里指的是所有这些债券同时违约的情形）同一机构签发的零息票债券的价格。需要注意的是，利差 s 的水平尤其依赖于无风险利率 $L(T_i)$和违约事件 $\{\tau>T_i\}$ 之间的相关性。出于简化计算的考虑，通常在金融建模中假设两个随机因素是相互独立的。

在市场实践中，可赎回(callable)和可售回(putable)的浮动利率公司票据是一样的。可赎回浮动利率公司票据的签发者有权在到期日前赎回票据，而可售回浮动利率公司票据的持有者有权强制提前赎买。信用质量的变化会决定选择行权是否有优势。这表示浮动利率票据通常也嵌入了一个信用衍生品，更明确地说，可赎回或可售回的浮动利率公司票据分别就是基于票据价值上的一个看涨或看跌期权。

由于债券购买者的违约风险和公司债券的价值并没有什么关系，所以公司（固定或浮动利率）债券自然成为具有单方违约风险的信用风险敏感型合同的一个范例。

1.1.7 银行贷款和主权债务

除了公司债券市场以外，还有其他两类重要的可违约债务市场，即银团贷款市场和主权债务市场。

银团贷款。银团贷款(SBLs)主要是指大额的高等级商业贷款。近年来，在银团贷款市场进行的二级交易出现了显著的增长，与之相伴的是银行贷款评级的新兴发展。由于银团贷款在许多方面和公司债券类似，所以投资者现在都考虑将银团贷款作为公司债券的替代品或互补品。我们推荐 Altman 和 Suggitt(2000)最新撰写的一篇文章，他们在文章中对银团贷款市场的违约率进行了详尽的实证分析。

主权债务。作为主权债务市场的重要组成部分,我们要提到的是布雷迪债券。布雷迪债券是由几个较不发达的国家签发的,主要以美元计价并在全球债券市场进行交易。这类债券通常都包含了各种形式的信用保障和保护,所以很难将被嵌入布雷迪债券收益之中的国家特有(country-specific)的信用利差分离出来。

1.1.8 连带违约

由于债务契约的复杂性,对存在于各种来源中的连带违约事件进行定义是非常繁琐的,因而形成了许多不同的解释。我们将要采纳的定义反映了有关的事实,这些事实是指连带违约契约能与贷款协议或债券契约中的条款基本保持一致,该条款约定一旦交易对手方(借方或签发方)在其他义务上出现违约,则违约事件即告发生。这一描述也和国际商贸协会(International Finance and Commodities Institute, IFCI)给出的定义相符,该协会对连带违约的陈述是:"贷款或互换协议中的条款规定:任何对其他贷款或互换协议的违约都视为触犯了连带违约条款。这一条款的目的是为了保护债权人或者交易对手方不受有利于另一债权人行为的影响。"

1.1.9 违约相关

考虑两种不同的可违约权益,它们的存续期是离散的,在形式上可以定义为同一概率空间内的两个随机变量。例如,到期日相同的抽象(abstract)公司债券,如果它们有不同的初始信用评级或者不同的回收条款,那么它们会被视为不同的可违约权益。再来考虑两个权益存续期内的一段时间,用 X 表示随机变量,如果在规定的时间内第一个权益发生违约,它就取值为 1,否则取值为 0。另一个类似的随机变量和第二个权益有关,用 Y 表示。按照约定,定义两个可违约权益之间的违约相关为随机变量 X 和 Y 之间的相关系数。违约相关是信用风险测量和信用风险敏感型投资组合管理方法的重要基础,这一内容在第 1.4 节中有所讨论。在理论方面,包括 Duffie 和 Singleton(1999)、Davis 和 Lo(1999, 2001)、Jarrow 等(1999)、Kijima 和 Muromachi(2000)、Frey 和 Mcneal(2000)、Kijima(2000)、Embrechts 等(2002, 2003)、Jarrow 和 Yu(2001),以及 Zhou(2001)在内的很多人都探讨过违约相关的建模问题,而本书第 3.6 节和第 12.3 节也对这一重要问题进行了详尽的讨论。

1.2 可损权益

可损权益是指在有违约倾向的交易方之间进行场外交易的未定合约。合约的每一方都会面临另一方所导致的对手方风险。因此,由交易对手一方(或双方)造成的违约风险是被嵌入在可损权益中的金融风险的重要组成部分。所以在评价可损权益和进行可损权益的对冲操作时有必要考虑它。另一方面,可以假设标的资产(参照资产)对信用风险是不敏感的。信用衍生品是最近发展起来的金融工具,它允许在参照信用风险存在下进行单独交易。对可损权益而言,交易对手风险是一件麻烦或产生负面影响的事情,与此不同的是,信用衍生品则是用来处理或转移参照信用风险的高度专业化的有效工具。由于信用衍生品的交易是在场外进行的,所以除非交易对手风险可以忽略不计,否则信用衍生品通常也表现为一种可损权益。

1.2.1 具有单方违约风险的可损权益

单方违约风险的可损未定权益的经典例子就是欧式可损期权——一种期权签发方可能发生违约的期权合约。也就是说,这是一种到期损益取决于期权签发方是否会在到期日以前或到期日当天发生违约、或不发生违约的期权,而与期权持有方的违约风险不相关。

考虑一份标的为 U 时到期的无违约零息票债券的可损欧式看涨期权——这是一份没有参照风险的可损权益。用 T 表示期权的到期日,且 $T<U$, $B(T,U)$ 表示标的债券的价格,K 表示期权的履约价格。一份标的资产为期限为 U 的无违约零息票债券的欧式看涨期权在执行日 T 的损益 C_T 等于: $C_T=(B(T,U)-K)^+$,用 $D=\{\tilde{\tau}\leqslant T\}$ 表示看涨期权签发方在执行日 T 之前或执行日当天违约的事件,其中 $\tilde{\tau}$ 表示看涨期权签发方的违约时间。如果违约发生,期权持有人仅赎回看涨期权内在价值的 $\tilde{\delta}$ 比例部分。所以,在期权结算日的损益可以表示为:

$$C_T^d=C_T\,\mathbb{1}_{\{\tilde{\tau}>T\}}+\tilde{\delta}C_T\,\mathbb{1}_{\{\tilde{\tau}\leqslant T\}}$$

区分上述基于无违约债券的可损期权和基于可违约债券的标准(无损失)期权之间的差别是很重要的,后者在到期日的损益为 $D_T=(D(T,U)-K)^+$,此处,$D(T,U)$表示期限为 U 的公司债券在时刻 T 的价格(见第 1.1 节)。最后,我们还会考虑基于可违约债券的可损期权，其到期日的损益由下式给出：

$$\widetilde{C}_T^d = D_T \mathbb{1}_{\{\widetilde{\tau}>T\}} + \widetilde{\delta} D_T \mathbb{1}_{\{\widetilde{\tau}\leqslant T\}}$$

这种期权可以作为混合衍生品的一个简单例子，它的估值既取决于参照风险也取决于交易对手风险。

1.2.2 具有双方违约风险的可损权益

具有双方(或两方)违约风险的可损权益是指在合约中交易对手双方都有违约的可能。主要的例子就是在两个有违约倾向的实体之间进行的互换协议，称为可违约互换。尽管称呼类似，但是可违约互换和违约互换是不同的，后者实际上是一种规避参照风险的保险形式(对于违约互换合同将在后面的第 1.3.1 节讨论)。与无违约互换相比，在可违约情况下，其他的各种备选结算规则会在很大程度上影响可违约互换的价值。此外，还需明确债务的优先顺序。典型情况是假设互换从属于破产时的债务，在此也应遵从这个惯例。于是，自然的假设是，如果应该进行互换支付的一方在其原有债务上出现违约，他也将会在互换协议上违约。另一方面，如果违约方是应该接受互换支付的一方，那么，有两种可替代选择的结算规则：(1)接受互换支付；(2)中止互换支付。如果采纳第二种规则，那么发生违约时该互换协议就一文不值。在第一种情况下，违约时的互换支付有类似期权的特征，因而，一份互换合同的总价值尤其取决于嵌入式期权的价值。不少作者对可违约互换的各个方面进行过阐述和分析，此处仅列举部分：Cooper 和 Mello (1991)、Rendleman(1992)、Abken(1993)、Duffie 和 Huang(1996)、Huge 和 Lando (1999)、Li(1998)、Laurent(2000)、Lotz 和 Schögl(2000)，以及 Schönbucher(2000b)。我们现在仅介绍一些关于有违约倾向利率合约的基本概念，更详细的内容参阅第 14 章。

1.2.3 可违约的利率合约

让我们比较一些基本类型的即期无违约利率协议和附带相应合约(可能存在交易对手方违约风险)的互换。在第 14 章将对这些选定类型的单期和多期可违约利率合约进行更为细致的研究。

首先介绍一种基本类型的(无违约)即期利率协议(或信用协议)，其名义本金为 L，名义利率为 κ，累息区间为$[T, U]$。可以认为 T 是重置日，而 U 是结算日。一份利率协议可以描述为存在于接受方和支付方之间的金融合约，且具有以下约定：

——在时刻 T，接收方将名义本金 L 支付给支付方；

——在时刻 U,接收方将从支付方那里收到累计金额为 $L\big(1+\kappa(U-T)\big)$ 的支付。

很明显,这个协议的约定假设了支付方(支付固定利率 κ 的一方)一定会在时间 U 按承诺的支付交割给接收方。有必要强调的是无违约利率协议具有以下特征:第一,支付的实际时间并不重要。例如,以上介绍的协议可以等价地重新表述为:

——在结算日 U,接收方交付给支付方从时间 T 到时间 U 的贴现后的名义额 $LB^{-1}(T, U)$;

——在结算日 U,接收方从支付方那里收到的累计金额为 $L\big(1+\kappa(U-T)\big)$。

或者等价地表述为:

——在时间 T,接受方交付给支付方名义额为 L;

——在重置日 T,接收方从支付方那里得到从时间 U 到时间 T 的贴现累计金额 $L\big(1+\kappa(U-T)\big)B(T, U)$。

仅从起始时间 T 的角度来看,上述等价当然是有效的。第二,以上所描述的利率协议的约定导致了本金支付的交换。因而,这个协议事实上等价于固定利率为 κ 的贷款,利率协议中的接受方就是贷方,而支付方就是借方。这样一份协议便产生了一个理论上的(无违约风险)即期伦敦银行同业拆借利率(LIBOR)$L(T)$的概念——使得合约在起始时间 T 时的价值为零的固定利率 κ 也就是 $L(T)$。容易验证下式成立:

$$L(T)=\frac{1}{(U-T)}\Big(\frac{1}{B(T, U)}-1\Big)$$

更为一般的是,如果合约的起始时间为 t(在重置时间 T 之前),相应的远期伦敦银行同业拆借利率 $L(t, T)$等于:

$$L(t, T)=\frac{1}{(U-T)}\Big(\frac{B(t, T)}{B(t, U)}-1\Big)$$

当然,$L(t)$和 $L(t, T)$都依赖于 U,但是为了简便,这一点并没有反映在我们的标记中。

现在转而讨论相应的可违约利率协议(或者等价的可违约信用协议),在该合约中只有支付方有违约倾向。该合约有以下约定(我们假设合约双方在 T 时刻之前都没有发生破产事件):

——在时间 T,接受方交付给支付方名义金额为 L;

——如果支付方在$(T, U]$之间没有发生违约,则在结算日 U 时,他将支付给接收方累计金额 $L\big(1+\kappa(U-T)\big)$;

——如果支付方在$(T, U]$之间发生违约,则在时刻 U 时,他将支付给接收方部分金额 $\delta L\big(1+\kappa(U-T)\big)$,其中 δ 表示回收率。

从本质上讲,我们是在处理一项贷款,其中债务人(借方,或者是文中的支付方)可能会对其偿付债务的责任违约。理论上的可违约即期伦敦银行同业拆借利率就是和这种贷款有关的利率(详细内容参阅第 14 章,在第 14 章中,我们还研究了可违约信用协议,其中接受方是唯一有违约倾向的一方,以及有双方违约风险的合约——合约双方都有违约倾向)。

即期无违约风险利率互换的基本类型是即期固定与浮动利率的互换,它以即期无风险伦敦银行同业拆借利率 $L(T)$ 作为一种参照的浮动利率,其计息区间为 $[T, U]$,以净支付余额(in arrears)进行结算。从重置日 T 开始进入的这种合约的约定可以概括如下:合约有两方,其中一方是按固定率 κ 支付的支付方,另一方是按浮动率 $L(T)$ 支付的支付方;双方同意在结算日 U 互相交换名义利率支付(基于名义本金 L);因此,如果 $L=1$,那么在合同结算日 U 时,合同一方(即按固定利率 κ 进行支付的一方)的净现金流等于 $(L(T)-\kappa)(U-T)$ (当然,合同的另一方接受负的等额现金流)。

称固定利率 κ 的价值(使得现金流在起始时间 T 的价值为零)为(无违约)即期互换利率。很明显,在无违约的条件下,即期互换利率和即期伦敦银行同业拆借利率相一致。从本质上讲,在无违约风险条件下,贷款合约和利率互换是等价的。

作为上述无违约风险即期互换中可违约交易对手方的例子,现考虑如下合约 (取 $L=1$):

——在结算日 U,固定利率接受方交付给固定利率支付方应付的全部浮动金额 $L(t)(U-T)$;

——如果固定利率支付方在时间区间 $(T, U]$ 内没有发生违约,在结算日 U 时,固定利率接收方将收到应得的全部固定金额 $\kappa(U-T)$;

——如果固定利率支付方在 $(T, U]$ 之间发生违约,在结算日 U 时,固定利率接收方将收到部分固定金额 $\delta\kappa(U-T)$。

固定利率 κ 使得上述合约在起始时刻 T 处价值为零,将这个 κ 称为可违约即期互换利率。正如第 14 章中所阐述的,它本质上不同于可违约即期伦敦银行同业拆借利率。也就是说,当合约一方存在交易对手风险时,贷款和互换合约彼此是不相等的。

1.3 信用衍生品

信用衍生品是以信用敏感资产(指数)作为标的资产(指数)的私下议价衍生证券。更明确地说,信用衍生品的参照证券可以是任何有违约风险(或者更一般而言有信用风险)的金融工具。例如,交易活跃的公司债券或主权债券,抑或这些债券的组合,都可以作为衍生品的标的资产或者指数。信用衍生品也可以将贷款(或者贷款组合)作为标的参照信用(underlying reference credit)。显然,信用衍生品的价值派生于有违约倾向的标的信用工具的价格——进而源于信用质量。

20 世纪 90 年代才签署了第一份关于专门转移信用风险的协议。值得一提的是,在早些时候,许多银行已经大量使用这些具有类似信用衍生品特征的金融协议,如信用证或债券保险。就信用证而言,签发方每年都会支付给银行一定的费用,作为交换,银行会承诺在签发方无法偿付债务时代其偿付。就债券保险而言,签发方会向保险方支付一定费用以确保债券的履约(更详细的内容可参阅 Fabozzi(2000))。尽管如此,和信用衍生品相比,这些较为传统的信用风险规避协议的交易并没有和标的资产义务分离开来。

有许多方法可用来构造信用衍生品。它们通常是一些满足投资者特殊需求的复杂合约。由于需求的快速增长,在过去的几年中,信用衍生品成为世界范围内增长最快的衍生产品。J. P. 摩根做过相关统计,截至 2000 年 4 月,主要金融衍生品总名义价值已经超过 1 万亿美元。所有信用衍生品的共同特点是它们允许信用风险从交易对手的一方转移到另一方,由此构造了一个自然而便利的工具来控制信用风险敞口。投资者所关心的总体风险包括两类:市场风险和资产特有的信用风险。与"标准"的利率敏感型衍生品不同,信用衍生品允许公司特有的信用风险与整体市场风险相分离。它们向特定投资者提供了一种合成资产的方法(在这种情况下,投资者"买"而不是卖某种特有的信用风险),而这种合成资产对其他的投资者是不适用的。有关支持使用这些产品经济学原因的扩展分析以及信用衍生品市场各个方面的剖析,可以阅读 Duffie 和 Zhou(1996)、Das(1998a, 1998b)、Tavakoli(1998)、Francis 等(1999),以及 Nelken(1999)。

现在主要考虑与可违约期限结构有关的信用衍生品。与考虑无风险期限结构有关的衍生证券情况类似,正式区分三种主要类型的合约:远期合约、互换和期权。

远期合约约定买方在未来一个确定的日期,按照预先在合约起始期设定的价格购买确定的工具。在远期合约中,违约风险通常由多头方承担。如果信用事件发生,交易被盯市(mark-to-market),且终止。远期合约可以以利差的形式进行交易——即可以基于确定的债券超过基准资产的利差设立合约。在市场实践中,最常用的信用敏感型互换合约有:总收益率互换,资产互换和违约互换(在第 1.3.1 节和第 1.3.2 节中有相关介绍)。虽然信用期权通常被嵌入到复杂的信用敏感型协议之中,不过投资者也会使用场外交易的一些信用期权,如以资产互换为标的的期权或者信用利差期权。

信用衍生品也可以分为三类。第一类包括那些专门与违约事件有关的信用衍生品。这类工具包括由违约事件而不是由标的工具信用质量的变化决定其损益状况的合约。违约互换,违约期权和首次违约互换都是这类违约产品的范例。第二类包括利差产品,这类信用衍生品的损益主要取决于标的资产信用质量的变化,如信用利差互换、信用利差期权和信用关联票据。此处应与信用衍生品的一个子类进行区别,该子类是直接与信用评估级别的升级和降级有关。最后一类包括那些允许在两个参与方之间转移资产总体风险的衍生品。可以用总收益率互换作为合成证券化的一个例子。由于可交易信用衍生品十分复杂,上述分类并无明确定义。更糟的是,尽管 OCT 信用衍生工具的持续标准化已经得到认可,但与这些合约有关的约定俗成的术语仍没有完全达成一致。1999年,国际互换协议和衍生工具联合会(ISDA)出版的《ISDA 1999 信用衍生品定义》为记录私下议价信用衍生品的交易提供了一个基本的框架,该联合会还制定了信用衍生品的标准文本——《ISDA 1999 主协议》。通过 ISDA 的标准文件,信用衍生品之间的可比性和客观性大大增加。

2000 年,Risk 进行了一个针对信用衍生品市场范围和规模的调查。以下数据显示了特定信用衍生产品所产生的信用衍生品业务的百分比(以未清偿的名义本金计算):信用违约互换——45%、合成证券化——26%、资产互换——12%、信用关联票据和资产重新打包(repackage)——9%、一篮子违约互换——5%,以及信用利差期权——3%。在 Risk 的调查中,参与者清偿合同的名义本金总额大约为 8 100 亿美元。更多的内容参阅 Patel(2001)。

1.3.1 违约互换和违约期权

违约互换和违约期权可以看成某种债务保险合约。这也是为什么把它们称为违约保险或者违约保护的原因(有时也称它们为信用违约互换或信用违约期权)。在这些协议中,保护的买方用定期缴纳的固定支付(在违约互换的情况下)或者缴纳的前期费用(在违约期权的情况下)与保护卖方承诺的特定支付进行交换,以此获得保护卖方的承诺,保证当且仅当在某种特定的事先明确的信用事件发生时向保护的买方支付一定数额赔偿。如果某个信用事件在违约互换或期权的存续期内发生,卖方就必须支付买方一笔金额以弥补损失,且合同即告终止。如果在合约到期以前没有信用事件发生,双方对对方的权利和义务也宣告结束。需要强调的是,此处所考虑的是针对参照信用风险的保护,所以可以忽略对手方违约风险。在大多数实际情况中,对手方风险对违约互换的估值和对冲也只有很小的影响(Hull 和 White(2001)以及 Lando(2000b)研究了考虑交易对手方风险情况下的违约互换;参阅第 12.3.1 节)。有关违约互换或期权的最重要约定如下:

——明确规定信用事件,将信用事件正式地称为"违约"(实践中它可能包括:破产、无力偿还或者违约支付、参照资产的规定价格下跌以及参照实体评信等级的下降等);

——未定违约的支付,有许多方法构造这种支付。例如,可以将它和参照资产的价格波动相联系,也可以事先确定某个水平(如交易名义金额的一个固定比例)。

同时,在违约互换的情况下约定:

——明确设定定期支付,定期支付在很大程度上取决于参照资产的信用质量。

尽管违约互换或者期权也可以规定以实物交割,但通常以现金结算。例如,合约卖方可以按面值支付来取代以违约的参照资产进行交割。

标准违约互换或期权。为了描述这些合约中的现金流,让我们考虑一份到期日为 T 的违约互换或期权。至于参照资产,先来考虑面值为 L、到期日为 $U(U \geqslant T)$ 的可违约零息票债券。在参照实体的违约时间 τ 处产生或有支付。在违约期权的情况下,保护的买方在合同起始期支付一笔总费用(通常称为保险费、溢价)。而在违约时的损益则由下式给出:

$$(L - D(\tau, U))\mathbb{1}_{\{\tau \leqslant T\}} = (L - D(\tau, U))^{+}\mathbb{1}_{\{\tau \leqslant T\}} \tag{1.2}$$

把这种合约通常称为违约看跌期权也就不足为奇了。因为多头方,即保护的买方支付了前期费用,所以买方的信用质量同这类合同并无关联。

在违约互换的情况下,保护买方在违约发生或到期日以前(以先发生者为准)的 $T_i(i = 1, 2, \cdots, n)$ 处支付年金,也称为信用互换保险费,而违约的损益同前面一样。从买方的角度来看,违约互换的现金流可以表述如下:

$$(L - D(\tau, U))\mathbb{1}_{\{\tau \leqslant T\}}\mathbb{1}_{\{\tau\}}(t) - \sum_{i=1}^{m}\kappa\mathbb{1}_{\{\min(\tau, T) > T_i\}}\mathbb{1}_{\{T_i\}}(t) \tag{1.3}$$

其中,κ 表示年金的数额。由于这里考虑的合约涉及交易双方违约风险和参照风险,所以合同双方的信用质量也应考虑在内。

再次强调,只有在隐含假设成立,即交易对手方风险可以忽略不计时,上述给出的违约互换或期权现金流的表达式才是有效的。

评注:也可考虑关于回收支付的其他约定,例如,可以拟定一份合约,使其回收支付等于:

$$(LB(\tau, U) - D(\tau, U))\mathbb{1}_{\{\tau \leqslant T\}}$$

或者

$$(D(\tau -, U) - D(\tau, U))\mathbb{1}_{\{\tau \leqslant T\}}$$

其中,$D(\tau, U)$ 表示可违约债券在债券发生违约后的即时价值——即它的违约后价值。因此,在上述前一种回收支付的情况下,可违约债券的价值损失会根据相关国库券在 τ 时刻的价值来给予保护买方补偿。而在后一种回收支付情况下,可违约债券的价值损失会根据该债券在违约发生之前的即时价值给予保护买方即时补偿。

只要对标的债券采取特定回收策略,就可以得出比一般表述式(1.2)和式(1.3)更为显性的形式。例如，在按国库券价值部分回收的情况下，当固定回收率为 δ 时，式(1.2)和式(1.3)可分别变形为 $L(1-\delta B(\tau, U))\mathbb{1}_{\{\tau\leqslant T\}}$ 和

$$L(1-\delta B(\tau, U))\mathbb{1}_{\{\tau\leqslant T\}}\mathbb{1}_{\{\tau\}}(t)-\sum_{i=1}^{m}\kappa\mathbb{1}_{\{\min(\tau, T)>t_i\}}\mathbb{1}_{\{t_i\}}(t)$$

如果假定是按面值部分回收，那么可以分别得到如下的表达式：$L(1-\delta)\mathbb{1}_{\{\tau\leqslant T\}}$ 和

$$L(1-\delta)\mathbb{1}_{\{\tau\leqslant T\}}\mathbb{1}_{\{\tau\}}(t)-\sum_{i=1}^{m}\kappa\mathbb{1}_{\{\min(\tau, T)>t_i\}}\mathbb{1}_{\{t_i\}}(t)$$

最后，如果假定是按市场价值部分回收，式(1.2)和式(1.3)分别变形为：$(L-\delta D(\tau-, U))\mathbb{1}_{\{\tau\leqslant T\}}$ 和

$$(L-\delta D(\tau-, U))\mathbb{1}_{\{\tau\leqslant T\}}\mathbb{1}_{\{\tau\}}(t)-\sum_{i=1}^{m}\kappa\mathbb{1}_{\{\min(\tau, T)>t_i\}}\mathbb{1}_{\{t_i\}}(t)$$

实践中，如果发生违约，典型的违约互换还要求买方支付从前一年年金交纳之后的那段时间的应计保险费(式(1.3)很容易修改成包含这种约定的形式)。然而，应计票息支付并不包括在这类保护中。事实上，以公司息票债券(如浮动利率票据)而不是公司零息票债券作为违约互换或期权的标的资产的做法更为普遍。这种情况下，式(1.2)和式(1.3)分别变为：

$$(L-\mathrm{FRN}(\tau, U))\mathbb{1}_{\{\tau\leqslant T\}}$$

和

$$(L-\mathrm{FRN}(\tau, U))\mathbb{1}_{\{\tau\leqslant T\}}\mathbb{1}_{\{\tau\}}(t)-\sum_{i=1}^{m}\kappa\mathbb{1}_{\{\tau>t_i\}}\mathbb{1}_{\{t_i\}}(t)$$

其中，$\mathrm{FRN}(\tau, U)$ 表示公司浮动利率票据(FRN)在签发方发生违约后的市场价值。由于浮动利率票据通常是以接近面值的价格进行交易，所以上述两种损益比式(1.2)和式(1.3)更能清楚地反映债券特有的违约风险(相对于市场利率风险而言)。如果违约互换以浮动利率票据作为标的资产，年金 κ 通常会接近于信用利差 s，而信用利差在票据浮动利率和无风险浮动利率(或 LIBOR 利率)之间取值。

评注：注意到，浮动利率票据也可以作为信用期权的标的工具。如果投资者对某公司签发的标的浮动利率票据在 $T<U$ 时的信用质量有明确的认识，那么他可以购买一份损益为 $(\mathrm{FRN}(T, U)-K)^+$ 的看涨期权或者购买一份损益为 $(K-\mathrm{FRN}(T, U))^+$ 的看跌期权，此处，K 是执行价格，T 是期权的到期日。上面描述的信用看涨期权的估值需要对作为标的公司的浮动利率票据进行建模分析。

奇异违约互换或奇异违约期权。还有其他各种标准违约互换或期权的变异，把它们称为奇异违约互换或奇异违约期权。这些变异的互换或期权考虑了决定信用事件触发的约定和(或)决定保险赔偿额度的约定。例如，在数字违约互换或期权中，违约发生时，

给予多方的支付是事先已经明确的金额。篮子违约互换或期权是一种首次违约形式的合约：如果一组特定的参照实体中的某个实体出现首次违约，则给予保险偿付（参阅第1.3.5节）。未定违约互换或期权要求标的信用事件和相关信用事件（如与其他的参照可违约权益有关的信用事件）都发生时，才予以保险偿付。最后，动态违约互换或期权是违约互换或期权的一种变异，其中决定保险偿付额度的名义量按指定的违约互换或期权投资组合的市场价值进行结算。

1.3.2 总收益率互换

总收益率互换，又称总收益互换（TROR 或者 TRS），是关于某种参照实体（reference entity）（如一篮子资产、指数等）总收益与另一些现金流之间进行交换的协议。一方（通常是支付方）同意以名义本金为基准向另一方（通常是接受方）支付参照实体（reference entity）的总收益（票息加上或减去资本价值的变动）。反过来，接受方也同意按相同的名义金额为基准定期向支付方支付约定的（固定或浮动）利率。所以，从接受方的角度看，总收益率互换类似于对标的实体（underlying entity）的一项合成购买。

如果参照实体的违约在总收益率互换的存续期内发生，合约即告终止，且没有额外的票息或利率支付进行交换。但是接受方有义务向支付方偿付从互换开始到合同终止时标的资产价值波动的部分以弥补价值的变化。这就意味着接受方接受了标的参照证券的价格风险，包括信用风险。换个角度看，总收益率互换有一个内嵌的违约互换，其中支付方是保护的购买方。总收益率互换最主要的相关特征可以总结如下：

——本金金额不进行交换以及所有权不发生实质变化；

——互换的名义本金不同于参照资产（如债券或贷款等）的名义价值；

——总收益互换协议的到期期限不必和标的参照实体的到期期限保持一致；

——在互换的终结期（即互换到期日或者参照实体发生违约时），会基于参照资产的价值变化进行价格结算。

我们现在给出总收益互换协议的一个例子。选择公司息票债券作为参照资产，该息票债券承诺在时刻 T_i 支付息票利息 c_i。假设名义本金为1，互换的到期日为 $U \leqslant T_n$，这样设定使得该互换会在债券到期之前先到期。此外，假定接受方会在某些规定的时间 $U_1 < U_2 < \cdots < U_m \leqslant U$ 处支付固定的年金偿付 κ（参照利率支付，reference rate payment）。接收方也有权在合约存续期内（违约发生之前）接受所有的票息支付和标的债券价值的变化额支付。从接受方的角度来看，总收益互换现金流如下：

$$\sum_{i=1}^{n} c_i \mathbb{1}_{\{\tilde{\tau}>T_i\}} \mathbb{1}_{\{T_i\}}(t) + \big(D_c(\tilde{\tau},\ T) - D_c(0,\ T)\big) \mathbb{1}_{\{\tilde{\tau}\}}(t) - \kappa \sum_{i=1}^{m} \mathbb{1}_{\{\tilde{\tau}>U_i\}} \mathbb{1}_{\{U_i\}}(t)$$

其中，$\widetilde{\tau}=\min(\tau, U)=:\tau\wedge U$。同前讨论一致，$\tau$ 表示债券的违约时间，$D_c(t, T)$ 表示具有单位面值可违约息票债券在时刻 t 的价格。

不难看出，以上所描述的现金流实际上对应了一个隐含的假设，即交易对手风险可以忽略不计。也即最后的表达式仅仅嵌入了参照实体的信用风险和市场风险，这一点是通过公司息票债券价格 $D_c(t, U)$ 的变化来反映的。更复杂的总收益互换也可以将看涨期权和看跌期权（以建立参照资产收益的上限和下限）以及浮动参照利率的上限和下限综合在一起。

1.3.3 信用关联票据

信用关联票据（CLN）是一种支付高（enhanced）票息给投资者以补偿其承担参照实体信用风险的票据。票据的购买方也就提供了票据签发方可能与第三方进行交易的信用保护。作为交换，票据会支付一个高于正常水平的回报。所以，也可以把信用关联票据的买方视为保护的卖方，而信用关联票据的签发方便成为保护的买方。以下约定刻画了信用关联票据的基本类型：

——在合约起始期，投资者以现金方式按规定价格向票据签发方购买了一份信用关联票据；

——在信用关联票据的存续期内（违约发生之前），投资者定期收到票息支付；

——如果在信用关联票据的存续期内，参照实体没有发生违约，投资者将会收到信用关联票据的全额名义价值；

——如果在信用关联票据到期前，参照实体发生违约，信用关联票据即告终止，信用关联票据签发方会以参照实体所签发的债券进行实物形式交割（或以现金方式结算合约），以赎回信用关联票据的名义价值。此后不再发生票息支付。

因为投资者支付了前期费用，所以对手方（即信用关联票据签发方）违约风险也很重要——即高票息应该既要补偿参照信用风险也要补偿单方的对手方违约风险。正式地，信用关联票据可以视为违约互换和当作抵押品的债券的混合体。信用关联票据可以保护违约互换的买方免受保护卖方违约风险的影响——即信用关联票据买方的违约风险。总而言之，这些工具包含了一个由固定收入工具和嵌入式信用衍生品组成的特定的混合体。

在市场实践中，信用关联票据则是更为复杂的信用工具。如果国外公司债券或主权债券在信用关联票据到期之前发生违约，信用关联票据条约还可以规定本金支付降至面值以下的某个水平。首次违约信用关联票据是和至少两个参照实体的信用事件有关。如果发生一件违约事件，票据会及早进行赎回且不再有其他参照信用风险暴露。正如我们所设想的，在首次违约信用关联票据中，投资者会因为承担额外的信用风险而被给予较高的收益作为补偿。

信用关联票据主要是由具有特殊目的的公司所发行的票据,也称这些公司为特殊目的机构(SPVs),因此,也将信用关联票据的签发方称为投资银行。作为信用关联票据的一个例子,引用一个与以公司零息票债券作为参照资产的违约互换相联系的特殊信用关联票据。假设投资银行有一个高评级的抵押品——面值为 L 的息票债券,息票利率为 c,到期期限为 T。在 $t'>0$ 时,投资银行和第三方签订一份(参照)违约互换,该违约互换和某个参照信用有关,如在 T 时到期的低评级公司债券。在这份违约互换中,投资银行出售违约保护,收取年金保费 κ。而与违约互换对应的现金流由前述式(1.3)给出了。

此时,年金支付期为 t_i,满足 $t'<t_i$。在同一时刻 t',投资银行签发了一份有效期至 $T'<T$ 的信用关联票据。投资者也在 t'时以面值 L 购买票据。如果参照信用在有效期 T'以前没有发生事先规定的信用事件,则票据签发方按息票利率 c'支付利息直到有效期结束,且投资者在到期日收回票据面值。否则,票据签发方只会在参照信用事件发生之前按息票利率 c'支付利息,而且在信用事件发生之时投资者只能收回部分票据面值。

投资者所能收回的部分面值按下述方式决定:当参照信用发生规定的信用事件时,对作为抵押品的息票债券进行清算,第三方(违约互换的对手方)首先获得或有支付,此后投资者才能获得支付。所以,投资者不仅承担了第三方(参照)信用风险还承担了抵押品的信用风险,所以高息票率 c'必须要能弥补投资者所承担的这两种信用风险。

为了描述上述结构相应的现金流,从投资银行的角度,假设抵押债券承诺在 $T_1<T_2<\cdots<T_k<T$ 时支付票息,而信用关联票据则承诺在 $T'_1<T'_2<\cdots<T'_m<T'$ 时支付票息,此处 $T'_1>t'$。定义抵押债券的价格过程为 $D_c(t, T)$。通常 τ 表示标的信用事件发生的随机时间,此处它表示参照公司债券发生违约事件的时间(假设 $\tau>t'$)。从银行的角度看,现金流为:

$$
\begin{aligned}
&L\,\mathbb{1}_{\{t'\}}(t)-\big(L-D(\tau, T)\big)\mathbb{1}_{\{\tau\leqslant T\}}\mathbb{1}_{\{\tau\}}(t)+\sum_{i=1}^{n}\kappa\,\mathbb{1}_{\{\tau>t_i\}}\mathbb{1}_{\{t_i\}}(t)\\
&\quad+\sum_{j=1}^{k}cL\,\mathbb{1}_{\{\tau>T_j\}}\mathbb{1}_{\{T_j\}}(t)-\sum_{i=1}^{m}c'L\,\mathbb{1}_{\{\tau>T'_i\}}\mathbb{1}_{\{T_i\}}(t)\\
&\quad-\Big(D_c(\tau, T)-\big(L-D(\tau, T)\big)\Big)^+\mathbb{1}_{\{\tau\leqslant T\}}\mathbb{1}_{\{\tau\}}(t)-L\,\mathbb{1}_{\{\tau>T'\}}\mathbb{1}_{\{T'\}}(t)
\end{aligned}
$$

其中,$D(\tau, T)$ 表示参照债券违约后的价格。

1.3.4 资产互换

考虑一个投资者持有一份支付固定票息率的公司债券。这样的投资者可能会对互换感兴趣。在此互换中，该投资者会支付固定利率的票息而收到浮动利率的票息。这种债券和互换的结合体就是所谓的资产互换。很明显，在资产互换中的头寸类似于持有参照公司签发的浮动利率票据(大多数情况下，浮动利率由伦敦银行同业拆借利率加上一个利差给出，称为资产互换利差)。通常，如果标的债券发生违约，互换的义务仍然有效。

资产互换也可以作为信用期权的标的证券。一份以资产互换为标的的看涨期权是一种拥有按事先确定的执行价格购买标的债券以及同时进入相应资产互换的选择权。期权合约中要明确执行价格和执行利差(通常，执行价格等于标的债券的面值)。以资产互换为标的的看跌期权持有者有权按规定的执行价格出售标的公司债券以及同时作为固定票息的接收者进入资产互换。

1.3.5 首次违约合同

在首次违约合约中，保护的出售方将暴露到信用风险敏感型工具投资组合(一篮子)中第一个违约事件的风险(或者更多地，一般情况是发生事先规定的信用事件)。通常这样一份合约在第一个信用事件发生之后会立即解除。

考虑一个由 n 个信用工具组成的投资组合。用 τ_i 表示与第 i 个工具有关的感兴趣的信用事件(如违约)发生的时间。而用 τ 表示这些信用事件中最先(或首次)发生的时间——即 $\tau=\min(\tau_1, \tau_2, \cdots, \tau_n)$。假设对任意的 $i\neq j$，都有 $\tau_i\neq\tau_j$，然后考虑结算日为 T 的未定权益。如果首次违约事件发生的时间不迟于 T，即当 $\tau\leqslant T$ 时，就进行未定支付。未定支付的额度取决于首次违约的信用实体(工具)。用 A_i 表示与第 i 个工具相关的未定支付，如果 $\tau=\tau_i$，则在 τ 时的未定支付额度为 A_i。如果所有的工具在 T 时刻之前或 T 时都没有发生信用事件，那么在到期日 T 时支付 A。在 T 时结算的理论上的首次违约合约的支付可以正式地表示为某一单笔现金流，它等于：

$$\mathbb{1}_{\{\tau\leqslant T\}}B^{-1}(\tau, T)\sum_{i=1}^{n}A_i\mathbb{1}_{\{\tau=\tau_i\}}+A\mathbb{1}_{\{\tau>T\}}$$

首次违约互换，又称一篮子违约互换，是与信用敏感型证券组成的投资组合相关联的违约互换。首次违约合约是第 i 次违约合约的特例。第 9 章和第 10 章对第 i 次违约合约进行了详细的讨论。

1.3.6 信用利差互换和期权

利差衍生品是按市场观测信用利差水平构造的信用衍生工具，允许在合同方之间进行便捷的信用价格或利差风险转移。信用利差互换也被称为相对业绩总收益互换(relative performance total return swap),它是信用风险敏感型合约。合约一方可以以规定的签发方债务到期收益为基准进行支付,而另一方则以相对的国库券收益为基准进行支付(或者其他基准利率)。正如所设想的,实践中有许多不同的方法来规定如何进行支付。例如,在信用利差远期合约中①,合约执行日的损益取决于执行日信用利差和某个事先确定的履约水平(或者某个基准利率)之差。合约价值为正还是为负就决定了向合约的哪一方进行支付。

为了更加明确的阐述,假设对应于定期支付的费用,投资者在合约执行日接受(或者给予)一个支付,这个支付取决于标的公司折价债券信用利差与某个事先确定的履约水平之间的差额。此处,用标的公司贴现债券的收益和等额国库券的收益之差来衡量信用利差。正式地,在执行日 $T<U$ 时,投资者收到的差额为:

$$D(T, U)-LB(T, U)-K$$

其中,K 为预先确定的履约水平。回忆一下,曾约定 $D(t, U)$表示面值为 L、到期期限为 U 的公司贴现债券在 t 时刻的价格,$B(t, U)$表示面值为 1,到期期限为 U 的贴现国库券在 t 时刻的价格。作为合约的费用,要求投资者在时间 $t_1<t_2<\cdots<t_n<T$ 处支付年金。所以,相应的现金流为:

$$(D(T, U)-LB(T, U)-K)\mathbb{1}_{\{T\}}(t)-\kappa\sum_{i=1}^{n}\mathbb{1}_{\{t_i\}}(t)$$

如果要求预先支付费用,则称上述合约为信用利差期权(这样一份合约类似信用违约期权)。

信用利差期权是期权类协议,它的损益与两种信用敏感型资产的收益差有关。例如,合约的参照利率可以是公司债券超过具有相同到期期限的基准资产的利差。这种期权的结算价格为超过基准资产的收益利差,它等于执行利差,该期权既可以以现金结算也可以通过标的债券的实物交割进行结算。信用利差期权允许公司特有的信用风险和市场风险相分离。更可取的是,信用利差期权也可以通过利用固定履约水平或收益来涵盖利率风险。

1.4 信用风险的数量模型

当谈及信用事件时,正式地指在金融合同中任何会影响到合同方履行其合约承诺能

① Ammann(1999)的第 6 章探讨了信用远期合约,这些合约类似于信用利差远期合约。

力的随机事件,其中的合约承诺是指承担合同中所规定的责任。违约事件当然是信用事件。而信用事件的其他例子还包括如公司债券信用质量的变化。注意,金融合同的合同方并不可能直接观察到信用事件。要强调的是,信用事件的出现不一定对合约承诺方的能力有负面的影响,这种能力指的是金融合同中合同方履行其合约承诺以承担合同所规定的责任的能力。例如,如果信用事件的发生是源于公司债券的信用质量提高了,那么很明显上述的能力并没有受到负面影响。

大多数致力于信用风险的数学研究关心的是如何对违约事件发生的随机时间(即违约时间)进行建模。有些研究违约期限结构的方法允许中介信用事件存在的可能性,这些中介信用事件与公司债券(会在不同评级级别中移动)信用质量的变化有关。在这种情况下,对信用转移的随机时间进行建模也变成了一个重要课题。

而另一个出现在信用风险数量建模中的重要问题是对回收率进行数学建模的课题。如前所述,回收率明确了一旦发生违约应该支付给合约持有方的金额。回收支付和合约的名义量一起决定了与合约有关的潜在现金流。信用风险数量模型的主要目标是提供方法以对信用风险敏感的金融合约进行定价和实现对冲。当然,任何一个针对信用风险定价的方法都会致力于建立一个内部一致(也就是无套利)的金融模型。如前所述,在研究违约(转移)时间和回收率的建模问题中,已经出现了两种相互竞争的方法:结构方法和简约方法。

1.4.1 结构模型

结构模型主要关注于特定的公司债务人(企业)信用风险的建模与定价。公司价值的变化和某个(随机或非随机)信用事件触发阈值(或界限)有关,这种变化会引发信用事件。所以,这个框架内的主要问题是对公司价值和公司资本结构的变化进行建模。正是这个原因,通常,也把结构方法称为公司价值方法。结构方法根据公司价值对信用事件进行建模,这就将信用事件和公司经济基本面联系起来了。

大多数的结构模型只关心一类信用事件,即公司违约。违约时间通常定义为公司价值首次到达一个确定的下阈值的时间,所以它在模型中被定义为内生的。把这样一个违约触发机制自然的解释为安全契约,其目标是保护债权人的利益不受股权人的侵害。

结构框架内的另一个方法是假定破产决策由股权人确定,这种方法引出了如何定义最优资本结构和战略性偿债等重要问题。此外,常常把作为公司价值某个函数的回收率设定为模型内生给定的。我们从大量关于结构方法的研究工作中列举部分:Merton(1974)、Black 和 Cox(1976)、Galai 和 Masulis(1976)、Geske(1977)、Brennan 和 Schwartz(1977, 1978, 1980)、Pitts 和 Selby(1983)、Cooper 和 Mello(1991)、Rendleman

(1992)、Kim 等(1993a)、Nielsen 等(1993)、Leland(1994)、Longstaff 和 Schwartz(1995)、Anderson 和 Sundaresan(1996, 2000)、Leland 和 Toft(1996)、Briys 和 de Varenne(1997)、Ericsson 和 Reneby(1998)、Mella-Barral 和 Tychon(1999),以及 Ericsson(2000)。

1.4.2 简约模型

在简约模型方法中,根本就不需要对公司资产价值和它的资本结构建模,而信用事件则根据某个外生确定的跳跃过程来设定(作为一项规则,违约回收率也是外生给定的)。我们要区别不同类型的简约模型。有些简约模型只研究如何对违约时间进行建模,称这类模型为基于强度模型,而有些简约模型则考虑信用评级类别之间的转移,称它们为信用转移模型。

基于强度的方法。在基于强度的方法中主要任务是对违约的随机时间进行建模,以及对违约时间和相应现金流的函数在风险中性概率下的条件期望进行估值。典型地,定义随机违约时间为某个具有一步跳跃过程的跳跃时间。正如我们将要看到的,所谓的违约强度过程在评估条件期望时起着关键作用。对强度过程(又称风险率(hazard)过程)进行建模是强度方法的出发点。需要强调的是,在强度过程进行建模中条件信息起着关键作用。我们会在本书第二部分详细分析基于强度的方法。感兴趣的读者可以查阅一些原始文章,如 Pye(1974)、Ramaswamy 和 Sundaresan(1986)、Litterman 和 Iben(1991)、Jarrow 和 Turnbull(1995)、Duffie 等(1996)、Schönbucher(1996, 1998a, 1998b)、Lando(1997, 1998)、Monkkonen(1997),以及 Madan 和 Unal(1998)。

信用转移。虽然在信用评级模型中往往还正式地有另一个评估等级,即违约状态,但只要不允许在信用评级之间发生转移,就称模型为单信用评级模型,否则我们分析的就是多信用评级模型。传统的基于强度的方法主要在单信用评级类模型中研究公司债券违约前的价值。而最新的研究则将这种基于强度的方法扩展到多信用评级类模型的情况。

假设公司债务的信用质量分为有限数量的不相交的信用评级类别(或信用等级)。每个信用类别由有限集合中的一个元素表示,将有限集记为 $\mathcal{K}$。这自然要把集合 $\mathcal{K}=\{1, 2, \cdots, K\}$ 中的一个特殊元素 K 与其他元素区别开,因为 K 正式地对应于违约事件。正如在实践中观察到的,一个给定的公司债务的信用质量随时间发生变化。我们把这种特性表述为信用质量在不同的信用评级类别之间发生转移。通常会用有限状态空间 $\mathcal{K}$ 且带有离散或者连续时间参数的(条件)马尔可夫链(记为 C)来模型化这种转移变化,称过程 C 为信用转移过程。在大多数情况下,都排除了多次违约的情况,因而违约类别代表的是马尔可夫链 C 中的吸收状态。所以,这种方法的主要问题是在风险中性概率或者真实世界概率下对转移过程的转移强度矩阵进行建模。接下来的问题就是在风险中性概率下估计确定函数(通常和违约时间有关)的条件期望,要强调信用转移的因素模型所起的特殊作用。在这些模型中,以考克斯(Cox)过程理论为基础,把违约和(或)转移强度确定为宏观和微观经济要素的函数。致力于信用转移随机建模的参考文献包括:Das 和 Tufano(1996)、Jarrow 等(1997)、Duffie 和 Singleton(1998a)、Arvanitis 等(1998)、Kijima(1998)、Kijima 和 Komoribayashi(1998)、Thomas 等(1998)、Huge 和 Lando(1999)、Bielecki 和 Rutkowski(2000),以及 Lando(2000a)和 Schönbucher(2000)。

可违约期限结构。利率可违约期限结构的直接建模事实上与无违约期限结构建模没有很大的不同。习惯上,我们会从包括在可违约期限结构总体模型中每个信用评级类别的某个利率期限结构模型展开研究。例如,有的人愿意根据瞬时短期利率(Vasicek(1997)、Cox 等(1985b)),或根据瞬时远期利率(Heath 等(1992))进行建模。而有的人则采用市场利率框架,如远期伦敦银行同业拆借利率(Brace 等(1997))、Miltersen 等(1997)),或者远期互换利率(Jamshidian(1997))。如果还要模型化不同信用等级之间的转移过程,那么就需要对被观察到的信用质量变化的决定机制进行探讨。否则,就完全可以对引发违约事件的机制进行设定。

1.4.3 信用风险管理

可违约权益的对冲。在大多数信用风险结构模型中,可以利用可交易原生(无违约)证券所携带的信息对违约时间进行预测。通常这些模型关于市场风险和信用风险都是完备的,所以,对无违约和可违约权益进行完全复制是可行的。相反,在简约模型中,违约时间趋向于一个不可料的停时,那么利用无违约证券来对可违约证券进行完全的对冲是不可能的。为了克服这个困难,人们或者可以利用某些可违约证券作为对冲工具(参阅 Wong(1998)、Bélanger 等(2001)、Blanchet-Scalliet 和 Jeanblanc(2001)),或者运用其他的对冲和定价原则,如局部风险最小化(参阅 Lotz(1998))或最优不足对冲(参阅 Lotz(1999)),抑或基于效用的定价(参阅 Collins-Dufresne 和 Hugonnier(1999))原则。

风险整合。金融工具的市场风险是由这个工具的价值水平或波动的逆向变动所造成的风险。如果给定的工具对市场和信用风险都是敏感的,那么这两种风险就是交织在一起的,且不易于被分解开。大多数信用风险的数量模型都考虑了这种特性,对市场和信用风险进行了适当的整合。在结构模型中,信用事件是基于公司价值过程运动的未定要求权,或者在有些模型中,信用事件是基于公司所有债务价值过程动态变化的未定要求权。那么,这种特性就提供了所包含的两种风险之间的一种明显的关联。在简约型方法中,有时假定违约强度(或信用转移)依赖于各种金融因素的变化,如信用利差或便利收益。这些因素一般与给定的可违约权益的市场风险有关。Jarrow 和 Turnbull(2000)在市场风险和信用风险的交叉内容方面提供了一些有趣的分析。

投资组合管理。最新发展的关于积极管理信用风险的实践方法主要是计算违约发生时,信用风险敏感工具投资组合损失的概率分布。这个概率分布是在真实世界(统计)概率下推导出来的,所以这些方法并没有直接导出信用衍生品的定价模型。信用风险的度量技术最近获得了突出的进步和发展,包括:

——KMV[①] 的信用监管(Credit Monitor)和证券组合管理(Portfolio Manager)(参阅 Crosbie(1997));

——J. P. 摩根的险阵方法(Credit Metrics)(参阅 Gupton 等(1997));

——CSFP[②] 的 Creditrisk^{+}(1997);

——穆迪的 Creditscore 和 RiskCalc 方法;

——麦肯锡的信用组合观模型(Credit PortfolioView)(参阅 Wilson(1997a, 1997b))。

关于信用风险度量和管理方法的最新调研和比较研究著作中,我们推荐 Saunders(1999)、Crouhy 等(2000)、Cordy(2000)、Nyfeler(2000),以及 Cossin 和 Pirotte(2000)。

1.4.4 流动性风险

通常认为流动性风险而不是信用风险更适合解释许多金融工具固有的信用利差。这样的观点受到了比较令人信服的金融理论和(或)相关的经济计量研究的支持,如 Amihud 和 Mendelson(1991)、Boudoukh 和 Whitelaw(1991)、Longstaff(1995)及 Bangia 等(1999)。似乎有理由想象,在实践中这些风险中的每一个都可能会主导其他的风险。不幸的是,这两类金融风险都比较难以分离出来。值得一提的是,从纯粹的数学观点来看,流动性风险的建模与信用风险的建模并没有太大的不同,而且就我们所知,没有现存的数学技术可以用于分析前一种风险。在 Merton 框架内,Longstaff(1995)以及 Ericsson 和 Renault(2000)曾建立了允许对信用风险和流动性风险区别对待的模型。在简约方法中,流动性影响已经作为一个组成部分包括在整体利差之中,因而不容易把信用风险溢酬和流动性溢酬分开。在本书中,尤其是在利用简约方法的时候,我们选择一般形式的信用风险来涵盖这两类风险。关于流动性风险的分析和更多的参考资料,可以阅读

① KMV 公司由 S. Kealhofer、J. McQuown 和 O. Vasicek 创立。

② CSFP 是 Credit Suisse Financial Products 首位字母缩写,参见 www. csfb. com。

Longstaff(2001)的最新文章。

1.4.5 经济计量学研究

任何信用风险的数学模型在实践操作中最重要的一步都取决于模型对真实数据的校准。但是,与信用(流动性)风险有关的实证研究的详细表述已经超出了本书的研究范围。因此,有兴趣的读者可以参阅一些原始文章,如 Sarig 和 Warga(1989)、Sun 等(1993)、Altman 和 Bencivenga(1995)、Altman 和 Kishore(1996)、Duffie(1996, 1998)、Carty 和 Lieberman(1997)、Duffie 和 Singleton(1997)、Monkkonen(1997)、Altman 和 Saunders(1998)、Kiese 等(1999, 2002)、Taurén(1999)、Altman 和 Suggit(2000)、Liu 等(2000)、Rachev 等(2000)、Shumway(2001)、Bakshi 等(2001)、Collins-Dufresne 等(2001)、Carey 和 Hrycay(2001)、Houweling 等(2001),以及 Christiansen(2002)。就我们所知,Jonkhart(1979)以及 Iben 和 Litterman(1991)最早提出从无违约公司证券和可违约公司证券之间的收益利差期限结构出发来估算隐含的违约概率(也可参阅 Delianidis 和 Geske(2001)在这方面的最新文章)。

2

公司债务

结构方法主要是针对债务定价的。在使用这种方法时，将公司债务视为基于公司资产总价值的未定权益。所以，也将这种方法称为公司价值方法或期权理论方法(option-theoretic approach)。

我们可以根据公司资产总价值(用 V 表示)变化以及某个违约触发界限(default triggering barrier)来定义违约事件。这意味着假设公司偿还合约债务的能力(也称为偿付能力)完全由目前价值过程 V_t 的水平及明确约定的破产条款决定。

在本书中假定“公司资产总价值”和“公司价值”的含义完全相同，都是指公司债务和权益的综合价值。当考虑税收利得和(或)破产成本时，引入公司总价值 $G(V_t)$ 的概念以考虑这些额外因素对分析是有利的。

有些作者指出了结构方法的一个主要缺陷，即结构方法依赖于能够直接观察到公司价值的假设。Duffie 和 Lando(1997)在最近的研究中采取了更加放松的假设来解决这个问题。他们假设投资者并不能直接观察到签发方资产，但投资者可以定期收到不完全的财务报告。在这个框架下，就可以通过基于强度方法的技巧来研究公司债务问题。结构方法还有另一个缺陷。为了保证标准无套利理论的有效性，它要求一个明确的或隐含的假设，即公司资产可以表示为可交易证券(或者公司价值过程至少可以用一些可交易证券来加以复制，如公司股票、公司债券、无违约债券等这些可交易证券)。

根据以下具体成分可以将各种现存的结构模型加以分类：

——公司资产总价值的动态特征；

——公司债务结构；

——违约事件(尤指违约触发界限)；

——违约发生时的回收规则；

——其他相关经济变量(如短期利率)。

在所有经典的结构模型中,当公司价值过程低于某个违约触发界限时违约即告发生。就公司总价值而言,这个界限既可以是外生的也可以是内生的。在内生情况下,通常可以基于公司最优资本结构来推导违约触发界限。由于假设存在市场摩擦,如存在破产成本和(或)公司税收,MM 定理(可以参阅 Bodie 和 Merton(1998))不再成立,因此,如何解决最优资本结构的问题自然摆在我们面前。在结构方法的这种变式中,由公司股权人根据最优方法来设计违约事件。

在一些结构模型中,公司资产的总价值和公司总价值是有区别的:公司总价值等于公司资产价值加上税收扣除额(源于票息支付),减去破产成本额。所以,如果税收扣除额及破产成本可以忽略不计,那么公司资产的总价值和公司总价值就是相等的。不过区分公司总价值和公司股票的市场总值是很重要的。前者是很难被观测到的,而后者则可以被观测到,至少对公开上市交易公司是这样的。

从金融经济学的角度看,结构方法的确是具有吸引力的,因为它尝试把公司债务估值同经济基本面联系在一起。不过,它的目标是对特定公司的债务进行估值而不是对不同类公司债务的可违约期限结构进行建模。结构方法最初由 Black 和 Scholes(1973)、Merton(1974)、Galai 和 Masulis(1976)、Black 和 Cox(1976)和 Geske(1977)提出,而后又按几个不同的方向发展。大量的参考文献包括:Brennan 和 Schwartz(1997, 1980)、Pitts 和 Selby(1983)、Rendleman(1992)、Kim 等(1993b)、Nielsen 等(1993)、Leland(1994)、Longstaff 和 Schwartz(1995)、Leland 和 Toft(1996)、Mella-Barral 和 Tychon(1999)、Briys 和 Varenne(1997),以及 Crouhy 等(1998)。

本章结构如下:首先,概述一个信用风险的理论(abstract)结构模型,该模型可以用于对信用风险敏感型工具进行估值。接下来介绍结构方法所需的基本数学结论并讨论经典 Merton 模型和它的变形模型。有关首次通过时间结构模型的讨论会放在下一章。

值得注意的是,结构模型中所发展的一些数学方法同样适用于随时可赎回公司债务及可转换债券的估值。当公司资产的价值过程超过或等于某个赎回触发界限时,赎回便发生。此处的赎回触发界限通常指上阈值(与违约触发界限相对的为下阈值)。但是,本书不涉及可赎回公司债务及可转换债券的讨论。

2.1 可违约权益

我们先固定一个有限的水平期限 $T^* > 0$,然后假设带某滤子 $\mathbb{F} = (\mathcal{F}_t)_{0 \leqslant t \leqslant T^*}$ 的基础

概率空间(underlying probability space)$(\Omega, \mathscr{F}, \mathbb{P})$充分的大以支撑如下对象:

——短期利率过程 r;

——公司价值过程 V,用来模型化公司资产总价值;

——界限过程 v,用来明确违约时间;

——承诺的未定权益 X,表明在 $T \leqslant T^*$ 时可以偿还的公司债务;

——过程 A,用来模型化承诺的红利,即公司能向可违约权益持有人连续或离散支付的公司债务流;

——回收权益 $\widetilde{X}$,如果在权益到期期限 T 之前或 T 时发生了违约,就用 $\widetilde{X}$ 来表示在 T 时所收到的回收支付;

——回收过程 Z,如果在到期期限 T 之前或 T 时发生了违约,就用 Z 来界定违约时的回收支付。

假设概率测度$\mathbb{P}$ 表示真实世界(或统计)概率,这与即期鞅测度(或风险中性概率)完全不同,后者在下文中用$\mathbb{P}^*$ 来表示。

技术性假设。假定过程 V, Z, A 和 v 关于滤子$\mathbb{F}$ 是循序可测的,且随机变量 X 和 $\widetilde{X}$ 是 $\mathscr{F}$—可测的。另外假定 A 为有限变差过程,且 $A_0 = 0$。在此,我们不加解释地假设上述引入的所有随机对象都能很好地满足可积性条件,在后续对所定义的函数估值时必须要用到这些可积性条件。

违约时间。用 τ 表示违约的随机时间。现在有必要强调有许多彼此不同的方法可用来对可违约证券进行估值和对冲,这些方法可以根据对违约事件和违约时间 τ 建模时所使用方法的不同而加以区分。在结构方法中,通常根据价值过程 V 和界限过程 v 来定义违约时间 τ。更为明确地,可以规定:

$$\tau := \inf\{t > 0: t \in \mathscr{T}, V_t < v_t\} \tag{2.1}$$

按惯例空集的下确界为$+\infty$。在定义式(2.1)中,假设集合 $\mathscr{T}$是时间区间$[0,T]$上的波尔可测子集(或者在永久权益的情况下为$[0,\infty)$)。从数学角度看,在定义式(2.1)中用"$\leqslant$"取代严格不等式"$<$"以及作其他类似变换时,必须证明这种变换不会改变定义中的概率性内涵。此外 τ 是一个$\mathbb{F}$—停时,又因为在大多数结构模型中基础滤子$\mathbb{F}$ 是由标准的布朗运动产生,所以 τ 也是一个$\mathbb{F}$—可料停时(关于布朗滤子的任意停时)。

后一种特性意味着在结构方法的框架内存在一致递增的停时序列来告示违约时间。在这种意义下,违约时间的预报就有一定的确定性。比较而言,在基于强度的方法中,违约时间却不能表示为关于"放大"滤子的可料停时,在本书第三篇中用$\mathbb{G}$ 表示"放大"滤子。在典型的例子中,$\mathbb{G}$ 滤子包含了布朗$\mathbb{F}$ 滤子,但$\mathbb{G}$ 滤子比$\mathbb{F}$ 滤子更大。凭直觉,在基于强度方法中违约事件的出现完全是意外的。对任意时刻 t,违约强度的现值决定了每

个无限小的时间段 $[t, t+\mathrm{d}t]$ 上发生违约的条件概率。

回收规则。 如果违约在时刻 T 以后发生，所承诺的权益 X 将在 T 时刻获得全部偿付。否则，根据所采纳的模型不同，可选择在时间 τ 偿付额度 $Z\tau$，或者在到期时日 T 处偿付额度 $\widetilde{X}$。一般情况下，同时考虑这两种回收偿付，因此可违约权益可以正式定义为一个五元组 $DCT=(X, A, \widetilde{X}, Z, \tau)$。但是在大多数实践情形中，只会遇到一种类型的回收偿付——也就是，取 $\widetilde{X}=0$ 或者 $Z\equiv 0$。因此，根据所选回收策略不同，一个典型的可违约权益可以表示为四元组 $DCT^1=(X, A, \widetilde{X}, \tau)$ 或者 $DCT^2=(X, A, Z, \tau)$。前一种称为在到期日进行回收的可违约权益（第一种类型的 DCT），而后一种则称为在违约时进行回收的可违约权益（第二种类型的 DCT）。如果没有标出上标 i，则表明是适用于一般可违约权益的特定形式。注意，期限 T，信息结构 $\mathbb{F}$ 和真实世界概率 $\mathbb{P}$ 都是可违约权益定义中的固有成分。

2.1.1 风险中性估值公式

从存在即期鞅测度 $\mathbb{P}^*$（又称风险中性概率）的意义上，假定我们的基础金融市场模型是一个无套利的模型，这意味着任何可交易证券（没有支付息票利息或红利）的价格过程经过储蓄账户 B 贴现后服从测度 $\mathbb{P}^*$ 下的一个 $\mathbb{F}$—鞅过程。B 由下式给出：

$$B_t := \exp\left(\int_0^t r_u \mathrm{d}u\right)$$

引入过程 $H_t=\mathbb{1}_{\{\tau\leqslant t\}}$，定义过程 D，用以描述可违约权益持有者收到的所有现金流。令 $X^d(T)=X\mathbb{1}_{\{\tau>T\}}+\widetilde{X}\mathbb{1}_{\{\tau\leqslant T\}}$。

定义 2.1.1 T 期结算的一份可违约未定权益 $DCT=(X, A, \tilde{X}, Z, \tau)$ 的红利过程 D 可表示为：

$$D_t = X^d(T)\mathbb{1}_{[T,\infty]}(t)+\int_{[0,t]}(1-H_u)\mathrm{d}A_u+\int_{[0,t]}Z_u\mathrm{d}H_u$$

显而易见，D 是一个定义在 $[0, T]$ 上的有限变差过程。因为

$$\int_{[0,t]}(1-H_u)\mathrm{d}A_u=\int_{[0,t]}\mathbb{1}_{\{\tau>u\}}\mathrm{d}A_u=A_{\tau-}\mathbb{1}_{\{\tau\leqslant t\}}+A_t\mathbb{1}_{\{\tau>t\}}$$

所以很明显在某个时刻 t 发生违约时，承诺应该在此时支付的红利 A_t-A_{t-} 实际上并不会交付给可违约权益的持有人。此外有：

$$\int_{[0,t]}Z_u\mathrm{d}H_u=Z_{\tau\wedge t}\mathbb{1}_{\{\tau\leqslant t\}}=Z_\tau\mathbb{1}_{\{\tau\leqslant t\}}$$

其中,$\tau \wedge t = \min(\tau, t)$。在正常水平下,承诺支付 X 应该视为承诺红利支付过程 A 的一部分。然而,这种规定会带来诸多不便,这是因为实践中关于承诺红利过程 A 和关于承诺权益 X 的回收规则一般不同。例如,在可违约票息债券的例子中,通常假定发生违约时,未来的息票利息不予支付(具体地,它们属于零回收策略),但是债权人通常会收到债券面值的一个严格正比例的偿付。对可违约权益除息价格 $X^d(t, T)$采用下述定义。在任意时刻 $t < T$,随机变量 $X^d(t, T)$表示给定的可违约权益 DCT 的所有未来现金流的现值(按习惯,设定 $X^d(T, T) = X^d(T)$)。式(2.2)的规范证明将在第 2.1.3 节中给出。

定义 2.1.2 在 T 时结算的可违约权益 $DCT = (X, A, \widetilde{X}, Z, \tau)$ 的(除息)价格过程 $X^d(\cdot, T)$可表示为:

$$X^d(t, T) = B_t \mathbb{E}_{\mathbb{P}^*}\left(\int_{]t, T]} B_u^{-1} \mathrm{d}D_u \mid \mathscr{F}_t\right), \ \forall t \in [0, T) \tag{2.2}$$

容易看出式(2.2)是风险中性估值公式中的一个变异,该风险中性估值公式可以导出可达未定权益的套利价格(可参阅 Harrison 和 Pliska(1981)、Duffie(1996)、Musiela 和 Rutkowski(1997a)或 Elliott 和 Kopp(1999))。尽管典型的结构模型假设公司资产代表一份可交易证券(实践中,通常用公司股份的总市场价值来代表 V),但是可违约权益 DCT 的到达性并不明显。接下来,可用类似标准无违约金融模型中的方法来分析可违约权益复制策略存在性的问题。尤为重要的是,假设由可交易资产的价格过程产生参照滤子$\mathbb{F}$。否则,例如 V 不代表一个可交易资产的价格,当违约时间 τ 是 V 首次通过下阈值的时间时(因为滤子是由一些可交易的资产产生的,那么此处的 τ 就不是一个停时),可违约未定权益的可达性问题会变得非常微妙。总而言之,没有明显的先验信息来表明估值式(2.2)的有效性,所以还需逐步加以验证。

为便于将来参考,先仔细检验式(2.2)的两种特殊形式。对于 $i = 1, 2$,可违约未定权益 DCT^i 的价格过程 $X^{d,i}(\cdot, T)$可以直接从式(2.2)推出,

$$X^{d,i}(t, T) := B_t \mathbb{E}_{\mathbb{P}^*}\left(\int_{]t, T]} B_u^{-1} \mathrm{d}D_u^i \mid \mathscr{F}_t\right) \tag{2.3}$$

其中,

$$D_t^1 = (X \mathbb{1}_{\{\tau > T\}} + \widetilde{X} \mathbb{1}_{\{\tau \leqslant T\}}) \mathbb{1}_{\{t \geqslant T\}} + \int_{]0, t]} (1 - H_u) \mathrm{d}A_u$$

$$D_t^2 = X \mathbb{1}_{\{\tau > T\}} \mathbb{1}_{\{t \geqslant T\}} + \int_{]0, t]} (1 - H_u) \mathrm{d}A_u + \int_{]0, t]} Z_u \mathrm{d}H_u$$

先考虑在到期日进行回收的可违约权益——也就是 DCT^1。在不考虑承诺红利支付的情况下(即 $A \equiv 0$),对于 $t < T$,价值公式(2.3)可以简化为:

$$X^{d,1}(t, T) := B_t \mathbb{E}_{\mathbb{P}^*}(B_T^{-1} X^{d,1}(T) \mid \mathscr{F}_t) \tag{2.4}$$

其中,终端支付 $X^{d,1}(T)$等于:

$$X^{d,1}(T) = X \mathbb{1}_{\{\tau > T\}} + \widetilde{X} \mathbb{1}_{\{\tau \leqslant T\}} \tag{2.5}$$

它可以表示为给定具有到期回收的可违约权益在 T 时的现金流。明显地,在不考虑承诺红利支付时,贴现价格过程 $X^{d,1}(t, T)/B_t(t < T)$ 服从测度$\mathbb{P}^*$下的一个$\mathbb{F}$—鞅,当然对于 $X^{d,1}(T)$而言,常用的可积条件必须满足。在一些技术性假设下,关于布朗滤子鞅表示定理的一个恰当形式通常可以确保终端支付 $X^{d,1}(T)$的可达性。

我们转而讨论在违约时进行回收的可违约权益(在此假定 $A \equiv 0$)。在这种情况下,式(2.3)只定义了可违约权益在违约前的价值。事实上,价值过程 $X^{d,2}(t, T)$在随机区间$[\tau, T]$上明显恒等于零。因此,当仅在违约时间 τ 之前讨论贴现价格过程 $X^{d,2}(t, T)/B_t(t < T)$ 时,会很自然的期望它能服从测度$\mathbb{P}^*$下的一个$\mathbb{F}$ 鞅过程。在下文第 2.2 节所表述的偏微分方程方法中,会通过对边界和终端条件的严谨论述来推导过程 $X^{d,2}(t, T)$的这种特性。

另一种可能的方法是在$[\tau, T]$上扩展过程 $X^{d,2}(t, T)$,例如,可以假设将回收损益 Z_τ 投资于到期期限为 T 的无风险零息票债券。在这个约定下,就完成了第一种类型可违约权益的构造,其中 $\widetilde{X} = Z_\tau B^{-1}(\tau, T)$。很明显,当仅对具有严格先于违约时间进行违约回收的可违约权益的估值感兴趣时——也即只研究可违约权益在违约前价值时,这样一个约定就不会影响 DCT^2 的估值问题。

2.1.2 自融资交易战略

我们现在要在无套利原理的基础上给出定义 2.1.2 的正式证明。用 $S^i(i = 1, 2, \cdots, k)$ 表示无套利金融模型中 k 个原生证券的价格过程,并做出标准假设,即 $S^i(i = 1, 2, \cdots, k-1)$ 服从半鞅过程。另外,设 $S_t^k = B_t$,从而使 S^k 可以表示储蓄账户的价值过程。为了简便起见,假设 $S^d(i=1, 2, \cdots, k-1)$ 是不支付红利的资产,并通过设 $\widetilde{S}_t^i = S_t^i/B_t$ 引入贴现价格过程 $\widetilde{S}^i$。

现在假设还有另外的一个证券,在存续期内(假设存续期为$[0, T]$),根据一个有限变差过程 $D(D_0 = 0)$ 支付红利。用 S^0 表示这个证券尚不确定的价格过程。尤其要避免假定 S^0 服从一个半鞅过程。当然,尽管在目前的讨论中把 S^0 解释为可违约权益的价值过程,但实际上不必局限于这个特殊的解释。

用$\mathbb{F}$—可料过程 $\phi = (\phi^0, \phi^1, \cdots, \phi^k)$ 来表示一个交易策略。目前只需检验一个涉及可违约权益的简单交易策略。事实上,由于还没有事先假设 S^0 服从一个半鞅过程,所以还不能考察涉及可违约权益的一般交易策略。

假定在 0 期以初始价格 S_0^0 购买了 1 单位的第 0 项资产,并持有该资产直到 T 期,将所有红利收入以储蓄账户形式进行投资。更特别地,考虑一个购买并持有的策略 $\psi = (1, 0, \cdots, 0, \psi^\kappa)$,与此相应的财富过程 $U(\psi)$等于:

$$U_t(\psi) = S_t^0 + \psi_t^\kappa B_t, \ \forall\, t \in [0, T] \tag{2.6}$$

它的某个初始值为 $U_0(\psi) = S_0^0 + \psi_0^\kappa$,假设上述引入的策略 ψ 是一项自融资策略,即假定对每个 $t \in [0, T]$ 有:

$$U_t(\psi) - U_0(\psi) = S_t^0 - S_0^0 + D_t + \int_{[0,\, t]} \psi_u^\kappa \mathrm{d}B_u \tag{2.7}$$

引理 2.1.1 对每个 $t \in [0, T]$,一项自融资交易策略 ψ 的财富贴现值 $\widetilde{U}_t(\psi) = B_t^{-1} U_t(\psi)$ 满足:

$$\widetilde{U}_t(\psi) = \widetilde{U}_0(\psi) + \widetilde{S}_t^0 - \widetilde{S}_0^0 + \int_{[0,\, t]} B_u^{-1} \mathrm{d}D_u \tag{2.8}$$

证明:定义一个辅助过程 $\hat{U}(\psi)$,令 $\hat{U}_t(\psi) := U_t(\psi) - S_t^0 = \psi_t^\kappa B_t$ 根据式(2.7)有

$$\hat{U}_t(\psi) = \hat{U}_0(\psi) + D_t + \int_{[0,\, t]} \psi_u^\kappa \mathrm{d}B_u$$

所以过程 $\hat{U}(\psi)$服从一个半鞅过程。

应用伊藤乘积法则可得到:

$$\begin{aligned} \mathrm{d}(B_t^{-1}\hat{U}_t(\psi)) &= B_t^{-1}\mathrm{d}\hat{U}_t(\psi) + \hat{U}_t(\psi)\mathrm{d}B_t^{-1} \\ &= B_t^{-1}\mathrm{d}D_t + \psi_t^\kappa B_t^{-1}\mathrm{d}B_t + \psi_t^\kappa B_t \mathrm{d}B_t^{-1} \\ &= B_t^{-1}\mathrm{d}D_t \end{aligned}$$

其中,利用了等式 $B_t^{-1}\mathrm{d}B_t + B_t \mathrm{d}B_t^{-1} = 0$。对上面最后一个等式积分可得:

$$B_t^{-1}(U_t(\psi) - S_t^0) = B_0^{-1}(U_0(\psi) - S_0^0) + \int_{[0,\, t]} B_u^{-1}\mathrm{d}D_u$$

由此可得式(2.8)。 □

根据引理 2.1.1,对所有的 $t \in [0, T]$ 也有:

$$\widetilde{U}_T(\psi) - \widetilde{U}_t(\psi) = \widetilde{S}_T^0 - \widetilde{S}_t^0 + \int_{[t,\, T]} B_u^{-1}\mathrm{d}D_u \tag{2.9}$$

2.1.3 鞅测度

为求除息价格 S_t^0，将推导一个风险中性价值公式。为此，假设模型是无套利的，也即该模型容许一个与$\mathbb{P}$ 等价的即期鞅测度$\mathbb{P}^*$（不必是唯一的）。特别地，这意味着任何无红利支付的原生证券贴现价格 $\widetilde{S}^i$ 以及任何可容许的自融资交易策略 $\phi = (0, \phi^0, \cdots, \phi^k)$ 的贴现财富过程 $\widetilde{U}(\phi)$都服从$\mathbb{P}^*$ 测度下的鞅。另外，假定第 2.1.2 节中引入的交易策略 ψ 也是可容许的，那么贴现财富过程 $\widetilde{U}(\psi)$服从关于滤子$\mathbb{F}$ 的$\mathbb{P}^*$—鞅。

假设第 0 项证券在时刻 t 的市场价值完全源自于未来的红利流，且满足 $S_T^0 = \widetilde{S}_T^0 = 0$。根据这个约定，用 S^0 表示第 0 项资产（如可违约权益）除息价格。

命题 2.1.1 对所有的 $t \in [0, T]$，除息价格过程 S^0 满足

$$S_t^0 = B_t \mathbb{E}_{\mathbb{P}^*}\left(\int_{[t, T]} B_u^{-1} \mathrm{d}D_u \mid \mathscr{F}_t\right) \tag{2.10}$$

证明：根据贴现财富过程 $\widetilde{U}(\psi)$的鞅性，对所有的 $t \in [0, T]$ 有：

$$\mathbb{E}_{\mathbb{P}^*}(\widetilde{U}_T(\psi) - \widetilde{U}_t(\psi) \mid \mathscr{F}_t) = 0$$

结合式(2.9)可得

$$\widetilde{S}_t^0 = \mathbb{E}_{\mathbb{P}^*}\left(\widetilde{S}_T^0 + \int_{[t, T]} B_u^{-1} \mathrm{d}D_u \mid \mathscr{F}_t\right)$$

因为假设 $S_T^i = \widetilde{S}_T^i = 0$，代入上一公式即可得到式(2.10)。 □

现在让我们来检验一般交易策略 $\phi = (\phi^0, \phi', \cdots, \phi^k)$。相应的财富过程 $U(\phi)$等于：$U_t(\phi) = \sum_{i=0}^{k} \phi_t^i S_t^i$。如果对每一个 $t \in [0, T]$，有 $U_t(\phi) = U_0(\phi) + G_t(\phi)$ 成立，那么 ϕ 就是一个自融资策略，此处财富的利得过程 $G(\phi)$定义如下：

$$G_t(\phi) := \int_{[0, t]} \phi_u^0 \mathrm{d}D_u + \sum_{i=0}^{k} \int_{[0, t]} \phi_u^i \mathrm{d}S_u^i$$

推论 2.1.1 对任意的自融资交易策略 ϕ，贴现财富过程 $\widetilde{U}(\phi) := B_t^{-1} U_t(\phi)$ 服从$\mathbb{P}^*$ 下的局部鞅。

证明：因为 B 是一个连续的有限变差过程，对 $i = 1, 2, \cdots, k$，由伊藤乘积法则有：

$$\mathrm{d}\widetilde{S}_t^i = S_t^i \mathrm{d}B_t^{-1} + B_t^{-1} \mathrm{d}S_t^i$$

所以，

$$
\begin{aligned}
\mathrm{d}\widetilde{U}_t(\phi) &= U_t(\phi)\mathrm{d}B_t^{-1} + B_t^{-1}\mathrm{d}U_t(\phi) \\
&= U_t(\phi)\mathrm{d}B_t^{-1} + B_t^{-1}\Big(\sum_{i=0}^{k}\phi_t^i\mathrm{d}S_t^i + \phi_t^0\mathrm{d}D_t\Big) \\
&= \sum_{i=0}^{k}\phi_t^i(S_t^i\mathrm{d}B_t^{-1} + B_t^{-1}\mathrm{d}S_t^i) + \phi_t^0 B_t^{-1}\mathrm{d}D_t \\
&= \sum_{i=1}^{k-1}\phi_t^i\mathrm{d}\widetilde{S}_t^i + \phi_t^0(\mathrm{d}\widetilde{S}_t^0 + B_t^{-1}\mathrm{d}D_t) \\
&= \sum_{i=1}^{k-1}\phi_t^i\mathrm{d}\widetilde{S}_t^i + \phi_t^0\mathrm{d}\hat{S}_t^0
\end{aligned}
$$

其中,过程 $\hat{S}^0$ 由下式给出:

$$\hat{S}_t^0 := \widetilde{S}_t^0 + \int_{[0,\,t]} B_u^{-1}\mathrm{d}D_u$$

据此,根据式(2.10)可知过程 $\hat{S}^0$ 满足

$$\hat{S}_t^0 = \mathbb{E}_{\mathbb{P}^*}\Big(\int_{[0,\,T]} B_u^{-1}\mathrm{d}D_u \mid \mathcal{F}_t\Big)$$

所以它在$\mathbb{P}^*$下为一个鞅过程。 □

评注:(1) 值得注意的是,$\hat{S}_t^0$ 表示第 0 项资产在 t 时累息价格的贴现值。

(2) 在即期鞅测度$\mathbb{P}^*$唯一性的假设下,任何$\mathbb{P}^*$—可积未定权益是可达的。价值公式也可以通过复制的方法证明。否则,也即当鞅概率测度不是唯一的情况下,式(2.10)的右边取决于一个特定鞅概率测度的选择。在这种情况下,对于一个任意选择的即期鞅测度$\mathbb{P}^*$,由式(2.10)定义的过程可视为可违约权益的无套利价格过程。

2.2 偏微分方程(PDE)方法

本节的目的是根据不同的结构理论为可违约权益的估值和对冲分析提供数学工具。为了保证无套利性,本节提出了较为宽松的假设条件。关于假设(A.1)实际有效性的讨论会放在第 2.4.3 节中进行。在此需要说明的是,几乎所有的学者都认为,将公司资产表述成一份可交易证券的假设是公司价值分析方法的一个主要缺陷。

假设(A.1) 公司资产、无违约零息票债券以及可违约权益都是可交易证券。交易是无摩擦(没有交易成本,没有税收,资产可以无限分割等)的且持续发生。

以下两个假设支持一个强马尔可夫扩散模型,该模型综合考虑了短期利率过程和即

期鞅测度(以下用$\mathbb{P}^*$表示)下公司资产估价过程的动态变化。大多数即将讨论的结构模型都可以由这个模型的各种形式来刻画。为了简便,固定水平期限 $T>0$。除非考虑的是永久性的未定权益,否则这样的约定是没有限制性的。

假设(A.2) 短期利率 $r_t(t\geqslant 0)$ 的风险中性动态变化过程可以由下式给出

$$\mathrm{d}r_t=\mu_r(r_t,\ t)\mathrm{d}t+\sigma_r(r_t,\ t)\mathrm{d}\widetilde{W}_t,\ r_0>0 \tag{2.11}$$

其中,$\widetilde{W}$ 是概率测度$\mathbb{P}^*$下关于参照滤子$\mathbb{F}$的标准布朗运动。还假设系数 $\mu_r(\mu_r:\mathbb{R}\times[0,\ T]\to\mathbb{R})$ 和$\sigma_r(\sigma_r:\mathbb{R}\times[0,\ T]\to\mathbb{R})$ 为充分正则的确定性函数,从而使得对任意初始条件 $r_0\in\mathbb{R}_+$,随机微分方程(2.11)存在一个唯一的全局强解 $r_t(t\in[0,\ T])$。

评注:注意到,利率风险的市场价格已经嵌入到漂移系数 μ_r 中。为了得到下文的估值结果,必须估计函数 μ_r,从而估计利率风险的市场价格。Kim 等(1993a)在他们的模型中假设利率风险的市场价格为零,并称他们的结论对这种设定是不敏感的。在其他一些结构模型中,都假设系数 μ_r 和σ_r 为零,从而使得短期利率 r 为常数。

以下假定描述公司资产总价值的随机过程 V 服从扩散型的动态变化。注意在式(2.12)中,系数 κ 表示派息率(payout ratio),用来表示公司净的总支付(或者收到的现金流入)。出现在式(2.12)漂移项中的 r_t 的表达式可以直接利用假设(A.1)和标准无套利原理得到。

假设(A.3) 过程 V 的风险中性动态变化由下式给出

$$\frac{\mathrm{d}V_t}{V_t}=(r_t-\kappa(V_t,\ r_t,\ t))\mathrm{d}t+\sigma_V(V_t,\ t)\mathrm{d}W_t^*,\ V_0>0 \tag{2.12}$$

其中,W^* 在$\mathbb{P}^*$下服从一个关于$\mathbb{F}$的标准布朗运动。假设函数 $\kappa(\kappa:\mathbb{R}_+\times\mathbb{R}\times[0,\ T]\to\mathbb{R})$ 和 $\sigma_V(\sigma_V:\mathbb{R}_+\times[0,\ T]\to\mathbb{R})$ 是充分正则的(即全局利普希茨(Lipschitz)),以保证随机微分方程(2.12)存在唯一的、全局的强式解。

为了简便,假定过程 V 是非负的。此外,假设布朗运动 $\widetilde{W}$ 和 W^* 之间的瞬时相关系数为常数,并用 ρ_{vr} 表示。

服从式(2.12)所描述的动态变化过程 V 实际上也就是一个"无违约"过程。如果不存在违约条款,那么公司资产总值也服从这样一个过程。其实把它称为"公司资产违约前总价值"过程将更合适。由于存在各种违约条款(稍后有详细描述),公司资产总价值的随机过程仅在违约时刻前服从动态过程式(2.12),而在违约之时,其过程特性将发生变化。通常,经过贴现后,与 V 对应的调整后的利得过程并不服从一个关于滤子$\mathbb{F}$的$\mathbb{P}^*$—鞅过程。但是,文献中研究的大多数结构模型都把类似式(2.12)的无限制动态变化过程 V 或这些过程的跳跃扩散形式视为公司资产总价值过程。而相应的经贴现后的利得过程显然在即期鞅测度$\mathbb{P}^*$下满足鞅性(参阅 Musiela 和 Rutkowski(1997a)的第 6.2

节),在大多数关于结构方法的论文中,往往把该利得过程作为一种基础可交易证券。在本章中也遵循这个惯例。

为了运用偏微分方程方法,需要对回收规则、承诺红利过程 A 和违约时间 τ 施加一些技术性假设。要强调的是,在大多数分析结构模型的文献中也施加了假设(A.4)—假设(A.6)。

假设(A.4) 对某些可测函数 g, $h(g, h: \mathbb{R}_+ \times \mathbb{R} \to \mathbb{R})$ 和 $z(z: \mathbb{R}_+ \times \mathbb{R} \times [0, T] \to \mathbb{R})$,承诺的未定权益 X,回收支付 $\tilde{X}$ 和回收过程 Z 满足:

$$X = g(V_T, r_T),\ \tilde{X} = h(V_T, r_T),\ Z_t = z(V_t, r_t, t),\ \forall t \in [0, T]$$

假设(A.5) 对于某个可积息票利率函数 $c(c: \mathbb{R}_+ \times \mathbb{R} \times [0, T] \to \mathbb{R})$,承诺红利过程 A 由下式给出:

$$A_t = \int_0^t c(V_u, r_u, u)\mathrm{d}u,\ \forall t \in [0, T]$$

假设(A.6) 对某个可测函数 $\bar{v}(\bar{v}: \mathbb{R}_+ \times \mathbb{R} \times [0, T] \to \mathbb{R})$,违约触发界限过程 v 满足下列等式:

$$v_t = \bar{v}(V_t, r_t, t),\ \forall t \in [0, T]$$

下面的引理由二维扩散过程(r, V)的强马尔可夫性推导而来。

引理 2.2.1 在假设(A.1)—(A.6)下,对某个可测函数 $u(u: \mathbb{R}_+ \times \mathbb{R} \times [0, T] \to \mathbb{R})$,有下式成立:

$$X^d(t, T) = u(V_t, r_t, t),\ \forall t \in [0, T] \tag{2.13}$$

证明:根据风险中性估值公式(2.3)、假设(A.4)和假设(A.5),价值过程 $X^{d,1}(\cdot, T)$显然可以表示为(记住 τ 是一个$\mathbb{F}$—停时):

$$\begin{aligned} X^{d,1}(t, T) &= B_t \mathbb{E}_{\mathbb{P}^*}\left(\mathbb{1}_{\{\tau > t\}} \int_{[t, T]} B_u^{-1} \mathrm{d}D_u^1 \mid \mathcal{F}_t\right) \\ &\quad + B_t \mathbb{E}_{\mathbb{P}^*}\left(\mathbb{1}_{\{\tau \leqslant t\}} \int_{[t, T]} B_u^{-1} \mathrm{d}D_u^1 \mid \mathcal{F}_t\right) \\ &= B_t \mathbb{E}_{\mathbb{P}^*}\left(B_T^{-1}(X \mathbb{1}_{\{\tau > T\}} + \tilde{X} \mathbb{1}_{\{\tau \leqslant T\}}) \mid \mathcal{F}_t\right) \mathbb{1}_{\{\tau > t\}} \\ &\quad + B_t \mathbb{E}_{\mathbb{P}^*}(B_T^{-1} \tilde{X} \mathbb{1}_{\{\tau \leqslant T\}} \mid \mathcal{F}_t) \mathbb{1}_{\{\tau \leqslant t\}} \\ &\quad + B_t \mathbb{E}_{\mathbb{P}^*}\left(\int_t^{T \wedge \tau} B_u^{-1} c(V_u, r_u, u)\mathrm{d}u \mid \mathcal{F}_t\right) \mathbb{1}_{\{\tau > t\}} \end{aligned}$$

因此,在集合 $\{\tau > t\}$ 上,即违约前价值过程 $X^{d,1}(\cdot, T)$ 满足

$$X^{d,1}(t, T) = \mathbb{E}_{\mathbb{P}^*}\left(e^{-\int_t^T r_u du} g(V_T, r_T) \mathbb{1}_{\{\tau > T\}} \mid \mathcal{F}_t\right)$$
$$+ \mathbb{E}_{\mathbb{P}^*}\left(e^{-\int_t^T r_u du} h(V_T, r_T) \mathbb{1}_{\{\tau \leqslant T\}} \mid \mathcal{F}_t\right)$$
$$+ \mathbb{E}_{\mathbb{P}^*}\left(\int_t^{T \wedge \tau} e^{-\int_t^u r_a ds} c(V_u, \tau_u, u) du \mid \mathcal{F}_t\right)$$

在违约之后,即在集合 $\{\tau \leqslant t\}$ 上,可违约权益的价格就是回收支付 $\tilde{X}$ 的现值,即

$$X^{d,1}(t, T) = \mathbb{E}_{\mathbb{P}^*}\left(e^{-\int_t^T r_u du} h(V_T, r_T) \mathbb{1}_{\{\tau \leqslant T\}} \mid \mathcal{F}_t\right)$$

利用式(2.1)、假设(A.6)和过程(r, V)的强马尔可夫性,对于定义在 $\mathbb{R}_+ \times \mathbb{R} \times [0, T] \rightarrow \mathbb{R}$ 上的某个可测函数 $u^{(1)}$,可以得到如下结论:

$$X^{d,1}(t, T) = u^{(1)}(V_t, r_t, t), \ \forall t \in [0, T] \tag{2.14}$$

类似地,价格过程 $X^{d,2}(\cdot, T)$满足:

$$X^{d,2}(t, T) = B_t \mathbb{E}_{\mathbb{P}^*}\left(\mathbb{1}_{\{\tau > t\}} \int_{[t, T]} B_u^{-1} dD_u^2 \mid \mathcal{F}_t\right)$$
$$+ B_t \mathbb{E}_{\mathbb{P}^*}\left(\mathbb{1}_{\{\tau \leqslant t\}} \int_{[t, T]} B_u^{-1} dD_u^2 \mid \mathcal{F}_t\right)$$
$$= B_t \mathbb{E}_{\mathbb{P}^*}(B_T^{-1} X \mathbb{1}_{\{\tau > T\}} + B_\tau^{-1} Z_\tau \mathbb{1}_{\{\tau \leqslant T\}} \mid \mathcal{F}_t) \mathbb{1}_{\{\tau > t\}}$$
$$+ B_t \mathbb{E}_{\mathbb{P}^*}\left(\int_t^{T \wedge \tau} B_u^{-1} c(V_u, r_u, u) du \mid \mathcal{F}_t\right) \mathbb{1}_{\{\tau > t\}}$$

所以在集合 $\{\tau \leqslant t\}$ 上有 $X^{d,2}(t, T) = 0$,而在集合$\{\tau > t\}$ 上有:

$$X^{d,2}(t, T) = \mathbb{E}_{\mathbb{P}^*}\left(e^{-\int_t^T r_u du} g(V_T, r_T) \mathbb{1}_{\{\tau > T\}} \mid \mathcal{F}_t\right)$$
$$+ \mathbb{E}_{\mathbb{P}^*}\left(e^{-\int_t^\tau r_u du} z(V_\tau, r_\tau, \tau) \mathbb{1}_{\{\tau \leqslant T\}} \mid \mathcal{F}_t\right)$$
$$+ \mathbb{E}_{\mathbb{P}^*}\left(\int_t^{T \wedge \tau} e^{-\int_t^u r_s ds} c(V_u, r_u, u) du \mid \mathcal{F}_t\right)$$

再次利用式(2.1)、假设(A.6)和过程(r, V)的强马尔可夫性,对于定义在 $\mathbb{R}_+ \times \mathbb{R} \times [0, T]$ 上的某个可测函数 $u^{(2)}$,可以得到:

$$X^{d,2}(t, T) = u^{(2)}(V_t, r_t, t), \ t \in [0, T] \tag{2.15}$$

一般情况下的证明可以遵循类似的方法。 □

下一个目标是推导一个偏微分方程(简称 PDE),从而使我们可以找到显性的(至少在某些情况下)"定价"函数 u。正如所预想的,在此使用的基本工具是伊藤公式。因此,假设函数 u 足够光滑,特别地,用 u_t, u_V, u_r, u_{VV}, u_{rr} 和 u_{Vr} 表示函数 $u = u(V, r, t)$ 的一

阶和二阶偏导。对过程 $u(V_t, r_t, t)$ 运用伊藤法则以及利用式(2.11)和式(2.12)，得到下面关于过程 $X^d(t, T)$ 伊藤微分的表达式：

$$dX^d(t, T) = du(V_t, r_t, t) = \mu_X(t)dt + \sigma_{X,V}(t)dW_t^* + \sigma_{X,r}(t)d\widetilde{W}_t \tag{2.16}$$

其中，

$$\begin{aligned}\mu_X(t) = {} & u_V(V_t, r_t, t)\big(r_t - \kappa(V_t, r_t, t)\big)V_t + u_r(V_t, r_t, t)\mu_r(r_t, t) \\ & + \frac{1}{2}u_{VV}(V_t, r_t, t)\sigma_V^2(V_t, t)V_t^2 + \frac{1}{2}u_{rr}(V_t, r_t, t)\sigma_r^2(r_t, t) \\ & + u_{Vr}(V_t, r_t, t)\sigma_V(V_t, t)\sigma_r(r_t, t)V_t\rho_{Vr} + u_t(V_t, r_t, t)\end{aligned} \tag{2.17}$$

$$\begin{cases}\sigma_{X,V}(t) = u_V(V_t, r_t, t)\sigma_V(V_t, t)V_t \\ \sigma_{X,r}(t) = u_r(V_t, r_t, t)\sigma_r(r_t, t)\end{cases} \tag{2.18}$$

需要强调的是，在探讨到期日回收的权益(即当 $i = 1$) 时，式(2.16)的右边对于任意的 $t \in [0, T]$ 都有效。但如果探讨的是违约期回收的权益 (即当 $i = 2$) 时，式(2.16)的右边只有当 $t \in [0, \tau \wedge T]$ 时才有效。

现在考虑在 T 时到期的 1 单位无违约零息票债券。这份债券在 t 时的价格可以表示为：

$$B(t, T) = \mathbb{E}_{\mathbb{P}^*}\big(e^{-\int_t^T r_u du} \mid \mathscr{F}_t\big) = B_t\,\mathbb{E}_{\mathbb{P}^*}(B_T^{-1} \mid \mathscr{F}_t)$$

给定马尔可夫假设，对某个函数 $p(r, t, T)$，有 $B(t, T) = p(r_t, t, T)$，此处 $r \in \mathbb{R}$ 且 $t \in [0, T]$。假设在两种讨论情况的前一种中函数 p 足够平滑，可以得出价格过程 $B(t, T)$ 在测度 $\mathbb{P}^*$ 下服从如下的动态变化：

$$\frac{dB(t, T)}{B(t, T)} = r_t dt + \sigma_B(r_t, t, T)d\widetilde{W}_t$$

其中，

$$\sigma_B(r_t, t, T) = p_r(r_t, t, T)\sigma_r(r_t, t) \tag{2.19}$$

评注：在马尔可夫假设下，给定到期期限 T 的无违约贴现债券在 t 时的价格显然是两个状态变量 r_t 和 t 的函数。式(2.13)表明，在满足假设(A.4)—假设(A.6)的结构模型框架内，公司债券的价格是公司价值 V_t、短期利率 r_t 和时间 t 这三个状态变量的函数。

2.2.1 价值函数的偏微分方程

下面的目标是推导式(2.13)中函数 u 所遵循的定价偏微分方程。所以，要进行涵盖伊藤公式和套利理论的正规分析(我们的推导与 Merton(1974)或者 Brennan 和 Schwartz (1980)中推导是类似的)。我们要检验一项自融资交易策略 $\phi_t = (\phi_t^0, \phi_t^1, \phi_t^2, \phi_t^3)$，对于每一个 $t \in [0, T]$，其价值过程 $U(\phi)$ 由下述等式给出：

$$U_t(\phi) = \phi_t^0 X^d(t, T) + \phi_t^1 V_t + \phi_t^2 B(t, T) + \phi_t^3 B_t \tag{2.20}$$

因为 ϕ 是一项自融资策略，所以有①

$$\begin{aligned} dU_t(\phi) = {} & \phi_t^0 (dX^d(t, T) + c(V_t, r_t, t)dt) \\ & + \phi_t^1 (dV_t + \kappa(V_t, r_t, t)V_t dt) + \phi_t^2 dB(t, T) + \phi_t^3 dB \end{aligned} \tag{2.21}$$

下一结论给出了定价函数所遵循的偏微分方程和复制策略的一般表达式。在适当的终端条件和边界条件约束下，求解这个偏微分方程，就可以证明给定的可违约权益是可达的并可求得其套利价格。但是，在本书中很少会用到偏微分方程方法。

命题 2.2.1 假设(2.13)式中的函数 u 属于类 $C^{2,2,1}(\mathbb{R}_+ \times \mathbb{R} \times [0, T])$，那么 u 服从基本偏微分方程②

$$\begin{aligned} & u_t(V, r, t) + (r - \kappa(V, r, t))V u_V(V, r, t) + \mu_r(r, t) u_r(V, r, t) \\ & + \frac{1}{2}\sigma_V^2(V, t) V^2 u_{VV}(V, r, t) + \frac{1}{2}\sigma_r^2(r, t) u_{rr}(V, r, t) \\ & + \sigma_V(V, t)\sigma_r(r, t) V \rho_{Vr} u_{Vr}(V, r, t) + c(V, r, t) - r_u(V, r, t) \\ & = 0 \end{aligned} \tag{2.22}$$

可违约权益的复制自融资策略满足

$$\phi_t^1 = u_V(V_t, r_t, t), \quad \phi_t^2 = \frac{u_r(V_t, r_t, t)}{B(t, T) p_r(r_t, t, T)},$$

$$\phi_t^3 = B_t^{-1}\left(u(V_t, r_t, t) - u_V(V_t, r_t, t)V_t - \frac{u_r(V_t, r_t, t)}{p_r(r_t, t, T)}\right)$$

证明：对于套利过程 ϕ_t^0，ϕ_t^1，ϕ_t^2，能够通过选择 ϕ_t^3 使得 ϕ 为自融资策略且 $U(\phi) \equiv 0$。特别地有：

$$\phi_t^3 = -B_t^{-1}(\phi_t^0 X^d(t, T) + \phi_t^1 V_t + \phi_t^2 B(t, T))$$

将上一公式和式(2.21)联系起来，并利用等式 $dB_t = r_t B_t dt$，可以得到自融资条件

① 回顾，可违约权益支付连续的息票利率 $c(V_t, r_t, t)$，也假设公司按利率 $\kappa(V_t, r_t, t)$ 支付连续的现金流；假设后一种现金流是公司现值的一部分。

② 需要强调的是，基本偏微分方程所满足的值域取决于权益是在到期日结算还是在违约时间结算。

(2.21)的一个等价形式：

$$
\begin{aligned}
&\phi_t^0\big(\mathrm{d}X^d(t,\ T)+c(V_t,\ r_t,\ t)\mathrm{d}t\big)+\phi_t^1\big(\mathrm{d}V_t+\kappa(V_t,\ r_t,\ t)V_t\mathrm{d}t\big)\\
&\quad+\phi_t^2\mathrm{d}B(t,\ T)-r_t\big(\phi_t^0X^d(t,\ T)+\phi_t^1V_t+\phi_t^2B(t,\ T)\big)\mathrm{d}t\\
&=0
\end{aligned}
$$

根据式(2.12)有

$$
\mathrm{d}V_t+\kappa(V_t,\ r_t,\ t)V_t\mathrm{d}t=V_t\big(r_t\mathrm{d}t+\sigma_V(V_t,\ t)\mathrm{d}W_t^*\big)
$$

为了复制一个可违约权益，简单起见，令 $\phi^0\equiv-1$，然后利用式(2.16)，可以得出

$$
\begin{aligned}
&-\mu_X(t)\mathrm{d}t-\sigma_{X,V}(t)\mathrm{d}W_t^*-\sigma_{X,r}(t)\mathrm{d}\widetilde{W}_t-c(V_t,\ r_t,\ t)\mathrm{d}t\\
&\quad+\phi_t^1V_t\big(r_t\mathrm{d}t+\sigma_V(V_t,\ t)\mathrm{d}\widetilde{W}_t^*\big)+\phi_t^2B(t,\ T)\big(r_t\mathrm{d}t+\sigma_B(r_t,\ t,\ T)\mathrm{d}\widetilde{W}_t\big)\\
&\quad-r_t\big(-X^d(t,\ T)+\phi_t^1V_t+\phi_t^2B(t,\ T)\big)\mathrm{d}t\\
&=0
\end{aligned}
$$

上式又可导出：

$$
\begin{aligned}
&-\mu_X(t)\mathrm{d}t-\sigma_{X,V}(t)\mathrm{d}W_t^*-\sigma_{X,r}(t)\mathrm{d}\widetilde{W}_t-c(V_t,\ r_t,\ t)\mathrm{d}t\\
&\quad+\phi_t^1V_t\sigma_V(V_t,\ t)\mathrm{d}W_t^*+\phi_t^2B(t,\ T)\sigma_B(r_t,\ t,\ T)\mathrm{d}\widetilde{W}_t+r_tX^d(t,\ T)\mathrm{d}t\\
&=0
\end{aligned}
$$

下面，通过进一步设定过程 ϕ^1 和 ϕ^2，从而使得上式中的鞅成分可以消掉。为达到此目的，设(比照式(2.18))

$$
\phi_t^1V_t\sigma_V(V_t,\ t)=\sigma_{X,V}(t)=u_V(V_t,\ r_t,\ t)V_t\sigma_V(V_t,\ t) \tag{2.23}
$$

和

$$
\phi_t^2B(t,\ T)\sigma_B(r_t,\ t,\ T)=\sigma_{X,r}(t)=u_r(V_t,\ r_t,\ t)\sigma_r(r_t,\ t)
$$

其中，利用了式(2.19)

$$
\sigma_B(r_t,\ t,\ T)=p_r(r_t,\ t,\ T)\sigma_r(r_t,\ t)
$$

因此，更为明显地有 $\phi_t^1=u_V(V_t,\ r_t,\ t)$ 和

$$
\phi_t^2=\frac{u_r(V_t,\ r_t,\ t)}{B(t,\ T)p_r(r_t,\ t,\ T)}
$$

即可导出如下积分形式的等式：

$$
\int_0^t\big(\mu_X(s)+c(V_s,\ r_s,\ s)-r_su(V_s,\ r_s,\ s)\big)\mathrm{d}s=0 \tag{2.24}
$$

综合式(2.24)和式(2.17),可以得到:

$$
\begin{aligned}
& u_t(V_t, r_t, t)+(r-\kappa(V_t, r_t, t))V_t u_V(V_t, r_t, t)+\mu_r(r_t, t)u_r(V_r, r_t, t) \\
& \quad +\frac{1}{2}\sigma_V^2(V_t, t)V_t^2 u_{VV}(V_t, r_t, t)+\frac{1}{2}\sigma_r^2(r_t, t)u_{rr}(V_t, r_t, t) \\
& \quad +\sigma_V(V_t, t)\sigma_r(r_t, t)V_t\rho_{V_r}u_{V_r}(V_t, r_t, t)+c(V_t, r_t, t)-r_t u(V_t, r_t, t) \\
& =0
\end{aligned}
$$

当函数 u 遵循基本偏微分方程(2.22)时,上述等式成立。复制策略的形式也就清楚了。 □

如果将运行时间 t 改为表示权益距到期日的时间 $\mathbf{t}:=T-t$,那么模型就具有时间齐次性(齐时性)(time-homogeneous),偏微分方程(2.22)就有如下形式:

$$
\begin{aligned}
& -u_{\mathbf{t}}(V, r, \mathbf{t})+(r-\kappa(V, r))Vu_V(V, r, \mathbf{t})+\mu_r(r)u_r(V, r, \mathbf{t}) \\
& \quad +\frac{1}{2}\sigma_V^2(V)V^2 u_{VV}(V, r, t)+\frac{1}{2}\sigma_r^2(r)u_{rr}(V, r, \mathbf{t}) \\
& \quad +\sigma_V(V)\sigma_r(r)V\rho_{V_r}u_{V_r}(V, r, \mathbf{t})+c(V, r)-r_u(V, r, \mathbf{t}) \\
& =0
\end{aligned}
$$

注意,如果令 $\mu_r(r, t)=\sigma_r(r, t)=c(V, r, t)=0$,并去掉各变量标识中相关的(常量)利率 r,那么基本偏微分方程简化为经典的 Black-Scholes 偏微分方程:

$$
u_t(V, t)+(r-\kappa(V, t))Vu_V(V, t)+\frac{1}{2}\sigma_V^2(V, t)V^2 u_{VV}(V, t)-r_u(V, t)=0
$$

如果我们讨论不依赖于过程 V 的无违约利率敏感型证券,那么也可得到该证券套利价格的偏微分方程:

$$
u_t(r, t)+\mu_r(r, t)u_r(r, t)+\frac{1}{2}\sigma_r^2(r, t)u_{rr}(r, t)+c(r, t)-r_u(r, t)=0
$$

2.2.2 公司零息票债券

假设 $A\equiv 0$ 及对某个常量 $L>0$ 有 $X=L$,那么由式(2.4)给出的过程可视为面值为 L 的可违约(公司)零息票债券的套利价格。这样一份债券的价格 $D(t, T)$ 等于:

$$
D(t, T)=B_t\,\mathbb{E}_{\mathbb{P}^*}\left(B_T^{-1}(L\,\mathbb{1}_{\{\tau>T\}}+\widetilde{X}\,\mathbb{1}_{\{\tau\leqslant T\}})\mid\mathcal{F}_t\right)
$$

出于简便考虑,可将上式重新表示为

$$
D(t, T)=LB_t\,\mathbb{E}_{\mathbb{P}^*}\left(B_T^{-1}(\mathbb{1}_{\{\tau>T\}}+\delta(T)\,\mathbb{1}_{\{\tau\leqslant T\}})\mid\mathcal{F}_t\right) \tag{2.25}
$$

其中,随机变量 $\delta(T)=\widetilde{X}/L$ 表示基于违约的回收率(recovery rate upon default)。

很自然假设 $0 \leqslant \widetilde{X} \leqslant L$，从而有 $0 \leqslant \delta(T) \leqslant 1$。但实际上这个假设并不重要。还可以把债券的价格重新表示为

$$D(t,\ T) = L(B(t,\ T) - B_t\, \mathbb{E}_{\mathbb{P}^*}(B_T^{-1} w(T) \mathbb{1}_{\{\tau \leqslant T\}} \mid \mathcal{F}_t)) \tag{2.26}$$

其中，$B(t,\ T):= B_t \mathbb{E}_{\mathbb{P}^*}(B_T^{-1} \mid \mathcal{F}_t)$ 表示单位无违约零息票债券的价格，而 $w(T):= 1-\delta(T)$ 就是所谓的基于违约的减值率（writedown rate upon default）。正如式(2.25)和式(2.26)所示，公司债券的价值取决于三维随机变量$(B_T,\ \delta(T),\ \tau)$或$(B_T,\ w(T),\ \tau)$在测度$\mathbb{P}^*$下的联合概率分布。

例 2.2.1 Merton(1974)模型(参阅第 2.3 节)。假定基于违约的回收支付等于 $\widetilde{X} = V_T$，此处随机变量 V_T 表示时间 T 处的公司价值。那么随机回收率等于 $\delta(T) = V_T/L$，而减值率则等于 $w(T) = 1 - V_T/L$。

非随机利率的情况。假设存款账户 B 是非随机的。那么无违约零息票债券的价格等于 $B(t,\ T) = B_t B_T^{-1}$，所以有 $D(t,\ T) = L_t(1 - w^*(t,\ T))$，其中，$L_t = LB(t,\ T)$ 表示未来债务的现值，$w^*(t,\ T)$为测度$\mathbb{P}^*$下条件期望减值率，更明确的可表示为：

$$w^*(t,\ T):= \mathbb{E}_{\mathbb{P}^*}(w(T) \mathbb{1}_{\{\tau \leqslant T\}} \mid \mathcal{F}_t)$$

测度$\mathbb{P}^*$下基于违约的条件期望减值率为：

$$w_t^*:= \frac{\mathbb{E}_{\mathbb{P}^*}(w(T) \mathbb{1}_{\{\tau \leqslant T\}} \mid \mathcal{F}_t)}{\mathbb{P}^*\{\tau \leqslant T \mid \mathcal{F}_t\}} = \frac{w^*(t,\ T)}{p_t^*}$$

其中，$p_t^*:= \mathbb{P}^*(\tau \leqslant T \mid \mathcal{F}_t)$ 是条件风险中性违约概率。最后，令 $\delta_t^*:= 1 - w_t^*$ 为$\mathbb{P}^*$下基于违约的条件期望回收率。如果用 p_t^*，δ_t^* 和 w_t^* 形式表示，可以得到：

$$D(t,\ T) = L_t(1 - p_t^*) + L_t p_t^* \delta_t^* = L_t(1 - p_t^* w_t^*)$$

如果随机变量 $w(T)$和 τ 在$\mathbb{P}^*$下是关于 σ—域 $\mathcal{F}_t$ 条件独立的，那么有 $w_t^* = \mathbb{E}_{\mathbb{P}^*}(w(T) \mid \mathcal{F}_t)$。

例 2.2.2 令回收率 $\delta(T)$为常量，对某个实数 δ 有 $\delta(T) = \delta$（使得减值率 $w(T) = w:= 1-\delta$ 也是非随机的）。因此对所有的 $0 \leqslant t \leqslant T$，都有 $w*(t,\ T) = wp_t^*$ 及 $w_t^* = w$。进一步有

$$D(t,\ T) = L_t(1 - p_t^*) + \delta L_t p_t^* = L_t(1 - wp_t^*)$$

随机利率的情况。我们转而讨论随机利率的一般情况。用$\mathbb{P}_T$表示 T 期的远期鞅测度，与此相关的$\mathbb{P}^*$是即期鞅测度。回顾，对于一个固定的 $T>0$，在$(\Omega,\ \mathcal{F}_T)$上与$\mathbb{P}^*$等价的概率测度$\mathbb{P}_T$可以用它的 Randon-Nikodým 密度加以界定①：

---

① 根据远期鞅测度$\mathbb{P}_T$(也称为经风险调整的远期概率)的性质，参阅 Musiela 和 Rutkowski(1997a)的第 13.2.2 节。而我们只考虑当 B 是非随机时有 $\mathbb{P}_T = \mathbb{P}^*$ 的情况。

$$\frac{d\mathbb{P}_T}{d\mathbb{P}^*} = \frac{1}{B(0,\ T)B_T},\ \mathbb{P}^*\text{-a. s.}$$

大家都知道,经债券价格 $B(t,\ T)$贴现后,任何可交易资产的价格过程以及自融资交易策略的财富过程服从$\mathbb{P}_T$下的(局部)鞅过程。例如,如果利用 Musiela 和 Rutkowski (1997a)中的引理 13.2.3,可以得到 T 期到期的可违约债券价格$D(t,\ T)$的如下表示:

$$D(t,\ T) = L_t\,\mathbb{P}_T\{\tau > T \mid \mathcal{F}_t\} + L_t\,\mathbb{E}_{\mathbb{P}_T}(\delta(T)\,\mathbb{1}_{\{\tau\leqslant T\}} \mid \mathcal{F}_t)$$

也可表示为:$D(t,\ T) = L_t(1 - w^T(t,\ T))$,此处 $w^T(t,\ T)$是$\mathbb{P}_T$下的条件期望减值率,即

$$w^T(t,\ T) := \mathbb{E}_{\mathbb{P}_T}(w(T)\,\mathbb{1}_{\{\tau\leqslant T\}} \mid \mathcal{F}_t)$$

很明显,$D(t,\ T)$取决于二维随机变量$(\delta(T),\ \tau)$或$(w(T),\ \tau)$在测度$\mathbb{P}_T$下的联合概率分布。测度$\mathbb{P}_T$下基于违约的条件期望减值率等于:

$$w_t^T := \frac{\mathbb{E}_{\mathbb{P}_T}(w(T)\,\mathbb{1}_{\{\tau\leqslant T\}} \mid \mathcal{F}_t)}{\mathbb{P}_T\{\tau \leqslant T \mid \mathcal{F}_t\}} = \frac{w^T(t,\ T)}{p_t^T}$$

其中,$p_t^T = \mathbb{P}_T(\tau \leqslant T \mid \mathcal{F}_t)$是经风险调整的远期条件违约概率。容易看出 $D(t,\ T) = L_t(1 - p_t^T w_t^T)$。最后,当随机变量 $w(T)$和 τ 在$\mathbb{P}_T$下关于σ—域 $\mathcal{F}_t$ 条件独立时,有 $w_t^T = \mathbb{E}_{\mathbb{P}_T}(w(T) \mid \mathcal{F}_t)$。

例 2.2.3 假设回收率 $\delta(T) = \delta$ 是常量,则 $w_t^T = w$ 及

$$D(t,\ T) = L_t(1 - p_t^T) + \delta L_t p_t^T = L_t(1 - w p_t^T)$$

当 τ 是$\mathbb{F}$—停时,由上一公式可以得到:

$$D(t,\ T) = \begin{cases}(1-w)LB(t,\ T),\text{当}\{\tau \leqslant t\}\\(1-wp_t^T)LB(t,\ T),\text{当}\{\tau > t\}\end{cases}$$

信用利差。不失一般性,假设 $L = 1$,简便起见,考虑回收率 δ 为常量的情况。根据定义,无违约到期收益 $Y(t,\ T)$和可违约到期收益 $Y^d(t,\ T)$满足:

$$Y(t,\ T) = -\frac{\ln B(t,\ T)}{T-t},\quad Y^d(t,\ T) = -\frac{\ln D(t,\ T)}{T-t} \tag{2.27}$$

其中,对于 $Y^d(t,\ T)$的公式仅在违约前有效。违约发生以后,收益 $Y^d(t,\ T)$由 $D(t,\ T) = (1-w)e^{-Y^d(t,\ T)(T-t)}$ 来定义。所以在集合 $\{\tau \leqslant t\}$ 上,$Y(t,\ T) = Y^d(t,\ T)$。在违约前——在集合 $\{\tau > t\}$ 上——信用利差 $S(t,\ T)$等于:

$$S(t,\ T) := Y^d(t,\ T) - Y(t,\ T) = -\frac{\ln(1 - w\,\mathbb{P}_T\{\tau \leqslant T \mid \mathcal{F}_t\})}{T-t}$$

瞬时远期利率 $f(t, T)$以及对应的可违约瞬时远期利率 $g(t, T)$可由如下方程定义:

$$B(t, T)=\exp\left(-\int_t^T f(t, u)\mathrm{d}u\right), \quad D(t, T)=\exp\left(-\int_t^T g(t, u)\mathrm{d}u\right)$$

也就是

$$f(t, T)=-\frac{\partial \ln B(t, T)}{\partial T}, \quad g(t, T)=-\frac{\partial \ln D(t, T)}{\partial T}$$

显然,在违约发生以后有 $f(t, T)=g(t, T)$,而在集合 $\{\tau>t\}$ 上有:

$$g(t, T)=f(t, T)-\frac{\partial \ln(1-w\,\mathbb{P}_T\{\tau\leqslant T \mid \mathcal{F}_t\})}{\partial T}$$

所以,瞬时远期信用利差 $s(t, T)$可以定义为: $s(t, T):=g(t, T)-f(t, T)$,满足:

$$s(t, T)=\frac{w}{1-w\,\mathbb{P}_T\{\tau\leqslant T \mid \mathcal{F}_t\}}\frac{\partial\,\mathbb{P}_T\{\tau\leqslant T \mid \mathcal{F}_t\}}{\partial T}$$

假设 $\mathbb{P}_T(\tau\leqslant T \mid \mathcal{F}_t)<1$,那么信用利差等于:

$$s(t, T)=g(t, T)-f(t, T)=l(t, T)\gamma(t, T)$$

其中,违约损失率(default loss rate)$l(t, T)$由下式给出:

$$l(t, T)=\frac{w\,\mathbb{P}_T\{\tau>T \mid \mathcal{F}_t\}}{1-w\,\mathbb{P}_T\{\tau\leqslant T \mid \mathcal{F}_t\}}$$

而 $\gamma(t, T)$由下式给出:

$$\gamma(t, T)=\frac{1}{\mathbb{P}_T\{\tau>T \mid \mathcal{F}_t\}}\frac{\partial\,\mathbb{P}_T\{\tau\leqslant T \mid \mathcal{F}_t\}}{\partial T}$$

例如,当无违约利率是确定的,$\gamma(t, T)$的解释就很清楚。这种情况下,对所有的 $T>0$ 都有 $\mathbb{P}_T=\mathbb{P}^*$,于是,可以将 $\gamma(t, T)$解释为:在测度$\mathbb{P}^*$下违约时间 τ 关于未来期限 T 的 t 时远期风险率。

2.2.3 公司息票债券

考虑到期期限为 T,本金为 L 且以息票率 c 连续支付固定票息的公司债券。此外,假设当公司资产价值过程 V 在 τ 时到达固定的下阈值 $\bar{v}$ 时(此处 $V_0>\bar{v}$),该债券出现首次违约。由于违约,公司将在违约时间 τ 处支付 $\bar{v}$ 的某一比例 β_2 给债券持有人。假设

即期利率 r 是常量。正如我们在本章后续部分所看到的那样，这个假设在分析公司最优资本结构的一类结构模型中是很常见的。注意，此处我们要探讨的是第二类回收策略。根据我们的抽象(abstract)模型有：

$$X = L, \quad Z \equiv \beta_2 \bar{v}, \quad A_t = ct$$

对于 $t = 0$，由估值公式(2.3)得到：

$$\begin{aligned} X^{d,2}(0, T) = {} & e^{-rT} L\, \mathbb{P}^* \{\tau > T\} + \beta_2 \bar{v}\, \mathbb{E}_{\mathbb{P}^*}(e^{-r\tau} \mathbb{1}_{\{\tau \leqslant T\}}) \\ & + c\int_0^T e^{-rs}\, \mathbb{P}^* \{\tau > s\} ds \end{aligned} \tag{2.28}$$

注意，上式与 Leland 和 Toft(1996)中的表达式(2)是相同的(详细内容参阅第 3.3.3 小节)。

例 2.2.4 有些作者考察了公司永久债券(也被称为公司永久年金)的估值。这些是承兑息票的债券，支付固定的息票利率且到期期限为无穷 (即 $T = \infty$)。这样一份债券在 t 期的价格满足：

$$X^{d,2}(t, \infty) = \mathbb{E}_{\mathbb{P}^*}(\beta_2 \bar{v} e^{r(t-\tau)} \mathbb{1}_{\{\tau \geqslant t\}} + c\, \mathbb{1}_{\{\tau \geqslant t\}} \int_t^\tau e^{r(t-s)} ds \mid \mathcal{F}_t) \tag{2.29}$$

其中，$\bar{v}$ 是一个正常数。在 $t = 0$ 的特殊情况下，等式(2.29)变形为：

$$X^{d,2}(0, \infty) = \beta_2 \bar{v}\, \mathbb{E}_{\mathbb{P}^*}(e^{-r\tau}) + c\int_0^\infty e^{-rs}\, \mathbb{P}^* \{\tau > s\} ds \tag{2.30}$$

例如，在 Leland(1994)中的估值公式(7)就和表达式(2.30)相对应(更多关于永久债券的信息可以参阅以下第 3.3.2 节)。我们假定在假设(A.3)中函数 κ 和 σ_V 并不依赖于时间变量 t，也就是价值过程 V 是齐时性的(记住我们已经假设即期利率过程 r 是一个常量)。那么，对某个确定的函数 u^∞ ($u^\infty: \mathbb{R}_+ \to \mathbb{R}$)，价格 $X^{d,2}(t, \infty)$ 只取决于 V_t：

$$X^{d,2}(t, \infty) = u^\infty(V_t)$$

在这种情况下，基本的定价偏微分方程有更简洁的形式(事实上，它变成了一个常微分方程)：

$$\frac{1}{2}\sigma_V^2(V) V^2 u_{VV}^\infty + (r - \kappa(V)) V u_V^\infty + c - r u^\infty = 0$$

当然，还需要施加恰当的边界条件。

2.3 公司债务的默顿(Merton)方法

Merton(1974)在其开创性的论文中考虑了一个具有单一负债的公司，该公司承诺了一个(确定的)期终支付 L。在连续时间 Black-Scholes 型无摩擦市场上施加了几个标准条件。回顾一下最重要的假设：

——交易连续发生；

——所有可交易资产都是无限可分的；

——同一利率下允许无限制的借和贷；

——对可交易证券的卖空没有限制；

——交易成本和税收(或者税收利得)可以忽略不计；

——违约时的破产和(或)重置成本可以忽略不计。

2.3.1 确定利率下的默顿模型

在原始默顿模型中一个简化假设是短期利率为常量且等于 r。显然，到期期限为 T 的单位无违约零息票债券在 t 时刻的价格为 $B(t, T)=\mathrm{e}^{-r(T-t)}$。这一公式可以扩展到具有确定的连续复利 $r(r:\mathbb{R}_+\to\mathbb{R})$ 的情形下。这种情形下，到期期限为 T 的零息票债券的价格等于：

$$B(t, T)=\exp\Bigl(-\int_t^T r(u)\mathrm{d}u\Bigr),\ \forall t\in[0, T]$$

接下来，用 $E(V_t)$和 $D(V_t)$分别表示公司权益和债务在时刻 t 的价值。所以公司资产总价值满足：$V_t=E(V_t)+D(V_t)$。假定公司的价值过程 V 服从即期鞅测度$\mathbb{P}^*$下的几何布朗运动，也就是：

$$\mathrm{d}V_t=V_t\bigl((r-\kappa)\mathrm{d}t+\sigma_V\mathrm{d}W_t^*\bigr) \tag{2.31}$$

其中，σ_V 就是价值过程 V 的恒定波动系数，如果常数 κ 是非负的，则 κ 代表派息率(payout)。否则，κ 将反映公司的一笔流入资本。过程 W^* 则是测度$\mathbb{P}^*$下关于参照滤子$\mathbb{F}$的一维标准布朗运动(通常取$\mathbb{F}=\mathbb{F}^{W^*}$，但是这并不重要)。注意，仅在公司资产总价值表示为一份可交易证券的假设下，式(2.31)所示的动态变化是合理的。

假定违约事件仅在债务的到期期限 T 处发生。具体地说，在到期日 T，如果公司资

产总价值 V_T 低于公司债务的名义价值 L，该公司即发生违约，债权人收到金额 V_T。否则，公司没有出现违约，且债务将得到全部偿还。在此，我们探讨的是到期进行回收的可违约权益这样一个较为基本的例子。

根据第 2.1 节中引入的一般模型，我们有

$$X = L, \quad A \equiv 0, \quad \widetilde{X} = V_T, \quad \tau = T\mathbb{1}_{\{V_T < L\}} + \infty \mathbb{1}\{V_T \geqslant L\}$$

此处，按习惯有，$\infty \times 0 = 0$。用另一种形式表示为(比照式(2.5))：

$$X^{d,1}(T) = L\mathbb{1}_{\{\tau > T\}} + V_T\mathbb{1}_{\{\tau \leqslant T\}} = L\mathbb{1}_{\{V_T \geqslant L\}} + V_T\mathbb{1}_{\{V_T < L\}}$$

或者等价地表示为：

$$X^{d,1}(T) = \min(V_T, L)\mathbb{1}_{\{V_T \geqslant L\}} + \min(V_T, L)\mathbb{1}_{\{V_T < L\}} = \min(V_T, L)$$

固定额 L 可以解释为一份公司零息票债券在到期日 T 时的面值(或平价)。因为

$$X^{d,1}(T) = \min(V_T, L) = L - (L - V_T)^+$$

此处，对所有 $x \in \mathbb{R}$，有 $x^+ = \max(x, 0)$。显然，可违约零息票债券的价格过程 $X^{d,1}(t, T)$ 等于一份面值为 L 的无违约零息票债券价值与一份基于公司资产的欧式看跌期权的价值之差，该期权的履约价格为 L，且行权日期为 T，在本书中，称具有终端损益为 $(L - V_T)^+$ 的这种看跌期权为违约出售权(put-to-default)。由此，公司债务在 t 时的价值可正式地等于：

$$D(V_t) = D(t, T) = LB(t, T) - P_t \tag{2.32}$$

其中，P_t 是违约出售权的价格。为了书写方便，用 $D(t, T)$ 表示可违约债券的价格：

$$D(t, T) := X^{d,1}(t, T) = B_t \mathbb{E}_{\mathbb{P}^*}(B_T^{-1} X^{d,1}(T) \mid \mathcal{F}_t)$$

很明显，从式(2.32)可以看出公司权益在 t 时的价值满足：

$$E(V_t) = V_t - D(V_t) = V_t - LB(t, T) + P_t = C_t \tag{2.33}$$

此处，C_t 表示一份基于公司资产的看涨期权在 t 时的价值，该期权的履约价格为 L，且行权日期为 T。为了证明式(2.33)中最后一个等式，通过观察在 T 时的取值形式：

$$E(V_T) = V_T - D(V_T) = V_T - \min(V_T, L) = (V_T - L)^+$$

由此可将公司的权益视为一份基于公司资产的看涨期权。或者，也可以直接使用下面的欧式期权的看跌—看涨平价关系来导出式(2.33)中最后一个等式：

$$C_t - P_t = V_t - LB(t, T)$$

默顿(1974)将式(2.32)与计算欧式看跌期权套利价格的经典 Black-Scholes 公式相结合，从而得出公司债券套利价格的封闭形的表达式。在下式中，N 表示标准高斯累积分布函数：

$$N(x)=\frac{1}{\sqrt{2\pi}}\int_{-\infty}^{x}\mathrm{e}^{-u^2/2}\,\mathrm{d}u,\ \forall\, x\in\mathbb{R}$$

命题 2.3.1 可违约债券的定价公式为：

$$D(t,\ T)=V_t\mathrm{e}^{-\kappa(T-t)}N\big(-d_1(V_t,\ T-t)\big)+LB(t,\ T)N\big(d_2(V_t,\ T-t)\big) \tag{2.34}$$

其中，对每一个 $t\in[0,\ T]$ 都有：

$$d_{1,2}(V_t,\ T-t)=\frac{\ln(V_t/L)+\left(r-\kappa\pm\frac{1}{2}\sigma_V^2\right)(T-t)}{\sigma_V\sqrt{T-t}} \tag{2.35}$$

证明：首先假定我们使用的是经典 Black-Scholes 期权估值公式。回顾，履约价格为 L 且以支付红利的股票为标的的欧式看跌期权，其 Black-Scholes 价格等于(可以参阅 Musiela 和 Rutkowski(1997a)中的命题 6.2.1)：

$$P_t=LB(t,\ T)N\big(-d_2(V_t,\ T-t)\big)-V_t\mathrm{e}^{-\kappa(T-t)}N\big(-d_1(V_t,\ T-t)\big)$$

从而

$$D(t,\ T)=V_t\mathrm{e}^{-\kappa(T-t)}N\big(-d_1(V_t,\ T-t)\big)+LB(t,\ T)\Big(1-N\big(-d_2(V_t,\ T-t)\big)\Big)$$

因为很明显有：$N(-x)=1-N(x)$，所以上述表达式显然和 Merton 公式(2.34)是等价的。

为了读者阅读方便，根据风险中性估值公式(2.10)直接给出了表达式(2.34)的如下推导结果。为了形式上的简便，用 σ 取代 σ_V，用 $\tilde{r}$ 表示 $\tilde{r}=r-\kappa$。当运用于可违约债券时，由式(2.10)可得：

$$D(t,\ T)=B(t,\ T)\,\mathbb{E}_{\mathbb{P}^*}\left(L\,\mathbb{1}_{\{V_T\geq L\}}+V_T\,\mathbb{1}_{\{V_T<L\}}\mid\mathcal{F}_t\right)$$

所以有：

$$D(t,\ T)=LB(t,\ T)\,\mathbb{P}^*\{V_T\geq L\mid\mathcal{F}_t\}+B(t,\ T)\,\mathbb{E}_{\mathbb{P}^*}\left(V_T\,\mathbb{1}_{\{V_T<L\}}\mid\mathcal{F}_t\right) \tag{2.36}$$

另一种形式可表示为：

$$D(t,\ T)=LB(t,\ T)J_1+B(t,\ T)J_2$$

其中

$$J_1=\mathbb{P}^*\{V_T\geq L\mid\mathcal{F}_t\},\quad J_2=\mathbb{E}_{\mathbb{P}^*}\left(V_T\,\mathbb{1}_{\{V_T<L\}}\mid\mathcal{F}_t\right)$$

解随机微分方程(2.31),对所有的 $t\in[0, T]$ 得到

$$V_T=V_t\exp(\sigma(W_T^*-W_t^*)+\left(\tilde{r}-\frac{1}{2}\sigma^2\right)(T-t)) \tag{2.37}$$

对于 J_1,因为随机变量 $\xi:=-(W_T^*-W_t^*)/\sqrt{T-t}$ 独立于 σ—域 $\mathscr{F}_t$ 且在测度 $\mathbb{P}^*$ 下满足标准高斯定律 $N(0, 1)$,因此有(记住 $L>0$):

$$\begin{aligned}
J_1&=\mathbb{P}^*\left\{V_t\exp\left(\sigma(W_T^*-W_t^*)+\left(\tilde{r}-\frac{1}{2}\sigma^2\right)(T-t)\right)\geqslant L\mid\mathscr{F}_t\right\}\\
&=\mathbb{P}^*\left\{-\sigma(W_T^*-W_t^*)\leqslant\ln(V_t/L)+\left(\tilde{r}-\frac{1}{2}\sigma^2\right)(T-t)\mid\mathscr{F}_t\right\}\\
&=\mathbb{P}^*\left\{\xi\leqslant\frac{\ln(x/L)+\left(\tilde{r}-\frac{1}{2}\sigma^2\right)(T-t)}{\sigma\sqrt{T-t}}\right\}_{x=V_t}\\
&=N\big(d_2(V_t, T-t)\big)
\end{aligned}$$

为了估计 J_2,可以通过如下假定而引入一个 $(\Omega, \mathscr{F}_T)$ 上的辅助概率测度 $\overline{\mathbb{P}}$

$$\frac{\mathrm{d}\overline{\mathbb{P}}}{\mathrm{d}\mathbb{P}^*}=\exp\left(\sigma W_T^*-\frac{1}{2}\sigma^2T\right)=:\eta_T,\ \mathbb{P}^*\text{-a.s.}$$

易知,对所有的 $t\in[0, T]$ 都有

$$\left.\frac{\mathrm{d}\overline{\mathbb{P}}}{\mathrm{d}\mathbb{P}^*}\right|_{\mathscr{F}_t}=\exp\left(\sigma W_t^*-\frac{1}{2}\sigma^2t\right)=\eta_t,\ \mathbb{P}^*\text{-a.s.}$$

将 A 记为 $A=\{V_T<L\}$。很明显有

$$J_2=\mathbb{E}_{\mathbb{P}^*}(V_T\mathbb{1}_A\mid\mathscr{F}_t)=V_0\mathrm{e}^{\bar{r}T}\,\mathbb{E}_{\mathbb{P}^*}(\eta_T\mathbb{1}_A\mid\mathscr{F}_t)$$

接下来,用抽象贝叶斯法则,得出

$$J_2=V_0\mathrm{e}^{\bar{r}T}\eta_t\,\overline{\mathbb{P}}\{A\mid\mathscr{F}_t\}=B^{-1}(t, T)V_t\mathrm{e}^{-\kappa(T-t)}\,\overline{\mathbb{P}}\{A\mid\mathscr{F}_t\}$$

由如下等式链可以导出上述最后一个等式:

$$V_0\mathrm{e}^{\bar{r}T}\eta_t=V_0\exp\left(\sigma W_t^*-\frac{1}{2}\sigma^2t+(r-\kappa)T\right)=V_t\mathrm{e}^{(r-\kappa)(T-t)}$$

根据 Girsanov 定理,过程 $\overline{W}_t=W_t^*-\sigma t$ 服从一个 $(\Omega, \mathbb{F}, \overline{\mathbb{P}})$ 空间上的标准布朗运动。V 在 $\overline{\mathbb{P}}$ 下的动态变化可表示为:

$$\mathrm{d}V_t=V_t\big((\tilde{r}+\sigma^2)\mathrm{d}t+\sigma\mathrm{d}\widetilde{W}_t\big)$$

所以,对所有的 $t \in [0, T]$ 有

$$V_T = V_t \exp\left(\sigma(\bar{W}_T - \bar{W}_t) + \left(\tilde{r} + \frac{1}{2}\sigma^2\right)(T-t)\right)$$

又因为随机变量 $\bar{\xi} := (\bar{W}_T - \bar{W}_t)/\sqrt{T-t}$ 独立于 σ—域 $\mathcal{F}_t$,且在测度 $\bar{\mathbb{P}}$ 下服从标准高斯定律 $N(0, 1)$,所以

$$\begin{aligned}
\bar{\mathbb{P}}\{A \mid \mathcal{F}_t\} &= \bar{\mathbb{P}}\left\{V_t \exp\left(\sigma(\bar{W}_T - \bar{W}_t) + \left(\tilde{r} + \frac{1}{2}\sigma^2\right)(T-t)\right) < L \mid \mathcal{F}_t\right\} \\
&= \bar{\mathbb{P}}\left\{\sigma(\bar{W}_T - \bar{W}_t) < \ln(V_t/L) - \left(\tilde{r} + \frac{1}{2}\sigma^2\right)(T-t) \mid \mathcal{F}_t\right\} \\
&= \bar{\mathbb{P}}\left\{\bar{\xi} < \frac{-\ln(x/L) - \left(\tilde{r} + \frac{1}{2}\sigma^2\right)(T-t)}{\sigma\sqrt{T-t}}\right\}_{x=V_t} \\
&= N(-d_1(V_t, T-t))
\end{aligned}$$

最后得到

$$J_2 = B^{-1}(t, T) V_t \mathrm{e}^{-\kappa(T-t)} N(-d_1(V_t, T-t))$$

这就完成了公式(2.34)的推导。 □

通过对命题 2.3.1 的证明也推导出如下等式:

$$D(t, T) = LB(t, T)\, \mathbb{P}^*\{V_T \geqslant L \mid \mathcal{F}_t\} + V_t \mathrm{e}^{-\kappa(T-t)}\, \bar{\mathbb{P}}\{V_T < L \mid \mathcal{F}_t\}$$

当 $\kappa = 0$ 时,不难证明,选择 V 作为贴现因素时 $\bar{\mathbb{P}}$ 是一个鞅测度。也就是说,$\bar{\mathbb{P}}$ 等价于 $\mathbb{P}^*$,而过程 B_t/V_t 服从一个测度 $\bar{\mathbb{P}}$ 下的鞅。

在此,我们仍保留第 2.2.2 节中引入的符号和术语。注意,条件违约概率是:

$$p_t^* = \mathbb{P}^*\{V_T < L \mid \mathcal{F}_t\} = N(-d_2(V_t, T-t))$$

$$\bar{p}_t = \bar{\mathbb{P}}\{V_T < L \mid \mathcal{F}_t\} = N(-d_1(V_t, T-t))$$

习惯上,用 p_t^* 表示违约的条件风险中性概率。当 $\kappa = 0$ 时,$\bar{p}_t$ 也可视为"违约的风险中性概率"(不过,是相应于一个不同的贴现因子)。默顿的估值公式可以重新表述如下:

$$D(t, T) = L_t(1 - p_t^*) + L_t p_t^* \delta_t^* = L_t(1 - p_t^* w_t^*)$$

其中,$L_t = LB(t, T)$ 是承诺权益的现值(也是违约风险暴露的现值),δ_t^* 是基于违约时的风险中性回收率的条件期望,更明确的有:

$$\delta_t^* := \frac{\mathbb{E}_{\mathbb{P}^*}\{V_T \mathbb{1}_{\{V_T<L\}} \mid \mathcal{F}_t\}}{L\,\mathbb{P}^*\{V_T < L \mid \mathcal{F}_t\}} = \frac{V_t \mathrm{e}^{-\kappa(T-t)} N\big(-d_1(V_t,\ T-t)\big)}{LB(t,\ T)N\big(-d_2(V_t,\ T-t)\big)}$$

回顾，$w_t^* = 1 - \delta_t^*$ 也被称为基于违约时的风险中性减值率的条件期望。令 $l_t := L_t/V_t$ 表示公司杠杆率。用过程 l_t 的形式表示，公式(2.34)可以变形为：

$$\frac{D(t,\ T)}{L_t} = l_t^{-1}\mathrm{e}^{-\kappa(T-t)} N\big(-h_1(l_t,\ T-t)\big) + N\big(h_2(l_t,\ T-t)\big) \tag{2.38}$$

其中，

$$h_{1,2}(l_t,\ T-t) = \frac{-\ln l_t - \kappa(T-t) \pm \frac{1}{2}\sigma_V^2(T-t)}{\sigma_V\sqrt{T-t}} \tag{2.39}$$

注意，数量 l_t 给出的是公司杠杆率的“名义”价值。事实上，L_t 代表了公司债务的无违约价值，这与公司债务的实际市场价值 $D(t,\ T)$ 是完全不同的。

公司债券的对冲。 既然默顿公式可以视为 Black-Scholes 估值结果中的一个变式，那么我们可以很容易地从 Black-Scholes 欧式看跌期权对冲策略的熟知表达式中推导出可违约债券(自融资)交易策略的复制形式。为了使分析更加完善，我们给出了有关命题 2.3.1 的推论，其中使用了 $D(t,\ T) = u(V_t,\ T)$。

推论 2.3.1 可违约债券的唯一复制策略是，在任意的 $t \leqslant T$ 时，持有 $\phi_t^1 V_t$ 单位现金投资于公司价值和 $\phi_t^2 B(t,\ T)$ 单位现金投资于无违约债券，其中，对所有的 $t \in [0,\ T]$ 有：

$$\phi_t^1 = u_V(V_t,\ t) = \mathrm{e}^{-\kappa(T-t)} N\big(-d_1(V_t,\ T-t)\big)$$

和

$$\phi_t^2 = \frac{D(t,\ T) - \phi_t^1 V_t}{B(t,\ T)} = LN\big(d_2(V_t,\ T-t)\big)$$

信用利差。 可违约债券的一个重要特性就是它的收益与等额的无风险债券收益之差，也即信用利差。回顾，信用利差 $S(t,\ T)$ 是通过公式 $S(t,\ T) = Y^d(t,\ T) - Y(t,\ T)$ 来定义的，其中 $Y^d(t,\ T)$ 和 $Y(t,\ T)$ 由式(2.27)给出。在默顿模型中，无违约风险债券的收益等价于短期利率，也即 $Y(t,\ T) = r$。利用式(2.38)且令 $L = 1$，可以得到默顿模型中信用利差的表达式：

$$S(t,\ T) = -\frac{\ln\Big(l_t^{-1}\mathrm{e}^{-\kappa(T-t)} N\big(-h_1(l_t,\ T-t)\big) + N\big(h_2(l_t,\ T-t)\big)\Big)}{T-t}$$

下面分析当时间收敛到债务到期日时信用利差的行为。为此，注意到：$\lim\limits_{t \to T} l_t = L/V_T$，

$$\lim_{t\to T} N\big(-h_1(l_t,\ T-t)\big) = \begin{cases} 1, \text{在}\{V_T < L\}\text{ 上} \\ 0, \text{在}\{V_T > L\}\text{ 上} \end{cases}$$

$$\lim_{t\to T} N(-h_2(l_t,\ T-t)) = \begin{cases} 0, 在\{V_T < L\} 上 \\ 1, 在\{V_T > L\} 上 \end{cases}$$

读者容易证明:

$$\lim_{t\to T} S(t,\ T) = \begin{cases} +\infty, 在\{V_T < L\} 上 \\ 0, 在\{V_T > L\} 上 \end{cases} \tag{2.40}$$

默顿模型的一个重要性质是违约时间 τ 是以关于滤子$\mathbb{F}^V$的可料停时的形式出现的,其中滤子$\mathbb{F}^V$是由价值过程 V 所生成。例如,违约时间 τ 可以由如下$\mathbb{F}^V$—停时的序列来表示:

$$\tau_n = \left\{ t \geqslant T - \frac{1}{n}:\ V_t < L \right\} \tag{2.41}$$

按通常约定有 $\inf \varnothing = \infty$。

评注:根据式(2.37)有 $\mathbb{F}^V = \mathbb{F}^{W^*}$,其中$\mathbb{F}^{W^*}$ 为布朗运动 W^* 所生成的滤子。很明显,关于布朗滤子的任何停时都是可料的。

通过选择足够小的 $\varepsilon > 0$ 可以使得条件概率 $\mathbb{P}^*\{V_T > L \mid V_{T-\varepsilon} > L\}$ 任意趋近于 1。因此,如果在非常靠近到期期限 T 时 (如果 $V_{T-\varepsilon} > L$),公司没有陷入财务困境,它违约的可能性就非常小。正如式(2.40)所表明的,接近到期期限时该公司的信用利差趋近于 0。但是,短期信用利差接近于 0 的特性与经验证据是相矛盾的(可参阅 Jones 等(1984)),这也常常被认为是默顿方法的一个主要缺陷。首次经过时间模型(first-passage-time)也有同样的缺陷(在第 3 章中会对这一点进行深入讨论)。一个可能的补救方法是类似于 Mason 和 Bhattacharya(1981)以及 Zhou(1996)所做的假定,在公司价值动态变化中引入跳跃形式。

2.3.2 违约距离

实践中,公司所有的合同负债通常有不同的到期期限。所以,对未清偿债务进行分类是很重要的,比如可以分为:短期负债(即现金负债),中期负债和长期负债。经验研究表明,一般而言,当公司的资产价值不低于其总负债的账面价值时,公司就不会出现违约。通常,违约点(即公司实际发生违约的时点)的公司资产价值将位于短期负债额和总负债额之间。Vasicek(1984)曾提出了存在几种类型负债的修改后的默顿模型,在此不进行详细论述,而只关注违约距离这个概念。我们首先明确有关现金价值和公司权益波动性的知识,这样才能确定公司资产的价值和波动性。出于简便考虑,和之前一样,假设公司总债务到期期限为 T,且令式(2.31)中的 $\kappa = 0$。那么,公司权益的市场价值满足(比照式(2.33))：

$$E(V_t)=C_t=V_tN\big(d_1(V_t,\ T-t)\big)-LB(t,\ T)N\big(d_2(V_t,\ T-t)\big) \tag{2.42}$$

其中，函数 d_1 和 d_2 由式(2.35)给出。利用伊藤公式，可以得到$\mathbb{P}^*$下价格过程 C 的动态变化为：

$$\mathrm{d}C_t=rC_t\mathrm{d}t+V_tN\big(d_1(V_t,\ T-t)\big)\sigma_V\mathrm{d}W_t^*$$

因而，公司权益的波动容许表示如下：

$$\sigma_t^E=\frac{V_t}{E(V_t)}N\big(d_1(V_t,\ T-t)\big)\sigma_V \tag{2.43}$$

假定公司权益的市场价值 $E(V_t)$ 和波动系数 σ_t^E 是已知的，利用式(2.42)和式(2.43)，原则上就可以得到公司资产的现值 V_t 和波动系数 σ_V。为了求得违约的实际概率，假设在真实概率$\mathbb{P}$下，对于某个常数 $\mu\in\mathbb{R}$ 和一个测度$\mathbb{P}$下确定的布朗运动 W，价值过程 V 满足：

$$\mathrm{d}V_t=V_t(\mu\mathrm{d}t+\sigma_V\mathrm{d}W_t)$$

从而可以得到

$$\mathbb{P}\{\tau\leqslant T\mid\mathcal{F}_t\}=\mathbb{P}\{V_T<L\mid\mathcal{F}_t\}=N(-d_t)$$

其中，d_t 表示 t 时的违约距离，且定义如下：

$$d_t=\frac{\ln(V_t/L)+\left(\mu-\dfrac{1}{2}\sigma_V^2\right)(T-t)}{\sigma_V\sqrt{T-t}}$$

它是依据“标准误差” $\sigma_V\sqrt{T-t}$ 来度量公司期望资产总值和违约点 L 之间的距离。关于这些方法实际运用的详细阐述可以参阅 Crouhy 等(2000)或者 Cossin 和 Pirotte (2000)第 6 节。

2.4 默顿方法的扩展

在这一节中，会对各种运用原始默顿方法或其扩展模型的论文进行简短的分析。

可损权益。几位作者曾扩展了默顿(1974)方法以适应更一般的未定权益(由签发方的违约风险产生)的情况。例如，Johnson 和 Stulz(1987)假设期权是对手方的唯一负债，他们对期权价值大于履约对手方资产价值时所发生的违约进行模型化。但是由于通常期权的头寸并不显著地大于公司总价值,且期权很少成为公司唯一负债,所以原始的Johnson和Stulz(1987)模型显得有点不切实际。Hull和White(1995)扩展了Johnson和Stulz方法以适应具有相同回收率的期权和可违约债券处于同等重要位置的情况。Klein(1996)以及Klein和Inglis(2001)考虑了二维过程(S, V),其中S表示基于可损期权的资产价值。他们还在这个前提下给出了可损权益的估值公式。

公司负债。默顿模型做出了一个简单的假设,即公司仅仅签发了一张零息票债券。几位作者曾修改了这个原始模型以适应具有如下实际特性的公司债务:

——公司息票债券(Geske(1977, 1979));

——负债结构(短期和长期负债)(Vasicek(1984));

——债券条款(优先法则,支付时间顺序,偿债基金等等)(Ho和Singer(1982, 1984));

——浮动利率负债(Cox等(1980));

——可违约零息票债券的持续期(Chance(1990))。

互换契约。Cooper和Mellon(1991)将默顿模型运用到一个特殊的单期互换情况。在该互换中,一个固定的支付和一个随机支付之间进行交换。特别地,他们假定这个互换合约偿付次序是位于破产时的债务之后,当互换中接受随机支付的对手方在其自身的债务出现了违约时,破产公司将接受互换价值。通过证明他们发现,如果债务的到期期限恰好和互换的到期期限相同,那么可以利用以两个标的资产中最大的一个为标的资产的期权估值公式来求得互换的价值,明确地说,这两个标的资产是公司价值和随机支付。其他类似的论文还有Abken(1993)、Baz和Pascutti(1996)、Rich和Leipus(1997)、Li(1998)、Hübner(2001),以及Yu和Kwok(2002)。

随机利率。Shirakawa(1999)在默顿框架下分析了信用利差的行为。Shimko等(1993)假定短期利率由Vasicek模型给定从而扩展了Merton模型。而Wang(1999a)将Merton模型和短期利率的独立CIR模型结合起来。最后,Szatzschneider(2000)通过放松独立性假设从本质上扩展了后一种方法。

2.4.1 随机利率模型

在Merton模型中,假设短期利率为常量,因而该模型就忽略了利率风险。正如已经提及的,Shimko等(1993)放松了这个较为严格的假设,允许存在一个随机的短期利率。该利率服从Vasicek(1997)模型所描述的变化过程。在利率具有随机期限结构下,利用默顿模型进行可违约债券的定价,这从本质上等价于随机利率下对以股票为标的资产的欧式看跌期权进行定价。Jamshidian(1989)已经利用 Vasicek 模型解决了后一个问题，而且给出了以债券和股票为标的资产的欧式看涨和看跌期权价格的闭式表达式[①]。假设率 r 服从 Vasicek 动态变化过程：

$$dr_t = (a - br_t)dt + \sigma_r d\widetilde{W}_t \tag{2.44}$$

且公司价值由 SDE 给定：

$$dV_t = V_t(r_t dt + \sigma_V dW_t^*) \tag{2.45}$$

在即期鞅测度$\mathbb{P}^*$下，当布朗运动 $\widetilde{W}$ 和 W^* 相关且不变的瞬时相关系数是 ρ_{Vr} 时，这两个方程成立。对任意的 $t \leqslant T$，记

$$\sigma^2(t, T) = \int_t^T (\sigma_V^2 - 2\rho_{Vr}\sigma_V b(u, T) + b^2(u, T))\,du$$

其中，$b(t, T)$表示 Vasicek 模型中无违约零息票债券的波动，即

$$b(t, T) = \sigma_r b^{-1}(1 - e^{-b(T-t)}), \ \forall t \in [0, T]$$

考虑一份基于价值过程 V 的欧式看跌期权，到期期限为 T 且履约价格为 L。Jamshidian(1989)所建立的估值公式如下：

$$P_t = LB(t, T)N(-h_2(V_t, t, T)) - V_t N(-h_1(V_t, t, T)) \tag{2.46}$$

其中，$B(t, T) = B(t, T, r_t)$，且对任意的 $t \leqslant T$ 都有

$$h_{1,2}(V_t, t, T) = \frac{\ln(V_t/B(t, T)) - \ln L \pm \frac{1}{2}\sigma^2(t, T)}{\sigma(t, T)} \tag{2.47}$$

因此，Shimko 等(1993)推导的可违约债券估值公式可以直接从 Jamshidian(1989)的结论中导出(将式(2.32)和式(2.46)结合起来就足够了)。当然，在欧式股票期权闭式定价公式成立的情况下，可用任何一个期限结构模型取代 Vasicek 模型，如高斯 HJM 结构，CIR 模型等。在这个框架下，可违约债券的对冲策略也可视为欧式股票期权相关结论的一个简单推论。

2.4.2 不连续的价值过程

Zhou(1996)将公司价值过程 V 模型化为几何跳跃扩散过程，从而扩展了默顿方法[②]。

---

① Jamshidian 公式是高斯 HJM 结构所得一般结论的特殊情况(比照 Heather 等(1992)或者 Musiela 和 Rutkowski(1997a)的第 13.3 节)。

② Mason 和 Bhattacharya(1981)使用了一个纯跳跃过程来表示公司价值。

Zhou 研究的主要目的是阐明默顿模型中固有的违约时间 τ 的可料问题(但是本节所讨论的 Zhou 模型的简化形式中违约时间仍是可料的)。为了能使用 Zhou 模型来描述价值过程 V 的动态变化,需要引入泊松过程 N,该过程在概率测度$\mathbb{P}^*$下的密度为 λ,且由独立同分布、有限期望值为 $\nu = \mathbb{E}_{\mathbb{P}^*}(U_i)$ 的随机变量 $(U_i)_{i\geqslant 1}$ 序列构成。假设由过程 W^*,N 以及序列 $(U_i)_{i\geqslant 1}$ 所生成的 σ—域在$\mathbb{P}^*$下是相互独立的。至此,在风险中性测度$\mathbb{P}^*$下,关于 V 动态变化的方程可以表示为

$$dV_t = V_{t-}((r-\lambda\nu)\,dt + \sigma_V dW_t^* + d\pi_t) \tag{2.48}$$

其中,π 是一个跳跃过程,它的跳跃时间由泊松过程 N 的跳跃时间来确定,且第 i 次跳跃的大小是 U_i。也就是说,过程 π 是一个标值(marked)泊松过程:

$$\pi_t = \sum_{i=1}^{N_t} U_i,\ \forall t \in [0, T]$$

我们对基础概率空间赋予滤子$\mathbb{F}$,其中滤子$\mathbb{F}$由过程 W^* 和 π 生成。不难验证,补过程 $\tilde{\pi}_t = \pi_t - \lambda\nu t$ 是关于这个滤子的一个$\mathbb{P}^*$—鞅。因而,过程 $V_t^* = e^{-rt}V_t$ 显然满足

$$dV_t^* = V_{t-}^*(\sigma_V dW_t^* + d\,\tilde{\pi}_t) \tag{2.49}$$

在测度$\mathbb{P}^*$下,它也服从关于滤子$\mathbb{F}$的鞅过程。可以求出方程(2.49)的显性解为

$$V_t^* = V_0^* \exp\left(\tilde{\pi}_t + \sigma_V W_t^* - \frac{1}{2}\sigma_V^2 t\right) \prod_{u\leqslant t} (1 + \Delta\,\tilde{\pi}_u)\exp(-\Delta\,\tilde{\pi}_u)$$

其中,$\Delta\,\tilde{\pi}_u = \tilde{\pi}_u - \tilde{\pi}_{u-}$,或者等价地有

$$V_t = V_0 \exp\left(\sigma_V W_t^* + \left(r - \frac{1}{2}\sigma_V^2 - \lambda\nu\right)t\right) \prod_{i=1}^{N_t} (1 + U_i) \tag{2.50}$$

从现在起,我们再另外假设 $U_i + 1$ 在$\mathbb{P}^*$下服从对数正态分布——即 $\ln(U_i + 1) \sim N(\mu, \sigma)$。这意味着

$$\nu := \mathbb{E}_{\mathbb{P}^*}(U_i) = \exp\left(\mu + \frac{1}{2}\sigma^2\right) - 1$$

在 Zhou(1996)第二节中所考虑的情况是关于到期进行回收的可违约权益

$$X = L,\quad A \equiv 0,\quad \tilde{X} = L(1 - \bar{w}(V_T/L)),\quad \tau = T\,\mathbb{1}_{\{V_T < L\}} + \infty\,\mathbb{1}_{\{V_T \geqslant L\}}$$

其中,$\bar{w}$($\bar{w}$: $\mathbb{R}_+ \to \mathbb{R}$)表示减值函数,决定了违约情况下回收的价值。如果取 $\bar{w}(x) = 1 - x$,$\tilde{X}$ 就变为原始默顿模型的回收结构。一般而言,有

$$X^{d,1}(T) = L\,\mathbb{1}_{\{\tau > T\}} + L(1 - \bar{w}(V_T/L))\mathbb{1}_{\{\tau \leqslant T\}}$$

或者等价地有

$$X^{d,1}(T)=L\left(\mathbb{1}_{\{V_T\}\geqslant L}+\bar{\delta}(V_T/L)\,\mathbb{1}_{\{V_T<L\}}\right)$$

其中，$\bar{\delta}(V_T/L)=1-\bar{w}(V_T/L)$ 是违约债券的回收率。以下引理的结论建立了违约事件 $\{\tau=T\}$ 关于 σ—域 $\mathscr{F}_t$ 的条件概率法则。

引理 2.4.1 违约的风险中性条件概率满足

$$\mathbb{P}^*\{\tau=T\mid\mathscr{F}_t\}=\sum_{i=0}^{\infty}\mathrm{e}^{-\lambda(T-t)}\frac{(\lambda(T-t))^i}{i!}N(-d_{2,i}(V_t,T-t))$$

其中，对每一 $i\in\mathbb{N}$ 和 $t\in\mathbb{R}_+$ 有

$$d_{2,i}(V,t)=\frac{\ln(V/L)+\mu_i(t)}{\sigma_i(t)}$$

上式中 $\mu_i(t)=\left(r-\frac{1}{2}\sigma_V^2-\lambda\nu\right)t+i\mu$， $\sigma_i^2(t)=\sigma_V^2t+i\sigma^2$。

证明：显然有 $\mathbb{P}^*\{\tau=T\mid\mathscr{F}_t\}=\mathbb{P}^*\{V_T<L\mid\mathscr{F}_t\}$。根据假设，布朗运动 W^* 和跳跃成分 π 是相互独立的，这就可以考虑关于时间段 $[t,T]$ 上跳跃数量的条件概率，并可使用公式求得总概率。根据式(2.50)，在集合 $\{N_T-N_t=i\}$ 上，随机变量 V_T 可以表述为

$$V_T=V_t\exp\left(\sigma_V(W_T^*-W_t^*)+\left(r-\frac{1}{2}\sigma_V^2-\lambda\nu\right)(T-t)+\sum_{j=1}^{i}\zeta_j\right)$$

其中，$\zeta_j(j=1,2,\cdots,i)$ 是独立同分布的随机变量，满足高斯定律 $N(\mu,\sigma)$。此外，ζ_j 是独立于 W^* 的。随机变量 V_T 还可以表示为另一种形式 $V_T=V_te^{\zeta}$，此处 ζ 是一个独立于 $\mathscr{F}_t$ 的高斯随机变量，具有如下期望值和方差：

$$\mathbb{E}_{\mathbb{P}^*}(\zeta)=\left(r-\frac{1}{2}\sigma_V^2-\lambda\nu\right)(T-t)+i\mu$$

$$\mathrm{Var}_{\mathbb{P}^*}(\zeta)=\sigma_V^2(T-t)+i\sigma^2$$

利用随机变量 V_T 的上述表达式直接可以导出所需的公式。详细推导留给读者。 □

可违约债券。定义可违约债券的价格 $D(t,T)$ 如下：

$$D(t,T)=B_t\,\mathbb{E}_{\mathbb{P}^*}\left(B_T^{-1}X^{d,1}(T)\mid\mathscr{F}_t\right)\tag{2.51}$$

由于在 V 动态变化中存在跳跃成分，所以很明显 Zhou 框架中的关于可违约权益价值的分析方法要求解一个包括 V 的无穷小生成元(generator)的积分—微分偏微分方程(PDE)，而且这项工作看起来并不容易。另一方面，通过概率方法对可违约债券进行估值显得没那么困难。当然，式(2.51)的有效性仍是一个问题，因为在 Zhou 结构中这个公

式并没有受到可违约债券复制策略存在性的支持。与命题 2.3.1 的默顿估值公式相比较,式(2.51)应该视为可违约债券价格过程的正式定义。

命题 2.4.1 假设 $\bar{w}(x)=1-x$,那么对任意的 $t\in[0, T]$ 有

$$D(t, T)=LB(t, T)\Big\{1-\sum_{i=0}^{\infty}\mathrm{e}^{-\lambda(T-t)}\frac{(\lambda(T-t))^i}{i!}N(-d_{2,i}(V_t, T-t))$$

$$+\frac{V_t}{L}\sum_{i=0}^{\infty}\mathrm{e}^{\mu_i(T-t)+\sigma_i^2(T-t)/2-\lambda(T-t)}\frac{(\lambda(T-t))^i}{i!}N(-d_{1,i}(V_t, T-t))\Big\}$$

其中,对所有的 $i\in\mathbb{N}$ 和 $t\in\mathbb{R}_+$,有如下表达式:

$$\mu_i(t)=\Big(r-\frac{1}{2}\sigma_V^2-\lambda\nu\Big)t+i\mu, \quad \sigma_i^2(t)=\sigma_V^2t+i\sigma^2$$

和

$$d_{2,i}(V_t, t)=\frac{\ln(V_t/L)+\mu_i(t)}{\sigma_i(t)}, \quad d_{1,i}(V_t, t)=d_{2,i}(V_t, t)+\sigma_i(t)$$

证明:只要运用默顿(1973)建立的估值公式就足够了。它扩展了用于分析标的股票的欧式看跌期权的 Black-Scholes 公式,该股票的价格服从由式(2.48)给定的跳跃扩散过程。为了得到更直接的证明,注意 $X^{d,1}(T)$等于

$$X^{d,1}(T)=L-L\mathbb{1}_{\{V_T<L\}}+V_T\mathbb{1}_{\{V_T<L\}}$$

所以

$$D(t, T)=LB(t, T)-L\mathbb{P}^*\{V_T<L\mid\mathcal{F}_t\}+B(t, T)\mathbb{E}_{\mathbb{P}^*}(V_T\mathbb{1}_{\{V_T<L\}}\mid\mathcal{F}_t)$$

可以利用引理 2.4.1 求得上述公式中的第二项。至于最后一项,利用区间$[t, T]$上跳跃数量 N 的一阶条件就足够了。在集合 $\{N_T-N_t=i\}$ 上,可以得到

$$\mathbb{E}_{\mathbb{P}^*}(V_T\mathbb{1}_{\{V_T<L\}}\mid\mathcal{F}_t)=V_t\mathbb{E}_{\mathbb{P}^*}(\mathrm{e}^{\zeta}\mathbb{1}_{\{x\mathrm{e}^{\zeta}<L\}})_{|x=V_t}$$

其中,ζ 是引理 2.4.1 的证明中曾引入的辅助高斯随机变量。从而,直接从基本引理 2.4.2 中就可推导出估值公式。 □

引理 2.4.2 令 ζ 为$\mathbb{P}^*$下的高斯随机变量,其期望值为 m,方差为 σ^2。那么对任何严格为正的 x 有:

$$\mathbb{E}_{\mathbb{P}}(\mathrm{e}^{\zeta}\mathbb{1}_{\{\mathrm{e}^{\zeta}<x\}})=\mathrm{e}^{m+\sigma^2/2}N\Big(\frac{\ln x-m-\sigma^2}{\sigma}\Big) \tag{2.52}$$

证明:等式(2.52)可以通过一些基本的积分来建立,也可以通过使用 Girsanov 定理得到。很明显有

$$I := \mathbb{E}_{\mathbb{P}}(e^{\zeta} \mathbb{1}_{\{e^{\zeta}<x\}}) = \mathbb{E}_{\mathbb{P}}(e^{m+\sigma W_1} \mathbb{1}_{\{e^{m+\sigma W_1}<x\}})$$

$$= e^{m+\sigma^2/2} \mathbb{E}_{\mathbb{P}}(e^{\sigma W_1 - \sigma^2/2} \mathbb{1}_{\{e^{m+\sigma W_1}<x\}})$$

其中，W 服从某个滤子化概率空间$(\Omega, \mathbb{F}, \mathbb{P})$上的标准布朗运动。用$\widetilde{\mathbb{P}}$表示概率测度，在$(\Omega, \mathscr{F}_1)$上$\widetilde{\mathbb{P}}$与测度$\mathbb{P}$等价，且有如下 Randon-Nikodým 密度：

$$\frac{\mathrm{d}\widetilde{\mathbb{P}}}{\mathrm{d}\mathbb{P}} = \exp\left(\sigma W_1 - \frac{1}{2}\sigma^2\right), \ \mathbb{P}\text{-a. s.}$$

根据 Girsanov 定理，过程 $\widetilde{W}_t = W_t - \sigma t$ 服从$\widetilde{\mathbb{P}}$下的标准布朗运动，于是

$$I = e^{m+\sigma^2/2} \widetilde{\mathbb{P}}\{e^{m+\sigma W_1} < x\} = e^{m+\sigma^2/2} \widetilde{\mathbb{P}}\{e^{m+\sigma\widetilde{W}_1+\sigma^2} < x\}$$

$$= e^{m+\sigma^2/2} \widetilde{\mathbb{P}}\{\sigma\widetilde{W}_1 < \ln x - m - \sigma^2\}$$

由此可以得到式(2.52)。 □

现在分析没有跳跃的情况——$\lambda = 0$ 的情况——命题 2.4.1 中所建立的公式简化为默顿的公式(2.34)。值得注意的是，对于其他自然选择的减值函数，如 $\bar{w}(x) = w_0 - w_1 x$，$\bar{w}(x) = \min(1, w_0 - w_1 x)$ 等，可以推导出可违约债券价值的封闭型表达式。

评注：我们仅讨论了一个特殊的类似于默顿情况的 Zhou 方法。Zhou(1996)所分析的一般模型属于首次经过时间模型类，这些模型将会在下一章进行详细讨论。Zhou 假定违约时间 τ 是公司价值首次经过恒定界限的时间。更明确地说

$$\tau = \inf\{t \in [0, T) : V_t \leqslant \bar{v}\}$$

其中，$\bar{v} > 0$ 是一个正的常量。以前包括 Kim 等(1993a)与 Longstaff 和 Schwartz(1995)(更多细节参见第 3.4 节)在内的其他人也使用过这种方法。此外，如果违约发生在债券到期期限 T 以前，债券持有者会在 T 处收到偿付 $\widetilde{X} = L(1 - \bar{w}(V_\tau/L))$，或者等价地，在违约时间收到偿付额 $Z_\tau = B(\tau, T)\widetilde{X}$。在这种框架中有关可违约债券价格的分析结论是不适用的，但是 Zhou(1996)提出了估计这种债券的易操作方法。

2.4.3 Buffet 方法

经典结构模型都会假设公司资产是可交易的(见假设(A.1))，使得公司资产的贴现总价值服从风险中性概率测度$\mathbb{P}^*$下的鞅过程(见假设(A.3))。虽然可以简化分析，但是从实践观点来看这样一个假设很难满足，因为在现实中，公司价值既不可交易，甚至也不可观测。

为了至少能在理论水平上解决公司价值不可交易的问题，Ericsson 和 Reneby(1999)

认为只要假定至少公司证券中的一种(如普通股)是可以交易的且市场是完备的就足够了。根据他们的观点,公司的价值可以通过一些证券的动态交易来复制。在这种情况下,可以正式地把价值过程本身视为可交易资产的价格过程。虽然至少在对模型施加某些特定的假设后可以将这种直觉性的讨论正规化,但是关于它是否能真正反映真实情况仍然存在争论。

另一个可能的方法是最近由 Buffet(2000)提出的,它也假设公司的股份是可交易的,但却没假设市场的完备性,这一点与上述模型不同。所以,该模型的主要目的是从经济的基本面出发推导出公司价值的风险中性动态变化。为了得到每单位时间利润的动态变化,首先,在真实世界(或统计)概率测度下,Buffet(2000)设定了每单位时间内单位制造成本和单位出售数量的动态变化。接下来,在公司选择出售价格以实现利润率最大化的假设下,他推导出了每单位时间利润的公式,导出了在鞅测度下基本可交易资产(公司股票的贴现价值)的动态变化过程。他的结论中一个有趣的性质是,真实世界概率测度下的增长率仍然出现在可交易资产的风险中性表达式中。最后,他还假设公司价值可以从再投资利润中推导出来,从而建立了公司价值的估值公式。

对于公司零息票债券,和原始默顿模型一样,Buffet 假定债券可以正式地由如下数量关系来描述:

$$X = L, \quad A \equiv 0, \quad \bar{X} = V_T, \quad \tau = T\mathbb{1}_{\{V_T < L\}} + \infty\mathbb{1}_{\{V_T \geqslant L\}}$$

利用风险中性估值公式

$$D(t, T) = e^{-r(T-t)}\mathbb{E}_{\mathbb{P}^*}\left(\min(V_T, L) \mid \mathcal{F}_t\right)$$

根据公司的利润和价值两个状态变量(注意,这些过程并不代表可交易资产的价格过程),Buffet 导出了可违约债券价格的闭式解。Buffet 论文的一个重要贡献是,提出了为达到在结构方法框架内对可违约权益进行估值和对冲的目的,如何恰当地选择基本可交易资产的问题。

3 首次经过时间模型

首次经过时间(或首达时)(first passage time)方法考虑了违约既可能在债务到期日发生也可能在到期日之前发生的特性,扩展了原始的默顿模型。正式地,它将违约事件同某个确定的变量过程(通常指公司价值过程)首次通过某个预先确定界限的时间联系起来。违约触发界限本身可能是一个随机过程,被称为界限过程,它既可以是模型外生决定的也可以是内生决定的。因此,与公司债券的默顿模型相比,在对信用事件进行建模时,首次经过时间模型允许有更大的灵活性。首先,它们允许公司破产发生的时间在公司签发的债务工具到期期限之前。其次,有大量的方法可以用来分析与违约事件有关的回收偿付,从而更加接近真实世界的债券合约和其他重要因素,如破产成本和(或)税收。

在第 3.1 节中,将分析首次经过时间的某些概率特性,这些特性在有关结论中是很有用的。在第 3.2 节中,将详细分析几个在金融文献中已经建立起来的特殊首次经过时间模型。尽管使用了标准方法来开展这些工作,但我们认为描述一个涵盖了所有现存模型特例的抽象情况是不合适的。我们更愿意将首次经过时间模型分为两个主要的类别。第一类包含了那些假定有确定的短期无违约利率的模型,而第二类则包含了那些假定利率服从随机过程的模型。这样的分类粗略反映了模型的发展历史。在讨论中,既会分析到期期限为有限期的可违约债券(公司零息票债券),也会分析到期期限趋于无穷的可违约债券(公司永久债券)。为了推导出这些工具的价值,我们会利用一些概率方面的技巧和一些分析方法,但更多的是使用概率方面的技巧。第 3.3 节详述了首次经过时间模型的文献对分析公司资本结构最优化所做出的重要贡献。在第 3.4 节中,概述了随机利率的首次经过时间模型。第 3.5 节简短的描述了一些最新的发展,而 3.6 节则分析了相关性违约的情况。

3.1 首次经过时间的特性

我们已经简短地讨论了公司债券的风险中性估值公式。事实上,在现存的文献中有许多结论都依赖于概率方法。例如,在 Longstaff 和 Schwartz(1995)以及 Saá-Requejo 和 Santa-Clara(1999)的文章中,债券估值公式都与下述的一般表达式有关:

$$D(t,\ T) = B(t,\ T)\,\mathbb{P}_T\{\tau > T \mid \mathcal{F}_t\} + \delta B(t,\ T)\,\mathbb{P}_T\{\tau \leqslant T \mid \mathcal{F}_t\}$$

其中,定义违约时间为价值过程到一个(常量或变量)界限的首达时。当然,基于上述公式的直接计算需要知道违约时间 τ 关于 σ—域 $\mathcal{F}_t$ 的条件分布的知识。在这一节,我们要给出关于这个问题的几个结论。

首先考虑两个一维的伊藤过程 X^1 和 X^2,对于 $i=1,\ 2$,他们在概率测度 $\mathbb{P}^*$ 下的动态变化分别由下式给出:

$$\mathrm{d}X_t^i = X_t^i\big(\mu_i(t)\mathrm{d}t + \sigma_i(t)\mathrm{d}W_t^i\big),\ X_0^i = x^i > 0 \tag{3.1}$$

此处,$W^i(i=1,\ 2)$ 是关于基础滤子 $\mathbb{F}$ 的独立 d—维布朗运动。$\mu_i(\mu_i:\mathbb{R}_+\to\mathbb{R})$ 和 $\sigma_i(\sigma_i:\mathbb{R}_+\to\mathbb{R}^d)$ 是随机微分方程(3.1)过程唯一的全局强解。我们还假设 $x^1 > x^2$。通常,违约时间 τ 表示为 $\tau = \inf\{t \geqslant 0:\ X_t^1 \leqslant X_t^2\}$。为了简便,引入过程 X_t^i 的对数比率 $Y_t := \ln(X_t^1/X_t^2)$,从而 $\tau = \inf\{t \geqslant 0:\ Y_t \leqslant 0\}$。$Y$ 的动态变化将在下面的引理 3.1.1 中给予描述。由于证明引理 3.1.1 要直接用到伊藤公式,因此,省略了相关证明。

引理 3.1.1 过程 Y 满足:

$$\mathrm{d}Y_t = \nu(t)\mathrm{d}t + \sigma_1(t)\mathrm{d}W_t^1 - \sigma_2(t)\mathrm{d}W_t^2 \tag{3.2}$$

其中,

$$\nu(t) = \mu_1(t) - \mu_2(t) + \frac{1}{2}|\sigma_2(t)|^2 - \frac{1}{2}|\sigma_1(t)|^2 \tag{3.3}$$

此处,$|\cdot|$ 表示 $\mathbb{R}^d$ 上的欧几里得范数。

现在假定系数 μ_i 是实常数,而 $\sigma_i(i=1,\ 2)$ 是 $\mathbb{R}^d$ 上的常向量。这种情况下,过程 Y 服从标准差为 σ,漂移系数为 ν 的布朗运动,确切地说:$\mathrm{d}Y_t = \nu\mathrm{d}t + \sigma\mathrm{d}W_t^*$,$Y_0 = y_0$,其中

$$\nu = \mu_1 - \mu_2 + \frac{1}{2}|\sigma_2|^2 - \frac{1}{2}|\sigma_1|^2,\quad \sigma^2 = |\sigma_1|^2 + |\sigma_2|^2$$

而 W^* 是 $\mathbb{P}^*$ 下关于 $\mathbb{F}$ 的标准(一维)布朗运动。对于某个常量 $\nu\in\mathbb{R}$ 和 $\sigma>0$,过程 Y 可以表示为另一种形式:

$$Y_t = y_0 + \nu t + \sigma W_t^*,\ \forall t\in\mathbb{R}_+ \tag{3.4}$$

注意,Y 从 W^* 那里传承了关于 $\mathbb{F}$ 的强马尔可夫性。

3.1.1 首次经过时间的概率定律

令 τ 表示过程 Y 首次经过零的时间,也就是说,$\tau:=\inf\{t\geqslant 0:Y_t=0\}$。大家都知道,在一个任意小的时间间隔 $[0,t]$ 内,布朗运动的样本路径从零时开始,并无数次通过原点(可以参阅 Krylov(1995)第 42 页)。利用 Girsanov 定理和布朗运动的强马尔可夫性,容易推导出 Y 首次经过零的时间以概率 1 等价于 Y 首次穿过水平零的时间。即

$$\tau=\inf\{t\geqslant 0:Y_t<0\}=\inf\{t\geqslant 0:Y_t\leqslant 0\}$$

引理 3.1.2 假设 Y 由式(3.4)给定,式中,$\nu\in\mathbb{R}$ 且 $\sigma>0$,W^* 是 $\mathbb{P}^*$ 下的标准布朗运动。那么随机变量 τ 在 $\mathbb{P}^*$ 下服从一个逆高斯概率分布。更明确地,对任意的 $0<s<\infty$ 有

$$\mathbb{P}^*\{\tau\leqslant s\}=\mathbb{P}^*\{\tau<s\}=N(h_1(s))+e^{-2\nu\sigma^{-2}y_0}N(h_2(s)) \tag{3.5}$$

其中,N 是一个标准高斯累积分布函数,且有

$$h_1(s)=\frac{-y_0-\nu s}{\sigma\sqrt{s}},\quad h_2(s)=\frac{-y_0+\nu s}{\sigma\sqrt{s}}$$

证明:首先注意下式:

$$\mathbb{P}^*\{\tau\geqslant s\}=\mathbb{P}^*\{\inf_{0\leqslant u\leqslant s}Y_u\geqslant 0\}=\mathbb{P}^*\{\inf_{0\leqslant u\leqslant s}X_u\geqslant -y_0\} \tag{3.6}$$

其中,$X_u=\nu u+\sigma W_u^*$。回忆,对所有的 $x<0$,我们有(可以参阅 Harrison(1990),Krylov(1995)的第二章或者 Musiela 和 Rutkowski(1997a)中的推论 B. 3. 4):

$$\mathbb{P}^*\{\inf_{0\leqslant u\leqslant s}X_u\geqslant x\}=N\left(\frac{-x+\nu s}{\sigma\sqrt{s}}\right)-e^{-2\nu\sigma^{-2}x}N\left(\frac{x+\nu s}{\sigma\sqrt{s}}\right)$$

再结合式(3. 6)就可以得到式(3. 5)。 □

由引理 3. 1. 2 及过程 Y 关于滤子 $\mathbb{F}$ 的强马尔可夫性可以得到下述推论。

推论 3. 1. 1 在引理 3. 1. 2 的假设下,对任意的 $t<s$,在集合 $\{\tau>t\}$ 上有:

$$\mathbb{P}^*\{\tau\leqslant s\mid\mathcal{F}_t\}=N\left(\frac{-Y_t-\nu(s-t)}{\sigma\sqrt{s-t}}\right)+e^{-2\nu\sigma^{-2}Y_t}N\left(\frac{-Y_t+\nu(s-t)}{\sigma\sqrt{s-t}}\right)$$

现在将前述结论用于特定的关于违约时间的例子中。作为第一个例子,我们来讨论下阈值为常量的情况。

例 3.1.1 令价值过程 V 服从式(2.12),其中 κ 为常系数且 $\sigma_V > 0$。此外,假设短期利率过程是常量,即 $r_t = r(t \geqslant 0)$。因此,我们有

$$dV_t = V_t\big((r-\kappa)dt + \sigma_V dW_t^*\big) \tag{3.7}$$

进一步假设界限过程 v 是一个常量且等于 $\bar{v}$,常量 $\bar{v}$ 满足 $\bar{v} < V_0$。设

$$\tau = \inf\{t \geqslant 0:V_t \leqslant \bar{v}\} = \inf\{t \geqslant 0:V_t < \bar{v}\}$$

现在,令 $X_t^1 = V_t$ 和 $X_t^2 = \bar{v}$,所以 $Y_t = \ln(V_t/\bar{v})$,利用式(3.1)得到

$$\mu_1 \equiv r-\kappa,\quad \sigma_1 \equiv \sigma_V,\quad x^1 = V_0$$

$$\mu_2 \equiv 0,\quad \sigma_2 \equiv 0,\quad x^2 = \bar{v}$$

所以,在式(3.4)中有 $\nu = r-\kappa-\frac{1}{2}\sigma_V^2$ 和 $\sigma = \sigma_V$。应用推论 3.1.1,对于所有的 $s > t$,在集合 $\{\tau > t\}$ 上有

$$\mathbb{P}^*\{\tau \leqslant s \mid \mathcal{F}_t\} = N\left(\frac{\ln\frac{\bar{v}}{V_t} - \nu(s-t)}{\sigma_V\sqrt{s-t}}\right) + \left(\frac{\bar{v}}{V_t}\right)^{2a} N\left(\frac{\ln\frac{\bar{v}}{V_t} + \nu(s-t)}{\sigma_V\sqrt{s-t}}\right)$$

其中,

$$a = \frac{\nu}{\sigma_V^2} = \frac{r-\kappa-\frac{1}{2}\sigma_V^2}{\sigma_V^2} \tag{3.8}$$

在 Leland 和 Toft(1996)中曾使用过上述公式(可以参阅后续第 3.3.3 节)。

例 3.1.2 假设价值过程 V 和短期利率 r 的定义和例 3.1.1 中相同。对于固定的 γ,设界限函数可定义为 $\bar{v}(t) = Ke^{-\gamma(T-t)}(t \in \mathbb{R}_+)$,使得 $\bar{v}(t)$ 满足:

$$d\bar{v}(t) = \gamma\bar{v}(t)dt,\quad \bar{v}(0) = Ke^{-\gamma T}$$

令 $X_t^1 = V_t$,$X_t^2 = \bar{v}(t)$,利用式(3.1)可得:

$$\mu_1 \equiv r-\kappa,\quad \sigma_1 \equiv \sigma_V,\quad x^1 = \bar{v}(0)$$

和

$$\mu_2 \equiv \gamma,\quad \sigma_2 \equiv 0,\quad x^2 = Ke^{-\gamma T}$$

于是,式(3.4)中的漂移系数和扩散系数分别是 $\bar{v} \equiv r-\kappa-\gamma-\frac{1}{2}\sigma_V^2$ 和 $\sigma \equiv \sigma_V$。定义

停时 τ 为 $\tau=\inf\{t\geqslant 0: V_t\leqslant \bar{v}(t)\}$。根据推论 3.1.1，对于所有的 $t<s$，在集合 $\{\tau>t\}$ 上有

$$\mathbb{P}^*\{\tau\leqslant s\mid \mathscr{F}_t\}=N\left(\frac{\ln\frac{\bar{v}(t)}{V_t}-\tilde{\nu}(s-t)}{\sigma_V\sqrt{s-t}}\right)+\left(\frac{\bar{v}(t)}{V_t}\right)^{2\tilde{a}}N\left(\frac{\ln\frac{\bar{v}(t)}{V_t}+\tilde{\nu}(s-t)}{\sigma_V\sqrt{s-t}}\right)$$

其中，

$$\tilde{a}=\frac{\tilde{\nu}}{\sigma_V^2}=\frac{r-\kappa-\gamma-\frac{1}{2}\sigma_V^2}{\sigma_V^2} \tag{3.9}$$

在 Black 和 Cox(1976)中曾使用过上述公式(可以参阅后续第 3.2.1 节)。

3.1.2 Y 和 τ 的联合概率定律

现在建立 Y 和 τ 的联合概率定律。更明确地，对于每一个 $y\geqslant 0$ 有

$$I:=\mathbb{P}^*\{Y_s\geqslant y,\ \tau\geqslant s\mid \mathscr{F}_t\}=\mathbb{P}^*\{Y_s\geqslant y,\ \tau>s\mid \mathscr{F}_t\}$$

其中，$\tau=\inf\{t\geqslant 0: Y_t\leqslant 0\}=\inf\{t\geqslant 0: Y_t<0\}$。回顾，我们将 Y 表示为 $Y_t=y_0+X_t$，式中 $X_t=\nu t+\sigma W_t$。可以写出如下表达式：

$$m_s^X=\inf_{0\leqslant u\leqslant s}X_u,\quad m_s^Y=\inf_{0\leqslant u\leqslant s}Y_u$$

下面，我们引用非常著名的结论(可以参阅 Musiela 和 Rutkowski(1997a)中的推论 B3.3)。

引理 3.1.3 对所有的 $s>0$，(X_s, m_s^X) 的联合分布满足

$$\mathbb{P}^*\{X_s\geqslant x,\ m_s^X\geqslant y\}=N\left(\frac{-x+\nu s}{\sigma\sqrt{s}}\right)-\mathrm{e}^{-2\nu\sigma^{-2}y}N\left(\frac{2y-x+\nu s}{\sigma\sqrt{s}}\right)$$

其中，对所有的 $x, y\in\mathbb{R}$，有 $y\leqslant 0$ 和 $x\geqslant y$。

推论 3.1.2 对任意的 $s>0$ 和 $y\geqslant 0$ 有

$$\mathbb{P}^*\{Y_s\geqslant y,\ \tau\geqslant s\}=N\left(\frac{-y+y_0+\nu s}{\sigma\sqrt{s}}\right)-\mathrm{e}^{-2\nu\sigma^{-2}y_0}N\left(\frac{-y-y_0+\nu s}{\sigma\sqrt{s}}\right)$$

证明：因为

$$\mathbb{P}^*\{Y_s\geqslant y,\ \tau\geqslant s\}=\mathbb{P}^*\{Y_s\geqslant y,\ m_s^Y\geqslant 0\}=\mathbb{P}^*\{X_s\geqslant y-y_0,\ m_s^X\geqslant -y_0\}$$

公式明显得证。 □

更一般地，利用 Y 的马尔可夫性可以证明下述结论。

引理 3.1.4 在引理 3.1.2 的假设下，对任意的 $t < s$ 和 $y \geqslant 0$，在集合 $\{\tau > t\}$ 上有

$$\mathbb{P}^*\{Y_s \geqslant y,\ \tau \geqslant s \mid \mathcal{F}_t\} = N\left(\frac{-y + Y_t + \nu(s-t)}{\sigma\sqrt{s-t}}\right) - \mathrm{e}^{-2\nu\sigma^{-2}Y_t} N\left(\frac{-y - Y_t + \nu(s-t)}{\sigma\sqrt{s-t}}\right)$$

例 3.1.3 同前面一样，假设 V 的动态变化过程为

$$\mathrm{d}V_t = V_t\left((r-\kappa)\mathrm{d}t + \sigma_V \mathrm{d}W_t^*\right) \tag{3.10}$$

且 $\tau = \inf\{t \geqslant 0: V_t \leqslant \bar{v}\} = \inf\{t \geqslant 0: V_t < \bar{v}\}$，其中常量 $\bar{v}$ 满足 $\bar{v} < V_0$。将引理 3.1.4 应用到 $Y_t = \ln(V_t/\bar{v})$ 和 $y = \ln(x/\bar{v})$ 上，因此，在集合 $\{\tau > t\}$ 上可以得到如下结果：

$$\mathbb{P}^*\{V_s \geqslant x,\ \tau \geqslant s \mid \mathcal{F}_t\} = N\left(\frac{\ln(V_t/x) + \nu(s-t)}{\sigma\sqrt{s-t}}\right) - \left(\frac{\bar{v}}{V_t}\right)^{2a} N\left(\frac{\ln \bar{v}^2 - \ln(xV_t) + \nu(s-t)}{\sigma\sqrt{s-t}}\right)$$

其中，$\nu = r - \kappa - \frac{1}{2}\sigma_V^2$ 和 $a = \nu\sigma_V^{-2}$。上式在 $x \geqslant \bar{v}$ 时才成立。

例 3.1.4 假设 V 满足式(3.10)，对于某个正常数 K，界限函数等于 $\bar{v}(t) = K\mathrm{e}^{-\gamma(T-t)}$。再次使用引理 3.1.4，但是令 $Y_t = \ln(V_t/\bar{v}(t))$ 和 $y = \ln(x/\bar{v}(s))$。则对于所有的 t 和 $s(t < s \leqslant T)$ 和 $x(x \geqslant \bar{v}(s))$，在集合 $\{\tau > t\}$ 上有

$$\mathbb{P}^*\{V_s \geqslant x,\ \tau \geqslant s \mid \mathcal{F}_t\} = N\left(\frac{\ln\big(V_t/\bar{v}(t)\big) - \ln\big(x/\bar{v}(s) + \tilde{\nu}(s-t)\big)}{\sigma_V\sqrt{s-t}}\right) - \left(\frac{\bar{v}(t)}{V_t}\right)^{2\tilde{a}} N\left(\frac{-\ln\big(V_t/\bar{v}(t)\big) - \ln\big(x/\bar{v}(s)\big) + \tilde{\nu}(s-t)}{\sigma_V\sqrt{s-t}}\right)$$

其中，$\tilde{\nu} = r - \kappa - \gamma - \frac{1}{2}\sigma_V^2$ 和 $\tilde{a} = \tilde{\nu}\sigma_V^{-2}$。经过化简后得到：

$$\mathbb{P}^*\{V_s \geqslant x,\ \tau \geqslant s \mid \mathcal{F}_t\} = N\left(\frac{\ln(V_t/x) + \nu(s-t)}{\sigma_V\sqrt{s-t}}\right) - \left(\frac{\bar{v}(t)}{V_t}\right)^{2\tilde{a}} N\left(\frac{\ln \bar{v}^2(t) - \ln(xV_t) + \nu(s-t)}{\sigma_V\sqrt{s-t}}\right)$$

其中，$\nu = r - \kappa - \frac{1}{2}\sigma_V^2$。特别地，如果令 $t = 0$ 和 $s = T$，则对于 $x \geqslant \bar{v}(T)$ 有

$$\mathbb{P}^*\{V_T \geqslant x,\ \tau \geqslant T\} = N\Big(\frac{\ln(V_0/x + \nu T)}{\sigma_V\sqrt{T}}\Big) - \Big(\frac{\bar{v}(0)}{V_0}\Big)^{2\tilde{a}} N\Big(\frac{\ln \bar{v}^2(0) - \ln(xV_0) + \nu T}{\sigma_V\sqrt{T}}\Big)$$

评注: 注意，如果取 $x = \bar{v}(s) = K\mathrm{e}^{-\gamma(T-s)}$，那么明显有

$$1 - \mathbb{P}^*\{V_s \geqslant \bar{v}(s),\ \tau \geqslant s \mid \mathcal{F}_t\} = \mathbb{P}^*\{\tau < s \mid \mathcal{F}_t\} = \mathbb{P}^*\{\tau \leqslant s \mid \mathcal{F}_t\}$$

另一方面，有

$$1 - N\Big(\frac{\ln\big(V_t/\bar{v}(s)\big) + \nu(s-t)}{\sigma_V\sqrt{s-t}}\Big) = N\Big(\frac{\ln\big(\bar{v}(t)/V_t\big) - \tilde{\nu}(s-t)}{\sigma_V\sqrt{s-t}}\Big)$$

$$N\Big(\frac{\ln \bar{v}^2(t) - \ln\big(\bar{v}(s)V_t\big) + \nu(s-t)}{\sigma_V\sqrt{s-t}}\Big) = N\Big(\frac{\ln\big(\bar{v}(t)/V_t\big) + \tilde{\nu}(s-t)}{\sigma_V\sqrt{s-t}}\Big)$$

因此，显而易见，通过令 $x = \bar{v}(s)$ 可以再次求得之前在例 3.1.2 中所建立的公式。

3.2 布莱克—考克斯(Black-Cox)模型

原始默顿模型不允许在到期期限之前违约，也就是说违约只能在未定权益到期时发生。几位作者曾提出过一些结构模型，放松了这些严格和不实际的特性。在大多数这些模型中，违约时间都是指价值过程首次通过确定或随机界限的时间。那么违约就可以在债券到期期限 T 或之前的任何时间发生。此处的任务就是确定适当的下阈值 v 和回收过程 Z，并计算出现在式(2.3)右边的相关函数。一般而言，我们可能会猜测这不是一个简单的小问题。况且，在实践中，还会面临价值过程 V 不能直接观测的问题，这在很大程度上会限制首次经过时间模型的适用性。在本节中，我们将会分析几个首次经过时间的结构模型，其中每个模型对信用风险模型的基本成分做出了不同的规定。在下述大多数例子中，违约时间用 τ 来表示，而符号 $\bar{\tau}$、$\hat{\tau}$ 和 $\tilde{\tau}$ 则用来表示某些辅助随机时间。

3.2.1 公司零息票债券

Black 和 Cox(1976)从几个方面扩展了默顿(1974)的研究。特别地，他们考虑了债

务合同有如下几种明确的特性:安全约定、债务从属关系和资产出售的限定。他们假设公司股权人(或者债权人)持续收到红利支付,其中红利支付为公司现值的一个比例。所以,式(2.31)有如下形式:

$$dV_t = V_t\big((r-\kappa)dt + \sigma_V dW_t^*\big) \tag{3.11}$$

其中,常数 $\kappa \geqslant 0$ 表示派息比率,$\sigma_V > 0$ 表示常波动系数。假设短期利率是非随机的,也即 $r_t = r$,此处的 r 为常量。这也意味着原始的 Black 和 Cox(1976)模型忽略了利率风险。

安全条款。我们首先考虑公司契约条款中的安全约定。一般地,如果可以按设定的标准认定公司经营不善,那么安全条款就使得公司债权人有权强制公司宣布破产或者重组。对某个常量 K, $\gamma > 0$ 而言,Black 和 Cox(1976)根据事先给定的时间相互依赖的确定性界限 $\bar{v}(t) = Ke^{-\gamma(T-t)}$ $(t \in [0, T))$ 确定了公司经营不善的标准。他们假定只要公司资产的价值穿过这个下阈值,债权人就会接管公司。否则就可以认为违约事件发生在债券到期期限,或者它并不依赖于 $V_T < L$ 成立与否。令:

$$v_t = \begin{cases} \bar{v}(t), \ t < T \\ L, \ t = T \end{cases} \tag{3.12}$$

对于 $t \in [0, T]$,当公司价值 V_t 降至水平 v_t 以下时违约事件首次发生;或者违约事件根本就不发生。因此,违约时间 τ 等于(按惯例,$\inf \emptyset = +\infty$):

$$\tau = \inf\{t \in [0, T]: V_t < v_t\}$$

回收过程 Z 和回收偿付 $\tilde{X}$ 是价值过程的一个比例,也即对某些常数 β_1, $\beta_2 \in [0, 1]$,有 $Z \equiv \beta_2 V$ 和 $\tilde{X} = \beta_1 V_T \mathbb{1}_{\{\bar{\tau} \geqslant T\}}$。Black 和 Cox(1976)曾分析了 $\beta_1 = \beta_2 = 1$ 时的经典例子。作为总结,考虑如下模型:

$$X = L, \quad A \equiv 0, \quad Z \equiv \beta_2 V, \quad \tilde{X} = \beta_1 V_T \mathbb{1}_{\{\bar{\tau} \geqslant T\}}, \quad \tau = \bar{\tau} \wedge \hat{\tau}$$

其中,最早违约时间(early default time)$\bar{\tau}$等于:

$$\bar{\tau} = \inf\{t \in [0, T): V_t < \bar{v}(t)\}$$

而 $\hat{\tau}$ 表示默顿违约时间:$\hat{\tau} = T\mathbb{1}_{\{V_T < L\}} + \infty \mathbb{1}_{\{V_T \geqslant L\}}$。

评注:假设 $V_0 > \bar{v}(0)$。重点注意,因为价值过程 V 满足式(3.11)且 $\bar{v}$ 为光滑的函数,所以$\bar{\tau}$也是价值过程 V 首次通过确定性界限 $\bar{v}$ 的时间,即

$$\bar{\tau} = \inf\{t \in [0, T): V_t \leqslant \bar{v}(t)\} = \inf\{t \in [0, T): V_t = \bar{v}(t)\}$$

因此,在最早违约时间$\bar{\tau}$定义中选择严格的不等式是一种惯例的做法。同样的分析

会应用到后续考察的其他首次经过时间结构模型中。

此外，假定 $\bar{v}(t) \leqslant LB(t, T)$，或者更详细地有如下表达式

$$Ke^{-\gamma(T-t)} \leqslant Le^{-r(T-t)}, \ \forall t \in [0, T] \tag{3.13}$$

特别地，这使得 $K \leqslant L$。式(3.13)保证在违约时间 τ 时对债权人的偿付不会超过以无风险利率贴现的债务现值。因为已经假设利率 r 是常量，所以可违约债券的价格函数 $u = u(V, t)$ 就是下述偏微分方程的解：

$$u_t(V, t) + (r-\kappa)Vu_V(V, t) + \frac{1}{2}\sigma_V^2 V^2 u_{VV}(V, t) - ru(V, t) = 0$$

该方程的边界约束条件为 $u(Ke^{-\gamma(T-t)}, t) = \beta_2 Ke^{-\gamma(T-t)}$，终端约束条件为 $u(V, T) = \min(\beta_1 V, L)$。为了寻找这个问题的一个显性解，还得依赖概率方法。为此，我们注意到，对任意 $t < T$，可违约债券的价格 $D(t, T) = u(V_t, t)$ 在集合 $\{\tau > t\} = \{\bar{\tau} > t\}$ 上满足如下概率表达式(参阅引理 2.2.1 的证明)：

$$\begin{aligned} D(t, T) = & \mathbb{E}_{\mathbb{P}^*}(Le^{-r(T-t)} \mathbb{1}_{\{\bar{\tau} \geqslant T, V_T \geqslant L\}} \mid \mathcal{F}_t) \\ & + \mathbb{E}_{\mathbb{P}^*}(\beta_1 V_T e^{-r(T-t)} \mathbb{1}_{\{\bar{\tau} \geqslant T, V_T < L\}} \mid \mathcal{F}_t) \\ & + \mathbb{E}_{\mathbb{P}^*}(K\beta_2 e^{-\gamma(T-\bar{\tau})} e^{-r(\bar{\tau}-t)} \mathbb{1}_{\{t < \bar{\tau} < T\}} \mid \mathcal{F}_t) \end{aligned}$$

违约后——在集合 $\{\tau \leqslant t\} = \{\bar{\tau} \leqslant t\}$ 上，明显有

$$D(t, T) = \beta_2 \bar{v}(\tau) B^{-1}(\tau, T) B(t, T) = K\beta_2 e^{-\gamma(T-\tau)} e^{r(t-\tau)}$$

在可违约债券的估值公式中，前两个条件期望可以利用例 3.1.4 中的条件概率公式 $\mathbb{P}^*\{V_s \geqslant x, \tau \geqslant s \mid \mathcal{F}_t\}$ 来计算。为了估计第三个条件期望，要利用过程 V 通过界限 $\bar{v}(t)$ 的首达时的条件概率定律——在例 3.1.2 中就已经确定了这个定律。因此，需要根据 Black 和 Cox(1976)的研究建立随后的估值公式。回顾，我们有如下标记：

$$\nu = r - \kappa - \frac{1}{2}\sigma_V^2, \quad \tilde{\nu} = \nu - \gamma = r - \kappa - \gamma - \frac{1}{2}\sigma_V^2, \quad \tilde{a} = \tilde{\nu}\sigma_v^{-2}$$

为了简便，在陈述和证明命题 3.2.1 时，会用 σ 代替 σ_V。

命题 3.2.1 假设 $\tilde{\nu}^2 + 2\sigma^2(r-\gamma) > 0$。那么可违约债券的价格过程 $D(t, T) = u(V_t, t)$ 在集合 $\{\tau > t\}$ 上满足：

$$\begin{aligned} D(t, T) = & LB(t, T)\Big(N\big(h_1(V_t, T-t)\big) - R_t^{2\tilde{a}} N\big(h_2(V_t, T-t)\big)\Big) \\ & + \beta_1 V_t e^{-\kappa(T-t)}\Big(N\big(h_3(V_t, T-t)\big) - N\big(h_4(V_t, T-t)\big)\Big) \end{aligned}$$

$$+\beta_1 V_t e^{-\kappa(T-t)} R_t^{2\tilde{a}+2}\Big(N\big(h_5(V_t,\ T-t)\big)-N\big(h_6(V_t,\ T-t)\big)\Big)$$

$$+\beta_2 V_t\Big(R_t^{\theta+\zeta}N\big(h_7(V_t,\ T-t)\big)+R_t^{\theta-\zeta}N\big(h_8(V_t,\ T-t)\big)\Big)$$

其中,$R_t=\bar{v}(t)/V_t$, $\theta=\tilde{a}+1$, $\zeta=\sigma^{-2}\sqrt{\tilde{\nu}^2+2\sigma^2(r-\gamma)}$,

$$h_1(V_t,\ T-t)=\frac{\ln(V_t/L)+\nu(T-t)}{\sigma\sqrt{T-t}}$$

$$h_2(V_t,\ T-t)=\frac{\ln\bar{v}^2(t)-\ln(LV_t)+\nu(T-t)}{\sigma\sqrt{T-t}}$$

$$h_3(V_t,\ T-t)=\frac{\ln(L/V_t)-(\nu+\sigma^2)(T-t)}{\sigma\sqrt{T-t}}$$

$$h_4(V_t,\ T-t)=\frac{\ln(K/V_t)-(\nu+\sigma^2)(T-t)}{\sigma\sqrt{T-t}}$$

$$h_5(V_t,\ T-t)=\frac{\ln\bar{v}^2(t)-\ln(LV_t)+(\nu+\sigma^2)(T-t)}{\sigma\sqrt{T-t}}$$

$$h_6(V_t,\ T-t)=\frac{\ln\bar{v}^2(t)-\ln(KV_t)+(\nu+\sigma^2)(T-t)}{\sigma\sqrt{T-t}}$$

$$h_7(V_t,\ T-t)=\frac{\ln\big(\bar{v}(t)/V_t\big)+\zeta\sigma^2(T-t)}{\sigma\sqrt{T-t}}$$

$$h_8(V_t,\ T-t)=\frac{\ln\big(\bar{v}(t)/V_t\big)-\zeta\sigma^2(T-t)}{\sigma\sqrt{T-t}}$$

在证明命题 3.2.1 之前,先来陈述一个基本的引理。

引理 3.2.1 对任意的 $a\in\mathbb{R}$, $b>0$ 和每一个 $y>0$ 有:

$$\int_0^y x\,\mathrm{d}N\Big(\frac{\ln x+a}{b}\Big)=\mathrm{e}^{\frac{1}{2}b^2-a}N\Big(\frac{\ln y+a-b^2}{b}\Big)\tag{3.14}$$

和

$$\int_0^y x\,\mathrm{d}N\Big(\frac{-\ln x+a}{b}\Big)=\mathrm{e}^{\frac{1}{2}b^2+a}N\Big(\frac{-\ln y+a+b^2}{b}\Big)\tag{3.15}$$

令 $a,\ b,\ c\in\mathbb{R}$ 满足 $b<0$ 和 $c^2>2a$。那么对所有的 $y>0$ 有

$$\int_0^y \mathrm{e}^{ax}\,\mathrm{d}N\Big(\frac{b-cx}{\sqrt{x}}\Big)=\frac{d+c}{2d}g(y)+\frac{d-c}{2d}h(y)\tag{3.16}$$

其中，$d=\sqrt{c^2-2a}$ 和

$$g(y)=\mathrm{e}^{b(c-d)}N\left(\frac{b-dy}{\sqrt{y}}\right),\quad h(y)=\mathrm{e}^{b(c+d)}N\left(\frac{b+dy}{\sqrt{y}}\right)$$

证明:式(3.14)和式(3.15)的证明是标准化的。至于式(3.16)，观察下式：

$$f(y):=\int_0^y \mathrm{e}^{ax}\,\mathrm{d}N\left(\frac{b-cx}{\sqrt{x}}\right)=\int_0^y \mathrm{e}^{ax}n\left(\frac{b-cx}{\sqrt{x}}\right)\left(-\frac{b}{2x^{3/2}}-\frac{c}{2\sqrt{x}}\right)\mathrm{d}x$$

其中，n 是标准高斯型的概率密度函数。另一方面

$$g'(x)=\mathrm{e}^{b(c-\sqrt{c^2-2a})}n\left[\frac{b-\sqrt{c^2-2ax}}{\sqrt{x}}\right]\left[-\frac{b}{2x^{3/2}}-\frac{\sqrt{c^2-2a}}{2\sqrt{x}}\right]$$

$$=\mathrm{e}^{ax}n\left(\frac{b-cx}{\sqrt{x}}\right)\left(-\frac{b}{2x^{3/2}}-\frac{d}{2\sqrt{x}}\right)$$

$$h'(x)=\mathrm{e}^{b(c+\sqrt{c^2-2a})}n\left[\frac{b+\sqrt{c^2-2ax}}{\sqrt{x}}\right]\left[-\frac{b}{2x^{3/2}}+\frac{\sqrt{c^2-2a}}{2\sqrt{x}}\right]$$

$$=\mathrm{e}^{ax}n\left(\frac{b-cx}{\sqrt{x}}\right)\left(-\frac{b}{2x^{3/2}}+\frac{d}{2\sqrt{x}}\right)$$

因此

$$g'(x)+h'(x)=-\mathrm{e}^{ax}\,\frac{b}{x^{3/2}}n\left(\frac{b-cx}{\sqrt{x}}\right)$$

和

$$g'(x)-h'(x)=-\mathrm{e}^{ax}\,\frac{b}{x^{1/2}}n\left(\frac{b-cx}{\sqrt{x}}\right)$$

所以，f 可以表示如下：

$$f(y)=\frac{1}{2}\int_0^y\left(g'(x)+h'(x)+\frac{c}{d}\left(g'(x)-h'(x)\right)\right)\mathrm{d}x$$

因为 $\lim\limits_{y\to 0^+}g(y)=\lim\limits_{y\to 0+}h(y)=0$，则对任意的 $y>0$ 有：

$$f(y)=\frac{1}{2}\left(g(y)+h(y)\right)+\frac{c}{2d}\left(g(y)-h(y)\right)$$

这就完成了引理的证明。 □

命题 3.2.1 的证明:因为证明会依赖于比较标准但却比较繁琐的计算，所以只做概括式的证明。我们需要用到如下的条件期望：

$$D_1(t, T) = LB(t, T)\,\mathbb{P}^*\{V_T \geqslant L, \bar{\tau} \geqslant T \mid \mathcal{F}_t\}$$

$$D_2(t, T) = \beta_1 B(t, T)\,\mathbb{E}_{\mathbb{P}^*}(V_T \mathbb{1}_{\{V_T < L, \bar{\tau} \geqslant T\}} \mid \mathcal{F}_t)$$

$$D_3(t, T) = K\beta_2 B_t \mathrm{e}^{-\gamma T}\,\mathbb{E}_{\mathbb{P}^*}(\mathrm{e}^{(\gamma - r)\bar{\tau}} \mathbb{1}_{\{t < \bar{\tau} < T\}} \mid \mathcal{F}_t)$$

为了书写简便,令 $t=0$。先估计 $D_1(0, T)$——与无违约事件有关的债券价值部分。从例 3.1.4 可知,如果 $L \geqslant \bar{v}(T) = K$,则

$$\mathbb{P}^*\{V_T \geqslant L, \bar{\tau} \geqslant T\} = N\left(\frac{\ln \frac{V_0}{L} + \nu T}{\sigma \sqrt{T}}\right) - R_0^{2\tilde{a}} N\left(\frac{\ln \frac{\bar{v}^2(0)}{LV_0} + \nu T}{\sigma\sqrt{T}}\right)$$

由于 $R_0 = \bar{v}(0)/V_0$,所以,明显有:

$$D_1(0, T) = LB(0, T)\Big(N\big(h_1(V_0, T)\big) - R_0^{2\tilde{a}} N\big(h_2(V_0, T)\big)\Big)$$

现在来分析 $D_2(0, T)$ ——与 T 期发生违约有关的债券价值部分。明显有:

$$\frac{D_2(0, T)}{\beta_1 B(0, T)} = \mathbb{E}_{\mathbb{P}^*}(V_T \mathbb{1}_{\{V_T < L, \bar{\tau} \geqslant T\}}) = \int_K^L x\,\mathrm{d}\,\mathbb{P}^*\{V_T < x, \bar{\tau} \geqslant T\}$$

再次利用例 3.1.4,及 $\mathbb{P}^*\{\bar{\tau} \geqslant t\}$ 不依赖与 x 的事实,对于每一个 $x \geqslant K$ 可以得到

$$\mathrm{d}\,\mathbb{P}^*\{V_T < x, \bar{\tau} \geqslant T\} = \mathrm{d}N\left(\frac{\ln \frac{x}{V_0} - \nu T}{\sigma\sqrt{T}}\right) + R_0^{2\tilde{a}}\,\mathrm{d}N\left(\frac{\ln \frac{\bar{v}^2(0)}{xV_0} + \nu T}{\sigma\sqrt{T}}\right)$$

令

$$K_1(0) = \int_K^L x\,\mathrm{d}N\left(\frac{\ln x - \ln V_0 - \nu T}{\sigma\sqrt{T}}\right)$$

$$K_2(0) = \int_K^L x\,\mathrm{d}N\left(\frac{2\ln \bar{v}(0) - \ln x - \ln V_0 + \nu T}{\sigma\sqrt{T}}\right)$$

利用式(3.14)—(3.15),可以得到:

$$K_1(0) = V_0 \mathrm{e}^{(r-\kappa)T}\left[N\left(\frac{\ln \frac{L}{V_0} - \hat{\nu} T}{\sigma\sqrt{T}}\right) - N\left(\frac{\ln \frac{K}{V_0} - \hat{\nu} T}{\sigma\sqrt{T}}\right)\right]$$

$$K_2(0) = V_0 R_0^2 \mathrm{e}^{(r-\kappa)T}\left[N\left(\frac{\ln \frac{\bar{v}^2(0)}{LV_0} + \hat{\nu} T}{\sigma\sqrt{T}}\right) - N\left(\frac{\ln \frac{\bar{v}^2(0)}{KV_0} + \hat{\nu} T}{\sigma\sqrt{T}}\right)\right]$$

其中，$\hat{\nu} = \nu + \sigma^2 = r - \kappa + \frac{1}{2}\sigma^2$，因为

$$D_2(0, T) = \beta_1 B(0, T)(K_1(0) + R_0^{\tilde{a}} K_2(0))$$

由此，得到如下结论：

$$D_2(0, T) = \beta_1 V_0 e^{-\kappa T}\Big(N(h_3(V_0, T)) - N(h_4(V_0, T))\Big) + \beta_1 V_0 e^{-\kappa T} R_0^{2\tilde{a}+2}\Big(N(h_5(V_0, T)) - N(h_6(V_0, T))\Big)$$

现在还需要分析 $D_3(0, T)$——与债券到期日 T 之前出现强制破产可能性有关的债券价值部分。为此，计算如下的期望值就足够了：

$$\bar{v}(0)\,\mathbb{E}_{\mathbb{P}^*}(e^{(\gamma-r)\bar{\tau}}\,\mathbb{1}_{\{\bar{\tau}<T\}}) = \bar{v}(0)\int_0^T e^{(\gamma-r)s}\,d\,\mathbb{P}^*\{\bar{\tau} \leqslant s\}$$

其中（见例 3.1.2），

$$\mathbb{P}^*\{\bar{\tau} \leqslant s\} = N\left(\frac{\ln(\bar{v}(0)/V_0) - \tilde{\nu}s}{\sigma\sqrt{s}}\right) + \left(\frac{\bar{v}(0)}{V_0}\right)^{2\tilde{a}} N\left(\frac{\ln(\bar{v}(0)/V_0) + \tilde{\nu}s}{\sigma\sqrt{s}}\right)$$

注意 $\bar{v}(0) < V_0$，那么有 $\ln(\bar{v}(0)/V_0) < 0$。利用式(3.16)，可以得到：

$$\bar{v}(0)\int_0^T e^{(\gamma-r)s}\,dN\left(\frac{\ln(\bar{v}(0)/V_0) - \tilde{\nu}s}{\sigma\sqrt{s}}\right) = \frac{V_0(\tilde{a}+\zeta)}{2\zeta}R_0^{\theta-\zeta}N(h_8(V_0, T)) - \frac{V_0(\tilde{a}-\zeta)}{2\zeta}R_0^{\theta+\zeta}N(h_7(V_0, T))$$

$$\frac{\bar{v}(0)^{2\tilde{a}+1}}{V_0^{2\tilde{a}}}\int_0^T e^{(\gamma-r)s}\,dN\left(\frac{\ln(\bar{v}(0)/V_0) + \tilde{\nu}s}{\sigma\sqrt{s}}\right) = \frac{V_0(\tilde{a}+\zeta)}{2\zeta}R_0^{\theta+\zeta}N(h_7(V_0, T)) - \frac{V_0(\tilde{a}-\zeta)}{2\zeta}R_0^{\theta-\zeta}N(h_8(V_0, T))$$

因此，

$$D_3(0, T) = \beta_2 V_0\Big(R_0^{\theta+\zeta}N(h_7(V_0, T)) + R_0^{\theta-\zeta}N(h_8(V_0, T))\Big) \tag{3.17}$$

这就完成了命题的证明。 □

从金融角度看，系数 β_1 和 β_2 可以解释为它们反映了违约时发生的破产（或重组）成本。很明显，只要 $\beta_1 < 1$ 和（或）$\beta_2 < 1$，可违约债券的价值就一定小于零破产成本情况（即 $\beta_1 = \beta_2 = 1$）下的价值。有些情况下，可以认为 $\beta_1 < 1$ 和（或）$\beta_2 < 1$ 破坏了严格占优法则。

应该注意的是,和默顿模型中的情况类似,Black 和 Cox 模型得出的当到期期限很短时信用利差接近于 0 的结论,与实证研究不一致,这还是因为违约时间关于价值过程的自然滤子是可料的。

严格占优法则。为了简化,假设 $\beta_1=\beta_2=1$,即不考虑破产(或重组)成本。假定公司负债可以分为优先级债券和(从属)次级债券,它们的到期期限相同。在债务的到期日,只有在对优先级债券持有者进行承诺的支付以后才对次级债券持有者进行支付。这个规定通常被称为严格(或绝对)占优法则。假设公司债务的总面值等于 $L=L_s+L_j$,此处 L_s 和 L_j 分别为优先级债券的面值和次级债券的面值。在 Black 和 Cox 模型中,令 $u(V_t,\,t;\,L,\,\bar{v})$ 表示可违约债券的价格 $D(t,\,T)$(由命题 3.2.1 给定),为了简便,我们已经在标记中引入了面值 L 和界限函数 $\bar{v}$。

明显地,当 $t<T$ 时,在集合 $\{\tau>t\}$ 上,优先级债务的价值 $D_s(t,\,T)$ 等于

$$D_s(t,\,T)=u(V_t,\,t;\,L_s,\,\bar{v})$$

如果违约在到期日之前发生,那么在违约发生时优先级债务的价值等于 $\min(\bar{v}(\tau),\,L_sB(\tau,\,T))$。在集合 $\{\tau>t\}$ 上,公司债务的总价值等于:

$$D(t,\,T)=u(V_t,\,t;\,L,\,\bar{v})$$

在违约时它等于 $\bar{v}(\tau)$。那么在集合 $\{\tau>t\}$ 上,次级债务的价值等于:

$$D_j(t,\,T)=D(t,\,T)-D_s(t,\,T)=u(V_t,\,t;\,L,\,\bar{v})-u(V_t,\,t;\,L_s,\,\bar{v})$$

如果违约在到期日之前发生,那么在违约发生时,次级债务的价值等于 $\min(\bar{v}(\tau)-L_sB(\tau,\,T),\,L_jB(\tau,\,T))$。例如,如果对某个常量 $K\leqslant L$,有 $\bar{v}(t)=KB(t,\,T)$,那么在集合 $\{\tau>t\}$ 有:

$$D_j(t,\,T)=\begin{cases}L_jB(t,\,T),\ \text{如果}\ K=L\\ D(t,\,T)-L_sB(t,\,T),\ \text{如果}\ L_s\leqslant K<L\\ D(t,\,T)-D_s(t,\,T),\ \text{如果}\ K<L_s\end{cases}$$

作为一个可能的猜想,对上述分析进行扩展后可以涵盖几种次级债务的情况。

特例。我们现在分析 Black-Cox 估值公式的一些特例。假设 $\beta_1=\beta_2=1$,选择界限函数 $\bar{v}$,使得 $K=L$。然后还需要 $\gamma\geqslant r$(否则,条件(3.13)将不能满足)。很明显,如果 $K=L$,那么 $K_1(t)=K_2(t)=0$,因而有 $D(t,\,T)=D_1(t,\,T)+D_3(t,\,T)$,其中,

$$D_1(t,\,T)=LB(t,\,T)\Big(N\big(h_1(V_t,\,T-t)\big)-R_t^{2\tilde{a}}N\big(h_2(V_t,\,T-t)\big)\Big)\tag{3.18}$$

$$D_3(t,\,T)=V_t\Big(R_t^{\theta+\zeta}N\big(h_7(V_t,\,T-t)\big)+R_t^{\theta-\zeta}N\big(h_8(V_t,\,T-t)\big)\Big)\tag{3.19}$$

$\gamma=r$ 的情况。如果还假设 $\gamma = r$，那么 $\zeta = -\sigma^{-2}\widetilde{\nu}$，从而有：

$$V_t R_t^{\theta+\zeta} = LB(t, T), \quad V_t R_t^{\theta-\zeta} = V_t R_t^{2\widetilde{a}+1} = LB(t, T) R_t^{2\widetilde{a}}$$

此外，容易发现在这种情况下有：

$$h_1(V_t, T-t) = \frac{\ln(V_t/L) + \nu(T-t)}{\sigma\sqrt{T-t}} = -h_7(V_t, T-t)$$

$$h_2(V_t, T-t) = \frac{\ln \bar{v}^2(t) - \ln(LV_t) + \nu(T-t)}{\sigma\sqrt{T-t}} = h_8(V_t, T-t)$$

因此，如果 $\bar{v}(t) = Le^{-r(T-t)} = LB(t, T)$，则 $D(t, T) = LB(t, T)$。这个结论是非常直观的；具有安全约定的可违约债券明显等价于面值和到期期限相同的无违约债券，其中的安全约定由界限函数表示，且等于债务面值的贴现价值。另外注意，当 $\gamma = r$ 但 $K < L$ 时，有 $D_3(t, T) = KB(t, T)\mathbb{P}^*\{\tau < T \mid \mathcal{F}_t\}$ 成立。

$\gamma>r$ 的情况。如果 $K = L$ 但 $\gamma > r$，我们会预期 $D(t, T)$ 小于 $LB(t, T)$。当 γ 趋向于无穷大时（所有其他的参数固定不变），Black 和 Cox 价格会收敛到命题 2.3.1 中的默顿价格：

$$\lim_{\gamma\to\infty} D(t, T) = V_t e^{-\kappa(T-t)} N\big(-d_1(V_t, T-t)\big) + LB(t, T)\big(d_2(V_t, T-t)\big)$$

首先，明显有 $h_1(V_t, T-t) = d_2(V_t, T-t)$，然后，经过简单的计算可以得到：

$$\lim_{\gamma\to\infty} R_t^{2\widetilde{a}} N\big(h_2(V_t, T-t)\big) = \lim_{\gamma\to\infty} R_t^{\theta-\zeta} N\big(h_8(V_t, T-t)\big) = 0$$

所以式(3.18)右边的第二项以及式(3.19)右边的第二项都不存在了。最后，因为 $\lim_{\gamma\to\infty} R_t^{\theta+\zeta} = e^{-\kappa(T-t)}$ 和 $\lim_{\gamma\to\infty} h_7(V_t, T-t) = -d_1(V_t, T-t)$，则有

$$\lim_{\gamma\to\infty} R_t^{\theta+\zeta} N\big(h_7(V_t, T-t)\big) = e^{-\kappa(T-t)} N\big(-d_1(V_t, T-t)\big)$$

3.2.2 公司息票债券

现在假设 $r > 0$，具有固定到期日 T 和面值 L 的可违约债券会以恒定的息票利率 c 连续支付利息。所以，对 $t \in \mathbb{R}_+$ 有 $A_t = ct$ ①。一旦违约发生，票息支付即告停止。正式地，考虑如下定义的可违约未定权益：

$$X = L, \quad A_t = ct, \quad Z = \beta_2 V, \quad \widetilde{X} = \beta_1 V_T, \quad \tau = \inf\{t \in [0, T]: V_t < v_t\}$$

① 有些读者在此处可能愿意用 cL 而不是 c 表示，其中 L 为债券面值。这当然只是为了书写简便。

其界限 v 由式(3.12)给出。用 $D_c(t, T)$表示这个权益在 $t<T$ 时的价值。(参照式(2.28))明显有

$$D_c(t, T)=D(t, T)+\mathbb{E}_{\mathbb{P}^*}\left(\int_t^T c\,\mathrm{e}^{-r(s-t)}\,\mathbb{1}_{\{\bar{\tau}>s\}}\,\mathrm{d}s \mid \mathscr{F}_t\right)$$

$$=D(t, T)+c\mathrm{e}^{rt}\int_t^T \mathrm{e}^{-rs}\,\mathbb{P}^*\{\bar{\tau}>s \mid \mathscr{F}_t\}\mathrm{d}s=:D(t, T)+A(t, T)$$

其中,$A(t, T)$表示未来票息支付的贴现值。特别地,令 $t=0$,得到

$$D_c(0, T)=D(0, T)+c\int_0^T \mathrm{e}^{-rs}\,\mathbb{P}^*\{\bar{\tau}>s\}\mathrm{d}s=D(0, T)+A(0, T)$$

其中(在此我们按习惯使用 σ 而不是 σ_V),

$$\mathbb{P}^*\{\bar{\tau}>s\}=N\left(\frac{\ln(V_0/\bar{v}(0))+\tilde{\nu}s}{\sigma\sqrt{s}}\right)-\left(\frac{\bar{v}(0)}{V_0}\right)^{2\tilde{a}}N\left(\frac{\ln(\bar{v}(0)/V_0)+\tilde{\nu}s}{\sigma\sqrt{s}}\right)$$

利用部分积分公式可得:

$$\int_0^T \mathrm{e}^{-rs}\,\mathbb{P}^*\{\bar{\tau}>s\}\mathrm{d}s=\frac{1}{r}\left(1-\mathrm{e}^{-rT}\,\mathbb{P}^*\{\bar{\tau}>T\}+\int_0^T \mathrm{e}^{-rs}\mathrm{d}\,\mathbb{P}^*\{\bar{\tau}>s\}\right)$$

依惯例,假设 $V_0>\bar{v}(0)$,使得 $\ln(\bar{v}(0)/V_0)<0$。按照类似于证明命题 3.2.1 最后一部分所使用的方法(更明确地,利用式(3.16))得到:

$$\int_0^T \mathrm{e}^{-rs}\mathrm{d}\,\mathbb{P}^*\{\bar{\tau}>s\}=-\left(\frac{\bar{v}(0)}{V_0}\right)^{\tilde{a}+\tilde{\zeta}}N\left(\frac{\ln(\bar{v}(0)/V_0)+\tilde{\zeta}\sigma^2 T}{\sigma\sqrt{T}}\right)$$

$$-\left(\frac{\bar{v}(0)}{V_0}\right)^{\tilde{a}-\tilde{\zeta}}N\left(\frac{\ln(\bar{v}(0)/V_0)-\tilde{\zeta}\sigma^2 T}{\sigma\sqrt{T}}\right)$$

其中,$\tilde{\nu}=r-k-\gamma-\frac{1}{2}\sigma^2$,$\tilde{a}=\tilde{\nu}\sigma^{-2}$ 和 $\tilde{\zeta}=\sigma^{-2}\sqrt{\tilde{\nu}^2+2\sigma^2 r}$。虽然现在讨论的是 $t=0$ 的情况,但对于任意 $t<T$ 时的一般情况,推导基本上采用相同的理论。结合上述公式,可以得到如下命题。

命题 3.2.2 考虑一份到期日为 T,面值为 L 且以恒定的息票利率 C 连续支付利息的可违约债券。这样一份债券的套利价格等于 $D_c(t, T)=D(t, T)+A(t, T)$,此处,$D(t, T)$是命题 3.2.1 定义的可违约零息票债券的价值,而在集合 $\{\tau>t\}=\{\bar{\tau}>t\}$ 上,$A(t, T)$等于

$$A(t, T)=\frac{c}{r}\Big[1-B(t, T)\Big(N(k_1(V_t, T-t))-R_t^{2\tilde{a}}N(k_2(V_t, T-t))\Big)$$

$$-R_t^{\tilde{a}+\tilde{\zeta}}N(g_1(V_t, T-t))-R_t^{\tilde{a}-\tilde{\zeta}}N(g_2(V_t, T-t))\Big]$$

其中，$R_t = \bar{v}(t)/V_t$，

$$k_1(V_t,\ T-t) = \frac{\ln\left(V_t/\bar{v}(t)\right)+\tilde{\nu}(T-t)}{\sigma\sqrt{T-t}}$$

$$k_2(V_t,\ T-t) = \frac{\ln\left(\bar{v}(t)/V_t\right)+\tilde{\nu}(T-t)}{\sigma\sqrt{T-t}}$$

$$g_1(V_t,\ T-t) = \frac{\ln\left(\bar{v}(t)/V_t\right)+\tilde{\zeta}\sigma^2(T-t)}{\sigma\sqrt{T-t}}$$

$$g_2(V_t,\ T-t) = \frac{\ln\left(\bar{v}(t)/V_t\right)-\tilde{\zeta}\sigma^2(T-t)}{\sigma\sqrt{T-t}}$$

有些作者将这个一般结论运用到假定违约触发界限为常量的特殊情况。此时，系数 γ 等于 0。由此，$\tilde{\nu} = \nu$ 且 $\tilde{\zeta} = \sigma^{-2}\sqrt{\nu^2+2\sigma^2 r} = \zeta$。

此外，假设 $\bar{v} \geqslant L$，从而排除了公司在到期日 T 发生破产的情况。为了读者阅读方便，我们给出由命题 3.2.1 和命题 3.2.2 直接导出的下述推论。

推论 3.2.1 假设 $\gamma = 0$，那么界限过程为常量，即 $v \equiv \bar{v}$。如果 $\bar{v} \geqslant L$，那么在集合 $\{\tau > t\} = \{\bar{\tau} > t\}$ 上，可违约债券的套利价格等于

$$D_c(t,\ T) = \frac{c}{r} + B(t,\ T)\left(L-\frac{c}{r}\right)\Big(N\left(k_1(V_t,\ T-t)\right) - R_t^{2\tilde{a}}N\left(k_2(V_t,\ T-t)\right)\Big)$$

$$+\left(\beta_2\bar{v}-\frac{c}{r}\right)\Big(R_t^{\tilde{a}+\tilde{\zeta}}N\left(g_1(V_t,\ T-t)\right)+R_t^{\tilde{a}-\tilde{\zeta}}N\left(g_2(V_t,\ T-t)\right)\Big)$$

其中，$R_t = \bar{v}/V_t$。

注意到推论 3.2.1 的估值公式和 Leland 和 Toft(1996)中的表达式(3)恰好是一样的。令债券的到期期限 T 趋向于无穷大，则永久债券套利价格由下式得到(也可参阅后续推论 3.2.2)：

$$D_c(t) = D_c(t,\ \infty) = \frac{c}{r}\left(1-\left(\frac{\bar{v}}{V_t}\right)^{\tilde{a}+\tilde{\zeta}}\right)+\beta_2\bar{v}\left(\frac{\bar{v}}{V_t}\right)^{\tilde{a}+\tilde{\zeta}}$$

3.2.3 公司永久债券

下一个目标是分析按恒定利率 c 连续支付息票利息的公司永久债券(公司永久债券就是到期期限趋向无穷的债券)。在任意时期 $t \in \mathbb{R}_+$，该证券的价格 $D_c(t)$等于：

$$D_c(t):=\lim_{T\to\infty}\mathbb{E}_{\mathbb{P}^*}\Big(\int_t^T c\,\mathrm{e}^{-r(s-t)}\mathbb{1}_{\{\bar{\tau}>s\}}\mathrm{d}s\mid\mathscr{F}_t\Big)$$
$$+\lim_{T\to\infty}\mathbb{E}_{\mathbb{P}^*}\left(K\beta_2\mathrm{e}^{\gamma(\bar{\tau}-T)}\mathrm{e}^{-r(\bar{\tau}-t)}\mathbb{1}_{\{t<\bar{\tau}<T\}}\mid\mathscr{F}_t\right)$$

或者,等价地有

$$D_c(t)=\lim_{T\to\infty}A(t,\ T)+\lim_{T\to\infty}D_3(t,\ T)$$

其中,$D_3(t,\ T)$在命题3.2.1证明中曾定义过,利用在这个命题中建立的公式,可以得到:

$$\lim_{T\to\infty}D_3(t,\ T)=\beta_2V_t\Big(R_t^{\theta+\zeta}N\big(h_7(V_t,\ T-t)\big)+R_t^{\theta-\zeta}N\big(h_8(V_t,\ T-t)\big)\Big)$$
$$=\beta_2V_t\left(\frac{\bar{v}(t)}{V_t}\right)^{\tilde{\alpha}+1+\zeta}=\beta_2\bar{v}(t)\left(\frac{\bar{v}(t)}{V_t}\right)^{\tilde{\alpha}+\zeta}$$

其中,$\zeta=\sigma^{-2}\sqrt{\tilde{\nu}^2+2\sigma^2(r-\gamma)}$。另一方面,读者容易证明:如果 $V_t>\bar{v}(t)$,则有

$$\lim_{T\to\infty}A(t,\ T)=\frac{c}{r}\left[1-\left(\frac{\bar{v}(t)}{V_t}\right)^{\tilde{\alpha}+\tilde{\zeta}}\right]$$

我们推得下述结论成立。

推论 3.2.2 在集合$\{\tau>t\}=\{\bar{\tau}>t\}$上,按恒定利率$c$支付连续票息的可违约永久债券价格等于

$$D_c(t)=\frac{c}{r}\left(1-\left(\frac{\bar{v}(t)}{V_t}\right)^{\tilde{\alpha}+\tilde{\zeta}}\right)+\beta_2\bar{v}(t)\left(\frac{\bar{v}(t)}{V_t}\right)^{\tilde{\alpha}+\tilde{\zeta}}\tag{3.20}$$

另外,假设$\gamma=0$,从而使得对所有的$t\in\mathbb{R}_+$,界限为一个常量$\bar{v}(t)=\bar{v}$。令$\bar{\tau}=\inf\{t\geqslant0:\ V_t\leqslant\bar{v}\}$,那么有$\zeta=\tilde{\zeta}$,因此

$$D_c(t)=\frac{c}{r}(1-\bar{q}_t)+\beta_2\bar{v}\bar{q}_t\tag{3.21}$$

其中,

$$\bar{q}_t:=\left(\frac{\bar{v}}{V_t}\right)^{\tilde{\alpha}+\tilde{\zeta}}=-\int_t^\infty\mathrm{e}^{-rs}\,\mathrm{d}\,\mathbb{P}^*\{\bar{\tau}>s\mid\mathscr{F}_t\}$$

最后,如果$\gamma=\kappa=0$,那么

$$D_c(t)=\frac{c}{r}\left[1-\left(\frac{\bar{v}}{V_t}\right)^{\alpha}\right]+\beta_2\bar{v}\left(\frac{\bar{v}}{V_t}\right)^{\alpha}\tag{3.22}$$

其中,$\alpha=2r/\sigma^2$。

3.3 最优资本结构

Black 和 Cox(1976)论文中一个有趣的地方是它最初是在偿付公司债务的背景下研究公司最优资本结构的。接下来,我们将对他们所考虑的问题进行简要分析。然后,介绍一些其他关于破产优化问题(issues)的经典方法。基本的思路是股权人可以选择适当的破产策略,从而使得权益的价值最大化,或者等价地,使得债务价值最小化。

3.3.1 Black-Cox 方法

根据 Black 和 Cox(1976)的方法,我们考虑一家公司,该公司有一份未偿清的付息债券。简单起见,假设这是一份永久债券,按恒定利率 c 连续支付息票利息。假设在式(3.11)中 $r>0$ 且派息率 $\kappa=0$。从金融角度来看,该条件可解释为对资产出售的限制,但允许发行新的股权。也就是说,假定公司的债务只能通过发行新的股权来融资,而不是出售现有资产。等价地,我们考虑这样的一个方案,即股权人向公司进行支付从而实现对利率的支付。但是,他们有权随时停止支付,或者将公司转托给债权人,也或者按每单位债券名义额支付 c/r 的方法对债权人进行支付。回顾,我们用 $E(V_t)$ 和 $D(V_t)$ 分别表示公司权益和债务在时刻 t 的价值,那么公司资产总价值满足 $V_t=E(V_t)+D(V_t)$。

Black 和 Cox(1976)认为公司价值存在一个临界水平,用 v^* 表示,在这个水平之下没有更多的权益可以出售。这个临界水平可以是股权人在一个最优化程序的过程中决定的,而这个最优化程序事实上决定了公司的最优资本结构。更明确地,临界价值 v^* 将由股权人来选择,他们的目标就是最小化债券的价值,从而最大化权益的价值。注意,v^* 不外乎是所考虑问题中的一个恒定的违约界限;所以,最优违约时间 τ^* 等于 $\tau^*=\inf\{t\geqslant 0: V_t<v^*\}=\inf\{t\geqslant 0: V_t\leqslant v^*\}$。为了求得 v^* 的值,首先固定破产水平 $\bar{v}$。那么,一份永久债券定价函数 $u^\infty=u^\infty(V)$ 的常微分方程(ordinary differential equation, ODE)有如下形式①:

$$\frac{1}{2}V^2\sigma^2 u_{VV}^\infty+rVu_V^\infty+c-ru^\infty=0 \tag{3.23}$$

① 记住我们有假设 $\kappa=0$,同时也强调了目前没有破产成本,也即系数 β_1 和 β_2 都等于 1。

该常微分方程受制于下界约束条件 $u^{\infty}(\bar{v}) = \min(\bar{v}, c/r)$ 和上界约束条件 $\lim_{V\to\infty} u_V^{\infty}(V) = 0$。

对于最后一个条件,当公司价值趋向于无穷时,违约的可能性就变得毫无意义,此时可违约永久债券的价值趋向于无违约永久债券的价值 c/r。大家都知道式(3.23)有如下形式的一般解:

$$u^{\infty}(V) = \frac{c}{r} + K_1 V + K_2 V^{-\alpha} \tag{3.24}$$

其中,$\alpha = 2r/\sigma^2$,K_1 和 K_2 都是常量,且由边界条件来决定。边界条件意味着 $K_1 = 0$,

$$K_2 = \begin{cases} \bar{v}^{\alpha+1} - (c/r)\bar{v}^{\alpha}, \text{ 如果 } \bar{v} < c/r \\ 0, \text{ 如果 } \bar{v} \geqslant c/r \end{cases}$$

因此,如果 $\bar{v} < c/r$,那么①

$$u^{\infty}(V_t) = \frac{c}{r} + \left(\bar{v}^{\alpha+1} - \frac{c}{r}\bar{v}^{\alpha}\right)V_t^{-\alpha} = \frac{c}{r}\left[1 - \left(\frac{\bar{v}}{V_t}\right)^{\alpha}\right] + \bar{v}\left(\frac{\bar{v}}{V_t}\right)^{\alpha}$$

利用解析法,再次得到了推论 3.3.3 中的公式(3.22)(其中 $\beta_2 = 1$)。正如前面所提及的,应该由股权人选择破产水平,从而最小化债券价值 $D(V_t) = u^{\infty}(V_t)$,进而最大化公司的权益:

$$E(V_t) = V_t - D(V_t) = V_t - \frac{c}{r}(1 - \bar{q}_t) - \bar{v}\bar{q}_t \tag{3.25}$$

容易发现界限的最优水平并不依赖于公司的现值,而是由如下显性公式给出:

$$v^* = \frac{c}{r}\frac{\alpha}{\alpha+1} = \frac{c}{r+\sigma^2/2} \tag{3.26}$$

如果给定股权人的最优策略,在集合 $\{\tau^* > t\}$ 上,公司债务(即永久债券)的价格过程有如下形式:

$$D^*(V_t) = \frac{c}{r} - \frac{1}{V_t^{\alpha}}\left(\frac{c}{r} - \frac{c}{r+\sigma^2/2}\right)\left(\frac{c}{r+\sigma^2/2}\right)^{\alpha} = \frac{c}{r} - \frac{1}{\alpha V_t^{\alpha}}\left(\frac{c}{r+\sigma^2/2}\right)^{\alpha+1}$$

或等价地(参照式(3.21))

$$D^*(V_t) = \frac{c}{r}(1 - q_t^*) + v^* q_t^* \tag{3.27}$$

① 如果 $\bar{v} \geqslant c/r$,那么明显有 $u^{\infty}(V_t) = c/r$;这是公司债务最大化的价值,对应于债务有完全保护的情况。

其中，

$$q_t^* = \left(\frac{v^*}{V_t}\right)^\alpha = \frac{1}{V_t^\alpha}\left(\frac{c}{r+\sigma^2/2}\right)^\alpha \tag{3.28}$$

需要强调的是，这个结论的前提假设是股权人不允许出售资产来偿付未支付的利息。值得注意的是，Black 和 Cox(1976)也分析了通过出售公司资产来偿付利息的情况。有兴趣的读者可以在该原始论文中查找有关这种情况下公司债务的估值公式。

包括 Leland(1994)，Leland 和 Toft(1996)，Anderson 和 Sundaresan(1996)，Mella-Barral 和 Perraudin(1997)，以及 Mella-Barral(1999)在内的其他人都曾致力于建立更符合实际的破产和议价过程模型。这些模型都考虑了其他更重要的因素，如税收利得(tax benefits)和破产成本。我们现在简单分析一下前两篇论文的一些结论。

3.3.2 Leland 方法

Leland(1994)论文的主要分析内容是一个杠杆公司在无限水平时间轴上的最优资本结构。具体地，假设公司发行了一份永久债券，在它具备偿付能力时会以恒定的息票利率 c 支付利息。当公司资产的总价值过程 V 首次触及恒定的重组下界限 $\bar{v}$ 时，公司便丧失偿付能力，即发生违约。类似地，在 Black 和 Cox(1976)方法中，最优破产水平 v^* 的选择也旨在实现公司权益价值的最大化。同前所述，利率是常数，在$\mathbb{P}^*$下公司价值的动态变化由式(3.11)给出，其中 $r>0$ 且 $\kappa=0$。

破产成本。假设公司的价值过程一旦触及恒定的界限 $\bar{v}$ 时，公司便发生违约。此时，违约时间 τ 等于：

$$\tau = \bar{\tau} := \inf\{t \geqslant 0: V_t \leqslant \bar{v}\} = \inf\{t \geqslant 0: V_t < \bar{v}\}$$

假定在违约时债权人所收到的回收支付等于 $\beta_2\bar{v}$，其中 $\beta_2 \in [0, 1]$。在破产时损失的部分为 $(1-\beta_2)\bar{v}$，它表示为目前分析结构中的破产或重组成本。用 $D(V_t)$表示 t 时公司债务的价值。利用式(3.22)，在集合 $\{\bar{\tau} > t\}$ 上得到：

$$D(V_t) = \frac{c}{r}\left[1-\left(\frac{\bar{v}}{V_t}\right)^\alpha\right] + \beta_2\bar{v}\left(\frac{\bar{v}}{V_t}\right)^\alpha = \frac{c}{r}(1-\bar{q}_t) + \beta_2\bar{v}\bar{q}_t \tag{3.29}$$

其中，$\alpha = 2r/\sigma^2$ 及 $\bar{q}_t = (\bar{v}/V_t)^\alpha$。此外，用 $B(V_t)$表示破产成本的现值，在任意时间 t，破产成本的现值明显的可由表达式 $B(V_t) = (1-\beta_2)\bar{v}\bar{q}_t$ 给出。

税收利得。只要公司具备偿付能力，与债务融资有关的税收利得就可以解释为支付恒定息票利率的证券，其中的恒定利率等于利率支付的避税价值，用 $\bar{c}$ 表示。否则，发生违约后，就不能实现税收利得。所以，税收利得的现值(用 $T(V_t)$表示)等于：

$$T(V_t) = \frac{\bar{c}}{r}(1 - \bar{q}_t)$$

其中，$\bar{c} < c$ 是给定的常量。从金融角度来解释，会很自然的将 $\bar{c}$ 表示为乘积形式 $\bar{c} = \mu c$，其中 μ 表示公司税率。

因此，用 $G(V_t)$ 表示的公司总价值等于：

$$G(V_t) := V_t + T(V_t) - B(V_t) = V_t + \frac{\bar{c}}{r}(1 - \bar{q}_t) - (1 - \beta_2)\bar{v}\bar{q}_t \quad (3.30)$$

用 $E(V_t)$ 表示公司权益的现值，则

$$E(V_t) := G(V_t) - D(V_t)$$

利用式(3.29)和式(3.30)，在集合 $\{\tau > t\}$ 上，得到如下的公司权益价值的表达式：

$$E(V_t) = V_t - \frac{c - \bar{c}}{r} + \left(\frac{c - \bar{c}}{r} - \bar{v}\right)\bar{q}_t = V_t - \frac{c - \bar{c}}{r}(1 - \bar{q}_t) - \bar{v}\bar{q}_t \quad (3.31)$$

其中，$\bar{q}_t = (\bar{v}/V_t)^\alpha$。值得一提的是，在 Leland(1994)所做的约定下，破产成本并不影响公司权益的价值，这完全不同于对公司债务的影响。也就是说，在违约事件发生时，全部的破产成本都由债权人支付。

不受保护的债务。首先假设对内生选择的触发界限水平的价值没有施加下界。但是，仍假设只要权益的价值达到 0，破产就一定发生。而且在破产时，不管选择的违约触发界限的水平 $\bar{v}$ 是多少，权益的价值始终为 0。

比较式(3.31)和式(3.25)，可以认为只要做一个小小的改动，即用净息票利率 $c - \bar{c}$ 取代息票利率 c，它就和第 3.3.1 节中的情况相符。所以，我们可以利用与前一节得到的相同方法(参照式(3.26))，求得使式(3.31)右边部分最大化的 $\bar{v}$ 的价值：

$$v^* = \frac{c - \bar{c}}{r}\frac{\alpha}{\alpha + 1} = \frac{c - \bar{c}}{r + \sigma^2/2} \quad (3.32)$$

那么有，

$$q_t^* = \frac{1}{V_t^\alpha}\left(\frac{c - \bar{c}}{r + \sigma^2/2}\right)^\alpha$$

当然，如果可以忽略税收利得，最优价值 v^* 就等于式(3.26)给出的价值。公司权益的最大化价值为

$$E^*(V_t) = V_t - \frac{c - \bar{c}}{r} + \frac{1}{\alpha V_t^\alpha}\left(\frac{c - \bar{c}}{r + \sigma^2/2}\right)^{\alpha+1}$$

而公司债务的最小化价值为

$$D^*(V_t)=\frac{c}{r}-\frac{1}{\alpha V_t^{\alpha}}\left(\frac{c}{r}-\frac{\beta_2(c-\bar{c})}{r+\sigma^2/2}\right)\left(\frac{c-\bar{c}}{r+\sigma^2/2}\right)^{\alpha}$$

破产时，公司权益的价值为 0，而公司总价值等于 $G(V_{\tau^*})=G(v^*)=D^*(v^*)=\beta_2 v^*$。最后，假设公司股权人的最优策略已经给定，如果选择的息票利率 c 满足：$c=\bar{c}+V_0(r+\sigma^2/2)$，那么公司权益会在 0 时刻处达到最大。

受保护的债务。现在考虑当公司资产价值降至债务本金价值以下时破产即告发生的情况。此外，假设债务本金价值等于它在起始时刻 0 时的价值。因此，违约触发界限的水平是外生的，且由 $\bar{v}=D(V_0)$ 给定。利用式(3.29)，我们可以得到如下方程：

$$D(V_0)=\frac{c}{r}\left[1-\left(\frac{D(V_0)}{V_0}\right)^{\alpha}\right]+\beta_2 D(V_0)\left(\frac{D(V_0)}{V_0}\right)^{\alpha} \tag{3.33}$$

上式也隐含了受保护债务在 0 时刻的价值。假设 $\beta_2=1$，即没有破产成本。因为假设公司在 0 时刻有偿付能力（使得 $V_0>D_0$），正如所期望的，由式(3.33)可得 $D(V_0)=c/r$。不幸的是，在 $\beta_2<1$ 的情况下，式(3.33)的封闭式解不存在。

3.3.3 Leland 和 Toft 方法

Leland 和 Toft(1996)致力于研究公司债务到期日为有限的情况，这与 Leland(1994)研究的公司债务到期日为无限的情况刚好相反。他们也假设短期利率是常量，且在即期鞅测度 $\mathbb{P}^*$ 下，公司资产的总价值过程满足：

$$\mathrm{d}V_t=V_t\left((r-\kappa)\mathrm{d}t+\sigma_V\mathrm{d}W_t^*\right)$$

其中，常量 $\kappa\geqslant 0$ 是派息率。同前述保持一致，用 $\bar{v}$ 表示常数的破产水平。我们允许存在非零的破产成本，所以有 $\beta_2\in[0,1]$。在这些假设下，利用推论 3.2.1 中公式的恰当形式可以表述可违约债券的价值。

平稳的债务结构。Leland 和 Toft(1996)假设公司有一个平稳的债务结构，可以理解为：在任意时间点 t，未偿付的债务由期限在区间 $[t,t+T]$ 上，支付恒定息票利率 $c=C/T$ 且面值均匀分布在区间 $[t,t+T]$ 上的息票债券组成。这意味着所有未偿付的债券每年需要支付的总息票利息为 C。为了保持债务结构不随时间的变化而变化，每年都要签发比例为 $l=L/T$ 的新债券，其中 L 是所有未偿付债券的总面值。如果以前发行的债券到期，等额的本金也要退还。所以，只要公司有偿付能力，总面值在任意时刻 t 都保持不变，且未偿付债券的面值在时间段 $[t,t+T]$ 上均匀分布。因此，在违约前的任意时间

点 t，公司债务的价值明显等于：

$$D(V_t)=\int_t^{t+T}D_c(t,\ u)\mathrm{d}u$$

其中，$D_c(t,\ u)$ 由推论 3. 2. 1 中公式给定，但需用 L/T 取代 L，用 C/T 取代 c，用 β_2/T 取代 β_2。

令 $t=0$。根据推论 3. 2. 1，价格过程 $D_c(0,\ u)$ 等于

$$D_c(0,\ u)=\frac{C}{rT}+\frac{\mathrm{e}^{-ru}}{T}\Big(L-\frac{C}{r}\Big)g(u)+\frac{1}{T}\Big(\beta_2\bar{v}-\frac{C}{r}\Big)h(u) \tag{3.34}$$

其中，函数 $g,\ h(g,\ h:[0,\ T]\to\mathbb{R})$ 由下式给定（按惯例，$R_0=\bar{v}/V_0$）

$$g(u)=N\big(k_1(V_0,\ u)\big)-R_0^{2\tilde{a}}N\big(k_2(V_0,\ u)\big)$$

$$h(u)=R_0^{\tilde{a}+\tilde{\zeta}}N\big(g_1(V_0,\ u)\big)+R_0^{\tilde{a}-\tilde{\zeta}}N\big(g_2(V_0,\ u)\big)$$

根据 Leland 和 Toft(1996)的研究，我们可建立如下命题。

命题 3. 3. 1 公司债务在 0 时刻的价值等于

$$D(V_0)=\frac{C}{r}+\frac{1}{rT}\Big(L-\frac{C}{r}\Big)G(T)+\frac{1}{T}\Big(\beta_2\bar{v}-\frac{C}{r}\Big)H(T)$$

其中，

$$G(T)=\int_0^T\mathrm{e}^{-ru}g(u)\mathrm{d}u=r^{-1}\big(1-h(T)-\mathrm{e}^{-rT}g(T)\big) \tag{3.35}$$

$$H(T):=\int_0^T h(u)\mathrm{d}u=\tilde{H}(T)$$

这里对每个 $T\geqslant 0$ 有：

$$\tilde{H}(T):=\frac{\sqrt{T}}{\zeta\sigma}\Big(R_0^{\tilde{a}+\tilde{\zeta}}g_1(V_0,\ T)N\big(g_1(V_0,\ T)\big)-R_0^{\tilde{a}-\tilde{\zeta}}g_2(V_0,\ T)N\big(g_2(V_0,\ T)\big)\Big)$$

证明：我们需要估计积分 $D(V_0)=\int_0^T D_c(0,\ u)\mathrm{d}u$，其中 $D_c(0,\ u)$ 由式(3. 34)给出。注意，因为 $g(0)=1$，我们有：

$$G(T)=\int_0^T\mathrm{e}^{-ru}g(u)\mathrm{d}u=r^{-1}\Big(1-\mathrm{e}^{-rT}g(T)-\int_0^T\mathrm{e}^{-ru}\mathrm{d}g(u)\Big)$$

此外，利用引理 3. 2. 1(也可参阅第 3. 2. 2 节)可以得到

$$\int_0^T e^{-ru} dg(u) = h(T)$$

这表示式(3.35)成立。不难证明 $H(0)=\widetilde{H}(0)=0$。进一步,对 H 求导显然有

$$H'(T) = h(T) = R_0^{\widetilde{a}+\widetilde{\zeta}} N(g_1(V_0,\ T)) + R_0^{\widetilde{a}-\widetilde{\zeta}} N(g_2(V_0,\ T))$$

所以,为了得到等式 $H(T)=\widetilde{H}(T)$,可以直接对 $\widetilde{H}(T)$进行微分,再检验 $\widetilde{H}'(T)=h(T)$ 是否成立就可以了。 □

通过利用命题 3.3.1, Leland 和 Toft(1996)首次建立了可以求得违约触发界限最优价值 $v^*(T)$的显性公式。然后,证明了 $\lim_{T\to\infty} v^*(T) = v^*$ 的存在性,其中 v^* 由式(3.32)给出。最后,他们还分析了选择其他债务期限时最大化公司价值的最优杠杆比率。

3.3.4 研究新进展

我们现在简短概述一下恒定利率的首次经过时间模型的一些新进展。近几年,提出了各种扩展的结构模型,这些模型比经典模型要复杂得多。事实上,它们已经成为许多相关经济研究的基础,这些相关的经济研究不便在此一一详述。我们仅对这些研究中最关键的特性做一个简要说明。

状态变量。在首次经过时间模型中,不是根据公司价值而是根据其他状态变量来决定违约时间的做法是很常见的。这些状态变量通常反映了一些经济的基本要素(如公司经营收益,公司产品的价格等)。Mella-Barral 和 Tychon(1999)考虑了带有一个状态变量的一般首次经过时间模型。该状态变量服从一个几何布朗运动。当状态变量触及一个恒定的阈值水平 $\bar{x}$ 时违约即告发生,而违约时的资产价值被认为是一个外生输入量,由某个函数 $V(\bar{x})$给定。特别地,他们得出了到期期限有限的可违约息票债券估值公式,并且分析了信用利差的期限结构。不过,这种分析的前提假设是要选择适当的息票利率使得债券的初始价格等于面值。

战略性偿债(strategic debt service)。在金融文献中被广泛认可的是,破产或流动性成本的出现可以诱使债权人接受对合同支付的偏离,而不是强制公司破产。Anderson 和 Sundaresan(1996)以及 Mella-Barral 和 Perraudin(1997)在考虑公司一旦出现困境即要重新进行债务谈判的可能性时最先考虑到这种特性。在其他方面,他们还详细分析了战略性偿债(研究这方面的最新论文有 Leland(1998)、Mella-Barral(1999)和 Ericsson(2000))。Mella-Barral 和 Perraudin(1997)假设股权人可以说服债权人认可重新进行债务谈判是对他们有利的,从而接受低于原始合同的利率支付。利用偏微分方程方法,从公司价值最大化的角度,他们对债务重新谈判的最优性进行了分析。Anderson 和

Sundaresan(1996)的研究在两个主要方面不同于 Mella-Barral 和 Perraudin(1997)的研究。首先,他们建立了详细的模型来分析所谓的股权人和债权人之间的“破产博弈”,其中股权人和债权人都是追求自身利益最大化的参与方。通过对议价程序进行详细的分析从而导出了破产过程的离散时间博弈理论模型。其次,他们主要分析了固定到期期限的债券,而 Mella-Barral 和 Perraudin(1997)研究的则是永久债券。随后,Anderson 等(1996)在研究永久债券时又通过偏微分方程的方法分析了连续时间的 Anderson 和 Sundaresan 模型。在所有的情况下,数量研究的结果似乎都支持破产或重新谈判的成本对信用利差水平有显著影响的结论。

概率方法。Ericsson 和 Reneby(1998)发现大多数可违约权益——即使是考虑了破产成本、公司税收或者偏离严格占优法则——可以分解为三个相对简单的积木块(building blocks):下跌敲出看涨期权,下跌敲出数字期权以及数字权益,其中数字权益表示在违约事件发生时仅支付一单位现金。在恒定触发界限的假设下,他们不仅得到了这些“积木块”的估值公式,而且也推导出了更多类型的可违约权益估值公式。他们解释了如何将这些结论用于之前所研究的战略性偿债的有关问题之中。特别地,他们通过概率方法重新推导了 Mella-Barral 和 Perraudin(1997)以前通过偏微分方程方法建立的一些公式。对于某些常量 μ、σ、β 和 κ, Barone-Adesi 和 Colwell(1999)通过假定 X 由如下随机微分方程(stochastic differential equation)给出:

$$dX_t = \mu X_t dt + \sqrt{\sigma^2 X_t^{\beta} + \kappa^2}\, dW_t$$

直接对差分形式 $X_t := V_t - v_t$ 进行建模,从而推导出可违约债券价值的封闭式解。Sarkar(2001)分析了可赎回债券在给定的期限内被赎回的概率。

比较研究。Anderson 和 Sundaresan(1996)研究了名义额为 L 且息票利率为 c 的公司永久债券(同前述,我们假设息票利率 c 包含了面值 L)。他们没有建立任何关于价值过程 V 动态变化的特殊模型,但是他们假设了一个恒定的短期利率水平 r。他们的估值方程嵌套了 Black 和 Cox(1976)、Leland(1994)、Anderson 等(1996),以及 Mella-Barral 和 Perraudin(1997)中关于公司永久债券的结果。在集合 $\{\tau > t\}$ 上,该估值方程有如下一般形式:

$$D_c(t) = \frac{c}{r}(1 - \bar{q}_t) + \bar{q}_t \max(\delta \bar{v} - K,\ 0) \tag{3.36}$$

其中,$D_c(t)$ 表示可违约永久债券在时刻 t 的价格,$\bar{q}_t$ 表示时刻 t 所观测到的违约的“加权”概率,$\bar{v}$ 是破产水平,δ 表示回收率,而 K 则表示固定的破产成本。针对公司业务及经营约定所做的模型假设决定了这些参量的特殊含义。例如,在 Black 和 Cox(1976),Leland(1994)和 Anderson 等(1996)的研究中,系数 $\bar{q}_t$ 是满足 $\bar{q}_t = (\bar{v}/V_t)^{\gamma}$ 的,其中 $\gamma >$

0 是一个常量，它的确切值依不同的模型而变化。与此不同的是，在 Mella-Barral 和 Perraudin(1997)的研究中，违约概率则是公司产品价格的显性函数。

Anderson 和 Sundaresan(2000) 利用美国公司债券市场的时间序列数据，对有战略性偿债的结构模型和无战略性偿债的结构模型进行了比较研究。他们得出的结论是，对经典结构模型进行修改从而允许在经济基本要素基础上内生决定违约阈值，是对结构模型的一个改进。

3.4 随机利率模型

我们现在来分析 Black 和 Cox 方法的一个自然扩展，从而既要考虑公司特有的信用利差风险也要考虑市场(利率)风险。形式上，我们的目标是扩展命题 3.2.1 的价值公式以适用于随机利率、依赖于时间的系数 κ 和 σ_V 的情况。为了使这个一般化过程切实可行，假定：

——随机触发界限 v 是通过一种审慎的方法来选定的，即对某个常量 K 和某个函数 $f:[0,\ T]\rightarrow\mathbb{R}_+$，有 $v_t = KB(t,\ T)f(t)$；

——公司远期价值的波动为一个确定性的函数。

为了满足第二个要求，我们要利用高斯 HJM 结构，即假设债券价格波动是确定性的。更一般地，假设公司价值和无违约零息票债券在测度$\mathbb{P}^*$下的动态变化过程分别是：

$$dV_t = V_t\big((r_t-\kappa(t))dt+\sigma_V(t)dW_t^*\big)$$

$$dB(t,\ T) = B(t,\ T)\big(r_t dt + b(t,\ T)dW_t^*\big)$$

其中，W^* 是一个 d 维的标准布朗运动，而 $\kappa(\kappa:[0,\ T]\rightarrow\mathbb{R})$ 和 $\sigma_V(\sigma_V,\ b:[0,\ T]\rightarrow\mathbb{R}^d)$ 是(有界)确定性的函数。这种情况下，公司远期价值 $F_V(t,\ T):=V_t/B(t,\ T)$ 在远期鞅测度$\mathbb{P}_T$下满足：

$$dF_V(t,\ T) = -\kappa(t)F_V(t,\ T)dt + F_V(t,\ T)\big(\sigma_V(t)-b(t,\ T)\big)dW_t^T$$

其中，过程 $W_t^T = W_t^* - \int_0^t b(u,\ T)du(\forall t\in[0,\ T])$ 是$\mathbb{P}_T$下的一个 d 维标准布朗运动。由公式

$$F_V^\kappa(t,\ T) = F_V(t,\ T)e^{-\int_t^T\kappa(u)du},\ \forall t\in[0,\ T]$$

给出的辅助过程 $F_V^\kappa(t,\ T)$在$\mathbb{P}_T$下服从一个对数正态分布的鞅，即：

$$dF_V^{\kappa}(t, T) = F_V^{\kappa}(t, T)\big(\sigma_V(t) - b(t, T)\big)\,dW_t^T$$

其终端约束条件为 $F_V^{\kappa}(T, T) = F_V(T, T) = V_T$。考虑如下对 Black-Cox 方法所做的修改：

$$X = L, \quad A \equiv 0, \quad Z \equiv \beta_2 V, \quad \widetilde{X} = \beta_1 V_T, \quad \tau = \inf\{t \in [0, T]: V_t < v_t\}$$

其中，β_2，$\beta_1 \in [0, 1]$ 是常量，而对于某个常量 $0 < K \leqslant L$，随机界限 v 由下式给出：

$$v_t = \begin{cases} KB(t, T)e^{\int_t^T \kappa(u)du}, & \text{如果 } t < T \\ L, & \text{如果 } t = T \end{cases} \tag{3.37}$$

对任意的 $t \leqslant T$，设定

$$\kappa(t, T) = \int_t^T \kappa(u)du, \quad \sigma^2(t, T) = \int_t^T |\sigma_V(u) - b(u, T)|^2 du$$

其中，$|\cdot|$表示$\mathbb{R}^d$中的欧几里得范数。简单的用 F_t 表示公司的远期价值，即 $F_t = F_V(t, T)$。最后，令

$$\eta_+(t, T) = \kappa(t, T) + \frac{1}{2}\sigma^2(t, T), \quad \eta_-(t, T) = \kappa(t, T) - \frac{1}{2}\sigma^2(t, T)$$

命题 3.4.1 假定界限过程 v 由式(3.37)给出。对任意的 $t < T$，可违约债券的远期价格 $F_D(t, T) = D(t, T)/B(t, T)$ 在集合 $\{\tau > t\}$ 上等于

$$\begin{aligned} F_D(t, T) = {} & L\Big(N\big(\hat{h}_1(F_t, t, T)\big) - (F_t/K)e^{-\kappa(t, T)}N\big(\hat{h}_2(F_t, t, T)\big)\Big) \\ & + \beta_1 F_t e^{-\kappa(t, T)}\Big(N\big(\hat{h}_3(F_t, t, T)\big) - N\big(\hat{h}_4(F_t, t, T)\big)\Big) \\ & + \beta_1 K\Big(N\big(\hat{h}_5(F_t, t, T)\big) - N\big(\hat{h}_6(F_t, t, T)\big)\Big) \\ & + \beta_2 K J_1(F_t, t, T) + \beta_2 F_t e^{-\kappa(t, T)} J_2(F_t, t, T) \end{aligned}$$

其中，

$$\hat{h}_1(F_t, t, T) = \frac{\ln(F_t/L) - \eta_+(t, T)}{\sigma(t, T)}$$

$$\hat{h}_2(F_t, T, t) = \frac{2\ln K - \ln(LF_t) + \eta_-(t, T)}{\sigma(t, T)}$$

$$\hat{h}_3(F_t, t, T) = \frac{\ln(L/F_t) + \eta_-(t, T)}{\sigma(t, T)}$$

$$\hat{h}_4(F_t, t, T) = \frac{\ln(K/F_t) + \eta_-(t, T)}{\sigma(t, T)}$$

$$\hat{h}_5(F_t, t, T) = \frac{2\ln K - \ln(LF_t) + \eta_+(t, T)}{\sigma(t, T)}$$

$$\hat{h}_6(F_t, t, T) = \frac{\ln(K/F_t) + \eta_+(t, T)}{\sigma(t, T)}$$

对任意固定的 $0 \leqslant t < T$ 和 $F_t > 0$，有

$$J_{1,2}(F_t, t, T) = \int_t^T e^{\kappa(u, T)} dN\left(\frac{\ln(K/F_t) + \kappa(t, T) \pm \frac{1}{2}\sigma^2(t, u)}{\sigma(t, u)}\right)$$

评注：假设 $\beta_2 = \beta_1 = 1$。当 $b \equiv 0$ 且 κ 和 σ_V 为常量时，可以发现命题 3.4.1 的估值公式简化成命题 3.2.1 中推出公式的特例，其中 $\gamma = r - \kappa$。在这种情况下，根据式(3.16)可以明确地估计 $J_{1,2}(F_t, t, T)$。另外要注意的是，类似式(3.50)中所选择的下阈值(完全不同于式(3.37))不能导出一个封闭式解。

命题 3.4.1 的证明：在目前的假设下，面值为 L 的可违约债券等价于支付 $X^d(T)$，该支付在债券到期日 T 进行结算且等于：

$$X^d(T) = L\mathbb{1}_{\{V_T \geqslant L, \bar{\tau} \geqslant T\}} + \beta_1 F_V^\kappa(T, T)\mathbb{1}_{\{V_T < L, \bar{\tau} \geqslant T\}} + \beta_2 v_{\bar{\tau}} B^{-1}(\bar{\tau}, T)\mathbb{1}_{\{t < \bar{\tau} < T\}}$$

且 $\bar{\tau}$ 为

$$\bar{\tau} = \inf\{t < T: F_V^\kappa(t, T) \leqslant K\} = \inf\{t < T: Y_t \leqslant 0\}$$

其中，$Y_t := \ln(F_V^\kappa(t, T)/K)$。由远期鞅测度 $\mathbb{P}_T$ 的定义，马上可以得到可违约债券远期价格的概率表示

$$F_D(t, T) = \mathbb{E}_{\mathbb{P}_T}(L\mathbb{1}_{\{V_T \geqslant L, \bar{\tau} \geqslant T\}} \mid \mathcal{F}_t) + \beta_1 \mathbb{E}_{\mathbb{P}_T}(F_V^\kappa(T, T)\mathbb{1}_{\{V_T < L, \bar{\tau} \geqslant T\}} \mid \mathcal{F}_t)$$
$$+ \beta_2 \mathbb{E}_{\mathbb{P}_T}(v_{\bar{\tau}} B^{-1}(\bar{\tau}, T)\mathbb{1}_{\{t < \bar{\tau} < T\}} \mid \mathcal{F}_t)$$

由此推得，在集合 $\{\tau > t\} = \{\bar{\tau} > t\}$ 上有

$$F_D(t, T) = L\,\mathbb{P}_T\{F_V^\kappa(T, T) \geqslant L, \bar{\tau} \geqslant T \mid \mathcal{F}_t\}$$
$$+ \beta_1 \mathbb{E}_{\mathbb{P}_T}(F_V^\kappa(T, T)\mathbb{1}_{\{F_V^\kappa(T, T) < L, \bar{\tau} \geqslant T\}} \mid \mathcal{F}_t)$$
$$+ \beta_2 K\, \mathbb{E}_{\mathbb{P}_T}(e^{\kappa(\bar{\tau}, T)}\mathbb{1}_{\{t < \bar{\tau} < T\}} \mid \mathcal{F}_t) =: I_1(t) + I_2(t) + I_3(t)$$

注意到 Y 满足

$$Y_t = Y_0 + \int_0^t (\sigma_V(u) - b(u, T))\, dW_u^T - \frac{1}{2}\int_0^t |\sigma_V(u) - b(u, T)|^2 du$$

考察如下与 Y 有关的确定性时间变化量 $A:[0, T]\to\mathbb{R}_+$

$$A_t=\int_0^t|\sigma_V(u)-b(u, T)|^2\mathrm{d}u,\ \forall t\in[0, T]$$

令 $A^{-1}:[0, A_T]\to[0, T]$ 表示时间变化量的逆。那么时变过程 $\widetilde{Y}_t:=Y_{A_t^{-1}}$ 在$\mathbb{P}_T$下服从关于时变滤子$\widetilde{\mathbb{F}}$ 的一维布朗运动①,其漂移系数为 $\nu=-1/2$, 且对于 $t\in[0, A_T]$ 有 $\widetilde{\mathscr{F}}_t=\mathscr{F}_{A_t^{-1}}$。更详细地,对于某个$(\mathbb{P}_T, \widetilde{\mathbb{F}})$—标准布朗运动 $\widetilde{W}$, $\widetilde{Y}$ 满足

$$\widetilde{Y}=Y_0+\widetilde{W}_t-\frac{1}{2}t,\ \forall t\in[0, A_T]$$

现在来分析 $I_1(t)$。令 $\widetilde{L}=L/K$ 和 $\bar{\tau}=\inf\{t<A_T: \widetilde{Y}_t\leqslant 0\}$。注意对任何固定的 $t<T$, 在集合 $\{\bar{\tau}>t\}=\{\bar{\tau}>A_t\}$ 上有

$$\mathbb{P}_T\{F_V^*(T, T)\geqslant L,\ \bar{\tau}\geqslant T\mid\mathscr{F}_t\}=\mathbb{P}_T\{\widetilde{Y}_{A_T}\geqslant\ln\widetilde{L},\ \tilde{\tau}\geqslant A_T\mid\widetilde{\mathscr{F}}_{A_t}\}$$

利用引理 3.1.4,取 $\nu=-1/2$ 及 $\sigma=1$, 可以得到

$$\begin{aligned}
&\mathbb{P}_T\{\widetilde{Y}_{A_T}\geqslant\ln\widetilde{L},\ \tilde{\tau}\geqslant A_T\mid\widetilde{\mathscr{F}}_{A_t}\}\\
&=N\left(\frac{\ln(K/L)+\widetilde{Y}_{A_t}-\frac{1}{2}(A_T-A_t)}{\sqrt{A_T-A_t}}\right)\\
&\quad-\mathrm{e}^{-\widetilde{Y}_{A_t}}N\left(\frac{\ln(K/L)-\widetilde{Y}_{A_t}-\frac{1}{2}(A_T-A_t)}{\sqrt{A_T-A_t}}\right)
\end{aligned}$$

因而,有

$$\begin{aligned}
I_1(t)&=L\,\mathbb{P}_T\{\widetilde{Y}_{A_T}\geqslant\ln\widetilde{L},\ \bar{\tau}\geqslant A_T\mid\widetilde{\mathscr{F}}_{A_t}\}\\
&=\mathrm{LN}\left(\frac{\ln(F_t/L)-\kappa(t, T)-\frac{1}{2}\sigma^2(t, T)}{\sigma(t, T)}\right)\\
&\quad-\mathrm{e}^{-\kappa(t, T)}\widetilde{L}F_tN\left(\frac{2\ln K-\ln(F_tL)+\kappa(t, T)-\frac{1}{2}\sigma^2(t, T)}{\sigma(t, T)}\right)
\end{aligned}$$

正如所期望的,这表明

---

① 参阅 Revuz 和 Yor(1991)。

$$I_1(t) = L\left(N(\hat{h}_1(F_t, t, T)) - (F_t/K)\mathrm{e}^{-\kappa(t, T)} N(\hat{h}_2(F_t, t, T))\right)$$

为了简化表示法，我们只估计 $t = 0$ 时的 $I_2(t)$ 和 $I_3(t)$。可以用类似于推导公式 $I_1(t)$ 的方法来推导一般情况，这个推导过程就留给读者来完成。

为了简化表示法，我们只估计 $t = 0$ 时的 $I_2(t)$ 和 $I_3(t)$。可以用类似于推导公式 $I_1(t)$ 的方法来推导一般情况，这个推导过程就留给读者来完成。

下面来分析 $I_2(0)$。根据过程 $\widetilde{Y}$ 和 A 的定义，通过观察可以得到：

$$\mathbb{E}_{\mathbb{P}_T}(F_V^{\kappa}(T, T)\mathbb{1}_{\{F_V^{\kappa}(T, T)<L, \tilde{\tau}\geqslant T\}}) = K\,\mathbb{E}_{\mathbb{P}_T}(\mathrm{e}^{\widetilde{Y}_{A_T}}\mathbb{1}_{\{\widetilde{Y}_{A_T}<\ln\widetilde{L}, \tilde{\tau}\geqslant A_T\}})$$

所以 $I_2(0)$ 也可以表示为：

$$I_2(0) = \beta_1 K\int_0^{\ln\widetilde{L}} \mathrm{e}^x \mathrm{d}\,\mathbb{P}_T\{\widetilde{Y}_{A_T} < x, \tilde{\tau} \geqslant A_T\}$$

再次利用引理 3.1.4，可以得到下述表达式：

$$\begin{aligned}
&\mathrm{d}\,\mathbb{P}_T\{\widetilde{Y}_{A_T} < x, \tilde{\tau} \geqslant A_T\} \\
&= \mathrm{d}N\left(\frac{x - \widetilde{Y}_0 + \frac{1}{2}A_T}{\sqrt{A_T}}\right) + \mathrm{e}^{\widetilde{Y}_0}\mathrm{d}N\left(\frac{-x - \widetilde{Y}_0 - \frac{1}{2}A_T}{\sqrt{A_T}}\right) \\
&= \mathrm{d}N\left(\frac{x - \ln(F_0/K) + \kappa(0, T) + \frac{1}{2}\sigma^2(0, T)}{\sigma(0, T)}\right) \\
&\quad + \mathrm{e}^{-\kappa(0, T)}\frac{F_0}{K}\mathrm{d}N\left(\frac{-x - \ln(F_0/K) + \kappa(0, T) - \frac{1}{2}\sigma^2(0, T)}{\sigma(0, T)}\right)
\end{aligned}$$

因此，$I_2(0) = I_{21}(0) + I_{22}(0)$，其中通过规范计算有：

$$\begin{aligned}
I_{21}(0) &= \beta_1 K\int_0^{\ln\widetilde{L}} \mathrm{e}^x \mathrm{d}N\left(\frac{x - \ln(F_0/K) + \kappa(0, T) + \frac{1}{2}\sigma^2(0, T)}{\sigma(0, T)}\right) \\
&= \beta_1 F_0 \mathrm{e}^{-\kappa(0, T)} N\left(\frac{\ln(L/F_0) + \kappa(0, T) - \frac{1}{2}\sigma^2(0, T)}{\sigma(0, T)}\right) \\
&\quad - \beta_1 F_0 \mathrm{e}^{-\kappa(0, T)} N\left(\frac{\ln(K/F_0) + \kappa(0, T) - \frac{1}{2}\sigma^2(0, T)}{\sigma(0, T)}\right) \\
&= \beta_1 F_0 \mathrm{e}^{-\kappa(0, T)}\left(N(\hat{h}_3(F_0, 0, T)) - N(\hat{h}_4(F_0, 0, T))\right)
\end{aligned}$$

和

$$I_{22}(0)=\beta_1 e^{-\kappa(0,T)}F_0\int_0^{\ln\widetilde{L}} e^x dN\left(\frac{-x-\ln(F_0/K)+\kappa(0,T)-\frac{1}{2}\sigma^2(0,T)}{\sigma(0,T)}\right)$$

$$=\beta_1 KN\left(\frac{2\ln K-\ln(LF_0)+\kappa(0,T)+\frac{1}{2}\sigma^2(0,T)}{\sigma(0,T)}\right)$$

$$-\beta_1 KN\left(\frac{\ln(K/F_0)+\kappa(0,T)+\frac{1}{2}\sigma^2(0,T)}{\sigma(0,T)}\right)$$

$$=\beta_1 K\Big(N(\hat{h}_5(F_0,0,T))-N(\hat{h}_6(F_0,0,T))\Big)$$

为了估计上面的最后两个公式,只需要注意到对任何的 $c\neq 0$ 和每个 $a,b,d\in\mathbb{R}$ 都有下式成立就足够了:

$$\int_a^b e^x dN(cx+d)=e^{\frac{1}{2}(\widetilde{d}^2-d^2)}\left(N(cb+\widetilde{d})-N(ca+\widetilde{d})\right)$$

其中,$\widetilde{d}=d-c^{-1}$。虽然明显有 $I_{21}(0)>0$ 和 $I_{22}(0)<0$,但 $I_2(0)>0$ 始终成立。

现在还需估计 $I_3(0)$,此处

$$I_3(0)=\beta_2 K\,\mathbb{E}_{\mathbb{P}_T}(e^{\kappa(\bar{\tau},T)}\mathbb{1}_{\{\bar{\tau}<T\}})=\beta_2 K\int_0^T e^{\kappa(t,T)}d\,\mathbb{P}_T\{\bar{\tau}\leqslant t\}$$

注意由引理 3.1.2 可得

$$\mathbb{P}_T\{\widetilde{\tau}\leqslant s\}=N\left(\frac{-Y_0+\frac{1}{2}s}{\sqrt{s}}\right)+e^{Y_0}N\left(\frac{-Y_0-\frac{1}{2}s}{\sqrt{s}}\right)$$

其中,$\widetilde{Y}_0=Y_0$,$\widetilde{\tau}$ 同前一样定义为 $\widetilde{\tau}=\inf\{t<A_T:\widetilde{Y}_t\leqslant 0\}$。因为明显有 $\mathbb{P}_T\{\bar{\tau}\leqslant t\}=\mathbb{P}_T\{\widetilde{\tau}\leqslant A_t\}$,则可以得到:

$$\mathbb{P}_T\{\bar{\tau}\leqslant t\}=N\left(\frac{-Y_0+\frac{1}{2}A_t}{\sqrt{A_t}}\right)+e^{Y_0}N\left(\frac{-Y_0-\frac{1}{2}A_t}{\sqrt{A_t}}\right)$$

$$=N\left(\frac{\ln\frac{K}{F_0}+\kappa(0,T)+\frac{1}{2}A_t}{\sqrt{A_t}}\right)+e^{-\kappa(0,T)}\frac{F_0}{K}N\left(\frac{\ln\frac{K}{F_0}+\kappa(0,T)-\frac{1}{2}A_t}{\sqrt{A_t}}\right)$$

由此得到 $I_3(0)=I_{31}(0)+I_{32}(0)$,其中

$$I_{31}(0) = \beta_2 K \int_0^T e^{\kappa(t,\ T)} dN\left(\frac{\ln(K/F_0) + \kappa(0,\ T) + \frac{1}{2}\sigma^2(0,\ T)}{\sigma(0,\ T)}\right)$$

$$= \beta_2 K J_1(F_0,\ 0,\ T)$$

和

$$I_{32}(0) = \beta_2 F_0 e^{-\kappa(0,\ T)} \int_0^T e^{\kappa(t,\ T)} dN\left(\frac{\ln(K/F_0) + \kappa(0,\ T) - \frac{1}{2}\sigma^2(0,\ T)}{\sigma(0,\ T)}\right)$$

$$= \beta_2 F_0 e^{-\kappa(0,\ T)} J_2(F_0,\ 0,\ T)$$

这就完成了命题的证明。 □

不幸的是，在一般的时间相依结构中似乎找不到 $J_1(F_t,\ t,\ T)$ 和 $J_2(F_t,\ t,\ T)$ 的显性公式。在 $\kappa \equiv 0$ 时，即在不考虑红利的情况下，可以建立一个关于这两项更明晰的表达式。为了便于深入说明，将命题 3.4.1 的直接推论陈述如下。

推论 3.4.1 在命题 3.4.1 的假设条件下，如果 $\kappa \equiv 0$，那么有

$$\begin{aligned} F_D(t,\ T) = {} & L\Big(N(-d_1(F_t,\ t,\ T)) - (F_t/K)N\big(d_6(F_t,\ t,\ T)\big)\Big) \\ & + \beta_1 F_t\Big(N\big(d_2(F_t,\ t,\ T)\big) - N\big(d_4(F_t,\ t,\ T)\big)\Big) \\ & + \beta_1 K\Big(N\big(d_5(F_t,\ t,\ T)\big) - N\big(d_3(F_t,\ t,\ T)\big)\Big) \\ & + \beta_2 K N\big(d_3(F_t,\ t,\ T)\big) + \beta_2 F_t N\big(d_4(F_t,\ t,\ T)\big) \end{aligned}$$

其中，

$$d_1(F_t,\ t,\ T) = \frac{\ln(L/F_t) + \frac{1}{2}\sigma^2(t,\ T)}{\sigma(t,\ T)} = d_2(F_t,\ t,\ T) + \sigma(t,\ T)$$

$$d_3(F_t,\ t,\ T) = \frac{\ln(K/F_t) + \frac{1}{2}\sigma^2(t,\ T)}{\sigma(t,\ T)} = d_4(F_t,\ t,\ T) + \sigma(t,\ T)$$

$$d_5(F_t,\ t,\ T) = \frac{\ln(K^2/F_t L) + \frac{1}{2}\sigma^2(t,\ T)}{\sigma(t,\ T)} = d_6(F_t,\ t,\ T) + \sigma(t,\ T)$$

证明: 因为在集合 $\{\tau > t\}$ 上有 $F_t > K$，所以正如所期望的那样，我们得到：

$$J_1(F_t,\ t,\ T) = \int_t^T dN\left(\frac{\ln(K/F_t) + \frac{1}{2}\sigma^2(t,\ u)}{\sigma(t,\ u)}\right) = N\left(\frac{\ln(K/F_t) + \frac{1}{2}\sigma^2(t,\ T)}{\sigma(t,\ T)}\right)$$

$$J_2(F_t, t, T) = \int_t^T \mathrm{d}N\left(\frac{\ln(K/F_t) - \frac{1}{2}\sigma^2(t, u)}{\sigma(t, u)}\right) = N\left(\frac{\ln(K/F_t) - \frac{1}{2}\sigma^2(t, T)}{\sigma(t, T)}\right) \quad \square$$

现在，我们将对具有随机利率的首次经过时间模型做概述。在这些模型中，假设触发界限 v 为严格正的常量。正如人们猜测的那样，由于公司价值过程的对数正态性，这样的假设会使得可违约债券价格的计算比在选择随机界限情况下更复杂。通常，在界限为常量但利率是随机的模型中，债券的估值可能没有封闭形式的解。因而，需要使用一些数值方法来解决这个问题。

3.4.1 Kim, Ramaswamy 和 Sundaresan 方法

Kim 等(1993a)建立了一个特殊的模型，用于分析违约风险和利率风险都存在的情况。短期利率由 Cox 等(1985b)引入的如下随机微分方程决定：

$$\mathrm{d}r_t = (a - br_t)\mathrm{d}t + \sigma_r \sqrt{r_t}\,\mathrm{d}\widetilde{W}_t \tag{3.38}$$

其中，$\widetilde{W}$ 是即期鞅测度$\mathbb{P}^*$下的一个标准布朗运动。在金融文献中，通常称这样一个短期利率动态变化的模型为 CIR 期限结构模型。为了简化，令利率风险的风险溢酬为零(在 Kim 等(1993a)中也采取了这种简化方式)。因此，短期利率在风险中性概率测度 $\mathbb{P}^*$ 下和真实世界概率测度$\mathbb{P}$ 下都和式(3.38)有相同的动态变化过程。换言之，也就是假定了利率风险的市场价格为零(当然也可以放松这个条件)。

假设价值过程 V 服从如下随机微分方程：

$$\mathrm{d}V_t = V_t\big((r_t - \kappa)\mathrm{d}t + \sigma_V \mathrm{d}W_t^*\big) \tag{3.39}$$

其中，两个布朗运动 $\widetilde{W}$ 和 W^* 是相关的，且瞬时相关系数为 ρ_{Vr}。此处引入的滤子$\mathbb{F}$是 $\widetilde{W}$ 和 W^* 这对布朗运动的自然滤子。显而易见，变量对(V, r)在鞅测度$\mathbb{P}^*$下服从关于这个滤子的强马尔可夫过程。

Kim 等(1993a)考察了债券合约条款禁止股权人通过出售公司资产来支付红利的情况。债权人处于优先地位，且必须连续在每单位时间获得利率为 c 美元的息票利率。如果在到期日 T 以前不能履行息票支付，公司就发生违约。当公司价值穿过重组的下界限 $\bar{v} := c/\kappa$时违约即告发生。直观上，价值 $\bar{v}$ 是下述意义下的盈亏平衡点：如果 $V_t = \bar{v}$，那么在未来一个无穷小的时间段上红利恰好和票息支付相等；如果价值过程 V 降至阈值 $\bar{v}$ 之下(或 V 在阈值 $\bar{v}$ 之上)，红利支付就小于(或大于)相应的票息支付。

因此，很自然的会假设初始价值 $V_0 > c/\kappa$。如果公司在到期日之前没有违约，但在到期日公司的价值降至债券的名义额 L 之下，违约还是会发生的。我们用 $B^c(t, T) =$

$B^c(t, T, r_t)$ 表示一份等值的无违约债券在 t 时的价格，该无违约债券面值为 L，到期日为 T 且在每单位时间连续支付利息 c。在 CIR 的框架内可以通过规范的方法和相关公式来对这样一份债券进行估值。

可违约债券。Kim 等(1993a)假定公司破产时对债权人的支付等于 $V_{\tilde{\tau}}$ 和 $\delta(T-\tilde{\tau})B^c(\tilde{\tau}, T)$ 之中的最小值。其中 $\delta: [0, T] \to [0, 1]$，且有 $\delta(0)=1$，确定性函数 δ 表示随时间发生变化的回收率。于是，在这里我们分析一个违约时进行回收的模型，在该模型中：

$$X = L, \quad A_t = ct, \quad Z_t = \min\left(V_t, \delta(T-t)B^c(t, T)\right)$$

$$\tau = \inf\{t \in [0, T]: V_t < v_t\}$$

而违约触发界限 v 由下式给出

$$v_t = \begin{cases} \bar{v}, \text{如果 } t < T \\ L, \text{如果 } t = T \end{cases} \tag{3.40}$$

从金融方面来解释，差值 $V_{\tilde{\tau}}-\delta(T-\tilde{\tau})B^c(\tilde{\tau}, T)$ 可视为破产成本。

根据式(3.38)和式(3.39)，明显可知第 2.2 节中的假设(A.1)—假设(A.6)在目前条件下是满足的。特别地，短期利率服从一个时间齐次的扩散过程。很明显，定价的基本偏微分方程(2.22)有如下形式：

$$\begin{aligned} & u_t(V, r, t) + (r-\kappa)Vu_V(V, r, t) + (a-br)u_r(V, r, t) + \frac{1}{2}\sigma_V^2 V^2 u_{VV}(V, r, t) \\ & \quad + \frac{1}{2}\sigma_r^2 r u_{rr}(V, r, t) + \sigma_V\sigma_r\sqrt{r}V\rho_{Vr}u_{Vr}(V, r, t) + c - ru(V, r, t) \\ & = 0 \end{aligned}$$

边界条件为 $u(\bar{v}, r, t) = \min\left(\bar{v}, \delta(T-t)B^c(t, T, r)\right)$，$\lim_{V\to\infty} u(V, r, t) = B^c(t, T, r)$（当 $t \in [0, T)$ 时成立）及终端条件 $u(V, r, T) = \min(V, L)$。

对可违约债券的估值需要求出上述偏微分方程在边界条件以及终端条件约束下的解析解。上述问题在分析上似乎很难驾驭，而且两个主要原因也使得在目前条件下不能直接使用第 3.4 节中建立的概率方法。第一，触发界限的表达式(3.40)不是一个恰当的形式，这不同于式(3.37)。第二，众所周知的，在 CIR 期限结构模型中零息票债券的波动并不服从一个确定性的函数。

在此值得一提的是，Kim 等(1993a)使用了数值分析的方法来解决估值问题。尽管和其他人一样都是在结构框架内展开分析，但 Kim 等的模型得出了不够理想的特性，即短期债券的信用利差接近于零。

3.4.2 Longstaff 和 Schwartz 方法

类似于 Kim 等(1993a)，Longstaff 和 Schwartz(1995)在分析公司债券时也同时考虑了违约风险和利率风险。随机的短期利率符合 Vasicek(1977)模型所定义的变化。

$$dr_t = (a - br_t)dt + \sigma_r d\widetilde{W}_t$$

而公司价值则遵循如下的随机微分方程(SDE)：

$$dV_t = V_t(r_t dt + \sigma_V dW_t^*)$$

此处的两个动态变化过程都是在鞅测度$\mathbb{P}^*$下定义的。布朗运动 $\widetilde{W}$ 和 W^* 是相关的，它们之间的瞬时相关系数为 ρ_{Vr}。同 Longstaff 和 Schwartz(1995)一样，我们也假设：在债券的存续期内，如果公司的价值触及恒定的阈值 $\bar{v}$，那么违约事件即告发生。债权人在债券到期日 T 收到回收支付，其中回收支付额为债券面值的一个比例。因此，我们有 $\widetilde{X} = (1 - w)L = \delta L$，其中假定减值率 w 为固定的常量，从而回收率 δ 也为常量。等价地，只要在债券到期日之前发生违约，那么就相当于公司债券持有人在违约时间收到数量为 $(1-w)L$ 的无违约零息票债券。为了简化，假设 $\bar{v} \geqslant L$，其中 L 为公司债券的面值，因而只要在债券到期日之前不发生违约，债务就会被全部偿还。对阈值 $\bar{v}$ 的解释为，只要 V 大于 $\bar{v}$，公司就具有偿还能力。但是，如果 V 降至 $\bar{v}$ 之下时，公司不仅会陷入财务困境而且还会丧失偿付能力。这是因为此时公司或者无法偿付现金债务(基于流动性的偿付能力丧失)，或者破坏了最小净值的要求(基于股票的偿付能力丧失)。从连带违约的观点来看，公司会同时对所有的债务违约。因而，似乎可以很自然地假定 $\bar{v} = \sum_{i=1}^{k}(1 - w_i)L_i$，其中，对于每个 $i = 1, 2, \cdots, k$，用 L_i 表示第 i 类债务的总面值，用 w_i 表示相关减值率。注意，为了简化，假设债务的优先顺序不再起重要的作用(因为它已经反映在减值之中)，也就是说，不再假定严格绝对占优①(在第 3.2.1 节第二部分有相关描述)。对于每一类债务，可以在历史数据的基础上估计相应的减值系数。减值率 w 只要在$\mathbb{P}^*$(或者$\mathbb{P}_T$)下独立于其他类型的风险(由 $\widetilde{W}$ 和 W^* 模型化的风险)，也可以假定为随机的。因为在这种情况下，用随机减值率在$\mathbb{P}^*$(或者$\mathbb{P}_T$)下的期望值取代下述公式中的常量 w 就足够了，从数学角度看，这样一个扩展的影响是微乎其微的。

作为总结，对于某个常量 $\bar{v} > 0$，假定一份特殊的可违约债券符合：

---

① 实际上这个性质是有实证证据支持的(可以参阅 Franks 和 Torous(1989，1994)、Weiss(1990)或 Eberhart 等(1990))。

$$X = L, \quad A \equiv 0, \quad Z_t = (1-w)LB(t, T), \quad \tau = \inf\{t \in [0, T]: V_t < \bar{v}\}$$

特别地，债券在到期日 T 的损益等于：

$$X^{d,1}(T) = (1-w)L\mathbb{1}_{\{\tau \leqslant T\}} + L\mathbb{1}_{\{\tau > T\}} = L(1-w\mathbb{1}_{\{\tau \leqslant T\}})$$

对面值为 L、到期日为 T 的可违约零息票债券的解析估值依赖于求解下述基本的偏微分方程：

$$u_t(V, r, t) + (r-\kappa)Vu_V(V, r, t) + (a-br)u_r(V, r, t) + \frac{1}{2}\sigma_V^2V^2u_{VV}(V, r, t)$$

$$+ \frac{1}{2}\sigma_r^2u_{rr}(V, r, t) + \sigma_V\sigma_rV\rho_{Vr}u_{Vr}(V, r, t) + c - ru(V, r, t)$$

$$= 0$$

边界约束条件为，对 $t \in [0, T]$ 有

$$u(\bar{u}, r, t) = (1-w)B(t, T, r)L, \quad \lim_{V\to\infty} u(V, r, t) = LB(t, T, r)$$

而终端约束条件为 $u(V, r, T) = L$。这个问题的解析解似乎很难得出，因此集中考虑可违约债券价格的概率表达式。在集合 $\{\tau > t\}$ 上，价格 $D(t, T)$ 显然满足：

$$D(t, T) = LB(t, T)(1-w\mathbb{P}_T\{\tau \leqslant T \mid \mathcal{F}_t\}) \tag{3.41}$$

其中，$\mathbb{P}_T\{\tau \leqslant T \mid \mathcal{F}_t\}$ 表示远期鞅测度 $\mathbb{P}_T$ 下在到期日 T 之前发生违约的条件概率。与通常一样，$B(t, T)$ 表示单位无违约零息票债券的价格。利用 Vasicek 模型可知，价格 $B(t, T)$ 由下面的封闭形式表达式给出①：

$$B(t, T) = e^{m(t,T)-n(t,T)r_t} =: B(t, T, r_t) \tag{3.42}$$

其中，

$$n(t, T) = \frac{1}{b}(1-e^{-b(T-t)}) \tag{3.43}$$

$$m(t, T) = \frac{\sigma_r^2}{2}\int_t^T n^2(u, T)\mathrm{d}u - a\int_t^T n(u, T)\mathrm{d}u$$

为了进一步求证，注意由式(3.42)可以得到无违约债券价格在鞅测度 $\mathbb{P}^*$ 下的动态变化：

$$\mathrm{d}B(t, T) = B(t, T)(r_t\mathrm{d}t + b(t, T)\mathrm{d}\widetilde{W}_t)$$

需要强调的是，此处债券价格波动 $b(\cdot, T): [0, T] \to \mathbb{R}$ 服从关于时间的确定性函数，具体的有 $b(t, T) = \sigma_r n(t, T)$（尽管正式的表达式为 $b(t, T) = -\sigma_r n(t, T)$。

---

① 关于这个公式的推导可以参阅 Jamshidian(1989)或者 Musiela 和 Rutkowski(1997a)的第 12.3 节。

用概率方法推导价格 $D(t, T)$ 的简易公式时,最困难的一步就是分析违约的条件概率。虽然乍一看,违约时间 τ 的形式似乎很简单,但这个问题其实相当复杂。不失一般性,可以将式(2.44)和式(2.45)重新表述如下:

$$\begin{cases} dr_t = (a - br_t)dt + \sigma_r d\widetilde{W}_t \\ dV_t = V_t(r_t dt + \sigma_V(\rho d\widetilde{W}_t + \sqrt{1-\rho^2}d\widetilde{W}_t)) \end{cases}$$

其中,$\rho = \rho_{Vr}$,而 $\widetilde{W}$ 和 $\hat{W}$ 是测度$\mathbb{P}^*$下相互独立的标准布朗运动。因而,在远期鞅测度$\mathbb{P}_T$下 r 和 V 的动态过程是:

$$\begin{cases} dr_t = (a - br_t - \sigma_r^2 n(t, T))dt + \sigma_r dW_t^T \\ dV_t = V_t((r_t - \sigma_V\sigma_r\rho n(t, T))dt + \sigma_V(\rho dW_t^T + \sqrt{1-\rho^2}d\hat{W}_t)) \end{cases}$$

其中,

$$W_t^T = \widetilde{W}_t - \int_0^t b(u, T)du = \widetilde{W}_t + \sigma_r\int_0^t n(u, T)du$$

注意 $\hat{W}$ 和 W^T 服从$\mathbb{P}_T$下的标准布朗运动。由此可得:在远期鞅测度$\mathbb{P}_T$下,公司价值 V 服从伊藤过程,其漂移系数依赖于短期利率。二维过程(V, r)在$\mathbb{P}_T$下服从二维马尔可夫扩散过程。根据我们已有的知识,上述定义的过程 V 到常数界限的首次通过时间的概率分布不存在封闭解。

然而,正如 Longstaff 和 Schwartz(1995)所提及的,可以得到确定的拟显性(quasi-explicit)的结果。首先注意短期利率的随机微分方程有显性解。实际上,我们有:

$$r_t = r_0 + \int_0^t e^{b(s-t)}(ads + \sigma_r dW_s^T)$$

利用 Fubini 理论,可以得到

$$\int_0^t r_u du = r_0 t + \int_0^t b^{-1}(1 - e^{-b(t-u)})(adu + \sigma_r dW_u^T)$$

由此(参照式(3.43))

$$\int_0^t r_u du = r_0 t + \int_0^t n(u, t)(adu + \sigma_r dW_u^T) \tag{3.44}$$

另一方面,贴现价值过程 $V_t^* = V_t/B_t$ 是下面随机微分方程的解:

$$\frac{dV_t^*}{V_t^*} = -\sigma_V\sigma_r\rho n(t, T)dt + \sigma_V(\rho dW_t^T + \sqrt{1-\rho^2}d\hat{W}_t)$$

这意味着

$$V_t^* = V_0^* \exp\Big(-\int_0^t \big(\sigma_V\sigma_r\rho n(u,\ T) + \frac{1}{2}\sigma_V^2\big)\mathrm{d}u + \sigma_V\big(\rho W_t^T + \sqrt{1-\rho^2}\,\mathrm{d}\hat{W}_t\big)\Big)$$

将上述公式和式(3.44)结合起来,可以得到如下命题。

引理 3.4.1 公司价值 V 等于 $V_t = V_0\exp(m(t) + \xi(t))$,其中

$$m(t) = \int_0^t \Big(r_0 - \frac{1}{2}\sigma_V^2 + an(u,\ T) - \sigma_V\sigma_r\rho n(u,\ T)\Big)\mathrm{d}u$$

$$\xi(t) = \int_0^t (\sigma_r n(u,\ T) + \sigma_V\rho)\,\mathrm{d}W_u^T + \sigma_V\sqrt{1-\rho^2}\,\hat{W}_t$$

明显地,辅助过程 $Y_t := \ln(V_t/\bar{u})$ 在远期鞅测度 $\mathbb{P}_T$ 下服从独立增量的高斯过程。进一步地,对任意的 $s \leqslant t$,有①

$$\mathbb{E}_{\mathbb{P}_T}(Y_t - Y_s) = m(t) - m(s) =: \mu(s,\ t)$$

$$\mathrm{Var}_{\mathbb{P}_T}(Y_t - Y_s) = \int_s^t (\sigma_r n(u,\ t) + \sigma_V\rho)^2\mathrm{d}u + \sigma_V^2(1-\rho^2)(t-s) =: \sigma^2(s,\ t)$$

可以观察到,在测度 $\mathbb{P}_T$ 下,Y 是一个一维时间非齐次的连续马尔可夫过程。回顾,我们的目标是在远期鞅测度 $\mathbb{P}_T$ 下找到 V 通过 $\bar{v}$ 的首达时的(条件)概率定律,或等价地,辅助过程 Y 通过 0 的首达时的(条件)概率定律。根据 Y 的马尔可夫性,只要考虑 $t=0$ 的情况就足够了。给定初始值 $Y_0 > 0$,用 f 表示通过 0 的首达时的概率密度函数。事实上,我们只对 $u \in [0,\ T]$ 时 f 的价值感兴趣。因为 Y 是一个高斯过程,所以明显有:

$$\mathbb{P}_T\{Y_T < 0\} = N\Big(\frac{-Y_0 - \mu(0,\ T)}{\sigma(0,\ T)}\Big)$$

另一方面,Y 是一个连续的马尔可夫过程,因此,当且仅当 Y 在某个常量 $u < T$ 到达 0 且增量 $Y_T - Y_u$ 严格为负时,则 Y 在 T 时的值是严格负的。由此得出,概率 $\mathbb{P}_T\{Y_T < 0\}$ 容许有如下的表示:

$$\mathbb{P}_T\{Y_T < 0\} = \int_0^T f(u)N\Big(\frac{-\mu(u,\ T)}{\sigma(u,\ T)}\Big)\mathrm{d}u$$

该表达式显然是经典方程的一个特例。下面我们要陈述的结论,Longstaff 和 Schwartz(1995)曾用于近似估计违约时间的密度 f,由于该命题可以直接从上面的分析推出,

① 因为函数 $n(t,\ T)$ 由式(3.43)给定,所以通过简单的积分就可以得到 $n(t,\ T)$ 的显式公式。注意,期望值 $\mu(s,\ t)$ 依赖于到期期限 T,而方差 $\sigma^2(s,\ t)$ 却是独立于 T 的。

因此我们省略了它的证明。

命题 3.4.2 假设 $V_0 > \bar{v}$，则价值过程 V 通过固定界限 $\bar{v}$ 的首次经过时间的密度函数 f 服从如下等式

$$N\left(\frac{\ln(\bar{v}/V_0) - \mu(0, T)}{\sigma(0, T)}\right) = \int_0^T f(u) N\left(\frac{-\mu(u, T)}{\sigma(u, T)}\right) \mathrm{d}u$$

更一般地，对所有每一个 $s \in [0, T]$，f 满足下面的积分方程

$$N\left(\frac{\ln(\bar{v}/V_0) - \mu(0, s)}{\sigma(0, s)}\right) = \int_0^s f(u) N\left(\frac{-\mu(u, s)}{\sigma(u, s)}\right) \mathrm{d}u \tag{3.45}$$

利用命题 3.4.2，Longstaff 和 Schwartz(1995)对违约时间概率密度函数 f 提供了一种序列的表示方法。为此，我们固定一个自然数 n，并假设 f 在每个区间段 $[(i-1)\Delta, i\Delta)$ $(i = 1, 2, \cdots, n)$ 上是一个常量，其中 $\Delta = T/n$。通过对积分方程(3.45)在 $s = i\Delta$ 及 $i = 1, 2, \cdots, n$ 上进行离散化，得到如下 n 个线性方程系统：

$$N(\alpha_i) = q_i + \sum_{j=1}^{i-1} q_j N(\beta_{ji}), \quad i = 1, 2, \cdots, n$$

其中，对 $j = 1, 2, \cdots, n$，有 $q_j = f(j\Delta)\Delta$ 及

$$\alpha_i = \left(\frac{\ln(\bar{v}/V_0) - \mu(0, i\Delta)}{\sigma(0, i\Delta)}\right), \quad \beta_{ji} = N\left(\frac{-\mu(j\Delta, i\Delta)}{\sigma(j\Delta, i\Delta)}\right)$$

注意，变量 q_i 不仅依赖于 i，也依赖于 n。从而推出

$$\mathbb{P}_T\{\tau < T\} = \int_0^T f(u) \mathrm{d}u = \lim_{n \to \infty} \sum_{j=1}^{n} q_j$$

因此，我们可以得到债券价格 $D(0, T)$ 的数值，同时也可看出，上述近似值是快速收敛的。Longstaff 和 Schwartz(1995)利用数值分析的方法导出了违约期限结构的几个良好特性(但是，他们的模型却得出短期债券的信用利差接近于零的结论)。他们还在自己的模型框架内考察了浮动利率公司债券的情况，并得出了一个拟显性估值公式。该公式可以分析浮动利率公司债券质量的特性。可以看到，浮动利率公司债券的价值在某些情形下是债券到期期限的增函数(或者是利率水平的增函数)。至于模型的实现过程，有兴趣的读者可以查阅 Lehrbass(1997)。

评注:Collins-Dufresne 和 Goldstein(2001)发展了一个数值方法来计算二维高斯马尔可夫过程首次经过时间的密度，然后他们将这种方法运用到一般化的 Longstaff 和 Schwartz 模型，该模型带有依赖于公司价值的时变界限过程。

3.4.3 Cathart 和 El-Jahel 方法

根据 Kim 等(1993a)的研究,Cathcart 和 El-Jahel(1998)假定短期利率 r 服从 CIR 动态变化过程,即

$$dr_t = (a - br_t)\mathrm{d}t + \sigma_r \sqrt{r_t}\mathrm{d}\widetilde{W}_t \tag{3.46}$$

其中,$\widetilde{W}$ 是鞅测度$\mathbb{P}^*$下的标准布朗运动。但是,他们假定违约时间是一个信号过程 Y 首次通过一个恒定界限 $\bar{Y}$ 的时间,且在$\mathbb{P}^*$下服从:

$$\mathrm{d}Y_t = Y_t(\mu_Y \mathrm{d}t + \sigma_Y \mathrm{d}W_t^*)$$

其中,假设两个标准布朗运动 $\widetilde{W}$ 和 W^* 是相互独立的。如果在债务到期日之前发生了违约,债权人就会收到 δ 份等额的无违约零息票债券。

因为假设下阈值水平是常数,也可以把 Cathcart 和 El-Jahel(1998)所提出的模型视为 Longstaff 和 Schwartz(1995)方法的一个改进。回忆一下,在后一个模型中,由于假设短期利率服从高斯过程,因此利率取负值的概率为正。如果使用 CIR 模型就不会有这个缺陷,因为只要保证 $r_0 > 0$,那么由式(3.46)定义的过程 r 就是非负的。另一方面,虽然将利率模型化为一个随机过程,但是在信号过程动态变化中的系数 μ_Y 和 σ_Y 都是常量,因而,Y 服从即期鞅测度下的几何布朗运动。

作者认为 Cathart 模型的一个优点是放松了通常的约定,假定违约时间直接和公司价值相关。事实上,对每个特定的发行方而言,可以选择信号过程来描述与之最为相关的经济基本要素。由于有这个灵活性,该模型适合对一些实体所签发的可违约债务进行估值(如主权债务、市政债务等),而这些实体都没有可辨认的资产集(identifiable collection of assect)。

显然,可违约债券价格函数所满足的偏微分方程是:

$$\begin{aligned} & u_t(Y, r, t) + \mu_Y Y u_Y(Y, r, t) + (a - br)u_r(Y, r, t) \\ & \quad + \frac{1}{2}\sigma_Y^2 Y^2 u_{YY}(Y, r, t) + \frac{1}{2}\sigma_r^2 r u_{rr}(Y, r, t) - ru(Y, r, t) \\ & = 0 \end{aligned}$$

边界约束条件为

$$u(\bar{Y}, r, t) = \delta B(t, T, r), \quad \lim_{Y\to\infty} u(Y, r, t) = B(t, T, r) \tag{3.47}$$

终端约束条件为 $u(\bar{Y}, r, T) = 1$。因为在 CIR 框架内可以求出无违约零息票债券价

格 $B(t, T, r)$ 的封闭形式的解,所以边界条件(3.47)包含了显性公式。Cathcart 和 El-Jahel(1998)根据拉普拉斯反变换,得出了上述估值问题以及浮动利率债务情况的拟一解析解(quasi-analytical solutions)。

3.4.4 Briys 和 de Varenne 方法

Briys 和 de Varenne(1997)提出了一个模型,主要目的是纠正其他研究者提出和研究的一些模型所存在的明显缺陷。他们指出了下述两个缺陷:

第一,定价方程并不能保证给予债券持有人的支付不超过公司在违约时的价值。在 Nielsen 等(1993)方法中就出现了这个问题,因为在他们的模型中破产时的偿付是独立于随机界限水平和资产价值的。

第二,一些模型允许存在这样的可能性,即在债券到期时,相对于阈值而言仍有偿付能力的公司却没有足够的资产偿付债券的面值。例如,在第 3.4.2 节分析的 Longstaff 和 Schwartz(1995)方法中,并没有先验排除不等式 $V_t < (1-w)L$。

可以清楚地看出,Briys 和 de Varenne(1997)提出的模型是随机利率 Black-Cox 模型的特例。特别地,他们的可违约债券估值公式可以直接由命题 3.4.1 推导出来。在即期鞅测度 $\mathbb{P}^*$ 下,Briys 和 de Varenne(1997)考察了所谓短期利率的广义 Vasicek 模型,具体形式为

$$dr_t = a(t)\big(b(t) - r_t\big)\,dt + \sigma(t)\,d\widetilde{W}_t$$

其中,a、b 和 σ (a、b、σ: $[0, T] \to \mathbb{R}$)是确定性函数。因此,对于某个确定性函数 $b(\cdot, T)$ ($b(\cdot, T)$: $[0, T] \to \mathbb{R}$),无违约零息票债券的价格 $B(t, T)$ 满足:

$$dB(t, T) = B(t, T)\big(r_t\,dt + b(t, T)\,d\widetilde{W}_t\big) \tag{3.48}$$

他们定义的公司价值过程 V 如下:

$$\frac{dV_t}{V_t} = r_t\,dt + \sigma_V\big(\rho\,d\widetilde{W}_t + \sqrt{1-\rho^2}\,d\widehat{W}_t\big) \tag{3.49}$$

其中,$\sigma_V > 0$ 是一个常量,$\widetilde{W}$ 和 $\widehat{W}$ 是相互独立的布朗运动,而 $\rho = \rho_{V,r}$ 是无风险利率和公司价值之间的局部相关系数。

可违约债券。定义违约界限为一个常量,该常量是以无风险利率从时间 t 至债券到期日的贴现值。所以有

$$v_t = \begin{cases} KB(t, T), \text{如果 } t < T \\ L, \text{如果 } t = T \end{cases} \tag{3.50}$$

其中，$0 < K \leqslant L$。我们用标准方法定义违约时间，即：

$$\tau = \inf\{t \in [0, T]: V_t < v_t\}$$

现在考虑违约时的偿付。只要在到期日 T 之前触及（因而穿过）阈值，债权人就会收到外生确定的一部分剩余资产：$\beta_2 V_\tau = \beta_2 KB(\tau, T)$，其中 $\beta_2 \in [0, 1]$。相反，如果到期日 T 之前没有触及破产界限，那么债权人在时间 T 收到的支付等于：

$$L \mathbb{1}_{\{\tau > T\}} + \beta_1 V_T \mathbb{1}_{\{\tau = T\}}$$

其中，$\beta_1 \in [0, 1]$。因此，在到期日，债券的现金流可以表示为：

$$X^{d,1}(T) = \beta_2 K \mathbb{1}_{\{\tau < T\}} + \beta_1 V_T \mathbb{1}_{\{\tau = T\}} + L \mathbb{1}_{\{\tau > T\}}$$

将上述问题总结如下：

$$X = L, \quad A \equiv 0, \quad Z \equiv \beta_2 V, \quad \widetilde{X} = \beta_1 V_T, \quad \tau = \inf\{t \in [0, T]: V_t < v_t\}$$

其中 v 由式(3.50)给定。正如已经提及过的，Briys 和 de Varenne(1997)建立的可违约债券显性估值公式是命题 3.4.1 结论的一个特例（因为公司没有支付红利，这就完全可以利用推论 3.4.1）。我们用原始公式来呈现他们的结论，只对符号标记做适当变换。

推论 3.4.2 假设债券的价格波动 $b(t, T)$ 是一个确定性函数，那么可违约债券的远期价格 $F_D(t, T) = D(t, T)/B(t, T)$ 等于：

$$\begin{aligned} F_D(t, T) = {} & L - D_1(t, T) + D_2(t, T) \\ & - (1-\beta_2)\Big(F_t N\big(d_4(F_t, t, T)\big) + KN\big(d_3(F_t, t, T)\big)\Big) \\ & - (1-\beta_1)F_t\Big(N\big(d_2(F_t, t, T)\big) - N\big(d_4(F_t, t, T)\big)\Big) \\ & - (1-\beta_1)K\Big(N\big(d_5(F_t, t, T)\big) - N\big(d_3(F_t, t, T)\big)\Big) \end{aligned}$$

其中，$F_t = V_t/B(t, T)$，并且

$$D_1(t, T) = LN\big(d_1(F_t, t, T)\big) - F_t N\big(d_2(F_t, t, T)\big)$$

$$D_2(t, T) = KN\big(d_5(F_t, t, T)\big) - (F_t L/K)N\big(d_6(F_t, t, T)\big)$$

$$d_1(F_t, t, T) = \frac{\ln(L/F_t) + \frac{1}{2}\sigma^2(t, T)}{\sigma(t, T)} = d_2(F_t, t, T) + \sigma(t, T)$$

$$d_3(F_t, t, T) = \frac{\ln(K/F_t) + \frac{1}{2}\sigma^2(t, T)}{\sigma(t, T)} = d_4(F_t, t, T) + \sigma(t, T)$$

$$d_5(F_t, t, T) = \frac{\ln(K^2/F_tL) + \frac{1}{2}\sigma^2(t, T)}{\sigma(t, T)} = d_6(F_t, t, T) + \sigma(t, T)$$

而

$$\sigma^2(t, T) = \int_t^T \Big((\rho\sigma_V - b(u, T))^2 + (1-\rho^2)\sigma_V^2\Big)\,\mathrm{d}u \tag{3.51}$$

证明：根据表达式(3.48)和式(3.49)，可以立即由伊藤法则推导出公司远期价值波动的表达式(3.51)。显然我们所需要证明的公式不过是推论 3.4.1 所建立的一般估值结果的特例。 □

Briys 和 de Varenne(1997)对他们公式中的每个成分都给出较为直观的解释。首先，$I_1(t) = LB(t, T)$ 显然可以看作面值为 L 的无违约债券的价格。负值项 $-I_2(t)$ 表示所谓违约出售权(put-to-default)空头方，即最终支付为 $(L - V_T)^+$ 的欧式型期权中的空头方，其中 $I_2(t)$ 为：

$$\begin{aligned} I_2(t) &= B(t, T)D_1(t, T) \\ &= LB(t, T)N\big(d_1(F_t, t, T)\big) - V_tN\big(d_2(F_t, t, T)\big) \\ &> 0 \\ I_3(t) &= B(t, T)D_2(t, T) \\ &= KB(t, T)N\big(d_5(F_t, t, T)\big) - (V_tL/K)N\big(d_6(F_t, t, T)\big) \end{aligned}$$

它对应于 L/K 单位欧式看跌期权中的多头头寸，其中期权的履约水平是 K^2/L，到期日为 T。它和安全条款规定的最早违约发生的可能性有关。

我们先来考虑实施严格占优规则的情况，即有 $\beta_2 = \beta_1 = 1$。在这种情况下，债券估值公式中所有其他项都为零，因此得到了一个简单的表达式 $D(t, T) = I_1(t) - I_2(t) + I_3(t)$，其中，差值 $I_1(t) - I_2(t)$ 表示可违约债券的默顿价格，而 $I_3(t)$ 严格为正。由于在所有的情况下它都增加了可违约债券的价值，很明显安全约定实际上是符合债权人利益的。如果破坏了严格占优法则，即 β_1 或 β_2 小于 1(或者两个都小于 1)，那么可违约债券价值就会低于前一种情况下的价值。事实上，明显有：

$$\begin{aligned} I_4(t) &:= (1-\beta_2)F_tN\big(d_4(F_t, t, T)\big) + KN\big(d_3(F_t, t, T)\big) \\ &> 0 \\ I_5(t) &:= (1-\beta_1)F_t\Big(N\big(d_2(F_t, t, T)\big) - N\big(d_4(F_t, t, T)\big)\Big) \\ &\quad + (1-\beta_1)K\Big(N\big(d_5(F_t, t, T)\big) - N\big(d_3(F_t, t, T)\big)\Big) \\ &> 0 \end{aligned}$$

其中，最后一个不等式是从命题 3.4.1 的证明中得出来的。因为 $D(t, T) = I_1(t) -$

$I_2(t)+I_3(t)-I_4(t)-I_5(t)$，所以当$\beta_1$和(或)$\beta_2$下降时，债券的价值明显会降低。

信用利差。 Briys 和 de Varenne(1997)在信用利差的数值分析（此处取 $L=1$）中，也将信用利差表示为债券到期期限 T 和其他模型参数的函数

$$S(t,\ T)=-\frac{1}{(T-t)}\ln\frac{D(t,\ T)}{B(t,\ T)} \tag{3.52}$$

该论文中的数值分析结果表明，由他们模型所得出的信用利差一般要大于默顿(1974)方法推出的信用利差。

3.4.5 Saá-Requejo 和 Santa-Clara 方法

Nielsen 等(1993)分析了一个带有内生确定的随机界限和随机利率的特殊结构模型。其后，Saá-Requejo 和 Santa-Clara(1999)进行了改进。特别地，Nielsen 等(1993)假设短期利率 r 的随机过程服从 Vasicek 模型。而在 Saá-Requejo 和 Santa-Clara(1999)发展的方法中，却没有要求对 r 的动态变化做出明确的规定，这并不影响该方法的有效性。鉴于此，我们愿意集中讨论后一种更为一般的方法。先给出标准假设：公司的价值 V 在即期鞅测度$\mathbb{P}^*$下服从方程

$$\mathrm{d}V_t=V_t((r_t-\kappa)\mathrm{d}t+\sigma_V\mathrm{d}W_t^*) \tag{3.53}$$

假设短期利率 r 服从关于标准布朗运动 $\widetilde{W}$ 的伊藤过程

$$\mathrm{d}r_t=\mu_r\mathrm{d}t+\sigma_r\mathrm{d}\widetilde{W}_t$$

其中，按惯例假设标准布朗运动 W^* 和 $\widetilde{W}$ 之间的相关系数是常数，用 ρ_{Vr} 表示。不失一般性，也可以假设

$$W_t^*=\rho_{Vr}\widetilde{W}_t+\sqrt{1-\rho_{Vr}^2}\widehat{W}_t \tag{3.54}$$

其中，$\widehat{W}$ 是一个标准的布朗运动，且独立于 $\widetilde{W}$。过程 V，r 和 v 动态变化所服从的布朗运动的自然滤子都用$\mathbb{F}$表示。无违约零息票债券的价格 $B(t,\ T)$由下式给出：

$$B(t,\ T)=\mathbb{E}_{\mathbb{P}^*}(\mathrm{e}^{-\int_t^T r_u\mathrm{d}u}\mid\mathscr{F}_t)$$

这里，对于某个$\mathbb{F}$—适应过程 $b(t,\ T)(t\leqslant T)$，债券价格在测度$\mathbb{P}^*$下的动态变化为

$$\mathrm{d}B(t,\ T)=B(t,\ T)(r_t\mathrm{d}t+b(t,\ T)\mathrm{d}\widetilde{W}_t) \tag{3.55}$$

价格 $B(t,\ T)$取决于如何选择关于短期利率的特殊模型。例如，有的人会选择 Longstaff 和 Schwartz(1995)改进的 Vasicek(1993a)模型，或者 Kim 等(1993a)以前在类似条件下考察的 CIR 模型。

价值过程 V 首次到达临界水平的一瞬间违约即告发生,可以用一连续正的随机过程 v 来定义临界水平。正式地,界限(临界)过程 v 可由如下的随机微分方程求解得到:

$$\frac{\mathrm{d}v_t}{v_t} = (r_t - \zeta)\mathrm{d}t + \tilde{\sigma}_v \mathrm{d}\widetilde{W}_t + \hat{\sigma}_v \mathrm{d}\widehat{W}_t \tag{3.56}$$

初始约束条件为 $v_0 < V_0$。常系数 κ 和 ξ 可以由某些函数 $\kappa(V_t, v_t, B(t, T))$ 和 $\xi(V_t, v_t, B(t, T))$ 来取代。

Saá-Requejo 和 Santa-Clara(1999)提出了一个关于界限过程的可能解释,即它描述了公司所有负债的市场价值。在这种解释下,可以把系数 ξ 视为公司债权人所获得的恒定的派息比例。需要强调的是,这个方法的新颖之处在于它假设公司总债务的价值过程是外生给定的。因此,建立一种特殊可违约债券的套利估值公式是研究的目的。可以把这样的特殊可违约债券视为金融市场模型中的衍生证券,而衍生证券是基于如下的原生可交易资产:公司价值过程 V,公司债务价值 v 和无违约债券。

也有一些关于下阈值 v 的其他解释。例如,可以把 v 视为公司所有债务面值的贴现值,而其中的贴现因子选择无违约债券的价格 $B(t, T)$。而把界限过程 v 设定为可交易证券的市场价值是其中的一种重要解释。

评注:应该承认,此处所使用的符号和原始的公式略有不同。Saá-Requejo 和 Santa-Clara(1999)假定了界限过程 v 符合如下的动态变化:

$$\frac{\mathrm{d}v_t}{v_t} = (r_t - \zeta)\mathrm{d}t + \sigma_{rv}\mathrm{d}\widetilde{W}_t + \sigma_{Vv}\mathrm{d}W_t^* \tag{3.57}$$

比较式(3.56)和式(3.57)得到

$$\tilde{\sigma}_v = \sigma_{rv} + \sigma_{Vv}\rho_{Vr}, \quad \hat{\sigma}_v^2 = \sigma_{Vv}^2(1 - \rho_{Vr}^2)$$

于是,以下所有结论也可以基于系数 σ_{rv} 和 σ_{Vv} 重新建立公式。

偿付比率。v 的随机性使得求出一个显性估值公式会比 Briys 和 de Varenne(1997)中的更为困难。注意,可以将违约时间 τ 表达为:

$$\tau := \inf\{t \in [0, T]: V_t < v_t\} = \inf\{t \in [0, T]: R_t < 0\} \tag{3.58}$$

其中,$R_t := \ln(V_t/v_t)$ 为偿付比率,表示公司信用质量的现状。很明显,偿付比率在远期测度下有更为简单的动态变化。但是,R 在 $\mathbb{P}_T$ 下动态变化的漂移系数却不是常量。为了简化,记 $\rho = \rho_{Vr}$。

引理 3.4.2 在远期鞅测度 $\mathbb{P}_T$ 下,偿付比率 R 服从如下的随机微分方程:

$$\mathrm{d}R_t = \nu_t\mathrm{d}t + (\sigma_V\rho - \tilde{\sigma}_v)\mathrm{d}W_t^T + \left(\sigma_V\sqrt{1-\rho^2} - \hat{\sigma}_v\right)\mathrm{d}\widehat{W}_t \tag{3.59}$$

其中，

$$\nu_t = \zeta - \kappa + \frac{1}{2}(\widetilde{\sigma}_v^2 + \hat{\sigma}_v^2 - \sigma_V^2) + (\sigma_V\rho - \widetilde{\sigma}_v)b(t, T)$$

过程 W^T 和 $\hat{W}$ 在$\mathbb{P}_T$下服从相互独立的标准布朗运动。

证明:将引理 3.1.1 和远期鞅测度$\mathbb{P}_T$的定义结合起来就足以完成证明了。事实上，利用式(3.53)和式(3.54)，可以得到：

$$\frac{\mathrm{d}V_t}{V_t} = (r_t - \kappa)\mathrm{d}t + \sigma_V\rho\mathrm{d}\widetilde{W}_t + \sigma_V\sqrt{1-\rho^2}\mathrm{d}\hat{W}_t$$

另一方面，有

$$\frac{\mathrm{d}v_t}{v_t} = (r_t - \zeta)\mathrm{d}t + \widetilde{\sigma}_v\mathrm{d}\widetilde{W}_t + \hat{\sigma}_v\mathrm{d}\hat{W}_t$$

根据引理 3.1.1，过程 $R_t = \ln(V_t/v_t)$ 满足

$$\mathrm{d}R_t = \mu_t\mathrm{d}t + (\sigma_V\rho - \widetilde{\sigma}_v)\mathrm{d}\widetilde{W}_t + (\sigma_V\sqrt{1-\rho^2} - \hat{\sigma}_v)\mathrm{d}\hat{W}_t$$

其中，

$$\mu_t = \zeta - \kappa + \frac{1}{2}(\widetilde{\sigma}_v^2 + \hat{\sigma}_2 - \sigma_V^2) \tag{3.60}$$

根据 $\mathrm{d}\widetilde{W}_t = \mathrm{d}W_t^T + b(t, T)\mathrm{d}t$，公式(3.59)明显成立。因为$\mathbb{P}_T$关于$\mathbb{P}^*$的 Randon-Nikodym 密度等于

$$\frac{\mathrm{d}\,\mathbb{P}_T}{\mathrm{d}\,\mathbb{P}^*} = \exp\left(\int_0^T b(u, T)\mathrm{d}\widetilde{W}_u - \frac{1}{2}\int_0^T b^2(u, T)\mathrm{d}u\right)$$

应用 Girsanov 定理，于是，命题余下的结论也明显成立。 □

引理 3.4.3 假设债券价格波动 $b(t, T)$是一个确定性函数，则偿付率 R 在$\mathbb{P}_T$下服从强马尔可夫过程。因此，违约的条件概率 $\mathbb{P}_T\{\tau \leqslant T \mid \mathscr{F}_t\}$ 是 R_t，t 和 T 的函数。

注意，可以将式(3.59)重新表述为

$$\mathrm{d}R_t = \mu_t\mathrm{d}t + \sigma_R\mathrm{d}\bar{W}_t \tag{3.61}$$

其中，σ_R 是一个常量扩散系数，即

$$\sigma_R^2 := (\sigma_V\rho - \widetilde{\sigma}_v)^2 + (\sigma_V\sqrt{1-\rho^2} - \hat{\sigma}_v)^2 \tag{3.62}$$

且过程 $\bar{W}$ 在$\mathbb{P}_T$下服从关于滤子$\mathbb{F}$的一维标准布朗运动。在某些情况下，即当下式

$$(\sigma_V\rho - \widetilde{\sigma}_v)b(t, T) = 0,\ \forall t \in [0, T]$$

成立时，偿付率 R 在 $\mathbb{P}_T$ 下服从漂移系数为常量的布朗运动，因而可以直接应用引理 3.1.1 来计算概率 $\mathbb{P}_T\{\tau \leqslant T \mid \mathcal{F}_t\}$。一般而言，$R$ 动态变化过程中的漂移系数是时间相关的。值得注意的是，如果债券价格波动 $b(t, T)$ 服从一个确定性函数，那么 R 动态变化的漂移系数就是非随机的，如在高斯 HJM 框架内就是如此。

可违约债券。现在讨论可违约零息票债券的回收结构。假定违约发生，债权人在债务到期日 T 收到债券名义价值 L 的一部分偿付 $(1-w)L$，其中 w 可以是常数，或者更一般地，w 是一个 $\mathcal{F}_T$- 可测的随机变量。因此，有：

$$X = L, \quad A \equiv 0, \quad \tilde{X} = (1-w)L, \quad \tau = \inf\{t \in [0, T]: V_t < v_t\}$$

债券在到期日 T 的损益等于

$$X^{d,1}(T) = (1-w)L\mathbb{1}_{\{\tau \leqslant T\}} + L\mathbb{1}_{\{\tau > T\}} = L(1 - w\mathbb{1}_{\{\tau \leqslant T\}})$$

如果减值率 w 是一个常量，那么在集合 $\{\tau > t\}$ 上，可违约债券价格表示为：

$$D(t, T) = LB(t, T)(1 - w\mathbb{P}_T\{\tau \leqslant T \mid \mathcal{F}_t\}) \tag{3.63}$$

其中，$\mathbb{P}_T\{\tau \leqslant T \mid \mathcal{F}_t\}$ 是远期鞅测度 $\mathbb{P}_T$ 下在债券存续期内发生违约的条件概率。

评注：在下面讨论的 Longstaff 和 Schwartz(1995)模型中也使用了式(3.63)。但是，此处的结构在一个重要方面不同于他们的模型，即式(3.58)中的违约时间 τ 是 V 首次通过随机界限 v 的时间，而不是首次通过由式(3.41)所定义的常数界限 $\bar{v}$ 的时间。

当反映偿付过程 R 动态变化式(3.61)中的系数是常量时，$D(t, T)$ 的显性表达式很容易得到的。将式(3.58)及式(3.63)同引理 3.1.1 相结合，立即可以推导出如下结论。

命题 3.4.3　假设等式 $\sigma_V\rho - \tilde{\sigma}_v = 0$ 成立，那么偿付率 R 在 $\mathbb{P}_T$ 下服从广义布朗运动，其漂移因子为：$R_t = R_0 + \mu_R t + \sigma_R \bar{W}_t$，其中 μ_R 和 σ_R^2 由式(3.60)及式(3.62)给出：

$$\mu_R = \zeta - \kappa + \frac{1}{2}(\tilde{\sigma}_v^2 + \hat{\sigma}_v^2 - \sigma_V^2), \quad \sigma_R^2 = (\sigma_V\sqrt{1-\rho^2} - \hat{\sigma}_v)^2$$

根据 $a = \mu_R\sigma_R^{-2}$ 和 $u = T - t$，在集合 $\{\tau > t\}$ 上有

$$D(t, T) = LB(t, T)\left[1 - wN\left(\frac{-R_t - \mu_R u}{\sigma_R\sqrt{u}}\right) - we^{-2aR_t}N\left(\frac{-R_t + \mu_R u}{\sigma_R\sqrt{u}}\right)\right]$$

信用利差。信用利差等于（令 $L = 1$）：

$$S(t, T) := -\frac{1}{(T-t)}\ln\frac{D(t, T)}{B(t, T)} = \frac{\ln(w\mathbb{P}_T\{\tau \leqslant T \mid \mathcal{F}_t\} - 1)}{T-t}$$

所期望的是，当 t 接近于到期日 T 时，如果 R_t 异于零，使得公司在接近到债券期日

时仍具有偿付能力，那么当 t 趋向于 T 时，违约概率将会足够快地收敛到零，从而使得利差 $S(t, T)$ 也趋于零。这实际上就是 Nielsen 等(1993)所证实的数值分析结论。正如我们以前所观察到的，模型的这个性质并没有得到实证数据的支持。

基本偏微分方程。如上所述，在目前的框架中，要通过概率方法来求得可违约债券价值的一个封闭形式的解并不容易。于是，下面的目标是在目前框架内对可违约权益的估值和对冲的偏微分方程方法进行分析。由于此处没有施加短期利率的马尔可夫性，偏微分方程(3.69) 的特性与偏微分方程(2.22)有所不同。现假设公司价值 V 和界限过程 v 都可以表示为可交易资产的价格。因此，我们选择下列资产作为可违约权益的对冲工具：无违约零息票债券、公司资产和公司债务——即过程 $B(t, T)$、V_t 和 v_t。为了得到相应的偏微分方程，对某些函数 g，$h(g, h: \mathbb{R}_+^2 \to \mathbb{R})$ 和 $c(c: \mathbb{R}_+^3 \times [0, T] \to \mathbb{R})$，还需要设定

$$X = g(V_T, v_T), \quad A_t = c(V_t, v_t, B(t, T), t), \quad \tilde{X} = h(V_T, v_T) \tag{3.64}$$

现在简单描述一下如何推导可违约权益定价函数所满足的基本偏微分方程。为此，假设定价函数 $u(u: \mathbb{R}_+^3 \times [0, T] \to \mathbb{R})$，其中 $u = u(V, v, B, t)$ 是一个光滑函数。利用式(3.53)、式(3.55)和式 (3.56)，对于 $u = u(V_t, v_t, B(t, T), t)$，有

$$\begin{aligned} du = {} & u_t dt + u_V dV_t + u_v dv_t + u_B dB(t, T) \\ & + u_{Vv} d\langle V, v\rangle_t + u_{VB} d\langle V, B\rangle_t + u_{vB} d\langle v, B\rangle_t \\ & + \frac{1}{2} u_{VV} d\langle V, V\rangle_t + \frac{1}{2} u_{vv} d\langle v, v\rangle_t + \frac{1}{2} u_{BB} d\langle B, B\rangle_t \end{aligned} \tag{3.65}$$

其中，过程 V，v 和 B 的二次变差等于：

$$\begin{aligned} d\langle V, V\rangle_t &= \sigma_V^2 V_t^2 dt \\ d\langle v, v\rangle_t &= (\tilde{\sigma}_v^2 + \hat{\sigma}_v^2) dt \\ d\langle B, B\rangle_t &= b^2(t, T) B^2(t, T) dt \end{aligned} \tag{3.66}$$

可料协变差为

$$\begin{aligned} d\langle V, v\rangle_t &= \sigma_V(\tilde{\sigma}_v \rho + \hat{\sigma}_v \sqrt{1-\rho^2}) v_t V_t dt \\ d\langle V, B\rangle_t &= \sigma_V \rho V_t b(t, T) B(t, T) dt \\ d\langle v, B\rangle_t &= \tilde{\sigma}_v v_t b(t, T) B(t, T) dt \end{aligned} \tag{3.67}$$

考虑一个自融资交易策略 $\phi_t = (\phi_t^0, \phi_t^1, \phi_t^2, \phi_t^3)$，其价值过程 $U(\phi)$ 由下式给定：

$$U_t(\phi) = \phi_t^0 u(V_t, v_t, B(t, T), t) + \phi_t^1 V_t + \phi_t^2 v_t + \phi_t^3 B(t, T) \tag{3.68}$$

ϕ 的自融资性表示为:

$$\mathrm{d}U_t(\phi) = \phi_t^0\big(\mathrm{d}u(V_t,\ v_t,\ B(t,\ T),\ t) + c\big(V_t,\ v_t,\ B(t,\ T)\mathrm{d}t\big)$$
$$+ \phi_t^1(\mathrm{d}V_t + \kappa V_t\mathrm{d}t) + \phi_t^2(\mathrm{d}v_t + \zeta v_t\mathrm{d}t) + \phi_t^3\mathrm{d}B(t,\ T)$$

其中,伊藤微分 $\mathrm{d}u\big(V_t,\ v_t,\ B(t,\ T),\ t\big)$ 由式(3.65)给出。

对于 $t\in[0,\ T]$,取 $\phi_t^1=-1$,利用消除法(suppressed arguments),使过程 ϕ_t^1,ϕ_t^2,ϕ_t^3 满足:

$$\phi_t^1 = u_V,\quad \phi_t^2 = u_v,\quad \phi_t^3 = u_B$$

此外,假设我们的策略是复制一份可违约权益,对于 $t\in[0,\ T]$,使得 $U_t(\phi)=0$。则由式(3.68)可得:

$$u = u_V V_t + u_v v_t + u_B B(t,\ T)$$

将上述等式和自融资条件结合起来,得到

$$\mathrm{d}u = \phi_t^1(\mathrm{d}V_t + \kappa V_t\mathrm{d}t) + \phi_t^2(\mathrm{d}v_t + \zeta v_t\mathrm{d}t) + \phi_t^3\mathrm{d}B(t,\ T) - c\mathrm{d}t$$
$$= u_V(\mathrm{d}V_t + \kappa V_t\mathrm{d}t) + u_v(\mathrm{d}v_t + \zeta v_t\mathrm{d}t) + u_B\mathrm{d}B(t,\ T) - c\mathrm{d}t$$

通过比较上面的公式和由伊藤引理得出的表达式(3.65),则得到:

$$u_t\mathrm{d}t + u_V\kappa V_t\mathrm{d}t + u_V\zeta v_t\mathrm{d}t + u_{Vv}\mathrm{d}\langle V,\ v\rangle_t + u_{VB}\mathrm{d}\langle V,\ B\rangle_t +$$
$$u_{vB}\mathrm{d}\langle v,\ B\rangle_t + \frac{1}{2}u_{VV}\mathrm{d}\langle V,\ V\rangle_t + \frac{1}{2}u_{vv}\mathrm{d}\langle v,\ v\rangle_t + \frac{1}{2}u_{BB}\mathrm{d}\langle B,\ B\rangle_t$$

结合最后一个公式和式(3.66)与式(3.67),立即可以得到下述结论。该结论给出了可违约权益定价函数的基本偏微分方程以及 Saá-Requejo 和 Santa-Clara 框架内复制策略的一般形式。

命题 3.4.4 假定可违约权益$(X,\ A,\ \widetilde{X},\ Z,\ \tau)$满足式(3.64),其中 τ 由式(3.58)给出。另外,令债券价格波动 $b(t,\ T)(t\in[0,\ T])$ 为确定性的。如果函数 $u=u(V_t,\ v_t,\ B(t,\ T),\ t)$ 属于类别 $C^{2,\,2,\,2,\,1}(\mathbb{R}_+^3\times[0,\ T])$,则它就服从如下偏微分方程:

$$\begin{aligned}&u_t + \kappa V u_V + \zeta v u_v + \sigma_V(\widetilde{\sigma}_v\rho + \hat{\sigma}_v\sqrt{1-\rho^2})vVu_{Vv}\\&+\sigma_V\rho b(t,\ T)VBu_{VB} + \widetilde{\sigma}_v b(t,\ T)vBu_{vB} + \frac{1}{2}\sigma_V^2V^2u_{VV}\\&+\frac{1}{2}(\widetilde{\sigma}_v^2 + \hat{\sigma}_v^2)v^2u_{vv} + \frac{1}{2}b^2(t,\ T)B^2u_{BB}\\&=0\end{aligned}\tag{3.69}$$

对于一份可违约权益，复制的自融资策略满足：

$$\phi_t^1 = u_V, \quad \phi_t^2 = u_v, \quad \phi_t^3 = u_B$$

虽然一开始会觉得命题 3.4.4 的估值偏微分方程比较陌生，但它不过是 Black-Scholes-Merton 多维形式偏微分方程的一个特例，或者更精确地，是著名的高斯 HJM 框架一般化的一个特例。例如，当 $\rho = \rho_{Vr} = 0$ 和 $\hat{\sigma}_v = \kappa = \zeta = 0$ 时，式(3.69)可以简化为：

$$u_t + \tilde{\sigma}_v b(t, T) v B u_{vB} + \frac{1}{2}\left(\sigma_V^2 V^2 u_{VV} + \tilde{\sigma}_v^2 v^2 u_{vv} + b^2(t, T) B^2 u_{BB}\right) = 0$$

容易看出，上述方程是高斯 HJM 框架内关于未定权益 $X = g(V_T, v_T)$ 价值函数 u 的偏微分方程的一个特例。

3.5 研究新进展

3.5.1 可转换债券

Brennan 和 Schwartz(1997, 1980)建立了可转换债券的定价模型。这个模型能辅助投资者在可转换债券和普通股票之间进行选择，也能帮助公司在不同特征的发行(issue)之中评估可行的取舍方案。这个模型允许利率有内在的不确定性，且考虑了公司资本结构中存在优先级债务的可能性。与早期的模型相比，这的确是一个优点，但这也使得模型更为复杂，同时由于需要求解微分方程也大大增加了计算量，复杂度增加了，所以必须要分析并确定当假设利率是已知常数时会发生什么错误。结果发现，当一个利率应该在合理范围内取值却设定为固定利率模型时，所引发的错误是很小的。出于实践的目的，对于可转换债券的估值，我们更愿意使用假设利率是已知常数这个较为简单的模型。

Brennan 和 Schwartz(1978)阐述了公司收入税是如何影响资本结构和估值之间的关系。如果公司一旦破产使得利息税节税停止，那么额外债务发行很明显会对公司价值产生两种影响。第一，只要公司存在，它就能增加可享受的节税。第二，在任何给定的时期，它将减少公司生存的可能性。当公司发行了额外债务时，公司的价值是会增加还是减少取决于这两个矛盾的变量中哪一个影响更大。此处运用的期权定价框架将有杠杆公司的价值与无杠杆公司的价值以及债务量、距离债务到期时间联系起来。

3.5.2 跳跃扩散模型

包括 Schönbucher(1996)、Zhou(1996),以及 Hiberink 和 Rogers(2000)在内的其他模型都阐述了扩散模型中违约时间的“可预测性”问题。所有这些作者都在公司价值过程的动态变化中引入了不可料的跳跃。因此,在这些作者所提出的方法中,违约时间不再是可料停时。

3.5.3 不完备统计数据

我们已经指出大多数结构模型的一个主要缺陷是短期到期期限的信用利差接近于零。结构方法还有另一个重要问题——一个更有实践性的问题,即价值过程 V 通常是不可观测的。在理论上,这个问题是最近才由 Crouhy 等(1998)以及 Duffie 和 Lando(2001)提出的。

3.6 相关的违约:结构方法

我们用 n 个公司组成的集合来辨认 n 个信用实体,第 i 个信用实体就是指第 i 个公司。下文中会正式引入信用转移(或迁移)过程 C^i,用以描述第 i 个公司信用评级的变化。假定有 $n \geqslant 2$ 个信用实体,令 $\mathcal{K}_i = \{k_1^i, k_2^i, \cdots, k_{m_i}^i\}(m_i \geqslant 2)$ 表示第 i 个实体可能具有的信用评级的集合。每个状态 $k_{m_i}^i$ 表示第 i 个公司的违约状态,将此状态假设为相关信用转移过程 C^i 的一个吸收状态。$m_i = 2$ 对应于第 i 个公司只有两个信用类别的情形——“无违约”和“违约”。

固定一个滤子化的概率空间$(\Omega, \mathbb{F}, \widetilde{\mathbb{P}})$,其中 $\widetilde{\mathbb{P}} = \mathbb{P}$ 和$\widetilde{\mathbb{P}} = \mathbb{P}^*$ 分别表示真实世界概率和风险中性概率,使用哪个概率取决于所要进行的具体应用。和结构方法的主要范例一致,假设每个信用评级过程 C^i 的变化是由第 i 个公司价值过程 V^i 的行为决定的。特别地,当第 i 个公司的资产价值过程降至公司确定的阈值过程(在下文中用 v^i 表示)以下时,第 i 个公司就发生违约。正式地,当 V^i 首次穿过界限 v^i 时,信用评级过程 C^i 跳到吸收状态 $k_{m_i}^i$,这意味着第 i 个违约时间 τ_i 满足:$\tau_i = \inf\{t \in \mathbb{R}_+ : V_t^i < v_t^i\} = \inf\{t \in \mathbb{R}_+ : V_t^i \leqslant v_t^i\}$。令 $D^i(t)$表示第 i 个公司到 t 时已经违约的事件。明显有:

$$D_i(t)=\{C_t^i=k_{m_i}^i\}=\{\tau_i\leqslant t\}=\{H_t^i=1\}$$

其中，$H_t^i=\mathbb{1}_{\{\tau_i\leqslant t\}}$。由定义知，在时间段$[0, t]$上，公司 i 和公司 j 之间的违约相关可以用随机变量 H_t^i 和 H_t^j 之间的皮尔逊(Pearson)相关来定义。用 $\rho_{ij}^D(t)$表示这种相关性，具体定义为：

$$\rho_{ij}^D(t)=\frac{Q_{ij}(t)-Q_i(t)Q_j(t)}{\sqrt{Q_i(t)(1-Q_i(t))}\sqrt{Q_j(t)(1-Q_j(t))}} \tag{3.70}$$

其中，

$$Q_i(t)=\widetilde{\mathbb{P}}\{D_i(t)\}=\widetilde{\mathbb{P}}\{\tau_i\leqslant t\}=\mathbb{E}_{\widetilde{\mathbb{P}}}(H_t^i)$$

$$Q_j(t)=\widetilde{\mathbb{P}}\{D_j(t)\}=\widetilde{\mathbb{P}}\{\tau_j\leqslant t\}=\mathbb{E}_{\widetilde{\mathbb{P}}}(H_t^j)$$

$$Q_{ij}(t)=\widetilde{\mathbb{P}}\{D_i(t)\cap D_j(t)\}=\widetilde{\mathbb{P}}\{\tau_i\leqslant t,\ \tau_j\leqslant t\}=\mathbb{E}_{\widetilde{\mathbb{P}}}(H_t^iH_t^j)$$

观察到 $Q_{ij}(t)=Q_i(t)+Q_j(t)-Q^{ij}(t)$ 是有帮助的，其中

$$Q^{ij}(t)=\widetilde{\mathbb{P}}\{D_i(t)\cup D_j(t)\}=\widetilde{\mathbb{P}}\{\tau_i\leqslant t\text{ 或 }\tau_j\leqslant t\}=\widetilde{\mathbb{P}}\{\tau_{ij}\leqslant t\}$$

及 $\tau_{ij}=\tau_i\wedge\tau_j=\min(\tau_i,\ \tau_j)$。

由此可以看出，如果可以分别计算出含有随机时间 τ_i，τ_j 和 τ_{ij} 的概率，就可以求出违约相关 $\rho_{ij}^D(t)$。为了计算这些概率，需要采用特定的模型假设，从而考虑到价值过程 $V^i(i=1, 2, \cdots, n)$ 和界限过程 $v^i(i=1, 2, \cdots, n)$ 的变化。

评注：应该把上述定义的违约相关系数 $\rho_{ij}^D(t)$同(线性)相关系数 ρ^{τ_i,τ_j} 区分开来，后者是违约时间之间的相关系数，定义如下：

$$\rho^{\tau_i,\tau_j}=\frac{\mathbb{E}_{\widetilde{\mathbb{P}}}(\tau_i\tau_j)-\mathbb{E}_{\widetilde{\mathbb{P}}}(\tau_i)\,\mathbb{E}_{\widetilde{\mathbb{P}}}(\tau_j)}{\sqrt{\mathrm{Var}_{\widetilde{\mathbb{P}}}(\tau_i)}\sqrt{\mathrm{Var}_{\widetilde{\mathbb{P}}}(\tau_j)}}$$

其中，$\mathrm{Var}_{\widetilde{\mathbb{P}}}(\tau_i)$是 τ_i 在 $\widetilde{\mathbb{P}}$ 下的方差。

为了深入分析，需要构造一个模型来描述公司价值动态变化。沿袭包括 J. P. 摩根的险阵、KMV 的证券组合管理和 Zhou(2001)在内的其他人的分析，其中 Zhou(2001)通过将公司价值建模为几何布朗运动进而采用默顿(1974)方法进行分析，我们更愿根据对数收益 $R_t^i:=\ln(V_t^i/V_0^i)(i=1, 2, \cdots, n)$ 来设定模型。n 维随机过程 $R=(R^1, R^2, \cdots, R^n)'(i=1, 2, \cdots, n)$ (括号的“右上角的标记”表示矩阵的转置)的动态变化是：

$$\mathrm{d}R_t=\mu\mathrm{d}t+B\mathrm{d}W_t \tag{3.71}$$

其中，$\mu=(\mu_1, \mu_2, \cdots, \mu_n)'$ 是一个 $n\times1$ 维常向量，B 是一个 $n\times m$ 维的常数矩阵，而 $W=(W^1, W^2, \cdots, W^m)'$ 是一个 m 维标准布朗运动。根据式(3.71)，随机变量 R_t 服

从均值向量为 μt 且协方差矩阵为 Ct 的多变量高斯分布,其中 $C=[c_{ij}]_{n\times n}=BB'$。假定 $c_{ij}=\rho_{ij}\sigma_i\sigma_j(-1\leqslant\rho_{ij}\leqslant 1)$,且 $\rho_{ii}=1(i,\ j=1,\ 2,\ \cdots,\ n)$。系数 σ_i 表示收益的波动,系数 ρ_{ij} 表示收益之间的线性局部相关。ρ_{ij} 有时(非正式地)指代资产相关。注意,根据式(3.71),每项资产价值过程的动态变化由 V^i 的下述随机微分方程给定:

$$dV_t^i=V_t^i\left(\left(\mu_i+\frac{1}{2}\sigma_i^2\right)dt+\sigma_i dW_t^i\right) \tag{3.72}$$

其中,对每个 i,过程 W^i 是实值的标准布朗运动。对每个 i,自然地假设 $V_0^i>v_0^i$,即在 0 时刻所有的公司都有偿付能力。在随后的研究中,也会利用辅助过程:

$$\hat{R}_t^i:=\frac{R_t^i-\mu_i t}{\sigma_i\sqrt{t}} \tag{3.73}$$

下文中,称过程 $\hat{R}^i$ 为第 i 个公司的标准化收益。

我们在此考虑一个对应于区间$[0,\ t]$上的违约相关的特例。这就是为什么在式(3.70)中使用概率$\widetilde{\mathbb{P}}$下无条件期望的原因。实际上这些无条件期望是关于平凡 σ—域 $\mathscr{F}_0:=\{\Omega,\ \varnothing\}$ 的条件期望。一般而言,当给定平凡 σ—域 $\mathscr{F}_s$ 时,可能会考虑公司 i 和公司 j 在时间段 $[s,\ t](0\leqslant s<t)$ 上违约事件的条件相关性。通常,区间$[s,\ t]$会跨越一年的时间,s 代表目前的日期。将动态变化式(3.71)的马尔可夫性与下面考虑的两个特例中对界限过程施加的假设结合起来表明,不失一般性,可以用时间区间$[0,\ t]$来代替区间$[s,\ t]$。

3.6.1 违约相关:J.P.摩根方法

概率$\widetilde{\mathbb{P}}$ 在此代表经验(或者现实世界)概率。假设界限过程是确定的正常量:即对所有的 $t\in\mathbb{R}_+$ 有 $v_t^i=\hat{v}^i>0$。KMV 的证券组合管理和 J. P. 摩根的险阵方法定义了第 i 个公司在 t 时刻的违约距离 $d_i(t)$:

$$d_i(t):=\frac{\ln(V_0^i/\hat{v}^i)+\mu_i t}{\sigma_i\sqrt{t}}$$

根据式(3.71)和式(3.72),μ_i 表示对数资产收益的漂移系数,而不是资产收益的漂移系数。如果用 $\widetilde{\mu}_i$ 表示资产收益的漂移系数,那么根据式(3.72),等式 $\widetilde{\mu}_i=\mu_i+(1/2)\sigma_i^2$ 成立,因而有

$$d_i(t):=\frac{\ln(V_0^i/\hat{v}^i)+\left(\widetilde{\mu}_i-\frac{1}{2}\sigma_i^2\right)t}{\sigma_i\sqrt{t}}$$

已知随机变量 R_t 服从多变量高斯分布。具体而言，标准化收益 $\hat{R}_t^i$ 的概率分布由式(3.73)给定，它是单变量标准高斯分布。此外，$\hat{R}_t^i$ 和 $\hat{R}_t^j$ 之间的联合概率分布是标准的双变量高斯分布，且相关系数为 ρ_{ij}。更明确地，概率密度函数等于：

$$f(x,\ y;\ 1,\ 1,\ \rho_{ij}) = \frac{1}{2\pi\sqrt{1-\rho_{ij}^2}}\exp\left(-\frac{x^2-2\rho_{ij}xy+y^2}{2(1-\rho_{ij}^2)}\right)$$

按惯例，用 N 表示在标准单变量高斯概率定律下的累积概率分布函数。类似地，用 $N_2(x,\ y;\ \rho)$表示标准双变量高斯概率分布的累积概率分布函数在 $(x,\ y) \in \mathbb{R}^2$ 的取值，其中相关系数为 ρ。

根据上面给定的这个符号，可以看出

$$\widetilde{\mathbb{P}}\{V_t^i \leqslant \hat{v}^i\} = N(-d_i)$$

$$\widetilde{\mathbb{P}}\{V_t^i \leqslant \hat{v}^i,\ V_t^j \leqslant \hat{v}^j\} = N_2(-d_i,\ -d_j;\ \rho_{ij})$$

其中，$d_i = d_i(t)$ 及 $d_j = d_j(t)$。将上述观察的表达式同式(3.70)相结合，险阵(credit metrics)计算出违约相关 $\rho_{ij}^D(t)$的价值如下(可以参阅 Crouhy 等(2000))：

$$\rho_{ij}^D(t) = \frac{N_2(-d_i,\ -d_j;\ \rho_{ij}) - N(-d_i)N(-d_j)}{\sqrt{N(-d_i)(1-N(-d_i))}\sqrt{N(-d_j)(1-N(-d_j))}}$$

这个结果看起来似乎不正确。这是因为在一般情况下，包含关系 $\{V_t^i \leqslant \hat{v}^i\} \subset D_i(t)$ 和 $\{V_t^i \leqslant \hat{v}^i,\ V_t^j \leqslant \hat{v}^j\} \subset D_i(t) \cap D_j(t)$ 都是严格成立的①，使得这种包含关系不能被等式取代。

应该根据一维扩散过程常量界限 $\hat{v}^i$ 和 $\hat{v}^j$ 的触发概率来正确应用式(3.70)。我们省略了这些计算的细节，有兴趣的读者可以参阅下一节，在该节中提供了类似的计算。

关于违约相关的更详细分析以及有趣的贷款组合仿真可以参阅 Gersbach 和 Lipponer(1997a，1997b)以及 Erlenmaier 和 Gersbach(2000)。Crouhy 等(2000)也展示了如何使用包括 KMV 在内的其他人所提出的因素方法来校正资产相关 ρ_{ij}(又称资产收益相关)。

3.6.2 违约相关：Zhou 方法

我们将在例 3.1.2 ($\kappa = 0$) 的结构下进行分析。对于某个正的常数 $\lambda_i (i = 1,\ 2,\ \cdots,\ n)$，假设界限 v^i 是确定性函数，由 $v^i(t) = K_i e^{\lambda_i t}$ 给出。通过应用式(3.9)，可以得到(回

---

① 原书为"$\{V_t^i \leqslant \hat{v}^i,\ V_t^j \leqslant \hat{v}^j\} \subset D_i(t) \cap D_i(t)$"，疑为印刷错误。——译者注

顾,过程 V^i 由式(3.72)给出):

$$Q_i(t)=\widetilde{\mathbb{P}}\{\tau_i\leqslant t\}=2N\left(-\frac{\ln(V_0^i/K_i)}{\sigma_i\sqrt{t}}\right)$$

固定 $i\neq j$。很明显,为了计算式(3.70)中的违约相关 $\rho_{ij}^D(t)$,需要求出下面的概率:

$$Q_i(t)=\widetilde{\mathbb{P}}\{\tau_i\leqslant t\},\quad Q_j(t)=\widetilde{\mathbb{P}}\{\tau_j\leqslant t\},\quad Q_{ij}(t)=\widetilde{\mathbb{P}}\{\tau_i\leqslant t,\ \tau_j\leqslant t\}$$

Zhou(2001)计算出了用 $Q_i(t)$, $Q_j(t)$表示的上述概率和如下定义的概率 $Q^{ij}(t)$:

$$Q^{ij}(t)=\widetilde{\mathbb{P}}\{\tau_i\leqslant t\text{ 或 }\tau_j\leqslant t\}=\widetilde{\mathbb{P}}\{\tau_{ij}\leqslant t\}$$

为了进一步进行计算,观察到,在目前的假设下,违约时间 τ_i 由下述等式给出:

$$\tau_i=\inf\{t\geqslant 0:\ V_t^i\leqslant K_i e^{\lambda_i t}\}$$

于是有,

$$\tau_i=\inf\{t\geqslant 0:\ X_t^i\geqslant b_i\}$$

令 $b_i:=-\ln(K_i/V_0^i)$,并且过程 X_t^i 满足:

$$X_t^i=-\ln(e^{-\lambda_i t}V_t^i/V_0^i)=-R_t^i+\lambda_i t \tag{3.74}$$

其中,$R_t^i:=\ln(V_t^i/V_0^i)$。由此可得,随机时间 $\tau_{ij}=\tau_i\wedge\tau_j$ 也等价于 $X_t^i\geqslant b_i$ 或者 $X_t^j\geqslant b_j$ 首次成立的时间 t,使得

$$Q^{ij}(t)=\widetilde{\mathbb{P}}\{\tau_i\leqslant t\text{ 或 }\tau_j\leqslant t\}=\widetilde{\mathbb{P}}\{M_t^i\geqslant b_i\text{ 或 }M_t^j\geqslant b_j\} \tag{3.75}$$

其中,

$$M_t^i=\max_{0\leqslant s\leqslant t}X_s^i,\quad M_t^j=\max_{0\leqslant s\leqslant t}X_s^j$$

运用伊藤公式可以得到二维过程 $X^{i,j}=(X^i,\ X^j)'$ 的动态变化如下:

$$dX_t^{i,j}=-B_{i,j}\begin{pmatrix}dW_t^i\\ dW_t^j\end{pmatrix}$$

由于 $X_0^{i,j}=(0,\ 0)'$,于是有,

$$B_{i,j}B'_{i,j}=\begin{pmatrix}\sigma_i^2 & \rho_{ij}\sigma_i\sigma_j\\ \rho_{ij}\sigma_i\sigma_j & \sigma_j^2\end{pmatrix}$$

对所有的 $i=1,\ 2,\ \cdots,\ n$,假定都有 $V_0^i>K_i$,那么明显地,对每一个 $i=1,\ 2,\ \cdots,\ n$ 也有 $b_i>0$。因此,随机时间 τ_{ij} 是二维扩散过程 $X^{i,j}$ 首次通过固定边界的时间,其中固定边界由两个交叉线组成:$x_1=b_1$ 及 $x_2=b_2$。Zhou(2001)做出了这个观察,并用于偏微

分方程方法计算概率 $Q^{ij}(t)$ 的过程中。Zhou(2001)根据改进的贝赛尔(Bessel)函数提出了概率 $Q^{ij}(t)$ 的封闭表达式。

特例。为了简化计算,对所有的 $i=1, 2, \cdots, n$, Zhou(2001)首先假定有 $\lambda_i=\mu_i$。设:

$$d_i=\frac{\ln(V_0^i/K_i)}{\sigma_i}$$

从而有,

$$Q_i(t)=\widetilde{\mathbb{P}}\{\tau_i\leqslant t\}=2N\left(-\frac{\ln(V_0^i/K_i)}{\sigma_i\sqrt{t}}\right)=2N\left(\frac{-d_i}{\sqrt{t}}\right)$$

在这种情况中,概率 $Q^{ij}(t)$ 由下述命题给出。

命题 3.6.1 假设 $\lambda_i=\mu_i$ 和 $\lambda_j=\mu_j$,那么

$$Q^{ij}(t)=1-\frac{2r_0}{\sqrt{2\pi t}}e^{\frac{r_0^2}{4t}}\sum_{n=1,3,\cdots}\frac{\sin(\beta_n\theta_0)}{n}\left[I_{\frac{1}{2}(\beta_n+1)}\left(\frac{r_0^2}{4t}\right)+I_{\frac{1}{2}(\beta_n-1)}\left(\frac{r_0^2}{4t}\right)\right]$$

其中,$r_0=d_j/\sin\theta_0$, $\beta_n=n\pi/\alpha$ 和 $I_\nu(z)$ 是调整后的第一类 ν 阶贝赛尔函数。此外还有

$$\alpha=\begin{cases}\tan^{-1}\left(-\dfrac{\sqrt{1-\rho_{ij}^2}}{\rho_{ij}}\right), \text{如果 } \rho_{ij}<0\\ \pi+\tan^{-1}\left(-\dfrac{\sqrt{1-\rho_{ij}^2}}{\rho_{ij}}\right), \text{其他}\end{cases}$$

$$\theta_0=\begin{cases}\tan^{-1}\left(\dfrac{d_j\sqrt{1-\rho_{ij}^2}}{d_i-\rho_{ij}d_j}\right), \text{如果 } \rho_{ij}<0\\ \pi+\tan^{-1}\left(\dfrac{d_j\sqrt{1-\rho_{ij}^2}}{d_i-\rho_{ij}d_j}\right), \text{其他}\end{cases}$$

证明: Rebholz(1994)和 Zhou(2001)已经给出了该公式的不同推导。 □

一般情况。假设 $\lambda_i=\mu_i$ 和 $\lambda_j=\mu_j$ 不再成立。那么有:

$$Q_i(t)=N\left(-\frac{d_i}{\sqrt{t}}-\frac{\mu_i-\lambda_i}{\sigma_i}\sqrt{t}\right)+e^{\frac{2(\lambda_i-\mu_i)d_i}{\sigma_i}}N\left(-\frac{d_i}{\sqrt{t}}+\frac{\mu_i-\lambda_i}{\sigma_i}\sqrt{t}\right)$$

关于下述结论的证明,有兴趣的读者可以参阅 Rebholz(1994)。

命题 3.6.2 令 λ_i, μ_i, λ_j, μ_j 是任意给定常数,那么

$$Q^{ij}(t)=1-\frac{2}{\alpha t}e^{-\frac{r_0^2}{2t}}e^{a_1x_1+a_2x_2+a_3t}\sum_{n=1}^{\infty}\sin(\beta_n\theta_0)\int_0^{\alpha}\sin(\beta_n\theta)g_n(\theta)d\theta$$

其中,r_0, β_n, α 和 θ_0 的定义与命题 3.6.1 中的定义相同,并且

$$g_n(\theta) = \int_0^\infty r\mathrm{e}^{-r^2/2t}\mathrm{e}^{d_i r\sin(\theta-\alpha)-d_j r\cos(\theta-\alpha)} I_{\beta_n}\left(\frac{rr_0}{t}\right)\mathrm{d}r$$

$$a_1 = \frac{(\lambda_i-\mu_i)\sigma_j-(\lambda_j-\mu_j)\rho_{ij}\sigma_i}{(1-\rho_{ij}^2)\sigma_i^2\sigma_j}$$

$$a_2 = \frac{(\lambda_j-\mu_j)\sigma_i-(\lambda_i-\mu_i)\rho_{ij}\sigma_j}{(1-\rho_{ij}^2)\sigma_j^2\sigma_i}$$

$$a_3 = \frac{a_1^2\sigma_i^2}{2}+\rho_{ij}a_1a_2\sigma_i\sigma_j+\frac{a_2^2\sigma_j^2}{2}-a_1(\lambda_i-\mu_i)-a_2(\lambda_j-\mu_j)$$

以及 $x_1 = a_1\sigma_i+\rho_{ij}a_2\sigma_j$ 和 $x_2 = a_2\sigma_j\sqrt{1-\rho_{ij}^2}$。

评注:或许值得一提的是,上述命题是源于下面的结果,而下述结论也为两个带漂移的相关布朗运动及它们的最小运行值提供了一个联合密度。假定 W^1 和 W^2 是$\widetilde{\mathbb{P}}$ 下的布朗运动,那么 W^1 和 W^2 之间的相关系数就是 ρ。令:

$$X_t^k = \alpha_k t+\sigma_k W_t^k,\ k=1,\ 2$$

记 $m_t^k = \min_{0\leqslant s\leqslant t}X_s^k$。那么对于任何固定的 $t>0$,$(X_t^1,\ X_t^2,\ m_t^1,\ m_t^2)$ 的联合定律由下式给定:

$$\widetilde{\mathbb{P}}(X_t^k\in \mathrm{d}x_k,\ m_t^k\in \mathrm{d}m_k,\ k=1,\ 2) = f(x_1,\ x_2,\ m_1,\ m_2;\ t)\mathrm{d}x_1\mathrm{d}x_2\mathrm{d}m_1\mathrm{d}m_2$$

其中,

$$f(x_1,\ x_2,\ m_1,\ m_2;\ t) = \frac{2}{\beta t}\mathrm{e}^{-\frac{r^2+r_0^2}{2t}}\frac{\mathrm{e}^{A_1x_1+A_2x_2+A_3t}}{\sigma_1\sigma_2\sqrt{1-\rho^2}}$$

$$\times\sum_{n=1}^{\infty}\sin\left(\frac{n\pi\Theta_0}{\beta}\right)\sin\left(\frac{n\pi\Theta}{\beta}\right)I_{\frac{n\pi}{\beta}}\left(\frac{rr_0}{t}\right)$$

常数设定如下:

$$A_1 = \frac{\alpha_1\sigma_2-\rho\alpha_2\sigma_1}{(1-\rho^2)\sigma_1^2\sigma_2},\quad A_2 = \frac{\alpha_2\sigma_1-\rho\alpha_1\sigma_2}{(1-\rho^2)\sigma_1\sigma_2^2}$$

$$A_3 = -\alpha_1a_1-\alpha_2a_2+\frac{1}{2}(\sigma_1^2a_1^2+\sigma_2^2a_2^2)+\rho\sigma_1\sigma_2a_1a_2$$

$$\beta = \begin{cases}\tan^{-1}\left(-\dfrac{\sqrt{1-\rho^2}}{\rho}\right),\text{如果 }\rho<0\\ \pi-\tan^{-1}\left(\dfrac{\sqrt{1-\rho^2}}{\rho}\right),\text{如果 }\rho>0\end{cases}$$

$$z_1 = \frac{1}{\sqrt{1-\rho^2}}\left[\left(\frac{x_1 - m_1}{\sigma_1}\right) - \rho\left(\frac{x_2 - m_2}{\sigma_2}\right)\right], \quad z_2 = \frac{x_2 - m_2}{\sigma_2}$$

$$z_{10} = \frac{1}{\sqrt{1-\rho^2}}\left[-\frac{m_1}{\sigma_1} + \rho\frac{m_2}{\sigma_2}\right], \quad z_{20} = -\frac{m_2}{\sigma_2}$$

$$r = \sqrt{z_1^2 + z_2^2}, \quad \tan\Theta = \frac{z_2}{z_1}, \Theta \in [0, \beta]$$

$$r_0 = \sqrt{z_{10}^2 + z_{20}^2}, \quad \tan\Theta_0 = \frac{z_{20}}{z_{10}}, \Theta_0 \in [0, \beta]$$

有关的细节内容请参阅 Iyengar(1995)或 He 等(1998)。

第二部分　风险过程

4

随机时间的风险函数

本章中，考虑只有一个滤子情况下各种条件期望的拟—显式估值问题，这个唯一的滤子是随机时间的自然滤子。直观上，可以考虑这样一个人，他能够观察到确定的随机时间 τ，但是却没有任何其他的信息。至于更有趣的以及与实践更相关情况的细节分析——当额外的信息流是已知时——留到下一章讨论。

4.1 自然滤子的条件期望

令 $\tau(\tau:\Omega \to \mathbb{R}_+)$ 为一个非负随机变量，称为定义在概率空间$(\Omega, \mathcal{G}, \mathbb{P})$上的随机时间。为了简便，假设对任意的 $t \in \mathbb{R}_+$，有 $\mathbb{P}\{\tau = 0\} = 0$ 和 $\mathbb{P}\{\tau > t\} > 0$。后一条件意味着假设 τ 是无界的，更精确地说，τ 并不能以概率 1 取常数值。但是，也可运用下文提及的技术来研究有界的随机时间。用 F 表示 τ 的（右连续）累积分布函数，即对于任意的 $t \in \mathbb{R}_+$，有 $F(t) = \mathbb{P}\{\tau \leqslant t\}$。$\tau$ 的生存函数（survival function）G 定义为：对于任意的 $t \in \mathbb{R}_+$，有 $G(t) := 1 - F(t) = \mathbb{P}\{\tau > t\}$。

例 4.1.1 如果 τ 是$\mathbb{P}$下参数为 λ 的指数分布，那么有 $F(t) = 1 - e^{-\lambda t}$，因而生存函数等于 $G(t) = e^{-\lambda t}$。

通过设定 $H_t = \mathbb{1}_{\{\tau \leqslant t\}} (t \in \mathbb{R}_+)$ 来定义与随机时间 τ 相伴的跳跃过程 H。明显地，过程 H 具有右连续的样本路径，特别地，在随机时间 τ 之前每个样本路径等于0，而当 $t \geqslant \tau$ 时它等于 1。

令 $\mathbb{H} = (\mathcal{H}_t)_{t \geqslant 0}$ 表示 H 生成的滤子，即对任意的 $t \in \mathbb{R}_+$，令 $\mathcal{H}_t = \sigma(H_u: u \leqslant t)$。假

设滤子$\mathbb{H}$是($\mathbb{P}$, $\mathcal{G}$)—完备的。最后,令$\mathcal{H}_\infty=\sigma(H_u: u\in\mathbb{R}_+)$。$\sigma$—域$\mathcal{H}_t$表示在$t$之前(即在时间段$[0, t]$上)通过对随机时间$\tau$的出现进行观察而产生的信息。

利用通常的标准符号$\sigma(\eta)$来表示随机变量η产生的σ—域。进一步假设Y是概率空间(Ω, $\mathcal{G}$, $\mathbb{P}$)上可积的随机变量,即$\mathbb{E}_{\mathbb{P}}|Y|<\infty$。

首先列举滤子$\mathbb{H}$的一些基本性质:

(H.1) $\mathcal{H}_t=\sigma(\{\tau\leqslant u\}: u\leqslant t)$;

(H.2) $\mathcal{H}_t=\sigma(\sigma(\tau)\cap\{\tau\leqslant t\})$;

(H.3) $\mathcal{H}_t=\sigma(\tau\wedge t)\vee(\{\tau>t\})$;

(H.4) $\mathcal{H}_t=\mathcal{H}_{t+}$;

(H.5) $\mathcal{H}_\infty=\sigma(\tau)$;

(H.6) 对于任意$A\in\mathcal{H}_\infty$,有$A\cap\{\tau\leqslant t\}\in\mathcal{H}_t$。

上述所有性质都易于验证。在此仅说明,如果要证明(H.6),只要对任意事件A(即对某个$s\in\mathbb{R}_+$有$A=\{\tau\leqslant s\}$)进行分析就可以了。

引理 4.1.1 令Y是一个$\mathcal{G}$—可测的随机变量,那么

$$\mathbb{1}_{\{\tau\leqslant t\}}\mathbb{E}_{\mathbb{P}}(Y\mid\mathcal{H}_t)=\mathbb{E}_{\mathbb{P}}(\mathbb{1}_{\{\tau\leqslant t\}}Y\mid\mathcal{H}_\infty)=\mathbb{1}_{\{\tau\leqslant t\}}\mathbb{E}_{\mathbb{P}}(Y\mid\tau) \tag{4.1}$$

$$\mathbb{1}_{\{\tau>t\}}\mathbb{E}_{\mathbb{P}}(Y\mid\mathcal{H}_t)=\mathbb{1}_{\{\tau>t\}}\frac{\mathbb{E}_{\mathbb{P}}(\mathbb{1}_{\{\tau>t\}}Y)}{\mathbb{P}\{\tau>t\}}$$

证明:我们首先验证

$$\mathbb{E}_{\mathbb{P}}(\mathbb{1}_{\{\tau\leqslant t\}}Y\mid\mathcal{H}_\infty)=\mathbb{E}_{\mathbb{P}}(\mathbb{1}_{\{\tau\leqslant t\}}Y\mid\mathcal{H}_t)$$

根据性质(H.6),对任意的$A\in\mathcal{H}_\infty$有$A\cap\{\tau\leqslant t\}\in\mathcal{H}_t$。又因为事件$\{\tau\leqslant t\}$属于$\mathcal{H}_t$,所以

$$\begin{aligned}\int_A\mathbb{E}_{\mathbb{P}}(\mathbb{1}_{\{\tau\leqslant t\}}Y\mid\mathcal{H}_\infty)\,\mathrm{d}\,\mathbb{P}&=\int_A\mathbb{1}_{\{\tau\leqslant t\}}Y\mathrm{d}\,\mathbb{P}=\int_{A\cap\{\tau\leqslant t\}}Y\mathrm{d}\,\mathbb{P}\\&=\int_{A\cap\{\tau\leqslant t\}}\mathbb{E}_{\mathbb{P}}(Y\mid\mathcal{H}_t)\,\mathrm{d}\,\mathbb{P}=\int_A\mathbb{1}_{\{\tau\leqslant t\}}\mathbb{E}_{\mathbb{P}}(Y\mid\mathcal{H}_t)\,\mathrm{d}\,\mathbb{P}\\&=\int_A\mathbb{E}_{\mathbb{P}}(\mathbb{1}_{\{\tau\leqslant t\}}Y\mid\mathcal{H}_t)\,\mathrm{d}\,\mathbb{P}\end{aligned}$$

为了导出第二个公式,需要证明下式成立:

$$\mathbb{E}_{\mathbb{P}}(\mathbb{1}_{\{\tau>t\}}Y\mid\mathcal{H}_t)=c\,\mathbb{1}_{\{\tau>t\}}$$

其中,$c=\dfrac{\mathbb{E}_{\mathbb{P}}(\mathbb{1}_{\{\tau>t\}}Y)}{\mathbb{P}\{\tau>t\}}$。

等价地，需要验证对任意的 $A \in \mathscr{H}_t$，有

$$\int_A \mathbb{E}_{\mathbb{P}}(\mathbb{1}_{\{\tau>t\}} Y \mid \mathscr{H}_t) \mathrm{d}\,\mathbb{P} = \int_A c\,\mathbb{1}_{\{\tau>t\}} \mathrm{d}\,\mathbb{P}$$

这种情况下，只需考虑形如 $A = \{\tau \leqslant s\}$（对于 $s \leqslant t$）的事件和事件 $A = \{\tau > t\}$ 就足够了。在前一种情况下，上述等式的两边都等于 0。进一步地，因为 $A = \{\tau > t\} \in \mathscr{H}_t$，则有：

$$\int_A \mathbb{E}_{\mathbb{P}}(\mathbb{1}_A Y \mid \mathscr{H}_t) \mathrm{d}\,\mathbb{P} = \int_A \mathbb{1}_A Y \mathrm{d}\,\mathbb{P} = \int_\Omega \mathbb{1}_A Y \mathrm{d}\,\mathbb{P} = c\,\mathbb{P}\{A\} = \int_A c\,\mathbb{1}_A \mathrm{d}\,\mathbb{P}$$

这就完成了引理的证明。 □

推论 4.1.1 对任意的 $\mathscr{G}$—可测随机变量 Y，有

$$\mathbb{E}_{\mathbb{P}}(Y \mid \mathscr{H}_t) = \mathbb{1}_{\{\tau\leqslant t\}} \mathbb{E}_{\mathbb{P}}(Y \mid \tau) + \mathbb{1}_{\{\tau>t\}} \frac{\mathbb{E}_{\mathbb{P}}(\mathbb{1}_{\{\tau>t\}} Y)}{\mathbb{P}\{\tau > t\}} \tag{4.2}$$

对任意的 $\mathscr{H}_t$—可测随机变量 Y，有

$$Y = \mathbb{1}\{\tau \leqslant t\}\, \mathbb{E}_{\mathbb{P}}(Y \mid \tau) + \mathbb{1}_{\{\tau>t\}} \frac{\mathbb{E}_{\mathbb{P}}(\mathbb{1}_{\{\tau>t\}} Y)}{\mathbb{P}\{\tau > t\}} \tag{4.3}$$

也就是说，对于一个波莱尔可测且在开区间$[t, \infty]$上为常量的 $h(h: \mathbb{R} \to \mathbb{R})$，有 $Y = h(\tau)$。

基本式(4.2)虽然简单却非常有用。下面讨论一些关于这个结论的特例。对任意的 $t < s$，有：

$$\mathbb{P}\{\tau \geqslant s \mid \mathscr{H}_t\} = \mathbb{1}_{\{\tau>t\}} \mathbb{P}\{\tau \geqslant s \mid \tau > t\}$$

$$\mathbb{P}\{\tau > s \mid \mathscr{H}_t\} = \mathbb{1}_{\{\tau>t\}} \mathbb{P}\{\tau > s \mid \tau > t\} \tag{4.4}$$

由式(4.4)直接可以得到下述推论。

推论 4.1.2 由下述公式

$$M_t = \frac{1 - H_t}{1 - F(t)}, \ \forall t \in \mathbb{R}_+ \tag{4.5}$$

给定的过程 M 服从一个 $\mathbb{H}$—鞅过程。等价地，对任意的 $0 \leqslant t \leqslant s$，有

$$\mathbb{E}_{\mathbb{P}}(H_s - H_t \mid \mathscr{H}_t) = \mathbb{1}_{\{\tau>t\}} \frac{F(s) - F(t)}{1 - F(t)} \tag{4.6}$$

证明：等式(4.4)可以重新表述如下：

$$\mathbb{E}_{\mathbb{P}}(1-H_s \mid \mathcal{H}_t) = (1-H_t)\frac{1-F(s)}{1-F(t)}$$

这立即就得到了 M 的鞅特性，第二个公式也就明显可知了。 □

定义 4.1.1 定义增函数 $\Gamma:\mathbb{R}_+\to\mathbb{R}_+$ 为：

$$\Gamma(t):=-\ln G(t)=-\ln(1-F(t)),\ \forall t\in\mathbb{R}_+$$

称增函数 Γ 为 τ 的风险(hazard)函数(或危险函数)。如果累积分布函数 F 关于勒贝格(Lebesgue)测度绝对连续，即对于一个勒贝格可积函数 $f(f:\mathbb{R}_+\to\mathbb{R}_+)$，当 $F(t)=\int_0^t f(u)\mathrm{d}u$ 时有：

$$F(t)=1-\mathrm{e}^{-\Gamma(t)}=1-\mathrm{e}^{-\int_0^t\gamma(u)\mathrm{d}u}$$

其中，$\gamma(t)=f(t)(1-F(t))^{-1}$，称函数 γ 为随机时间 τ 的强度函数(或风险率)。

注意，因为假设对任意的 $t\in\mathbb{R}_+$ 都有 $F(t)<1$，所以对任意的 $t\in\mathbb{R}_+$，$\Gamma(t)$ 具有良好的定义。此外，有：

$$\Gamma(\infty):=\lim_{t\to\infty}\Gamma(t)=\infty$$

这是因为 $\lim_{t\to\infty}(1-F(t))=0$ 成立，而且也明显可知强度函数 $\gamma(\gamma:\mathbb{R}_+\to\mathbb{R})$(如果存在的话)是一个非负函数。最后，$\gamma$ 在任何有界区间 $[0,\ t]$ 上是勒贝格可积的，且 $\int_0^\infty\gamma(u)\mathrm{d}u=\infty$。

例 4.1.2 如果 τ 服从 $\mathbb{P}$ 下参数为 λ 的指数分布，那么 τ 的风险率就是常量，即对任意的 $t\in\mathbb{R}_+$ 有 $\gamma(t)=\lambda$。

利用风险函数 Γ，将式(4.2)重新表述如下：

$$\mathbb{E}_{\mathbb{P}}(Y\mid\mathcal{H}_t)=\mathbb{1}_{\{\tau\leqslant t\}}\mathbb{E}_{\mathbb{P}}(Y\mid\tau)+\mathbb{1}_{\{\tau>t\}}\mathrm{e}^{\Gamma(t)}\,\mathbb{E}_{\mathbb{P}}(\mathbb{1}_{\{\tau>t\}}Y) \tag{4.7}$$

特别地，对任意的 $t\leqslant s$，等式(4.4)有如下形式：

$$\mathbb{P}\{\tau>s\mid\mathcal{H}_t\}=\mathbb{1}_{\{\tau>t\}}\mathrm{e}^{\Gamma(t)-\Gamma(s)}=\mathbb{1}_{\{\tau>t\}}\mathrm{e}^{-\int_t^s\gamma(u)\mathrm{d}u}$$

其中，当 τ 容许(admits)有风险率 γ 时，第二个等式才成立。

推论 4.1.3 令 Y 是 $\mathcal{H}_\infty$—可测的，使得对于某个波莱尔可测函数 $h(h:\mathbb{R}_+\to\mathbb{R})$ 有 $Y=h(\tau)$。那么下述结论是正确的。

(1) 如果 τ 的风险函数 T 是连续的，那么有

$$\mathbb{E}_{\mathbb{P}}(Y\mid\mathcal{H}_t)=\mathbb{1}_{\{\tau\leqslant t\}}h(\tau)+\mathbb{1}_{\{\tau>t\}}\int_t^\infty h(u)\mathrm{e}^{\Gamma(t)-\Gamma(u)}\mathrm{d}\Gamma(u) \tag{4.8}$$

(2) 如果 τ 容许强度函数 γ 存在,那么有

$$\mathbb{E}_{\mathbb{P}}(Y \mid \mathscr{H}_t) = \mathbb{1}_{\{\tau \leqslant t\}} h(\tau) + \mathbb{1}_{\{\tau > t\}} \int_t^{\infty} h(u)\gamma(u) \mathrm{e}^{-\int_t^u \gamma(v)\mathrm{d}v} \mathrm{d}u$$

特别地,对任意的 $t \leqslant s$ 有,

$$\mathbb{P}\{\tau > s \mid \mathscr{H}_t\} = \mathbb{1}_{\{\tau > t\}} \mathrm{e}^{-\int_t^s \gamma(v)\mathrm{d}v}$$

$$\mathbb{P}\{t < \tau < s \mid \mathscr{H}_t\} = \mathbb{1}_{\{\tau > t\}} (1 - \mathrm{e}^{-\int_t^s \gamma(v)\mathrm{d}v})$$

引理 4.1.2 由下式给定的过程 L 服从一个 $\mathbb{H}$ —鞅过程。

$$L_t := \mathbb{1}_{\{\tau > t\}} \mathrm{e}^{\Gamma(t)} = (1 - H_t) \mathrm{e}^{\Gamma(t)}, \ \forall t \in \mathbb{R}_+ \tag{4.9}$$

证明: 注意到过程 L 与推论 4.1.2 中引入的过程 M 是完全相同的就足以完成本引理的证明。 □

4.2 连续风险函数的有关鞅

我们已经知道,由式(4.9)给定的有限变差 L 的 $\mathbb{H}$ —适应过程是一个 $\mathbb{H}$ —鞅过程(无论 Γ 是否为连续或离散函数)。在本节中,将会进一步分析风险函数的有关鞅过程的重要例子。此外,我们始终假设随机时间 τ 的风险函数 Γ 是连续的。

首先假设累积分布函数 F 是绝对连续函数,那么随机时间 τ 就容许强度函数 γ 存在。我们的目的是建立 γ 的鞅特性。更明确地,会直接验证定义如下的过程 $\hat{M}$ 服从一个 $\mathbb{H}$ —鞅过程:

$$\hat{M}_t = H_t - \int_0^t \gamma(u) \mathbb{1}_{\{u \leqslant \tau\}} \mathrm{d}u = H_t - \int_0^{t \wedge \tau} \gamma(u)\mathrm{d}u = H_t - \Gamma(t \wedge \tau)$$

为此,根据式(4.6)有

$$\mathbb{E}_{\mathbb{P}}(H_s - H_t \mid \mathscr{H}_t) = \mathbb{1}_{\{\tau > t\}} \frac{F(s) - F(t)}{1 - F(t)}$$

另一方面,如果做出如下设定:

$$Y = \int_t^s \gamma(u) \mathbb{1}_{\{u \leqslant \tau\}} \mathrm{d}u = \int_{t \wedge \tau}^{s \wedge \tau} \frac{f(u)}{1 - F(u)} \mathrm{d}u = \ln \frac{1 - F(t \wedge \tau)}{1 - F(s \wedge \tau)}$$

那么明显有 $Y = \mathbb{1}_{\{\tau > t\}} Y$。令 $A = \{\tau > t\}$,首先利用式(4.2),然后利用富比尼(Fubini)

定理，可以得到：

$$\mathbb{E}_{\mathbb{P}}(Y \mid \mathcal{H}_t) = \mathbb{E}_{\mathbb{P}}(\mathbb{1}_A Y \mid \mathcal{H}_t) = \mathbb{1}_A \frac{\mathbb{E}_{\mathbb{P}}(Y)}{\mathbb{P}\{A\}} = \mathbb{1}_A \frac{\mathbb{E}_{\mathbb{P}}\left(\int_t^s \gamma(u) \mathbb{1}_{\{u \leqslant \tau\}} du\right)}{1 - F(t)}$$

$$= \mathbb{1}_A \frac{\int_t^s \gamma(u)(1 - F(u)) \mathrm{d}u}{1 - F(t)} = \mathbb{1}_A \frac{F(s) - F(t)}{1 - F(t)} = \mathbb{E}_{\mathbb{P}}(H_s - H_t \mid \mathcal{H}_t)$$

这表明过程 $\hat{M}$ 服从$\mathbb{H}$—鞅过程。因而，可以得到如下简单却十分著名的结论。

引理 4.2.1 假设

$$F(t) = 1 - \mathrm{e}^{-\int_0^t \gamma(u) \mathrm{d}u}, \ \forall t \in \mathbb{R}_+$$

其中，$\gamma(\gamma: \mathbb{R}_+ \to \mathbb{R})$ 是 τ 的风险率。那么过程 $\hat{M}$ 服从$\mathbb{H}$—鞅：

$$\hat{M}_t = H_t - \int_0^{t \wedge \tau} \gamma(u) \mathrm{d}u, \ \forall t \in \mathbb{R}_+ \tag{4.10}$$

很明显，当 F 只是连续时，可以建立与引理 4.2.1 相对应的引理。在验证这个扩展式以前，我们回顾一个辅助结论。关于引理 4.2.2 的证明，有兴趣的读者可以参阅 Brémaud(1981)或者 Revuz 和 Yor(1999)的相关研究。

引理 4.2.2 令 g 和 h 是两个右连续且左极限存在的函数。如果 g 和 h 是$[0, t]$上的有限变差，那么有：

$$\begin{aligned} g(t)h(t) &= g(0)h(0) + \int_{[0,t]} g(u-) \mathrm{d}h(u) + \int_{[0,t]} h(u) \mathrm{d}g(u) \\ &= g(0)h(0) + \int_{[0,t]} g(u) \mathrm{d}h(u) + \int_{[0,t]} h(u-) \mathrm{d}g(u) \\ &= g(0)h(0) + \int_{[0,t]} g(u-) \mathrm{d}h(u) + \int_{[0,t]} h(u-) \mathrm{d}g(u) + \sum_{u \leqslant t} \Delta g(u) \Delta h(u) \end{aligned}$$

其中，$\Delta g(u) = g(u) - g(u-)$ 及 $\Delta h(u) = h(u) - h(u-)$。

引理 4.2.2 中的任何一个等式都可以称为关于有限变差函数的分部积分公式（或者乘积法则）。我们在分析有限变差的随机过程时经常会用到这个公式。这种情况下，这个积分可以理解为以概率 1 定义的依—路径(path-wise)积分。

命题 4.2.1 假设风险函数 Γ 是连续的，那么有限变差 $\hat{M}_t = H_t - \Gamma(t \wedge \tau)$ 过程服从$\mathbb{H}$—鞅过程。此外，对任意的 $t \in \mathbb{R}_+$，我们有：

$$L_t = 1 - \int_{[0,t]} L_{u-} \mathrm{d}\hat{M}_u \tag{4.11}$$

证明：出于简便起见，利用引理 4.1.2（直接计算当然也可以得出需要的结论），$\hat{M}$ 明显服从$\mathbb{H}$—适应可积过程。因为 Γ 是一个连续的增函数，所以利用有限变差函数的分部积分公式①可以得到：

$$L_t = (1 - H_t)e^{\Gamma(t)} = 1 + \int_{[0,t]} e^{\Gamma(t)}\left((1 - H_u)d\Gamma(u) - dH_u\right) \qquad (4.12)$$

这反过来又可以导出：

$$\hat{M}_t = H_t - \Gamma(t \wedge \tau) = \int_{[0,t]} \left(dH_u - (1 - H_u)d\Gamma(u)\right) = -\int_{[0,t]} e^{\Gamma(u)} dL_u$$

明显地，$\hat{M}$ 是一个$\mathbb{H}$—鞅过程。因为式(4.12)可以重新表述如下：

$$L_t = 1 + \int_{[0,t]} e^{\Gamma(u)}(1 - H_{u-})\left(d\Gamma(u \wedge \tau) - dH_u\right) = 1 - \int_{[0,t]} L_{u-} d\hat{M}_u$$

所以式(4.11)明显成立。 □

命题 4.2.2　假设 τ 的风险函数 Γ 是连续，如果对任意的波莱尔可测函数 $h(h:\mathbb{R}_+ \to \mathbb{R})$，随机变量 $h(\tau)$ 都是可积的，那么由下述公式给定的过程 $\hat{M}^h$ 是一个$\mathbb{H}$—鞅过程：

$$\hat{M}_t^h = \mathbb{1}_{\{\tau \leqslant t\}} h(\tau) - \int_0^{t \wedge \tau} h(u)d\Gamma(u), \ \forall t \in \mathbb{R}_+$$

证明：我们将直接证明 $\hat{M}^h$ 的鞅特性。因此，下文给出的论证也为命题 4.2.1 提供了另一种证明方法。一方面，由推论 4.1.3 中的公式(4.8)可以推出

$$I := \mathbb{E}_{\mathbb{P}}(h(\tau)\mathbb{1}_{\{t < \tau \leqslant s\}} \mathcal{H}_t) = \mathbb{1}_{\{\tau > t\}} e^{\Gamma(t)} \int_t^s h(u)e^{-\Gamma(u)} d\Gamma(u)$$

另一方面，明显有：

$$J := \mathbb{E}_{\mathbb{P}}\left(\int_{t \wedge \tau}^{s \wedge \tau} h(u)d\Gamma(u) \mid \mathcal{H}_t\right) = \mathbb{E}_{\mathbb{P}}\left(\tilde{h}(\tau)\mathbb{1}_{\{t < \tau \leqslant s\}} + \tilde{h}(s)\mathbb{1}_{\{\tau > s\}} \mid \mathcal{H}_t\right)$$

其中，$\tilde{h}(s) = \int_t^s h(u)d\Gamma(u)$。所以，再次利用式(4.8)可以得到：

$$J = \mathbb{1}_{\{\tau > t\}} e^{\Gamma(t)} \left(\int_t^s \tilde{h}(u)e^{-\Gamma(u)} d\Gamma(u) + e^{-\Gamma(s)}\tilde{h}(s)\right)$$

正如所期望的，利用富比尼定理可以导出

① 它也可以看成是关于(不连续的)半鞅的伊藤乘积法则的一种形式(可以参阅 Elliott(1982)或 Protter(1990))。需要提到的是，因为 $\hat{M}$ 是一个有限变量，所以它是一个不连续的纯鞅过程。

$$\int_t^s e^{-\Gamma(u)}\int_t^u h(v)\mathrm{d}\Gamma(v)\mathrm{d}\Gamma(u)+e^{-\Gamma(s)}\widetilde{h}(s)$$
$$=\int_t^s h(u)\int_u^s e^{-\Gamma(v)}\mathrm{d}\Gamma(v)\mathrm{d}\Gamma(u)+e^{-\Gamma(s)}\int_t^s h(u)\mathrm{d}\Gamma(u)$$
$$=\int_t^s h(u)e^{-\Gamma(u)}\mathrm{d}\Gamma(u)$$

观察到这一点就足以完成证明了。 □

评注: 显而易见,$\widehat{M}^h$ 有如下积分形式

$$\widehat{M}_t^h=\int_{[0,\ t]}h(u)\mathrm{d}\widehat{M}_u$$

这个等式说明利用命题 4.2.1 也可以直接导出 $\widehat{M}^h$ 的鞅特性。

推论 4.2.1 假设 τ 的风险函数 Γ 是连续,令 $h(h:\mathbb{R}_+\to\mathbb{R})$ 为一个波莱尔(Borel)可测函数,使得随机变量 $Y=e^{h(\tau)}$ 可积,定义如下过程

$$\widetilde{M}_t^h=\exp\left(\mathbb{1}_{\{\tau\leqslant t\}}h(\tau)\right)-\int_0^{t\wedge\tau}(e^{h(u)}-1)\mathrm{d}\Gamma(u)$$

则过程 $\widehat{M}^h$ 是一个$\mathbb{H}$—鞅。

证明: 注意到

$$\exp\left(\mathbb{1}_{\{\tau\leqslant t\}}h(\tau)\right)-1=\mathbb{1}_{\{\tau\leqslant t\}}e^{h(\tau)}+\mathbb{1}_{\{\tau>t\}}-1=\mathbb{1}_{\{\tau\leqslant t\}}e^{h(\tau)}-H_t$$

因此,

$$\widetilde{M}_t^h=\mathbb{1}_{\{\tau\leqslant t\}}e^{h(\tau)}-\int_0^{t\wedge\tau}e^{h(u)}\mathrm{d}\Gamma(u)-\widehat{M}_t$$

利用命题 4.2.2 就足以完成本推论的证明。 □

下述结论给出了与随机时间 τ 有关的$\mathbb{H}$—鞅过程的另一个例子。

推论 4.2.2 假设 τ 的风险函数 Γ 是连续,令 $h(h:\mathbb{R}_+\to\mathbb{R})$ 为一个波莱尔可测函数使得随机变量 $h(\tau)$ 可积,定义如下过程是一个$\mathbb{H}$—鞅:

$$\bar{M}_t^h=(1+\mathbb{1}_{\{\tau\leqslant t\}}h(\tau))\exp\left(-\int_0^{t\wedge\tau}h(u)\mathrm{d}\Gamma(u)\right)$$

证明: 用 U 表示下述递减的连续过程:

$$U_t=\exp\left(-\int_0^{t\wedge\tau}h(u)\mathrm{d}\Gamma(u)\right)$$

注意到

$$1+\mathbb{1}_{\{\tau\leqslant t\}}h(\tau)=1+\int_{[0,\,t]}h(u)\mathrm{d}H(u)=:H_t^h$$

运用乘积法则可以导出：

$$\mathrm{d}\bar{M}_t^h=\mathrm{d}(H_t^hU_t)=U_th(t)\mathrm{d}H_t-\big(1+\mathbb{1}_{\{\tau\leqslant t\}}h(\tau)\big)U_th(t)\mathrm{d}\Gamma(t\wedge\tau)$$

由此得出

$$\mathrm{d}\bar{M}_t^h=U_th(t)\mathrm{d}\big(H_t-\Gamma(t\wedge\tau)\big)=U_th(t)\mathrm{d}\hat{M}_t$$

上一等式明显说明 $\bar{M}^h$ 的确是服从$\mathbb{H}$—鞅过程的。 □

4.3　鞅表示定理

如下阐述的是我们熟知的鞅表示定理的基本形式(可以参阅 Brémaud(1981))。

命题 4.3.1　假设 F 是绝对连续函数。对某个波莱尔可测函数 $h(h:\mathbb{R}_+\to\mathbb{R})$,令 $M_t^h:=\mathbb{E}_{\mathbb{P}}(h(\tau)\mid\mathscr{H}_t)$,使得随机变量 $h(\tau)$可积,那么有：

$$M_t^h=M_0^h+\int_{[0,\,t]}\hat{h}(u)\mathrm{d}\hat{M}_u \tag{4.13}$$

其中,$\hat{M}_t=H_t-\int_0^{t\wedge\tau}\gamma_u\mathrm{d}u$,而函数 $\hat{h}(\hat{h}:\mathbb{R}_+\to\mathbb{R})$ 由下式给定：

$$\hat{h}(t)=h(t)-\mathrm{e}^{\Gamma(t)}\,\mathbb{E}_{\mathbb{P}}\big(\mathbb{1}_{\{\tau>t\}}h(\tau)\big) \tag{4.14}$$

证明:首先通过观察有 $M_0^h=\mathbb{E}_{\mathbb{P}}\big(h(\tau)\big)$。再回顾,随机变量 M_t^h 容许有如下表示(比照式(4.8))：

$$M_t^h=\mathbb{E}_{\mathbb{P}}\big(h(\tau)\mid\mathscr{H}_t\big)=\mathbb{1}_{\{\tau\leqslant t\}}h(\tau)+\mathbb{1}_{\{\tau>t\}}g(t) \tag{4.15}$$

其中,函数 $g(g:\mathbb{R}_+\to\mathbb{R})$ 等于

$$g(t):=\mathrm{e}^{\Gamma(t)}\,\mathbb{E}_{\mathbb{P}}\big(\mathbb{1}_{\{\tau>t\}}h(\tau)\big)=\mathrm{e}^{\Gamma(t)}\int_t^{\infty}h(u)f(u)\mathrm{d}u \tag{4.16}$$

如果表达式(4.13)关于某个函数 $\hat{h}$ 是成立的,那么在集合 $\{\tau>t\}$ 上有

$$M_t^h=\mathbb{E}_{\mathbb{P}}\big(h(\tau)\big)-\int_0^t\hat{h}(s)\gamma(s)\mathrm{d}s=\mathbb{E}_{\mathbb{P}}\big(h(\tau)\big)-\int_0^t\hat{h}(s)\mathrm{e}^{\Gamma(s)}f(s)\mathrm{d}s$$

另一方面,根据式(4.15),等式 $M_t^h=g(t)$ 在 $\{\tau>t\}$ 这个集合上成立。两边同时关

于 t 求微分,根据等式 $\gamma(t) = e^{\Gamma(t)} f(t)$,可以得到:

$$-e^{\Gamma(t)} f(t)\hat{h}(t) = g'(t) = e^{\Gamma(t)} f(t)\big(g(t) - h(t)\big)$$

因此,在集合 $\{t < \tau\}$ 上可以直接得到等式 $\hat{h}(t) = h(t) - g(t)$。由于过程 M^h 明显在这个集合上连续,从而在集合 $\{t < \tau\}$ 上也有:

$$\hat{h}(t) = h(t) - M_t^h = h(t) - M_{t-}^h$$

根据上一等式,很明显在事件 $\{\tau \leqslant t\}$ 上,正如所期望的,式(4.13)右边导出了 $h(\tau)$。 □

当风险函数 Γ 仅为连续时命题 4.3.1 仍然有效,下述结论将会说明这一点。

命题 4.3.2 假设 F 是一个连续函数。对某个波莱尔可测函数 $h(h:\mathbb{R}_+ \to \mathbb{R})$,令 $M_t^h := \mathbb{E}_{\mathbb{P}}(h(\tau) \mid \mathscr{H}_t)$,使得随机变量 $h(\tau)$ 可积,那么有:

$$M_t^h = M_0^h + \int_{[0,\,t]} \hat{h}(u)\,d\hat{M}_u \tag{4.17}$$

其中,$\hat{M}_t = H_t - \Gamma(t \wedge \tau)$,并且 $\hat{h}$ 满足式(4.14),即 $\hat{h} = h - g$,而 g 由式(4.16)给出。

证明:根据式(4.8),式(4.17)左边等于(也可参见式(4.15))

$$I = \mathbb{E}_{\mathbb{P}}\big(h(\tau) \mid \mathscr{H}_t\big) = H_t h(\tau) + (1 - H_t)g(t)$$

另一方面,式(4.17)右边可以重新表述如下:

$$\begin{aligned}
J &= g(0) + \int_{[0,\,t]} \hat{h}(u)\,d\hat{M}_u \\
&= g(0) + \int_{[0,\,t]} \big(h(u) - g(u)\big)\,d\big(H_u - \Gamma(u \wedge \tau)\big) \\
&= g(0) + H_t\big(h(\tau) - g(\tau)\big) + \int_0^{t\wedge\tau} \big(g(u) - h(u)\big)\,d\Gamma(u) \\
&= g(0) + H_t h(\tau) + (1 - H_t)g(t) - g(t \wedge \tau) + \int_0^{t\wedge\tau} \big(g(u) - h(u)\big)\,d\Gamma(u)
\end{aligned}$$

只要说明下式成立就足够验证 $I = J$:

$$g(t \wedge \tau) = g(0) + \int_0^{t\wedge\tau} \big(g(u) - h(u)\big)\,d\Gamma(u)$$

或者等价地,对任意的 $t \in \mathbb{R}_+$ 有

$$g(t) = g(0) + \int_0^{t} \big(g(u) - h(u)\big)\,d\Gamma(u)$$

换言之，我们需要证明如下等式成立：

$$e^{\Gamma(t)}\int_t^{\infty}h(u)\mathrm{d}F(u)=\int_0^{\infty}h(u)\mathrm{d}F(u)+\int_0^t e^{\Gamma(u)}\left(g(u)-h(u)\right)\mathrm{d}F(u)$$

应用富比尼定理，可以得到（回顾：$e^{\Gamma(u)}\mathrm{d}F(u)=\mathrm{d}\Gamma(u)$）：

$$\begin{aligned}\int_0^t e^{\Gamma(u)}g(u)\mathrm{d}F(u)&=\int_0^t e^{2\Gamma(u)}\int_u^{\infty}h(v)\mathrm{d}F(v)\mathrm{d}F(u)\\&=\int_0^t h(v)\int_0^v e^{\Gamma(u)}\mathrm{d}\Gamma(u)\mathrm{d}F(v)+\int_t^{\infty}h(v)\int_0^t e^{\Gamma(u)}\mathrm{d}\Gamma(u)\mathrm{d}F(v)\\&=\int_0^t h(u)(e^{\Gamma(u)}-1)\mathrm{d}F(u)+(e^{\Gamma(t)}-1)\int_t^{\infty}h(u)\mathrm{d}F(u)\end{aligned}$$

这就完成了证明。 □

注意，表达式(4.17)可以重新表述如下（参照式(5.32)）：

$$M_t^h=M_0^h+\int_{[0,\,t]}(h(u)-M_{u-}^h)\,\mathrm{d}\hat{M}_u \tag{4.18}$$

评注：因为任意 $\mathcal{H}_\infty$ 可测随机变量 X 具有形式 $X=h(\tau)$，所以可以从命题 4.3.2 推断出任何$\mathbb{H}$—鞅过程都容许有表达式(4.17)。因而对任何一个$\mathbb{H}$—鞅过程而言，如果它服从一个有限变差过程，那么它就是一个纯的不连续鞅过程。换言之，任何连续$\mathbb{H}$—鞅过程必然服从一个常量过程。

4.4 概率测度的变换

令$\mathbb{P}^*$为$(\Omega,\ \mathcal{H}_\infty)$上任意的概率测度，假设$\mathbb{P}^*$是关于$\mathbb{P}$绝对连续的，即对于使得$\mathbb{P}^*\{A\}=0$成立的任意事件 $A\in\mathcal{H}_\infty$ 都有 $\mathbb{P}\{A\}=0$。那么存在一个波莱尔可测函数 $h(h:\mathbb{R}_+\rightarrow\mathbb{R}_+)$，满足：

$$\mathbb{E}_{\mathbb{P}}(h(\tau))=\int_{[0,\,\infty]}h(u)\mathrm{d}F(u)=1$$

使得$\mathbb{P}^*$关于$\mathbb{P}$的 Randon-Nikodym 密度等于

$$\eta:=\frac{\mathrm{d}\,\mathbb{P}^*}{\mathrm{d}\,\mathbb{P}}=h(\tau)\geqslant 0,\ \mathbb{P}\text{-a. s.} \tag{4.19}$$

因而用$\mathbb{E}_{\mathbb{P}}$或$\mathbb{E}_{\mathbb{P}^*}$分别表示关于概率测度$\mathbb{P}$或$\mathbb{P}^*$的期望值。当且仅当式(4.19)中的不等式在概率空间上几乎必然严格成立时，即$\mathbb{P}$-a.s.，概率测度$\mathbb{P}^*$等价于$\mathbb{P}$。

进一步，假设对任意的$t\in\mathbb{R}_+$，有$\mathbb{P}^*\{\tau=0\}=0$和$\mathbb{P}^*\{\tau>t\}>0$。事实上，对关于$\mathbb{P}$绝对连续的任意概率测度$\mathbb{P}^*$而言，第一个条件是满足的。而第二个条件成立的充分必要假定是，对任意的$t\in\mathbb{R}_+$有：

$$\mathbb{P}^*\{\tau>t\}=1-F^*(t)=\int_{[t,\infty]}h(u)F(u)>0 \tag{4.20}$$

其中，F^*是函数τ在$\mathbb{P}^*$下的累积分布函数，即

$$F^*(t):=\mathbb{P}^*\{\tau\leqslant t\}=\int_{[0,t]}h(u)\mathrm{d}F(u)$$

条件(4.20)等价于下式(参照式(4.16))

$$g(t)=\mathrm{e}^{\Gamma(t)}\,\mathbb{E}_{\mathbb{P}}\big(\mathbb{1}_{\{\tau>t\}}h(\tau)\big)=\mathrm{e}^{\Gamma(t)}\int_{[t,\infty]}h(u)\mathrm{d}F(u)=\mathrm{e}^{\Gamma(t)}\,\mathbb{P}^*\{\tau>t\}>0$$

从现在起，假设这些条件是成立的，从而使得τ的风险函数Γ^*关于$\mathbb{P}^*$是定义良好的。

建立风险函数Γ^*和Γ之间的关系并不困难，因为根据风险函数的定义有$\Gamma^*(t)=-\ln(1-F^*(t))$，从而得到

$$\frac{\Gamma^*(t)}{\Gamma(t)}=\frac{\ln\Big(\int_{[t,\infty]}h(u)\mathrm{d}F(u)\Big)}{\ln\big(1-F(t)\big)}=:g^*(t)$$

下面来分析上述关系的一些特例。

首先，假设F是绝对连续函数，使得τ的强度函数γ在$\mathbb{P}$下具有良好定义。回忆，γ由下式给定：

$$\gamma(t)=f(t)\big(1-F(t)\big)^{-1},\ \forall t\in\mathbb{R}_+$$

在目前的假设下，测度$\mathbb{P}$下τ的累积分布函数F^*等于：

$$F^*(t):=\mathbb{P}^*\{\tau\leqslant t\}=\mathbb{E}_{\mathbb{P}}\big(\mathbb{1}_{\tau\leqslant t}h(\tau)\big)=\int_0^t h(u)f(u)\mathrm{d}u=\int_0^t f^*(u)\mathrm{d}u$$

其中，$f^*(u)=h(u)f(u)$，因而F^*是一个绝对连续的函数。于是，随机时间τ在$\mathbb{P}^*$下的强度函数γ^*是存在的，且由下式给定：

$$\gamma^*(t)=\frac{f^*(t)}{1-F^*(t)}=\frac{h(t)f(t)}{1-\int_0^t h(u)f(u)\mathrm{d}u}$$

为了推导出 γ 和 γ^* 之间更为明确的关系，令 $h^*(t) = h(t)g^{-1}(t)$，从而定义一个辅助函数 $h^*(h^*: \mathbb{R}_+ \to \mathbb{R})$，注意到

$$\gamma^*(t) = \frac{h(t)f(t)}{1-\int_0^t h(u)f(u)\mathrm{d}u} = \frac{h(t)f(t)}{\int_t^\infty h(u)f(u)\mathrm{d}u}$$

$$= \frac{h(t)f(t)}{\mathrm{e}^{-\Gamma(t)}g(t)} = \frac{h^*(t)f(t)}{1-F(t)} = h^*(t)\gamma(t)$$

这也意味着 $\mathrm{d}\Gamma^*(t) = h^*(t)\mathrm{d}\Gamma(t)$，很明显，如果 F 仅仅是一个连续函数，上述等式也成立。事实上，如果 F(因而 F^*)是连续的，可以得到：

$$\mathrm{d}\Gamma^*(t) = \frac{\mathrm{d}F^*(t)}{1-F^*(t)} = \frac{\mathrm{d}\left(1-\mathrm{e}^{-\Gamma(t)}g(t)\right)}{\mathrm{e}^{-\Gamma(t)}g(t)} = \frac{g(t)\mathrm{d}\Gamma(t) - \mathrm{d}g(t)}{g(t)} = h^*(t)\mathrm{d}\Gamma(t)$$

由此可建立如下的部分结论，出于简便起见，定义：$\kappa(t) = h^*(t) - 1 = h(t)g^{-1}(t) - 1$。

命题 4.4.1 令两个概率测度 $\mathbb{P}^*$ 和 $\mathbb{P}$ 彼此通过式(4.19)相联系。如果在 $\mathbb{P}$ 下 τ 的风险函数 Γ 是连续的，那么在 $\mathbb{P}^*$ 下 τ 的风险函数 Γ^* 也是连续的，且 $\mathrm{d}\Gamma^*(t) = (1+\kappa(t))\mathrm{d}\Gamma(t)$，其中 $\kappa(t) = h(t)g^{-1}(t) - 1$，而函数 h 和 g 则分别由式(4.19)和式(4.16)给定。

为了更深入地分析辅助函数 κ，引入下述非负 $\mathbb{P}$—鞅过程 η：

$$\eta_t := \frac{\mathrm{d}\mathbb{P}^*}{\mathrm{d}\mathbb{P}}\bigg|_{\mathscr{H}_t} = \mathbb{E}_{\mathbb{P}}(\eta \mid \mathscr{H}_t) = \mathbb{E}_{\mathbb{P}}\left(h(\tau) \mid \mathscr{H}_t\right) \tag{4.21}$$

明显有 $\eta_t = M_t^h$，称过程 η 为 $\mathbb{P}^*$ 关于 $\mathbb{P}$ 的 Randon-Nikodým 密度过程。根据式(4.7)有：

$$\eta_t = \mathbb{1}_{\{\tau \leqslant t\}}h(\tau) + \mathbb{1}_{\{\tau > t\}}\mathrm{e}^{\Gamma(t)}\int_{[t,\infty]} h(u)\mathrm{d}F(u) = \mathbb{1}_{\{\tau \leqslant t\}}h(\tau) + \mathbb{1}_{\{\tau > t\}}g(t)$$

如果 F 是连续函数，那么(参照式(4.8))，有

$$\eta_t = \mathbb{1}_{\{\tau \leqslant t\}}h(\tau) + \mathbb{1}_{\{\tau > t\}}\int_t^\infty h(u)\mathrm{e}^{\Gamma(t)-\Gamma(u)}\mathrm{d}\Gamma(u)$$

另一方面，利用式(4.17)和式(4.18)，可以得到

$$M_t^h = M_0^h + \int_{[0,t]} M_{u-}^h\left(h^*(u)-1\right)\mathrm{d}\hat{M}_u = M_0^h + \int_{[0,t]} M_{u-}^h\kappa(u)\mathrm{d}\hat{M}_u$$

这表明 η 是下述随机微分方程的解：

$$\eta_t = 1 + \int_{[0,t]} \eta_{u-}\kappa(u)\mathrm{d}\hat{M}_u \tag{4.22}$$

不难找到这个方程的一个显式解,即

$$\eta_t = (1 + \mathbb{1}_{\{\tau \leqslant t\}} \kappa(\tau)) \exp\Big(-\int_0^{t\wedge\tau} \kappa(u) \mathrm{d}\Gamma(u)\Big) \tag{4.23}$$

根据上一公式,从推论 4.2.2 也可以很容易地推导出过程 η 的鞅特性(在式(4.21)中明显可见 η 的鞅特性)。关于下述经典结论的证明留给读者自己去完成。

引理 4.4.1 令 Y 服从一个有限变差过程,考虑下述线性随机微分方程

$$Z_t = 1 + \int_{[0,\,t]} Z_{u-} \mathrm{d}Y_u \tag{4.24}$$

称方程(4.24)的唯一解 $Z_t = \varepsilon_t(Y)$ 为 Y 的 Doléans 指数,它等于:

$$\varepsilon_t(Y) = \mathrm{e}^{Y_t} \prod_{0<u\leqslant t} (1+\Delta Y_u)\mathrm{e}^{-\Delta Y_u} = \mathrm{e}^{Y_t^c} \prod_{0<u\leqslant t} (1+\Delta Y_u) \tag{4.25}$$

其中,Y^c 是 Y 的连续部分,即 $Y_t^c = Y_t - \sum\limits_{0<u\leqslant t} \Delta Y_u$。

因为过程 η 满足随机微分方程(4.22),所以明显可将它表述如下:

$$\eta_t = \varepsilon_t\Big(\int_{[0,\,\cdot]} \kappa(u) \mathrm{d}\hat{M}_u\Big)$$

当令 $\mathrm{d}Y_u = \kappa(u)\mathrm{d}\hat{M}_u$ 时,也可以从式(4.25)推出随机变量 η_t 的表达式(4.23)。需要强调的是,式(4.25)只是众所周知的 Doléans 指数一般公式的特例(参阅 Jacod(1979),Elliott(1982),Protter(1990)或者 Revuz 和 Yor(1999))。我们现在给出下述结论(命题 4.4.2 的所有陈述在上文中都已被证明)。

命题 4.4.2 假设 F 是一个连续函数。令$\mathbb{P}^*$是$(\Omega, \mathscr{H}_\infty)$上的任意概率测度,且关于$\mathbb{P}$绝对连续,从而使得式(4.19)对某个函数 h 成立。假设对任意的 $t \in \mathbb{R}_+$ 有$\mathbb{P}^*\{\tau > t\} > 0$。那么$\mathbb{P}^*$关于$\mathbb{P}$ 的 Randon-Nikodým 密度过程 η 满足

$$\eta_t := \frac{\mathrm{d}\,\mathbb{P}^*}{\mathrm{d}\,\mathbb{P}}\bigg|_{\mathscr{H}_t} = \varepsilon_t\Big(\int_{[0,\,\cdot]} \kappa(u) \mathrm{d}\hat{M}_u\Big)$$

其中,$\kappa(t) = h(t) g^{-1}(t) - 1$,以及

$$g(t) = \mathrm{e}^{\Gamma(t)} \int_t^\infty h(u) \mathrm{d}F(u)$$

此外,τ 在$\mathbb{P}^*$下的风险函数等于 $\Gamma^*(t) = g^*(t)\Gamma(t)$,其中

$$g^*(t) = \frac{\ln\Big(\int_{[t,\,\infty]} h(u) \mathrm{d}F(u)\Big)}{\ln(1 - F(t))}$$

推论 4.4.1 如果 F 是连续的，那么过程 $M_t^* = H_t - \Gamma^*(t \wedge \tau)$ 是 $\mathbb{P}^*$ 下的一个 $\mathbb{H}$—鞅。

证明：根据命题 4.4.2，并结合 Γ^* 的连续性及命题 4.2.1，立刻可以得出本推论。或者，也可以直接验证如下乘积形式服从 $\mathbb{P}$ 下的 $\mathbb{H}$—鞅过程：

$$U_t := \eta_t M_t^* = \eta_t \big(H_t - \Gamma^*(t \wedge \tau)\big)$$

由有限变差过程的乘积法则可以得到（明显有 $\Delta M_u^* = \Delta \hat{M}_u$）：

$$\begin{aligned} U_t &= \int_{[0,t]} \eta_{t-} \mathrm{d}M_t^* + \int_{[0,t]} M_{t-}^* \mathrm{d}\eta_t + \sum_{u \leqslant t} \Delta \hat{M}_u \Delta \eta_u \\ &= \int_{[0,t]} \eta_{t-} \mathrm{d}M_t^* + \int_{[0,t]} M_{t-}^* \mathrm{d}\eta_t + \mathbb{1}_{\{\tau \leqslant t\}} (\eta_\tau - \eta_{\tau-}) \end{aligned}$$

利用随机微分方程(4.22)，可得

$$\begin{aligned} U_t &= \int_{[0,t]} \eta_{t-} \mathrm{d}M_t^* + \int_{[0,t]} M_{t-}^* \mathrm{d}\eta_t + \mathbb{1}_{\{\tau \leqslant t\}} \eta_{\tau-} \kappa(\tau) \\ &= \int_{[0,t]} \eta_{t-} \mathrm{d}\big(\Gamma(t \wedge \tau) - \Gamma^*(t \wedge \tau) + \mathbb{1}_{\{\tau \leqslant t\}} \kappa(\tau)\big) + N_t \end{aligned}$$

其中，下述过程 N 服从 $\mathbb{P}$ 下的一个 $\mathbb{H}$—鞅过程：

$$N_t = \int_{[0,t]} \eta_{t-} \mathrm{d}\hat{M}_t + \int_{[0,t]} M_{t-}^* \mathrm{d}\eta_t$$

现在还需要说明下述过程也服从 $\mathbb{P}$ 下的一个 $\mathbb{H}$—鞅过程：

$$N_t^* := \Gamma(t \wedge \tau) - \Gamma^*(t \wedge \tau) + \mathbb{1}_{\{\tau \leqslant t\}} \kappa(\tau)$$

根据命题 4.4.2，下述过程是 $\mathbb{P}$ 下的 $\mathbb{H}$—鞅过程：

$$\mathbb{1}_{\{\tau \leqslant t\}} \kappa(\tau) + \Gamma(t \wedge \tau) - \int_0^{t \wedge \tau} (1 + \kappa(u)) \mathrm{d}\Gamma(u)$$

现在，利用由命题 4.4.1 中已经证明的等式 $\mathrm{d}\Gamma^*(t) = \big(1 + \kappa(t)\big) \mathrm{d}\Gamma(t)$ 可以导出

$$\int_0^{t \wedge \tau} (1 + \kappa(u)) \mathrm{d}\Gamma(u) - \Gamma^*(t \wedge \tau) = \int_0^{t \wedge \tau} \Big(\big(1 + \kappa(u)\big) \mathrm{d}\Gamma(u) - \mathrm{d}\Gamma^*(u)\Big) = 0$$

因此，只要观察到上式成立就足以完成本推论的证明了。 □

根据命题 4.2.1，如果风险函数 Γ^* 是连续的，那么过程 $M^* = H_t - \Gamma^*(t \wedge \tau)$ 服从 $\mathbb{P}$ 下的一个 $\mathbb{H}$—鞅。事实上，鞅特性是随机时间的连续风险函数的唯一特性。在下一节中，我们将会更为详细地验证这一重要问题。

4.5 风险函数的鞅特性

命题4.2.1很自然地提出一个问题,即过程 $H_t-\Gamma(t\wedge\tau)$ 关于滤子$\mathbb{H}$的鞅特性是否为随机时间 τ 的风险函数的唯一特性?我们的目的是要说明,如果风险函数 Γ 是连续函数,那么这个问题的答案是肯定的。注意,对于不连续的风险函数 Γ 而言,等式(4.12)有如下形式:

$$L_t=L_0+\int_{[0,\,t]}(1-H_u)\mathrm{d}e^{\Gamma(u)}-\int_{[0,\,t]}\mathrm{e}^{\Gamma(u-)}\mathrm{d}H_u$$

或者,等价地有

$$L_t=1+\int_{[0,\,t]}\mathrm{e}^{\Gamma(u-)}((1-H_u)\mathrm{d}\Gamma(u)-\mathrm{d}H_u)+\sum_{s\leqslant t,\,s<\tau}(\Delta e^{\Gamma(s)}-\mathrm{e}^{\Gamma(s-)}\Delta\Gamma(s))$$

其中,

$$\Delta e^{\Gamma(s)}=\mathrm{e}^{\Gamma(s)}-\mathrm{e}^{\Gamma(s-)},\quad \Delta\Gamma(s)=\Gamma(s)-\Gamma(s-)$$

上述公式清楚表明,如果风险函数 Γ 是不连续的,那么过程 $H_t-\Gamma(t\wedge\tau)$ 就不是一个$\mathbb{H}$—鞅。

让我们回忆一下,等式 $H_t=H_{t\wedge\tau}$ 成立,也就是说,在时刻 τ 处过程 H 停止。为了简化,引入随机时间的鞅风险函数的符号。

定义 4.5.1 当且仅当过程 $H_t-\Lambda(t\wedge\tau)$ 服从一个$\mathbb{H}$—鞅时,称函数 $\Lambda:\mathbb{R}_+\to\mathbb{R}$ 为随机时间 τ 关于其自然滤子$\mathbb{H}$的鞅风险函数(martingale hazard function)。

也可以将函数 Λ 看作一个$\mathbb{F}^0$—适应右连续的随机过程,其中$\mathbb{F}^0$是平凡(trivial)滤子,即对任意的 $t\in\mathbb{R}_+$,有 $\mathscr{F}_t^0=\mathscr{F}_0^0=\{\varnothing,\,\Omega\}$。不难发现,有时将鞅风险函数称为 τ 的($\mathbb{F}^0$,$\mathbb{H}$)—鞅风险过程更适合一些。在随后的第6章,大家就会清楚这个约定的合理原因了,我们还会引入并分析鞅风险函数关于滤子对($\mathbb{F}$,$\mathbb{G}$)更一般的概念。

命题 4.5.1 (1) τ 关于$\mathbb{H}$的唯一鞅风险函数是右连续递增函数 Λ,且 Λ 由下式给出:

$$\Lambda(t)=\int_{[0,\,t]}\frac{\mathrm{d}F(u)}{1-F(u-)}=\int_{[0,\,t]}\frac{\mathrm{d}\mathbb{P}\{\tau\leqslant u\}}{1-\mathbb{P}\{\tau<u\}},\ \forall t\in\mathbb{R}_+ \tag{4.26}$$

(2) 当且仅当 F 是一个连续函数时,鞅风险函数 Λ 与风险函数 Γ 等价。一般地,对任意的 $t\in\mathbb{R}_+$ 有

$$e^{-\Gamma(t)} = e^{-\Lambda^c(t)} \prod_{0<u\leqslant t} \left(1 - \Delta\Lambda(u)\right) \tag{4.27}$$

其中，$\Lambda^c(t) = \Lambda(t) - \sum_{0\leqslant u\leqslant t} \Delta\Lambda(u)$ 和 $\Delta\Lambda(u) = \Lambda(u) - \Lambda(u-)$。

(3) 当且仅当 τ 的累积分布函数 F 是连续时，鞅风险函数 Λ 是连续的。在这种情况下，对任意的 $t \in \mathbb{R}_+$，Λ 满足 $\Lambda(t) = -\ln(1-F(t)) = \Gamma(t)$。

证明：首先检验唯一性。Λ 的定义隐含 $\mathbb{E}_{\mathbb{P}}(H_t) = \mathbb{E}_{\mathbb{P}}(\Lambda(t \wedge \tau))$，更明确地有（回顾 $F(0)=0$），

$$F(t) = \int_{[0,\,t]} \Lambda(u)\,\mathrm{d}F(u) + \Lambda(t)\left(1-F(t)\right) \tag{4.28}$$

这使得 Λ 必然是右连续函数。此外，如果 Λ_1 和 Λ_2 是两个右连续函数，且都满足式(4.28)，那么对任意的 $t \in \mathbb{R}_+$，有

$$\int_{[0,\,t]} \left(\Lambda_1(u) - \Lambda_2(u)\right)\mathrm{d}F(u) + \left(\Lambda_1(t) - \Lambda_2(t)\right)\left(1-F(t)\right) = 0$$

利用上一等式，且通过较为标准的收缩原理(contraction argument)，可以说明鞅风险函数 Λ 是唯一的。

为了完成命题第(1)部分的证明，需要确立过程 $H_t - \Gamma(t \wedge \tau)$ 的鞅特性。此时只需验证对任意的 $t \leqslant s$ 有下式成立就可以了。

$$\mathbb{E}_{\mathbb{P}}(H_s - H_t \mid \mathscr{H}_t) = \mathbb{1}_{\{\tau>t\}} \frac{F(s)-F(t)}{1-F(t)} = \mathbb{E}_{\mathbb{P}}(Y \mid \mathscr{H}_t)$$

其中，第一个等式可以由式(4.6)推出。现在令

$$Y := \Lambda(s \wedge \tau) - \Lambda(t \wedge \tau) = \int_{[t\wedge\tau,\, s\wedge\tau]} \frac{\mathrm{d}F(u)}{1-F(u-)}$$

因为 $Y = \mathbb{1}_{\{\tau>t\}} Y$，利用式(4.2)可以得到

$$\mathbb{E}_{\mathbb{P}}(Y \mid \mathscr{H}_t) = \mathbb{E}_{\mathbb{P}}(\mathbb{1}_{\{\tau>t\}} Y \mid \mathscr{H}_t) = \mathbb{1}_{\{\tau>t\}} \frac{\mathbb{E}_{\mathbb{P}}(Y)}{1-F(t)}$$

进一步地有

$$\mathbb{E}_{\mathbb{P}}(Y) = \mathbb{P}\{\tau > s\} \int_{[t,\,s]} \frac{\mathrm{d}F(u)}{1-F(u-)} + \int_{[t,\,s]} \int_{[t,\,u]} \frac{\mathrm{d}F(v)}{1-F(v-)} \mathrm{d}F(u)$$

因此，

$$\mathbb{E}_{\mathbb{P}}(Y) = (\Lambda(s) - \Lambda(t))(1 - F(s)) + \int_{[t,\, s]} (\Lambda(u) - \Lambda(t))\,\mathrm{d}F(u)$$

$$= (\Lambda(s) - \Lambda(t))(1 - F(s)) - \Lambda(t)(F(s) - F(t)) + \int_{[t,\, s]} \Lambda(u)\mathrm{d}F(u)$$

由乘积法则可以得到:

$$\int_{[t,\, s]} \Lambda(u)\mathrm{d}F(u) = \Lambda(s)F(s) - \Lambda(t)F(t) - \int_{[t,\, s]} F(u-)\mathrm{d}\Lambda(u) \tag{4.29}$$

最后,由式(4.26)显然可得:

$$\int_{[t,\, s]} F(u-)\mathrm{d}\Lambda(u) = \Lambda(s) - \Lambda(t) - F(s) + F(t)$$

综合以上所有等式,可以发现对任意的 $t \leqslant s$ 有 $\mathbb{E}_{\mathbb{P}}(Y) = F(s) - F(t)$。这就完成了第(1)部分的证明。

为了证明命题第(2)部分,注意根据式(4.26),生存函数 $G(t) = 1 - F(t)$ 满足

$$G(t) = -\int_{[0,\, t]} G(u-)\mathrm{d}\Lambda(u)$$

所以(参照式(4.24)—(4.25))

$$\mathrm{e}^{-\Gamma(t)} = G(t) = \mathrm{e}^{-\Lambda^c(t)} \prod_{0<u\leqslant t} (1 - \Delta\Lambda(u))$$

这就完成了第(2)部分式(4.27)的证明。特别地,当 F 不连续时,鞅风险函数 Λ 和风险函数 Γ 彼此不等价。命题第(3)部分的所有结论可以直接由第(2)部分推出。 □

评注:假设累积分布函数 F 是绝对连续的,其概率密度函数为 f,那么必然有

$$\Lambda(t) = \Gamma(t) = \int_0^t f(u)(1 - F(u))^{-1}\mathrm{d}u$$

因而,鞅风险函数 Λ 也是绝对连续的。明确地说,对任意的 $u \in \mathbb{R}_+$ 有 $\Lambda(t) = \int_0^t \lambda(u)\mathrm{d}u$, 其中 $\lambda(u) = \gamma(u) = f(u)(1 - F(u))^{-1}$。

4.6 随机时间的补偿元(器)

根据鞅风险函数的特性,过程 $C_t := \Lambda(t \wedge \tau)$ 满足:(1)C 是一个递增的右连续 $\mathbb{H}$ —

适应过程;(2)补过程 H-C 服从一个$\mathbb{H}$—鞅。这说明鞅风险函数的概念和 τ 的$\mathbb{H}$—补偿元的概念有紧密关系,或者更精确地说,是与跳跃过程 H 有关的$\mathbb{H}$—补偿元的概念有紧密关系。

在此采用规范约定,规定如果 B 是一个具有非减右连续样本路径的适应过程,那么 B 是一个递增过程。当然,过程 H 是一个有界递增过程,因而也是一个有界$\mathbb{H}$—下鞅过程。

先来回顾有关一个递增过程补偿元的定义(也把一个递增过程的补偿元称为它的对偶可料映射(dual predictabl projection),可以参阅 Dellacherie(1972)或 Jacod(1979)有关这方面的论述)。当仅限于我们所讨论的情形时,可以将它陈述如下。

定义 4.6.1 当且仅当下述条件成立时称过程 A 为过程 H 的$\mathbb{H}$—补偿元:(1)A 是一个递增的$\mathbb{H}$—可料过程,且 $A_0=0$;(2)补过程 H-A 服从一个$\mathbb{H}$—鞅。

对于有界下鞅,"杜布—迈耶分解"(Doob-Meyer decomposition)的存在性和唯一性①意味着过程 H 容许唯一的$\mathbb{H}$—补偿元。现在需要证明下述结论。

引理 4.6.1 假设 τ 的累积分布函数 F 是连续的,那么对任意的 $t\in\mathbb{R}_+$,τ 的唯一$\mathbb{H}$—补偿元 A 等于

$$A_t=\Lambda(t\wedge\tau)=\Gamma(t\wedge\tau)=-\ln(1-F(t\wedge\tau))$$

证明:根据鞅风险函数的定义,命题 4.5.1 中的第二部分以及引理 4.6.1,只需要验证过程 $A_t=\Lambda(t\wedge\tau)(t\in\mathbb{R}_+)$ 是$\mathbb{H}$—可料的就可以了。而过程 A 的可料性是很明显的,因为映射 $t\to t\wedge\tau$ 定义了一个连续的$\mathbb{H}$—适应过程,使得该过程也是一个$\mathbb{H}$—可料过程,根据 Λ 的连续性,可以断定 A 是一个$\mathbb{H}$—可料过程。 □

① 参见 Karatzas 和 Shreve(1997)的第 1.4 节定理 4.10。

5 随机时间的风险过程

当允许有一个更大的信息流存在时——正式地用某个基准滤子$\mathbb{F}$来表述，就要将前一章引入的概念扩展成更为一般的结构。

5.1 风险过程 Γ

用τ表示概率空间$(\Omega, \mathscr{G}, \mathbb{P})$上的一个非负随机变量，对任意的$t \in \mathbb{R}_+$，有$\mathbb{P}\{\tau = 0\} = 0$和$\mathbb{P}\{\tau > t\} > 0$成立。令$H_t = \mathbb{1}_{\{\tau \leqslant t\}}$从而引入一个右连续过程$H$。用$\mathbb{H}$表示相伴的滤子：$\mathscr{H}_t = \sigma(H_u : u \leqslant t)$。令$\mathbb{G} = (\mathscr{G}_t)_{t \geqslant 0}$是概率空间$(\Omega, \mathscr{G}, \mathbb{P})$上任意一个滤子。假设所有的滤子都满足右连续和完备性的"常用条件"。对每个$t \in \mathbb{R}_+$，在时刻t可利用的信息都可由σ—域$\mathscr{G}_t$来捕捉。我们将集中探讨基于下述假设下的相关情形。

条件(G.1) 假设给定了一个辅助滤子$\mathbb{F}$，从而使得$\mathbb{G} = \mathbb{H} \vee \mathbb{F}$，即对任意的$t \in \mathbb{R}_+$，有$\mathscr{G}_t = \mathscr{H}_t \vee \mathscr{F}_t$。

为了简化，假设σ—域$\mathscr{F}_0$是平凡的(这就使得$\mathscr{G}_0$也是一个平凡的σ—域)。对于给定的滤子$\mathbb{H} \subseteq \mathbb{G}$，等式$\mathscr{G}_t = \mathscr{H}_t \vee \mathscr{F}_t$并没有唯一地设定辅助滤子$\mathbb{F}$。例如，当$\mathscr{G}_t = \mathscr{H}_t$，我们既可以取$\mathbb{F} = \mathbb{F}^0$，也可以取$\mathbb{F} = \mathbb{H}$(或者事实上还有任何$\mathbb{H}$的其他子滤子)。在多数应用中，$\mathbb{F}$自然以一个确定随机过程所生成滤子的形式出现。

条件(G.1a) 对任意的$t \in \mathbb{R}_+$，事件$\{\tau \leqslant t\}$属于σ—域$\mathscr{F}_t$(因而τ是一个$\mathbb{F}$—停时)。

在条件(G.1a)下，有$\mathbb{G} = \mathbb{F}$，因而τ也是$\mathbb{G}$—停时。在一些模型中，只对随机时间τ

的部分观测值做出了设定，这种情况与下述条件相对应。

条件(G.1b) 对某些时间点 $t \in \mathbb{R}_+$，事件$\{\tau \leqslant t\}$ 不属于 σ—域 $\mathcal{G}_t$。

用 $\hat{\mathbb{H}} \subset \mathbb{H}$ 表示与 τ 的部分观测值相伴的滤子，那么放大的滤子$\mathbb{G}$ 等于 $\mathbb{G}=\hat{\mathbb{H}} \vee \mathbb{F}$。

在条件(G.1)下，过程 H 明显是$\mathbb{G}$—适应的，但它不一定是$\mathbb{F}$—适应的。换句话说，随机时间 τ 是$\mathbb{G}$—停时，但它却不是$\mathbb{F}$—停时。在条件(G.1b)下，过程 H 不是$\mathbb{G}$—适应的，即随机时间 τ 不是$\mathbb{G}$—停时。但在这两种情况下，下面的条件都成立。

条件(G.2) 对任意的 $t \in \mathbb{R}_+$，有 $\mathcal{F}_t \subseteq \mathcal{G}_t \subseteq \mathcal{H}_t \vee \mathcal{F}_t$。

引理 5.1.1 假设滤子$\mathbb{G}$ 满足 $\mathbb{G} \subseteq \mathbb{H} \vee \mathbb{F}$，也即，对任意的 $t \in \mathbb{R}_+$，有 $\mathcal{G}_t \subseteq \mathcal{H}_t \vee \mathcal{F}_t$，那么 $\mathbb{G} \subseteq \mathbb{G}^*$，其中 $\mathbb{G}^*=(\mathcal{G}_t^*)_{t \geqslant 0}$，且 $\mathcal{G}_t^*:=\{A \in \mathcal{G}: \exists B \in \mathcal{F}_t, A \cap \{\tau>t\}=B \cap \{\tau>t\}\}$。

证明：很明显，类 $\mathcal{G}_t^*$ 为 $\mathcal{G}$ 的一个子 σ—域。所以，只要验证对每个 $t \in \mathbb{R}_+$，有 $\mathcal{H}_t \subseteq \mathcal{G}_t^*$ 和 $\mathcal{F}_t \subseteq \mathcal{G}_t^*$ 成立就足够了。也就是说，我们只需要验证，如果对于某个 $u \leqslant t$，有 $A=\{\tau \leqslant u\}$ 或者 $A \in \mathcal{F}_t$，则存在事件 $B \in \mathcal{F}_t$ 使得 $A \cap \{\tau>t\}=B \cap \{\tau>t\}$。在前一种情况中，取 $B=\emptyset$，而在后一种情况中取 $B=A$ 即可得到结论。 □

评注：对引理 5.1.1 证明中所使用的一些论证进行适当的修改后，可以发现在条件(G.2)下，对于任意 $\mathcal{G}_t$—可测随机变量 Y，存在一个 $\mathcal{F}_t$—可测随机变量 $\hat{Y}$，使得在集合 $\{\tau>t\}$ 上有 $Y=\tilde{Y}$。在条件(G.1)下，这个明显的特性也可直接从引理 5.1.2 的第二部分推出。

对任意的 $t \in \mathbb{R}_+$，记 $F_t=\mathbb{P}\{\tau \leqslant t \mid \mathcal{F}_t\}$。用 G 表示 τ 关于滤子$\mathbb{F}$ 的$\mathbb{F}$—生存过程，并由下式给定：

$$G_t:=1-F_t=\mathbb{P}\{\tau>t \mid \mathcal{F}_t\},\ \forall t \in \mathbb{R}_+$$

注意到，对任意的 $0 \leqslant t \leqslant s$，有 $\{\tau \leqslant t\} \subseteq \{\tau \leqslant s\}$，所以

$$\mathbb{E}_{\mathbb{P}}(F_s \mid \mathcal{F}_t)=\mathbb{E}_{\mathbb{P}}(\mathbb{P}\{\tau \leqslant s \mid \mathcal{F}_s\} \mid \mathcal{F}_t)=\mathbb{P}\{\tau \leqslant s \mid \mathcal{F}_t\} \geqslant \mathbb{P}\{\tau \leqslant t \mid \mathcal{F}_t\}=F_t$$

这表明在$\mathbb{P}$ 下，过程 F 和 G 分别服从一个有界非负的$\mathbb{F}$—下鞅过程和$\mathbb{F}$—上鞅过程。因此，我们能够处理具有有限左极限的 F 和 G 附加右连续的修改。下述定义是直接对定义 4.1.1 的一般化。

定义 5.1.1 假设对 $t \in \mathbb{R}_+$ 有 $F_t<1$，τ 在$\mathbb{P}$ 下的$\mathbb{F}$-风险过程用Γ 表示，且通过公式 $1-F_t=\mathrm{e}^{-\Gamma_t}$ 来定义。等价地，对任意的 $t \in \mathbb{R}_+$有 $\Gamma_t=-\ln G_t=-\ln(1-F_t)$。

因为 $G_0=1$，所以明显有 $\Gamma_0=0$。为了简便，在不产生混淆的前提下将 Γ 简称为$\mathbb{F}$—风险过程，而不是$\mathbb{P}$ 下的$\mathbb{F}$—风险过程。

在这一章中，假设对每个 $t \in \mathbb{R}_+$ 不等式 $F_t<1$ 都成立，使得$\mathbb{F}$—风险过程 Γ 具有良好定义。需要强调的是，这一章不讨论 τ 是$\mathbb{F}$—停时的情况（即$\mathbb{F}=\mathbb{G}$的情况），这种情况将放到第 6.4.2 节进行分析。

5.1.1 条件期望

首先集中讨论条件期望 $\mathbb{E}_{\mathbb{P}}(\mathbb{1}_{\{\tau>t\}}Y \mid \mathcal{G}_t)$，其中 Y 是 $\mathbb{P}$—可积随机变量。我们从下述结论开始探讨，该结论直接对应于引理 4.1.1。除非有明确的说明，否则假设条件(G.2)有效，因而滤子 $\mathbb{G}$ 是 $\mathbb{G}^*$ 的子滤子。

引理 5.1.2 (1) 假设条件(G.2)成立，那么对任意的 $\mathcal{G}$—可测随机变量 Y 及任意的 $t \in \mathbb{R}_+$，有

$$\mathbb{E}_{\mathbb{P}}(\mathbb{1}_{\{\tau>t\}}Y \mid \mathcal{G}_t) = \mathbb{P}\{\tau > t \mid \mathcal{G}_t\} \frac{\mathbb{E}_{\mathbb{P}}(\mathbb{1}_{\{\tau>t\}}Y \mid \mathcal{F}_t)}{\mathbb{P}\{\tau > t \mid \mathcal{F}_t\}} \tag{5.1}$$

(2) 进一步地，如果 $\mathcal{H}_t \subseteq \mathcal{G}_t$ (使得条件(G.1)成立)，那么

$$\mathbb{E}_{\mathbb{P}}(\mathbb{1}_{\{\tau>t\}}Y \mid \mathcal{G}_t) = \mathbb{1}_{\{\tau>t\}}\mathbb{E}_{\mathbb{P}}(Y \mid \mathcal{G}_t) = \mathbb{1}_{\{\tau>t\}} \frac{\mathbb{E}_{\mathbb{P}}(\mathbb{1}_{\{\tau>t\}}Y \mid \mathcal{F}_t)}{\mathbb{P}\{\tau > t \mid \mathcal{F}_t\}} \tag{5.2}$$

特别地，对任意的 $t \leqslant s$ 有

$$\mathbb{P}\{t < \tau \leqslant s \mid \mathcal{G}_t\} = \mathbb{1} \frac{\mathbb{P}\{t < \tau \leqslant s \mid \mathcal{F}_t\}}{\mathbb{P}\{\tau > s \mid \mathcal{F}_t\}} \tag{5.3}$$

证明:因为由引理 5.1.2 的第(1)部分可以直接推出引理 5.1.2 的第(2)部分，所以只要证明引理(1)就可以了。取 $C = \{\tau > t\}$。为了证明第一个结论，需要验证(回顾，$\mathcal{F}_t \subseteq \mathcal{G}_t$)

$$\mathbb{E}_{\mathbb{P}}\big(\mathbb{1}_C Y \,\mathbb{P}(C \mid \mathcal{F}_t) \mid \mathcal{G}_t\big) = \mathbb{E}_{\mathbb{P}}\big(\mathbb{1}_C \mathbb{E}_{\mathbb{P}}(\mathbb{1}_C Y \mid \mathcal{F}_t) \mid \mathcal{G}_t\big)$$

也就是说，需要证明对任意的 $A \in \mathcal{G}_t$ 有

$$\int_A \mathbb{1}_C Y \,\mathbb{P}(C \mid \mathcal{F}_t)\,\mathrm{d}\,\mathbb{P} = \int_A \mathbb{1}_C \mathbb{E}_{\mathbb{P}}(\mathbb{1}_C Y \mid \mathcal{F}_t)\,\mathrm{d}\,\mathbb{P}$$

根据引理 5.1.1，对任意的 $A \in \mathcal{G}_t$ 和某个 $B \in \mathcal{F}_t$，有 $A \cap C = B \cap C$，所以

$$\begin{aligned}
\int_A \mathbb{1}_C Y \,\mathbb{P}(C \mid \mathcal{F}_t)\,\mathrm{d}\,\mathbb{P} &= \int_{A\cap C} Y \,\mathbb{P}(C \mid \mathcal{F}_t)\,\mathrm{d}\,\mathbb{P} = \int_{B\cap C} Y \,\mathbb{P}(C \mid \mathcal{F}_t)\,\mathrm{d}\,\mathbb{P} \\
&= \int_B \mathbb{1}_C Y \,\mathbb{P}(C \mid \mathcal{F}_t)\,\mathrm{d}\,\mathbb{P} = \int_B \mathbb{E}_{\mathbb{P}}(\mathbb{1}_C Y \mid \mathcal{F}_t)\,\mathbb{P}(C \mid \mathcal{F}_t)\,\mathrm{d}\,\mathbb{P} \\
&= \int_B \mathbb{E}_{\mathbb{P}}(\mathbb{1}_C \mathbb{E}_{\mathbb{P}}(\mathbb{1}_C Y \mid \mathcal{F}_t) \mid \mathcal{F}_t)\,\mathrm{d}\,\mathbb{P} = \int_{B\cap C} \mathbb{E}_{\mathbb{P}}(\mathbb{1}_C Y \mid \mathcal{F}_t)\,\mathrm{d}\,\mathbb{P} \\
&= \int_{A\cap C} \mathbb{E}_{\mathbb{P}}(\mathbb{1}_C Y \mid \mathcal{F}_t)\,\mathrm{d}\,\mathbb{P} = \int_A \mathbb{1}_C \mathbb{E}_{\mathbb{P}}(\mathbb{1}_C Y \mid \mathcal{F}_t)\,\mathrm{d}\,\mathbb{P}
\end{aligned}$$

这就完成了证明。 □

假设条件(G.1)成立，根据引理5.1.2第(2)部分，对 $\mathcal{G}_t$—可测随机变量 Y，存在一个 $\mathcal{F}_t$—可测随机变量 $\widetilde{Y}$ 使得 $\mathbb{1}_{\{\tau>t\}}Y=\mathbb{1}_{\{\tau>t\}}\widetilde{Y}$，如前所述(参见引理5.1.1后的评注)，这个性质也可以直接由逼近的方法推导而出。如果考虑到这一点，式(5.2)的推导实质上就变得简单了。事实上，假定我们知道(下述第一个等式明显成立)

$$\mathbb{1}_{\{\tau>t\}}\mathbb{E}_{\mathbb{P}}(Y \mid \mathcal{G}_t)=\mathbb{E}_{\mathbb{P}}(\mathbb{1}_{\{\tau>t\}}Y \mid \mathcal{G}_t)=\mathbb{1}_{\{\tau>t\}}\zeta \tag{5.4}$$

其中，ζ 是某个可积 $\mathcal{F}_t$—可测随机变量，且在集合 $\{\tau>t\}$ 上使得 $\zeta=\mathbb{E}_{\mathbb{P}}(Y \mid \mathcal{G}_t)$。对式(5.4)第二个等式的两边关于 $\mathcal{F}_t$ 求条件期望，可得

$$\mathbb{E}_{\mathbb{P}}(\mathbb{E}_{\mathbb{P}}(\mathbb{1}_{\{\tau>t\}}Y \mid \mathcal{G}_t) \mid \mathcal{F}_t)=\mathbb{E}_{\mathbb{P}}(\mathbb{1}_{\{\tau>t\}}Y \mid \mathcal{F}_t)=\zeta\mathbb{P}\{\tau>t \mid \mathcal{F}_t\}$$

这立即就可以导出式(5.2)。但是，利用这一点似乎不能推导出式(5.1)。因为(回忆，$\mathbb{P}\{\tau>t \mid \mathcal{F}_t\}>0$)

$$\widetilde{Y}=\frac{\mathbb{E}_{\mathbb{P}}(\mathbb{1}_{\{\tau>t\}}Y \mid \mathcal{F}_t)}{\mathbb{P}\{\tau>t \mid \mathcal{F}_t\}} \tag{5.5}$$

正如所期望的，当 Y 是 $\mathcal{F}_t$—可测随机变量时，我们有 $\widetilde{Y}=Y$。

在阐述下一个引理之前，先通过设定 $\hat{Y}=\mathbb{E}_{\mathbb{P}}(Y \mid \mathcal{F}_{\tau-})$ 而引入另一个辅助随机变量 $\hat{Y}$，其中 $\mathcal{F}_{\tau-}$ 表示严格发生在随机时间 τ 之前的所有事件产生的 σ—域(需要强调的是 τ 不一定是一个 $\mathbb{F}$—停时)。因为 $\mathcal{F}_0$ 是平凡的，所以根据定义有(参阅Dellacherie(1972))

$$\mathcal{F}_{\tau-}=\sigma(B \cap \{\tau>t\}: B \in \mathcal{F}_t,\ t \in \mathbb{R}_+) \tag{5.6}$$

特别地，包含关系 $\sigma(\tau) \subseteq \mathcal{F}_{\tau-}$ 始终成立。而当 $\mathbb{F}=\mathbb{F}^0$ 是平凡滤子时有 $\sigma(\tau)=\mathcal{F}_{\tau-}$。不难验证 $\mathcal{G}_{\tau-}=\mathcal{F}_{\tau-}$。所以，对任意可积的 $\mathcal{G}$—可测随机变量 Y，等式 $\mathbb{E}_{\mathbb{P}}(Y \mid \mathcal{F}_{\tau-})=\mathbb{E}_{\mathbb{P}}(Y \mid \mathcal{G}_{\tau-})$ 成立。

引理 5.1.3 令 Y 是可积的 $\mathcal{G}$—可测随机变量及 $\hat{Y}=\mathbb{E}_{\mathbb{P}}(Y \mid \mathcal{F}_{\tau-})$，则对任意的 $0 \leqslant t \leqslant s$ 有

$$\mathbb{E}_{\mathbb{P}}(\mathbb{1}_{\{\tau>t\}}Y \mid \mathcal{G}_t)=\mathbb{E}_{\mathbb{P}}(\mathbb{1}_{\{\tau>t\}}\hat{Y} \mid \mathcal{G}_t) \tag{5.7}$$

$$\mathbb{E}_{\mathbb{P}}(\mathbb{1}_{\{t<\tau\leqslant s\}}Y \mid \mathcal{G}_t)=\mathbb{E}_{\mathbb{P}}(\mathbb{1}_{\{t<\tau\leqslant s\}}\hat{Y} \mid \mathcal{G}_t) \tag{5.8}$$

证明：考虑一个任意事件 $A \in \mathcal{G}_t$，根据引理5.1.1，我们可以也确实假设 $A \cap B=B \cap C$，其中 $C=\{\tau>t\}$。因为 $B \cap C$ 明显在 $\mathcal{F}_{\tau-}$ 内，所以有

$$\begin{aligned}\int_A \mathbb{1}_C Y \mathrm{d}\mathbb{P} &= \int_{A\cap C} Y \mathrm{d}\mathbb{P}=\int_{B\cap C} Y \mathrm{d}\mathbb{P}=\int_{B\cap C} \mathbb{E}_{\mathbb{P}}(Y \mid \mathcal{F}_{\tau-})\mathrm{d}\mathbb{P}\\ &=\int_{A\cap C} \mathbb{E}_{\mathbb{P}}(Y \mid \mathcal{F}_{\tau-})\mathrm{d}\mathbb{P}=\int_A \mathbb{1}_C \mathbb{E}_{\mathbb{P}}(Y \mid \mathcal{F}_{\tau-})\mathrm{d}\mathbb{P}=\int_A \mathbb{1}_C \hat{Y}\mathrm{d}\mathbb{P}\end{aligned}$$

这就导出了式(5.7)。至于式(5.8),注意事件 $\{\tau > s\}$ 也在 $\mathcal{F}_{\tau-}$ 内即可得证。 □

很明显式(5.1)—式(5.3)可以重新表述如下:

$$\mathbb{E}_{\mathbb{P}}(\mathbb{1}_{\{\tau>t\}}Y \mid \mathcal{G}_t) = \mathbb{P}\{\tau > t \mid \mathcal{G}_t\}\,\mathbb{E}_{\mathbb{P}}(\mathbb{1}_{\{\tau>t\}}e^{\Gamma_t}Y \mid \mathcal{F}_t)$$

$$\mathbb{E}_{\mathbb{P}}(\mathbb{1}_{\{\tau>t\}}Y \mid \mathcal{G}_t) = \mathbb{1}_{\{\tau>t\}}\mathbb{E}_{\mathbb{P}}(\mathbb{1}_{\{\tau>t\}}e^{\Gamma_t}Y \mid \mathcal{F}_t) \tag{5.9}$$

$$\mathbb{P}\{t < \tau \leqslant s \mid \mathcal{G}_t\} = \mathbb{1}_{\{\tau>t\}}\mathbb{E}_{\mathbb{P}}(1 - e^{\Gamma_t - \Gamma_s} \mid \mathcal{F}_t)$$

下述推论对这些表达式做出了简单而有用的改进。

推论 5.1.1 令 Y 是 $\mathcal{G}$—可测随机变量以及 $t \leqslant s$。

(1) 假设满足条件(G.2),那么有

$$\mathbb{E}_{\mathbb{P}}(\mathbb{1}_{\{\tau>t\}}Y \mid \mathcal{G}_t) = \mathbb{P}\{\tau > t \mid \mathcal{G}_t\}\,\mathbb{E}_{\mathbb{P}}(\mathbb{1}_{\{\tau>s\}}e^{\Gamma_t}Y \mid \mathcal{F}_t) \tag{5.10}$$

(2) 如果满足条件(G.1),那么有

$$\mathbb{E}_{\mathbb{P}}(\mathbb{1}_{\{\tau>s\}}Y \mid \mathcal{G}_t) = \mathbb{1}_{\{\tau>t\}}\mathbb{E}_{\mathbb{P}}(\mathbb{1}_{\{\tau>s\}}e^{\Gamma_t}Y \mid \mathcal{F}_t) \tag{5.11}$$

$$\mathbb{E}_{\mathbb{P}}(\mathbb{1}_{\{t<\tau\leqslant s\}}Y \mid \mathcal{G}_t) = \mathbb{1}_{\{\tau>t\}}\mathbb{E}_{\mathbb{P}}(\mathbb{1}_{\{t<\tau\leqslant s\}}e^{\Gamma_t}Y \mid \mathcal{F}_t) \tag{5.12}$$

如果 Y 是 $\mathcal{F}_s$—可测的,那么有

$$\mathbb{E}_{\mathbb{P}}(\mathbb{1}_{\{\tau>s\}}Y \mid \mathcal{G}_t) = \mathbb{1}_{\{\tau>t\}}\mathbb{E}_{\mathbb{P}}(e^{\Gamma_t - \Gamma_s}Y \mid \mathcal{F}_t) \tag{5.13}$$

$$\mathbb{E}_{\mathbb{P}}(\mathbb{1}_{\{t<\tau\leqslant s\}}Y \mid \mathcal{G}_t) = \mathbb{1}_{\{\tau>t\}}\mathbb{E}_{\mathbb{P}}\big((\mathbb{1}_{\{\tau>t\}} - e^{-\Gamma_s})e^{\Gamma_t}Y \mid \mathcal{F}_t\big)$$

证明:根据式(5.1),为了说明式(5.10)成立,只要观察到 $\mathbb{1}_{\{\tau>t\}}\mathbb{1}_{\{\tau>s\}} = \mathbb{1}_{\{\tau>s\}}$ 成立就可以了。由式(5.10)立即可以推导出等式(5.11)和式(5.12)。至于式(5.13),注意根据式(5.11),可以得到

$$\begin{aligned}
\mathbb{E}_{\mathbb{P}}(\mathbb{1}_{\{\tau>s\}}Y \mid \mathcal{G}_t) &= \mathbb{1}_{\{\tau>t\}}\mathbb{E}_{\mathbb{P}}(\mathbb{1}_{\{\tau>s\}}e^{\Gamma_t}Y \mid \mathcal{F}_t) \\
&= \mathbb{1}_{\{\tau>t\}}\mathbb{E}_{\mathbb{P}}(\mathbb{P}\{t > s \mid \mathcal{F}_s\}e^{\Gamma_t}Y \mid \mathcal{F}_t) \\
&= \mathbb{1}_{\{\tau>t\}}\mathbb{E}_{\mathbb{P}}((1 - F_s)e^{\Gamma_t}Y \mid \mathcal{F}_t) \\
&= \mathbb{1}_{\{\tau>t\}}\mathbb{E}_{\mathbb{P}}(e^{\Gamma_t - \Gamma_s}Y \mid \mathcal{F}_t)
\end{aligned}$$

只要将式(5.9)与式(5.13)结合起来就可以推出最后一个公式。 □

值得注意的是,如果可以在式(5.13)右边用 $\mathcal{F}_s$—可测随机变量 $\widetilde{Y}$ 代替 Y(为此有 $\mathbb{1}_{\{\tau>t\}}Y = \mathbb{1}_{\{\tau>t\}}\widetilde{Y}$),那么即使随机变量 Y 只是 $\mathcal{G}$—可测而不是 $\mathcal{F}_s$—可测,等式(5.13)仍然成立。更明确地,需要用下述表达式给定的 $\widetilde{Y}$ 来取代 Y(参照式(5.5)):

$$\widetilde{Y} = \frac{\mathbb{E}_{\mathbb{P}}(\mathbb{1}_{\{\tau > s\}} Y \mid \mathscr{F}_s)}{\mathbb{P}\{\tau > s \mid \mathscr{F}_s\}}$$

下述辅助结果的证明基本上和引理 5.1.2 第(1)部分的证明是一样的。

引理 5.1.4 对任意的 $\mathscr{G}$—可测随机变量 Y 以及 $\mathscr{G}$ 的任意子 σ—域 $\mathscr{F}$，有

$$\mathbb{E}_{\mathbb{P}}(\mathbb{1}_{\{\tau > t\}} Y \mid \mathscr{H}_t \vee \mathscr{F}) = \mathbb{1}_{\{\tau > t\}} \frac{\mathbb{E}_{\mathbb{P}}(\mathbb{1}_{\{\tau > t\}} Y \mid \mathscr{F})}{\mathbb{P}\{\tau > t \mid \mathscr{F}\}} \tag{5.14}$$

对任意的 $t \leqslant s$，有

$$\mathbb{P}\{\tau > s \mid \mathscr{H}_t \vee \mathscr{F}\} = \mathbb{1}_{\{\tau > t\}} \frac{\mathbb{P}\{\tau > s \mid \mathscr{F}\}}{\mathbb{P}\{\tau > t \mid \mathscr{F}\}} \tag{5.15}$$

下一个目标是检验条件期望 $\mathbb{E}_{\mathbb{P}}(\mathbb{1}_{\{\tau \leqslant t\}} Y \mid \mathscr{G}_t)$。由于在条件(G.2)下对该条件期望进行估值比较困难，因而我们将引入另一个条件。

条件(G.3) 对任意的 $t \in \mathbb{R}_+$ 和任意事件 $A \in \mathscr{H}_\infty \vee \mathscr{F}_t$，有 $A \cap \{\tau \leqslant t\} \in \mathscr{G}_t$。

在条件(G.3)下，对每一 $t \in \mathbb{R}_+$ 有 $\mathscr{H}_t \subseteq \mathscr{G}_t$。容易看到条件(G.1)足以保证条件(G.3)成立，但是条件(G.2)满足并不意味着条件(G.3)满足。最后，条件(G.2)和条件(G.3)一起可以推出条件(G.1)。

引理 5.1.5 假设条件(G.3)成立，则对任意的 $\mathscr{G}_t$—可测随机变量 Y，有下式成立：

$$\mathbb{E}_{\mathbb{P}}(\mathbb{1}_{\{\tau \leqslant t\}} Y \mid \mathscr{G}_t) = \mathbb{1}_{\{\tau \leqslant t\}} \mathbb{E}_{\mathbb{P}}(Y \mid \mathscr{G}_t) = \mathbb{1}_{\{\tau \leqslant t\}} \mathbb{E}_{\mathbb{P}}(Y \mid \mathscr{H}_\infty \vee \mathscr{F}_t) \tag{5.16}$$

证明： 记 $D = \{\tau \leqslant t\}$。对任意的 $A \in \mathscr{H}_\infty \vee \mathscr{F}_t$ 有(注意 $D \in \mathscr{G}_t$)

$$\begin{aligned}\int_A \mathbb{E}_{\mathbb{P}}(\mathbb{1}_D Y \mid \mathscr{H}_\infty \vee \mathscr{F}_t) \mathrm{d}\mathbb{P} &= \int_A \mathbb{1}_D Y \mathrm{d}\mathbb{P} = \int_{A \cap D} Y \mathrm{d}\mathbb{P} \\ &= \int_{A \cap D} \mathbb{E}_{\mathbb{P}}(Y \mid \mathscr{G}_t) \mathrm{d}\mathbb{P} = \int_A \mathbb{1}_D \mathbb{E}_{\mathbb{P}}(Y \mid \mathscr{G}_t) \mathrm{d}\mathbb{P}\end{aligned}$$

随机变量 $\mathbb{1}_D \mathbb{E}_{\mathbb{P}}(Y \mid \mathscr{G}_t)$ 明显是 $\mathscr{H}_t \vee \mathscr{G}_t$—可测的，使得它也是 $\mathscr{H}_\infty \vee \mathscr{F}_t$—可测的，所以可推得式(5.16)成立。 □

除非明确说明，否则从现在起假设条件(G.1)成立，即考虑 $\mathbb{G} = \mathbb{H} \vee \mathbb{F}$ 的情况。将式(5.16)和式(5.2)结合起来可以得到如下著名结论，这个结论可以由式(4.2)直接推出。

推论 5.1.2 对任意的 $\mathscr{G}$—可测随机变量 Y 有下式成立

$$\mathbb{E}_{\mathbb{P}}(Y \mid \mathscr{G}_t) = \mathbb{1}_{\{\tau \leqslant t\}} \mathbb{E}_{\mathbb{P}}(Y \mid \mathscr{H}_\infty \vee \mathscr{F}_t) + \mathbb{1}_{\{\tau > t\}} \mathbb{E}_{\mathbb{P}}(\mathbb{1}_{\{\tau > t\}} \mathrm{e}^{\Gamma_t} Y \mid \mathscr{F}_t)$$

对任意的 $\mathscr{G}_t$—可测随机变量 Y 容许有如下表示

$$Y = \mathbb{1}_{\{\tau \leqslant t\}} \mathbb{E}_{\mathbb{P}}(Y \mid \mathcal{H}_\infty \vee \mathcal{F}_t) + \mathbb{1}_{\{\tau > t\}} \mathbb{E}_{\mathbb{P}}(\mathbb{1}_{\{\tau > t\}} e^{\Gamma_t} Y \mid \mathcal{F}_t)$$

命题 5.1.1 (1) 令 $h(h:\mathbb{R}_+ \to \mathbb{R})$ 是有界连续函数,那么对任意的 $t < s \leqslant \infty$ 有下式成立

$$\mathbb{E}_{\mathbb{P}}(\mathbb{1}_{\{t < \tau \leqslant s\}} h(\tau) \mid \mathcal{G}_t) = \mathbb{1}_{\{\tau > t\}} e^{\Gamma_t}\, \mathbb{E}_{\mathbb{P}}\left(\int_{[t,\, s]} h(u) \mathrm{d}F_u \mid \mathcal{F}_t\right) \tag{5.17}$$

(2) 令 Z 是有界的$\mathbb{F}$—可料过程,那么对任意的 $t < s \leqslant \infty$ 有下式成立

$$\mathbb{E}_{\mathbb{P}}(\mathbb{1}_{\{t < \tau \leqslant s\}} Z_\tau \mid \mathcal{G}_t) = \mathbb{1}_{\{\tau > t\}} e^{\Gamma_t}\, \mathbb{E}_{\mathbb{P}}\left(\int_{[t,\, s]} Z_u \mathrm{d}F_u \mid \mathcal{F}_t\right) \tag{5.18}$$

证明:根据式(5.12),为了得到式(5.17),只要验证下式成立就可以了。

$$\mathbb{E}_{\mathbb{P}}(\mathbb{1}_{\{t < \tau \leqslant s\}} h(\tau) \mid \mathcal{F}_t) = \mathbb{E}_{\mathbb{P}}\left(\int_{[t,\, s]} h(u) \mathrm{d}F_u \mid \mathcal{F}_t\right)$$

首先考虑分段常量函数 $h(u) = \sum_{i=0}^{n} h_i \mathbb{1}_{\{t_i < u \leqslant t_{i+1}\}}$,其中不失一般性,取 $t_0 = t < \cdots < t_{n+1} = s$。那么

$$\begin{aligned}
\mathbb{E}_{\mathbb{P}}(\mathbb{1}_{\{t < \tau \leqslant s\}} h(\tau) \mid \mathcal{F}_t) &= \sum_{i=0}^{n} \mathbb{E}_{\mathbb{P}}\left(\mathbb{E}_{\mathbb{P}}(h_i \mathbb{1}_{[t_i,\, t_{i+1}]}(\tau) \mid \mathcal{F}_{t_{i+1}}) \mid \mathcal{F}_t\right) \\
&= \mathbb{E}_{\mathbb{P}}\left(\sum_{i=0}^{n} h_i (F_{t_{i+1}} - F_{t_i}) \mid \mathcal{F}_t\right) \\
&= \mathbb{E}_{\mathbb{P}}\left(\sum_{i=0}^{n} \int_{[t_i,\, t_{i+1}]} h(u) \mathrm{d}F_u \mid \mathcal{F}_t\right) \\
&= \mathbb{E}_{\mathbb{P}}\left(\int_{[t,\, s]} h(u) \mathrm{d}F_u \mid \mathcal{F}_t\right)
\end{aligned}$$

为了证明命题 5.1.1 的第(1)部分,只要用一个合适的分段常量函数序列来逼近一个任意连续函数 h 就可以了。

利用类似的想法可以证明式(5.18),先假设 Z 是一个分段$\mathbb{F}$—可料过程,也就是说,对于 $t < u \leqslant s$ 有 $Z_u = \sum_{i=0}^{n} Z_{t_i} \mathbb{1}_{\{t_i < u \leqslant t_{i+1}\}}$,其中 $t_0 = t < \cdots < t_{n+1} = s$,且对于 $i = 0, 1, \cdots, n$, Z_{t_i} 是 $\mathcal{F}_{t_i}$—可测随机变量。则有

$$\begin{aligned}
\mathbb{E}_{\mathbb{P}}(\mathbb{1}_{\{t < \tau \leqslant s\}} Z_\tau \mid \mathcal{F}_t) &= \mathbb{E}_{\mathbb{P}}\left(\sum_{i=0}^{n} \mathbb{E}_{\mathbb{P}}(\mathbb{1}_{\{t_i < \tau \leqslant t_{i+1}\}} Z_{t_i} \mid \mathcal{F}_{t_{i+1}}) \mid \mathcal{F}_t\right) \\
&= \mathbb{E}_{\mathbb{P}}\left(\sum_{i=0}^{n} \mathbb{1}_{\{t_i < \tau \leqslant t_{i+1}\}} Z_{t_i} \mid \mathcal{F}_t\right) = \mathbb{E}_{\mathbb{P}}\left(\sum_{i=0}^{n} Z_{ti} (F_{t_{i+1}} + F_{ti}) \mid \mathcal{F}_t\right)
\end{aligned}$$

由此,对任意分段、有界的$\mathbb{F}$—可料过程 Z,有

$$\mathbb{E}_{\mathbb{P}}(\mathbb{1}_{\{t<\tau\leqslant s\}}Z_\tau \mid \mathscr{F}_t)=\mathbb{E}_{\mathbb{P}}\Big(\int_{[t,\,s]} Z_u\mathrm{d}F_u \mid \mathscr{F}_t\Big) \tag{5.19}$$

第二步,用一个合适的有界、分段的$\mathbb{F}$—可料过程序列来逼近 Z。在条件期望意义下求得的和收敛于伊藤积分(或者当 F 是有限变差时收敛于 Lebesque-Stieltjes 积分)。Z 和 F 的有界是保证条件期望序列收敛的充分条件。 □

要证明式(5.17)成立,只要假设函数 h 是分段连续的就可以了,而且函数 h 或者过程 Z 的有界不是式(5.17)或者式(5.18)成立的必要条件。施加这个较为严格的条件主要是为了简化方便。另一方面,Z 的$\mathbb{F}$—可料性一般不能被命题 5.1.1 中 Z 的$\mathbb{G}$—可料性这个更弱的条件所取代。

推论 5.1.3 在命题 5.1.1 的假设下,如果 τ 的风险函数 Γ 是连续的,那么有

$$\mathbb{E}_{\mathbb{P}}\big(\mathbb{1}_{\{t<\tau\leqslant s\}}h(\tau) \mid \mathscr{G}_t\big)=\mathbb{1}_{\{\tau>t\}}\mathbb{E}_{\mathbb{P}}\Big(\int_t^s h(u)\mathrm{e}^{\Gamma_t-\Gamma_u}\mathrm{d}\Gamma_u \mid \mathscr{F}_t\Big) \tag{5.20}$$

$$\mathbb{E}_{\mathbb{P}}(\mathbb{1}_{\{t<\tau\leqslant s\}}Z_\tau \mid \mathscr{G}_t)=\mathbb{1}_{\{\tau>t\}}\mathbb{E}_{\mathbb{P}}\Big(\int_t^s Z_u\mathrm{e}^{\Gamma_t-\Gamma_u}\mathrm{d}\Gamma_u \mid \mathscr{F}_t\Big) \tag{5.21}$$

证明:在目前假设下,$\mathrm{d}F_u=\mathrm{e}^{-\Gamma_u}\mathrm{d}\Gamma_u$,因而由式(5.17)和式(5.18)立即可以分别推导出等式(5.20)和式(5.21)。 □

$\mathscr{G}$—可测随机变量的情形。当我们回到 $\mathscr{G}$—可测(有界)随机变量的一般情况时,实践中很重要的一个问题自然出现了:当 Z_τ 被一个 $\mathscr{G}$—可测随机变量取代时,有可能推导出类似式(5.20)的表达式吗? 这个问题的答案是肯定的。为了说明这一点,做如下分析。第一,将条件期望 $\hat{Y}=\mathbb{E}_{\mathbb{P}}(Y \mid \mathscr{F}_{\tau-})=\mathbb{E}_{\mathbb{P}}(Y \mid \mathscr{G}_{\tau-})$ 与 Y 联系起来,其中,严格发生在 τ 以前的所有事件的 σ—域 $\mathscr{G}_{\tau-}=\mathscr{F}_{\tau-}$ 正式地由式(5.6)定义。由此可知存在一个$\mathbb{F}$—可料过程 $\hat{Z}$ 使得 $\hat{Z}_\tau=\hat{Y}$(参阅 Dellacherie 和 Meyer(1978a)第 126 页)。因此,下述等式链成立(参照式(5.8))。

$$\begin{aligned}\mathbb{E}_{\mathbb{P}}(\mathbb{1}_{\{t<\tau\leqslant s\}}Y \mid \mathscr{G}_t)&=\mathbb{E}_{\mathbb{P}}(\mathbb{1}_{\{t<\tau\leqslant s\}}\hat{Y} \mid \mathscr{G}_t)\\&=\mathbb{E}_{\mathbb{P}}(\mathbb{1}_{\{t<\tau\leqslant s\}}\hat{Z}_\tau \mid \mathscr{G}_t)\\&=\mathbb{1}_{\{\tau>t\}}\mathrm{e}^{\Gamma_t}\,\mathbb{E}_{\mathbb{P}}\Big(\int_{[t,\,s]}\hat{Z}_u\mathrm{d}F_u \mid \mathscr{F}_t\Big)\\&=\mathbb{1}_{\{\tau>t\}}\mathbb{E}_{\mathbb{P}}\Big(\int_t^s\hat{Z}_u\mathrm{e}^{\Gamma_t-\Gamma_u}\mathrm{d}\Gamma_u \mid \mathscr{F}_t\Big)\end{aligned} \tag{5.22}$$

其中,如果风险函数 Γ 是连续的,那么最后一个等式成立。值得注意的是,此处既没

提出也不需要过程 $\hat{Z}$ 是唯一的。当存在多个满足等式 $\hat{Z}_\tau = \hat{Y}$ 的有界$\mathbb{F}$—可料过程 $\hat{Z}$ 时,对于所感兴趣的条件期望,会产生同样的结论。

下述结论显然有助于估计承诺在违约时间之前支付红利的可违约证券的价值。

命题 5.1.2 假设 A 是一个有界$\mathbb{F}$—可料的有限变差过程,那么对每个 $t \leqslant s$ 有下式成立

$$\mathbb{E}_{\mathbb{P}}\Big(\int_{[t,\,s]}(1-H_u)\mathrm{d}A_u \mid \mathcal{G}_t\Big) = \mathbb{1}_{\{\tau>t\}}\mathrm{e}^{\Gamma_t}\,\mathbb{E}_{\mathbb{P}}\Big(\int_{[t,\,s]}(1-F_u)\mathrm{d}A_u \mid \mathcal{F}_t\Big)$$

或者,等价地有下式成立

$$\mathbb{E}_{\mathbb{P}}\Big(\int_{[t,\,s]}(1-H_u)\mathrm{d}A_u \mid \mathcal{G}_t\Big) = \mathbb{1}_{\{\tau>t\}}\mathbb{E}_{\mathbb{P}}\Big(\int_{[t,\,s]}\mathrm{e}^{\Gamma_t-\Gamma_u}\mathrm{d}A_u \mid \mathcal{F}_t\Big)$$

证明:对于一个固定的,但可取任意值的 $t \leqslant s$,引入一个辅助过程 $\widetilde{A}$,对于 $u \in [t,\,s]$,令 $\widetilde{A}_u = A_u - A_t$。很明显,$\widetilde{A}$ 是一个有界$\mathbb{F}$—可料的有限变差过程,将同样的记号运用于左极限过程 $\widetilde{A}_{t-}$,由此推出

$$\begin{aligned}
J_t := {} & \mathbb{E}_{\mathbb{P}}\Big(\int_{[t,\,s]}(1-H_u)\mathrm{d}A_u \mid \mathcal{G}_t\Big) \\
= {} & \mathbb{E}_{\mathbb{P}}\Big(\int_{[t,\,s]}\mathbb{1}_{\{\tau>u\}}\mathrm{d}\widetilde{A}_u \mid \mathcal{G}_t\Big) \\
= {} & \mathbb{E}_{\mathbb{P}}(\widetilde{A}_{\tau-}\mathbb{1}_{\{t<\tau\leqslant s\}} + \widetilde{A}_s\mathbb{1}_{\{\tau>s\}}\mathcal{G}_t) \\
= {} & \mathbb{1}_{\{\tau>t\}}\mathrm{e}^{\Gamma_t}\,\mathbb{E}_{\mathbb{P}}\Big(\int_{[t,\,s]}\widetilde{A}_{u-}\mathrm{d}F_u + \widetilde{A}_s(1-F_s) \mid \mathcal{F}_t\Big)
\end{aligned}$$

其中,根据式(5.13)和式(5.18)可以得到最后一个等式。由于等式 $G_t = 1 - F_t$ 显然成立,所以得到

$$\mathbb{E}_{\mathbb{P}}\Big(\int_{[t,\,s]}\widetilde{A}_{u-}\mathrm{d}F_u + \widetilde{A}_s(1-F_s) \mid \mathcal{F}_t\Big) = \mathbb{E}_{\mathbb{P}}\Big(-\int_{[t,\,s]}\widetilde{A}_{u-}\mathrm{d}G_u + \widetilde{A}_sG_s \mid \mathcal{F}_t\Big)$$

因为 $\widetilde{A}$ 服从一个有限变差过程(使得它的连续鞅部分消失了),在上面等式中可以利用如下形式的伊藤乘积法则:

$$\widetilde{A}_sG_s = \widetilde{A}_tG_t + \int_{[t,\,s]}\widetilde{A}_{u-}\mathrm{d}G_u + \int_{[t,\,s]}G_u\mathrm{d}\widetilde{A}_u$$

由于 $\widetilde{A}_t = 0$,所以

$$\mathbb{E}_{\mathbb{P}}\Big(\int_{[t,\,s]}\widetilde{A}_{u-}\mathrm{d}F_u + \widetilde{A}_s(1-F_s) \mid \mathcal{F}_t\Big) = \mathbb{E}_{\mathbb{P}}\Big(\int_{[t,\,s]}(1-F_u)\mathrm{d}A_u \mid \mathcal{F}_t\Big)$$

这就证明了命题中的第一个公式。第二个等式只是对第一个公式的简单变换。 □

5.1.2 停止过程的半鞅表示

在下一个辅助引理中，假设一个$\mathbb{F}$—可料过程 m 服从$\mathbb{F}$—鞅。我们感兴趣的是停止过程 $\tilde{m}_t := m_{t\wedge\tau}(t \in \mathbb{R}_+)$ 关于放大滤子$\mathbb{G}$的半鞅分解。偶尔会用到通用的标准符号 m^τ 来表示在 τ 时停止的过程 m；明确地，对所有的 $t \in \mathbb{R}_+$，令 $m_t^\tau = m_{t\wedge\tau}$。

引理 5.1.6 假设过程 m 服从关于滤子$\mathbb{F}$的一个可料鞅，那么下述结论成立。

(1) 如果 F 是一个递增过程，那么停止过程 $\tilde{m}_t = m_{t\wedge\tau}$ 为一个$\mathbb{G}$—鞅。

(2) 如果 F 是一个连续半鞅，那么由下面定义的过程 $\hat{m}$ 为一个$\mathbb{G}$—鞅。

$$\hat{m}_t = \tilde{m}_t + \int_0^{t\wedge\tau} (1 - F_u)^{-1} \mathrm{d}\langle m, F\rangle_u \tag{5.23}$$

(3) 如果 m 是一个连续过程，那么由式(5.23)给出的过程 $\hat{m}$ 服从一个$\mathbb{G}$—鞅。

证明：为了证明第一个结论，固定 $s > 0$ 且定义一个$\mathbb{F}$—适应过程 $\bar{m}$，即对任意的 $t \in \mathbb{R}_+$，令 $\bar{m}_t = m_{t\wedge s}$。很明显，对任意的 $t \leqslant s$ 有 $\mathbb{E}_{\mathbb{P}}(\tilde{m}_s \mid \mathcal{G}_t) = \mathbb{E}_{\mathbb{P}}(\bar{m}_\tau \mid \mathcal{G}_t)$。此外

$$\begin{aligned}\mathbb{E}_{\mathbb{P}}(\bar{m}_\tau \mid \mathcal{G}_t) &= \mathbb{1}_{\{\tau\leqslant t\}} \bar{m}_\tau + \mathbb{1}_{\{\tau>t\}} \mathrm{e}^{\Gamma_t}\, \mathbb{E}_{\mathbb{P}}\Big(\int_{[t,\infty]} \bar{m}_u \mathrm{d}F_u \mid \mathcal{F}_t\Big) \\ &= \mathbb{1}_{\{\tau\leqslant t\}} m_{\tau\wedge s} + \mathbb{1}_{\{\tau>t\}} \mathrm{e}^{\Gamma_t}\, \mathbb{E}_{\mathbb{P}}\Big(\int_{[t,\infty]} m_{u\wedge s} \mathrm{d}F_u \mid \mathcal{F}_t\Big) \\ &= \mathbb{1}_{\{\tau\leqslant t\}} m_\tau + \mathbb{1}_{\{\tau>t\}} \mathrm{e}^{\Gamma_t} J_t\end{aligned}$$

其中，

$$J_t = \mathbb{E}_{\mathbb{P}}\Big(\int_{[t,\infty]} m_{u\wedge s} \mathrm{d}F_u \mid \mathcal{F}_t\Big) = -\mathbb{E}_{\mathbb{P}}\Big(\int_{[t,s]} m_u \mathrm{d}G_u + \int_{[s,\infty]} m_s \mathrm{d}G_u \mid \mathcal{F}_t\Big)$$

按惯例，记 $G_t := \mathrm{e}^{-\Gamma_t} = 1 - F_t$。因为 G 是有界的、$\mathbb{F}$—适应的递减过程，利用伊藤乘积法则以及 m 的$\mathbb{F}$—鞅特性，可得

$$G_s m_s = G_t m_t + \int_{[t,s]} m_u \mathrm{d}G_u + \int_{[t,s]} G_{u-} \mathrm{d}m_u$$

$$J_t = \mathbb{E}_{\mathbb{P}}\Big(G_t m_t - G_s m_s + \int_{[t,s]} G_{u-} \mathrm{d}m_u - m_s(G_\infty - G_s) \mid \mathcal{F}_t\Big) = G_t m_t = \mathrm{e}^{-\Gamma_t} m_t$$

其中，也用到等式 $G_\infty = \mathrm{e}^{-\Gamma_\infty} = 0$。由此得到

$$\mathbb{E}_{\mathbb{P}}(\tilde{m}_s \mid \mathcal{G}_t) = \mathbb{1}_{\{\tau\leqslant t\}} m_\tau + \mathbb{1}_{\{\tau>t\}} m_t = m_t^\tau = \tilde{m}_t$$

这正是我们期望的结论。这就完成了引理 5.1.6 第(1)部分的证明。

至于第(2)部分，如前表述：$G_t:=e^{-\Gamma_t}=1-F_t$。注意到G现在服从一个有界连续的$\mathbb{F}$—上鞅。对于一个固定的$s>0$，引入一个辅助过程$\bar{m}$：

$$\bar{m}_t:=m_{t\wedge s}+\int_0^{t\wedge s}G_u^{-1}\mathrm{d}\langle m, F\rangle_u=m_{t\wedge s}+m_{t\wedge s}^*$$

其中，m_t^*定义为$m_t^*=\int_0^t G_u^{-1}\mathrm{d}\langle m, F\rangle_u$。显然，对任意的$t\leqslant s$，有$\mathbb{E}_{\mathbb{P}}(\hat{m}_s \mid \mathcal{G}_t)=\mathbb{E}_{\mathbb{P}}(\bar{m}_\tau \mid \mathcal{G}_t)$。于是，只要验证$\mathbb{E}_{\mathbb{P}}(\bar{m}_\tau \mid \mathcal{G}_t)=\hat{m}_t$就可以了。为此，注意到

$$\mathbb{E}_{\mathbb{P}}(\bar{m}_\tau \mid \mathcal{G}_t)=\mathbb{1}_{\{\tau\leqslant t\}}\hat{m}_\tau+e^{\Gamma_t}\mathbb{1}_{\{\tau>t\}}(J_t^1+J_t^2)$$

其中，

$$J_t^1:=\mathbb{E}_{\mathbb{P}}\left(\int_t^\infty m_{u\wedge s}\mathrm{d}F_u \mid \mathcal{F}_t\right)=-\mathbb{E}_{\mathbb{P}}\left(\int_t^s m_u\mathrm{d}G_u+\int_s^\infty m_s\mathrm{d}G_u \mid \mathcal{F}_t\right)$$

$$J_t^2:=\mathbb{E}_{\mathbb{P}}\left(\int_t^\infty m_{u\wedge s}^*\mathrm{d}F_u \mid \mathcal{F}_t\right)=-\mathbb{E}_{\mathbb{P}}\left(\int_t^s m_u^*\mathrm{d}G_u+\int_s^\infty m_s^*\mathrm{d}G_u \mid \mathcal{F}_t\right)$$

对于J_t^1，利用伊藤公式且考虑G的连续性和m的鞅特性，可以得到(回顾，$G_\infty=1-F_\infty=0$)

$$\begin{aligned}
J_t^1&=\mathbb{E}_{\mathbb{P}}\left(-\int_t^s m_{u-}\mathrm{d}G_u-m_s(G_\infty-G_s) \mid \mathcal{F}_t\right)\\
&=\mathbb{E}_{\mathbb{P}}\left(G_tm_t-G_sm_s+\int_{[t,\,s]}G_u\mathrm{d}m_u+\int_t^s\mathrm{d}\langle G, m\rangle_u-m_s(G_\infty-G_s) \mid \mathcal{F}_t\right)\\
&=G_tm_t+\mathbb{E}_{\mathbb{P}}(\langle m, G\rangle_s \mid \mathcal{F}_t)-\langle m, G\rangle_t\\
&=e^{-\Gamma_t}m_t+\langle m, F\rangle_t-\mathbb{E}_{\mathbb{P}}(\langle m, F\rangle_s \mid \mathcal{F}_t)
\end{aligned}$$

另一方面，因为m^*是一个连续的有限变差过程，再次应用伊藤公式可得

$$\begin{aligned}
J_t^2&=\mathbb{E}_{\mathbb{P}}\left(-\int_t^s m_{u-}^*\mathrm{d}G_u-m_s^*(G_\infty-G_s) \mid \mathcal{F}_t\right)\\
&=\mathbb{E}_{\mathbb{P}}\left(G_tm_t^*-G_sm_s^*+\int_t^s G_u\mathrm{d}m_u^*-m_s^*(G_\infty-G_s) \mid \mathcal{F}_t\right)\\
&=e^{-\Gamma_t}m_t^*-\langle m, F\rangle_t+\mathbb{E}_{\mathbb{P}}(\langle m, F\rangle_s \mid \mathcal{F}_t)
\end{aligned}$$

其中，最后一个等式可以直接由m^*的定义推出。经过简化可以得到，对于任意$t\leqslant s$有

$$\mathbb{E}_{\mathbb{P}}(\bar{m}_\tau \mid \mathcal{G}_t)=\mathbb{1}_{\{\tau\leqslant t\}}\hat{m}_\tau+\mathbb{1}_{\{\tau>t\}}(m_t+m_t^*)=\hat{m}_t$$

这就完成了引理5.1.6第(2)部分的证明。至于第(3)部分可做类似证明。虽然不再假

设有界的下鞅 F 服从一个连续过程，但是根据 m 的连续性，有 $[m, F] = \langle m, F \rangle$。 □

5.1.3 与风险过程 Γ 相关的鞅

在这一节中，假设条件(G.1)成立。下述结论是推论 4.1.2 和引理 4.1.2 的一般化。需要强调的是，引理 5.1.7 中不包括 $\mathbb{F} = \mathbb{G}$ 的情况。

引理 5.1.7 定义过程 L 为

$$L_t := \mathbb{1}_{\{\tau > t\}} e^{\Gamma_t} = (1 - H_t) e^{\Gamma_t} = \frac{1 - H_t}{1 - F_t} \tag{5.24}$$

则过程 L 服从一个 $\mathbb{G}$ —鞅。进一步地，对任意有界的 $\mathbb{F}$ —鞅 m，乘积 Lm 是 $\mathbb{G}$ —鞅。如果 m 也服从一个 $\mathbb{G}$ —鞅，那么二次协变差 $[L, m]$ 也服从一个 $\mathbb{G}$ —鞅，且等于

$$[L, m]_t := L_t m_t - L_0 m_0 - \int_{[0, t]} L_{s-} \mathrm{d}m_s - \int_{[0, t]} m_{s-} \mathrm{d}L_s \tag{5.25}$$

证明：对任意的 $t \leqslant s$，验证下式成立就可以了。

$$\mathbb{E}_{\mathbb{P}}(\mathbb{1}_{\{\tau > s\}} e^{\Gamma_s} \mid \mathscr{G}_t) = \mathbb{1}_{\{\tau > t\}} e^{\Gamma_t}$$

根据式(5.11)，上式可以重新表述如下

$$\mathbb{1}_{\{\tau > t\}} e^{\Gamma_t} \mathbb{E}_{\mathbb{P}}(\mathbb{1}_{\{\tau > s\}} e^{\Gamma_s} \mid \mathscr{F}_t) = \mathbb{1}_{\{\tau > t\}} e^{\Gamma_t}$$

观察到下式成立就足以完成引理中第一个结论的证明：

$$\mathbb{E}_{\mathbb{P}}(\mathbb{1}_{\{\tau > s\}} e^{\Gamma_s} \mid \mathscr{F}_t) = \mathbb{E}_{\mathbb{P}}\big(e^{\Gamma_s} \mathbb{E}_{\mathbb{P}}(\mathbb{1}_{\{\tau > s\}} \mathscr{F}_s) \mid \mathscr{F}_t\big) = 1$$

至于引理的第二个结论，注意到，根据式(5.2)，对 $t \leqslant s$ 有

$$\begin{aligned} \mathbb{E}_{\mathbb{P}}(L_s m_s \mid \mathscr{G}_t) &= \mathbb{E}_{\mathbb{P}}(\mathbb{1}_{\{\tau > t\}} L_s m_s \mid \mathscr{G}_t) = \mathbb{1}_{\{\tau > t\}} e^{\Gamma_t} \mathbb{E}_{\mathbb{P}}(\mathbb{1}_{\{\tau > s\}} e^{\Gamma_s} m_s \mid \mathscr{F}_t) \\ &= \mathbb{1}_{\{\tau > t\}} e^{\Gamma_t} \mathbb{E}_{\mathbb{P}}\big(m_s e^{\Gamma_s} \mathbb{E}_{\mathbb{P}}(\mathbb{1}_{\{\tau > s\}} \mid \mathscr{F}_s) \mid \mathscr{F}_t\big) = (1 - H_t) e^{\Gamma_t} m_t = L_t m_t \end{aligned}$$

于是，Lm 服从一个 $\mathbb{G}$ —鞅。引理的最后一个结论显而易见。 □

我们知道，如果平方可积的 $\mathbb{G}$ —鞅 L 和 m 是相互正交的(即乘积 Lm 服从一个 $\mathbb{G}$ —鞅)，那么可料协变差 $\langle L, m \rangle$ 为零，因而二次协变差 $[L, m]$ 服从一个 $\mathbb{G}$ —鞅过程(参阅 Jacod(1979))。

在引理 5.1.7 的假设下，如果 Γ 是一个递增过程(使得 L 是一个有限变差过程)，那么有 $[L, m]_t = \sum_{u \leqslant t} \Delta L_u \Delta m_u$。在这种情况下，式(5.25)可以重新表示为：

$$L_t m_t = L_0 m_0 + \int_{[0,\,t]} L_{s-} \mathrm{d}m_s + \int_{[0,\,t]} m_s \mathrm{d}L_s \tag{5.26}$$

在下面的讨论中,我们将要处理连续的情况。更准确地讲,假设 Γ 是一个连续递增过程。下述命题直接对应命题 4.2.1 和命题 4.2.2。

命题 5.1.3 假设 τ 的 $\mathbb{F}$—风险过程 Γ 服从一个连续递增过程,那么下述结论成立。

(1) 过程 $\hat{M}_t = H_t - \Gamma_{t\wedge\tau}$ 服从一个 $\mathbb{G}$—鞅,即有

$$\hat{M}_t = -\int_{[0,\,t]} \mathrm{e}^{-\Gamma_u} \mathrm{d}L_u \tag{5.27}$$

进一步地有,$L_t = \varepsilon_t(-\hat{M})$,也就是说,$L$ 是下述线性积分方程的解。

$$L_t = 1 - \int_{[0,\,t]} L_{u-} \mathrm{d}\hat{M}_u \tag{5.28}$$

(2) 如果有界的 $\mathbb{F}$—鞅 m 也是一个 $\mathbb{G}$—鞅[①],那么乘积 $\hat{M}m$ 是一个 $\mathbb{G}$—鞅,即 $\hat{M}$ 和 m 是相互正交的 $\mathbb{G}$—鞅。

(3) 如果 m 是有界可料的 $\mathbb{F}$—鞅,那么乘积 $\hat{M}\tilde{m}$ 是一个 $\mathbb{G}$—鞅,其中 $\tilde{m}$ 是一个停止过程,也就是对 $t \in \mathbb{R}_+$ 有 $\tilde{m}_t = m_{t\wedge\tau}$。

证明:我们先来证明结论(1)。利用与证明命题 4.2.1 相同的论证方法即分部积分公式,并结合 $\mathbb{G}$—鞅过程 L 的定义可以说明 $\hat{M}$ 的鞅特性和式(5.27)和式(5.28)。

令 g 和 h 是两个左极限存在的适应过程,其样本轨道是右连续的。如果 g 和 h 是 $[0,\,t]$ 上的有限变差,那么下面的等式成立(参见引理 4.2.2)

$$g_t h_t = g_0 h_0 + \int_{[0,\,t]} g_u \mathrm{d}h_u + \int_{[0,\,t]} h_{u-} \mathrm{d}g_u$$

其中,两个积分既可以视作 Lebesgue-Stieltjes 积分,也可以视作伊藤积分。根据 Γ 的连续性假设,取 $g_t = 1 - H_t$ 和 $h_t = \mathrm{e}^{\Gamma_t}$,得到

$$L_t = (1 - H_t)\mathrm{e}^{\Gamma_t} = 1 + \int_{[0,\,t]} \mathrm{e}^{\Gamma_u} \big((1 - H_u)\mathrm{d}\Gamma_u - \mathrm{d}H_u\big) \tag{5.29}$$

由此推出

$$\hat{M}_t = H_t - \Gamma_{t\wedge\tau} = \int_{[0,\,t]} \big(\mathrm{d}H_u - (1 - H_u)\mathrm{d}\Gamma_u\big) = -\int_{[0,\,t]} \mathrm{e}^{-\Gamma_u} \mathrm{d}L_u$$

同时,根据引理 5.1.7,推得 $\hat{M}$ 是一个 $\mathbb{G}$—鞅。注意式(5.29)也可以重新表示如下:

---

① 例如,当滤子 $\mathbb{F}$ 和 $\mathbb{G}$ 在 $\mathbb{P}$ 下有所谓的鞅不变性时,这一点成立(参见第 6.1.1 节)。

$$L_t = 1 - \int_{[0,\,t]} e^{\Gamma_u}(1 - H_{u-})\,d(H_u - \Gamma_{t\wedge\tau}) = 1 - \int_{[0,\,t]} L_{u-}\,d\hat{M}_u$$

这就完成了命题第(1)部分的证明。

现在来证明结论(2)。根据引理 5.1.7,L 和 m 是正交的$\mathbb{G}$—鞅,因而二次协变差$[L, m]$也是一个$\mathbb{G}$—鞅。所以,利用伊藤公式和式(5.27),可得

$$\begin{aligned}
\hat{M}_t m_t &= \hat{M}_0 m_0 + \int_{[0,\,t]} \hat{M}_{u-}\,dm_u + \int_{[0,\,t]} m_{u-}\,d\hat{M}_u + [\hat{M}, m]_t \\
&= \hat{M}_0 m_0 + \int_{[0,\,t]} \hat{M}_{u-}\,dm_u - \int_{[0,\,t]} m_{u-} e^{-\Gamma_u}\,dL_u - \int_{[0,\,t]} e^{-\Gamma_u}\,d[L, m]_u
\end{aligned}$$

其中,被积函数 L、m 和$[L, m]$服从$\mathbb{G}$—鞅。

为了证明结论(3),要再次利用伊藤公式。如果 m 是有界可料的$\mathbb{F}$—鞅,那么根据引理 5.1.6 第(1)部分,停止过程 $\tilde{m} = m^\tau$ 是一个$\mathbb{G}$—鞅。根据引理 5.1.7,乘积 Lm 是一个$\mathbb{G}$—鞅,因而停止过程 $(Lm)^\tau = \tilde{L}\tilde{m}$ 也是一个$\mathbb{G}$—鞅,其中 $\tilde{L}_t = L_{t\wedge\tau}$。因为

$$[\tilde{L}, \tilde{m}]_t := \tilde{L}_t\tilde{m}_t - \tilde{L}_0\tilde{m}_0 - \int_{[0,\,t]} \tilde{L}_{s-}\,d\tilde{m}_s - \int_{[0,\,t]} \tilde{m}_{s-}\,d\tilde{L}_s$$

则二次协变差$[\tilde{L}, \tilde{m}]$服从一个$\mathbb{G}$—鞅。从而有

$$\begin{aligned}
\hat{M}_t\tilde{m}_t &= \hat{M}_0\tilde{m}_0 + \int_{[0,\,t]} \hat{M}_{u-}\,d\tilde{m}_u + \int_{[0,\,t]} \tilde{m}_{u-}\,d\hat{M}_u + [\hat{M}, \tilde{m}]_t \\
&= \hat{M}_0 m_0 + \int_{[0,\,t]} \hat{M}_{u-}\,d\tilde{m}_u - \int_{[0,\,t]} m_{u-} e^{-\Gamma_u}\,d\tilde{L}_u - \int_{[0,\,t]} e^{-\Gamma_u}\,d[L, \tilde{m}]_u \\
&= \hat{M}_0 m_0 + \int_{[0,\,t]} \hat{M}_{u-}\,d\tilde{m}_u - \int_{[0,\,t]} m_{u-} e^{-\Gamma_u}\,d\tilde{L}_u - \int_{[0,\,t]} e^{-\Gamma_u}\,d[\tilde{L}, \tilde{m}]_u
\end{aligned}$$

其中,利用了二次协变差的如下熟知特性:

$$[L, \tilde{m}]_t = [L, m^\tau]_t = [L, m]_{t\wedge\tau} = [L^\tau, m^\tau]_t = [\tilde{L}, \tilde{m}]_t$$

由此可得,乘积 $\hat{M}\tilde{m}$ 是一个$\mathbb{G}$—鞅。

推论 5.1.4 对任意有界$\mathbb{F}$—可料过程 Z,下述过程

$$V_t^1 = Z_\tau\,\mathbb{1}_{\{\tau\leqslant t\}} - \int_0^{t\wedge\tau} Z_u\,d\Gamma_u = \int_0^t Z_u\,d\hat{M}_u \tag{5.30}$$

和

$$V_t^2 = \exp(\mathbb{1}_{\{\tau\leqslant t\}} Z_\tau) - \int_0^{t\wedge\tau} (e^{Z_u} - 1)\,d\Gamma_u \tag{5.31}$$

是$\mathbb{G}$—鞅。

证明:V^1 明显是一个$\mathbb{G}$—鞅。而由 V^1 的鞅特性又可以很容易地推出 V^2 的鞅特性。 □

评注:如果连续过程 Γ 不是一个有限变差过程,那么公式(5.29)变形为

$$L_t = (1 - H_t)e^{\Gamma_t} = 1 + \int_0^t e^{\Gamma_u}\left[(1 - H_u)\left(d\Gamma_u + \frac{1}{2}\langle\Gamma\rangle_u\right) - dH_u\right]$$

过程 $\hat{M}$ 不再是一个$\mathbb{G}$—鞅$\left(\text{但是过程 } H_t - \Gamma_{t\wedge\tau} - \frac{1}{2}\langle\Gamma\rangle_{t\wedge\tau} \text{ 明显是一个}\mathbb{G}\text{—鞅}\right)$。

5.1.4 随机时间的随机强度

我们现在来考虑在实践应用中最为广泛使用的绝对连续$\mathbb{F}$—风险过程 Γ 的情况。假设对某个$\mathbb{F}$—循序可测过程 γ 有 $\Gamma_t = \int_0^t \gamma_u du$,其中,称 γ 为随机时间 τ 的$\mathbb{F}$—强度,或者简称为 τ 的随机强度(也可看作为风险率)。一个连续的$\mathbb{F}$—适应过程 Γ 明显是$\mathbb{F}$—可料的,因此对于$\mathbb{F}$—强度 γ 存在一个$\mathbb{F}$—可料的改进(参见 Jacod(1979)第 1 章引理 1.36 关于这方面的论述)。此外,风险率的$\mathbb{F}$—可料形式在乘积空间 $\Omega\times\mathbb{R}_+$ 上是唯一确定的,$\mathbb{P}\otimes\ell$-a. e. ,其中乘积空间 $\Omega\times\mathbb{R}_+$ 被赋予了可料集的 σ—域。

定义过程$\hat{M}_t$

$$\hat{M}_t = H_t - \int_0^{t\wedge\tau}\gamma_u du = H_t - \int_0^t \mathbb{1}_{\{\tau\geqslant u\}}\gamma_u du$$

根据命题 5.1.3,则过程 $\hat{M}$ 服从一个$\mathbb{G}$—鞅。在金融文献中常用后一个特性作为随机时间的"随机强度"的定义。事实上,按如下定义的$\mathbb{G}$—可料过程 $\tilde{\lambda}$ 通常称为 τ 的随机强度:

$$\tilde{\lambda}_t = \mathbb{1}_{\{\tau\geqslant t\}}\gamma_t$$

在这个约定下,有

$$\hat{M}_t = H_t - \int_0^t \tilde{\lambda}_u du,\ \forall t\in\mathbb{R}_+$$

所以$\mathbb{G}$—强度 $\tilde{\lambda}$ 和 H 的$\mathbb{G}$—补偿概念有密切的联系(更多细节参见第 6.1.4 节)。在本文中,谈到随机时间 τ 的随机强度时,指的是$\mathbb{F}$—强度而不是$\mathbb{G}$—强度(除非 τ 是一个$\mathbb{F}$—停时,那么就有$\mathbb{F}=\mathbb{G}$)。

当给定信息流$\mathbb{F}$时,下述推论阐明了如何从直觉上将$\mathbb{F}$—强度 γ 解释为"违约强度"。

推论 5.1.5 如果随机时间 τ 的$\mathbb{F}$—风险过程 Γ 是绝对连续的,那么对任意的 $t\leqslant s$,有

$$\mathbb{P}\{\tau > s \mid \mathcal{G}_t\} = \mathbb{1}_{\{\tau>t\}}\mathbb{E}_{\mathbb{P}}\left(e^{-\int_t^s \gamma_u \mathrm{d}u} \mid \mathcal{F}_t\right)$$

$$\mathbb{P}\{t < \tau \leqslant s \mid \mathcal{G}_t\} = \mathbb{1}_{\{\tau>t\}}\mathbb{E}_{\mathbb{P}}\left(1 - e^{-\int_t^s \gamma_u \mathrm{d}u} \mid \mathcal{F}_t\right)$$

很明显,当 τ 是一个$\mathbb{F}$—停时,即 $\mathbb{H} \subseteq \mathbb{F}$(那么有$\mathbb{G} = \mathbb{F}$)时,$\mathbb{F}$—风险函数 Γ 不具有良好定义。因此,推论 5.1.1 和推论 5.1.5 不能直接用于这种情形。然而,τ 明显是属于一确定的$\mathbb{G}$—停时类,可以找到一个递增的$\mathbb{G}$—可料过程 Λ,使得对任意的 $t \leqslant s$,有(更多细节参见第 6.1 节)

$$\mathbb{P}\{\tau > s \mid \mathcal{G}_t\} = \mathbb{1}_{\{\tau>t\}}\mathbb{E}_{\mathbb{P}}\left(e^{\Lambda_t - \Lambda_s} \mid \mathcal{G}_t\right)$$

如果过程 Λ 是关于勒贝格测度绝对连续的,即如果对某个$\mathbb{G}$—循序可测过程 λ 有 $\Lambda_t = \int_0^t \lambda_u \mathrm{d}u$,那么下式成立:

$$\mathbb{P}\{\tau > s \mid \mathcal{G}_t\} = \mathbb{1}_{\{\tau>t\}}\mathbb{E}_{\mathbb{P}}\left(e^{-\int_t^s \lambda_u \mathrm{d}u} \mid \mathcal{G}_t\right)$$

5.2 鞅表示定理

我们下一个目标是对$\mathbb{G}$—鞅过程建立鞅表示定理的几种形式。首先分析一般情形,然后检验布朗滤子的情形。

5.2.1 一般情形

在这一节中,将考虑一般的结构。特别地,并不假设滤子$\mathbb{F}$仅仅支撑连续鞅过程,而是假定过程 F 是连续和递增的。

如果 $F_t = \mathbb{P}\{\tau \leqslant t \mid \mathcal{F}_t\}$ 是一连续的递增过程,根据 $\Gamma_t = -\ln(1 - F_t)$,那么相应的风险过程 Γ 也服从一个连续的递增过程。正如在命题 5.1.3 中证明的一样,过程 $\hat{M} = H_t - \Gamma_{t\wedge\tau}$ 是一个$\mathbb{G}$—鞅。

命题 5.2.1 假设 τ 的$\mathbb{F}$—风险过程 Γ 服从一个递增的连续过程。令 Z 是一个$\mathbb{F}$—可料过程,使得随机变量 Z_τ 是可积的,则$\mathbb{G}$—鞅 $M_t^Z := \mathbb{E}_{\mathbb{P}}(Z_\tau \mid \mathcal{G}_t)$ 容许有如下的分解

$$M_t^Z = m_0 + \int_{[0,\,t]} e^{\Gamma_u} \mathrm{d}\tilde{m}_u + \int_{[0,\,t]} (Z_u - D_u)\mathrm{d}\hat{M}_u \tag{5.32}$$

其中,$\tilde{m}_t = m_{t\wedge\tau}$,而 m 是一个$\mathbb{F}$—鞅,即

$$m_t = \mathbb{E}_{\mathbb{P}}\Big(\int_0^\infty Z_u \mathrm{e}^{-\Gamma_u} \mathrm{d}\Gamma_u \mid \mathscr{F}_t\Big) = \mathbb{E}_{\mathbb{P}}\Big(\int_0^\infty Z_u \mathrm{d}F_u \mid \mathscr{F}_t\Big) \tag{5.33}$$

这里,特别地有 $m_0 = M_0^Z$。此外

$$D_t = \mathbb{E}_{\mathbb{P}}\Big(\int_t^\infty Z_u \mathrm{e}^{\Gamma_t-\Gamma_u} \mathrm{d}\Gamma_u \mid \mathscr{F}_t\Big) = \mathrm{e}^{\Gamma_t}\, \mathbb{E}_{\mathbb{P}}\Big(\int_t^\infty Z_u \mathrm{d}F_u \mid \mathscr{F}_t\Big)$$

证明:根据推论 5.1.3,有

$$\begin{aligned} M_t^Z &= \mathbb{E}_{\mathbb{P}}(Z_\tau \mid \mathscr{G}_t) = \mathbb{1}_{\{\tau\leqslant t\}} Z_\tau + \mathbb{1}_{\{\tau>t\}} \mathbb{E}_{\mathbb{P}}\Big(\int_t^\infty Z_u \mathrm{e}^{\Gamma_t-\Gamma_u} \mathrm{d}\Gamma_u \mid \mathscr{F}_t\Big) \\ &= \mathbb{1}_{\{\tau\leqslant t\}} Z_\tau + \mathbb{1}_{\{\tau>t\}} D_t \end{aligned}$$

特别地,对于每个 $t \in \mathbb{R}_+$ 有 $M_t^Z = M_{t\wedge\tau}^Z$。根据 e^{Γ_t} 是一个连续递增过程的假设,利用伊藤分部积分公式可以得到(注意 m 是一个$\mathbb{G}$—半鞅)

$$\begin{aligned} D_t &= \mathrm{e}^{\Gamma_t} m_t - \mathrm{e}^{\Gamma_t} \int_0^t Z_u \mathrm{e}^{-\Gamma_u} \mathrm{d}\Gamma_u \\ &= m_0 + \int_{[0,\,t]} \mathrm{e}^{\Gamma_u} \mathrm{d}m_u + \int_0^t m_u \mathrm{e}^{\Gamma_u} \mathrm{d}\Gamma_u - \int_0^t Z_u \mathrm{d}\Gamma_u - \int_0^t \mathrm{e}^{\Gamma_u} \int_0^u Z_v \mathrm{e}^{-\Gamma_v} \mathrm{d}\Gamma_v \mathrm{d}\Gamma_u \end{aligned}$$

这就使得

$$D_t = m_0 + \int_{[0,\,t]} \mathrm{e}^{\Gamma_u} \mathrm{d}m_u + \int_0^t (D_u - Z_u) \mathrm{d}\Gamma_u$$

进一步地,因为 D 是一个左极限存在的右连续过程,则有

$$\begin{aligned} \mathbb{1}_{\{\tau>t\}} D_t &= m_0 + \int_{[0,\,t\wedge\tau]} \mathrm{d}D_u - \mathbb{1}_{\{\tau\leqslant t\}} D_\tau \\ &= m_0 + \int_{[0,\,t\wedge\tau]} \mathrm{d}D_u - \mathbb{1}_{\{\tau\leqslant t\}} M_{\tau-}^Z \end{aligned}$$

由此可得

$$M_t^Z = m_0 + \int_{[0,\,t\wedge\tau]} \mathrm{e}^{\Gamma_u} \mathrm{d}m_u + \int_0^{t\wedge\tau} (D_u - Z_u) \mathrm{d}\Gamma_u + \mathbb{1}_{\{\tau\leqslant t\}} (Z_\tau - D_\tau)$$

从上一公式立即可以推出式(5.32)。 □

命题 5.2.1 的下述推论在研究布朗滤子的情况中是有用的。

推论 5.2.1 在命题 5.2.1 的假设下,如果还有 $\Delta D_\tau = 0$(或者等价地 $\Delta m_\tau = 0$),则下式成立

$$M_t^Z = m_0 + \int_{[0,\,t]} \mathrm{e}^{\Gamma_u} \mathrm{d}\widetilde{m}_u + \int_{[0,\,t]} (Z_u - M_{u-}^Z) \mathrm{d}\widehat{M}_u \tag{5.34}$$

$$M_t^Z = m_0 + \widetilde{M}_t^Z + \widehat{M}_t^Z$$

其中,两个$\mathbb{G}$—鞅 $\widetilde{M}^z$ 和 $\widehat{M}^z$ 是相互正交的,即乘积 $\widetilde{M}^z\widehat{M}^z$ 是一个$\mathbb{G}$—鞅。

证明:显然,对 $u<\tau$ 有 $D_u=M_u^Z$,因而也有 $D_\tau=D_{\tau-}=M_{\tau-}^Z$。因此有

$$\mathbb{1}_{\{\tau>t\}}D_t=m_0+\int_{[0,\,t\wedge\tau]}\mathrm{d}D_u-\mathbb{1}_{\{\tau\leqslant t\}}M_{\tau-}^Z$$

因为 Γ 是一个连续过程,所以式(5.34)成立。

为了证明第二个结论,注意到,根据命题 5.1.3 第(2)部分,二次协变差$[\widehat{M},\tilde{m}]$是一个$\mathbb{G}$—鞅,因此下述过程[①]服从一个$\mathbb{G}$—鞅:

$$[\widetilde{M}^Z,\widehat{M}^Z]_t=\int_{[0,\,t]}\mathrm{e}^{\Gamma_u}(Z_u-M_{u-}^Z)\mathrm{d}[\widehat{M},\tilde{m}]_u$$

由此可以得出 $\widetilde{M}^z\widehat{M}^z$ 是一个$\mathbb{G}$—鞅。 □

评注:假定滤子$\mathbb{F}$仅支撑连续鞅过程(如$\mathbb{F}$是某个布朗运动的自然滤子),那么很明显,对由式(5.33)给出的过程 m,有 $\Delta m_\tau=0$。在目前的假设下,式(5.34)将$\mathbb{G}$—鞅 M^z 的分解式表示成连续$\mathbb{G}$—鞅 $\widetilde{M}^z$ 和不连续的$\mathbb{G}$—鞅 $\widehat{M}^z$ 之和,其中 $\widetilde{M}^z$ 和 $\widehat{M}^z$ 是相互正交的$\mathbb{G}$—鞅。而式(5.32)可以推出所谓的 M^z 的正则分解:$\widetilde{M}^z$ 是 M^z 的连续鞅部分,而 $\widehat{M}^z$ 是 M^z 纯粹的不连续鞅部分。

推论 5.2.2 假设 Γ 是一个连续递增过程。令 $h(h:\mathbb{R}_+\to\mathbb{R})$ 是一个波莱尔可测函数且使得随机变量 $h(\tau)$可积。那么由公式

$$M_t^h=\mathbb{E}_{\mathbb{P}}(h(\tau)\mid\mathcal{G}_t),\ \forall t\in\mathbb{R}_+$$

给出的$\mathbb{G}$—鞅 M^h 容许有下述分解式

$$M_t^h=m_0+\int_{[0,\,t]}\mathrm{e}^{\Gamma_u}\mathrm{d}\tilde{m}_u+\int_{[0,\,t]}(h(u)-g_u)\,\mathrm{d}\widehat{M}_u$$

其中,$\tilde{m}_t=m_{t\wedge\tau}$,而 m 是一个如下的$\mathbb{F}$—鞅

$$m_t=\mathbb{E}_{\mathbb{P}}\Big(\int_0^\infty h(u)\mathrm{e}^{-\Gamma_u}\mathrm{d}\Gamma_u\mid\mathcal{F}_t\Big)=\mathbb{E}_{\mathbb{P}}\Big(\int_0^\infty h(u)\mathrm{d}F_u\mid\mathcal{F}_t\Big)$$

$$g_t=\mathrm{e}^{\Gamma_t}\ \mathbb{E}_{\mathbb{P}}\Big(\int_t^\infty h(u)\mathrm{e}^{-\Gamma_u}\mathrm{d}\Gamma_u\mid\mathcal{F}_t\Big)=\mathrm{e}^{\Gamma_t}\ \mathbb{E}_{\mathbb{P}}\Big(\int_t^\infty h(u)\mathrm{d}F_u\mid\mathcal{F}_t\Big)$$

命题 5.2.1 的下述推论已经在前一章中证明了(参照命题 4.3.2)。

推论 5.2.3 假设滤子$\mathbb{F}$是平凡的且随机时间 τ 的风险函数 Γ 是连续的。对某个有界的波莱尔可测函数 $h(h:\mathbb{R}_+\to\mathbb{R})$,令 $M_t^h:=\mathbb{E}_{\mathbb{P}}(h(\tau)\mid\mathcal{H}_t)$,则

---

① 事实上容易看到,在目前假设下我们有 $[\widehat{M},\tilde{m}]=0$。

$$M_t^h = M_0^h + \int_{[0,t]} \big(h(u) - g(u)\big)\, d\hat{M}_u$$

其中,函数 $g(g: \mathbb{R}_+ \to \mathbb{R})$ 等于

$$g(t) = e^{\Gamma(t)}\, \mathbb{E}_{\mathbb{P}}\big(h(\tau)\, \mathbb{1}_{\{\tau>t\}}\big) = e^{\Gamma(t)} \int_t^{\infty} h(u)\, dF_u$$

证明:根据式(5.32),只需验证在 $\{\tau > t\}$ 上有 $M_t^h = \widetilde{h}(t)$ 成立就可以了,其中

$$\widetilde{h}(t) := e^{\Gamma(t)}\, \mathbb{E}_{\mathbb{P}}\big(h(\tau)\, \mathbb{1}_{\{\tau>t\}}\big)$$

因为 Γ 是连续的,所以有

$$\mathbb{E}_{\mathbb{P}}(h(\tau)\, \mathbb{1}_{\{\tau>t\}}) = \int_t^{\infty} h(u) e^{-\Gamma(u)}\, d\Gamma(u)$$

当风险函数 Γ 是连续时,下面的表达式成立(参照式(4.8))

$$M_t^h = \mathbb{E}_{\mathbb{P}}\big(h(\tau) \mid \mathscr{H}_t\big) = \mathbb{1}_{\{\tau \leqslant t\}} h(\tau) + \mathbb{1}_{\{\tau>t\}} e^{\Gamma(t)} \int_t^{\infty} h(u) e^{-\Gamma(u)}\, d\Gamma(u)$$

结合上面最后两个式子,就可以得到我们需要的等式。 □

5.2.2 布朗滤子的情形

在这一节中,我们要考虑布朗滤子的情况,即对某个布朗运动 W,假设参照滤子 $\mathbb{F} = \mathbb{F}^W$。假定布朗运动 W 仍然是一个关于放大滤子 $\mathbb{G}$ 的(连续)鞅(因而是关于放大滤子 $\mathbb{G}$ 的布朗运动)。按惯例假设满足条件(G.1)。

固定 $T > 0$。在下一个结论中,不需要假设 $\mathbb{F}$ 是一个递增过程。换句话说,不再假定由公式(5.24)给定的 $\mathbb{G}$—鞅 L 是一个有限变差过程。

命题 5.2.2 对于一个 $\mathscr{G}$—可测和可积的随机变量 X,定义 $\mathbb{G}$—鞅 $M_t^X = \mathbb{E}_{\mathbb{P}}(X \mid \mathscr{G}_t)$ $(t \in [0, T])$。那么,M^X 容许有如下的鞅表示

$$M_t^X = M_0^X + \int_0^t \xi_u^X\, dW_u + \int_{[0,t]} \widetilde{\zeta}_u^X\, dL_u = M_0^X + \widetilde{L}_t^X + \hat{L}_t^X$$

其中,ξ^X 和 $\widetilde{\zeta}^X$ 是 $\mathbb{G}$—可料随机过程,且 $\mathbb{G}$—鞅 $\widetilde{L}_t^X$ 和 $\hat{L}_t^X$ 是相互正交的。

证明:很明显有 $\mathbb{E}_{\mathbb{P}}(\mathbb{E}_{\mathbb{P}}(X \mid \mathscr{G}_T) \mid \mathscr{G}_t) = \mathbb{E}_{\mathbb{P}}(X \mid \mathscr{G}_t)$ 成立。因此,可以假设 X 是 $\mathscr{G}_t$—可测的。因为 $\mathscr{G}_T = \mathscr{H}_T \vee \mathscr{F}_T$,所以只需要考虑一个形如 $X = (1 - H_s)Y$ 的随机变量 X(其中,s 为满足 $s \leqslant T$ 的固定值)以及某个 $\mathscr{F}_t$—可测的随机变量 Y 就可以了。注意到

$$X = (1 - H_s)Y = (1 - H_s)e^{\Gamma_s}\widetilde{Y} = L_s \widetilde{Y}$$

其中，$\widetilde{Y}=\mathrm{e}^{-\Gamma_s Y}$ 是一个 $\mathscr{F}_t$—可测可积的随机变量。引入$\mathbb{F}$—鞅过程 U，对 $t\in[0,\ T]$，令

$$U_t=\mathbb{E}_{\mathbb{P}}(\widetilde{Y}\mid\mathscr{F}_t)=\mathbb{E}_{\mathbb{P}}(\widetilde{Y})+\int_0^t\xi_u\mathrm{d}W_u$$

其中，第二个等式可以由布朗滤子的鞅表述性质导出(因此 ξ 是一个$\mathbb{F}$—可料随机过程)。通过假设，W 也是一个$\mathbb{G}$—鞅，因而过程 U 不仅是$\mathbb{F}$—鞅，也是一个(连续的)$\mathbb{G}$—鞅。利用引理 5.1.7，可以推导出二次协变差$[L,\ U]$服从一个$\mathbb{G}$—鞅。进一步地有

$$[L,\ U]_t=\langle L^c,\ U\rangle_t+\sum_{u\leqslant t}\Delta L_u\Delta U_u=\langle L^c,\ U\rangle_t$$

其中，用 L^c 表示 L 的连续鞅部分。经过验证，对每个 $t\in[0,\ T]$ 有 $[L,\ U]_t=\langle L^c,\ U\rangle_t=0$(回顾，有限变差的任何连续鞅都是常量)。明显有 $U_T=\widetilde{Y}$，这意味着 $X=L_sU_T$。由伊藤积分的分部公式可以推出

$$\begin{aligned}X&=L_0U_0+\int_0^T L_{t-}\mathrm{d}U_t+\int_{[0,\ s]}U_{t-}\mathrm{d}L_t+[L,\ U]_s\\&=\mathbb{E}_{\mathbb{P}}(\widetilde{Y})+\int_0^T\xi_t L_{t-}\mathrm{d}W_t+\int_{[0,\ T]}U_t\mathbb{1}_{[0,\ s]}(t)\mathrm{d}L_t\end{aligned}$$

因此，根据过程 $\xi_t^X=\xi_t L_{t-}$ 和 $\widetilde{\zeta}_t^X=U_t\mathbb{1}_{[0,\ s]}(t)$，命题所述公式成立。现在还需要说明$\mathbb{G}$—鞅$\widetilde{L}^X$ 和$\hat{L}^X$ 是相互正交的。由引理 5.1.7，可以推得 $[L,\ W]=\langle L,\ W\rangle=0$。从而，利用伊藤公式很容易推出乘积$\widetilde{L}^X\hat{L}^X$ 的$\mathbb{G}$—鞅特性。　□

推论 5.2.4　除保留命题 5.2.2 的假设之外，还假设风险函数 Γ 是连续的。那么对任意的$\mathbb{G}$—鞅 N，有

$$N_t=N_0+\int_0^t\xi_u^N\mathrm{d}W_u+\int_{[0,\ t]}\zeta_u^N\mathrm{d}\hat{M}_u=M_0+\widetilde{M}_t^N+\hat{M}_t^N$$

其中，ξ^N 和 ζ^N 是$\mathbb{G}$—可料随机过程。并且，连续$\mathbb{G}$—鞅 $\widetilde{M}^N$ 和纯的不连续$\mathbb{G}$—鞅 $\hat{M}^N$ 是相互正交的。

证明:观察命题 5.1.3 的第(1)部分可以得到

$$\int_{[0,\ t]}U_{u-}\mathrm{d}L_u=-\int_{[0,\ t]}U_uL_{u-}\mathrm{d}\hat{M}_u$$

令 $\zeta_t^N=-U_tL_{t-}$，我们需要的公式即可得证。此外，显而易见，两个$\mathbb{G}$—鞅 $\widetilde{M}^N$ 和 $\hat{M}^N$ 是相互正交的。　□

在下一个结论中，不再假定布朗运动 W 保留关于放大滤子$\mathbb{G}$ 的鞅性。根据引理 5.1.6 第(1)部分可知，如果 F 是一个连续的递增过程，那么停止过程 $W_{t\wedge\tau}$服从一个$\mathbb{G}$—

鞅。一般地,根据引理 5.1.6 第(3)部分可知,由下述公式

$$\hat{W}_t = W_{t\wedge\tau} + \int_0^{t\wedge\tau} (1-F_u)^{-1}\,\mathrm{d}\,\langle W,\, F\rangle_u$$

给定的过程 $\hat{W}$ 服从一个$\mathbb{G}$—鞅。

令 Z 是$\mathbb{F}$—可料过程,从而使得随机变量 Z_τ 是可积的。再定义一个辅助过程 m,令(参照式(5.33))

$$m_t = \mathbb{E}_{\mathbb{P}}\Big(\int_0^{\infty} Z_u \mathrm{e}^{-\Gamma_u}\,\mathrm{d}\Gamma_u \mid \mathscr{F}_t\Big)$$

很明显,对于某个$\mathbb{F}$—可料过程 ξ^Z,连续$\mathbb{F}$—鞅过程 m 关于基础(underlying)布朗运动 W 的可积表示为

$$m_t = m_0 + \int_0^t \xi_u^Z \mathrm{d}W_u$$

下一结论是命题 5.2.1 的推论。

推论 5.2.5 假设 τ 的$\mathbb{F}$—风险过程 Γ 服从一个连续的递增过程。令 Z 是一个$\mathbb{F}$—可料过程,使得随机变量 Z_τ 是可积的,则$\mathbb{G}$—鞅 $M_t^Z = \mathbb{E}_{\mathbb{P}}(Z_\tau \mid \mathscr{G}_t)$ 是两个相互正交的$\mathbb{G}$—鞅之和,即

$$M_t^Z = m_0 + \int_0^t \mathrm{e}^{\Gamma_u}\xi_u^Z\,\mathrm{d}\,\hat{W}_u + \int_{[0,\,t]} (Z_u - M_{u-}^Z)\,\mathrm{d}\hat{M}_u \tag{5.35}$$

值得注意的是,在随机区间$[0,\,\tau]$上,左连续$\mathbb{G}$—可料过程 M_{t-}^Z 等价于某个$\mathbb{F}$—可料过程。因此,对某个$\mathbb{F}$—可料过程 ξ 和 ζ,这意味着等式(5.35)可以表述为

$$M_t^Z = m_0 + \int_0^{t\wedge\tau} \xi_u \mathrm{d}W_u + \int_{[0,\,t\wedge\tau]} \zeta_u \mathrm{d}\hat{M}_u$$

5.3 概率测度的变换

在本节中,将会分析概率测度的一个等价变换。我们做出如下的标准假设:(a)滤子$\mathbb{F}$由布朗运动产生;(b)任何一个$\mathbb{F}$—鞅都是$\mathbb{P}$下的$\mathbb{G}$—鞅;(c)τ 的风险过程 Γ 是连续递增过程。

我们固定 $T>0$。对于一个与$(\Omega,\,\mathscr{G}_T)$上$\mathbb{P}$等价的概率测度$\mathbb{P}^*$,引入如下的 Randon-Nlkodým 密度过程 $\eta_t(t\leqslant T)$:

$$\eta_t := \frac{\mathrm{d}\,\mathbb{P}^*}{\mathrm{d}\,\mathbb{P}} \mid_{\mathcal{G}_t} = \mathbb{E}_{\mathbb{P}}(X \mid \mathcal{G}_t), \ \mathbb{P}\text{-a. s.} \tag{5.36}$$

其中,X 是一个 $\mathcal{G}_t$—可测和可积的随机变量,使得 $\mathbb{P}\{X>0\}=1$ 和$\mathbb{E}_{\mathbb{P}}(X)=1$ 成立。根据推论 5.2.4,$\mathbb{G}$—鞅 η 容许有如下积分表示:

$$\eta_t = 1 + \int_0^t \xi_u \mathrm{d}W_u + \int_{[0,\,t]} \zeta_u \mathrm{d}\hat{M}_u$$

其中,ξ 和 ζ 是$\mathbb{G}$—可料的随机过程。因为 η 是严格的正鞅,这也说明(参见 Jacod (1979)中的命题 6.20)左极限过程 η_{t-} 也是严格为正的。因此,将上一公式重新表述如下:

$$\eta_t = 1 + \int_{[0,\,t]} \eta_{u-}(\beta_u \mathrm{d}W_u + \kappa_u \mathrm{d}\hat{M}_u) \tag{5.37}$$

其中,$\beta_t = \xi_t \eta_{t-}^{-1}$ 和 $\kappa_t = \zeta_t \eta_{t-}^{-1}$ 是$\mathbb{G}$—可料过程。

从命题 5.1.3 已经知道过程 $\hat{M}_t = H_t - \Gamma_{t\wedge\tau}$ 是$\mathbb{P}$ 下的一个$\mathbb{G}$—鞅。我们的目的是分析在$\mathbb{P}^*$ 下与跳跃过程 H 有关的鞅。要强调的是下面两个结论的假设中包含了上述给定的条件(a)—条件(c)。

命题 5.3.1 令$\mathbb{P}^*$ 是$(\Omega, \mathcal{G}_T)$上的一个概率测度,它与参照概率测度$\mathbb{P}$ 等价。假设$\mathbb{P}^*$ 关于$\mathbb{P}$ 的 Randon-Nikodým 密度由式(5.36)给出,其中 η 满足式(5.37)。那么过程

$$W_t^* = W_t - \int_0^t \beta_u \mathrm{d}u, \ \forall\, t \in [0,\ T] \tag{5.38}$$

在$\mathbb{P}^*$ 下服从关于$\mathbb{G}$ 的布朗运动,而由下述公式

$$M_t^* = \hat{M}_t - \int_0^{t\wedge\tau} \kappa_u \mathrm{d}\Gamma_u = H_t - \int_0^{t\wedge\tau} (1+\kappa_u)\mathrm{d}\Gamma_u \tag{5.39}$$

给出的过程 M_t^* $(t \in [0,\ T])$ 服从$\mathbb{P}^*$ 下的$\mathbb{G}$—鞅。进一步地,$\mathbb{G}$—鞅 W^* 和 M^* 在$\mathbb{P}^*$ 下相互正交。

证明:首先注意,对 $t \leqslant T$ 有

$$\begin{aligned} \mathrm{d}(\eta_t W_t^*) &= W_t^* \mathrm{d}\eta_t + \eta_{t-}\mathrm{d}W_t^* + \mathrm{d}[W^*,\ \eta]_t \\ &= W_t^* \mathrm{d}\eta_t + \eta_{t-}\mathrm{d}W_t - \eta_{t-}\beta_t \mathrm{d}t + \eta_{t-}\beta_t \mathrm{d}[W,\ W]_t \\ &= W_t^* \mathrm{d}\eta_t + \eta_{t-}\mathrm{d}W_t \end{aligned}$$

这说明 ηW^* 是$\mathbb{P}$ 下的一个$\mathbb{G}$—(局部)鞅,从而 W^* 服从$\mathbb{P}^*$ 下的一个$\mathbb{G}$—(局部)鞅。因为 W^* 的二次变差在$\mathbb{P}^*$ 下等于 $[W^*,\ W^*]_t = t$ 且 W^* 是连续的,所以根据布朗运动的 Lévy 特性(参见 Karatzas 和 Shreve(1997)中的定理 3.16),显然可知 W^* 服从$\mathbb{P}^*$ 下的

布朗运动。类似地,对 $t \leqslant T$ 有

$$
\begin{aligned}
\mathrm{d}(\eta_t M_t^*) &= M_t^* \mathrm{d}\eta_t + \eta_{t-} \mathrm{d}M_t^* + \mathrm{d}[M^*, \eta]_t \\
&= M_t^* \mathrm{d}\eta_t + \eta_{t-} \mathrm{d}\hat{M}_t - \eta_{t-}\kappa_t \mathrm{d}\Gamma_{t\wedge\tau} + \eta_{t-}\kappa_t \mathrm{d}H_t
\end{aligned}
$$

经过重新整理可以得到

$$
\mathrm{d}(\eta_t M_t^*) = M_t^* \mathrm{d}\eta_t + \eta_{t-}(1+\kappa_t)\mathrm{d}\hat{M}_t
$$

由此可得,乘积 ηW^* 服从$\mathbb{P}$下的一个$\mathbb{G}$—(局部)鞅。当然,这说明 M^* 是$\mathbb{P}^*$下的一个$\mathbb{G}$—(局部)鞅。观察到过程 W^* 是连续的且 M^* 服从有限变差过程,即可完成证明。 □

推论 5.3.1 令 Y 是一个关于$\mathbb{P}^*$的$\mathbb{G}$—鞅,那么 Y 容许有如下分解:

$$
Y_t = Y_0 + \int_0^t \xi_u^* \mathrm{d}W_u^* + \int_{[0,t]} \zeta_u^* \mathrm{d}M_u^* \tag{5.40}
$$

其中,ξ^* 和 ζ^* 是$\mathbb{G}$—可料随机过程。

证明:对于 $t \in [0, T]$,考虑如下的过程 $\widetilde{Y}_t$

$$
\widetilde{Y}_t = \int_{[0,t]} \eta_{u-}^{-1} \mathrm{d}(\eta_u Y_u) - \int_{[0,t]} \eta_{u-}^{-1} Y_{u-} \mathrm{d}\eta_u
$$

很明显,$\widetilde{Y}$ 是$\mathbb{P}$下的一个$\mathbb{G}$—鞅。由伊藤公式可得

$$
\eta_{u-}^{-1}\mathrm{d}(\eta_u Y_u) = \mathrm{d}Y_u + \eta_{u-}^{-1} Y_{u-} \mathrm{d}\eta_u + \eta_{u-}^{-1}\mathrm{d}[Y, \eta]_u
$$

因此推出

$$
Y_t = Y_0 + \widetilde{Y}_t - \int_{[0,t]} \eta_{u-}^{-1}\mathrm{d}[Y, \eta]_u \tag{5.41}
$$

从推论 5.2.4 可知,对于某个$\mathbb{G}$—可料随机过程$\widetilde{\xi}$和 $\widetilde{\zeta}$,有

$$
\widetilde{Y}_t = Y_0 + \int_0^t \widetilde{\xi}_u \mathrm{d}W_u + \int_{[0,t]} \widetilde{\zeta}_u \mathrm{d}\hat{M}_u \tag{5.42}
$$

根据式(5.37),再结合式(5.41)和式(5.42)可得

$$
\eta_{t-}^{-1}\mathrm{d}[Y, \eta]_t = \widetilde{\xi}_t \beta_t \mathrm{d}t + \widetilde{\zeta}_t \kappa_t (1+\kappa_t)^{-1} \mathrm{d}H_t
$$

从而得到

$$
\begin{aligned}
\mathrm{d}Y_t &= \widetilde{\xi}_t \mathrm{d}W_t + \widetilde{\zeta}_t \mathrm{d}\hat{M}_t - \eta_{t-}^{-1}\mathrm{d}[Y, \eta]_t \\
&= \widetilde{\xi}_t \mathrm{d}W_t^* + \widetilde{\zeta}_t (1+\kappa_t)^{-1} \mathrm{d}M_t^*
\end{aligned}
$$

为了推出最后一个等式,特别注意,根据式(5.41)有(考虑风险过程 Γ 的连续性)

$$\Delta[Y, \eta]_t = \eta_{t-}\widetilde{\zeta}_t\kappa_t \mathrm{d}H_t - \kappa_t\Delta[Y, \eta]_t$$

所以,Y 满足式(5.40),其中 $\xi^* = \widetilde{\xi}$ 和 $\zeta^* = \widetilde{\zeta}(1+\kappa)^{-1}$。 □

评注:因为鞅 M^* 在 τ 处停止,不失一般性,假设等式(5.39)中的过程 κ 和式(5.40)中的 ζ^* 是$\mathbb{F}$—可料的。类似地,如果分别在命题 5.3.1 和推论 5.3.1 中引入的过程 W^* 和 Y 也在 τ 处停止,那么过程 β 和 ξ^* 也是$\mathbb{F}$—可料的。为了强调这个性质,用 $\widetilde{\kappa}$ 和 $\widetilde{\beta}$ 分别表示在随机区间$[0, \tau]$上与 κ 和 β 相等的唯一的$\mathbb{F}$—可料过程。

τ 在$\mathbb{P}^*$下的风险率。在第 4.4 节中,我们已经证明了,如果$\mathbb{P}^*$是一个概率测度,且关于参照概率测度$\mathbb{P}$绝对连续,那么在适当的技术性假设下,τ 分别在$\mathbb{P}^*$和$\mathbb{P}$下的风险函数 Γ 和 Γ^* 之间有可能推导出一个简单但却普遍的适用关系。在风险过程的情况下,会更多地涉及这个问题。

根据命题 5.3.1,至少在本节初提出的(a)—(c)假设下,会很自然地猜想:如果概率测度$\mathbb{P}^*$与$(\Omega, \mathcal{G}_T)$上的$\mathbb{P}$等价,那么 τ 在$\mathbb{P}^*$下的$\mathbb{F}$—风险过程 Γ^* 由下述表达式给出:

$$\Gamma_t^* = \int_0^t (1+\widetilde{\kappa}_u)\mathrm{d}\Gamma_u, \ \forall t \in [0, T]$$

当随机时间 τ 在$\mathbb{P}$下的$\mathbb{F}$—强度过程 γ 存在时,很自然地期望,τ 在$\mathbb{P}^*$下的$\mathbb{F}$—强度过程 γ^* 也存在,并且对于每个 $t \in [0, T]$,它们之间的关系满足 $\gamma_t^* = (1+\widetilde{\kappa}_t)\gamma_t$。

需要对读者提出的警告是:事情并不那么简单,上述关系对$\mathbb{F}$—鞅风险过程 Λ 显然成立,但对$\mathbb{F}$—风险过程却不一定成立。我们会在下一章中正式引入鞅风险过程,还会在第 7.2 节中对这个问题进行详细推论。

6 鞅风险过程

在本书第 4.5 节中,引入了随机时间的鞅风险函数,考察了这个概念与风险函数定义的关系。可以发现,当且仅当 τ 的累积分布函数和风险函数为连续时,这两个概念是一致的(见命题 4.5.1)。从这个层面上来看,鞅风险函数独特地刻画了一个连续分布随机时间的无条件概率分布。另一方面,如在第 5.1.3 节(见命题 5.1.3)中所阐述的那样,如果$\mathbb{F}$—风险过程是连续的,则过程 $H_t - \Gamma_{t\wedge\tau}$ 服从一个$\mathbb{G}$—鞅。本章的主要目的是把概念扩展到非平凡滤子的情形,并考查一个连续$\mathbb{F}$—风险过程是否唯一地确定了一个随机时间的$\mathbb{F}$—条件生存概率。

6.1 鞅风险过程 Λ

本章假定条件(G.1)是成立的,所以 $\mathbb{G} = \mathbb{H} \vee \mathbb{F}$。需强调的是并没有把 $\mathbb{H} \subseteq \mathbb{F}$(即 $\mathbb{F} = \mathbb{G}$)的情形排除在外,这意味着 τ 是$\mathbb{F}$—停时的情况也包含在本章的结论当中。($\mathbb{F}$,$\mathbb{G}$)—鞅风险过程的概念直接对应于 τ 的鞅风险函数概念(后者可看作 τ 的($\mathbb{F}^0$,$\mathbb{H}$)—鞅风险过程)。

定义 6.1.1 当且仅当过程 $\widetilde{M}_t := H_t - \Lambda_{t\wedge\tau}$ 服从一个$\mathbb{G}$—鞅时,一个$\mathbb{F}$—可料的、右连续的、递增的过程 Λ 称为随机时间 τ 的($\mathbb{F}$,$\mathbb{G}$)—鞅风险过程,且 $\Lambda_0 = 0$。如果还有 $\Lambda_t = \int_0^t \lambda_u \mathrm{d}u$,则称$\mathbb{F}$—循序可测的非负过程 λ 为($\mathbb{F}$,$\mathbb{G}$)—鞅的强度过程。

在条件(G.1)下,一个随机时间 τ 和一个参照滤子$\mathbb{F}$通过 $\mathbb{G} = \mathbb{H} \vee \mathbb{F}$唯一地决定了放

大滤子$\mathbb{G}$。因此，当条件(G.1)成立时，不难发现，将τ的($\mathbb{F}$，$\mathbb{G}$)—鞅风险过程称为τ的$\mathbb{F}$—鞅风险过程是很方便的。

首先考查$\mathbb{F}$—鞅风险过程Λ可以直接表示为式(4.26)的情形。为了分析，引入以下的条件。

条件(F.1) 对于任意$t \in \mathbb{R}_+$，在给定$\mathcal{F}_t$的条件下，σ—域$\mathcal{F}_\infty$和$\mathcal{H}_t$在$\mathbb{P}$下是条件独立的；即对于任意有界$\mathcal{F}_\infty$—可测随机变量ξ，以及任何有界$\mathcal{H}_t$—可测随机变量η，有：

$$\mathbb{E}_{\mathbb{P}}(\xi\eta \mid \mathcal{F}_t) = \mathbb{E}_{\mathbb{P}}(\xi \mid \mathcal{F}_t)\,\mathbb{E}_{\mathbb{P}}(\eta \mid \mathcal{F}_t)$$

需要强调的是，τ通过规范的方法(见第6.2和第8.2.1节)构造时，条件(F.1)是满足的。因为$\mathcal{F}_t \subseteq \mathcal{F}_\infty$，则条件(F.1)可以重新表述如下。

条件(F.1a) 对于任意$t \in \mathbb{R}_+$和每个$u \leqslant t$，等式$\mathbb{P}\{\tau \leqslant u \mid \mathcal{F}_t\} = \mathbb{P}\{\tau \leqslant u \mid \mathcal{F}_\infty\}$成立。

下列条件也将是非常有用的。

条件(F.2) 过程$F_t = \mathbb{P}\{\tau \leqslant t \mid \mathcal{F}_t\}$容许随着递增的样本轨道进行修正。

在条件(F.1)下，对于任意$t \in \mathbb{R}_+$，有$F_t = \mathbb{P}\{\tau \leqslant t \mid \mathcal{F}_t\} = \mathbb{P}\{\tau \leqslant t \mid \mathcal{F}_\infty\}$，显然在这样的情形下，$\mathbb{F}$过程容许随递增样本轨道进行修正，所以条件(F.2)是成立的。然而过程$\mathbb{F}$并不必然是$\mathbb{F}$—可料的(如τ是一个$\mathbb{F}$—停时但不是一个$\mathbb{F}$—可料的)。

6.1.1 鞅不变性

在如下的框架下进行讨论：给定带滤子$\mathbb{G}$的概率空间(Ω，$\mathcal{G}$，$\mathbb{P}$)，参照滤子$\mathbb{F}$是$\mathbb{G}$的一个任意子滤子。鞅不变性的定义是经典的。注意在基础概率测度$\mathbb{P}$下的等价变化并不一定使鞅不变性能一直地保持下去，认识到这一点非常重要。

定义6.1.2 如果任意$\mathbb{F}$—鞅也是一个$\mathbb{G}$—鞅，则滤子$\mathbb{F}$关于滤子$\mathbb{G}$具有鞅不变性。

条件(M.1) 当$\mathbb{F}$关于$\mathbb{G}$具有鞅不变性，具有包含关系$\mathbb{F} \subseteq \mathbb{G}$的滤子$\mathbb{F}$和$\mathbb{G}$满足(F.1)(在概率测度$\mathbb{P}$下)①。

以下条件等价于(M.1)。

条件(M.2) 对于任意$t \in \mathbb{R}_+$，在给定$\mathcal{F}_t$的条件下，σ—域$\mathcal{F}_\infty$与$\mathcal{G}_t$为概率测度$\mathbb{P}$下条件独立的。

由于σ—域下条件独立的定义，条件(M.2)意味着，对于任意有界的$\mathcal{F}_\infty$—可测随机

① 原书中为“当$\mathbb{F}$关于$\mathbb{G}$具有鞅不变性，具有包含关系$\mathbb{F} \subseteq \mathbb{G}$的滤子$\mathbb{F}$和$\mathbb{G}$满足(M.1)(在概率测度$\mathbb{P}$下)”，疑为印刷错误。——译者注

变量 ξ,以及任意有界的 $\mathcal{G}_t$—可测的随机变量 η,有:

$$\mathbb{E}_{\mathbb{P}}(\xi\eta \mid \mathcal{F}_t) = \mathbb{E}_{\mathbb{P}}(\xi \mid \mathcal{F}_t)\, \mathbb{E}_{\mathbb{P}}(\eta \mid \mathcal{F}_t)$$

注意,条件(M. 2)也可以重新表述如下。

条件(M. 2a) 对于任意 $t \in \mathbb{R}_+$,以及任意的 $s \geqslant t$,在给定 σ—域 $\mathcal{F}_t$ 下,σ—域 $\mathcal{F}_\infty$ 和 $\mathcal{G}_t$ 是条件独立的。

因为 $\mathcal{F}_t \subseteq \mathcal{G}_t$ 和 $\mathcal{F}_t \subseteq \mathcal{F}_\infty$,以下的两个条件等价于条件(M. 2)。

条件(M. 2b) 对于任意 $t \in \mathbb{R}_+$ 以及任意有界的、$\mathcal{F}_\infty$—可测的随机变量 ξ,有 $\mathbb{E}_{\mathbb{P}}(\xi \mid \mathcal{G}_t) = \mathbb{E}_{\mathbb{P}}(\xi \mid \mathcal{F}_t)$。

条件(M. 2c) 对于任意 $t \in \mathbb{R}_+$ 以及任意有界的、$\mathcal{G}_t$—可测的随机变量 η,有 $\mathbb{E}_{\mathbb{P}}(\eta \mid \mathcal{F}_\infty) = \mathbb{E}_{\mathbb{P}}(\eta \mid \mathcal{F}_t)$。

引理 6.1.1 当且仅当条件(M. 2)满足时,滤子$\mathbb{F}$关于滤子$\mathbb{G}$具有鞅不变性。换言之,条件(M. 1)和条件(M. 2)是等价的。

证明:首先,假设条件(M. 2)成立。令 M 为一任意的$\mathbb{F}$—鞅,则对于任意 $t \leqslant s$,有(以下第一个等式来源于(M. 2b))

$$\mathbb{E}_{\mathbb{P}}(M_s \mid \mathcal{G}_t) = \mathbb{E}_{\mathbb{P}}(M_s \mid \mathcal{F}_t) = M_t$$

因此 M 是一个$\mathbb{G}$—鞅。反过来,假设每一个$\mathbb{F}$—鞅都是一个$\mathbb{G}$—鞅,我们必须检验这个假设意味着条件(M. 2b)成立。因此,对于任意固定的 $t \leqslant s$,考虑一个任意集 $A \in \mathcal{F}_\infty$。引入$\mathbb{F}$—鞅 $M_t := \mathbb{P}\{A \mid \mathcal{F}_t\}(t \in \mathbb{R}_+)$,因为 M 也是一个$\mathbb{G}$—鞅,则可得到:

$$\mathbb{P}\{A \mid \mathcal{G}_t\} = M_t = \mathbb{P}\{A \mid \mathcal{F}_t\}$$

通过规范的论证方式,这表明(M. 2)是成立的。 □

现在假设条件(G. 1)成立,即对于某滤子$\mathbb{H}$,有 $\mathbb{G} = \mathbb{H} \vee \mathbb{F}$。回忆以前我们也这样引入条件(F. 1)。因为 $\mathcal{H}_t \subseteq \mathcal{G}_t$,显然条件(M. 2)比条件(F. 1)更强,事实上,这两个条件是等价的。

引理 6.1.2 条件(F. 1)和条件(M. 1)是等价的。

证明:已知条件(M. 1)和条件(M. 2)是等价的,并且条件(M. 2)比条件(F. 1)更强,这足以说明(F. 1)包含着(M. 2)。

条件(F. 1)等价于如下条件:对于任意有界的、$\mathcal{F}_\infty$—可测的随机变量 ξ,有 $\mathbb{E}_{\mathbb{P}}(\xi \mid \mathcal{H}_t \vee \mathcal{F}_t) = \mathbb{E}_{\mathbb{P}}(\xi \mid \mathcal{F}_t)$。因为 $\mathcal{G}_t = \mathcal{H}_t \vee \mathcal{F}_t$,这立即得出条件(M. 2b)。 □

6.1.2 Λ 的估值:特例

本节中,假设条件(G. 1)和条件(F. 2)成立。

命题 6.1.1 假设 F 是一个递增的、$\mathbb{F}$—可料过程，则由下式给出的过程 Λ 是 τ 的 $\mathbb{F}$—鞅风险过程：

$$\Lambda_t = \int_{[0,\,t]} \frac{\mathrm{d}F_u}{1-F_{u-}} = \int_{[0,\,t]} \frac{\mathrm{d}\,\mathbb{P}\{\tau \leqslant u \mid \mathcal{F}_u\}}{1-\mathbb{P}\{\tau < u \mid \mathcal{F}_u\}} \tag{6.1}$$

证明：首先检验补过程 $H_t - \Lambda_{t\wedge\tau}$ 服从一个 $\mathbb{G}$—鞅，这里 $\mathbb{G}=\mathbb{H}\vee\mathbb{F}$。利用式(5.3)，对于 $t<s$，可以得到：

$$\begin{aligned}\mathbb{E}_{\mathbb{P}}(H_s - H_t \mid \mathcal{G}_t) &= \mathbb{P}\{t<\tau\leqslant s \mid \mathcal{G}_t\} = \mathbb{1}_{\{\tau>t\}} \frac{\mathbb{P}\{t<\tau\leqslant s \mid \mathcal{F}_t\}}{\mathbb{P}\{\tau>t \mid \mathcal{F}_t\}} \\ &= \mathbb{1}_{\{\tau>t\}} \frac{\mathbb{E}_{\mathbb{P}}(F_s \mid \mathcal{F}_t) - F_t}{1-F_t}\end{aligned}$$

另一方面，对于由式(6.1)给出的 Λ 过程，有：

$$\mathbb{E}_{\mathbb{P}}(\Lambda_{s\wedge\tau} - \Lambda_{t\wedge\tau} \mid \mathcal{G}_t) = \mathbb{E}_{\mathbb{P}}\left(\int_{[t\wedge\tau,\, s\wedge\tau]} \frac{\mathrm{d}F_u}{1-F_{u-}} \mid \mathcal{G}_t\right) = \mathbb{E}_{\mathbb{P}}(\mathbb{1}_{\{\tau>t\}} Y \mid \mathcal{G}_t)$$

其中，

$$Y := \int_{[t,\, s\wedge\tau]} \frac{\mathrm{d}F_u}{1-F_{u-}} = \mathbb{1}_{\{\tau>t\}} Y \tag{6.2}$$

进一步地，利用式(5.11)，可得：

$$\mathbb{E}_{\mathbb{P}}(\mathbb{1}_{\{\tau>t\}} Y \mid \mathcal{G}_t) = \mathbb{1}_{\{\tau>t\}} \frac{\mathbb{E}_{\mathbb{P}}(\mathbb{1}_{\{\tau>t\}} Y \mid \mathcal{F}_t)}{\mathbb{P}\{\tau>t \mid \mathcal{F}_t\}}$$

对于 $I := \mathbb{E}_{\mathbb{P}}(\mathbb{1}_{\{\tau>t\}} Y \mid \mathcal{F}_t)$，这足以证明下式成立：

$$I = \mathbb{E}_{\mathbb{P}}\left(\int_{[t,\, s\wedge\tau]} \frac{\mathrm{d}F_u}{1-F_{u-}} \mid \mathcal{F}_t\right) = \mathbb{E}_{\mathbb{P}}(F_s - F_t \mid \mathcal{F}_t) \tag{6.3}$$

最后，注意到

$$\begin{aligned}I &= \mathbb{E}_{\mathbb{P}}\left(\mathbb{1}_{\{\tau>s\}} \int_{[t,\,s]} \frac{\mathrm{d}F_u}{1-F_{u-}} + \mathbb{1}_{\{t<\tau\leqslant s\}} \int_{[t,\,s\wedge\tau]} \frac{\mathrm{d}F_u}{1-F_{u-}} \mid \mathcal{F}_t\right) \\ &= \mathbb{E}_{\mathbb{P}}\left[\mathbb{E}_{\mathbb{P}}\left(\mathbb{1}_{\{\tau>s\}} \int_{[t,\,s]} \frac{\mathrm{d}F_u}{1-F_{u-}} \mid \mathcal{F}_s\right) + \mathbb{1}_{\{t<\tau\leqslant s\}} \int_{[t,\,s\wedge\tau]} \frac{\mathrm{d}F_u}{1-F_{u-}} \mid \mathcal{F}_t\right] \\ &= \mathbb{E}_{\mathbb{P}}\left((1-F_s) \int_{[t,\,s]} \frac{\mathrm{d}F_u}{1-F_{u-}} + \int_{[t,\,s]} \int_{[t,\,u]} \frac{\mathrm{d}F_v}{1-F_{v-}} \mathrm{d}F_u \mid \mathcal{F}_t\right) \\ &= \mathbb{E}_{\mathbb{P}}\left((1-F_s)(\Lambda_s - \Lambda_t) + \int_{[t,\,s]} (\Lambda_u - \Lambda_t)\,\mathrm{d}F_u \mid \mathcal{F}_t\right)\end{aligned}$$

其中,第三个等式是式(5.19)运用于$\mathbb{F}$—可料过程 $Z_s=\int_{[t,s]}(1-F_{u-})^{-1}\mathrm{d}F_u$ 的结果。为推导证明过程,必须先沿着第 4.5.1 节中第(1)部分的证明相同的思路进行讨论。在目前的假设条件下,Λ 和 F 是有限变差过程,所以他们的连续鞅部分同时为零。由乘法法则有(参见式(4.29)):

$$\int_{[t,s]}\Lambda_u\mathrm{d}F_u=\Lambda_sF_s-\Lambda_tF_t-\int_{[t,s]}F_{u-}\mathrm{d}\Lambda_u \tag{6.4}$$

它是利用了引理 4.2.2 中分部公式的确定性积分的依路径形式。 □

评注:作为选择,为了估值条件期望 $K:=\mathbb{E}_{\mathbb{P}}(\Lambda_{s\wedge\tau}-\Lambda_{t\wedge\tau}\mid\mathcal{G}_t)$,可以直接运用推论 5.1.3 的公式(5.18)。注意到:

$$K=\mathbb{E}_{\mathbb{P}}(\mathbb{1}_{\{\tau>s\}}(\Lambda_s-\Lambda_t)\mid\mathcal{G}_t)+\mathbb{E}_{\mathbb{P}}(\mathbb{1}_{\{t<\tau\leqslant s\}}\widetilde{\Lambda}_\tau\mid\mathcal{G}_t)$$

其中,对于固定的 t,记 $\widetilde{\Lambda}_u=(\Lambda_u-\Lambda_t)\mathbb{1}_{[t,\infty]}(u)$(以使得 $\widetilde{\Lambda}$ 服从一个$\mathbb{F}$—可料过程)。因此,运用式(5.18)得到:

$$\mathbb{E}_{\mathbb{P}}(\mathbb{1}_{\{t<\tau\leqslant s\}}\widetilde{\Lambda}_\tau\mid\mathcal{G}_t)=\mathbb{1}_{\{\tau>t\}}\mathrm{e}^{\Gamma_t}\,\mathbb{E}_{\mathbb{P}}\Big(\int_{[t,s]}(\Lambda_u-\Lambda_t)\mathrm{d}F_u\mid\mathcal{F}_t\Big)$$

另一方面,式(5.11)给出:

$$\mathbb{E}_{\mathbb{P}}(\mathbb{1}_{\{\tau>s\}}(\Lambda_s-\Lambda_t)\mid\mathcal{G}_t)=\mathbb{1}_{\{\tau>t\}}\mathrm{e}^{\Gamma_t}\,\mathbb{E}_{\mathbb{P}}(\mathbb{1}_{\{\tau>s\}}(\Lambda_s-\Lambda_t)\mid\mathcal{F}_t)$$

综合以上的公式,得到:

$$\begin{aligned}K&=\mathbb{1}_{\{\tau>t\}}\mathrm{e}^{\Gamma_t}\,\mathbb{E}_{\mathbb{P}}(\mathbb{1}_{\{\tau>s\}}(\Lambda_s-\Lambda_t)+\int_{[t,s]}(\Lambda_u-\Lambda_t)\mathrm{d}F_u\mid\mathcal{F}_t)\\&=\mathbb{1}_{\{\tau>t\}}\mathrm{e}^{\Gamma_t}\,\mathbb{E}_{\mathbb{P}}((1-F_s)(\Lambda_s-\Lambda_t)+\int_{[t,s]}(\Lambda_u-\Lambda_t)\mathrm{d}F_u\mid\mathcal{F}_t)\end{aligned}$$

其中,最后一个等式由关于 σ—域 $\mathcal{F}_s$ 的条件 1 得到。

6.1.3 Λ 的估值:一般情形

我们保持原有条件(G.1)成立的假设。另一方面,假定或者条件(F.2)不满足(这使得 F 过程不是递增的),或者条件(F.2)是成立的但是递增过程 F 不是$\mathbb{F}$—可料的。

例 6.1.1 一个随机时间 τ 可以是一个$\mathbb{F}$—停时,但不是$\mathbb{F}$—可料的。除非停时 τ 是$\mathbb{F}$—可料的,否则,如果 τ 是一个$\mathbb{F}$—停时,则有 $F=H$,并且过程 H 不是$\mathbb{F}$—可料的。

正如以下结论所示,$\mathbb{F}$—鞅风险过程 Λ 同样可以通过式(6.1)的适当修正得到。在接下来的结论中，不需要假设条件(F.2)成立。用 $\widetilde{F}$ 表示有界$\mathbb{F}$—子鞅的$\mathbb{F}$—补偿元，这意味着 $\widetilde{F}$ 是一个唯一的$\mathbb{F}$—可料的递增过程，且 $\widetilde{F}_0 = 0$，使得补过程 $U = F - \widetilde{F}$ 服从一个$\mathbb{F}$—鞅。让我们回忆一下，$\widetilde{F}$ 的唯一性和存在性可以直接由多布—迈耶(Doob-Meyer)分解理论得到。

评注：在一些应用中，假设$\mathbb{F}$—停时 τ 为绝不可及的(参见 Dellacherie(1972))。在这样的情况下，递增过程 $F = H$ 的补 $\widetilde{F}$ 服从一个具有连续递增样本轨道的$\mathbb{F}$—适应过程。

引理 6.1.3　设 Z 为一个有界的$\mathbb{F}$—可料过程，则对于任意的 $t \leqslant s$ 有：

$$\mathbb{E}_{\mathbb{P}}(\mathbb{1}_{\{t<\tau\leqslant s\}} Z_\tau \mid \mathscr{F}_t) = \mathbb{E}_{\mathbb{P}}\left(\int_{[t,\, s]} Z_u \mathrm{d}\widetilde{F}_u \mid \mathscr{F}_t\right)$$

证明：由 $U = F - \widetilde{F}$ 的鞅性质得到：

$$\mathbb{E}_{\mathbb{P}}\left(\int_{[t,\, s]} Z_u \mathrm{d}(F_u - \widetilde{F}_u) \mid \mathscr{F}_t\right) = \mathbb{E}_{\mathbb{P}}\left(\int_{[t,\, s]} Z_u \mathrm{d}U_u \mid \mathscr{F}_t\right) = 0$$

因此，使用式(5.19)即可得证。 □

命题 6.1.2　(1) 随机时间 τ 的$\mathbb{F}$—鞅风险过程由以下公式给出：

$$\Lambda_t = \int_{[0,\, t]} \frac{\mathrm{d}\widetilde{F}_u}{1 - F_{u-}} \tag{6.5}$$

(2) 假设对于每一个 $t \in \mathbb{R}_+$，有 $\widetilde{F}_t = \widetilde{F}_{t\wedge\tau}$，即过程 $\widetilde{F}$ 在一个随机时间 τ 处停止，则等式 $\Lambda = \widetilde{F}$ 成立。

证明：显然由式(6.5)给出的过程 Λ 是$\mathbb{F}$—可料的，因此，只需要证明过程 $\widetilde{M}_t = H_t - \Lambda_{t\wedge\tau}$ 为一个$\mathbb{G}$—鞅即可。在证明的第一部分，沿用证明命题 6.1.1 中相同的思路。在现有的条件下，可以发现，对于任意的 $s \geqslant t$ (参见式(6.3))有：

$$\widetilde{I} := \mathbb{E}_{\mathbb{P}}\left(\int_{[t,\, s\wedge\tau]} \frac{\mathrm{d}\widetilde{F}_u}{1 - F_{u-}} \mid \mathscr{F}_t\right) = \mathbb{E}_{\mathbb{P}}(F_s - F_t \mid \mathscr{F}_t) = \mathbb{E}_{\mathbb{P}}(\widetilde{F}_s - \widetilde{F}_t \mid \mathscr{F}_t)$$

其中，第二个等式是由 $\widetilde{F}$ 定义得到的，从而有：

$$\begin{aligned}
\widetilde{I} &= \mathbb{E}_{\mathbb{P}}\left(\mathbb{1}_{\{\tau>s\}} \int_{[t,\, s]} \frac{\mathrm{d}\widetilde{F}_u}{1 - F_{u-}} + \mathbb{1}_{\{t<\tau\leqslant s\}} \int_{[t,\, s\wedge\tau]} \frac{\mathrm{d}\widetilde{F}_u}{1 - F_{u-}} \mid \mathscr{F}_t\right) \\
&= \mathbb{E}_{\mathbb{P}}\left[\mathbb{E}_{\mathbb{P}}\left(\mathbb{1}_{\{\tau>s\}} \int_{[t,\, s]} \frac{\mathrm{d}\widetilde{F}_u}{1 - F_{u-}} \mid \mathscr{F}_s\right) + \mathbb{1}_{\{t<\tau\leqslant s\}} \int_{[t,\, s\wedge\tau]} \frac{\mathrm{d}\widetilde{F}_u}{1 - F_{u-}} \mid \mathscr{F}_t\right] \\
&= \mathbb{E}_{\mathbb{P}}\left((1 - F_s) \int_{[t,\, s]} \frac{\mathrm{d}\widetilde{F}_u}{1 - F_{u-}} + \int_{[t,\, s]} \int_{[t,\, u]} \frac{\mathrm{d}\widetilde{F}_v}{1 - F_{v-}} \mathrm{d}F_u \mid \mathscr{F}_t\right) \\
&= \mathbb{E}_{\mathbb{P}}\left((\Lambda_s - \Lambda_t)(1 - F_s) + \int_{[t,\, s]} (\Lambda_u - \Lambda_t) \mathrm{d}\, F_u \mid \mathscr{F}_t\right)
\end{aligned}$$

其中,第三个等式源于引理 6.1.3 与等式(5.19)的结合。因为 Λ 是$\mathbb{F}$—可料的,并且 U 是一个$\mathbb{F}$—鞅,则可得到

$$\mathbb{E}_{\mathbb{P}}\left(\int_{[t,s]}(\Lambda_u-\Lambda_t)\mathrm{d}U_u \mid \mathcal{F}_t\right)=0$$

其依次迭代可得

$$\begin{aligned}\widetilde{I}&=\mathbb{E}_{\mathbb{P}}\left((\Lambda_s-\Lambda_t)(1-F_s)+\int_{[t,s]}(\Lambda_u-\Lambda_t)\mathrm{d}\widetilde{F}_u \mid \mathcal{F}_t\right)\\&=\mathbb{E}_{\mathbb{P}}\left((\Lambda_s-\Lambda_t)(1-F_s)+\int_{[t,s]}(\Lambda_u-\Lambda_t)\mathrm{d}(F_u-U_u) \mid \mathcal{F}_t\right)\\&=\mathbb{E}_{\mathbb{P}}\left((\Lambda_s-\Lambda_t)(1-F_s)+\int_{[t,s]}(\Lambda_u-\Lambda_t)\mathrm{d}F_u \mid \mathcal{F}_t\right)\end{aligned}$$

为了证明 $\widetilde{I}=\mathbb{E}_{\mathbb{P}}(\widetilde{F}_s-\widetilde{F}_t \mid \mathcal{F}_t)$,注意到:

$$\int_{[t,s]}(\Lambda_u-\Lambda_t)\mathrm{d}F_u=-\Lambda_t(F_s-F_t)+\int_{[t,s]}\Lambda_u\mathrm{d}F_u$$

因为 Λ 是一个有限变差过程,由伊藤乘法法则可得:

$$\int_{[t,s]}\Lambda_u\mathrm{d}F_u=\Lambda_sF_s-\Lambda_tF_t-\int_{[t,s]}F_{u-}\mathrm{d}\Lambda_u \tag{6.6}$$

由式(6.5)有

$$\int_{[t,s]}F_{u-}\mathrm{d}\Lambda_u=\Lambda_s-\Lambda_t-\widetilde{F}_s+\widetilde{F}_t$$

合并上述等式,可以得到:

$$(\Lambda_s-\Lambda_t)(1-F_s)+\int_{[t,s]}(\Lambda_u-\Lambda_t)\mathrm{d}F_u=\widetilde{F}_s-\widetilde{F}_t \tag{6.7}$$

至此,完成了命题第(1)部分结论的证明,接下来证明第(2)部分的结论。假设对于任意的 $t\in\mathbb{R}_+$,有 $\widetilde{F}_{t\wedge\tau}=\widetilde{F}_t$,并且过程 $F_t-\widetilde{F}_{t\wedge\tau}$ 是一个$\mathbb{F}$—鞅。我们希望证明过程 $H_t-\widetilde{F}_{t\wedge\tau}$ 服从一个$\mathbb{G}$—鞅,即对于任意的 $t\leqslant s$,有下式成立:

$$\mathbb{E}_{\mathbb{P}}(H_s-\widetilde{F}_{s\wedge\tau} \mid \mathcal{G}_t)=H_t-\widetilde{F}_{t\wedge\tau}$$

或者等价地有

$$\mathbb{E}_{\mathbb{P}}(H_s-H_t \mid \mathcal{G}_t)=\mathbb{E}_{\mathbb{P}}(\widetilde{F}_{s\wedge\tau}-\widetilde{F}_{t\wedge\tau} \mid \mathcal{G}_t)$$

利用式(5.3),得到

$$\mathbb{E}_{\mathbb{P}}(H_s-H_t \mid \mathcal{G}_t)=(1-H_t)\frac{\mathbb{E}_{\mathbb{P}}(H_s-H_t \mid \mathcal{F}_t)}{\mathbb{E}_{\mathbb{P}}(1-H_t \mid \mathcal{F}_t)} \tag{6.8}$$

另一方面，对于随机变量 $\widetilde{J} := \mathbb{E}_{\mathbb{P}}(\widetilde{F}_{s\wedge\tau} - \widetilde{F}_{t\wedge\tau} \mid \mathcal{G}_t)$，可得：

$$\widetilde{J} := \mathbb{E}_{\mathbb{P}}(\mathbb{1}_{\{\tau>t\}}(\widetilde{F}_{s\wedge\tau} - \widetilde{F}_{t\wedge\tau}) \mid \mathcal{G}_t) = (1-H_t)\frac{\mathbb{E}_{\mathbb{P}}(\widetilde{F}_{s\wedge\tau} - \widetilde{F}_{t\wedge\tau} \mid \mathcal{F}_t)}{\mathbb{E}_{\mathbb{P}}(1-H_t \mid \mathcal{F}_t)}$$

$$= (1-H_t)\frac{\mathbb{E}_{\mathbb{P}}(F_s - F_t \mid \mathcal{F}_t)}{\mathbb{E}_{\mathbb{P}}(1-H_t \mid \mathcal{F}_t)} = (1-H_t)\frac{\mathbb{E}_{\mathbb{P}}(H_s - H_t \mid \mathcal{F}_t)}{\mathbb{E}_{\mathbb{P}}(1-H_t \mid \mathcal{F}_t)}$$

其中，第二个等式源于式(5.2)，第三个等式从过程 $F_t - \widetilde{F}_{t\wedge\tau}$ 是一个$\mathbb{F}$—鞅的假设得到。 □

在条件(F.1)下，过程 $\widetilde{F}$ 从不在 τ 时刻停止，除非 τ 是一个$\mathbb{F}$—停时，$\widetilde{F}$ 才在 τ 处停止。下面将证明 τ 的确是一个$\mathbb{F}$—停时而不是 $\widetilde{F}_t = \widetilde{F}_{t\wedge\tau}$ 的假设。在条件(F.1)下，过程 $F_t - \widetilde{F}_{t\wedge\tau}$ 不仅是一个$\mathbb{F}$—鞅，也是一个$\mathbb{G}$—鞅(见引理 6.1.1 和引理 6.1.2)。由于命题 6.1.2 的第(2)部分中已表明过程 $H_t - \widetilde{F}_{t\wedge\tau}$ 是一个$\mathbb{G}$—鞅过程，我们推得 $H - F$ 服从一个$\mathbb{G}$—鞅。根据 F 的定义，最后一条性质表明，对于 $t \leqslant s$ 有

$$\mathbb{E}_{\mathbb{P}}(H_s - \mathbb{E}_{\mathbb{P}}(H_s \mid \mathcal{F}_s) \mid \mathcal{G}_t) = H_t - \mathbb{E}_{\mathbb{P}}(H_t \mid \mathcal{F}_t)$$

或者等价地有

$$\mathbb{E}_{\mathbb{P}}(H_s - H_t \mid \mathcal{G}_t) = \mathbb{E}_{\mathbb{P}}(\mathbb{E}_{\mathbb{P}}(H_s \mid \mathcal{F}_s) \mid \mathcal{G}_t) - \mathbb{E}_{\mathbb{P}}(H_t \mid \mathcal{F}_t) = I_1 - I_2 \tag{6.9}$$

在条件(F.1)下，有(参见条件(F.1a))

$$I_1 = \mathbb{E}_{\mathbb{P}}(\mathbb{P}\{\tau \leqslant s \mid \mathcal{F}_s\} \mid \mathcal{F}_t \vee \mathcal{H}_t) = \mathbb{E}_{\mathbb{P}}(\mathbb{P}\{\tau \leqslant s \mid \mathcal{F}_\infty\} \mid \mathcal{F}_t \vee \mathcal{H}_t)$$

$$= \mathbb{E}_{\mathbb{P}}(\mathbb{P}\{\tau \leqslant s \mid \mathcal{F}_s\} \mid \mathcal{F}_t)$$

根据随机变量 $\mathbb{P}\{\tau \leqslant s \mid \mathcal{F}_\infty\}$ 的 $\mathcal{F}_\infty$—可测性，以及给定 $\mathcal{F}_t$ 条件下 σ—域 $\mathcal{F}_\infty$ 和 $\mathcal{H}_t$ 的条件独立性，可以得到上式中最后一个等式。从而有：

$$I_1 = \mathbb{E}_{\mathbb{P}}(\mathbb{E}_{\mathbb{P}}(H_s \mid \mathcal{F}_\infty) \mid \mathcal{F}_t) = \mathbb{E}_{\mathbb{P}}(H_s \mid \mathcal{F}_t)$$

式(6.9)可以重新表述为：

$$\mathbb{E}_{\mathbb{P}}(H_s - H_t \mid \mathcal{G}_t) = \mathbb{E}_{\mathbb{P}}(H_s \mid \mathcal{F}_t) - \mathbb{E}_{\mathbb{P}}(H_t \mid \mathcal{F}_t)$$

最后，将式(6.8)代入上式左边，得到：

$$(1-H_t)\frac{\mathbb{E}_{\mathbb{P}}(H_s - H_t \mid \mathcal{F}_t)}{\mathbb{E}_{\mathbb{P}}(1-H_t \mid \mathcal{F}_t)} = \mathbb{E}_{\mathbb{P}}(H_s - H_t \mid \mathcal{F}_t)$$

在上式中，令 s 趋于∞，则 $H_t = \mathbb{E}_{\mathbb{P}}(H_t \mid \mathcal{F}_t)$，或更明确地，对于任意的 $t \in \mathbb{R}_+$，有 $\mathbb{P}\{\tau \leqslant t \mid \mathcal{F}_t\} = \mathbb{1}_{\{\tau \leqslant t\}}$。由此可以得到一个随机时间 τ 确实是$\mathbb{F}$—停时的。

6.1.4 鞅风险过程 Λ 的唯一性

首先必须考查 τ 的$\mathbb{F}$—鞅风险过程 Λ 和一个具有随机时间 τ 的跳跃过程 H 的$\mathbb{G}$—补偿元(即对偶可料映射)的经典定义之间的关系。为了方便,以后过程 H 的补称为 τ 的补。

定义 6.1.3 过程 A 是 τ 的$\mathbb{G}$—补偿元,当且仅当如下条件满足时:(1)A 是$\mathbb{G}$—可料的、右连续的递增过程,且 $A_0=0$;(2)过程 $H\text{-}A$ 是一个$\mathbb{G}$—鞅。

众所周知,对于任意随机时间 τ,以及使得 τ 为一个$\mathbb{G}$—停时的任意滤子$\mathbb{G}$,存在唯一的 τ 的$\mathbb{G}$—补 A,而且 $A_t=A_{t\wedge\tau}$,即递增过程 A 实际上在 τ 时停止。在接下来的辅助性结论中,我们必须处理一个任意的滤子$\mathbb{F}$,使得当它和$\mathbb{G}$—停时 τ 的自然滤子$\mathbb{H}$ 相结合时,则产生了放大的滤子$\mathbb{G}$。由于这两者的表述都是典型的,所以在这里省略了证明过程。

引理 6.1.4 设$\mathbb{F}$ 为使得 $\mathbb{G}=\mathbb{H}\vee\mathbb{F}$ 成立的任一滤子,从而

(1) 令 A 为满足 $A_t=A_{t\wedge\tau}$ 的$\mathbb{G}$—可料的、右连续递增过程,则存在一个满足 $A_t=\Lambda_{t\wedge\tau}$ 的$\mathbb{F}$—可料的、右连续递增过程 Λ。

(2) 令 Λ 是一个$\mathbb{F}$—可料的、右连续递增过程,则 $A_t=\Lambda_{t\wedge\tau}$ 是一个$\mathbb{G}$—可料的、右连续递增过程。

接下来的命题总结了 τ 的$\mathbb{G}$—补 A 和 τ 的$\mathbb{F}$—鞅风险过程 Λ 之间的关系,进一步地说明了$\mathbb{F}$ 是使得 $\mathbb{G}=\mathbb{H}\vee\mathbb{F}$ 成立的任意滤子。

命题 6.1.3 (1) 设 A 为 τ 的$\mathbb{G}$—补,则存在一个使得 $A_t=\Lambda_{t\wedge\tau}$ 成立的$\mathbb{F}$—鞅风险过程 Λ。

(2) 设 Λ 为 τ 的$\mathbb{F}$—鞅风险过程,则过程 $A_t=\Lambda_{t\wedge\tau}$ 是 τ 的$\mathbb{G}$—补。

证明:命题第一个(第二个)陈述来源引理 6.1.4 的第(1)(相应的第(2)部分)部分。

根据$\mathbb{G}$—补的唯一性,结合命题 6.1.3 的第(2)部分,可以推得,在如下意义下基于时间 τ 的$\mathbb{F}$—鞅风险过程是唯一的:如果 Λ^1 和 Λ^2 是 τ 的两个$\mathbb{F}$—鞅风险过程,则停止的过程相吻合:即对于任意的 $t\in\mathbb{R}_+$ 有 $\Lambda^1_{t\wedge\tau}=\Lambda^2_{t\wedge\tau}$。为确保 τ 的$\mathbb{F}$—鞅风险过程的某种唯一性,必须得施加一些额外的限制。

设 τ 为某滤子$\mathbb{G}$ 的$\mathbb{G}$—停时 τ,则对于$\mathbb{G}$ 的子—滤子$\mathbb{F}$,$\mathbb{G}=\mathbb{H}\vee\mathbb{F}$不是唯一设定的。假设 $\mathbb{G}=\mathbb{H}\vee\mathbb{F}^1=\mathbb{H}\vee\mathbb{F}^2$,且 τ 的$\mathbb{F}^i$—鞅风险过程由 Λ^i 表示,则有 $\Lambda^1_{t\wedge\tau}=A_{t\wedge\tau}=\Lambda^2_{t\wedge\tau}$。现在很自然的问题是要寻找$\hat{\mathbb{F}}$—风险过程,使得$\hat{\mathbb{F}}$ 是一个满足 $\mathbb{G}=\mathbb{H}\vee\hat{\mathbb{F}}$ 的“最小”滤子。

6.2 风险过程 Γ 和 Λ 的关系

设$\mathbb{F}$—风险过程 Γ 是定义良好的(特别地,τ 不是一个$\mathbb{F}$—停时)。在条件(G.1)下,对于任意的 $\mathscr{F}_s$—可测随机变量 Y,有(参见式(5.13))

$$\mathbb{E}_{\mathbb{P}}(\mathbb{1}_{\{\tau>s\}}Y \mid \mathscr{G}_t) = \mathbb{1}_{\{\tau>t\}}\mathbb{E}_{\mathbb{P}}(Ye^{\Gamma_t-\Gamma_s} \mid \mathscr{F}_t) \tag{6.10}$$

这里,会自然地提出如下问题:在上述公式中能否用$\mathbb{F}$—鞅风险函数 Λ 代替 Γ? 如果等式 $\Lambda=\Gamma$ 成立时,例如,当条件(G.1)和条件(F.2)满足、且 F 过程是连续的时候,当然答案是毋庸置疑的。因此,对应于命题 4.5.1 的第(2)和第(3)部分,我们可以得到如下的结果。

命题 6.2.1 在条件(G.1)和条件(F.2)下,以下论述成立。

(1) 如果递增过程 F 是$\mathbb{F}$—可料的,但 F 是非连续的,则$\mathbb{F}$—鞅风险过程 Λ 也是非连续的,且有:

$$e^{-\Gamma_t} = e^{-\Lambda_t^c}\prod_{0<u\leqslant t}(1-\Delta\Lambda_u)$$

其中,用 Λ^c 表示 Λ 的连续部分。更明确地,对于每一个 $t\in\mathbb{R}_+$,都有:

$$\Lambda_t^c = \Lambda_t - \sum_{0\leqslant u\leqslant t}\Delta\Lambda_u$$

(2) 如果递增过程 F 是连续的,则$\mathbb{F}$—鞅风险过程 Λ 也是连续的,并且

$$\Gamma_t = \Lambda_t = -\ln(1-F_t),\ \forall t\in\mathbb{R}_+$$

此外,如果过程 $\Lambda=\Gamma$ 是绝对连续的,则对可积的 $\mathscr{F}_s$—可测的随机变量 Y,有

$$\mathbb{E}_{\mathbb{P}}(\mathbb{1}_{\{\tau>s\}}Y \mid \mathscr{G}_t) = \mathbb{1}_{\{\tau>t\}}\mathbb{E}_{\mathbb{P}}\left(Ye^{-\int_t^s\lambda_u du} \mid \mathscr{F}_t\right)$$

证明:当且仅当 F 过程容许为非连续时,风险过程 Λ 是非连续的。在条件(G.1)和条件(F.2)下,由命题 6.1.1,可得:

$$G_t = -\int_{[0,\,t]}G_{u-}\,d\Lambda_u$$

因为 Λ 是一个有限变差过程,可以得到(参见式(4.24)和式(4.25))

$$e^{-\Gamma_t} = G_t = e^{-\Lambda_t^c}\prod_{0<u\leqslant t}(1-\Delta\Lambda_u)$$

命题的第(2)部分直接可以由第(1)部分推出。 □

以下的结论是推论 5.1.3 的直接结果。

推论 6.2.1 假设条件(G.1)和条件(F.2)成立，且 F 过程是一个连续过程。对于某一有界的连续函数 $h(h:\mathbb{R}_+\to\mathbb{R})$，令 $Y=h(\tau)$，则

$$\mathbb{E}_{\mathbb{P}}(Y\mid\mathscr{G}_t)=\mathbb{1}_{\{\tau\leqslant t\}}h(\tau)+\mathbb{1}_{\{\tau>t\}}\mathbb{E}_{\mathbb{P}}\left(\int_t^{\infty}h(u)\mathrm{e}^{\Lambda_t-\Lambda_u}\,\mathrm{d}\Lambda_u\mid\mathscr{F}_t\right)$$

设 Z 为一个有界的$\mathbb{F}$—可料过程，则对于任意的 $t\leqslant s$ 有：

$$\mathbb{E}_{\mathbb{P}}(Z_\tau\mathbb{1}_{\{t<\tau\leqslant s\}}\mid\mathscr{G}_t)=\mathbb{1}_{\{\tau>t\}}\mathbb{E}_{\mathbb{P}}\left(\int_t^{s}Z_u\mathrm{e}^{\Lambda_t-\Lambda_u}\,\mathrm{d}\Lambda_u\mid\mathscr{F}_t\right)$$

在某些情况下，随机时间 τ 的$\mathbb{F}$—鞅风险过程可以通过鞅方法得到。由此产生的问题是：$\mathbb{F}$—鞅风险过程 Λ 的连续性是否意味着等式 $\Lambda=\Gamma$ 成立？接下来的结论为这个问题提供了部分答案。

命题 6.2.2 在条件(G.1)和条件(F.2)下，假设滤子$\mathbb{F}$只支撑连续鞅。如果$\mathbb{F}$—鞅风险过程 Λ 是连续的，则风险过程 Γ 也是连续的，且有 $\Gamma=\Lambda$。

证明：我们知道$\mathbb{F}$—鞅风险过程 Λ 由式(6.5)给出。如果 Λ 是连续的，则过程 $\widetilde{F}$ 也是连续的。由于$\mathbb{F}$—鞅 $U=F-\widetilde{F}$ 必是连续的，从而 $F=U+\widetilde{F}$ 服从一个连续的递增过程。因此，通过式(6.1)给出 Λ，使得 $\Lambda_t=-\ln(1-F_t)=\Gamma_t$。 □

接下来陈述如下的猜想。

猜想(A) 在假设条件(G.1)和条件(F.2)下，如果 τ 的$\mathbb{F}$—鞅风险过程 Λ 是连续的，则等式 $\Gamma=\Lambda$ 成立。

借助于 Elliot 等(2000)如下的反例，表明一般而言(更具体地，当条件(F.2)不成立时)，猜想(A)是不成立的。

例 6.2.1 设 W 为$(\Omega,\mathbb{F},\mathbb{P})$上的一个标准布朗过程，其中 $\mathbb{F}=\mathbb{F}^W$ 是 W 的自然滤子。定义一个在$(\Omega,\mathscr{F}_t,\mathbb{P})$上的随机时间 $\tau:\tau=\sup\{t\leqslant 1:W_t=0\}$。换言之，$\tau$ 是布朗运动 W 在时刻 1 之前到达 0 的最后经过时间。设 $\mathbb{G}=\mathbb{H}\vee\mathbb{F}$，则 τ 的$\mathbb{F}$—风险过程等于 $\Gamma_t=-\ln(1-F_t)$，其中

$$F_t=\mathbb{P}\{\tau\leqslant t\mid\mathscr{F}_t\}=\widetilde{N}\left(\frac{|W_t|}{\sqrt{1-t}}\right),\quad \widetilde{N}(x):=\sqrt{\frac{2}{\pi}}\int_0^x\mathrm{e}^{-u^2/2}\,\mathrm{d}u$$

设 L^0 表示 W 在原点的局部时(对于局部时的性质，可以参考 Karatzas 和 Shreve (1991)或 Revuz 和 Yor(1991))。对于 $t\in[0,1]$，τ 的$\mathbb{F}$—鞅风险过程等于：

$$\Lambda_t=\sqrt{\frac{2}{\pi}}\int_0^t\frac{\mathrm{d}L_s^0}{\sqrt{1-s}}$$

为检验上述等式，必须使用如下的结论(见 Yor(1997))。

命题 6.2.3 对于每一个 $t \in [0, 1)$，τ 的$\mathbb{F}$—风险过程等于

$$F_t = \mathbb{P}\{\tau \leqslant t \mid \mathscr{F}_t\} = \widetilde{N}\left(\frac{|W_t|}{\sqrt{1-t}}\right) \tag{6.11}$$

F 的$\mathbb{F}$—补等于

$$\widetilde{F}_t = \sqrt{\frac{2}{\pi}} \int_0^t \frac{\mathrm{d}L_s^0}{\sqrt{1-s}}$$

其中，L^0 表示布朗运动 W 在原点的局部时。

证明：对于任意固定的 $t < 1$，事件 $\{\tau \leqslant t\}$ 与事件 $\{d_t > 1\}$ 一致，其中 $d_t = \inf\{u \geqslant t : W_u = 0\}$。引用如下的等式(参见 Yor(1997))：

$$d_t = t + \inf\{u \geqslant 0 : W_{u+t} - W_t = -W_t\} = t + \hat{\tau} - W_t \overset{d}{=} t + \frac{W_t^2}{G^2} \tag{6.12}$$

在这里记 $\hat{\tau}_b = \inf\{u \geqslant 0 : \hat{W}_u = b\}$，其中，对于 $u \geqslant 0$，有 $\hat{W}_u = W_{u+t} - W_t$，这样定义的 $\hat{\tau}_b$ 是一个独立于 $\mathscr{F}_t^W$ 的布朗过程。G 也满足均值为 0 和方差为 1 的高斯定律，且 G 是独立于 W_t 的。

对于任意的 $a \in \mathbb{R}$，标准计算表明：

$$\mathbb{P}\left(\frac{a^2}{G^2} > 1 - t\right) = \widetilde{N}\left(\frac{|a|}{\sqrt{1-t}}\right) \tag{6.13}$$

由伊藤公式，结合经典恒等式

$$x\widetilde{N}'(x) + \widetilde{N}''(x) = 0$$

得到

$$\begin{aligned}\widetilde{N}\left(\frac{|W_t|}{\sqrt{1-t}}\right) &= \int_0^t \widetilde{N}'\left(\frac{|W_s|}{\sqrt{1-s}}\right) \mathrm{d}\left(\frac{|W_s|}{\sqrt{1-s}}\right) + \frac{1}{2}\int_0^t \widetilde{N}''\left(\frac{|W_s|}{\sqrt{1-s}}\right) \frac{\mathrm{d}s}{1-s} \\ &= \int_0^t \widetilde{N}'\left(\frac{|W_s|}{\sqrt{1-s}}\right) \frac{\mathrm{sgn}(W_s)}{\sqrt{1-s}} \mathrm{d}W_s + \int_0^t \widetilde{N}'\left(\frac{|W_s|}{\sqrt{1-s}}\right) \frac{\mathrm{d}L_s^0}{\sqrt{1-s}}\end{aligned}$$

回忆一下已知的布朗局部时的性质：如果 $g(g: \mathbb{R} \to \mathbb{R})$ 是一个非负的波莱尔可测函数，则有：

$$\int_0^t g(W_s)\mathrm{d}L_s^0 = g(0)L_t^0, \ \forall t \in \mathbb{R}_+$$

由此推得：

$$\widetilde{N}\left(\frac{|W_t|}{\sqrt{1-t}}\right)=\int_0^t \widetilde{N}'\left(\frac{|W_s|}{\sqrt{1-s}}\right)\frac{\mathrm{sgn}(W_s)}{\sqrt{1-s}}\mathrm{d}W_s+\sqrt{\frac{2}{\pi}}\int_0^t \frac{\mathrm{d}L_s^0}{\sqrt{1-s}}$$

但是,根据式(6.12)和式(6.13)有

$$F_t=\mathbb{P}\{\tau\leqslant t\mid \mathscr{F}_t\}=\mathbb{P}\{\mathrm{d}_t>1\mid \mathscr{F}_t\}=\widetilde{N}\left(\frac{|W_t|}{\sqrt{1-t}}\right)$$

从而,F 的$\mathbb{F}$—补等于

$$\widetilde{F}_t=\sqrt{\frac{2}{\pi}}\int_0^t \frac{\mathrm{d}L_s^0}{\sqrt{1-s}}$$

至此,完成了该命题的证明。 □

下面继续分析引用的例子。再次使用局部时的支集性质,具体利用如下等式:

$$L_t^0=\int_0^t \mathbb{1}_{\{W_s=0\}}\mathrm{d}L_s^0,\ \forall t\in\mathbb{R}_+$$

可以发现 $L_t^0=L_{t\wedge\tau}^0$,于是 $\widetilde{F}_t=\widetilde{F}_{t\wedge\tau}$。鉴于命题 6.1.2 第(2)部分,$\mathbb{F}$—鞅风险过程 Λ 等于 $\widetilde{F}$。进一步地,Γ 和 Λ 都是连续过程,但是 Λ 是递增的,而 Γ 有非零连续鞅部分。由此推得 $\Gamma\neq\Lambda$。

注意,在现在的分析框架中条件(F.2)是不满足的(因此条件(F.1)也不成立)。当条件(F.2)不成立时,Γ 和 Λ 的连续性并不必然意味着等式 $\Gamma=\Lambda$ 成立。注意到,满足 $A_t=\Lambda_{t\wedge\tau}$ 等式的 H 的$\mathbb{G}$—补 A 也等于 $\widetilde{F}$,因此

$$\widetilde{F}_t=\sqrt{\frac{2}{\pi}}\int_0^{t\wedge\tau} \frac{\mathrm{d}L_s^0}{\sqrt{1-s}}=\Lambda_{t\wedge\tau}$$

最后注意到,$\mathbb{F}$—鞅风险过程 Λ 同时也表示为 τ 的 $\hat{F}$—鞅风险过程,其中 $\hat{F}$ 表示过程 $|W_t|$ 的自然滤子(众所周知,$\hat{F}$ 是$\mathbb{F}$ 的一个严格子滤子)。同样,对于每一个 t 有:

$$F_t=\mathbb{P}\{\tau\leqslant t\mid \mathscr{F}_t\}=\mathbb{P}\{\tau\leqslant t\mid \hat{\mathscr{F}}_t\}=\hat{F}_t$$

从而使得 $\Gamma=\hat{\Gamma}_t$。

6.3 鞅表示定理

考虑如下的构建:给定一个参照滤子$\mathbb{F}$ 和放大的滤子 $\mathbb{G}=\mathbb{F}\vee\mathbb{H}$,其中滤子$\mathbb{H}$ 是由

随机时间 τ 产生的。此外，设命题 6.1.2 的假设是有效的，以使得 F 服从一个递增的$\mathbb{F}$—可料过程，随机时间 τ 的$\mathbb{F}$—鞅风险过程 Λ 由下式给出：

$$\Lambda_t = \int_{[0,\,t]} \frac{\mathrm{d}F_u}{1-F_{u-}} \tag{6.14}$$

借助$\mathbb{F}$—鞅风险过程的定义，补过程 $\widetilde{M}_t = H_t - \Lambda_{t\wedge\tau}$ 服从一个$\mathbb{G}$—鞅。在引理 5.1.7 中，我们已证明了由如下公式给出的 L 过程服从一个$\mathbb{G}$—鞅：

$$L_t := \mathbb{1}_{\{\tau>t\}}(1-F_t)^{-1} = \frac{1-H_t}{1-F_t}$$

下面，将验证等式

$$\mathrm{d}L_t = -(1-F_t)^{-1}\mathrm{d}\widetilde{M}_t \tag{6.15}$$

为此，注意到

$$A_t := \Lambda_{t\wedge\tau} = \int_{[0,\,t]} \frac{1-H_{u-}}{1-F_{u-}}\mathrm{d}F_u = \int_{[0,\,t]} L_{u-}\mathrm{d}F_u \tag{6.16}$$

由于

$$1-H_t = L_t(1-F_t)$$

使用伊藤公式，得到（注意 L 是一个有限变差过程）：

$$\mathrm{d}H_t = L_{t-}\mathrm{d}F_t - (1-F_t)\mathrm{d}L_t = A_t - (1-F_t)\mathrm{d}L_t$$

接下来的结论是与命题 5.1.2 相对应的。

命题 6.3.1 设 Z 为一个$\mathbb{F}$—可料过程，使得随机变量 Z_τ 是可积的，则$\mathbb{G}$—鞅 $M_t^Z := \mathbb{E}_{\mathbb{P}}(Z_\tau \mid \mathcal{G}_t)$ 具有如下的可积表示：

$$M_t^Z = m_0 + \int_{[0,\,t]} L_{t-}\mathrm{d}m_u + \int_{[0,\,t]} (Z_u - D_u)\mathrm{d}\widetilde{M}_u \tag{6.17}$$

其中，m 表示一个$\mathbb{F}$—鞅，由以下公式确定

$$m_t = \mathbb{E}_{\mathbb{P}}\left(\int_0^\infty Z_u \mathrm{d}F_u \mid \mathcal{F}_t\right)$$

$$D_t = (1-F_t)^{-1}\,\mathbb{E}_{\mathbb{P}}\left(\int_t^\infty Z_u \mathrm{d}F_u \mid \mathcal{F}_t\right)$$

证明：根据命题 5.1.1，有（参见式(5.18)）：

$$M_t^Z = \mathbb{E}_{\mathbb{P}}(Z_\tau \mid \mathcal{G}_t) = H_t Z_\tau + (1-H_t)D_t = H_t Z_\tau + \widehat{D}_t$$

其中，

$$\hat{D}_t := (1-H_t)D_t = L_t\Big(m_t - \int_{[0,\ t]} Z_u \mathrm{d}F_u\Big)$$

因此,L 是一个有限变差过程,可以得到:

$$\begin{aligned}\mathrm{d}\,\hat{D}_t &= L_{t-}(\mathrm{d}m_t - Z_t\mathrm{d}F_t) + D_t(1-F_t)\mathrm{d}L_t \\ &= L_{t-}\mathrm{d}m_t - Z_t\mathrm{d}D_t + D_t(1-F_t)\mathrm{d}L_t \\ &= L_{t-}\mathrm{d}m_t - Z_t\mathrm{d}D_t + D_t\mathrm{d}\widetilde{M}_t\end{aligned}$$

其中,我们使用了式(6.15)和式(6.16)。相应地有:

$$\mathrm{d}M_t^Z = Z_t\mathrm{d}H_t + \mathrm{d}\hat{D}_t = L_{t-}\mathrm{d}m_t + (Z_t - D_t)\mathrm{d}\widetilde{M}_t$$

由此得到了想要证明的表达式(6.17)。 □

明显地,等式 $m_0 = M_0^Z$ 成立。同样注意到,表达式(6.17)可以重新表述为:

$$M_t^Z = m_0 + \int_{[0,\ t\wedge\tau]}(1-F_{t-})^{-1}\mathrm{d}m_u + \int_{[0,\ t]}(Z_u - D_u)\mathrm{d}\widetilde{M}_u \tag{6.18}$$

6.4 鞅不变性的情形

在接下来的结论中,将直接处理$\mathbb{F}$—鞅风险过程。因此,命题 6.4.1 也包括$\mathbb{F}$—风险过程 Γ 不存在时的情形(如 τ 是一个$\mathbb{F}$—停时)。为了说明当 Γ 被 Λ 代替后,与式(6.10)对应的等式是有效的,需要在此施加一个连续性条件。根据 Duffie 等(1996)的研究,以下的命题是相当重要的。

命题 6.4.1 令 $\mathbb{H}\vee\mathbb{F}\subseteq\mathbb{G}$。假设条件(M.1)是有效的,且随机时间 τ 的$\mathbb{F}$—鞅风险过程 Λ 是连续的。对于一个固定的 $s>0$,用 Y 表示一个 $\mathcal{F}_s$—可测的、可积的随机变量。

(1) 如果由如下公式

$$V_t = \mathbb{E}_{\mathbb{P}}(Y\mathrm{e}^{\Lambda_t-\Lambda_s}\mid\mathcal{F}_t),\ \forall t\in[0,\ s] \tag{6.19}$$

给出的(右边续的)过程 V 在 τ 处是连续的:即如果 $\Delta V_{s\wedge\tau} = V_{s\wedge\tau} - V_{(s\wedge\tau)-} = 0$,则对于任意的 $t<s$,有:

$$\mathbb{E}_{\mathbb{P}}(\mathbb{1}_{\{\tau>s\}}Y\mid\mathcal{G}_t) = \mathbb{1}_{\{\tau>t\}}\mathbb{E}_{\mathbb{P}}(Y\mathrm{e}^{\Lambda_t-\Lambda_s}\mid\mathcal{F}_t)$$

(2) 如果由下式

$$V_t = \mathbb{E}_{\mathbb{P}}(Y\mathrm{e}^{\Lambda_t-\Lambda_s}\mid\mathcal{F}_t),\ \forall t\in[0,\ s] \tag{6.20}$$

给出的过程 V 在 τ 处是连续的：则对于任意的 $t \leqslant s$，有：

$$\mathbb{P}\{\tau > s \mid \mathcal{G}_t\} = \mathbb{1}_{\{\tau > t\}} \mathbb{E}_{\mathbb{P}}(e^{\Lambda_t - \Lambda_s} \mid \mathcal{F}_t) \tag{6.21}$$

证明：明显地，命题第(1)部分容易证明。先检查下式：

$$U_t := \mathbb{1}_{\{\tau > t\}} V_t = \mathbb{E}_{\mathbb{P}}(\Delta V_\tau \mathbb{1}_{\{t < \tau \leqslant s\}} + \mathbb{1}_{\{\tau > s\}} Y \mid \mathcal{G}_t) \tag{6.22}$$

或者，等价地

$$U_t = \mathbb{E}_{\mathbb{P}}\Big(\int_{[t,\, s]} \Delta V_u \mathrm{d}H_u + \mathbb{1}_{\{\tau > s\}} Y \mid \mathcal{G}_t\Big) \tag{6.23}$$

根据式(6.19)，有 $V_t = e^{\Lambda_t} m_t$，其中 m 表示一个$\mathbb{F}$—鞅：即对于 $t \in [0,\, s]$ 有 $m_t := \mathbb{E}_{\mathbb{P}}(Y e^{-\Lambda_s} \mid \mathcal{F}_t)$。根据假设，$m$ 也服从一个$\mathbb{G}$—鞅。使用伊藤乘法法则，可以得到：

$$\mathrm{d}V_t = m_{t-} \mathrm{d}e^{\Lambda_t} + e^{\Lambda_t} \mathrm{d}m_t = V_{t-} e^{-\Lambda_t} \mathrm{d}e^{\Lambda_t} + e^{\Lambda_t} \mathrm{d}m_t \tag{6.24}$$

另一方面，由伊藤乘法法则的另一个应用得到：

$$\mathrm{d}U_t = (1 - H_{t-}) \mathrm{d}V_t - V_{t-} \mathrm{d}H_t - \Delta V_t \Delta H_t$$

把上述等式与式(6.24)结合起来，得到：

$$\mathrm{d}U_t = (1 - H_{t-})(V_{t-} e^{-\Lambda_t} \mathrm{d}e^{\Lambda_t} + e^{\Lambda_t} \mathrm{d}m_t) - V_{t-} \mathrm{d}H_t - \Delta V_t \mathrm{d}H_t$$

重新整理后有：

$$\mathrm{d}U_t = -\Delta V_t \mathrm{d}H_t + \mathrm{d}C_t \tag{6.25}$$

在公式(6.25)中，用 C 表示一个$\mathbb{G}$—鞅，则

$$\mathrm{d}C_t = (1 - H_{t-}) e^{\Lambda_t} \mathrm{d}m_t + \mathrm{d}D_t$$

其中，$\mathbb{G}$—鞅过程 D 等于：

$$\mathrm{d}D_t = -V_{t-}\big(\mathrm{d}H_t - (1 - H_{t-}) e^{-\Lambda_t} \mathrm{d}e^{\Lambda_t}\big) = -V_{t-} \mathrm{d}(H_t - \Lambda_{t \wedge \tau}) = -V_{t-} \mathrm{d}\widetilde{M}_t$$

明显，$U_s = \mathbb{1}_{\{\tau > s\}} Y$，则等式(6.25)蕴涵着等式(6.23)。如果过程 V 关于 τ 是连续的，则由式(6.22)推得：

$$\mathbb{E}_{\mathbb{P}}(\mathbb{1}_{\{\tau > s\}} Y \mid \mathcal{G}_t) = \mathbb{1}_{\{\tau > t\}} V_t = \mathbb{1}_{\{\tau > t\}} \mathbb{E}_{\mathbb{P}}(Y e^{\Lambda_t - \Lambda_s} \mid \mathcal{F}_t)$$

由此完成了证明。 □

6.4.1 可违约权益的估值

对于某一$\mathbb{F}$—循序可测的、可积(短期利率)的过程 r，设$\mathbb{F}$—适应过程 B 由如下式

给出:

$$B_t = \exp\Big(\int_0^t r_u \mathrm{d}u\Big),\ \forall t \in \mathbb{R}_+$$

很清楚,作为(无违约)储蓄账户,B 服从一个连续有限方差过程。对于一个$\mathbb{G}$—可料过程 Z 和一个 $\mathcal{G}_{T-}$ 可测随机变量 X,通过如下表达式定义价值过程 S:

$$S_t = B_t\, \mathbb{E}_{\mathbb{P}}\Big(\int_{[t,\,T]} B_u^{-1} Z_u \mathrm{d}H_u + B_T^{-1} X\, \mathbb{1}_{\{T<\tau\}} \mid \mathcal{G}_t\Big) \tag{6.26}$$

其中 Z 和 X 满足合适的可积条件。接下来的结论是命题 6.4.1 的适当扩展,它来自 Duffie 等(1996)的研究。出于方便,将这个结论的证明放到第 8.3 节中。

命题 6.4.2 假设条件(G.1)是满足的,且随机时间 τ 容许一个绝对连续的$\mathbb{F}$—鞅风险函数 Λ。对于一个$\mathbb{F}$—可料过程 Z 和一个 $\mathcal{F}_{T-}$ 可测的随机变量 X,定义过程 $V_t(t \in [0,\ T])$ 为:

$$V_t = \widetilde{B}_t\, \mathbb{E}_{\mathbb{P}}\Big(\int_t^T \widetilde{B}_u^{-1} Z_u \lambda_u \mathrm{d}u + \widetilde{B}_T^{-1} X \mid \mathcal{F}_t\Big) \tag{6.27}$$

其中,$\widetilde{B}$ 是相应于经违约风险调整后的短期利率 $R_t = r_t + \lambda_t$ 的"储蓄账户",具体地,当下式成立:

$$\widetilde{B}_t = \exp\Big(\int_0^t (r_u + \lambda_u) \mathrm{d}u\Big)$$

则:

$$\mathbb{1}_{\{\tau>t\}} V_t = B_t\, \mathbb{E}_{\mathbb{P}}\big(B_\tau^{-1}(Z_\tau + \Delta V_\tau)\, \mathbb{1}_{\{t<\tau\leqslant T\}} + B_T^{-1} X\, \mathbb{1}_{\{T<\tau\}} \mid \mathcal{G}_t\big)$$

推论 6.4.1 设过程 S 和 V 分别由式(6.26)和式(6.27)所定义,则有

$$S_t = \mathbb{1}_{\{\tau>t\}}\big(V_t - B_t\, \mathbb{E}_{\mathbb{P}}(B_\tau^{-1}\, \mathbb{1}_{\{\tau\leqslant T\}} \Delta V_\tau \mid \mathcal{G}_t)\big)$$

另外,如果 $\Delta V_\tau = 0$,则对于每个 $t \in [0,\ T]$,有 $S_t = \mathbb{1}_{\{\tau>t\}} V_t$。

猜想(B) 在条件(G.1)和条件(F.1)下,如果 Z 服从一个$\mathbb{F}$—可料过程,X 是一个 $\mathcal{F}_T$ 可测的随机变量,则连续性条件 $\Delta V_\tau = 0$ 满足。

借助观察来代替证明猜想(B),通过建立等式 $S_t = \mathbb{1}_{\{\tau>t\}} V_t$,这是估值公式(6.26)的简单形式,这样便很容易证明 $\Lambda = \Gamma$,并且用于下面的命题之中。

命题 6.4.3 假设条件(G.1)和条件(F.1)是成立的,且一个随机时间 τ 容许一个绝对连续的$\mathbb{F}$—鞅风险函数 Λ。设 Z 为一个$\mathbb{F}$—可料过程,X 是一个 $\mathcal{F}_T$—可测的随机变量。如果 $\Gamma = \Lambda$,则对于 $t \leqslant T$,有 $S_t = \mathbb{1}_{\{\tau>t\}} V_t$,其中 S 和 V 过程分别是由式(6.26)和式(6.27)所给出的。

证明:由于条件(F.1),对于任意 $u > t$,有(对于第一个等式见引理 5.14):

$$\mathbb{P}\{\tau \geqslant u \mid \mathscr{F}_\infty \vee \mathscr{H}_t\} = \mathbb{1}_{\{\tau>t\}} \frac{\mathbb{P}\{\tau \geqslant u \mid \mathscr{F}_\infty\}}{\mathbb{P}\{\tau \geqslant t \mid \mathscr{F}_\infty\}} = \mathbb{1}_{\{\tau>t\}} \frac{\mathbb{P}\{\tau \geqslant u \mid \mathscr{F}_u\}}{\mathbb{P}\{\tau \geqslant t \mid \mathscr{F}_t\}}$$

更明显地,可表示为

$$\mathbb{P}\{\tau \geqslant u \mid \mathscr{F}_\infty \vee \mathscr{H}_t\} = \mathbb{1}_{\{\tau>t\}} \mathrm{e}^{\Gamma_t - \Gamma_u}$$

如果 Z 是一个$\mathbb{F}$—可料过程,X 是一个 $\mathscr{F}_T$—可测的随机变量,使用补过程 $H_t - \Lambda_{t\wedge\tau}$ 的$\mathbb{G}$—鞅性质,可以得到:

$$\begin{aligned}
S_t &= B_t\, \mathbb{E}_{\mathbb{P}}\Big(\int_t^T B_u^{-1} Z_u \lambda_u \mathbb{1}_{\{u\leqslant\tau\}} \mathrm{d}u + B_T^{-1} X \mathbb{1}_{\{T<\tau\}} \mid \mathscr{G}_t\Big) \\
&= B_t \mathbb{E}_{\mathbb{P}}\Big(\int_t^T B_u^{-1} Z_u \lambda_u \mathbb{P}\{\tau \geqslant u \mid \mathscr{F}_\infty \vee \mathscr{H}_t\} \mathrm{d}u \mid \mathscr{G}_t\Big) \\
&\quad + B_t \mathbb{E}_{\mathbb{P}}(B_T^{-1} X \mathbb{P}\{\tau > T \mid \mathscr{F}_\infty \vee \mathscr{H}_t\} \mid \mathscr{G}_t) \\
&= \mathbb{1}_{\{\tau>t\}} B_t \mathbb{E}_{\mathbb{P}}\Big(\int_t^T B_u^{-1} Z_u \lambda_u \mathrm{e}^{\Gamma_t - \Gamma_u} \mathrm{d}u \mid \mathscr{F}_t \vee \mathscr{H}_t\Big) \\
&\quad + B_t \mathbb{1}_{\{\tau>t\}} \mathbb{E}_{\mathbb{P}}(B_T^{-1} X \mathrm{e}^{\Gamma_t - \Gamma_T} \mid \mathscr{F}_t \vee \mathscr{H}_t) \\
&= \mathbb{1}_{\{\tau>t\}} B_t \mathbb{E}_{\mathbb{P}}\Big(\int_t^T B_u^{-1} Z_u \lambda_u \mathrm{e}^{\Lambda_t - \Lambda_u} \mathrm{d}u \mid \mathscr{F}_t\Big) \\
&\quad + B_t \mathbb{1}_{\{\tau>t\}} \mathbb{E}_{\mathbb{P}}(B_T^{-1} X \mathrm{e}^{\Lambda_t - \Lambda_T} \mid \mathscr{F}_t)
\end{aligned}$$

其中,最后一个等式是条件(F.1)的直接结论(见条件(M.2b))。从 $\widetilde{B}_t = B_t \mathrm{e}^{\Lambda_t}$,即可得到结论。 □

6.4.2 停时的情形

在本节,假设随机时间 τ 是一个$\mathbb{F}$—停时。换言之,设 $\mathbb{H} \subseteq \mathbb{F}$,或等价地 $\mathbb{F} = \mathbb{G}$,则一般性条件(F.1)、条件(F.2)和条件(M.1)满足。另一方面,明显地有 $F = H$,因此 τ 的$\mathbb{F}$—风险过程并非良好定义的。

接下来简单阐述停时的类型(见 Dellacherie(1972))。如果 τ 是一个$\mathbb{G}$—可料停时,则得到一般性等式 $\Lambda = H$,因此一个$\mathbb{G}$—可料停时的$\mathbb{G}$—鞅风险过程的定义并无实际意义。如果 τ 是一个绝不可及$\mathbb{G}$—停时,相应跳跃过程 H 的$\mathbb{G}$—补服从一个连续过程(见 Dellacherie(1972)中理论 V. T40)。回忆,我们曾指出 H 的$\mathbb{G}$—补总是在 τ 处停止。

从前面的章节中,我们知道,在满足所提供的一些连续性条件的情况下,过程 Λ 可用于条件期望的估值。接下来的结论可直接从命题 6.4.1 得到,它包括一个绝不可及$\mathbb{G}$—

停时的情形。

推论 6.4.2 假设 τ 是一个$\mathbb{G}$—停时,且 τ 的$\mathbb{G}$—鞅风险过程 Λ 是连续的。对于一个固定的 $T>0$,设 Y 是一个 $\mathcal{G}_T$—可测的、可积随机变量。定义

$$V_t=\mathbb{E}_{\mathbb{P}}(Y\mathrm{e}^{\Lambda_t-\Lambda_T}\mid\mathcal{G}_t) \tag{6.28}$$

如果过程 $V_t(t\in[0,T])$ 关于 τ 是连续的,则对于任何 $t<\tau$ 有:

$$\mathbb{E}_{\mathbb{P}}(\mathbb{1}_{\{\tau>T\}}Y\mid\mathcal{G}_t)=\mathbb{1}_{\{\tau>t\}}\mathbb{E}_{\mathbb{P}}(Y\mathrm{e}^{\Lambda_t-\Lambda_T}\mid\mathcal{G}_t)$$

例 6.4.1 设 τ 为给定概率空间$(\Omega,\mathcal{G},\mathbb{P})$上的一个随机时间,使得 τ 的累积分布函数 F 是连续的,且对于每一个 $t\in\mathbb{R}_+$,有$\mathbb{P}\{\tau>t\}>0$。令 $\mathbb{G}=\mathbb{H}$,则 τ 是一个绝不可及$\mathbb{G}$—停时,且它的$\mathbb{G}$—鞅风险过程 Λ 等于:

$$\Lambda_{t\wedge\tau}=\int_0^{t\wedge\tau}\frac{\mathrm{d}F(u)}{1-F(u)}$$

因此,很明显地有 $\Lambda_t=\Gamma^0(t\wedge\tau)=\Lambda^0(t\wedge\tau)$,其中 Γ^0 和 Λ^0 分别是 τ 的风险函数和鞅风险函数。对于 $t\in\mathbb{R}_+$,设

$$\Lambda_t=\int_0^t\frac{\mathrm{d}F(u)}{1-F(u)}=\Gamma^0(t)=\Lambda^0(t)$$

对于以上给定的 Λ 和任何固定的 $T>0$,与随机变量 $Y=1$ 相应的随机过程 V 在 τ 处没有间断。因此,对于任意的 $0\leqslant t<s$,有(回忆,$\mathcal{G}_t=\mathcal{H}_t$):

$$\mathbb{P}\{\tau>s\mid\mathcal{G}_t\}=\mathbb{1}_{\{\tau>t\}}\mathbb{E}_{\mathbb{P}}(\mathrm{e}^{\Lambda_t-\Lambda_s}\mid\mathcal{G}_t)=\mathbb{1}_{\{\tau>t\}}\frac{1-F(s)}{1-F(t)}$$

6.5 给定风险过程的随机时间

现在考查与一个给定风险过程 Φ 相应的随机时间 τ 的标准构造。在这种方法中,可考虑把过程 Φ 作为$\mathbb{F}$—风险过程 Γ,也可以作为$\mathbb{F}$—鞅风险过程 Λ。实际上,将要证明如下的性质是成立的:

(1) Φ 与 τ 的$\mathbb{F}$—风险过程 Γ 相同;

(2) Φ 是一个随机时间 τ 的$\mathbb{F}$—鞅风险过程;

(3) Φ 是一个$\mathbb{G}$—停时 τ 的$\mathbb{G}$—鞅风险过程。

设 Φ 是一个在给定的滤子化概率空间$(\Omega,\mathbb{F},\widetilde{\mathbb{P}})$上的$\mathbb{F}$—适应、连续、递增过程,使

得 $\Phi_0 = 0$ 和 $\Phi_\infty = +\infty$。例如，Φ 由如下公式给定：

$$\Phi_t = \int_0^t \phi_u \mathrm{d}u, \ \forall t \in \mathbb{R}_+ \tag{6.29}$$

其中，ϕ 是非负的、$\mathbb{F}$—循序可测过程。我们的目的是在一个放大的概率空间 $(\Omega, \mathcal{G}, \mathbb{P})$ 上构建一个随机时间 τ，按这种方法构造的 Φ 是一个 τ 的 $\mathbb{F}$—(鞅)风险过程。接着，假设 ξ 是某概率空间 $(\hat{\Omega}, \hat{\mathcal{F}}, \hat{\mathbb{P}})$ 上的随机变量①，并在 $[0, 1]$ 上服从均匀概率分布。可将带滤子 $\mathbb{P} = \widetilde{\mathbb{P}} \otimes \hat{\mathbb{P}}$ 的乘积空间 $(\Omega = \Omega \times \hat{\Omega}, \mathcal{G} = \mathcal{F}_\infty \otimes \hat{\mathcal{F}})$ 作为放大的概率空间。通过令：

$$\tau = \inf\{t \in \mathbb{R}_+ : \mathrm{e}^{-\Phi_t} \leqslant \xi\} = \inf\{t \in \mathbb{R}_+ : \Phi_t \geqslant -\ln \xi\}$$

来定义 $\tau : (\Omega, \mathcal{G}, \mathbb{P}) \to \mathbb{R}_+$：正如惯常一样，对每一个 t，设 $\mathcal{G}_t = \mathcal{H}_t \vee \mathcal{F}_t$，使得条件(G. 1)满足。

评注：需要强调的是，以上随机时间 τ 的构造不是一个关于滤子 $\mathbb{F}$ 的停时。进一步地，τ 是关于放大滤子 $\mathbb{G} = \mathbb{F} \vee \mathbb{H}$ 的绝不可及停时。

现在来验证以上性质(1)—性质(3)是成立的。

性质(1)的证明：首先必须找到过程 $F_t = \mathbb{P}\{\tau \leqslant t \mid \mathcal{F}_t\}$。因为 $\{\tau > t\} = \{\mathrm{e}^{-\Phi_t} > \xi\}$，推得：

$$\mathbb{P}\{\tau > t \mid \mathcal{F}_\infty\} = \mathrm{e}^{-\Phi_t}$$

相应地有

$$1 - F_t = \mathbb{P}\{\tau > t \mid \mathcal{F}_t\} = \mathbb{E}_{\mathbb{P}}(\mathbb{P}\{\tau > t \mid \mathcal{F}_\infty\} \mid \mathcal{F}_t) = \mathrm{e}^{-\Phi_t}$$

所以 F 是一个 $\mathbb{F}$—适应连续递增过程。此外，

$$F_t = 1 - \mathrm{e}^{-\Phi_t} = \mathbb{P}\{\tau \leqslant t \mid \mathcal{F}_\infty\} = \mathbb{P}\{\tau \leqslant t \mid \mathcal{F}_t\} \tag{6.30}$$

由此推得，在 $\mathbb{P}$ 下 Φ 与 τ 的 $\mathbb{F}$—风险过程是一致的。

性质(2)的证明：现在检验 Φ 表示为 $\mathbb{F}$—鞅风险过程 Λ。这可以直接或通过建立等式 $\Lambda = \Gamma$ 得到。因为过程 Φ 是连续的，为证明 $\Lambda = \Gamma$，只需要检验条件(F. 1a)(或等价地，检验条件(F. 1))成立，以及运用推论 6. 2. 1 即可。下面将检验条件(F. 1a)是成立的。为此，固定 t 并考虑任意的 $u \leqslant t$。由于对于任意的 $u \in \mathbb{R}_+$，有：

$$\mathbb{P}\{\tau \leqslant u \mid \mathcal{F}_\infty\} = 1 - \mathrm{e}^{-\Phi_u} \tag{6.31}$$

---

① 在 $(\Omega, \mathcal{G}, \mathbb{P})$ 上定义一个随机变量 ξ，具有 $[0, 1]$ 上的有一致均匀分布，且独立于过程 Φ（我们设定 $\hat{\mathcal{F}} = \sigma(\xi)$）即可。

即可得到如下理想的性质:

$$\mathbb{P}\{\tau \leqslant u \mid \mathcal{F}_t\} = \mathbb{E}_{\mathbb{P}}(\mathbb{P}\{\tau \leqslant u \mid \mathcal{F}_\infty\} \mid \mathcal{F}_t) = 1 - \mathrm{e}^{-\Phi_u} = \mathbb{P}\{\tau \leqslant u \mid \mathcal{F}_\infty\}$$

作为多种选择中的一种做法,可直接检验条件(F. 1)是成立的。因为

$$\{\tau \leqslant s\} = \{\Phi_s \geqslant -\ln \xi\} \in \hat{\mathcal{F}} \vee \mathcal{F}_s$$

很明显地有 $\mathcal{F}_t \subseteq \mathcal{H}_t \vee \mathcal{F}_t \subseteq \hat{\mathcal{F}} \vee \mathcal{F}_t$,因此,对于任何有界的、$\mathcal{F}_\infty$—可测的随机变量 ξ,有:

$$\mathbb{E}_{\mathbb{P}}(\xi \mid \mathcal{H}_t \vee \mathcal{F}_t) = \mathbb{E}_{\mathbb{P}}(\xi \mid \hat{\mathcal{F}} \vee \mathcal{F}_t) = \mathbb{E}_{\mathbb{P}}(\xi \mid \mathcal{F}_t) \tag{6.32}$$

其中,第二个等式是根据 $\hat{\mathcal{F}}$ 和 $\mathcal{F}_\infty$ 相互独立所得到的。由此表明条件(F. 1)成立。

借助命题第(1)部分:$\Phi_t = \Lambda_t = \Gamma_t = -\ln(1-F_t)$,可以推得 τ 的 $\mathbb{F}$—鞅风险过程 Λ 与 Γ 是一致的。再者,由于条件(F. 1)等价于条件(M. 2),于是,借助引理 6. 1. 1,则鞅不变性成立,即任何 $\mathbb{F}$—鞅也是一个关于 $\mathbb{G}$ 的鞅。

性质(3)的证明:现在直接检验 Φ 是一个随机时间 τ 的 $\mathbb{F}$—鞅风险过程。由于 Φ 是一个 $\mathbb{F}$—可料过程(因此也是一个 $\mathbb{G}$—可料过程),同时将证明 Φ 也是一个 $\mathbb{G}$—停时 τ 的 $\mathbb{G}$—鞅风险过程。我们需要验证的是:补过程 $H_t - \Phi_{t\wedge\tau}$ 服从一个 $\mathbb{G}$—鞅。因为,对于任意 $t \leqslant s$,有

$$\mathbb{E}_{\mathbb{P}}(H_s - H_t \mid \mathcal{G}_t) = \mathbb{E}_{\mathbb{P}}(\mathbb{1}_{\{t<\tau\leqslant s\}} \mid \mathcal{G}_t) = \mathbb{1}_{\{\tau>t\}} \mathbb{E}_{\mathbb{P}}(\mathbb{1}_{\{t<\tau\leqslant s\}} \mid \mathcal{G}_t)$$

由引理 5. 1. 2,可得到:

$$\mathbb{E}_{\mathbb{P}}(H_s - H_t \mid \mathcal{G}_t) = \mathbb{1}_{\{\tau>t\}} \frac{\mathbb{P}\{t < \tau \leqslant s \mid \mathcal{F}_t\}}{\mathbb{P}\{\tau > t \mid \mathcal{F}_t\}}$$

利用式(6. 30),有

$$\mathbb{P}\{t < \tau \leqslant s \mid \mathcal{F}_t\} = \mathbb{E}_{\mathbb{P}}(F_s \mid \mathcal{F}_t) - F_t$$

从而得到

$$\mathbb{E}_{\mathbb{P}}(H_s - H_t \mid \mathcal{G}_t) = \mathbb{1}_{\{\tau>t\}} \frac{\mathbb{E}_{\mathbb{P}}(F_s \mid \mathcal{F}_t) - F_t}{1 - F_t} \tag{6.33}$$

另一方面,如果设定 $Y = \Phi_{s\wedge\tau} - \Phi_{t\wedge\tau}$,则根据性质(1),可以得到下式(参见式(6. 2)):

$$Y = \mathbb{1}_{\{\tau>t\}} Y = \ln\left(\frac{1 - F_{s\wedge\tau}}{1 - F_{t\wedge\tau}}\right) = \int_{[t,\, s\wedge\tau]} \frac{\mathrm{d}F_u}{1 - F_u}$$

再次利用式(5. 2),得到(对于以下公式中的最后一个等式,见式(6. 3)):

$$\mathbb{E}_{\mathbb{P}}(Y \mid \mathcal{G}_t) = \mathbb{1}_{\{\tau>t\}} \frac{\mathbb{E}_{\mathbb{P}}(Y \mid \mathcal{F}_t)}{\mathbb{P}\{\tau > t \mid \mathcal{F}_t\}} = \mathbb{1}_{\{\tau>t\}} \frac{\mathbb{E}_{\mathbb{P}}\left(\int_{[t,\, s\wedge\tau]} (1-F_u)^{-1} \mathrm{d}F_u \mid \mathcal{F}_t\right)}{1-F_t}$$

$$= \mathbb{1}_{\{\tau>t\}} \frac{\mathbb{E}_{\mathbb{P}}(F_s \mid \mathcal{F}_t) - F_t}{1-F_t}$$

由此推得过程 $H_t - \Phi_{t\wedge\tau}$ 服从一个$\mathbb{G}$—鞅。

下面分析性质(1)和性质(3)的区别。在性质(1)中，把 Φ 当作 τ 的$\mathbb{F}$—鞅风险过程，然后利用推论 5.1.1，推出对于任意 $\mathcal{F}_s$—测度的随机变量 Y，有：

$$\mathbb{E}_{\mathbb{P}}(\mathbb{1}_{\{\tau>s\}} Y \mid \mathcal{G}_t) = \mathbb{1}_{\{\tau>t\}} \mathbb{E}_{\mathbb{P}}(Y \mathrm{e}^{\Phi_t - \Phi_s} \mid \mathcal{F}_t) \tag{6.34}$$

在性质(3)中，Φ 作为一个$\mathbb{G}$—鞅风险过程，根据推论 6.4.2，对于任意 $\mathcal{G}_s$—测度的随机变量 Y，使得相应过程 V 在 τ 处是连续的，由此得到：

$$\mathbb{E}_{\mathbb{P}}(\mathbb{1}_{\{\tau>s\}} Y \mid \mathcal{G}_t) = \mathbb{1}_{\{\tau>t\}} \mathbb{E}_{\mathbb{P}}(Y \mathrm{e}^{\Phi_t - \Phi_s} \mid \mathcal{G}_t) \tag{6.35}$$

如果 Y 实际上是 $\mathcal{F}_s$—可测的，则有(见式(6.32))

$$\mathbb{E}_{\mathbb{P}}(Y \mathrm{e}^{\Phi_t - \Phi_s} \mid \mathcal{G}_t) = \mathbb{E}_{\mathbb{P}}(Y \mathrm{e}^{\Phi_t - \Phi_s} \mid \mathcal{F}_t \vee \mathcal{H}_t) = \mathbb{E}_{\mathbb{P}}(Y \mathrm{e}^{\Phi_t - \Phi_s} \mid \mathcal{F}_t)$$

这意味着相伴过程 V 在 τ 处必是连续的，且式(6.34)和式(6.35)是相同的。

评注：假设 Φ 是绝对连续的，对于某些过程 ϕ，它满足式(6.29)，则等式(6.33)可以重新表述为：

$$\mathbb{P}\{t < \tau \leqslant s \mid \mathcal{G}_t\} = \mathbb{1}_{\{\tau>t\}} \mathbb{E}_{\mathbb{P}}\left(1 - \mathrm{e}^{-\int_t^s \Phi_u \mathrm{d}u} \mid \mathcal{F}_t\right) \tag{6.36}$$

使用式(6.31)，发现随机时间 τ 在$\mathbb{P}$下的累积分布函数 F 等于：

$$F(t) = \mathbb{P}\{\tau \leqslant t\} = 1 - \mathbb{E}_{\mathbb{P}}\left(\mathrm{e}^{-\int_0^t \Phi_u \mathrm{d}u}\right) = 1 - \mathrm{e}^{-\int_0^t \gamma^0(u)\mathrm{d}u}$$

其中，用 γ^0 表示 τ 的唯一$\mathbb{F}^0$—强度(即强度函数)。

以上描述的随机时间的构建方法，可以扩展到一个$\mathbb{F}$—条件独立随机时间有限集的情形(见第 9.1.2 节)。

6.6 泊松过程和条件泊松过程

到目前为止，所有的分析都只是集中在单一随机时间和相伴的跳跃过程中。在一些金融运用中，我们需要对一系列连续时间建模。这样的建模几乎总是通过使用所谓的

$\mathbb{F}$—条件泊松过程,也被称为双重随机泊松过程来完成的。一般的思想与单一随机时间的标准构造非常相似,这在以前的章节中已分析过。从假设一个给定的随机过程 Φ 开始,可将 Φ 视为一个风险过程,构造一个跳跃大小为 1 的跳跃过程,因此相邻跳跃时间的概率属性由风险过程 Φ 决定。

常强度的泊松过程。首先回忆有常数强度 $\lambda > 0$ 的(时间齐次的)泊松过程 N 的定义和基本性质。

定义 6.6.1 定义在概率空间(Ω, $\mathbb{G}$, $\mathbb{P}$)上的过程 N,如果 $N_0 = 0$,且对于任意 $0 \leqslant s < t$,以下两个条件满足时:

(1) 增量 $N_t - N_s$ 是独立于 σ—域 $\mathcal{G}_s$ 的;

(2) 增量 $N_t - N_s$ 服从一个具有参数为 $\lambda(t-s)$ 的泊松分布;具体而言,对于任意 $k = 0, 1, \cdots$,有:

$$\mathbb{P}\{N_t - N_s = k \mid \mathcal{G}_s\} = \mathbb{P}\{N_t - N_s = k\} = \frac{\lambda^k (t-s)^k}{k!} e^{-\lambda(t-s)}$$

则称 N 为关于$\mathbb{G}$ 的具有常强度 λ 的泊松过程。

由于增量 $N_{t+h} - N_{s+h}$ 的概率分布关于 h 和 $s(h \geqslant -s)$ 是不变的,定义 6.6.1 的泊松过程为时间齐次的。特别地,对于任意 $s < t$,增量 $N_t - N_s$ 的概率分布与随机变量 N_{t-s} 的概率分布相同。另外,对于每一个 $0 \leqslant s < t$,有:

$$\mathbb{E}_{\mathbb{P}}(N_t - N_s \mid \mathcal{G}_s) = \mathbb{E}_{\mathbb{P}}(N_t - N_s) = \lambda(t-s) \tag{6.37}$$

采用某种形式的泊松过程,其样本轨道以概率 1 为跳跃大小均为 1 的右连续分段函数。设 $\tau_0 = 0$,用 τ_1, τ_2, …表示$\mathbb{G}$—停时,作为给定过程 N 的累次跳跃的随机矩,即对于任意的 $k = 0, 1, \cdots$,有:

$$\tau_{k+1} = \inf\{t > \tau_k : N_t \neq N_{\tau_k}\} = \inf\{t > \tau_k : N_t - N_{\tau_k} = 1\}$$

容易验证 $\mathbb{P}\{\lim_{k\to\infty} \tau_k = \infty\} = 1$。现在,很方便地引入一个非负的随机变量序列 $\xi_k (k \in \mathbb{N})$,其中对于每一个 $k \in \mathbb{N}$ 有 $\xi_k = \tau_k - \tau_{k-1}$。接下来给出以下众所周知的结论。

命题 6.6.1 对于 $k \in \mathbb{N}$,随机变量 ξ_k 是相互独立的、具有同分布,且服从参数为 λ 的指数分布,即对于每一个 $k \in \mathbb{N}$,有:

$$\mathbb{P}\{\xi_k \leqslant t\} = \mathbb{P}\{\tau_k - \tau_{k-1} \leqslant t\} = 1 - e^{-\lambda t} ①, \ \forall t \in \mathbb{R}_+$$

命题 6.6.1 提供了过程 N 的一种简单构造方法,关于自然滤子(或称自然流)$\mathbb{F}^N$,该

---

① 原书中为"$\mathbb{P}\{\xi_k \leqslant t\} = \mathbb{P}\{\tau_k - T_k \leqslant t\} = 1 - e^{-\lambda t}$",疑为印刷错误。—— 译者注

过程服从一个时间齐次的泊松过程。假设概率空间(Ω, $\mathcal{G}$, $\mathbb{P}$)足以支撑一簇相互独立的随机变量 ξ_k,对于 $k \in \mathbb{N}$,独立随机变量 ξ_k 都服从参数为 $\lambda > 0$ 的指数分布。通过如下的构建来定义空间(Ω, $\mathcal{G}$, $\mathbb{P}$)上的过程 N:

如果 $\{t < \xi_1\}$,则 $N_t = 0$;

对于任意自然数 k,当且仅当 $\sum_{i=1}^{k} \xi_i \leqslant t < \sum_{i=1}^{k+1} \xi_i$ 时,则 $N_t = k$。

通过检验可以发现,关于自然滤子$\mathbb{F}^N$,这样定义的过程 N 实际上是一个参数为 λ 的泊松过程。当然,N 的跳跃时间是随机时间 $\tau_k = \sum_{i=1}^{k} \xi_i (k \in \mathbb{N})$。

现在回忆一些不难通过泊松过程中的基本计算得到的有用的等式。对于任意的 $a \in \mathbb{R}$ 、s 和 $t(0 \leqslant s < t)$,有

$$\mathbb{E}_{\mathbb{P}}(\mathrm{e}^{ia(N_t - N_s)} \mid \mathcal{G}_s) = \mathbb{E}_{\mathbb{P}}(\mathrm{e}^{ia(N_t - N_s)}) = \mathrm{e}^{\lambda(t-s)(\mathrm{e}^{ia}-1)}$$

$$\mathbb{E}_{\mathbb{P}}(\mathrm{e}^{a(N_t - N_s)} \mid \mathcal{G}_s) = \mathbb{E}_{\mathbb{P}}(\mathrm{e}^{a(N_t - N_s)}) = \mathrm{e}^{\lambda(t-s)(\mathrm{e}^{a}-1)}$$

接下来的结论是式(6.37)和以上公式的一个简单结果,其证明部分留给读者。

命题 6.6.2 以下的随机过程服从$\mathbb{G}$—鞅。

(1) 泊松过程的补过程 $\hat{N}$,定义为:

$$\hat{N}_t := N_t - \lambda t$$

(2) 对于任意的 $k \in \mathbb{N}$,在 τ_k 处停止的泊松过程的补过程$\hat{M}_t^k$,定义为:

$$\hat{M}_t^k := N_{t \wedge \tau_k} - \lambda(t \wedge \tau_k)$$

(3) 对于任意的 $a \in \mathbb{R}$,由如下公式给出的指数鞅过程 M^a:

$$M_t^a := \mathrm{e}^{aN_t - \lambda t(\mathrm{e}^{a}-1)} = \mathrm{e}^{a\hat{N}_t - \lambda t(\mathrm{e}^{a}-a-1)}$$

(4) 对于任意固定的 $a \in \mathbb{R}$,由如下公式给出的指数鞅过程 K^a:

$$K_t^a := \mathrm{e}^{iaN_t - \lambda t(\mathrm{e}^{ia}-1)} = \mathrm{e}^{ia\hat{N}_t - \lambda t(\mathrm{e}^{ia}-ia-1)}$$

评注:(1) 对于任意定义在滤子化概率空间(Ω, $\mathcal{G}$, $\mathbb{P}$)上的$\mathbb{G}$—鞅 M,和一个任意的$\mathbb{G}$—停时 τ,停止过程 $M_t^\tau = M_{t\wedge\tau}$ 必定服从一个$\mathbb{G}$—鞅。因此,与每一个跳跃时间 τ_k 是一个$\mathbb{G}$—停时的简单观察结合起来,由命题的第(1)部分直接得到第(2)部分的结论。

(2) 考虑随机时间 $\tau = \tau_1$,其中 τ_1 为泊松过程 N 的首次跳跃时间,则 $N_{t\wedge\tau} = N_{t\wedge\tau_1} = H_t$,使得命题中第(2)部分引入的过程 $\hat{M}^1$ 与相应于 τ 的鞅 $\hat{M}$ 一致。

(3) 命题 6.6.2 中第(3)部分描述的性质从如下方面刻画了泊松过程:如果 $N_0 = 0$,

且对于每一个 $a \in \mathbb{R}$，过程 M^a 是一个$\mathbb{G}$—鞅，则 N 服从参数为λ 的泊松过程。的确，由 M^a 的鞅性质可以得到：

$$\mathbb{E}_{\mathbb{P}}(e^{a(N_t-N_s)} \mid \mathcal{G}_s) = e^{\lambda(t-s)(e^a-1)}, \ \forall 0 \leqslant s < t$$

从标准论证的角度来看，这意味着随机变量 $N_t - N_s$ 独立于σ—域 $\mathcal{G}_s$，且服从参数为 $\lambda(t-s)$ 的泊松分布。同样的评注也可适用于命题 6.6.2 的性质(4)。

考虑一个布朗运动 W 和一个泊松过程 N 的情形，其中的过程 W 和 N 都定义在普通滤子化的概率空间$(\Omega, \mathcal{G}, \mathbb{P})$上。特别地，对于每一个 s 和 $t(0 \leqslant s < t)$，增量 $W_t - W_s$ 独立于σ—域 $\mathcal{G}_s$，且服从高斯分布 $N(0, t-s)$。有必要回顾如下的事实，即对于任意实数 b，下面的过程在$\mathbb{G}$ 下服从鞅：

$$\hat{W}_t = W_t - t, \quad m_t^b = e^{bW_t - \frac{1}{2}b^2 t}, \quad k_t^b = e^{ibW_t + \frac{1}{2}b^2 t}$$

接下来的结论表明，关于普通滤子$\mathbb{G}$ 的一个布朗运动 W 和一个泊松过程 N 必是彼此相互独立的。

命题 6.6.3 设一个布朗运动 W 和一个泊松过程 N 是定义在普通滤子化的概率空间$(\Omega, \mathcal{G}, \mathbb{P})$上，则两个过程 W 和 N 是相互独立的。

证明：简单概述证明过程。第一步，对于一个固定的 $a \in \mathbb{R}$ 和任意的 $t > 0$，有：

$$\begin{aligned} e^{iaN_t} &= 1 + \sum_{0<u\leqslant t}(e^{iaN_t} - e^{iaN_{t-}}) = 1 + \int_{[0,t]}(e^{ia}-1)e^{iaN_{u-}}\,dN_u \\ &= 1 + \int_{[0,t]}(e^{ia}-1)e^{iaN_{u-}}\,d\hat{N}_u + \lambda\int_0^t (e^{ia}-1)e^{iaN_{u-}}\,du \end{aligned}$$

另一方面，对于任意的 $b \in \mathbb{R}$，由伊藤公式得到：

$$e^{ibW_t} = 1 + ib\int_0^t e^{ibW_u}\,dW_u - \frac{1}{2}b^2\int_0^t e^{ibW_u}\,du$$

补泊松过程 $\hat{N}$ 的连续鞅部分同样等于 0(因为 $\hat{N}$ 是一个有限变差过程)，且很明显，过程 $\hat{N}$ 和 W 没有共同的跳跃点。因此，对于上鞅使用伊藤乘法规则，可以得到：

$$\begin{aligned} e^{i(aN_t+bW_t)} &= 1 + ib\int_0^t e^{i(aN_u+bW_u)}\,dW_u - \frac{1}{2}b^2\int_0^t e^{i(aN_u+bW_u)}\,du \\ &\quad + \int_{[0,t]}(e^{ia}-1)e^{i(aN_{u-}+bW_u)}\,d\hat{N}_u + \lambda\int_0^t (e^{ia}-1)e^{i(aN_u+bW_u)}\,du \end{aligned}$$

记 $f_{a,b}(t) = \mathbb{E}_{\mathbb{P}}(e^{i(aN_t+bW_t)})$。对上面的等式两边取期望，得到：

$$f_{a,b}(t) = 1 + \lambda\int_0^t (e^{ia}-1)f_{a,b}(u)\,du - \frac{1}{2}b^2\int_0^t f_{a,b}(u)\,du$$

对于任意的 $a, b \in \mathbb{R}$，通过求解上述方程得到

$$\mathbb{E}_{\mathbb{P}}(\mathrm{e}^{i(aN_t+bW_t)}) = f_{a,b}(t) = \mathrm{e}^{\lambda t(\mathrm{e}^{ia}-1)}\mathrm{e}^{-\frac{1}{2}b^2 t} = \mathbb{E}_{\mathbb{P}}(\mathrm{e}^{iaN_t})\,\mathbb{E}_{\mathbb{P}}(\mathrm{e}^{ibW_t})$$

由此推得，对于任意的 $t \in \mathbb{R}_+$，随机变量 W_t 和 N_t 在 $\mathbb{P}$ 下是相互独立的。

第二步，固定 s 和 $t(0 < t < s)$，同时，对于任意实数 a_1, a_2, b_1 和 b_2，考虑如下期望

$$f(t, s) := \mathbb{E}_{\mathbb{P}}(\mathrm{e}^{i(a_1 N_t + a_2 N_s + b_1 W_t + b_2 W_s)})$$

记 $\tilde{a}_1 = a_1 + a_2$ 和 $\tilde{b}_1 = b_1 + b_2$，则有

$$\begin{aligned}
f(t, s) &= \mathbb{E}_{\mathbb{P}}(\mathrm{e}^{i(a_1 N_t + a_2 N_s + b_1 W_t + b_2 W_s)}) \\
&= \mathbb{E}_{\mathbb{P}}(\mathbb{E}_{\mathbb{P}}(\mathrm{e}^{i(\tilde{a}_1 N_t + a_2(N_s - N_t) + \tilde{b}_1 W_t + b_2(W_s - W_t))} \mid \mathcal{G}_s)) \\
&= \mathbb{E}_{\mathbb{P}}(\mathrm{e}^{i(\tilde{a}_1 N_t + \tilde{b}_1 W_t)}\,\mathbb{E}_{\mathbb{P}}(\mathrm{e}^{i(a_2(N_s - N_t) + b_2(W_s - W_t))} \mid \mathcal{G}_t)) \\
&= \mathbb{E}_{\mathbb{P}}(\mathrm{e}^{i(\tilde{a}_1 N_t + \tilde{b}_1 W_t)}\,\mathbb{E}_{\mathbb{P}}(\mathrm{e}^{i(a_2 N_{t-s} + b_2 W_{t-s})})) \\
&= f_{a_1, b_1}(t-s)\,\mathbb{E}_{\mathbb{P}}(\mathrm{e}^{i(\tilde{a}_1 N_t + \tilde{b}_1 W_t)}) \\
&= f_{a_1, b_1}(t-s) f_{\tilde{a}_1, \tilde{b}_1}(t)
\end{aligned}$$

特别地，在上面的证明过程中，利用了 σ—域 $\mathcal{G}_t$ 上的增量过程 $N_t - N_s$（和 $W_t - W_s$）的独立性、以及 N 和 W 的时间齐次性。在上面的等式中，通过设定 $b_1 = b_2 = 0$，得到：

$$\mathbb{E}_{\mathbb{P}}(\mathrm{e}^{i(a_1 N_t + a_2 N_s)}) = f_{a_1, 0}(t-s) f_{\tilde{a}_1, 0}(t)$$

当选择 $a_1 = a_2 = 0$ 时得到：

$$\mathbb{E}_{\mathbb{P}}(\mathrm{e}^{i(b_1 W_t + b_2 W_s)}) = f_{0, b_1}(t-s) f_{0, \tilde{b}_1}(t)$$

不难检验：

$$f_{a_1, b_1}(t-s) f_{\tilde{a}_1, \tilde{b}_1}(t) = f_{a_1, 0}(t-s) f_{\tilde{a}_1, 0}(t) f_{0, b_1}(t-s) f_{0, \tilde{b}_1}(t)$$

由此推得，对于任何 s 和 $t(0 \leqslant t < s)$ 和任意的 $a_1, a_2, b_1, b_2 \in \mathbb{R}$，有

$$\mathbb{E}_{\mathbb{P}}(\mathrm{e}^{i(a_1 N_t + a_2 N_s + b_1 W_t + b_2 W_s)}) = \mathbb{E}_{\mathbb{P}}(\mathrm{e}^{i(a_1 N_t + a_2 N_s)})\,\mathbb{E}_{\mathbb{P}}(\mathrm{e}^{i(b_1 W_t + b_2 W_s)})$$

这意味着随机变量 (N_t, N_s) 和 (W_t, W_s) 是相互独立的。运用同样的方法可以检验，对于任意的 $n \in \mathbb{N}$ 和任意选择的 $t_1, t_2, \cdots, t_n (0 \leqslant t_1 < \cdots < t_n)$，随机变量 $(N_{t_1}, N_{t_2}, \cdots, N_{t_n})$ 和 $(W_{t_1}, W_{t_2}, \cdots, W_{t_n})$ 是相互独立的。 □

现在要考察的是，在基础概率测度一种特殊等价变换下的泊松过程的行为。对于一个固定的 $T > 0$，在 $(\Omega, \mathcal{G}_T)$ 上通过如下式子引入一个概率测度 $\mathbb{P}^*$：

$$\frac{\mathrm{d}\,\mathbb{P}^*}{\mathrm{d}\,\mathbb{P}}\Big|_{\mathcal{G}_T}=\eta_T,\ \mathbb{P}\text{-a. s.} \tag{6.38}$$

其中，对于某常数 $\kappa>-1$，Radon-Nikodým 密度过程 $\eta_t(t\in[0,T])$ 满足：

$$\mathrm{d}\eta_t=\eta_{t-}\kappa\mathrm{d}\hat{N}_t,\ \eta_0=1 \tag{6.39}$$

因为 $Y:=\kappa\hat{N}$ 是一个有限方差过程，由引理 4.4.1 知道方程（6.39）存在唯一解，用 $\varepsilon_t(Y)$ 或 $\varepsilon_t(\kappa\hat{N})$ 表示；这可以看作为 Doléans（或随机）指数的一种特殊情形。用依路径方法解式（6.39），得到：

$$\eta_t=\varepsilon_t(\kappa\hat{N})=\mathrm{e}^{Y_t}\prod_{0<u\leqslant t}(1+\Delta Y_u)\mathrm{e}^{-\Delta Y_u}=\mathrm{e}^{Y_t^c}\prod_{0<u\leqslant t}(1+\Delta Y_u)$$

其中，$Y_t^c:=Y_t-\sum_{0<u\leqslant t}\Delta Y_u$ 是 Y 的依路径连续部分。直接计算表明：

$$\eta_t=\mathrm{e}^{-\kappa\lambda t}\prod_{0<u\leqslant t}(1+\kappa\Delta N_u)=\mathrm{e}^{-\kappa\lambda t}(1+\kappa)^{N_t}=\mathrm{e}^{N_t\ln(1+\kappa)-\kappa\lambda t}$$

如果 $\kappa>-1$，上面的最后一个等式是成立的。基于上面的等式，通过在命题 6.6.2 第（3）部分中设定的 $a=\ln(1+\kappa)$，可以得到 $M^a=\eta$。这证明了在概率空间 $\mathbb{P}$ 下过程 η 服从一个 $\mathbb{G}$ —鞅。由此得到了以下结论。

引理 6.6.1 假设 $\kappa>-1$，对于随机微分方程（6.39）的唯一解 η 服从一个在 $\mathbb{P}$ 下的指数 $\mathbb{G}$ —鞅。具体地有

$$\eta_t=\mathrm{e}^{N_t\ln(1+\kappa)-\kappa\lambda t}=\mathrm{e}^{\hat{N}_t\ln(1+\kappa)-\lambda t(\kappa-\ln(1+\kappa))}=M_t^a \tag{6.40}$$

其中，$a=\ln(1+\kappa)$。特别地，随机变量 η_T 概率空间上几乎必然是严格正的（$\mathbb{P}$a. s.），并且 $\mathbb{E}_{\mathbb{P}}(\eta_T)=1$，进一步地，$\mathrm{M}^a$ 是通过解以下的随机微分方程得到的：

$$\mathrm{d}M_t^a=M_{t-}^a(\mathrm{e}^a-1)\mathrm{d}\hat{N}_t,\ M_0^a=1 \tag{6.41}$$

现在我们要推导一个众所周知的结论，即在概率空间 $\mathbb{P}^*$ 下过程 $N_t(t\in[0,T])$ 服从一个常强度参数 $\lambda^*=(1+\kappa)\lambda$ 的泊松分布。

命题 6.6.4 假设在概率空间 $\mathbb{P}$ 下，关于滤子 $\mathbb{G}$ 的过程 N 是一个强度为 λ 的泊松过程。对于 $\kappa>-1$，假设概率测度 $\mathbb{P}^*$ 由式（6.38）和式（6.39）定义在 $(\Omega,\mathcal{G}_T)$ 上。

（1）过程 $N_t(t\in[0,T])$ 服从一个在概率空间 $\mathbb{P}^*$ 下关于滤子 $\mathbb{G}$ 的参数为 $\lambda^*=(1+\kappa)\lambda$ 的常强度泊松分布。

（2）对于 $t(t\in[0,T])$，定义补过程 N_t^*

$$N_t^*=N_t-\lambda^*t=N_t-(1+\kappa)\lambda t=\hat{N}_t-\kappa\lambda t$$

则补过程 N_t^* 服从一个关于$\mathbb{G}$的$\mathbb{P}^*$—鞅。

证明:由命题 6.6.2 之后的评注(3)可知,可以找到一个 λ^*,使得对于任何固定的 $b \in \mathbb{R}$,由下式给出

$$\widetilde{M}_t^b := e^{bN_t - \lambda^* t(e^b - 1)}, \ \forall t \in [0, T] \tag{6.42}$$

的过程$\widetilde{M}^b$ 服从一个在概率空间$\mathbb{P}^*$下的$\mathbb{G}$—鞅:从标准论证的角度来看,当且仅当过程$\widetilde{M}^b\eta$ 在原始概率测度$\mathbb{P}$下是一个鞅时,则过程$\widetilde{M}^b$ 是一个$\mathbb{P}^*$—鞅。但是从式(6.40)的角度来看,有

$$\widetilde{M}_t^b\eta_t = \exp\Big(N_t\big(b + \ln(1+\kappa)\big) - t\big(\kappa\lambda + \lambda^*(e^b - 1)\big)\Big)$$

记 $a = b + \ln(1+\kappa)$,由于 b 是任意的实数,因此 a 也是任意的实数,利用命题 6.6.2 的第(3)部分,必然有

$$\kappa\lambda + \lambda^*(e^b - 1) = \lambda(e^a - 1)$$

化简后,推得,对于任意固定的实数 b,当且仅当 $\lambda^* = (1+\kappa)\lambda$ 时,由式(6.42)定义的$\widetilde{M}^b$ 过程是一个在概率测度$\mathbb{P}^*$下的$\mathbb{G}$—鞅。换言之,在概率测度$\mathbb{P}^*$下的过程 N 的强度 λ^* 满足 $\lambda^* = (1+\kappa)\lambda$。命题的第二个结论也是显而易见的。 □

评注:如果 $\mathbb{G} = \mathbb{F}^N$,即滤子$\mathbb{G}$由某泊松过程 N 产生的,则对于某$\mathbb{G}$—可料过程 κ,在$\mathbb{P}$下的任何严格正的$\mathbb{G}$—鞅 η 满足式(6.39)。

假设在测度$\mathbb{P}$下关于$\mathbb{G}$的过程 W 是一个布朗运动,且 N 服从一个泊松过程。对于某$\mathbb{G}$—可料随机过程 β 和常数 $\kappa > -1$,设 η 满足

$$d\eta_t = \eta_{t-}(\beta_t dW_t + \kappa d\hat{N}_t), \ \eta_0 = 1 \tag{6.43}$$

伊藤乘法法则的简单应用表明,如果过程 η^1 和 η^2 满足

$$d\eta_t^1 = \eta_{t-}^1\beta_t dW_t, \quad d\eta_t^2 = \eta_{t-}^2\kappa d\hat{N}_t$$

则乘积 $\eta_t := \eta_t^1\eta_t^2$ 满足式(6.43):如果线性随机微分方程(6.43)存在唯一的解,则这个随机微分方程的唯一解由以下表达式给出:

$$\eta_t = \exp\Big(\int_0^t \beta_u dW_u - \frac{1}{2}\int_0^t \beta_u^2 du\Big)\exp\big(N_t\ln(1+\kappa) - \kappa\lambda t\big) \tag{6.44}$$

接下来的结论的证明留给读者作为练习。

命题 6.6.5 设对于常数 $\kappa > -1$,概率$\mathbb{P}^*$由式(6.38)和式(6.44)给出,并且有一个$\mathbb{G}$—可料过程 β,使得 $\mathbb{E}_{\mathbb{P}}(\eta_T) = 1$。

(1) 关于滤子$\mathbb{G}$,过程 $W_t^* = W_t - \int_0^t \beta_u du (t \in [0, T])$ 服从一个在概率测度$\mathbb{P}^*$下的

布朗运动；

(2) 关于滤子$\mathbb{G}$，过程 $N_t(t \in [0, T])$ 服从一个在概率测度$\mathbb{P}^*$下具有常强度$\lambda^* = (1+\kappa)\lambda$ 的泊松过程；

(3) 在概率测度$\mathbb{P}^*$下，过程 W^* 和 N 是相互独立的。

具有确定性强度的泊松过程。 设$\lambda(\lambda: \mathbb{R}_+ \to \mathbb{R}_+)$ 是任意非负的、局部可积函数，使得$\int_0^\infty \lambda(u)\mathrm{d}u = \infty$。由定义知，如果对于每一个 $0 \leqslant s < t$，增量过程 $N_t - N_s$ 是独立于σ—域 $\mathcal{G}_s$ 的，且服从参数为 $\Lambda(t) - \Lambda(s)$ 的泊松定律，则过程 N（有 $N_0 = 0$）是一个强度函数为 λ 的泊松过程，其中风险函数 Λ 等于 $\Lambda(t) = \int_0^t \lambda(u)\mathrm{d}u$。

更一般地，设$\lambda(\lambda: \mathbb{R}_+ \to \mathbb{R}_+)$ 是一个右连续的递增函数，且有 $\Lambda(0) = 0$ 和 $\Lambda(\infty) = \infty$。对于每一个 s 和 $t(0 \leqslant s < t)$ 和每一个 $k = 0, 1, \cdots$，具有风险函数 Λ 的泊松过程满足：

$$\mathbb{P}\{N_t - N_s = k \mid \mathcal{G}_s\} = \mathbb{P}\{N_t - N_s = k\} = \frac{(\Lambda(t) - \Lambda(s))^k}{k!}\mathrm{e}^{-(\Lambda(t)-\Lambda(s))}$$

例 6.6.1 构造一个有风险函数 Λ 的泊松过程最方便和最广泛使用的方法如下：关于某一滤子$\widetilde{\mathbb{G}}$，取一个有常强度 $\lambda = 1$ 的泊松过程 $\widetilde{N}$，定义时变过程：$N_t := \widetilde{N}_{\Lambda(t)}$。容易看出，关于时变滤子$\mathbb{G}$，过程 N 是服从一个具有风险函数 Λ 的泊松过程，这里，对于每一个 $t \in \mathbb{R}_+$，有 $\mathcal{G}_t = \widetilde{\mathcal{G}}_{\Lambda(t)}$。

对于任意的 s 和 $t(0 \leqslant s < t)$，由于

$$\mathbb{E}_{\mathbb{P}}(N_t - N_s \mid \mathcal{G}_s) = \mathbb{E}_{\mathbb{P}}(N_t - N_s) = \Lambda(t) - \Lambda(s)$$

则显然泊松过程的补过程 $\hat{N}_t = N_t - \Lambda(t)$ 在概率测度$\mathbb{P}$下服从一个$\mathbb{G}$—鞅。命题 6.6.3 的适当一般化表明，关于$\mathbb{G}$的一个具有风险函数 Λ 的泊松过程和一个布朗运动在概率测度$\mathbb{P}$下是相互独立的。接下来的引理证明直接源于伊藤公式的应用，在这里就不再证明了。

引理 6.6.2 设 Z 为一个任意有界的$\mathbb{G}$—可料过程，且 M^Z 由如下式子给出

$$M^Z = \exp\left(\int_{[0,t]} Z_u \mathrm{d}N_u - \int_0^t (\mathrm{e}^{Z_u} - 1)\mathrm{d}\Lambda(u)\right)$$

则过程 M^Z 服从一个概率测度$\mathbb{P}$下的$\mathbb{G}$—鞅，并且 M^Z 是下面随机微分方程

$$\mathrm{d}M^Z = M^Z_{t-}(\mathrm{e}^{Z_t} - 1)\mathrm{d}\hat{N}_t, \quad M^Z_0 = 1$$

的唯一解：

在强度函数为 λ 的泊松过程的情形下，很容易由引理 6.6.2 推出，对于任意（波莱尔

可测)函数 $\kappa:\mathbb{R}_+\to(-1,\infty)$，过程

$$\zeta_t = \exp\left(\int_{[0,t]}\ln(1+\kappa(u))\mathrm{d}N_u - \int_0^t \kappa(u)\lambda(u)\mathrm{d}u\right)$$

是如下随机微分方程

$$\mathrm{d}\zeta_t = \zeta_{t-}\kappa(t)\mathrm{d}\hat{N}_t,\ \eta_0 = 1$$

的唯一解：

在 κ 为常量的情形下使用同样的方法,可以得出随机微分方程

$$\mathrm{d}\eta_t = \eta_{t-}(\beta_t \mathrm{d}W_t + \kappa(t)\mathrm{d}\hat{N}_t),\ \eta_0 = 1$$

的唯一解 η 由如下表达式给出：

$$\eta_t = \zeta_t \exp\left(\int_0^t \beta_u \mathrm{d}W_u - \frac{1}{2}\int_0^t \beta_u^2 \mathrm{d}u\right) \tag{6.45}$$

接下来的结论是命题 6.6.5 的一般化。再次把其证明过程留给读者。

命题 6.6.6 设在 $(\Omega,\mathcal{G}_T)$ 上 $\mathbb{P}^*$ 是一个与 $\mathbb{P}$ 等价的概率测度,使得式(6.38)中的密度过程 η 由式(6.45)给出,则在概率测度 $\mathbb{P}^*$ 下关于 $\mathbb{G}$ 有：

(1) 过程 $W_t^* = W_t - \int_0^t \beta_u \mathrm{d}u\,(t\in[0,T])$ 服从一个布朗运动；

(2) 过程 $N_t\,(t\in[0,T])$ 服从一个强度函数为 $\lambda^*(t) = 1+\kappa(t)\lambda(t)$ 的泊松过程；

(3) 过程 W^* 和 N 在 $\mathbb{P}^*$ 下是相互独立的。

条件泊松过程。 从通过假设给定滤子化的概率空间 $(\Omega,\mathbb{G},\mathbb{P})$ 和一个确定的 $\mathbb{G}$ 的子滤子 $\mathbb{F}$ 开始。设 Φ 是一个 $\mathbb{F}$—适应、右连续的递增过程,且满足 $\Phi_0=0$ 和 $\Phi_\infty=\infty$，称 Φ 为一个风险过程。在一些情形中,对于具有局部可积的样本轨道的 $\mathbb{F}$—循序可测过程 ϕ,有 $\Phi_t = \int_0^t \phi_u \mathrm{d}u$，则称过程 ϕ 为强度过程。现在可以陈述与 Φ 相关的 $\mathbb{F}$—条件泊松过程的定义。条件泊松过程(也将此理解为双重随机泊松过程)与泊松过程的定义虽然有细微差别,但本质上是等价的,有关条件泊松过程的定义可以在 Brémaud(1981)、Last 和 Brandt(1995)的著作中找到。

定义 6.6.2 如果对于任意的 s 和 $t\,(0\leqslant s<t)$ 以及每个 $k=0,1\cdots$，有

$$\mathbb{P}\{N_t - N_s = k \mid \mathcal{G}_s \vee \mathcal{F}_\infty\} = \frac{(\Phi_t-\Phi_s)^k}{k!}\mathrm{e}^{-(\Phi_t-\Phi_s)} \tag{6.46}$$

其中，$\mathcal{F}_\infty = \sigma(\mathcal{F}_u : u\in\mathbb{R}_+)$，则称定义在概率空间 $(\Omega,\mathbb{G},\mathbb{P})$ 上的过程 N 为关于 $\mathbb{G}$ 的 $\mathbb{F}$—条件泊松过程,且相应的风险过程为 Φ。

直觉上，如果一个风险过程特定的样本轨道 $\Phi_{\cdot}(\omega)$ 已知，则过程 N 与关于$\mathbb{G}$ 的具有(确定性)风险函数 $\Phi_{\cdot}(\omega)$ 的泊松过程有相同的性质。特别地，从式(6.46)得到：

$$\mathbb{P}\{N_t - N_s = k \mid \mathcal{G}_s \vee \mathcal{F}_\infty\} = \mathbb{P}\{N_t - N_s = k \mid \mathcal{F}_\infty\}$$

即以 σ—域 $\mathcal{F}_\infty$ 为条件的增量 $N_t - N_s$ 过程是独立于 σ—域 $\mathcal{G}_s$ 的。

同样地，对于任何 s 和 $t(0 \leqslant s < t \leqslant u)$ 以及每一个 $k = 0, 1, \cdots$，有：

$$\mathbb{P}\{N_t - N_s = k \mid \mathcal{G}_s \vee \mathcal{F}_u\} = \frac{(\Phi_t - \Phi_s)^k}{k!} \mathrm{e}^{-(\Phi_t - \Phi_s)} \tag{6.47}$$

换言之，在 σ—域 $\mathcal{F}_u$ 条件下的过程 $N_t(t \in [0, u])$ 表现为一个具有风险函数 Φ 的泊松过程。最后，对于任何 $n \in \mathbb{N}$，任何非负整数 $k_1, k_2, \cdots, k_n$，和任意的非负实数 $s_1, s_2, \cdots, s_n$ 和 $t_1, t_2, \cdots, t_n$ $(s_1 < t_1 \leqslant s_2 < t_2 \leqslant \cdots \leqslant s_n < t_n)$，有

$$\mathbb{P}\left(\bigcap_{i=1}^{n} \{N_{t_i} - N_{s_i} = k_i\}\right) = \mathbb{E}_{\mathbb{P}}\left(\prod_{i=1}^{n} \frac{(\Phi_{t_i} - \Phi_{s_i})^{k_i}}{k_i!} \mathrm{e}^{-(\Phi_{t_i} - \Phi_{s_i})}\right)$$

注意到，在以上所有的条件期望中，可以用风险过程产生的滤子$\mathbb{F}^{\Phi}$来代替参照滤子$\mathbb{F}$。事实上，一个关于$\mathbb{G}$ 的$\mathbb{F}$—条件泊松过程也服从一个关于滤子 $\mathbb{F}^N \vee \mathbb{F}$ 和 $\mathbb{F}^N \vee \mathbb{F}^{\Phi}$(两者有相同的风险过程)的条件泊松过程。

自此以后，对于每一个 $t \in \mathbb{R}_+$，假定有 $\mathbb{E}_{\mathbb{P}}(\Phi_t) < \infty$。

引理 6.6.3 补过程 $\hat{N}_t = N_t - \Phi_t$ 服从一个关于$\mathbb{G}$ 的鞅。

证明：对于任意的 s 和 $t(0 \leqslant s < t)$，注意到

$$\begin{aligned}\mathbb{E}_{\mathbb{P}}(N_t - \Phi_t \mid \mathcal{G}_s) &= \mathbb{E}_{\mathbb{P}}\big(\mathbb{E}_{\mathbb{P}}(N_t - \Phi_t \mid \mathcal{G}_s \vee \mathcal{F}_\infty) \mid \mathcal{G}_s\big) \\ &= \mathbb{E}_{\mathbb{P}}(N_s - \Phi_s \mid \mathcal{G}_s) = N_s - \Phi_s\end{aligned}$$

即可。在上面的第二个等式中，使用了具有确定性风险函数的泊松过程的性质。 □

给定两个滤子$\mathbb{F}$ 和$\mathbb{G}$ 以及风险过程 Φ，还不足以说明是否找到了一个满足定义 6.6.2 的过程 N。为了提供一个条件泊松过程的简单构造，假设赋予一个参照滤子$\mathbb{F}$ 的基础概率空间$(\Omega, \mathcal{G}, \mathbb{P})$充分大，足以容纳以下的随机过程：一个有常强度 $\lambda = 1$ 的泊松过程 $\tilde{N}$ 和一个$\mathbb{F}$—适应风险过程 Φ。另外，假定泊松过程 $\tilde{N}$ 是独立于滤子$\mathbb{F}$ 的。

评注：给定一个滤子化的概率空间$(\Omega, \mathcal{G}, \mathbb{P})$，总是可以将其放大，使得在这个放大的空间上存在一个具有 $\lambda = 1$ 且独立于滤子$\mathbb{F}$ 的泊松过程 $\tilde{N}$。

在现有假设下，对于每一个 $0 \leqslant s < t$，任意的 $u \in \mathbb{R}_+$，以及任意的非负整数 k，有

$$\mathbb{P}\{\tilde{N}_t - \tilde{N}_s = k \mid \mathcal{F}_\infty\} = \mathbb{P}\{\tilde{N}_t - \tilde{N}_s = k \mid \mathcal{F}_u\} = \mathbb{P}\{\tilde{N}_t - \tilde{N}_s = k\}$$

和

$$\mathbb{P}\{\widetilde{N}_t-\widetilde{N}_s=k \mid \mathscr{F}_s^{\widetilde{N}} \vee \mathscr{F}_s\}=\mathbb{P}\{\widetilde{N}_t-\widetilde{N}_s=k\}=\frac{(t-s)^k}{k!}\mathrm{e}^{-(t-s)}$$

接下来的结论描述了构造条件泊松过程的一种具体方法。这种构造是建立在与递增过程 Φ 相关的随机时间变化的基础上。

命题 6.6.7 设 $\widetilde{N}$ 是一个有常强度 $\lambda=1$ 的泊松过程，独立于参照滤子$\mathbb{F}$，且设 Φ 是一个$\mathbb{F}$—适应的、右连续的递增过程，则过程 $\{N_t=\widetilde{N}_{\Phi_t}:t\in\mathbb{R}_+\}$ 服从一个$\mathbb{F}$—条件泊松过程，该过程具有关于滤子 $\mathbb{G}=\mathbb{F}^N\vee\mathbb{F}$ 的风险过程 Φ。

证明：因为 $\mathscr{G}_s\vee\mathscr{F}_\infty=\mathscr{F}_s^N\vee\mathscr{F}_\infty$，则

$$\mathbb{P}\{N_t-N_s=k \mid \mathscr{F}_s^N\vee\mathscr{F}_\infty\}=\frac{(\Phi_t-\Phi_s)^k}{k!}\mathrm{e}^{-(\Phi_t-\Phi_s)}$$

或等价地，

$$\mathbb{P}\{\widetilde{N}_{\Phi_t}-\widetilde{N}_{\Phi_s}=k \mid \mathscr{F}_{\Phi_s}^{\widetilde{N}}\vee\mathscr{F}_\infty\}=\frac{(\Phi_t-\Phi_s)^k}{k!}\mathrm{e}^{-(\Phi_t-\Phi_s)}$$

上式中的最后一个等式源于 $\widetilde{N}$ 和$\mathbb{F}$的独立性假设。 □

评注：在命题 6.6.7 设定的范围内，任何$\mathbb{F}$—鞅也是一个$\mathbb{G}$—鞅，所以条件(M.1)满足。

条件泊松过程的总跳跃数明显地以概率 1 无界。在一些金融模型中（见 Lando (1998)、Duffie 和 Singleton(1999)），只有首次跳跃的性质是重要的。尽管有许多构造条件泊松过程的方法，但对于直接源于定义 6.6.2 的这种过程的首次跳跃总是满足条件(F.1)的。事实上，如果取 $\tau=\tau_1$，则对于任何 $t\in\mathbb{R}_+$ 和 $u\geqslant t$ 有（参见第 6.1 节的条件(F1.a)）：

$$\mathbb{P}\{\tau\leqslant t \mid \mathscr{F}_u\}=\mathbb{P}\{N_t\geqslant 1 \mid \mathscr{F}_u\}=\mathbb{P}\{N_t-N_0\geqslant 1 \mid \mathscr{G}_0\vee\mathscr{F}_u\}=\mathbb{P}\{\tau\leqslant u \mid \mathscr{F}_\infty\}$$

其中，最后一个等式来源于式(6.47)。再次利用式(6.47)，对于每一个 $0\leqslant t\leqslant u$，明显有 $\mathbb{P}\{\tau\leqslant t \mid \mathscr{F}_u\}=\mathrm{e}^{-\Phi_u}$。

例 6.6.2 考克斯(Cox)过程。在一些实际应用中，很自然地要考虑带有$\mathbb{F}$ 滤子的$\mathbb{F}$ 条件泊松过程的一些特殊情形，其$\mathbb{F}$ 滤子是被一些表示为状态变量的随机过程产生的。更明确些，考虑一个具有强度过程 ϕ 的条件泊松过程，ϕ 由 $\phi_t=g(t,Y_t)$ 所定义，其中 Y 是一个独立于泊松过程 $\widetilde{N}$ 的$\mathbb{R}^d$—赋值的随机过程，且 $g(g:\mathbb{R}_+\times\mathbb{R}^d\to\mathbb{R}_+)$ 是一个（连续）函数。参照滤子$\mathbb{F}$ 典型地选择为过程 Y 的自然滤子；即取 $\mathbb{F}=\mathbb{F}^Y$。在这样一种情形下，产生的$\mathbb{F}$—条件泊松过程称为伴有状态变量过程 Y 和强度函数为 g 的考克斯过程①。

① 需要了解的是：这个领域的专业术语与其他不同知识领域的专业术语是不一致的。

我们的目的在于考察$\mathbb{F}$—条件泊松过程 N 在一个概率测度等价变换下的行为。为了简化分析,设风险过程 Φ 是连续的,且参照滤子$\mathbb{F}$是由一个服从关于$\mathbb{G}$的布朗运动的过程 W 产生的。对于一个固定的 $T>0$,在$(\Omega, \mathcal{G}_T)$上的概率测度$\mathbb{P}^*$定义为:

$$\left.\frac{\mathrm{d}\,\mathbb{P}^*}{\mathrm{d}\,\mathbb{P}}\right|_{\mathcal{G}_T}=\eta_T,\ \mathbb{P}\text{-a. s.} \tag{6. 48}$$

其中,对于使得 $\kappa>-1$ 及 $\mathbb{E}_{\mathbb{P}}(\eta_T)=1$ 成立的$\mathbb{G}$—可料过程 β 和 κ,通过解下面的随机微分方程

$$\mathrm{d}\eta_t=\eta_{t-}(\beta_t\mathrm{d}W_t+\kappa_t\mathrm{d}\hat{N}_t),\ \eta_0=1 \tag{6. 49}$$

得到 Radon-Nikodým 密度过程 $\{\eta_t,\ t\in[0,\ T]\}$。应用伊藤乘法法则,得以证明式(6. 49)的唯一解等于乘积过程 $\nu_t\zeta_t$,其中 $\mathrm{d}\nu_t=\nu_t\beta_t\mathrm{d}W_t$ 以及 $\mathrm{d}\zeta_t=\zeta_{t-}\kappa_t\mathrm{d}\hat{N}_t$,且满足 $\nu_0=\zeta_0=1$。这两个方程的解分别为:

$$\nu_t=\exp\left(\int_0^t\beta_u\mathrm{d}W_u-\frac{1}{2}\int_0^t\beta_u^2\mathrm{d}u\right)$$

$$\zeta_t=\exp(U_t)\prod_{0<u\leqslant t}(1+\Delta U_u)\exp(-\Delta U_t)$$

其中,将 U_t 表示为 $U_t=\int_{[0,\ t]}\kappa_u\mathrm{d}\hat{N}_u$。这对于考查 ζ 有如下表达式是重要的:

$$\zeta_t=\exp\left(-\int_0^t\kappa_u\mathrm{d}\Phi_u\right)\prod_{0<u\leqslant t}(1+\kappa_u\Delta N_u)$$

$$\zeta_t=\exp\left(\int_{[0,\ t]}\ln(1+\kappa_u)\mathrm{d}N_u-\int_0^t\kappa_u\mathrm{d}\Phi_u\right)$$

以下的结论是与命题 5. 3. 1 相对应的。

命题 6. 6. 8 设关于$\mathbb{P}$的概率测度$\mathbb{P}^*$的 Radon-Nikodým 密度由式(6. 48)和式(6. 49)给出,则过程 $W_t^*=W_t-\int_0^t\beta_u\mathrm{d}u(t\in[0,\ T])$ 服从一个在$\mathbb{P}^*$下关于$\mathbb{G}$的布朗运动,并且过程

$$N_t^*=\hat{N}_t-\int_0^t\kappa_u\mathrm{d}\Phi_u=N_t-\int_0^t(1+\kappa_u)\mathrm{d}\Phi_u,\ \forall\, t\in[0,\ T] \tag{6. 50}$$

服从一个在$\mathbb{P}^*$下的$\mathbb{G}$—鞅:另外,如果过程 κ 是一个$\mathbb{F}$—适应的,则过程 N 服从一个$\mathbb{P}^*$下关于$\mathbb{G}$的$\mathbb{F}$—条件泊松过程,且在$\mathbb{P}^*$下 N 的风险过程等于:

$$\Phi_t^*=\int_0^t(1+\kappa_u)\mathrm{d}\Phi_u$$

7 几种随机时间的情形

本章始终假设给定一个随机时间的有限集合 τ_1，τ_2，…，τ_n，它们是定义在带有滤子 $\mathbb{F}$ 的普通概率空间$(\Omega, \mathcal{G}, \mathbb{P})$上的。令 $H_t^i = \mathbb{1}_{\{\tau_i \leqslant t\}}$ 定义了一簇跳跃过程 $H^i(i = 1, 2, \cdots, n)$，并用$\mathbb{H}^i$来表示由跳跃过程 H^i 产生的滤子。通过设定 $\mathbb{G} = \mathbb{H}^1 \vee \mathbb{H}^2 \vee \cdots \vee \mathbb{H}^n \vee \mathbb{F}$引入放大滤子$\mathbb{G}$。我们的目的之一是考察随机时间 τ_1，τ_2，…，τ_n 的$(\mathbb{F}, \mathbb{G})$—鞅风险过程和随机时间最小值（即 $\tau = \min(\tau_1, \tau_2, \cdots, \tau_n)$）的$(\mathbb{F}, \mathbb{G})$—鞅风险过程之间的关系。

第 7.1 节分析了几个与随机时间最小值相关的基本问题。尽管随机时间有限族最小值的鞅风险过程容易得到，但在它能否作为条件期望的估值工具问题上显得比较困难，关于这个问题得到了部分解答。随后，在由布朗运动产生参照滤子的情况下，我们建立了鞅表示定理。第 7.2 节研究了基础概率测度(underlying probability measure)等价变换下的风险过程的特性。最后，第 7.3 节根据 Kusuoka(1999)的一个重要反例进行了深入完整的分析。本章的结论主要根据 Dsuffie(1998a)、Kusuoka(1999)，以及 Jeanblanc 和 Rutkowski(2000b)推导而得。

7.1 几种随机时间的最小值

考察如下问题：给定随机时间 $\tau_i(i = 1, 2, \cdots, n)$ 的一个有限族和相应的风险过程 $\Gamma^i(i = 1, 2, \cdots, n)$，寻找 τ_1，τ_2，…，τ_n 最小值（即随机时间 $\tau = \tau_1 \wedge \tau_2 \wedge \cdots \wedge \tau_n$）的风险过程。需要表明的是，这个问题不可能在一般条件下得到解决，即没有$(\tau_1, \tau_2, \cdots,$

τ_n)的联合概率分布的额外信息是无法解决这个问题的。实际上,这个问题的解很大程度上依赖于对随机时间的特殊假设以及对滤子的选择。

7.1.1 风险函数

首先,集中考虑如何计算相互独立的随机时间有限族的最小值的风险函数(条件独立随机时间的情况参见第 9.1.2 节)。

引理 7.1.1 令 $\tau_i(i=1, 2, \cdots, n)$ 是定义在普通概率空间$(\Omega, \mathcal{G}, \mathbb{P})$上的 n 个随机时间。假设 τ_i 容许的风险函数为 Γ_i。如果 $\tau_i(i=1, 2, \cdots, n)$ 是相互独立的随机变量,则 τ 的风险函数 Γ 等于风险函数 $\Gamma_i(i=1, 2, \cdots, n)$ 之和。

证明:对于任意的 $t\in\mathbb{R}_+$ 有

$$\begin{aligned} e^{-\Gamma(t)} &= 1-F(t) = \mathbb{P}\{\tau > t\} = \mathbb{P}\{\min(\tau_1, \tau_2, \cdots, \tau_n) > t\} = \prod_{i=1}^{n}\mathbb{P}\{\tau_i > t\} \\ &= \prod_{i=1}^{n}(1-F_i(t)) = \prod_{i=1}^{n}e^{-\Gamma_i(t)} = e^{-\sum_{i=1}^{n}\Gamma_i(t)} \end{aligned}$$

□

考察连续分布函数 $F_i(i=1, 2, \cdots, n)$ 的情形。在这种情形下,还可得到 $\Lambda(t)=\sum_{i=1}^{n}\Lambda_i(t)$。特别地,如果每个随机时间 $\tau_i(i=1, 2, \cdots, n)$ 容许强度函数为 $\gamma_i(t)=\lambda_i(t)=f_i(t)(1-F_i(t))^{-1}$,那么下述过程

$$H_t-\sum_{i=1}^{n}\int_0^{t\wedge\tau}\gamma_i(u)\mathrm{d}u = \mathbb{1}_{\{\tau\leqslant t\}}-\sum_{i=1}^{n}\int_0^{t\wedge\tau}\lambda_i(u)\mathrm{d}u$$

服从一个$\mathbb{H}$—鞅,其中,$\mathbb{H}=\mathbb{H}^1\vee\mathbb{H}^2\vee\cdots\vee\mathbb{H}^n$。相反,对于每个 $t\in\mathbb{R}_+$,如果 τ 的风险函数满足:$\Lambda(t)=\Gamma(t)=\sum_{i=1}^{n}\Gamma_i(t)=\sum_{i=1}^{n}\Lambda_i(t)$,那么$\mathbb{P}\{\tau_1>t, \tau_2>t, \cdots, \tau_n>t\}=\prod_{i=1}^{n}\mathbb{P}\{\tau_i>t\}$。

7.1.2 鞅风险过程

本节假设 $\{\tau_i, i=1, 2, \cdots, n\}$ 为随机时间,使得对于 $i\neq j$ 有 $\mathbb{P}\{\tau_i=\tau_j\}=0$。下一个引理借鉴于 Duffie(1998a)。

引理 7.1.2 $\tau=\tau_1\wedge\tau_2\wedge\cdots\wedge\tau_n$ 的$(\mathbb{F}, \mathbb{G})$—鞅风险过程等于 Λ^i 的$(\mathbb{F}, \mathbb{G})$—鞅

风险过程之和，即 $\Lambda = \sum_{i=1}^{n} \Lambda^i$。如果 Λ 是一个连续过程，则 $\widetilde{L}_t := (1-H_t)e^{\Lambda_t}$ 过程是一个 $\mathbb{G}$—鞅。

证明：已知对任意的 $i=1, 2, \cdots, n$，过程 $\widetilde{M}_t^i := H_t^i - \Lambda_{t\wedge\tau_i}^i$ 是一个 $\mathbb{G}$—鞅。因为随机时间 $\{\tau_i, i=1, 2, \cdots, n\}$ 是 $\mathbb{G}$—停时的，所以 τ 也是一个 $\mathbb{G}$—停时。因此，从众所周知的鞅性质可看出，对于任意固定的 $i=1, 2, \cdots, n$，下述停止过程

$$(\widetilde{M}_t^i)^\tau = H_{t\wedge\tau}^i - \Lambda_{t\wedge\tau_i\wedge\tau}^i = H_{t\wedge\tau}^i - \Lambda_{t\wedge\tau}^i$$

也服从一个 $\mathbb{G}$—鞅。

因为对于 $i \neq j$，有 $\mathbb{P}\{\tau_i = \tau_j\} = 0$，所以 $\sum_{i=1}^{n} H_{t\wedge\tau}^i = H_t = \mathbb{1}_{\{\tau\leqslant t\}}$，从而使得过程

$$\widetilde{M}_t := H_t - \sum_{i=1}^{n} \Lambda_{t\wedge\tau}^i = \sum_{i=1}^{n} (\widetilde{M}_t^i)^\tau$$

作为 $\mathbb{G}$—鞅的和也服从一个 $\mathbb{G}$—鞅：由此推得 τ 的 $(\mathbb{F}, \mathbb{G})$—鞅风险过程 Λ 满足：对于 $t \in \mathbb{R}_+$ 有 $\Lambda_t = \sum_{i=1}^{n} \Lambda_t^i$。引理的第二个结论是应用伊藤公式的一个简单结果，由伊藤公式知：

$$\widetilde{L}_t = 1 - \int_{[0, t]} \widetilde{L}_{u-} d\widetilde{M}_u \tag{7.1}$$

证毕。 □

引理 7.1.2 的显著特性是，即使在随机时间 $(\tau_1, \tau_2, \cdots, \tau_n)$ 的联合概率分布未知的情形下，也容易找出 τ 的 $(\mathbb{F}, \mathbb{G})$—鞅风险过程。因此，为了有效利用 $(\mathbb{F}, \mathbb{G})$—鞅风险过程 Λ 的概念，我们还须说明 Λ 实际上所具有的良好特性。例如，要重点弄清楚，对于每个 $t \leqslant s$，如下等式是否成立：

$$\mathbb{P}\{\tau > s \mid \mathcal{G}_t\} = \mathbb{1}_{\{\tau>t\}} \mathbb{E}_{\mathbb{P}}\{e^{\Lambda_t - \Lambda_s} \mid \mathcal{F}_t\}$$

更一般地，也需要明确，对于任意有界、$\mathcal{F}_s$—可测随机变量 Y，下述等式是否成立

$$\mathbb{E}_{\mathbb{P}}(\mathbb{1}_{\{\tau>s\}} Y \mid \mathcal{G}_t) = \mathbb{1}_{\{\tau>t\}} \mathbb{E}_{\mathbb{P}}(Y e^{\Lambda_t - \Lambda_s} \mid \mathcal{F}_t)$$

从现在开始，假设两个滤子 $\mathbb{F}$ 和 $\mathbb{G}$ 都满足鞅不变性(M. 1)。结合引理 7.1.2 和命题 6.4.1 的第(2)部分，立即得到如下结论。

命题 7.1.1 假设每一个随机时间 τ_i 容许存在一个连续的 $(\mathbb{F}, \mathbb{G})$—鞅风险过程 Λ^i。令 $\Lambda = \sum_{i=1}^{n} \Lambda^i$，且 Y 是一个有界的、$\mathcal{F}_s$—可测的随机变量。如果下式定义的过程 V

$$V_t = \mathbb{E}_{\mathbb{P}}(Y e^{\Lambda_t - \Lambda_s} \mid \mathcal{F}_t),\ \forall t \in [0, s]$$

在 τ 处是连续的：那么对于任何 $t < s$ 有

$$\mathbb{E}_{\mathbb{P}}(\mathbb{1}_{\{\tau > s\}} Y \mid \mathcal{G}_t) = \mathbb{1}_{\{\tau > t\}} \mathbb{E}_{\mathbb{P}}(Y e^{\Lambda_t - \Lambda_s} \mid \mathcal{F}_t)$$

在 Λ^i 是绝对连续的情况下有：

$$\mathbb{E}_{\mathbb{P}}(\mathbb{1}_{\{\tau > s\}} Y \mid \mathcal{G}_t) = \mathbb{1}_{\{\tau > t\}} \mathbb{E}_{\mathbb{P}}(Y e^{-\sum_{i=1}^{n} \int_t^s \lambda_u^i du} \mid \mathcal{F}_t)$$

初看起来，命题 7.1.1 似乎是一个很强的且有用的结论，因为它包含了独立和不独立随机时间的情况。然而，注意到命题 7.1.1 的假设是相当严格的，因此符合命题 7.1.1 条件的情况很少，命题 7.1.1 的有效应用实际上是受到限制的。在第 9.1.2 节会考察实践中最广泛使用的例子，其中我们构造了一个关于参照滤子 $\mathbb{F}$ 的条件独立随机时间的有限集。

7.1.3 鞅表示理论

本节考查了参照滤子 $\mathbb{F}$ 是布朗滤子的情况，即假设对某个布朗运动 W 有 $\mathbb{F} = \mathbb{F}^W$。假定 W 仍旧是关于放大滤子 $\mathbb{G} = \mathbb{H}^1 \vee \mathbb{H}^2 \vee \cdots \vee \mathbb{H}^n \vee \mathbb{F}$ 的一个鞅。根据布朗滤子的鞅表示性质，这意味着任意的 $\mathbb{F}$—局部鞅也是一个关于 $\mathbb{G}$ 的局部鞅（或实际上，是关于任意滤子 $\widetilde{\mathbb{F}}$ 的局部鞅，使得 $\mathbb{F} \subseteq \widetilde{\mathbb{F}} \subseteq \mathbb{G}$），因此条件（M. 1）是满足的。值得一提的是，本节的结论也涵盖了 $\mathbb{F}$ 是一个平凡滤子的情况。

我们的目标之一是将推论 5.2.4 中建立的鞅表示性质推广到一般化（同见命题 5.2.2）。回忆在推论 5.2.4 中，假设一个随机时间 τ 的 $\mathbb{F}$—风险过程 Γ 是一个递增的连续过程。而且在推论 5.2.4 的假设下，根据命题 6.2.1 有 $\Gamma = \Lambda$，即 $\mathbb{F}$—风险过程 Γ 和（$\mathbb{F}$，$\mathbb{G}$）—鞅风险过程 Λ 相等。

在目前的构造中，我们更愿直接给出有关随机时间 $\{\tau_i,\ i = 1, 2, \cdots, n\}$ 的（$\mathbb{F}$，$\mathbb{G}$）—鞅风险过程 Λ^i 的假设。始终假设过程 $\{\Lambda^i,\ i = 1, 2, \cdots, n\}$ 是连续的。回忆，根据随机时间 $\{\tau_i,\ i = 1, 2, \cdots, n\}$ 的（$\mathbb{F}$，$\mathbb{G}$）—鞅风险过程 Λ^i 的定义，对每个 $i = 1, 2, \cdots, n$，补跳跃过程 $\widetilde{M}_t^i := H_t^i - \Lambda_{t \wedge \tau_i}^i$ 服从一个 $\mathbb{G}$—鞅。由于显然有（参见式（7.1））

$$\widetilde{L}_t^i = 1 - \int_{[0, t]} \widetilde{L}_{u-}^i \, d\widetilde{M}_u^i \tag{7.2}$$

因此，容易推出过程 $\widetilde{L}_t^i = (1 - H_t^i) e^{\Lambda_t^i}$ 也服从一个 $\mathbb{G}$—鞅。不难验证，对于任意的 $i \neq j$，$\widetilde{L}^i$ 和 $\widetilde{L}^j$ 是相互正交的 $\mathbb{G}$—鞅（$\widetilde{M}^i$ 和 $\widetilde{M}^j$ 也是如此）。

对于任意固定的 $k\in\{0,1,\cdots,n\}$，我们引入一个辅助的子滤子 $\widetilde{\mathbb{G}}^k=\mathbb{H}^1\vee\mathbb{H}^2\vee\cdots\vee\mathbb{H}^k\vee\mathbb{F}$。由于 k 是固定的，因此，在后面章节中使用 $\widetilde{\mathbb{G}}$ 而不是 $\widetilde{\mathbb{G}}^k$。显然，当 $k=n$ 时，有 $\widetilde{\mathbb{G}}=\mathbb{G}$，依惯例，当 $k=0$ 时，$\widetilde{\mathbb{G}}=\mathbb{F}$。明显地，对于固定的 k 和任意 $1\leqslant i\leqslant k$，过程 $\widetilde{L}^i$ 和 $\widetilde{M}^i$ 是 $\widetilde{\mathbb{G}}$—适应的。另外，对于任意使得 $i\neq j$ 成立的 $1\leqslant i,j\leqslant k$，$\widetilde{L}^i$ 和 $\widetilde{L}^j$ 是相互正交的 $\widetilde{\mathbb{G}}$—鞅。通过对引理 7.1.2 进行细微修正后发现，随机时间 $\tilde{\tau}:=\tau_1\wedge\tau_2\wedge\cdots\wedge\tau_k$ 的 $(\mathbb{F},\widetilde{\mathbb{G}})$—鞅风险过程等于 $\widetilde{\Lambda}=\sum_{i=1}^{k}\Lambda^i$。换言之，过程 $\widetilde{H}_t-\sum_{i=1}^{k}\Lambda^i_{t\wedge\tilde{\tau}}$ 是一个 $\widetilde{\mathbb{G}}$—鞅，其中令 $\widetilde{H}_t=\mathbb{1}_{\{\tilde{\tau}\leqslant t\}}$。

命题 7.1.2 假设 $\mathbb{F}$—布朗运动 W 仍然是关于放大滤子 $\mathbb{G}=\mathbb{H}^1\vee\mathbb{H}^2\vee\cdots\vee\mathbb{H}^n\vee\mathbb{F}$ 的布朗运动。设 Y 是一个有界的 $\mathscr{F}_T$—可测随机变量，令 $\tilde{\tau}=\tau_1\wedge\tau_2\wedge\cdots\wedge\tau_k$。则对于 $t\leqslant s\leqslant T$ 有：

$$\mathbb{E}_{\mathbb{P}}(\mathbb{1}_{\{\tilde{\tau}>s\}}Y\mid\mathscr{G}_t)=\mathbb{E}_{\mathbb{P}}(\mathbb{1}_{\{\tilde{\tau}>s\}}Y\mid\widetilde{\mathscr{G}}_t)=\mathbb{1}_{\{\tilde{\tau}>t\}}\mathbb{E}_{\mathbb{P}}(Ye^{\widetilde{\Lambda}_t-\widetilde{\Lambda}_s}\mid\mathscr{F}_t)$$

对于每一个 $t\leqslant s$ 有：

$$\mathbb{P}\{\tilde{\tau}>s\mid\mathscr{G}_t\}=\mathbb{P}\{\tilde{\tau}>s\mid\widetilde{\mathscr{G}}_t\}=\mathbb{1}_{\{\tilde{\tau}>t\}}\mathbb{E}_{\mathbb{P}}(e^{\widetilde{\Lambda}_t-\widetilde{\Lambda}_s}\mid\mathscr{F}_t)$$

特别地，对于 $\tau=\tau_1\wedge\tau_2\wedge\cdots\wedge\tau_n$ 以及每个 $t\leqslant s$，下式都成立：

$$\mathbb{P}\{\tau>s\mid\mathscr{G}_t\}=\mathbb{1}_{\{\tau>t\}}\mathbb{E}_{\mathbb{P}}(e^{\Lambda_t-\Lambda_s}\mid\mathscr{F}_t)$$

其中，$\Lambda=\sum_{i=1}^{n}\Lambda^i$。

证明： 固定 $s\leqslant T$。对每个 $t\in[0,T]$，令

$$\widetilde{Y}_t=\mathbb{E}_{\mathbb{P}}(Ye^{-\widetilde{\Lambda}_s}\mid\mathscr{F}_t)$$

对每个 $t\in[0,T]$，设过程 U 由下式给出。

$$U_t=(1-\widetilde{H}_{t\wedge s})e^{\widetilde{\Lambda}_{t\wedge s}}=\prod_{i=1}^{k}\widetilde{L}^i_{t\wedge s}\tag{7.3}$$

在现有假设下，过程 $\widetilde{Y}$ 是一个连续 $\mathbb{G}$—鞅，因此也是一个 $\widetilde{\mathbb{G}}$—鞅。过程 U 显然是一个有限变差，作为相互正交的 $\widetilde{\mathbb{G}}$—鞅 $\widetilde{L}^1,\widetilde{L}^2,\cdots,\widetilde{L}^k$（在 s 处停止）的乘积，它也是一个 $\widetilde{\mathbb{G}}$—鞅。因此，乘积 $U\widetilde{Y}$ 是一个 $\widetilde{\mathbb{G}}$—鞅。这反过来又得到所期望的结论，即对任意 $t\leqslant s$ 有：

$$\mathbb{E}_{\mathbb{P}}(\mathbb{1}_{\{\tilde{\tau}>s\}}Y\mid\widetilde{\mathscr{G}}_t)=\mathbb{E}_{\mathbb{P}}(U_T\widetilde{Y}_T\mid\widetilde{\mathscr{G}}_t)=U_t\widetilde{Y}_t=(1-\widetilde{H}_t)e^{\widetilde{\Lambda}_t}\mathbb{E}_{\mathbb{P}}(Ye^{-\widetilde{\Lambda}_s}\mid\mathscr{F}_t)$$

很明显，在以上的推论过程中可以用 $\mathbb{G}$ 代替 $\widetilde{\mathbb{G}}$。 □

对于一个固定的 $k\in\{0,1,\cdots,n-1\}$，引入一个辅助的子滤子 $\widehat{\mathbb{F}}^k:=\mathbb{H}^{k+1}\vee\mathbb{H}^{k+2}\vee\cdots\vee\mathbb{H}^n\vee\mathbb{F}$，简记为 $\widehat{\mathbb{F}}=\widehat{\mathbb{F}}^k$。下述结论是对命题 5.2.2 的一般化。回忆，我们

曾假设,对于任意 $i=1, 2, \cdots, n$, $\mathbb{F}$—鞅风险过程 Λ^i 是连续的。

命题 7.1.3 假设布朗运动 W 仍是关于$\mathbb{G}$ 的一个布朗运动,设 X 为一个有界的、$\widetilde{\mathscr{F}}_T$—可测的随机变量。则等于 $M_t=\mathbb{E}_{\mathbb{P}}(X \mid \widetilde{\mathscr{F}}_t)(t\in[0, T])$ 的$\widetilde{\mathbb{F}}$—鞅 M 有如下(唯一)积分表示:

$$M_t=M_0+\int_0^t \xi_u \mathrm{d}W_u+\sum_{i=k+1}^{n}\int_{[0, t]}\zeta_u^i \mathrm{d}\widetilde{M}_u^i \tag{7.4}$$

其中,对于 $i=k+1, k+2, \cdots, n$, ξ 和 ζ^i 服从一个$\widetilde{\mathbb{F}}$—可料的随机过程。

证明:证明过程类似命题 5.2.2 的证明。注意到,考虑一个如下形式的随机变量 X 就足够了。即对于某个 $r\leqslant n-k$ 有

$$X=Y\prod_{j=1}^{r}(1-H_{s_j}^{i_j})$$

其中,$0<s_1<\cdots s_r\leqslant T$, $k+1\leqslant i_1<\cdots<i_r\leqslant n$,并且假设 Y 为一个有界的、$\mathscr{F}_T$—可测随机变量。引入如下的辅助$\mathbb{F}$—鞅

$$\widetilde{Y}_t=\mathbb{E}_{\mathbb{P}}(Y\exp(-\sum_{i=1}^{r}\Lambda_{s_i}^{i_j} \mid \mathscr{F}_t))$$

因为$\mathbb{F}$ 是由布朗运动 W 产生的,同时利用布朗滤子的鞅表述性质可以推得,$\widetilde{Y}$ 服从一个连续过程,对于某个$\mathbb{F}$—可料过程 $\widetilde{\xi}$, $\widetilde{Y}$ 容许如下的积分表示:

$$\widetilde{Y}_t=\widetilde{Y}_0+\int_0^t \widetilde{\xi}_u \mathrm{d}W_u,\ \forall t\in[0, T]$$

由假设知,W 是一个关于$\mathbb{G}$ 的鞅,所以 $\widetilde{Y}$ 也是一个$\mathbb{G}$—鞅①。作为一个连续的$\mathbb{G}$—鞅,$\widetilde{Y}$ 和每一个有限变差 $\widetilde{M}^i$ 的$\mathbb{G}$—鞅都是正交的。使用伊藤公式和式(7.2),得到:

$$\begin{aligned}Y\prod_{j=1}^{r}(1-H_{s_j}^{i_j}) &= \widetilde{Y}_T\prod_{j=1}^{r}\widetilde{L}_{s_j}^{i_j}\\ &= \widetilde{Y}_0+\int_0^T\prod_{j=1}^{r}\widetilde{L}_{(u\wedge s_j)}^{i_j}-\mathrm{d}\widetilde{Y}_u-\sum_{l=1}^{r}\int_{[0, s_l]}\widetilde{Y}_{u-}\prod_{j=1}^{r}\widetilde{L}_{(u\wedge s_j)}^{i_j}-\mathrm{d}\widetilde{M}_u^{i_l}\end{aligned}$$

由此,即可推出式(7.4)。其唯一性可由式(7.4)中积分的相互正交性得到。 □

如果随机变量 X 仅为 $\mathscr{G}_T$—可测的,由于 $M_t=\mathbb{E}_{\mathbb{P}}(\widetilde{X} \mid \widetilde{\mathscr{F}}_t)$,其中 $\widetilde{X}:=\mathbb{E}_{\mathbb{P}}(X \mid \widetilde{\mathscr{F}}_T)$ 是一个$\widetilde{\mathscr{F}}_T$—可测的随机变量,所以仍可对$\mathbb{F}$—鞅 $M_t=\mathbb{E}_{\mathbb{P}}(X \mid \widetilde{\mathscr{F}}_t)$ 运用命题 7.1.3。这说明,对于任意$\widetilde{\mathbb{F}}$—鞅,表达式(7.4)都是成立的。

---

① 因为$\widetilde{Y}$显然为$\widetilde{\mathbb{F}}$—适应,因此关于$\widetilde{\mathbb{F}}$ 它也是服从一个鞅过程的。

有趣的是，在命题 7.1.2 中我们也可以用滤子 $\widetilde{\mathbb{F}}:=\mathbb{H}^{k+1}\vee\mathbb{H}^{k+2}\vee\cdots\vee\mathbb{H}^{n}\vee\mathbb{F}$ 代替布朗滤子$\mathbb{F}$。首先，$\widetilde{\Lambda}=\sum_{i=1}^{k}\Lambda^{i}$ 也明显是随机时间 $\widetilde{\tau}$ 的一个$(\widetilde{\mathbb{F}},\mathbb{G})$—鞅风险过程；其次，对于一个有界的、$\widetilde{\mathcal{F}}_T$—可测的随机变量 Y，命题 7.1.3 表明过程 $\hat{Y}_t:=\mathbb{E}_{\mathbb{P}}(Y\mathrm{e}^{-\widetilde{\Lambda}_s}\mid\widetilde{\mathcal{F}}_t)(\forall t\in[0,T])$ 容许如下的积分表示：

$$\hat{Y}_t=\hat{Y}_0+\int_0^t\xi_u\mathrm{d}W_u+\sum_{i=k+1}^{n}\int_{[0,t]}\zeta_u^i\mathrm{d}\widetilde{M}_u^i$$

其中 ξ 和 $\zeta^i(i=k+1,k+2,\cdots,n)$ 为$\widetilde{\mathbb{F}}$—可料过程。因此，$\hat{Y}$ 是一个$\mathbb{G}$—鞅，且与公式(7.3)给出的$\mathbb{G}$—鞅 U 正交。正如在命题 7.1.2 的证明中所讨论的，有如下结论成立。

推论 7.1.1 令 Y 为有界的、$\widetilde{\mathcal{F}}_T$ 可测的随机变量，令 $\widetilde{\tau}=\tau_1\wedge\tau_2\wedge\cdots\wedge\tau_k$，则对于每一个 $t\leqslant s\leqslant T$ 有

$$\mathbb{E}_{\mathbb{P}}(\mathbb{1}_{\{\widetilde{\tau}>s\}}Y\mid\mathcal{G}_t)=\mathbb{1}_{\{\widetilde{\tau}>t\}}\mathbb{E}_{\mathbb{P}}(Y\mathrm{e}^{\widetilde{\Lambda}_t-\widetilde{\Lambda}_s}\mid\widetilde{\mathcal{F}}_t)$$

特别地，对于每一个 $t\leqslant s$ 有

$$\mathbb{P}(\widetilde{\tau}>s\mid\mathcal{G}_t)=\mathbb{1}_{\{\widetilde{\tau}>t\}}\mathbb{E}_{\mathbb{P}}(\mathrm{e}^{\widetilde{\Lambda}_t-\widetilde{\Lambda}_s}\mid\widetilde{\mathcal{F}}_t)$$

当然，在命题 7.1.3(或推论 7.1.1)中，X(或 Y)的有界性并非必备条件，可以放松此条件。

7.2 概率测度的变换

这一部分，延续 Kusuoka(1999)的研究，把第 5.3 节中的结论扩展到几个随机时间的情况下。保留第 7.1.3 节中的假设。特别地，滤子$\mathbb{F}$由布朗运动 W 产生，W 同样为$\mathbb{G}$—鞅(不过，本节的结论也适用于平凡滤子$\mathbb{F}$的情况)。此外，过程 Λ^i 是连续的。对于固定的 $T>0$，在概率测度$\mathbb{P}^*$下考察 $\widetilde{\tau}$ 的特性，其中$\mathbb{P}^*$在$(\Omega,\mathcal{G}_T)$上与$\mathbb{P}$是等价的。为此，对 $t\in[0,T]$，通过如下定义引入相应的$\mathbb{G}$—鞅 η:

$$\eta_t:=\left.\frac{\mathrm{d}\mathbb{P}^*}{\mathrm{d}\mathbb{P}}\right|_{\mathcal{G}_t}=\mathbb{E}_{\mathbb{P}}(X\mid\mathcal{G}_t),\ \mathbb{P}\text{-a. s.}$$

其中，X 表示任意一个使得 $\mathbb{P}\{X>0\}=1$ 和 $\mathbb{E}_{\mathbb{P}}(X)=1$ 成立的 $\mathcal{G}_T$—可测随机变量。根据命题 7.1.3，上述引入的 Radon-Nikodým 密度过程 η 有如下的积分表示：

$$\eta_t = 1 + \int_0^t \xi_u \mathrm{d}W_u + \sum_{i=1}^{n} \int_{[0,\ t]} \zeta_u^i \mathrm{d}\, \widetilde{M}_u^i$$

其中，ξ 和 $\zeta^i (i = 1,\ 2,\ \cdots,\ n)$ 是 $\mathbb{G}$ —可料随机过程。容易证明，η 服从一个严格为正的随机过程。因此，我们可以将上面的公式重新表述为：

$$\eta_t = 1 + \int_{[0,\ t]} \eta_{u-} \Big(\beta_u \mathrm{d}W_u + \sum_{i=1}^{n} \kappa_u^i \mathrm{d}\, \widetilde{M}_u^i \Big) \tag{7.5}$$

其中，对于 $i = 1,\ 2,\ \cdots,\ n$，β 和 $\kappa^i > -1$ 是 $\mathbb{G}$ —可料过程。

下面的结论是对命题 5.3.1 的扩展。命题 7.2.1 的证明依赖于命题 5.3.1 证明的类似论证，因此留给读者自己来完成。

命题 7.2.1 令 $\mathbb{P}^*$ 为一个概率测度，它在 $(\Omega,\ \mathcal{G}_T)$ 上与 $\mathbb{P}$ 等价。假定关于 $\mathbb{P}$ 的 $\mathbb{P}^*$ 下 Radon-Nikodým 密度过程 η 由公式(7.5)给出，那么过程

$$W_t^* = W_t - \int_0^t \beta_u \mathrm{d}u,\ \forall\, t \in [0,\ T]$$

服从 $\mathbb{P}^*$ 下的 $\mathbb{G}$ —布朗运动：对于每一个 $i = 1,\ 2,\ \cdots,\ n$，由以下公式

$$M_t^{i*} := \widetilde{M}_t^i - \int_{[0,\ t\wedge\tau_i]} \kappa_u^i \mathrm{d}\Lambda_u^i = H_t^i - \int_{[0,\ t\wedge\tau_i]} (1 + \kappa_u^i) \mathrm{d}\Lambda_u^i \tag{7.6}$$

给出的过程 M_t^{i*} $(t \in [0,\ T])$ 是一个与 $\mathbb{P}^*$ 下的 W^* 正交的 $\mathbb{G}$ —鞅：另外，当 $i \neq j$ 时，过程 M^{i*} 与 M^{j*} 是 $\mathbb{P}^*$ 下相互正交的 $\mathbb{G}$ —鞅。

尽管根据最后一个结论，过程 M^{i*} 是服从一个 $\mathbb{P}^*$ 下的 $\mathbb{G}$ —鞅，但需要强调的是，由于在一般情况下，它并不是 $\mathbb{F}$ —适应的，而仅仅是 $\mathbb{G}$ —适应的，所以过程 $\int_{[0,\ t]} (1 + \kappa_u^i) \mathrm{d}\Lambda_u^i$ 并不必然表示 $\mathbb{P}^*$ 下 τ_i 的 $(\mathbb{F},\ \mathbb{G})$—鞅风险过程。为了克服这一困难，应选择合适形式的过程 κ^i。对任何固定的 i，选取过程 κ^{i*}，使得它在随机区间 $[0,\ \tau_i]$ 上与过程 κ^i 相等，并且关于放大滤子 $\mathbb{F}^{i*}$ 它是可料的，其中滤子 $\mathbb{F}^{i*}$ 由下式给出：

$$\mathbb{F}^{i*} = \mathbb{H}^1 \vee \mathbb{H}^2 \vee \cdots \vee \mathbb{H}^{i-1} \vee \mathbb{H}^{i+1} \vee \cdots \mathbb{H}^n \vee \mathbb{F}$$

那么，很明显，下述过程

$$M_t^{i*} := H_t^i - \int_{[0,\ t\wedge\tau_i]} (1 + \kappa_u^i) \mathrm{d}\Lambda_u^i = H_t^i - \int_{[0,\ t\wedge\tau_i]} (1 + \kappa_u^{i*}) \mathrm{d}\Lambda_u^i$$

服从一个 $\mathbb{P}^*$ 下的 $\mathbb{G}$ —鞅：由此可得，对于任意固定的 i，由下式

$$\Lambda_t^{i*} = \int_{[0,\ t]} (1 + \kappa_u^{i*}) \mathrm{d}\Lambda_u^i$$

给出的过程 Λ_t^{i*} ($t \in [0, T]$) 表示$\mathbb{P}^*$下 τ_i 的($\mathbb{F}^{i*}$, $\mathbb{G}$)—鞅风险过程:然而,对于 $s \leqslant t \leqslant T$ 而言,这并不意味着下面的等式

$$\mathbb{P}^*\{\tau_i > s \mid \mathscr{G}_t\} = \mathbb{1}_{\{\tau_i > t\}} \mathbb{E}_{\mathbb{P}^*}(e^{\Lambda_t^{i*} - \Lambda_s^{i*}} \mid \mathscr{F}_t^{i*})$$

是成立的:我们希望在一个更为一般化的框架中考察最后一个问题。对于一个固定的 $k \leqslant n$,考虑随机时间 $\widetilde{\tau} = \tau_1 \wedge \tau_2 \wedge \cdots \wedge \tau_k$。由于随机时间的顺序在此并不重要,所以随后的分析也涵盖了单个随机时间 τ_i(对任意选择的 $i = 1, 2, \cdots, n$)的情况。

同第 7.1.3 节一样,引入一个辅助滤子 $\widetilde{\mathbb{F}} = \mathbb{H}^{k+1} \vee \mathbb{H}^{k+2} \vee \cdots \vee \mathbb{H}^n \vee \mathbb{F}$。对于任意的 $i = 1, 2, \cdots, n$,用 $\widetilde{\kappa}^i$(或$\widetilde{\beta}$)表示$\widetilde{\mathbb{F}}$—可料过程,使得在随机集$[0, \widetilde{\tau}]$上有 $\widetilde{\kappa}^i = \kappa^i$(或 $\widetilde{\beta} = \beta$)。令

$$\widetilde{W}_t^* = W_t - \int_0^t \widetilde{\beta}_u \mathrm{d}u$$

对于任意的 $i = 1, 2, \cdots, n$ 有

$$M_t^{i*} = H_t^i - \int_{[0, t\wedge\tau_i]} (1 + \widetilde{\kappa}_u^i) \mathrm{d}\Lambda_u^i$$

注意到,如果过程 $\widetilde{W}^*$ 和 $\widetilde{M}^{i*}$ 在随机时间 $\widetilde{\tau}$ 处停止,那么它们就是$\mathbb{P}^*$下的$\mathbb{G}$—鞅(因为明显有$\widetilde{W}_{t\wedge\widetilde{\tau}}^* = W_{t\wedge\widetilde{\tau}}^*$ 和$\widetilde{M}_{t\wedge\widetilde{\tau}}^{i*} = M_{t\wedge\widetilde{\tau}}^{i*}$)。设 $\widetilde{H}_t = \mathbb{1}_{\{\widetilde{\tau} \leqslant t\}}$,因此过程

$$\widetilde{H}_t - \sum_{i=1}^{\kappa} \int_{[0, t\wedge\widetilde{\tau}]} (1 + \widetilde{\kappa}_u^i) \mathrm{d}\Lambda_u^i = \sum_{i=1}^{k} M_{t\wedge\widetilde{\tau}}^{i*}$$

也服从一个$\mathbb{G}$—鞅:这表明,$\widetilde{\mathbb{F}}$—可料过程 Λ^* 是随机时间 $\widetilde{\tau}$ 在一个等价概率测度$\mathbb{P}^*$下的($\widetilde{\mathbb{F}}$, $\mathbb{G}$)—鞅风险过程。Λ^* 的定义如下:

$$\Lambda_t^* = \sum_{i=1}^{k} \int_{[0, t]} (1 + \widetilde{\kappa}_u^i) \mathrm{d}\Lambda_u^i \tag{7.7}$$

根据推论 7.1.1,可以尝试推测,对任意有界的、$\widetilde{\mathscr{F}}_T$—可测随机变量 Y 和任意的 $t \leqslant s \leqslant T$ 有

$$\mathbb{E}_{\mathbb{P}^*}(\mathbb{1}_{\{\widetilde{\tau} > s\}} Y \mid \mathscr{G}_t) = \mathbb{1}_{\{\widetilde{\tau} > t\}} \mathbb{E}_{\mathbb{P}^*}(Y e^{\Lambda_t^* - \Lambda_s^*} \mid \widetilde{\mathscr{F}}_t) \tag{7.8}$$

如果希望上述等式成立,似乎需要用某个相关的概率测度来代替式(7.8)右边的概率测度$\mathbb{P}^*$。为此,引入如下的随机过程 $\hat{\eta}^l$ ($l = 1, 2, 3$):

$$\hat{\eta}_t^1 = 1 + \int_{[0, t]} \hat{\eta}_{u-}^1 \Big(\widetilde{\beta}_u \mathrm{d}W_u + \sum_{i=k+1}^{n} \widetilde{\kappa}_u^i \mathrm{d}\widetilde{M}_u^i \Big) \tag{7.9}$$

$$\hat{\eta}_t^2 = 1 + \int_{[0, t]} \hat{\eta}_{u-}^2 \Big(\widetilde{\beta}_u \mathrm{d}W_u + \sum_{i=1}^{n} \widetilde{\kappa}_u^i \mathrm{d}\widetilde{M}_u^i \Big)$$

$$\hat{\eta}^3_t = 1 + \int_{[0,\,t]} \hat{\eta}^3_{u-}\Big(\widetilde{\beta}_u \mathrm{d}W_u + \sum_{i=1}^{k} \kappa^i_u \mathrm{d}\,\widetilde{M}^i_u + \sum_{i=k+1}^{n} \widetilde{\kappa}^i_u \mathrm{d}\,\widetilde{M}^i_u\Big)$$

过程 $\{\hat{\eta}^l,\ l = 1,\ 2,\ 3\}$ 扮演着密度过程的角色,而此处的密度过程指的是在 $(\Omega,\ \mathcal{G}_T)$ 上与 $\mathbb{P}$ 等价的某些概率测度的 Radon-Nikodým 密度过程。

一方面,注意到过程 $\hat{\eta}^1$ 是 $\widetilde{\mathbb{F}}$—适应的(特别地,因为每个过程 $\widetilde{M}^i$ 都是对滤子 $\mathbb{H}^i \vee \mathbb{F}$ 适应的)。另一方面,过程 $\hat{\eta}^2$ 和 $\hat{\eta}^3$ 是 $\mathbb{G}$—适应的,但是它们不一定是 $\widetilde{\mathbb{F}}$—适应的。为克服这个缺陷,通过正式设定 $\widetilde{\eta}^l_t = \mathbb{E}_{\mathbb{P}}(\hat{\eta}^l_T \mid \widetilde{\mathcal{F}}_t)(l = 2,\ 3$ 及 $t \in [0,\ T])$,引入过程 $\hat{\eta}^2$ 和 $\hat{\eta}^3$ 的修正式,以保证 $\widetilde{\mathbb{F}}$—适应性(RCLL)。

引理 7.2.1 对于过程 $\widetilde{\eta}^l_t$ 我们有:

$$\widetilde{\eta}^l_t = 1 + \int_{[0,\,t]} \widetilde{\eta}^l_{u-}\Big(\widetilde{\beta}_u \mathrm{d}W_u + \sum_{i=k+1}^{n} \widetilde{\kappa}^i_u \mathrm{d}\,\widetilde{M}^i_u\Big) \tag{7.10}$$

证明:当 $l = 1$ 时,式(7.10)与式(7.9)相等。当 $l = 2,\ 3$ 时,根据鞅表示性质的唯一性(见命题 7.1.3),并结合过程 $\hat{\eta}^2$ 和 $\hat{\eta}^3$ 定义中积分的相互正交性,即可推出结论。 □

对于 $l = 1,\ 2,\ 3$ 及每个 $t \in [0,\ T]$,令

$$\hat{\eta}^l_t := \frac{\mathrm{d}\,\mathbb{P}_l}{\mathrm{d}\,\mathbb{P}}\Big|_{\mathcal{G}_t},\ \mathbb{P}\text{-a.s.} \tag{7.11}$$

从而在 $(\Omega,\ \mathcal{G}_T)$ 上定义了一个概率测度 $\mathbb{P}_l$。因此显然有

$$\widetilde{\eta}^l_t = \mathbb{E}_{\mathbb{P}}(\hat{\eta}^l_T \mid \widetilde{\mathcal{F}}_t) = \frac{\mathrm{d}\,\mathbb{P}_l}{\mathrm{d}\,\mathbb{P}}\Big|_{\widetilde{\mathcal{F}}_t},\ \mathbb{P}\text{-a.s.}$$

以下与推论 7.1.1 对应的结论源于 Kusuoka(1999)。

命题 7.2.2 设 Y 为一个有界的、$\widetilde{\mathcal{F}}_T$—可测的随机变量。那么,对于任意 $t \leqslant s \leqslant T$ 及 $l = 1,\ 2,\ 3$ 有

$$\mathbb{E}_{\mathbb{P}^*}(\mathbb{1}_{\{\widetilde{\tau} > s\}} Y \mid \mathcal{G}_t) = \mathbb{1}_{\{\widetilde{\tau} > t\}} \mathbb{E}_{\mathbb{P}_l}(Y e^{\Lambda^*_t - \Lambda^*_s} \mid \widetilde{\mathcal{F}}_t)$$

其中,过程 Λ^* 由式(7.7)给出。特别地有:

$$\mathbb{P}^*\{\widetilde{\tau} > s \mid \mathcal{G}_t\} = \mathbb{1}_{\{\widetilde{\tau} > t\}} \mathbb{E}_{\mathbb{P}_l}(e^{\Lambda^*_t - \Lambda^*_s} \mid \widetilde{\mathcal{F}}_t)$$

命题 7.2.2 的证明和命题 7.1.2 的证明类似(见推论 7.1.1 前的评注)。首先需要推出一些初步的结论。下述引理提供了一个与积分表达式(7.4)对应的结论。

引理 7.2.2 对于某个 $l \in \{1,\ 2,\ 3\}$,令 Y 为 $\mathbb{P}_l$ 下的一个 $\widetilde{\mathbb{F}}$—鞅。则存在 $\widetilde{\mathbb{F}}$—可料过程 $\widetilde{\xi}$ 和 $\widetilde{\zeta}^i(i = k+1,\ k+2,\ \cdots,\ n)$,使得

$$Y_t = Y_0 + \int_0^t \widetilde{\xi}_u \mathrm{d}\widetilde{W}_u^* + \sum_{i=k+1}^n \int_{[0,\,t]} \widetilde{\zeta}_u^i \mathrm{d}\widetilde{M}_u^{i*} \tag{7.12}$$

证明：本引理的证明是将推论 5.3.1 证明中已经使用的计算与原始概率测度$\mathbb{P}$下的鞅表示性质结合起来完成的，而原始概率测度$\mathbb{P}$之前已在命题 7.1.3 中进行了构建。

固定 l，令 $\widetilde{\eta}_t = \mathbb{E}_{\mathbb{P}}(\eta_T^l \mid \widetilde{\mathscr{F}}_t)$（回忆对于 $l=1$，有 $\widetilde{\eta}_t = \hat{\eta}_t^1$）。对 $t \in [0, T]$，设

$$\widetilde{Y}_t = \int_{[0,\,t]} \widetilde{\eta}_{u-}^{-1} \mathrm{d}(\widetilde{\eta}_u Y_u) - \int_{[0,\,t]} \widetilde{\eta}_{u-}^{-1} Y_{u-} \mathrm{d}\widetilde{\eta}_u$$

从而引入了一个辅助过程 $\widetilde{Y}$。过程 $\widetilde{Y}$ 服从一个$\mathbb{P}$下的$\widetilde{\mathbb{F}}$—鞅。因为由伊藤公式可得

$$\widetilde{\eta}_{u-}^{-1} \mathrm{d}(\widetilde{\eta}_u Y_u) = \mathrm{d}Y_u + \widetilde{\eta}_{u-}^{-1} Y_{u-} \mathrm{d}\widetilde{\eta}_u + \widetilde{\eta}_{u-}^{-1} \mathrm{d}[Y, \widetilde{\eta}]_u$$

所以过程 Y 容许如下表示：

$$Y_t = Y_0 + \widetilde{Y}_t - \int_{[0,\,t]} \widetilde{\eta}_{u-}^{-1} \mathrm{d}[Y, \widetilde{\eta}]_u$$

另一方面，利用命题 7.1.3，可以得到过程 $\widetilde{Y}$ 的下述积分表示：

$$\widetilde{Y}_t = \int_0^t \xi_u \mathrm{d}W_u + \sum_{i=k+1}^n \int_{[0,\,t]} \zeta_u^i \mathrm{d}\widetilde{M}_u^i$$

其中，ξ 和 $\zeta^i (i = 1, 2, \cdots, k)$ 是$\widetilde{\mathbb{F}}$—可料过程。由此可得

$$\mathrm{d}Y_t = \xi_t \mathrm{d}W_t + \sum_{i=k+1}^n \zeta_t^i \mathrm{d}\widetilde{M}_t^i - \widetilde{\eta}_{u-}^{-1} \mathrm{d}[Y, \widetilde{\eta}]_t \tag{7.13}$$

以及

$$\mathrm{d}Y_t = \xi_t \mathrm{d}\widetilde{W}_t^* + \sum_{i=k+1}^n \zeta_t^i (1 + \widetilde{\kappa}_t^i)^{-1} \mathrm{d}\widetilde{M}_t^{i*}$$

为从式(7.13)导出最终的等式，观察到式(7.10)和式(7.6)结合起来可以得到下式就足够了：

$$\widetilde{\eta}_{u-}^{-1} \mathrm{d}[Y, \widetilde{\eta}]_t = \xi_t \widetilde{\beta}_t \mathrm{d}t + \sum_{i=k+1}^n \zeta_t^i \widetilde{\kappa}_t^i (1 + \widetilde{\kappa}_t^i)^{-1} \mathrm{d}H_t^i$$

其中，上式的成立是利用了下面的关系式：

$$\Delta[Y, \widetilde{\eta}]_t = \widetilde{\eta}_{t-} \sum_{i=k+1}^n (\zeta_t^i \widetilde{\kappa}_t^i - \widetilde{\kappa}_t^i \widetilde{\eta}_{t-}^{-1} \Delta[Y, \widetilde{\eta}]_t) \mathrm{d}H_t^i$$

由此可看出，对于 $i = k+1, k+2, \cdots, n$，存在下述过程

$$\widetilde{\xi}_t = \xi_t, \quad \widetilde{\zeta}_t^i = \zeta_t^i (1 + \widetilde{\kappa}_t^i)^{-1}$$

使得 Y 满足式(7.12)。 □

推论 7.2.1 设 Y 为一个有界的、$\widetilde{\mathscr{F}}_T$—可测的随机变量。对于一个固定的 $s \leqslant T$，我们通过下式

$$\hat{Y}_t = \mathbb{E}_{\mathbb{P}_l}(Y\mathrm{e}^{-\Lambda_s^*} \mid \widetilde{\mathscr{F}}_t), \ \forall t \in [0, T] \tag{7.14}$$

定义过程 $\hat{Y}$：则过程 $\hat{Y}$ 在 $\mathbb{P}_l$ 下可以表示为如下积分形式：

$$\hat{Y}_t = \hat{Y}_0 + \int_0^t \hat{\xi}_u \mathrm{d} \widetilde{W}_u^* + \sum_{i=\kappa+1}^n \int_{[0, t]} \hat{\zeta}_u^i \mathrm{d} \widetilde{M}_u^{i*} \tag{7.15}$$

其中，$\hat{\xi}$ 和 $\hat{\zeta}^i (i = k+1, k+2, \cdots, n)$ 是 $\widetilde{\mathbb{F}}$—可料过程。并且，停止过程 $\hat{Y}_{t\wedge\widetilde{\tau}}$ 在 $\mathbb{P}^*$ 下服从一个与 $\mathbb{G}$—鞅 $M^{i*} (i = 1, 2, \cdots, k)$ 正交的 $\mathbb{G}$—鞅。

证明：应用引理 7.2.2，并注意到停止过程 $\hat{Y}_{t\wedge\widetilde{\tau}}$ 满足

$$\hat{Y}_{t\wedge\widetilde{\tau}} = \hat{Y}_0 + \int_0^t \hat{\xi}_u \mathrm{d}W_{u\wedge\widetilde{\tau}}^* + \sum_{i=\kappa+1}^n \int_{[0, t]} \hat{\zeta}_u^i \mathrm{d}M_{u\wedge\widetilde{\tau}}^{i*}$$

且回忆 $\widetilde{W}_{t\wedge\widetilde{\tau}}^* = W_{t\wedge\widetilde{\tau}}^*$ 及 $\widetilde{M}_{t\wedge\widetilde{\tau}}^{i*} = M_{t\wedge\widetilde{\tau}}^{i*}$，就足以完成证明了。 □

现在可以着手证明命题 7.2.2 了。

命题 7.2.2 的证明：对于一个固定的 $s \leqslant T$，设 $\hat{Y}$ 是式(7.14)所定义的过程。进一步地，令 U 是由下式给出的过程(注意到过程 U 在 $\widetilde{\tau} \wedge s$ 处停止)：

$$\begin{aligned} U_t &= (1 - \widetilde{H}_{t\wedge s})\mathrm{e}^{\Lambda_{t\wedge s}^*} = (1 - \widetilde{H}_{t\wedge s}) \prod_{i=1}^k \mathrm{e}^{\int_0^{t\wedge s} (1+\widetilde{\kappa}_u^i)\mathrm{d}\Lambda_u^i} \\ &= \prod_{i=1}^k (1 - H_{t\wedge s}^i)\mathrm{e}^{\int_0^{t\wedge s} (1+\kappa_u^i)\mathrm{d}\Lambda_u^i} = \prod_{i=1}^k L_{t\wedge s}^{i*} \end{aligned}$$

其中，

$$L_t^{i*} = (1 - H_t^i)\mathrm{e}^{\int_0^t (1+\kappa_u^i)\mathrm{d}\Lambda_u^i}$$

注意到(参见式(7.2))下式是有用的

$$L_t^{i*} = 1 - \int_{[0, t]} L_{u-}^{i*} \mathrm{d}M_u^{i*} \tag{7.16}$$

根据式(7.15)，结合过程 U 的上述表达式以及式(7.16)，可以推得两个过程 U 和 $\hat{Y}_{t\wedge\widetilde{\tau}}$ 在 $\mathbb{P}^*$ 下服从相互正交的 $\mathbb{G}$—鞅。于是有

$$\mathbb{E}_{\mathbb{P}^*}(\mathbb{1}_{\{\widetilde{\tau}>s\}} Y \mid \mathscr{G}_t) = \mathbb{E}_{\mathbb{P}^*}(U_T \hat{Y}_T \mid \mathscr{G}_t) = U_t \hat{Y}_t = (1 - \widetilde{H}_t)\mathrm{e}^{\Lambda_t^*} \mathbb{E}_{\mathbb{P}_l}(Y\mathrm{e}^{-\Lambda_s^*} \mid \widetilde{\mathscr{F}}_t)$$

由上面的表达式即可推得需要证明的公式。

7.3 Kusuoka 的反例

本节根据 Kusuoka(1999)提出的一个反例进行分析。Kusuoka(1999)指出，在一般情况下，式(7.8)可能并不成立。假设在原始概率测度$\mathbb{P}$下，随机时间 $\tau_i(i=1, 2)$ 为相互独立的随机变量，且分别服从参数为 λ_1 和 λ_2 的指数分布。(τ_1, τ_2)在$\mathbb{P}$下的联合概率定律有如下的密度函数：

$$f(x, y) = \lambda_1\lambda_2 \mathrm{e}^{-(\lambda_1 x+\lambda_2 y)}, \ \forall (x, y) \in \mathbb{R}_+^2$$

我们将在概率测度$\mathbb{P}^*$的一个特定等价变换下考查这些随机时间。它表现出在概率测度$\mathbb{P}^*$下，一旦 τ_2 发生，随机时间 τ_1 的强度就会从初始值 λ_1 跳跃到预设值 α_1，随机时间 τ_2 的强度变化行为与 τ_1 相仿。在对具有交易对手方风险的可违约权益进行估值的某些实际应用中，自然会对相互依赖的随机时间的随机强度做出这样的设定。注意到，参照滤子$\mathbb{F}$在 Kusuoka 的例子中是平凡的。

令 α_1 和 α_2 为严格正实数。对于一个固定的 $T>0$ ①，设定

$$\frac{\mathrm{d}\,\mathbb{P}^*}{\mathrm{d}\,\mathbb{P}} = \eta_T, \ \mathbb{P}\text{-a. s.}$$

从而在$(\Omega, \mathcal{G})$上引入一个与$\mathbb{P}^*$等价的概率测度。其中 Radon-Nikodým 密度过程 $\eta_t(t\in[0, T])$ 满足：

$$\eta_t = 1 + \sum_{i=1}^{2}\int_{[0, t]} \eta_{u-}\kappa_u^i \,\mathrm{d}\,\widetilde{M}_u^i$$

而过程 κ^1 和 κ^2 定义如下：

$$\kappa_t^1 = \mathbb{1}_{\{\tau_2<t\}}\left(\frac{\alpha_1}{\lambda_1}-1\right), \quad \kappa_t^2 = \mathbb{1}_{\{\tau_1<t\}}\left(\frac{\alpha_2}{\lambda_2}-1\right)$$

过程 $\kappa^1(\kappa^2)$显然是$\mathbb{H}^2$—可料的($\mathbb{H}^1$—可料的)。为了进一步地分析，有必要注意到 $\eta_T = \eta_T^1\eta_T^2$，其中对于每个 $t\in[0, T]$ 和 $i=1, 2$ 有

$$\eta_t^i = 1 + \int_{[0, t]} \eta_{u-}^i\kappa_u^i \,\mathrm{d}\,\widetilde{M}_u^i$$

---

① 这里利用了 Kusuoka(1999)经常采用的惯例，注意到在这里我们采取 $T=\infty$ 是相当重要的。

更明确地有

$$\eta_t^1=\mathbb{1}_{\{\tau_1\leqslant\tau_2\}}+\mathbb{1}_{\{\tau_2<t\leqslant\tau_1\}}+\mathbb{1}_{\{t\leqslant\tau_2<\tau_1\}}\mathrm{e}^{-(\alpha_1-\lambda_1)(t-\tau_2)}$$

$$+\mathbb{1}_{\{\tau_2<\tau_1<t\}}\frac{\alpha_1}{\lambda_1}\mathrm{e}^{-(\alpha_1-\lambda_1)(\tau_1-\tau_2)}$$

类似的公式对过程 η^2 也成立。

容易看出,对 $i=1, 2$,有 $\Lambda_t^{i*}=\int_0^t\lambda_u^{i*}\,\mathrm{d}u$,其中过程 $\lambda_t^{i*}(t\in[0, T], i=1, 2)$ 满足如下表达式:

$$\lambda_t^{*1}=\lambda_1(1-H_t^2)+\alpha_1 H_t^2=\lambda_1\mathbb{1}_{\{\tau_2>t\}}+\alpha_1\mathbb{1}_{\{\tau_2\leqslant t\}}$$

$$\lambda_t^{*2}=\lambda_2(1-H_t^1)+\alpha_2 H_t^1=\lambda_2\mathbb{1}_{\{\tau_1>t\}}+\alpha_2\mathbb{1}_{\{\tau_1\leqslant t\}}$$

另一方面,对于 $t\in[0, T]$,跳跃过程的补

$$H_t^1-\int_0^{t\wedge\tau_1}(\lambda_1\mathbb{1}_{\{\tau_2>u\}}+\alpha_1\mathbb{1}_{\{\tau_2\leqslant u\}})\mathrm{d}u$$

$$H_t^2-\int_0^{t\wedge\tau_2}(\lambda_2\mathbb{1}_{\{\tau_1>u\}}+\alpha_2\mathbb{1}_{\{\tau_1\leqslant u\}})\mathrm{d}u$$

在$\mathbb{P}^*$下服从关于联合滤子 $\mathbb{G}=\mathbb{H}^1\vee\mathbb{H}^2$ 的鞅:根据假设的对称性,考虑到随机时间 $\widetilde{\tau}=\tau_1$(即我们取 $n=2$ 和 $k=1$ 时) 就可以了。注意,在目前的构造中,因为在随机区间 $[0, \tau_1]$上显然有 $\kappa_t^2=0$,所以有 $\widetilde{\kappa}_t^2=0$。因此,由式(7.9)—式(7.11)给定的概率测度$\mathbb{P}_1$与原始概率测度$\mathbb{P}$是相同的。注意到过程 κ^1 是左连续以及$\mathbb{H}^2$—适应的,因而也是 $\mathbb{H}^2$—可料的。这意味着对于每个 $t\in[0, T]$,都有 $\widetilde{\kappa}_t^1=\kappa_t^1$。因此,概率测度$\mathbb{P}_2$和$\mathbb{P}_3$与后面式(7.21)定义的概率测度$\mathbb{P}_1^*$是相同的。对于每个 $t\leqslant s\leqslant T$,我们的目的是求出生存过程的条件期望

$$\mathbb{P}^*\{\tau_1>s\mid\mathscr{H}_t^1\vee\mathscr{H}_t^2\}$$

的显性表达式:更明确地,需要证明下述等式成立:

$$\mathbb{P}^*\{\tau_1>s\mid\mathscr{H}_t^1\vee\mathscr{H}_t^2\}=\mathbb{1}_{\{\tau_1>t\}}\mathbb{E}_{\mathbb{P}_1}(\mathrm{e}^{\Lambda_t^{1*}-\Lambda_s^{1*}}\mid\mathscr{H}_t^2)$$

和

$$\mathbb{P}^*\{\tau_1>s\mid\mathscr{H}_t^1\vee\mathscr{H}_t^2\}=\mathbb{1}_{\{\tau_1>t\}}\mathbb{E}_{\mathbb{P}}(\mathrm{e}^{\Lambda_t^{1*}-\Lambda_s^{1*}}\mid\mathscr{H}_t^2)$$

事实上,第二个等式是第一个等式结合等式 $\mathbb{P}_1=\mathbb{P}$ 的很显然的结果。此外,还可以直接检验以下不等式:

$$\mathbb{P}^*\{\tau_1>s\mid\mathscr{H}_t^1\vee\mathscr{H}_t^2\}\neq\mathbb{1}_{\{\tau_1>t\}}\mathbb{E}_{\mathbb{P}^*}(\mathrm{e}^{\Lambda_t^{1*}-\Lambda_s^{1*}}\mid\mathscr{H}_t^2)$$

这导致一个重要的结论：Λ^{*1}并不能表示为等价概率测度$\mathbb{P}^*$下的τ_1的$\mathbb{H}^2$—风险过程（正如后续所见，τ_1在$\mathbb{P}^*$下的$\mathbb{H}^2$—风险过程在τ_2处是不连续的）。我们还需要检验鞅不变性质(M.1)是否成立。在目前的情况下，$\mathbb{G}=\mathbb{H}^1\vee\mathbb{H}^2$和参照滤子$\mathbb{F}$的角色由$\tau_2$产生的滤子$\mathbb{H}^2$替代。由于假设随机时间$\tau_1$和$\tau_2$在$\mathbb{P}$下是相互独立的，那么条件(M.1)在原始概率测度$\mathbb{P}$下显然成立。后面我们将证明这个条件在等价概率测度$\mathbb{P}^*$下是不成立的。

τ_1 在$\mathbb{P}^*$下的无条件概率分布。首先推导τ_1在$\mathbb{P}^*$下的无条件分布更容易一些。简便起见，始终假设$\lambda_1+\lambda_2-\alpha_1\neq 0$和$\lambda_1+\lambda_2-\alpha_2\neq 0$。注意在$\mathbb{P}^*$下，对于每个$t\leqslant T$，随机时间$\tau_1$的边缘概率密度函数$f^*_{\tau_1}$等于：

$$
\begin{aligned}
f^*_{\tau_1}(t) &= \int_0^t \lambda_1\lambda_2\frac{\alpha_1}{\lambda_1}\mathrm{e}^{-(\alpha_1-\lambda_1)(t-y)}\mathrm{e}^{-(\lambda_1 t+\lambda_2 y)}\,\mathrm{d}y \\
&\quad + \int_t^T \lambda_1\lambda_2\frac{\alpha_2}{\lambda_2}\mathrm{e}^{-(\alpha_2-\lambda_2)(y-t)}\mathrm{e}^{-(\lambda_1 t+\lambda_2 y)}\,\mathrm{d}y \\
&\quad + \int_t^\infty \lambda_1\lambda_2\mathrm{e}^{-(\alpha_2-\lambda_2)(T-t)}\mathrm{e}^{-(\lambda_1 t+\lambda_2 y)}\,\mathrm{d}y \\
&= \frac{1}{\lambda_1+\lambda_2-\alpha_1}\left(\alpha_1\lambda_2\mathrm{e}^{-\alpha_1 t}+(\lambda_1-\alpha_1)(\lambda_1+\lambda_2)\mathrm{e}^{-(\lambda_1+\lambda_2)t}\right)
\end{aligned}
$$

而对于每个$t>T$，随机时间τ_1的边缘概率密度函数$f^*_{\tau_1}$等于：

$$
\begin{aligned}
f^*_{\tau_1}(t) &= \int_0^T \lambda_1\lambda_2\mathrm{e}^{-(\alpha_1-\lambda_1)(T-y)}\mathrm{e}^{-(\lambda_1 t+\lambda_2 y)}\,\mathrm{d}y+\int_T^\infty \lambda_1\lambda_2\mathrm{e}^{-(\lambda_1 t+\lambda_2 y)}\,\mathrm{d}y \\
&= \frac{\lambda_1\mathrm{e}^{-\lambda_1 t}}{\lambda_1+\lambda_2-\alpha_1}\left(\lambda_2\mathrm{e}^{-(\alpha_1-\lambda_1)T}+(\lambda_1-\alpha_1)\mathrm{e}^{-\lambda_2 T}\right)
\end{aligned}
$$

由此可见，对任意的$s\in[0,T]$，τ_1在$\mathbb{P}^*$下的无条件概率分布为

$$
\mathbb{P}^*\{\tau_1>s\}=\frac{1}{\lambda_1+\lambda_2-\alpha_1}\left(\lambda_2\mathrm{e}^{-\alpha_1 s}+(\lambda_1-\alpha_1)\mathrm{e}^{-(\lambda_1+\lambda_2)s}\right) \tag{7.17}
$$

对于$s>T$，τ_1在$\mathbb{P}^*$下的无条件概率分布为

$$
\mathbb{P}^*\{\tau_1>s\}=\frac{\mathrm{e}^{-\lambda_1 s}}{\lambda_1+\lambda_2-\alpha_1}\left(\lambda_2\mathrm{e}^{-(\alpha_1-\lambda_1)T}+(\lambda_1-\alpha_1)\mathrm{e}^{-\lambda_2 T}\right) \tag{7.18}
$$

τ_1 在$\mathbb{P}^*$下的条件概率分布。下一个目标是推导(τ_1,τ_2)的联合概率分布和条件概率$I:=\mathbb{P}^*\{\tau_1>s\mid\mathscr{H}^1_t\vee\mathscr{H}^2_t\}$的显性公式。

引理 7.3.1　对于每个$t\leqslant s\leqslant T$，(τ_1,τ_2)的联合概率分布和条件概率分别为：

$$\mathbb{P}^*\{\tau_1 > s, \tau_2 > t\} = \mathbb{P}^*\{\tau_1 > s\} - \mathbb{P}^*\{\tau_1 > s, \tau_2 \leqslant t\}$$

$$= \frac{\lambda_1 - \alpha_1}{\lambda_1 + \lambda_2 - \alpha_1} e^{-(\lambda_1+\lambda_2)s} + \frac{\lambda_2}{\lambda_1 + \lambda_2 - \alpha_1} e^{-\alpha_1 s-(\lambda_1+\lambda_2-\alpha_1)t}$$

和

$$I = \mathbb{1}_{\{\tau_1 > t, \tau_2 > t\}} \frac{1}{\lambda_1 + \lambda_2 - \alpha_1}\left(\lambda_2 e^{-\alpha_1(s-t)} + (\lambda_1 - \alpha_1) e^{-(\lambda_1+\lambda_2)(s-t)}\right) + \mathbb{1}_{\{\tau_2 \leqslant t < \tau_1\}} e^{-\alpha_1(s-t)}$$

证明:根据第 5.1.1 节的结论,对于任意 $t \leqslant s$ 有

$$I = \mathbb{P}^*\{\tau_1 > s \mid \mathscr{H}_t^1 \vee \mathscr{H}_t^2\} = (1 - H_t^1)\frac{\mathbb{P}^*\{\tau_1 > s \mid \mathscr{H}_t^2\}}{\mathbb{P}^*\{\tau_1 > t \mid \mathscr{H}_t^2\}} \tag{7.19}$$

从而有

$$\mathbb{P}^*\{\tau_1 > s \mid \mathscr{H}_t^2\} = (1 - H_t^2)\frac{\mathbb{P}^*\{\tau_1 > s, \tau_2 > t\}}{\mathbb{P}^*\{\tau_2 > t\}} + H_t^2\, \mathbb{P}^*\{\tau_1 > s \mid \tau_2\}$$

将上式和式(7.19)式相结合得到

$$I = (1 - H_t^1)(1 - H_t^2)\frac{\mathbb{P}^*\{\tau_1 > s, \tau_2 > t\}}{\mathbb{P}^*\{\tau_1 > t, \tau_2 > t\}} + (1 - H_t^1)H_t^2 \frac{\mathbb{P}^*\{\tau_1 > s \mid \tau_2\}}{\mathbb{P}^*\{\tau_1 > t \mid \tau_2\}}$$

或者,更明确地有

$$I = \mathbb{1}_{\{\tau_1 > t, \tau_2 > t\}} \frac{\mathbb{P}^*\{\tau_1 > s, \tau_2 > t\}}{\mathbb{P}^*\{\tau_1 > t, \tau_2 > t\}} + \mathbb{1}_{\{\tau_2 \leqslant t < \tau_1\}} \frac{\mathbb{P}^*\{\tau_1 > s \mid \tau_2\}}{\mathbb{P}^*\{\tau_1 > t \mid \tau_2\}}$$

$$= \mathbb{1}_{\{\tau_1 > t, \tau_2 > t\}} I_1 + \mathbb{1}_{\{\tau_2 \leqslant t < \tau_1\}} I_2$$

为了求得 I_1,观察到

$$\mathbb{P}^*\{\tau_1 > s, \tau_2 \leqslant t\} = \int_s^T \int_0^t \lambda_1 \lambda_2 \frac{\alpha_1}{\lambda_1} e^{-(\alpha_1-\lambda_1)(x-y)} e^{-(\lambda_1 x+\lambda_2 y)} dx dy$$

$$+ \int_T^\infty \int_0^t \lambda_1 \lambda_2 e^{-(\alpha_1-\lambda_1)(T-y)} e^{-(\lambda_1 x+\lambda_2 y)} dx dy$$

$$= \frac{\lambda_2 e^{-\alpha_1 s}}{\lambda_1 + \lambda_2 - \alpha_1}(1 - e^{-(\lambda_1+\lambda_2-\alpha_1)t})$$

将上式和式(7.17)相结合得到引理中的第一个公式:

$$\mathbb{P}^*\{\tau_1 > s, \tau_2 > t\} = \mathbb{P}^*\{\tau_1 > s\} - \mathbb{P}^*\{\tau_1 > s, \tau_2 \leqslant t\}$$

$$= \frac{\lambda_1 - \alpha_1}{\lambda_1 + \lambda_2 - \alpha_1} e^{-(\lambda_1+\lambda_2)s} + \frac{\lambda_2}{\lambda_1 + \lambda_2 - \alpha_1} e^{-\alpha_1 s-(\lambda_1+\lambda_2-\alpha_1)t}$$

因此

$$I_1 = \frac{\mathbb{P}^*\{\tau_1 > s,\ \tau_2 > t\}}{\mathbb{P}^*\{\tau_1 > t,\ \tau_2 > t\}}$$

$$= \frac{1}{\lambda_1 + \lambda_2 - \alpha_1}(\lambda_2 e^{-\alpha_1(s-t)} + (\lambda_1 - \alpha_1)e^{-(\lambda_1+\lambda_2)(s-t)})$$

为了建立 I 的公式，还有待推导 I_2。为此，对任意的 $t \leqslant s \leqslant T$，检验 $I_3 := \mathbb{1}_{\{\tau_2 \leqslant t\}} \mathbb{P}^*\{\tau_1 > s \mid \tau_2\}$ 等于下式

$$I_3 = \mathbb{1}_{\{\tau_2 \leqslant t\}} \frac{(\lambda_1 + \lambda_2 - \alpha_2)\lambda_2 e^{-\alpha_1(s-\tau_2)}}{\lambda_1 \alpha_2 e^{(\lambda_1+\lambda_2-\alpha_2)\tau_2} + (\lambda_2 - \alpha_2)(\lambda_1 + \lambda_2)} \tag{7.20}$$

就可以完成引理的证明：实际上，由上式立即可以得到：

$$\mathbb{1}_{\{\tau_2 \leqslant t < \tau_1\}} \frac{\mathbb{P}^*\{\tau_1 > s \mid \tau_2\}}{\mathbb{P}^*\{\tau_1 > t \mid \tau_2\}} = \mathbb{1}_{\{\tau_2 \leqslant t < \tau_1\}} e^{-\alpha_1(s-t)}$$

这正是所要得到的结果。为了得到 I_3，例如，对于任意 $u \leqslant s$ 注意到

$$\mathbb{P}^*\{\tau_1 > s \mid \tau_2 = u\} = \frac{1}{f^*_{\tau_2}(u)} \int_s^T \frac{\alpha_1}{\lambda_1} e^{-(\alpha_1-\lambda_1)(x-u)} f(x,\ u)\mathrm{d}x$$

$$+ \frac{1}{f^*_{\tau_2}(u)} \int_T^\infty e^{-(\alpha_1-\lambda_1)(T-u)} f(x,\ u)\mathrm{d}x$$

或者，更明确地有

$$\mathbb{P}^*\{\tau_1 > s \mid \tau_2 = u\} = \frac{(\lambda_1 + \lambda_2 - \alpha_2)\lambda_2 e^{-(\lambda_1+\lambda_2-\alpha_1)u} e^{-\alpha_1 s}}{\lambda_1 \alpha_2 e^{-\alpha_2 u} + (\lambda_2 - \alpha_2)(\lambda_1 + \lambda_2)e^{-(\lambda_1+\lambda_2)u}}$$

上式经过简化即可得到式(7.20)。另一个方法(有些冗长)也可以推得 I_3 的表达式，它依赖于直接使用贝叶斯公式：

$$\mathbb{1}_{\{\tau_2 \leqslant t\}} \mathbb{P}^*\{\tau_1 > s \mid \tau_2\} = \mathbb{1}_{\{\tau_2 \leqslant t\}} \frac{\mathbb{E}_{\mathbb{P}}(\eta_s \mathbb{1}_{\{\tau_1 > s\}} \mid \tau_2)}{\mathbb{E}_{\mathbb{P}}(\eta_s \mid \tau_2)}$$

在这个方法中，只要能验证对任意的 $t \leqslant s \leqslant T$ 有下面的等式成立就足以完成证明：

$$\mathbb{1}_{\{\tau_2 \leqslant t\}} \mathbb{E}_{\mathbb{P}}(\eta_s \mathbb{1}_{\{\tau_1 > s\}} \mid \tau_2) = \mathbb{1}_{\{\tau_2 \leqslant t\}} e^{-\alpha_1 s} e^{-(\lambda_1-\alpha_1)\tau_2}$$

$$\mathbb{1}_{\{\tau_2 \leqslant t\}} \mathbb{E}_{\mathbb{P}}(\eta_s \mid \tau_2) = \mathbb{1}_{\{\tau_2 \leqslant t\}} \frac{f^*_{\tau_2}(\tau_2)}{f_{\tau_2}(\tau_2)}$$

其中，$f_{\tau_2}(u) = \lambda_2 e^{-\lambda_2 u}$。详细证明省略。 □

评注：对于 $t \leqslant s \leqslant T$，为了求得 $\mathbb{P}^*\{\tau_1 > s,\ \tau_2 > t\}$，事实上注意到下式成立就足以：

$$J := \mathbb{P}^*\{\tau_1 > s, \tau_2 > t\} = \mathbb{E}_{\mathbb{P}}(\eta_T \mathbb{1}_{\{\tau_1 > s, \tau_2 > t\}}) = \mathbb{E}_{\mathbb{P}}(\eta_s \mathbb{1}_{\{\tau_1 > s, \tau_2 > t\}})$$

$$\eta_s \mathbb{1}_{\{\tau_1 > s, \tau_2 > t\}} = \eta_s^1 \mathbb{1}_{\{\tau_1 > s, \tau_2 > t\}} = \mathbb{1}_{\{\tau_1 > s, \tau_2 > s\}} + \mathbb{1}_{\{t < \tau_2 < s < \tau_1\}} e^{-(\alpha_1 - \lambda_1)(s - \tau_2)}$$

因此

$$\begin{aligned} J &= \int_s^\infty \int_s^\infty \lambda_1 \lambda_2 e^{-(\lambda_1 x + \lambda_2 y)} dx dy \\ &\quad + \int_s^\infty \int_t^s \lambda_1 \lambda_2 e^{-(\alpha_1 - \lambda_1)(s - y)} e^{-(\lambda_1 x + \lambda_2 y)} dx dy \\ &= \frac{\lambda_1 - \alpha_1}{\lambda_1 + \lambda_2 - \alpha_1} e^{-(\lambda_1 + \lambda_2)s} + \frac{\lambda_2}{\lambda_1 + \lambda_2 - \alpha_1} e^{-\alpha_1 s - (\lambda_1 + \lambda_2 - \alpha_1)t} \end{aligned}$$

令

$$\frac{d\mathbb{P}_1^*}{d\mathbb{P}} = \eta_T^1, \ \mathbb{P}\text{-a. s.} \tag{7.21}$$

从而引入一个概率测度$\mathbb{P}_1^*$。注意，因为对于每个 $t \leqslant T$ 有

$$\begin{aligned} \widetilde{f}_{\tau_1}(t) &= \int_0^t \lambda_1 \lambda_2 \frac{\alpha_1}{\lambda_1} e^{-(\alpha_1 - \lambda_1)(t - y)} e^{-(\lambda_1 t + \lambda_2 y)} dx dy \\ &\quad + \int_t^\infty \lambda_1 \lambda_2 e^{-(\lambda_1 t + \lambda_2 y)} dx dy \\ &= \frac{1}{\lambda_1 + \lambda_2 - \alpha_1} (\alpha_1 \lambda_2 e^{-\alpha_1 t} + (\lambda_1 - \alpha_1)(\lambda_1 + \lambda_2) e^{-(\lambda_1 + \lambda_2)t}) \end{aligned}$$

所以，τ_1 在$\mathbb{P}_1^*$下的边缘概率密度函数 $\widetilde{f}_{\tau_1}$ 与 $f_{\tau_1}^*$ 相同。对于 $t > T$，也明显有 $\widetilde{f}_{\tau_1} = f_{\tau_1}^*$。事实上，也可以直接从引理 7. 3. 1 证明过程中的计算和前述的评注中直接导出下式：

$$\begin{aligned} I &= \mathbb{P}^*\{\tau_1 > s \mid \mathscr{H}_t^1 \vee \mathscr{H}_t^2\} = \mathbb{P}_1^*\{\tau_1 > s \mid \mathscr{H}_t^1 \vee \mathscr{H}_t^2\} \\ &= \mathbb{1}_{\{\tau_1 > t, \tau_2 > t\}} \frac{\mathbb{P}_1^*\{\tau_1 > s, \tau_2 > t\}}{\mathbb{P}_1^*\{\tau_1 > t, \tau_2 > t\}} + \mathbb{1}_{\{\tau_2 \leqslant t < \tau_1\}} \frac{\mathbb{P}_1^*\{\tau_1 > s \mid \tau_2\}}{\mathbb{P}_1^*\{\tau_1 > t \mid \tau_2\}} \end{aligned}$$

τ_1 在$\mathbb{P}^*$下的强度。现在集中考察 τ_1 在$\mathbb{P}^*$下的强度过程。我们有如下过程

$$\Lambda_t^{1*} = \int_0^t (\lambda_1 \mathbb{1}_{\{\tau_2 > u\}} + \alpha_1 \mathbb{1}_{\{\tau_2 \leqslant u\}}) du = \lambda_1 (t \wedge \tau_2) + \alpha_1 (t \vee \tau_2 - \tau_2) \tag{7.22}$$

下面命题中要推出的第一个等式只是命题 7. 2. 2 的一个特例。注意，尽管从不等式(7. 24)清楚地看出，过程 Λ^{1*} 不是 τ_1 在$\mathbb{P}^*$下的$\mathbb{H}^2$—风险过程，但等式(7. 23)却表明，可

以把 Λ^{1*} 用来对生存过程的条件概率进行估值。

命题 7.3.1 令 $I=\mathbb{P}^*\{\tau_1>s\mid\mathscr{H}_t^1\vee\mathscr{H}_t^2\}$，那么对于每个 $t<s\leqslant T$ 有

$$I=\mathbb{1}_{\{\tau_1>t\}}\mathbb{E}_{\mathbb{P}}(e^{\Lambda_t^{1*}-\Lambda_s^{1*}}\mid\mathscr{H}_t^2)=\mathbb{1}_{\{\tau_1>t\}}\mathbb{E}_{\mathbb{P}_1^*}(e^{\Lambda_t^{1*}-\Lambda_s^{1*}}\mid\mathscr{H}_t^2)$$

$$=\mathbb{1}_{\{\tau_1>t\}}\mathbb{E}_{\mathbb{P}_1}(e^{\Lambda_t^{1*}-\Lambda_s^{1*}}\mid\mathscr{H}_t^2)\tag{7.23}$$

$$\mathbb{P}^*\{\tau_1>s\mid\mathscr{H}_t^1\vee\mathscr{H}_t^2\}\neq\mathbb{1}_{\{\tau_1>t\}}\mathbb{E}_{\mathbb{P}^*}(e^{\Lambda_t^{1*}-\Lambda_s^{1*}}\mid\mathscr{H}_t^2)\tag{7.24}$$

证明:回忆，在引理 7.3.1 中已经导出条件概率 I 的一个显性公式。现在来验证 $I=\widetilde{I}$，其中

$$\widetilde{I}:=\mathbb{1}_{\{\tau_1>t\}}\mathbb{E}_{\mathbb{P}}(e^{\Lambda_t^{1*}-\Lambda_s^{1*}}\mid\mathscr{H}_t^2)$$

为此，只需要证明(见引理 7.3.1)下式

$$\widetilde{I}=\mathbb{1}_{\{\tau_2>t\}}\frac{1}{\lambda_1+\lambda_2-\alpha_1}\left(\lambda_2 e^{-\alpha_1(s-t)}+(\lambda_1-\alpha_1)e^{-(\lambda_1+\lambda_2)(s-t)}\right)+\mathbb{1}_{\{\tau_2\leqslant t\}}e^{-\alpha_1(s-t)}$$

成立就足够了:如果令 $Y=e^{\Lambda_t^{1*}-\Lambda_s^{1*}}$，那么从一般公式可以导出

$$\mathbb{E}_{\mathbb{P}}(e^{\Lambda_t^{1*}-\Lambda_s^{1*}}\mid\mathscr{H}_t^2)=\mathbb{1}_{\{\tau_2>t\}}\frac{\mathbb{E}_{\mathbb{P}}(Y\mathbb{1}_{\{\tau_2>t\}})}{\mathbb{P}\{\tau_2>t\}}+\mathbb{1}_{\{\tau_2\leqslant t\}}\mathbb{E}_{\mathbb{P}}(Y\mid\tau_2)$$

通过标准计算推出

$$\mathbb{E}_{\mathbb{P}}(Y\mathbb{1}_{\{\tau_2>t\}})=\mathbb{E}_{\mathbb{P}}(\mathbb{1}_{\{\tau_2>t\}}e^{\lambda_1(t-s\wedge\tau_2)+\alpha_1(\tau_2-s\vee\tau_2)})$$

$$=\int_t^s e^{\lambda_1(t-u)+\alpha_1(u-s)}\lambda_2 e^{-\lambda_2 u}du+\int_s^\infty e^{\lambda_1(t-s)}\lambda_2 e^{-\lambda_2 u}du$$

$$=\frac{\lambda_2 e^{\lambda_1 t-\alpha_1 s}}{\lambda_1+\lambda_2-\alpha_1}(e^{-(\lambda_1+\lambda_2-\alpha_1)t}-e^{-(\lambda_1+\lambda_2-\alpha_1)s})+e^{\lambda_1 t}e^{-(\lambda_1+\lambda_2)s}$$

同时，当然有 $\mathbb{P}\{\tau_2>t\}=e^{-\lambda_2 t}$ 成立。由此得到

$$\frac{\mathbb{E}_{\mathbb{P}}(Y\mathbb{1}_{\{\tau_2>t\}})}{\mathbb{P}\{\tau_2>t\}}=\frac{1}{\lambda_1+\lambda_2-\alpha_1}(\lambda_2 e^{-\alpha_1(s-t)}+(\lambda_1-\alpha_1)e^{-(\lambda_1+\lambda_2)(s-t)})$$

这正是所期望的结论。此外，根据式(7.22)有

$$\mathbb{1}_{\{\tau_2\leqslant t\}}\mathbb{E}_{\mathbb{P}}(e^{\Lambda_t^{1*}-\Lambda_s^{1*}}\mid\tau_2)=\mathbb{1}_{\{\tau_2\leqslant t\}}e^{-\alpha_1(s-t)}$$

这样完成了式(7.23)中第一个等式的证明。根据以上的计算，同时基于 τ_1 在 $\mathbb{P}_1^*$ 下的概率分布和它在 $\mathbb{P}^*$ 下的概率分布是相同的事实，可以得到式(7.23)中的第二个等式。最后根据 $\mathbb{P}_1=\mathbb{P}$，式(7.23)中的第三个等式也显然成立。

下面将推导当 $t=0$ 时不等式(7.24)成立(一般的情况留给读者)。为此,对于 $s\leqslant T$,我们需要验证下面的不等式:

$$\mathbb{P}^*\{\tau_1>s\}\neq\mathbb{E}_{\mathbb{P}^*}(\mathrm{e}^{-\Lambda_s^{1*}})\tag{7.25}$$

其中,上式的左边由式(7.17)给出。因为

$$\begin{aligned}\mathbb{E}_{\mathbb{P}^*}(\mathrm{e}^{-\Lambda_s^{1*}})&=\mathbb{E}_{\mathbb{P}^*}(\mathrm{e}^{-\lambda_1(s\wedge\tau_2)-\alpha_1(s\vee\tau_2-\tau_2)})\\&=\int_0^s\mathrm{e}^{-\lambda_1u-\alpha_1(s-u)}f_{\tau_2}^*(u)\mathrm{d}u+\int_s^\infty\mathrm{e}^{-\lambda_1s}f_{\tau_2}^*(u)\mathrm{d}u\end{aligned}$$

所以有

$$\mathbb{E}_{\mathbb{P}^*}(\mathrm{e}^{-\Lambda_s^{1*}})=\int_0^s\mathrm{e}^{-\lambda_1u-\alpha_1(s-u)}f_{\tau_2}^*(u)\mathrm{d}u+\mathrm{e}^{-\lambda_1s}\,\mathbb{P}^*\{\tau_2>s\}$$

其中,对于 $u\leqslant s\leqslant T$(参见第7.3节)有

$$f_{\tau_2}^*(u)=\frac{1}{\lambda_1+\lambda_2-\alpha_2}(\alpha_2\lambda_1\mathrm{e}^{-\alpha_2u}+(\lambda_2-\alpha_2)(\lambda_1+\lambda_2)\mathrm{e}^{-(\lambda_1+\lambda_2)u})$$

$$\mathbb{P}^*\{\tau_2>s\}=\frac{1}{\lambda_1+\lambda_2-\alpha_2}(\lambda_1\mathrm{e}^{-\alpha_2s}+(\lambda_2-\alpha_2)\mathrm{e}^{-(\lambda_1+\lambda_2)s})$$

通过直接计算得到

$$\begin{aligned}\mathbb{E}_{\mathbb{P}^*}(\mathrm{e}^{-\Lambda_s^{1*}})=\frac{1}{\lambda_1+\lambda_2-\alpha_2}\Big\{&\frac{\lambda_1\alpha_2}{\lambda_1-\alpha_1+\alpha_2}(\mathrm{e}^{-\alpha_1s}-\mathrm{e}^{-(\lambda_1+\alpha_2)s})\\&+\frac{(\lambda_2-\alpha_2)(\lambda_1+\lambda_2)}{2\lambda_1+\lambda_2-\alpha_1}(\mathrm{e}^{-\alpha_1s}-\mathrm{e}^{-(2\lambda_1+\lambda_2)s})\\&+(\lambda_1\mathrm{e}^{-(\lambda_1+\alpha_2)s}+(\lambda_2-\alpha_2)\mathrm{e}^{-(2\lambda_1+\lambda_2)s})\Big\}\end{aligned}$$

将上式与式(7.17)结合起来,即可推出不等式(7.25)。 □

对于 $i=1,2$,如果 $\lambda_i=\alpha_i$,那么如所期望的,由上面最后一个式子可以导出 $\mathbb{E}_{\mathbb{P}^*}(\mathrm{e}^{-\Lambda_s^{1*}})=\mathrm{e}^{-\lambda_1s}=\mathbb{P}\{\tau_1>s\}$。事实上,当 $\lambda_2\neq\alpha_2$,但 $\lambda_1=\alpha_1$ 时,最后一个等式也成立。现在,假设 $\lambda_2=\alpha_2$,但 $\lambda_1\neq\alpha_1$(这对应于等式 $\mathbb{P}^*=\mathbb{P}_1^*$),那么可以得到

$$\begin{aligned}\mathbb{E}_{\mathbb{P}^*}(\mathrm{e}^{-\Lambda_s^{1*}})&=\frac{1}{\lambda_1+\lambda_2-\alpha_1}(\lambda_2\mathrm{e}^{-\alpha_1s}+(\lambda_1-\alpha_1)\mathrm{e}^{-(\lambda_1+\lambda_2)s})\\&=\mathbb{P}_1^*\{\tau_1>s\}=\mathbb{P}^*\{\tau_1>s\}\end{aligned}$$

这与在 $t=0$ 的特殊情形下式(7.23)中的第二个等式相同。

7.3.1 条件(F.2)的有效性

下面将检验在$\mathbb{P}^*$下条件(F.2)的有效性。在现有的框架下，考虑随机时间$\tau=\tau_1$，且取$\mathbb{F}=\mathbb{H}^2$和$t\leqslant T$。因此，现在可以将条件(F.2)表述如下。

条件(F.2) 过程$F_t=\mathbb{P}^*\{\tau_1\leqslant t\mid \mathscr{H}_t^2\}(t\in[0,T])$容许随着递增样本轨道进行修正。

令$G_t=1-F_t=\mathbb{P}^*\{\tau_1>t\mid \mathscr{H}_t^2\}$。从引理7.3.1的证明可知，$G_t$满足：

$$G_t=(1-H_t^2)\frac{\mathbb{P}^*\{\tau_1>t,\ \tau_2>t\}}{\mathbb{P}^*\{\tau_2>t\}}+H_t^2\,\mathbb{P}^*\{\tau_1>t\mid \tau_2\}$$

其中，当$t\leqslant T$时有

$$\begin{aligned}\mathbb{P}^*\{\tau_1>t,\ \tau_2>t\}&=\frac{\lambda_1-\alpha_1}{\lambda_1+\lambda_2-\alpha_1}\mathrm{e}^{-(\lambda_1+\lambda_2)t}+\frac{\lambda_2}{\lambda_1+\lambda_2-\alpha_1}\mathrm{e}^{-\alpha_1 t-(\lambda_1+\lambda_2-\alpha_1)t}\\&=\mathrm{e}^{-(\lambda_1+\lambda_2)t}\end{aligned}$$

和(参见式(7.17)和式(7.18))

$$\mathbb{P}^*\{\tau_2>t\}=\frac{1}{\lambda_1+\lambda_2-\alpha_2}\left(\lambda_1\mathrm{e}^{-\alpha_2 t}+(\lambda_2-\alpha_2)\mathrm{e}^{-(\lambda_1+\lambda_2)t}\right)$$

而当$t>T$时有

$$\mathbb{P}^*\{\tau_2>t\}=\frac{\mathrm{e}^{-\lambda_2 t}}{\lambda_1+\lambda_2-\alpha_2}\left(\lambda_1\mathrm{e}^{-(\alpha_2-\lambda_2)T}+(\lambda_2-\alpha_2)\mathrm{e}^{-\lambda_1 T}\right)$$

另一方面，对于$u\leqslant t\leqslant T$有(参见式(7.20))

$$\mathbb{P}^*\{\tau_1>t\mid \tau_2=u\}=\frac{(\lambda_1+\lambda_2-\alpha_2)\lambda_2\mathrm{e}^{-\alpha_1(t-u)}}{\lambda_1\alpha_2\mathrm{e}^{(\lambda_1+\lambda_2-\alpha_2)u}+(\lambda_2-\alpha_2)(\lambda_1+\lambda_2)}$$

通过类似的计算，对于$u\leqslant T\leqslant t$有

$$\mathbb{P}^*\{\tau_1>t\mid \tau_2=u\}=\frac{(\lambda_1+\lambda_2-\alpha_2)\lambda_2\mathrm{e}^{-(\alpha_1-\lambda_1)T}\mathrm{e}^{\alpha_1 u-\lambda_1 t}}{\lambda_1\alpha_2\mathrm{e}^{(\lambda_1+\lambda_2-\alpha_2)u}+(\lambda_2-\alpha_2)(\lambda_1+\lambda_2)}$$

而对于$T<u\leqslant t$，有

$$\mathbb{P}^*\{\tau_1>t\mid \tau_2=u\}=\frac{(\lambda_1+\lambda_2-\alpha_2)\mathrm{e}^{\lambda_2 u-\lambda_1 t}}{\lambda_1\lambda_2\mathrm{e}^{-(\alpha_2-\lambda_2)T}+(\lambda_2-\alpha_2)\mathrm{e}^{-\lambda_1 T}}$$

结合以上公式，得到

$$G_t = \mathbb{1}_{\{t<\tau_2\leqslant T\}} \frac{c}{\lambda_1 e^{ct} + \lambda_2 - \alpha_2} + \mathbb{1}_{\{T<t<\tau_2\}} \frac{c e^{\lambda_1(T-t)}}{\lambda_1 e^{cT} + \lambda_2 - \alpha_2}$$

$$+ \mathbb{1}_{\{\tau_2 = u\leqslant t\leqslant T\}} \frac{c\lambda_2 e^{\alpha_1(u-t)}}{\lambda_1\alpha_2 e^{cu} + (\lambda_2 - \alpha_2)(\lambda_1 + \lambda_2)}$$

$$+ \mathbb{1}_{\{\tau_2 = u\leqslant T<t\}} \frac{c\lambda_2 e^{(\lambda_1-\alpha_1)T} e^{\alpha_1 u - \lambda_1 t}}{\lambda_1\alpha_2 e^{cu} + (\lambda_2 - \alpha_2)(\lambda_1 + \lambda_2)}$$

$$+ \mathbb{1}_{\{T<\tau_2 = u\leqslant t\}} \frac{c e^{\lambda_1 T} e^{\lambda_2 u - \lambda_1 t}}{\lambda_1\lambda_2 e^{cT} + (\lambda_2 - \alpha_2)}$$

其中，$c = \lambda_1 + \lambda_2 - \alpha_2$。特别地，对于每个 $t \in [0, T]$，有

$$G_t = \mathbb{1}_{\{t<\tau_2\leqslant T\}} \frac{c}{\lambda_1 e^{ct} + \lambda_2 - \alpha_2} + \mathbb{1}_{\{\tau_2\leqslant t\leqslant T\}} \frac{c\lambda_2 e^{-\alpha_1(t-\tau_2)}}{\lambda_1\alpha_2 e^{c\tau_2} + (\lambda_2 - \alpha_2)(\lambda_1 + \lambda_2)}$$

由于可以证明上式右边的两项都为递减函数，因此，只需要对在 τ_2 处的跳跃进行检验就足够了。该跳跃等于：

$$\Delta = \frac{c}{\lambda_1 e^{c\tau_2} + \lambda_2 - \alpha_2} - \frac{c\lambda_2}{\lambda_1\alpha_2 e^{c\tau_2} + (\lambda_2 - \alpha_2)(\lambda_1 + \lambda_2)}$$

直接计算表明，当且仅当 $\lambda_2 \leqslant \alpha_2$ 时，$\Delta \leqslant 0$。

7.3.2 条件(M.1)的有效性

回忆，在目前的构造中有 $\mathbb{G} = \mathbb{H}^1 \vee \mathbb{H}^2$。假定选择 $\tau = \tau_1$ 作为参照随机时间，这意味着选择由 τ_2 产生的滤子$\mathbb{H}^2$扮演了参照滤子$\mathbb{F}$ 的角色。因此，第 6.1.1 节中引入的条件(M.1)可以表述如下。

条件(M.1)　$\mathbb{P}^*$ 下一个任意的$\mathbb{H}^2$—鞅也服从$\mathbb{P}^*$ 下的一个$\mathbb{G}$—鞅。

在第 6.1.1 节中，我们已经证明，条件(M.1)与条件(M.2b)等价，在目前的研究框架下，条件(M.2b)表述如下。

条件(M.2b)　对于任意有界的、$\mathcal{H}^2_\infty$—可测随机变量 ξ，下述等式对于任意的 $t \in R_+$ 都成立。

$$\mathbb{E}_{\mathbb{P}^*}(\xi \mid \mathcal{H}^1_t \vee \mathcal{H}^2_t) = \mathbb{E}_{\mathbb{P}^*}(\xi \mid \mathcal{H}^2_t)$$

使用前面章节的计算方法，现在将证明，在 Kusuoka 的例子中最后一个条件是不满足。为此，可以任意取两个时间 $t < s \leqslant T$ 和 $\mathcal{H}^2_\infty$—可测的随机变量 $\xi = \mathbb{1}_{\{\tau_2>s\}}$。运用公式(7.17)的一个适当的修正形式，得到

$$\mathbb{E}_{\mathbb{P}^*}(\xi \mid \mathscr{H}_t^2) = \mathbb{P}^*\{\tau_2 > s \mid \mathscr{H}_t^2\} = \mathbb{1}_{\{\tau_2 > t\}} \frac{\mathbb{P}^*\{\tau_2 > s\}}{\mathbb{P}^*\{\tau_2 > t\}}$$

$$= \mathbb{1}_{\{\tau_2 > t\}} \frac{\lambda_1 e^{-\alpha_2 s} + (\lambda_2 - \alpha_2) e^{-(\lambda_1 + \lambda_2) s}}{\lambda_1 e^{-\alpha_2 t} + (\lambda_2 - \alpha_2) e^{-(\lambda_1 + \lambda_2) t}}$$

另一方面,由引理 7.3.1 得到

$$\mathbb{E}_{\mathbb{P}^*}(\xi \mid \mathscr{H}_t^1 \vee \mathscr{H}_t^2) = \mathbb{P}^*\{\tau_2 > s \mid \mathscr{H}_t^1 \vee \mathscr{H}_t^2\}$$

$$= \mathbb{1}_{\{\tau_1 > t,\ \tau_2 > t\}} \frac{\mathbb{P}^*\{\tau_1 > t,\ \tau_2 > s\}}{\mathbb{P}^*\{\tau_1 > t,\ \tau_2 > t\}} + \mathbb{1}_{\{\tau_1 \leqslant t < \tau_2\}} \frac{\mathbb{P}^*\{\tau_2 > s \mid \tau_1\}}{\mathbb{P}^*\{\tau_2 > t \mid \tau_1\}}$$

$$= \mathbb{1}_{\{\tau_1 > t,\ \tau_2 > t\}} \frac{1}{\lambda_1 + \lambda_2 - \alpha_2} \left(\lambda_1 e^{-\alpha_2 (s-t)} + (\lambda_2 - \alpha_2) e^{-(\lambda_1 + \lambda_2)(s-t)}\right)$$

$$+ \mathbb{1}_{\{\tau_1 < t < \tau_2\}} e^{-\alpha_2 (s-t)}$$ ①

因此,对任意 $s > t$,明显有

$$\mathbb{E}_{\mathbb{P}^*}(\xi \mid \mathscr{H}_t^1 \vee \mathscr{H}_t^2) \neq \mathbb{E}_{\mathbb{P}^*}(\xi \mid \mathscr{H}_t^2)$$

由此可得,在等价概率测度$\mathbb{P}^*$下,鞅不变性(M. 1)是不成立的。但通过仔细的观察可以发现,由于已经假定随机时间 τ_1 和 τ_2 在$\mathbb{P}$下是独立的,因此,在原始概率测度$\mathbb{P}$下条件(M. 1)是满足的。

① 原书中为"$_{\{\tau_1 < t < \tau_1\}} e^{-\alpha_2 (s-t)}$",疑为印刷错误。——译者注

第三部分　简约型建模方法

8

基于强度的可违约权益估值

第 1.4 节已经提到过，已有的信用（或违约）风险建模方法可分为两大类：结构模型和简约型模型。在前一种方法中，直接用公司资产的总值来确定违约事件，即当公司价值下降到某个界限值时，违约事件就发生了。在这种框架下，关于参照滤子的违约时间是一个可料停时，而参照滤子是对交易者可获得的信息流的模型化。这就意味着由一个递增的停时序列告示了随机的违约时间。与此相反，在后一种方法中，公司的价值过程或者根本未被建模，或者只是作为一个状态变量，起辅助作用而已。由于将一个不可料停时作为违约时间的模型，于是，违约事件完全是突然意外地发生。在这里，使用正式的一般随机过程理论的术语，将违约事件的随机时间表示为一个绝不可及停时（如参见 Dellacherie(1972)或 Jacod 和 Shiryaev(1987)）。在给定违约还没有发生的条件下，这种方法的主要工具是外生设定的违约条件概率。在大多数情况下，违约条件概率的外生设定是利用违约的风险率（或强度）来完成的，因此，通常称简约型模型为风险率模型或基于强度模型。研究简约型方法的论文有很多，在此我们仅列举其中一部分：Artzner 和 Delbaen(1995)、Jarrow 和 Turnbull(1995)、Duffie 等(1996)、Duffie 和 Singleton(1997, 1999)、Lando(1998)、Schlögl(1998)、Schönbucher(1998b)、Wong(1998)、Elliott 等(2000)，以及 Bélanger 等(2001)。

包括 Madan 和 Unal(1998, 2000)及 Daydov 等(2000)在内的一些学者通过假设违约事件的风险率和公司资产（或公司股权）的现值直接相关，从而将上面提到的两种方法的基本观点结合起来了，称具有这种特性的简化型模型为混合模型。在这种设置中，违约时间仍然是一个绝不可及停时，但是，当公司资产的总值（或公司股权价值）到达某个界限时，违约的可能性会迅速增加。Duffie 和 Lando(2001)考察了一种更复杂的建立混合模型的方法，他们考虑的是具有不完全会计数据的公司价值模型；不过，在下文中，我们并不探讨这篇论文的结果。

8.1 可违约权益

在这一节中,将介绍一些通过基于强度的可违约权益估值方法得到的基本结论。假设给定带有滤子 $\mathbb{F}=(\mathcal{F}_t)_{t\geqslant 0}$(当然,对任意 t, $\mathcal{F}_t\subseteq\mathcal{G}$) 的基础概率空间$(\Omega, \mathcal{G}, \mathbb{Q}^*)$。对于证券市场模型,概率测度$\mathbb{Q}^*$解释为一个即期鞅测度;记真实世界概率测度为$\mathbb{Q}$。以下介绍的所有过程都是定义在概率空间$(\Omega, \mathcal{G}, \mathbb{Q}^*)$上的。

和第 2 章一样,用一个五元组 $DCT=(X, A, \widetilde{X}, Z, \tau)$ 来正式地表示一个可违约权益。违约时间 τ 为定义在基础概率空间$(\Omega, \mathcal{G}, \mathbb{Q}^*)$上的一个任意的非负随机变量;特别地,有 $\mathbb{Q}^*\{\tau<+\infty\}=1$。为方便起见,对每个 $t\in\mathbb{R}_+$,通常假定 $\mathbb{Q}^*\{\tau=0\}=0$ 和 $\mathbb{Q}^*\{\tau>t\}>0$。对给定的违约时间 τ,当 $t\in\mathbb{R}_+$时,通过设定 $H_t=\mathbb{1}_{\{\tau\leqslant t\}}$ 引入相应的跳跃过程 H,称 H 为违约过程。显然,H 是一个右连续过程。设$\mathbb{H}$是由过程 H 产生的滤子,即 $\mathcal{H}_t=\sigma(H_u: u\leqslant t)=\sigma(\{\tau\leqslant u\}: u\leqslant t)$。

放大的滤子 $\mathbb{G}=\mathbb{H}\vee\mathbb{F}$在这里起着关键作用。根据定义,对每个 t,设 $\mathcal{G}_t=\mathcal{H}_t\vee\mathcal{F}_t=\sigma(\mathcal{H}_t, \mathcal{F}_t)$。应当强调的是,违约时间 τ 并不一定是关于滤子$\mathbb{F}$的停时。当然,另一方面,τ 是关于滤子$\mathbb{G}$的停时。在大多数基于强度的模型中,基础滤子$\mathbb{G}$包含某个布朗滤子$\mathbb{F}$;通常$\mathbb{G}$都严格大于$\mathbb{F}$。在这种情况下,常常用一个关于滤子$\mathbb{G}$的不可料停时模拟违约时间。回忆一下,如果 τ 是一个关于布朗滤子$\mathbb{F}$的停时,那么它必定是一个可料停时。

短期利率过程 r 服从一个$\mathbb{F}$—循序可测过程,储蓄账户通常定义为

$$B_t=\exp\left(\int_0^t r_u\,\mathrm{d}u\right),\ t\in\mathbb{R}_+$$

这样给出的储蓄账户 B 是定义良好的。

与第 2 章类似,为了设定与可违约权益相应的现金流,引入如下随机变量和过程:

——承诺未定权益 X,表示如果在到期日 T 之前或到期日 T 时没有违约,权益所有者在时间 T 收到的支付;

——过程 A 代表承诺红利——也就是,权益所有者在违约之前获得的(连续或离散的)现金流;

——回收过程 Z,表示如果违约发生在到期日 T 之前或到期日 T 时,违约时的回收支付;

——回收权益 $\widetilde{X}$,表示如果违约发生在到期日 T之前或到期日 T时,T时的回收支付。

本文始终假设过程 Z 和 A 关于参照滤子$\mathbb{F}$为可料的，且随机变量 X 和 $\widetilde{X}$ 是 $\mathscr{F}_T$—可测的。通过设定，承诺的红利过程 A 服从一个有限方差过程，且 $A_0=0$。通常，假设所有过程的样本轨道(或称样本函数)为右连续函数，且以概率 1 具有有限的左极限。我们不再提及，假定上述所有的随机对象都满足合适的可积条件，这些条件对于后面介绍的函数估值是十分必要的。

8.1.1 风险中性估值公式

现在，我们将在无套利金融市场模型的框架下进行分析。具体地，假设基础概率测度 $\mathbb{Q}^*$ 是一个即期鞅测度(或风险中性概率)，这意味着，在概率测度$\mathbb{Q}^*$下，通过储蓄账户 B 贴现后，任意一个不支付票息或红利的可交易证券价格过程必然服从一个$\mathbb{G}$—鞅。我们先回忆一个可违约权益的红利过程和价格过程的定义(参见第 2 章中的定义 2.1.1)。

定义 8.1.1 一个可违约权益 $DCT=(X, A, \widetilde{X}, Z, \tau)$ 的红利过程 D 等于：

$$D_t = X^d(T)\mathbb{1}_{[T,\infty]}(t) + \int_{[0,t]}(1-H_u)\mathrm{d}A_u + \int_{[0,t]} Z_u \mathrm{d}H_u \tag{8.1}$$

其中，$X^d(T)=X\mathbb{1}_{\{\tau>T\}}+\widetilde{X}\mathbb{1}_{\{\tau\leqslant T\}}$。

接下来的定义与可违约权益的价格过程(或价值过程)的定义 2.1.1 极为相似。因此，称下面表达式(8.2)为风险中性估值公式。

定义 8.1.2 一个在时间 T 结算的可违约权益 $DCT=(X, A, \widetilde{X}, Z, \tau)$(除息)价格过程 $X^d(\cdot, T)$由下式给出：

$$X^d(t, T) = B_t\,\mathbb{E}_{\mathbb{Q}^*}\left(\int_{[t,T]} B_u^{-1}\mathrm{d}D_u \mid \mathscr{G}_t\right),\ \forall\, t\in[0, T) \tag{8.2}$$

另外，设 $X^d(T, T)=X^d(T)$。

在介绍支撑定义 8.1.2 的无套利原理之前，先考虑一些风险中性估值公式(8.2)的特殊情形。为了简便，记 $S_t^0=X^d(t, T)$。结合式(8.1)和式(8.2)，得到：

$$S_t^0 = B_t\,\mathbb{E}_{\mathbb{Q}^*}\left(\int_{[t,T]} B_u^{-1}(1-H_u)\mathrm{d}A_u + \int_{[t,T]} B_u^{-1}Z_u\mathrm{d}H_u + B_T^{-1}X^d(T) \mid \mathscr{G}_t\right)$$

其中，和之前一样，记

$$X^d(T) = \widetilde{X}\mathbb{1}_{\{\tau\leqslant T\}} + X\mathbb{1}_{\{\tau>T\}} = \widetilde{X}H_T + X(1-H_T)$$

如果在违约之前，该权益没有支付任何红利，即如果 $A\equiv 0$，$\widetilde{X}=0$，则风险中性估值公式简化为：

$$S_t^0 = B_t \mathbb{E}_{\mathbb{Q}^*}(B_\tau^{-1} Z_\tau \mathbb{1}_{\{t<\tau\leqslant T\}} + B_T^{-1} X \mathbb{1}_{\{\tau>T\}} \mid \mathcal{G}_t) \tag{8.3}$$

显然，在集合 $\{\tau \leqslant t\}$ 上有 $S_t^0 = 0$，从而有

$$S_t^0 = \mathbb{1}_{\{\tau>T\}} B_t \mathbb{E}_{\mathbb{Q}^*}(B_\tau^{-1} Z_\tau \mathbb{1}_{\{t<\tau\leqslant T\}} + B_T^{-1} X \mathbb{1}_{\{\tau>T\}} \mid \mathcal{G}_t) \tag{8.4}$$

需要强调的是，这里并没有假定一个可违约权益是可达的。实际上，在基于强度的方法框架中，一个可违约权益一般是不能被一个无违约证券的交易所复制的，所以基于已有复制策略的标准论证在这种情形中并不适用。另一方面，和第 2.1 节中一样①，估值公式(8.2)可以由适当的无套利观点所支持。我们简单回顾这些论点。

假设在我们的市场模型中，S^1，S^2，…，S^n 是 n 个无红利支付的原生资产的价格过程，且有 $S^n = B$。这里，对这些原生资产的性质并不需要进行更多的设定。只需假设储蓄账户 B 是定义良好的。设第零个资产对应于可违约权益，即 $S_t^0 = X^d(t, T)$。用 $\phi = (\phi^0, \phi^1, \cdots, \phi^k)$ 表示一个$\mathbb{G}$—可料过程并代表一个交易策略。一个策略 ϕ 的财富过程 $U(\phi)$ 由如下公式给出：

$$U_t(\phi) = \sum_{i=0}^{k} \phi_t^i S_t^i, \ \forall t \in [0, T]$$

如果对于每一个 $t \in [0, T]$，有 $U_t(\phi) = U_0(\phi) + G_t(\phi)$，则称策略 ϕ 为自融资交易策略，其中盈利过程 $G(\phi)$ 定义如下：

$$G_t(\phi) := \int_{[0,t]} \phi_u^0 \mathrm{d}D_u + \sum_{i=0}^{k} \int_{[0,t]} \phi_u^i \mathrm{d}S_u^i$$

接下来的结论只是推论 2.1.1 的重新整理。

命题 8.1.1 对于任意的自融资交易策略 $\phi = (\phi^0, \phi^1, \cdots, \phi^k)$，在概率测度$\mathbb{Q}^*$下贴现财富过程 $\widetilde{U}_t(\phi) = B_t^{-1} U_t(\phi)(t \in [0, T])$ 服从一个关于滤子$\mathbb{G}$的局部鞅。

习惯上，通过假定一个可容策略的贴现财富在测度$\mathbb{Q}^*$下服从一个鞅过程来限制交易策略的类型(如只需考虑具有非负财富过程的策略)。命题 8.1.1 表明，如果原始的证券市场模型是无套利的，且另外一个证券(如可违约权益)的除息价格过程由定义 8.1.2 给出，则证券市场模型的无套利特征被保留下来。

8.2 使用风险过程进行的估值

回忆一个随机时间的$\mathbb{F}$—风险过程 Γ 的定义和基本性质(具体内容，读者可以参考

① 当然，第 2.1 节中的概率$\mathbb{P}^*$要换为$\mathbb{Q}^*$。

第 5.1 节)是本节的第一个目标。在陈述风险过程的定义之前,援引在引理 5.1.2 中建立起来的如下十分有用的公式:

$$\mathbb{Q}^*\{t<\tau\leqslant T \mid \mathcal{G}_T\}=\mathbb{1}_{\{\tau>t\}}\frac{\mathbb{Q}^*\{t<\tau\leqslant T \mid \mathcal{F}_t\}}{\mathbb{Q}^*\{\tau>t \mid \mathcal{F}_t\}} \tag{8.5}$$

记 $F_t=\mathbb{Q}^*\{\tau\leqslant t \mid \mathcal{F}_T\}$,始终假设 $F_0=0$,且不等式 $F_t<1$ 对于每一个 $t\in\mathbb{R}_+$ 都是成立的。关于参照滤子$\mathbb{F}$,随机时间 τ 的生存过程 G 等于

$$G_t:=1-F_t=\mathbb{Q}^*\{\tau>t \mid \mathcal{F}_t\},\ \forall t\in\mathbb{R}_+$$

因为 $\{\tau\leqslant t\}\subseteq\{\tau\leqslant s\}$,则对于任意的 $0\leqslant t\leqslant s$ 有:

$$\begin{aligned}\mathbb{E}_{\mathbb{Q}^*}(F_s \mid \mathcal{F}_t)&=\mathbb{E}_{\mathbb{Q}^*}(\mathbb{Q}^*\{\tau\leqslant s \mid \mathcal{F}_s\} \mid \mathcal{F}_t)\\&=\mathbb{Q}^*\{\tau\leqslant s \mid \mathcal{F}_t\}\geqslant\mathbb{Q}^*\{\tau\leqslant t \mid \mathcal{F}_t\}=F_t\end{aligned}$$

所以在概率测度$\mathbb{Q}^*$下,过程 F 和生存过程 G 分别服从一个有界的、非负的$\mathbb{F}$—下鞅和$\mathbb{F}$—上鞅。给定由滤子$\mathbb{F}$表示的信息流,违约时间的风险过程由如下定义正式地引入。

定义 8.2.1 在测度$\mathbb{Q}^*$下,τ 的$\mathbb{F}$—风险过程记为 Γ,由公式 $1-F_t=\mathrm{e}^{-\Gamma_t}$ 定义,或者等价地定义为

$$\Gamma_t:=-\ln G_t=-\ln(1-F_t),\ \forall t\in\mathbb{R}_+$$

由于明显地有 $G_0=1$,则显然有 $\Gamma_0=0$。根据等式 $\mathbb{Q}^*\{\tau<+\infty\}=1$,也容易看出 $\lim\limits_{t\to\infty}\Gamma_t=\infty$。为了简洁,将测度$\mathbb{Q}^*$下 τ 的$\mathbb{F}$—风险过程 Γ 称为 τ 的$\mathbb{F}$—风险过程。在不引起歧义的情况下,将 Γ 简称为 τ 的风险过程。结合公式(8.5)和风险过程的定义,得到

$$\begin{aligned}\mathbb{Q}^*\{t<\tau\leqslant T \mid \mathcal{G}_t\}&=\mathbb{1}_{\{\tau>t\}}\mathrm{e}^{\Gamma_t}\,\mathbb{E}_{\mathbb{Q}^*}(\mathrm{e}^{-\Gamma_t}-\mathrm{e}^{-\Gamma_T} \mid \mathcal{F}_t)\\&=\mathbb{1}_{\{\tau>t\}}\mathbb{E}_{\mathbb{Q}^*}(1-\mathrm{e}^{\Gamma_t-\Gamma_T} \mid \mathcal{F}_t)\end{aligned}$$

显然,当且仅当下鞅 F,从而还有上鞅 G 都服从连续过程时,风险过程 Γ 是连续的。另外,假设 F 的样本轨道是非递减的函数;这等同于假设 F 的鞅部分为零。我们采用通常的惯例,将这样的过程称为递增连续过程。在这种情况下,τ 的风险过程 Γ 也是一个递增连续过程。

下一个目标是研究如下问题:假定对于$\mathbb{F}$的某个子滤子$\hat{\mathbb{F}}$,$\mathbb{F}$—风险过程 Γ 是$\mathbb{F}$—适应的。这是否意味着 Γ 也代表着 τ 的$\hat{\mathbb{F}}$—风险过程?对于这个问题的答案是肯定的,正如下面的结论所示。

引理 8.2.1 假设对于$\mathbb{F}$的某个子滤子$\hat{\mathbb{F}}$,τ 的$\mathbb{F}$—风险过程在$\mathbb{Q}^*$下服从$\hat{\mathbb{F}}$—适应过程,则 Γ 也是$\mathbb{Q}^*$下 τ 的$\hat{\mathbb{F}}$—风险过程。

证明:证明很简单。令 $\hat{G}_t = \mathbb{Q}^*\{\tau > t \mid \hat{\mathscr{F}}_t\}$,把满足 $\hat{G}_t = \mathrm{e}^{-\hat{\Gamma}_t}$ 的过程记为 $\hat{\Gamma}$。在引理的假定下,过程 $G_t = \mathrm{e}^{-\Gamma_t}$ 是$\hat{\mathbb{F}}$—适应的,且

$$\hat{G}_t = \mathbb{Q}^*\{\tau > t \mid \hat{\mathscr{F}}_t\} = \mathbb{E}_{\mathbb{Q}^*}(\mathbb{Q}^*\{\tau > t \mid \mathscr{F}_t\} \mid \hat{\mathscr{F}}) = \mathbb{Q}^*\{\tau > t \mid \mathscr{F}_t\} = G_t$$

这即意味着等式 $\Gamma = \Gamma$ 成立。 □

随机强度。在大多数近年来发展的简约型信用风险模型中,假定违约时间的风险过程 Γ(关于在$\mathbb{R}_+$上的 Lebesgue 测度)具有绝对连续的样本轨道。具体地,假设对于某个非负的$\mathbb{F}$—循序可测的随机过程 γ 的可积样本轨道,τ 的风险过程 Γ 容许有如下的积分表示

$$\Gamma_t = \int_0^t \gamma_u \mathrm{d}u, \ \forall t \in \mathbb{R}_+$$

另外,假设$\int_0^\infty \gamma_u \mathrm{d}u = \infty$, $\mathbb{Q}^*$ -a. s. ,称过程 γ 为 τ 的$\mathbb{F}$—风险率或$\mathbb{F}$—强度。习惯上也把 γ 称为 τ 的随机强度,尤其是在明显根据上下文选择参照滤子$\mathbb{F}$的时候。

根据违约时间的随机强度,给定 t 时可得的信息集 $\mathscr{G}_t$,违约事件 $\{t < \tau \leqslant T\}$ 的条件概率等于

$$\mathbb{Q}^*\{t < \tau \leqslant T \mid \mathscr{G}_t\} = \mathbb{1}_{\{\tau > t\}} \mathbb{E}_{\mathbb{Q}^*}(1 - \mathrm{e}^{-\int_t^T \gamma_u \mathrm{d}u} \mid \mathscr{F}_t) \tag{8.6}$$

由于事件 $\{\tau \leqslant t\}$ 明显属于 σ—域 $\mathscr{G}_t$,则有

$$\mathbb{Q}^*\{\tau \leqslant T \mid \mathscr{G}_t\} = \mathbb{1}_{\{\tau \leqslant t\}} + \mathbb{1}_{\{\tau > t\}} \mathbb{E}_{\mathbb{Q}^*}(1 - \mathrm{e}^{-\int_t^T \gamma_u \mathrm{d}u} \mid \mathscr{F}_t)$$

由于事件 $\{\tau > t\}$ 也属于 $\mathscr{G}_t$,则可得到

$$\mathbb{Q}^*\{t < \tau \leqslant T \mid \mathscr{G}_t\} + \mathbb{Q}^*\{\tau > T \mid \mathscr{G}_t\} = \mathbb{Q}^*\{\tau > t \mid \mathscr{G}_t\} = \mathbb{1}_{\{\tau > t\}}$$

因此,无违约事件 $\{\tau > T\}$ 的条件概率等于

$$\mathbb{Q}^*\{\tau > T \mid \mathscr{G}_t\} = \mathbb{1}_{\{\tau > t\}} \mathbb{E}_{\mathbb{Q}^*}(1 - \mathrm{e}^{-\int_t^T \gamma_u \mathrm{d}u} \mid \mathscr{F}_t) \tag{8.7}$$

强度函数。在有些例子中,违约时间的强度是非随机的;在这种情况下,就把它称为 τ 的强度函数(该函数的性质在第 4 章已经详细考察过)。例如,该强度函数的概念表明,当选择平凡滤子作为基准滤子$\mathbb{F}$时,有 $\mathbb{G} = \mathbb{H}$ 。为了强调风险函数这个确定性的特征,将强度记为 $\gamma(t)$,而不是 γ_t,这样式(8. 6)和式(8. 7)分别变换为:

$$\mathbb{Q}^*\{t < \tau < T \mid \mathscr{H}_t\} = \mathbb{1}_{\{\tau > t\}}(1 - \mathrm{e}^{-\int_t^T \gamma(u)\mathrm{d}u}) \tag{8.8}$$

$$\mathbb{Q}^*\{\tau > T \mid \mathscr{H}_t\} = \mathbb{1}_{\{\tau > t\}} \mathrm{e}^{-\int_t^T \gamma(u)\mathrm{d}u} \tag{8.9}$$

回忆一下,我们有 $\mathscr{H}_t=\sigma(H_u: u\leqslant t)=\sigma(\{\tau\leqslant u\}: u\leqslant t)$,因此 $\mathbb{H}=(\mathscr{H}_t)_{t\geqslant 0}$ 是随机时间 τ 的自然滤子。滤子 $\mathbb{H}$ 模拟了交易者可得的信息流的假定也可以理解为,交易者不能获得除了违约时间 τ 发生之外的市场数据。

在更一般化的情形中,例如,当违约时间 τ 独立于一个(非平凡)滤子 $\mathbb{F}$(即它关于 $\mathbb{F}$ 具有确定性的强度),并且当 σ—域 $\mathscr{H}_t$ 被一个严格更大的 σ—域 $\mathscr{G}_t=\mathscr{H}_t\vee\mathscr{F}_t$ 替代时,等式(8.8)和式(8.9)仍然成立。

8.2.1 违约时间的规范构造

现在我们来简单地介绍与给定风险过程 Γ 相伴的违约时间最常用的构造。对于这一过程更详细的分析,感兴趣的读者可以参阅第 6.5 节。需强调的是,通过这一特殊方法获得的随机时间——下文中将这种方法称为规范构造——具有一些特性,这些特性并不是所有具有给定 $\mathbb{F}$—风险过程 Γ 的随机时间都有的。换言之,违约时间 τ 的 $\mathbb{F}$—风险过程的相关知识并不能唯一地设定 τ 关于参照滤子 $\mathbb{F}$ 的所有性质。

假设给定一个定义在滤子化概率空间 $(\widetilde{\Omega}, \mathbb{F}, \mathbb{P}^*)$ 上的 $\mathbb{F}$—适应、右连续的递增过程 Γ,和通常一样,假设 $\Gamma_0=0$ 和 $\Gamma_\infty=+\infty$。在许多情形中,对于一些非负的、$\mathbb{F}$—循序可测的强度过程 γ,Γ 由如下等式给出:

$$\Gamma_t=\int_0^t\gamma_u\mathrm{d}u,\ \forall\, t\in\mathbb{R}_+$$

为了构造一个随机时间 τ 以使得 Γ 为 τ 的 $\mathbb{F}$—风险过程,需扩大基础概率空间 $\widetilde{\Omega}$。这也意味着,Γ 不是 $\mathbb{P}^*$ 下 τ 的 $\mathbb{F}$—风险过程,而是经概率测度 $\mathbb{P}^*$ 适当扩展后的一个测度 $\mathbb{Q}^*$ 下 τ 的 $\mathbb{F}$—风险过程。

设 ξ 为定义在概率空间 $(\hat{\Omega}, \hat{\mathscr{F}}, \hat{\mathbb{Q}})$ 上的一个随机变量,且在 $\hat{\mathbb{Q}}$ 下服从区间 $[0, 1]$ 上的均匀分布。考虑乘积空间 $\Omega=\widetilde{\Omega}\times\hat{\Omega}$,被赋予乘积 σ—域 $\mathscr{G}=\mathscr{F}_\infty\otimes\hat{\mathscr{F}}$ 和乘积概率测度 $\mathbb{Q}^*=\mathbb{P}^*\otimes\hat{\mathbb{Q}}$。后面这个等式意味着对于任意事件 $A\in\mathscr{F}_\infty$ 和 $B\in\hat{\mathscr{F}}$,有 $\mathbb{Q}^*\{A\times B\}=\mathbb{P}^*\{A\}\hat{\mathbb{Q}}\{B\}$。

评注:达到相同目标的另一种方法依赖于如下设定:假定基础概率空间 $(\widetilde{\Omega}, \mathbb{F}, \mathbb{P}^*)$ 足以支撑一个在 $[0, 1]$ 上均匀分布、在 $\mathbb{P}^*$ 下独立于滤子 $\mathbb{F}$ 的随机变量 ξ。在这种规范构造中,Γ 表示 τ 在 $\mathbb{P}^*$ 下的 $\mathbb{F}$—风险过程。

我们通过如下公式

$$\tau=\inf\{t\in\mathbb{R}_+: \mathrm{e}^{-\Gamma_t}\leqslant\xi\}=\inf\{t\in\mathbb{R}_+: \Gamma_t\geqslant\eta\}\tag{8.10}$$

定义随机时间 $\tau:\Omega\to\mathbb{R}_+$,其中,随机变量 $\eta=-\ln\xi$ 在 $\mathbb{Q}^*$ 下服从单位指数分布。不难找

出过程 $F_t = \mathbb{Q}^*\{\tau \leqslant t \mid \mathscr{F}_t\}$。的确,由于明显有 $\{\tau > t\} = \{\xi < e^{-\Gamma_t}\}$,且随机变量 Γ_t 是 $\mathscr{F}_\infty$—可测的,则得到

$$\mathbb{Q}^*\{\tau > t \mid \mathscr{F}_\infty\} = \mathbb{Q}^*\{\xi < e^{-\Gamma_t} \mid \mathscr{F}_\infty\} = \hat{\mathbb{Q}}\{\xi < e^x\}_{x=\Gamma_t} = e^{-\Gamma_t} \tag{8.11}$$

从而有

$$1 - F_t = \mathbb{Q}^*\{\tau > t \mid \mathscr{F}_t\} = \mathbb{E}_{\mathbb{Q}^*}(\mathbb{Q}^*\{\tau > t \mid \mathscr{F}_\infty\} \mid \mathscr{F}_t) = e^{-\Gamma_t} \tag{8.12}$$

并且 F 是一个$\mathbb{F}$—适应的、右连续的递增过程,过程 Γ 表示 τ 在$\mathbb{Q}^*$下的$\mathbb{F}$—风险过程也是明显的。作为式(8.11)和式(8.12)直接的结论,可得到如下违约时间规范构造的有趣特征:

$$\mathbb{Q}^*\{\tau \leqslant t \mid \mathscr{F}_\infty\} = \mathbb{Q}^*\{\tau \leqslant t \mid \mathscr{F}_t\},\ \forall t \in \mathbb{R}_+ \tag{8.13}$$

现在开始分析式(8.13)的一些重要结论。首先,对于任意两个时间 $0 \leqslant t \leqslant u$,有

$$\mathbb{Q}^*\{\tau \leqslant t \mid \mathscr{F}_\infty\} = \mathbb{Q}^*\{\tau \leqslant t \mid \mathscr{F}_u\} = \mathbb{Q}^*\{\tau \leqslant t \mid \mathscr{F}_t\} = e^{-\Gamma_t} \tag{8.14}$$

注意,τ 的$\mathbb{F}$—风险过程 Γ 所必须满足的只有式(8.14)中最后一个等式;前两个等式是 τ 的规范构造的额外特性,这也就意味着在一般的构造中它们并不必然成立。

在给定 σ—域 $\mathscr{F}_\infty$ 的条件下,等式(8.14)限定了 σ—域 $\mathscr{H}_t$ 和 $\mathscr{F}_t$ 在$\mathbb{Q}^*$下的条件独立性。两个滤子$\mathbb{H}$和$\mathbb{F}$这一性质在第 6.1 节中作为条件(M.1)介绍过。根据引理 6.1.2,条件(F.1)等价于条件(M.1),该条件又可以表述为:在测度$\mathbb{Q}^*$下,任意一个$\mathbb{F}$—鞅也服从一个$\mathbb{G}$—鞅。关于这个条件的详细讨论,可以参见第 6.1 节。之前也有大量学者对该条件进行了研究,其中包括 Brémaud 和 Yor(1978)、Dellacherie 和 Meyer(1978a)、Mazziotto 和 Szpirglas(1979)、Kusuoka(1999),以及 Elliott 等(2000)。

根据第 6.5 节的分析(或者根据推论 6.2.1),有如下引理。

引理 8.2.2 假设过程 Γ 是连续的,则由式(8.10)给出的随机时间 τ 的($\mathbb{F}$,$\mathbb{G}$)—鞅风险过程 Λ 与 τ 的$\mathbb{F}$—风险过程 Γ 一致。

评注:在大多数信用风险模型中,参照滤子$\mathbb{F}$是由在$\mathbb{P}^*$下服从布朗运动的过程 W 所生成的。根据鞅不变性,在放大的概率测度$\mathbb{Q}^*$和相应的放大滤子$\mathbb{G}$下,规范构造确保了布朗运动过程 W 仍然是一个连续鞅(从而也是一个布朗运动)。再次强调,对于任意事件 $A \in \mathscr{F}_\infty$,有 $\mathbb{Q}^*\{A \times \hat{\Omega}\} = \mathbb{P}^*\{A\}$;即受制于 σ—域 $\mathscr{F}_\infty$ 的概率测度$\mathbb{Q}^*$和$\mathbb{P}^*$是一致的。

例 8.2.1 确定性风险过程。假定基础滤子$\mathbb{F}$是非平凡的,但假定$\mathbb{F}$—风险过程 Γ 服从一个确定性函数;即对某个函数 $\Gamma: \mathbb{R}_+ \to \mathbb{R}_+$,$\mathbb{F}$—风险过程等于 Γ。假定和之前一样定义违约时间 τ,即

$$\tau = \inf\{t \in \mathbb{R}_+ : \mathrm{e}^{-\Gamma(t)} \leqslant \xi\}$$

则违约过程 H 独立于滤子 $\mathbb{F}$，或等价地，在测度 $\mathbb{Q}^*$ 下，由违约过程 H 生成的滤子 $\mathbb{H}$ 独立于滤子 $\mathbb{F}$。可以证明，对于任意固定的 $t \in \mathbb{R}_+$ 和任意的 $0 \leqslant u \leqslant t$，有

$$\mathbb{Q}^*\{\tau \leqslant u \mid \mathcal{F}_t\} = \mathbb{Q}^*\{\tau \leqslant u\} \tag{8.15}$$

等式(8.15)可以很容易地从式(8.14)中推出。实际上，有

$$\mathbb{Q}^*\{\tau \leqslant u \mid \mathcal{F}_t\} = \mathbb{Q}^*\{\tau \leqslant u \mid \mathcal{F}_u\} = 1 - \mathrm{e}^{-\Gamma(u)} = \mathbb{Q}^*\{\tau \leqslant u\}$$

其中，最后一个等式是风险过程为确定性这一假设的直接结果。

如果违约过程 H 独立于滤子 $\mathbb{F}$，则在概率测度 $\mathbb{Q}^*$ 下，任意的 $\mathbb{F}$—适应过程 Y 都独立于过程 H。特别地，因为短期利率 r 服从一个 $\mathbb{F}$—适应过程，则当 τ 的 $\mathbb{F}$—风险过程是确定性的，且违约时间 τ 是通过规范方法构造时，过程 H 和 r 在概率测度 $\mathbb{Q}^*$ 下是相互独立的。

例 8.2.2 状态变量。在一些金融模型中，通常假设参照滤子 $\mathbb{F}$ 是由一些随机过程产生的，如过程 Y。更具体些，对于某个满足弱技术假定的函数 $g: \mathbb{R}_+ \times \mathcal{Y} \to \mathbb{R}_+$，其中 $\mathcal{Y}$ 表示过程 Y 的状态空间(典型地，$\mathcal{Y} = \mathbb{R}^d$)，违约时间的 $\mathbb{F}$—强度由下式给出：

$$\Gamma_t = \int_0^t g(u, Y_u)\mathrm{d}u, \ \forall t \in \mathbb{R}_+$$

8.2.2 价值过程的积分表示

接下来的目的是要利用违约时间的风险过程 Γ 来构造一个可违约权益违约前价值的简单的表达式。为了简洁，令：

$$I_t(A) = B_t \mathbb{E}_{\mathbb{Q}^*}\left(\int_{[t, T]} B_u^{-1}(1 - H_u)\mathrm{d}A_u \mid \mathcal{G}_t\right)$$

$$J_t(Z) = B_t \mathbb{E}_{\mathbb{Q}^*}(\mathbb{1}_{\{t < \tau \leqslant T\}} B_\tau^{-1} Z_\tau \mid \mathcal{G}_t)$$

同时还令：

$$\widetilde{K}_t = B_t \mathbb{E}_{\mathbb{Q}^*}(B_T^{-1}\widetilde{X}\, \mathbb{1}_{\{\tau \leqslant T\}} \mid \mathcal{G}_t), \quad K_t = B_t \mathbb{E}_{\mathbb{Q}^*}(B_T^{-1} X_\tau \mathbb{1}_{\{T < \tau\}} \mid \mathcal{G}_t)$$

因此，显然有 $S_t^0 = I_t(A) + J_t(Z) + \widetilde{K}_t + K_t$。下面命题可以说是第 5 章中得到结论的一个相当直接的推论。要强调的是，这里并不需要假定违约时间 τ 是通过规范方法构造的。

命题 8.2.1 对于 $t \in [0, T]$，一个可违约权益$(X, A, 0, Z, \tau)$的违约前价值过程

S_t^0 容许有如下的表示:

$$S_t^0 = \mathbb{1}_{\{\tau>t\}} G_t^{-1} B_t \, \mathbb{E}_{\mathbb{Q}^*} \left(\int_{]t,\,T]} B_u^{-1} (G_u \mathrm{d}A_u - Z_u \mathrm{d}G_u) + G_T B_T^{-1} X \mid \mathcal{F}_t \right)$$

如果生存过程 G,以及风险过程 Γ 是连续的,则

$$S_t^0 = \mathbb{1}_{\{\tau>t\}} B_t \, \mathbb{E}_{\mathbb{Q}^*} \left(\int_{]t,\,T]} B_u^{-1} \mathrm{e}^{\Gamma_t - \Gamma_u} (\mathrm{d}A_u + Z_u \mathrm{d}\Gamma_u) + B_T^{-1} X \mathrm{e}^{\Gamma_t - \Gamma_u} \mid \mathcal{F}_t \right)$$

证明:因为 $\widetilde{X} = 0$,对于 $t \in [0,\ T]$,显然有 $\widetilde{K}_t = 0$,因此价值过程满足:$S_t^0 = I_t(A) + J_t(Z) + K_t$。对有限变差过程 $\int_{]0,\,t]} B_u^{-1} \mathrm{d}A_u$ 运用命题 5.1.2,得到

$$I_t(A) = \mathbb{1}_{\{\tau>t\}} G_t^{-1} B_t \, \mathbb{E}_{\mathbb{Q}^*} \left(\int_{]t,\,T]} B_u^{-1} G_u \mathrm{d}A_u \mid \mathcal{F}_t \right)$$

或者,等价地得到

$$I_t(A) = \mathbb{1}_{\{\tau>t\}} B_t \, \mathbb{E}_{\mathbb{Q}^*} \left(\int_{]t,\,T]} B_u^{-1} \mathrm{e}^{\Gamma_t - \Gamma_u} \mathrm{d}A_u \mid \mathcal{F}_t \right)$$

进一步地,从命题 5.1.1 的公式(5.18)可推出

$$J_t(Z) = -\mathbb{1}_{\{\tau>t\}} G_t^{-1} B_t \, \mathbb{E}_{\mathbb{Q}^*} \left(\int_{]t,\,T]} B_u^{-1} Z_u \mathrm{d}G_u \mid \mathcal{F}_t \right)$$

此外,如果生存过程 G 是连续(同时也是递减的)的过程,则风险过程 Γ 是一个递增的连续过程,且

$$J_t(Z) = -\mathbb{1}_{\{\tau>t\}} B_t \, \mathbb{E}_{\mathbb{Q}^*} \left(\int_t^T B_u^{-1} \mathrm{e}^{\Gamma_t - \Gamma_u} Z_u \mathrm{d}\Gamma_u \mid \mathcal{F}_t \right)$$

最后,由公式(5.11)得到

$$K_t = \mathbb{1}_{\{\tau>t\}} G_t^{-1} B_t \, \mathbb{E}_{\mathbb{Q}^*} (\mathbb{1}_{\{\tau>T\}} B_T^{-1} X \mid \mathcal{F}_t) \tag{8.16}$$

因为随机变量 X 和 B_T 是 $\mathcal{F}_T$—可测的,因此还有(参见式(5.13))

$$K_t = -\mathbb{1}_{\{\tau>t\}} G_t^{-1} B_t \, \mathbb{E}_{\mathbb{Q}^*} (G_T B_T^{-1} X \mid \mathcal{F}_t) = \mathbb{1}_{\{\tau>t\}} B_t \, \mathbb{E}_{\mathbb{Q}^*} (B_T^{-1} X \mathrm{e}^{\Gamma_t - \Gamma_T} \mid \mathcal{F}_t)$$

通过加总即可得出命题的两个公式。 □

推论 8.2.1 假设$\mathbb{F}$—风险过程 Γ 服从一个连续的有限变差过程,则可违约权益$(X,\ A,\ 0,\ Z,\ \tau)$违约前价值与可违约权益$(X,\ \hat{A},\ 0,\ 0,\ \tau)$违约前价值是一致的,其中 $\hat{A}_t = A_t + \int_0^t Z_u \mathrm{d}\Gamma_u$。

评注:在命题 8.2.1 中,我们省略了回收支付 $\widetilde{X}$,因为基于违约时间的风险过程的表

达式并不能包含一般的 $\mathscr{F}_\tau$—可测随机变量的情形。然而,对某个常数 δ, 在 $\widetilde{X}=\delta$ 的特殊情况下,可以用违约时间的一个等价支付 $\delta B(\tau, T)$ 来替代 $\widetilde{X}$。

回到随机时间容许有随机强度 γ 的情形。现在,命题 8.2.1 的第二个公式有如下形式:

$$S_t^0 = \mathbb{1}_{\{\tau>T\}}\mathbb{E}_{\mathbb{Q}^*}\left(\int_{[t,\,T]} \mathrm{e}^{-\int_t^u (r_v+\gamma_v)\mathrm{d}v}(\mathrm{d}A_u+\gamma_u Z_u\mathrm{d}u) \mid \mathscr{F}_t\right)$$

$$+\mathbb{1}_{\{\tau>T\}}\mathbb{E}_{\mathbb{Q}^*}\left(\mathrm{e}^{-\int_t^T (r_v+\gamma_v)\mathrm{d}v}X \mid \mathscr{F}_t\right)$$

为了使最后一个表达式更简洁,引入违约风险调整利率 $\widetilde{r}=r+\gamma$ 以及相伴的违约风险调整储蓄账户 $\widetilde{B}$, $\widetilde{B}$ 由下式给出

$$\widetilde{B}_t = \exp\left(\int_0^t \widetilde{r}_u\mathrm{d}u\right),\ \forall t\in\mathbb{R}_+ \tag{8.17}$$

尽管 $\widetilde{B}$ 不代表可交易证券的价格,但它和储蓄账户 B 有着类似的特征;特别地,$\widetilde{B}$ 也服从一个$\mathbb{F}$—适应的、连续的有限变差过程。利用过程 $\widetilde{B}$,有

$$S_t^0 = \mathbb{1}_{\{\tau>t\}}\widetilde{B}_t\,\mathbb{E}_{\mathbb{Q}^*}\left(\int_{[t,\,T]}\widetilde{B}_u^{-1}\mathrm{d}A_u + \int_t^T \widetilde{B}_u^{-1}Z_u\gamma_u\mathrm{d}u + \widetilde{B}_T^{-1}X \mid \mathscr{F}_t\right) \tag{8.18}$$

值得注意的是,违约时间 τ 并没有明显地出现在式(8.18)右边的条件期望中。

8.2.3 确定性强度的情形

为了简单起见,本节假设:

——违约时间关于$\mathbb{F}$ 容许有强度函数 γ;

——连续复利利率 r 是确定的。

根据后一个假设,到期日为 T 的一单位无违约零息票债券在 t 时的价格等于:

$$B(t,\,T)=\mathrm{e}^{-\int_t^T r(v)\mathrm{d}v},\ \forall t\in[0,\,T]$$

我们的目的是要得出一些简单的可违约权益违约前价值的积分表达式。对于某个连续函数 h: $\mathbb{R}_+\to\mathbb{R}$,取 $A\equiv 0$, $\widetilde{X}=0$ 及 $Z_\tau = h(\tau)$。此外,如果承诺支付 X 是非随机的,则权益的违约前价值等于:

$$S_t^0 = \mathbb{1}_{\{\tau>t\}}B_t\left(\int_t^T \mathrm{e}^{-\int_t^u \gamma(v)\mathrm{d}v}B_u^{-1}\gamma(u)h(u)\mathrm{d}u + B_T^{-1}X\mathrm{e}^{-\int_t^T\gamma(v)\mathrm{d}v}\right)$$

或者,等价地等于

$$S_t^0 = \mathbb{1}_{\{\tau>t\}}\left(\int_t^T \mathrm{e}^{-\int_t^u \widetilde{r}(v)\mathrm{d}v}\gamma(u)h(u)\mathrm{d}u + X\mathrm{e}^{-\int_t^T\widetilde{r}(v)\mathrm{d}v}\right) \tag{8.19}$$

其中，$\widetilde{r}(v) = r(v) + \gamma(v)$。

评注：再次强调，S_t^0 只表示可违约权益的违约前价值。在任何时刻 t，上面介绍的可违约权益的贴现支付由如下表达式给出：

$$Y_t = \mathbb{1}_{\{\tau > T\}} h(\tau) \mathrm{e}^{-\int_t^T r(v)\mathrm{d}v} + \mathbb{1}_{\{\tau > T\}} X \mathrm{e}^{-\int_t^T r(v)\mathrm{d}v}$$

因此，一个可违约权益在时间 t 的“全部”价值等于

$$\mathbb{E}_{\mathbb{Q}^*}(Y_t \mid \mathcal{H}_t) = \mathbb{1}_{\{\tau > t\}} \left(\int_t^T \mathrm{e}^{-\int_t^u \widetilde{r}(v)\mathrm{d}v} h(u)\gamma(u)\mathrm{d}u + X \mathrm{e}^{-\int_t^T \widetilde{r}(v)\mathrm{d}v} \right)$$

$$+ \mathbb{1}_{\{\tau \leqslant t\}} h(\tau) \mathrm{e}^{\int_\tau^t r(v)\mathrm{d}v}$$

上面公式中的第三项表示权益所有者在违约时间收到的，并以储蓄账户再投资的回收现金流 $h(\tau)$的现值。

例 8.2.3 现在考虑一些到期日为 T 并具有不同回收方案的公司零息票债券的例子。下一节，将在一般的未定权益背景下研究这些方案。在以下考察的所有情形中，一个公司债券的违约前价值是和债券面值 L 成比例的。下文中，当提到公司债券违约前价值时，我们设定 $L = 1$ 且在表达式中省略 L。

零回收。首先考虑一个在违约时具有零回收的公司零息票债券情形。这对应于在公式(8.19)中选择 $h = 0$ 和 $X = L = 1$。将这样一份债券在 t 时的违约前价值记为 $D^0(t, T)$，对于每个 $t \in [0, T]$，得到

$$D^0(t, T) = \mathbb{1}_{\{\tau > t\}} \mathrm{e}^{-\int_t^T (r(v)+\gamma(v))\mathrm{d}v} = \mathbb{1}_{\{\tau > t\}} B(t, T) \mathrm{e}^{-\int_t^T \gamma(v)\mathrm{d}v}$$

当然，在零回收方案中，一旦违约发生，公司债券就成为无价值的。

面值部分回收。对于常回收系数 $0 \leqslant \delta \leqslant 1$，假定回收函数 h 满足 $h = \delta L = \delta$，称相应的回收方案为面值部分回收。在这一方案下，公司债券在 t 时的违约前价值记为 $\widetilde{D}^\delta(t, T)$，它等于

$$\widetilde{D}^\delta(t, T) = \mathbb{1}_{\{\tau > t\}} \left(\int_t^T \mathrm{e}^{-\int_t^u \widetilde{r}(v)\mathrm{d}v} \delta\gamma(u)\mathrm{d}u + \mathrm{e}^{-\int_t^T \widetilde{r}(v)\mathrm{d}v} \right)$$

注意，当债券在到期日 T 之前或到期日 T 违约时，$\widetilde{D}^\delta(t, T)$表示在违约时按债券面值的一定比例支付的公司债券违约前的价值。显然，也可用某个关于时间的函数 $\delta(t)$替代常系数 δ(同样的评注也适用于下面的回收方案)。

国库券价值部分回收。最后，假定回收函数等于

$$h(\tau) = \delta L \mathrm{e}^{-\int_\tau^T r(v)\mathrm{d}v} = \delta \mathrm{e}^{-\int_\tau^T r(v)\mathrm{d}v} \tag{8.20}$$

上面设定的回收函数描述的是具有所谓的国库券价值部分回收的公司零息票债券。确实，由于支付 $h(\tau)$ 可以储蓄账户投资，我们能够正式地规定，如果违约发生在到期日之前，那么，债券在到期日 T 时支付常数值 δ（否则，将支付名义价值 $L=1$）。因此，也可以等价地假定违约时的回收支付等于

$$h(\tau)=\delta B(\tau,\ T) \tag{8.21}$$

在当前的假设下，对于具有国库券价值部分回收的公司债券，这两种设定——式(8.20)和式(8.21)——可得出相同的公司债券违约前价值。有意思的是，我们注意到，如果考虑到利率的随机性质，后一种设定就更为方便。确实，在所有的模型中，债券价格的现值 $B(\tau,\ T)$ 在时点 τ 是已知的，因此，对每个 $t\in[0,\ T]$，可以通过设定 $Z_t=\delta B(\tau,\ T)$ 来定义回收过程 Z。另一方面，在利率不确定的情况下，式(8.20)的右边在时间点 τ 是观察不到的。

我们把具有国库券价值部分回收的一单位公司债券的违约前价值记为 $D^{\delta}(t,\ T)$。将式(8.20)代入一般性公式(8.19)，得到

$$\widetilde{D}^{\delta}(t,\ T)=\mathbb{1}_{\{\tau>t\}}\Big(\int_t^T \mathrm{e}^{-\int_t^T r(v)\mathrm{d}v}\mathrm{e}^{-\int_t^u \gamma(v)\mathrm{d}v}\delta\gamma(u)\mathrm{d}u+\mathrm{e}^{-\int_t^T \widetilde{r}(v)\mathrm{d}v}\Big)$$

$$D^{\delta}(t,\ T)=\mathbb{1}_{\{\tau>t\}}B(t,\ T)\Big\{\delta\big(1-\mathrm{e}^{-\int_t^T \gamma(v)\mathrm{d}v}\big)+\mathrm{e}^{-\int_t^T \gamma(v)\mathrm{d}v}\Big\}$$

最后，注意到可以把一个具有国库券价值部分回收的公司债券的违约前价值 $D^{\delta}(t,\ T)$ 表示为（参见式(8.6)）

$$D^{\delta}(t,\ T)=B(t,\ T)(\delta\,\mathbb{Q}^*\{t<\tau\leqslant T\mid \mathcal{G}_t\}+\mathbb{Q}^*\{\tau>T\mid \mathcal{G}_t\})$$

值得强调的是，上面这个表达式，尽管看起来很普通，实际上它依赖于这节中所做的关于利率非随机性的假设。在更一般的情况下，需要进一步施加某些假设，以及用相应的远期鞅测度 $\mathbb{Q}_T$ 来替代即期鞅测度 $\mathbb{Q}^*$。

8.2.4　隐含的违约概率

实践者经常把基于强度函数的简单估值公式用于校准模型（如 Li(1998b)）。基本思想是推导出隐含在所交易的可违约证券（如公司债券，违约互换等）的市场报价中的违约概率，接着用这些概率对在市场中没有报价的可违约证券进行估值。显然，这种模型校准方法十分类似于广泛使用的如下方法，即用公开交易（至少是流动的）期权的隐含波动性对那些市场报价不可得，或不可信的奇异期权进行估值。典型地，假定：

——在即期鞅测度 $\mathbb{Q}^*$ 下，利率过程和违约过程是彼此独立的；

——对于某个时间期限 T^*，只能在给定的有限时间集 $0<T_1<T_2<\cdots<T_n=$

T^* 的某个时点可观察到违约事件；

——给定利率的无违约期限结构，这里正式地用 $\{B(0, T_i), i = 1, 2, \cdots, n\}$ 作为零息票国库券的价格。

第一个假设意味着我们感兴趣的是要找到强度函数，而不是关于某个非一平凡滤子$\mathbb{F}$的强度过程。第二个假设意味着我们对于强度函数在"观察到的违约时间点"之间的具体行为并不感兴趣，因此可以约定，强度函数在每两个时间点 T_i 和 T_{i+1}之间是固定不变的。

根据之前的讨论，对于某些正常数 $\alpha_i(i = 1, 2, \cdots, n-1)$，我们的确也可以假定强度函数 $\lambda(\lambda: [0, T^*]\to\mathbb{R}_+)$满足 $\lambda(t) = \sum_{i=1}^{n}\alpha_i \mathbb{1}_{[T_{i-1}, T_i]}(t)$（设 $T_0 = 0$）。这样，对于每一个 $j = 1, 2, \cdots, n$，又等同于假定

$$q_j^* = G(T_{j-1}) - G(T_j) = \exp\Big(-\sum_{i=1}^{j-1}\alpha_i(T_i - T_{i-1})\Big) - \exp\Big(-\sum_{i=1}^{j}\alpha_i(T_i - T_{i-1})\Big)$$

其中，

$$q_j^* := \mathbb{Q}^*\{T_{j-1} < \tau \leqslant T_j\},\ G(T_j) = \mathbb{Q}^*\{\tau > T_j\}$$

注意，一般地，不等式 $\sum_{j=1}^{n} q_j^* = \mathbb{Q}^*\{\tau \leqslant T_n\} \leqslant 1$ 是成立的。换言之，不必假设违约必定发生在时间点 T^* 之前或者在 T^* 时。

例 8.2.4 例如，假设我们的目标是要对一族违约互换的市场报价模型进行校准。为了简化，假设 $T_1, T_2, \cdots, T_n$ 为支付时间，且 T_n 为合约到期日。在独立性假设下，违约支付支(leg)在 0 时刻的现值为：

$$I_1 = \sum_{i=1}^{n} B(0, T_i)X_{T_i}q_i^* = \sum_{i=1}^{n} B(0, T_i)X_{T_i}\Big(G(T_{i-1}) - G(T_i)\Big)$$

其中，在通常情况下，（非随机的）支付 X_{T_i} 或者表示为某些固定值，或者为未来息票现值和以无风险利率贴现的标的债券贴现面值的一个比例。

定义支付支(leg)溢价为到期日之前或违约日之前所支付的一族固定现金流 κ，具体选择哪个日期取决于到期日和违约日谁先出现。在 0 时刻，这些现金流的现值等于

$$\begin{aligned} I_2 &= B_0\, \mathbb{E}_{\mathbb{Q}^*}\Big(\sum_{i=1}^{n} \mathbb{1}_{\{T_{i-1}<\tau\leqslant T_i\}} \sum_{j=1}^{i} B_{T_j}^{-1}\kappa \mid \mathcal{G}_0\Big) \\ &= \kappa\sum_{i=1}^{n} q_i^* \sum_{j=1}^{i} B(0, T_j) = \kappa\sum_{i=1}^{n} B(0, T_i)\sum_{j=1}^{i} q_j^* \\ &= \kappa\sum_{i=1}^{n} B(0, T_i)\,\mathbb{Q}^*\{\tau \leqslant T_i\} = \kappa\sum_{i=1}^{n} B(0, T_i)\big(1 - G(T_i)\big) \end{aligned}$$

给定一个违约互换的投资组合和它们的市场报价，可以找到 $\alpha_i(i=0, 1, \cdots, n-1)$ 的值。校准程序依赖于求解形如 $I_1=I_2$ 的非线性方程。原则上，在校准模型中对已报价的违约互换可以重新正确地定价。运用这种方法，不仅可以对暴露到标的实体违约风险的新发行合约进行估值，还可以对未清偿的违约互换和其他的可违约合约进行盯市。

8.2.5　外生回收规则

现在回到可违约权益 $DCT=(X, A, 0, Z, \tau)$ 的情形。在第 8.2.3 节中，在公司债券基于强度估值的背景下，已经简单地介绍了一些可供选择的回收方案。正如所期望的，这些方案可以被扩展到任意一个可违约权益情形中。现在来详细考察这些扩展。

面值部分回收。这里需要假设可违约权益的票面价值（或面值）是定义良好的。记常数 L 为权益的票面价值，δ 为权益的回收率，设 $Z_t=\delta L$。因此，用 $\widetilde{D}_t^{\delta}$ 表示违约前价值，它等于

$$\widetilde{D}_t^{\delta}=B_t\,\mathbb{E}_{\mathbb{Q}^*}\left(\int_{[t, T]}B_u^{-1}(1-H_u)\mathrm{d}A_u+\int_{[t, T]}B_u^{-1}\delta L\,\mathrm{d}H_u+B_T^{-1}X\,\mathbb{1}_{\{\tau>T\}}\mid\mathcal{G}_t\right)$$

由此，根据命题 8.2.1，有

$$\widetilde{D}_t^{\delta}=\mathbb{1}_{\{\tau>t\}}G_t^{-1}B_t\,\mathbb{E}_{\mathbb{Q}^*}\left(\int_{[t, T]}B_u^{-1}(G_u\mathrm{d}A_u-\delta L\,\mathrm{d}G_u)+G_TB_T^{-1}X\mid\mathcal{F}_t\right)$$

其中，G 是 t 关于参照滤子$\mathbb{F}$的生存过程。在生存过程 G 连续的情形下，上面的等式变为

$$\widetilde{D}_t^{\delta}=\mathbb{1}_{\{\tau>t\}}B_t\,\mathbb{E}_{\mathbb{Q}^*}\left(\int_{[t, T]}B_u^{-1}\mathrm{e}^{\Gamma_t-\Gamma_T}(\mathrm{d}A_u+\delta L\,\mathrm{d}\Gamma_u)+B_T^{-1}X\mathrm{e}^{\Gamma_t-\Gamma_T}\mid\mathcal{F}_t\right)$$

其中，$\Gamma_t=-\ln G_t$ 是违约时间的$\mathbb{F}$—风险过程。

例 8.2.5　首先设 $A\equiv 0$。用 $U(t, T)$ 表示数字违约出售权的价格——即一个违约—风险敏感证券的价格。若违约发生在 T 之前或 T 时，则这种证券在 τ 时支付一单位现金，否则支付额为 0。正式地，一个数字违约出售权对应于一个形如 $(0, 0, 0, 1, \tau)$ 的可违约权益。它的价格为 $U(t, T)=\widetilde{D}^1(t, T)-D^0(t, T)$，或更明确地

$$U(t, T)=B_t\,\mathbb{E}_{\mathbb{Q}^*}(B_\tau^{-1}\,\mathbb{1}_{\{\tau\leqslant T\}}\mid\mathcal{G}_t)$$

令$\mathbb{Q}_T$为 T—远期鞅测度，它与$\mathbb{Q}^*$具有如下关系：

$$\frac{\mathrm{d}\,\mathbb{Q}_T}{\mathrm{d}\,\mathbb{Q}^*}=\frac{1}{B(0, T)B_T},\ \mathbb{Q}^*\text{-a. s.}$$

使用抽象的贝叶斯法则,基于远期鞅测度,可以得到可违约权益价格的如下表示

$$\widetilde{D}_t^\delta = \mathbb{1}_{\{\tau>t\}}\delta LS(t,\ T) + \mathbb{1}_{\{\tau>t\}}B(t,\ T)\,\mathbb{E}_{\mathbb{Q}_T}(Xe^{\Gamma_t-\Gamma_T} \mid \mathcal{F}_t)$$

注意到,τ 的风险过程不受概率测度从$\mathbb{Q}^*$变为$\mathbb{Q}_T$的影响。如果承诺的分红过程 A 不为零,还需要在上面等式的右边再加一项。

正如已经在推论 8.2.1 中所观察到的,如果$\mathbb{F}$—风险过程 Γ 服从一个连续的有限变差过程,可以设 $Z\equiv 0$,并用过程 $\hat{A}_t = A_t + \delta L\Gamma_t$ 来代替承诺的红利过程 A。换言之,从无套利估值观点的角度来看,如果 Γ 是一个连续的有限变差过程,则两个可违约权益 $(X,\ A,\ \widetilde{X},\ \delta L,\ \tau)$和$(X,\ A+\delta L\Gamma,\ \widetilde{X},\ 0,\ \tau)$本质上是等价的。

最后,如果违约时间 τ 容许有$\mathbb{F}$—强度过程 γ,则有(参见式(8.18))

$$\widetilde{D}_t^\delta = \mathbb{1}_{\{\tau>t\}}\widetilde{B}_t\,\mathbb{E}_{\mathbb{Q}^*}\left(\int_{[t,\ T]}\widetilde{B}_u^{-1}\mathrm{d}A_u + \delta L\int_t^T\widetilde{B}_u^{-1}\gamma_u\mathrm{d}u + \widetilde{B}_T^{-1}X \mid \mathcal{F}_t\right)$$

其中,违约风险调整储蓄账户 $\widetilde{B}$ 由式(8.17)给定。此外,如果过程 A 的样本轨道是绝对连续函数:$A_t = \int_0^t a_u\mathrm{d}u$,则

$$\begin{aligned}\widetilde{D}_t^\delta &= \mathbb{1}_{\{\tau>t\}}\widetilde{B}_t\,\mathbb{E}_{\mathbb{Q}^*}\left(\int_t^T\widetilde{B}_u^{-1}(a_u+\delta L\gamma_u)\mathrm{d}u + \widetilde{B}_T^{-1}X \mid \mathcal{F}_t\right)\\ &= \mathbb{1}_{\{\tau>t\}}\widetilde{B}_t\,\mathbb{E}_{\mathbb{Q}^*}\left(\int_t^T\widetilde{B}_u^{-1}(a_u\gamma_u^{-1}+\delta L)\gamma_u\mathrm{d}u + \widetilde{B}_T^{-1}X \mid \mathcal{F}_t\right)\end{aligned}$$

只要 $\gamma>0$,上面的最后一个等式成立。不失一般性,这里选择过程 a 和 γ 的$\mathbb{F}$—可料形式。根据上面这些考虑,接下来可以陈述如下推论。它为具有面值部分回收的可违约权益又提供了另一个等价的表示。

推论 8.2.2 假定 $A_t = \int_0^t a_u\mathrm{d}u$ 和 $\Gamma_t = \int_0^t\gamma_u\mathrm{d}u\,(\gamma>0)$,则可违约权益$(X,\ A,\ \widetilde{X},\ \delta L,\ \tau)$等价于可违约权益$(X,\ 0,\ \widetilde{X},\ \hat{Z},\ \tau)$,其中 $\hat{Z}_t = \delta L + a_t\gamma_t^{-1}$。

不违约价值部分回收。在一般的未定权益情形下,称国库券价值部分回收交易方案为不违约价值部分回收(fractioal recovery of no-default value)。在这个方案中,假设可违约权益的所有者在违约发生时收到一个等价的不可违约证券市场价值的固定比例。根据定义,一个可违约权益$(X,\ A,\ \widetilde{X},\ Z,\ \tau)$的不违约价值(no-default value)(又称国库券价值)等于承诺红利 A 和承诺未定权益 X 的期望贴现值,具体有:

$$U_t = B_t\,\mathbb{E}_{\mathbb{Q}^*}\left(\int_{[t,\ T]}B_u^{-1}\mathrm{d}A_u + B_T^{-1}X \mid \mathcal{G}_t\right) \tag{8.22}$$

注意到 U 还包括在时间 t 支付的红利。当对一个具有不违约价值部分回收的可违

约权益$(X, A, \widetilde{X}, Z, \tau)$进行估值时，设 $\widetilde{X}=0$ 和 $Z_t=\delta U_t$，其中 U 由上面的公式(8.22)给出。

更具体地，违约前价值等于

$$D_t^\delta = B_t\, \mathbb{E}_{\mathbb{Q}^*}\left(\int_{[t,\,T]} B_u^{-1}(1-H_u)\,\mathrm{d}A_u + \int_{[t,\,T]} B_u^{-1}\delta U_u\,\mathrm{d}H_u + B_T^{-1}X\,\mathbb{1}_{\{\tau>T\}} \mid \mathcal{G}_t\right)$$

命题 8.2.2 对于任意 $t<T$，有 $D_t^\delta=(1-\delta)\widetilde{D}_t^0+\mathbb{1}_{\{\tau>t\}}\delta\widetilde{U}_t$，其中下述过程 $\widetilde{D}_t^0$ 等于

$$\widetilde{D}_t^0 = \mathbb{1}_{\{\tau>t\}} G_t^{-1} B_t\, \mathbb{E}_{\mathbb{Q}^*}\left(\int_{[t,\,T]} B_u^{-1} G_u\,\mathrm{d}A_u + G_T B_T^{-1} X \mid \mathcal{F}_t\right)$$

且表示具有零回收的可违约权益$(X, A, 0, 0, \tau)$违约前价值：而过程 $\widetilde{U}_t$ 由下式给出

$$\widetilde{U}_t = B_t\, \mathbb{E}_{\mathbb{Q}^*}\left(\int_{[t,\,T]} B_u^{-1}\,\mathrm{d}A_u + B_T^{-1}X \mid \mathcal{G}_t\right) \tag{8.23}$$

证明：我们只粗略地描述这一证明。由于显然有

$$D_t^\delta = \widetilde{D}_t^0 + \delta B_t\, \mathbb{E}_{\mathbb{Q}^*}\left(\int_{[t,\,T]} B_u^{-1} U_u\,\mathrm{d}H_u \mid \mathcal{G}_t\right)$$

这足以表明如下等式成立：

$$\mathbb{1}_{\{\tau>T\}}\widetilde{U}_t = B_t\, \mathbb{E}_{\mathbb{Q}^*}\left(\int_{[t,\,T]} B_u^{-1}(1-H_u)\,\mathrm{d}A_u + B_T^{-1}X\,\mathbb{1}_{\{\tau>T\}} \mid \mathcal{G}_t\right) + J$$

其中，设

$$J := B_t\, \mathbb{E}_{\mathbb{Q}^*}\left(\int_{[t,\,T]} B_u^{-1} U_u\,\mathrm{d}H_u \mid \mathcal{G}_t\right)$$

但是

$$\begin{aligned}
J &= B_t\, \mathbb{E}_{\mathbb{Q}^*}\left(\int_{[t,\,T]} \mathbb{E}_{\mathbb{Q}^*}\left(\int_{[u,T]} B_v^{-1}\,\mathrm{d}A_v + B_T^{-1}X \mid \mathcal{G}_t\right)\mathrm{d}H_u \mid \mathcal{G}_t\right)\\
&= B_t\, \mathbb{E}_{\mathbb{Q}^*}\left(\int_{[t,\,T]}\left(\int_{[u,\,T]} B_v^{-1}\,\mathrm{d}A_v + B_T^{-1}X\right)\mathrm{d}H_u \mid \mathcal{G}_t\right)\\
&= B_t\, \mathbb{E}_{\mathbb{Q}^*}\left(\mathbb{1}_{\{\tau>t\}}\int_{[t,\,T]} B_u^{-1} H_u\,\mathrm{d}A_u + B_T^{-1}X\,\mathbb{1}_{\{t<\tau\leqslant T\}} \mid \mathcal{G}_t\right)
\end{aligned}$$

在上面推导过程中还特别使用了富比尼定理。 □

评注：(1)在公式(8.22)和式(8.23)中，关于 σ—域 $\mathcal{G}_t$ 的条件可由关于 $\mathcal{F}_t$ 的条件代替。(2)Bélanger 等(2001)得到了不同回收方案下的可违约权益价值之间一些有趣的关系。(3)所谓的内生回收方案——特别地，市场价值部分回收规则——将在下一节中考察。

8.3 使用鞅方法进行的估值

现在来介绍可违约权益基于强度估值的鞅方法。我们做出如下标准假设。

假设(D) 在即期鞅测度$\mathbb{Q}^*$下,违约过程 $H_t = \mathbb{1}_{\{\tau \leqslant t\}}$ 容许有$\mathbb{F}$—鞅强度过程 λ。

回忆一下,τ 的$\mathbb{F}$—鞅强度过程 λ 是一个$\mathbb{F}$—循序可测过程,这样由下式给出的补过程 $\hat{M}$

$$\hat{M}_t := H_t - \int_0^{t\wedge\tau} \lambda_u \mathrm{d}u = H_t - \int_0^t \tilde{\lambda}_u \mathrm{d}u, \ \forall t \in \mathbb{R}_+ \tag{8.24}$$

在测度$\mathbb{Q}^*$下服从一个$\mathbb{G}$—鞅(参见定义 6.1.1)。注意,为了简单起见,记$\tilde{\lambda}_t := \mathbb{1}_{\{\tau \geqslant t\}} \lambda_t$。当然,一般情况下,过程 $\tilde{\lambda}$ 并不必然为$\mathbb{F}$—适应的。

评注:通常参照滤子$\mathbb{F}$ 严格小于$\mathbb{G}$ 。但是,之前并未排除$\mathbb{F}$—停时的情形——即当$\mathbb{H} \subseteq \mathbb{F}$ 时的情形。因此,下面的结论也包含了$\mathbb{F}$—风险过程 Γ 不具有良好定义的情形(回忆一下,上面这个特性依赖于参照滤子$\mathbb{F}$ 的选择)。

接下来的结论提供了可违约权益 $DCT = (X, A, \tilde{X}, Z, \tau)$ 价格过程的另外一种表示。显然,可以用关于相应强度量 $\tilde{\lambda}_t \mathrm{d}t$ 的积分来替代关于跳跃过程 H 的积分。如之前一样,为了简化起见,用 S_t^0 表示违约前价值,且将分析限于 $A \equiv 0$ 和 $\tilde{X} = 0$ 的情形。根据上一节的研究,可用同样的技术处理更一般的可违约权益的估值。

命题 8.3.1 一个可违约权益 $DCT = (X, 0, 0, Z, \tau)$ 的违约前价值过程 S_t^0 容许如下表示:

$$S_t^0 = B_t \,\mathbb{E}_{\mathbb{Q}^*}\Big(\int_t^T B_u^{-1} Z_u \tilde{\lambda}_u \mathrm{d}u + B_T^{-1} X \,\mathbb{1}_{\{\tau > T\}} \mid \mathcal{G}_t\Big) \tag{8.25}$$

$$S_t^0 = \mathbb{E}_{\mathbb{Q}^*}\Big(\int_t^T (Z_u \tilde{\lambda}_u - r_u S_u^0) \mathrm{d}u + X \,\mathbb{1}_{\{\tau > T\}} \mid \mathcal{G}_t\Big) \tag{8.26}$$

证明:命题中的第一种表示可由式(8.2)并结合下面等式得到

$$\mathbb{E}_{\mathbb{Q}^*}\Big(\int_{[t,\,T]} B_u^{-1} Z_u \mathrm{d}H_u \mid \mathcal{G}_t\Big) = \mathbb{E}_{\mathbb{Q}^*}\Big(\int_{[t,\,T]} B_u^{-1} Z_u (\mathrm{d}\hat{M}_u + \tilde{\lambda}_u \mathrm{d}u) \mid \mathcal{G}_t\Big)$$

而这个等式又是式(8.24)的一个直接结论。为了得到第二种表示,只需将式(8.25)改写为:

$$S_t^0 = B_t\Big(\tilde{M}_t - \int_0^t B_u^{-1} Z_u \tilde{\lambda}_u \mathrm{d}u\Big) \tag{8.27}$$

其中，

$$\widetilde{M}_t := \mathbb{E}_{\mathbb{Q}^*}\left(\int_0^T B_u^{-1} Z_u \widetilde{\lambda}_u \mathrm{d}u + \widetilde{B}_T^{-1} X \mathbb{1}_{\{T<\tau\}} \mid \mathcal{G}_t\right)$$

将伊藤公式运用于式(8.27)，则得到如下方程

$$\mathrm{d}S_t^0 = (r_t S_t^0 - Z_t \widetilde{\lambda}_t)\mathrm{d}t + B_t \mathrm{d}\widetilde{M}_t$$

且满足

$$\mathbb{E}_{\mathbb{Q}^*}(S_T^0 \mid \mathcal{G}_t) = S_t^0 + \mathbb{E}_{\mathbb{Q}^*}\left(\int_t^T (r_u S_u^0 - Z_u \widetilde{\lambda}_u)\mathrm{d}u \mid \mathcal{G}_t\right)$$

明显有 $S_T^0 = X \mathbb{1}_{\{T<\tau\}}$，所以从上面等式可得出式(8.26)。 □

下面命题 8.3.2 来自于 Duffie 等(1996)，其结论在可违约证券估值的鞅方法中具有决定性的作用(命题 8.3.2 的证明与命题 6.4.1 的证明方法相同；为了方便读者，这里还是提供了证明)。同以前一样，$\widetilde{B}$ 表示与违约风险调整利率 $\widetilde{r}_t = r_t + \lambda_t$ 相对应的人为设定的“储蓄账户”，即

$$\widetilde{B}_t = \exp\left(\int_0^t (r_u + \lambda_u)\mathrm{d}u\right) \tag{8.28}$$

命题 8.3.2 假设给定$\mathbb{F}$—可料过程 Z 和一个 $\mathcal{F}_T$—可测随机变量 X。定义过程 V：

$$V_t = \widetilde{B}_t \mathbb{E}_{\mathbb{Q}^*}\left(\int_t^T \widetilde{B}_u^{-1} Z_u \lambda_u \mathrm{d}u + \widetilde{B}_u^{-1} X \mid \mathcal{G}_t\right) \tag{8.29}$$

则过程 $U_t := \mathbb{1}_{\{\tau>t\}} V_t$ 满足

$$U_t = B_t \mathbb{E}_{\mathbb{Q}^*}\left(B_\tau^{-1}(Z_\tau + \Delta V_\tau)\mathbb{1}_{\{t<\tau\leqslant T\}} + B_T^{-1} X \mathbb{1}_{\{T<\tau\}} \mid \mathcal{G}_t\right) \tag{8.30}$$

或者，等价地满足

$$U_t = B_t \mathbb{E}_{\mathbb{Q}^*}\left(\int_{[t,T]} B_u^{-1}(Z_u + \Delta V_u)\mathrm{d}H_u + B_T^{-1} X \mathbb{1}_{\{T<\tau\}} \mid \mathcal{G}_t\right) \tag{8.31}$$

证明：我们只推导等式(8.31)。根据式(8.29)，有

$$V_t = \widetilde{B}_t\left(N_t - \int_0^t \widetilde{B}_u^{-1} Z_u \lambda_u \mathrm{d}u\right) \tag{8.32}$$

这里，在适当的可积条件下，由下式

$$N_t := \mathbb{E}_{\mathbb{Q}^*}\left(\int_0^T \widetilde{B}_u^{-1} Z_u \lambda_u \mathrm{d}u + \widetilde{B}_T^{-1} X \mid \mathcal{G}_t\right) \tag{8.33}$$

给定的过程 N 服从$\mathbb{G}$—鞅。利用伊藤乘法法则，得到

$$dV_t = r_t V_t dt - (Z_t - V_{t-})\lambda_t dt + \widetilde{B}_t dN_t \tag{8.34}$$

注意到 $U_t = \widetilde{H}_t V_t$，其中 $\widetilde{H}_t = 1 - H_t = \mathbb{1}_{\{\tau > t\}}$。因为 $\widetilde{H}$ 服从一个有限变差过程，运用伊藤乘法法则得到：

$$dU_t = d(\widetilde{H}_t V_t) = \widetilde{H}_{t-} dV_t + V_{t-} d\widetilde{H}_t + \Delta V_t \Delta \widetilde{H}_t$$

根据式(8.34)和等式 $\widetilde{\lambda}_t = \lambda_t \mathbb{1}_{\{t \leqslant \tau\}}$，还可得到

$$dU_t = \widetilde{H}_{t-}(r_t V_t dt - (Z_t - V_{t-})\widetilde{\lambda}_t dt + \widetilde{B}_t dN_t) + V_{t-} d\widetilde{H}_t + \Delta V_t \Delta \widetilde{H}_t$$

整理上式并注意到 $\Delta \widetilde{H}_t = -\Delta H_t$，则

$$dU_t = r_t U_t dt - (Z_t + \Delta V_t) d\widetilde{H}_t + d\widetilde{N}_t \tag{8.35}$$

其中，$\widetilde{N}$ 满足

$$d\widetilde{N}_t = \widetilde{H}_{t-} \widetilde{B}_t dN_t + (Z_t - V_{t-}) d\hat{M}_t$$

因为 $U_T = X \mathbb{1}_{\{T < \tau\}}$，只要假设$\mathbb{G}$—局部鞅 $\widetilde{N}$ 在测度$\mathbb{Q}^*$下服从一个“真实”鞅，从等式(8.35)就可以推得表达式(8.31)。 □

根据下面的推论，很自然将式(8.29)给定的过程 V 称作可违约权益 X 的违约前价值。要得到下面的式(8.36)，只需结合式(8.3)和式(8.30)即可。

推论 8.3.1 设过程 S^0 和 V 分别由式(8.2)和式(8.29)定义，则

$$S_t^0 = U_t - B_t \mathbb{E}_{\mathbb{Q}^*}(B_\tau^{-1} \mathbb{1}_{\{t < \tau \leqslant T\}} \Delta V_\tau \mid \mathcal{G}_t) \tag{8.36}$$

如果 $\Delta V_\tau = 0$，或者更一般地

$$\mathbb{E}_{\mathbb{Q}^*}(B_\tau^{-1} \mathbb{1}_{\{t < \tau \leqslant T\}} \Delta V_\tau \mid \mathcal{G}_t) = 0 \tag{8.37}$$

则对于每个 $t \in [0, T]$，有 $S_t^0 = U_t = \mathbb{1}_{\{\tau > t\}} V_t$。更明确地

$$S_t^0 = \mathbb{1}_{\{\tau > t\}} \widetilde{B}_t \mathbb{E}_{\mathbb{Q}^*}\left(\int_t^T \widetilde{B}_u^{-1} Z_u \lambda_u du + \widetilde{B}_T^{-1} X \mid \mathcal{G}_t\right) \tag{8.38}$$

为了使命题 8.3.2 和命题 8.3.1，以及推论 8.3.1 成立，只需假设回收过程 Z 是$\mathbb{G}$—可料的，并且 X 是一个 $\mathcal{G}_\tau$—可测的随机变量即可。在一般的设定下，连续性条件(8.37)似乎更难成立。然而，如果对基础滤子$\mathbb{F}$ 和$\mathbb{G}$ 施加某些额外的限制，连续性条件是可以满足的。此外，需要将分析局限在$\mathbb{F}$—可料过程 B 和 Z，以及一个 $\mathcal{F}_T$—可测的随机变量 X 的情况下。

评注：我们已经知道，当把违约时间 τ 或者模型化为一个$\mathbb{F}$—条件泊松过程的首次跳跃时间(参见第 6.6 节)或者通过规范构造法建模(参见第 8.2.1 节)时，鞅条件(M.1)满足(我们会在下节中回顾这一条件)。但是在这些情形中，τ 的$\mathbb{F}$—风险过程 Γ 是定义良

好的，使得表达式(8.41)容易从一般性公式(8.18)得到，从而并不需要用到鞅方法。

8.3.1 鞅假设

接下来将要回顾的条件实际上在本书中已经使用了多次(参见第6.1节和第8.2.1节)。设在普通概率空间$(\Omega, \mathcal{G}, \mathbb{Q}^*)$上有两个滤子$\mathbb{F} \subseteq \mathbb{G}$。如果每个$\mathbb{F}$—鞅也是一个$\mathbb{G}$—鞅，则在概率测度$\mathbb{Q}^*$下，$\mathbb{F}$关于$\mathbb{G}$具有鞅不变性。这对滤子$(\mathbb{F}, \mathbb{G})$的性质在第6.1节称为条件(M.1)。在现在的框架下，有$\mathbb{G} = \mathbb{H} \vee \mathbb{F}$，其中滤子$H$由违约过程生成。因此还可以引入如下条件。

条件(M.2) 对于任意$t \in \mathbb{R}_+$，在测度$\mathbb{Q}^*$下，给定$\mathcal{F}_t$的σ—域$\mathcal{F}_\infty$和$\mathcal{G}_t$是条件独立的。

条件(F.1) 对于任意$t \in \mathbb{R}_+$，在测度$\mathbb{Q}^*$下，给定$\mathcal{F}_t$的σ—域$\mathcal{F}_\infty$和$\mathcal{H}_t$是条件独立的。

已知，条件(F.1)容许有如下等价形式(参见第6.1节中的条件(F1.a))：

$$\mathbb{Q}^*\{\tau \leqslant u \mid \mathcal{F}_t\} = \mathbb{Q}^*\{\tau \leqslant u \mid \mathcal{F}_\infty\}, \ \forall\, 0 \leqslant u \leqslant t \tag{8.39}$$

进一步地，根据引理6.1.1和引理6.1.2，当$\mathbb{G} = \mathbb{H} \vee \mathbb{F}$时，条件(M.1)、条件(M.2)和条件(F.1)是等价的。

在条件(M.1)下，式(8.29)中以$\mathcal{G}_t$为条件可替代为以$\mathcal{F}_t$为条件。换言之，由式(8.29)定义的违约前价值V还满足

$$V_t = \widetilde{B}_t\, \mathbb{E}_{\mathbb{Q}^*}\left(\int_t^T \widetilde{B}_u^{-1} Z_u \lambda_u \mathrm{d}u + \widetilde{B}_T^{-1} X \mid \mathcal{F}_t\right) \tag{8.40}$$

构造上面这个等式的最简单方法是使用另外一个也和条件(M.2)等价的条件(因此也和条件(M.1)等价)。

条件(M.2b) 对于任意$t \in \mathbb{R}_+$和任意有界的(或$\mathbb{Q}^*$—可积的)、$\mathcal{F}_\infty$—可测的随机变量ξ，有$\mathbb{E}_{\mathbb{Q}^*}(\xi \mid \mathcal{G}_t) = \mathbb{E}_{\mathbb{Q}^*}(\xi \mid \mathcal{F}_t)$。

实际上，因为B和Z都服从$\mathbb{F}$—适应过程，且X是一个$\mathcal{F}_T$—可测的随机变量，结合条件(M.2b)和式(8.29)立即可得到式(8.40)。另外一种推导式(8.40)的方法需要对命题8.3.2的证明过程进行简单的修改。

如果由式(8.40)给出的过程V满足$\Delta V_\tau = 0$，则由命题8.3.2可推出

$$S_t^0 = \mathbb{1}_{\{\tau > t\}} \widetilde{B}_t\, \mathbb{E}_{\mathbb{Q}^*}\left(\int_t^T \widetilde{B}_u^{-1} Z_u \lambda_u \mathrm{d}u + \widetilde{B}_T^{-1} X \mid \mathcal{F}_t\right) \tag{8.41}$$

在一些情形中——例如，在概率测度$\mathbb{Q}^*$下，当滤子$\mathbb{F}$是由一个布朗运动生成的——

过程 V 的连续性是不重要的。然而，在大多数情形中，相对于根据命题 8.3.2 推导公式(8.41)而言，利用关于随机时间强度的标准结论推导公式(8.41)更简便一些。

8.3.2 内生回收规则

现在假设回收过程 Z 不是一个外生设定的过程，而是价值过程 S^0 未预料到的部分。使用一般性的符号 $Z_t = p(S^0_{t-}, t)$，可以推出违约前价值过程 S^0 是向后随机微分方程的解，其方程形式为

$$S^0_t = B_t \mathbb{E}_{\mathbb{Q}^*}\left(\int_{[t,T]} B_u^{-1} p(S^0_{u-}, u)\mathrm{d}H_u + B_T^{-1}X \mid \mathcal{G}_t\right)$$

和之前一样，令 $A \equiv 0$ 和 $\widetilde{X} = 0$。为简化推导过程，我们在鞅不变性假定(M.1)下进行分析。

市场价值部分回收。按照 Duffie 和 Singleton(1997，1999)，首先假设回收过程满足 $Z_t = K_t S^0_{t-}$，其中 K 是一个给定的$\mathbb{F}$—可料过程。因为 S^0 代表可违约权益的市场价值，K_t 可以理解为回收率，所以很自然地将这一方案称作市场价值部分回收。下面的命题为违约前价值过程 V 提供了一个简单的表示。

命题 8.3.3 令 V 为式(8.40)的解，其中对于某个$\mathbb{F}$—可料过程 K 有 $Z_t = K_t V_{t-}$，或者更具体地有

$$V_t = \widetilde{B}_t \mathbb{E}_{\mathbb{Q}^*}\left(\int_t^T B_u^{-1} K_u V_u \lambda_u \mathrm{d}u + B_T^{-1}X \mid \mathcal{F}_t\right) \tag{8.42}$$

则 V_t 由如下公式给定

$$V_t = \hat{B}_t \mathbb{E}_{\mathbb{Q}^*}(\hat{B}_T^{-1}X \mid \mathcal{F}_t) \tag{8.43}$$

其中，$\hat{B}$ 等于

$$\hat{B}_t = \exp\left(\int_0^t (r_u + (1-K_u)\lambda_u)\mathrm{d}u\right)$$

证明：沿用命题 8.3.2 的证明方法，这里只概括性地给出证明。利用式(8.34)，其中过程 N 给定为

$$N_t = \mathbb{E}_{\mathbb{Q}^*}\left(\int_0^T \widetilde{B}_u^{-1} K_u V_u \lambda_u \mathrm{d}u + \widetilde{B}_T^{-1}X \mid \mathcal{F}_t\right)$$

由此得到

$$\mathrm{d}V_t = V_t(r_t + \lambda_t)\mathrm{d}t - K_t V_t \lambda_t \mathrm{d}t + \widetilde{B}_t \mathrm{d}N_t$$

或者，等价地

$$dV_t = V_t\big(r_t + (1-K_t)\lambda_t\big)dt + \widetilde{B}_t dN_t$$

根据与最后一项相应的$\mathbb{F}$—局部鞅在$\mathbb{Q}^*$下实际上服从一个鞅的事实,立即可得到式(8.43)。 □

命题 8.3.3 表明等式(8.42)容许有唯一解。另外,明显过程 $U_t := \mathbb{1}_{\{\tau>t\}} V_t$ 满足(参见式(8.30))

$$U_t = B_t\, \mathbb{E}_{\mathbb{Q}^*}\big(B_\tau^{-1}(K_\tau V_{\tau-} + \Delta V_\tau)\, \mathbb{1}_{\{t<\tau\leqslant T\}} + B_T^{-1} X\, \mathbb{1}_{\{T<\tau\}} \mathcal{G}_t\big)$$

由于过程 $Z_t = K_t V_{t-}$ 是$\mathbb{F}$—可料的,且显然有 $V_{\tau-} = U_{\tau-}$,结合命题 8.3.2 和命题 8.3.3,可得到如下结论。

推论 8.3.2 对于某个$\mathbb{F}$—可料过程 K,令 V 由式(8.42)给出。假设 $\Delta V_\tau = 0$,则过程 $U_t = \mathbb{1}_{\{\tau>t\}} V_t$ 满足

$$U_t = B_t\, \mathbb{E}_{\mathbb{Q}^*}\big(B_\tau^{-1} K_\tau U_{\tau-}\, \mathbb{1}_{\{t<\tau\leqslant T\}} + B_T^{-1} X\, \mathbb{1}_{\{T<\tau\}} \mid \mathcal{G}_t\big) \tag{8.44}$$

在这种情形下,有

$$S_t^0 = \mathbb{1}_{\{\tau>t\}} \hat{B}_t\, \mathbb{E}_{\mathbb{Q}^*}\big(\hat{B}_T^{-1} X \mid \mathcal{F}_\tau\big) \tag{8.45}$$

根据推论 8.3.2,过程 U 满足等式(8.44)——即一个可违约权益价格过程 S^0 的隐含定义。尽管还没有证明如下的向后随机微分方程(缩写为 BSDE)

$$S_t^0 = B_t\, \mathbb{E}_{\mathbb{Q}^*}\big(B_\tau^{-1}{}_{K\tau} S_{\tau-}^0\, \mathbb{1}_{\{t<\tau\leqslant T\}} + B_T^{-1} X\, \mathbb{1}_{\{T<\tau\}} \mid \mathcal{G}_t\big)$$

解的唯一性,但我们把唯一性看成是理所当然的,并且已经证明该方程容许有一个解。当然,该方程解的唯一性可以从向后随机微分方程的标准结果中推导出来。另外,还可以利用与上面向后随机微分方程等价的下述表示(参见式(8.26))

$$S_t^0 = \mathbb{E}_{\mathbb{Q}^*}\Big(\int_t^T S_u^0 (K_u \widetilde{\lambda}_u - r_u)\, du + X\, \mathbb{1}_{\{T<\tau\}} \mid \mathcal{G}_t\Big)$$

对于向后随机微分方程理论的介绍以及向后随机微分方程在随机最优控制和数理金融中的应用,可以参阅 Pardoux 和 Peng(1990)、Duffie 和 Epstein(1992)、Cvitanic 和 Karatzas(1993)、Peng(1993)、ElKaroui 和 Quenez(1997a, 1997b)、ElKaroui 等(1997),以及 Ma 和 Yong(1999)的专著。

例 8.3.1 考虑一个常数过程 $K_t = \delta$ 的特殊情形,其中 δ 为区间[0, 1]内的一个实数。根据价格过程 S^0 的定义,有(参见式(8.4))

$$S_t^0 = \mathbb{1}_{\{\tau>t\}} B_t\, \mathbb{E}_{\mathbb{Q}^*}\big(B_\tau^{-1} \delta S_{\tau-}^0\, \mathbb{1}_{\{t<\tau\leqslant T\}} + B_T^{-1} X\, \mathbb{1}_{\{T<\tau\}} \mid \mathcal{G}_t\big)$$

根据命题 8.3.3,等于

$$V_t = \widetilde{B}_t \, \mathbb{E}_{\mathbb{Q}^*} \left(\int_t^T \hat{B}_u^{-1} \delta V_u \lambda_u \, \mathrm{d}u + \widetilde{B}_T^{-1} X \mid \mathcal{F}_t \right)$$

的违约前价值过程 V 还容许有下面简单的表示:

$$V_t = \mathbb{E}_{\mathbb{Q}^*} \left(x \mathrm{e}^{-\int_t^T (r_u + (1-\delta)\lambda_u) \mathrm{d}u} \mid \mathcal{F}_t \right)$$

相应地,在假设 $\Delta V_\tau = 0$ 下,得到

$$S_t^0 = \mathbb{1}_{\{\tau > t\}} \mathbb{E}_{\mathbb{Q}^*} \left(X \mathrm{e}^{-\int_t^T (r_u + (1-\delta)\lambda_u) \mathrm{d}u} \mid \mathcal{F}_t \right)$$

在零回收的特殊情形中(即当 $\delta = 0$ 时),上面这个公式可以看作式(8.41)在 $Z \equiv 0$ 时的一种特殊情况(或看作与 $A \equiv 0$ 和 $Z \equiv 0$ 时的式(8.18)对应的公式)。对于全部回收的情形(即 $\delta = 1$ 时),有

$$S_t^0 = \mathbb{1}_{\{\tau > t\}} \mathbb{E}_{\mathbb{Q}^*} \left(X \mathrm{e}^{-\int_t^T r_u \mathrm{d}u} \mid \mathcal{F}_t \right)$$

这显然是不可违约权益 X 的价格(示性函数 $\mathbb{1}_{\{\tau > t\}}$ 的存在只不过是违约前价值 S^0 定义中的惯常用法)。

一般回收规则。在实践中,回收支付并不必然是一份合约市场价值的线性函数,因此很自然地通过假设回收过程满足 $Z_t = p(S_{t-}^0, t)$ 来扩展上面介绍的方法,其中函数 p: $\mathbb{R} \times \mathbb{R}_+ \to \mathbb{R}$ 关于第一个变量是 Lipschitz 连续,且满足 $p(0, t) = 0$。在这种情况下,不能期望得到一个和式(8.45)类似的拟一显性表达式。事实上,只能得到下面推论 8.3.3 中的结论,它也是命题 8.3.2 的一个结果。再次强调,式(8.47)和式(8.49)解的存在性和唯一性在这里看作是理所当然的。推论 8.3.3 建立了式(8.46)唯一解 S^0 的不同表达式之间的等价关系。

推论 8.3.3 设 S^0 为下述向后随机微分方程

$$S_t^0 = B_t \, \mathbb{E}_{\mathbb{Q}^*} \left(B_\tau^{-1} p(S_{\tau-}^0, \tau) \mathbb{1}_{\{t < \tau \leqslant T\}} + B_T^{-1} X \mathbb{1}_{\{T < \tau\}} \mid \mathcal{G}_t \right) \tag{8.46}$$

的唯一解,或者,等价地,为下述方程(参见式(8.26))

$$S_t^0 = \mathbb{E}_{\mathbb{Q}^*} \left(\int_t^T \left(p(S_u^0, u) \widetilde{\lambda}_u - r_u S_u^0 \right) \mathrm{d}u + X \mathbb{1}_{\{T < \tau\}} \mid \mathcal{G}_t \right) \tag{8.47}$$

的唯一解。设 V 为下述向后随机微分方程

$$V_t = \widetilde{B}_t \, \mathbb{E}_{\mathbb{Q}^*} \left(\int_t^T \widetilde{B}_u^{-1} p(V_u, u) \lambda_u \, \mathrm{d}u + \widetilde{B}_T^{-1} X \mid \mathcal{F}_t \right) \tag{8.48}$$

的唯一解,或者,等价地,为下述方程

$$V_t = \mathbb{E}_{\mathbb{Q}^*}\left(\int_t^T (p(V_u,\ u)\lambda_u - (r_u + \lambda_u)V_u)\mathrm{d}u + X \mid \mathcal{F}_t\right) \tag{8.49}$$

的唯一解。如果 $\Delta V_\tau = 0$，则 $S_t^0 = U_t := \mathbb{1}_{\{\tau > t\}} V_t$。否则，$S^0$ 由式(8.36)给出。

8.4 可违约权益的套期保值

我们介绍的内容主要是基于 Blanchet-Scalliet 和 Jeanblanc(2001)的研究；相关的结论也可以在 Wong(1998)和 Belanger 等(2001)中找到。论述的思路可归纳如下。首先，假设有一无违约证券的无套利模型。其次，引入一个违约时间，且这个违约时间通常定义在一个放大的概率空间上。假定零息票公司债券是通过扩展的即期鞅测度$\mathbb{Q}^*$下的风险中性估值公式定价的。按照这种方法，可得到一个具有给定到期日的可违约债券的价格过程，或者，更一般地，得到一族具有不同到期日的可违约债券的价格过程。

对于属于某种类别中的任意一个可违约权益，可以证明存在一种基于无违约证券和可违约债券的连续交易的复制策略。最后，推出任何可违约权益都可以用风险中性估值公式进行定价。

我们先提出标准假设，即无违约和可违约证券的市场是无摩擦的，并在有限的时间区间$[0,\ T^*]$内进行连续交易，其中 $T^* > 0$ 为一个有限的时间期限。通常，原生证券是具有不同到期日的无违约零息票债券；股票和储蓄账户也可以包括在模型中。事实上，无需规定原生资产或无违约市场的其他特征。为了更进一步的目的，只需假设在无违约市场上对于任意未定权益都存在一个复制策略。换句话说，假定市场是完备的。关于无违约证券市场和违约时间点 τ 的设定，还要做出如下标准假设：

——通过基础概率空间$(\widetilde{\Omega},\ \mathcal{F},\ \mathbb{P})$上的参照滤子$\mathbb{F}$来模型化无违约证券市场中的不确定性；

——无违约证券市场是无套利的，特别地，存在唯一的即期鞅测度$\mathbb{P}^*$与$(\widetilde{\Omega},\ \mathcal{F}_{T^*})$上的$\mathbb{P}$等价；

——对于某个(固定的)概率测度$\mathbb{Q}^*$，违约时间 τ 为放大的概率空间$(\Omega,\ \mathcal{G},\ \mathbb{Q}^*)$上的随机时间；

——放大的滤子$\mathbb{G}$满足 $\mathbb{G} = \mathbb{F} \vee \mathbb{H}$；

——概率测度$\mathbb{Q}^*$对 σ—域 $\mathcal{F}_{T^*}$ 的约束条件与$\mathbb{P}^*$一致。

需要指出的是，并不一定要求参照的无违约市场具有完备性，以及即期鞅测度$\mathbb{P}^*$具有唯一性；做这些假设只是为了简化分析。为此，还要施以如下技术性的条件：

——$\mathbb{Q}^*$ 下任何一个$\mathbb{F}$—鞅也服从$\mathbb{Q}^*$ 下的$\mathbb{G}$—鞅，即鞅不变性(M. 1)成立；

——参照滤子使得任意$\mathbb{F}$—鞅是连续的；

——τ 的$\mathbb{F}$—风险过程 Γ 是连续的。

评注:Blanchet-Scalliet 和 Jeanblanc(2001)认为在一些违约风险建模中，鞅不变性条件(M. 1)(参见第 8. 3. 1 节)实际上是一个很自然的要求。在此简单地阐述一下他们的观点。假设无违约模型是无套利的和完备的，使得任意的 $\mathcal{F}_T$—可测的、$\mathbb{P}^*$—可积的随机变量 X 容许有一个自融资复制策略，则$\mathbb{F}$—鞅$\mathbb{E}_{\mathbb{P}^*}(XB_{T^*}^{-1}\mid\mathcal{F}_t)$表示 X 的贴现价格过程。在带有放大滤子$\mathbb{G}$ 和扩展即期鞅测度$\mathbb{Q}^*$ 的扩展无套利市场上，假设任意的 $\mathcal{F}_{\mathcal{T}^*}$—可测未定权益 X 也是可交易的，则 X 显然表示一个在扩展的无套利市场上可达的未定权益，且它容许在两个市场上具有同样的价格和同样的复制策略。等式 $\mathbb{E}_{\mathbb{Q}^*}(XB_{T^*}^{-1}\mid\mathcal{G}_t)=\mathbb{E}_{\mathbb{P}^*}(XB_{T^*}^{-1}\mid\mathcal{F}_t)$ 必然成立的推论，使得$\mathbb{Q}^*$ 下任意一个$\mathbb{F}$—鞅也服从$\mathbb{Q}^*$ 下的$\mathbb{G}$—鞅，同时也表明$\mathbb{Q}^*$ 对 $\mathcal{F}_{T^*}$ 的约束条件与$\mathbb{P}^*$ 一致。

零回收的情形。我们的目的是要考察具有零回收的可违约权益的复制策略。在这种情形下，自然会假设，用于对冲可违约权益的可违约证券也具有零回收方案。回忆一下，对于扩大的市场模型，假设$\mathbb{Q}^*$ 是即期鞅测度。在该模型中，无违约证券和可违约证券都是可交易的。特别地，假设具有任意到期日 $T\leqslant T^*$ 的任何可违约债券的价格过程满足

$$D^0(t,\ T)=B_t\,\mathbb{E}_{\mathbb{Q}^*}(B_T^{-1}\mathbb{1}_{\{\tau>T\}}\mid\mathcal{G}_t)=B(t,\ T)\,\mathbb{Q}_T\{\tau>T\mid\mathcal{G}_t\}\tag{8.50}$$

在进行下一步之前，首先回忆一下与随机时间相关的鞅的一些基本事实。通常，令 $H_t=\mathbb{1}_{\{\tau\leqslant t\}}$。根据引理 5. 1. 7，过程 $L_t=\mathbb{1}_{\{\tau>t\}}\mathrm{e}^{\Gamma_t}=(1-H_t)\mathrm{e}^{\Gamma_t}$ 在$\mathbb{Q}^*$ 下服从一个$\mathbb{G}$—鞅。由命题 5. 1. 3 可知

$$L_t=1-\int_{[0,\ t]}L_{u-}\,\mathrm{d}\hat{M}_u\tag{8.51}$$

而且满足 $\mathrm{d}L_t=-L_{t-}\mathrm{d}\hat{M}_t$：最后，正如命题 5. 1. 3 所证明的，补过程 $\hat{M}=H_t-\Gamma_{t\wedge\tau}$ 也服从一个$\mathbb{G}$—鞅①。我们的第一个目的是要推导出可违约债券价格过程的动态变化。为此，通过下式

$$m_t=\mathbb{E}_{\mathbb{Q}^*}(B_T^{-1}\mathrm{e}^{-\Gamma_T}\mid\mathcal{F}_t)=\mathbb{E}_{\mathbb{P}^*}(B_T^{-1}\mathrm{e}^{-\Gamma_t}\mid\mathcal{F}_t)$$

引入一个严格为正的$\mathbb{F}$—鞅 m：观察到 m 不仅在$\mathbb{Q}^*$ 下，而且在$\mathbb{P}^*$ 下都服从一个$\mathbb{F}$—鞅(因为$\mathbb{Q}^*$ 对 σ—域 $\mathcal{F}_{T^*}$ 的约束条件与$\mathbb{P}^*$ 一致)。接下来的一个结论源于 Blanchet-Scalliet 和 Jeanblanc(2001)。

① 这里，Γ 的连续性相当重要。Blanchet-Scalliet 和 Jeanblanc(2001)也考察了非连续风险过程 Γ 的情形。

命题 8.4.1 令价格过程 $D^0(t, T)$由公式(8.50)给出,则有

$$dD^0(t, T) = D^0(t-, T)(r_t dt - d\hat{M}_t) + B_t L_{t-} dm_t \tag{8.52}$$

证明:记 $Z^0(t, T) = D^0(t, T)B_t^{-1}$。过程 $Z^0(t, T)$在测度$\mathbb{Q}^*$下服从一个$\mathbb{G}$—鞅,且

$$Z^0(t, T) = \mathbb{1}_{\{\tau>t\}} e^{\Gamma_t} \mathbb{E}_{\mathbb{Q}^*}(B_T^{-1} e^{-\Gamma_T} \mid \mathscr{F}_t) = L_t m_t$$

因为$\mathbb{F}$—鞅 m 是连续的,且 L 服从一个有限变差过程,则运用伊藤乘法法则得到

$$dZ^0(t, T) = L_{t-} dm_t + m_t dL_t = L_{t-} dm_t - Z^0(t-, T) d\hat{M}_t \tag{8.53}$$

对乘积 $B_t Z^0(t, T)$运用伊藤公式,即可得到式(8.52)。 □

从现在开始,假设具有价格过程 $D^0(t, T)$的可违约债券包括在交易证券的类别当中。接下来的目标是要证明,任意一个具有零承诺分红、零回收和到期日为 T 的未定权益可以通过无违约证券和可违约债券的连续交易进行复制。因此,这样的未定权益套利价格由风险中性估值公式(8.1)给出。为了实现这个目标,实施如下步骤:首先,假设由式(8.1)给出可违约权益的价格过程。接着,给出一个合适的鞅表示定理,由此导出复制策略。

正式地,考虑在时间 T 结算的具有简单形式$(X, 0, 0, 0, \tau)$的可违约权益。通常,假设承诺支付 X 为一个 $\mathscr{F}_T$—可测的、关于$\mathbb{P}^*$可积的随机变量。假设其价格由风险中性估值公式(8.3)给出。令 $\tilde{S}_t^0 = S_t^0/B_t$ 为该权益违约前价值的贴现值,即

$$\tilde{S}_t^0 = \mathbb{E}_{\mathbb{Q}^*}(B_T^{-1} X \mathbb{1}_{\{\tau>T\}} \mid \mathscr{G}_t)$$

因为在集合 $\{\tau \geqslant t\}$ 上,$\tilde{S}_t^0 = 0$,且这里假定零回收规则,显然,$\tilde{S}_t^0$ 实际上表示了可违约权益不仅在违约之前,而且在任意 $t \in [0, T]$时的贴现价值。

例如,利用 $A \equiv 0$ 和 $Z \equiv 0$ 情况下的命题 8.2.1,得到

$$\tilde{S}_t^0 = \mathbb{1}_{\{\tau>t\}} G_t^{-1} \mathbb{E}_{\mathbb{Q}^*}(G_T B_T^{-1} X \mid \mathscr{F}_t), \ \forall\, t \in [0, T]$$

从而,有

$$\tilde{S}_t^0 = \mathbb{1}_{\{\tau>t\}} e^{\Gamma_t} \mathbb{E}_{\mathbb{Q}^*}(B_T^{-1} e^{-\Gamma_T} X \mid \mathscr{F}_t) = L_t m_t^X$$

其中,m^X 在测度$\mathbb{Q}^*$下是一个$\mathbb{F}$—鞅(在测度$\mathbb{P}^*$下也同样如此),且定义为

$$m_t^X = \mathbb{E}_{\mathbb{Q}^*}(B_T^{-1} e^{-\Gamma_T} X \mid \mathscr{F}_t) = \mathbb{E}_{\mathbb{P}^*}(B_T^{-1} e^{-\Gamma_T} X \mid \mathscr{F}_t) \tag{8.54}$$

下面,让我们首先来陈述一下鞅表示定理,它是将命题 5.2.1 运用于$\mathbb{F}$—可料过程 $Z_t = X \mathbb{1}_{\{t>T\}}$ 的一个直接结论(下面将给出直接证明)。

引理 8.4.1 $\mathbb{G}$—鞅 $\tilde{S}^0$ 容许如下积分表示:

$$\widetilde{S}_t^0 = \widetilde{S}_0^0 + \int_0^{t\wedge\tau} \mathrm{e}^{\Gamma_u} \mathrm{d}m_u^X - \int_{[0,\, t\wedge\tau]} \mathrm{e}^{\Gamma_u} m_u^X \mathrm{d}\hat{M}_u$$

证明:已知 $\widetilde{S}_t^0 = L_t m_t^X$,其中 L 和 m^X 分别由式(8.51)和式(8.54)给出。根据$\mathbb{F}$—鞅 m^X 的连续性,由伊藤乘法法则得出

$$\widetilde{S}_t^0 = \widetilde{S}_0^0 + \int_0^t L_{u-} \mathrm{d}m_u^X - \int_{[0,\, t]} \mathrm{e}^{\Gamma_u} m_u^X \mathrm{d}\hat{M}_u$$

由于 $\hat{M}$ 在 τ 处停止,且 $L_t = \mathbb{1}_{\{\tau>t\}} \mathrm{e}^{\Gamma_t}$,这样便完成了引理的证明。 □

回忆一下,我们已经假定无违约市场是完备的。因此,在这个市场上,$Y_1 = \mathrm{e}^{-\Gamma_T}$ 和 $Y_2 = X\mathrm{e}^{-\Gamma_T}$ 这两个 $\mathcal{F}_T$—可测的未定权益容许有复制策略。不失一般性,下文将把它们的价格过程视为原生证券。特别地,在可违约权益复制策略的构造中,我们将使用这些价格过程。

命题 8.4.2 记 $\zeta_t^X = m_t^X m_t^{-1}$。在集合 $\{t \leqslant \tau\}$ 上,对于贴现价格过程 $\widetilde{S}^0$ 的复制策略等于

$$\phi_t^0 = \zeta_t^X, \quad \phi_t^1 = \mathrm{e}^{\Gamma_t} \zeta_t^X, \quad \phi_t^2 = \mathrm{e}^{\Gamma_t}$$

其中,对冲工具为:具有零回收、到期日为 T 的零息票债券的贴现价格过程 $Z^0(t,\, T)$;无违约权益 $Y_1 = \mathrm{e}^{-\Gamma_T}$ 和 $Y_2 = X\mathrm{e}^{-\Gamma_T}$ 的贴现价格过程。在集合 $\{t > \tau\}$ 上,对于贴现价格过程 $\widetilde{S}^0$ 的复制策略恒等于零。

证明:回忆一下,无违约权益 $Y_1 = \mathrm{e}^{-\Gamma_T}$ 和 $Y_2 = X\mathrm{e}^{-\Gamma_T}$ 的贴现价格过程分别由 m 和 m^X 表示。由式(8.53),得到:

$$\mathrm{d}Z^0(t,\, T) - L_{t-} \mathrm{d}m_t = - L_{t-} \mathrm{d}m_t \mathrm{d}\hat{M}_t = - \mathrm{e}^{\Gamma_t} m_t \mathrm{d}\hat{M}_t$$

结合上面这个等式和引理 8.4.1,得到

$$\begin{aligned}\widetilde{S}_t^0 &= \widetilde{S}_0^0 + \int_0^{t\wedge\tau} \mathrm{e}^{\Gamma_u} \mathrm{d}m_u^X - \int_{[0,\, t\wedge\tau]} \mathrm{e}^{\Gamma_u} m_u^X \mathrm{d}\hat{M}_u \\ &= \widetilde{S}_0^0 + \int_{[0,\, t\wedge\tau]} \zeta_u^X \mathrm{d}Z^0(u,\, T) - \int_0^{t\wedge\tau} \mathrm{e}^{\Gamma_u} \zeta_u^X \mathrm{d}m_u + \int_0^{t\wedge\tau} \mathrm{e}^{\Gamma_u} \mathrm{d}m_u^X\end{aligned}$$

其中,$\zeta_u^X = m_u^X m_u^{-1}$。这就完成了该命题的证明 □

当然,一个可违约权益$(X,\, 0,\, 0,\, 0,\, \tau)$的(自融资)复制策略还包含了票息在储蓄账户中的再投资成分。对每个 $t \in [0,\, T]$,该权益的复制成本等于

$$S_t^0 = B_t\, \mathbb{E}_{\mathbb{Q}^*}(B_T^{-1} X\, \mathbb{1}_{\{\tau>T\}} \mid \mathcal{G}_t)$$

8.5 一般简约型方法

Wong(1998)和 Belanger 等(2001)建议通过对信用风险模型构造一个包含大多数违约时间经典模型的一般框架以统一结构方法和简约型方法。我们从一个完全的概率空间$(\Omega, \mathscr{F}, \mathbb{Q}^*)$开始,对于某个固定的时间期限 T^*,该概率空间具有一个 d—维的标准布朗运动 W_t^* $(t\in[0, T^*])$。滤子$\mathbb{F}$是由 W^* 生成的常用的$\mathbb{Q}^*$—增广滤子,且假设短期利率 r 服从一个具有可积的样本轨道的$\mathbb{F}$—循序可测过程。

关键步骤是违约时间 τ 的构造;这种构造是第 6.5 节和第 8.2.1 节所描述的规范构造的一般化。首先,引入一个非递减的、$\mathbb{F}$—可料过程 Ψ,其样本轨道是具有左极限右连续的,且 $\Psi_0=0$。此外,假设基础概率空间$(\Omega, \mathscr{F}, \mathbb{Q}^*)$支撑一个独立于 σ—域 $\mathscr{F}_{T^*}$ 的严格为正的随机变量 η,且对于 $x\in\mathbb{R}$,η 具有(右连续的)累积分布函数 $\hat{F}$:$\hat{F}(x)=\mathbb{Q}^*\{\eta\leqslant x\}$。

正如所期望的,通过设定(参见第 6.5 节和第 8.2.1 节)

$$\tau=\inf\{t\in[0, T^*]:\Psi_t\geqslant\eta\} \tag{8.55}$$

在概率空间$(\Omega, \mathscr{F}, \mathbb{Q}^*)$上定义随机时间 τ,其中按照通常约定,$\inf\varnothing=\infty$。下面,我们需要说明这种构造确实包括了大多数金融文献中遇到的模型。

例 8.5.1　结构方法。假设一个$\mathbb{F}$—可料过程 V 模拟了公司价值的演变过程,如果 V 降至某个确定的界限 $\bar{v}$($\bar{v}$:$[0, T^*]\to\mathbb{R}$,其中 $\bar{v}(0)<V_0$)之下,则违约发生,具体地设定

$$\tau=\inf\{t\in[0, T^*]:V_t\leqslant\bar{v}(t)\}$$

在目前的框架中,为了得到这个随机时间,只需设定 $\eta=V_0-\bar{v}(0)$ 和

$$\Psi_t=\sup_{0\leqslant s\leqslant t}\big((V_0-V_s+\bar{v}(s)-\bar{v}(0)\big)$$

例 8.5.2　基于强度的方法。对于某个具有可积样本轨道的$\mathbb{F}$—循序可测的过程 γ,设 $\Psi_t=\int_0^t\gamma_u\mathrm{d}u$。此外,假设一个辅助的随机变量 η 在概率测度$\mathbb{Q}^*$下服从单位指数分布,则 Wong 的方法退化为第 8.2.1 节介绍的具有$\mathbb{F}$—强度 γ 的违约时间 τ 的规范构造。

例 8.5.3　基于信用评级方法。Belanger 等(2001)指出,在他们的框架内,可按照如下程序得到一个简单的信用转移模型:令 $\kappa=\{1, 2, \cdots, K\}$ 为可能的信用评级集合,其中 K 表示违约,设 $\bar{C}_n$ $(n\in\mathbb{N}^*)$ 为一个独立于 $\mathscr{F}_{T^*}$ 的马尔可夫链,具有状态空间 κ 和某个转移矩阵 $\bar{P}$。

为了构造转移过程 C,假设存在一个独立于 $\mathscr{F}_{T^*}$ 和 $\bar{C}$,且彼此相互独立的正随机变量序列$\{\eta_n: n\in\mathbb{N}\}$。令初始信用评级为 $C_0=\bar{C}_0$,且设 $\tau_0=0$。对于任意的 $n\in\mathbb{N}$,跳跃时间 τ_n 由如下公式递推定义:

$$\tau_n=\inf\{t\in[0,\ T^*]:\ t\geqslant\tau_{n-1}\text{和 }\Psi_t-\Psi_{\tau_{n-1}}\geqslant\eta_n\}$$

最后,对于每个 $n\in\mathbb{N}$,对于 $\tau_{n-1}\leqslant t<\tau_n$,设 $C_t=\bar{C}_{n-1}$。使用第 11.2.1 节中的术语,则称离散时间马尔可夫链 $\bar{C}$ 被嵌入连续时间的转移过程 C 之中。

评注:实践中,信用转移的强度也是状态相依的,即它们依赖于一个公司当前的信用评级。因此,很自然地引入一族过程$\{\Psi^i\}(i\in\kappa)$,而不是引入单一过程 Ψ,在集合$\{C_{\tau_{n-1}}=i\}$上,通过将信用转移的时间做如下设定

$$\tau_n=\inf\{t\in[0,\ T^*]:\ t\geqslant\tau_{n-1}\text{ 和 }\Psi^i_t-\Psi^i_{\tau_{n-1}}\geqslant\eta_n\}$$

来定义跳跃时间序列:上面这个构造与第 11.3 节介绍的连续时间$\mathbb{F}$—条件马尔可夫链的构造类似。然而,因为在目前的例子中,离散时间马尔可夫链 $\bar{C}$ 是外生给定的,所以转移过程 C 并不一定要服从一个$\mathbb{F}$—条件马尔可夫链。

例 8.5.4　固定支付日期。我们还可以假定违约只在某些事先确定的日期发生(如一个公司债券的票息支付日期)。为此,可以采用一个在这些日期发生跳跃的分段常数函数 Ψ。

现在考察由式(8.55)给出的随机时间 τ 的$\mathbb{F}$—风险过程。因为$\{\tau\leqslant t\}=\{\eta\leqslant\Psi_t\}$,且 η 独立于 σ—域 $\mathscr{F}_{T^*}$,由此得到(参见第 5.1 节)

$$F_t:=\mathbb{Q}^*\{\tau\leqslant t\mid\mathscr{F}_t\}=\mathbb{Q}^*\{\tau\leqslant t\mid\mathscr{F}_{T^*}\}=\hat{F}(\Psi_t)$$

并且,对于每个 $t\in[0,\ T^*]$,$\mathbb{F}$—生存过程等于 $G_t=1-\hat{F}(\Psi_t)$。另外,设

$$\tau^*=\inf\{t\in[0,\ T^*]:\ \hat{F}(\Psi_t)=1\}=\inf\{t\in[0,\ T^*]:\ G_t=0\}$$

τ 的$\mathbb{F}$—风险过程 Γ 由常用公式 $\Gamma_t=-\ln G_t$(参见定义 5.1.1)定义在随机区间$[0,\ \tau^*]$上。因为 $\Psi_0=0$,有 $\Gamma_0=0$;进一步地,对于 $0\leqslant t<\tau^*$,有 $\Gamma>0$。对每个 $t\in[0,\ T^*]$,设:

$$\Lambda_t=\int_{[0,\ t]}\mathbb{1}_{\{F_{u-}<1\}}\frac{\mathrm{d}F_u}{1-F_{u-}}=\int_{[0,\ t]}\mathbb{1}_{\{G_{u-}>0\}}\frac{\mathrm{d}G_u}{G_{u-}}\tag{8.56}$$

其中,按习惯有 $F_{0-}=1-G_{0-}=0$。

从而,$\mathrm{d}G_t=-G_{t-}\mathrm{d}\Lambda_t$,或者等价地

$$G_t=\exp(-\Lambda^c_t)\prod_{0<u\leqslant t}(1-\Delta\Lambda_u),\ \forall t\in[0,\ T^*]\tag{8.57}$$

其中,$\Delta\Lambda_u=\Lambda_u-\Lambda_{u-}$,且由等式 $\Lambda^c_t=\Lambda_t-\sum\limits_{0<u\leqslant t}\Delta\Lambda_u(\forall t\in[0,\ T^*])$ 给出的连续过

程 Λ^c 是 Λ 的依路径连续部分。

评注：(1)回忆一下，在第 6.1.2 节推导了一个$\mathbb{F}$—鞅风险过程 Λ 不具有一般性的表达式，其中假设对每个 $t\in\mathbb{R}_+$有不等式 $G_t>0$ 成立。强调一下，第 5 章中的条件(G.1)和(F.2)在目前随机时间 τ 的构造中是显然成立的。

(2) 当辅助随机变量 η 在概率测度$\mathbb{Q}^*$下服从指数分布时，对于这种特殊的情况有 $\hat{F}(x)=1-e^{-x}$，于是，对每个 t，有 $G_t>0$。在这种情形中，有 $\tau^*=\infty$，从而可以省略式(8.56)中的示性函数$\mathbb{1}_{\{F_{u-}<1\}}$和$\mathbb{1}_{\{G_{u-}>0\}}$。

(3) 现在假设以正的概率有 $\tau^*\leqslant T^*$。如果过程 G 在 τ^* 时跳到 0，对于 $\tau^*\leqslant t\leqslant T^*$，则有 $\Lambda_t=\Lambda_{\tau^*-}+1$。另一方面，如果 $G_{\tau^*-}=0$，根据式(8.57)，对于 $\tau^*\leqslant t\leqslant T^*$，则有 $\Lambda_t=\Lambda_{\tau^*-}=\infty$。

Wong(1998)和 Belanger 等(2001)对第 8.2.5 节介绍过的不同回收法则之下的可违约权益进行了详细的研究。特别地，他们得到在不同约定下的可违约权益价格之间的有趣关系。

在这些文献中，探讨的另一个主题是信用衍生品的套期保值。为此，他们构造了一个适当形式的鞅表示定理，导出了一个可违约债券价值过程的动态变化(参见 Belanger 等(2001)中的定理 5.1 和定理 6.1)；他们的结论可视为命题 8.4.1 和命题 8.4.2 的一般化。在这方面还要提到的是，通过附加了在风险中性概率测度$\mathbb{Q}^*$下市场和信用风险是独立的假设，Greenfield(2000)在简约型模型框架下构造了信用衍生品的套期保值交易。最后，对于无违约和可违约期限结构的建模，Wong(1998)和Belanger 等(2001)探讨了他们的抽象方法和 HJM—型方法的兼容性。对这个问题的研究将放第 13 章。

不难验证，正如例 8.5.1 所描述的，当限定在结构方法情况下，Wong(1998)和 Belanger 等(2001)的大多数结论实际上变得并不重要。因此，我们认为将该方法称作"一般的简约型方法"比"信用风险统一模型"更合适[①]。

8.6 含状态变量的简约型模型

这一节，将研究 Lando(1998)、Duffie 和 Singleton(1994，1997，1999)、Madan 和 Unal(1998，2000)，以及 Davydov 等(2000)中的结论。分析将基于第 8.3 节的一般框架，给定无套利设定，利用短期利率过程 r 和等价即期鞅测度$\mathbb{Q}^*$对所有证券进行定价。

① 证据之一：Bélanger 等(2001)在数理金融方面的这篇论文将会有一个新标题——"信用风险定价的一般框架"。

为了使第 8.3 节的模型分析起来更容易处理,需要对违约时间 τ 再施加一些条件,更具体地,需要对与违约时间 τ 相应的风险率过程 λ 施加一些条件。为此,正好利用具有马尔可夫链性质的状态变量过程 Y。

8.6.1 兰登(Lando)方法

假设给定一个定义在滤子化的基础概率空间$(\Omega, \mathscr{F}, \mathbb{Q}^*)$上的 k—维随机过程 Y。在即期鞅测度$\mathbb{Q}^*$下,假定 Y 是$\mathbb{F}$—适应的且服从一个$\mathbb{F}$—马尔可夫过程。过程 Y 模拟了“状态变量”的动态变化,这些状态变量是经济模型中所有其他变量演变的基础。假定对于某个函数 $\lambda: \mathbb{R}^k \to \mathbb{R}_+$,违约时间 τ 是一个具有形如强度 $\lambda_t = \lambda(Y_t)$ 的考克斯过程的首次跳跃时间①。因此,显然 τ 的强度是一个$\mathbb{F}$—适应的随机过程。

评注:在后面的第 11 章,将探讨$\mathbb{G}$—马尔可夫链的概念。$\mathbb{G}$—马尔可夫链的定义可以直接扩展到一般(即没必要是可数的)状态空间的情形之中,从而导出在任意可测空间取值的$\mathbb{G}$—马尔可夫过程的定义。在目前的设定中,对于某个事先设定的参照滤子$\mathbb{F}$,我们分析一个在$\mathbb{R}^k$—赋值的$\mathbb{F}$—马尔可夫过程的特殊情况。然而,在某些情形中,人们可以选择 $\mathbb{F} = \mathbb{F}^Y$,其中$\mathbb{F}^Y$是由 Y 生成的滤子。

拥有这些性质的违约时间 τ 的规范构造可以通过如下方法得到。设$\mathbb{F}$为某个滤子,使得过程 Y 是$\mathbb{F}$—适应的,令 η 为一独立于$\mathbb{F}$且在概率测度$\mathbb{Q}^*$下具有单位指数概率分布的随机变量。当然,η 和 Y 是给定在普通概率空间$(\Omega, \mathscr{G}, \mathbb{Q}^*)$上,因此需要基础概率空间一个适当的扩大来产生 η。为了定义作为相对考克斯过程的首次跳跃的违约时间 τ,只需设定

$$\tau = \inf\left\{t \in \mathbb{R}_+ : \int_0^t \lambda(Y_u)\,\mathrm{d}u \geqslant \eta\right\} \tag{8.58}$$

重要的是注意到,第 8.3.1 节中的鞅条件(M.1)(或者等价地,条件(M.2))满足违约时间 τ 的这个构造。

为了充分利用上述根据状态变量构造违约时间 τ 的特性,进一步假设:

——用 $\mathscr{F}_T$—可测随机变量来表示结算日为 T 的可违约未定权益的承诺支付 X;

——回收过程 Z 是$\mathbb{F}$—可料的;

——对于某个函数 $r: \mathbb{R}^k \to \mathbb{R}$,短期利率过程满足 $r_t = r(Y_t)$。

当然,上面最后这个假设和我们将 Y 理解为状态变量的过程是一致的。在这组假设下,违约时间 τ 没有明显地出现在以前所有建立的公式中,只是通过它的$\mathbb{F}$—风险率过程 $\lambda_t = \lambda(Y_t)$ 来体现,并且,我们能够用关于 σ—域 $\mathscr{F}_t$ 的条件期望来代替关于 $\mathscr{G}_t$ 的条件期

---

① 参见第 6.6 节,其中考克斯过程的概念与条件泊松过程的概念是有关的。

望。例如，利用目前的假设和式(8.41)，可得到如下的一般估值公式：

$$S_t = \mathbb{1}_{\{\tau>t\}} \mathbb{E}_{\mathbb{Q}^*} \left(\int_t^T \mathrm{e}^{-\int_t^u R(Y_v)\mathrm{d}v} Z_u \lambda(Y_u)\mathrm{d}u + \mathrm{e}^{-\int_t^T R(Y_v)\mathrm{d}v} X \mid \mathscr{F}_t \right)$$

其中，$R(Y_u) = r(Y_u) + \lambda(Y_u)$。注意到，上面的估值公式是等式(8.38)结合包含关系 $\mathscr{F}_t \subseteq \mathscr{G}_t \subseteq \mathscr{F}_t \vee \sigma(\eta)$ 的一个直接结果，其中由假设知 σ—域 $\mathscr{F}_t$ 和 $\sigma(\eta)$ 是相互独立的。

正如 Lando(1998)所证明的，这个估值公式也可以直接推出——即不使用违约前价值过程 V(换言之，直接使用命题 8.3.1，而不是使用推论 8.3.1 的一个适当变形)。下面这个命题提供了 Lando 方法中一般估值公式的一个直接证明。

命题 8.6.1　设违约时间 τ 由式(8.58)给出，则有

$$S_t = \mathbb{1}_{\{\tau>t\}} \widetilde{B}_t \, \mathbb{E}_{\mathbb{Q}^*} \left(\int_t^T \widetilde{B}_u^{-1} Z_u \lambda(Y_u)\mathrm{d}u + \widetilde{B}_T^{-1} X \mid \mathscr{F}_t \right)$$

其中，$\widetilde{B}$ 是违约风险调整的储蓄账户，且具有如下表达式

$$\widetilde{B}_t = \exp\left(\int_0^t \big(r(Y_u) + \lambda(Y_u) \big)\,\mathrm{d}u \right)$$

证明：该命题的证明受到 Lando(1998)中命题 3.1 证明的启发。首先注意到，根据式(8.58)，对于任意两个时间点 $0 \leqslant t \leqslant u \leqslant T$，有

$$\mathbb{Q}^* \{\tau > u \mid \mathscr{F}_t \vee \mathscr{H}_t\} = \begin{cases} \exp\left(-\int_t^u \lambda(Y_v)\mathrm{d}v\right), & \text{在}\{\tau > t\}\text{上} \\ 0, & \text{在}\{\tau \leqslant t\}\text{上} \end{cases}$$

这里，和通常一样，$\mathscr{H}_t = \sigma(H_u : u \leqslant t)$ 是违约过程 $H_t = \mathbb{1}_{\{\tau \leqslant t\}}$ 的自然滤子。

因此(参见式(8.25))有

$$\begin{aligned}
S_t &= B_t \, \mathbb{E}_{\mathbb{Q}^*} \left(\int_t^T B_u^{-1} Z_u \lambda(Y_u) \mathbb{1}_{\{u \leqslant T\}} \mathrm{d}u + B_T^{-1} X \mathbb{1}_{\{\tau > T\}} \mid \mathscr{G}_t \right) \\
&= B_t \, \mathbb{E}_{\mathbb{Q}^*} \left(\int_t^T B_u^{-1} Z_u \lambda(Y_u) \, \mathbb{Q}^* \{\tau \geqslant u\} \mid \mathscr{F}_T \vee \mathscr{H}_t\} \mathrm{d}u \mid \mathscr{G}_t \right) \\
&\quad + B_t \, \mathbb{E}_{\mathbb{Q}^*} (B_T^{-1} X \, \mathbb{Q}^* \{\tau > T \mid \mathscr{F}_T \vee \mathscr{H}_t\} \mid \mathscr{G}_t) \\
&= \mathbb{1}_{\{\tau>t\}} B_t \, \mathbb{E}_{\mathbb{Q}^*} \left(\int_t^T B_u^{-1} Z_u \lambda(Y_u) \exp\left(-\int_t^u \lambda(Y_v)\mathrm{d}v\right) \mathrm{d}u \mid \mathscr{G}_t \right) \\
&\quad + \mathbb{1}_{\{\tau>t\}} B_t \, \mathbb{E}_{\mathbb{Q}^*} \left(B_T^{-1} X \exp\left(-\int_t^T \lambda(Y_v)\mathrm{d}v\right) \mid \mathscr{G}_t \right) \\
&= \mathbb{1}_{\{t>\tau\}} \widetilde{B}_t \, \mathbb{E}_{\mathbb{Q}^*} \left(\int_t^T \widetilde{B}_u^{-1} Z_u \lambda(Y_u)\mathrm{d}u + \widetilde{B}_T^{-1} X \mid \mathscr{G}_t \right)
\end{aligned}$$

现在希望在最后的表达式中用 $\mathcal{F}_t$ 取代 $\mathcal{G}_t$。首先,观察到在我们分析的情况下,关于 $\mathcal{G}_t$ 为条件和关于 $\mathcal{F}_t \vee \mathcal{H}_t \subseteq \mathcal{F}_t \vee \sigma(\eta)$ 为条件是一致的。再者,随机变量 η 独立于 $\mathcal{F}_\infty$,这样,σ—域 $\mathcal{F}_\infty$ 和 $\mathcal{H}_t$ 关于 $\mathcal{F}_t$ 是条件独立的。因为上面条件期望符号中的随机变量关于 $\mathcal{F}_T \subset \mathcal{F}_\infty$ 是可测的,因此只需运用第 8.3.1 节的条件(M.2b)就可完成证明。 □

注意到,命题 8.6.1 结合推论 8.3.1 明显表明,跳跃 ΔV_τ 在目前的构造中不起作用。的确,总是有 $S_t = \mathbb{1}_{\{\tau>t\}} V_t$ 成立,其中过程 V 由式(8.29)给出。因此,结合可违约权益价格过程的定义和式(8.30),可以发现,在目前的假设下,任意可违约权益(X, Z, τ)的违约前价值过程 V 必然满足(参见式(8.37))

$$\mathbb{E}_{\mathbb{Q}^*}(B_\tau^{-1} \Delta V_\tau \mathbb{1}_{\{t<\tau\leqslant T\}} \mid \mathcal{G}_t) = 0, \ \forall t \in [0, T]$$

8.6.2 达菲和辛格顿(Duffie and Singleton)方法

Duffie 和 Singleton(1994, 1997, 1999)通过做出下列假定提出了一个可违约期限结构的计量模型:

——相关经济因素的演变由一个状态变量过程 Y 来模型化,该过程在即期鞅测度 $\mathbb{Q}^*$ 下服从一个$\mathbb{F}$—马尔可夫过程;

——对于某个可测函数 $g:\mathbb{R}^k \to \mathbb{R}$,承诺的未定权益具有 $X = g(Y_T)$ 形式,承诺的红利过程 $A \equiv 0$;

——这里讨论的可违约权益遵循于具有某个$\mathbb{F}$—可料过程 K 的市场价值部分回收方案(参见第 8.3.2 节);

——违约风险调整短期利率过程 R 是由等式 $R_t = r_t + (1-K_t)\lambda_t = \rho(Y_t)$ (参见命题 8.3.3)所决定的,其中 $\rho:\mathbb{R}^k \to \mathbb{R}$ 是一个可测函数。

借鉴 Duffie 和 Singleton(1999)的研究,接下来的命题为具有以上描述形式的可违约权益的违约前价值提供了一个拟—显性表达式。关于违约前价值过程 V 在市场价值部分回收方案下的定义和性质,读者可参见第 8.3 节。

命题 8.6.2 在目前的假设下,违约前价值过程 V 满足:

$$V_t = \mathbb{E}_{\mathbb{Q}^*}\left\{\exp\left(-\int_t^T \rho(Y_u)\,\mathrm{d}u\right) g(Y_T) \mid Y_t\right\} \tag{8.59}$$

证明:为了建立式(8.59),只需将在命题 8.3.3 证明中使用的原理与命题 8.6.1 证明中使用的推理方法结合起来,并利用 Y 的$\mathbb{F}$—马尔可夫性即可。 □

Duffie 和 Singleton(1999)首先考虑了状态变量过程 Y 服从一个非退化扩散过程(non-degenerate diffusion process)的情形。更具体一些,过程 Y 满足

$$dY_t = u(Y_t)dt + \sigma(Y_t)dW_t^* \tag{8.60}$$

其中，W^* 是测度$\mathbb{Q}^*$下的一个 d—维标准布朗运动，且分别在$\mathbb{R}^k$和 $k \times d$ 矩阵空间取值的系数 μ 和 σ 是充分正则的，以保证方程(8.60)存在唯一的全局强解。他们认为在这种情形中，由式(8.29)给出的过程 V 满足 $\Delta V_\tau = 0$，使得 $S_t = \mathbb{1}_{\{\tau>t\}} V_t$ 成立。接着，他们也分析了一个跳跃扩散状态变量过程 Y 的情形；以及相应过程 V 满足违约时不发生跳跃的条件。在两种情形中，通常可以利用合适的数值方法，从一个可违约权益估值函数满足的适当(积分—)微分方程来确定可违约权益的价格。

Duffie 和 Singleton(1999)提供了一个金融学解释，其中过程 Y 模拟了公司特征变量以及宏观变量。这些变量影响风险率过程 λ 和部分损失过程 $1-K$，并最终影响风险中性平均损失率过程 $(1-K)\lambda$。实际上，他们也考虑了调整的短期利率等于 $R_t = r_t + (1-K_t)\lambda_t + l_t$ 这种更一般的情形，其中，由于流动性风险的存在，用过程 l 来表示形成短期信用利差的一个额外部分。按照这种方法，在他们的模型中能正式地引入流动性风险，却又不必详细分析总风险中这一组成成分的性质。因此，有 $R_t = r_t + r_t^d + r_t^l$，其中 r_t，r_t^d，r_t^l 分别代表利率(市场)风险、一个给定金融工具的违约风险，以及与该工具有关的流动性风险。最后，他们假定调整的短期利率 R 还可以依赖于可违约权益的现值；更具体些，他们假设 $R_t = \rho(Y_t, U_t)$，其中 U 表示一个左连续形式的可违约权益违约前价值过程。

在最后一个假设下，公式(8.59)变为：

$$J(Y_t, t) = \mathbb{E}_{\mathbb{Q}^*}\left\{\exp\left(-\int_t^T \rho(Y_u, J(Y_u, u)du) g(Y_T)\right) \mid Y_t\right\}$$

在具有单方或双方违约风险利率互换的特殊情形下，Duffie 和 Huang(1999)以及 Huge 和 Lando(1999)对上面这个等式进行了数值化处理。

Duffie 和 Singleton(1999)支持使用市场价值部分回收，反对使用国库券价值部分回收和票面价值部分回收(回忆一下，违约时的不同回收形式已在第 8.25 节中详细地讨论过)。他们认为在选择最方便的回收规则时，除了要争取建立一个计算有效的模型之外，考虑到需要定价工具的法律结构至关重要。正如第 14.4 节和第 14.5 节将要描述的，市场价值部分回收是十分适合于盯市的可违约互换情形。另一方面，对于公司债券的情形，选择一个可能具有随机回收率的面值部分回收规则，似乎最接近于现实中的市场惯例。对这些实践中重要问题的详细讨论，感兴趣的读者可以查阅原始文献。

下面，通过简单地介绍 Duffie 和 Singleton(1999)以及 Dai 和 Singleton(2000)所使用的两个可违约期限结构的计量模型的特殊例子来结束这一节。

例 8.6.1　Y 的平方根扩散模型。 作为第一个例子，对于某些常数 α_i 和 γ_i(i=0, 1, 2, 3)，考虑如下模型：

$$r_t = \alpha_0 + \alpha_1 Y_t^1 + \alpha_2 Y_t^2 + \alpha_3 Y_t^3 \tag{8.61}$$

短期信用利差 $s_t = R_t - r_t$ 满足

$$s_t = \gamma_0 + \gamma_1 Y_t^1 + \gamma_2 Y_t^2 + \gamma_3 Y_t^3 \tag{8.62}$$

此外,假设三维过程 $Y_t = (Y_t^1, Y_t^2, Y_t^3)$ 由如下的随机微分方程确定

$$\mathrm{d}Y_t = \kappa(\theta - Y_t)\mathrm{d}t + \sqrt{S(t)}\mathrm{d}W_t^* \tag{8.63}$$

其中,κ 是 3×3 维矩阵,其对角线上元素为正,非对角线上元素为非正,θ 属于$\mathbb{R}_+^3$,$S(t)$代表对角线上元素为 Y_t^1、Y_t^2 和 Y_t^3 的 3×3 对角矩阵。当然,在这一情形下,W^* 是一个测度$\mathbb{Q}^*$ 下的三维标准布朗运动。在对角矩阵 κ 的情形下,过程 Y_t^1、Y_t^2 和 Y_t^3 在 $\mathbb{Q}^*$ 下是相互独立的平方根扩散过程,很容易把它们看做是经典的 Cox-Ingersoll-Ross 型模型(参见 Cox 等(1985a, 1985b))。在附加假设条件 $\alpha_0 = -1$ 和 $\alpha_3 = 0$ 下,Duffee(1999)对这样的模型进行了实证研究。

例 8.6.2 (*r*, *s*)具有灵活相关结构的模型。首先假设 κ 为一个对角矩阵,则短期利率 r 和短期信用利差 s 在无穷小的时间区间上不可能是负相关,除非式(8.61)和式(8.62)中的某些系数为负。但这又意味着短期利率过程和/或风险率过程可能取负值,这个性质显然是不理想的。更一般地,正如 Dai 和 Singleton(2000)所指出的,例 8.6.1 中任意一个定义良好的模型都不允许状态变量之间具有负相关,因为 κ 的非对角元素必须为非正的。

接下来的例子就是要克服这个缺陷——即得到状态变量之间更为灵活的相关结构。这个例子实际上是对前一个例子的修正。用下面的设定代替方程(8.63):

$$\mathrm{d}Y_t = \kappa(\theta - Y_t)\mathrm{d}t + \Sigma\sqrt{S(t)}\mathrm{d}W_t^* \tag{8.64}$$

这里 Σ 为 3×3 的矩阵,且

$$S_{11}(t) = Y_t^1, \quad S_{22}(t) = \beta_{22} Y_t^2, \quad S_{33}(t) = b_3 + \beta_{31} Y_t^1 + \beta_{32} Y_t^2$$

其中,系数 β_{ij} 是严格为正。最后,设 r 由式(8.61)给出,s 满足 $\gamma_3 = 0$ 时的等式(8.62),同时等式(8.61)和式(8.62)中所有的其他系数均是严格为正的常数。按照 Dai 和 Singleton(2000),设

$$\kappa = \begin{pmatrix} \kappa_{11} & \kappa_{12} & 0 \\ \kappa_{21} & \kappa_{22} & 0 \\ 0 & 0 & \kappa_{33} \end{pmatrix}, \qquad \Sigma = \begin{pmatrix} 1 & 0 & 0 \\ 0 & 1 & 0 \\ \sigma_{31} & \sigma_{32} & 1 \end{pmatrix}$$

其中,κ 的非对角线上的元素为非正的。显然,在目前的假设下,短期信用利差 s 服从一个严格正的过程。另外,通过正确地选择 σ_{31} 和 σ_{32} 的符号,可以使得 r 和 s 的增量之

间要么正的短期相关要么负的短期相关。通过假定 $r_t = \alpha_0 + Y_t^2 + Y_t^3$，$S_{33}(t) = b_3 + \beta_{32} Y_t^2$，且 κ 和 Σ 矩阵满足

$$\kappa = \begin{pmatrix} \kappa_{11} & \kappa_{12} & 0 \\ 0 & \kappa_{22} & 0 \\ 0 & 0 & \kappa_{33} \end{pmatrix}, \qquad \Sigma = \begin{pmatrix} 1 & 0 & 0 \\ 0 & 1 & 0 \\ 0 & \sigma_{32} & 1 \end{pmatrix}.$$

Duffie 和 Singleton(1999)进一步具体化了这个模型。在这些限制下，对于 r，我们得到一个状态变量为 Y^2 和 Y^3 的两因素仿射模型，信用风险利差 s 可以通过该模型独立地估计出来。换言之，可以不使用公司债券的数据估计出国库券模型的参数。

评注：Duffie 和 Liu(2001)提出了另外一种在状态变量之间引入负相关的方法。他们假设短期利率过程 r 是一个状态变量的平方高斯过程的仿射函数。在此我们并不详细讨论这些问题，只是提及他们主要关注的具有浮动利率公司债务的定价问题。

8.6.3 混合方法

所谓的混合方法可以被看作是具有状态变量的基于强度建模方法的一种变形。在这种方法中，利用随机强度来对违约时间进行建模，但违约的条件概率直接与公司价值的当前水平(或公司股票当前的市场价值)相联系。在这一意义上，混合方法是将基于强度方法与经典的公司价值方法的思想结合在一起。

Madan 和 Unal(1998)方法。Madan 和 Unal(1998)将贴现的股票价值(包括了再投资的红利)过程 $E_t^* = B_t^{-1} E_t$ 作为他们基于强度模型中唯一的马尔可夫状态变量。对某个函数 $\lambda: \mathbb{R}_+ \to \mathbb{R}_+$，他们假设违约的风险率等于 $\lambda_t = \lambda(E_t^*, t)$。假定过程 E^* 服从一个扩散过程，具体地，在即期鞅测度 $\mathbb{P}^*$ 下有

$$dE_t^* = \sigma(E_t^*, t) dW_t^*, \ E_0^* > 0 \tag{8.65}$$

当然，我们假设随机微分方程(8.65)容许有唯一的强全局解 E^*。自然地，解 E^* 在 $\mathbb{P}^*$ 下服从一个马尔可夫过程。我们还可以假定过程 E^* 取严格为正的值，即对每个 $t \in [0, T^*]$，有 $E_t^* > 0$。通常，违约时间 τ 是由规范构造给定的，因此它是定义在放大的概率空间$(\Omega, \mathbb{G}, \mathbb{Q}^*)$上的(参见公式(8.58))。注意到，$\mathbb{P}^*$—标准布朗运动 W^* 在 $\mathbb{Q}^*$ 下仍然是一个标准布朗运动。

为了避免对无违约期限结构模型做出具体的选择，Madan 和 Unal(1998)重点关注公司债券的期货价格。众所周知[①]，对于结算日 T，由即期鞅测度下的条件期望确定一个

① 例如，可参见 Duffie 和 Stanton(1992)或 Musiela 和 Rutkowski(1997a)的第 3.2 节和第 15.2 节。

未定权益 X 的期货价格 $\pi^f(X)$，即对于 $t\in[0, T]$，有 $\pi^f_t(X)=\mathbb{E}_{\mathbb{Q}^*}(X\mid\mathcal{G}_t)$。在我们讨论的情况下，对于 $t\in[0, T]$，一个具有零回收的可违约零息票债券的期货价格等于 $D^f(t, T)=\mathbb{Q}^*\{\tau>T\mid\mathcal{G}_t\}$。更具体地，对于某个函数 v: $\mathbb{R}_+\to\mathbb{R}_+$，有

$$D^f(t, T)=\mathbb{1}_{\{\tau>t\}}\mathbb{E}_{\mathbb{P}^*}\left(\mathrm{e}^{-\int_t^T\lambda(E_u^*, u)\mathrm{d}u}\mid\mathcal{F}_t\right)=\mathbb{1}_{\{\tau>t\}}v(E_t^*, t)$$

根据式(8.65)和 Feynman-Kac 定理(参见 Karatzas 和 Shreve(1991))，在弱技术性假定下，函数 v 满足如下的定价偏微分方程

$$v_t(x, t)+\frac{1}{2}\sigma^2(x, t)v_{xx}(x, t)-\lambda(x, t)v(x, t)=0$$

其终端约束条件为 $v(x, T)=1$。为了简化符号，这里假设过程 W^* 是一维的。

例 8.6.3 对时间齐次的强度函数 λ: $\mathbb{R}_+\to\mathbb{R}_+$，Madan 和 Unal(1998)建议采用函数

$$\lambda(x)=c\left(\ln(x/\bar{v})\right)^{-2} \tag{8.66}$$

其中，c 和 $\bar{v}$ 是严格为正的常数。这是一个明智之举。有意思的是，当股票的贴现价值 E_t^* 从上或下逼近临界水平 $\bar{v}$ 时，随机强度 $\lambda(t)=\lambda(E_t^*)$ 趋向于无穷。另外，假设 E^* 的动态变化为：

$$\mathrm{d}E_t^*=\sigma E_t^*\,\mathrm{d}W_t^*, \quad E_0^*>0 \tag{8.67}$$

换言之，对于某个不变的波动性系数 σ，设 $\sigma(x, t)=\sigma x$。Madan 和 Unal(1998)证明，在假设(8.66)和假设(8.67)下，一个公司债券的期货价格等于 $D^f(t, T)=G_\nu(h(E_t^*, T-t))$，其中，参数 ν 满足 $\nu(\nu+1)=2c\sigma^{-2}$ 以及

$$h(x, t)=\frac{2\sigma^2 t}{(\ln(x/\bar{v})-\sigma^2 t/2)^2}$$

对于参数 ν 的某个固定值，函数 G_ν: $\mathbb{R}_+\to\mathbb{R}$ 满足二阶常微分方程(ODE)：

$$x^2G_\nu''(x)+\left(\frac{3}{2}x-1\right)G_\nu''(x)-\frac{\nu(\nu+1)}{4}G_\nu(x)=0$$

其初端约束条件为 $G_\nu(0)=1$ 和 $G_\nu'(0)=-\nu(\nu+1)/4$。正如 Madan 和 Unal(1998)所证明的，基于观察到的可违约债券的市场收益，上面的拟一显性估值公式可用于估计风险率过程的参数。

作为模型的第二重要要素，Madan 和 Unal(1998)用一个称为派息率的随机回收率来表示违约时的损失量。基于观察到的信用风险敏感性工具的价格，他们探讨了一种估计回收率条件分布的均值以及更高阶矩的方法。

关于高级和次级债务的特殊情形，他们注意到(依照 Black 和 Cox(1996))，这些工具的支付分别等价于基于公司平均回收率的看跌期权和看涨期权。根据这些发现，他们开发了估计派息率的风险中性概率分布的程序。为此，他们假设这些概率分布属于贝塔分布族，具有如下的概率密度函数：

$$f(y;\ \alpha,\ \beta)=\frac{\Gamma(\alpha+\beta)}{\Gamma(\alpha)\Gamma(\beta)}y^{\alpha-1}(1-y)^{\beta-1},\ \forall\ y\in(0,\ 1)$$

其中，Γ 是伽马函数，且 α 和 β 均为正的参数。对于这些参数的极大似然估计的详细讨论，感兴趣的读者可以参阅原始论文。

Madan 和 Unal(2000)方法。 Madan 和 Unal(2000)假设，在一个随机时间点，公司面临数量等于 ξ 且具有风险中性累积分布函数 $\hat{F}$(相应的概率密度函数在此也就记为 $\hat{f}$)的随机损失支付。通常，公司的权益价值等于它的资产价值减去负债价值。具体地，公司的结构可以通过如下等式来描述：

$$E_t=V_t+g(r_t,\ t)-l(r_t,\ t)$$

其中，V_t 表示公司所持有的(利率不敏感性)现金资产的市场价值，$g(r_t, t)$表示其他(利率敏感性)资产的市场价值，$l(r_t,\ t)$表示(利率敏感性)以无风险国库券利率作为贴现率的未来公司负债的贴现价值。值得注意的是，这里权益对利率的敏感性可正可负；金融文献中，将此特征称为正的或负的持续期缺口(或久期缺口)。直觉上，如果损失比权益 E_t 大，则违约发生，即当 $\xi>E_t$ 且要支付的数额为 ξ 时，违约发生。为了说明上面这个特性，Madan 和 Unal(2000)假设违约强度等于

$$\lambda_t=\lambda(V_t,\ r_t)=\bar{\lambda}\left(1-\hat{F}(E_t)\right) \tag{8.68}$$

其中，常数 $\bar{\lambda}>0$ 代表损失事件的风险率。这意味着损失的发生是由具有不变参数 $\bar{\lambda}$ 的泊松过程所决定的，而违约强度与 $\bar{\lambda}$ 成比例，但它是公司权益的当期价值的一个递减函数。为了使分析更容易处理，在对数现金资产和利率的参考水平 $\ln V_0$ 和 r_0 处，Madan 和 Unal(2000)考虑了式(8.68)的一阶近似。具体地，他们设定

$$\lambda_t=\lambda_0-\bar{\lambda}\hat{f}(E_0)\Big(V_0\ln(V_t/V_0)+\big(g_r(r_0,\ 0)-l_r(r_0,\ 0)\big)(r_t-r_0)\Big)$$

这样对某些常数参数 β_0，β_1 和 β_2 有 $\lambda_t=\beta_0+\beta_1\ln V_t+\beta_2 r_t$。

例 8.6.4 为了使分析更容易处理，Madan 和 Unal(2000)通过如下的假设进一步构建模型。他们假设损失水平 ξ 为一个均值为 $\mu>0$ 的指数分布，即对于 $y\in\mathbb{R}_+$，有 $\hat{F}(y)=1-\exp(-y/\mu)$，现金资产的价值由如下随机微分方程确定：

$$\mathrm{d}V_t=V_t(r_t\mathrm{d}t+\sigma_V\mathrm{d}W_t^*)$$

且无违约短期利率服从下面的 Vasicek 模型(参见式(2.44))

$$dr_t = (a - br_t)dt + \sigma_r d\widetilde{W}_t$$

在即期鞅测度$\mathbb{Q}^*$下,以及在具有常数瞬时相关系数 ρ_{Vr} 的布朗运动 $\widetilde{W}$ 和 W^* 是相互依赖的条件下,上面两个等式是成立的。在这些假设下,对于具有不变回收率的国库券价值部分回收规则的公司债券价格,Madan 和 Unal 得到了封闭解。不幸的是,他们的估值公式太长,在这里不予列出。

Davydov、Linetsky 和 Lotz 的结论。按照 Linetsky(1997)和 Lotz(1998)的某些思想,Davydov 等(2000)建议修改 Madan 和 Unal(2000)的方法。在即期鞅测度$\mathbb{Q}^*$下,他们假定,对于一个不变利率 r,权益过程满足

$$dE_t = E_t(rdt + \sigma dW_t^*)$$

从而,对每个 $t \in [0, T]$,不违约的条件概率等于:

$$\mathbb{Q}^*\{\tau > T \mid \mathcal{G}_t\} = \mathbb{1}_{\{\tau > t\}} \mathbb{E}_{\mathbb{P}^*}\left(e^{-\bar{\lambda}\int_t^T (1-\hat{F}(E_u))du} \mid \mathcal{F}_t\right)$$

对于 $t = 0$,运用 Girsanov 定理,得到:

$$\mathbb{Q}^*\{\tau > T\} = e^{-\eta^2 T/2} \mathbb{E}_{\mathbb{P}^*}\left(h(W_T^*)e^{-\bar{\lambda}\int_0^T k(W_u^*)du}\right)$$

这里,记

$$\eta = \sigma^{-2}(r - \sigma^2/2), \quad h(x) = e^{\eta x}, \quad k(x) = 1 - \hat{F}(E_0 e^{\sigma x})$$

对于一个固定的 $s > 0$,通过设定

$$u(x) = \mathbb{E}_{\mathbb{P}^*}\left(\int_0^\infty h(W_T^*)e^{-\int_0^T (s+\bar{\lambda}k(W_u^*))du} dT \mid W_0^*\right) = x$$

以引入 Laplace 变换 $u: \mathbb{R} \to \mathbb{R}$。根据 Feynman-Kac 公式(参见 Karatzas 和 Shreve(1991)的第 267 页),可推得,u 是如下二阶常微分方程的唯一有界解:

$$\frac{1}{2}u''(x) - (s + \bar{\lambda}k(x))u(x) = -h(x)$$

可知,上面方程的解满足:

$$u(x) = \int_{-\infty}^{\infty} G(x, y)h(y)dy$$

其中,格林函数 $G(x, y)$ 又是如下的非齐次方程的解(注意 δ_0 在这里表示一个 Dirac 的 delta 函数):

$$\frac{1}{2}G_{xx}(x, y)-\left(s+\bar{\lambda}k(x)\right)G(x, y)=-\delta_0(x-y)$$

上述方程在 $x=y$ 处的边界条件为：

$$\lim_{\varepsilon\to 0^+}\left(G(y-\varepsilon, y)-G(y+\varepsilon, y)\right)=0$$

$$\lim_{\varepsilon\to 0^+}\left(G_x(y-\varepsilon, y)-G_x(y+\varepsilon, y)\right)=2$$

而在无穷大处的渐近边界条件为：$\lim_{x\to\pm\infty} G(x, y)=0$。设 ψ(和 ϕ)分别为如下齐次方程

$$\frac{1}{2}u''(x)-\left(s+\bar{\lambda}k(x)\right)u(x)=0$$

的一个严格递增(和严格递减)的解:则

$$G(x, y)=\frac{2}{w(x)}\begin{cases}\psi(x)\phi(y), \text{如果 } x\leqslant y\\ \phi(x)\psi(y), \text{如果 } x\geqslant y\end{cases}$$

其中，$w(x):=\psi'(x)\phi(x)-\psi(x)\phi'(x)$ 代表朗斯基(Wronskian)行列式。对于 $h(y)=e^{\eta y}$ 和 $x=0$ 的特殊情形,我们得到

$$u(0)=\frac{2}{w(0)}\left(\phi(0)\int_{-\infty}^{0}e^{\eta y}\psi(y)\mathrm{d}y+\psi(0)\int_{0}^{\infty}e^{\eta y}\phi(y)\mathrm{d}y\right)$$

例 8.6.5 此外,我们假定对于一个严格为正的常数 K,损失的大小为常数：$\xi=K$。则 $1-\hat{F}(x)=\mathbb{1}_{(-\infty, K)}(x)$，且

$$\lambda_t=\bar{\lambda}\,\mathbb{1}_{\{E_t<K\}}=\begin{cases}\lambda, \text{如果 } E_t<K\\ 0, \text{如果 } E_t\geqslant K\end{cases}$$

从而,风险过程 Λ 等于：

$$\Lambda_t=\int_0^t\lambda_u\mathrm{d}u=\bar{\lambda}\int_0^t\mathbb{1}_{\{E_u<K\}}\mathrm{d}u$$

这样它和权益过程 E 停留在固定水平 K 以下的时间成比例。而且

$$\mathbb{Q}^*\{\tau>T\}=e^{-\eta^2T/2}\,\mathbb{E}_{\mathbb{P}^*}\left(e^{\eta W_T^*-\bar{\lambda}\int_0^T\mathbb{1}_{\{W_u^*<-\xi\}}\mathrm{d}u}\right)$$

其中，$\zeta=\sigma^{-1}\ln(E_0/K)$。Linetsky(1999)推出了不违约概率$\mathbb{Q}^*\{\tau>T\}$的一个封闭解。这篇论文研究了所谓的阶梯期权(一种敲出期权,当标的资产违约时间低于某个水平时,期权敲出)。

例 8.6.6 Davydov 等(2000)发现,Madan 和 Unal(2000)采用的一阶近似可以得出负值的风险率 λ。为了克服这一不足,他们采用一阶近似的正值部分作为违约的强度。因为对于 $g \equiv l \equiv 0$, Madan 和 Unal(2000)对 λ 的设定可以简化为

$$\lambda_t = \bar{\lambda}\left(1 - \hat{F}(E_0) - E_0 \hat{f}(E_0)\ln(E_t/E_0)\right)$$

Davydov 等(2000)设定

$$\lambda_t = \bar{\lambda}\left(1 - \hat{F}(E_0) - E_0 \hat{f}(E_0)\ln(E_t/E_0)\right)^+$$

在违约强度的这个规定下,我们得到

$$\mathbb{Q}^*\{\tau > T\} = \mathrm{e}^{-\eta^2 T/2}\, \mathbb{E}_{\mathbb{P}^*}\left(\mathrm{e}^{\eta W_T^* - \alpha\int_0^T (\beta - W_u^*)^+ \mathrm{d}u}\right)$$

其中,$\alpha = \sigma\bar{\lambda} E_0 \hat{f}(E_0)$, $\beta = \left(1 - \hat{F}(E_0)\right)\left(\sigma E_0 \hat{f}(E_0)\right)^{-1}$。在例 8.6.4 介绍的指数损失 ξ 的情况下,Davydov 等(2000)推出了格林函数的一个封闭解。按这种方法,利用 Laplace 逆变换,他们得到了违约风险中性概率的拟—显性表达式。

8.6.4 信用利差模型

为了有效地分析一些如信用利差期权这样的信用衍生品,一个基于信用利差直接建模的方法看起来更为方便。对信用利差的建模不仅包括信用利差曲线,还包括信用利差波动率,如果对一些不同的资产同时建模的话,则还包括信用利差相关系数。因为可获得的市场数据相对稀缺,信用利差曲线的估计比无风险收益曲线的估计要困难得多①。因此,在处理由一个特殊的实体发行的债务时,可以用反映信用评级—特征的信用利差曲线作为不能观察的反映公司—特征的信用利差曲线的代理(参见 Fridson 和 Jonsson (1995))。当然,随着市场的进一步发展,未来收集足够经验数据的困难将会减少。信用利差波动性的估计也是如此,原则上,它可以从信用利差收益曲线可观察到的变化统计推断出来。对这些问题我们不再详细讨论,感兴趣的读者可以参阅以下作者的原始论文:Fon(1987, 1994)、Sarig 和 Warga(1989)、Foss(1995)、Schwartz(1998)或 Helwege 和 Turner(1999)。这里,我们只例举两个信用利差模型的例子。

Nielsen 和 Ronn 模型。由 Nielsen 和 Ronn(1997)提出的两因素模型假定无风险利率 r 满足

$$\mathrm{d}r_t = \mu_r r_t \mathrm{d}t + \sigma_r r_t \mathrm{d}W_t$$

---

① 关于收益曲线估计方法的概括,感兴趣的读者可以参阅 Bliss(1997)。

且公司债券的瞬时收益利差 s 由下式给出

$$\mathrm{d}s_t = \sigma_s s_t \mathrm{d}\widetilde{W}_t$$

其中,W 和 $\widetilde{W}$ 是相互相关的布朗运动。违约发生后,债券以一个与票面面值成一定比例的违约后价格卖出。他们还假定违约强度 λ_t 满足:$\lambda_t = s_t(1-\delta)^{-1}$,其中 δ 为回收率。基于 r 和 s 的分叉(四叉或三叉)树,他们探讨了模型在离散时间上的实现。当然,一旦违约发生时,树的分叉终止。

Das 模型。Das(1995)设定短期信用利差 s_t 的动态变化如下:

$$\mathrm{d}s_t = (\widetilde{a} - \widetilde{b}\, s_t)\mathrm{d}t + \widetilde{\sigma}\sqrt{s_t}\,\mathrm{d}\widetilde{W}_t$$

将这些动态变化和无违约短期利率的 CIR 模型

$$\mathrm{d}r_t = (a - br_t)\mathrm{d}t + \sigma_r \sqrt{r_t}\,\mathrm{d}W_t$$

结合起来,再次探讨了信用衍生工具估值的格子方法。上面方程中的两个布朗运动 W 和 $\widetilde{W}$ 是相互相关的。

9 条件独立的违约

接下来的两章将在基于强度方法的框架中研究相互依赖的违约时间。在本章条件独立违约时间的研究中，可以为第 i 次违约(i^th-to-default)的未定权益构造一个封闭形式的定价模型。一般来说，这样的问题会变得更加复杂，下一章只介绍部分结果。

第 9.1 节研究重点是套利估值，自然地使用风险中性概率$\mathbb{Q}^*$。相反，第 9.2 节主要集中在风险管理应用上，因此，在这一节使用真实世界概率测度$\mathbb{Q}$更合适。然而，为了统一符号，我们还是在即期鞅测度$\mathbb{Q}^*$下分析。如果对真实世界概率测度$\mathbb{Q}$下的公式感兴趣，只需要对本章做出的关于概率测度$\mathbb{Q}^*$的假设进行适当的修改，再利用风险中性概率测度$\mathbb{Q}^*$下类似的推导方法即可得到。

首先介绍一下本章采用的基本设定。考虑定义在普通概率空间$(\Omega, \mathcal{G}, \mathbb{Q}^*)$上的随机时间 $\tau_1, \tau_2, \cdots, \tau_n$ 的有限集。除非为了简化，否则在本章我们始终假设对于每个 $t \in \mathbb{R}_+$ 和 $k=1, 2, \cdots, n$ 都有 $\mathbb{Q}^*\{\tau_k = 0\} = 0$ 和$\mathbb{Q}^*\{\tau_k > t\} > 0$。这里不考虑同时违约的情形，即假定对任意的 $k, j = 1, 2, \cdots, n$ 和 $k \neq j$，有$\mathbb{Q}^*\{\tau_k = \tau_j\} = 0$。第 9 章和第 10 章中的述评是基于 Bielecki 和 Rutkowski(2002)、Kijima(2000)，以及 Kijima 和 Muromachi(2000)的研究。关于同时违约情形的研究，读者可以查阅 Lando(2000b)。

引入一些辅助性的符号将使分析更加方便。对于 $i=1, 2, \cdots, n-1$，定义 $\tau_{(1)} = \min(\tau_1, \tau_2, \cdots, \tau_n)$ 和

$$\tau_{(i+1)} = \min(\tau_k: k=1, 2, \cdots, n, \tau_k > \tau_{(i)})$$

特别地，对于 $i=n$，有 $\tau_{(n)} = \max(\tau_1, \tau_2, \cdots, \tau_n)$。这样的定义将违约时间集 $\tau_1, \tau_2, \cdots, \tau_n$ 与随机时间的排序序列 $\tau_{(1)} \leqslant \tau_{(2)} \leqslant \cdots \leqslant \tau_{(n)}$ 联系起来。

除了随机时间集 $\tau_1, \tau_2, \cdots, \tau_n$，在概率空间$(\Omega, \mathcal{G}, \mathbb{Q}^*)$上，假定还有一个参照滤子，

如$\mathbb{F}$。通过设定 $\mathbb{G}=\mathbb{F}\vee\mathbb{H}^1\vee\mathbb{H}^2\vee\cdots\vee\mathbb{H}^n$，引入放大的滤子$\mathbb{G}$，也可简单地把$\mathbb{H}$记为$\mathbb{H}=\mathbb{H}^1\vee\mathbb{H}^2\vee\cdots\vee\mathbb{H}^n$。则$\mathbb{G}$简记为 $\mathbb{G}=\mathbb{F}\vee\mathbb{H}$。

9.1 一篮子信用衍生品

我们的目的是要得到第 i 次违约未定权益的估值公式。首先考虑一个一般的第 i 次违约权益，如 $CCT^{(i)}$。该权益在时刻 T 到期，规定了如下条款：

——对于某个 $k=1, 2, \cdots, n$，如果 $\tau_{(i)}=\tau_k\leqslant T$，则权益在时间 $\tau_{(i)}$ 支付数量 $Z^k_{\tau_{(i)}}$，其中 Z^k 是一个$\mathbb{G}$—可料过程，且在时间 T 支付一个 $\mathcal{G}_T$—可测的数量 X_k；

——如果 $\tau_{(i)}>T$，权益持有者在时间 T 接受一个 $\mathcal{G}_T$—可测的数量 X。

根据上面的约定，如果第 i 次违约发生在时间区间$[0, T]$内——即对于某个 k，如果 $\tau_{(i)}=\tau_k\leqslant T$ ——则在时刻 $\tau_{(i)}$ 权益持有者将立即收到回收现金流 $Z^k_{\tau_{(i)}}$，延迟的回收现金流 X_k 将在到期日 T 交给权益持有者。对权益 $CCT^{(i)}$ 相应的支付更一般的约定（这里不做讨论）也涵盖了在每个违约时点 $\tau_j<\tau_{(i)}$ 的即时回收支付。

例 9.1.1 Duffie(1998a)考虑了一个由 $X_k=0$（对于 $k=1, 2, \cdots, n$）定义的首次违约型(first-to-default)权益 $CCT^{(1)}$ 的例子，相应的末次违约(last-to-default)合约是具有 $X_k=0$（对于 $k=1, 2, \cdots, n$）的权益 $CCT^{(n)}$。

例 9.1.2 Kijima 和 Muromachi(2000)考虑了首次违约型权益 $CCT^{(1)}$ 的一个特例，将其称为 F 型违约互换。对于 $k=1, 2, \cdots, n$，它是通过设定 $Z^k\equiv 0$ 来定义的。Kijima 和 Muromachi(2000)考虑的另外一个未定权益，即所谓的 D 型违约互换，它可看作为第二次违约(second-to-default)未定权益的例子。他们正式分析了具有如下具体特征的 $CCT^{(2)}$。首先，对于 $k=1, 2, \cdots, n$，设 $Z^k\equiv 0$ ①。其次，对每个 $k=1, 2, \cdots, n$，假定在集合 $\{\tau_{(2)}=\tau_k\leqslant T\}$ 上的回收支付为

$$X_k=\sum_{l\neq k}(\widetilde{X}_k+\widetilde{X}_l)\mathbb{1}_{\{\tau_{(1)}=\tau_l\}}$$

其中，对每个 $j=0, 1, \cdots, n$，$\widetilde{X}_j$ 为一个 $\mathcal{G}_T$—可测的随机变量。最后在集合$\{\tau_{(2)}>T\}$上的回收支付等于

$$X=\hat{X}_0\mathbb{1}_{\{\tau_{(1)}>T\}}+\sum_{j=1}^{n}\hat{X}_j\mathbb{1}_{\{\tau_{(1)}=\tau_j\leqslant T\}}$$

---

① 原文为“$Z_k\equiv 0$”疑为印刷错误。——译者注

其中,对每个 $j=0, 1, \cdots, n$, $\hat{X}_j$ 为一个 $\mathcal{G}_T$—可测的随机变量。在这个一般化的公式中,只要头两次违约发生在合约到期日之前或之时,一个 D 型违约互换就会使其持有者免受这两次违约的损失。

例 9.1.3 Li(1999b)考查了另一个第 i 次违约权益的例子,即对于 $k=1, 2, \cdots, n$,设 $Z^k\equiv 1$, $X_k=0$;且 $X=0$,称这样一个合约为篮子型数字违约出售权(digital default put of basket type)。

9.1.1 相互独立的违约时间

首先考察风险中性概率下相互独立的违约时间 $\tau_1, \tau_2, \cdots, \tau_n$ 最简单的情形。在这种情况下,利用各个违约的边际分布不难得到第 i 次违约时间的概率分布。的确,假设对每个 $k=1, 2, \cdots, n$,已知第 k 个参照实体违约时间的累积分布函数为 $F_k(t)=\mathbb{Q}^*\{\tau_k\leqslant t\}(t\in\mathbb{R}_+)$,则 $\tau_{(1)}$ 和 $\tau_{(n)}$ 的累积分布函数分别为:

$$F_{(1)}(t):=\mathbb{Q}^*\{\tau_{(1)}\leqslant t\}=1-\mathbb{Q}^*\{\tau_{(1)}>t\}=1-\prod_{k=1}^{n}(1-F_k(t))$$

$$F_{(n)}(t):=\mathbb{Q}^*\{\tau_{(n)}\leqslant t\}=\mathbb{Q}^*\{\tau_1\leqslant t, \tau_2\leqslant t, \cdots, \tau_n\leqslant t\}=\prod_{k=1}^{n}F_k(t)$$

更一般地,对于任意 $i=1, 2, \cdots, n$,有

$$F_{(i)}(t):=\mathbb{Q}^*\{\tau_{(i)}\leqslant t\}=\sum_{m=i}^{n}\sum_{\pi\in\Pi^m}\prod_{j\in\pi}F_{k_j}(t)\prod_{l\notin\pi}(1-F_{k_l}(t))$$

其中,Π^m 表示由集合$\{1, 2, \cdots, n\}$的 m 个元素构成的子集族。当还假设违约时间 $\tau_1, \tau_2, \cdots, \tau_n$ 容许有强度函数 $\lambda_1(t)$, $\lambda_2(t)$, $\cdots$, $\lambda_n(t)$时,显然,违约时间 $\tau_{(1)}$ 容许有强度函数 $\lambda_{(1)}(t)=\lambda_1(t)+\lambda_2(t)+\cdots+\lambda_n(t)$ (参见引理 7.1.1)且

$$\mathbb{Q}^*\{\tau_{(1)}>t\}=\mathrm{e}^{-\int_0^u\lambda_{(1)}(v)\mathrm{d}v}, \ \forall t\in\mathbb{R}_+$$

经过直接计算,还可以找到第 i 次违约时间的强度函数。注意到,由于事先并不需要假设参照滤子 $\mathbb{F}$ 是平凡的,这样也就包括了随机利率的情形。

例 9.1.4 篮子型数字违约出售权。作为一篮子信用衍生品的一个简单例子,考虑这样一份合约:只要第 i 次违约发生在合约到期日 T 之前或 T 之时,该合约就在第 i 次违约时间处支付固定数额(如一单位现金)。简单起见,假设利率是确定的,则合约在 0 时刻的价值等于

$$S_0 = \mathbb{E}_{\mathbb{Q}^*}(B_\tau^{-1}\mathbb{1}_{\{\tau_{(i)} \leqslant T\}}) = \int_{[0,\,T]} B_u^{-1}\mathrm{d}F_{(i)}(u)$$

特别地，如果违约时间 $\tau_1,\ \tau_2,\ \cdots,\ \tau_n$ 容许有强度，则第 i 次违约数字出售权的价值等于

$$S_0 = \int_0^T B_u^{-1}\mathrm{d}F_{(i)}(u) = \int_0^T B_u^{-1}\lambda_{(i)}(u)\mathrm{e}^{-\int_0^u \lambda_{(i)}(v)\mathrm{d}v}\mathrm{d}u$$

9.1.2 条件独立的违约时间

在附加违约时间关于基础滤子条件独立的假设下，现在来研究一篮子信用衍生品的估值问题。大多数研究一篮子衍生品的基于强度估值的论文都以这一假设为基础(参见 Kijima(2000)以及 Kijima 和 Muromachi(2000))。

在对违约时间的条件独立性做出正式定义之前，先给出这一假定的直观含义。观察到所有的参照信用名[①]都受到可以引发信用(违约)事件的共同风险(系统风险)因素的影响。此外，每一个信用名还受到所谓的特质风险(非系统风险)的影响，特质风险对每个特定的信用名是特有的而且能引发相应于该信用名的信用(违约)事件。直观上，违约时间的条件独立性假定意味着一旦固定了共同风险因素，特质风险因素之间就是相互独立的。

定义 9.1.1 称随机时间 $\tau_i(i=1,\ 2,\ \cdots,\ n)$ 在概率测度 $\mathbb{Q}^*$ 下为关于滤子 $\mathbb{F}$ 是条件独立的，当且仅当满足如下条件：对于任何 $T>0$，和任意的 $t_1,\ t_2,\ \cdots,\ t_n \in [0,\ T]$ 有

$$\mathbb{Q}^*\{\tau_1 > t_1,\ \tau_2 > t_2,\ \cdots,\ \tau_n > t_n \mid \mathcal{F}_T\} = \prod_{i=1}^n \mathbb{Q}^*\{\tau_i > t_i \mid \mathcal{F}_T\}$$

评注：(1) 注意，一般来说，随机时间的条件独立并不意味着它们之间是独立的；反过来也是不成立的。我们发现，引入一个更一般的条件独立性质的公式使分析更方便(参见定义 9.1.2)。

(2) 应当强调的是，条件独立性在概率测度的等价变换下并不是不变的。因此，如果随机时间 $\tau_i(i=1,\ 2,\ \cdots,\ n)$ 在概率测度 $\mathbb{Q}^*$ 下关于滤子 $\mathbb{F}$ 是相互独立的，这并不意味着这些随机时间在等价的概率测度 $\mathbb{Q}$ 下关于滤子 $\mathbb{F}$ 也是相互独立的。

需强调的是，对于每个 $t_1,\ t_2,\ \cdots,\ t_n \in [0,\ u]$ 和 $u \in [0,\ T]$，下面的等式

$$\mathbb{Q}^*\{\tau_i > t_i \mid \mathcal{F}_T\} = \mathbb{Q}^*\{\tau_i > t_i \mid \mathcal{F}_u\}$$

① 指用以表示信用实体的名称。——译者注

并不一定成立:然而,下文中例 9.1.5 中所构造的随机时间族具有上面的性质(这一特征反映在等式(9.3)中),由于这一特性在下文中会频繁地用到,现引入适用本节余下部分的假定。

条件(C.1) 对每个 $T>0$, $u\in[0, T]$,和 $i=1, 2, \cdots, n$, 有

$$\mathbb{Q}^*\{\tau_i>u \mid \mathcal{F}_T\}=\mathbb{Q}^*\{\tau_i>u \mid \mathcal{F}_u\}$$

例 9.1.5 条件独立违约时间的规范构造。现在对于具有给定$\mathbb{F}$—风险过程的条件独立随机时间族提供一个具体的构造。

设 $\Gamma^i(i=1, 2, \cdots, n)$ 是一个给定的$\mathbb{F}$—适应、递增连续随机过程集合,且定义在普通的滤子化概率空间($\hat{\Omega}$, $\mathbb{F}$, $\mathbb{P}^*$)上。对于 $i=1, 2, \cdots, n$, 假设 $\Gamma_0^i=0$ 和 $\Gamma_\infty^i=\infty$(显然对于每个 $t\in\mathbb{R}_+$, $\Gamma_t^i<\infty$)。设 $(\tilde{\Omega}, \tilde{\mathcal{F}}, \tilde{\mathbb{P}})$ 为一个辅助概率空间,在区间$[0, 1]$上均匀分布的相互独立的随机变量序列 $\{\xi_i, i=1, 2, \cdots, n\}$ 被赋值于该空间上。考虑乘积空间 $(\Omega, \mathcal{G}, \mathbb{Q}^*)=(\hat{\Omega}\times\tilde{\Omega}, \mathcal{F}_\infty\otimes\tilde{\mathcal{F}}, \mathbb{P}^*\otimes\tilde{\mathbb{P}})$,且对于 $i=1, 2, \cdots, n$, 设

$$\tau_i=\inf\{t\in\mathbb{R}_+: \Gamma_t^i\geqslant-\ln\xi_i\} \tag{9.1}$$

注意到,每个随机变量 $\eta_i:=-\ln\xi_i$ 在$\mathbb{Q}^*$下服从具有单位参数的指数分布,因此

$$\tau_i=\inf\{t\in\mathbb{R}_+: \Gamma_t^i\geqslant\eta_i\}$$

其中,$\eta_i(i=1, 2, \cdots, n)$ 是具有单位指数分布的相互独立的随机变量族。自然地,乘积空间$(\Omega, \mathcal{G}, \mathbb{Q}^*)$被赋予放大的滤子 $\mathbb{G}=\mathbb{F}\vee\mathbb{H}^1\vee\mathbb{H}^2\vee\cdots\vee\mathbb{H}^n$。对于每个 t, σ—域$\mathcal{G}_t$ 表示一个代理人在 t 时所能获得的全部信息,包括了所有随机时间 $\tau_i(i=1, 2, \cdots, n)$ 的观测值。正式地定义

$$\mathcal{G}_t=\mathcal{F}_t\vee\sigma(\{\tau_1<t_1\}, \{\tau_2<t_2\}, \cdots, \{\tau_n<t_n\}: t_1\leqslant t, t_2\leqslant t, \cdots, t_n\leqslant t)$$

可以观察到,上面构造的随机时间序列满足理想的性质,即对每个 $i, j=1, 2, \cdots, n$ 且 $i\neq j$ 有等式 $\mathbb{Q}^*\{\tau_i=\tau_j\}=0$ 成立。

引理 9.1.1 对于一族$\mathbb{F}$—适应的、递增连续过程 Γ^i, Γ^{i+1}, $\cdots$, Γ^m,设 τ_1, τ_2, $\cdots$, τ_n 为例 9.1.5 中所定义的随机时间。

(1) 对于 $t_1, t_2, \cdots, t_n\in\mathbb{R}_+$,生存过程的联合条件概率满足

$$\mathbb{Q}^*\{\tau_1>t_1, \tau_2>t_2, \cdots, \tau_n>t_n \mid \mathcal{F}_\infty\}=\prod_{i=1}^n e^{-\Gamma_{t_i}^i}=e^{-\sum_{i=1}^n\Gamma_{t_i}^i} \tag{9.2}$$

(2) 对于任意的 $t_1, t_2, \cdots, t_n\in\mathbb{R}_+$及任意 $T\geqslant\max(t_1, t_2, \cdots, t_n)$, 有

$$\mathbb{Q}^*\{\tau_1>t_1, \tau_2>t_2, \cdots, \tau_n>t_n \mid \mathcal{F}_T\}=\prod_{i=1}^n e^{-\Gamma_{t_i}^i}=e^{-\sum_{i=1}^n\Gamma_{t_i}^i} \tag{9.3}$$

(3) 随机时间 τ_1, τ_2, …, τ_n 在概率测度$\mathbb{Q}^*$下关于滤子$\mathbb{F}$是条件独立的。

(4) 对于每个 $i=1, 2, \cdots, n$, 过程 Γ^i表示随机时间 τ_i 的$\mathbb{F}$—风险过程以及($\mathbb{F}$, $\mathbb{G}$)—鞅风险过程。换言之,对于每个 $i=1, 2, \cdots, n$, 等式 $\Gamma^i=\Lambda^i$ 都是成立的。

证明:首先观察到 $\{\tau_i>t\}=\{\Gamma_t^i<-\ln\xi_i\}=\{\mathrm{e}^{-\Gamma_t^i}>\xi_i\}$。随意选取 $t_1, t_2, \cdots, t_n\in\mathbb{R}_+$,每个随机变量 $\Gamma_{t_i}^i$ 显然是 $\mathscr{F}_\infty$—可测的,所以

$$
\begin{aligned}
&\mathbb{Q}^*\{\tau_1>t_1, \tau_2>t_2, \cdots, \tau_n>t_n \mid \mathscr{F}_\infty\}\\
&=\mathbb{Q}^*\{\mathrm{e}^{-\Gamma_{t_1}^1}>\xi_1, \mathrm{e}^{-\Gamma_{t_2}^2}>\xi_2, \cdots, \mathrm{e}^{-\Gamma_{t_n}^n}>\xi_n \mid \mathscr{F}_\infty\}\\
&=\mathbb{Q}^*\{\mathrm{e}^{-x_1}>\xi_1, \mathrm{e}^{-x_2}>\xi_2, \cdots, \mathrm{e}^{-x_n}>\xi_n \mid \mathscr{F}_\infty\}_{x_1=\Gamma_{t_i}^1, x_2=\Gamma_{t_{i+1}}^2, \cdots, x_n=\Gamma_{t_n}^n}\\
&=\prod_{i=1}^n \mathbb{Q}^*\{\mathrm{e}^{-x_i}>\xi_1\}_{x_i=\Gamma_{t_i}^i}=\prod_{i=1}^n \widetilde{\mathbb{P}}\{\mathrm{e}^{-x_i}>\xi_i\}_{x_i=\Gamma_{t_i}^i}=\prod_{i=1}^n \mathrm{e}^{-\Gamma_{t_i}^i}
\end{aligned}
$$

这样证明了引理的第(1)部分。等式(9.3)是等式(9.2)的一个简单结论。实际上,对于任意 $T\geqslant t_i$, 随机变量 $\Gamma_{t_i}^i$ 是 $\mathscr{F}_T$—可测的,显然如下等式链成立

$$
\begin{aligned}
&\mathbb{Q}^*\{\tau_1>t_1, \tau_2>t_2, \cdots, \tau_n>t_n \mid \mathscr{F}_T\}\\
&=\mathbb{E}_{\mathbb{Q}^*}(\mathbb{Q}^*\{\tau_1>t_1, \tau_2>t_2, \cdots, \tau_n>t_n \mid \mathscr{F}_\infty\} \mid \mathscr{F}_T)\\
&=\mathbb{E}_{\mathbb{Q}^*}(\mathrm{e}^{-\sum_{i=1}^n\Gamma_{t_i}^i} \mid \mathscr{F}_T)=\mathrm{e}^{-\sum_{i=1}^n\Gamma_{t_i}^i}
\end{aligned}
$$

特别地,对于任意 i 和每个 $t_i\leqslant T$, 有

$$
\mathbb{Q}^*\{\tau_i>t_i \mid \mathscr{F}_T\}=\mathbb{Q}^*\{\tau_i>t_i \mid \mathscr{F}_\infty\}=\mathrm{e}^{-\Gamma_{t_i}^i}
$$

这样证明了引理的第(2)部分。为了验证关于滤子$\mathbb{F}$的随机时间 $\tau_i(i=1, 2, \cdots, n)$ 的条件独立性,只需注意到,根据引理第(2)部分,对于任意固定的 $T>0$ 和任意 t_1, t_2, …, $t_n\leqslant T$,有

$$
\mathbb{Q}^*\{\tau_1>t_1, \tau_2>t_2, \cdots, \tau_n>t_n \mid \mathscr{F}_T\}=\prod_{i=1}^n \mathrm{e}^{-\Gamma_{t_i}^i}=\prod_{i=1}^n \mathbb{Q}^*\{\tau_i>t_i \mid \mathscr{F}_T\}
$$

就可完成引理第(3)部分的证明:对于引理第(4)部分,注意到,由引理 8.2.2 我们知道 Γ^i代表τ_i 的$\mathbb{F}$—风险过程和 τ_i 的($\mathbb{F}$, $\mathbb{G}^i$)—鞅风险过程,其中$\mathbb{G}^i:=\mathbb{F}\vee\mathbb{H}^i$。这意味着过程 $\widetilde{M}_t^i=H_t^i-\Gamma_{t\wedge\tau_i}^i$ 是一个$\mathbb{G}^i$—鞅。因此,下面我们必须证明 $\widetilde{M}^i$ 也是一个$\mathbb{G}$—鞅。过程 $\widetilde{M}^i$ 显然是$\mathbb{G}$—适应的。对任意 $t\leqslant s$,只需检验下式即可:

$$
\mathbb{E}_{\mathbb{Q}^*}(H_s^i-\Gamma_{s\wedge\tau_i}^i \mid \mathscr{G}_t)=\mathbb{E}_{\mathbb{Q}^*}(H_s^i-\Gamma_{s\wedge\tau_i}^i \mid \mathscr{G}_t^i)
$$

注意到,在给定 $\mathscr{G}_t^i$ 条件下,σ—域 $\mathscr{G}_s$ 和 $\widetilde{\mathscr{H}}_t:=\mathscr{H}_t^1\vee\mathscr{H}_t^{i-1}\vee\cdots\vee\mathscr{H}_t^{i+1}\vee\mathscr{H}_t^n$ 是条件独立的。从而有:

$$\mathbb{E}_{\mathbb{Q}^*}(H_s^i-\Gamma_{s\wedge\tau_i}^i\mid\mathscr{G}_t)=\mathbb{E}_{\mathbb{Q}^*}(H_s^i-\Gamma_{s\wedge\tau_i}^i\mid\mathscr{G}_t^1\vee\widetilde{\mathscr{H}}_t)=\mathbb{E}_{\mathbb{Q}^*}(H_s^i-\Gamma_{s\wedge\tau_i}^i\mid\mathscr{G}_t)$$

由此推得 Γ^i 是随机时间 τ_i 的($\mathbb{F}$,$\mathbb{G}$)—鞅风险过程。 □

下面引入一个定义,具有明显比关于一个给定滤子 $\mathbb{F}$ 的随机时间条件独立性更强的性质。

定义 9.1.2 当且仅当对任意 $0\leqslant t<T$ 和任意 $t_1,t_2,\cdots,t_n\in[t,T]$ 有下式成立时:

$$\mathbb{Q}^*\{\tau_1>t_1,\tau_2>t_2,\cdots,\tau_n>t_n\mid\mathscr{F}_T\vee\mathscr{H}_t\}=\prod_{i=1}^n\mathbb{Q}^*\{\tau_i>t_i\mid\mathscr{F}_T\vee\mathscr{H}_t\}$$

随机时间 $\tau_1,\tau_2,\cdots,\tau_n$ 在 $\mathbb{Q}^*$ 下关于 $\mathbb{F}$ 是动态条件独立的。

回记,我们曾记 $\mathscr{H}_t=\mathscr{H}_t^1\vee\mathscr{H}_t^2\vee\cdots\vee\mathscr{H}_t^n$。因为引理 9.1.2 只是引理 5.1.4 稍微一般化的形式,故其证明留给读者自己完成。

引理 9.1.2 设 $\tau_1,\tau_2,\cdots,\tau_n$ 定义在概率空间($\Omega,\mathscr{G},\mathbb{Q}^*$)上。对于 $\mathscr{G}$ 的任意子 σ—域 $\mathscr{F}$,记 $J=\mathbb{Q}^*\{\tau_1>t_1,\tau_2>t_2,\cdots,\tau_n>t_n\mid\mathscr{F}\vee\mathscr{H}_t\}$。对于 $i=1,2,\cdots,n$,如果 $t_i\geqslant t$,则

$$J=\mathbb{1}_{\{\tau_1>t,\tau_2>t,\cdots,\tau_n>t\}}\frac{\mathbb{Q}^*\{\tau_1>t_1,\tau_2>t_2,\cdots,\tau_n>t_n\mid\mathscr{F}\}}{\mathbb{Q}^*\{\tau_1>t,\tau_2>t,\cdots,\tau_n>t\mid\mathscr{F}\}}$$

命题 9.1.1 当且仅当随机时间 $\tau_1,\tau_2,\cdots,\tau_n$ 在 $\mathbb{Q}^*$ 下关于滤子 $\mathbb{F}$ 是动态条件独立的,则它们在 $\mathbb{Q}^*$ 下关于滤子 $\mathbb{F}$ 是条件独立的。

证明:只需证明条件独立意味着动态条件独立即可。$\tau_1,\tau_2,\cdots,\tau_n$ 关于 $\mathbb{F}$ 的条件独立与下面的性质等价:对每个 $T>0$ 和区间 $[0,T]$ 上的任意波莱尔子集 $A_1,A_2,\cdots,A_n$,有

$$\mathbb{Q}^*\{\tau_1\in A_1,\tau_2\in A_2,\cdots,\tau_n\in A_n\mid\mathscr{F}_T\}=\prod_{i=1}^n\mathbb{Q}^*\{\tau_i\in A_i\mid\mathscr{F}_T\}$$

显然,这意味着对任意 $t\leqslant T$,给定 $\mathscr{F}_T$ 下的 σ—域 $\mathscr{H}_t^1,\mathscr{H}_t^2,\cdots,\mathscr{H}_t^n$ 是相互条件独立的。对于 $t\leqslant t_i\leqslant T$,有 $\mathscr{H}_t^i\subseteq\mathscr{H}_{t_i}^i$,且给定 $\mathscr{F}_T$ 下的 σ—域 $\mathscr{H}_{t_i}^i$ 和 $\widetilde{\mathscr{H}}_{t_i}:=\mathscr{H}_{t_i}^1\vee\mathscr{H}_{t_i}^2\vee\cdots\vee\mathscr{H}_{t_i}^{i-1}\vee\mathscr{H}_{t_i}^{i+1}\vee\cdots\vee\mathscr{H}_{t_i}^n$ 是条件独立的,这将导出

$$\mathbb{Q}^*\{\tau_i>t_i\mid\mathscr{F}_T\vee\mathscr{H}_t\}=\mathbb{Q}^*\{\tau_i>t_i\mid\mathscr{F}_T\vee\mathscr{H}_t^i\}$$

根据引理 5.1.4(或引理 9.1.2),则得到

$$\mathbb{Q}^*\{\tau_i > t_i \mid \mathscr{F}_T \vee \mathscr{H}_t^i\} = \mathbb{1}_{\{\tau_i > t\}} \frac{\mathbb{Q}^*\{\tau_i > t_i \mid \mathscr{F}_T\}}{\mathbb{Q}^*\{\tau_i > t \mid \mathscr{F}_T\}}$$

记 $J = \mathbb{Q}^*\{\tau_1 > t_1, \tau_2 > t_2, \cdots, \tau_n > t_n \mid \mathscr{F}_T \vee \mathscr{H}_t\}$。当 $\mathscr{F} = \mathscr{F}_T$ 时，运用引理 9.1.2，可以发现

$$J = \mathbb{1}_{\{\tau_1 > t, \tau_2 > t, \cdots, \tau_n > t\}} \frac{\mathbb{Q}^*\{\tau_1 > t_1, \tau_2 > t_2, \cdots, \tau_n > t_n \mid \mathscr{F}_T\}}{\mathbb{Q}^*\{\tau_1 > t, \tau_2 > t, \cdots, \tau_n > t \mid \mathscr{F}_T\}}$$

再次利用 $\tau_1, \tau_2, \cdots, \tau_n$ 的条件独立性，得到

$$J = \prod_{i=1}^{n} \mathbb{1}_{\{\tau_i > t\}} \frac{\mathbb{Q}^*\{\tau_i > t_i \mid \mathscr{F}_T\}}{\mathbb{Q}^*\{\tau_i > t \mid \mathscr{F}_T\}} = \prod_{i=1}^{n} \mathbb{Q}^*\{\tau_i > t_i \mid \mathscr{F}_T \vee \mathscr{H}_t\}$$

这就完成了命题的证明。 □

下面给出的引理相当明显是对引理 9.1.1 的一个修正。

引理 9.1.3 对于一族$\mathbb{F}$—适应的、递增连续过程 $\Gamma^i, \Gamma^{i+1}, \cdots, \Gamma^n$，如例 9.1.5 中那样定义随机时间 $\tau_1, \tau_2, \cdots, \tau_n$。则：

(1) 随机时间$\{\tau_i, i=1, 2, \cdots, n\}$在$\mathbb{Q}^*$下关于滤子$\mathbb{F}$是动态条件独立的。

(2) 对每个 $t \geqslant 0$ 和每个 $t_1, t_2, \cdots, t_n \in [t, \infty)$，生存的联合条件概率满足

$$\mathbb{Q}^*\{\tau_1 > t_1, \tau_2 > t_2, \cdots, \tau_n > t_n \mid \mathscr{F}_\infty \vee \mathscr{G}_t\} = \mathbb{1}_{\{\tau_1 > t, \tau_2 > t, \cdots, \tau_n > t\}} e^{\sum_{i=1}^{n}(\Gamma_t^i - \Gamma_{t_i}^i)}$$

(3) 对于任意的 $T > t \geqslant 0$ 和任意 $t_1, t_2, \cdots, t_n \in [t, T]$，有

$$\mathbb{Q}^*\{\tau_1 > t_1, \tau_2 > t_2, \cdots, \tau_n > t_n \mid \mathscr{F}_T \vee \mathscr{G}_t\} = \mathbb{1}_{\{\tau_1 > t, \tau_2 > t, \cdots, \tau_n > t\}} e^{\sum_{i=1}^{n}(\Gamma_t^i - \Gamma_{t_i}^i)}$$

证明：其证明留给读者自行完成。 □

现在来考虑违约时间 $\tau_1, \tau_2, \cdots, \tau_n$ 的最小值。如果每个风险过程 Γ^i 容许有$\mathbb{F}$—强度 γ^i，则等式(9.3)变为

$$\mathbb{Q}^*\{\tau_1 > t_1, \tau_2 > t_2, \cdots, \tau_n > t_n \mid \mathscr{F}_T\} = \prod_{i=1}^{n} \exp\left(-\int_0^{t_i} \gamma_u^i \mathrm{d}u\right) \tag{9.4}$$

现在关注随机时间 $\tau_{(1)} = \tau_1 \wedge \tau_2 \wedge \cdots \wedge \tau_n$。这个随机时间的$\mathbb{F}$—风险过程 $\Gamma^{(1)}$ 满足 $\Gamma^{(1)} = \sum_{i=1}^{n} \Gamma^i$，因为式(9.3)意味着

$$e^{-\Gamma_t^{(1)}} = \mathbb{Q}^*\{\tau_{(1)} > t \mid \mathscr{F}_t) = \mathbb{Q}^*\{\tau_1 > t, \tau_2 > t, \cdots, \tau_n > t \mid \mathscr{F}_t\} = e^{-\sum_{i=1}^{n}\Gamma_t^i}$$

根据式(5.11)，对于任意一个 $\mathscr{F}_s$—可测的随机变量 Y 和任意 $t \leqslant s$，如下等式成立

$$\mathbb{E}_{\mathbb{Q}^*}(\mathbb{1}_{\{\tau_{(1)}>s\}}Y \mid \mathcal{G}_t\} = \mathbb{1}_{\{\tau_{(1)}>t\}}\mathbb{E}_{\mathbb{Q}^*}(Y\mathrm{e}^{\Gamma_t^{(1)}-\Gamma_s^{(1)}} \mid \mathcal{F}_t) \tag{9.5}$$

注意到，对于任意一个 $\mathcal{G}_s$—可测的随机变量 Y 和任意一个 $t \leqslant s$，有

$$\mathbb{E}_{\mathbb{Q}^*}(\mathbb{1}_{\{\tau_{(1)}>s\}}Y \mid \mathcal{G}_t\} = \mathbb{E}_{\mathbb{Q}^*}(\mathbb{1}_{\{\tau_{(1)}>s\}}Y \mid \widetilde{\mathcal{G}}_t\}$$

其中，$\widetilde{\mathbb{G}}$ 表示与 $\tau_{(1)}$ 相应的滤子；即 $\widetilde{\mathbb{G}} = \mathbb{F} \vee \mathbb{H}^{(1)}$，式中 $\mathbb{H}^{(1)}$ 为由过程 $H_t^{(1)} = \mathbb{1}_{\{\tau_{(1)} \leqslant t\}}$ 生成的滤子。

评注：等式(9.5)是我们基于 $\mathbb{F}$—风险过程的概念通过直接方法得到的。由于已知 $\Gamma^i = \Lambda^i$，所以考察一下通过鞅方法得到等式(9.5)也是很有意思的。为此，首先必须检验两个滤子 $\mathbb{F}$ 和 $\widetilde{\mathbb{G}}$ 满足鞅不变性条件(M.1)。我们已经知道条件(M.1)是等价于条件(F.1a)的，该条件现在表述为：对于任意 $t > 0$

$$\mathbb{Q}^*\{\tau_{(1)} \leqslant u \mid \mathcal{F}_t) = \mathbb{Q}^*\{\tau_{(1)} \leqslant u \mid \mathcal{F}_\infty\}, \ \forall u \in [0, t]$$

上面这个条件是满足的，因为根据引理 9.1.1 的第(1)—(2)部分，有

$$\mathbb{Q}^*\{\tau_{(1)} > u \mid \mathcal{F}_t) = \mathbb{Q}^*\{\tau_{(1)} > u \mid \mathcal{F}_\infty\}, \ \forall u \in [0, t]$$

由此推得条件(F.1a)——从而条件(M.1)——在目前的框架中确实是满足的。

根据引理 7.1.2，$\tau_{(1)}$ 的($\mathbb{F}$，$\widetilde{\mathbb{G}}$)—鞅风险过程等于 $\Lambda^{(1)} = \sum_{i=1}^{n} \Lambda^i$，使得它的 $\mathbb{F}$—强度为 $\lambda^{(1)} = \sum_{i=1}^{n} \lambda^i$（如果它存在的话）。在随机变量 $Y = 1$ 的情况下，运用命题 7.1.1，则对于 $t \leqslant s$，推得

$$\mathbb{Q}^*\{\tau_{(1)} > s \mid \widetilde{\mathcal{G}}_t) = \mathbb{1}_{\{\tau_{(1)}>t\}}\mathbb{E}_{\mathbb{Q}^*}(\mathrm{e}^{\Lambda_t^{(1)}-\Lambda_s^{(1)}} \mid \mathcal{F}_t)$$

然而，为了得到一个与等式(9.5)对应形式，需要检验命题 7.1.1 的一个相当复杂的连续性条件。这表明基于 $\mathbb{F}$—风险过程的直接方法更方便一些。

符号强度的情形。一些学者（如 Kijima 和 Muromachi(2000)）考察了没有排除随机时间强度取负值的信用风险模型。他们认为：强度过程取负值显然与将强度作为无穷小时间区间上生存的条件概率这一解释是相矛盾的。然而，在这种情况下，条件独立随机时间的构造是行得通的。下面详细地分析这个问题。

假设给定一个 $\mathbb{F}$—适应的连续随机过程集 Γ^i $(i = 1, 2, \cdots, n)$，且 $\Gamma_0^i = 0$，Γ^i 定义在滤子化概率空间($\hat{\Omega}$，$\mathbb{F}$，$\hat{\mathbb{P}}$)上。通过公式(9.1)，即

$$\tau_i = \inf\{t \in \mathbb{R}_+ : \Gamma_t^i \geqslant -\ln \xi_i\}$$

在放大的概率空间(Ω, $\mathcal{G}$, $\mathbb{Q}^*$)上引入一个随机时间有限集 $\{\tau_i, \ i = 1, 2, \cdots, n\}$，

随机时间 $\tau_1, \tau_2, \cdots, \tau_n$ 具备大多数所要求的性质,但是一般而言,正如以下结论表明的,这些随机时间的风险过程与过程 Γ^i 并不一致。

引理 9.1.4 随机时间 $\tau_i (i = 1, 2, \cdots, n)$ 在$\mathbb{Q}^*$下关于$\mathbb{F}$是条件独立的。特别地,对每个 $t_1, t_2, \cdots, t_n \leqslant T$ 有

$$\mathbb{Q}^* \{\tau_1 > t, \tau_2 > t, \cdots, \tau_n > t \mid \mathscr{F}_T\} = \prod_{i=1}^{n} \mathrm{e}^{-\widetilde{\Gamma}^i_{t_i}} = \mathrm{e}^{-\sum_{i=1}^{n} \widetilde{\Gamma}^i_{t_i}} \tag{9.6}$$

其中,$\widetilde{\Gamma}$ 是与 Γ^i 相应的递增过程,即 $\widetilde{\Gamma}^i_t := \sup_{u \leqslant t} \Gamma^i_u$。

证明:其证明过程与引理 9.1.1 的证明相似。只需观察到有下式

$$\{\tau_i > t\} = \{\widetilde{\Gamma}^i_t < -\ln \xi_i\} = \{\mathrm{e}^{-\Gamma^i_t} > \xi_i\}$$

成立就可以完成引理的证明:注意到,包含关系 $\{\widetilde{\Gamma}^i_t < -\ln \xi_i\} \subseteq \{\Gamma^i_t < -\ln \xi_i\}$ 总是成立的,但一般来说,$\{\widetilde{\Gamma}^i_t < -\ln \xi_i\} \neq \{\Gamma^i_t < -\ln \xi_i\}$。

根据这个引理,如果违约时间是通过本节描述的构造方法得到的,则在(随机)集合 $\{\gamma^i < 0\}$ 上,每个违约时间 τ_i 的强度自动变为 0。因此,τ_i 的"真实"强度等于 $\tilde{\gamma}^i = \max(\gamma^i, 0)$。

9.1.3 第 i 次违约合约的估值

接下的目的是要在违约时间条件独立的假设下计算第 i 次违约权益 $CCT^{(i)}$ 的初始价格 $S_0^{(i)}$。始终假设过程 $Z^k (k = 1, 2, \cdots, n)$ 是$\mathbb{F}$—可料的,随机支付 $X_k (k=1, 2, \cdots, n)$和 X 是 $\mathscr{F}_T$—可测的。这些假设使得接下来的结论相比下一章将要得到的某些结论缺乏普适性。例如,在这里正式地排除了明显依赖于以前违约时间的回收支付。当然,如果不施加这些限制的话,我们又不能够有效地利用违约时间关于参照滤子$\mathbb{F}$是条件独立的假定。

为了得到一般性的第 i 次违约权益 $CCT^{(i)}$ 价值过程的表达式,需要引入一些辅助符号。设 $i, j \in \{1, 2, \cdots, n\}$是固定的。将集合$\{1, 2, \cdots, n\}$特定的划分构成的集合记为 $\Pi^{(i, j)}$。即,如果 $\pi \in \Pi^{(i, j)}$,则 $\pi = \{\pi_-, \{j\}, \pi_+\}$,其中

$$\pi_- = \{k_1, k_2, \cdots, k_{i-1}\}, \quad \pi_+ = \{l_1, l_2, \cdots, l_{n-i}\}$$

$$j \notin \pi_-, \quad j \notin \pi_+, \quad \pi_- \cap \pi_+ = \varnothing, \quad \pi_- \cup \pi_+ \cup \{j\} = \{1, 2, \cdots, n\}$$

对于一个固定的 $i \in \{1, 2, \cdots, n\}$和任意 $j \in \{1, 2, \cdots, n\}$,应当按如下方式来理解划分 $\pi = \{\pi_-, \{j\}, \pi_+\}$,$j$ 表示第 i 次违约的信用实体的指标,集合 π_- 包括了用以表

示在第 j 个信用实体违约之前违约的所有信用实体的指标集。最后,集合 π_+ 包括了用以表示在第 j 个信用实体违约之后违约的所有信用实体的指标集。

例 9.1.6 在这个例子中,考虑 $n=2$ 个信用实体。对于 $i=1$(即首次违约权益的情形)和 $j=1, 2$,有

$$\Pi^{(1,1)}=\{\emptyset, \{1\}, \{2\}\}, \quad \Pi^{(1,2)}=\{\emptyset, \{2\}, \{1\}\}$$

同样地,在第二次违约权益的情形中,有

$$\Pi^{(2,1)}=\{\{2\}, \{1\}, \emptyset\}, \quad \Pi^{(2,2)}=\{\{1\},\{2\}, \emptyset\}$$

在这个例子中,每个集合 $\Pi^{(i,j)}$ 只包含一种划分,如 $\Pi^{(1,1)}$ 唯一的元素是划分 $\pi=\{\emptyset, \{1\}, \{2\}\}$。

例 9.1.7 现在考虑 $n=4$ 的情形。例如,取 $j=3$,则 $\Pi^{(1,3)}=\{\emptyset, \{3\}, \{1, 2, 4\}\}$

$$\Pi^{(2,3)}=\{\{\{1\}, \{3\}, \{2, 4\}\}, \{\{2\}, \{3\}, \{1,4\}\}, \{\{4\}, \{3\}, \{1, 2\}\}\}$$

$$\Pi^{(3,3)}=\{\{\{1, 2\}, \{3\}, \{4\}\}, \{\{1, 4\}, \{3\}, \{2\}\}, \{\{2, 4\}, \{3\}, \{1\}\}\}$$

$$\Pi^{(4,3)}=\{\{1, 2, 4\}, \{3\}, \emptyset\}$$

对于任意的数 $i, j\in\{1, 2, \cdots, n\}$ 和任意的 $\pi\in\Pi^{(i,j)}$,记 $\tau(\pi_-)=\max\{\tau_k: k\in\pi_-\}$ 和 $\tau(\pi_+)=\min\{\tau_l: l\in\pi_+\}$,这里按照惯例设定:$\max\emptyset=-\infty$ 及 $\min\emptyset=\infty$。显然 $\tau(\pi_-)$(和 $\tau(\pi_+)$ 分别)是紧跟在第 i 违约时间之前(和之后)的违约时间。

首先考察一般情形,然后再考察非随机回收支付和风险过程的特殊情形。不难验证,第 i 次违约支付的初始价格满足(参见命题 10.2.3)

$$\begin{aligned}
S_0^{(i)} &= \mathbb{E}_{\mathbb{Q}^*}\Big(\sum_{j=1}^{n} B_{\tau j}^{-1} Z_{\tau j}^{j} \sum_{\pi\in\Pi^{(i,j)}} \mathbb{1}_{\{\tau(\pi_-)<\tau_j<\tau(\pi_+),\ \tau_j\leqslant T\}}\Big)\\
&\quad + \mathbb{E}_{\mathbb{Q}^*}\Big(B_T^{-1}\sum_{j=1}^{n} X_j \sum_{\pi\in\Pi^{(i,j)}} \mathbb{1}_{\{\tau(\pi_-)<\tau_j<\tau(\pi_+),\ \tau_j\leqslant T\}}\Big)\\
&\quad + \mathbb{E}_{\mathbb{Q}^*}\Big(B_T^{-1} X \sum_{j=1}^{n} \sum_{\pi\in\Pi^{(i,j)}} \mathbb{1}_{\{\tau(\pi_-)<\tau_j<\tau(\pi_+),\ \tau_j>T\}}\Big)\\
&=: J_1+J_2+J_3
\end{aligned}$$

因为 $B_0=1$,我们经常在公式中省略 B_0。根据随机时间 $\tau_1, \tau_2, \cdots, \tau_n$ 条件独立性的假设,对于上面等式中第一项有

$$J_1 = \mathbb{E}_{\mathbb{Q}^*}\left\{\mathbb{E}_{\mathbb{Q}^*}\left(\sum_{j=1}^{n} Z_{\tau_j}^j B_{\tau_j}^{-1} \sum_{\pi\in\Pi^{(i,j)}} \mathbb{1}_{\{\tau(\pi_-)<\tau_j<\tau(\pi_+),\ \tau_j\leqslant T\}} \mid \mathscr{F}_T\right)\right\}$$

$$= \mathbb{E}_{\mathbb{Q}^*}\left\{\sum_{j=1}^{n}\int_0^T Z_u^j B_u^{-1}\Big(\sum_{\pi\in\Pi^{(i,j)}}\Big[\prod_{k\in\pi_-}\mathbb{Q}^*\{\tau_k<u\mid\mathscr{F}_T\}\Big]\right.$$

$$\left.\times\Big[\prod_{l\in\pi_+}\mathbb{Q}^*\{\tau_l>u\mid\mathscr{F}_T\}\Big]\Big)\mathrm{d}\,\mathbb{Q}^*\{\tau_j\leqslant u\mid\mathscr{F}_T\}\right\} \tag{9.7}$$

$$= \mathbb{E}_{\mathbb{Q}^*}\left\{\sum_{j=1}^{n}\int_0^T Z_u^j \mathrm{e}^{-\int_0^u r_s\mathrm{d}s}\Big(\sum_{\pi\in\Pi^{(i,j)}}\Big[\prod_{k\in\pi_-}(1-\mathrm{e}^{-\Gamma_u^k})\Big]\right.$$

$$\left.\times\Big[\mathrm{e}^{-\sum_{l\in\pi_+}\Gamma_u^l}\Big]\Big)\gamma_u^j\mathrm{e}^{-\Gamma_u^j}\mathrm{d}u\right\}$$

对于 J_2，有

$$J_2 = \mathbb{E}_{\mathbb{Q}^*}\left\{\mathbb{E}_{\mathbb{Q}^*}\left(B_T^{-1}\sum_{j=1}^{n} X_j \sum_{\pi\in\Pi^{(i,j)}} \mathbb{1}_{\{\tau(\pi_-)<\tau_j<\tau(\pi_+),\ \tau_j\leqslant T\}} \mid \mathscr{F}_T\right)\right\}$$

$$= \mathbb{E}_{\mathbb{Q}^*}\left\{B_T^{-1}\sum_{j=1}^{n} X_j\int_0^T\Big(\sum_{\pi\in\Pi^{(i,j)}}\Big[\prod_{k\in\pi_-}\mathbb{Q}^*\{\tau_k<u\mid\mathscr{F}_T\}\Big]\right.$$

$$\left.\times\Big[\prod_{l\in\pi_+}\mathbb{Q}^*\{\tau_l>u\mid\mathscr{F}_T\}\Big]\Big)\mathrm{d}\,\mathbb{Q}^*\{\tau_j\leqslant u\mid\mathscr{F}_T\}\right\}$$

$$= \mathbb{E}_{\mathbb{Q}^*}\left\{\mathrm{e}^{-\int_0^T r_s\mathrm{d}s}\sum_{j=1}^{n} X_j\int_0^T\Big(\sum_{\pi\in\Pi^{(i,j)}}\Big[\prod_{k\in\pi_-}(1-\mathrm{e}^{-\Gamma_u^k})\Big]\right.$$

$$\left.\times\Big[\mathrm{e}^{-\sum_{l\in\pi_+}\Gamma_u^l}\Big]\Big)\gamma_u^j\mathrm{e}^{-\Gamma_u^j}\mathrm{d}u\right\}$$

而最后一项满足

$$J_3 = \mathbb{E}_{\mathbb{Q}^*}\left\{\mathbb{E}_{\mathbb{Q}^*}\left(XB_T^{-1}\sum_{j=1}^{n}\sum_{\pi\in\Pi^{(i,j)}} \mathbb{1}_{\{\tau(\pi_-)<\tau_j<\tau(\pi_+),\ \tau_j>T\}} \mid \mathscr{F}_\infty\right)\right\}$$

$$= \mathbb{E}_{\mathbb{Q}^*}\left\{XB_T^{-1}\sum_{j=1}^{n}\int_\infty^T\Big(\sum_{\pi\in\Pi^{(i,j)}}\Big[\prod_{k\in\pi_-}\mathbb{Q}^*\{\tau_k<u\mid\mathscr{F}_\infty\}\Big]\right.$$

$$\left.\times\Big[\prod_{l\in\pi_+}\mathbb{Q}^*\{\tau_l>u\mid\mathscr{F}_\infty\}\Big]\Big)\mathrm{d}\,\mathbb{Q}^*\{\tau_j\leqslant u\mid\mathscr{F}_\infty\}\right\}$$

$$= \mathbb{E}_{\mathbb{Q}^*}\left\{X\mathrm{e}^{-\int_0^T r_s\mathrm{d}s}\sum_{j=1}^{n}\int_T^\infty\Big(\sum_{\pi\in\Pi^{(i,j)}}\Big[\prod_{k\in\pi_-}(1-\mathrm{e}^{-\Gamma_u^k})\Big]\right.$$

$$\left.\times\Big[\mathrm{e}^{-\sum_{l\in\pi_+}\Gamma_u^l}\Big]\Big)\gamma_u^j\mathrm{e}^{-\Gamma_u^j}\mathrm{d}u\right\}$$

在 $i=1$ 的情形中,以上得到的结论与命题 10.2.4 中所构造的更抽象的表达式是一致的。实际上,在目前的假设下,只需检验命题 10.2.4 中定义的过程 $\widetilde{V}^{(1)}$ 在 $\tau_{(1)}$ 处是连续的即可。由于更一般的结论并不要求违约时间的条件独立性假设成立,因此,命题 10.2.4 提供了一个更强的结论。

假设 $Z_t^j=z^j(t)$,其中 $z^j:[0, T]\to\mathbb{R}$ $(i=1, 2, \cdots, n)$ 是关于时间的确定性(可积)函数。此外,假设终端支付 $X_j=x_j$ 和 $X=x$,其中 $x_j(j=1, 2, \cdots, n)$ 和 x 是常数。进一步,假设违约时间的强度 $\gamma_t^j=\gamma^j(t)(j=1, 2, \cdots, n)$ 是非随机的。尽管这些条件相当苛刻,但还是在各种文献中广泛使用,因为利用这些假设条件能够推导出各种类型第 i 次违约权益估值的简单结果。需强调的是,这里并没有假定利率是非随机的。

命题 9.1.2 令 $B(0, T)$ 表示在时间 T 到期的无违约零息票债券的价格。假设违约时间 $\tau_j(j=1, 2, \cdots, n)$ 关于滤子 $\mathbb{F}$ 是条件独立的,且具有确定性强度 γ^j,则具有确定性回收支付的第 i 次违约权益在 $t=0$ 时的价格为

$$S_0^{(i)}=\sum_{j=1}^{n}\int_0^T B(0, u)z^j(u)g_{ij}(u)\gamma^j(u)\mathrm{e}^{-\int_0^u\gamma^j(s)\mathrm{d}s}\mathrm{d}u$$

$$+B(0, T)\sum_{j=1}^{n}x_j\int_0^T g_{ij}(u)\gamma^j(u)\mathrm{e}^{-\int_0^u\gamma^j(s)\mathrm{d}s}\mathrm{d}u$$

$$+B(0, T)x\sum_{j=1}^{n}\int_T^{\infty}g_{ij}(u)\gamma^j(u)\mathrm{e}^{-\int_0^u\gamma^j(s)\mathrm{d}s}\mathrm{d}u$$

其中,对于每个 $u\in R_+$,有

$$g_{ij}(u):=\sum_{\pi\in\Pi^{(i, j)}}\mathrm{e}^{-\sum_{l\in\pi_+}\int_0^u\gamma^l(s)\mathrm{d}s}\prod_{k\in\pi_-}(1-\mathrm{e}^{-\int_0^u\gamma^k(s)\mathrm{d}s})$$

证明: 只需回忆,对于 $t\in[0, T]$,有 $B(0, t)=\mathbb{E}_{\mathbb{Q}^*}(B_t^{-1})$,命题即可证明。 □

现在来考察一些 i 次违约权益的特殊情形。保留违约时间是 $\mathbb{F}$ —条件独立的假设,但不再假定违约时间的 $\mathbb{F}$ —强度是确定性的。

例 9.1.8 计算 F 型违约互换的初始价格 $S_0^{(F)}$,这是首次违约合同的一个特例。为了计算 $S_0^{(F)}$,首先考虑一个一般性的首次违约权益 $CCT^{(1)}$。利用之前建立的公式(或者根据直接计算),发现 $S_0^{(1)}=J_1+J_2+J_3$,其中 J_1, J_2, J_3 这三项可以按照如下方式进行估值。首先,第一项 J_1 表示:当第 j 个参考实体为首次违约实体时,在违约时间 $\tau_j(\tau_j\leqslant T)$ 时的回收支付 $Z_{\tau_j}^j$。它由如下公式决定:

$$J_1=B_0\,\mathbb{E}_{\mathbb{Q}^*}\Big(\sum_{j=1}^{n}B_{\tau_j}^{-1}Z_{\tau_j}^j\,\mathbb{1}_{\{\tau_j=\tau_{(1)},\,\tau_j\leqslant T\}}\mid\mathcal{G}_0\Big)$$

$$=\mathbb{E}_{\mathbb{Q}^*}\Big(\sum_{j=1}^{n}\int_0^T Z_u^j\mathrm{e}^{-\int_0^u r_s\mathrm{d}s}\mathrm{e}^{-\sum_{l\neq j}\Gamma_u^l}\gamma_u^j\mathrm{e}^{-\Gamma_u^j}\mathrm{d}u\Big)$$

其次，第二项 J_2 表示：当第 j 个参考实体为首次违约实体时，在到期日 T 时的随机支付 X_j。它满足

$$J_2 = B_0\,\mathbb{E}_{\mathbb{Q}^*}\Big(B_T^{-1}\sum_{j=1}^{n}X_j\,\mathbb{1}_{\{\tau_j=\tau_{(1)},\,\tau_j\leqslant T\}}\mid \mathcal{G}_0\Big)$$

$$= \mathbb{E}_{\mathbb{Q}^*}\Big(\mathrm{e}^{-\int_0^T r_s\,\mathrm{d}s}\sum_{j=1}^{n}\int_0^T X_j\,\mathrm{e}^{-\sum_{l\neq j}\Gamma_u^l}\gamma_u^j\mathrm{e}^{-\Gamma_u^j}\,\mathrm{d}u\Big)$$

最后，第三项 J_3 项表示：在 T 之前没有违约发生的情况下，相应的到期日 T 时的支付 X。它由下面的公式给出

$$J_3 = B_0\,\mathbb{E}_{\mathbb{Q}^*}(XB_T^{-1}\,\mathbb{1}_{\{\tau_{(1)}>T\}}\mid\mathcal{G}_0) = \mathbb{E}_{\mathbb{Q}^*}\Big(XB_T^{-1}\sum_{j=1}^{n}\mathbb{1}_{\{\tau_j=\tau(1),\,\tau_j>T\}}\Big)$$

$$= \mathbb{E}_{\mathbb{Q}^*}\Big(X\mathrm{e}^{-\int_0^T r_s\,\mathrm{d}s}\sum_{j=1}^{n}\int_T^\infty \mathrm{e}^{-\sum_{l\neq j}\Gamma_u^l}\gamma_u^j\mathrm{e}^{-\Gamma_u^j}\,\mathrm{d}u\Big)$$

在附加回收支付恒定不变的假设下，对于 $j=1,2,\cdots,n$ 有 $X_j=\hat{x}$，以及 $X=x$(其中 $\hat{x}$ 和 x 均为实数)，由此得出

$$J_2 = \hat{x}\,\mathbb{E}_{\mathbb{Q}^*}(B_T^{-1}\,\mathbb{1}_{\{\tau(1)\leqslant T\}}) = \hat{x}B(0,T)-\hat{x}B_0\,\mathbb{E}_{\mathbb{Q}^*}(B_T^{-1}\,\mathbb{1}_{\{\tau(1)>T\}})$$

$$J_3 = xB_0\,\mathbb{E}_{\mathbb{Q}^*}(B_T^{-1}\,\mathbb{1}_{\{\tau(1)>T\}})$$

在 F 型违约互换的情形下，对每个 j，显然有 $Z^j\equiv 0$，因此下面的结论——最初由 Kijima 和 Muromachi(2000)提出——是成立的。

命题 9.1.3 具有恒定支付 $\hat{x}$ 和 x 的 F 型违约互换在 $t=0$ 时的价值等于

$$S_0^{(F)} = \hat{x}B(0,T)+(x-\hat{x})B_0\,\mathbb{E}_{\mathbb{Q}^*}\Big(B_T^{-1}\mathrm{e}^{-\sum_{j=1}^{n}\Gamma_T^j}\Big) \tag{9.8}$$

证明：只需注意到

$$S_0^{(F)} = J_2+J_3 = \hat{x}B(0,T)+(x-\hat{x})B_0\,\mathbb{E}_{\mathbb{Q}^*}(B_T^{-1}\,\mathbb{1}_{\{\tau(1)>T\}})$$

并应用关于 σ—域 $\mathcal{F}_T$ 的条件即可得证。 □

例 9.1.9 计算 D 型违约互换的初始价格 $S_0^{(D)}$。回忆一下，这样的合约为阻止头两次违约提供了一种保护(参见例 9.1.2)。记

$$I_j^\pi = \mathbb{1}_{\{\tau(\pi_-)<\tau_j<\tau(\pi_+),\,\tau_j\leqslant T\}},\quad \widetilde{I}_j^\pi = \mathbb{1}_{\{\tau(\pi_-)<\tau_j<\tau(\pi_+),\,\tau_j>T\}}$$

根据命题 10.2.3(或根据直接的推断)，价格 $S_0^{(D)}$ 明显地满足

$$S_0^{(D)} = \mathbb{E}_{\mathbb{Q}^*}\Big(B_T^{-1}\sum_{j=1}^{n}\big(\sum_{m\neq j}(\widetilde{X}_j+\widetilde{X}_m)\,\mathbb{1}_{\{\tau_{(1)}=\tau_m\}}\big)\sum_{\pi\in\Pi^{(2,\,j)}} I_j^{\pi}\Big)$$

$$+\mathbb{E}_{\mathbb{Q}^*}\Big(B_T^{-1}\big(\hat{X}_0\,\mathbb{1}_{\{\tau(1)>T\}}+\sum_{m=1}^{n}\hat{X}_m\,\mathbb{1}_{\{\tau_{(1)}=\tau_m,\,\tau(1)>T\}}\big)\sum_{j=1}^{n}\sum_{\pi\in\Pi^{(2,\,j)}}\widetilde{I}_j^{\pi}\Big)$$

$$=:I_1+I_2$$

利用违约时间条件独立性的假定,得到

$$I_1=\mathbb{E}_{\mathbb{Q}^*}\Big\{\mathbb{E}_{\mathbb{Q}^*}\Big(B_T^{-1}\sum_{j=1}^{n}\big(\sum_{m\neq j}(\widetilde{X}_j+\widetilde{X}_m)\,\mathbb{1}_{\{\tau_m<\tau_j<\tau_l,\,l\neq j,\,l\neq m,\,\tau_j\leqslant T\}}\big)\,\mathcal{F}_T\Big)\Big\}$$

$$=\mathbb{E}_{\mathbb{Q}^*}\Big\{B_T^{-1}\sum_{j=1}^{n}\int_0^T\big(\sum_{m\neq j}(\widetilde{X}_j+\widetilde{X}_m)\,\mathbb{Q}^*\{\tau_m<u\mid\mathcal{F}_T\}$$

$$\times\prod_{l\neq j,\,l\neq m}\mathbb{Q}^*\{\tau_l>u\mid\mathcal{F}_T\}\big)\,\mathrm{d}\,\mathbb{Q}^*\{\tau_j\leqslant u\mid\mathcal{F}_T\}\Big\}$$

$$=\mathbb{E}_{\mathbb{Q}^*}\Big\{\mathrm{e}^{-\int_0^T r_s\mathrm{d}s}\sum_{j=1}^{n}\int_0^T\big(\sum_{m\neq j}(\widetilde{X}_j+\widetilde{X}_m)(1-\mathrm{e}^{-\Gamma_u^m})\,\mathrm{e}^{-\sum_{l\neq j,\,l\neq m}\Gamma_u^l}\big)\times\gamma_u^j\,\mathrm{e}^{-\Gamma_u^j}\,\mathrm{d}u\Big\}$$

和

$$I_2=\mathbb{E}_{\mathbb{Q}^*}\Big\{\mathbb{E}_{\mathbb{Q}^*}\Big(B_T^{-1}\big(\hat{X}_0\,\mathbb{1}_{\{\tau(1)>T\}}+\sum_{m=1}^{n}\hat{X}_m\,\mathbb{1}_{\{\tau_m\leqslant T,\,\tau_l>T,\,l\neq m\}}\big)\,\mathcal{F}_T\Big)\Big\}$$

$$=\mathbb{E}_{\mathbb{Q}^*}\Big\{B_T^{-1}\Big(\hat{X}_0\prod_{m=1}^{n}\mathbb{Q}^*\{\tau_m>T\mid\mathcal{F}_T\}+\sum_{m=1}^{n}\hat{X}_m\,\mathbb{Q}^*\{\tau_m<T\mid\mathcal{F}_T\}$$

$$\times\prod_{l\neq m}\mathbb{Q}^*\{\tau_l<T\mid\mathcal{F}_T\}\Big)\Big\}$$

$$=\mathbb{E}_{\mathbb{Q}^*}\Big\{\mathrm{e}^{-\int_0^T r_s\mathrm{d}s}\Big(\hat{X}_0\,\mathrm{e}^{-\sum_{m=1}^{n}\Gamma_T^m}+\sum_{m=1}^{n}\hat{X}_m(1-\mathrm{e}^{-\Gamma_T^m})\,\mathrm{e}^{-\sum_{l\neq m}\Gamma_T^l}\Big)\Big\}$$

现在考虑一个具有恒定回收支付的 D 型违约互换的特殊例子。特别地,假设 $\hat{X}_0=x$ 和 $\hat{X}_j=\widetilde{X}_j=\hat{x}$,其中 x 和 $\hat{x}$ 均为实数。事实上,这里我们讨论的是 T 时结算的未定权益 Y,它满足

$$Y=2\hat{x}\,\mathbb{1}_{\{\tau_{(2)}\leqslant T\}}+\hat{x}\,\mathbb{1}_{\{\tau_{(1)}\leqslant T,\,\tau_{(2)}>T\}}+x\,\mathbb{1}_{\{\tau_{(1)}>T\}}$$

下面这个结论——由 Kijima 和 Muromachi(2000)提出——为该权益在 0 时的价格提供了一个简单的表达式。回忆一下,$S_0^{(F)}$ 代表具有不变回收支付 x 和 $\hat{x}$ 的 F 型违约互换的初始价格(参见式(9.8))。

命题 9.1.4 考虑具有不变回收支付 x 和 $\hat{x}$ 的 D 型违约互换。在 0 时它的价格等于 $S_0^{(D)} = S_0^{(F)} + \Delta$，其中 Δ 为非负的，具体的形式为

$$\Delta = \hat{x}B(0,\ T) - \hat{x}B_0\ \mathbb{E}_{\mathbb{Q}^*}\left\{B_T^{-1}\left(\mathrm{e}^{-\sum_{j=1}^{n}\Gamma_T^j} + \sum_{j=1}^{n}(1-\mathrm{e}^{-\Gamma_T^j})\mathrm{e}^{-\sum_{l\neq j}\Gamma_T^l}\right)\right\}$$

证明：显然有 $\{\tau_{(1)} > T,\ \tau_{(2)} > T\} = \{\tau_{(1)} > T\}$，则随机变量 Y 可以表示为

$$Y = \hat{x} + (x - \hat{x})\mathbb{1}_{\{\tau_{(1)}>T\}} + \hat{x}(1 - \mathbb{1}_{\{\tau_{(2)}>T\}})$$

因此，

$$S_0^{(D)} = S_0^{(F)} + \hat{x}\left(B(0,\ T) - B_0\ \mathbb{E}_{\mathbb{Q}^*}(B_T^{-1}\mathbb{1}_{\{\tau_{(2)}>T\}})\right)$$

由于随机变量 B_T^{-1} 是 $\mathcal{F}_T$—可测的，使得

$$\begin{aligned}\mathbb{E}_{\mathbb{Q}^*}(B_T^{-1}\mathbb{1}_{\{\tau_{(2)}>T\}}) &= \mathbb{E}_{\mathbb{Q}^*}(B_T^{-1}\mathbb{Q}^*\{\tau_{(2)} > T \mid \mathcal{F}_T\}) \\ &= \mathbb{E}_{\mathbb{Q}^*}(B_T^{-1}\mathbb{Q}^*\{\tau_{(1)} > T \mid \mathcal{F}_T\}) \\ &\quad + \mathbb{E}_{\mathbb{Q}^*}(B_T^{-1}\mathbb{Q}^*\{\tau_{(1)} \leqslant T,\ \tau_{(2)} > T \mid \mathcal{F}_T\})\end{aligned}$$

利用引理 9.1.1 即可完成证明。 □

Kijima 和 Muromachi 方法。 Kijima 和 Muromachi(2000)以及 Kijima(2000)为了进一步设定信用风险模型，假定短期利率 r 以及条件独立的违约时间 $\tau_i(i=1,\ 2,\ \cdots,\ n)$ 的强度过程 $\gamma^i(i=1,\ 2,\ \cdots,\ n)$ 建模为相互依赖的高斯扩散过程。更具体一些，他们假设用扩展的 Vasicek 模型来描述所涉及的所有过程，即

$$\mathrm{d}r_t = (\phi_t^0 - a_0 r_t)\mathrm{d}t + \sigma_0\mathrm{d}W_t^0$$

对每个 $i = 1,\ 2,\ \cdots,\ n$ 有

$$\mathrm{d}\gamma_t^i = (\phi_t^i - a_i\gamma_t^i)\mathrm{d}t + \sigma_i\mathrm{d}W_t^i$$

其中，$W^0,\ W^1,\ \cdots,\ W^n$ 为实值的(可能相关的)布朗运动。于是参照滤子$\mathbb{F}$ 由$(n+1)$维随机过程$(W^0,\ W^1,\ \cdots,\ W^n)$生成。

在这一设定中，显然要遇到符号强度，由它们推导出某些特定违约互换价值的封闭解。我们看到，它们的计算是基于公式(9.3)的，而不是正确的等式(9.6)。因此，最终表达式——这些表达式过于冗长而不便在此列出——只是提供了 F 型和 D 型违约互换“真实”价格的近似值。在目前的知识限度内，这些近似值的精确性仍是一个有待研究的问题。

这一现象与 Vasicek 模型中短期利率也可以取负值的事实形成对照。尽管从金融学解释的角度，(名义)利率可以取负值的这一特性并不具有吸引力，但是从数学角度来看，通过风险中性估值公式来估值债券价格(债券期权等)是合适的。

9.1.4 篮子型香草违约互换

在例 9.1.2 中,已经描述了 F 型违约互换和 D 型违约互换。这两种产品具有比本节要考察的篮子型香草违约互换(vanilla default swaps of basket type)更抽象的性质。在第 1.3.1 节中,香草型违约互换(vanilla default swaps)和期权的概念是相对于一个给定的信用事件引入的,这个信用事件指的是一个特定公司债券的违约事件。类似的合同还可以从一篮子可违约证券的角度考虑。典型地,定义一个引发回收支付的标的信用事件为:如果 n 个参照信用中头 i 个违约(即第 i 次违约合同),则信用事件发生。

借用一个例子,以此来说明计算第 i 次违约互换的信用互换溢价的方法。考虑由 n 个公司债券组成的篮子,第 k 个债券面值为 L_k,到期日为 T_k,其价格过程记为 $D_k(t, T_k)$ $(k=1, 2, \cdots, n)$。用 τ_k 表示第 k 个债券的违约时间,另外,和以前一样,用 $\tau_{(i)}$ 来表示第 i 次违约的时间(回忆一下,这里并不包括同时违约的情形)。然后,再考虑一个在时间 $T < \min(T_1, T_2, \cdots, T_k)$ 到期的违约互换,其契约条款描述如下:

——如果第 i 次违约发生在违约互换的到期日 T 之前或 T 时,即如果 $\tau_{(i)} \leqslant T$,则合约持有人(如保护的买方)在时刻 $\tau_{(i)}$ 收到的回收支付数额为:

$$\sum_{k=1}^{n} \left(L_k - D_k(\tau_{(i)}, T_k)\right) \mathbb{1}_{\{\tau_k = \tau_{(i)}\}}$$

这意味着,如果第 i 次违约的债券是对应于第 k 个参照实体,那么回收支付就只依赖于第 k 个债券的价值。

——在第 i 次违约时间之前或者在到期日 T 之前(具体选择哪个取决于第 i 次违约时间和到期日谁在前发生)的每个预先确定的时间点 $t_p \leqslant T(p = 1, 2, \cdots, J)$,合约持有者支付数量为 κ 的信用互换溢价。

评注:(1) 注意,面值 L_k 代表第 k 个债券在违约互换中的约定面值,而不是已发行公司债券的实际面值。

(2) 可以考虑回收支付的其他契约。例如,可以设定

$$\sum_{k=1}^{n} \left(L_k B(\tau, T) - D_k(\tau_{(i)}, T)\right) \mathbb{1}_{\{\tau_k = \tau_{(i)}\}}$$

或者

$$\sum_{k=1}^{n} \left(D_k(\tau_{(i)-}, T) - D_k(\tau_{(i)}, T)\right) \mathbb{1}_{\{\tau_k = \tau_{(i)}\}}$$

Kijima(2000)研究了一种类似于上述设定的回收支付。更为一般性的回收契约规

定，对于所有 i 次违约，合约持有人都应该得到赔偿。这种契约十分有趣也值得研究。

在标的证券是一个单一的可违约债券情况下，从保护买方的角度，公式(1.3)表示对应于一般违约互换的现金流。在目前的设定下，一个类似的公式具有如下形式（回忆一下，对于 $p=1, 2, \cdots, J$，有 $t_p \leqslant T$）

$$\mathbb{1}_{\{t=\tau_{(i)}\}} \sum_{k=1}^{n} \left(L_k - D_k(\tau_{(i)}, T_k)\right) \mathbb{1}_{\{\tau_{(i)}=\tau_k \leqslant T\}} - \sum_{p=1}^{J} \kappa \mathbb{1}_{\{t_p < \tau_{(i)}\}} \mathbb{1}_{\{t=t_j\}}$$

为了更具体和更简洁些，我们集中讨论面值部分回收的情形。换言之，假定第 k 个债券在其违约之后的即刻价值等于 $\delta_k L_k$，其中 $\delta_k \in [0, 1)$ 为对应于第 k 个债券的常数回收率。因此，上面的公式就变为

$$\mathbb{1}_{\{t=\tau_{(i)}\}} \sum_{k=1}^{n} L_k(1-\delta_k) \mathbb{1}_{\{\tau_{(i)}=\tau_k \leqslant T\}} - \sum_{p=1}^{J} \kappa \mathbb{1}_{\{t_p < \tau_{(i)}\}} \mathbb{1}_{\{t=t_j\}}$$

取 $t=0$，上面的现金流在 0 时的价值等于

$$\mathbb{E}_{\mathbb{Q}^*}\left(B_{\tau_{(i)}}^{-1} \sum_{k=1}^{n} L_k(1-\delta_k) \mathbb{1}_{\{\tau_{(i)}=\tau_k \leqslant T\}} - \sum_{p=1}^{J} \kappa B_{t_p}^{-1} \mathbb{1}_{\{t_p < \tau_{(i)}\}}\right) \tag{9.9}$$

常数违约互换溢价 κ 的选择是使得互换在其初始日期的价值为 0——这对每个互换合同都一样。在下一个结论中，假设随机时间 τ_k 关于 $\mathbb{F}$ 是条件独立的，并且它们满足条件(C.1)。

命题 9.1.5 假设每个违约时间 τ_i 都具有 $\mathbb{F}$—风险过程 Γ^i，这些过程容许有强度函数 $\gamma^i (i=1, 2, \cdots, n)$，则 $\kappa = J_1/J_2$，其中

$$J_1 = \sum_{j=1}^{n} \mathbb{E}_{\mathbb{Q}^*}\left\{L_j(1-\delta_j)\int_0^T e^{-\int_0^u r_s ds}\Big(\sum_{\pi \in \Pi^{(i,j)}} \Big[\prod_{k \in \pi_-}(1-e^{-\Gamma_u^k})\Big] \times \Big[e^{-\sum_{l \in \pi_+} \Gamma_u^l}\Big]\Big) \gamma_u^j e^{-\Gamma_u^j} du\right\}$$

和

$$J_2 = \sum_{p=1}^{J} \mathbb{E}_{\mathbb{Q}^*}\left\{e^{-\int_0^{t_p} r_u du} \sum_{j=1}^{n}\left(\int_{t_p}^T \Big(\sum_{\pi \in \Pi^{(i,j)}} \Big[\prod_{k \in \pi_-}(1-e^{-\Gamma_u^k})\Big] \times \Big[e^{-\sum_{l \in \pi_+} \Gamma_u^l}\Big]\Big) \gamma_u^j e^{-\Gamma_u^j} du\right)\right\}$$
$$+ \sum_{p=1}^{J} \mathbb{E}_{\mathbb{Q}^*}\left\{e^{-\int_0^{t_p} r_u du} \sum_{j=1}^{n}\left(\int_T^\infty \Big(\sum_{\pi \in \Pi^{(i,j)}} \Big[\prod_{k \in \pi_-}(1-e^{-\Gamma_u^k})\Big] \times \Big[e^{-\sum_{l \in \pi_+} \Gamma_u^l}\Big]\Big) \gamma_u^j e^{-\Gamma_u^j} du\right)\right\}$$

证明:由于 κ 为一个常数,由式(9.9)可得①

$$\kappa=\frac{\mathbb{E}_{\mathbb{Q}^*}\left(B_{\tau_{(i)}}^{-1}\sum_{k=1}^{n}L_k(1-\delta_k)\mathbb{1}_{\{\tau_{(i)}=\tau_k\leqslant \Gamma\}}\right)}{\mathbb{E}_{\mathbb{Q}^*}\left(\sum_{p=1}^{J}B_p^{-1}\mathbb{1}_{\{t_p<\tau_{(i)}\}}\right)}=:\frac{J_1}{J_2}$$

为了证明 J_1 的等式成立,我们发现,可以把 J_1 解释为一个具有 $X=X^k=0$ 和 $Z^k\equiv L_k(1-\delta_k)(k=1,2,\cdots,n)$ 的 i 次违约合同在时刻 $t=0$ 时的价值。因此,关于 J_1 的公式可以很容易地从式(9.7)中得出。为得到 J_2 的表达式,首先注意到

$$J_2=\mathbb{E}_{\mathbb{Q}^*}\left(\sum_{p=1}^{J}B_{t_p}^{-1}\mathbb{1}_{\{t_p<\tau_{(i)}<T\}}+\sum_{p=1}^{J}B_{t_p}^{-1}\mathbb{1}_{\{\tau_{(i)}\geqslant T\}}\right)=K_1+K_2$$

其中,

$$K_1=\mathbb{E}_{\mathbb{Q}^*}\left(\sum_{p=1}^{J}B_{t_p}^{-1}\mathbb{1}_{\{t_p<\tau_{(i)}<T\}}\right)$$

和

$$K_2=\sum_{p=1}^{J}\mathbb{E}_{\mathbb{Q}^*}\left(B_{t_p}^{-1}\mathbb{1}_{\{\tau_{(i)}\geqslant T\}}\right)$$

由于过程 B 是$\mathbb{F}$—适应的,以及 $t_p\leqslant T(p=1,2,\cdots,J)$,则有

$$K_1=\mathbb{E}_{\mathbb{Q}^*}\left(\sum_{p=1}^{J}B_{t_p}^{-1}\mathbb{E}_{\mathbb{Q}^*}\left(\mathbb{1}_{\{t_p<\tau_{(i)}<T\}}\mathscr{F}_T\right)\right)$$

利用条件独立性假设和条件(C.1),推得

$$K_1=\sum_{p=1}^{J}\mathbb{E}_{\mathbb{Q}^*}\left\{\mathrm{e}^{-\int_0^{t_p}r_u\mathrm{d}u}\sum_{j=1}^{n}\left(\int_{t_p}^{T}\left(\sum_{\pi\in\Pi^{(i,j)}}\left[\prod_{k\in\pi_-}(1-\mathrm{e}^{-\Gamma_u^k})\right]\right.\right.\right.$$
$$\left.\left.\left.\times\left[\mathrm{e}^{-\sum_{l\in\pi_+}\Gamma_u^l}\right]\right)\gamma_u^j\mathrm{e}^{-\Gamma_u^j}\mathrm{d}u\right)\right\}$$

最后,再次利用条件独立性假设和条件(C.1),推得 K_2 的值为

$$K_2=\sum_{p=1}^{J}\mathbb{E}_{\mathbb{Q}^*}\left\{\mathrm{e}^{-\int_0^{t_p}r_u\mathrm{d}u}\sum_{j=1}^{n}\left(\int_{T}^{\infty}\left(\sum_{\pi\in\Pi^{(i,j)}}\left[\prod_{k\in\pi_-}(1-\mathrm{e}^{-\Gamma_u^k})\right]\right.\right.\right.$$
$$\left.\left.\left.\times\left[\mathrm{e}^{-\sum_{l\in\pi_+}\Gamma_u^l}\right]\right)\gamma_u^j\mathrm{e}^{-\Gamma_u^j}\mathrm{d}u\right)\right\}$$

只要回忆 $J_2=K_1+K_2$,便立即完成证明。 □

---

① 根据我们通常的假定,概率$\mathbb{Q}^*\{\tau_{(i)}\geqslant t_1\}$是正的,而且 κ 也是定义良好的。

9.2 违约相关和条件概率

标准假设。假设对于每个违约时间 τ_i 都存在$\mathbb{F}$—风险过程 Γ^i。对任意子集 $\mathscr{I}\subseteq\{1, 2, \cdots, n\}$,记 $\Gamma^{\mathscr{I}}=\sum_{i\in\mathscr{I}}\Gamma^i$。在 $\mathscr{I}=\{i, j\}$ 的特殊情形下,则将 $\Gamma^{\mathscr{I}}$记为 Γ^{ij},即设 $\Gamma^{ij}=\Gamma^i+\Gamma^j$。另外,令 $\mathbb{G}^{\mathscr{I}}=\mathbb{F}\vee\mathbb{H}^{\mathscr{I}}$,其中$\mathbb{H}^{\mathscr{I}}=\vee_{i\in\mathscr{I}}\mathbb{H}^i$。最后,使用符号 $\mathbb{G}^i=\mathbb{F}\vee\mathbb{H}^i$和$\mathbb{G}^{ij}=\mathbb{F}\vee\mathbb{H}^i\vee\mathbb{H}^j$。除非明确说明,否则,给出如下的标准假设:

——随机时间$\{\tau_i: i=1, 2, \cdots, n\}$ 关于滤子$\mathbb{F}$是动态条件独立的;

——条件(C.1)是满足的。

下面的技术性结论很容易从违约时间的条件独立性的假定得到。由于其证明过程是基于条件期望性质的普通应用,在此省略证明过程。

引理 9.2.1 令 $0\leqslant t<T$, 对任意子集 $\mathscr{I}\subseteq\{1, 2, \cdots, n\}$和任意数 $t_k\in[t, T]$, $k\in\mathscr{I}$, 有

$$\mathbb{Q}^*\{\tau_k>t_k, k\in\mathscr{I}\mid\mathscr{F}_T\vee\mathscr{G}_t^{\mathscr{I}}\}=\prod_{k\in\mathscr{I}}\mathbb{Q}^*\{\tau_k>t_k\mid\mathscr{F}_T\vee|\mathscr{G}_t^{\mathscr{I}}\}$$

9.2.1 违约相关

首先讨论违约时间 τ_i 和τ_j 之间线性相关系数的计算问题。用 $D^i(t)=\{\tau_i\leqslant t\}$ 来表示第 i 个信用实体直到 t 时才违约这一事件。对每个 $0\leqslant t<s$, 定义条件违约相关系数 $\rho_{ij}^D(t, s; \mathscr{I})$ $\left(按惯例,\frac{0}{0}:=0\right)$为

$$\rho_{ij}^D(t, s; \mathscr{I})=\frac{Q_{ij}^*(t, s; \mathscr{I})-Q_i^*(t, s; \mathscr{I})Q_j^*(t, s; \mathscr{I})}{\sqrt{Q_i^*(t, s; \mathscr{I})(1-Q_i^*(t, s; \mathscr{I}))}\sqrt{Q_j^*(t, s; \mathscr{I})(1-Q_j^*(t, s; \mathscr{I}))}}$$

其中,

$$Q_i^*(t, s; \mathscr{I}):=\mathbb{Q}^*\{D^i(s)\mid\mathscr{G}_t^{\mathscr{I}}\}=\mathbb{Q}^*\{\tau_i\leqslant s\mid\mathscr{G}_t^{\mathscr{I}}\}$$

和

$$Q_{ij}^*(t, s; \mathscr{I}):=\mathbb{Q}^*\{D^i(s)\cap D^j(s)\mid\mathscr{G}_t^{\mathscr{I}}\}=\mathbb{Q}^*\{\tau_i\leqslant s, \tau_j\leqslant s\mid\mathscr{G}_t^{\mathscr{I}}\}$$

显然,给定 σ—域 $\mathscr{G}_t^{\mathscr{I}}$, $\rho_{ij}^D(t, s; \mathscr{I})$是随机变量$\mathbb{1}_{D^i(s)}$和$\mathbb{1}_{D^j(s)}$之间的条件皮尔逊(pearson)相关系数。注意 $\rho_{ij}^D(0, s; \mathscr{I})$与第 3.6 节介绍的无条件相关系数 $\rho_{ij}^D(s)$是一致的。

现在关注 $i, j \in \mathscr{I}$ 的情形。下面的命题表明,可以利用风险过程 Γ^i 和 Γ^j(或利用强度 γ^i 和 γ^j,只要它们存在)来表示相关系数 $\rho_{ij}^D(t, s; \mathscr{I})$。

命题 9.2.1 固定一个子集 $\mathscr{I} \subset \{1, 2, \cdots, n\}$。如果 $i, j \in \mathscr{I}$,对于 $k = i, j$,则有

$$Q_k^*(t, s; \mathscr{I}) = 1 - \mathbb{1}_{\{\tau_k > t\}} \mathbb{E}_{\mathbb{Q}^*}(\mathrm{e}^{\Gamma_t^k - \Gamma_s^k} \mid \mathscr{F}_t)$$

以及

$$Q_{ij}^*(t, s; \mathscr{I}) = \big(1 - \mathbb{1}_{\{\tau_i > t\}} \mathbb{E}_{\mathbb{Q}^*}(\mathrm{e}^{\Gamma_t^i - \Gamma_s^i} \mid \mathscr{F}_t)\big)\big(1 - \mathbb{1}_{\{\tau_j > t\}} \mathbb{E}_{\mathbb{Q}^*}(\mathrm{e}^{\Gamma_t^j - \Gamma_s^j} \mid \mathscr{F}_t)\big)$$

证明:对于 $k = i, j$,由于有 $\mathbb{G}^{\kappa} \subset \mathbb{G}^{\mathscr{I}}$,则由公式(5.13)可立即得到第一个等式。根据引理 9.2.1,有 $Q_{ij}^*(t, s; \mathscr{I}) = Q_i^*(t, s; \mathscr{I}) Q_j^*(t, s; \mathscr{I})$,这也暗含了第二个表达式成立。□

评注:(1) 命题 9.2.1 并不要求条件(C.1)成立。虽然动态条件独立性是基本的,但这也只是针对命题 9.2.1 中的第二个公式而言的。

(2) 记 $\tau_{ij} = \tau_i \wedge \tau_j$。注意到下式

$$Q_{ij}^*(t, s; \mathscr{I}) = Q_i^*(t, s; \mathscr{I}) + Q_j^*(t, s; \mathscr{I}) - Q_*^{ij}(t, s; \mathscr{I})$$

可能非常有用:其中,

$$Q_*^{ij}(t, s; \mathscr{I}) := \mathbb{Q}^*\{D^i(s) \cup D^j(s) \mid \mathscr{G}_t^{\mathscr{I}}\} = \mathbb{Q}^*\{\tau_{ij} \leqslant s \mid \mathscr{G}_t^{\mathscr{I}}\}$$

(3) 利用($\mathbb{F}$, $\mathbb{G}$)—鞅风险过程 Λ^i 和 Λ^j,可得到一个与命题 9.2.1 类似的结论。在这种情形下,所使用的是鞅方法,而不施加动态条件独立性假设。令 $\Lambda^{ij} = \Lambda^i + \Lambda^j$,假设条件(M.1)成立,且过程 $\mathbb{E}_{\mathbb{Q}^*}(\exp(\Lambda_t^{ij} - \Lambda_s^{ij}) \mid \mathscr{F}_t)(t \in [0, s])$ 在 τ_{ij} 处连续,则作为命题 6.4.1 和 7.1.1 的一个直接推论,可得到如下等式

$$Q_*^{ij}(t, s; \mathscr{I}) = 1 - \mathbb{1}_{\{\tau_{ij} > t\}} \mathbb{E}_{\mathbb{Q}^*}(\mathrm{e}^{(\Lambda_t^{ij} - \Lambda_s^{ij})} \mid \mathscr{F}_t)$$

人们还对计算排序随机时间 $\tau_{(i)}$ 和 $\tau_{(j)}$ 之间的相关系数感兴趣,其中,不失一般性,设 $i < j$。对每个 $0 \leqslant t < s$,定义 $\tau_{(i)}$ 和 $\tau_{(j)}$ 之间的条件相关系数为

$$\rho_{(ij)}^D(t, s) = \frac{Q_{(ij)}^*(t, s) - Q_{(i)}^*(t, s) Q_{(j)}^*(t, s)}{\sqrt{Q_{(i)}^*(t, s)\big(1 - Q_{(i)}^*(t, s)\big)}\sqrt{Q_{(j)}^*(t, s)\big(1 - Q_{(j)}^*(t, s)\big)}}$$

其中,

$$Q_{(i)}^*(t, s) := \mathbb{Q}^*\{\tau_{(i)} \leqslant s \mid \mathscr{G}_t\}$$

以及

$$Q_{(ij)}^*(t, s) := \mathbb{Q}^*\{\tau_{(i)} \leqslant s, \tau_{(j)} \leqslant s \mid \mathscr{G}_t\} = \mathbb{Q}^*\{\tau_{(j)} \leqslant s \mid \mathscr{G}_t\} = Q_{(j)}^*(t, s)$$

因此有

$$\rho_{(ij)}^{D}(t,\ s)=\frac{\left(1-Q_{(i)}^{*}(t,\ s)\right)Q_{(j)}^{*}(t,\ s)}{\sqrt{Q_{(i)}^{*}(t,\ s)\left(1-Q_{(i)}^{*}(t,\ s)\right)}\sqrt{Q_{(j)}^{*}(t,\ s)\left(1-Q_{(j)}^{*}(t,\ s)\right)}}$$

为了准确计算 $\rho_{(ij)}^{D}(t,\ s)$，需要估计条件概率 $Q_{(i)}^{*}(t,\ s)$。下面将构建无条件概率 $Q_{(i)}^{*}(t):=Q_{(i)}^{*}(0,\ t)$ 的一个公式。令 $i,\ j\in\{1,\ 2,\ \cdots,\ n\}$ 为固定的，和第 10.2 节中一样，将集合$\{1,\ 2,\ \cdots,\ n\}$特定的划分构成的集合记为 $\Pi^{i,\ j}$，对任意 $\pi\in\Pi^{i,\ j}$，记 $\tau(\pi_{-})=\max\{\tau_k:\ k\in\pi_{-}\}$ 和 $\tau(\pi_{+})=\min\{\tau_k:\ k\in\pi_{+}\}$，则明显有

$$\mathbb{Q}_{(i)}^{*}(t)=\sum_{j=1}^{n}\sum_{\pi\in\Pi^{i,\ j}}\mathbb{Q}^{*}\{\tau(\pi_{-})<\tau_j<\tau(\pi_{+}),\ \tau_j\leqslant t\}\tag{9.10}$$

要在实践中运用公式(9.10)，还需对违约时间 $\tau_i(i=1,\ 2,\ \cdots,\ n)$ 集施加一些限制条件。在本节做出的标准假设下，有以下的结论，这个结论为概率 $Q_{(i)}^{*}(t)$提供了一个拟一显性公式。

命题 9.2.2 对于 $i=1,\ 2,\cdots,\ n$，假设每个风险过程 Γ^{i} 都容许有强度 γ^{i}，则

$$Q_{(i)}^{*}(t)=\sum_{j=1}^{n}\sum_{\pi\in\Pi^{i,\ j}}\mathbb{E}_{\mathbb{Q}^{*}}\left\{\int_{0}^{t}\gamma_u^{j}\mathrm{e}^{-(\Gamma_u^{j}+\sum\limits_{l\in\pi_{+}}\Gamma_u^{l})}\prod_{k\in\pi_{-}}(1-\mathrm{e}^{-\Gamma_u^{k}})\mathrm{d}u\right\}$$

证明：首先注意到

$$\begin{aligned}\mathbb{Q}^{*}\{\tau(\pi_{-})<\tau_j<\tau(\pi_{+}),\ \tau_j\leqslant t\}&=\mathbb{E}_{\mathbb{Q}^{*}}(\mathbb{Q}^{*}\{\tau(\pi_{-})<\tau_j<\tau(\pi_{+}),\ \tau j\leqslant t\mid\mathcal{F}_t\})\\&=\mathbb{E}_{\mathbb{Q}^{*}}(\int_{0}^{t}\gamma_u^{j}\mathrm{e}^{-\Gamma_u^{j}}\mathbb{Q}^{*}\{\tau(\pi_{-})<u<\tau(\pi_{+})\mid\mathcal{F}_t\}\mathrm{d}u)\end{aligned}$$

利用条件独立性假设，对每个 $u\in[0,\ t]$，得到

$$\mathbb{Q}^{*}\{\tau(\pi_{-})<u<\tau(\pi_{+})\mid\mathcal{F}_t\}=\prod_{l\in\pi_{+}}\mathbb{Q}^{*}\{\tau_l>u\mid\mathcal{F}_t\}\prod_{k\in\pi_{-}}(1-\mathbb{Q}^{*}\{\tau_k\geqslant u\mid\mathcal{F}_t\})$$

根据条件(C.1)，有 $\mathbb{Q}^{*}\{\tau_k\geqslant u\mid\mathcal{F}_t\}=\mathbb{Q}^{*}\{\tau_k>u\mid\mathcal{F}_u\}$，由此得到

$$\mathbb{Q}^{*}\{\tau(\pi_{-})<u<\tau(\pi_{+})\mid\mathcal{F}_t\}=\prod_{l\in\pi_{+}}\mathrm{e}^{-\Gamma_u^{l}}\prod_{k\in\pi_{-}}(1-\mathrm{e}^{-\Gamma_u^{k}})$$

只需利用表达式(9.10)即可完成该命题的证明。 □

如果违约时间的风险过程不容许强度存在，则命题 9.2.2 中构建的公式变为

$$\mathbb{Q}_{(i)}^{*}(t)=\sum_{j=1}^{n}\sum_{\pi\in\Pi^{i,\ j}}\mathbb{E}_{\mathbb{Q}^{*}}\left\{\int_{0}^{t}\Big(\prod_{k\in\pi_{-}}(1-\mathrm{e}^{-\Gamma_u^{k}})\Big)(\mathrm{e}^{-\sum\limits_{l\in\pi_{+}}\Gamma_u^{l}})\mathrm{d}F_u^{j}\right\}$$

其中，$F_u^{j}=\mathbb{Q}^{*}\{\tau_j\leqslant u\mid\mathcal{F}_u\}$。

9.2.2 条件概率

人们可能会对计算形如$\mathbb{E}_{\mathbb{Q}^*}(h(\tau_1, \tau_2, \cdots, \tau_n, \tau_{(1)}, \tau_{(2)}, \cdots, \tau_{(n)} \mid \mathscr{A})$的条件期望感兴趣,其中$h(h: \mathbb{R}_+^{2n} \to \mathbb{R})$为某个确定的可积函数,且$\mathscr{A}$是某个$\sigma$—域。特别地,如下的条件概率

$$\mathbb{Q}^*\{\tau_{(j)} = \tau_i, \tau_i \leqslant s \mid \mathscr{G}_t\}, \quad \mathbb{Q}^*\{\tau_{(k)} = \tau_i \mid \mathscr{G}_{\tau(j)}\}, \quad \mathbb{Q}^*\{\tau_{(j)} = \tau_i \mid \mathscr{G}_{\tau_{(j)}-}\}$$

是值得我们关注的。回忆曾定义σ—域$\mathscr{G}_{\tau_{(j)}-}$如下:

$$\mathscr{G}_{\tau_{(j)}-} = \mathscr{G}_0 \vee \sigma\{A \cap \{\tau_{(j)} > t\}: A \in \mathscr{G}_t, t > 0\}$$

下面这个结论给出了某个特定事件的概率,该事件指:直到时间T才发生首次违约且第一个违约的为用第i个信用名表示的信用实体。

命题 9.2.3 如果风险过程Γ^i容许一个强度γ^i存在,则

$$\mathbb{Q}^*\{\tau_{(1)} = \tau_i, \tau_i \leqslant T\} = \mathbb{E}_{\mathbb{Q}^*}\left(\int_0^T \gamma_u^i e^{-\sum_{j=1}^{n}\Gamma_u^j} du\right)$$

证明:由如下等式链

$$\begin{aligned}\mathbb{Q}^*\{\tau_{(1)} = \tau_i, \tau_i \leqslant T\} &= \mathbb{E}_{\mathbb{Q}^*}\left(\int_0^T \gamma_u^i e^{-\Gamma_u^i}\mathbb{Q}^*\{\tau_k > u, \forall k \neq i \mid \mathscr{F}_T\} du\right) \\ &= \mathbb{E}_{\mathbb{Q}^*}\left(\int_0^T \gamma_u^i e^{-\Gamma_u^i}\prod_{k\neq i}\mathbb{Q}^*\{\tau_k > u \mid \mathscr{F}_T\} du\right) \\ &= \mathbb{E}_{\mathbb{Q}^*}\left(\int_0^T \gamma_u^i e^{-\Gamma_u^i}\prod_{k\neq i} e^{-\Gamma_u^i} du\right)\end{aligned}$$

即可证明该命题。 □

评注:(1) 如果过程Γ^i不容许一个强度存在,则上面命题的结论要修改为:

$$\mathbb{Q}^*\{\tau_{(1)} = \tau_i, \tau_i \leqslant T\} = \mathbb{E}_{\mathbb{Q}^*}\left(\int_0^T \prod_{k\neq i} e^{-\Gamma_u^k} dF_u^i\right)$$

其中,$F_u^i = \mathbb{Q}^*\{\tau_i \leqslant u \mid \mathscr{F}_u\}$。

(2) 假设所有违约时间的强度为常数,即$\gamma_t^i \equiv \gamma^i =$常数$>0$,则命题 9.2.3 的结论将变为

$$\mathbb{Q}^*\{\tau_{(1)} = \tau_i, \tau_i \leqslant T\} = \frac{\gamma^i}{\sum_{j=1}^{n}\gamma^j}\left(1 - e^{-T\sum_{j=1}^{n}\gamma^j}\right) \tag{9.11}$$

令 T 趋于无穷，则上面的公式变为

$$\mathbb{Q}^*\{\tau_{(1)} = \tau_i\} = \frac{\gamma^i}{\sum_{j=1}^{n}\gamma^j} \tag{9.12}$$

如果熟悉（条件）马尔可夫链性质的话，可以发现等式(9.12)是意料之中的。

命题 9.2.4 假设风险过程 Γ^i 容许有常数强度 γ^i，则

$$\mathbb{Q}^*\{\tau_{(1)} = \tau_i \mid \mathcal{G}_{\tau_{(1)}-}\} = \mathbb{Q}^*\{\tau_{(1)} = \tau_i\} = \frac{\gamma^i}{\sum_{j=1}^{n}\gamma^j} \tag{9.13}$$

证明：根据式(9.12)，现在只需证明式(9.13)中的第一个等式是成立的即可。固定 $t > 0$ 和 $A \in \mathcal{G}_t$，则需要证明下式成立：

$$\int_{A\cap\{\tau_{(1)}>t\}} \mathbb{1}_{\{\tau_{(1)}=\tau_i\}}\,\mathrm{d}\,\mathbb{Q}^* = \int_{A\cap\{\tau_{(1)}>t\}} \mathbb{Q}^*\{\tau_{(1)} = \tau_i\}\,\mathrm{d}\,\mathbb{Q}^*$$

或者等价地证明下式成立：

$$\mathbb{Q}^*\{A \cap \{\tau_{(1)} > t\} \cap \{\tau_{(1)} = \tau_i\}\} = \mathbb{Q}^*\{A \cap \{\tau_{(1)} > t\}\}\,\mathbb{Q}^*\{\tau_{(1)} = \tau_i\}$$

从另一个角度来讲，需要验证下式成立：

$$\mathbb{Q}^*\{\tau_{(1)} = \tau_i\} = \mathbb{Q}^*\{\tau_{(1)} = \tau_i \mid A \cap \{\tau_{(1)} > t\}\}$$

因为事件 $\{\tau_{(1)} > t\} = \{\tau_1 > t,\ \tau_2 > t,\ \cdots,\ \tau_n > t\}$ 属于 σ—域 $\mathcal{G}_t$，且 $\{\tau_{(1)} = \tau_i\} = \{\tau_i < \tau_j,\ j \neq i\}$，所以上面这个等式显然可由违约时间的动态条件独立性和条件(C.1)以及 $\mathbb{F}$—强度是常数的假设直接得到。具体证明留给读者。 □

从模拟相互依赖违约的目的来看，条件概率 $\mathbb{Q}^*\{\tau_{(j)} = \tau_i \mid \mathcal{G}_{\tau_{(j)}-}\}$ 的相关知识是不可缺少的。在这个过程中，其他感兴趣的概率还包括：

$$\mathbb{Q}^*\{\tau_{(j+1)} = \tau_i,\ \tau_i \leqslant T \mid \mathcal{G}_{\tau_{(j)}}\},\quad \mathbb{Q}^*\{\tau_{(j+1)} = \tau_i \mid \mathcal{G}_{\tau_{(j)}}\} \tag{9.14}$$

显然，以上两个条件概率在集合 $\{\tau_i \leqslant \tau_{(j)}\}$ 上都为 0。当然，这个集合是属于 σ—域 $\mathcal{G}_{\tau(j)}$ 的。

因此，在计算上面的这些概率中，只需在集合 $\{\tau_i > \tau_{(j)}\}$ 上求这些概率的值。在给定信息 $\mathcal{G}_{\tau_{(j)}}$ 的条件下，到时间 $\tau_{(j)}$ 为止，尽管知道事件 $\{\tau_i > \tau_{(j)}\}$ 已经发生或者没有发生，然而还需要更具体一些的信息。

令 $n_{(j)}$ 表示在时间 $\tau_{(j)}$ 违约的参照信用的身份（名称）。对于任意 $m = 1,\ 2,\ \cdots,\ n$，在给定信息 $\mathcal{G}_{\tau_{(j)}}$ 的条件下，到时间 $\tau_{(j)}$ 为止，已知事件 $\{n_{(j)} = m\}$ 发生或者还没有发生。

由于假设对于 $i \neq j$ 有$\mathbb{Q}^* \{\tau_i = \tau_j\} = 0$，可以看出事件$\{n_{(j)} = m\}$ 和事件$\{\tau_{(j)} = \tau_m\}$ 是一致的。

同样地，在给定信息 $\mathcal{G}_{\tau_{(j)}}$ 的条件下，到时间 $\tau_{(j)}$ 为止，可以知道哪个参照信用还没有违约。换言之，我们已经知道哪个随机时间 τ_i 满足不等式$\tau_i > \tau_{(j)}$。令 $\pi^{(j)} = \{\pi_-^{(j)}, n_{(j)}, \pi_+^{(j)}\} \in \Pi^{(j,\, n_{(j)})}$ 表示对应的（随机）划分；这意味着对于每个 $l \in \pi_-^{(j)}$ 有 $\tau_l < \tau_{(j)}$，以及对于每个 $l \in \pi_+^{(j)}$ 有 $\tau_l > \tau_{(j)}$。

令 Π^{n-j}表示包含$n-j$ 个元素的$\{1, 2, \cdots, n\}$的子集族。对于任意选择的子集 $\pi_+ \in \Pi^{n-j}$，在给定到 $\tau_{(j)}$时所有能获得的信息 $\mathcal{G}_{\tau_{(j)}}$ 条件下，我们知道：到第 j 次违约的时间 $\tau_{(j)}$ 为止，事件 $\{\pi_+^{(j)} = \pi_+\}$ 已经发生或者还没有发生。总之，对于任意使得不等式$i \neq m$ 成立的固定数 $i, j, m \in \{1, 2, \cdots, n\}$，以及任意使得 i 属于π_+而 m 不属于π_+的子集 $\pi_+ \in \Pi^{n-j}$，到时间 $\tau_{(j)}$ 为止（即给定 σ—域 $\mathcal{G}_{\tau_{(j)}}$），我们知道事件

$$A_{i,\, j,\, m,\, \pi_+} := \{\tau_i > \tau_{(j)},\ \tau_{(j)} = \tau_m,\ \pi_+^{(j)} = \pi_+\} \tag{9.15}$$

已经发生或者还没有发生：以下引理的证明是相当标准化的。

引理 9.2.2 集合 $A_{i,\, j,\, m,\, \pi_+}$ 属于σ—域 $\mathcal{G}_{\tau_{(j)}}$ 和 σ—域 $\mathcal{G}_{\tau_m}$。另外，$A_{i,\, j,\, m,\, \pi_+} \cap \mathcal{G}_{\tau_{(j)}} = A_{i,\, j,\, m,\, \pi_+} \cap \mathcal{G}_{\tau_m}$。

因此，将 $A_{i,\, j,\, m,\, \pi_+}$ 记为 $\hat{A} = A_{i,\, j,\, m,\, \pi_+}$，可以发现，引入定义 9.1.2 和条件(C.1)的如下修正使分析更方便。回忆对于任意子集 $\mathcal{I} \subseteq \{1, 2, \cdots, n\}$，曾记 $\mathcal{H}_T^{\mathcal{I}} = \bigvee_{k \in \mathcal{I}} \mathcal{H}_T^k$。

定义 9.2.1 在$\mathbb{Q}^*$下，称随机时间 $\tau_1, \tau_2, \cdots, \tau_n$ 为关于滤子$\mathbb{F}$ 的可选择条件独立的(optionally conditionally independent)，当且仅当对于任意的 $T > 0$, $t_1, t_2, \cdots, t_n \in [0, T]$，任意一个子集 $\mathcal{I} \subseteq \{1, 2, \cdots, n\}$以及任意 $m \in \mathcal{I}$，有

$$\mathbb{Q}^* \{\tau_i > t_i,\ i \notin \mathcal{I} \mid \widetilde{\mathcal{F}}_T^m\} = \prod_{i \notin \mathcal{I}} \mathbb{Q}^* \{\tau_i > t_i \mid \widetilde{\mathcal{F}}_T^m\}$$

其中，σ—域 $\widetilde{\mathcal{F}}_T^m$ 等于：$\widetilde{\mathcal{F}}_T^m = \sigma((\mathcal{F}_T \vee \mathcal{H}_T^{\mathcal{I}}) \cap \{\tau_m < \tau_i : i \notin \mathcal{I}\})$。

注意σ—域 $\widetilde{\mathcal{F}}_T^m$ 包括如下信息：所有来自 σ—域 $\mathcal{F}_T$ 的事件、所有形如 $\{\tau_k \leqslant t\}$($t \in [0, T]$, $\forall_k \in \mathcal{I}$)的事件，以及所有形如$\{\tau_m < \tau_i\}$($i \notin \mathcal{I}$)的事件。

条件(C.2) 对于任意 $T > 0$, $u \in [0, T]$，任意子集 $\mathcal{I} \subseteq \{1, 2, \cdots, n\}$，以及任意 $i \notin \mathcal{I}$和 $m \in \mathcal{I}$，有

$$\mathbb{Q}^* \{\tau_i > u \mid \widetilde{\mathcal{F}}_T^m\} = \frac{1 - F_{u \wedge \tau_m}^i}{1 - F_{\tau_m}^i} = e^{\Gamma_{\tau_m}^i} - e^{\Gamma_{u \wedge \tau_m}^i}$$

其中，$F_t^i = \mathbb{Q}^* \{\tau_i \leqslant t \mid \mathcal{F}_t\} = e^{-\Gamma_t^i}$。特别地，在集合 $\{\tau_m > u\}$ 上，$\mathbb{Q}^* \{\tau_i > u \mid \widetilde{\mathcal{F}}_T^m\} = 1$。

尽管定义 9.2.1 和条件(C.2)初看起来相当复杂,但由这两个条件所规定的违约时间的性质正是证明命题 9.2.5 所需要的。

进一步地,不难证明,由第 9.1.2 节介绍的规范方法构造的随机时间 $\tau_1, \tau_2, \cdots, \tau_n$ 在$\mathbb{Q}^*$下关于$\mathbb{F}$是可选择条件独立的。此外,它们还满足条件(C.2)。现在我们来证明如下命题。

命题 9.2.5 设随机时间 $\tau_1, \tau_2, \cdots, \tau_n$ 是由规范方法构造的。假设风险过程$\{\Gamma^j: j=1, 2, \cdots, n\}$是连续的,且风险过程 Γ^i 容许有$\mathbb{F}$—强度 γ^i,则在集合 $\hat{A}_T: = \hat{A} \cap \{\tau_m \leqslant T\} \in \mathcal{G}_{T_m}$ 上有

$$\mathbb{Q}^*\{\tau_{(j+1)} = \tau_i, \tau_i \leqslant T \mid \mathcal{G}_{\tau_{(j)}}\} = \mathbb{E}_{\mathbb{Q}^*}\left(\int_{\tau_m}^{T} \psi_m(u)\mathrm{d}u \mid \mathcal{G}_{\tau_m}\right)$$

而在集合 $\hat{A}$ 上有

$$\mathbb{Q}^*\{\tau_{(j+1)} = \tau_i \mid \mathcal{G}_{\tau_{(j)}}\} = \mathbb{E}_{\mathbb{Q}^*}\left(\int_{\tau_m}^{\infty} \psi_m(u)\mathrm{d}u \mid \mathcal{G}_{\tau_m}\right)$$

其中,

$$\psi_m(u) = \gamma^i(u)\mathrm{e}^{-\sum_{k\in\pi_+}(\Gamma^k_{\tau_m} - \Gamma^k_u)}$$

我们首先介绍一个辅助性的结论,它提供了条件期望的一些有用性质。

引理 9.2.3 设 X 和 Y 为概率空间$(\Omega, \mathcal{G}, \mathbb{P})$上的两个可积随机变量。对于$\mathcal{G}$的任意两个子 σ—域 $\mathcal{F}$ 和 $\tilde{\mathcal{F}}$,有:

(1) 如果 $A\in\mathcal{F}$ 和 $\mathbb{1}_A X = \mathbb{1}_A Y$,则$\mathbb{1}_A \mathbb{E}_{\mathbb{P}}(X \mid \mathcal{F}) = \mathbb{1}_A \mathbb{E}_{\mathbb{P}}(Y \mid \mathcal{F})$;

(2) 如果 $A \in \mathcal{F} \cap \tilde{\mathcal{F}}$ 且 $A \cap \mathcal{F} = A \cap \tilde{\mathcal{F}}$, 则有

$$\mathbb{1}_A \mathbb{E}_{\mathbb{P}}(X \mid \mathcal{F}) = \mathbb{1}_A \mathbb{E}_{\mathbb{P}}(X \mid \tilde{\mathcal{F}}) = \mathbb{1}_A \mathbb{E}_{\mathbb{P}}(X \mid \tilde{\mathcal{G}})$$

其中,$\tilde{\mathcal{G}} = \sigma(A \cap \mathcal{F}) = \sigma(A \cap \tilde{\mathcal{F}})$。

证明:事实上,引理第(1)部分是显然的,因为明显有

$$\mathbb{1}_A \mathbb{E}_{\mathbb{P}}(X \mid \mathcal{F}) = \mathbb{E}_{\mathbb{P}}(\mathbb{1}_A X \mid \mathcal{F}) = \mathbb{E}_{\mathbb{P}}(\mathbb{1}_A X \mid \mathcal{F}) = \mathbb{1}_A \mathbb{E}_{\mathbb{P}}(Y \mid \mathcal{F})$$

关于第二个结论,注意到,因为随机变量$\mathbb{1}_A \mathbb{E}_{\mathbb{P}}(X|\mathcal{F})$和$\mathbb{1}_A \mathbb{E}_{\mathbb{P}}(X|\mathcal{G})$是 $\tilde{\mathcal{G}}$—可测的,所以只需验证:对于任意事件 $C\in\tilde{\mathcal{G}}$,等式

$$\int_C \mathbb{1}_A \mathbb{E}_{\mathbb{P}}(X \mid \mathcal{F})\mathrm{d}\,\mathbb{P} = \int_C \mathbb{1}_A \mathbb{E}_{\mathbb{P}}(X \mid \tilde{\mathcal{G}})\mathrm{d}\,\mathbb{P}$$

成立(同样的性质对于 $\tilde{\mathcal{F}}$ 也将满足)即可:选取一个任意 $C\in\tilde{\mathcal{G}}$,根据 $\tilde{\mathcal{G}}$ 的定义,可以选取一个形如 $C = A \cap B$ 的事件C,其中 $B\in\mathcal{F}$。因为 $A\in\mathcal{F}$ 和 $B\in\mathcal{F}$,则得到

$$\int_C \mathbb{1}_A \mathbb{E}_{\mathbb{P}}(X \mid \mathscr{F}) \mathrm{d}\,\mathbb{P} = \int_B \mathbb{E}_{\mathbb{P}}(\mathbb{1}_A X \mid \mathscr{F}) \mathrm{d}\,\mathbb{P} = \int_B \mathbb{1}_A X \mathrm{d}\,\mathbb{P}$$

另一方面,因为 $A \in \widetilde{\mathscr{G}}$,则得到:

$$\int_C \mathbb{1}_A \mathbb{E}_{\mathbb{P}}(X \mid \widetilde{\mathscr{G}}) \mathrm{d}\,\mathbb{P} = \int_C \mathbb{E}_{\mathbb{P}}(\mathbb{1}_A X \mid \widetilde{\mathscr{G}}) \mathrm{d}\,\mathbb{P} = \int_C \mathbb{1}_A X \mathrm{d}\,\mathbb{P} = \int_B \mathbb{1}_A X \mathrm{d}\,\mathbb{P}$$

这个等式正是我们所期望的。同样的推理对于 $\widetilde{\mathscr{F}}$ 也是成立的,这样第二个结论也就得到了证明。 □

命题 9.2.5 的证明:回忆一下,我们有 $\mathbb{Q}^*\{\tau_{(j)} < \infty\} = 1$。记

$$I = \mathbb{Q}^*\{\tau_{(j+1)} = \tau_i,\ \tau_i \leqslant T \mid \mathscr{G}_{\tau_{(j)}}\}\, \mathbb{1}_{\hat{A}_T}$$

由引理 9.2.3 的第(1)部分和 $\hat{A}_T$ 的定义可得出(参见式(9.15))

$$I = \mathbb{Q}^*\{\tau_m < \tau_i \leqslant T,\ \tau_i < \tau_l,\ l \in \pi_+,\ l \neq i \mid \mathscr{G}_{\tau_{(j)}}\}\, \mathbb{1}_{\hat{A}_T}$$

接下来,有

$$\hat{A}_T := \hat{A} \cap \{\tau_m \leqslant T\} = \hat{A} \cap \{\tau_{(j)} \leqslant T\} \in \mathscr{G}_{\tau_m} \cap \mathscr{G}_{\tau_{(j)}}$$

因此,结合引理 9.2.2 和引理 9.2.3 的第(2)部分,得到

$$I = \mathbb{Q}^*\{\tau_m < \tau_i \leqslant T,\ \tau_i < \tau_l,\ l \in \pi_+,\ l \neq i \mid \widetilde{\mathscr{G}}_{\tau m}\}\, \mathbb{1}_{\hat{A}_T}$$

其中,$\widetilde{\mathscr{G}}_{\tau_m} = \sigma(\mathscr{G}_{\tau_m} \cap \hat{A}_T)$。设 $\mathscr{I}$ 为由不在 π_+(回忆在 $\hat{A}$ 的定义中,子集 $\pi_+ \in \Pi^{n-j}$ 是固定的)中的数字 $j = 1, 2, \cdots, n$ 构成的集合。显然,m 处于 $\mathscr{I}$ 中,但 i 不属于 $\mathscr{I}$。回忆一下,对于每个 $t \in \mathbb{R}_+$,有 $\mathscr{H}_t^{\mathscr{I}} = \bigvee_{k \in \mathscr{I}} \mathscr{H}_t^k$。对任意一个 $t \in [0, T]$,记(参见定义 9.2.1)

$$\widetilde{\mathscr{F}}_t^m = \sigma((\mathscr{F}_t \vee \mathscr{H}_t^{\mathscr{I}}) \cap \{\tau_m < \tau_k:\ k \in \pi_+\}) = \sigma((\mathscr{F}_t \vee \mathscr{H}_t^{\mathscr{I}}) \cap \{\tau_m < \tau_k:\ k \notin \mathscr{I}\})$$

注意到 $\widetilde{\mathscr{G}}_{\tau_m} \subset \widetilde{\mathscr{F}}_T^m$ 是有用的。利用可选择条件独立性和条件(C.2),我们得到:

$$\begin{aligned}
I &= \mathbb{E}_{\mathbb{Q}^*}(\mathbb{Q}^*\{\tau_m < \tau_i \leqslant T,\ \tau_i < \tau_l,\ l \in \pi_+,\ l \neq i \mid \widetilde{\mathscr{F}}_T^m\} \mid \widetilde{\mathscr{G}}_{\tau_m})\, \mathbb{1}_{\hat{A}_T} \\
&= \mathbb{E}_{\mathbb{Q}^*}\left(\int_{\tau_m}^T \prod_{l \in \pi_+,\ l \neq i} \mathbb{Q}^*\{\tau_l > u \mid \widetilde{\mathscr{F}}_T^m\} \mathrm{d}\,\mathbb{Q}^*\{\tau_i \leqslant u \mid \widetilde{\mathscr{F}}_T^m\} \mid \widetilde{\mathscr{G}}_{\tau_m}\right) \mathbb{1}_{\hat{A}_T} \\
&= \mathbb{E}_{\mathbb{Q}^*}\left(\int_{\tau_m}^T \gamma_u^i \mathrm{e}^{\Gamma_{\tau_m}^i - \Gamma_u^i} \prod_{l \in \pi_+,\ l \neq i} \mathrm{e}^{\Gamma_{\tau_m}^l - \Gamma_u^l} \mathrm{d}u \mid \widetilde{\mathscr{G}}_{\tau_m}\right) \mathbb{1}_{\hat{A}_T} \\
&= \mathbb{E}_{\mathbb{Q}^*}\left(\int_{\tau_m}^T \gamma_u^i \mathrm{e}^{-\sum_{k \in \pi_+} (\Gamma_{\tau_m}^k - \Gamma_u^k)} \mathrm{d}u \mid \mathscr{G}_{\tau_m}\right) \mathbb{1}_{\hat{A}_T}
\end{aligned}$$

这样就完成了命题第一部分的证明。第二个公式的证明留给读者自行完成。 □

下面的结果是命题 9.2.5 的直接结果。

推论 9.2.1 在命题 9.2.5 的假设下，在集合 $\{\tau_i > \tau_{(j)}\} \in \mathcal{G}_{\tau_{(j)}}$ 上有

$$\mathbb{Q}^* \{\tau_{(j+1)} = \tau_i, \tau_i \leqslant T \mid \mathcal{G}_{\tau_{(j)}}\} = \mathbb{E}_{\mathbb{Q}^*}\left(\int_{\tau_{(j)}}^{T} \psi_{(j)}(u)\mathrm{d}u \mid \mathcal{G}_{\tau_{(j)}}\right)$$

和

$$\mathbb{Q}^* \{\tau_{(j+1)} = \tau_i \mid \mathcal{G}_{\tau_{(j)}}\} = \mathbb{E}_{\mathbb{Q}^*}\left(\int_{\tau_{(j)}}^{\infty} \psi_{(j)}(u)\mathrm{d}u \mid \mathcal{G}_{\tau_{(j)}}\right)$$

其中，

$$\psi_{(j)}(u) = \gamma^i(u)\mathrm{e}_{\sum\limits_{k\in\pi_+(j)}(\Gamma^k_{\tau_{(j)}} - \Gamma^k_u)}$$

现在考虑特殊情况下的违约时间 $\tau_1, \tau_2, \cdots, \tau_n$，即具有常强度 $\gamma^1, \gamma^2, \cdots, \gamma^n$ 的违约时间。在这些假设下，由推论 9.2.1 可得到，在集合 $\{\tau_i > \tau_{(j)}\}$ 上有

$$\mathbb{Q}^* \{\tau_{(j+1)} = \tau_i, \tau_i \leqslant T \mid \mathcal{G}_{\tau_{(j)}}\} = \frac{\gamma^i}{\sum\limits_{k\in\pi_+(j)} \gamma^k}\left(1 - \mathrm{e}^{-(T-\tau_{(j)})\sum\limits_{k\in\pi_+(j)}\gamma^k}\right)$$

和

$$\mathbb{Q}^* \{\tau_{(j+1)} = \tau_i \mid \mathcal{G}_{\tau_{(j)}}\} = \frac{\gamma^i}{\sum\limits_{k\in\pi_+(j)} \gamma^k}$$

上面这两个公式分别是式(9.11)和式(9.12)一般化的直接结果。

评注： 在本章的最后，介绍由 Wilson(1997)发展的一种对投资组合信用风险建模的计量经济学方法，其中的投资组合具有条件独立的违约时间。对于某个特定类(segment)宏观经济指标 y^j_t，Wilson 假设对于第 j 类市场违约的概率密度函数为如下逻辑函数：

$$f_j(t) = \frac{1}{1 + \exp(y^j_t)}, \ \forall t \in \mathbb{R}_+$$

由 Shumway(2000)提出的用于预测破产的风险计量经济学模型也是基于同样的假设。

10 相互依赖的违约

本章继续对依赖违约建模的强度方法进行研究。第 10.1 节将对反映在 Jarrow 和 Yu(2001)最近文章中的思想进行分析。然后,第 10.2 节将对一篮子信用衍生品进行估值的鞅方法进行分析。相关的结论,感兴趣的读者可以查阅 Duffie(1998)、Duffie 和 Singleton(1998b)、Hull 和 White(2000, 2001),以及 Lando(2000b)等的研究。Lando 在基于评级模型的框架内检验了相关违约的建模问题。

在投资组合信用风险背景下,所面临的一个重要问题是:如何从违约时间集 τ_i, τ_{i+1}, …, τ_n 边缘概率分布函数中导出这些随机变量的联合概率分布。当然,在已知违约时间是相互独立的情况下,解决这一问题十分简单。相反,在违约时间不满足相互独立性的情况下,要解决这一问题就相当复杂。为估计违约时间的联合概率分布,可以从估计单个违约的边际概率分布开始入手,然后用一种适当的方法将这些单个的估计转换到联合分布的估计上。

实施这一转换的一种方法是基于 copula 函数的概念。实际上,copula 是一种将单变量的边缘分布与多变量的联合分布联系起来的函数。对于 copula 的基本特性、统计推断以及在风险模型中的应用,读者可以参阅如 Nelsen(1998)、Wang(1999b)、Bouyé 等(2000)、Lindskog(2000),或 Embrechts 等(2002, 2003)等的研究。本章只关注在金融背景下,当放松资产收益具有良好的高斯性质(在实际情形中,该假设往往限制过于严格)假设时,copula 函数方法提供了有效的工具用来度量投资组合的风险。近年来,在信用风险有关的应用中,这一方法也大为流行(如可参阅 Frey 和 McNeil(2000),或 Li(1999a, 2000))。然而,由于这种对相关违约进行建模方法的主要目标是分析大型(静态)贷款组合的内在风险,所以超出了本文的研究范围。

Davis 和 Lo 方法。另一种研究债券投资组合中相关违约的方法是由 Davis 和 Lo

(2001)提出的，他们提出了传染性违约(infectious defaults)的概念。直觉上，他们假设在一个由 n 种债券组成的投资组合中，某个给定债券会“直接”违约或者由“传染”导致违约——由于其他的债券违约导致该债券违约。具体地，他们提出的静态形式模型为

$$Z_i = X_i + (1 - X_i)\left(1 - \prod_{j \neq i}(1 - X_j Y_{ji})\right)$$

其中，对于 $i, j = 1, 2, \cdots, n$，随机变量 Z_i, X_i, Y_{ji} 解释如下：

——如果第 i 种债券违约，则 $Z_i = 1$，否则，则 $Z_i = 0$；

——如果第 i 种债券“直接”违约，则 $X_i = 1$，否则，则 $X_i = 0$；

——如果 $X_j = 1$，则 Y_{ji} 决定了是否有“传染”发生(若发生传染，则 $Y_{ji} = 1$，否则 $Y_{ji} = 0$)。

因此，在给定的时间内，违约债券的总数目等于 $N = Z_1 + Z_2 + \cdots + Z_n$。如果对所有 i, j，有 $Y_{ji} = 0$，且概率为 $\mathbb{Q}^*\{X_i = 1\} = p(p \in [0, 1])$ 的随机变量 $X_i(i = 1, 2, \cdots, n)$ 相互独立时，N 具有二项式分布：

$$\mathbb{Q}^*\{N = k\} = C_k^n p^k (1 - p)^{n-k}, \ \forall k = 0, 1, \cdots, n \tag{10.1}$$

其中，$C_k^n = n!/k!(n-k)!$ 为二项式系数。更有意思的是，当分别具有概率为 $\mathbb{Q}^*\{X_i = 1\} = p$ 和 $\mathbb{Q}^*\{Y_{ji} = 1\} = q(p, q \in [0, 1])$ 的随机变量 X_i、$Y_{ji}(i, j = 1, 2, \cdots, n)$ 是相互独立时，Davis 和 Lo(2001)证明了分布函数 $F_{p,q,n}(k) := \mathbb{Q}^*\{N = k\}$ 满足 $F_{p,q,n}(k) = C_k^n \alpha_{p,q,n}(k)$，其中

$$\alpha_{p,q,n}(k) = p^k (1-p)^{n-k} \tilde{q}^{k(n-k)} + \sum_{i=1}^{k-1} C_i^k p^i (1-p)^{n-i} (1-\tilde{q}^i)^{k-i} \tilde{q}^{i(n-k)}$$

且有 $\tilde{q} = 1 - q$。特别地，N 的期望价值等于

$$\mathbb{E}_{\mathbb{Q}^*}(N) = n\left(1 - (1-p)(1-pq)^{n-1}\right)$$

在由 Davis 和 Lo(2001)给出的这一方法的动态版本中，应用了分段确定性马尔可夫过程(定义参阅 Davis(1993))来推导违约过程 N_t，其中 N_t 表示在区间$[0, t]$上违约的数量。直觉上，每种债券违约的风险率最初都是常量，当发生违约时，所有剩余债券的风险率都以因子 $\alpha(\alpha > 1)$ 成倍增加。此外，在随机时间服从参数为 μ 的指数分布后，这一因子会消失(或严格地说，α 变为 1)。

评注：式(10.1)也强调了 Moody 的二项展开式技巧(参阅 Moody(1997)的投资服务)，它假设了同一行业的债券发行者是相关的，而来自不同行业的发行者却被看做是相互独立的。

10.1　相互依赖的强度

在一些情况下,对某个确定的经济实体,比如说公司 A,很自然地假设当公司 B 对公司 A 承担的义务违约时,公司 A 的违约概率会增加。因此,在一个经济实体发生违约时,我们需要对此时另一个公司的违约强度发生的跳跃进行建模。包括 Schmidt(1998)、Kusuoka(1999),以及 Jarrow 和 Yu(2001)在内的许多人都考察了这种对相关违约进行建模的方法。尽管本节陈述的大多数结论在涉及实体的数量为有限的情况下是成立的,但为了表述清晰,我们将主要集中考察两个实体的情况。

10.1.1　Kusuoka 的方法

Kusuoka(1999)提出的例子已在第 7.3 节详细讨论过了,在此只对他的结论进行简单描述并对符号进行略微修正。首先假设:在概率测度$\mathbb{Q}$下,违约时间$\{\tau_i,\ i=1,\ 2\}$是相互独立的,且分别服从参数为 λ_1 和 λ_2 的指数定律。换言之,在$\mathbb{Q}$下,$(\tau_1,\ \tau_2)$的联合概率密度函数为:

$$f_{(\tau_1,\ \tau_2)}(x,\ y) = \lambda_1\lambda_2 e^{-(\lambda_1 x+\lambda_2 y)},\ \forall (x,\ y) \in \mathbb{R}_+^2$$

关键的步骤是正确地选择基础概率测度的等价变换,即从$\mathbb{Q}$到$\mathbb{Q}^*$,使得在概率测度$\mathbb{Q}^*$下,一旦 τ_2 发生时,违约时间 τ_1 的强度将从 λ_1 跳到预设值 α_1(根据对称性,τ_2 的强度的行为模式是类似的)。

引入联合滤子 $\mathbb{G}=\mathbb{H}^1 \vee \mathbb{H}^2$。对于一个固定的 $0 < T^* \leqslant \infty$,通过下述设定,

$$\left.\frac{d\mathbb{Q}^*}{d\mathbb{Q}}\right|_{\mathcal{G}_{T^*}} = \eta_{T^*},\ \mathbb{Q}\text{- a. s.}$$

定义一个概率测度$\mathbb{Q}^*$,使它在$(\Omega,\ \mathcal{G}_{T^*})$上与$\mathbb{Q}$等价,其中,过程$\{\eta_t:\ t\in[0,\ T^*]\}$满足:

$$\eta_t = 1+\sum_{i=1}^{2}\int_{[0,\ t]} \eta_{u-}\kappa_u^i d\widetilde{M}_u^i$$

上式中的过程 $\widetilde{M}_t^i := H_t^i - \int_0^{t\wedge\tau_i} \lambda_i du$ 在概率测度$\mathbb{Q}$下服从一个$\mathbb{G}$—鞅。过程 κ^1 和 κ^2 则由下式给出:

$$\kappa_t^1 = \mathbb{1}_{\{\tau_2<t\}}\left(\frac{\alpha_1}{\lambda_1}-1\right),\quad \kappa_t^2 = \mathbb{1}_{\{\tau_1<t\}}\left(\frac{\alpha_2}{\lambda_2}-1\right)$$

其中，α_1 和 α_2 均为正实数。由第 7.2 节的一般性结论（或直接计算）可知，违约时间 τ_1 和 τ_2 的鞅强度 λ^{*1} 和 λ^{*2} 在 $\mathbb{Q}^*$ 下分别满足

$$\lambda_t^{*1} = \lambda_1(1-H_t^2)+\alpha_1 H_t^2 = \lambda_1\mathbb{1}_{\{\tau_2>t\}}+\alpha_1\mathbb{1}_{\{\tau_2\leqslant t\}}$$

$$\lambda_t^{*2} = \lambda_2(1-H_t^1)+\alpha_2 H_t^1 = \lambda_2\mathbb{1}_{\{\tau_1>t\}}+\alpha_2\mathbb{1}_{\{\tau_1\leqslant t\}}$$

换言之，下述两个过程

$$H_t^1-\int_0^{t\wedge\tau_1}(\lambda_1\mathbb{1}_{\{\tau_2>u\}}+\alpha_1\mathbb{1}_{\{\tau_2\leqslant u\}})\mathrm{d}u$$

和

$$H_t^2-\int_0^{t\wedge\tau_2}(\lambda_2\mathbb{1}_{\{\tau_1>u\}}+\alpha_2\mathbb{1}_{\{\tau_1\leqslant u\}})\mathrm{d}u$$

是关于联合滤子 $\mathbb{G}=\mathbb{H}^1\vee\mathbb{H}^2$ 的 $\mathbb{Q}^*$ 一鞅。但强度 λ^{*1} 和 λ^{*2} 显然不适合用于计算 $\mathbb{Q}^*$ 下的条件期望。相关细节可参阅第 7.3 节。在此仅指出，根据命题 7.3.1，对每个 $t\leqslant s\leqslant T^*$，有：

$$\mathbb{Q}^*\{\tau_1>s\mid\mathscr{H}_t^1\vee\mathscr{H}_t^2\}=\mathbb{1}_{\{\tau_1>t\}}\mathbb{E}_{\mathbb{Q}}(\mathrm{e}^{-\int_t^s\lambda_u^{1*}\mathrm{d}u}\mid\mathscr{H}_t^2)$$

但

$$\mathbb{Q}^*\{\tau_1>s\mid\mathscr{H}_t^1\vee\mathscr{H}_t^2\}\neq\mathbb{1}_{\{\tau_1>t\}}\mathbb{E}_{\mathbb{Q}^*}(\mathrm{e}^{-\int_t^s\lambda_u^{1*}\mathrm{d}u}\mid\mathscr{H}_t^2)$$

由上面最后一个不等式导致一个重要结论：过程 λ^{*1} 并不是违约时间 τ_1 在概率测度 $\mathbb{Q}^*$ 下的 $\mathbb{H}^2$—强度。实际上，在第 7.3 节已经证明过，在 $\mathbb{Q}^*$ 下 τ_1 的 $\mathbb{H}^2$—风险过程在 τ_2 处是不连续的。

换言之，在一个很小的时间区间上将 λ^{*1} 视为违约的 $\mathbb{H}^2$—条件概率是不适当的。不能将 λ^{*1} 视为风险率是由于在目前的构造中，即当需要运用到“参照”滤子 $\mathbb{H}^2$ 和“放大”滤子 $\mathbb{G}=\mathbb{H}^1\vee\mathbb{H}^2$ 时，鞅不变性条件(M.1)在 $\mathbb{Q}^*$ 下是不成立的。

根据违约时间 τ_1 和 τ_2 不是关于滤子 $\mathbb{F}$ 条件独立的，可以推得 Kusuoka 例子的简单表述。的确，在目前的框架下，参照滤子 $\mathbb{F}$ 是平凡的，而随机变量 τ_1 和 τ_2 在 $\mathbb{Q}^*$ 下不是相互独立的。

10.1.2 Jarrow 和 Yu 的方法

Kusuoka 的反例表明，对违约风险敏感性合约中的交易对手风险进行建模是一个相

当细致的问题。Jarrow 和 Yu 认为通过正确选择参照滤子是可以避免一些困难的。为了解释他们方法所蕴涵的思想,首先假设经济中存在 n 个公司,在后续篇幅中,正式地称这些公司为"交易对手"。

Jarrow 和 Yu(2001)提出对一级公司(primary firms)和二级公司(secondary firms)进行区分。前一类公司包括违约概率受宏观经济条件影响而不受对手方信用风险影响的实体。可以通过标准的基于强度方法对一级公司发行的债券进行定价,而关于这种标准的强度方法在第 8 章中已有详细描述;特别地,在这种情况下会很自然地引入状态变量过程 Y 来表示宏观经济因素(见例 8.2.2)。因此,集中分析由二级公司所发行的证券就可以了,这类公司的违约强度依赖于其他公司的状态。

评注:为了解决鞅强度相互依赖的问题,Jarrow 和 Yu 假定信息结构是不对称的。明确地讲,在他们所评估的违约概率中,投资者考虑了可观察到的一级公司的违约,但他们会有意忽视二级公司的可能违约。这种假设得到了现实金融中两种解释的支持。首先,可以把二级公司视为在一级公司(如一家大公司)负债中处于多头方和空头方的金融机构,那么二级公司违约的可能性依赖于一级公司的状况。很自然地会假设这种状态是不对称的,因为一级公司的违约概率仅仅依赖于宏观经济因素。从第二种解释角度来看,可以把一级公司视为一家大公司,而把二级公司视为许多与一级公司相关的小型制造商中的一家。例如,一家大公司可以是许多小型制造商的主要供货商,或者这些小公司是一家大公司的供货商。

以下的假设是 Jarrow 和 Yu(2001)研究方法的基础。

假设(J) 设 $\mathcal{I}=\{1, 2, \cdots, n\}$ 表示所有公司组成的集合,$\mathbb{F}$ 为参照滤子。假定:

——对于任何一个取自集合$\{1, 2, \cdots, k\}$的一级公司,"违约强度"仅依赖于滤子$\mathbb{F}$;

——对于每个取自集合 $\{k+1, k+2, \cdots, n\}$ 的二级公司,其"违约强度"不仅依赖于滤子$\mathbb{F}$,还依赖于一级公司的状态(违约或不违约)。

具有良好性质的随机时间 $\tau_1, \tau_2, \cdots, \tau_n$ 集合的构造如下。第一步,假设有一族$\mathbb{F}$—适应的强度过程 $\lambda^1, \lambda^2, \cdots, \lambda^k$,而通过第 9.1.2 节提出的正规方法可以产生一个$\mathbb{F}$—条件独立的随机时间集 $\tau_1, \tau_2, \cdots, \tau_k$。特别地,构造如下:

$$\tau_i=\inf\{t\in\mathbb{R}_+: \int_0^t \lambda_u^i \mathrm{d}u \geqslant \eta_i\} \tag{10.2}$$

其中,$\eta_i (i=1, 2, \cdots, k)$ 为$\mathbb{Q}^*$下相互独立、服从单位指数的同分布随机变量。

第二步,假设基础概率空间$(\Omega, \mathcal{G}, \mathbb{Q}^*)$充分大,足以容纳相互独立的服从$\mathbb{Q}^*$下单位指数分布的随机变量族 $\eta_i (i=k+1, k+2, \cdots, n)$,使得它们不仅独立于滤子$\mathbb{F}$,还独立于前一步构造的一级公司的违约时间 $\tau_1, \tau_2, \cdots, \tau_k$。

虽然，违约时间 $\tau_i(i=k+1, k+2, \cdots, n)$ 也可以通过等式(10.2)来定义，但在这里，由下面的一般表达式来定义"强度过程" $\lambda^i(i=k+1, k+2, \cdots, n)$：

$$\lambda_t^i = \mu_t^i + \sum_{l=1}^{k} \nu_t^{i, l} \mathbb{1}_{\{\tau_l \leqslant t\}} \tag{10.3}$$

其中，μ^i 和 $\nu^{i, l}$ 是 $\mathbb{F}$—适应的随机过程。如果第 j 个一级公司的违约不影响第 i 个二级公司的违约概率，那么就在式(10.3)中取 $\nu^{i, j} \equiv 0$。

评注：令 $\mathbb{G}=\mathbb{F} \vee \mathbb{H}^1 \vee \mathbb{H}^2 \vee \cdots \vee \mathbb{H}^n$ 表示放大的滤子，令 $\widetilde{\mathbb{F}}=\mathbb{F} \vee \mathbb{H}^{k+1} \vee \mathbb{H}^{k+2} \vee \cdots \vee \mathbb{H}^n$ 表示由"宏观经济因素"和已观察到的二级公司违约所生成的滤子，则：

——当用滤子 $\widetilde{\mathbb{F}}$ 取代 $\mathbb{F}$ 时，一级公司的违约时间 $\tau_1, \tau_2, \cdots, \tau_k$ 不再是条件独立的；

——一般地，一级公司关于 $\widetilde{\mathbb{F}}$ 的违约强度不同于其关于 $\mathbb{F}$ 的违约强度。

除非忽视二级公司违约过程产生的信息流，否则，从上面的讨论可知，过程 $\lambda^1, \lambda^2, \cdots, \lambda^k$ 并不是生存过程的条件概率。换言之，不可能出现违约强度的单方面依赖性。如果 A 公司的违约强度在 B 公司的违约时间点发生跳跃，那么 B 公司的违约强度也将在 A 公司的违约时间点发生类似的跳跃。

两个公司的情形。为了证明上述观点，我们将详细考察 Jarrow 和 Yu 模型的一个特例。现在仅考虑两个公司，如 A 和 B，并假设 A 公司代表一级公司(用 1 表示)，B 公司代表二级公司(用 2 表示)。令过程 λ^1 为 A 公司违约的 $\mathbb{F}$—强度，违约时间 τ_1 由下述标准公式给出：

$$\tau_1 = \inf\{t \in \mathbb{R}_+: \int_0^t \lambda_u^1 \mathrm{d}u \geqslant \eta_1\}$$

其中，η_1 为独立于滤子 $\mathbb{F}$ 的随机变量，且服从 $\mathbb{Q}^*$ 下的指数分布。假设 B 公司的违约"强度"满足

$$\lambda_t^2 = \mu_t^2 + \nu_t^{1, 2} \mathbb{1}_{\{\tau_1 \leqslant t\}}$$

其中，μ^2 和 $\nu^{1, 2}$ 是取正值的 $\mathbb{F}$—适应过程。

令

$$\tau_2 = \inf\{t \in \mathbb{R}_+: \int_0^t \lambda_u^2 \mathrm{d}u \geqslant \eta_2\}$$

其中，η_2 为独立于滤子 $\mathbb{F}$ 的随机变量，且服从 $\mathbb{Q}^*$ 下的单位指数分布。这样设定的 η_1 和 η_2 在 $\mathbb{Q}^*$ 下是相互独立的。通过上面的构造可知下述性质成立：

——过程 λ^1 表示 τ_1 关于 $\mathbb{F}$ 的强度；

——过程 λ^2 表示 τ_2 关于 $\mathbb{F} \vee \mathbb{H}^1$ 的强度。

然而，在 Kusuoka 的例子中，可以验证 λ^1 并不是 τ_1 关于 $\mathbb{F} \vee \mathbb{H}^2$ 的强度。

现在用我们的模型对公司证券进行估值。为此,假设已经规定了某个无违约期限结构模型。特别地,给定一个滤子化概率空间($\widetilde{\Omega}$, $\mathbb{F}$, $\mathbb{P}^*$),其中$\mathbb{P}^*$是国库券市场的即期鞅测度。按惯例,用 $B(t, T)$表示期限为 T 的零息票国库券在 t 时刻的价格。另外,为了获得公司债券价值的封闭形式解,假定对某个正的常数 λ_1,有 $\lambda_t^1 = \lambda_1$,且对于一些正的常数 λ_2 和 α_2,有:

$$\lambda_t^2 = \lambda_2 + (\alpha_2 - \lambda_2) \mathbb{1}_{\{\tau_1 \leqslant t\}}$$

注意,λ^2 在时间 τ_1 处的跳跃既可能为正也可能为负,这依赖于金融方面的解释。

为了构造违约时间,按标准方法对概率空间进行扩展,从而得到一个放大的概率空间(Ω, $\mathbb{G}$, $\mathbb{Q}^*$)和两个相互独立且服从指数分布的随机变量 η_1 和 η_2,同时这两个随机变量在$\mathbb{Q}^*$下也是独立于滤子$\mathbb{F}$的。按惯例,对任意 $t \in \mathbb{R}_+$,记 $\mathcal{G}_t = \mathcal{F}_t \vee \mathcal{H}_t^1 \vee \mathcal{H}_t^2$。

简便起见,对于 $T > 0$,引入远期鞅测度$\mathbb{Q}_T$。为此,回忆,在$\mathbb{P}^*$下(因而在$\mathbb{Q}^*$下)有:

$$\mathrm{d}B(t, T) = B(t, T)\big(r_t \mathrm{d}t + b(t, T)\mathrm{d}W_t^*\big)$$

其中,波动率 $b(\cdot, T)$是$\mathbb{F}$—适应随机过程。在(Ω, $\mathcal{G}_t$)上的概率测度$\mathbb{Q}_T$由 Radon-Nikodým 密度给出:

$$\left.\frac{\mathrm{d}\,\mathbb{Q}_T}{\mathrm{d}\,\mathbb{Q}^*}\right|_{\mathcal{G}_T} = \exp\Big(\int_0^T b(u, T)\mathrm{d}W_u^* - \frac{1}{2}\int_0^T b^2(u, T)\mathrm{d}u\Big), \ \mathbb{Q}^*\text{-a. s.}$$

根据独立性的假设,可知随机变量 η_1 和 η_2 在$\mathbb{Q}^*$和$\mathbb{Q}_T$下具有同样的概率特性。假设 A 公司和 B 公司发行的债券采用国库券价值部分回收策略,回收率分别为常量 δ_1 和 δ_2。

Jarrow 和 Yu(2001)证明,由一级公司发行的债券在 $t(t \leqslant T)$时的价值为:

$$D_1(t, T) = B(t, T)\big(\delta_1 + (1-\delta_1)\mathrm{e}^{-\lambda_1(T-t)} \mathbb{1}_{\{\tau_1 > t\}}\big) \tag{10.4}$$

当下列等式

$$D_1(t, T) = B(t, T)\, \mathbb{E}_{\mathbb{Q}_T}(\mathbb{1}_{\{\tau_1 > T\}} + \delta_1 \mathbb{1}_{\{\tau_1 \leqslant T\}} \mid \mathcal{F}_t \vee \mathcal{H}_t^1)$$

成立时,这个估值公式就更为明晰。

值得注意的是,如果通过下述标准公式

$$D_1(t, T) = B(t, T)\, \mathbb{E}_{\mathbb{Q}_T}(\mathbb{1}_{\{\tau_1 > T\}} + \delta_1 \mathbb{1}_{\{\tau_1 \leqslant T\}} \mid \mathcal{G}_t)$$

对 $D_1(t, T)$进行定义,那么从式(10.4)右边的式子也可以推得 $D_1(t, T)$正确的估值。直觉上,上面最后两个公式有明显的不同:前者假设了一个先验条件,即二级公司违约的发生与一级公司发行的债券价值无关。后一个公式依赖于在时间 t 处所获得的全部

信息。对于二级公司,也可采用常用公式,即令:

$$D_2(t, T) = B(t, T)\,\mathbb{E}_{\mathbb{Q}_T}(\mathbb{1}_{\{\tau_2>T\}} + \delta_2\,\mathbb{1}_{\{\tau_2\leqslant T\}} \mid \mathcal{G}_t)$$

对于 $\lambda_1+\lambda_2-\alpha_2\neq 0$,令

$$c_{\lambda_1,\lambda_2,\alpha_2}(u) = \frac{1}{\lambda_1+\lambda_2-\alpha_2}\left(\lambda_1 \mathrm{e}^{-\alpha_2 u} + (\lambda_2-\alpha_2)\mathrm{e}^{-(\lambda_1+\lambda_2)u}\right)$$

否则,令

$$c_{\lambda_1,\lambda_2,\alpha_2}(u) = (1+\lambda_1 u)\mathrm{e}^{-(\lambda_1+\lambda_2)u}$$

下述结论借鉴于Jarrow 和 Yu(2001)的研究。由于我们将要建立涵盖命题10.11这种特例的一般结论,在此省略命题10.1.1的证明。

命题 10.1.1 在事件 $\{\tau_1>t\}$ 上(即在一级公司发生违约之前),由二级公司发行的零息票债券的价值等于:

$$D_2(t, T) = B(t, T)\left(\delta_2 + (1-\delta_2)c_{\lambda_1,\lambda_2,\alpha_2}(T-t)\,\mathbb{1}_{\{\tau_2>t\}}\right)$$

在事件$\{\tau_1\leqslant t\}$上(即在一级公司发生违约之后),由二级公司发行的零息票债券的价值等于:

$$D_2(t, T) = B(t, T)\left(\delta_2 + (1-\delta_2)\mathrm{e}^{-\alpha_2(T-t)}\,\mathbb{1}_{\{\tau_2>t\}}\right)$$

简便起见,假设 $\delta_2=0$,则对于每一个 $t\leqslant T$,由命题10.1.1得到(在此以后,记 $\lambda=\lambda_1+\lambda_2$)

$$D_2(t, T) = \mathbb{1}_{\{\tau_1>t,\,\tau_2>t\}}\frac{1}{\lambda-\alpha_2}\left(\lambda_1\mathrm{e}^{-\alpha_2(T-t)} + (\lambda_2-\alpha_2)\mathrm{e}^{-\lambda(T-t)}\right) + \mathbb{1}_{\{\tau_1\leqslant t<\tau_2\}}\mathrm{e}^{-\alpha_2(T-t)}$$

零回收的情形。关于一些公司为一级公司而另一些为二级公司的假设实际上关不十分恰当,因此可放松该假设(也可参见 Bielecki 和 Rutkowski(2003))。为了简化,仍保持 $n=2$ 的假设,即只考虑两个公司的情形,并使用 Kusuoka 的框架(其中 $T^*=\infty$)。值得注意的是,下面的计算在扩展的Jarrow 和 Yu(2001)框架中仍然成立。

首先,假设两种证券都执行零回收策略,且利率 r 为常数,那么对于每一个 $t\leqslant T$ 有 $B(t, T)=\mathrm{e}^{-r(T-t)}$。根据上述假设有 $\mathbb{Q}_T=\mathbb{Q}^*$,且滤子$\mathbb{F}$是平凡的。由于对称性,只需要分析其中一个债券(如由第一家公司发行的债券)即可。由定义可知该债券的价格等于:

$$D_1(t, T) = B(t, T)\,\mathbb{Q}^*(\tau_1>T \mid \mathcal{G}_t) = B(t, T)\,\mathbb{Q}^*(\tau_1>T) \mid \mathcal{H}_t^1\vee\mathcal{H}_t^2)$$

此外,还应对下述随机变量

$$\widetilde{D}_1(t, T) := B(t, T)\,\mathbb{Q}^*(\tau_1 > T \mid \mathcal{H}_t^2)$$

和

$$\hat{D}_1(t, T) := B(t, T)\,\mathbb{Q}^*(\tau_1 > T \mid \mathcal{H}_t^1)$$

进行估值。为了简化，在接下来的结论中，假设 $r = 0$，那么对于每一个 $t \in [0, T]$ 有 $B(t, T) = 1$。

命题 10.1.2 价格 $D_1(t, T)$等于：

$$D_1(t, T) = \mathbb{1}_{\{\tau_1 > t,\, \tau_2 > t\}} \frac{1}{\lambda - \alpha_1}\left(\lambda_2 e^{-\alpha_1(T-t)} + (\lambda_1 - \alpha_1) e^{-\lambda(T-t)}\right) + \mathbb{1}_{\{\tau_2 \leqslant t < \tau_1\}} e^{-\alpha_1(T-t)}$$

过程 $\widetilde{D}_1(t, T)$和 $\hat{D}_1(t, T)$满足：

$$\widetilde{D}_1(t, T) = \mathbb{1}_{\{\tau_2 > t\}} \frac{\lambda - \alpha_2}{\lambda - \alpha_1} \frac{(\lambda_1 - \alpha_1) e^{-\lambda(T-t)} + \lambda_2 e^{-\alpha_1(T-t)}}{\lambda_1 e^{-\lambda(\lambda-\alpha_2)t} + \lambda_2 - \alpha_2}$$

$$+ \mathbb{1}_{\{\tau_2 \leqslant t\}} \frac{(\lambda - \alpha_2)\lambda_2 e^{-\alpha_1(T-\tau_2)}}{\lambda_1 \alpha_2 e^{(\lambda-\alpha_2)\tau_2} + \lambda(\lambda_2 - \alpha_2)}$$

$$\hat{D}_1(t, T) = \mathbb{1}_{\{\tau_1 > t\}} \frac{\lambda_2 e^{-\alpha_1 T} + (\lambda_1 - \alpha_1) e^{-\lambda T}}{\lambda_2 e^{-\alpha_1 t} + (\lambda_1 - \alpha_1) e^{-\lambda t}}$$

证明：将引理 7.3.1 与 $D_1(t, T)$的定义相结合就可以直接推出第一个等式。需要强调的是，在这里的证明中用到了价格过程 $D_1(t, T)$的如下表达式（参见式(7.19)）：

$$D_1(t, T) = \mathbb{Q}^*\{\tau_1 > T \mid \mathcal{H}_t^1 \vee \mathcal{H}_t^2\} = \mathbb{1}_{\{\tau_1 > t\}} \frac{\mathbb{Q}^*\{\tau_1 > T \mid \mathcal{H}_t^2\}}{\mathbb{Q}^*\{\tau_1 > t \mid \mathcal{H}_t^2\}} \tag{10.5}$$

为得到 $D_1(t, T)$的显式估值公式，只需将式(10.5)与下面的等式

$$\mathbb{Q}^*\{\tau_1 > s \mid \mathcal{H}_t^2\} = \mathbb{1}_{\{\tau_2 > t\}} \frac{\mathbb{Q}^*\{\tau_1 > s,\, \tau_2 > t\}}{\mathbb{Q}^*\{\tau_2 > t\}} + \mathbb{1}_{\{\tau_2 \leqslant t\}} \mathbb{Q}^*\{\tau_1 > s \mid \tau_2\}$$

结合起来就可以了。对于每个 $t \leqslant s \leqslant T$，上面的等式都成立。利用上式可以得到

$$\widetilde{D}_1(t, T) = \mathbb{1}_{\{\tau_2 > t\}} \frac{\mathbb{Q}^*\{\tau_1 > T,\, \tau_2 > t\}}{\mathbb{Q}^*\{\tau_2 > t\}} + \mathbb{1}_{\{\tau_2 \leqslant t\}} \mathbb{Q}^*\{\tau_1 > T \mid \tau_2\}$$

其中（参阅引理 7.3.1），

$$\mathbb{Q}^*\{\tau_1 > T,\, \tau_2 > t\} = \frac{1}{\lambda - \alpha_1}\left((\lambda_1 - \alpha_1) e^{-\lambda T} + \lambda_2 e^{-\alpha_1 T - (\lambda - \alpha_1)t}\right)$$

此外，还有（参见式(7.17)）

$$\mathbb{Q}^*\{\tau_2 > t\} = \frac{1}{\lambda - \alpha_2}\left(\lambda_1 e^{-\alpha_2 t} + (\lambda_2 - \alpha_2)e^{-\lambda t}\right)$$

和(参见(7.20))

$$\mathbb{1}_{\{\tau_2 \leqslant t\}}\mathbb{Q}^*\{\tau_1 > T \mid \tau_2\} = \mathbb{1}_{\{\tau_2 \leqslant t\}}\frac{(\lambda - \alpha_2)\lambda_2 e^{-\alpha_1(T-\tau_2)}}{\lambda_1\alpha_2 e^{(\lambda-\alpha_2)\tau_2} + \lambda(\lambda_2 - \alpha_2)}$$

同时利用上面最后三个等式就可以得到 $\widetilde{D}_1(t, T)$的表达式。最后,条件概率 $\hat{D}_1(t, T)$满足

$$\hat{D}_1(t, T) = \mathbb{1}_{\{\tau_1 > t\}}\mathbb{Q}^*\{\tau_1 > T \mid \tau_1 > t\} = \mathbb{1}_{\{\tau_1 > t\}}\frac{\mathbb{Q}^*\{\tau_1 > T\}}{\mathbb{Q}^*\{\tau_1 > t\}}$$

由此得到

$$\hat{D}_1(t, T) = \mathbb{1}_{\{\tau_1 > t\}}\frac{\lambda_2 e^{-\alpha_1 T} + (\lambda_1 - \alpha_1)e^{-\lambda T}}{\lambda_2 e^{-\alpha_1 t} + (\lambda_1 - \alpha_1)e^{-\lambda t}}$$

证毕。 □

对上述结论有几点相关的评论。首先,在非零利率 r 的情形下,只要在上述命题的估值公式右边乘以 $B(t, T)$就可以了。第二,注意 $D_1(t, T)$和 $\hat{D}_1(t, T)$表示债券除息的价值,因此,它们在违约后的价值为零(但这一评注不适用于 $\widetilde{D}_1(t, T)$)。

尽管上述估值公式是在一种不同的框架下推导出来的,但得到的关于 $D_1(t, T)$的公式以及类似得到的关于 $D_2(t, T)$的公式都与 Jarrow 和 Yu 关于二级公司发行的债券估值结论相一致。此外,值得注意的是债券价格 $D_1(t, T)$(或 $D_2(t, T)$)并不依赖于 α_2(或 α_1)的值。当然,这意味着在计算 $D_1(t, T)$时可以假设等式 $\lambda_2 = \alpha_2$ 成立。类似地,在计算价格 $D_2(t, T)$时,也可令 $\alpha_1 = \lambda_1$。

上述的结论十分重要。它表明对一家给定公司所发行的债券进行估值时,可以同时假设这家公司的违约会影响其他公司的违约强度,或者,反过来假设这家公司违约对其他公司的违约强度没有影响。这一点从直觉上来看也是很明显的:因为寻找的是债券违约前的价值,所以,在一家公司的债券发行者违约之后,该债券的价值与其他公司违约概率的行为模式无关。

总而言之,就 $D_1(t, T)$而言只需区分下述的两种情形:$\lambda_1 \neq \alpha_1$ 和 $\lambda_1 = \alpha_1$。在前一种情形下,$D_1(t, T)$的价值由命题 10.1.2 的一般性公式给出。后一种情形下,$D_1(t, T)$的价值公式就简化为下面所期望的结果:

$$D_1(t, T) = \mathbb{1}_{\{\tau_1 > t\}}B(t, T)e^{-\lambda_1(T-t)} = \mathbb{1}_{\{\tau_1 > t\}}e^{-(r+\lambda_1)(T-t)}$$

同样,对 $D_2(t, T)$进行推导。因此,对于 $\lambda_2 = \alpha_2$ 有

$$D_2(t, T) = \mathbb{1}_{\{\tau_2 > t\}} B(t, T) e^{-\lambda_2 (T-t)} = \mathbb{1}_{\{\tau_2 > t\}} e^{-(r+\lambda_2)(T-t)}$$

命题 10.1.2 的第二个估值公式依赖于假设:违约时间 τ_2 可观察,但第一个公司的违约时间是观察不到的。在 $\lambda_1 = \alpha_1$ 和 $\lambda_2 \neq \alpha_2$ 的特殊情况下,过程 $\widetilde{D}_1(t, T)$等于

$$\widetilde{D}_1(t, T) = \mathbb{1}_{\{\tau_2 > t\}} B(t, T) \frac{(\lambda - \alpha_2) e^{-\lambda_1 (T-t)}}{\lambda_1 e^{(\lambda - \alpha_2) t} + \lambda_2 - \alpha_2}$$

$$+ \mathbb{1}_{\{\tau_2 \leqslant t\}} B(t, T) \frac{(\lambda - \alpha_2) \lambda_2 e^{-\lambda_1 (T-\tau_2)}}{\lambda_1 \alpha_2 e^{(\lambda - \alpha_2)\tau_2} + \lambda(\lambda_2 - \alpha_2)}$$

类似地,如果假设 $\lambda_1 \neq \alpha_1$ 但 $\lambda_2 = \alpha_2$,可以得到过程 $\widetilde{D}_1(t, T)$等于

$$\widetilde{D}_1(t, T) = \mathbb{1}_{\{\tau_2 > t\}} B(t, T) \frac{(\lambda_1 - \alpha_1) e^{-\lambda(T-t)} + \lambda_2 e^{-\alpha_1 (T-t)}}{(\lambda - \alpha_1) e^{\lambda_1 t}}$$

$$+ \mathbb{1}_{\{\tau_2 \leqslant t\}} B(t, T) e^{-\lambda_1 \tau_2 - \alpha_1 (T-\tau_2)}$$

有意思的是,在上述考虑的两种特例的情形中,价格过程 $D_1(t, T)$都是在第二家公司的违约时间 τ_2 处不连续。这个结论很自然的产生于这两种特例的违约时间 τ_1 和 τ_2 在 $\mathbb{Q}^*$ 下是相互依赖的事实。最后,当 $\lambda_1 = \alpha_1$ 和 $\lambda_2 = \alpha_2$ 时,有

$$\widetilde{D}_1(t, T) = B(t, T) e^{-\lambda_1 T} = B(t, T)\, \mathbb{Q}^* \{\tau_1 > T\} = B(t, T)\, \mathbb{Q} \{\tau_1 > T\}$$

这一结论也很明显,因为在这一特例下两个公司的违约时间在 $\mathbb{Q}^* = \mathbb{Q}$ 下是相互独立的。

对命题 10.1.2 相关评论的最后一点是,命题中的第三个公式隐含了只能观察到第一家公司违约时间的假设,很明显这一结论也是独立于 α_2 的值。也就是说,在 $\lambda_1 = \alpha_1$ 的情形下,对每一个 $t \leqslant T$ 有

$$\hat{D}_1(t, T) = \mathbb{1}_{\{\tau_1 > t\}} B(t, T) e^{-\lambda_1 (T-t)} = D_1(t, T)$$

非零回收率的情形。非零回收率的情形与零回收率的情形没有很大的差别。事实上,到期日损益 $D_i(T, T)$可表述如下:

$$D_i(T, T) = \mathbb{1}_{\{\tau_i > T\}} + \delta_i \mathbb{1}_{\{\tau_i \leqslant T\}} = \delta_i + (1 - \delta_i) \mathbb{1}_{\{\tau_i > T\}}$$

因此,

$$D_i(t, T) = B(t, T) \big(\delta_i + (1 - \delta_i)\, \mathbb{Q}^* \{\tau_i > T \mid \mathscr{H}_t^1 \vee \mathscr{H}_t^2\}\big)$$

$D_i(t, T)$以及 $\widetilde{D}_i(t, T)$和 $\hat{D}_i(t, T)$的显式公式可以直接从命题 10.1.2 推出。显而易见,$D_1(t, T)$和 $D_2(t, T)$的估值表达式与命题 10.1.1 中的公式是一致的,只不过在符号上做了一定的变换。此外,当 $\lambda_1 = \alpha_1$ 时有(参见式(10.4))

$$D_1(t,T)=B(t,T)\left(\delta_1+(1-\delta_1)\mathrm{e}^{-\lambda_1(T-t)}\mathbb{1}_{\{\tau_1>t\}}\right)$$

而对于 $\lambda_2=\alpha_2$，有

$$D_2(t,T)=B(t,T)\left(\delta_2+(1-\delta_2)\mathrm{e}^{-\lambda_2(T-t)}\mathbb{1}_{\{\tau_2>t\}}\right)$$

鞅强度的解释。从直观上给出鞅强度 λ_1^* 和 λ_2^* 的一种概率解释。回忆：

$$\lambda_1^*(t)=\lambda_1\mathbb{1}_{\{\tau_2>t\}}+\alpha_1\mathbb{1}_{\{\tau_2\leqslant t\}},\quad \lambda_2^*(t)=\lambda_2\mathbb{1}_{\{\tau_1>t\}}+\alpha_2\mathbb{1}_{\{\tau_1\leqslant t\}}$$

下述结论表明鞅强度的跳跃具有良好的金融方面的解释。

命题 10.1.3 对 $i=1,2$ 和每一个 $t\in\mathbb{R}_+$，有

$$\lambda_i=\lim_{h\to 0}h^{-1}\mathbb{Q}^*\{t<\tau_i\leqslant t+h\mid\tau_1>t,\tau_2>t\}\tag{10.6}$$

和

$$\alpha_i=\lim_{h\to 0}h^{-1}\mathbb{Q}^*\{t<\tau_i\leqslant t+h\mid\tau_1>t,\tau_2\leqslant t\}\tag{10.7}$$

证明：由于对称性，只需要检查一个强度就可以了，如 λ_1^*。利用引理 7.3.1，可得

$$I(t,h):=\mathbb{Q}^*\{t<\tau_1\leqslant t+h\mid\tau_1>t,\tau_2>t\}=1-\frac{\mathbb{Q}^*\{\tau_1>t+h,\tau_2>t\}}{\mathbb{Q}^*\{\tau_1>t,\tau_2>t\}}$$

$$=1-\frac{(\lambda_1-\alpha_1)\mathrm{e}^{-\lambda h}+\lambda_2\mathrm{e}^{-\alpha_1 h}}{\lambda-\alpha_1}$$

由于对每个 $t\in\mathbb{R}_+$，显然有 $\lim_{h\to 0}h^{-1}I(t,h)=\lambda_1$，等式(10.6)成立。

至于第二个收敛性，注意到

$$J(t,h):=\mathbb{Q}^*\{t<\tau_1\leqslant t+h\mid\tau_1>t,\tau_2\leqslant t\}=\frac{\mathbb{Q}^*\{t<\tau_1\leqslant t+h,\tau_2\leqslant t\}}{\mathbb{Q}^*\{\tau_1>t,\tau_2\leqslant t\}}$$

$$=\frac{\mathbb{Q}^*\{\tau_1>t\}-\mathbb{Q}^*\{\tau_1>t+h\}-\mathbb{Q}^*\{t<\tau_1\leqslant t+h,\tau_2>t\}}{\mathbb{Q}^*\{\tau_1>t\}-\mathbb{Q}^*\{\tau_1>t,\tau_2>t\}}$$

因此

$$J(t,h):=1-\frac{\mathbb{Q}^*\{\tau_1>t+h\}-\mathbb{Q}^*\{\tau_1>t+h,\tau_2>t\}}{\mathbb{Q}^*\{\tau_1>t\}-\mathbb{Q}^*\{\tau_1>t,\tau_2>t\}}$$

由等式(7.17)推得

$$\mathbb{Q}^*\{\tau_1>t\}=\frac{1}{\lambda-\alpha_1}\left(\lambda_2\mathrm{e}^{-\alpha_1 t}+(\lambda_1-\alpha_1)\mathrm{e}^{-\lambda t}\right)$$

将上述公式与引理 7.3.1 相结合，并经过简化可得：

$$J(t,\ h):=1-\frac{e^{-\alpha_1(t+h)}-e^{-\alpha_1 t-\lambda_1 t}}{e^{-\alpha_1 t}-e^{-\lambda_1 t}}$$

读者可以容易地完成如下证明:对 $t\in\mathbb{R}_+$,有 $\lim\limits_{h\to 0}h^{-1}J(t,\ h)=\alpha_1$。 □

违约时间的等价构造。不使用 Kusuoka 的方法,也可通过规范方法对 τ_1 和 τ_2 进行定义。特别地,假设强度过程满足

$$\lambda_t^1=\lambda_1\mathbb{1}_{\{\tau_2>t\}}+\alpha_1\mathbb{1}_{\{\tau_2\leqslant t\}}$$

$$\lambda_t^2=\lambda_2\mathbb{1}_{\{\tau_1>t\}}+\alpha_2\mathbb{1}_{\{\tau_1\leqslant t\}}$$

通过以下的标准公式对 τ_1 和 τ_2 进行定义

$$\tau_i=\inf\{t\in\mathbb{R}_+:\int_0^t\lambda_u^i\mathrm{d}u\geqslant\eta_i\}\tag{10.8}$$

其中,$\eta_i(i=1,\ 2)$ 是$\mathbb{Q}^*$下相互独立、同单位指数分布的随机变量。当然,还不能确定,满足式(10.8)的随机时间 τ_1 和 τ_2 是否为定义良好的。

关于 τ_1 和 τ_2 的另外一个等价构造如下:选取两个在$\mathbb{Q}^*$下独立同单位指数分布的随机变量 $\eta_i(i=1,\ 2)$,令

$$\tau_1=\begin{cases}\lambda_1^{-1}\eta_1,\text{如果 }\lambda_1^{-1}\eta_1\leqslant\lambda_2^{-1}\eta_2\\ \lambda_2^{-1}\eta_2+\alpha_1^{-1}(\eta_1-\lambda_1\lambda_2^{-1}\eta_2),\text{如果 }\lambda_1^{-1}\eta_1>\lambda_2^{-1}\eta_2\end{cases}\tag{10.9}$$

和

$$\tau_2=\begin{cases}\lambda_2^{-1}\eta_2,\text{如果 }\lambda_2^{-1}\eta_2\leqslant\lambda_1^{-1}\eta_1\\ \lambda_1^{-1}\eta_1+\alpha_2^{-1}(\eta_2-\lambda_2\lambda_1^{-1}\eta_1),\text{如果 }\lambda_2^{-1}\eta_2>\lambda_1^{-1}\eta_1\end{cases}\tag{10.10}$$

值得一提的是,上面两种构造事实上是相同的。的确,由式(10.9)和式(10.10)给出的随机时间是式(10.8)的唯一解。Shaked 和 Shanthikumar(1987)详细考察了几种相互依赖随机时间的后一种构造方法。

10.2 一篮子信用衍生品的鞅方法

本节遵循了 Bielecki 和 Rutkowski(2001b)的研究,考察了一篮子信用衍生品估值的鞅方法。为了简化表述,假设每个随机时间 τ_i 的($\mathbb{F}$,$\mathbb{G}$)—鞅风险过程 Λ^i 容许对应一个$\mathbb{F}$—强度过程 λ^i。本节始终采用如下符号:$H_t^i:=\mathbb{1}_{\{\tau_i\leqslant t\}}$,$\widetilde{H}_t^i:=1-H_t^i=\mathbb{1}_{\{\tau_i>t\}}$。在推

导一般性结论之前，先讨论几个代表性的例子和评论。

$n=1$ 的情形。 尽管只考虑了一个违约时间，$\tau_1=\tau_{(1)}$，但是该特例已经涵盖了 i 次违约权益价值的一些有趣特性。依据惯例，权益 $CCT^{(1)}$ 的红利过程等于

$$D_t^{(1)}=\int_{[0,\,t]}Z_u^1\mathrm{d}H_u^1+\mathbb{1}_T(t)(X_1\mathbb{1}_{\{\tau_1\leqslant T\}}+X\mathbb{1}_{\{\tau_1>T\}})$$

$$=Z_{\tau_1}^1\mathbb{1}_{\{\tau_1\leqslant t\}}+\mathbb{1}_T(t)\big((X-X_1)\mathbb{1}_{\{\tau_1>T\}}+X_1\big)$$

因此，(除息的)违约前价值过程 $S^{(1)}$ 满足

$$S_t^{(1)}=B_t\,\mathbb{E}_{\mathbb{Q}^*}\Big(\int_{[t,\,T]}B_u^{-1}\mathrm{d}D_u^{(1)}\mid\mathcal{G}_t\Big)=\widetilde{S}_t^{(1)}+B_t\,\mathbb{E}_{\mathbb{Q}^*}(B_T^{-1}X_1\mid\mathcal{G}_t)$$

其中，

$$\widetilde{S}_t^{(1)}=B_t\,\mathbb{E}_{\mathbb{Q}^*}(B_{\tau_1}^{-1}Z_{\tau_1}^1\mathbb{1}_{\{t<\tau_1\leqslant T\}}+B_T^{-1}(X-X_1)\mathbb{1}_{\{\tau_1>T\}}\mid\mathcal{G}_t)\tag{10.11}$$

依据第 8.3 节的结论，可利用违约风险调整利率 $\widetilde{r}_u=r_u+\lambda_u^1$ 来推导价格过程 $\widetilde{S}^{(1)}$ 的等价表达式。具体地，有

$$\widetilde{S}_t^{(1)}=\mathbb{1}_{\{\tau>T\}}(\widetilde{V}_t^{(1)}-\widetilde{B}_t\,\mathbb{E}_{\mathbb{Q}^*}(\widetilde{B}_{\tau_1}^{-1}\Delta\widetilde{V}_{\tau_1}^{(1)}\mid\mathcal{G}_t))\tag{10.12}$$

其中，

$$\widetilde{V}_t^{(1)}=\widetilde{B}_t\,\mathbb{E}_{\mathbb{Q}^*}\Big(\int_t^T\widetilde{B}_u^{-1}Z_u^1\lambda_u^1\mathrm{d}u+\widetilde{B}_T^{-1}(X-X_1)\mid\mathcal{G}_t\Big)$$

以及

$$\widetilde{B}_t=\exp\Big(\int_0^t\widetilde{r}_u\mathrm{d}u\Big)=B_t\exp\Big(\int_0^t\lambda_u^1\mathrm{d}u\Big)$$

也可建立一个类似的，但不够简单的表达式：

$$\widetilde{S}_t^{(1)}=(\hat{V}_t^{(1)}-\hat{B}_t\,\mathbb{E}_{\mathbb{Q}^*}(\hat{B}_{\tau_1}^{-1}\Delta\hat{V}_{\tau_1}^{(1)}\mid\mathcal{G}_t))\tag{10.13}$$

其中，

$$\hat{V}_t^{(1)}=\hat{B}_t\,\mathbb{E}_{\mathbb{Q}^*}\Big(\int_t^T\hat{B}_u^{-1}Z_u^1\lambda_u^1\widetilde{H}_u^1\mathrm{d}u+\hat{B}_T^{-1}(X-X_1)\mid\mathcal{G}_t\Big)$$

以及

$$\hat{B}_t=B_t\exp\Big(\int_0^{t\wedge\tau_1}\lambda_u^1\mathrm{d}u\Big)$$

正如我们将要在下面所看到的，两种表达式(10.12)和式(10.13)都适用于首次违约权益的违约前价值。但是，即使在目前所考虑的简单情况下，从计算的角度来看，式

(10. 13)明显过于复杂。事实上，过程 $\hat{V}^{(1)}$ 典型地在 τ_1 处有一不连续点。考虑一个简单的例子：$Z^1 \equiv z^1 =$ 常数，$\lambda^1 =$ 常数，且 $X_1 = X = 0$。这种情形下，过程 $\hat{V}^{(1)}$ 在 τ_1 处不连续，而过程 $\widetilde{V}^{(1)}$ 在 τ_1 是连续的，因此表达式(10. 12)可以简化为 $\widetilde{S}_t^{(1)} = \widetilde{H}_t^1 \widetilde{V}_t^{(1)}$。

评注：不幸的是，对于一个一般的第 i 次违约权益的价格过程而言，只能推得一个类似于式(10. 13)的表达式，不过首次违约权益是个例外。对于首次违约权益而言，可以推得表达式(10. 12)(参阅后续命题 10. 2. 4)。因此，上述两种表达式的实际应用通常会受到极大的限制，而在计算中需要用到基本公式(10. 16)。

***n*=2 的情形。**在有两种参照实体的情形中，与随机时间 $\tau_{(1)} = \min(\tau_1, \tau_2)$ 相应的权益为 $CCT^{(1)}$，而与随机时间 $\tau_{(2)} = \max(\tau_1, \tau_2)$ 相应的权益为 $CCT^{(2)}$。对于权益 $CCT^{(1)}$ 而言，对每个 $t \in [0, T]$，红利过程等于

$$\begin{aligned} D_t^{(1)} &= Z_{\tau_1}^1 \mathbb{1}_{\{\tau_1 < \tau_2,\, \tau_1 \leqslant t\}} + Z_{\tau_2}^2 \mathbb{1}_{\{\tau_2 < \tau_1,\, \tau_2 \leqslant t\}} \\ &\quad + \mathbb{1}_T(t)(X_1 \mathbb{1}_{\{\tau_1 < \tau_2,\, \tau_1 \leqslant T\}} + X_2 \mathbb{1}_{\{\tau_2 < \tau_1,\, \tau_2 \leqslant T\}} + X \mathbb{1}_{\{\tau_{(1)} > T\}}) \\ &= Z_{\tau_1}^1 \mathbb{1}_{\{\tau_1 \leqslant t,\, \tau_1 < \tau_2\}} + Z_{\tau_2}^2 \mathbb{1}_{\{\tau_2 \leqslant t,\, \tau_2 < \tau_1\}} \\ &\quad + \mathbb{1}_T(t)(X_1 \mathbb{1}_{\{\tau_1 < \tau_2\}} + X_2 \mathbb{1}_{\{\tau_2 < \tau_1\}} + Y \mathbb{1}_{\{\tau_{(1)} > T\}}) \end{aligned}$$

其中，

$$Y = X - X_1 \mathbb{1}_{\{\tau_1 < \tau_2\}} - X_2 \mathbb{1}_{\{\tau_2 < \tau_1\}}$$

因此，(除息的)违约前估值过程 $S^{(1)}$ 满足

$$\begin{aligned} S_t^{(1)} &= B_t \mathbb{E}_{\mathbb{Q}^*}\left(\int_{[t, T]} B_u^{-1} \mathrm{d}D_u^{(1)} \mid \mathcal{G}_t\right) \\ &= B_t \mathbb{E}_{\mathbb{Q}^*}(B_{\tau_1}^{-1}(Z_{\tau_1}^1 \mathbb{1}_{\{t < \tau_1 < \tau_2,\, \tau_1 \leqslant T\}} + B_{\tau_2}^{-1} Z_{\tau_2}^2 \mathbb{1}_{\{t < \tau_2 < \tau_1,\, \tau_2 \leqslant T\}} \mid \mathcal{G}_t) \\ &\quad + B_t \mathbb{E}_{\mathbb{Q}^*}(B_T^{-1}(X_1 \mathbb{1}_{\{\tau_1 < \tau_2\}} + X_2 \mathbb{1}_{\{\tau_2 < \tau_1\}} + Y \mathbb{1}_{\{\tau_{(1)} > T\}} \mid \mathcal{G}_t) \\ &= \widetilde{S}_t^{(1)} + B_t \mathbb{E}_{\mathbb{Q}^*}(B_T^{-1}(X_1 \mathbb{1}_{\{\tau_1 < \tau_2\}} + X_2 \mathbb{1}_{\{\tau_2 < \tau_1\}}) \mid \mathcal{G}_t) \end{aligned}$$

其中，

$$\begin{aligned} \widetilde{S}_t^{(1)} &= B_t \mathbb{E}_{\mathbb{Q}^*}(B_{\tau_1}^{-1} Z_{\tau_1}^1 \mathbb{1}_{\{t < \tau_1 < \tau_2,\, \tau_1 \leqslant T\}} + B_{\tau_2}^{-1} Z_{\tau_2}^2 \mathbb{1}_{\{t < \tau_2 < \tau_1,\, \tau_2 \leqslant T\}} \mid \mathcal{G}_t) \\ &\quad + B_t \mathbb{E}_{\mathbb{Q}^*}(B_T^{-1} Y \mathbb{1}_{\{\tau_{(1)} > T\}} \mid \mathcal{G}_t) \end{aligned}$$

在此，价格过程 $\widetilde{S}^{(1)}$ 的其他两个类似于式(10. 12)和式(10. 13)的表达式也可推导出来。

以下将说明如何通过具体计算得到首次违约权益的类似于式(10. 13)的表达式。为此，令 $\lambda_t^{(1)} = \lambda_t^1 + \lambda_t^2$ 和

$$\hat{B}_t = B_t \exp\left(\int_0^{t \wedge \tau_{(1)}} \lambda_u^{(1)} \mathrm{d}u\right)$$

从而定义过程 $\hat{B}$。此外,引进一个辅助过程 $\hat{V}^{(1)}$:

$$\hat{V}_t^{(1)} = \hat{B}_t \, \mathbb{E}_{\mathbb{Q}^*}\left(\int_t^T \hat{B}_u^{-1}(Z_u^1 \lambda_u^1 + Z_u^2 \lambda_u^2) \mathbb{1}_{\{\tau_{(1)} > u\}} \mathrm{d}u + \hat{B}_T^{-1} Y \mid \mathcal{G}_t\right)$$

下述结论给出了表达式(10.13)的对应公式。

命题 10.2.1 对每个 $t \in [0, T]$,价格过程 $\widetilde{S}^{(1)}$ 等于

$$\widetilde{S}_t^{(1)} = \mathbb{1}_{\{\tau_{(1)} > t\}}\left(\hat{V}_t^{(1)} - \hat{B}_t \, \mathbb{E}_{\mathbb{Q}^*}(\hat{B}_{\tau_{(1)}}^{-1} \Delta \hat{V}_{\tau_{(1)}}^{(1)} \mid \mathcal{G}_t)\right) \tag{10.14}$$

证明:首先注意下式

$$\hat{V}_t^{(1)} = \hat{B}_t\left(N_t^{(1)} - \int_0^t \hat{B}_u^{-1}(Z_u^1 \lambda_u^1 + Z_u^2 \lambda_u^2) \mathbb{1}_{\{\tau_{(1)} > u\}} \mathrm{d}u\right)$$

其中,过程 $N^{(1)}$ 是一个$\mathbb{G}$—鞅(在适当的技术假设下),具体地有

$$N_t^{(1)} := \mathbb{E}_{\mathbb{Q}^*}\left(\int_0^T \hat{B}_u^{-1}(Z_u^1 \lambda_u^1 + Z_u^2 \lambda_u^2) \mathbb{1}_{\{\tau_{(1)} > u\}} \mathrm{d}u + \hat{B}_T^{-1} Y \mid \mathcal{G}_t\right)$$

然后,定义 $U_t^{(1)} = \mathbb{1}_{\{\tau_{(1)} > t\}} \hat{V}_t^{(1)} = \widetilde{H}_t^1 \widetilde{H}_t^2 \hat{V}_t^{(1)}$。结合乘积法则有:

$$\mathrm{d}U_t^{(1)} = \widetilde{H}_{t-}^1 \widetilde{H}_{t-}^2 \mathrm{d}\hat{V}_t^{(1)} + \hat{V}_{t-}^{(1)} \mathrm{d}(\widetilde{H}_t^1 \widetilde{H}_t^2) + \Delta(\widetilde{H}_t^1 \widetilde{H}_t^2) \Delta \hat{V}_t^{(1)}$$

根据 $\Delta H_t^1 \Delta H_t^2 = 0$, $\mathbb{Q}^*$-a. s. ,可得

$$\begin{aligned}
\mathrm{d}U_t^{(1)} &= r_t U_t^{(1)} \mathrm{d}t - \widetilde{H}_t^1 \widetilde{H}_t^2 \lambda_t^1 (Z_t^1 - \hat{V}_t^{(1)}) \mathrm{d}t - \widetilde{H}_t^1 \widetilde{H}_t^2 \lambda_t^2 (Z_t^2 - \hat{V}_t^{(1)}) \mathrm{d}t \\
&\quad + \widetilde{H}_t^1 \widetilde{H}_t^2 \hat{B}_t \mathrm{d}N_t^{(1)} - \hat{V}_{t-}^{(1)} (\widetilde{H}_{t-}^1 \mathrm{d}H_t^2 + \widetilde{H}_{t-}^2 \mathrm{d}\widetilde{H}_t^1) - \Delta \hat{V}_t^{(1)} (\widetilde{H}_{t-}^1 \mathrm{d}H_t^2 + \widetilde{H}_{t-}^2 \mathrm{d}H_t^1) \\
&= r_t U_t^{(1)} \mathrm{d}t - (Z_t^1 + \Delta \hat{V}_t^{(1)}) \widetilde{H}_{t-}^2 \mathrm{d}H_t^1 - (Z_t^2 + \Delta \hat{V}_t^{(1)}) \widetilde{H}_{t-}^1 \mathrm{d}H_t^2 \\
&\quad + (Z_t^1 - \hat{V}_t^{(1)}) \widetilde{H}_{t-}^2 \mathrm{d}M_t^1 - (Z_t^2 - \hat{V}_t^{(1)}) \widetilde{H}_{t-}^1 \mathrm{d}M_t^1 + \widetilde{H}_t^1 \widetilde{H}_t^2 \hat{B}_t \mathrm{d}N_t^{(1)}
\end{aligned}$$

其中,过程 $\{M^j : j = 1, 2\}$ 是一个$\mathbb{G}$—局部鞅,即有

$$M_t^j := H_t^j - \int_0^t \lambda_u^j \widetilde{H}_u^j \mathrm{d}u = H_t^j - \int_0^{t \wedge \tau_j} \lambda_u^j \mathrm{d}u$$

现在开始假设过程 $\{M^j : j = 1, 2\}$ 是"真实"鞅而不是局部鞅。由 $U_T^{(1)} = Y \mathbb{1}_{\{\tau_{(1)} > t\}}$,推得

$$\begin{aligned}
U_t^{(1)} &= B_t \, \mathbb{E}_{\mathbb{Q}^*}\left(\int_{[t, T]} B_u^{-1} (Z_u^1 + \Delta \hat{V}_u^{(1)}) \widetilde{H}_{u-}^2 \mathrm{d}H_u^1 \mid \mathcal{G}_t\right) \\
&\quad + B_t \, \mathbb{E}_{\mathbb{Q}^*}\left(\int_{[t, T]} B_u^{-1} (Z_u^2 + \Delta \hat{V}_u^{(1)}) \widetilde{H}_{u-}^1 \mathrm{d}H_u^2 \mid \mathcal{G}_t\right) \\
&\quad + B_t \, \mathbb{E}_{\mathbb{Q}^*}(B_T^{-1} Y \mathbb{1}_{\{\tau_{(1)} > T\}} \mid \mathcal{G}_t)
\end{aligned}$$

这说明表达式(10.14)确实是正确的。 □

遗憾的是,表达式(10.14)尽管本身很有意义,但却不能作为实际估值的一个计算基础。因此,值得注意的是,利用相同的思路,可以导出类似式(10.12)的表达式。更明确地有

$$\widetilde{S}_t^{(1)} = \mathbb{1}_{\{\tau_{(1)}>t\}}(V_t^{(1)} - \widetilde{B}_t\, \mathbb{E}_{\mathbb{Q}^*}(\widetilde{B}_{\tau_{(1)}}^{-1}\, \Delta\widetilde{V}_{\tau_{(1)}}^{(1)} \mid \mathcal{G}_t)) \tag{10.15}$$

其中,

$$\widetilde{V}_t^{(1)} = \widetilde{B}_t\, \mathbb{E}_{\mathbb{Q}^*}\Big(\int_t^T \widetilde{B}_u^{-1}(Z_u^1\lambda_u^1 + Z_u^2\lambda_u^2)\,\mathrm{d}u + \widetilde{B}_T^{-1}Y \mid \mathcal{G}_t\Big)$$

以及

$$\widetilde{B}_t = \exp\Big(\int_0^t (r_u + \lambda_u^{(1)})\,\mathrm{d}u\Big) = B_t\exp\Big(\int_0^t \lambda_u^{(1)}\,\mathrm{d}u\Big)$$

这里 $\lambda_u^{(1)} = \lambda_u^1 + \lambda_u^2$。根据引理 7.1.2,可知过程 $\lambda^{(1)}$ 是随机时间 $\tau_{(1)}$ 的$\mathbb{F}$—鞅强度过程。由 Duffie(1998a)导出的表达式(10.15)相比于表达式(10.14)更经得起实际计算和模拟的检验。

现在考察 $n=2$ 情形中的第二部分,也就是最后违约(二次违约)权益 $CCT^{(2)}$ 的估值问题。我们的目的是导出类似于式(10.14)的表达式;而要为权益 $CCT^{(2)}$ 的违约前价值过程导出一个类似于式(10.15)的表达式似乎是不可能的。对 $t\in[0, T]$,二次违约权益 $CCT^{(2)}$ 的红利过程等于

$$\begin{aligned} D_t^{(2)} &= Z_{\tau_1}^1\, \mathbb{1}_{\{\tau_2<\tau_1,\, \tau_1\leqslant t\}} + Z_{\tau_2}^2\, \mathbb{1}_{\{\tau_1<\tau_2,\, \tau_2\leqslant t\}} \\ &\quad + \mathbb{1}_T(t)(X_1\, \mathbb{1}_{\{\tau_2<\tau_1,\, \tau_1\leqslant T\}} + X_2\, \mathbb{1}_{\{\tau_1<\tau_2,\, \tau_2\leqslant T\}} + X\, \mathbb{1}_{\{\tau_{(2)}>T\}}) \end{aligned}$$

或等价地有

$$\begin{aligned} D_t^{(2)} &= Z_{\tau_1}^1\, \mathbb{1}_{\{\tau_2<\tau_1,\, \tau_1\leqslant t\}} + Z_{\tau_2}^2\, \mathbb{1}_{\{\tau_1<\tau_2,\, \tau_2\leqslant t\}} \\ &\quad + \mathbb{1}_T(t)(X_1\, \mathbb{1}_{\{\tau_2<\tau_1\}} + X_2\, \mathbb{1}_{\{\tau_1<\tau_2\}} + \widetilde{Y}\, \mathbb{1}_{\{\tau_{(2)}>T\}}) \end{aligned}$$

其中,令

$$\widetilde{Y} = X - X_1\, \mathbb{1}_{\{\tau_2<\tau_1\}} - X_2\, \mathbb{1}_{\{\tau_1<\tau_2\}}$$

因此,(除息的)违约前价值过程 $S^{(2)}$ 等于

$$\begin{aligned} S_t^{(2)} &= B_t\, \mathbb{E}_{\mathbb{Q}^*}\Big(\int_{[t,\,T]} B_u^{-1}\,\mathrm{d}D_u^{(2)} \mid \mathcal{G}_t\Big) \\ &= B_t\, \mathbb{E}_{\mathbb{Q}^*}(B_{\tau_1}^{-1}Z_{\tau_1}^1\, \mathbb{1}_{\{\tau_2<\tau_1,\, t<\tau_1\leqslant T\}} + B_{\tau_2}^{-1}Z_{\tau_2}^2\, \mathbb{1}_{\{\tau_1<\tau_2,\, t<\tau_2\leqslant T\}} \mid \mathcal{G}_t) \\ &\quad + B_t\, \mathbb{E}_{\mathbb{Q}^*}(B_T^{-1}(X_1\, \mathbb{1}_{\{\tau_2<\tau_1\}} + X_2\, \mathbb{1}_{\{\tau_1<\tau_2\}} + \widetilde{Y}\, \mathbb{1}_{\{\tau_{(2)}>T\}} \mid \mathcal{G}_t) \end{aligned}$$

违约前价值过程 $S^{(2)}$ 也可表示为

$$S_t^{(2)}=\widetilde{S}_t^{(2)}+B_t\,\mathbb{E}_{\mathbb{Q}^*}(B_T^{-1}X_1\,\mathbb{1}_{\{\tau_2<\tau_1\}}+B_T^{-1}X_2\,\mathbb{1}_{\{\tau_1<\tau_2\}}\mid \mathcal{G}_t)$$

其中，

$$\widetilde{S}_t^{(2)}=B_t\,\mathbb{E}_{\mathbb{Q}^*}(\widetilde{B}_{\tau_1}^{-1}Z_{\tau_1}^1\,\mathbb{1}_{\{\tau_2<\tau_1,\,t<\tau_1\leqslant T\}}+B_{\tau_2}^{-1}Z_{\tau_2}^2\,\mathbb{1}_{\{\tau_1<\tau_2,\,t<\tau_2\leqslant T\}}\mid \mathcal{G}_t)$$
$$+B_t\,\mathbb{E}_{\mathbb{Q}^*}(B_T^{-1}\widetilde{Y}\,\mathbb{1}_{\{\tau_{(2)}>T\}}\mid \mathcal{G}_t)$$

现在我们要导出过程 $S^{(2)}$ 一个类似于式(10.14)的表达式。令

$$\lambda_t^{(2)}=\lambda_t^1\widetilde{H}_t^1H_t^2+\lambda_t^2H_t^1\widetilde{H}_t^2$$

以及

$$\overline{B}_t=\exp\Big(\int_0^t(r_u+\lambda_u^{(2)})\,\mathrm{d}u\Big)=B_t\exp\Big(\int_0^t\lambda_u^{(2)}\,\mathrm{d}u\Big)$$

从而定义了过程 $\lambda^{(2)}$ 和 $\overline{B}$。现将过程 $\hat{V}^{(2)}$ 定义如下：

$$\hat{V}_t^{(2)}=\bar{B}_t\,\mathbb{E}_{\mathbb{Q}^*}\Big(\int_t^T\bar{B}_u^{-1}(Z_u^1\lambda_u^1H_u^2\widetilde{H}_u^1+Z_u^2\lambda_u^2\widetilde{H}_u^2H_u^1)\,\mathrm{d}u+\bar{B}_T^{-1}\widetilde{Y}\mid \mathcal{G}_t\Big)$$

然后可得如下表达式(推导过程留给读者)

$$\widetilde{S}_t^{(2)}=\mathbb{1}_{\{\tau_{(2)}>t\}}\big(\hat{V}_t^{(2)}-\bar{B}_t\,\mathbb{E}_{\mathbb{Q}^*}(\bar{B}_{\tau_{(2)}}^{-1}\,\Delta\hat{V}_{\tau_{(2)}}^{(2)}\mid \mathcal{G}_t)\big)$$

再次重申,上述表达式并没有使权益价值的显式计算更为容易。

***n*=3 情形。**权益 $CCT^{(1)}$，$CCT^{(2)}$，$CCT^{(3)}$ 分别为首次违约,二次违约和最后(三次)违约型权益。在此,集中考虑首次违约权益的估值问题。对 $t\in[0,T]$,它的红利过程等于

$$D_t^{(1)}=Z_{\tau_1}^1\,\mathbb{1}_{\{\tau_1<\tau_2\wedge\tau_3,\,\tau_1\leqslant t\}}+Z_{\tau_2}^2\,\mathbb{1}_{\{\tau_2<\tau_1\wedge\tau_3,\,\tau_2\leqslant t\}}+Z_{\tau_3}^3\,\mathbb{1}_{\{\tau_3<\tau_1\wedge\tau_2,\,\tau_3\leqslant t\}}$$
$$+\mathbb{1}_T(t)(X_1\,\mathbb{1}_{\{\tau_1<\tau_2\wedge\tau_3,\,\tau_1\leqslant T\}}+X_2\,\mathbb{1}_{\{\tau_2<\tau_1\wedge\tau_3,\,\tau_2\leqslant T\}})$$
$$+\mathbb{1}_T(t)(X_3\,\mathbb{1}_{\{\tau_3<\tau_1\wedge\tau_2,\,\tau_3\leqslant T\}}+X\,\mathbb{1}_{\{\tau_{(1)}>T\}})$$

因此,相应的价值过程 $S^{(1)}$ 满足

$$S_t^{(1)}=B_t\,\mathbb{E}_{\mathbb{Q}^*}(B_{\tau_1}^{-1}Z_{\tau_1}^1\,\mathbb{1}_{\{t<\tau_1<\tau_2\wedge\tau_3,\,\tau_1\leqslant T\}}+B_{\tau_2}^{-1}Z_{\tau_2}^2\,\mathbb{1}_{\{t<\tau_2<\tau_1\wedge\tau_3,\,\tau_2\leqslant T\}}\mid \mathcal{G}_t)$$
$$+B_t\,\mathbb{E}_{\mathbb{Q}^*}(B_{\tau_3}^{-1}Z_{\tau_3}^3\,\mathbb{1}_{\{t<\tau_3<\tau_1\wedge\tau_2,\,\tau_3\leqslant T\}}+B_T^{-1}X_1\,\mathbb{1}_{\{\tau_1<\tau_2\wedge\tau_3,\,\tau_1\leqslant T\}}\mid \mathcal{G}_t)$$
$$+B_t\,\mathbb{E}_{\mathbb{Q}^*}(B_T^{-1}X_2\,\mathbb{1}_{\{\tau_2<\tau_1\wedge\tau_3,\,\tau_2\leqslant T\}}+B_T^{-1}X_3\,\mathbb{1}_{\{\tau_3<\tau_1\wedge\tau_2,\,\tau_3\leqslant T\}}\mid \mathcal{G}_t)$$
$$+B_t\,\mathbb{E}_{\mathbb{Q}^*}(B_T^{-1}X\,\mathbb{1}_{\{\tau_{(1)}>T\}}\mid \mathcal{G}_t)$$

令 $\lambda_t^{(1)} = \lambda_t^1 + \lambda_t^2 + \lambda_t^3$（因此，$\lambda^{(1)}$ 当然为随机时间 $\tau_{(1)} = \tau_1 \wedge \tau_2 \wedge \tau_3$ 的$\mathbb{F}$—鞅强度）以及

$$\widetilde{B}_t = \exp\Big(\int_0^t (r_u + \lambda_u^{(1)})\mathrm{d}u\Big) = B_t \exp\Big(\int_0^t \lambda_u^{(1)}\mathrm{d}u\Big)$$

记

$$\hat{Y} = X_1 \mathbb{1}_{\{\tau_1 < \tau_2 \wedge \tau_3\}} - X_2 \mathbb{1}_{\{\tau_2 < \tau_1 \wedge \tau_3\}} - X_3 \mathbb{1}_{\{\tau_3 < \tau_1 \wedge \tau_2\}}$$

以简化表述：由此得到下述结论，其证明过程留给读者。

命题 10.2.2 对每个 $t \in [0, T]$，价值过程 $S^{(1)}$ 有如下表示：

$$S_t^{(1)} = \mathbb{1}_{\{\tau_{(1)} > t\}}(\widetilde{V}_t^{(1)} - \widetilde{B}_t \mathbb{E}_{\mathbb{Q}^*}(\widetilde{B}_{\tau_{(1)}}^{-1} \Delta \widetilde{V}_{\tau_{(1)}}^{(1)} \mid \mathcal{G}_t)) + B_t \mathbb{E}_{\mathbb{Q}^*}(B_T^{-1}\hat{Y} \mid \mathcal{G}_t)$$

其中，

$$\widetilde{V}_t^{(1)} = \widetilde{B}_t \mathbb{E}_{\mathbb{Q}^*}\Big(\int_t^T \widetilde{B}_u^{-1}(Z_u^1\lambda_u^1 + Z_u^2\lambda_u^2 + Z_u^3\lambda_u^3)\mathrm{d}u + \widetilde{B}_T^{-1}(X - \hat{Y}) \mid \mathcal{G}_t\Big) = 0$$

在这里，需指出下面有关的重要提示：命题 10.2.1 和命题 10.2.2 中建立的公式的实际有用性依赖于分别证明下述连续性条件的能力：

$$\mathbb{E}_{\mathbb{Q}^*}(\hat{B}_{\tau_{(1)}}^{-1} \Delta \hat{V}_{\tau_{(1)}}^{(1)} \mid \mathcal{G}_t) = 0, \quad \mathbb{E}_{\mathbb{Q}^*}(\widetilde{B}_{\tau_{(1)}}^{-1} \Delta \widetilde{V}_{\tau_{(1)}}^{(1)} \mid \mathcal{G}_t) = 0$$

这些条件似乎很难证明。在条件独立性违约的情形下，命题 10.2.1 和命题 10.2.2 中的估值公式必然简化为命题 9.1.2 中的公式，使得连续性条件成立。就我们所知，这是使连续性条件都成立的仅有的(一般)情况。

10.2.1 *i* 次违约权益的估值

回忆，对于任意 $i, j \in \{1, 2, \cdots, n\}$，用 $\Pi^{(i, j)}$ 表示集合 $\{1, 2, \cdots, n\}$ 的特定划分组成的集合。具体而言，如果 $\pi \in \Pi^{(i, j)}$，则 $\pi = \{\pi_-, \{j\}, \pi_+\}$，其中 $\pi_- = \{k_1, k_2, \cdots, k_{i-1}\}$，$\pi_+ = \{l_1, l_2, \cdots, l_{n-i}\}$，且 $j \notin \pi_-$，$j \notin \pi_+$，$\pi_- \cap \pi_+ = \varnothing$，$\pi_- \cup \pi_+ \cup \{j\} = \{1, 2, \cdots, n\}$。对任意的 $i, j \in \{1, \cdots, n\}$ 和任意一个划分 $\pi \in \Pi^{(i, j)}$，记 $\tau(\pi_-) = \max\{\tau_k : k \in \pi_-\}$ 和 $\tau(\pi_+) = \min\{\tau_l : l \in \pi_+\}$。

下述结论的证明更为直接地依赖于代数方面的知识，十分乏味，故将其省略。

命题 10.2.3 *i* 次违约权益 $CCT^{(i)}$ 的违约前价值过程 $S^{(i)}$ 等于

$$S_t^{(i)} = B_t \mathbb{E}_{\mathbb{Q}^*}\Big(\int_{[t, T]} B_u^{-1} \mathrm{d}D_u^{(i)} \mid \mathcal{G}_t\Big) \tag{10.16}$$

对每个 $t \in [0, T]$，其红利过程 $D^{(i)}$ 为

$$D_t^{(i)} = \sum_{j=1}^{n}\int_{[0,\,t]} Z_u^j H_{u-}^{(i,\,j)}\,\mathrm{d}H_u^j + \mathbb{1}_{\{t=T\}}\sum_{j=1}^{n} X_j\,\mathbb{1}_{\{\tau_j\leqslant T\}}\int_{[0,\,T]} H_{u-}^{(i,\,j)}\,\mathrm{d}H_u^j$$
$$+\mathbb{1}_{\{t=T,\,\tau_{(i)}>T\}}X$$

其中，

$$H_t^{(i,\,j)} = \sum_{\pi\in\Pi^{(i,\,j)}}\prod_{k\in\pi_-}H_t^k\prod_{l\in\pi_+}\widetilde{H}_t^l$$

更明显地有，

$$S_t^{(i)} = B_t\,\mathbb{E}_{\mathbb{Q}^*}\Big(\sum_{j=1}^{n}B_{\tau_j}^{-1}Z_{\tau_j}^j\sum_{\pi\in\Pi^{(i,\,j)}}\mathbb{1}_{\{\tau(\pi_-)<\tau_j<\tau(\pi_+),\,t<\tau_j\leqslant T\}}\mid\mathcal{G}_t\Big)$$
$$+B_t\,\mathbb{E}_{\mathbb{Q}^*}\Big(B_T^{-1}\sum_{j=1}^{n}X_j\sum_{\pi\in\Pi^{(i,\,j)}}\mathbb{1}_{\{\tau(\pi_-)<\tau_j<\tau(\pi_+),\,\tau_j\leqslant T\}}\mid\mathcal{G}_t\Big)$$
$$+B_t\,\mathbb{E}_{\mathbb{Q}^*}\Big(B_T^{-1}X\sum_{j=1}^{n}\sum_{\pi\in\Pi^{(i,\,j)}}\mathbb{1}_{\{\tau(\pi_-)<\tau_j<\tau(\pi_+),\,\tau_j>T\}}\mid\mathcal{G}_t\Big)$$

对每一个 $t\in[0,T]$，令 $\lambda_t^{(1)}=\sum_{j=1}^{n}\lambda_t^j$，则 $\lambda^{(1)}$ 是随机时间 $\tau_{(1)}$ 的 $\mathbb{F}$—鞅强度。对首次违约权益而言，可以证明下面的结论成立，它是表达式(10.12)和(10.15)的一个扩展。

命题 10.2.4 对每个 $t\in[0,T]$，首次违约权益 $CCT^{(1)}$ 的违约前价值过程 $S^{(1)}$ 满足

$$S_t^{(1)} = \mathbb{1}_{\{\tau_{(1)}>t\}}\big(\widetilde{V}_t^{(1)} - \widetilde{B}_t\,\mathbb{E}_{\mathbb{Q}^*}(\widetilde{B}_{\tau_{(1)}}^{-1}\,\Delta\widetilde{V}_{\tau_{(1)}}^{(1)}\mid\mathcal{G}_t)\big)$$
$$+B_t\,\mathbb{E}_{\mathbb{Q}^*}\Big(B_T^{-1}\sum_{j=1}^{n}X_j\sum_{\pi\in\Pi^{(i,\,j)}}\mathbb{1}_{\{\tau_j<\tau(\pi_+)\}}\mid\mathcal{G}_t\Big)$$

其中，

$$\widetilde{V}_t^{(1)} = \widetilde{B}_t\,\mathbb{E}_{\mathbb{Q}^*}\Big(\int_t^T\widetilde{B}_u^{-1}\sum_{j=1}^{n}Z_u^j\lambda_u^j\,\mathrm{d}u\mid\mathcal{G}_t\Big)$$
$$+\widetilde{B}_t\,\mathbb{E}_{\mathbb{Q}^*}\Big(\widetilde{B}_T^{-1}\big(X-\sum_{j=1}^{n}X_j\sum_{\pi\in\Pi^{(1,\,j)}}\mathbb{1}_{\{\tau_j<\tau(\pi_+)\}}\big)\mid\mathcal{G}_t\Big)$$

和

$$\widetilde{B}_t = B_t\exp\Big(\int_0^t\lambda_u^{(1)}\,\mathrm{d}u\Big)$$

11 马尔可夫链

接下来，我们要介绍离散时间和连续时间马尔可夫链理论中的基本概念和结论。重点放在与信用风险建模相关的马尔可夫链的性质上。在本章中，始终固定基础概率空间 $(\Omega, \mathcal{G}, \mathbb{Q})$，以及有限集 $\mathcal{K}=\{1, 2, \cdots, K\}$，这里的有限集 $\mathcal{K}$ 作为本章中所有的马尔可夫链的状态空间。由于状态空间是有限的，只要赋予状态空间其所有子集的 σ—域，任意函数 $h: \mathcal{K}\to\mathbb{R}$ 显然是有界和可测的。

第 11.1 节相对简单地考察离散时间马尔可夫链。接着，再详细地分析连续时间马尔可夫链。首先分析条件期望，以及关于某些相关滤子的“基本”鞅。然后，在这些鞅的基础上，得到几种不同版本的鞅表示定理。另外还分析了几个与马尔可夫链相关的随机时间的不同例子，如跳跃时间和吸收时间。最后，在概率测度的等价变换下，探讨时间齐次马尔可夫链的行为。

在金融应用中，另一个基本问题是马尔可夫链的统计特性的估计，包括离散时间情况下的一步转移矩阵和连续时间情况下的强度矩阵。对于这个问题的相关讨论，将在第 12 章中介绍。对于连续时间马尔可夫链估计问题的讨论，读者可以参看 Andersen 等(2003)、Kuchler 和 Sorensen(1997)、Gill(1999)，以及 Lando 和 Skodeberg(2002)论著中关于点过程，生存分析和乘积积分(product integration)的内容。Israel 等(2001)在对所谓的嵌入问题进行讨论时考虑了相同的问题(参见第 11.2.6 节)。

作为一种惯例，本章中的结论是众所周知的，并能在文献中查找到。另外，我们也不打算详细讨论马尔可夫链理论的各种内容。对于离散时间和连续时间马尔可夫链的详细讨论，可以参看任何一本可以获得的关于随机过程理论的专论，如，Bhattacharya 和 Waymire(1990)、Kyski(1992)、Last 和 Brandt(1995)，以及 Rogers 和 Williams(2000)。

11.1 离散时间的马尔可夫链

以 $\mathbb{N}^* = \{0, 1, \cdots\}$ 来表示非负整数集。对于 $t \in \mathbb{N}^*$，令 C_t 为$(\Omega, \mathcal{G}, \mathbb{Q})$上的在 $\mathcal{K}$ 中取值的随机变量序列，$\mathbb{F}^C$为过程 C 产生的自然滤子，即 $\mathcal{F}_t^C = \sigma(C_s: s = 0, 1, \cdots, t)$。用$\mathbb{G}$ 表示$(\Omega, \mathcal{G}, \mathbb{Q})$中的某一滤子，并假定$\mathbb{F}^C$是一个$\mathbb{G}$ 的子滤子：$\mathbb{F}^C \subseteq \mathbb{G}$。

定义 11.1.1 如果对任何的函数 $h: \mathcal{K} \to \mathbb{R}$ 有

$$\mathbb{E}_{\mathbb{Q}}(h(C_{t+s} \mid \mathcal{G}_t) = \mathbb{E}_{\mathbb{Q}}(h(C_{t+s}) \mid C_t), \ \forall s, t \in \mathbb{N}^* \tag{11.1}$$

其中，$\mathbb{E}_{\mathbb{Q}}(h(C_{t+s}) | C_t)$表示 $\mathbb{E}_{\mathbb{Q}}(h(C_{t+s}) \mid \sigma(C_t))$，则在概率测度$\mathbb{Q}$ 下，过程 C 是一个关于$\mathbb{G}$ 的离散时间马尔可夫链(或者简单地说，一个 $\mathbb{G}$—马尔可夫链)。另外，对任意 $s, t, u \in \mathbb{N}^*$，如果还有

$$\mathbb{E}_{\mathbb{Q}}(h(C_{t+s}) \mid C_t) = \mathbb{E}_{\mathbb{Q}}(h(C_{u+s}) \mid C_u)$$

则称马尔可夫链 C 为时间齐次的。

如果过程 C 在测度$\mathbb{Q}$ 下是一个$\mathbb{G}$—马尔可夫链，则它在测度$\mathbb{Q}$ 下自然也是一个$\mathbb{F}^C$—马尔可夫链，但一般而言，反过来却不成立。由于状态空间 $\mathcal{K}$ 是有限的，那么条件式(11.1)显然等价于下面这个条件：即对于每个 $t \in \mathbb{N}^*$ 和任意 $j \in \mathcal{K}$，有

$$\mathbb{Q}\{C_{t+1} = j \mid \mathcal{G}_t\} = \mathbb{Q}\{C_{t+1} = j \mid C_t\}$$

同样，对于每个 $s, t \in \mathbb{N}^*$ 和任意 $j \in \mathcal{K}$，如果有下面的等式成立：

$$\mathbb{Q}\{C_{t+1} = j \mid \mathcal{G}_t\} = \mathbb{Q}\{C_{t+1} = j \mid C_t\} = \mathbb{Q}\{C_{s+1} = j \mid C_s\}$$

则在测度$\mathbb{Q}$ 下，过程 C 是时间齐次的$\mathbb{G}$—马尔可夫链。众所周知，马尔可夫性质式(11.1)是下述条件的一般化：对于任何函数 $\bar{h}: \mathcal{K} \times \mathcal{K} \times \cdots \times \mathcal{K} \to \mathbb{R}$ 和每个 $s_1, s_2, \cdots, s_n, t \in \mathbb{N}^*$ 有

$$\mathbb{E}_{\mathbb{Q}}(\bar{h}(C_{t+s_1}, C_{t+s_2}, \cdots, C_{t+s_n}) \mid \mathcal{G}_t) = \mathbb{E}_{\mathbb{Q}}(\bar{h}(C_{t+s_1}, C_{t+s_2}, \cdots, C_{t+s_n}) \mid C_t) \tag{11.2}$$

下文中，我们都假定在原始概率测度$\mathbb{Q}$ 下，C 是一个时间齐次的$\mathbb{G}$—马尔可夫链。

定义 11.1.2 如果对每个 $t \in \mathbb{N}^*$ 和任意状态 $i, j \in \mathcal{K}$，等式 $p_{ij} = \mathbb{Q}\{C_{t+1} = j \mid C_t = i\}$ 都满足，则称矩阵 $P = [p_{ij}]_{1 \leq i, j \leq K}$ 为$\mathbb{G}$—马尔可夫链 C 的转移概率矩阵(或者转移矩阵)。

任意一个转移矩阵 P 都是一个随机矩阵,这意味着对于每个 $i, j\in\mathcal{K}$ 都有 $p_{ij}\geqslant 0$ 成立,以及对于每个固定的 $i\in\mathcal{K}$ 都有 $\sum_{j=1}^{K}p_{ij}=1$ 成立。以 $P^{(s)}=[p_{ij}^{(s)}]_{1\leqslant i, j\leqslant K}$ 表示 s 步转移矩阵,这样对于任意 $s\in\mathbb{N}^*$,都有

$$p_{ij}^{(s)}=\mathbb{Q}\{C_s=j\mid C_0=i\},\ \forall i, j\in\mathcal{K}$$

下面的结论是标准的,故在此省略证明过程。

命题 11.1.1 对每个 $s, t\in\mathbb{N}^*$ 和任意 $i, j\in\mathcal{K}$,如果有

$$\mathbb{Q}\{C_{t+s}=j\mid C_t=i\}=p_{ij}^{(s)}$$

则满足切普曼—科莫格罗夫方程。特别地,对于每个 $s, t\in\mathbb{N}^*$,等式 $P^{(t+s)}=P^{(t)}P^{(s)}=P^{(s)}P^{(t)}$ 都有效。更具体地,对每个 $s, t\in\mathbb{N}^*$ 和 $i, j\in\mathcal{K}$,有

$$p_{ij}^{(t+s)}=\sum_{k=1}^{K}p_{ik}^{(t)}p_{kj}^{(s)}=\sum_{k=1}^{K}p_{ik}^{(s)}p_{kj}^{(t)}$$

对任意 $s\in\mathbb{N}^*$,有 $P^{(s)}=P^s$,这里 P^s 表示转移矩阵 P 的 s 阶幂。

命题 11.1.1 最后的陈述为第一步分析

$$P^{(t+1)}=PP^{(t)},\ \forall t\in\mathbb{N}^*$$

和最后一步分析

$$P^{(t+1)}=P^{(t)}P,\ \forall t\in\mathbb{N}^*$$

提供了基础。

若记 $\Delta P^{(t+1)}:=P^{(t+1)}-P^{(t)}$。则上面两个方程可以分别改写为科莫格罗夫向后方程

$$\Delta P^{(t+1)}=\Lambda P^{(t)},\quad P^{(0)}=Id,\ \forall t\in\mathbb{N}^*$$

和科莫格罗夫向前方程①:

$$\Delta P^{(t+1)}=P^{(t)}\Lambda,\quad P^{(0)}=Id,\ \forall t\in\mathbb{N}^*$$

其中,$\Lambda=P-Id$,Id 为 K 阶单位矩阵。注意矩阵 Λ 对角上的元素非正,并且每行元素的和等于 0,称矩阵 Λ 为与随机矩阵 P 相伴的生成元矩阵。(行)向量

$$\mu_0=[\mu_0(i)]_{1\leqslant i\leqslant K}=[\mathbb{Q}\{C_0=i\}]_{1\leqslant i\leqslant K}$$

称作概率测度 $\mathbb{Q}$ 下 C 的初始概率分布。更一般地,对于任意 $t\in\mathbb{N}^*$,(行)向量

---

① 在目前的设定下,科莫格罗夫向前和向后方程是一致的。

$$\mu_t = [\mu_t(i)]_{1\leqslant i\leqslant K} = [\mathbb{Q}\{C_t = i\}]_{1\leqslant i\leqslant K}$$

代表 C 在 t 时刻的概率分布。容易验证下面的性质:即对于任意 s, $t\in\mathbb{N}^*$,有

$$\mu_{t+s} = \mu_0 P^{(t+s)} = \mu_t P^{(s)} = \mu P^{(t)}$$

最后要提到的是,符合给定转移矩阵 P 和给定初始分布 μ_0 的 $\mathbb{F}^C$—马尔可夫链 C 的标准构造可以在很多教科书中查找。

11.1.1 概率测度的变换

在大多数金融应用中,只需对直到某个时间 $T^* < \infty$ 下的马尔可夫链的行为进行研究。对于固定的 T^*,通过设定:

$$\left.\frac{\mathrm{d}\,\mathbb{Q}^*}{\mathrm{d}\,\mathbb{Q}}\right|_{\mathcal{G}_{T^*}} = \eta_{T^*},\ \mathbb{Q}\text{-a. s.} \tag{11.3}$$

引入的概率测度 $\mathbb{Q}^*$ 在 $(\Omega, \mathcal{G}_{T^*})$ 上和 $\mathbb{Q}$ 是等价的。其中,$\mathcal{G}_{T^*}$—可测的随机变量 η_{T^*} 在概率空间上几乎处处严格为正($\mathbb{Q}$-a. s.),且 $\mathbb{E}_{\mathbb{Q}}(\eta_{T^*} = 1$。因此,对于 $t=0$, 1, …, T^*,密度过程 $\eta_t = \mathbb{E}_{\mathbb{Q}}(\eta_{T^*}\,|\,\mathcal{G}_t)$ 在概率测度 $\mathbb{Q}$ 下服从一个严格为正的鞅。接下来要考察测度 $\mathbb{Q}$ 下的时间齐次 $\mathbb{G}$—马尔可夫链在测度 $\mathbb{Q}^*$ 下是否仍是一个 $\mathbb{G}$—马尔可夫链(但可能是时间非齐次的)①。如果答案是肯定的,即 $\mathbb{F}$—马尔可夫性质在测度 $\mathbb{Q}^*$ 下仍能保持,则我们也想把测度 $\mathbb{Q}^*$ 下 C 的时间相依的转移概率 $p^*_{ij}(t) := \mathbb{Q}^*\{C_{t+1} = j \mid C_t = i\}$ 和原始概率测度 $\mathbb{Q}$ 下 C 的转移概率 p_{ij} 联系起来。下面的条件在这个研究中十分重要。

条件(B. 1) 对于任意 $t=0, 1, \cdots, T^*-1$,随机变量 $\eta_t^{-1}\eta_{t+1}$ 是 $\sigma(C_t, C_{t+1})$— 可测的,也就是说,对于每个 $t=0, 1, \cdots, T^*-1$,以及某个函数 $g_t: \mathcal{K}\times\mathcal{K}\to\mathbb{R}$,有 $\eta_t^{-1}\eta_{t+1} = g_t(C_t, C_{t+1})$。

我们将从下面的一般性命题展开研究。这个命题表明,如果条件(B. 1)满足,则在概率测度的等价变换下,C 的马尔可夫性质能得以保持。

命题 11. 1. 2 假设满足条件(B. 1)。如果 C 在概率测度 $\mathbb{Q}$ 下服从时间齐次的 $\mathbb{G}$—马尔可夫链,则在概率测度 $\mathbb{Q}^*$ 下也服从一个 $\mathbb{G}$—马尔可夫链,且对于任意状态 i, $j\in\mathcal{K}$ 和每个 $t=0, 1, \cdots, T^*-1$,有 $p^*_{ij}(t) = p_{ij}g_t(i, j)$。

证明: 固定时间 $t\in\mathbb{N}^*$。利用贝叶斯定理的抽象版本,对于任意状态 $j\in\mathcal{K}$,有

① 本节中得到的结论很容易推广到在原始概率测度下过程是时间非齐次马尔可夫链的情况。

$$
\begin{aligned}
\mathbb{Q}^*\{C_{t+1}=j \mid \mathcal{G}_t\} &= \mathbb{E}_{\mathbb{Q}}(\eta_t^{-1}\eta_{T^*}\ \mathbb{1}_{\{C_{t+1}=j\}} \mid \mathcal{G}_t) \\
&= \mathbb{E}_{\mathbb{Q}}\big(\mathbb{E}_{\mathbb{Q}}(\eta_{T^*} \mid \mathcal{G}_{t+1})\eta_t^{-1}\ \mathbb{1}_{\{C_{t+1}=j\}} \mid \mathcal{G}_t\big) \\
&= \mathbb{E}_{\mathbb{Q}}(\eta_t^{-1}\eta_{t+1}\ \mathbb{1}_{\{C_{t+1}=j\}} \mid \mathcal{G}_t) \\
&= \mathbb{E}_{\mathbb{Q}}\big(g_t(C_t,\ C_{t+1})\ \mathbb{1}_{\{C_{t+1}=j\}} \mid \mathcal{G}_t\big) \\
&= \mathbb{E}_{\mathbb{Q}}\big(g_t(C_t,\ C_{t+1})\ \mathbb{1}_{\{C_{t+1}=j\}} \mid C_t\big)
\end{aligned}
$$

其中,最后一个等式是通过将公式(11.2)运用到函数 $\bar{h}$ 得到的,$\bar{h}$ 由 $\bar{h}(k,\ l)=g_t(k,\ l)\,\mathbb{1}_{\{j\}}(l)$ 给出。显然,条件概率 $\mathbb{Q}^*\{C_{t+1}=j \mid \mathcal{G}_t\}$ 实际上是一个 $\sigma(C_t)$—可测的随机变量。

由于 $\sigma(C_t)\subseteq\mathcal{G}_t$,则

$$
\mathbb{Q}^*\{C_{t+1}=j \mid \mathcal{G}_t\}=\mathbb{Q}^*\{C_{t+1}=j \mid C_t\}
$$

这表明在测度 $\mathbb{Q}^*$ 下,C 服从 $\mathbb{G}$—马尔可夫链。进一步,有

$$
\begin{aligned}
p_{ij}^*(t) &= \mathbb{Q}^*\{C_{t+1}=j \mid C_t=i\} \\
&= \mathbb{E}_{\mathbb{Q}}(\eta_t^{-1}\eta_{t+1}\ \mathbb{1}_{\{C_{t+1}=j\}} \mid C_t=i) \\
&= \mathbb{E}_{\mathbb{Q}}\big(g_t(C_t,\ C_{t+1})\ \mathbb{1}_{\{C_{t+1}=j\}} \mid C_t=i\big) \\
&= p_{ij}\,g_t(i,\ j)
\end{aligned}
$$

由此命题 11.1.2 得以证毕。 □

评注:一般来说,在等价概率测度 $\mathbb{Q}^*$ 下,马尔可夫链 C 不再是时间齐次的过程。但是,在一些特殊情况下,齐次性这个方便的性质仍然可以成立。

容易看出,下面的条件(B.2)和条件(B.1)是等价的。

条件(B.2) 存在一有限集 A,使得对于任意的 $t=0,\ 1,\ \cdots,\ T^*-1$,乘积 $\eta_t^{-1}\eta_{t+1}$ 容许如下的表示:

$$
\eta_t^{-1}\eta_{t+1}=1+\sum_{\alpha\in A}\widetilde{m}_t^{\alpha}\widehat{m}_{t+1}^{\alpha} \tag{11.4}
$$

其中,$\widetilde{m}_t^{\alpha}$ 是 $\sigma(C_t)$—可测的,$\widehat{m}_{t+1}^{\alpha}$ 是 $\sigma(C_t,\ C_{t+1})$—可测的。也就是说,对某个函数 $\widetilde{g}_t^{\alpha}:\mathcal{K}\to\mathbb{R}$,有 $\widetilde{m}_t=\widetilde{g}_t^{\alpha}(C_t)$,对某个函数 $\widehat{g}_{t+1}^{\alpha}:\mathcal{K}\times\mathcal{K}\to\mathbb{R}$,有 $\widehat{m}_{t+1}=\widehat{g}_{t+1}^{\alpha}(C_t,\ C_{t+1})$。

下面的结果可从命题 11.1.2. 直接得到。

推论 11.1.1 假定条件(B.2)成立。如果在测度 $\mathbb{Q}$ 下,C 服从时间齐次 $\mathbb{G}$—马尔可夫链,则在测度 $\mathbb{Q}^*$ 下服从 $\mathbb{G}$—马尔可夫链,并且对于每个 $i,\ j\in\mathcal{K}$ 和 $t=0,\ 1,\ \cdots,$

T^*-1，有

$$p_{ij}^*(t)=p_{ij}\Big(1+\sum_{\alpha\in A}\tilde{g}_t^{\alpha}(i)\hat{g}_{t+1}^{\alpha}(i,j)\Big)$$

为了得到一个转移概率 $p_{ij}^*(t)$更方便的表达式，我们假定 σ—域 $\mathscr{F}_0^C$是平凡的（使得 $\eta_0=1$），并且通过设定 $m_0=0$ 和

$$\Delta m_{t+1}:=m_{t+1}-m_t=\eta_t^{-1}(\eta_{t+1}-\eta_t),\ \forall t=0,1,\cdots,T^*-1$$

引进随机变量的一个辅助序列。容易看出，在测度$\mathbb{Q}$下，过程 m 服从一个$\mathbb{G}$—鞅，且对于每个 $t=0,1,\cdots,T^*-1$ 有 $\Delta m_t>-1$。另外，对于 $t=0,1,\cdots,T^*$，有

$$\eta_t=1+\sum_{u=1}^{t}\eta_{u-1}\Delta m_u=\prod_{u=1}^{t}(1+\Delta m_u)\tag{11.5}$$

关系式(11.5)使得概率空间$(\Omega,\mathscr{G}_{T^*})$上的等价概率测度$\mathbb{Q}^*$和满足 $m_0=0$ 及 $\Delta m_t>-1$ 的$\mathbb{G}$—鞅 $m_t(t=0,1,\cdots,T^*)$之间产生了一一对应的关系。从而，条件(B.2)可以重新表述为：对于每个 $t=0,1,\cdots,T^*-1$，有 $\Delta m_{t+1}=\sum\limits_{\alpha\in A}\tilde{m}_t^{\alpha}\hat{m}_{t+1}^{\alpha}$。

现在来选择一个具体的序列 m。首先，需要引入一些符号。对于任意的 $i,j\in\mathscr{K}$，记 $H_t^i=\mathbb{1}_{\{C_t=i\}}$ 和 $H_t^{ij}=\sum\limits_{u=1}^{t}H_{u-1}^iH_u^j$。注意，这里的 H_t^{ij} 表示：在0时刻和 t 时刻之间，过程 C 从状态 i 到状态 j 所发生的一步转移的次数。如果 $i\neq j$，令 $\delta_{ii}=1$，$\delta_{ij}=0$，则

$$\tilde{H}_t^{ij}=H_t^{ij}-\delta_{ij}\sum_{u=1}^{t}H_{u-1}^i$$

和

$$M_t^{ij}=\tilde{H}_t^{ij}-\sum_{u=1}^{t}(p_{ij}-\delta_{ij})H_{u-1}^i\tag{11.6}$$

容易验证，$M_t^{ij}=H_t^{ij}-\sum\limits_{u=1}^{t}p_{ij}H_{u-1}^i$。之所以选用式(11.6)来定义 M^{ij}，是因为这个公式和连续时间的 Lévy 型表达式(11.33)直接对应。

命题 11.1.3 对于任意两个状态 $i,j\in\mathscr{K}$，过程 $M_t^{ij}(t\in\mathbb{N}^*)$在测度$\mathbb{Q}$下服从一个$\mathbb{G}$—鞅。

证明：对于 $i\neq j$，有

$$\begin{aligned}\mathbb{E}_{\mathbb{Q}}(M_{t+1}^{ij}-M_t^{ij}\mid\mathscr{G}_t)&=\mathbb{E}_{\mathbb{Q}}(H_t^iH_{t+1}^j-p_{ij}H_t^i\mid\mathscr{G}_t)\\&=\mathbb{E}_{\mathbb{Q}}((H_{t+1}^j-p_{ij})H_t^i\mid C_t)\\&=H_t^i(\mathbb{Q}\{C_{t+1}=j\mid C_t=i\}-p_{ij})\\&=0\end{aligned}$$

对于 $i=j$，过程 M^{ij} 的鞅性质是显然的。 □

下面将进一步设定序列 m。令 $m_0=0$，以及

$$\Delta m_t=\sum_{k,\,l=1}^{K}\xi_{t-1}^{kl}\Delta M_t^{kl},\ \forall\, t=1,\,2,\,\cdots,\,T^* \tag{11.7}$$

其中，$\Delta M_t^{kl}=M_t^{kl}-M_{t-1}^{kl}$，并且对于任意的 $k,\,l\in\mathcal{K}$ 和 $t\in\mathbb{N}^*$，假定随机变量 $\xi_t^{kl}>-1$ 为 $\sigma(C_t)$—可测的，使得对于某个函数 $\tilde{g}^{kl}:\mathcal{K}\to\mathbb{R}$，有 $\xi_t^{kl}=\tilde{g}_t^{kl}(C_t)$。注意，

$$\Delta M_{t+1}^{kl}=M_{t+1}^{kl}-M_t^{kl}=H_t^kH_{t+1}^l-p_{kl}H_t^k=\mathbb{1}_{\{C_t=k,\,C_{t+1}=l\}}-p_{kl}\,\mathbb{1}_{\{C_t=k\}}$$

从而 $\Delta M_{t+1}^{kl}=\hat{g}_{t+1}^{kl}(C_t,\,C_{t+1})$，其中

$$\hat{g}_{t+1}^{kl}(i,\,j)=\mathbb{1}_{\{k\}}(i)\big(\mathbb{1}_{\{l\}}(j)-p_{kl}\big)$$

最后，不难验证，在测度$\mathbb{Q}$下，过程 m 是一个$\mathbb{G}$—鞅，且对每个 $t=1,\,2,\,\cdots,\,T^*$，有 $\Delta m_t>-1$。

因此，由下式

$$\eta_t=\prod_{u=1}^{t}(1+\Delta m_u)=1+\sum_{u=1}^{t}\eta_{u-1}\Big(\sum_{k,\,l=1}^{K}\xi_{u-1}^{kl}\Delta M_u^{kl}\Big) \tag{11.8}$$

给定的过程 η 在测度$\mathbb{Q}$下服从一个正的$\mathbb{G}$—鞅(对照式(11.5))：在 $\tilde{m}_t^{kl}=\xi_t^{kl}=\tilde{g}_t^{kl}(C_t)$ 和 $\hat{m}_{t+1}^{kl}=\Delta M_{t+1}^{kl}=\hat{g}_{t+1}^{kl}(C_t,\,C_{t+1})$ 下，有 $\Delta m_{t+1}=\sum_{k,\,l=1}^{K}\tilde{m}_t^{kl}\hat{m}_{t+1}^{kl}$，使得条件(B.2)成立。利用推论 11.1.1，可以得到下面的结论。

推论 11.1.2 令概率测度$\mathbb{Q}^*$由式(11.3)定义，随机变量 η_{T^*} 由式(11.8)给出。如果 C 在测度$\mathbb{Q}$下服从一个$\mathbb{G}$—马尔可夫链，则 C 在测度$\mathbb{Q}^*$下也服从一个$\mathbb{G}$—马尔可夫链，且对于每个 $i,\,j\in\mathcal{K}$ 和 $t\in\mathbb{N}^*$，具有如下的转移概率：

$$p_{ij}^*(t)=p_{ij}\Big(1+\tilde{g}_t^{ij}(i)-\sum_{l=1}^{K}\tilde{g}_t^{il}(i)p_{il}\Big) \tag{11.9}$$

例 11.1.1 对每个 $k,\,l\in\mathcal{K}$ 和 $t=0,\,1,\,\cdots,\,T^*-1$，令 $\xi_t^{kl}=g_t^k(C_t)$。易知对每个 $t=0,\,1,\,\cdots,\,T^*-1$，有 $\Delta m_t=0$，进而对每个 $t=0,\,1,\,\cdots,\,T$，有 $\eta_t=1$。因此，有 $\mathbb{Q}^*=\mathbb{Q}$ 和 $p_{ij}^*(t)=p_{ij}$。

例 11.1.2 确定一个函数 $k^*:\mathcal{K}\to\mathcal{K}$①。为了使表述简化，假定 $p_{ik^*(i)}\neq 0$，并且对

① 若对每个 $i\in\mathcal{K}$，$k^*(i)=i$，则这个例子对应于 JLT(1997)模型(参见第 12.1.1 节)。若对每个 $i\in\mathcal{K}$，设定 $k^*(i)=K$，则这个例子对应于 Kijima 和 Komoribayashi 模型(参见第 12.1.3 节)。

于 $i=1, 2, \cdots, K-1$ 有 $p_{ik^*(i)} \neq 1$。对每个 $k, l \in \mathscr{K}$ 和任意 $t=0, 1, \cdots, T^*-1$，现假设对某个函数 $g_t^k: \mathscr{K} \to \mathbb{R}$，有

$$\xi_t^{kl} = \tilde{g}_t^{kl}(C_t) = \begin{cases} g_t^k(C_t), \text{ 如果 } l \neq k^*(k) \\ 0, \text{ 如果 } l = k^*(k) \end{cases}$$

那么，对于每个 $i, j \in \mathscr{K}$，可得到

$$p_{ij}^*(t) = p_{ij}\pi_{ij}(t) \tag{11.10}$$

其中，

$$\pi_{ij}(t) = \begin{cases} 1 + g_t^i(i)p_{ik^*(i)}, \text{ 如果 } j \neq k^*(k) \\ \left(1 + g_t^i(i)(p_{ik^*(i)} - 1)\right) p_{ik^*(i)}^{-1}, \text{ 如果 } j = k^*(k) \end{cases}$$

在这个例子中，有

$$\Delta m_t = \sum_{i=1}^{K} g_{t-1}^i(C_{t-1})(p_{ik^*(i)} - H_t^{k^*(i)})H_{t-1}^{k^*(i)}$$

因此，如果假定对每个 $i \neq K-1$ 和 $t=0, 1, \cdots, T^*-1$，有：

$$-(p_{ik^*(i)})^{-1} < g_t^i(i) < (1 - p_{ik^*(i)})^{-1} \tag{11.11}$$

则 $\Delta m_t > -1$，并对任意状态 $i, j = 1, 2, \cdots, K$，有 $p_{ij}^*(t) \in [0,1]$。

最后，如果记 $\pi_i(t) := 1 + g_t^i(i)p_{ik^*(i)}$，则可按如下方式改写式(11.10)：对每个 $j \neq k^*(i)$ 有 $p_{ij}^*(t) = p_{ij}\pi_i(t)$，且

$$p_{ik^*(i)}^*(t) = p_{ik^*(i)}\left(\pi_i(t) - g_t^i(i)\right) = 1 - \pi_i(t)(1 - p_{ik^*(i)})$$

注意，此时条件式(11.11)变为：对每个 $i \neq K-1$ 和 $t=0, 1, \cdots, T^*-1$，有

$$0 < \pi_i(t) < (1 - p_{ik^*(i)})^{-1}, \ \forall i \neq K-1, \quad t \in \mathbb{N}^* \tag{11.12}$$

11.1.2 吸收时间定理

如果有

$$\mathbb{Q}\{C_s = k \mid C_t = k\} = 1, \ \forall t, s \in \mathbb{N}^*, \quad t \leqslant s$$

则称状态 $k \in \mathscr{K}$ 是测度$\mathbb{Q}$下$\mathbb{G}$—马尔可夫链 C 的吸收态。显然，在测度$\mathbb{Q}$下，如果状态 k 是 C 的吸收态，那么 $p_{kj} = \delta_{kj}$。进而可以得到下面的简单结论；其证明留给读者自己完成。

命题 11.1.4 令在$(\Omega, \mathscr{G})$上的概率测度$\mathbb{Q}^*$和$\mathbb{Q}$等价，并令 C 在$\mathbb{Q}^*$和$\mathbb{Q}$下都服从

$\mathbb{G}$—马尔可夫链。则当且仅当状态 k 在$\mathbb{Q}^*$下是 C 的吸收态时,k 在$\mathbb{Q}$下是 C 的吸收态。

假定在测度$\mathbb{Q}$下,状态 K 是$\mathbb{G}$—马尔可夫链 C 的唯一吸收态,那么,转移矩阵 P 为

$$P = \begin{pmatrix} p_{1,1} & \cdots & p_{1,K-1} & p_{1,K} \\ \vdots & \vdots & \vdots & \vdots \\ p_{K-1,1} & \cdots & p_{K-1,K-1} & p_{K-1,K} \\ 0 & \cdots & 0 & 1 \end{pmatrix}$$

其中,对于每个 $i=1, 2, \cdots, K-1$,有 $p_{ii}<1$。相应的生成元矩阵 Λ 具有如下形式:

$$\Lambda = \begin{pmatrix} p_{1,1}-1 & \cdots & p_{1,K-1} & p_{1,K} \\ \vdots & \vdots & \vdots & \vdots \\ p_{K-1,1} & \cdots & p_{K-1,K-1}-1 & p_{K-1,K} \\ 0 & \cdots & 0 & 0 \end{pmatrix}$$

将过程 C 首次跳到吸收态 K 的时刻定义为随机时间 τ,即 $\tau=\min\{t\geqslant 0: C_t=K\}$。需要给出在测度$\mathbb{Q}$和等价测度$\mathbb{Q}^*$下 τ 的概率分布。将 P 去掉最后一行和最后一列所得到的 $(K-1)\times(K-1)$ 阶矩阵记作 $\widetilde{P}=[\widetilde{p}_{ij}]_{1\leqslant i, j\leqslant K-1}$,并用 $\widetilde{P}^{(s)}=[\widetilde{p}_{ij}^{(s)}]_{1\leqslant i, j\leqslant K-1}$ 来表示 $\widetilde{P}$ 的 s 阶幂。以下的结果是标准的并且很容易得到(例如,可参阅 Bhattacharya 和 Waymire(1990)的命题 11.1)。

命题 11.1.5 对任意 $t\in\mathbb{N}$ 和任意 $i\neq K$,有

$$\mathbb{Q}\{\tau\leqslant t \mid C_0=i\}=1-\sum_{j=1}^{K-1}\widetilde{p}_{ij}^{(t)}$$

推论 11.1.3 对任意 $t\in\mathbb{N}$ 和任意 $i\neq K$,有

$$\mathbb{Q}\{\tau\leqslant t \mid C_0=i\}=1-\sum_{j=1}^{K-1}p_{ij}^{(t)} \tag{11.13}$$

证明:回忆一下,对每个 $j=1, 2, \cdots, K-1$,有 $p_{Kj}=0$,这样对每个 $i, j=1, 2, \cdots, K-1$ 和 $t\in\mathbb{N}$,等式 $\widetilde{p}_{ij}^{(t)}=p_{ij}^{(t)}$ 成立。 □

要直接得到等式(11.13),注意到对每个 $t\in\mathbb{N}$ 和 $i\neq K$,有

$$\mathbb{Q}\{\tau\leqslant t \mid C_0=i\}=1-\mathbb{Q}\{C_t\neq K \mid C_0=i\}=1-\sum_{j=1}^{K-1}p_{ij}^{(t)}$$

根据有限状态空间的马尔可夫链的一般理论①,对任意初始状态 $i=1, 2, \cdots,$

① 可参阅 Bhattacharya 和 Waymire(1990)。

$K-1$，要使等式 $\mathbb{Q}\{\tau=\infty \mid C_0=i\}=0$ 成立，当且仅当，在测度$\mathbb{Q}$下，对马尔可夫链 C，所有的状态 $i=1, 2, \cdots, K-1$ 都是瞬时(transient)状态，或者等价地说，在测度$\mathbb{Q}$下，状态 K 是马尔可夫链 C 唯一的常返(recurrent)状态。从现在起，假设在测度$\mathbb{Q}$下，状态 K 是马尔可夫链 C 唯一的常返态。因此，在测度$\mathbb{Q}$下，状态 K 是马尔可夫链 C 唯一的吸收态。

引入矩阵 $\mathscr{P}^*(t)=[p_{ij}^*(t)]_{1\leqslant i, j\leqslant K}$ 作为测度$\mathbb{Q}^*$下的马尔可夫链 C 的 t 时刻的一步转移概率，其中测度$\mathbb{Q}^*$表示$(\Omega, \mathscr{F}_{T^*}^C)$上的任意一个与$\mathbb{Q}$等价的概率测度。还定义 $\mathscr{P}^*(t, s)=[p_{ij}^*(t, s)]_{1\leqslant i, j\leqslant K}$，其中，对每个 $i, j\in\mathscr{K}$，有

$$p_{ij}^*(t, s):=\mathbb{Q}^*\{C_{t+s}=j \mid C_t=i\}, \ \forall t, s\geqslant 0$$

这样，有 $\mathscr{P}^*(t)=\mathscr{P}^*(t, 1)$ 和

$$\mathscr{P}^*(t, s)=\prod_{u=0}^{s-1}\mathscr{P}^*(t+u) \tag{11.14}$$

根据命题 11.1.4，如果在测度$\mathbb{Q}^*$下，C 服从一个马尔可夫链，很显然，在测度$\mathbb{Q}^*$下，状态 K 也是 C 的吸收态。定义截断吸收时(truncated absorption time)τ^* 为①

$$\tau^*=\min\{t=0, 1, \cdots, T^*: C_t=K\}$$

在下面的结论中，考察测度$\mathbb{Q}^*$下 τ^* 的概率分布。

推论 11.1.4 对每个 $t=1, 2, \cdots, T^*$ 和每个 $i\neq K$，$\mathbb{Q}^*$下 τ^* 的概率分布为：

$$\mathbb{Q}^*\{\tau^*\leqslant t \mid C_0=i\}=1-\sum_{j=1}^{K-1}p_{ij}^*(0, t)$$

和

$$\mathbb{Q}^*\{\tau^*=\infty \mid C_0=i\}=1-\mathbb{Q}^*\{\tau^*>T^* \mid C_0=i\}$$

证明：对第一个等式，只需注意到

$$\mathbb{Q}^*\{\tau^*\leqslant t \mid C_0=i\}=1-\mathbb{Q}^*\{C_t\neq K \mid C_0=i\}=1-\sum_{j=1}^{K-1}p_{ij}^*(0, t)$$

即可得证。第二个公式也是显然的。 □

11.1.3 离散时间的条件马尔可夫链

正如将要在第 12 章和第 13 章看到的，信用风险建模中起重要作用的是所谓的条件

---

① 通常，一个空集的下确界等于$+\infty$。

马尔可夫链。这节中,我们只在离散时间的框架下,对该过程进行简单的讨论。连续时间的情况,包括$\mathbb{F}$—条件马尔可夫链的规范构造,将在后面章节中更详细地探讨(参见第11.3节)。

考虑一个概率空间$(\Omega, \mathcal{G}, \mathbb{Q})$,赋予滤子$\mathbb{F}=(\mathcal{F}_t)_{t\in\mathbb{N}^*}$和$\mathbb{G}=(\mathcal{G}_t)_{t\in\mathbb{N}}$,使得$\mathbb{F}\subseteq\mathbb{G}$。令$C$是一个定义在该概率空间上的$\mathcal{K}$—赋值的随机过程,其中$\mathcal{K}=\{1, 2\cdots, K\}$。通常,用$\mathbb{F}^C$表示过程$C$生成的滤子。很自然地假定$C$服从一个$\mathbb{G}$—适应过程,使得$\mathbb{F}^C\subseteq\mathbb{G}$。

定义 11.1.3 如果对每个$s, t\in\mathbb{N}^*$, $t\leqslant s$,和任意函数$h: \mathcal{K}\to\mathbb{R}$有

$$\mathbb{E}_{\mathbb{Q}}(h(C_s)\mid\mathcal{G}_t)=\mathbb{E}_{\mathbb{Q}}\big(h(C_s)\mid\mathcal{F}_t\vee\sigma(C_t)\big) \tag{11.15}$$

则称一个离散时间的由$\mathcal{K}$赋值的过程C为相对于$\mathbb{F}$的离散时间条件$\mathbb{G}$—马尔可夫链(在测度$\mathbb{Q}$下)。

为了简便,如果C满足上述定义,则称C是一个测度$\mathbb{Q}$下离散时间$\mathbb{F}$—条件的$\mathbb{G}$—马尔可夫链。

评注:假定参照滤子$\mathbb{F}$是平凡的,即$\mathbb{F}=\mathbb{F}^0$,其中对每个$t\in\mathbb{N}^*$, $\mathcal{F}_t^0=\mathcal{F}_0^0=\{\Omega, \phi\}$。在这种情况下,等式(11.15)就变为

$$\mathbb{E}_{\mathbb{Q}}(h(C_s)\mid\mathcal{G}_t)=\mathbb{E}_{\mathbb{Q}}\big(h(C_s)\mid\sigma(C_t)\big)$$

并且定义11.1.3和$\mathbb{G}$—马尔可夫链的定义11.1.1一致。进一步,因为$\sigma(C_t)\subseteq\mathcal{F}_t\vee\sigma(C_t)\subseteq\mathcal{G}_t$,显然,如果一个给定的过程$C$在测度$\mathbb{Q}$下服从$\mathbb{G}$—马尔可夫链,那么对任意选择的$\mathbb{G}$的子滤子$\mathbb{F}$,过程$C$在测度$\mathbb{Q}$下也服从$\mathbb{F}$—条件的$\mathbb{G}$—马尔可夫链。另一方面,如果一个离散时间过程$C$在测度$\mathbb{Q}$下服从一个$\mathbb{F}$—条件的$\mathbb{G}$—马尔可夫链,但它在测度$\mathbb{Q}$下并不一定满足普通$\mathbb{G}$—马尔可夫链的定义,这使得$\mathbb{F}$—条件的$\mathbb{G}$—马尔可夫链的概念要比$\mathbb{G}$—马尔可夫链的概念弱一些。

例 11.1.3 考虑$\mathbb{G}=\mathbb{F}\vee\mathbb{F}^C$时的情况。这时,等式(11.15)变为

$$\mathbb{E}_{\mathbb{Q}}\big(h(C_s)\mid\mathcal{F}_t\vee\mathcal{F}_t^C\big)=\mathbb{E}_{\mathbb{Q}^*}\big(h(C_s)\mid\mathcal{F}_t\vee\sigma(C_t)\big) \tag{11.16}$$

如果$\mathbb{F}^C$是参照滤子$\mathbb{F}$的一个子滤子,则几乎不满足条件(11.16)。由此得出结论:在$\mathbb{G}=\mathbb{F}\vee\mathbb{F}^C$的情况下,很自然地要求$C$生成的滤子$\mathbb{F}^C$不是参照滤子$\mathbb{F}$的子滤子。

从现在起,假设C在测度$\mathbb{Q}$下为服从离散时间$\mathbb{F}$—条件的$\mathbb{G}$—马尔可夫链,C的状态空间为有限集$\mathcal{K}=\{1, 2, \cdots, K\}$。

定义 11.1.4 如果对每个$t\in\mathbb{N}^*$和任意的$i, j\in\mathcal{K}$,在集合$\{C_t=i\}$上有

$$p_{ij}(t)=\mathbb{Q}\{C_{t+1}=j\mid\mathcal{F}_t\vee\sigma(C_t)\},\ \mathbb{Q}\text{-a. s.}$$

则称下面一个$\mathbb{F}$—适应的、矩阵赋值随机过程$P(t)$

$$P(t) = [p_{ij}(t)]_{1\leqslant i,\, j\leqslant K},\ \forall t \in \mathbb{N}^*$$

为链 C 的(一步)$\mathbb{F}$—条件转移概率矩阵过程(或者为$\mathbb{F}$—条件的转移矩阵过程)：

上述定义可以推广到多步的情况下。

定义 11.1.5 固定 $t, s \in \mathbb{N}^*$。如果对每个 $i, j \in \mathcal{K}$，在集合 $\{C_t = i\}$ 上有

$$p_{ij}(t, s) = \mathbb{Q}\{C_{t+s} = j \mid \mathcal{F}_t \vee \sigma(C_t)\},\ \mathbb{Q}\text{-a. s.}$$

则称一个 $\mathcal{F}_t$—可测的、矩阵赋值随机变量 $P(t, s) = [p_{ij}(t, s)]_{1\leqslant i,\, j\leqslant K}$ 为 t 时刻的 s 步$\mathbb{F}$—条件转移矩阵。

最后，如果马尔可夫链 C 满足类似于式(11.2)的性质，则称链 C 满足扩展的$\mathbb{F}$—条件的$\mathbb{G}$—马尔可夫性。更具体地，引入下面的定义。

定义 11.1.6 如果对任意函数 $\bar{h}: \mathcal{K}\times\mathcal{K}\times\cdots\times\mathcal{K}\to\mathbb{R}$ 和每个 $s_1, s_2, \cdots, s_n, t \in \mathbb{N}^*$，有

$$\mathbb{E}_{\mathbb{Q}}(\bar{h}(C_{t+s_1}, C_{t+s_2}, \cdots, C_{t+s_n}) \mid \mathcal{G}_t) = \mathbb{E}_{\mathbb{Q}}(\bar{h}(C_{t+s_1}, C_{t+s_2}, \cdots, C_{t+s_n}) \mid \mathcal{F}_t \vee \sigma(C_t))$$

则过程 C 满足扩展的$\mathbb{F}$—条件的$\mathbb{G}$—马尔可夫性。

有趣的是，在测度$\mathbb{Q}$下，对于离散时间$\mathbb{F}$—条件的$\mathbb{G}$—马尔可夫链，上述性质不一定成立。但是，如果一个马尔可夫链是通过类似于第 11.3 节中连续时间方法的规范构造得到的，则这个性质是成立的。

评注：在第 12.2 节将会看到，一些建立在离散时间背景下的信用转移模型可以归为条件马尔可夫模型，因为它们把信用转移过程建模为$\mathbb{F}$—条件的$\mathbb{G}$—马尔可夫链。需要强调的是，目前，还没有一个关于离散时间条件马尔可夫信用转移模型，包括模型校准等问题的令人满意的理论。该评注也同样适用于连续时间条件马尔可夫模型。

11.2 连续时间的马尔可夫链

对于 $t \in \mathbb{R}_+$，令 C_t 为在有限集 $\mathcal{K}$ 中取值的概率空间$(\Omega, \mathcal{G}, \mathbb{Q})$上的一个右连续随机过程，令$\mathbb{F}^C$为该过程生成的滤子。另外，令$\mathbb{G}$ 为使得 $\mathbb{F}^C\subseteq\mathbb{G}$ 成立的某个滤子。

定义 11.2.1 如果对任意函数 $h: \mathcal{K}\to\mathbb{R}$ 和任意 $s, t\in\mathbb{N}^*$，有

$$\mathbb{E}_{\mathbb{Q}}(h(C_{t+s}) \mid \mathcal{G}_t) = \mathbb{E}_{\mathbb{Q}}(h(C_{t+s}) \mid C_t)$$

则过程 C 服从连续时间$\mathbb{G}$—马尔可夫链。如果对任意的 $s, t, u\in\mathbb{N}^*$，还有

$$\mathbb{E}_{\mathbb{Q}}(h(C_{t+s}) \mid C_t) = \mathbb{E}_{\mathbb{Q}}(H(C_{u+s}) \mid C_u)$$

则称连续时间$\mathbb{G}$—马尔可夫链 C 为时间齐次的。

定义 11.2.2 如果对每个 t 和 $s(t, s \in \mathbb{R}_+)$，以及 $t \leqslant s$，有

$$\mathbb{Q}\{C_s = j \mid C_t = i\} = p_{ij}(t, s), \ \forall i, j \in \mathcal{K}$$

则称两参数的随机矩阵族 $\mathcal{P}(t, s)(\forall s, t \in \mathbb{R}_+, t \leqslant s)$ 为测度$\mathbb{Q}$下$\mathbb{G}$—马尔可夫链 C 的转移概率矩阵族。特别地，对每个 $t \in \mathbb{R}_+$，等式 $\mathcal{P}(t, t) = Id$ 成立。

时间齐次链。在时间齐次马尔可夫链 C 的情况下，引入下面的定义。

定义 11.2.3 如果对每个 t 和 $s(t, s \in \mathbb{R}_+)$，有

$$\mathbb{Q}\{C_{s+t} = j \mid C_s = i\} = p_{ij}(t), \ \forall i, j \in \mathcal{K} \tag{11.17}$$

则称单参数随机矩阵族 $\mathcal{P}(t)(t \in \mathbb{R}_+)$ 为测度$\mathbb{Q}$下时间齐次$\mathbb{G}$—马尔可夫链 C 的转移概率矩阵族。

对于 $t \in \mathbb{R}_+$，若 $\mathcal{P}(t)$ 是 C 的转移矩阵族，则对任意子集 $A \subseteq \mathcal{K}$，有

$$\mathbb{Q}\{C_{t+s} \in A \mid C_t\} = \sum_{j \in A} p_{C_t j}(s), \ \forall s, t \in \mathbb{R}_+$$

另外，$\mathcal{P}(t)$ 还满足如下的切普曼—科莫格罗夫方程

$$\mathcal{P}(t+s) = \mathcal{P}(t)\mathcal{P}(s) = \mathcal{P}(s)\mathcal{P}(t), \ \forall s, t \in \mathbb{R}_+$$

对每个 t 和 $s(t, s \in \mathbb{R}_+)$ 以及 i 和 $j(i, j \in \mathcal{K})$，等价地有

$$p_{ij}(t+s) = \sum_{k=1}^{K} p_{ik}(t) p_{kj}(s) = \sum_{k=1}^{K} p_{ik}(s) p_{kj}(t)$$

令 K 维(行)向量 $\mu_0 = [\mu_0(i)]_{1 \leqslant i \leqslant K} = [\mathbb{Q}\{C_0 = i\}]_{1 \leqslant i \leqslant K}$ 表示马尔可夫链 C 在测度$\mathbb{Q}$下的初始概率分布。同样，令(行)向量 $\mu_t = [\mu_t(i)]_{1 \leqslant i \leqslant K} = [\mathbb{Q}\{C_t = i\}]_{1 \leqslant i \leqslant K}$ 表示 C 在时刻 $t(t \in \mathbb{R}_+)$ 的概率分布。容易验证，

$$\mu_{t+s} = \mu_0 \mathcal{P}(t+s) = \mu_t \mathcal{P}(s) = \mu_s \mathcal{P}(t), \ \forall s, t \in \mathbb{R}_+$$

现在，对 $\mathcal{P}(\cdot)$ 族施加在时刻 $t=0$ 是右连续的这个重要假设，即 $\lim_{t \to 0} \mathcal{P}(t) = \mathcal{P}(0)$。根据切普曼—科莫格罗夫方程，这意味着

$$\lim_{s \to 0} \mathcal{P}(t+s) = \mathcal{P}(t), \ \forall t > 0$$

进而有

$$\lim_{s \to 0} \mathbb{Q}\{C_{t+s} = j \mid C_t = i\} = \delta_{ij}, \ \forall i, j \in \mathcal{K}, \quad t > 0$$

众所周知，$\mathscr{P}(\cdot)$族在时刻 $t=0$ 是右连续意味着该族在时刻 $t=0$ 是右侧可微的(可以参阅 Rolski 等(1998)的定理 8.1.2)。更具体地说，对每个 i 和 $j(i, j \in \mathscr{K})$，下面的有限极限存在：

$$\lambda_{ij} := \lim_{t \to 0} \frac{p_{ij}(t) - p_{ij}(0)}{t} = \lim_{t \to 0} \frac{p_{ij}(t) - \delta_{ij}}{t} \tag{11.18}$$

注意到，对每个 $i \neq j$，有 $\lambda_{ij} \geqslant 0$ 和 $\lambda_{ii} = -\sum_{j=1,\, j\neq i}^{K} \lambda_{ij}$，称矩阵 $\Lambda := [\lambda_{ij}]_{1\leqslant i,\, j\leqslant K}$ 为与式(11.17)产生的族 $\mathscr{P}(\cdot)$相伴的马尔可夫链的无穷小生成元矩阵。矩阵 Λ 的每个元素 λ_{ij} 可看作反映了从状态 i 到状态 j 的转移强度，所以通常也把无穷小生成元矩阵 Λ 称为强度矩阵。

利用切普曼—科莫格罗夫方程和等式(11.18)，可以得到科莫格罗夫向后方程

$$\frac{\mathrm{d}\mathscr{P}(t)}{\mathrm{d}t} = \Lambda \mathscr{P}(t), \quad \mathscr{P}(0) = Id \tag{11.19}$$

和科莫格罗夫向前方程：

$$\frac{\mathrm{d}\mathscr{P}(t)}{\mathrm{d}t} = \mathscr{P}(t)\Lambda, \quad \mathscr{P}(0) = Id \tag{11.20}$$

其中，在 $t=0$ 处右导数存在。众所周知，这两个方程有相同的唯一解，其解为：

$$\mathscr{P}(t) = \mathrm{e}^{t\Lambda} := \sum_{n=0}^{\infty} \frac{\Lambda^n t^n}{n!}, \ \forall\, t \in \mathbb{R}_+ \tag{11.21}$$

由此可见，一个时间齐次马尔可夫链所有相关的概率性质由生成元矩阵 Λ 唯一地决定。

通过无穷小生成元矩阵，可以得到时间齐次马尔可夫链 C 的一个鞅特征。这就是下面命题的重要结论。对于命题 11.2.1 的证明，可以参看 Last 和 Brandt(1995)或者 Rogers 和 Williams(2000)。在这些参考文献中，虽然相关的结论是关于一个$\mathbb{F}^C$—马尔可夫链的，而不是$\mathbb{G}$—马尔可夫链。但是，对于$\mathbb{G}$—马尔可夫链这个更一般情况下的证明也是类似地。对于任意状态 $i \in \mathscr{K}$ 和任意函数 $h: \mathscr{K} \to \mathbb{R}$，记 $(\Lambda h)(i) = \sum_{j=1}^{K} \lambda_{ij} h(j)$。

命题 11.2.1 一个具有初始分布 μ_0 以及无穷小生成元矩阵 Λ 的过程 C 在测度$\mathbb{Q}$下服从时间齐次$\mathbb{G}$—马尔可夫链，当且仅当下列条件满足：

(1) 对每个 $i \in \mathscr{K}$，有 $\mathbb{Q}\{C_0 = i\} = \mu_0(i)$；

(2) 对任意函数 $h: \mathscr{K} \to \mathbb{R}$，由公式

$$M_t^h = h(C_t) - \int_0^t (\Lambda h)(C_u)\,\mathrm{d}u, \ \forall\, t \in \mathbb{R}_+$$

定义的过程 M_t^h 在测度$\mathbb{Q}$下服从$\mathbb{G}$—鞅。

例 11.2.1 令 C 服从具有无穷小生成元矩阵为 Λ 的时间齐次$\mathbb{G}$—马尔可夫链。将命题 11.2.1 应用于函数 $h(\cdot)=\mathbb{1}_{\{i\}}(\cdot)$，则可以推出过程

$$M_t^i=H_t^i-\int_0^t \lambda_{C_u i}\,\mathrm{d}u,\ \forall t\in\mathbb{R}_+ \tag{11.22}$$

在测度$\mathbb{Q}$下服从一个$\mathbb{G}$—鞅(和一个$\mathbb{F}^C$—鞅)。反过来,如果对每个 $i\in\mathcal{K}$,过程 M^i 服从一个$\mathbb{G}$—鞅,则对任意函数 $h:\mathcal{K}\to\mathbb{R}$,过程 M^h 在测度$\mathbb{Q}$下服从一个$\mathbb{G}$—鞅。

时间非齐次链。如果一个马尔可夫链是时间非齐次的,则时间相依的转移强度为①:

$$\lambda_{ij}(t)=\lim_{h\to 0}\frac{p_{ij}(t,\ t+h)-\delta_{ij}}{h}$$

显然,对于任意的 $i\neq j$,有 $\lambda_{ij}\geqslant 0$ 和

$$\lambda_{ii}(t)=\lim_{h\to 0}\frac{p_{ii}(t,\ t+h)-1}{h}=-\lim_{h\to 0}\frac{\sum\limits_{j=1,\ j\neq i}^{K}p_{ij}(t,\ t+h)}{h}=-\sum_{j=1,\ j\neq i}^{K}\lambda_{ij}(t)$$

其中,

$$p_{ij}(t,\ t+h)=\mathbb{Q}\{C_{t+h}=j\mid C_t=i\},\ \forall i,\ j\in\mathcal{K}$$

用$\Lambda(t)=[\lambda_{ij}(t)]_{1\leqslant i,\ j\leqslant K}$来表示相应于时间非齐次马尔可夫链 C 的无穷小生成元矩阵函数。

C 的两参数转移矩阵族 $\mathcal{P}(t,\ s)=[p_{ij}(t,\ s)]_{1\leqslant i,\ j\leqslant K}(0\leqslant t\leqslant s)$ 满足切普曼—科莫格罗夫方程:

$$\mathcal{P}(t,\ s)=\mathcal{P}(t,\ u)\mathcal{P}(u,\ s),\ \forall t\leqslant u\leqslant s$$

科莫格罗夫向前方程:

$$\frac{\mathrm{d}\mathcal{P}(t,\ s)}{\mathrm{d}s}=\mathcal{P}(t,\ s)\Lambda(s),\quad \mathcal{P}(t,\ t)=Id \tag{11.23}$$

和科莫格罗夫向后方程:

$$\frac{\mathrm{d}\mathcal{P}(t,\ s)}{\mathrm{d}t}=-\Lambda(t)\mathcal{P}(t,\ s),\quad \mathcal{P}(s,\ s)=Id \tag{11.24}$$

下面来推导等式(11.23)。对任意两个状态 i 和 j($i,\ j\in\mathcal{K}$),由切普曼—科莫格罗夫方程可得到

---

① 需要强调的是,要使本小节的结论成立,概率 $p_{ij}(s,\ t)$需要满足弱正则性。

$$p_{ij}(t, s+h) = \sum_{k=1}^{K} p_{ik}(t, s) p_{kj}(s, s+h) \tag{11.25}$$

其中，$0 \leqslant t \leqslant s \leqslant s+h$。这样，对于任意 $0 \leqslant t \leqslant s$，有

$$\begin{aligned}
\lim_{h \to 0} \frac{p_{ij}(t, s+h) - p_{ij}(t, s)}{h} &= \lim_{h \to 0} \frac{1}{h} \Big(\sum_{k=1}^{K} p_{ik}(t, s) p_{kj}(s, s+h) - p_{ij}(t, s) \Big) \\
&= \lim_{h \to 0} \Big(p_{ij}(t, s) \frac{p_{jj}(s, s+h) - 1}{h} \\
&\qquad + \sum_{k=1, k \neq j}^{K} p_{ik}(t, s) \frac{p_{kj}(s, s+h)}{h} \Big) \\
&= \sum_{k=1}^{K} p_{ik}(t, s) \lambda_{kj}(s)
\end{aligned}$$

用同样的方法，可以证明

$$\lim_{h \to 0} \frac{p_{ij}(t, s-h) - p_{ij}(t, s)}{h} = \sum_{k=1}^{K} p_{ik}(t, s) \lambda_{kj}(s)$$

下面的结论直接由科莫格罗夫方程推出。

推论 11.2.1 对于任意的 t 和 $s(0 \leqslant t \leqslant s)$，族 $\mathscr{P}(t, s)$满足下列积分方程

$$\mathscr{P}(t, s) = Id + \int_t^s \mathscr{P}(t, u) \Lambda(u) \mathrm{d}u$$

$$\mathscr{P}(t, s) = Id + \int_t^s \Lambda(u) \mathscr{P}(u, s) \mathrm{d}u$$

从计算的角度来看，利用上面这两个方程，可推导出与式(11.21)对应的十分重要的表达式。推论 11.2.2 的证明，感兴趣的读者可以参看 Rolski 等(1998)(参见该书定理 8.4.4)。

推论 11.2.2 对每个 t 和 $s(0 \leqslant t \leqslant s)$，有

$$\mathscr{P}(t, s) = Id + \sum_{n=1}^{\infty} \int_t^s \int_{u_1}^s \cdots \int_{u_{n-1}}^s \Lambda(u_1) \cdots \Lambda(u_n) \mathrm{d}u_n \cdots \mathrm{d}u_1$$

和

$$\mathscr{P}(t, s) = Id + \sum_{n=1}^{\infty} \int_t^s \int_t^{u_1} \cdots \int_t^{u_{n-1}} \Lambda(u_1) \cdots \Lambda(u_n) \mathrm{d}u_n \cdots \mathrm{d}u_1$$

假定矩阵函数 $\Lambda(t) = [\lambda_{ij}(t)]_{1 \leqslant i, j \leqslant K}$ 满足条件

$$\lambda_{ij}(t) \geqslant 0,\ i \neq j,\ \lambda_{ii}(t) = -\sum_{j=1,\ j\neq i}^{K} \lambda_{ij}(t)$$

上述条件反映了非齐次马尔可夫链的无穷小生成元矩阵的特征。对于任意函数 h: $\mathscr{K}\to\mathbb{R}$,通过设定:

$$(\Lambda h)(i,\ t) = \sum_{j=1}^{K}\lambda_{ij}(t)h(j),\ \forall\, i \in \mathscr{K},\ t \in \mathbb{R}_+$$

引入映射 Λh: $\mathscr{K}\times\mathbb{R}_+\to\mathbb{R}$。下面一个理所当然的结论(可参见命题 11.3.1)是命题 11.2.1 的一个自然的扩展。

命题 11.2.2 在测度$\mathbb{Q}$下,具有初始分布 μ_0 以及无穷小生成元矩阵函数 $\Lambda(\cdot)$的过程 C 服从$\mathbb{G}$—马尔可夫链,当且仅当下列条件满足:

(1) 对每个 $i \in \mathscr{K}$,有$\mathbb{Q}\{C_0 = i\} = \mu_0(i)$;

(2) 对任意函数 h: $\mathscr{K}\to\mathbb{R}$,由公式

$$M_t^h = h(C_t) - \int_0^t (\Lambda h)(C_u,\ u)\mathrm{d}u,\ \forall\, t \in \mathbb{R}_+ \tag{11.26}$$

定义的过程 M^h 在测度$\mathbb{Q}$下服从$\mathbb{G}$—鞅。

例 11.2.2 令 C 为非齐次的$\mathbb{G}$—马尔可夫链,具有无穷小生成元矩阵函数 $\Lambda(\cdot)$。将命题 11.2.2 运用于函数 $h(\cdot) = \mathbb{1}_{\{i\}}(\cdot)$,则可发现过程

$$M_t^i = H_t^i - \int_0^t \lambda_{C_u i}(u)\mathrm{d}u,\ \forall\, t \in \mathbb{R}_+ \tag{11.27}$$

在测度$\mathbb{Q}$下服从一个$\mathbb{G}$—鞅(和一个$\mathbb{F}^C$—鞅)。与时间齐次的情况下类似,对每个 $i \in \mathscr{K}$,如果过程 M^i 是一个$\mathbb{G}$—鞅,则对任何函数 h: $\mathscr{K}\to\mathbb{R}$,由公式(11.26)给定的过程 M^h也服从一个$\mathbb{G}$—鞅。

11.2.1 嵌入离散时间马尔可夫链

令 $C_t(t\in\mathbb{R}_+)$表示测度$\mathbb{Q}$下的齐次$\mathbb{G}$—马尔可夫链(也即普通马尔可夫链),且具有无穷小生成元矩阵 Λ。令 $\tau_n(n \in \mathbb{N})$表示 C 的逐次跳跃时间的随机序列。更具体地,对任意的 $n(n \in \mathbb{N})$,定义随机变量 τ_n 为(为方便分析,假定 $\tau_0=0$):

$$\tau_n = \inf\{t > \tau_{n-1}:\ C_t \neq C_{\tau_{n-1}}\}$$

该随机变量表示 C 第 n 次跳跃(或转移)的时间。下面回顾一些关于在跳跃时间处连续时间马尔可夫链行为的经典结论。

首先，对任意 $n(n \in \mathbb{N})$ 和每个 $t(t \in \mathbb{R}_+)$，下面的性质成立

$$\mathbb{Q}\{\tau_n - \tau_{n-1} > t \mid C_{\tau_{n-1}} = i\} = \mathrm{e}^{\lambda_{ii} t},\ \forall i = 1,\ 2,\ \cdots,\ K \tag{11.28}$$

等式(11.28)清楚地表明，在跳跃时间 τ_{n-1} 时马尔可夫链位于 $C_{\tau_{n-1}} = i$ 处的条件下，等待下次跳跃发生的随机时间服从参数为 $-\lambda_{ii} > 0$ 的指数概率定律。

第二，已知转移的条件概率满足：

$$\mathbb{Q}\{C_{\tau_n} = j \mid C_{\tau_{n-1}} = i\} = p_{ij} := -\frac{\lambda_{ij}}{\lambda_{ii}},\ \forall i,\ j \in \mathcal{K},\ i \neq j \tag{11.29}$$

式(11.29)反映了在给定第 $n-1$ 步跳跃后的位置下，连续时间马尔可夫链 C 第 n 步跳跃后的条件概率分布（当然，它和 C 恰好在第 n 步跳跃前的位置是一致的）。

需要强调的是，因为假定 C 是齐次马尔可夫链，所以上面介绍的两个概率分布并不依赖过去转移的次数（即不依赖于 n），它们只依赖在前一次跳跃（即 $n-1$ 次）后 C 的取值。

对每个 $n(n \in \mathbb{N}^*)$，定义随机序列 $\hat{C}_n = C_{\tau_n}$。由此可知，序列 $\hat{C}$ 在测度 $\mathbb{Q}$ 下是一个齐次马尔可夫链，具有一步转移概率矩阵 $P = [p_{ij}]_{1 \leqslant i,\ j \leqslant K}$，称离散时间马尔可夫链 $\hat{C}_n$ $(n \in \mathbb{N}^*)$ 为对应于连续时间马尔可夫链 C 的嵌入马尔可夫链。

11.2.2 条件期望

为了更进一步的目的，我们主要关注允许有吸收态的马尔可夫链。如果下面的条件成立：

$$\mathbb{Q}\{C_s = k \mid C_t = k\} = 1,\ \forall t,\ s \in \mathbb{R}_+,\quad t \leqslant s$$

则称状态 $k \in \mathcal{K}$ 是时间齐次 $\mathbb{G}$—马尔可夫链 $C_t\ (t \in \mathbb{R}_+)$ 的吸收态。根据式(11.18)，若状态 $k \in \mathcal{K}$ 是吸收态，则对每个 $j = 1,\ 2,\ \cdots,\ K$，显然有 $\lambda_{kj} = 0$。

从现在起，假定状态 K 是吸收态。这意味着，在测度 $\mathbb{Q}$ 下，马尔可夫链 C 的无穷小生成元矩阵由下面形式的强度矩阵 Λ 给定：

$$\Lambda = \begin{pmatrix} \lambda_{1,\,1} & \cdots & \lambda_{1,\,K-1} & \lambda_{1,\,K} \\ \vdots & \vdots & \vdots & \vdots \\ \lambda_{K-1,\,1} & \cdots & \lambda_{K-1,\,K-1} & \lambda_{K-1,\,K} \\ 0 & \cdots & 0 & 0 \end{pmatrix}$$

假定初始状态 $C_0 = x \neq K$ 为固定的，用 τ 表示到达吸收态 K 的随机时间，即 $\tau = \inf\{t > 0:\ C_t = K\}$。还假定 $\tau < \infty$，$\mathbb{Q}$-a.s.；这意味着状态 K 是链 C 唯一的常返态。通

常,记 $H_t^i = \mathbb{1}_{\{C_t=i\}}$ 和 $H_t = \mathbb{1}_{\{\tau\leqslant t\}} = \mathbb{1}_{\{C_t=K\}} = H_t^K$。

下面是几个辅助性的结论,主要处理关于滤子$\mathbb{G}$ 和$\mathbb{F}^C$的条件期望。当然,吸收时 τ 是一个$\mathbb{F}^C$—停时和一个$\mathbb{G}$—停时。在随后的分析中,用Y 表示一个定义在参照概率空间$(\Omega, \mathcal{G}, \mathbb{Q})$上的可积随机变量。

引理 11.2.1 我们有

$$\mathbb{1}_{\{\tau\leqslant t\}}\mathbb{E}_{\mathbb{Q}}(Y \mid \mathcal{G}_t) = \mathbb{E}_{\mathbb{Q}}\big(\mathbb{1}_{\{\tau\leqslant t\}}Y \mid \mathcal{G}_t \vee \sigma(\tau)\big)$$

$$\mathbb{1}_{\{\tau\leqslant t\}}\mathbb{E}_{\mathbb{Q}}(Y \mid \mathcal{F}_t^C) = \mathbb{E}_{\mathbb{Q}}\big(\mathbb{1}_{\{\tau\leqslant t\}}Y \mid \mathcal{F}_t^C \vee \sigma(\tau)\big)$$

证明:考虑事件 $A \in \mathcal{G}_t \vee \sigma(\tau)$,则 $A \cap \mathbb{1}_{\{\tau\leqslant t\}} \in \mathcal{G}_t$,同时,由于事件$\{\tau\leqslant t\} = \{C_t = K\}$ 明显属于 $\mathcal{G}_t$,则有

$$\begin{aligned}\int_A \mathbb{E}_{\mathbb{Q}}(\mathbb{1}_{\{\tau\leqslant t\}}Y \mid \mathcal{G}_t \vee \sigma(\tau)\mathrm{d}\,\mathbb{Q} &= \int_A \mathbb{1}_{\{\tau\leqslant t\}}Y\mathrm{d}\,\mathbb{Q} = \int_{A\cap\{\tau\leqslant t\}} Y\mathrm{d}\,\mathbb{Q} \\ &= \int_{A\cap\{\tau\leqslant t\}} \mathbb{E}_{\mathbb{Q}}(Y \mid \mathcal{G}_t)\mathrm{d}\,\mathbb{Q} = \int_A \mathbb{E}_{\mathbb{Q}}(\mathbb{1}_{\{\tau\leqslant t\}}Y \mid \mathcal{G}_t)\mathrm{d}\,\mathbb{Q}\end{aligned}$$

第一个等式得证。第二个等式的证明是类似的。 □

下面的引理主要考察对某个函数 $h: \mathcal{K}\times\mathbb{R}_+\to\mathbb{R}$,随机变量 Y 形如 $h(C_{\tau-}, \tau)$时的情形。

引理 11.2.2 对某个函数 $h: \mathcal{K}\times\mathbb{R}_+\to\mathbb{R}$,令 $Y = h(C_{\tau-}, \tau)$, 则有

$$\mathbb{E}_{\mathbb{Q}}(\mathbb{1}_{\{\tau>t\}}Y \mid \mathcal{G}_t) = \sum_{i=1}^{K-1} H_t^i\,\mathbb{E}_{\mathbb{Q}}(\mathbb{1}_{\{\tau>t\}}Y \mid C_t = i)$$

证明:注意事件 $\{\tau > t\} = \{C_t \neq K\}$ 属于 σ—域 $\mathcal{G}_t$,因此,由 C 的马尔可夫性可得到

$$\begin{aligned}\mathbb{1}_{\{\tau>t\}}\mathbb{E}_{\mathbb{Q}}(Y \mid \mathcal{G}_t) &= \mathbb{1}_{\{\tau>t\}}\mathbb{E}_{\mathbb{Q}}(\mathbb{1}_{\{\tau>t\}}Y \mid \mathcal{G}_t) \\ &= \mathbb{1}_{\{\tau>t\}}\mathbb{E}_{\mathbb{Q}}\big(\mathbb{1}_{\{\tau>t\}}h(C_{\tau-}, \tau) \mid \mathcal{G}_t\big) = \mathbb{1}_{\{\tau>t\}}\mathbb{E}_{\mathbb{Q}}\big(\mathbb{1}_{\{\tau>t\}}h(C_{\tau-}, \tau) \mid C_t\big)\end{aligned}$$

因为事件 $\{\tau > t\}$ 也属于 σ—域 $\mathcal{F}_t^C$,同样的推理表明第一个等式是成立的。进一步,正如所预料的,有

$$\mathbb{1}_{\{\tau>t\}}\mathbb{E}_{\mathbb{Q}}\big(\mathbb{1}_{\{\tau>t\}}h(C_{\tau-}, \tau) \mid C_t\big) = \sum_{i=1}^{K-1} H_t^i\,\mathbb{E}_{\mathbb{Q}}(\mathbb{1}_{\{\tau>t\}}Y \mid C_t = i)$$

引理得证。 □

下面两个辅助性的结论是引理 11.2.2 的简单推论。

推论 11.2.3 对某个函数 $H: \mathcal{K}\times\mathbb{R}_+\to\mathbb{R}$,令 $Y = h(C_{\tau-}, \tau)$, 则有

$$\mathbb{E}_{\mathbb{Q}}(Y \mid \mathcal{G}_t) = \mathbb{1}_{\{\tau \leqslant t\}} Y + \sum_{i=1}^{K-1} H_t^i \, \mathbb{E}_{\mathbb{Q}}(\mathbb{1}_{\{\tau > t\}} Y \mid C_t = i)$$

推论 11.2.4 对任意 s 和 $t(s,\ t \in \mathbb{N}^*)$，下列等式成立

$$\mathbb{Q}\{\tau > s \mid \mathcal{G}_t\} = \mathbb{1}_{\{s \leqslant t\}} \mathbb{1}_{\{\tau > s\}} + \mathbb{1}_{\{s > t\}} \sum_{i=1}^{K-1} H_t^i \, \mathbb{Q}\{\tau > s \mid C_t = i\}$$

和

$$\mathbb{Q}\{\tau \geqslant s \mid \mathcal{G}_t\} = \mathbb{1}_{\{s \leqslant t\}} \mathbb{1}_{\{\tau \geqslant s\}} + \mathbb{1}_{\{s > t\}} \sum_{i=1}^{K-1} H_t^i \, \mathbb{Q}\{\tau \geqslant s \mid C_t = i\}$$

证明:第一个等式是明显的。为了推出第一个等式中右边的二项，考虑随机变量 $Y = h(\tau)$，其中对固定的 s，设 $h(t) = \mathbb{1}_{\{t > s\}}$。因为 Y 是一个 $\sigma(\tau)$—可测的随机变量，利用推论 11.2.3 的第二个等式，可以得到

$$\begin{aligned}
\mathbb{Q}\{\tau > s \mid \mathcal{G}_t\} &= \mathbb{1}_{\{\tau \leqslant t\}} \mathbb{1}_{\{\tau > s\}} + \sum_{i=1}^{K-1} H_t^i \, \mathbb{E}_{\mathbb{Q}}(\mathbb{1}_{\{\tau > t,\ \tau > s\}} \mid C_t = i) \\
&= \mathbb{1}_{\{s \leqslant t\}} \mathbb{1}_{\{s < \tau \leqslant t\}} + \mathbb{1}_{\{s \leqslant t\}} \sum_{i=1}^{K-1} H_t^i \, \mathbb{Q}\{\tau > t \mid C_t = i\} \\
&\quad + \mathbb{1}_{\{s > t\}} \sum_{i=1}^{K-1} H_t^i \, \mathbb{Q}\{\tau > s \mid C_t = i\}
\end{aligned}$$

利用恒等式

$$\sum_{i=1}^{K-1} H_t^i \, \mathbb{Q}\{\tau > t \mid C_t = i\} = \sum_{i=1}^{K-1} H_t^i \, \mathbb{1}_{\{\tau > t\}} = \mathbb{1}_{\{\tau > t\}}$$

即可推出第一个等式中右边的二项是正确的。第二个等式的推导类似。 □

11.2.3 吸收时间的概率分布

保留第 11.2.2 节中的假设。利用链 C 的条件分布律的知识，可以得到更详细的关于 σ—域 $\mathcal{G}_t$ 的条件期望公式。注意，对每个 s 和 $t(0 \leqslant t \leqslant s)$，有

$$\mathbb{Q}\{\tau > s \mid C_t = i\} = 1 - \mathbb{Q}\{C_s = K \mid C_t = i\} = 1 - p_{iK}(s - t)$$

因此，推论 11.2.4 的第一个公式可以改写为：

$$\mathbb{Q}\{\tau > s \mid \mathcal{G}_t\} = \mathbb{1}_{\{s \leqslant t\}} \mathbb{1}_{\{\tau > s\}} + \mathbb{1}_{\{s > t\}} \sum_{i=1}^{K-1} H_t^i (1 - p_{iK}(s - t)) \tag{11.30}$$

为了得到吸收时间的概率分布另一个表达式,将 Λ 中去掉最后一行和最后一列所得到的矩阵记作 $\widetilde{\Lambda}$。另外,令 $\widetilde{\mathscr{P}}(t)=[\widetilde{p}_{ij}(t)]_{i,\,j\in\widetilde{\mathscr{K}}}$ 表示与 $\widetilde{\Lambda}$ 相伴的转移矩阵,其中 $\widetilde{\mathscr{K}}=\{1,2,\cdots,K-1\}$。

不难验证,通过解下面的微分方程

$$\frac{\mathrm{d}}{\mathrm{d}s}\widetilde{\mathscr{P}}(t)=\widetilde{\Lambda}\widetilde{\mathscr{P}}(t),\ t>0 \tag{11.31}$$

可以得到所谓的禁止概率(taboo probabilities) $\widetilde{p}_{ij}(t)(\,i,\,j\in\widetilde{\mathscr{K}})$,其中微分方程(11.3)的初值条件为 $\widetilde{\mathscr{P}}(0)=Id$。

另外,还可以清楚地看到(回忆一下,我们已经假定 $C_0=i\in\widetilde{\mathscr{K}}$)

$$F(t)=1-\sum_{j=1}^{K-1}\widetilde{p}_{ij}(t)=1-\sum_{j=1}^{K-1}p_{ij}(t) \tag{11.32}$$

因为对每个 $t(t\in\mathbb{R}_+)$,有 $F(t)<1$,通过设定 $\Gamma(t)=-\ln(1-F(t))$,引入 τ 的风险函数 Γ。将关于勒布格测度的 $F(t)$ 的密度记为 $f(t)$,并设 $\gamma(t)=f(t)\,(1-F(t))^{-1}$,则可得到 $\Gamma(t)=\int_0^t\gamma(u)\,\mathrm{d}u$。利用式(11.32),有

$$f(t)=-\sum_{j=1}^{K-1}\frac{\mathrm{d}\widetilde{p}_{ij}(t)}{\mathrm{d}t}=-\sum_{j=1}^{K-1}\frac{\mathrm{d}p_{ij}(t)}{\mathrm{d}t}$$

最后要提到的是,在时间非齐次马尔可夫链的情况下,有如下和推论 11.1.4 明显对应的结论。

推论 11.2.5 对每个 $t(t\in\mathbb{R}_+)$和任意 $i(i=1,2,\cdots,K-1)$,吸收时间 τ 的条件律由下面公式给出:

$$\mathbb{Q}\{\tau\leqslant t\mid C_0=i\}=1-\sum_{j=1}^{K-1}p_{ij}(0,\,t)$$

11.2.4 与转移有关的鞅

接下来将介绍与吸收时间 τ 和转移次数有关的鞅的几个重要例子。对于任意固定的 $i\neq j$,令 H_t^{ij} 表示在时间间隔(0, t]内过程 C 从状态 i 转移到状态 j 的跳跃次数。对任意 $i\neq j$,正式地设定

$$H_t^{ij}:=\sum_{0<u\leqslant t}H_u^i-H_u^j,\ \forall\,t\in\mathbb{R}_+$$

由于下面的结论是经典的(参看 Bremaud(1981),Last 和 Brandt(1995)或者 Rogers

和 Williams(2000)),在此省略证明过程。

引理 11.2.3 对每个 i 和 $j(i, j \in \mathcal{K}, i \neq j)$,过程

$$M_t^{ij} = H_t^{ij} - \int_0^t \lambda_{ij} H_u^i \mathrm{d}u = H_t^{ij} - \int_0^t \lambda_{C_u j} H_u^i \mathrm{d}u \tag{11.33}$$

$$M_t^K = H_t - \int_0^t \sum_{i=1}^{K-1} \lambda_{iK} H_u^i \mathrm{d}u = H_t - \int_0^t \lambda_{C_u K}(1 - H_u)\mathrm{d}u \tag{11.34}$$

服从$\mathbb{G}$—鞅(和$\mathbb{F}^C$—鞅)。

证明:可以参看以下文献,如 Last 和 Brandt(1995)中的定理 7.5.5,或者 Rogers 和 Williams(2000)中的引理 21.12。需要强调的是,在这两例文献中,鞅性质的证明是直接从下面的一般性质得到的:即对任意函数 $h:\mathcal{K}\times\mathcal{K}\to\mathbb{R}$,由等式

$$M_t^h = \sum_{0<u\leqslant t} h(C_{u-}, C_u) - \int_0^t \sum_{l=1,\, l\neq C_u}^{K-1} \lambda_{C_u l} h(C_u, l)\mathrm{d}u, \ \forall t \in \mathbb{R}_+$$

给出的补过程 M^h 在测度$\mathbb{Q}$下服从$\mathbb{G}$—鞅:要验证由公式(11.33)给出的过程 M^{ij} 是一个$\mathbb{G}$—鞅,只需检验与下面函数

$$h(k, l) = \mathbb{1}_{\{i\}}(k)\,\mathbb{1}_{\{j\}}(l), \ \forall k, l \in \mathcal{K}$$

相关的过程 M^h 就足够了:同样,要建立过程 M^K 的鞅性质,只要设定

$$h(k, l) = \mathbb{1}_{\{K\}}(l) - \mathbb{1}_{\{K\}}(k), \ \forall k, l \in \mathcal{K}$$

就可以了。注意,对于 $i = K$,由式(11.34)给出的过程 M^K 和由式(11.22)给出的过程 M^K 是一致的。 □

11.2.5 概率测度的变换

接下来将要考虑的问题是,对某个固定的 $T^* > 0$,当参照概率测度$\mathbb{Q}$变换为$(\Omega, \mathcal{G}_{T^*})$上等价概率测度$\mathbb{Q}^*$时,如何影响时间齐次马尔可夫链 C 的马尔可夫性和生成元矩阵 Λ。需要强调的是,这里不需要假定状态 K 是吸收态。

考虑一有界的、$\mathbb{F}^C$—可料的实值过程族 $\{\tilde{\kappa}^{kl}\}$,$(k, l \in \mathcal{K}, k \neq l)$,且 $\tilde{\kappa}_t^{kl} > -1$。为了方便分析,对于任意 $k = 1, 2, \cdots, K$,引入过程 $\tilde{\kappa}^{kk} \equiv 0$。另外,通过令

$$M_t = \int_{[0, t]} \sum_{k, l=1}^{K} \tilde{\kappa}_u^{kl}\, \mathrm{d}M_u^{kl} = \int_{[0, t]} \sum_{k, l=1}^{K} \tilde{\kappa}_u^{kl}\, \mathrm{d}H_u^{kl} - M_t^c \tag{11.35}$$

定义一个辅助性的$\mathbb{G}$—鞅 M(也是一个$\mathbb{F}^C$—鞅):其中,M_t^c 是过程 M 的依路径连续

成分,即

$$M_t^c = \int_0^t \sum_{k,\ l=1}^{K} \widetilde{\kappa}_u^{kl} \lambda_{kl} H_u^k \mathrm{d}u$$

评注:根据 Rogers 和 Williams(2000)中的定理 21.15,在测度$\mathbb{Q}$下,一个任意的$\mathbb{F}^C$—局部鞅 M 可以表示为:

$$M_t = \sum_{0<u\leqslant t} h_u(C_{u-},\ C_u) - \int_0^t \sum_{j=1}^{K} \lambda_{C_{u-}j} h_u(C_{u-},\ j)\mathrm{d}u$$

其中,对任意状态 i 和 $j(i,\ j \in \mathcal{K})$,过程 $h(i,\ j)$是$\mathbb{F}^C$—可料的。另外,假定 $h(j,\ j) \equiv 0$。注意,通过设定

$$h_t(i,\ j) = \sum_{k,\ l=1}^{K} \widetilde{\kappa}_t^{kl} \delta_{ik} \delta_{jl}$$

可以得到形如式(11.35)的过程 M:

现在回到我们要考虑的问题上。固定一时间范围 $T^* < \infty$,通过假定

$$\eta_t = 1 + \int_{[0,\ t]} \sum_{k,\ l=1}^{K} \eta_{u-} \widetilde{\kappa}_u^{kl} \mathrm{d}M_u^{kl} \tag{11.36}$$

来定义一个$\mathbb{G}$—鞅 $\eta_t(t \in [0,\ T^*])$:正如大家所知的,对每个 $t \in [0,\ T^*]$,随机微分方程(11.36)唯一的解等于

$$\eta_t = \mathrm{e}^{-M_t^c} \prod_{0<u\leqslant t} (1 + \Delta M_u)$$

更明显地有

$$\eta_t = \mathrm{e}^{-M_t^c} \prod_{0<u\leqslant t} \Big(1 + \sum_{k,\ l=1}^{K} \widetilde{\kappa}_u^{kl} (M_u^{kl} - M_{u-}^{kl})\Big)$$

注意到

$$1 + \sum_{k,\ l=1}^{K} \widetilde{\kappa}_u^{kl} (M_u^{kl} - M_{u-}^{kl}) = 1 + \sum_{k,\ l=1}^{K} \widetilde{\kappa}_u^{kl} (H_u^{kl} - H_{u-}^{kl}) \tag{11.37}$$

由于微分 $H_u^{kl} - H_{u-}^{kl}$ 中最多只有一个等于 1,其他不等于 1 的都等于 0,则对于某个 $i(i \neq j \in \mathcal{K})$,式(11.37)的右边要么等于$1+\widetilde{\kappa}_u^{ij}$,要么等于1。因此,对所有 $k \neq l$,根据 $\widetilde{\kappa}^{kl} > -1$ 的假定,乘积

$$\prod_{0<u\leqslant t} \Big(1 + \sum_{k,\ l=1}^{K} \widetilde{\kappa}_u^{kl} (M_u^{kl} - M_{u-}^{kl})\Big)$$

严格为正。从而,过程 η 也是严格为正的。另外,$\mathbb{E}_{\mathbb{Q}^*}(\eta_{T^*}) = 1$,令

$$\left.\frac{\mathrm{d}\,\mathbb{Q}^*}{\mathrm{d}\,\mathbb{Q}}\right|_{\mathcal{G}_{T^*}} = \eta_{T^*}\text{, }\mathbb{Q}\text{-a. s.} \tag{11.38}$$

则定义的概率测度在$\mathbb{Q}^*$在$(\Omega, \mathcal{G}_{T^*})$上与测度$\mathbb{Q}$等价。对于任意时间$t \in [0, T^*]$，显然有

$$\left.\frac{\mathrm{d}\,\mathbb{Q}^*}{\mathrm{d}\,\mathbb{Q}}\right|_{\mathcal{G}_t} = \eta_t\text{, }\mathbb{Q}\text{-a. s.}$$

在继续分析之前，还需要对过程$\tilde{\kappa}^{kl}$再施加一个可测性条件，即对任意固定的k、$l(k, l \in \mathcal{K})$和$t(t \in \mathbb{R}_+)$，随机变量$\tilde{\kappa}_t^{kl}$关于σ—域$\sigma(C_t)$是可测的。这意味着，对任意固定的k和$l(k, l \in \mathcal{K})$以及$t(t \in \mathbb{R}_+)$，存在一个函数$g_t^{kl}: \mathcal{K} \to \mathbb{R}$使得$\tilde{\kappa}_t^{kl} = g_t^{kl}(C_t)$。

对任意$i \in \mathcal{K}$，假定存在$g_t^{kl}(i)(t \in \mathbb{R}_+)$，它作为$t$的函数是波莱尔可测的，同时对每个$k$和$l(k, l \in \mathcal{K})$以及$t(t \in \mathbb{R}_+)$，令$\kappa_{kl}(t) := g_t^{kl}(k)$，从而引入一函数族$\kappa_{kl}: \mathbb{R}_+ \to (-1, \infty)$。

为了进一步简化论述，只考虑具有特定形式的过程$\tilde{\kappa}_t^{kl}$：$\tilde{\kappa}_t^{kl} = \kappa_{kl}(t)$，其中，对每个$k$和$l(k, l \in \mathcal{K}, k \neq l)$，函数$\kappa_{kl}: \mathbb{R}_+ \to (-1, \infty)$是波莱尔可测和有界的。因此，对每个$k = 1, 2, \cdots, K$，我们可以也的确假设了$\kappa_{kk} \equiv 0$。在这个假定下，得到了下面的命题，它给出了$C$在测度$\mathbb{Q}^*$下仍然为$\mathbb{G}$—马尔可夫链（一般来说，是时间非齐次的$\mathbb{G}$—马尔可夫链）的充分条件。

命题 11.2.3 令由式(11.38)定义的概率测度$\mathbb{Q}^*$具有由式(11.36)给定的 Radon-Nikodým 密度η_{T^*}，则

(1) 过程$C_t(t \in [0, T^*])$在测度$\mathbb{Q}^*$下是一个$\mathbb{G}$—马尔可夫链；

(2) 对任何$i \neq j$，链C在测度$\mathbb{Q}^*$下的无穷小生成元矩阵$\Lambda^*(t) = [\lambda_{ij}^*(t)]_{1 \leqslant i, j \leqslant K}$满足

$$\lambda_{ij}^*(t) = \big(1 + \kappa_{ij}(t)\big)\lambda_{ij}, \ \forall t \in [0, T^*] \tag{11.39}$$

和

$$\lambda_{ii}^*(t) = -\sum_{j=1, j \neq i}^{K} \lambda_{ij}^*(t), \ \forall t \in [0, T^*] \tag{11.40}$$

(3) 对于链C而言，相对于测度$\mathbb{Q}^*$的两参数转移矩阵族$\mathcal{P}^*(t, s)(0 \leqslant s \leqslant t \leqslant T^*)$满足科莫格罗夫向前方程

$$\frac{\mathrm{d}\mathcal{P}^*(t, s)}{\mathrm{d}s} = \mathcal{P}^*(t, s)\Lambda^*(s), \quad \mathcal{P}^*(t, t) = Id$$

和科莫格罗夫向后方程：

$$\frac{\mathrm{d}\mathscr{P}^*(t,\ s)}{\mathrm{d}t} = -\Lambda^*(t)\mathscr{P}^*(t,\ s),\quad \mathscr{P}^*(s,\ s) = Id$$

证明:既然由式(11.39)和式(11.40)给出的矩阵函数 $\Lambda^*(t)$ 满足时间非齐次马尔可夫链的无穷小生成元矩阵的条件,根据命题 11.2.2,要证明命题的前两个结论,对任意的 $i \in \mathscr{K}$,只需要证明过程

$$M_t^{*j} = H_t^j - \int_0^t \lambda_{C_u j}(1 + \kappa_{C_u j}(u))\,\mathrm{d}u,\ \forall\, t \in [0,\ T^*] \tag{11.41}$$

在等价概率测度$\mathbb{Q}^*$下是一个$\mathbb{G}$—(局部)鞅:或者,等价地,只需证明乘积 $\eta_T M_t^{*j}(t \in [0,\ T^*])$ 在原始概率测度$\mathbb{Q}$下是一个$\mathbb{G}$—(局部)鞅。因为η和M^{*j}服从有限变差过程,对每个 $t\in[0,\ T^*]$,由伊藤乘法法则推出

$$\eta_t M_t^{*j} = H_0^j + \int_{[0,\ t]} \eta_{u-}\mathrm{d}M_u^{*j} + \int_{[0,\ t]} M_{u-}^{*j}\mathrm{d}\eta_u + \sum_{0<u\leqslant t} \Delta M_u^{*j}\Delta\eta_u$$

对每个 $t \in [0,\ T^*]$,利用式(11.22)和式(11.36),可得

$$\eta_t M_t^{*j} = H_0^j + \int_{[0,\ t]} \eta_{u-}\mathrm{d}M_u^j + \int_{[0,\ t]} M_{u-}^{*j}\mathrm{d}\eta_u - \int_0^t \eta_{u-}\lambda_{C_u j}\kappa_{C_u j}(u)\,\mathrm{d}u$$

$$+ \sum_{0<u\leqslant t}\sum_{k,\ l=1}^{K} \eta_{u-}\kappa_{kl}(u)\Delta H_u^j \Delta H_u^{kl}$$

上面这个公式右边的前三项显然服从$\mathbb{G}$—(局部)鞅,因此,只需要验证下面这个过程

$$Z_t = \sum_{0<u\leqslant t}\sum_{k,\ l=1}^{K} \kappa_{kl}(u)\Delta H_u^j \Delta H_u^{kl} - \int_0^t \lambda_{C_u j}\kappa_{C_u j}(u)\,\mathrm{d}u$$

服从$\mathbb{G}$—(局部)鞅即可:稍作思考,就可看到

$$\sum_{0<u\leqslant t}\sum_{k,\ l=1}^{K} \kappa_{kl}(u)\Delta H_u^j \Delta H_u^{kl} = \sum_{i=1,\ i\neq j}^{K}\sum_{0\leqslant u\leqslant t} \kappa_{ij}(u)\Delta H_u^{ij}$$

和(回忆一下,已假定 $\kappa_{jj} \equiv 0$)

$$\int_0^t \lambda_{C_u j}\kappa_{C_u j}(u)\,\mathrm{d}u = \sum_{i=1,\ i\neq j}^{K}\int_0^t \lambda_{ij}\kappa_{ij}(u)H_u^i\,\mathrm{d}u$$

由此得到

$$Z_t = \sum_{i=1,\ i\neq j}^{K}\int_{[0,\ t]} \kappa_{C_u j}(u)\,\mathrm{d}M_u^{ij}$$

其中,过程 $M^{ij}(i \neq j)$ 是由式(11.33)给定的。根据引理(11.2.3),可以推出过程 Z 在测度$\mathbb{Q}$下服从$\mathbb{G}$—鞅。最后,注意到

$$\eta_t M_t^{*j} = H_0^j + \int_{[0,\, t]} \eta_{u-} \mathrm{d}M_u^j + \int_{[0,\, t]} M_{u-}^{*j} \mathrm{d}\eta_u + \int_{[0,\, t]} \eta_{u-} \mathrm{d}Z_u$$

这样，乘积 $\eta_t M_t^{*j}(t \in [0,\, T^*])$ 在初始概率测度$\mathbb{Q}$下服从$\mathbb{G}$—(局部)鞅。命题的前两个结论得以证明，至于第三个结论，由于证明科莫格罗夫向前和向后方程的成立是标准的，在此忽略。 □

很显然，对每个 $t \in [0,\, T^*]$，当且仅当对所有的 $k \neq l$，有 $\kappa_{kl} \equiv 0$ 时，$\Lambda^*(t) = \Lambda$。令 $\phi_{ij}(t) = 1 + \kappa_{ij}(t)$，得到 $\lambda_{ij}^* = \phi_{ij}(t)\lambda_{ij}$。下文还会用到类似的概念(参见第 13.2.8 节)。

例 11.2.3 对每个 k 和 $l(k,\, l \in \mathcal{K},\, l \neq k)$ 以及 $t(t \in [0,\, T^*])$，假设有 $\kappa_{kl}(t) = v_k(t)$，则有

$$\Lambda^*(t) = U(t)\Lambda,\ \forall\, t \in [0,\, T^*]$$

其中，$U(t)$是一个 K 阶对角矩阵，即

$$U(t) = \mathrm{diag}[1 + v_1(t),\, 1 + v_2(t),\, \cdots,\, 1 + v_K(t)]$$

11.2.6 强度矩阵的识别

本节中，沿用 Israel 等(2001)和其参考文献的思想(我们也参考了相关证明的原始论文)。经典的马尔可夫链嵌入问题可归纳如下：假设 $C_t(t \in \mathbb{R}_+)$是一个在某测度$\mathbb{Q}$下的时间齐次的、连续时间的马尔可夫链，具有有限状态空间 $\mathcal{K} = \{1,\, 2,\, \cdots,\, K\}$。假设已知 C 在 $t = 1$ 时的转移概率矩阵，对每个 i 和 $j(i,\, j = 1,\, 2,\, \cdots,\, K)$以及每个 $t(t \in \mathbb{R}_+)$，将该矩阵记为 $\mathcal{P}(1) = [p_{ij}(1)]_{1 \leqslant i,\, j \leqslant K}$，从而有

$$p_{ij}(1) = \mathbb{Q}\{C_1 = j \mid C_0 = i\} = \mathbb{Q}\{C_{t+1} = j \mid C_t = i\}$$

C 相对于测度$\mathbb{Q}$的嵌入问题表述如下。

嵌入问题。寻找一个非对角元素为非负的、每行元素总和为 0 的 $K \times K$ 矩阵 $\hat{\Lambda}$，使得 $\mathrm{e}^{\hat{\Lambda}} = \mathcal{P}(1)$。更具体地有 $\hat{\Lambda} = [\hat{\lambda}_{ij}]_{1 \leqslant i,\, j \leqslant K}$，其中对每个 i 和 $j(i,\, j = 1,\, 2,\, \cdots,\, K$ 且 $i \neq j)$，有 $\hat{\lambda}_{ij} \geqslant 0$ 和

$$\lambda_{ii} = -\sum_{j \neq i} \hat{\lambda}_{ij},\ \forall\, i = 1,\, 2,\, \cdots,\, K$$

从第 11.1 节了解到，对于一个时间齐次的连续时间马尔可夫链 C，如果转移概率矩阵函数 $\mathcal{P}(t)(t \in \mathbb{R}_+)$满足一些弱正则性条件，则 C 存在一个(唯一的)无穷小生成元矩阵 Λ，且对每个 $t \in \mathbb{R}_+$，有 $\mathcal{P}(t) = \mathrm{e}^{\Lambda t}$；特别地，等式 $\mathcal{P}(1) = \mathrm{e}^{\Lambda}$ 成立。在这种情况下，链 C 相对于$\mathbb{Q}$的嵌入问题的其中一个解为 $\Lambda = \hat{\Lambda}$，即嵌入问题的其中一个解就是无穷小生成元矩阵。这样看来，嵌入问题似乎很简单。但这种想法一般是不对的，原因如下。首先，要

推出无穷小生成元矩阵是嵌入问题的一个解，需要假定转移概率矩阵函数 $\mathscr{P}(t)(t\in\mathbb{R}_+)$ 满足一些具体的正则性条件。第二，为了找到这个解——即找到 Λ——必须能够计算出 $\mathscr{P}(t)$ 的微分。因此，只知道 $\mathscr{P}(t)$ 的一个值，如 $\mathscr{P}(1)$，一般来说是不够的。从实践的角度来说，求解链 C 相对于 $\mathbb{Q}$ 的嵌入问题就是要试图只用一个转移矩阵的观测值，如矩阵 $\mathscr{P}(1)$，来决定链 C 的 $\mathbb{Q}$—无穷小生成元矩阵。显然，如果嵌入问题不存在任何解，则无穷小生成元矩阵 Λ 也就不存在。Israel 等(2001)提供了一些判断嵌入问题不存在任何解的准则。然而，我们并不知道嵌入问题的一个解 $\hat{\Lambda}$ 存在是否蕴含着基础马尔可夫链 C 的无穷小生成元矩阵存在。因为可以构造一个马尔可夫链 $\hat{C}$，它的无穷小生成元矩阵是 $\hat{\Lambda}$，但是链 C 和 $\hat{C}$ 可能不是等价的。

解的存在性和唯一性。考虑如下级数

$$\sum_{n=1}^{\infty}(-1)^{n+1}\frac{(\mathscr{P}(1)-Id)^n}{n!} \tag{11.42}$$

如果上面的级数是绝对收敛的，则可定义

$$\ln\mathscr{P}(1)=\hat{\Lambda}:=\sum_{n=1}^{\infty}(-1)^{n+1}\frac{(\mathscr{P}(1)-Id)^n}{n!} \tag{11.43}$$

在这种情况下，有 $\mathscr{P}(1)=e^{\Lambda}$。根据 Israel 等(2001)中的定理 2.2，式(11.42)收敛的一个充分条件是矩阵 $\mathscr{P}(1)$ 的对角元素都大于 0.5。然而，需要强调的是，这不是一个必要条件。

上面这个对数形式的结论有一个主要的缺陷，即由式(11.43)定义的矩阵 $\hat{\Lambda}$ 可能不满足非对角元素为非负的条件。我们参考了 Israel 等(2001)研究中关于这个问题的讨论和解决它的一些方法的描述。在他们第 6 节中，当级数式(11.42)不能收敛到一个具有非对角元素非负的矩阵时，他们提出了一个算法来构造嵌入问题的解。另外，还有可能出现嵌入问题的解不止一个，关于这点，可以参考 Israel 等(2001)第 5 节中的几个说明性例子。这些解中的每一个都是由齐次马尔可夫链产生的。关于选哪一个特定的解作为基础马尔可夫链 C 的无穷小生成元矩阵最适合，Israel 等(2001)对此问题提出了一些见解。

另外也值得一提的是下面来自 Israel 等(2001)中的结论(参看其中的定理 5.2)。

命题 11.2.4 如果矩阵 $\mathscr{P}(1)$ 的所有特征值为正实数，各不相等，则 $\ln\mathscr{P}(1)$ 是唯一的使得 $\mathscr{P}(1)=e^{\hat{\Lambda}}$ 成立的实值矩阵 $\hat{\Lambda}$。

有效生成元。称嵌入问题的任意一个解 $\hat{\Lambda}$ 为 $\mathscr{P}(1)$ 的有效生成元。上面已经提到过，我们不知道 $\mathscr{P}(1)$ 的一个有效生成元是否也是基础马尔可夫链 C 的无穷小生成元矩阵。另一方面，C 的无穷小生成元矩阵必定是 $\mathscr{P}(1)$ 的一个有效生成元。下面这个命题(参看 Israel 等(2001)中的定理 5.1)看上去十分有意思。这里，把 $\mathscr{P}(1)$ 的行列式记作 $\det(\mathscr{P}(1))$。

命题 11.2.5 (1) 若 $\det(\mathscr{P}(1)) > 0.5$，则矩阵 $\mathscr{P}(1)$最多有一个有效生成元。

(2) 若 $\det(\mathscr{P}(1)) > 0.5$，且 $|\mathscr{P}(1) - Id| < 0.5$（用任何一种矩阵范数），则 $\mathscr{P}(1)$的唯一可能的有效生成元为 $\ln \mathscr{P}(1)$。

(3) 若 $\mathscr{P}(1)$有互不相等的特征值，且 $\det(\mathscr{P}(1)) > e^{-\pi}$，则 $\mathscr{P}(1)$唯一可能的生成元为 $\ln \mathscr{P}(1)$。

11.3 连续时间的条件马尔可夫链

本节将重点放在连续时间过程的情形上，假设时间参数 t 在$\mathbb{R}_+$上取值。为了方便读者理解，这里只在风险中性概率下讨论。因此，转移强度记为 $\lambda_{ij}^*(t)$而不是 $\lambda_{ij}(t)$。可以看到，下面的构造也对普通$\mathbb{G}$—马尔可夫链的构建提供了一种方法；只是转移强度是时间的确定性函数。

考虑一概率空间$(\Omega, \mathscr{G}, \mathbb{Q}^*)$，它被赋予某些滤子 $\mathbb{F} = (\mathscr{F}_t)_{t\in\mathbb{R}_+}$ 和$\mathbb{G} = (\mathscr{G}_t)_{t\in\mathbb{R}_+}$，且$\mathbb{F}\subseteq\mathbb{G}$。令 C 是一个定义在该概率空间上的在 $\mathscr{K}$ 中取值的随机过程，其中 $\mathscr{K} = \{1, 2, \cdots, K\}$。如通常一样，用$\mathbb{F}^C$代表由过程 C 所生成的滤子。自然地假定 C 是一个$\mathbb{G}$—适应过程，这样$\mathbb{F}^C\subseteq\mathbb{G}$。下面的定义显然与定义 11.1.3 相对应。

定义 11.3.1 对每个 t 和 $s(0 \leqslant t \leqslant s)$以及任意函数 $h: \mathscr{K}\to\mathbb{R}$，如果有

$$\mathbb{E}_{\mathbb{Q}^*}(h(C_s) \mid \mathscr{G}_t) = \mathbb{E}_{\mathbb{Q}^*}(h(C_s) \mid \mathscr{F}_t \vee \sigma(C_t)) \tag{11.44}$$

则称过程 C 为测度$\mathbb{Q}^*$下关于$\mathbb{F}$的条件$\mathbb{G}$—马尔可夫链。

简单地说，如果 C 满足上述定义，则称 C 在测度$\mathbb{Q}^*$下是$\mathbb{F}$—条件$\mathbb{G}$—马尔可夫链。若参照滤子$\mathbb{F}$是平凡的，等式(11.44)就变为

$$\mathbb{E}_{\mathbb{Q}^*}(h(C_s) \mid \mathscr{G}_t) = \mathbb{E}_{\mathbb{Q}^*}(h(C_s) \mid \sigma(C_t))$$

于是，定义 11.3.1 和$\mathbb{G}$—马尔可夫链的定义 11.2.1 是一致的。进一步地，因为$\sigma(C_t) \subseteq \mathscr{F}_t \vee \sigma(C_t) \subseteq \mathscr{G}_t$，容易看出，如果过程 C 在测度$\mathbb{Q}^*$下服从$\mathbb{F}$—马尔可夫链，那么对$\mathbb{G}$任意选择的子滤子$\mathbb{F}$，过程 C 在测度$\mathbb{Q}^*$下也服从$\mathbb{F}$—条件的$\mathbb{G}$—马尔可夫链。另一方面，当过程 C 在测度$\mathbb{Q}^*$下服从$\mathbb{F}$—条件的$\mathbb{G}$—马尔可夫链时，一般并不一定要求 C 服从$\mathbb{G}$—马尔可夫链。

例 11.3.1 首先考虑最典型情况，即对某个参照滤子$\mathbb{F}$，当$\mathbb{G}=\mathbb{F}\vee\mathbb{F}^C$时。这时，等式(11.44)(和下文的式(11.46))变为：

$$\mathbb{E}_{\mathbb{Q}^*}\big(h(C_s)\mid \mathcal{F}_t \vee \mathcal{F}_t^C\big)=\mathbb{E}_{\mathbb{Q}^*}\big(h(C_s)\mid \mathcal{F}_t \vee \sigma(C_t)\big) \tag{11.45}$$

如果$\mathbb{F}^C$是$\mathbb{F}$的一个子滤子,则条件式(11.45)无法满足。这样,在$\mathbb{G}=\mathbb{F}\vee\mathbb{F}^C$的情况下,很自然地要求$\mathbb{F}^C$不是参照滤子$\mathbb{F}$的子滤子。

评注:如果$\widetilde{\mathbb{G}}$是任意一个滤子,使得$\mathbb{F}\subseteq\widetilde{\mathbb{G}}$,但是过程$C$不是$\mathbb{G}$—适应的,那么只要设定$\mathbb{G}:=\widetilde{\mathbb{G}}\vee\mathbb{F}^C$,定义 11.3.1 仍然有意义。如果按这种方式设定滤子$\mathbb{G}$,则条件式(11.44)采取如下形式:

$$\mathbb{E}_{\mathbb{Q}^*}\big(h(C_s)\mid \widetilde{\mathcal{G}}_t \vee \mathcal{F}_t^C\big)=\mathbb{E}_{\mathbb{Q}^*}\big(h(C_s)\mid \mathcal{F}_t \vee \sigma(C_t)\big) \tag{11.46}$$

在第 11.3.1 节中,将会看到这点给我们的分析带来的便利。

另外,注意对每 个$0\leqslant t\leqslant u\leqslant s$和任意函数$h:\mathcal{K}\rightarrow\mathbb{R}$,不要把$\mathbb{F}$—条件$\mathbb{G}$—马尔可夫性质式(11.46)同下面这个性质相混淆:

$$\mathbb{E}_{\mathbb{Q}^*}\big(h(C_u)\mid \widetilde{\mathcal{G}}_s \vee \mathcal{F}_t^C\big)=\mathbb{E}_{\mathbb{Q}^*}\big(h(C_u)\mid \widetilde{\mathcal{G}}_s \vee \sigma(C_t)\big) \tag{11.47}$$

直观上看,上面这个性质说明在滤子$\widetilde{\mathcal{G}}_s$中,一旦选择一个样本事件,则以此事件为条件,过程$C_t(t\in[0,\ s])$服从(可能时间非齐次的)马尔可夫链。

最后注意到,从性质(11.47)可得到$\mathbb{G}$—条件$\mathbb{G}$—马尔可夫性,但对于某个选择的参照滤子$\mathbb{F}$,不一定得到$\mathbb{F}$—条件$\mathbb{G}$—马尔可夫性。也就是说,性质(11.47)一般并不蕴含着式(11.46)。因此,有必要强调,通过第 11.3.1 节中的规范构造得到的过程C同时具有性质式(11.46)和性质式(11.47)。

令$\Lambda_t^*=[\lambda_{ij}^*(t)]_{1\leqslant i,\ j\leqslant K}(t\in\mathbb{R}_+)$表示一个$\mathbb{F}$—循序可测的、有界的矩阵赋值过程(有界性的假定主要是为了简化表述)。下面这个定义是紧跟命题 11.2.1 和命题 11.2.2 而来的。对每个$i\in\mathcal{K}$、$t\in\mathbb{R}_+$和任意函数$h:\mathcal{K}\rightarrow\mathbb{R}$,记

$$\Lambda_t^* h(i)=\sum_{j=1}^{K}\lambda_{ij}^*(t)h(j)$$

定义 11.3.2 如果对任意函数$h:\mathcal{K}\rightarrow\mathbb{R}$,由

$$M_t^h=h(C_t)-h(C_0)-\int_0^t \Lambda_u^* h(C_u)\mathrm{d}u,\ \ \forall\, t\in\mathbb{R}^+$$

给出的过程M^h在测度$\mathbb{Q}^*$下服从一个$\mathbb{G}$—鞅:Λ^*为一个$\mathbb{F}$—循序可测的、有界的矩阵赋值过程,则称Λ^*为$\mathbb{Q}^*$下在$\mathcal{K}$中取值的$\mathbb{F}$—条件$\mathbb{G}$—马尔可夫链C的$\mathbb{F}$—条件无穷小生成元。

由于把过程$\lambda_{ij}^*(t)(t\in\mathbb{R}^+)$自然地解释为从状态$i$到状态$j$的$\mathbb{F}$—条件转移强度,因此,也通常称$\mathbb{F}$—条件无穷小生成元$\Lambda^*$为$C$在测度$\mathbb{Q}^*$下的随机强度矩阵。

评注:有必要强调上面的定义和命题 11.2.2 中论述的鞅特征之间的区别。虽然后者处理的也是$\mathbb{G}$—马尔可夫链,但是它假定的是具有一个确定的无穷小生成元函数$\Lambda^*(t)$,而不是随机无穷小生成元过程Λ_t^*。根据上面的定义,如果对于某个滤子$\mathbb{G}$,过程C在测度$\mathbb{Q}^*$下服从$\mathbb{F}$—条件$\mathbb{G}$—马尔可夫链,并且具有一个确定的无穷小生成元,则根据命题 11.2.2,C在测度$\mathbb{Q}^*$下也服从$\mathbb{G}$—马尔可夫过程。

例 11.3.2 回到$\mathbb{G}=\mathbb{F}\vee\mathbb{F}^C$的情形。在$\mathbb{F}$—条件无穷小生成元过程$\Lambda^*$是事先给定的假设下,选取由$\Lambda^*$生成的滤子$\mathbb{F}^{\Lambda^*}$作为参照滤子$\mathbb{F}$,则条件式(11.45)变换为

$$\mathbb{E}_{\mathbb{Q}^*}\big(h(C_s)\mid\mathcal{F}_t^{\Lambda^*}\vee\mathcal{F}_t^C\big)=\mathbb{E}_{\mathbb{Q}^*}\big(h(C_s)\mid\mathcal{F}_t^{\Lambda^*}\vee\sigma(C_t)\big)\qquad(11.48)$$

11.3.1 条件马尔可夫链的构造

接下来,将正式构造具有一个给定无穷小生成元的$\mathbb{F}$—条件$\mathbb{G}$—马尔可夫链C。下面给出的构造是来自相关文献的启发,尤其是 Davis(1993)的第 2 章,Last 和 Brandt(1995)的第 7.3 节和 Yin 和 Zhang(1997)的第 2.3 和第 2.4 节。

固定基础概率空间$(\Omega,\mathcal{F},\mathbb{P}^*)$,假定它被赋予两个满足“一般条件”的滤子$\mathbb{F}$和$\widetilde{\mathbb{G}}$,且$\mathbb{F}\subseteq\widetilde{\mathbb{G}}$。考虑一个非负、有界、$\mathbb{F}$—循序可测随机过程的$K\times K$矩阵$\Lambda^*$

$$\Lambda_t^*=\begin{pmatrix}\lambda_{1,1}^*(t) & \cdots & \lambda_{1,K-1}^*(t) & \lambda_{1,K}^*(t)\\ \vdots & \vdots & \vdots & \vdots\\ \lambda_{K-1,1}^*(t) & \cdots & \lambda_{K-1,K-1}^*(t) & \lambda_{K-1,K}^*(t)\\ 0 & \cdots & 0 & 0\end{pmatrix}$$

矩阵Λ^*起着随机强度矩阵的作用。对于$i\neq j$,假定过程λ_{ij}^*是非负的,且

$$\lambda_{ii}^*(t)=-\sum_{j\neq i}\lambda_{ij}^*(t),\ \forall t\in\mathbb{R}_+$$

由于矩阵Λ^*的最后一行为 0,则状态K将是C在测度$\mathbb{Q}^*$下的一个吸收态。

为了构造一个相应的条件马尔可夫链,需要扩大基础概率空间。为此,引入两个序列$U_{1,k}$和$U_{2,k}(k=1,2,\cdots)$,它们是相互独立的服从$[0,1]$上均匀分布的随机变量。我们能够也确实假定它们定义在希尔伯特空间(Hilbert cube)$(\Omega^u,\mathcal{F}^u,\mathbb{P}^u)$(参看 Davis(1993)第 23 节)上。$\widetilde{\Omega}$、$\Omega^U$和集合$\mathcal{K}$中的基本元素分别用$\widetilde{\omega}$、$\omega^U=(\omega_{1,1}^U,\omega_{2,1}^U,\omega_{1,2}^U,\omega_{2,2}^U,\omega_{1,3}^U,\cdots)$和$i$表示。假定初始分布律$\mu$属于$\mu(\mathcal{K})$,其中$\mu(\mathcal{K})$表示在空间$\bar{\Omega}:=\mathcal{K}$上的所有概率分布的集合。令$C_0:\bar{\Omega}\to\mathcal{K}$是一个依照$\mu$分布的随机变量。我们能够也确实假定$C_0(i)=i$(因为$\bar{\Omega}$的元素用$\bar{\omega}$表示,故可记$C_0(\bar{\omega})=\bar{\omega}$)。

对于过程C跳跃时间的生存函数的构造,将用到下面的记号:

$$G(t, i, \tilde{\omega}) := \mathrm{e}^{\int_0^t \lambda_{ii}^*(v, \tilde{\omega})\mathrm{d}v} = \mathrm{e}^{-\int_0^t \lambda_i^*(v, \tilde{\omega})\mathrm{d}v}$$

其中,$i = 1, 2, \cdots, K$,记 $\lambda_i^*(v, \tilde{\omega}) = -\lambda_{ii}^*(v, \tilde{\omega})$。

通过设定(为了方便,$\inf \phi = \infty$)

$$\mathbb{T}(i, s, u, \tilde{\omega}) = \inf\left\{t \geqslant 0: \frac{G(t+s, i, \tilde{\omega})}{G(s, i, \tilde{\omega})} \leqslant u\right\}$$

或者,等价地设定

$$\mathbb{T}(i, s, u, \tilde{\omega}) = \inf\left\{t \geqslant 0: \mathrm{e}^{-\int_s^{t+s} \lambda_i^*(v, \tilde{\omega})\mathrm{d}v} \leqslant u\right\}$$

来定义一个辅助性映射 $\mathbb{T}: \mathscr{K} \times [0, \infty) \times [0, 1] \times \tilde{\Omega} \to [0, \infty]$。对于每个 i 和 $j(i, j \in \mathscr{K}, j \neq i)$,令 $\mathbb{C}: [0, 1] \times \mathscr{K} \times [0, \infty) \times \tilde{\Omega} \to \mathscr{K}$ 是满足如下条件的任意一个映射:

$$\mathscr{L}(\{u \in [0, 1]: \mathbb{C}(u, i, t, \tilde{\omega}) = j\}) = \begin{cases} \dfrac{\lambda_{ij}^*(t, \tilde{\omega})}{\lambda_i^*(t, \tilde{\omega})}, \lambda_i^*(t, \tilde{\omega}) > 0 \\ 0, \lambda_i^*(t, \tilde{\omega}) = 0 \end{cases}$$

其中,$\mathscr{L}(A)$表示集合 A 的勒贝格测度(Lebesgue measure)。最后,定义放大的概率空间为①:

$$(\Omega, \mathscr{G}, \mathbb{Q}^*) = (\tilde{\Omega} \times \Omega^U \times \bar{\Omega}, \tilde{\mathscr{G}}_\infty \otimes \mathscr{F}\mathscr{G}_\infty^U \otimes 2^{\mathscr{K}}, \mathbb{P}^* \otimes \mathbb{P}^U \otimes \mu)$$

步骤 1:第一次跳跃时间的构造。令 $\tau_0 := 0$。定义(为了简洁,经常把$(\tilde{\omega}, \omega^U, \bar{\omega})$简写为 ω)

$$\eta_1(\omega) = \eta_1(\tilde{\omega}, \omega_{1,1}^U, \bar{\omega}) := \mathbb{T}(\bar{\omega}, 0, U_{1,1}(\omega_{1,1}^U), \tilde{\omega})$$

或者,更明确地定义

$$\eta_1(\omega) = \inf\left\{t \geqslant 0: \mathrm{e}^{-\int_0^t \lambda_{C_0}^*(v, \tilde{\omega})\mathrm{d}v} \leqslant U_{1,1}\right\}$$

另一种定义为

$$\eta_1(\omega) = \inf\left\{t \geqslant 0: \int_0^t \lambda_{C_0}^*(v, \tilde{\omega})\mathrm{d}v \geqslant \tilde{e}_{1,1}\right\}$$

其中,$\tilde{e}_{1,1} := -\ln U_{1,1}$ 是一个单位指数分布的随机变量。定义第一次跳跃时间 τ_1 为 $\tau_1 := \tau_0 + \eta_1$,并使 $\tau_1 = \tau_1(\tilde{\omega}, \omega_{1,1}^U, \bar{\omega})$。明显地,$\tau_1$ 是一个定义在$(\Omega, \mathscr{G}, \mathbb{Q}^*)$上的随机变量。

---

① 定义在划分的子空间上的滤子用明显的方式扩展到放大的空间,其记号仍然保留。如定义在$(\Omega, \mathscr{G}, \mathbb{Q}^*)$上的滤子$\mathbb{F}$被扩展到定义在$(\tilde{\Omega}, \mathscr{F}, \mathbb{P}^*)$上,仍然记作$\mathbb{F}$。

事实上,τ_1 只依赖于变量 $\widetilde{\omega}$、$\omega_{1,1}^U$ 和 $\bar{\omega}$。另外,对每个 $t>0$,显然有

$$\mathbb{Q}^*\{\tau_1>t \mid \mathscr{F}_t \vee \sigma(C_0)\}(\omega)=\frac{G(t, C_0, \widetilde{\omega})}{G(0, C_0, \widetilde{\omega})}=\mathrm{e}^{-\int_0^t \lambda_{C_0}^*(v, \widetilde{\omega})\mathrm{d}v}$$

从而得到

$$\mathbb{Q}^*\{\tau_1>t\}=\mathbb{E}_{\mathbb{Q}^*}\big(G(t, C_0, \widetilde{\omega})\big)=\mathbb{E}_{\mathbb{Q}^*}\big(\mathrm{e}^{-\int_0^t \lambda_{C_0}^*(v, \widetilde{\omega})\mathrm{d}v}\big)$$

注意到,过程 λ_{ij}^* 的一致有界性意味着 $\mathbb{Q}^*\{\tau_1=0\}=0$。最后,对任意 $i=1, 2, \cdots, K-1$,由于假定 $\int_0^\infty \lambda_i^*(t)\mathrm{d}t=\infty$,则有 $\mathbb{Q}^*\{\tau_1<\infty\}=1$。

现在来验证 $\mathbb{Q}^*\{\lambda_{C_0}^*(\tau_1)=0\}=0$,或者,等价地验证等式

$$\mathbb{Q}^*\{\lambda_i^*(\tau_1)=0, C_0=i\}=0$$

对每个 $i=1, 2, \cdots, K-1$ 都是成立的:从跳跃时间 τ_1 的构造中,容易推断出对任意的有界 $\mathbb{F}$—适应随机过程 Z,有

$$\mathbb{E}_{\mathbb{Q}^*}\big(\mathbb{1}_{\{C_0=i\}}Z_{\tau_1(\omega)}(\widetilde{\omega})\big)=\mathbb{E}_{\mathbb{Q}^*}\Big(\mathbb{1}_{\{C_0=i\}}\int_0^\infty Z_t\lambda_i^*(t)\mathrm{e}^{-\int_0^t\lambda_i^*(s)\mathrm{d}s}\mathrm{d}t\Big)$$

将上面最后一个公式应用于有界 $\mathbb{F}$—适应过程 $Z_t=\mathbb{1}_{\widetilde{B}}(t)$,其中 $\widetilde{B}=\{(t, \widetilde{\omega}): \lambda_i^*(t, \widetilde{\omega})=0\}$,则得到

$$\mathbb{Q}^*\{\lambda_i^*(\tau_1)=0, C_0=i\}=\mathbb{Q}^*\{(\tau_1(\omega), \widetilde{\omega})\in\widetilde{B}, C_0=i\}=0$$

步骤 2:第一次跳跃的构造。对任意 $\omega=(\widetilde{\omega}, \omega^U, \bar{\omega})$,定义 $\bar{C}_1(\omega)$ 如下:

$$\bar{C}_1(\omega)=\bar{C}_1(\widetilde{\omega}, \omega_{1,1}^U, \omega_{2,1}^U, \bar{\omega}):=\mathbb{C}(U_{2,1}(\omega_{2,1}^U), \ C_0(\bar{\omega}), \tau_1(\widetilde{\omega}, \omega_{1,1}^U, \bar{\omega}), \widetilde{\omega})$$

显然,$\bar{C}_1$ 是一个 $(\Omega, \mathscr{G}, \mathbb{Q}^*)$ 上的随机变量,且 $\bar{C}_1$ 只依赖于 $\widetilde{\omega}$、$\omega_{1,1}^U$、$\omega_{2,1}^U$ 和 $\bar{\omega}$。另外有

$$\mathbb{Q}^*\{\bar{C}_1=j \mid \mathscr{G}_{\tau_1}^{1,0}\}(\widetilde{\omega}, \omega_{1,1}^U, \bar{\omega})=\frac{\lambda_{C_0,j}^*\big(\tau_1(\widetilde{\omega}, \omega_{1,1}^U, \bar{\omega}), \widetilde{\omega}\big)}{\lambda_{C_0}^*\big(\tau_1(\widetilde{\omega}, \omega_{1,1}^U, \bar{\omega}), \widetilde{\omega}\big)}$$

这里设 $\mathscr{G}_t^{1,0}=\mathscr{F}_t\vee\mathscr{H}_t^1\vee\sigma(C_0)$,其中 $\mathscr{H}_t^1=\sigma(\mathbb{1}_{\{\tau_1\leqslant s\}}: 0\leqslant s\leqslant t)$(注意到 $\sigma(\tau_1)\subset\mathscr{H}_{\tau_1}^1$)。

步骤 3:第二次跳跃时间的构造。为了定义第二次跳跃时间,首先设定

$$\begin{aligned}\eta_2(\omega)&=\eta_2(\widetilde{\omega}, \omega_{1,1}^U, \omega_{2,1}^U, \omega_{1,2}^U, \bar{\omega})\\&=\mathbb{T}(\bar{C}_1(\widetilde{\omega}, \omega_{1,1}^U, \omega_{2,1}^U, \bar{\omega}), \tau_1(\widetilde{\omega}, \omega_{1,1}^U, \bar{\omega}), U_{1,2}(\omega_{1,2}^U), \widetilde{\omega})\end{aligned}$$

更确切地设定

$$\eta_2 = \inf\{t \geqslant 0\colon e^{-\int_{\tau_1}^{\tau_1+t} \lambda^*_{\bar{C}_1}(v)dv} \leqslant U_{1,2}\}$$

或者,等价地设定

$$\eta_2 = \inf\{t \geqslant 0\colon \int_0^t \lambda^*_{\bar{C}_1}(v)dv \geqslant e_{1,2}\}$$

其中,$\tilde{e}_{1,2}:=-\ln U_{1,2}$。正如所预料的,定义第二次跳跃时间为$\tau_2:=\tau_1+\eta_2$。定义在概率空间$(\Omega, \mathcal{G}, \mathbb{Q}^*)$上的随机变量$\tau_2$只依赖于变量$\tilde{\omega}$、$\omega^U_{1,1}$、$\omega^U_{2,1}$、$\omega^U_{1,2}$和$\bar{\omega}$。同样,容易证明

$$\mathbb{Q}^*\{\eta_2 > t \mid \mathcal{F}_{t+\tau_1} \vee \mathcal{H}^1_{\tau_1} \vee \sigma(\bar{C}_1)\}(\omega) = \frac{G(t+\tau_1(\tilde{\omega}, \omega^U_{1,1}, \bar{\omega}), \bar{C}_1, \tilde{\omega})}{G(\tau_1(\tilde{\omega}, \omega^U_{1,1}, \bar{\omega}), \bar{C}_1, \tilde{\omega})}$$

其中,$\bar{C}_1 = \bar{C}_1(\tilde{\omega}, \omega^U_{1,1}, \omega^U_{2,1}, \bar{\omega})$,以及

$$\mathbb{Q}^*\{\eta_2 > t\} = \mathbb{E}_{\mathbb{Q}^*}\left(\frac{G(t+\tau_1(\tilde{\omega}, \omega^U_{1,1}, \bar{\omega}), \bar{C}_1, \tilde{\omega})}{G(\tau_1(\tilde{\omega}, \omega^U_{1,1}, \bar{\omega}), \bar{C}_1, \tilde{\omega})}\right)$$

沿用步骤1同样的思路,容易验证下面的等式是成立的:$\mathbb{Q}^*\{\eta_2 = 0\} = 0$,$\mathbb{Q}^*\{\eta_2 < \infty\} = 1$和$\mathbb{Q}^*\{\lambda^*_{\bar{C}_1}(\tau_2) = 0\} = 0$。

步骤4:第二次跳跃的构造。定义随机变量$\bar{C}_2$如下:

$$\bar{C}_2(\omega) := \mathbb{C}(U_{2,2}(\omega^U_{2,2}), \bar{C}_1(\tilde{\omega}, \omega^U_{1,1}, \omega^U_{2,1}, \bar{\omega}), \eta_2(\tilde{\omega}, \omega^U_{1,1}, \omega^U_{2,1}, \omega^U_{1,2}, \bar{\omega}), \tilde{\omega})$$

和步骤2一样,可以证明

$$\mathbb{Q}^*\{\bar{C}_2 = j \mid \mathcal{G}^{2,1}_{\tau_2}\} = \frac{\lambda^*_{\bar{C}_1, j}(\tau_2)}{\lambda^*_{\bar{C}_1}(\tau_2)}$$

这里,设定$\mathcal{G}^{2,1}_t = \mathcal{F}_t \vee \mathcal{H}^2_t \vee \sigma(\bar{C}_1)$和$\mathcal{H}^2_t = \sigma(\mathbb{1}_{\{\tau_2 \leqslant s\}}: 0 \leqslant s \leqslant t)$(注意到$\sigma(\tau_2) \subset \mathcal{H}^2_{\tau_1}$)。

步骤5:第k次跳跃时间和第k次跳跃的构造。沿用与之前步骤同样的思路,可以构造过程C第k次跳跃时间$\tau_k = \tau_{k-1} + \eta_k$和第$k$次跳跃$\bar{C}_k$。更具体地,对于每个$t > 0$,有

$$\mathbb{Q}^*\{\eta_k > t \mid \mathcal{F}_{t+\tau_{k-1}} \vee \mathcal{H}^{k-1}_{\tau_{k-1}} \vee \sigma(\bar{C}_{k-1})\} = \frac{G(t+\tau_{k-1}, \bar{C}_{k-1})}{G(\tau_{k-1}, C_{k-1})}$$

和

$$\mathbb{Q}^*\{\bar{C}_k = j \mid \mathcal{G}^{k,k-1}_{\tau_k}\} = \frac{\lambda^*_{\bar{C}_{k-1}, j}(\tau_k)}{\lambda^*_{\bar{C}_{k-1}}(\tau_k)}$$

其中,记

$$\mathcal{G}^{k,k-1}_t = \mathcal{F}_t \vee \mathcal{H}^k_t \vee \sigma(\bar{C}_{k-1})$$

和

$$\mathcal{H}^k_t = \sigma(\mathbb{1}_{\{\tau_k \leqslant s\}}: 0 \leqslant s \leqslant t)$$

最后要注意到，根据过程 λ_{ij}^* 具有一致有界性的假定，当 k 趋于∞时，τ_k 以概率 1 趋于∞。

步骤 6：C 的构造。 为了得到一个在状态空间 $\mathscr{K}$ 取值的条件马尔可夫链 C，对于 $t \in [\tau_{k-1}, \tau_k)$ 和任意 $k \geqslant 1$，只需设定 $C_t := \overline{C}_{k-1}$ 就足够了。这样就完成了与给定的 $\mathbb{F}$—适应、矩阵赋值、绝对连续的随机过程 Λ_t^* $(t \in \mathbb{R}_+)$ 相伴的 $\mathbb{F}$—条件 $\mathbb{G}$—马尔可夫链的规范构造。

评注： 在第 12 章中将用于对信用评级建模的一维转移过程可以用作构造过程 C。另一方面，在第 13 章中，需要用到一个二维转移过程。该过程设定如下：二维转移过程的第一个成分是上面定义的过程 C，第二个成分记作 $\hat{C}$，且 $\hat{C}$ 等于

$$\hat{C}_t = \begin{cases} C_0, \text{ 如果 } t \in [0, \tau_2) \\ \overline{C}_{k-1}, \text{ 如果 } t = [\tau_k, \tau_{k+1})(k \geqslant 2) \end{cases}$$

这样，就得到了一个具有有限状态空间 $\mathscr{K} \times \mathscr{K}$ 的二维转移过程 $\widetilde{C}_t = (C_t, \hat{C}_t)$。

11.3.2 条件马尔可夫性

对于任意 $t \in \mathbb{R}_+$，令 $\widetilde{\mathscr{F}}_t = \sigma(\widetilde{C}_s : 0 \leqslant s \leqslant t)$ 表示由过程 $\widetilde{C}$ 生成的自然滤子。现在要证明过程 $\widetilde{C}$ 具有 $\mathbb{F}$—条件 $\mathbb{G}$—马尔可夫性，其中假定放大的滤子 $\mathbb{G}$ 满足 $\mathbb{G} = \widetilde{\mathbb{G}} \vee \widetilde{\mathbb{F}}$。过程 C 也明显具有同样性质。

引理 11.3.1 记 $D = \{\tau_k \leqslant t < \tau_{k+1}\}$。对每个 $k = 0, 1, \cdots$ 和任意 $t \geqslant 0$，有

$$\mathbb{1}_D \mathbb{Q}^* \{\widetilde{C}_{\tau_{k+1}} = (j, i) \mid \mathscr{G}_t\} = \mathbb{1}_D \mathbb{Q}^* \{\widetilde{C}_{\tau_{k+1}} = (j, i) \mid \mathscr{F}_t \vee \sigma(\widetilde{C}_t)\}$$

证明： 根据过程 $\widetilde{C}$ 的构造，该过程仅在随机时间 τ_k 发生跳跃，这样就有

$$\begin{aligned} J &= \mathbb{1}_D \mathbb{Q}^* \{\widetilde{C}_{\tau_{k+1}} = (j, i) \mid \widetilde{\mathscr{G}}_t \vee \widetilde{\mathscr{F}}_t\} \\ &= \mathbb{1}_D \mathbb{Q}^* \{\widetilde{C}_{\tau_{k+1}} = (j, i) \mid \mathscr{F}_t \vee \widetilde{\mathscr{F}}_t\} \\ &= \mathbb{1}_D \mathbb{Q}^* \{\widetilde{C}_{\tau_{k+1}} = (j, C_{\tau_k}) \mid \mathscr{F}_t \vee \widetilde{\mathscr{F}}_{\tau_k}\} \end{aligned}$$

从而得到

$$\begin{aligned} J &= \mathbb{1}_D \mathbb{Q}^* \{\widetilde{C}_{\tau_{k+1}} = (j, C_{\tau_k}) \mid \mathscr{F}_t \vee \widetilde{\mathscr{F}}_{\tau_k}\} \\ &= \mathbb{1}_D \mathbb{E}_{\mathbb{Q}^*} (\mathbb{Q}^* \{\widetilde{C}_{\tau_{k+1}} = (j, C_{\tau_k}) \mid \mathscr{G}_{\tau_{k+1}}^{k+1, k} \vee \widetilde{\mathscr{F}}_{\tau_k}\} \mid \mathscr{F}_t \vee \widetilde{\mathscr{F}}_{\tau_k}) \\ &= \mathbb{1}_D \mathbb{E}_{\mathbb{Q}^*} \left(\frac{\lambda^*_{\overline{C}_k, j}(\tau_{k+1})}{\lambda^*_{\overline{C}_k}(\tau_{k+1})} \middle| \mathscr{F}_t \vee \widetilde{\mathscr{F}}_{\tau_k} \right) \\ &= \mathbb{1}_D \mathbb{E}_{\mathbb{Q}^*} \left(\frac{\lambda^*_{\overline{C}_k, j}(\tau_{k+1})}{\lambda^*_{\overline{C}_k}(\tau_{k+1})} \middle| \mathscr{F}_t \vee \sigma(\widetilde{C}_{\tau_k}) \right) \end{aligned}$$

因为在随机区间 $[\tau_k, \tau_{k+1})$ 上，$\mathcal{G}^{k+1,k}_{\tau_{k+1}} := \mathcal{F}_{\tau_{k+1}} \vee \mathcal{H}^{k+1}_{\tau_{k+1}} \vee \sigma(\bar{C}_k)$ 和 $C_t = C_{\tau_k} = \bar{C}_k$。另一方面，用和上面同样的推导方法，得到

$$\mathbb{1}_D \mathbb{Q}^* \{\widetilde{C}_{\tau_{k+1}} = (j, i) \mid \mathcal{F}_t \vee \sigma(\widetilde{C}_t)\} = \mathbb{1}_D \mathbb{E}_{\mathbb{Q}^*} \left(\frac{\lambda^*_{\bar{C}_k, j}(\tau_{k+1})}{\lambda^*_{\bar{C}_k}(\tau_{k+1})} \middle| \mathcal{F}_t \vee \sigma(\widetilde{C}_{\tau_k}) \right)$$

该引理证毕。 □

对任意 $t \geqslant 0$，设定 $\tilde{\tau}(t) := \inf\{u \geqslant t: \widetilde{C}_u \neq \widetilde{C}_{u-}\}$。根据引理 11.3.1，对每个 $t \in \mathbb{R}_+$，有

$$\begin{aligned}\mathbb{Q}^* \{\widetilde{C}_{\tilde{\tau}(t)} = (j, i) \mid \mathcal{G}_t\} &= \mathbb{Q}^* \{\widetilde{C}_{\tilde{\tau}(t)} = (j, i) \mid \mathcal{F}_t \vee \widetilde{\mathcal{F}}_t\} \\ &= \mathbb{Q}^* \{\widetilde{C}_{\tilde{\tau}(t)} = (j, i) \mid \mathcal{F}_t \vee \sigma(\widetilde{C}_t)\}\end{aligned}$$

上面的等式清楚地表明关于滤子 $\mathbb{F}$ 的过程 $\widetilde{C}$ 的确满足条件马尔可夫性（对照定义 11.3.1）。

11.3.3　有关的局部鞅

在这里，我们需要引入一些符号。令 Z 为标值（标记）点过程(marked point process)：

$$Z := \{(\tau_k, \bar{C}_k), k = 0, 1, \cdots\}$$

对每个 $j \in \mathcal{K}$ 和 $t \geqslant 0$，定义

$$\Phi(t, j) = \sum_{k=1}^{\infty} \mathbb{1}_{\{\tau_k \leqslant t;\ \bar{C}_k = j\}}$$

和

$$\nu(t, j) = \int_0^t \lambda^*_{\widetilde{C}_{u-}, j}(u) \mathrm{d}u$$

这样，过程 $\Phi(\cdot, j)$ 是与标值点过程 Z 相伴的计数过程(counting process)。最后，记 $q(t, j) = \Phi(t, j) - \nu(t, j)$，则得到下面的辅助性结论。

引理 11.3.2　对任意 $j \in \mathcal{K}$，过程 $\nu(\cdot, j)$ 是递增过程 $\Phi(\cdot, j)$ 的补。换句话说，对于每个 k 和每个 $j \in \mathcal{K}$，过程 $q(t \wedge \tau_k, j)(t \in \mathbb{R}_+)$ 是一个 $\mathbb{G}$—鞅。

证明：首先证明 $q(t \wedge \tau_1, j)$ 是一个 $\mathbb{G}$—鞅。固定 $0 \leqslant s < t$，记

$$J_s(\Phi) = \mathbb{E}_{\mathbb{Q}^*}(\Phi(t \wedge \tau_1, j) - \Phi(s \wedge \tau_1, j) \mid \mathcal{G}_s)$$

和

$$J_s(\nu) = \mathbb{E}_{\mathbb{Q}^*}(\nu(t \wedge \tau_1, j) - \nu(s \wedge \tau_1, j) \mid \mathcal{G}_s)$$

对于$J_s(\Phi)$，有

$$
\begin{aligned}
J_s(\Phi) &= \mathbb{1}_{\{s<\tau_1\}}\mathbb{E}_{\mathbb{Q}^*}(\mathbb{1}_{\{t\geqslant\tau_1\}}\mathbb{1}_{\{\bar{C}_1=j\}}-\mathbb{1}_{\{s\geqslant\tau_1\}}\mathbb{1}_{\{\bar{C}_1=j\}}\mid \mathcal{G}_s)\\
&= \mathbb{1}_{\{s<\tau_1\}}\mathbb{E}_{\mathbb{Q}^*}(\mathbb{1}_{\{t\geqslant\tau_1\}}\mathbb{1}_{\{\bar{C}_1=j\}}\mid \mathcal{G}_s)\\
&= \mathbb{1}_{\{s<\tau_1\}}\mathbb{E}_{\mathbb{Q}^*}\left(\frac{\lambda_{ij}^*(\tau_1)}{\lambda_i^*(\tau_1)}\middle| \mathcal{G}_s\right)-\mathbb{1}_{\{s<\tau_1\}}\mathbb{E}_{\mathbb{Q}^*}\left(\mathbb{1}_{\{t<\tau_1\}}\frac{\lambda_{ij}^*(\tau_1)}{\lambda_i^*(\tau_1)}\middle| \mathcal{G}_s\right)\\
&= \mathbb{1}_{\{s<\tau_1\}}\left\{\mathbb{E}_{\mathbb{Q}^*}\left(\int_s^\infty \lambda_{ij}^*(r)e^{\int_s^r\lambda_{ij}^*(u)du}dr\mid \mathcal{G}_s\right)\right.\\
&\quad\left.-\mathbb{E}_{\mathbb{Q}^*}\left(\int_s^\infty \lambda_{ij}^*(r)e^{\int_s^r\lambda_{ij}^*(u)du}dr\mid \mathcal{G}_s\right)\right\}\\
&= \mathbb{1}_{\{s<\tau_1\}}\mathbb{E}_{\mathbb{Q}^*}\left(\int_s^t \lambda_{ij}^*(r)e^{\int_s^r\lambda_{ij}^*(u)du}dr\mid \mathcal{G}_s\right)
\end{aligned}
$$

另一方面，$J_s(\nu)$等于

$$
\begin{aligned}
J_s(\nu) &= \mathbb{1}_{\{s<\tau_1\}}\mathbb{E}_{\mathbb{Q}^*}\left(\int_s^{t\wedge\tau_1}\lambda_{ij}^*(r)dr\mid \mathcal{G}_s\right)\\
&= \mathbb{1}_{\{s<\tau_1\}}\mathbb{E}_{\mathbb{Q}^*}\left(\int_s^\infty (\lambda_s^{t\wedge u}\lambda_{ij}^*(r)dr)\lambda_i^*(u)e^{\int_s^u\lambda_{ij}^*(v)dv}du\mid \mathcal{G}_s\right)\\
&= \mathbb{1}_{\{s<\tau_1\}}\mathbb{E}_{\mathbb{Q}^*}\left(\int_s^t \left(\int_s^u\lambda_{ij}^*(r)dr\right)\lambda_i^*(u)e^{\int_s^u\lambda_{ij}^*(v)dv}du\mid \mathcal{G}_s\right)\\
&\quad+\mathbb{1}_{\{s<\tau_1\}}\mathbb{E}_{\mathbb{Q}^*}\left(\int_t^\infty \left(\int_s^t\lambda_{ij}^*(r)dr\right)\lambda_t^*(u)e^{\int_s^u\lambda_{ij}^*(v)dv}du\mid \mathcal{G}_s\right)\\
&= \mathbb{1}_{\{s<\tau_1\}}\mathbb{E}_{\mathbb{Q}^*}\left(\int_s^t \lambda_{ij}^*(r)e^{\int_s^r\lambda_{ij}^*(u)du}dr\mid \mathcal{G}_s\right)
\end{aligned}
$$

由此推出过程$q(t\wedge\tau_1, j)$在测度$\mathbb{Q}^*$下服从一个$\mathbb{G}$—鞅。利用类似推理(analogous reasoning)，加上条件马尔可夫性和毗连原理(concatenation argument)，可以证明对任意$k>1$，过程$q(t\wedge\tau_k, j)$的鞅性质。具体留给读者自行思考。 □

考虑一个有界可测映射$g:\mathcal{K}\times[0,\infty)\times\Omega\to\mathbb{R}$。另外，假定对于任意$i\in\mathcal{K}$，过程$g(i,t)$是$\mathbb{G}$—可料的。定义相关的适应过程$M^g$为

$$
M_t^g=\int_0^t\sum_{i=1}^K g(i,u)q(du,i),\ \forall t\in\mathbb{R}_+ \tag{11.49}
$$

下面是由引理 11.3.2 直接得到的一个有用的推论，在此省略其证明过程。

推论 11.3.1 由公式(11.49)给定的过程M^g在概率测度$\mathbb{Q}^*$下服从一个$\mathbb{G}$—鞅。

我们能够证明过程 Λ^* 表示条件无穷小生成元过程,或者等价地,表示为过程 $\widetilde{C}$ 的第一个成分的随机强度的矩阵值过程,即 K—赋值的过程 C。

为此,首先回忆一下,对任意函数 $h:\mathcal{K}\to\mathbb{R}$,以及每个 $i\in\mathcal{K}$ 和 $t\in\mathbb{R}_+$,设定

$$\Lambda_t^* h(i) = \sum_{j=1}^{K} \lambda_{ij}^*(t) h(j)$$

下面的结论和命题 11.2.2 相对应。

命题 11.3.1 对任意函数 $h:\mathcal{K}\to\mathbb{R}$,由下面公式给定的过程 M^h 在测度 $\mathbb{Q}^*$ 下是一个 $\mathbb{G}$—鞅。

$$M_t^h = h(C_t) - \int_0^t \Lambda_u^* h(C_u)\,\mathrm{d}u,\ \forall t\in\mathbb{R}_+ \tag{11.50}$$

证明:要证明这个命题,只需将推论 11.3.1 应用到函数 $g(i,t,\omega)=h(i)-h(C_{t-}(\omega))$ 即可。 □

考虑到定义 11.3.2,上面这个命题说明过程 Λ^* 确实是一个与 $\mathbb{F}$—条件马尔可夫链 C 相伴的矩阵赋值的随机强度矩阵。

现在来证明在这章前部分用到的某些辅助性过程的鞅性质。定义(对照式(11.33))

$$M_t^{ij} := H_t^{ij} - \int_0^t \lambda_{ij}^*(u) H_u^i\,\mathrm{d}u \tag{11.51}$$

其中,$H_t^i=\mathbb{1}_{\{C_t=i\}}$,且 H_t^{ij} 表示转移过程 C 在时间区间 $(0,t]$ 从类 i 到类 j 的一步转移的次数。下面的结论是引理 11.3.2 的另一个重要结果(对照 Last 和 Brandt(1995)中的推论 7.5.3)。

推论 11.3.2 (1) 令 h 是一个 $\mathcal{K}\times\mathcal{K}$ 上的实值函数。定义:

$$N_t^h = \sum_{0<u\leqslant t} h(C_{u-},C_u) - \int_0^t \sum_{k\neq C_u} \lambda_{C_u,k}^*(u) h(C_u,k)\,\mathrm{d}u$$

则过程 N^h 是一个 $\mathbb{G}$—鞅。

(2) 对于任意 i 和 $j(i,j\in\mathcal{K},i\neq j)$,由公式(11.51)给定的过程 M^{ij} 服从一个 $\mathbb{G}$—鞅。

证明:要证明部分(1),只需把推论 11.3.1 应用到函数 $g(k,t,\omega)=h(C_{t-}(\omega),k)$ 即可。通过设定 $h(c,c')=\delta_{ic}\delta_{ic'}$,第(2)部分结论可从第(1)部分直接得到。 □

11.3.4 科莫格罗夫向前方程

在概率测度 $\mathbb{Q}^*$ 下,令 $\mathcal{P}^*(t,s)$ 为过程 C 的 $\mathbb{F}$—条件转移概率矩阵,具体地,对 $t\leqslant s$ 令

$$\mathscr{P}^*(t, s) := [p_{ij}^*(t, s)]_{1 \leqslant i, j \leqslant K}$$

其中,对每个 $i, j = 1, 2, \cdots, K$,有

$$p_{ij}^*(t, s) := \mathbb{Q}^*\{C_s = j \mid \mathscr{F}_t \vee \{C_t = i\}\}$$

现在定义另一个矩阵赋值过程:对 $t \leqslant s$,设

$$P^*(t, s) := [P_{ij}^*(t, s)]_{1 \leqslant i, j \leqslant K}$$

其中,对每个 $i, j = 1, 2, \cdots, K$,有

$$\mathbf{p}_{ij}^*(t, s) := \mathbb{Q}^*\{C_s = j \mid \mathscr{F}_{T^*} \vee \{C_t = i\}\}$$

给定我们构造的过程 C,对于一个固定的 $\tilde{\omega}$,由 $\tilde{C}_t(\omega^U, \bar{\omega}) = C_t(\tilde{\omega}, \omega^U, \bar{\omega})$ 定义的过程 $\tilde{C}$ 显然是一个普通的时间非齐次马尔可夫链,具有相伴无穷小生成元函数 $\Lambda_t^*(\tilde{\omega})$,使得

$$\frac{\mathrm{d}\mathbf{P}^*(t, s)(\tilde{\omega})}{\mathrm{d}s} = P^*(t, s)(\tilde{\omega})\Lambda_s^*(\tilde{\omega}),\ t \leqslant s \leqslant T^*$$

考虑到对转移强度矩阵过程 Λ^* 施加了一系列正则性条件,下面这个和推论 11.2.2 相对应的结论成立。

推论 11.3.3 对每个 $0 \leqslant t \leqslant s \leqslant T^*$,有

$$\mathbf{P}^*(t, s)(\tilde{\omega}) = Id + \sum_{n=1}^{\infty}\int_t^s\int_{u_1}^s \cdots \int_{u_{n-1}}^s \Lambda_{u_1}^*(\tilde{\omega})\Lambda_{u_2}^*(\tilde{\omega})\cdots\Lambda_{u_n}^*(\tilde{\omega})\mathrm{d}u_n \mathrm{d}u_{n-1}\cdots \mathrm{d}u_1$$

注意到,由下面的等式

$$\mathscr{P}^*(t, s) = \mathbb{E}_{\mathbb{Q}^*}\{\mathbf{P}^*(t, s) \mid \mathscr{F}_t\},\ \forall t \leqslant s \leqslant T^*$$

以及推论 11.3.3 即可得到如下推论。

推论 11.3.4 对每个 $0 \leqslant t \leqslant s \leqslant T^*$,我们有

$$\mathscr{P}^*(t, s) = Id + \mathbb{E}_{\mathbb{Q}^*}\left\{\sum_{n=1}^{\infty}\int_t^s\int_{u_1}^s \cdots \int_{u_{n-1}}^s \Lambda_{u_1}^*\Lambda_{u_2}^*\cdots\Lambda_{u_n}^*\mathrm{d}u_n \mathrm{d}u_{n-1}\cdots \mathrm{d}u_1 \mid \mathscr{F}_t\right\}$$

12

信用转移的马尔可夫模型

在第 8 章,运用简约型方法研究了一种特殊的信用事件,即违约。这章中,将要在基于强度方法的框架中来研究一些可能的信用事件。更具体地说,对公司债券在几个可能的评级级别(或者说信用评级)之间信用转移的动态建模问题进行探讨。换句话说,重点是要对某些参照实体的信用质量随时间的变化进行建模。下文中,称这种变化为信用转移。

对信用转移进行建模的最流行方法就是利用离散时间或连续时间马尔可夫链(或者条件马尔可夫链)。因此,这一章的目的就是讨论近几年不同作者提出来的几种马尔可夫型的信用转移模型。为了使论述更清晰,只考虑公司零息票债券的信用转移问题。本章参考了以下文献:Jarrow 和 Turnbull(1995)、Jarrow 等(1997)、Das 和 Turano(1996)、Kijima 和 Komoribayashi(1998)、Lando(1998, 2000a, 2000b)、Thomas 等(1998)、Arvanitis 等(1999),以及 Duffie 和 Singleton(1999)。当然,由于篇幅限制,不可能详细介绍关于信用转移建模的所有问题和结论。事实上,这里只是相对详细地介绍了 Jarrow, Lando 和 Turnbull 方法,对其他方法只是简单地进行了评论。

第 11 章已经对基于模型的数学结论进行了简要概述;本章保留上一章引入的符号。唯一要提到的是符号$\mathbb{G}$,它将作为一个通用符号以表示基础滤子。因此,符号$\mathbb{G}$将依据特定的模型给出具体的解释。在后续研究中,由于概率测度的等价变换起着十分重要的作用,第 12 章和第 13 章中采用如下方便的符号:在真实世界概率$\mathbb{Q}$下和在即期鞅测度$\mathbb{Q}^*$下的转移强度分别记为λ_{ij}和λ_{ij}^*。最后,要补充一点,尽管各种马尔可夫建模假设的有效性的统计确认也很重要,但这里并没有详细讨论。

12.1 JLT 马尔可夫模型及其扩展

一个公司的信用等级是对其违约倾向的度量。通常认为信用评级是某个确定集合中的元素,这个集合称为信用类别(或信用级别)集合。在金融文献中,通常把信用类别理解为一个商业评级机构进行的资信评估。因此,在一个给定的时间,对一个公司债券评估的特定信用评级反映了该时刻专业金融分析师对该公司信用品质的看法。但是,在理论方法上,这并不意味着信用评级必须由某个商业评级机构来进行。的确,大部分主要的金融机构有他们自己的基于内部的方法(即所谓的内部评级)形成的资信评估系统。另外,相应于债务质量这个更一般的概念而言,官方的信用评级主要反映了违约的可能性。最后,当一个公司的信用品质发生了变化,其官方评估的信用等级上升或下降会有一个明显的滞后。总而言之,本文中,通用术语信用评级(或信用品质)是指任何一种由特定目的决定的债务分类。

正式地,假定公司债务的信用品质可以量化并归类为数量有限的(相互脱节的)信用评级类别(简单地称为信用类别)。每一个信用类别由一个有限集,如 $\mathcal{K}=\{1, 2, \cdots, K\}$ 中的一个元素来代表。为了方便,总是假定元素 K 对应于一个违约事件。

实践表明,一个给定公司债务的信用品质是会随着时间发生变化的。把这个特点引申为信用品质在不同的信用类别间转移,称相应的信用风险模型为多重信用评级模型。在第 8 章和第 9 章中,对基于强度的传统方法进行了详细的讨论,该方法重点放在讨论基于单一信用评级类模型的公司债券违约前的价值。最近的一些研究已经把这个方法推广到多重评级的情况。具体地说,从事信用转移分析——即分析基础信用工具的信用品质的动态变化,如公司债券或者商业贷款。当然,这两种工具的信用转移和其相关的债务人的信用转移是联系在一起的。

通常是利用一个马尔可夫链 C 来对信用转移进行建模,链 C 具有有限状态空间,并且具有或者离散或者连续的时间参数。这时,称马尔可夫链 C 为信用转移过程。一般来说,排除多重违约的情况,即假定违约类别为马尔可夫链 C 的吸收态。在基于马尔可夫链的方法中,最主要的问题就是在风险中性和真实世界概率下,如何设定 C 的转移概率矩阵(离散时间情形)或转移强度矩阵(连续时间情形)。

重要的是要认识到,典型地,一个涉及信用风险模型的总滤子比转移过程的自然滤子 $\mathbb{F}^C$ 要大,其中的信用风险模型是关于马尔可夫链 C 的信用转移。因此,我们一般需要处理的是 $\mathbb{G}$ —马尔可夫性(参见第 11 章)或者某种条件马尔可夫性(参见第 11.3 节),而

不是转移过程 C 的普通马尔可夫性。凭直觉，假定转移过程的$\mathbb{G}$—马尔可夫性或者条件马尔可夫性意味着某些不确定性的存在，这些不确定性包括市场风险（典型的利率风险），信贷风险以及蕴涵在其他经济因素中的不确定性。这就引出了一个重要的问题，即在概率测度等价变换下，如由真实世界概率变换为风险中性概率的情况下，有关$\mathbb{G}$—马尔可夫的不变性（或保持性）问题。

在允许市场或其他因素风险存在的信用风险模型中，转移过程的$\mathbb{G}$—马尔可夫的保持性问题仍有待解决，因为概率测度的等价变换会影响模型中所有不确定性来源。根据第 11 章中的讨论可以看到，为了使$\mathbb{G}$—马尔可夫性得以保持而给各自的 Radon-Nikodym 密度施加某些条件，这些条件显然对信用风险模型限制过多，在这些信用风险模型中，由真实世界概率到风险中性概率的变化包含了特定模型中所有不确定因素来源。过于限制的原因就是假定 Radon-Nikodym 密度只对马尔可夫链的自然滤子是适应的，而对滤子$\mathbb{G}$是不适应的。但是，如果给定的信用风险模型容许某些结构性特征，如总风险可以分解为市场风险和信用风险，数学上表示为 $\mathbb{G}=\mathbb{F}\otimes\mathbb{F}^C$，那么，自然会预期只要对应于滤子$\mathbb{F}^C$的 Radon-Nikodým 密度的组成成分满足类似于第 11 章中设定的充分条件，转移过程的$\mathbb{F}$—马尔可夫性就可以保持。这样的一个分解要和基础乘积概率空间对应，这个概率空间也支持市场风险和信用风险相互独立的假定（Jarrow 等（1997）方法中就施加了这样的假定）。在本节的其余部分中，当讨论具体的模型时，我们将指明上面这个技术性问题。

下面两小节将讨论离散时间和连续时间的 JLT 模型（缩写 JLT 代表 R. Jarrow, D. Lando 和 S. Turnbull，他们合作完成了 Jarrow 等（1997）的这篇论文）。接着，将简要考察该方法的一些扩展，这些扩展来自 Das 和 Tufano（1996）、Arvanitis 等（1998），以及 Kijima 和 Komoribayashi（1998）。具有状态变量（或因素）的条件马尔可夫信用转移过程的模型，放在第 12.2 节中讨论。

12.1.1 JLT 模型：离散时间情形

给定一个滤子化的概率空间（Ω，$\mathbb{G}$，$\mathbb{Q}$），其中$\mathbb{Q}$是真实世界概率测度，滤子$\mathbb{G}$代表了交易者可用的所有观测的信息流。令 $T^*>0$ 为固定的水平时间。为建立一个容易处理的考虑公司债券在不同评级级别间转移的模型，Jarrow 等（1997）设定了一些（起简化作用的）假定。这里对这些假定稍做修改，并称它们为离散时间情形下的条件（JLT. 1）—条件（JLT. 7）。

条件（JLT. 1）　存在一个（唯一的）在（Ω，$\mathcal{G}_{T^*}$）上与$\mathbb{Q}$等价的概率测度$\mathbb{Q}^*$，且使得所有无违约和违约风险零息票债券经过储蓄账户折现后的价格服从$\mathbb{G}$—鞅。

在利用基于强度的方法来对可违约期限结构进行建模时，条件(JLT. 1)是标准的，这一点已经在第 8 章中详细介绍了。下面两个假设是与短期利率相关的。

条件(JLT. 2) 利用无违约短期利率的一个$\mathbb{F}$—适应随机过程 r 来对利率风险建模，其中$\mathbb{F}$是$\mathbb{G}$的某个子滤子。

条件(JLT. 3) 以在鞅测度$\mathbb{Q}^*$下的滤子$\mathbb{G}$为条件，违约时间 τ 是一个与无违约利率过程 r 相互独立的随机变量。更确切地说，对利率过程 r 的任意可积函数 ϕ 和随机时间 τ 的任意可积函数 f，对每个 $t\in\mathbb{R}^+$ 有

$$\mathbb{E}_{\mathbb{Q}^*}\big(\phi(r.)f(\tau)\mid\mathcal{G}_t\big)=\mathbb{E}_{\mathbb{Q}^*}\big(\phi(r.)\mid\mathcal{G}_t\big)\mathbb{E}_{\mathbb{Q}^*}\big(f(\tau)\mid\mathcal{G}_t\big)$$

从计算的角度来看，条件(JLT. 3)是非常方便的；但是从实践的角度来看，它的限制性太强。随着 JLT 方法的进一步发展，已放松了这个不大现实的假设。下面的条件是对回收方案所做的具体选择；其中涉及的按国库券价值部分回收可以被任何一种其他的回收规则所取代。

条件(JLT. 4) 公司债券服从回收系数为常数 δ 的国库券价值部分回收方案。

第一步，Jarrow 等(1997)提出一个可违约期限结构的离散时间模型，这个模型考虑了可违约债券在信用评级类别有限集中的转移。接着，他们提出该模型的连续时间形式，这个问题将在第 12.1.2 节中介绍。需要指出的是，Jarrow 等(1997)发展的方法是建立在 Jarrow 和 Turnbull(1995)提出的方法的基础上。为此，我们首先来简要描述一下 Jarrow 和 Turnbull 的方法。

Jarrow 和 Turnbull 方法。 Jarrow 和 Turnbull(1995)假定一个违约债券在到期时按其面值的固定比例进行支付，也就是说，他们假定的是国库券价值部分回收计划。于是，一个 T 期到期的公司债券在时间 $t(t\leqslant T\leqslant T^*)$时的价格 $\widetilde{D}^{\delta}(t, T)$等于①

$$\widetilde{D}^{\delta}(t, T)=B_t\,\mathbb{E}_{\mathbb{Q}^*}\big(B_T^{-1}(\delta\mathbb{1}_{\{T\geqslant\tau\}}+\mathbb{1}_{\{T<\tau\}})\mid\mathcal{G}_t\big) \tag{12.1}$$

其中，δ 是常数回收率。假设已经选择了短期利率的某个模型，则从表达式(12.1)可知，只需要对随机时间 τ 进行建模。另外，如果条件(JLT. 3)满足，即使得测度$\mathbb{Q}^*$下 τ 的分布律与利率风险的分布律是独立的，那么，正如下面的结论所示，可以得到式(12.1)的简化形式。

命题 12.1.1 在条件(JLT. 1)—条件(JLT. 4)下，对每个 $t\leqslant T$，公司债券的价格等于

$$\widetilde{D}^{\delta}(t, T)=B(t, T)\big(\delta+(1-\delta)\,\mathbb{Q}^*\{T<\tau\mid\mathcal{G}_t\}\big) \tag{12.2}$$

① 在离散时间模型中，按照简单复利计息惯例定义储蓄账户过程 B，即 $B_t=\prod_{u=0}^{t-1}(1+r_u)$。

证明:根据条件(JLT. 3),由表达式(12. 1)可以得出

$$\begin{aligned}\widetilde{D}^{\delta}(t,\ T) &= B_t\,\mathbb{E}_{\mathbb{Q}^*}\left(B_T^{-1}(\delta\mathbb{1}_{\{T\geqslant\tau\}}+\mathbb{1}_{\{T<\tau\}})\mid\mathcal{G}_t\right)\\ &= B_t\,\mathbb{E}_{\mathbb{Q}^*}(B_T^{-1}\mid\mathcal{G}_t)\,\mathbb{E}_{\mathbb{Q}^*}(\delta\mathbb{1}_{\{T\geqslant\tau\}}+\mathbb{1}_{\{T<\tau\}}\mid\mathcal{G}_t)\\ &= B(t,\ T)(\delta\,\mathbb{Q}^*\{\tau\leqslant T\mid\mathcal{G}_t\}+\mathbb{Q}^*\{T<\tau\mid\mathcal{G}_t\})\\ &= B(t,\ T)(\delta(1-\mathbb{Q}^*\{T<\tau\mid\mathcal{G}_t\})+\mathbb{Q}^*\{T<\tau\mid\mathcal{G}_t\})\end{aligned}$$

进一步化简,就证明了式(12. 2)。 □

评注:如果放松条件独立性的条件(JLT. 3),可以得到

$$\widetilde{D}^{\delta}(t,\ T) = B(t,\ T)\left(\delta+(1-\delta)\,\mathbb{Q}_T\{\tau>T\mid\mathcal{G}_t\}\right) \tag{12. 3}$$

其中,$\mathbb{Q}_T$是关于时间 $T\leqslant T^*$ 的远期鞅测度,即在$(\Omega,\ \mathcal{G}_T)$上的概率测度由下面的等式给定:

$$\frac{\mathrm{d}\,\mathbb{Q}_T}{\mathrm{d}\,\mathbb{Q}^*} = \frac{1}{B(0,\ T)B_T},\ \mathbb{Q}^*\text{-a. s.} \tag{12. 4}$$

确实,对式(12. 1)运用贝叶斯法则,可得

$$\widetilde{D}^{\delta}(t,\ T) = B_t(t,\ T)\,\mathbb{E}_{\mathbb{Q}_T}(\delta\mathbb{1}_{\{T\geqslant\tau\}}+\mathbb{1}_{\{T<\tau\}}\mid\mathcal{G}_t)$$

由此导出式(12. 3)。值得注意的是,在条件(JLT. 3)下,等式

$$\mathbb{Q}^*\{\tau>T\mid\mathcal{G}_t\} = \mathbb{Q}_T\{\tau>T\mid\mathcal{G}_t\}$$

关于即期鞅测度$\mathbb{Q}^*$几乎处处成立,或者等价地,关于远期鞅测度$\mathbb{Q}_T$几乎处处成立。

信用转移。现在介绍离散时间形式的 JLT 方法。考虑时间 $t=0,\ 1,\ \cdots,\ T^*$,其中假定时间 T^* 为一正整数。形式上,当给定一个可违约债券的初始评级 C_0 时,用一随机过程 C 来描述可违约债券评级的未来变化,称过程 C 为转移过程。另外,在 t 时刻,可违约债券相应的转移过程 C 的价值与该可违约债券的当时评级是一致的。

正如已经提到过的,不失一般性,假设信用评级类别的集合为$\{1,\ 2,\ \cdots,\ K\}$,其中假定状态 K 对应于违约事件。另外,根据 Jarrow 等(1997)的约定,状态的排序为:状态 $i=1$ 代表最高评级,而 $i=K-1$ 代表最低评级。回忆已给出的定义 $p_{ij}:=\mathbb{Q}\{C_{t+1}=j\mid C_t=i\}$。

条件(JLT. 5) 在真实世界概率$\mathbb{Q}$下,转移过程 C 服从一个$\mathbb{G}$—马尔可夫链。C 在$\mathbb{Q}$下的转移矩阵等于

$$P=[p_{ij}]_{1\leqslant i,\ j\leqslant K},\ p_{ij}\geqslant 0,\ \sum_{j=1}^{K}p_{ij}=1$$

其中,对每个 $j=1,\ 2,\ \cdots,\ K-1$①,有 $p_{Kj}=0$,从而使得对于 $j=K$ 有 $p_{KK}=1$。也

① 原文为 $j=1,\ 2,\ \cdots,\ K$,疑为印刷错误。——译者注

就是说，状态 K 是吸收态。

第 11 章已经提到过，一个时间齐次$\mathbb{G}$—马尔可夫链也是一个普通的时间齐次马尔可夫链。从直观上看，上面的假设意味着一个特定债券信用评级的未来概率演变并不依赖于市场的历史和该债券过去的评级。相反，假设它只依赖于债券目前的等级。根据条件(JLT. 5)，C 在$\mathbb{Q}$下的转移矩阵等于

$$P=\begin{pmatrix} p_{1,1} & \cdots & p_{1,K-1} & p_{1,K} \\ \vdots & \vdots & \vdots & \vdots \\ p_{K-1,1} & \cdots & p_{K-1,K-1} & p_{K-1,K} \\ 0 & \cdots & 0 & 1 \end{pmatrix}$$

这样，相应的离散时间生成元矩阵 Λ 为

$$\Lambda=\begin{pmatrix} p_{1,1}-1 & \cdots & p_{1,K-1} & p_{1,K} \\ \vdots & \vdots & \vdots & \vdots \\ p_{K-1,1} & \cdots & p_{K-1,K-1}-1 & p_{K-1,K} \\ 0 & \cdots & 0 & 0 \end{pmatrix}$$

评注：依照状态的排序，一步违约概率应满足下面的不等式：

$$p_{iK}\leqslant p_{jK}\text{，对 } 1\leqslant i\leqslant j\leqslant K \tag{12.5}$$

Kijima(1998)检验了离散时间马尔可夫链吸收态的随机单调性问题。

条件(JLT. 6)　在即时鞅测度$\mathbb{Q}^*$下，转移过程 C 为一(时间非齐次)$\mathbb{G}$—马尔可夫链，具有如下的时间相依的转移矩阵①

$$\mathscr{P}^*(t):=[p_{ij}^*(t)]_{1\leqslant i,\,j\leqslant K}$$

其中，

$$p_{ij}^*(t)\geqslant 0,\ \sum_{j=1}^{K}p_{ij}^*(t)=1$$

且对每个 $j<K$ 和 $t=0,1,\cdots,T^*-1$，有 $p_{Kj}^*(t)=0$，因此，状态 K 又是吸收态。

回忆一下，对每个 $t=0,1,\cdots,T^*-1$，有 $p_{ij}:=\mathbb{Q}^*\{C_{t+1}=j\mid C_t=i\}$。根据条件(JLT. 6)，得到

$$\mathscr{P}^*(t)=\begin{pmatrix} p_{1,1}^*(t) & \cdots & p_{1,K-1}^*(t) & p_{1,K}^*(t) \\ \vdots & \vdots & \vdots & \vdots \\ p_{K-1,1}^*(t) & \cdots & p_{K-1,K-1}^*(t) & p_{K-1,K}^*(t) \\ 0 & \cdots & 0 & 1 \end{pmatrix}$$

① 为了和 Jarrow 等(1997)中使用的符号一致，把 $p_{ij}^*(t)$记为 $p_{ij}^*(t,t+1)$。

定义违约时间 τ 是评级过程首次到达状态 K 的时刻:

$$\tau := \inf\{t \in \{0, 1, \cdots, T^*\} : C_t = K\}$$

这里,为了方便,$\inf \emptyset = +\infty$。第 11.1 节已经讨论了参照滤子$\mathbb{G}$的马尔可夫性在概率测度等价变换下的保持问题,也研究了概率测度等价变换对一步转移概率的影响。为了保证模型便于分析处理,Jarrow 等(1997)公设了另外一个技术性条件(注意条件(JLT.7)和例 11.1.2 之间的类似性)。

条件(JLT.7) 下面的关系成立

$$p^*_{ij}(t) = \pi_i(t) p_{ij}, \quad \forall j \neq i \tag{12.6}$$

其中,时间相依的确定性系数 $\pi_i(t)$ 可解释为离散时间风险溢价。对于任意的 t,显然有 $\pi_K(t) = 1$,因此向量 $(\pi_1(t), \pi_2(t), \cdots, \pi_{K-1}(t))$ 可作为 t 时刻的风险溢价。

特别地,上面的条件意味着

$$p^*_{ii}(t) = 1 + \pi_i(t)(p_{ii} - 1)$$

换言之,对于任意的状态 i,在鞅测度$\mathbb{Q}^*$下从 i 跳到另一状态 $j(j \neq i)$ 的概率假定与在真实世界概率$\mathbb{Q}$下对应的概率成比例,而且这个比例因子依赖于 i 和 t,但不依赖于 j。

模型构建。可以按如下方式构建支持上述假设的数学模型。设 $\Omega = \tilde{\Omega} \otimes \hat{\Omega}$,$\mathbb{Q} = \mathbb{P} \otimes \hat{\mathbb{Q}}$ 和$\mathbb{G} = \mathbb{F} \otimes \mathbb{F}^C$,其中$\mathbb{F}$和$\mathbb{F}^C$分别是 $\tilde{\Omega}$ 和 $\hat{\Omega}$ 中事件的一个滤子。由恒等式 $\mathbb{F} = \mathbb{F} \otimes \{\emptyset, \hat{\Omega}\}$ 及$\mathbb{F}^C = \{\emptyset, \tilde{\Omega}\} \otimes \mathbb{F}^C$,引入相应于$\mathbb{G}$的子滤子$\mathbb{F}$和$\mathbb{F}^C$。当然,这是一种相当标准的标记惯例。在这个模型中,转移过程 C 本质上是由 $\hat{\Omega}$ 支撑的。通过从乘积概率测度$\mathbb{Q}$到等价乘积概率测度 $\mathbb{Q}^* = \mathbb{P}^* \otimes \hat{\mathbb{Q}}^*$ 的合适变换,加上独立性假设(JLT.3),保证了 C 的$\mathbb{G}$—马尔可夫性。

应用到测度对$(\hat{\mathbb{Q}}, \hat{\mathbb{Q}}^*)$相应的 Radon-Nikodým 密度分支上的条件,例如第 11.1 节中的(B.1)(或者(B.2)),是保持$\mathbb{G}$—马尔可夫性的充分条件。在这类模型中,C 在乘积空间的$\mathbb{G}$—马尔可夫性并不是很重要,因为它在本质上等价于 C 在分支空间上的马尔可夫性。但要注意到,在这样的模型中,转移过程的马尔可夫性实际上是和市场基本面(它是一种可违约权益市场上的叠加)相分离的。

值得注意的是,在上面介绍的模型中,也有 $\mathbb{G} = \mathbb{F} \vee \mathbb{F}^C$。因此,$C$ 在测度$\mathbb{Q}$下(和测度$\mathbb{Q}^*$下)也是一个$\mathbb{F}$—条件$\mathbb{G}$—马尔可夫链①。我们看到,在这样的模型中,转移过程的马尔可夫性、$\mathbb{G}$—马尔可夫性,以及$\mathbb{F}$—条件$\mathbb{G}$—马尔可夫性本质上是等价的。这一点并不奇怪,因为滤子$\mathbb{F}$和$\mathbb{F}^C$本质上是独立的。我们认为,假定非—平凡$\mathbb{F}$—条件$\mathbb{G}$—马尔可夫

---

① 关于$\mathbb{F}$—条件$\mathbb{G}$—马尔可夫链的定义和性质,请参见第 11.3 节。

性的模型比假定简单$\mathbb{G}$—马尔可夫性的模型更具有现实意义。后面再讨论这类模型的例子。需要指出的是，类似的观点也适用于连续时间形式的 JLT 方法。

可违约债券的估值。根据条件(JLT. 1)—条件(JLT. 7)以及推论 11. 1. 4，容易推出一个偿付能力的风险中性条件概率的表达式，即(对照 Jarrow 等(1997)的引理 1)

$$\mathbb{Q}^*\{\tau > T \mid \mathcal{G}_t\} = \mathbb{Q}^*\{\tau > T \mid C_t\} = \sum_{j \neq K} p^*_{C_t j}(t,\ T),\ t = 0, 1,\ \cdots,\ T$$

其中，对每个 $0 \leqslant t \leqslant s \leqslant T$，有

$$p^*_{ij}(t,\ s) = \mathbb{Q}^*\{C_s = j \mid C_t = i\},\ \forall i,\ j \in \mathcal{K}$$

注意，正如式(11. 14)一样，可以通过一步概率 $p^*_{ij}(t)$和转移矩阵 $\mathcal{P}^*(t)$相乘得到概率 $p^*_{ij}(t,\ s)$。将上面的等式和式(12. 2)联系起来，可以推出在条件(JLT. 1)—条件(JLT. 7)下，下面的结论成立。

命题 12. 1. 2 对任意 $i = 1,\ 2,\ \cdots,\ K-1$，令 $D_i(t,\ T)$表示可违约债券的条件价值，更具体地设定

$$D_i(t,\ T) := \mathbb{E}_{\mathbb{Q}^*}(\widetilde{D}^{\delta}(t,\ T) \mid C_t = i)$$

则

$$D_i(t,\ T) = B(t,\ T)\Big(\delta + (1-\delta)\sum_{j \neq K} p^*_{ij}(t,\ T)\Big) \tag{12.7}$$

和

$$\widetilde{D}^{\delta}(t,\ T) = D_{C_t}(t,\ T) = B(t,\ T)\big(\delta + (1-\delta)\sum_{j \neq K} p^*_{C_t j}(t,\ T)\big) \tag{12.8}$$

为了使进一步的分析更容易理解，考虑只有两种信用类别的特殊情形：未违约类别 $i=1$ 和违约类别 $i=2$。这样，式(12. 7)和式(12. 8)分别变成

$$D_1(t,\ T) = B(t,\ T)\big(\delta + (1-\delta)\,\mathbb{Q}^*\{\tau > T \mid C_t = 1\}\big) \tag{12.9}$$

$$\widetilde{D}^{\delta}(t,\ T) = D_{C_t}(t,\ T) = B(t,\ T)\big(\delta + (1-\delta)\,\mathbb{Q}^*\{\tau > T \mid C_t\}\big)$$

信用利差。根据定义，对于未来 T 时到期的可违约债券在 $t(t \leqslant T)$时的一步远期利率为

$$g_{C_t}(t,\ T) := -\ln\Big(\frac{D_{C_t}(t,\ T+1)}{D_{C_t}(t,\ T)}\Big)$$

同样，无违约债券的一步远期利率的标准定义公式为

$$f(t,\ T) := -\ln\Big(\frac{B(t,\ T+1)}{B(t,\ T)}\Big)$$

从而信用利差过程为

$$s_{C_t}(t,\ T):=g_{C_t}(t,\ T)-f(t,\ T)=\ln\left(\frac{\delta+(1-\delta)\sum_{j\neq K}p^*_{C_tj}(t,\ T)}{\delta+(1-\delta)\sum_{j\neq K}p^*_{C_tj}(t,\ T+1)}\right)$$

特别地,在集合$\{C_t=i\}$上有(参见 Jarrow 等(1997)中式(9))

$$s_i(t,\ T):=g_i(t,\ T)-f(t,\ T)=\ln\left(\frac{\delta+(1-\delta)\sum_{j\neq K}p^*_{ij}(t,\ T)}{\delta+(1-\delta)\sum_{j\neq K}p^*_{ij}(t,\ T+1)}\right)$$

其中,$g_i(t,\ T)$表示在 t 时信用类别为 i 的可违约债券一步远期回报(当然,$g_K(t,\ T)=f(t,\ T)$)。

模型校准。下面将要讨论的一个重要问题是:离散时间型的 JLT 模型的校准。对任意 $i\leqslant K-1$,式(12.7)给出了到期日为 T 的可违约贴现债券的理论价值。在 0 时刻信用类别为 i 的 T 时到期可违约贴现债券的价值为

$$D_i(0,\ T)=B(0,\ T)\left(\delta+(1-\delta)\sum_{j\neq K}p^*_{ij}(0,\ T)\right)\tag{12.10}$$

假设给定如下的输入:

——无违约债券的初始期限结构,即到期日为 $T(T=1,\ 2,\ \cdots,\ T^*)$的无违约债券的市场价值 $B(0,\ T)$;

——对于 $T=1,\ 2,\ \cdots,\ T^*$ 和 $i=1,\ 2,\ \cdots,\ K-1$,从不同信用类别观测到的可违约债券的初始期限结构:$D_i(0,\ T)$。

我们的目的是要确定风险中性转移矩阵 $\mathscr{P}^*(t)$,使观测到的市场价格 $D_i(0,\ T)$与通过模型式(12.10)预测的理论价值一致。为了达到目的,利用可从一步转移概率 $p^*_{ij}(t)$得到概率 $p^*_{ij}(0,\ T)$这个事实。的确,对 $T=1,\ 2,\ \cdots,\ T^*$,通过定义矩阵 $\mathscr{P}^*(0,\ T)=[p^*_{ij}(0,\ T)]_{1\leqslant i,\ j\leqslant K}$ 可得(对照式(11.14))

$$\mathscr{P}^*(0,\ T)=\prod_{t=0}^{T-1}\mathscr{P}^*(t)\tag{12.11}$$

根据条件(JLT.7),对 $t=0,\ 1,\ \cdots,\ T^*-1$,有

$$\mathscr{P}^*(t)=\Pi(t)\Lambda+Id\tag{12.12}$$

其中,Λ 是离散时间生成元矩阵,$\Pi(t)$是形如

$$\Pi(t)=\mathrm{diag}[\pi_1(t),\ \pi_2(t),\ \cdots,\ \pi_{K-1}(t),\ 1]$$

的对角矩阵，Id 是 $K \times K$ 单位矩阵。另外，假设已知真实世界转移矩阵 P 是合理的，如可以从信用转移的历史数据中估计矩阵 P。从式(12.10)—(12.12)明显看出，校准程序就简化为一个确定序列 $\{\Pi(t): t=0, 1, \cdots, T^*-1\}$ 的过程。通过简单的代数运算可以推出，对每个 $t=0, 1, \cdots, T^*-1$，风险溢价 $(\pi_1(t), \pi_2(t), \cdots, \pi_{K-1}(t))$ 满足如下等式①

$$\widetilde{\mathscr{P}}^*(0, t)\begin{pmatrix}\pi_1(t)p_{1K}\\ \vdots \\ \pi_{K-1}(t)p_{K-1, K}\\ 1\end{pmatrix}=\begin{pmatrix}\dfrac{B(0, t+1)-D_1(0, t+1)}{(1-\delta)B(0, t+1)}\\ \vdots \\ \dfrac{B(0, t+1)-D_{K-1}(0, t+1)}{(1-\delta)B(0, t+1)}\\ 1\end{pmatrix} \tag{12.13}$$

其中，$\widetilde{\mathscr{P}}^*(0, 0)=Id$，且对每个 $t=1, 2, \cdots, T^*-1$，有 $\widetilde{\mathscr{P}}(0, t)=\mathscr{P}^*(0, t)$。

方程(12.13)产生一个简单的递归程序，归纳如下：

——首先，对 $t=0$，根据式(12.13)计算信用风险溢价的初始值，即向量$(\pi_1(0), \pi_2(0), \cdots, \pi_{K-1}(0))$；

——接着，结合式(12.6)和式(12.11)，找出一步风险中性概率矩阵 $\mathscr{P}^*(0, 1)$；

——根据式(12.13)，利用矩阵 $\mathscr{P}^*(0, 1)$计算出 $t=1$ 时刻的信用风险溢价，即向量$(\pi_1(t), \pi_2(t), \cdots, \pi_{K-1}(t))$；

——再一次利用式(12.6)和式(12.11)，得到两步风险中性概率矩阵 $\mathscr{P}^*(0, 2)$，如此继续下去。

上面描述的计算步骤一直重复下去，直到同时确定了所有的风险溢价向量$(\pi_1(t), \pi_2(t), \cdots, \pi_{K-1}(t))(t=0, 1, \cdots, T^*-1)$ 和所有 $\mathscr{P}^*(0, T)(T=1, 2, \cdots, T^*)$ 的值为止。注意，一旦风险溢价根据市场数据进行校准，就可以由条件(JLT.7)确定风险中性一步转移矩阵 $\mathscr{P}^*(t)(t=0, 1, \cdots, T^*-1)$。既然对每个 $0\leqslant t\leqslant T-1$ 也有(对照式(11.14))

$$\mathscr{P}^*(t, T):=[p_{ij}^*(t, T)]_{1\leqslant i, j\leqslant K}=\prod_{u=t}^{T-1}\mathscr{P}^*(u)$$

则估值公式(12.8)就可以应用于每个时间 t。

评注：(1)给定一个初始数据集，并不能保证对每个 $t=0, 1, \cdots, T^*-1$，方程(12.13)容许至少有一个解。再则，即使对每一个 $t=0, 1, \cdots, T^*-1$，方程(12.13)存在一个解，还需要它们中至少有一个是非负的。最后，这个解还必须保证由式(12.6)得到的矩阵 $\mathscr{P}^*(t)$确实是一步转移矩阵。我们参阅了 Jarrow 等(1997)关于"数据不一致

① 注意，这个等式和 Jarrow 等(1997)第 493 页的相关等式稍微有点不同。

性”(data inconsistency)问题的讨论，前面描述的校准程序无法(唯一地)产生转移矩阵就是一种“数据不一致性”。

(2) 回忆一下，条件(JLT.1)假定了一个(唯一的)即期鞅测度$\mathbb{Q}^*$的存在性。原则上，给定信用风险溢价$\pi_i(t)(i \neq K, 0 \leqslant t \leqslant T^* - 1)$以及这节还没有介绍的市场(利率)风险溢价，人们可以利用第11.1节中的理论来构造测度$\mathbb{Q}^*$。目前还有待解决的问题是，基于条件(JLT.1)，为了充分保证构造的概率的确是风险中性概率还需要哪些关于风险溢价的条件。同样的评注对后面要讨论的连续时间的JLT模型也适用。

(3) 需要重点强调的是，上面描述的模型校准程序确实是由两个主要步骤构成的。第一步包括公司债券回收率δ的估计和统计转移矩阵P的估计。在实际操作中，根据历史数据来估计回收率的值和真实世界转移矩阵P的元素。第二步是上面描述的计算信用风险溢价的递归程序。

(4) Lando(2000a)提出了另外一种校准程序。对于每一个$T = 0, 1, \cdots, T^*$，这种程序只能够将风险中性违约概率$p_{iK}^*(0, T)$与可观测到的市场数据$D_i(0, T)(i = 1, 2, \cdots, K-1)$以及$B(0, T)$匹配起来。

(5) 本节所考虑的JLT模型是根据信用转移过程来建立的，而该信用转移过程被假定为一个真实世界概率$\mathbb{Q}$下的时间齐次马尔可夫链。正如在Jarrow等(1997)中所看到的，转移过程C的时间齐次性并不是对基本性质的限定，而是为了简化在真实世界概率下C的转移矩阵的估计。为了计算诸如商业周期和/或信用周期这些因素的概率相关性，一些作者(如Wei(2000))把统计转移概率建模为时间相依的状态变量的函数。那些容许风险溢价在所有时间都保持为常数的模型属于条件马尔可夫模型的范畴。由于原始JLT方法对为什么信用风险溢价随时间而发生剧烈波动并没有提出好的理论证据，按照Wei(2000)的观点，他们的模型似乎是对原始JLT方法的一个重要修订。

(6) 参考Thomas等(1998)的研究，重新对风险溢价$\pi_i(t)$进行解释。Thomas等认为风险溢价可以看作是市场对极端危险的未来状况的信念。所谓极端危险的未来状况指的是，在同一单位时间内，处于各种评级类别的所有债券同时都发生违约事件的这种特殊情况。

12.1.2 JLT模型：连续时间情形

在连续时间框架下，Jarrow等(1997)提出以如下对应条件来代替条件(JLT.5)和条件(JLT.6)。

条件(JLT.5c) 在真实世界概率测度$\mathbb{Q}$下，转移过程C服从一时间齐次$\mathbb{G}$—马尔可夫链，且具有如下强度矩阵Λ：

$$\Lambda = \begin{pmatrix} \lambda_{1,1} & \cdots & \lambda_{1,K-1} & \lambda_{1,K} \\ \vdots & \vdots & \vdots & \vdots \\ \lambda_{K-1,1} & \cdots & \lambda_{K-1,K-1} & \lambda_{K-1,K} \\ 0 & \cdots & 0 & 0 \end{pmatrix}$$

条件(JLT. 6c) 在即期鞅测度$\mathbb{Q}^*$下，信用转移过程 C 服从一(时间非齐次)$\mathbb{G}$—马尔可夫链，具有时间相依的强度矩阵 $\Lambda^*(t)$。其中 $\Lambda^*(t)$为

$$\Lambda^*(t) = \begin{pmatrix} \lambda^*_{1,1}(t) & \cdots & \lambda^*_{1,K-1}(t) & \lambda^*_{1,K}(t) \\ \vdots & \vdots & \vdots & \vdots \\ \lambda^*_{K-1,1}(t) & \cdots & \lambda^*_{K-1,K-1}(t) & \lambda^*_{K-1,K}(t) \\ 0 & \cdots & 0 & 0 \end{pmatrix}$$

并且 Λ^* 的元素为函数 λ^*_{ij}(λ^*_{ij}：$[0, T^*] \rightarrow \mathbb{R}_+$)。

假定矩阵 Λ 满足一些适当的技术性条件，以便保证对违约概率有一个类似于式(12.5)的合适的单调性条件能够有效。就像离散时间形式中一样，定义违约时间 t 为信用转移过程首次到达吸收态 K 的时间，具体为

$$\tau := \inf\{t \in [0, T^*]: C_t = K\}$$

模型的易处理性条件变为(对照例 11.2.3)如下形式。

条件(JLT. 7c) 存在如下形式的矩阵函数 $U(t)$：

$$U(t) = \begin{pmatrix} u_{1,1}(t) & \cdots & 0 & 0 \\ \vdots & \vdots & \vdots & \vdots \\ 0 & \cdots & u_{K-1,K-1}(t) & 0 \\ 0 & \cdots & 0 & 1 \end{pmatrix}$$

其中，元素 $u_{ii}(t)(i = 1, 2, \cdots, K-1)$ 是严格为正的可积函数，使得对每一个 $t \in [0, T^*]$，风险中性和真实世界强度矩阵满足 $\Lambda^*(t) = U(t)\Lambda$。

债券估值公式。对每个 t 和 $s(0 \leqslant t \leqslant s \leqslant T^*)$，记

$$p^*_{ij}(t, s) = \mathbb{Q}^*\{C_s = j \mid C_t = i\}, \ \forall 1 \leqslant i, j \leqslant K$$

引入转移矩阵 $\mathscr{P}^*(t, s) = [p^*_{ij}(t, s)]_{1 \leqslant i, j \leqslant K}$。由推论 11.2.2 知，矩阵 $\mathscr{P}^*(t, s)$可以表示为：

$$\mathscr{P}^*(t, s) = Id + \sum_{n=1}^{\infty} \int_t^s \int_{u_1}^s \cdots \int_{u_{n-1}}^s \Lambda^*(u_1)\Lambda(u_2) \cdots \Lambda^*(u_n) \mathrm{d}u_n \mathrm{d}u_{n-1} \cdots \mathrm{d}u_1 \quad (12.14)$$

和

$$\mathcal{P}^*(t,\ s)=Id+\sum_{n=1}^{\infty}\int_t^s\int_t^{u_1}\cdots\int_t^{u_{n-1}}\Lambda^*(u_1)\Lambda(u_2)\cdots\Lambda^*(u_n)\mathrm{d}u_n\mathrm{d}u_{n-1}\cdots\mathrm{d}u_1 \quad (12.15)$$

评注:考虑一种特殊情况:假定风险溢价函数 $U(t)$ 为一常函数,即

$$U(t)=U:=\mathrm{diag}[u_1,\ u_2,\ \cdots,\ u_{K-1},\ 1],\ \forall\, 0\leqslant t\leqslant T^*$$

则根据条件(JLT. 6c),对每个 t 和 $s(0\leqslant t\leqslant s\leqslant T^*)$,上面的公式简化为指数公式 $\mathcal{P}^*(t,\ s)=\mathrm{e}^{U\Lambda(s-t)}$。

和离散时间情形下一样(也参见式(11.30)),对每个 $t\in[0,\ T]$,可得

$$\mathbb{Q}^*\{\tau>T\mid\mathcal{G}_t\}=\mathbb{Q}^*\{\tau>T\mid C_t\}=1-p^*_{C_tK}(t,\ T)=\sum_{j\neq K}p^*_{C_tj}(t,\ T)$$

因此,只要确定了转移矩阵 $\mathcal{P}^*(t,\ s)(t\in[0,\ T])$,在连续时间情形下,也可以运用和离散时间下命题 12.1.2 中得到的完全一样的估值公式。具体的有

$$D_i(t,\ T)=B(t,\ T)\Big(\delta+(1-\delta)\big(1-p^*_{iK}(t,\ T)\big)\Big) \quad (12.16)$$

和

$$\widetilde{D}^\delta(t,\ T)=D_{C_t}(t,\ T)=B(t,\ T)\Big(\delta+(1-\delta)\big(1-p^*_{C_tK}(t,\ T)\big)\Big) \quad (12.17)$$

信用利差。未来 T 时刻到期的可违约债券在 t 时的瞬时远期利率定义为:

$$g_{C_t}(t,\ T)=-\frac{\partial\ln D_{C_t}(t,\ T)}{\partial T}$$

同样,对无违约债券,瞬时远期利率定义为

$$f(t,\ T)=-\frac{\partial\ln B(t,\ T)}{\partial T}$$

当然,假定上面的导数都是定义良好的。从式(12.17)和式(12.15)可以看出,一阶导数定义良好,足以保证二阶导数存在。

根据关系式(12.17),瞬时远期信用利差过程 $s_{C_t}(t,\ T)=g_{C_t}(t,\ T)-f(t,\ T)$ 满足

$$s_{C_t}(t,\ T)=\frac{(1-\delta)}{\delta+(1-\delta)\big(1-p^*_{C_tK}(t,\ T)\big)}\frac{\partial p^*_{C_tK}(t,\ T)}{\partial T}$$

上面这个公式清楚地表明,在 Jarrow 等(1997)的框架中,远期信用利差的随机性是通过不确定的信用评级 C_t 引入的。第 i 级的瞬时远期信用利差 $s_i(t,\ T)=g_i(t,\ T)-f(t,\ T)$ 等于(参见 Jarrow 等(1997)中的公式(23))

$$s_i(t,\ T)=\frac{(1-\delta)}{\delta+(1-\delta)\big(1-p^*_{iK}(t,\ T)\big)}\frac{\partial p^*_{iK}(t,\ T)}{\partial T} \quad (12.18)$$

其中，$g_i(t, T)$表示一个可违约债券在时间 t 属于第 i 类信用等级时的瞬时远期利率（和前面一样，$g_K(t, T) = f(t, T)$）。

短期信用利差。正如第 11.2 节所解释的，矩阵赋值函数 $\mathscr{P}^*(t, T)(0 \leqslant t \leqslant T \leqslant T^*)$满足科莫格罗夫向前方程：

$$\frac{\mathrm{d}\mathscr{P}^*(t, T)}{\mathrm{d}T} = \mathscr{P}^*(t, T)\Lambda^*(t), \quad \mathscr{P}^*(t, t) = Id \tag{12.19}$$

在式(12.19)中，对每个 $T \leqslant T^*$，令 t 趋于 T，有

$$\left.\frac{\mathrm{d}\mathscr{P}^*(t, T)}{\mathrm{d}T}\right|_{t=T} = \Lambda^*(T)$$

根据(JLT. 7c)，对每个 $T \leqslant T^*$，上面等式意味着

$$\left.\frac{\mathrm{d}\mathscr{P}^*(t, T)}{\mathrm{d}T}\right|_{t=T} = U(T)\Lambda$$

从而，对每个 $T \leqslant T^*$，得到

$$\left.\frac{\mathrm{d}\mathscr{P}^*_{iK}(t, T)}{\mathrm{d}T}\right|_{t=T} = u_i(T)\lambda_{iK} \tag{12.20}$$

用 r^i 表示属于第 i 类信用等级的公司债券隐含的短期利率过程。对 $t \in \mathbb{R}_+$，定义 $r^i_t = g_i(t, t)$。同样地，对于无违约债券，设 $r_t = f(t, t)$。当然，过程 r 表示对应于无违约期限结构的短期利率过程。根据式(12.20)和式(12.18)，在 JLT 模型的连续时间形式下，对每个 $t \in [0, T^*]$，有[①]

$$s^i_t := r^i_t - r_t = (1-\delta)\lambda_{iK} u_i(t) \tag{12.21}$$

因此，第 i 级的短期信用利差 s^i 是一个正的过程，它与回收率 δ 的补$(1-\delta)$、违约强度 λ_{iK} 和第 i 级的信用风险溢价 $u_i(t)$成比例。

模型校准。假设给定如下输入：

——无违约债券的初始期限结构，即对于 $T \in [0, T^*]$，无违约债券 0 时刻的价格 $B(0, T)$；

——不同信用类别的初始可违约期限结构：对每个 $T \in [0, T^*]$ 和任意 $i = 1, 2, \cdots, K-1$，有 $D_i(0, T)$。

我们的目的是要识别风险中性强度矩阵 $\Lambda^*(t)$，使得观测到的市场价格 $D_i(0, T)$与通过方程(12.16)以及式(12.14)或者式(12.15)形成的模型预测的理论价值一致。和离

① 对比式(12.21)和 Jarrow 等(1997)中的式(24)，可发现后者还包含了另外一项$\mathbb{1}_{\{\tau > t\}}$，这是错误的。

散时间情况一样，根据(JLT. 7c)，校准程序主要分为两步：(1)估计回收率 δ 和统计生成元矩阵 Λ；(2)计算信用风险溢价 $U(t)$。一旦估计出 δ 和 Λ，Jarrow 等(1997)建议将时间离散化与离散时间情形下的递归程序结合起来近似地计算风险溢价。更具体的过程参考原始论文。

强度矩阵 Λ 的估计。一般来说，连续时间马尔可夫链的强度矩阵的估计是一个比较复杂的问题。这里，简要地讨论三种不同的解决方法。要更详细地了解转移强度的估计，可以参考相关文献，如 Israel 等(2001)或者 Kavvathas(2000)。

第一种方法。首先介绍一种基于嵌入马尔可夫链(对照第 11.2.1 节)的方法。由式(11.28)可知，对任意 $n\in\mathbb{N}^*$ 和任意 $i=1, 2, \cdots, K-1$，在给定 $C_{\tau_{n-1}}=i$ 下，$\tau_n-\tau_{n-1}$ 的条件概率分布是参数为 $-\lambda_{ii}$ 的指数分布。因此，对于每个 $n\in\mathbb{N}^*$ 和 $i=1, 2, \cdots, K-1$，有

$$\mu_i := \mathbb{E}_{\mathbb{Q}}(\tau_n-\tau_{n-1} \mid C_{\tau_{n-1}}=i) = -\lambda_{ii}^{-1} \tag{12.22}$$

原则上，可以通过观测转移过程 C 过去的行为来估计由式(11.29)给出的条件转移概率和由式(12.22)确定的平均停留时间(mean sojourn time)$\mu_i(i=1, 2, \cdots, K-1)$。这样，可以得到 $(K-1)^2$ 个转移概率的估计值 $\hat{p}_{ij}(i=1, 2, \cdots, K-1, j=1, 2, \cdots, K, i\neq j)$，以及 $K-1$ 个停留时间的估计值 $\hat{\mu}_i(i=1, 2, \cdots, K-1)$。于是，对于任意 $i=1, 2, \cdots, K-1$ 和 $j=1, 2, \cdots, K(i\neq j)$，通过设：

$$\hat{\lambda}_{ii} = \hat{\mu}_i^{-1}, \text{对 } i=1, 2, \cdots, K-1$$

和

$$\hat{\lambda}_{ij} = -\hat{p}_{ij}\hat{\mu}_i^{-1}, \text{对 } i\neq j$$

则得到 $K(K-1)$ 个强度 λ_{ij} 的简单估计。不幸的是，由于转移数据比较少，上面描述的这种方法不可能产生令人满意的结果。因此，尽管它很简单，但却不具有实用价值。

第二种方法。另一种方法是基于求解第 11.26 节讨论的嵌入问题。这种方法中，用信用评级机构提供的某个时期(一般是一年)的关于转移概率的历史数据来得到转移过程 C 的转移概率矩阵 $P(1)$ 的一个估计值，如 $\hat{P}(1)$。如果矩阵 $\hat{P}(1)$ 容许有唯一的有效生成元(对照第 11.2.6 节)，则可得到无穷小生成元矩阵 Λ 的一个有效估计。对这种估计方法更完整的讨论，可以参考 Israel 等(2001)。唯一要指出的是，转移概率 $P(1)$ 的估计一般依赖于一种"队列"(cohort)方法，但这种方法还尚存一定的疑问。关于这个问题的详细讨论见 Lando 和 Skødeberg(2002)。

第三种方法。Lando 和 Skødeberg(2002)讨论了另外一种估计方法(也可以参考 Jarrow 等(1997))，这种方法是基于 Küchler 和 Sørensen(1997)之前研究过的随机过程的极大似然估计法。

回忆一下，用 $H^{ij}(T)$表示在时间段$[0, T]$内由评级类别 i 转移到类别 j 的次数，其中 $i \neq j, i, j < K$。另外，$Y_i(t)$表示在 $t(t \in [0, T])$时处于评级类别为 i 的公司数目。对于 $i \neq j, i, j < K$，基于时间段$[0, T]$内收集的数据，强度 λ_{ij} 的极大似然估计按如下比率进行计算：

$$\hat{\lambda}_{ij} = -\frac{H^{ij}(t)}{\int_0^T Y_i(t)\mathrm{d}t}$$

对于该程序的数值研究，感兴趣的读者可以参考 Lando 和 Skødeberg(2002)。

12.1.3 Kijima 和 Komoribayashi 模型

Kijima 和 Komoribayashi(1998)认为在 JLT 方法的实际应用中，条件(JLT.7)可能不成立。首先，他们注意到，将式(11.12)应用到函数 $k^*(i) = i(i = 1, 2, \cdots, K)$，那么对应于条件(JLT.7)，JLT 模型中的风险溢价必须满足①

$$0 < \pi_i(t) < (1 - p_{ii})^{-1}, \ \forall i \neq K - 1, \ t \in \mathbb{N}^* \tag{12.23}$$

其次，他们注意到，由于式(12.13)，则对 $i = 1, 2, \cdots, K - 1$，有

$$\pi_i(0) = \frac{B(0, 1) - D_i(0, 1)}{(1 - \delta)B(0, 1)p_{iK}} \tag{12.24}$$

最后，他们认为如果与信用利差 $B(0, 1) - D_i(0, 1)$ 比较起来，违约概率 p_{iK} 充分小，则从式(12.24)看出，(至少对 $t=0$)可能会违背条件式(12.23)。

评注：对条件(JLT.7)的理论上和统计上的批评需要仔细分析。这是因为，如果 p_{iK} 接近于零，处于评级级别 i 的债券的违约概率就小(即意味着该债券是高品质债券)，那么信用利差 $B(0, 1) - D_i(0, 1)$ 的值也很小。从而，与信用利差 $B(0, 1) - D_i(0, 1)$ 比较起来，违约概率 p_{iK} 不会充分小。因此，作为支持批评条件(JLT.7)所假设的可能情况就不可能出现，即“与信用利差 $B(0, 1) - D_i(0, 1)$ 比较起来，违约概率 p_{iK} 不会充分小”。

为了构建一个更“实用的”模型，Kijima 和 Komoribayashi(1998)对 JLT 方法稍做修改，其中保留了条件(JLT.1)—条件(JLT.6)，而条件(JLT.7)换成下面这个基本条件。

条件(K) 下面的关系式成立

$$p_{ij}^* = \pi_i(t)p_{ij}, \ \forall j \neq K$$

---

① Kijima 和 Komoribayashi(1998)考虑 $K+1$ 个评级状态：1, 2, …, $K+1$，其中 $K+1$ 代表违约状态。我们还是按照我们的惯例，考虑 K 个可能的评级状态：1, 2, …, K，其中 K 为违约状态。

这里,将时间相依的、确定性系数 $\pi_i(t)$解释为离散时间风险溢价。

注意到,上面这个假定对应于例 11.1.2 中的设定:对每个 $i=1, 2, \cdots, K$, $k^*(i)=K$。因此,条件式(12.23)可相应改为:对每个 $i\neq K-1$ 和每个 $t\in\mathbb{N}^*$ 有

$$0<\pi_i(t)<(1-p_{iK})^{-1} \tag{12.25}$$

模型校准。 Kijima 和 Komoribayashi(1998)中的债券估值公式和式(12.16)—(12.17)是一致的;但风险中性违约概率 $p^*_{iK}(t, T)$现在是由条件(K)来设定。为了导出风险溢价的校准方程,首先注意到转移矩阵 P 容许如下表示:

$$P=\begin{pmatrix} A & R \\ \mathbb{0}' & 1 \end{pmatrix}, \quad A=\begin{pmatrix} p_{1,1} & \cdots & p_{1,K-1} \\ \vdots & \vdots & \vdots \\ p_{K-1,1} & \cdots & p_{K-1,K-1} \end{pmatrix}, \quad R=\begin{pmatrix} p_{1,K} \\ \vdots \\ p_{K-1,K} \end{pmatrix}$$

其中,**0** 是 $K-1$ 维零列向量。这样,在条件(K)下,转移矩阵 $\mathscr{P}^*(t)$可表示为:

$$\mathscr{P}^*(t)=\begin{Bmatrix} \mathscr{A}(t) & \mathscr{R}(t) \\ \mathbf{0}' & 1 \end{Bmatrix}$$

其中,$A(t)=\Pi(t)A$, $\mathscr{R}(t)=1-\Pi(t)A1$, $\Pi(t)=\mathrm{diag}[\pi_1(t), \pi_2(t), \cdots, \pi_{K-1}(t)]$,**1** 表示所有元素等于 1 的$(K-1)$维列向量。最后,对每个 $T\leqslant T^*$,定义(对照式(12.11))

$$\mathscr{A}^*(0, T)=\prod_{t=0}^{T-1}A^*(t)$$

对每个 $t=0, 1, \cdots, T^*-1$,经过简单的代数运算产生了下面一组校准方程:

$$\widetilde{A}^*(0, t)\begin{pmatrix} \pi_1(t)(1-p_{1K}) \\ \vdots \\ \pi_{K-1}(t)(1-p_{K-1,K}) \end{pmatrix}=\begin{pmatrix} \dfrac{D_1(0, t+1)-\delta B(0, t+1)}{(1-\delta)B(0, t+1)} \\ \vdots \\ \dfrac{D_{K-1}(0, t+1)-\delta B(0, t+1)}{(1-\delta)B(0, t+1)} \end{pmatrix}$$

其中,$\widetilde{A}^*(0, 0)=Id$,且对每个 $t=0, 1, \cdots, T^*-1$,$\widetilde{\mathscr{A}}^*(0, t)=\mathscr{A}^*(0, t)$。特别地,对每个 $i=1, 2, \cdots, K-1$,有

$$\pi_i(0)=\frac{D_i(0,1)-\delta B(0, 1)}{(1-\delta)B(0, 1)(1-p_{iK})} \tag{12.26}$$

正如已提到过的,对 $t=0$,如果一步违约概率 p_{iK} 接近于零,则式(12.23)中右边的不等式可能不成立。而从式(12.26)来看,即使一步违约概率 p_{iK} 接近于零,$\pi_i(0)$的值也不会无限增大,对 $t=0$,式(12.25)中右边的不等式仍然有效。

但是,对 $t=0$,式(12.25)中左边的不等式可能不成立,除非对 $i=1,2,\cdots,K-1$,不等式 $D_i(0,1)-\delta B(0,1)>0$ 成立。更一般地,在现在的设定下,对于 $i=1,2,\cdots,K-1$,要使 $\pi_i(t)$ 为正,就要求 $D_i(0,1)-\delta B(0,t)>0$。一个类似的条件将在第 13.1.5 节中讨论。

12.1.4 Das 和 Tufano 模型

Das 和 Tufano(1996)将离散时间的 Jarrow 等(1997)模型扩展到包含随机回收率的情况。他们采取离散时间 HJM 框架来对无违约期限结构和信用转移的马尔可夫链的动态变化进行建模。但是,不再假定回收率是常数。对他们的方法我们只做简单描述,把重点放在他们对原始 Jarrow 等(1997)模型的修改上。

考虑一具有时间步长 h 的离散时间框架。对一固定 $T^*>0$,记 $T^*=Mh$,对 $i=0,1,\cdots,M$,记 $t_i=ih$。像 Heath 等(1990)或者 Amin 和 Bodurtha(1995)等那样,假定对每个 $T=mh\leqslant T^*$,瞬时远期利率 $f(t,T)$ 的动态变化为

$$f(t_i+h,T)=f(t_i,T)+\alpha(t_i,T)h+\sigma(t_i,T)\eta_i\sqrt{h}$$

其初始约束条件 $f(0,T)$ 给定,其中 $\eta_i(i=0,1,\cdots,M-1)$ 是鞅测度 $\mathbb{Q}^*$ 下服从标准高斯分布的相互独立同分布随机变量。特别地,即期利率 $r(t)=f(t,t)$ 满足

$$r(t_i+h)=f(0,T_i)+\sum_{j=0}^{i}\left(\alpha(t_j,t_i)h+\sigma(t_j,t_i)\eta_i\sqrt{h}\right)$$

大家熟知的无套利条件为

$$\sum_{j=i+1}^{M-1}\alpha(t_i,jh)h=h^{-1}\ln\mathbb{E}_{\mathbb{Q}^*}\left(\sum_{j=i+1}^{M-1}\sigma(t_i,jh)\eta_i\sqrt{h}\right)$$

上面这个无违约期限结构的离散时间模型是 Das 和 Tufano 模型的第一块。模型的第二块——用他们的术语说是违约模型——由两部分构成:一个违约过程模型(或者,更准确地说,一个信用转移过程模型)和一个随机回收率模型。Das 和 Tufano 中的信用转移过程模型和 Jarrow 等(1997)中的表述并没有什么不同①。因此,唯一和 Jarrow 等(1997)不同的是,回收率现在被模型化为随机过程,而不是确定的数量。具体地,Das 和 Tufano(1996)假定,回收率过程 $\delta(t)$ 服从下面的递归关系式

---

① 在第 12.1.1 节中关于转移过程 $\mathbb{G}$—马尔可夫性质的讨论也适用于这里。

$$\delta(t_i+h)=\left(1+\frac{1-\delta(t_i)}{\delta(t_i)}\exp(\sigma_\delta\zeta_i\sqrt{h})\right)^{-1}$$

其初值条件为 $\delta(0)\in[0,1]$(这样对于任意 t_i,$\delta(t_i)\in[0,1]$)。

对于 $i=0,1,\cdots,M-1$,假定随机变量 ζ_i 是相互独立同分布的,且在鞅测度 $\mathbb{Q}^*$ 下服从标准高斯律。最后还假定 (η_i,ζ_i) 的联合律也服从高斯分布,相关系数为 ρ。

遵循 Das 和 Tufano 的思路,对某个常数 σ_r,假设 $\sigma(t,T)=\sigma_r\exp(-\lambda(T-t))$。换而言之,这里涉及的是 Vasicek 模型的 HJM 形式。则对某个实数 $K(t_i)$ 有

$$R(t_i):=r(t_i+h)-r(t_i)=K(t_i)+\sigma_r\eta_i\sqrt{h}$$

和

$$A(t_i):=\ln\left(\frac{1-\delta(t_i+h)}{\delta(t_i+h)}\frac{1}{1-\delta(t_i)}\right)=\sigma_\delta\zeta_i\sqrt{h}$$

因此,对应的方差—协方差矩阵满足

$$\begin{pmatrix}\sigma_r^2 & \rho\sigma_r\sigma_\delta\\ \rho\sigma_r\sigma_\delta & \sigma_\delta^2\end{pmatrix}=h^{-2}\begin{pmatrix}\sigma_R^2 & \rho\sigma_R\sigma_A\\ \rho\sigma_R\sigma_A & \sigma_A^2\end{pmatrix}$$

于是,容易估计出二维过程 $(r(t_i),\delta(t_i))$ 的参数。

由于回收率是随机的,即使公司的信用评级没有变,信用利差仍可以发生变化(从直观上看,这符合信用利差的两因素模型)。回忆一下,Jarrow 等(1997)假定债务人在债务到期时收到回收款。当回收率是随机时,自然需要分析在债务到期之前任何一个时刻的中间现金流。

通过允许回收率的随机性,Das 和 Tufano(1996)实现了下面几个主要目的。首先,由该模型产生的信用利差更接近于从现实的债务市场观察到的信用利差。其次,信用利差不仅和评级有关,还和其他因素有关。特别地,即使当评级保持不变时,信用利差也会变动。换言之,信用利差的波动具有公司特质,而不具有信用评级类别特质。最后,回收率,进而信用利差,都和无违约利率相关(实证检验支持这一点)。

Das 和 Tufano(1996)认为,他们的模型更具灵活性,在相同的信用评级级别内允许不同公司特质间的大幅差异,因此相对于假定不变回收率的简单模型,它更适合对一系列基于利差的奇异债务和期权合约定价。

评注:要强调一点,Das 和 Tufano(1996)可违约期限结构模型的多叉树实施是论文中的主要焦点。由于缺乏明确规定的假设,这篇论文中的一些公式(如第 3.2.2 节中的债券价格的表达式)只是良好的猜想,而不是严格的数学推导结果。

12.1.5 Thomas，Allen 和 Morkel-Kingsbury 模型

Thomas 等(1998)提出了一个建立在离散时间 JLT 模型基础上的离散时间模型。你将会发现，我们只是归纳他们方法中几个主要的有意思的特征，而不进行详细的概率构造。下面的介绍并不完全按照 Thomas 等(1998)中对模型的论述；而只是对模型修正形式进行了必要的分析。

状态变量。Thomas 等(1998)假定存在以下三个定义在基础状态空间$(\Omega, \mathcal{G}, \mathbb{Q}^*)$上的随机变量序列，其中$\mathbb{Q}^*$是风险中性概率测度：

——状态变量 Y 序列：$Y_t(t\in\mathcal{T}^*:=\{0, 1, \cdots, T^*\})$，每个随机变量 Y_t 在集合$\{g, b\}$中取值，状态 g 和 b 对应于两种经济状态：g=好和 b=坏；

——状态变量 I 序列[①]：$I_t(t\in\mathcal{T}^*)$，每个随机变量 I_t 在集合 $\mathcal{T}^*$ 中取值；假定 t 时的即期利率水平为 $r_t = r_t(I_t, Y_t)$，这里 $r_t(\cdot, \cdot)$为某个函数；按照惯例设 $I_0 = 0$；

——转移过程 C 序列：$C=C_t(t \in \mathcal{T}^*)$，每个随机变量 C_t 在集合 $\mathcal{K}= \{1, 2, \cdots, K\}$中取值；一般而言，状态 K 对应于破产；因此，很自然地假定初始信用评级 $C_0 \neq K$。

值得注意的是，Thomas 等(1998)中对状态变量序列 Y_t、C_t 分别标记为 E_t 和 R_t。在这里，我们赋予概率空间$(\Omega, \mathcal{G}, \mathbb{Q}^*)$滤子 $\mathbb{G} = \mathbb{F}^C \vee \mathbb{F}^I \vee \mathbb{F}^Y = \mathbb{F}^{(C, I, Y)}$[②]。假定过程 Y，I，C 承载市场参与者可获得的信息流。也就是说，滤子$\mathbb{G}$用来模拟市场信息流。

马尔可夫型特征。假定三维随机过程(C, I, Y)服从一个马尔可夫链。既然这里$\mathbb{G}$是(C, I, Y)的自然滤子，则这个过程也服从一个$\mathbb{G}$—马尔可夫链。下面，将对三维随机过程(C, I, Y)的一步转移概率施加一些约束条件。

条件(D.1) 对每个 $u\in\mathcal{T}^*$ 和 $t = 0, 1, \cdots, T^* - 1$，在集合$\{I_t = u\}$上有

$$\mathbb{Q}^*\{I_{t+1} = u \text{ 或 } I_{t+1} = u+1 \mid Y_t, C_t, I_t\} = 1$$

注意，条件(D.1)加上等式 $I_0 = 0$，意味着 $I_t \leqslant t$。

条件(D.2) 在测度$\mathbb{Q}^*$下，状态 K 是转移过程 C 的吸收态，使得对每个 $t = 0, 1, \cdots, T^* - 1$，有

$$\mathbb{Q}^*\{C_{t+1} = K \mid Y_t, C_t = k, I_t\} = 1$$

评注：(1) 和 JLT 模型中一样，关于转移过程的违约时间为

---

① 这是受 Pliska(1997)第 6.2 节所谓的格子型马尔可夫链利率模型的启发。在目前的情况下，不像 Pliska(1997)第 6.2 节那样采用无限集，只需要采用有限集$\{0, 1, \cdots, T^*\}$。

② 原文为 $\mathbb{G} = \mathbb{F}^C \vee \mathbb{F}^I \vee \mathbb{F}^I = \mathbb{F}^{(C, I, Y)}$，疑为印刷错误。——译者注

$$\tau = \min\{t = 0, 1, \cdots, T^* : C_t = K\}$$

注意，条件(JLT.3)的有效性现在依赖于序列 Y, I 和 C 的统计特性。

(2) 上面描述的关于过程 C, I 和 Y 的马尔可夫型假定足以保证下面要介绍的结论(参见推论 12.1.1 和命题 12.1.3)成立。但不幸的是，我们过去无法证明 Thomas 等(1998)基于马尔可夫型假定而得到的公式化估值结论。

债券估值。和 JLT 模型中一样，假定如果在到期日之前或到期日债券违约，则在债券的到期日 T，债券持有者收到公司零息票债券的固定比例 δ。因此，对每个 $t = 0, 1, \cdots, T$，有

$$D^\delta(t, T) = B_t \mathbb{E}_{\mathbb{Q}^*}\left(B_T^{-1}(\mathbb{1}_{\{C_T \neq K\}} + \delta \mathbb{1}_{\{C_T = K\}}) \mid \mathcal{G}_t\right)$$

根据过程(C, I, Y)马尔可夫性的假定，通过随机变量(C, I, Y)的值，使得 $D^\delta(t, T)$ 的值仅仅依赖于 $\mathcal{G}_t$。因此，下面结论是明显的。

引理 12.1.1 固定时期 $t \leqslant T$，则存在一函数 $D^\delta(t, T; \cdot, \cdot, \cdot): \mathcal{K} \times \mathcal{T}^* \times \{g, b\} \to \mathbb{R}$，使得等式

$$D^\delta(t, T) = D^\delta(t, T; i, u, y)$$

在集合 $\{C_t = i, I_t = u, Y_t = y\} \in \mathcal{G}_t$ 上几乎必然成立($\mathbb{Q}^*$-a.s.)。

事实上，为定价函数 $D^\delta(t, T; i, u, y)$提供一个递归公式也是可能的。

命题 12.1.3 固定债券的到期日 T，则对每个 $i \leqslant K-1$, $u \in \{0, 1, \cdots, T^*\}$, $y \in \{g, b\}$ 和 $t = 0, 1, \cdots, T-1$，有

$$D^\delta(t, T; i, u, y) = \frac{1}{1 + r_t(u, y)} \sum_{j, u', y'} \left(D^\delta(t+1, T; j, u', y') p(i, i', u', y, y')\right)$$

其中，加总求和是在 $j \in K$, $u' \in (u, u+1)$, $y' \in \{g, b\}$ 上进行的，并且 $p(i, i', u', y, y') := \mathbb{Q}^*\{C_{t+1} = j, I_{t+1} = u', Y_{t+1} = y' \mid C_t = i, I_t = u, Y_t = y\}$。另外，对于 $t = T$ 以及每个 $u \in \{0, 1, \cdots, T^*\}$ 和 $y \in \{g, b\}$，有

$$D^\delta(T, T; i, u, y) = \begin{cases} 1, & \text{对 } i \neq K \\ \delta, & \text{对 } i = K \end{cases}$$

证明：固定 $i \leqslant K-1$, $u \in \{0, 1, \cdots, T^*\}$, $y \in \{g, b\}$ 和 $t = 0, 1, \cdots, T-1$。回忆一下，$B_t = \prod_{u=0}^{t-1}(1 + r_u)$，故有

$$D^\delta(t, T) = B_t \mathbb{E}_{\mathbb{Q}^*}\left(B_{t+1}^{-1} D^\delta(t+1, T) \mid \mathcal{G}_t\right) = (1 + r_t)^{-1} \mathbb{E}_{\mathbb{Q}^*}\left(D^\delta(t+1, T) \mid \mathcal{G}_t\right)$$

进而有

$$D^\delta(t,\ T) = (1 + r_t(I_t,\ Y_t))^{-1}\ \mathbb{E}_{\mathbb{Q}^*}(D^\delta(t+1,\ T) \mid \mathcal{G}_t)$$

因此，考虑模型的马尔可夫型特征和条件(D.1)，在集合 $\{C_t = i,\ I_t = u,\ Y_t = y\}$ 上可得①

$$D^\delta(t,\ T) = (1 + r_t(I_t,\ Y_t))^{-1} \sum_{j,\ u',\ y'} (D^d(t+1,\ T;\ j,\ u',\ y')$$

$$\times \mathbb{Q}^*\{C_{t+1} = j,\ I_{t=1} = u',\ Y_{t+1} = y' \mid C_t,\ I_t,\ Y_t\})$$

其中的加总求和是在 $j \in K,\ u' \in (u,\ u+1),\ y' \in \{g,\ b\}$ 上进行的。只需要将上面的公式和引理 12.1.1 的公式结合起来，就完成了命题的证明。 □

另外，Thomas 等(1998)假定了对一步转移概率 $p(i,\ i',\ u,\ u',\ y,\ y')$ 的某种分解。然而，对于一个非一平凡模型，为何需要满足这样一种分解，我们并不清楚。因此，我们决定省略这一步。

12.2 条件马尔可夫模型

原来提到过，我们认为用一个$\mathbb{F}$—条件$\mathbb{G}$—马尔可夫链来模型化信用转移要比用一个$\mathbb{G}$—马尔可夫链来构建更适合②。这节将介绍 Lando(1998)提出的一种沿用前一种方法论的例子，这种类型的另一个模型将在第 13.2 节讨论。

在这两种情形中，我们发现，在目前的背景下，将转移的强度构建为基础状态变量的函数是非常自然的。回忆一下，第 8.6 节已经讨论了利用状态变量来对违约事件进行建模。因此，本节可以看作第 8.6 节的一个自然延续。

关于可归类为可违约期限结构的条件马尔可夫模型的其他例子，有兴趣的读者可以参考 Arvantitis 等(1998)关于连续时间设定下和 Wei(2000)以及 McNulty 和 Levin(2000)关于离散时间框架下的相关论文。

12.2.1 Lando 方法

现在介绍的 Lando(1998)方法，是对 Jarrow 等(1997)讨论的连续时间信用评级模型

---

① 根据关于过程 I 的假定，如果 $u > t$，这个集合是空集。因此，只考虑 $u \leqslant t$ 的情况。

② 关于$\mathbb{F}$—条件$\mathbb{G}$—马尔可夫链的讨论，可参考第 11.1.3 节和第 11.3 节。

的一个扩展。保留第 11.3.1 节中的概率性设定，即考虑基础放大的概率空间

$$(\Omega, \mathcal{G}, \mathbb{Q}^*) := (\widetilde{\Omega} \times \Omega^U \times \bar{\Omega}, \widetilde{\mathcal{G}}_\infty \otimes \mathcal{F}^U \otimes 2^{\mathcal{K}}, \mathbb{P}^* \otimes \mathbb{P}^U \otimes \mu)$$

赋予该空间滤子$\mathbb{G}$。回忆一下，初始给定在支空间$(\widetilde{\Omega}, \mathcal{F}, \mathbb{P}^*)$上的滤子$\mathbb{F}$现在扩展到放大空间$(\widetilde{\Omega}, \mathcal{G}, \mathbb{Q}^*)$上，但仍记为$\mathbb{F}$。因此，它成为$\mathbb{G}$的一个子滤子。滤子$\mathbb{F}$反映了由状态变量（也称为因素）承载的信息。下面介绍 Lando(1998)提出的假定，和通常一样，沿用我们自己的符号，而不使用原论文中的符号。

条件(L.1) 给定一$\mathbb{F}$—适应过程 $Y_t (t \in [0, T^*])$，这个过程在某个状态空间，如$\mathbb{R}^k$中取值。用过程 Y 来表示状态变量向量$(Y^1, Y^2, \cdots, Y^k)$的演变。

Lando(1998)保留了关于即期鞅测度$\mathbb{Q}^*$和滤子$\mathbb{G}$的条件(JLT.1)，为了方便，在这里把它称为条件(L.2)。通过引入一个条件马尔可夫转移过程，Lando 扩展了原始的 JLT 方法。该转移过程考虑了不同评级类别的存在，并假定基础状态变量的存在。这可以通过对第 12.1.2 节介绍的转移过程 C 做适当的修正来实现。事实上，由于 Lando(1998)并没有考虑真实世界概率测度$\mathbb{Q}$，在他的论文中没有给出与(JLT.5c)和(JLT.7c)对应的条件，而(JLT.6c)被推广为下面的条件。

条件(L.3) 假定转移过程 C 是即期鞅测度$\mathbb{Q}^*$下的一个$\mathbb{F}$—条件$\mathbb{G}$—马尔可夫链，具有随机强度矩阵 $\Lambda(Y_t) = [\lambda_{ij}(Y_t)]_{1\leqslant i, j\leqslant K}$。对每个 $t \in [0, T^*]$ 和 $i = 1, 2, \cdots, K$，假设矩阵 $\Lambda(Y_t)$满足

$$\lambda_{ii}(Y_t) = -\sum_{j=1, j\neq i}^{K} \lambda_{ij}(Y_t), \quad \lambda_{K,i}(Y_t) = 0 \tag{12.27}$$

其中，$\lambda_{ij}: \mathbb{R}^k \to \mathbb{R}_+$是非负函数。

对任意一个这样的矩阵，一旦给定状态变量过程 Y 和初始评级 i，都可能构造一个与随机强度矩阵 $\Lambda(Y_t)$相伴的转移过程 C。特别地，转移过程 C 可按如下方式确定：以状态变量过程 Y 的一个特定样本轨道 $Y_t(\omega) (t \in [0, T^*])$为条件的转移过程 C 为一个时间非齐次马尔可夫链，该转移过程 C 具有有限状态空间$\{1, 2, \cdots, K\}$和时间相依的（但是确定的）强度矩阵 $\Lambda(Y_t(\omega))$。

根据式(12.27)，矩阵 $\Lambda(Y_t)$的第 K 行显然都等于 0，这和通常一样，状态 K 是 C 的吸收态。可以直接按照第 11.3.1 节中的类似方法来构造具有所要求性质的转移过程 C。为了完成模型的设定，必须描述无违约利率过程 r 和违约时间 τ。为此，分别将条件(JLT.2)和条件(JLT.3)替换为下面的条件(L.4)和(L.5)。

条件(L.4) 对某个函数 $R: \mathbb{R}^k \to \mathbb{R}$，短期利率 r 满足 $r_t = R(Y_t) (t \in [0, T^*])$。

条件(L.5) 违约时间 τ 是转移过程 C 首次到达吸收状态的时间：$\tau = \inf\{t \in [0, T^*]: C_t = K\}$。

由于短期利率过程 r 和违约时间 τ 的性质，可违约权益的估值将变得比在原始 JLT 框架下更复杂。事实上，违约时间 τ 和短期利率 r 不再像 Jarrow 等(1997)中条件(JLT.3)假定的那样是相互独立的。因此，在现在的设定下，没有像式(12.2)那样显性的一般定价结果。Lando(1998)还附加了有关承诺支付 X 和回收过程 Z 的统计性质的假设，并在这些假设下，讨论了可违约权益的估值。我们把讨论限定在具有零回收的 T 时到期零息票公司债券的情形中，即，设 $X \equiv 1$ 和 $Z \equiv 0$。这样一种债券在 $t(t \leqslant T)$时的价格定义为

$$D_i^0(t, T) := B_t \mathbb{E}_{\mathbb{Q}^*} (B_T^{-1} \mathbb{1}_{\{T<\tau\}} \mid \mathscr{F}_t \vee \{C_t = i\})$$

其中，对某个 $i < K$，假定债券在时间 t 属于第 i 级评级类别。利用和命题 8.6.1 的证明类似的推理(即以过程 Y 的未来演变为条件)，得到如下结论。

命题 12.2.1 具有零回收的 T 时到期零息票公司债券的估值公式为

$$D_i^0(t, T) = B(t) \mathbb{E}_{\mathbb{Q}^*} \left(B_T^{-1} (1 - p_{iK}^Y(t, T)) \mid \mathscr{F}_t \right)$$

其中，

$$p_{iK}^Y(t, T) = \mathbb{Q}^* \{C_T = K \mid \sigma(Y_u: u \in [t, T]) \vee \{C_t = i\}\}$$

注意 $p_{iK}^Y(t, T)$只是以状态变量过程 Y 在时间区间$[t, T]$的未来行为为条件，转移过程 C 在同一时间区间的条件转移概率。为了简化进一步的计算，Lando(1998)还假定 $\Lambda(Y_t) = L_t \Gamma(Y_t) L_t^{-1}$，其中 $\Gamma(Y_t)$是一个对角矩阵，L_t 是一个 $K \times K$ 矩阵，其列为 $\Lambda(Y_t)$的特征向量。在这个相当严格的条件下，他推出一个拟一显性估值公式，这个公式适用于可违约债券的估值，也适用于任何一种具有承诺支付 $X = g(Y_T, C_T)$ 的可违约欧式未定权益的估值。

12.3 相关的转移

下面将讨论几个实际问题的例子，是有关与参照信用实体集合相伴的信用转移过程有限族。很自然地，假定这些转移过程是“相关的”，即统计上相互依赖。但这里并不深入讨论相互依赖的转移过程的建模，读者可参考其他论著关于这方面的研究。本节只想通过几个经过选择的例子，说明对相互依赖的转移过程进行数学建模的必要性。下面介绍的有些例子在之前的章节中已讨论过，本节将从相互依赖的转移这个角度来分析。另外，还要归纳 Lando(2000b)中的一些结论，这篇论文在信用转移的框架下对相互依赖的违约进行建模。

要记住,在评估信用转移间的相关性时,要么用真实世界(统计的)概率测度,要么用风险中性概率测度,这取决于具体的应用目标。在信用风险管理应用背景下——如在关于信用资产组合的在险值(VaR)计算的应用中——应该在真实世界概率设定下考虑信用转移的相关性。相反,当在信用风险的估值和套期保值中处理信用转移间相关性问题时——如在篮子信用衍生品情况下——自然地要在风险中性概率设定下考虑信用转移之间的相关性。

本节的余下部分,将固定一概率空间$(\Omega, \mathcal{G}, \mathbb{Q})$,其中$\mathbb{Q}$或者是真实世界概率,或者是风险中性概率。给定$n \geqslant 2$个信用实体或者债务人,令$\mathcal{K}_i := \{k_1^i, k_2^i, \cdots, k_{m_i}^i\}$表示第$i$个实体所有可能的信用评级的集合。对每个$i = 1, 2, \cdots, n$,状态$k_{m_i}^i$是吸收态,它表示第$i$个实体的违约状态。

本节始终采用连续时间的设置,并且假定第i个债务人的信用评级是随时间变化的,变化过程用一个连续时间随机过程C^i来描述。过程C^i定义在基础概率空间$(\Omega, \mathcal{G}, \mathbb{Q})$上,具有有限状态空间$\mathcal{K}_i$。因此,所有债务人的信用评级演变过程由$C = (C^1, C^2, \cdots, C^n)$来描述,过程$C$定义在$(\Omega, \mathcal{G}, \mathbb{Q})$上,具有状态空间$\mathbf{K} := \mathcal{K}_1 \times \mathcal{K}_2 \times \cdots \mathcal{K}_n$①。记$\mathbb{F}^C$为信用转移过程$C$的自然滤子,即对$t \in \mathbb{R}_+$,$\mathcal{F}_t^C = \sigma(C_s : 0 \leqslant s \leqslant t)$。假定空间$(\Omega, \mathcal{G}, \mathbb{Q})$被赋予基础滤子$\mathbb{F}$,一个经济主体能获得的信息由某个滤子$\mathbb{G} = (\mathcal{G}_t)_{t \geqslant 0}$所承载,这里对每个$t \in \mathbb{R}_+$,有$\mathcal{F}_t^C \subseteq \mathcal{G}_t \subseteq \mathcal{F}_t^C \vee \mathcal{F}_t$。

我们感兴趣的是关于转移过程C和滤子$\mathbb{G}$的各种条件概率分布。对这些分布的了解,使得我们能够计算经济主体感兴趣的数量指标。接下来介绍一些与相依信用转移建模有关的计算问题的例子。

例 12.3.1 在单位时间内无违约的概率。固定$t \geqslant 0$,考虑按如下方式定义的事件A_t^0:当且仅当在区间$[t, t+1]$内n个信用实体没有一个违约(当然,这里1代表为了方便特定目的而设定的任意时间单位),则事件A_t^0发生。A_t^0正式地定义为

$$A_t^0 = \bigcap_{i=1}^{n} \{C_s^i \neq k_{m_i}^i : \forall s \in [t, t+1]\}$$

感兴趣的量是条件概率$\mathbb{Q}\{A_t^0 \mid \mathcal{G}_t\}$,即给定$t$时能获得的信息$\mathcal{G}_t$下,在时间区间$[t, t+1]$将没有违约发生的条件概率。对转移过程,假定违约状态是吸收态,也就是不再有债务的重新商议。事实上,一旦过程C^i跳到了违约状态$k_{m_i}^i$,它就永远停在那里。在不可能出现信用转移相互独立的情形下,有

$$\mathbb{Q}\{A_t^0 \mid \mathcal{G}_t\} = \prod_{i=1}^{n} \mathbb{Q}\{C_s^i \neq k_{m_i}^i : \forall s \in [t, t+1]\} \tag{12.28}$$

---

① 一般来说,过程C是一个标值(标记)点过程。关于标值点过程的详细处理,参考了 Last 和 Brandt(1995)。

正如在第 9 章所看到的，关于参照滤子$\mathbb{F}$，各种信用实体的信用转移间的条件独立性的假定并不是罕有的。在这种假设下，很容易得到一个类似于式(12.28)的表达式。

例 12.3.2 在单位时间内信用评级不变的概率。和前面一样，固定 $t \geqslant 0$。考虑如下定义的事件 A_t^0：当前仅当在区间 $[t, t+1]$ 内 n 个信用实体的信用评级没有一个发生改变，则事件 A_t^0 发生。正式地，事件 A_t^0 满足：

$$A_t^0 = \bigcap_{i=1}^{n} \{C_s^i = C_t^i: \ \forall s \in [t, t+1]\}$$

现在我们感兴趣的量为条件概率$\mathbb{Q}\{A_t^0 \mid \mathcal{G}_t\}$，即给定 t 时能获得的信息 $\mathcal{G}_t$ 下，在时间区间 $[t, t+1]$ 内将不会发生信用评级变化的条件概率。

例 12.3.3 在单位时间内 $m(m<n)$ 次违约发生的概率。固定 $t \geqslant 0$，选择一整数 m 使得 $0 \leqslant m < n$。定义事件 A_t^m 如下：当且仅当在区间 $[t, t+1]$ 内 n 个参照信用实体正好有 m 个违约，则事件 A_t^m 发生。这一次感兴趣的仍然是计算条件概率$\mathbb{Q}\{A_t^m \mid \mathcal{G}_t\}$。我们将在最为简化的模型下介绍这类计算，特别的简化模型是假定违约是相互独立的。显然，在相互依赖违约的情况下，这类计算更加复杂，它将取决于相互依赖违约结构的类型(可参考 Davis 和 Lo(1999))。

假定所有实体在单位时间内违约概率是相等的，即对 $i = 1, 2, \cdots, n$，有

$$\mathbb{Q}\{B_t^i \mid \mathcal{G}_t\} = \mathbb{Q}\{\exists s \in [t, t+1]: C_s^i = k_{m_i}^i \mid \mathcal{G}_t\} := p_t$$

其中，B_t^i 表示在时间区间$[t, t+1]$内实体 i 违约的事件。假定直到时间 t 还没有一个信用实体违约，且不同债务人的违约是相互独立的。令随机变量 K_t 表示在时间区间$[t, t+1]$内违约实体的数量。在目前的假定下，K_t 的条件分布是二项式分布，并且有

$$\mathbb{Q}\{K_t = m \mid \mathcal{G}_t\} = \mathbb{Q}\{A_t^m \mid \mathcal{G}_t\} = \frac{n!}{m!(m-n)!} p_t^m (1-p_t)^{n-m}$$

值得注意的是，Moody 的二项式展开法(参见 Moody, *Investment Service*, 1997)适合于上面的简化模型，Moody 的这种技术实际上是计算在给定一债券组合中违约债券数量的分布。另外，还有更多的现实模型不需要假定各种参照信用实体违约事件之间是独立的，如在第 10 章中简单介绍的 Davis 和 Lo(1999)的方法。

例 12.3.4 **贷款组合价值的变异性。**假定 n 个信用实体的每一个都代表一项商业贷款。第 i 项贷款在时间 t 的价值记为 V_t^i。除了贷款的名义数量、贷款的合约利率、到期时间之外，贷款的现值还取决于贷款目前的信用评级以及对应于该评级的信用利差。关于计算商业贷款现值的一些简单方法，感兴趣的读者可以参考 Saunders(1999)。

整个贷款组合在时间 t 的价值显然为 $V_t = \sum_{i=1}^{n} V_t^i$。现在我们感兴趣的是，给定信息

$\mathcal{G}_t$ 下,在未来 $s(s>t)$ 时(t 代表今天的日期)贷款组合价值的条件分布。下面介绍一种推导这种分布的方法。首先用 $V_s^i(k^i)$ 表示当第 i 项贷款在时间 s 的信用评级为 $k^i(k^i \in \mathcal{K}_i)$时的价值①。显然有

$$\mathbb{Q}\{V_s = \sum_{i=1}^{n} V_s^i(k^i) \mid \mathcal{G}_t\} = \mathbb{Q}\{C_s = (k^1, k^2, \cdots, k^n) \mid \mathcal{G}_t\}$$

特别地,人们很容易计算出贷款组合在时间 s 的条件期望价值:

$$\mathbb{E}_{\mathbb{Q}}\{V_s \mid \mathcal{G}_t\} = \sum_{(k^1, k^2, \cdots, k^n)\in K} [\mathbb{Q}\{C_s = (k^1, k^2, \cdots, k^n) \mid \mathcal{G}_t\} \sum_{i=1}^{n} V_s^i(k^i)]$$

对于随机变量 V_s 更高阶的条件矩,也有类似的表达式。这里不再详细介绍,感兴趣的读者可以参考 Saunders(1999)(参考其中的第 127 页)。

一旦知道了贷款组合价值的条件分布,就可以用它来进行在险值(VaR)的计算,这在风险管理中非常流行。对相互依赖的信用转移(不仅仅是相互依赖的违约)进行建模的重要性在上面描述的应用型例子中特别明显。

例 12.3.5　篮子信用衍生品的估值。回忆一下,篮子信用衍生品(BCD)是一种信用风险敏感型产品,它的价值取决于信用实体组合(如贷款组合或者债券组合等)相应的信用风险。正如在第 9 章看到的,一个 BCD 产品典型的结构包括取决于时间的未定支付、信用实体(信用风险)组合内相继违约的确认(一般是第一次和第二次违约)。其他相关的结构包括票息的终止和/或对违约的未定偿付,即在参照信用实体相继违约时,一份抵押债券合约(CBO)或一份抵押贷款合约(CLO)要求偿付的本金数额②。篮子信用衍生品的另一种形式是一种衍生合约,合约中未定支付是根据信用组合的损失价值超过预定水平这一事件决定的。

和第 9 章中一样,用 τ_j 表示第 j 个信用实体的违约时间。在目前的设定下,对每个 $j=1, 2, \cdots, n$,违约时间满足

$$\tau_j = \inf\{t \geqslant 0: C_t^j = k_{m_j}\} \tag{12.29}$$

利用式(12.29)中定义的违约时间,现在可以给出第 i 次违约未定权益和第 9.1 节描述过的篮子型香草违约互换合约的正式定义,也可以利用与其他任意评级类别相应的随机时间来定义类似的篮子型产品。具体地,对任意 $j=1, 2, \cdots, n$,固定某个评级级别 $k_j \in \mathcal{K}_j$,首先通过设定

---

① 这里隐含着假设:一旦给定贷款的信用评级已知,这个贷款的价值也就可以知道。在信用风险管理方法中经常做这个起简化作用的假设(参见 Saunders(1999))。

② 关于 CBOs 和 CLOs 的讨论,可以参考,如 Tavakoli(1998)或者 Nelken(1999)等文献。

$$\tau_j(k_j) = \inf\{t \geqslant 0: C_t^j = k_j\} \tag{12.30}$$

来定义随机时间族 $\tau_1(k_1), \tau_2(k_2), \cdots, \tau_n(k_n)$，接着，利用式(12.30)中定义的随机时间引入各种篮子型产品。

例 12.3.6　具有交易对手信用风险和/或多种参照证券的违约互换。第 1.3.1 节中总结了违约互换和违约期权的主要特征。但在那里的讨论中，假定交易对手信用风险忽略不计，并且只考虑一种参照实体的情形。在违约互换中，如果不能忽略一个保护卖方的信用风险，就需要考虑保护卖方的信用评级和参照工具的信用评级之间可能的相依性。在接下来的第 12.3.1 节中，将讨论 Lando(2000b)针对这一问题所提出的基于评级的方法。

同样，如果试图对具有多种参照信用实体的信用互换进行估值，那么显然需要对这些参照信用实体之间的相互依赖转移过程进行建模。

12.3.1　Huge 和 Lando 方法

Lando(2000b)所关注的问题是在保护卖方和参考工具的信用评级间可能存在相关性的情况下违约互换的估值。回忆一下，第 1.3.1 节中总结了与此问题最有关的普通香草型违约互换和违约期权合约，这些合约不考虑交易对手风险，如不考虑卖方的信用风险。

Lando(2000b)利用了 Huge 和 Lando(1999)中的方法。因此，首先分析后面这篇论文中具有启示性的一般数学模型。和通常一样，$\mathbb{Q}^*$ 表示即期鞅测度。

数学模型。令 W^* 表示某个带滤子$\mathbb{F}$(特别地，W^* 是$\mathbb{F}$—适应的)的概率空间$(\Omega, \mathcal{G}, \mathbb{Q}^*)$上的标准布朗运动过程。对于非随机系数 $\mu: \mathbb{R} \to \mathbb{R}$ 和 $\sigma: \mathbb{R} \to \mathbb{R}$，假定短期利率过程 r 服从如下随机微分方程(SDE)形式的扩散过程：

$$\mathrm{d}r_t = \mu(r_t)\mathrm{d}t + \sigma(r_t)\mathrm{d}W_t^*, \ t \in \mathbb{R}_+ \tag{12.31}$$

因此，过程 r 的状态空间就是整个实数集$\mathbb{R}$，这样，短期利率的某些模型，如 Vasicek 模型就不会被排除在外。Lando(2000b)选用 Cox-Ingersoll-Ross 模型来模拟短期利率过程 r，于是，在这篇论文中，r 的状态空间是正实数集$(0, \infty)$。

同时，还在概率空间$(\Omega, \mathcal{G}, \mathbb{Q}^*)$上定义一个二维转移过程 $C = (C^1, C^2)$。第一个分量 C^1 在状态空间 $\mathcal{K}_1 = \{1, 2, \cdots, K_1\}$ 上取值，状态空间 $\mathcal{K}_1$ 反映了保护卖方的信用评级演变过程。第二个分量 C^2 在状态空间 $\mathcal{K}_2 = \{1, 2, \cdots, K_2\}$ 上取值，状态空间 $\mathcal{K}_2$ 描述了参照公司债券的信用评级演变过程。因此，定义二维转移过程 C 的状态空间为 $K = \{1, 2, \cdots, K_1\} \times \{1, 2, \cdots, K_2\}$。假定状态 K_1 和 K_2 分别是过程 C 两个分量的吸收态。

回忆一下，按照之前的惯例，每个市场参与者可以获得的信息是由滤子$\mathbb{G}$所传递的，这样 $\mathbb{G}=\mathbb{F}^C \vee \mathbb{F}$。特别地，假定每个市场参与者能够观测到短期利率过程 r 和转移过程 C。

为了使模型更具体，假定过程(r, C)是联合$\mathbb{G}$—马尔可夫过程。一个$\mathbb{G}$—马尔可夫过程的正式定义与一个$\mathbb{G}$—马尔可夫链的定义完全相同。但目前我们并不研究一般的$\mathbb{G}$—马尔可夫过程，从现在起，假定 $\mathbb{G}=\mathbb{F}^r \vee \mathbb{F}^C=\mathbb{F}^{(r, C)}$，使得过程$(r, C)$为一个普通马尔可夫过程。于是，过程 $X_t=(t, r_t, C_t)$ 也是一个马尔可夫过程，其中 t 为(连续)运行时间变量。众所周知，利用无穷小生成元来刻画一个马尔可夫过程是很方便的。因为这节的介绍不是十分正式，在此我们并不讨论关于测度$\mathbb{Q}^*$的马尔可夫过程 X 的无穷小生成元的各种不同概念，如强生成元、弱生成元、广义生成元等，只是回顾一下所谓的 Dynkin 公式。

下文中用 $\mathscr{A}$ 表示过程 X 的无穷小生成元，关于概率测度$\mathbb{Q}^*$的过程 X 具有状态空间 $\mathscr{X}$。随后将给出对应于具体情形的状态空间 $\mathscr{X}$ 的详细设定。

Dynkin 公式。对任意一个属于无穷小生成元 $\mathscr{A}$ 域的函数 $f:\mathscr{X}\to\mathbb{R}$，定义实值随机过程 M^f：

$$M_t^f=f(X_t)-f(X_0)-\int_0^t \mathscr{A}f(X_s)\,\mathrm{d}s$$

则 M^f 在测度$\mathbb{Q}^*$下服从一个(局部)$\mathbb{F}^X$—鞅。

区分无穷小生成元 $\mathscr{A}$ 的三个组成部分是很方便的，三个部分分别为：

——对应于(连续)运行时间 t 的一阶微分算子，将 $\mathscr{A}$ 的这部分记作 $\mathscr{D}_1$；

——算子 $\mathscr{A}$ 中与 X 的扩散部分，即短期利率过程 r 对应的组成部分；这部分是一个二阶微分算子，记为 $\mathscr{D}_2$，它和式(12.31)反映的动态变化是一致的；

——$\mathscr{A}$ 中由转移过程 C 决定的部分；它可以表示为一个合适维度的强度矩阵算子，如 $\mathscr{L}$。

r 和 C 两个过程间可能的相互作用(相关性)可以通过上述算子的系数来计算。从进一步讨论的角度来看，只需假定算子 $\mathscr{L}$ 的系数依赖于马尔可夫型的短期利率过程 r 就足够了。这个假定允许评级转移强度依赖于短期利率。换言之，过程 r 在这里可以理解为一个状态变量。

总之，对任意一个充分正则的函数 $f:\mathscr{X}\to\mathbb{R}$，假定无穷小生成元 $\mathscr{A}$ 由下式给定：

$$\mathscr{A}f(x)=(\mathscr{D}+\mathscr{L})f(x)$$

其中，$\mathscr{D}=\mathscr{D}_1+\mathscr{D}_2$，且(这里的下标代表偏导数)

$$\mathscr{D}_1 f(x)=f_t(x),\quad \mathscr{D}_2 f(x)=\mu(r)f_r(x)+\frac{1}{2}\sigma^2(r)f_{rr}(x)$$

和

$$\mathscr{L}f(x)=\sum_{c'\in K}\lambda_{cc'}(r)f(x)$$

函数 f 定义在状态空间 $\mathscr{X}=\mathbb{R}_+\times\mathbb{R}\times\mathbf{K}$ 上，在$\mathbb{R}$ 上取值。因此，对于某个 $t\in\mathbb{R}_+$，$r\in\mathbb{R}$ 和 $c\in\mathbf{K}$，有 $x=(t, r, c)$。

评注：习惯上，我们用符号 r 同时代表短期利率过程和反映该过程特定取值的变量。希望读者不要混淆。

假定强度函数 $\lambda_{cc'}:\mathbb{R}\to\mathbb{R}$ 是非负的，且满足

$$\lambda_{cc}(r)=-\sum_{c'\neq c}\lambda_{cc'}(r),\ \forall r\in\mathbb{R}$$

可以看到，按照算子 $\mathscr{A}$ 的上述设定，短期利率 r 是一个时间齐次马尔可夫扩散过程，其无穷小微分算子为 $\mathscr{D}_1$，而过程 C 是一个具有条件无穷小生成元矩阵过程 $\Lambda_t=\Lambda(r_t)=[\lambda_{cc'}(r_t)]_{c,\,c'\in\mathbf{K}}$ 的$\mathbb{F}^r$—条件$\mathbb{G}$—马尔可夫链①。

评注：当然，过程 C 的状态 K_1K_2 有各种不同的可能排序组合，每一种组合导致不同的生成元矩阵 Λ_t。需要注意的是，Λ_t 中对应于状态 $(K_1, c^2)(c^2\neq K_2)$ 和$(c^1, K_2)(c^1\neq K_1)$ 的行并不要求为零向量，只要 Λ_t 中对应于"完全"吸收态——即对应于状态 $K:=(K_1, K_2)$的行为零向量即可。

在保护卖方的信用评级和参照信用的信用评级（特别地，违约事件）之间转移的相关（相依）结构由算子 $\mathscr{L}$反映，即由转移强度 $\lambda_{cc'}(r)$反映。例如，我们发现，如果过程 C 由某个状态 $c=(c^1, c^2)$（其中 $c^1\neq K_1$, $c^2\neq K_2$）跳到吸收态 $K=(K_1, K_2)$，则保护的卖方和参照债券可能同时发生违约。对任意状态 $c\in\mathbf{K}$ 且 $c\neq K$，两个实体同时违约的条件无穷小概率由比率$-\lambda_{cK}(r)/\lambda_{cc}(r)$给定。Lando(2000b)建议分析相关转移结构的三种不同设定。对于具体的内容，有兴趣的读者可以参考原论文。

相关函数的估值。 接下来要介绍一些与马尔可夫过程 X 有关的函数估值的结果和评论。为了体现估值中要用到的技巧，我们详细讨论由表达式(12.32)给出的函数的估值。就我们所知，在具有交易对手违约风险的违约互换估值中，这并不是唯一的函数类型。因此，还需要考虑由式(12.33)而不是式(12.32)给出的一个更一般形式的函数。

固定时间范围 $T>0$，对于某函数 $R:\mathscr{X}\to\mathbb{R}$ 和 $h:\mathscr{X}\to\mathbb{R}$，在任意时刻 $t(t\leqslant T)$考虑下面过程 X 的样本轨道函数：

$$\Phi_t:=\mathbb{E}_{\mathbb{Q}^*}\left(\mathrm{e}^{-\int_t^T R(X_u)\mathrm{d}u}h(X_T)\mid\mathscr{G}_t\right)\tag{12.32}$$

① 回忆一下，为了简化说明，假定过程 r 和 C 是联合马尔可夫过程。因此，在目前的框架下，并没有充分利用$\mathbb{F}^r$—条件$\mathbb{G}$—马尔可夫链这个概念。

毋庸置疑，这里还隐含地假定了函数 R 和 h 满足合适的可积性条件，使得条件期望 Φ_t 具有良好定义。下面的辅助性结论可从过程 X 的马尔可夫特征直接推出。

引理 12.3.1 存在一个(可测)函数 $\phi: X \to \mathbb{R}$，使得对每个 $t \in \mathbb{R}_+$，有 $\Phi_t = \phi(X_t)$。

假定函数 ϕ 是充分正则的①，则根据 Dynkin 公式，有如下结论。

命题 12.3.1 由下式给定的过程 M^{Φ}

$$M_t^{\Phi} = \phi(X_t) - \phi(X_0) - \int_0^t \mathcal{A}\phi(X_s)\,\mathrm{d}s,\ \forall\, t \in [0,\ T]$$

在$\mathbb{Q}^*$下服从一个$\mathbb{F}^X$—鞅。

值得重点注意的是，过程 Φ 可表示为两个过程的乘积。具体地，对 $t \in [0,\ T]$，有 $\Phi_t = \widetilde{B}_t \widetilde{M}_t$，其中 $\widetilde{B}_t$ 设定为 $\widetilde{B}_t = \mathrm{e}^{-\int_0^t R(X_u)\mathrm{d}u}$，鞅 $\widetilde{M}$ 由下面的公式给出：

$$\widetilde{M}_t = \mathbb{E}_{\mathbb{Q}^*}\left(\mathrm{e}^{-\int_0^T R(X_u)\mathrm{d}u} h(X_T) \mid \mathcal{G}_t\right),\ \forall\, t \in [0,\ T]$$

简单应用伊藤乘法法则可推导出下面的命题。

命题 12.3.2 对每个 t 和 $s(t \leqslant s \leqslant T)$，过程 Φ 满足

$$\Phi_s - \Phi_t = \int_s^t \widetilde{B}_u \mathrm{d}\widetilde{M}_u + \int_t^s R(X_u)\Phi_u \mathrm{d}u$$

在本章结束之前，结合引理 12.3.1 和命题 12.3.1 及命题 12.3.2，可以得到下面的推论。

推论 12.3.1 对每个 $t \in [0,\ T]$，有下式成立

$$\mathbb{E}_{\mathbb{Q}^*}\left(\int_0^t (\mathcal{A}\phi(X_s) - R(X_s)\phi(X_s))\mathrm{d}s\right) = 0$$

接下来将阐述和 Huge 和 Lando(1999)中的等式(31)相应的结论。回忆一下，已定义过 $x = (t,\ r,\ c)$。另外，用 $\mathcal{R}$ 来表示按照 $\mathcal{R}\phi(x) = R(x)\phi(x)$ 定义的乘积算子。

命题 12.3.3 在$[0,\ T] \times \mathbb{R} \times \mathbf{K}$上，函数 ϕ 是下面积分—微分方程

$$(\mathcal{A} - \mathcal{R})\phi(x) = 0$$

的解。或者，更明显地是如下方程

$$\phi_t(x) + \mu(r)\phi_r(x) + \frac{1}{2}\sigma^2(r)\phi_{rr}(x) + \sum_{c' \in \mathbf{K}} \lambda_{cc'}(r)\phi(x) - R(x)\phi(x) = 0$$

的解，其终端约束件为：对 $(r,\ c) \in \mathbb{R} \times \mathbf{K}$，有 $\phi[T,\ r,\ c] = h[T,\ r,\ c]$。

---

① 关于 t 的连续微分和关于 r 的两次连续微分，得到的偏导数有界。

命题 12.3.3 的相对标准的证明在此省略。读者可能已经注意到，这个结论可以通过直接应用著名的 Feynman-Kac 公式的一个一般形式推导出来。

违约互换的估值。回忆一下，我们对存在交易对手信用风险和信用转移的违约互换感兴趣。更明确地说，我们考虑的信用转移概率，也包括违约概率，涉及保护卖方以及标的参照信用两者都可能违约。保护买方的信用风险则在这个模型中不予考虑。这样的互换合约称为违约保护敏感型违约互换。注意，这里实际上包含三个直接或间接的实体：发行参照可违约债券的一方，即参照当事人；持有参照信用工具的一方，即保护买方；卖出参照信用工具用以抵御参照信用工具不利的信用转移（这里就是指违约）的一方，即保护卖方。我们很自然地预期一个违约保护敏感型违约互换的支付结构将是一个香草型违约互换的现金流（正如第 1.3.1 节解释的）和一个具有双方违约风险的可违约互换支付结构的合并（关于这点可参见第 14.5 节）。

为了形成一种对违约保护敏感型违约互换估值的有效方法，有必要考虑一个如下形式的函数

$$\Phi_t = \mathbb{E}_{\mathbb{Q}^*}\left(\int_t^T \mathrm{e}^{-\int_t^s R(X_u)\mathrm{d}u}\mathrm{d}D_s \mid \mathcal{G}_t\right) \tag{12.33}$$

其中，D 是红利过程（即某个具有有限方差的$\mathbb{G}$—适应随机过程）。我们预期，类似于上面介绍的技术，也适用于函数（12.33）的估值。

13

希斯—加罗—默顿(Heath-Jarrow-Morton)型模型

在对可违约期限结构的建模中,最先是 Jarrow 和 Turnbull(1995)以及 Duffie 和 Singleton(1999)考察了 HJM 方法。Schönbucher(1996, 1998a)继承了他们的研究,以系统的方式研究了不同形式的无违约和可违约期限结构间的无套利条件。更近一些时期,Maksymiuk 和 Gatarek(1999)以及 Pugachevsky(1999)再次发现了这些结论中的一部分,他们主要是关注在即期鞅测度下的瞬时远期信用利差的无套利动态变化。随后,Bielechi 和 Rutkowski(1999, 2000a, 2000b)以及 Schönbucher(2000a)扩展了 HJM 方法,他们的研究涉及公司债券具有多重信用评级的期限结构模型的情形。Eberlein 和 Özkan(2001)通过考虑莱维运动(lévy motion)产生的模型推广了这种方法(对相关结论,也可参见 Eberlein 和 Raible(1999)以及 Eberlein(2001))。与前一章介绍的模型不同的是,这里的信用转移过程不是外生给定的,而是模型中内生的。它服从一个在即期(或者远期)鞅测度下关于参照滤子的条件马尔可夫过程。

这一章的安排如下。第 13.1 节对 HJM 型方法应用于两种信用评级类别的利率期限结构建模进行了详细分析,这两种信用评级类别是无违约债券和可违约债券。关于信用转移的 HJM 型建模的主要结论将在第 13.2 节中介绍。在这两种情况下,我们都是将具有不同信用评级类别债券的瞬时远期利率动态变化作为构造一个信用风险模型的输入。

需要强调的是,支配远期利率动态变化的基础标准布朗运动 W 是 d 维的,其他一些相关过程也是如此,但是我们并不引入$\mathbb{R}^d$中的 Euclidean 内积的具体符号。因此,有

$$\int_0^t \beta_u \mathrm{d}W_u = \sum_{i=1}^{d}\int_0^t \beta_u^i \mathrm{d}W_u^i,\ \sigma(t,\ T)b(t,\ T) = \sum_{i=1}^{d}\sigma^i(t,\ T)b^i(t,\ T)$$

为了方便符号记法,不失一般性,我们在这一章都假定(无违约或可违约)债券的面

值为 $L=1$。

13.1 含违约的 HJM 模型

本节中,考虑一个给定信用评级类别的可违约债券,并假定在违约之前,它不会转移到另一个信用评级类别。假定利用 HJM 方法设置无违约和可违约的瞬时远期利率的变动。换句话说,将具有连续复利计息的、瞬时远期利率真实世界动态变动的系数作为模型的输入。当然,假定无违约债券市场模型是无套利的。我们的目的就是要通过引入一个合理选择的随机时间来解释可违约瞬时远期利率的变动,该随机时间具有随机强度,可以理解为债券的违约时间。我们将这个随机时间定义为一个在扩大概率空间上的绝不可及停时。除非具体说明,这里假定采用具有常回收率的按国库券价值部分回收方案。但是,在第 13.1.9 节,我们将讨论其他不同的回收方案也适用于这种方法。

本节的主要结论是命题 13.1.3 和命题 13.1.4,以及第 13.1.9 节中的结论。然而,命题 13.1.1 也值得我们注意,因为它确定了 HJM 理论在仅有两种信用评级的可违约期限结构中的主要贡献,这两种类别为无违约(国库券)债券和可违约(公司)债券。

13.1.1 模型假设

这节的工作将在条件(HJM. 1)—条件(HJM. 3)下进行。有关能使式(13.1)—式(13.3)定义良好的适度技术条件,读者可以参考 Heath 等(1992)或者 Musiela 和 Rutkowski(1997a)的第 13 章。

条件(HJM. 1)给定一个定义在带有滤子的概率空间($\tilde{\Omega}$, $\mathbb{F}$, $\mathbb{P}$)上的 d 维标准布朗运动 W,其中$\mathbb{P}$ 为真实世界概率测度,参照滤子$\mathbb{F}$ 由过程 W 生成。

假定无违约瞬时远期利率的变动由标准 HJM 表达式给出。

条件(HJM. 2)对任意固定的到期日 $T(T\leqslant T^*)$,无违约瞬时远期利率 $f(t, T)$满足

$$\mathrm{d}f(t, T)=\alpha(t, T)\mathrm{d}t+\sigma(t, T)\mathrm{d}W_t \tag{13.1}$$

其中,$\alpha(\cdot, T)$和 $\sigma(\cdot, T)$分别为在$\mathbb{R}$ 和$\mathbb{R}^d$ 中取值的$\mathbb{F}$—适应过程。对每个 $t\in[0, T]$,采用积分形式,则对某个函数 $f(0, \cdot)$: $[0, T^*]\to\mathbb{R}$ 有

$$f(t, T)=f(0, T)+\int_0^t\alpha(u, T)\mathrm{d}u+\int_0^t\sigma(u, T)\mathrm{d}W_u \tag{13.2}$$

在下一个条件中,设定可违约瞬时远期利率的动态变化,使得这种利率概念的内涵变得更加清楚(特别地,参见式(13.6)和第13.1.3节中对违约前价值 $\widetilde{D}(t, T)$ 的解释)。显然,这些利率的确是违约前瞬时远期利率。

条件(HJM.3) 对任意固定的到期日 $T \leqslant T^*$,以及分别在 $\mathbb{R}$ 和 $\mathbb{R}^d$ 中取值的 $\mathbb{F}$—适应随机过程 $\widetilde{\alpha}(\cdot, T)$ 和 $\widetilde{\sigma}(\cdot, T)$,可违约瞬时利率 $g(t, T)$ 满足

$$\mathrm{d}g(t, T) = \widetilde{\alpha}(t, T)\mathrm{d}t + \widetilde{\sigma}(t, T)\mathrm{d}W_t \tag{13.3}$$

同样地,对每个 $t \in [0, T]$,对某个函数 $g(0, \cdot): [0, T^*] \to \mathbb{R}$,我们有

$$g(t, T) = g(0, T) + \int_0^t \widetilde{\alpha}(u, T)\mathrm{d}u + \int_0^t \widetilde{\sigma}(u, T)\mathrm{d}W_u \tag{13.4}$$

条件(HJM.1)和条件(HJM.2)是用 Heath-Jarrow-Morton 方法进行期限结构建模的标准假设。到期日为 T 的一单位无违约零息票债券在 $t(t \leqslant T)$ 时的价格定义为

$$B(t, T) := \exp\left(-\int_t^T f(t, u)\mathrm{d}u\right) \tag{13.5}$$

对任意 $t \leqslant T$,还设定

$$\widetilde{D}(t, T) := \exp\left(-\int_t^T g(t, u)\mathrm{d}u\right) \tag{13.6}$$

定义 13.1.1 对任意时期 $t \leqslant T \leqslant T^*$,瞬时远期信用利差 $s(t, T)$ 等于 $s(t, T) = g(t, T) - f(t, T)$。对每个 $t \in [0, T^*]$,短期信用利差 s 为 $s_t := s(t, t)$。

明显地

$$\widetilde{D}(t, T) = B(t, T)\exp\left(-\int_t^T s(t, u)\mathrm{d}u\right) \tag{13.7}$$

很自然地假定瞬时远期信用利差 $s(t, T)$ 严格为正,使得 $\widetilde{D}(t, T) < B(t, T)$。可将 $\widetilde{D}(t, T)$ 解释为按国库券价值部分回收的 T 时到期零息票公司债券违约前的价值。事实上,$\widetilde{D}(t, T)$ 表示以直到 t 时还没有违约这一事件为条件的零息票公司债券价值。为了证实这个具有启发性的解释,需要建立一个无违约和可违约期限结构的无套利模型,模型中 $\widetilde{D}(t, T)$ 确实表示一个 T 期—到期可违约债券在违约前的套利价格。

13.1.2 无违约期限结构

首先,关注利率的无违约期限结构。为了方便读者,我们直接引用 Heath 等(1992)中的如下标准结论。

引理 13.1.1 无违约债券价格 $B(t, T)$的动态变化为

$$dB(t, T) = B(t, T)\big(a(t, T)dt + b(t, T)dW_t\big) \tag{13.8}$$

其中，

$$a(t, T) = f(t, t) - \alpha^*(t, T) + \frac{1}{2}|\sigma^*(t, T)|^2,\ b(t, T) = -\sigma^*(t, T) \tag{13.9}$$

并且 $\alpha^*(t, T) = \int_t^T \alpha(t, u)du$，$\sigma^*(t, T) = \int_t^T \sigma(t, u)du$。

证明: 记 $I_t = \ln B(t, T)$。根据式(13.2)和式(13.5)，有

$$I_t = -\int_t^T f(0, u)du - \int_t^T\int_0^t \alpha(v, u)dvdu - \int_t^T\int_0^t \sigma(v, u)dW_u du$$

应用富比尼标准和随机定理(关于后者，参见 Protter(1999)定理Ⅳ.45)，发现

$$I_t = -\int_t^T f(0, u)du - \int_0^t\int_t^T \alpha(v, u)dudv - \int_0^t\int_t^T \sigma(v, u)dudW_u$$

或者，等价地有

$$I_t = -\int_0^T f(0, u)du - \int_0^t\int_v^T \alpha(v, u)dudv - \int_0^t\int_v^T \sigma(v, u)dudW_v$$
$$+\int_0^t f(0, u)du + \int_0^t\int_v^t \alpha(v, u)dudv + \int_0^t\int_v^t \sigma(v, u)dudW_v$$

由此推得

$$I_t = I_0 + \int_0^t r_u du - \int_0^t\int_u^T \alpha(u, v)dvdu - \int_0^t\int_u^T \sigma(u, v)dvdW_v$$

其中，利用了表达式

$$r_u = f(u, u) = f(0, u) + \int_0^u \alpha(v, u)dv + \int_0^u \sigma(v, u)dW_v$$

考虑到式(13.9)，可得

$$I_t = I_0 + \int_0^t r_u du - \int_0^t \alpha^*(u, T)du - \int_0^t \sigma^*(u, T)dW_u$$

再利用伊藤公式，就可以证明式(13.8)成立。 □

从现在起，假定还可以对储蓄账户 $B_t = \exp\left(\int_0^t r_u du\right)$ 进行投资，其对应的利率为短期利率 $r_t = f(t, t)$。根据式(13.8)，相应的价格 $Z(t, T) = B_t^{-1}B(t, T)$ 在测度$\mathbb{P}$下满足：

$$dZ(t,\ T) = Z(t,\ T)\left(\frac{1}{2}\mid b(t,\ T)\mid^2 - \alpha^*(t,\ T)dt + b(t,\ T)dW_t\right)$$

下面的条件保证了所有到期日为 $T \leqslant T^*$ 的无违约债券和储蓄账户之间没有套利的机会（参见 Heath 等（1992）或 Musiela 和 Rutkowski（1997a）第 13 章）。

条件（HJM. 4） 存在一适应的 $\mathbb{R}^d$—赋值过程 β，使得

$$\mathbb{E}_{\mathbb{P}}\left\{\exp\left(\int_0^{T^*}\beta_u dW_u - \frac{1}{2}\int_0^{T^*}\mid\beta_u\mid^2 du\right)\right\} = 1$$

对任意到期日 $T \leqslant T^*$ 和任意 $t \in [0,\ T]$，有：

$$\frac{1}{2}\mid\sigma^*(t,\ T)\mid^2 - \alpha^*(t,\ T) = \sigma^*(t,\ T)\beta_t$$

或者，等价地有

$$\alpha(t,\ T) + \sigma(t,\ T)\left(\beta_t - \sigma^*(t,\ T)\right) = 0 \tag{13.10}$$

令 β 为某个满足上述条件的过程，则对于无违约期限结构，满足下面公式

$$\frac{d\mathbb{P}^*}{d\mathbb{P}} = \exp\left(\int_0^{T^*}\beta_u dW_u - \frac{1}{2}\int_0^{T^*}\mid\beta_u\mid^2 du\right),\ \mathbb{P}\text{-a. s.} \tag{13.11}$$

的概率测度 $\mathbb{P}^*$ 是一个即期鞅测度：对 $t \in [0,\ T^*]$，一个测度 $\mathbb{P}^*$ 下的布朗运动 W^* 定义为 $W_t^* = W_t - \int_0^t \beta_u du$。则对任意固定的到期日 $T \leqslant T^*$，$\mathbb{P}^*$ 下无违约债券的贴现价格满足

$$dZ(t,\ T) = Z(t,\ T)b(t,\ T)dW_t^* \tag{13.12}$$

从这里开始，假定过程 β 是唯一确定的。换句话说，无违约债券市场是完备的（严格地说，进一步的分析并不要求有这个假定）。这意味着任意一个无违约未定权益都可以通过风险中性估值公式来定价。令 $\mathbb{P}_T$ 为 T 时的远期鞅测度：

$$\frac{d\mathbb{P}_T}{d\mathbb{P}^*} = \frac{1}{B(0,\ T)B_T},\ \mathbb{P}^*\text{-a. s.}$$

则过程 $W_t^T := W_t^* - \int_0^t b(u,\ T)du\ (t \in [0,\ T])$ 服从一个测度 $\mathbb{P}_T$ 下的标准布朗运动。此外，经 T 期—到期债券的价格 $B(t,\ T)$ 贴现后，任意一个 U 期—到期零息票债券的价格 $B(t,\ U)$ 在测度 $\mathbb{P}_T$ 下服从一个鞅。具体为

$$d\left(\frac{B(t,\ U)}{B(t,\ T)}\right) = \frac{B(t,\ U)}{B(t,\ T)}\left(b(t,\ U) - b(t,\ T)\right)dW_t^T \tag{13.13}$$

13.1.3 公司债券的违约前价值

现在重点关注公司债券违约前价值的动态变化。下面这个结论的证明和引理 13.1.1 的证明类似。

引理 13.1.2 T 期—到期可违约债券违约前套利价格 $\tilde{D}(t, T)$ 的动态变化为

$$d\tilde{D}(t, T) = \tilde{D}(t, T)\big(\tilde{a}(t, T)dt + \tilde{b}(t, T)dW_t\big)$$

其中,

$$\tilde{a}(t, T) = g(t, t) - \tilde{\alpha}^*(t, T) + \frac{1}{2}|\tilde{\sigma}^*(t, T)|^2,\ \tilde{b}(t, T) = -\tilde{\sigma}^*(t, T)$$

根据引理 13.1.2,在测度$\mathbb{P}$下,过程 $\tilde{Z}(t, T) = B_t^{-1}\tilde{D}(t, T)$ 满足

$$d\tilde{Z}(t, T) = \tilde{Z}(t, T)\Big((\tilde{a}(t, T) - r_t)dt + \tilde{b}(t, T)dW_t\Big) \tag{13.14}$$

由此,在(唯一)即期鞅测度$\mathbb{P}^*$下,有

$$d\tilde{Z}(t, T) = \tilde{Z}(t, T)\big(\lambda^*(t, T)dt + \tilde{b}(t, T)dW_t^*\big) \tag{13.15}$$

这里,对每个 $t \in [0, T]$,设

$$\lambda^*(t, T) := \tilde{a}(t, T) - r_t + \tilde{b}(t, T)\beta_t$$

注意到

$$\lambda^*(t, T) = s_t - \tilde{\alpha}^*(t, T) + \frac{1}{2}|\tilde{\sigma}^*(t, T)|^2 - \tilde{\sigma}^*(t, T)\beta_t \tag{13.16}$$

其中,$s_t = g(t, t) - f(t, t)$ 是短期信用利差。由式(13.16)显然可以看到,过程 $\lambda^*(t, T)$一般依赖于到期日 T。假定情况不是这样的,于是下面的条件满足。

条件(HJM.5)由式(13.16)给定的过程$\lambda^*(t, T)$不依赖于 T,即对每个 $t \in [0, U \wedge T]$ 和每个 $T \leqslant T^*$,有 $\lambda^*(t, U) = \lambda^*(t, T)$。

为了强调在条件(HJM.5)下进行分析,在下文中将 $\lambda^*(t, T)$ 记为 λ_t^*。从信用利差 $s(t, u) = g(t, u) - f(t, u)$ 严格为正这一性质,我们可以推出 λ^* 是一个严格为正的过程。为证实这一点,注意到过程

$$\tilde{Z}(t, T)\exp\Big(-\int_t^T \lambda_u^* du\Big)$$

是一个$\mathbb{P}^*$—鞅:换言之,对每个 $t \in [0, T]$有

$$\widetilde{D}(t, T) = \mathbb{E}_{\mathbb{P}^*}\left\{\exp(-\int_t^T (r_u + \lambda_u^*)\mathrm{d}u) \mid \mathcal{F}_t\right\}$$

因为对每个 $t \in [0, T)$ 和任意到期日 $T > 0$，假定了 $\widetilde{D}(t, T) < B(t, T)$，则对每个 $s < t$，$\int_s^t \lambda_u^* \,\mathrm{d}u > 0$ 一定成立，从而也意味着对几乎所有的 t，$\lambda_t^* > 0$ 处处成立。

下面这个引理看似简单但是很有用。

引理 13.1.3　在条件(HJM.1)—条件(HJM.5)下，有

$$\mathrm{d}\left(\frac{\widetilde{D}(t, U)}{\widetilde{D}(t, T)}\right) = \frac{\widetilde{D}(t, U)}{\widetilde{D}(t, T)}(b(t, U) - b(t, T))(\mathrm{d}W_t^* - \widetilde{b}(t, U)\mathrm{d}t)$$

证明：利用式(13.15)，并应用伊藤公式就可以证明该引理。　□

为了分析方便，引入下面的概念（关于可违约远期鞅测度更详细的内容，参见第15.2.2节）。

定义 13.1.2　在$(\Omega, \mathcal{F}_T)$上，由

$$\frac{\mathrm{d}\widetilde{\mathbb{P}}_T}{\mathrm{d}\mathbb{P}^*} = \exp\left(\int_0^T \widetilde{b}(u, T)\mathrm{d}W_u^* - \frac{1}{2}\int_0^T |\widetilde{b}(u, T)|^2 \mathrm{d}u\right), \ \mathbb{P}^*\text{-a. s.} \tag{13.17}$$

给定的概率测度$\widetilde{\mathbb{P}}_T$称为时期 T 的受限可违约远期鞅测度：

根据引理 13.1.3，有

$$\mathrm{d}\left(\frac{\widetilde{D}(t, U)}{\widetilde{D}(t, T)}\right) = \frac{\widetilde{D}(t, U)}{\widetilde{D}(t, T)}(b(t, U) - b(t, T))\mathrm{d}\widetilde{W}_t^T$$

其中，过程

$$\widetilde{W}_t^T = W_t^* - \int_0^t \widetilde{b}(u, T)\mathrm{d}u, \ \forall t \in [0, T] \tag{13.18}$$

是一个测度$\widetilde{\mathbb{P}}_T$ 下的标准布朗运动：显然有

$$\widetilde{W}_t^T = W_t^T - \int_0^t (\widetilde{b}(u, T) - b(u, T))\mathrm{d}u \tag{13.19}$$

在某些情况下，为了方便分析，适当地选择等式(13.16)中的系数使得下面的性质成立①。

条件(HJM.6)对每个 $t \in [0, T^*]$，有 $\lambda_t^* = s_t$。

根据式(13.16)，要使条件(HJM.6)满足，只有当对每个 $t(0 \leqslant t \leqslant T \leqslant T^*)$，有等式

$$\frac{1}{2}|\widetilde{\sigma}^*(t, T)|^2 - \widetilde{\alpha}^*(t, T) = \widetilde{\sigma}^*(t, T)\beta_t$$

---

①　在零回收这一特殊情况下，条件(HJM.6)意味着违约强度等于短期信用利差。

成立。或者,等价地(对照式(13.10))有下式

$$\widetilde{\alpha}(t, T)+\widetilde{\sigma}(t, T)\left(\beta_t-\widetilde{\sigma}^*(t, T)\right)=0 \tag{13.20}$$

成立。如果给定系数 $\alpha(t, T)$, $\sigma(t, T)$ 和 $\widetilde{\sigma}(t, T)$,则式(13.3)中的漂移系数 $\widetilde{\alpha}(t, T)$ 由等式(13.20)唯一确定。

13.1.4 远期信用利差的动态分析

这一节,在条件(HJM.1)—条件(HJM.6)下进行分析。回忆一下,对任意两个时期 t 和 $T(t<T)$,瞬时远期信用利差 $s(t, T)$ 等于 $g(t, T)-f(t, T)$。结合条件式(13.1)和式(13.3)以及布朗运动 W^* 的定义,可以证明下面的引理。

引理 13.1.4 对每个固定的 T,瞬时远期信用利差满足

$$\mathrm{d}s(t, T)=\alpha_s(t, T)\mathrm{d}t+\sigma_s(t, T)\mathrm{d}W_t^*$$

其中,$\sigma_s(t, T)=\widetilde{\sigma}(t, T)-\sigma(t, T)$ 和

$$\alpha_s(t, T)=\widetilde{\alpha}(t, T)-\alpha(t, T)+\left(\widetilde{\sigma}(t, T)-\sigma(t, T)\right)\beta_t \tag{13.21}$$

Schönbucher(1998a)和 Pugachevsky(1999)分析了在即期鞅测度 $\mathbb{P}^*$ 下 $f(t, T)$、$g(t, T)$ 和 $s(t, T)$ 之间的关系。为了方便,首先假定 $\beta\equiv 0$。这样,条件式(13.10)和式(13.20)分别变为(参见 Pugachevsky(1999)中的式(6)和式(23))

$$\alpha(t, T)=\sigma(t, T)\int_t^T \sigma(t, u)\mathrm{d}u=\sigma(t, T)\sigma^*(t, T)$$

和

$$\widetilde{\alpha}(t, T)=\widetilde{\sigma}(t, T)\int_t^T \widetilde{\sigma}(t, u)\mathrm{d}u=\widetilde{\sigma}(t, T)\widetilde{\sigma}^*(t, T)$$

应用 $\beta\equiv 0$ 下的引理 13.1.4,可得

$$\alpha_s(t, T)=\widetilde{\alpha}(t, T)-\alpha(t, T)=\widetilde{\sigma}(t, T)\widetilde{\sigma}^*(t, T)-\sigma(t, T)\sigma^*(t, T)$$

经过简单处理,得到如下等式:

$$\alpha_s(t, T)=\sigma_s(t, T)\sigma^*(t, T)+\left(\sigma_s(t, T)+\sigma(t, T)\right)\sigma_s^*(t, T) \tag{13.22}$$

其中,$\sigma_s^*(t, T)=\int_t^T \sigma_s(t, u)\mathrm{d}u$。上面这个等式和 Schönbucher(1998a)的等式(54)以及 Pugachevsky(1999)的式(33)一致①,它指定了在即期鞅测度 $\mathbb{P}^*$ 下,$s(t, T)$ 动态变

① Pugachevsky(1999)考虑了关联布朗运动,但是他的做法并没有形成一个更一般的模型。

化中的漂移项 α_s 与动态过程 $s(t, T)$、$f(t, T)$中的扩散项 σ_s、σ 之间的关系。

对每个 $t \in [0, T]$,当 $\sigma(t, T)\sigma_s(t, T) = 0$ 时,无套利条件简化为下面的等式:

$$\alpha_s(t, T) = \sigma_s(t, T)\sigma_s^*(t, T) \tag{13.23}$$

若 σ 和 $\tilde{\sigma}$ 是确定的系数,对每个 $t \in [0, T]$,条件 $\sigma(t, T)\sigma_s(t, T) = 0$ 等价于无违约利率过程 $f(t, T)$和远期信用利差过程 $s(t, T)$在测度$\mathbb{P}^*$下是相互独立的。

对于非零过程 β 这种一般情况,只需用风险中性漂移项 $\zeta(t, T)$和 $\tilde{\zeta}(t, T)$代替真实世界漂移项 $\alpha(t, T)$和 $\tilde{\alpha}(t, T)$就可以了,即:

$$\zeta(t, T) = \alpha(t, T) + \sigma(t, T)\beta_t,\ \tilde{\zeta}(t, T) = \tilde{\alpha}(t, T) + \tilde{\sigma}(t, T)\beta_t$$

则有

$$df(t, T) = \zeta(t, T)dt + \sigma(t, T)dW_t^*$$

和

$$dg(t, T) = \tilde{\zeta}(t, T)dt + \tilde{\sigma}(t, T)dW_t^*$$

采用风险中性漂移项,等式(13.21)变为:$\alpha_s(t, T) = \tilde{\zeta}(t, T) - \zeta(t, T)$。同样,式(13.10)和式(13.20)分别变为 $\zeta(t, T) = \sigma(t, T)\sigma^*(t, T)$ 和 $\tilde{\zeta}(t, T) = \tilde{\sigma}(t, T)\tilde{\sigma}^*(t, T)$。尽管符号明显改变,但之前的所有论证仍然有效。因此,我们可得到下面的结论。

命题 13.1.1 (1) 在条件(HJM.1)—(HJM.6)下,$s(t, T)$动态变化中的漂移项在即期鞅测度$\mathbb{P}^*$下满足条件式(13.22),也即有

$$\alpha_s(t, T) = \sigma_s(t, T)\sigma^*(t, T) + \big(\sigma_s(t, T) + \sigma(t, T)\big)\sigma_s^*(t, T)$$

另外,对每个 $t \in [0, T]$,如果 $\sigma(t, T)\sigma_s(t, T) = 0$,则有

$$\alpha_s(t, T) = \sigma_s(t, T)\sigma_s^*(t, T)$$

(2) 反过来,如果条件(HJM.1)—条件(HJM.5)和条件式(13.22)成立,则条件(HJM.6)满足,因此,对每个 $t \in [0, T^*]$,有 $\lambda_t^* = s(t, T)$,且有

$$d\tilde{Z}(t, T) = \tilde{Z}(t, T)\big(s(t, T)dt + \tilde{b}(t, T)dW_t^*\big)$$

评注:(1) 之前是由 Maksymiuk 和 Gatarek(1999)推出条件(13.23)的。他们考虑的是零回收率情况并假定利率和违约风险相互独立。在这样的假设下,他们也注意到条件(13.23)等价于违约时间的$\mathbb{F}$—强度等于信用利差 $s(t, T)$这一性质。我们将在第 13.1.6 节考察这个性质,在那里将证明,只要条件(HJM.6)成立以及公司债券是服从零回收规则的,则这个特性就是有效的。

(2) 回忆下面的等式

$$\frac{\widetilde{D}(t,\ T)}{B(t,\ T)} = \exp\left(-\int_t^T s(t,\ u)\mathrm{d}u\right)$$

把这个等式和命题 13.1.1 结合起来,可以推出:一个 T 期—到期可违约债券的相对价格完全是由无违约期限结构动态变化中的扩散系数 $\sigma(t,\ T)$ 和信用利差 $s(t,\ T)$ 的波动系数 $\sigma_s(t,\ T)$ 来确定。当然,对于概率测度的等价变换,$\sigma(t,\ T)$ 和 $\sigma_s(t,\ T)$ 都保持不变(换而言之,如果 $\sigma(t,\ T)$ 和 $\sigma_s(t,\ T)$ 是确定型的,在真实世界概率下可以得到它们的估计)。

13.1.5 公司债券的违约时间

下文中,假定满足条件(HJM.1)—条件(HJM.5)。令 $\delta \in [0,\ 1)$ 为一固定的数。根据式(13.15),有

$$\mathrm{d}\widetilde{Z}(t,\ T) = \widetilde{Z}(t,\ T)\left(\lambda_t^* \mathrm{d}t + \widetilde{b}(t,\ T)\mathrm{d}W_t^*\right)$$

引入一辅助过程 $\lambda_{1,2}^*$,对每个 $t \in [0,\ T^*]$,它满足

$$\left(\widetilde{Z}(t,\ T) - \delta Z(t,\ T)\right)\lambda_{1,2}^*(t) = \widetilde{Z}(t,\ T)\lambda_t^* \tag{13.24}$$

注意,对于 $\delta = 0$,上式简化为,对每个 $t \in [0,\ T^*]$ 有 $\lambda_{1,2}^*(t) = \lambda_t^*$。另一方面,若取 $\delta > 0$,则只要 $\widetilde{D}(t,\ T) > \delta B(t,\ T)$,过程 $\lambda_{1,2}^*$ 就严格为正(回想一下,我们曾假定 $\widetilde{D}(t,\ T) < B(t,\ T)$)。

评注:如果放松假设 $\widetilde{D}(t,\ T) > \delta B(t,\ T)$,则只要对每个 $t \in [0,\ T]$,$\lambda_t^*\left(\widetilde{Z}(t,\ T) - \delta Z(t,\ T)\right) > 0$,过程 $\lambda_{1,2}^*$ 就还是严格为正。另外还要注意到,一般来说,$\lambda_{1,2}^*$ 既依赖于回收率 δ,也依赖于到期日 T。因此,假定过程 $\lambda_{1,2}^*$ 严格为正且在 $[0,\ T^*]$ 可积。

下面将证明存在一随机时间 τ,使得过程(和之前一样,$H_t = \mathbb{1}_{\{\tau \leqslant t\}}$)

$$M_t = H_t - \int_0^t \lambda_{1,2}^*(u)\, \mathbb{1}_{\{\tau > u\}}\mathrm{d}u,\ \forall t \in [0,\ T] \tag{13.25}$$

在即期鞅测度 $\mathbb{P}^*$ 的一个合适的扩展 $\mathbb{Q}^*$ 下服从一个鞅:如果允许基础概率空间有一个合适的放大,则从第 5 章和第 8 章的结论很容易推出 τ 的存在性。一般地,我们不能期望存在于原始概率空间 $(\widetilde{\Omega},\ \mathbb{F},\ \mathbb{P}^*)$ 上的停时 τ 具有理想性质。例如,为了保证即期鞅测度 $\mathbb{P}^*$ 的唯一性,通常施加的假定是基础滤子由一个标准布朗运动生成。在这种情况下,在原始空间上就不存在具有理想性质的停时。需要放大基础概率空间还因为我们不可能利用无风险债券来复制一个可违约债券。更准确地说,过程 $D^\delta(t,\ T)$ 并不对应于一个无风险债券自融资组合的财富过程。这意味着在无违约债券市场,它不是一个冗余证券。

用$(\widetilde{\Omega}, \mathcal{G}, \mathbb{Q}^*)$表示放大的概率空间。我们还要求从测度$\mathbb{P}^*$变化到测度$\mathbb{Q}^*$时，$W^*$仍是一个标准布朗运动。为了满足所有的要求，只需要采用一个乘积空间$(\widetilde{\Omega}\times\hat{\Omega}, (\mathcal{F}_t\otimes\hat{\mathcal{F}})_{t\in[0, T^*]}, \mathbb{P}^*\otimes\hat{\mathbb{Q}})$即可，其中概率空间$(\hat{\Omega}, \hat{\mathcal{F}}, \hat{\mathbb{Q}})$足够大以支撑一个单位指数分布的随机变量。下文中，用η表示这个随机变量。这样，可以推出（对照式(8.58)）

$$\tau=\inf\{t\in\mathbb{R}_+: \int_0^t \lambda_{1,2}^*(u)\mathrm{d}u\geqslant\eta\}$$

通过设定$W_t^*(\widetilde{\omega}, \hat{\omega})=W_t^*(\widetilde{\omega})$等，我们将$W^*$（和所有其他过程）扩展到放大的空间上。对于$\mathbb{F}$在放大概率空间$(\Omega, \mathcal{G}, \mathbb{Q}^*)$上的平凡扩展滤子，仍然用符号$\mathbb{F}$表示。引入一个由随机时间$\tau(\tau: \mathcal{H}_t=\sigma(H_u: u\leqslant t))$生成的滤子$\mathbb{H}=(\mathcal{H}_t)_{t\in[0, T^*]}$，其中$H_u=\mathbb{1}_{\{\tau\leqslant u\}}$是与$\tau$相伴的跳跃过程。最后，对每个$t$，设$\mathcal{G}_t=\mathcal{F}_t\vee\mathcal{H}_t=\sigma(\mathcal{F}_t, \mathcal{H}_t)$。这样，可明显地看出在测度$\mathbb{Q}^*=\mathbb{P}^*\otimes\hat{\mathbb{Q}}$下，满足理想的性质。特别地，由定义式(13.25)给出的过程M在测度$\mathbb{Q}^*$下是一个$\mathbb{G}$—局部鞅，而W^*在测度$\mathbb{Q}^*$下是一个$\mathbb{G}$—布朗运动。注意到τ和W^*相互独立明显不成立，下面这个辅助性结论的证明留给读者自行完成。

引理 13.1.5 对$t\in[0, T^*]$，令ξ和η为两个$\mathcal{F}_t$—可测的随机变量，使得在$\{\tau>t\}$上，等式$\xi=\eta$成立，则在概率空间上$\xi=\eta$几乎必然成立（$\mathbb{Q}^*$-a. s）。

现在，我们可以给定一个按国库券价值部分回收的T期—到期可违约债券的价格过程。首先，引入一个辅助过程$\hat{Z}(t, T)$，假定$\hat{Z}(t, T)$为下面这个随机微分方程的解：

$$\begin{aligned}\mathrm{d}\hat{Z}(t, T)=&\hat{Z}(t, T)\left(\widetilde{b}(t, T)\mathbb{1}_{\{\tau>t\}}+b(t, T)\mathbb{1}_{\{\tau\leqslant t\}}\right)\mathrm{d}W_t^*\\&+\left(\delta Z(t, T)-\hat{Z}(t-, T)\right)\mathrm{d}M_t\end{aligned}\tag{13.26}$$

带有初值约束条件$\hat{Z}(0, T)=\widetilde{Z}(0, T)$。显然，如果过程$\hat{Z}(t, T)$是定义良好的，则它在测度$\mathbb{Q}^*$下服从一个局部鞅。结合式(13.26)和式(13.25)，得到

$$\begin{aligned}\mathrm{d}\hat{Z}(t, T)=&\hat{Z}(t, T)\left(\widetilde{b}(t, T)\mathbb{1}_{\{\tau>t\}}+b(t, T)\mathbb{1}_{\{\tau\leqslant t\}}\right)\mathrm{d}W_t^*\\&+\left(\hat{Z}(t, T)-\delta Z(t, T)\right)\lambda_{1,2}^*(t)\mathbb{1}_{\{\tau>t\}}\mathrm{d}t+\left(\delta Z(t, T)-\hat{Z}(t-, T)\right)\mathrm{d}H_t\end{aligned}$$

另一方面，将式(13.15)代入式(13.24)，可以发现$\widetilde{Z}(t, T)$满足

$$\mathrm{d}\widetilde{Z}(t, T)=\left(\widetilde{Z}(t, T)-\delta Z(t, T)\right)\lambda_{1,2}^*(t)\mathrm{d}t+\widetilde{Z}(t, T)\widetilde{b}(t, T)\mathrm{d}W_t^*\tag{13.27}$$

容易看出，在$[0, \tau]$上，有$\hat{Z}(t, T)=\widetilde{Z}(t, T)$，于是$\hat{Z}(t, T)$还满足如下随机微分方程：

$$\begin{aligned}\mathrm{d}\hat{Z}(t, T)=&\hat{Z}(t, T)(\widetilde{b}(t, T)\mathbb{1}_{\{\tau>t\}}+b(t, T)\mathbb{1}_{\{\tau\leqslant t\}})\mathrm{d}W_t^*\\&+\hat{Z}(t, T)\lambda_t^*\mathbb{1}_{\{\tau>t\}}\mathrm{d}t+\left(\delta Z(t, T)-\hat{Z}(t-, T)\right)\mathrm{d}H_t\end{aligned}$$

接下来，根据式(13.12)，对任意$t\in[0, T]$，得到

$$\hat{Z}(t,\ T) = \mathbb{1}_{\{\tau>t\}}\tilde{Z}(t,\ T) + \delta\mathbb{1}_{\{\tau\leqslant t\}}Z(t,\ T) \tag{13.28}$$

要证明式(13.28),只需首先在随机区间$[0,\ \tau]$上、再在随机区间$[\tau,\ T]$上求解这里的随机微分方程即可。根据上面这个等式(13.28),可以用另一种方式表示$\hat{Z}(t,\ T)$的伊藤微分,即

$$\begin{aligned} d\hat{Z}(t,\ T) &= \tilde{Z}(t,\ T)\big(\tilde{b}(t,\ T)\mathbb{1}_{\{\tau>t\}} + \delta Z(t,\ T)b(t,\ T)\mathbb{1}_{\{\tau\leqslant t\}}\big)dW_t^* \\ &\quad + \tilde{Z}(t,\ T)\lambda_t^*\mathbb{1}_{\{\tau>t\}}dt + \big(\delta Z(t,\ T) - \tilde{Z}(t-,\ T)\big)dH_t \end{aligned}$$

下一步,我们要引入一个T期—到期可违约债券的价格过程$D^\delta(t,\ T)$。

对于任意$t\in[0,\ T]$,过程$D^\delta(t,\ T)$定义为

$$D^\delta(t,\ T):= B_t\hat{Z}(t,\ T) = \mathbb{1}_{\{\tau>t\}}\tilde{D}(t,\ T) + \delta\mathbb{1}_{\{\tau\leqslant t\}}B(t,\ T) \tag{13.29}$$

其中,第二个等式是式(13.28)的直接结果。在$\delta=0$情况下,过程$\hat{Z}(t,\ T)$在随机区间$[\tau,\ T]$上等于零,且有

$$d\hat{Z}(t,\ T) = \hat{Z}(t,\ T)\big(\lambda_t^*dt + \tilde{b}(t,\ T)dW_t^*\big) - \hat{Z}(t-,\ T)dH_t \tag{13.30}$$

有意思的是,注意到$\hat{Z}(t,\ T)$还满足

$$\begin{aligned} d\hat{Z}(t,\ T) &= \big(\hat{Z}(t,\ T)\tilde{b}(t,\ T)\mathbb{1}_{\{\tau>t\}} + \delta Z(t,\ T)b(t,\ T)\mathbb{1}_{\{\tau\leqslant t\}}\big)dW_t^* \\ &\quad + \big(\tilde{Z}(t,\ T) - \delta Z(t,\ T)\big)\lambda_{1,2}^*(t)\mathbb{1}_{\{\tau>t\}}dt + \big(\delta Z(t,\ T) - \tilde{Z}(t,\ T)\big)dH_t \end{aligned}$$

这意味着也可以通过下面这个表达式引入过程$\hat{Z}(t,\ T)$:

$$\begin{aligned} d\hat{Z}(t,\ T) &= \big(\tilde{Z}(t,\ T)\tilde{b}(t,\ T)\mathbb{1}_{\{\tau>t\}} + \delta Z(t,\ T)b(t,\ T)\mathbb{1}_{\{\tau\leqslant t\}}\big)dW_t^* \\ &\quad + \big(\delta Z(t,\ T) - \tilde{Z}(t,\ T)\big)dM_t \end{aligned} \tag{13.31}$$

其初始约束条件为$\hat{Z}(0,\ T) = \tilde{Z}(0,\ T)$。在下一节,我们将用到类似的方法。

为了简化说明,将做如下技术性假设,这个假设在第13.2.1节也有效(尽管在下一节,过程$\hat{Z}(t,\ T)$的定义有所不同)。

条件(HJM.7)由随机微分方程(13.26)给出的(或者,等价地,由式(13.31)给出的)过程$\hat{Z}(t,\ T)$在测度$\mathbb{Q}^*$下服从一个$\mathbb{G}$—鞅(而不是一个局部鞅)。

现在重点分析转移过程。在目前的设定下,因为有$K=2$,则二维转移过程$\tilde{C}=(C,\ \hat{C})$(对照第11.3.1节)有四种状态。我们可以也的确假设$\tilde{C}_0=(C_0,\ \hat{C}_0)=(1,\ 1)$,对每个$t$,还假设$\hat{C}_t=1$。因此,过程$\tilde{C}$的有关状态只是(1, 1)和(2, 1)。状态(1, 1)是违约前状态,而状态(2, 1)是吸收违约状态。既然$\tilde{C}$的第二个分量$\hat{C}$是由第一个分量C的历史唯一决定的,我们显然只需要指定C的动态变化。假定C的$\mathbb{F}$—条件强

度矩阵等于

$$\Lambda_t^* = \begin{pmatrix} -\lambda_{1,2}^*(t) & \lambda_{1,2}^*(t) \\ 0 & 0 \end{pmatrix}$$

违约时间 τ 由下面的公式给出

$$\tau = \inf\{t \in \mathbb{R}_+ : C_t = 2\} = \inf\{t \in \mathbb{R}_+ : (C_t, \hat{C}_t) = (2, 1)\} \tag{13.32}$$

利用式(13.29)，对每个 $t \in [0, T]$，正如所预期的可以得到

$$\begin{aligned} D_C(t, T) &:= \mathbb{1}_{\{C_t=1\}} \widetilde{D}(t, T) + \delta \mathbb{1}_{\{C_t=2\}} B(t, T) \\ &= \mathbb{1}_{\{\tau>t\}} \widetilde{D}(t, T) + \delta \mathbb{1}_{\{\tau\leqslant t\}} B(t, T) = D^\delta(t, T) \end{aligned}$$

分量 $\hat{C}$ 在目前的设定下没有发挥实质性作用，但是在多重信用评级的情形中，将显示出它的相关性。

在这节余下的部分中，将经常分别用到符号 $\mathbb{1}_{\{\tau>t\}}$ 和 $\mathbb{1}_{\{\tau\leqslant t\}}$，而不是 $\mathbb{1}_{\{C_t=1\}}$ 和 $\mathbb{1}_{\{C_t=2\}}$。

13.1.6 零回收的情况

下面假定条件(HJM.1)—条件(HJM.5)和条件(HJM.7)成立。现在要详细分析零回收率的情况。对于 $\delta = 0$，已知矩阵 Λ^* 具有如下的形式(对照式(13.24))：

$$\Lambda_t^* = \begin{pmatrix} -\lambda_t^* & \lambda_t^* \\ 0 & 0 \end{pmatrix}$$

这意味着违约时间的 $\mathbb{F}$—强度等于 λ^*。特别地，在条件(HJM.6)成立的情况下，它和短期信用利差 $s(t, t)$ 是一致的。令 $D^0(t, T)$ 为式(13.29)在 $\delta=0$ 时的形式，也即 $D^0(t, T) = \mathbb{1}_{\{\tau>t\}} \widetilde{D}(t, T)$，还令 $\mathbb{Q}_T$ 为相应于即期鞅测度 $\mathbb{Q}^*$ 的远期鞅测度，两者关系由下式确定：

$$\frac{d\mathbb{Q}_T}{d\mathbb{Q}^*} = \frac{1}{B(0, T)B_T}, \ \mathbb{Q}^*\text{-a.s.} \tag{13.33}$$

在 $(\Omega, \mathscr{F}_T)$ 上，显然有 $\mathbb{Q}_T = \mathbb{P}_T$。

命题 13.1.2 (1) 在即期鞅测度 $\mathbb{Q}^*$ 下，有

$$dD^0(t, T) = D^0(t, T)\big((\widetilde{a}(t, T) + \widetilde{b}(t, T)\beta_t)dt + \widetilde{b}(t, T)dW_t^*\big) - D^0(t-, T)dH_t$$

(2) 下面的风险中性估值公式有效

$$D^0(t, T) = B_t \mathbb{E}_{\mathbb{Q}^*}(B_T^{-1} \mathbb{1}_{\{\tau>t\}} \mid \mathscr{G}_t) = B(t, T)\mathbb{Q}_T\{\tau > T \mid \mathscr{G}_t\} \tag{13.34}$$

(3) 违约前价值过程满足

$$\widetilde{D}(t, T) = B(t, T)\frac{\mathbb{Q}_T\{\tau > T \mid \mathscr{F}_t\}}{\mathbb{Q}_T\{\tau > t \mid \mathscr{F}\}}$$

(4) 对任意固定的 T,设

$$K(t, T) = \frac{\widetilde{D}(t, T)}{B(t, T)}\mathrm{e}^{-\int_0^t \lambda_u^* \mathrm{d}u}, \ \forall t \in [0, T] \tag{13.35}$$

则过程 $K(t, T)$在远期鞅测度$\mathbb{P}_T$下服从一个鞅,并且有(参见式(13.17))

$$\left.\frac{\mathrm{d}\widetilde{\mathbb{P}}_T}{\mathrm{d}\mathbb{P}_T}\right|_{\mathscr{F}_t} = K(t, T), \ \mathbb{P}_T\text{-a. s.} \tag{13.36}$$

证明:命题中第一个结论是式(13.29)结合式(13.14)、式(13.28)以及式(13.30)的直接结果。下面证明第二个结论。根据式(13.15),得到

$$\mathrm{d}\widetilde{D}(t, T) = \widetilde{D}(t, T)\big((r_t + \lambda_t^*)\mathrm{d}t + \widetilde{b}(t, T)\mathrm{d}W_t^*\big)$$

从而有(回忆一下,$\widetilde{D}(T, T) = 1$)

$$\widetilde{D}(t, T) = \widetilde{B}_t\, \mathbb{E}_{\mathbb{P}^*}(\widetilde{B}_T^{-1} \mid \mathscr{F}_t) = \widetilde{B}_t\, \mathbb{E}_{\mathbb{Q}^*}(\widetilde{B}_T^{-1} \mid \mathscr{G}_t) \tag{13.37}$$

其中,记(参照式(8.28)) $\widetilde{B}_t = \exp\Big(\int_0^t (r_u + \lambda_u^*)\mathrm{d}u\Big)$。现在,如果定义过程 $V_t = \widetilde{D}(t, T)$,则这个过程就正如在命题 8.3.2 引入的过程 V 在 $Z = 0$ 和 $X = 1$ 时的情形一样。既然 $\Delta V_\tau = 0$ (我们知道过程 $\widetilde{D}(t, T)$是连续的,所以这个式子成立),利用推论 8.3.1,可以得到公式(13.34)中的第一个等式:

$$D^0(t, T) = \mathbb{1}_{\{\tau > t\}}\widetilde{D}(t, T) = B_t\, \mathbb{E}_{\mathbb{Q}^*}(B_T^{-1}\mathbb{1}_{\{\tau > t\}} \mid \mathscr{G}_t)$$

公式(13.34)的第二个等式可以从贝叶斯法则和式(13.33)中推出。由此命题中第二个结论得以证明。命题中第(3)部分得自第(2)部分和引理 13.1.5。对于最后一个结论,回忆下面的式子

$$\eta_t := \left.\frac{\mathrm{d}\mathbb{P}_T}{\mathrm{d}\mathbb{P}^*}\right|_{\mathscr{F}_t} = \mathbb{E}_{\mathbb{P}^*}\left(\frac{1}{B(0, T)B_T}\,\middle|\, \mathscr{F}_t\right) = \frac{B(t, T)}{B(0, T)B_t}$$

这足以证明 $\eta_t K(t, T)$服从一个$\mathbb{P}^*$—鞅。由于

$$\eta_t K(t, T) = \frac{\widetilde{D}(t, T)}{B(0, T)\widetilde{B}_T}$$

因此,既然 $\widetilde{D}(T, T) = 1$,鞅性质就是式(13.37)中第一个等式的结果。最后一个结论得自式(13.19)。 □

13.1.7 无违约和可违约的伦敦银行同业拆借利率

我们的目的是得到一些关于伦敦银行同业拆借利率的辅助性结论，这些结论将在第15章中有用。关于金融背景知识和无违约与可违约伦敦银行同业拆借利率的概念的探讨，有兴趣的读者可以参考第14.1节（特别地，参见式(14.3)和式(14.11)）。远期伦敦银行同业拆借利率的建模将在第15.1节和第15.2节进行考察。

对于一个固定的 $\Delta>0$ 和任意时期 $t<T$，在计息期$[T, T+\Delta]$，无违约远期伦敦银行同业拆借利率 $L(t, T)$等于

$$L(t, T)=\frac{1}{\Delta}\left(\frac{B(t, T)}{B(t, T+\Delta)}-1\right) \tag{13.38}$$

同样，可违约远期伦敦银行同业拆借利率 $\widetilde{L}(t, T)$由下面的公式定义

$$\widetilde{L}(t, T)=\frac{1}{\Delta}\left[\frac{\widetilde{D}(t, T)}{\widetilde{D}(t, T+\Delta)}-1\right] \tag{13.39}$$

其中，$\widetilde{D}(t, T)$表示具有零回收方案的公司债券违约前价值，因此 $D^0(t, T)=\mathbb{1}_{\{\tau>t\}}\widetilde{D}(t, T)$。

由式(13.13)以及远期伦敦银行同业拆借利率 $L(t, T)$的定义，可得到如下结论。

引理 13.1.6 在远期鞅测度$\mathbb{P}_{T+\Delta}$下，$L(t, T)$的动态变化为

$$\mathrm{d}L(t, T)=L(t, T)\nu(t, T)\mathrm{d}W_t^{T+\Delta}$$

其中，

$$\nu(t, T)=\frac{1+\Delta L(t, T)}{\Delta L(t, T)}(b(t, T)-b(t, T+\Delta))$$

并且过程 $W^{T+\Delta}$在测度$\mathbb{P}_{T+\Delta}$下服从一个标准布朗运动。

根据引理13.1.3，在即期鞅测度$\mathbb{P}^*$下，$\widetilde{L}(t, T)$的动态变化为

$$\mathrm{d}\widetilde{L}(t, T)=\Delta^{-1}\left(1+\Delta\widetilde{L}(t, T)\right)\left(\widetilde{b}(t, T)-\widetilde{b}(t, T+\Delta)\right)\left(\mathrm{d}W_t^*-\widetilde{b}(t, T+\Delta)\mathrm{d}t\right)$$

因此，显然有下面的辅助性结论。回忆一下，概率测度$\widetilde{\mathbb{P}}_{T+\Delta}$和相关的标准布朗运动$\widetilde{W}^{T+\Delta}$分别由定义13.1.2和式(13.18)给出。

引理 13.1.7 在测度$\widetilde{\mathbb{P}}_{T+\Delta}$下，可违约远期伦敦银行同业拆借利率 $\widetilde{L}(t, T)$满足

$$\mathrm{d}\widetilde{L}(t, T)=\widetilde{L}(t, T)\widetilde{\nu}(t, T)\mathrm{d}\widetilde{W}_t^{T+\Delta}$$

其中，

$$\widetilde{\nu}(t, T)=\frac{1+\Delta\widetilde{L}(t, T)}{\Delta\widetilde{L}(t, T)}(\widetilde{b}(t, T)-\widetilde{b}(t, T+\Delta))$$

并且过程 $\widetilde{W}^{T+\Delta}$ 在测度 $\widetilde{\mathbb{P}}_{T+\Delta}$ 下服从一个标准布朗运动。

接下来，引入远期生存过程 $G(t, T)$。对任意时期 $t < T$，设(关于下面过程 $G(t, T)$ 定义中的第二个等式，参见命题 13.1.2 的第(3)部分；而其中最后一个等式得自式(13.7))

$$G(t, T) := \frac{\widetilde{D}(t, T)}{B(t, T)} = \frac{Q_T\{\tau > T \mid F_t\}}{Q_T\{\tau > t \mid F_t\}} = \exp\Big(-\int_t^T s(t, u)\mathrm{d}u\Big)$$

下面的结论表明，在远期鞅测度下，远期生存过程的动态变化具有一种简洁的形式。

引理 13.1.8 对任意固定的 $T > 0$，在测度 $\mathbb{P}_T$ 下，远期生存过程 $G(t, T)$ 的动态变化为

$$\mathrm{d}G(t, T) = G(t, T)\Big(\lambda_{1,2}^*(t)\mathrm{d}t + (\widetilde{b}(t, T) - b(t, T))\,\mathrm{d}W_t^T\Big) \tag{13.40}$$

证明：要建立式(13.40)，只需结合式(13.12)和(13.15)，并利用伊藤公式即可。 □

回忆一下，在零回收情况下，曾有 $\lambda_t^* = \lambda_{1,2}^*(t)$，其中 λ^* 是违约时间 τ 的 $\mathbb{F}$—强度。因此，式(13.40)证实了由式(13.35)给出的过程 $K(t, T)$ 服从一个 $\mathbb{P}_T$—鞅。

13.1.8 非零回收率的情形

我们将在条件(HJM.1)—(HJM.5)和(HJM.7)下进行分析。接下来的结论主要是关于具有任意回收率 $\delta \in [0, 1]$ 的按国库券价值部分回收方案①。既然下面的命题 13.1.3 包括了零回收率情形，那么等式(13.34)也可以看成式(13.41)的一个特例。

命题 13.1.3 公司债券的价格过程 $D^\delta(t, T)$ 等于

$$D^\delta(t, T) = \mathbb{1}_{\{C_t=1\}}\exp\Big(-\int_t^T g(t, u)\mathrm{d}u\Big) + \delta\,\mathbb{1}_{\{C_t=2\}}\exp\Big(-\int_t^T f(t, u)\mathrm{d}u\Big)$$

或者，等价地

$$D^\delta(t, T) = \mathbb{1}_{\{C_t=1\}}\widetilde{D}(t, T) + \delta\,\mathbb{1}_{\{C_t=2\}}B(t, T)$$

此外，风险中性估值公式成立，即

$$D^\delta(t, T) = B_t\,\mathbb{E}_{\mathbb{Q}^*}(\delta B_T^{-1}\mathbb{1}_{\{\tau\leqslant T\}} + B_T^{-1}\mathbb{1}_{\{\tau>T\}} \mid \mathcal{G}_t) \tag{13.41}$$

更进一步地有

$$D^\delta(t, T) = B(t, T)\,\mathbb{E}_{\mathbb{Q}_T}(\delta\,\mathbb{1}_{\{\tau\leqslant T\}} + \mathbb{1}_{\{\tau>T\}} \mid \mathcal{G}_t)$$

其中，$\mathbb{Q}_T$ 是时期 T 的远期鞅测度，它和相应的即期鞅测度 $\mathbb{Q}^*$ 之间的关系为式(13.33)。

---

① 为了完整性，我们这里把完全回收的情况，即 $\delta = 1$ 也包括进来了。正如所预料的，在这种情形下，估值公式明显为 $D^1(t, T) = B(t, T)$。

证明:前两个公式可从式(13.5)和式(13.6),并结合式(13.29)和式(13.32)得出。根据表达式(13.29),显然还有 $D^{\delta}(T, T)=\delta \mathbb{1}_{\{\tau \leqslant T\}}+\mathbb{1}_{\{\tau>T\}}$。因此,要建立风险中性估值公式(13.41),只需证明贴现过程 $B_t^{-1}D^{\delta}(t, T)$在测度$\mathbb{Q}^*$下服从一个鞅。这点是显然的,因为根据式(13.29),有 $B_t^{-1}D^{\delta}(t, T)=\hat{Z}(t, T)$。由于式(13.41),最后一个等式就是贝叶斯法则和$\mathbb{Q}_T$定义的一个直接结果。 □

结合式(13.37)和式(13.29),得到

$$D^{\delta}(t, T)=\mathbb{1}_{\{\tau>T\}}\widetilde{B}_t\,\mathbb{E}_{\mathbb{P}^*}(\widetilde{B}_T^{-1} \mid \mathscr{F}_t)+\delta \mathbb{1}_{\{\tau \leqslant T\}}B_t\,\mathbb{E}_{\mathbb{P}^*}(B_T^{-1} \mid \mathscr{F}_t)$$

根据上面这个等式和估值公式(13.41),试图猜想

$$I_1(t):=B_t\,\mathbb{E}_{\mathbb{Q}^*}(B_T^{-1}\mathbb{1}_{\{\tau \leqslant T\}} \mid \mathscr{G}_t)=\mathbb{1}_{\{\tau \leqslant T\}}B_t\,\mathbb{E}_{\mathbb{P}^*}(B_T^{-1} \mid \mathscr{F}_t)$$

和

$$I_2(t):=B_t\,\mathbb{E}_{\mathbb{Q}^*}(B_T^{-1}\mathbb{1}_{\{\tau>T\}} \mid \mathscr{G}_t)=\mathbb{1}_{\{\tau>T\}}\widetilde{B}_t\,\mathbb{E}_{\mathbb{P}^*}(\widetilde{B}_T^{-1} \mid \mathscr{F}_t)$$

然而,正如下面这个命题所示,这个猜想是错误的。

命题 13.1.4 下面的等式成立

$$I_1(t)=B(t, T)-\mathbb{1}_{\{\tau>t\}}\bar{B}_t\,\mathbb{E}_{\mathbb{P}^*}(\bar{B}_T^{-1} \mid \mathscr{F}_t) \tag{13.42}$$

和

$$I_2(t)=\mathbb{1}_{\{\tau>t\}}\bar{B}_t\,\mathbb{E}_{\mathbb{P}^*}(\bar{B}_T^{-1} \mid \mathscr{F}_t) \tag{13.43}$$

其中,

$$\bar{B}_t=\exp\Big(\int_0^t(r_u+\lambda_{1,2}^*(u))\,\mathrm{d}u\Big)$$

进一步地有,

$$D^{\delta}(t, T)=\delta B(t, T)+(1-\delta)\mathbb{1}_{\{\tau>t\}}\bar{B}_t\,\mathbb{E}_{\mathbb{P}^*}(\bar{B}_T^{-1} \mid \mathscr{F}_t) \tag{13.44}$$

或者,等价地

$$D^{\delta}(t, T)=B(t, T)-(1-\delta)\big(B(t, T)-\mathbb{1}_{\{\tau>t\}}\bar{B}_t\,\mathbb{E}_{\mathbb{P}^*}(\bar{B}_T^{-1} \mid \mathscr{F}_t)\big) \tag{13.45}$$

最后,有

$$D_C(t, T)=B(t, T)\Big(\delta+(1-\delta)\mathbb{1}_{\{\tau>t\}}\mathbb{E}_{\mathbb{P}_T}\big(\mathrm{e}^{-\int_t^T\lambda_{1,2}^*(u)\mathrm{d}u} \mid \mathscr{F}_t\big)\Big)$$

其中,$\mathbb{P}_T$是时期 T 的远期鞅测度。

证明:将 $I_1(t)$改写为:

$$I_1(t)=B_t\,\mathbb{E}_{\mathbb{Q}^*}(B_T^{-1}H_T \mid \mathscr{G}_t)=B_t\,\mathbb{E}_{\mathbb{Q}^*}(B_T^{-1} \mid \mathscr{G}_t)-B_t\,\mathbb{E}_{\mathbb{Q}^*}\big(B_T^{-1}(1-H_T) \mid \mathscr{G}_t\big)$$

显然有

$$\mathbb{E}_{\mathbb{Q}^*}(B_T^{-1}(1-H_T)\mid\mathcal{G}_t)=\mathbb{E}_{\mathbb{Q}^*}\big(B_T^{-1}\,\mathbb{E}_{\mathbb{Q}^*}(1-H_T\mid\mathcal{F}_T\vee\mathcal{H}_t)\mid\mathcal{G}_t\big)$$

和命题 8.6.1 的证明一样进行推理:我们得到(和通常一样,设 $\mathcal{H}_t=\sigma(H_u:u\leqslant t)$)

$$\mathbb{E}_{\mathbb{Q}^*}(1-H_T\mid\mathcal{F}_T\vee\mathcal{H}_t)=\mathbb{Q}^*\{\tau>T\mid\mathcal{F}_T\vee\mathcal{H}_t\}=(1-H_t)\mathrm{e}^{-\int_t^T\lambda_{1,2}^*(u)\mathrm{d}u}$$

结合上面这个公式,我们得到

$$\begin{aligned}I_1(t)&=B_t\,\mathbb{E}_{\mathbb{Q}^*}(B_T^{-1}\mid\mathcal{G}_t)-B_t\,\mathbb{E}_{\mathbb{Q}^*}\big(B_T^{-1}(1-H_t)\mathrm{e}^{-\int_t^T\lambda_{1,2}^*(u)\mathrm{d}u}\mid\mathcal{G}_t\big)\\&=B_t\,\mathbb{E}_{\mathbb{P}^*}(B_T^{-1}\mid\mathcal{F}_t)-(1-H_t)\bar{B}_t\,\mathbb{E}_{\mathbb{Q}^*}(\bar{B}_T^{-1}\mid\mathcal{G}_t)\\&=B(t,T)-(1-H_t)\bar{B}_t\,\mathbb{E}_{\mathbb{P}^*}(\bar{B}_T^{-1}\mid\mathcal{F}_t)\end{aligned}$$

因为对于 $I_2(t)$,我们有

$$I_2(t)=B_t\,\mathbb{E}_{\mathbb{Q}^*}\big(B_T^{-1}(1-H_T)\mid\mathcal{G}_t\big)$$

那么,利用和 $I_1(t)$同样的论证方式,可推出

$$I_2(t)=(1-H_t)\bar{B}_t\,\mathbb{E}_{\mathbb{Q}^*}(\bar{B}_T^{-1}\mid\mathcal{G}_t)$$

最终,得到 $D^\delta(t,T)=\delta I_1(t)+I_2(t)$,从而式(13.44)和式(13.45)显然是由式(13.42)和式(13.43)导出的结果。而最后一个有关 $D_C(t,T)$的等式可从(13.44)式和远期测度$\mathbb{P}_T$的性质得出。 □

注意到,当 $\delta=0$ 时,有 $\bar{B}=\tilde{B}$,公式(13.44)就简化为 $D^0(t,T)=\mathbb{1}_{\{\tau>t\}}\tilde{D}(t,T)$。另一方面,当 $\delta=1$ 时,正如所预期的有 $D^1(t,T)=B(t,T)$。最后,当 $0<\delta<1$ 时,表达式(13.44)将可违约债券价格 $D^\delta(t,T)$分解为预测的违约后价值 $\delta B(t,T)$和违约前溢价$(D^\delta(t,T)-\delta B(t,T))$两部分。同样地,式(13.45)将 $D^\delta(t,T)$表示为它的无违约价值 $B(t,T)$与信用风险导致的期望价值损失两者之间的差。我们也可以从可违约债券买者的角度考察式(13.45):价格 $D^\delta(t,T)$等于无违约债券的价格减去信用风险补偿。

评注:记

$$J(t)=\mathbb{1}_{\{\tau>t\}}\bar{B}_t\,\mathbb{E}_{\mathbb{Q}^*}(\bar{B}_T^{-1}\mid\mathcal{G}_t)=B_t\,\mathbb{E}_{\mathbb{Q}^*}\big(B_T^{-1}(1-H_t)\mathrm{e}^{-\int_t^T\lambda_{1,2}^*(u)\mathrm{d}u}\mid\mathcal{G}_t\big)$$

根据命题 13.1.4 的证明,我们知道

$$(1-H_t)\mathrm{e}^{-\int_t^T\lambda_{1,2}^*(u)\mathrm{d}u}=\mathbb{Q}^*\{\tau>T\mid\mathcal{F}_T\vee\mathcal{H}_t\}$$

从而有

$$J(t)=B_t\,\mathbb{E}_{\mathbb{Q}^*}(B_T^{-1}\,\mathbb{Q}^*\{\tau>T\mid\mathcal{F}_T\vee\mathcal{H}_t\}\mid\mathcal{F}_t)$$

正如已经提到过的,在现有的设定下,停时 τ 和基础布朗运动 W^* (从而 τ 和 B)通常不是相互独立的。一旦假定 τ 和 B 是相互独立的①,在这个相对严格的假设条件下,$J(t)$ 变为

$$J(t) = B(t,\ T)\,\mathbb{Q}^*\{\tau > T \mid \mathscr{H}_t\}$$

从而,在集合 $\{\tau > t\} = \{C_t = 1\}$ 上,可以将估值公式(13.44)改写为如下形式:

$$D^\delta(t,\ T) = \widetilde{D}(t,\ T) = B(t,\ T)\big(\delta + (1-\delta)\,\mathbb{Q}^*\{\tau > T \mid C_t = 1\}\big) \quad (13.46)$$

上面这个公式和 Jarrow 等(1997)在另一个不同的设定下得到的表达式(12.9)是相对应的。回忆一下,在 Jarrow 等(1997)的方法中,它明确假定了转移过程和基础短期利率 r 是独立的。毋庸置疑,表达式(13.44)比式(13.46)更具有一般性,因为它没有排除可违约债券的转移过程和无风险期限结构之间的相关性。

13.1.9 备选回收规则

到目前为止,我们一直假定回收支付是固定的,而且是在公司债券到期日 T 进行的。在这一小节,我们将假定在违约时间而不是债券的到期日进行不变的(或随机的)支付,并关注两个重要的特例:面值部分回收和市场价值部分回收。在按面值部分回收方案下,若发生违约,债券持有者收到固定比例的债券面值。在某个时间 $t<T$,常量支付 δ 等价于在终端期 T 时的支付 $\delta B^{-1}(t,\ T)$。同样,对应于按市场价值部分回收,支付 $\delta\widetilde{D}(t,\ T)$ 等价于债券到期日时的支付 $\delta\widetilde{D}(t,\ T)B^{-1}(t,\ T)$。我们认为要将在违约时间得到回收支付这种典型情形也包括进来,只需要将之前章节介绍的模型构建扩展到 $\mathbb{F}$—适应随机过程 δ_t 的情形即可。因此,我们通过下面这个条件引入一般性的回收过程 δ_t。

条件(HJM.8) 终端回收过程 δ_t 是一个定义在原始概率空间($\widetilde{\Omega}$, $\mathbb{F}$, $\mathbb{P}$)上的 $\mathbb{F}$—适应和(局部)有界的过程。根据金融方面的解释,如果违约发生在时间 $\tau(\tau=t \leqslant T)$时,则数量为 δ_t 的回收支付是在到期日 T 进行的。

评注:(1) 第 8.1 节的回收过程 Z_t 和上面介绍的终端回收过程 δ_t 通过关系式 $\delta_t = Z_tB^{-1}(t,\ T)$ 紧密联系起来。

(2) 注意到,之前考虑的国库券价值部分回收方案对应于 $\delta_t \equiv \delta$。一般来说,支付 δ_t 表示在时间 T 的支付,它与在时间 t 进行的随机支付 $\delta_tB(t,\ T)$等价。

用来设定违约时间 τ 的强度的条件式(13.24)现在变为如下形式

$$\big(\widetilde{Z}(t,\ T) - \delta_t Z(t,\ T)\big)\lambda^*_{1,2}(t) = \widetilde{Z}(t,\ T)\lambda^*_t,\ \forall\, t \in [0,\ T]$$

---

① 更准确地说,假定违约时间 τ 和 $\mathscr{F}_T$ 独立,过程 B 和滤子 $\mathbb{H}$ 独立。

和之前一样，假定上面这个条件定义了一个严格为正的$\mathbb{F}$—适应过程$\lambda_{1,2}^{*}(t)$。我们将要说明如何修改基本公式(13.26)—式(13.29)。为此，引入一个辅助过程$\hat{Z}(t, T)$，它满足下面的随机微分方程：

$$\begin{aligned} \mathrm{d}\hat{Z}(t, T) = {} & \hat{Z}(t, T)(\tilde{b}(t, T)\mathbb{1}_{\{\tau>t\}} + b(t, T)\mathbb{1}_{\{\tau\leqslant t\}}\mathrm{d}W_t^{*} \\ & + (\delta_t Z(t, T) - \hat{Z}(t-, T))\mathrm{d}M_t \end{aligned} \tag{13.47}$$

其初值条件为$\hat{Z}(0, T) = \tilde{Z}(0, T)$。注意到，和原来一样，过程$\hat{Z}(t, T)$在测度$\mathbb{Q}^{*}$下服从一个局部鞅。遵循前几节同样的思路，推出$\hat{Z}(t, T)$满足：

$$\begin{aligned} \mathrm{d}\hat{Z}(t, T) = {} & \hat{Z}(t, T)\big(\tilde{b}(t, T)\mathbb{1}_{\{\tau>t\}} + b(t, T)\mathbb{1}_{\{\tau\leqslant t\}}\big)\mathrm{d}W_t^{*} \\ & + \hat{Z}(t, T)\lambda_t^{*}\mathbb{1}_{\{\tau>t\}}\mathrm{d}t + \big(\delta_t Z(t, T) - \hat{Z}(t-, T)\big)\mathrm{d}H_t \end{aligned}$$

因此，对于任意$t \in [0, T]$，有

$$\hat{Z}(t, T) = \mathbb{1}_{\{\tau>t\}}\tilde{Z}(t, T) + \delta_\tau \mathbb{1}_{\{\tau\leqslant t\}}Z(t, T) \tag{13.48}$$

在目前的设定下，条件(HJM.7)要换成为下面这个假设。

条件(HJM.9) 由随机微分方程(13.47)(或者，等价地，由表达式(13.48))给定的过程$\hat{Z}(t, T)$在测度$\mathbb{Q}^{*}$下服从一个$\mathbb{G}$—鞅(而不是一个局部鞅)。

T期—到期可违约债券的价格过程$\hat{D}^{\delta}(t, T)$由如下表达式给定

$$\hat{D}^{\delta}(t, T) := B_t\hat{Z}(t, T) = \mathbb{1}_{\{\tau>t\}}\tilde{D}(t, T) + \delta_\tau \mathbb{1}_{\{\tau\leqslant t\}}B(t, T)$$

和命题13.1.3的证明一样进行推理，可以证明如下结论成立。

命题13.1.5 假定满足条件(HJM.1)—条件(HJM.4)、条件(HJM.8)和条件(HJM.9)，则有

$$\hat{D}^{\delta}(t, T) = B_t\,\mathbb{E}_{\mathbb{Q}^{*}}(\delta^{*}B_T^{-1}\mathbb{1}_{\{\tau\leqslant T\}} + B_T^{-1}\mathbb{1}_{\{\tau>T\}} \mid \mathcal{G}_t)$$

其中，$\delta^{*} = \delta_\tau$。

我们将把上面这个结论应用到回收方案的两个例子中。

按面值部分回收。设$\delta_t = \delta B^{-1}(t, T)$，得到

$$\hat{D}^{\delta}(t, T) = \mathbb{1}_{\{\tau>t\}}\tilde{D}(t, T) + \delta B^{-1}(\tau, T)\mathbb{1}_{\{\tau\leqslant t\}}B(t, T)$$

这和在时间T的随机支付$\delta^{*} = \delta B^{-1}(\tau, T)$是对应的。因此，对于一个$T$期—到期可违约债券的价格过程，得到如下表达式：

$$\hat{D}^{\delta}(t, T) = \mathbb{1}_{\{\tau>t\}}\tilde{D}(t, T) + \delta^{*}\mathbb{1}_{\{\tau\leqslant t\}}B(t, T)$$

从而还有

$$\hat{D}^{\delta}(t, T) = B_t\,\mathbb{E}_{\mathbb{Q}^{*}}\big(\delta B^{-1}(\tau, T)B_T^{-1}\mathbb{1}_{\{\tau\leqslant T\}} + B_T^{-1}\mathbb{1}_{\{\tau>T\}} \mid \mathcal{G}_t\big)$$

按市场价值部分回收。 在这种方案中,回收过程等于 $\delta_t = \delta\widetilde{D}(t,\ T)B^{-1}(t,\ T)$,并且有

$$\widehat{D}^{\delta}(t,\ T) = \mathbb{1}_{\{\tau>t\}}\widetilde{D}(t,\ T) + \delta\widetilde{D}(\tau,\ T)B^{-1}(\tau,\ T)\,\mathbb{1}_{\{\tau\leqslant t\}}B(t,\ T)$$

或者,等价地有

$$\widehat{D}^{\delta}(t,\ T) = \mathbb{1}_{\{\tau>t\}}\widetilde{D}(t,\ T) + \delta^{*}\,\mathbb{1}_{\{\tau\leqslant t\}}B(t,\ T)$$

其中,$\delta_t^{*} = \delta\widetilde{D}(\tau,\ T)B^{-1}(\tau,\ T)$。当然,还有

$$\widehat{D}^{\delta}(t,\ T) = B_t\,\mathbb{E}_{\mathbb{Q}^*}\left(\delta\widetilde{D}(\tau,\ T)B^{-1}(\tau,\ T)B_T^{-1}\,\mathbb{1}_{\{\tau\leqslant T\}} + B_T^{-1}\,\mathbb{1}_{\{\tau>T\}}\mid \mathcal{G}_t\right)$$

13.2 含信用转移的 HJM 模型

下面,我们将对含信用转移的可违约利率期限结构构建无套利模型,其中的信用转移是指公司债券在几个可能的评级类别间进行的信用排名的转变。本节从以下内容开始分析:

——预设的无违约期限结构,由相应的瞬时远期利率确定;

——预设的期限结构,它是与给定的有限信用类别集相对应的,用一瞬时远期利率有限族来表示。

我们的目的是建立一个支持外生给定的可违约期限结构的模型,该模型的建立是通过合理选择定义在适度扩大的基础概率空间上的转移过程来实现的。换言之,假定可违约债券违约前的动态变化是预先给定的,我们就是要寻找一个支撑这些动态变化值的无套利框架。本节建立的期限结构模型依赖于一个假定:信用敏感型证券内在的信用风险可以完全由信用利差曲线和它的波动性来解释。关于这点,大家不要误认为其他在信用风险模型中经常出现的相关量在这里的设定中就可以完全忽略。相反,所有在大多数信用风险模型中经常用到的其他数量指标(如违约概率、回收率和违约相关性)也会出现在这里提出的方法中。这节介绍的结论主要是来自 Bielecki 和 Rutkowski(1999, 2000a)(相关的结论可参见 Schonbucher(2000a))。

这里,仍然保留第 13.1 节中的条件(HJM. 1),条件(HJM. 2)和条件(HJM. 4),但是,我们将把它们分别重新称为条件(BR. 1),条件(BR. 2)和条件(BR. 4)。这节的主要结论是命题 13.2.1 和定理 13.2.1。第 13.2.8 节中关于利率风险的市场价格和信用风险的市场价格的讨论也要掌握。和第 13.1 节一样,首先假定按国库券价值部分回收方案。其他备选回收方案在第 13.2.5 节讨论。

13.2.1 模型的假设

假定信用评级的类别集为 $\mathscr{K}=\{1, 2, \cdots, K\}$，其中类别 K 对应于违约事件。对任意 $i=1, 2, \cdots, K-1$，用 $\delta_i(\delta_i \in [0, 1))$ 来表示对应的(确定性的)回收率。我们首先重点关注国库券价值部分回收方案，如果现处于第 i 类评级的债券违约，则 δ_i 可以看作在到期日的相对于面值的支付比例。为了简洁，记 $\delta=(\delta_1, \delta_2, \cdots, \delta_{K-1})$。

接下来，将第 13.1.2 节中的无风险期限结构和对应于 $K-1$ 类违约前信用评级的 $K-1$ 种不同的信用期限结构结合起来(前节的讨论只考虑了 $K=2$ 的情况)。在目前的框架内，条件(HJM. 3)采用下面的形式。

条件(BR. 3) 对于任意 $T \leqslant T^*$，对应于评级等级 $i=1, 2, \cdots, K$ 的瞬时远期利率 $g_i(t, T)$ 在测度$\mathbb{P}$下满足

$$dg_i(t, T)=\alpha_i(t, T)dt+\delta_i(t, T)dW_t$$

其中，对于任意 $t \in [0, T]$，$\alpha_i(t, T)$ 和 $\sigma_i(t, T)$ 分别是在$\mathbb{R}$和$\mathbb{R}^d$中取值的适应随机过程。

另外，我们可以试着假定

$$g_{K-1}(t, T)>g_{K-2}(t, T)>\cdots>g_1(t, T)>f(t, T) \tag{13.49}$$

但是，这个假定并不是必要的。

和之前一样，一个 T 期—到期无违约贴现债券的价格用 $B(t, T)$ 来表示，因此有

$$B(t, T)=\exp\left(-\int_t^T f(t, u)du\right) \tag{13.50}$$

并且记 $Z(t, T)=B_t^{-1}B(t, T)$。对于任意 $i=1, 2, \cdots, K-1$，设

$$D_i(t, T):=\exp\left(-\int_t^T g_i(t, u)du\right) \tag{13.51}$$

对于过程 $B(t, T)$ 和 $D_i(t, T)(i=1, 2, \cdots, K-1)$，经过适当的符号变化，有类似于式(13.9)的公式成立。特别地，记

$$a_i(t, T)=g_i(t, t)-\alpha_i^*(t, T)+\frac{1}{2}\mid\sigma_i^*(t, T)\mid^2,\ b_i(t, T)=-\sigma_i^*(t, T)$$

其中，

$$\alpha_i^*(t, T)=\int_t^T\alpha_i(t, u)du,\ \sigma_i^*(t, T)=\int_t^T\sigma_i(t, u)du$$

回忆一下,条件(HJM. 4)定义了过程 β。现在把整节中都要用到的这个假定条件称为条件(BR. 4)。给定过程 β,条件(HJM. 5)现在变为如下形式。

条件(BR. 5) 对 $i=1, 2, \cdots, K-1$,由公式

$$\lambda_i^*(t, T) := a_i(t, T) - f(t, t) + b_i(t, T)\beta_t, \ \forall t \in [0, T]$$

给定的过程 λ_i^* 不依赖于到期日 T:

评注:若还假定

$$a_i(t, T) + b_i(t, T)\beta_t = g_i(t, T)$$

则 $\lambda_i^*(t) = g_i(t, t) - f(t, t)$,因此对 $i=1, 2, \cdots, K$,显然有 $\lambda_i^*(t) > 0$。更一般地,沿着前一节同样的思路,可以证明过程 λ_i^* 是严格为正的(这是式(13.49)的一个结果)。但是,有必要强调,我们进一步的分析并不要求 λ_i^* 严格为正,也不要求它们和到期日 T 独立。

在条件(BR. 1)—条件(BR. 5)的一般情况下,和第 13.1 节一样,对无风险利率期限结构构造即期鞅测度 $\mathbb{P}^*$。在测度 $\mathbb{P}^*$ 下,过程 $Z(t, T) = B_t^{-1}B(t, T)$ 满足

$$dZ(t, T) = Z(t, T)b(t, T)dW_t^* \tag{13.52}$$

同样,对 $i=1, 2, \cdots, K-1$,如果定义过程 $Z_i(t, T) = B_t^{-1}D_i(t, T)$,在测度 $\mathbb{P}^*$ 下,可以得到 $Z_i(t, T)$ 的动态变化为(对照式(13.15))

$$dZ_i(t, T) = Z_i(t, T)\left(\lambda_i^*(t)dt + b_i(t, T)dW_t^*\right) \tag{13.53}$$

13.2.2 转移过程

下一步,要在状态空间 $\mathcal{K} = \{1, 2, \cdots, K\}$ 上引入一个条件马尔可夫链 C。为了构造 C,需要扩大基础概率空间,分别记 $\mathcal{G}_t$ 和 $\mathbb{Q}^*$ 为 $\mathcal{F}_t$ 和 $\mathbb{P}^*$ 的合适的扩展(第 11.3 节给出了 C 的详细构造)。C 的 $\mathbb{F}$—条件无穷小生成元等于

$$\Lambda_t^* = \begin{pmatrix} \lambda_{1,1}^*(t) & \cdots & \lambda_{1,K}^*(t) \\ \vdots & \vdots & \vdots \\ \lambda_{K-1,1}^*(t) & \cdots & \lambda_{K-1,K}^*(t) \\ 0 & \cdots & 0 \end{pmatrix}$$

其中,对 $i=1, 2, \cdots, K-1$,$\lambda_{ii}^* = -\sum_{j\neq i}\lambda_{ij}^*(t)$,且 λ_{ij}^* 是 $\mathbb{F}$—适应且严格为正的过程。为了保证我们的定价模型是无套利的,还要假定过程 λ_{ij}^* 满足相容性条件(BR. 6)(或

者如果 $K=3$,要满足式(13.58))。

根据条件(BR. 6),信用转移的强度 λ_{ij}^{*} 可能依赖于到期日 T 和回收率向量 δ。因此,对于每个到期日 T 和每个回收率向量 δ,都可能对应于一个不同的转移过程。但是,模型的这个特征并不意味着不同到期日(也可能不同回收分布)的可违约债券间没有套利机会存在。这是因为扩大的概率空间(Ω,$(\mathcal{G}_t)_{t\in[0,T^*]}$,$\mathbb{Q}^*$)既不依赖于 T 也不依赖于 δ,而且不管 $T\leqslant T^*$ 和 $\delta\in[0,1)^{K-1}$ 具体取何值,这节后面要介绍的过程 $D^{\delta}(\cdot, T)$都是(Ω,$(\mathcal{G}_t)_{t\in[0,T^*]}$,$\mathbb{Q}^*$)上的鞅。

和通常一样,对 $i=1, 2, \cdots, K$,记 $H_t^i=\mathbb{1}_{\{C_t=i\}}$。对 $i=1, 2, \cdots, K-1$, $j=1, 2, \cdots, K$ 和 $j\neq i$ 定义:

$$M_t^{ij}:=H_t^{ij}-\int_0^t \lambda_{ij}^{*}(s)H_s^i \mathrm{d}s,\ \forall t\in[0, T] \tag{13.54}$$

和之前一样,这里的 H_t^{ij} 表示 C 在时间区间$(0, t]$从 i 到 j 的转移次数。可以证明(参见第 11.3 节)M_t^{ij} 在扩大的概率空间(Ω,$(\mathcal{G}_t)_{t\in[0,T^*]}$,$\mathbb{Q}^*$)上是一个局部鞅。

回忆一下,在第 11.3.1 节,我们还构造了二维条件马尔可夫链 $\widetilde{C}=(C, \hat{C})$的"跳跃前"成分 $\hat{C}$。对于我们现在的模型,这个组成成分具有重要的作用。注意到 $\hat{C}_t=C_{u(t)-}$,其中 $u(t)=\sup\{u\leqslant t: C_u\neq C_t\}$。按照惯例,$\sup\varnothing=0$,因此,对每个 $u\in[0, t]$,如果 $C_u=C_0$,则有 $\hat{C}_t=C_t$。换言之,$u(t)$表示 C 在时间 t 之前(包括时间 t)最后一次跳跃的时间,而 $\hat{C}_t$ 表示 C 跳到现在状态之前最后所处的状态。

13.2.3 特例

首先考察 $K=3$ 的情况。假定 $(C_0, \hat{C}_0)\in\{(1, 1), (2, 2)\}$,从而 $H_0^1+H_0^2=\mathbb{1}_{\{C_0=1\}}+\mathbb{1}_{\{C_0=2\}}=1$。对 $i, j=1, 2, i\neq j$ 和每个 $t\in[0, T]$,我们还观察到

$$H_t^i=H_0^i+H_t^{ji}-H_t^{ij}-H_t^{i3} \tag{13.55}$$

和

$$H_t^{i3}=\mathbb{1}_{\{C_t=3,\ \hat{C}_t=i\}} \tag{13.56}$$

接下来,定义一个辅助过程 $\hat{Z}(t, T)$,具体设定为(下面的公式直接是式(13.31)的一般化)

$$\begin{aligned}
\mathrm{d}\hat{Z}(t, T):=&\big(Z_2(t, T)-Z_1(t, T)\big)\mathrm{d}M_t^{1,2}+\big(Z_1(t, T)-Z_2(t, T)\big)\mathrm{d}M_t^{2,1}\\
&+\big(\delta_1 Z(t, T)-Z_1(t, T)\big)\mathrm{d}M_t^{1,3}+\big(\delta_2 Z(t, T)-Z_2(t, T)\big)\mathrm{d}M_t^{2,3}\\
&+\big(H_t^1 Z_1(t, T)b_1(t, T)+H_t^2 Z_2(t, T)b_2(t, T)\big)\mathrm{d}W_t^{*}\\
&+(\delta_1 H_t^{1,3}+\delta_2 H_t^{2,3})Z(t, T)b(t, T)\mathrm{d}W_t^{*}
\end{aligned}$$

初值约束条件

$$\hat{Z}(0,\ T)=H_0^1 Z_1(0,\ T)+H_0^2 Z_2(0,\ T) \tag{13.57}$$

这样定义的辅助过程 $\hat{Z}(t,\ T)$在测度$\mathbb{Q}^*$下也服从一个$\mathbb{G}$—局部鞅。

利用式(13.54),可以得到下面的 $\hat{Z}(t,\ T)$的动态变化式

$$\begin{aligned}
d\hat{Z}(t,\ T)=&Z_1(t)(dH_t^{2,1}-dH_t^{1,2}-dH_t^{1,3})+H_t^1 dZ_1(t)\\
&+Z_2(t)(dH_t^{1,2}-dH_t^{2,1}-dH_t^{2,3})+H_t^2 dZ_2(t)\\
&+Z(t)(\delta_1 dH_t^{1,3}+\delta_2 dH_t^{2,3})+(\delta_1 H_t^{1,3}+\delta_2 H_t^{2,3})dZ(t)\\
&+[\lambda_{1,2}^*(t)\big(Z_1(t)-Z_2(t)\big)+\lambda_{1,3}^*(t)\big(Z_1(t)-\delta_1 Z(t)\big)]H_t^1 dt\\
&+[\lambda_{2,1}^*(t)\big(Z_2(t)-Z_1(t)\big)+\lambda_{2,3}^*(t)\big(Z_2(t)-\delta_2 Z(t)\big)]H_t^2 dt\\
&-\big(\lambda_1^*(t)Z_1(t)H_t^1+\lambda_2^*(t)Z_2(t)H_t^2\big)dt
\end{aligned}$$

其中,记 $Z_i(t)=Z_i(t,\ T)$ 和 $Z(t)=Z(t,\ T)$。为了构造一个相容的利率期限结构模型,我们需要合理设定强度矩阵 Λ^*。

对所有 $t\in[0,\ T]$,假定选择满足下面等式

$$\begin{cases}\lambda_{1,2}^*(t)\big(Z_1(t)-Z_2(t)\big)+\lambda_{1,3}^*(t)\big(Z_1(t)-\delta_1 Z(t)\big)=\lambda_1^*(t)Z_1(t)\\ \lambda_{2,1}^*(t)\big(Z_2(t)-Z_1(t)\big)+\lambda_{2,3}^*(t)\big(Z_2(t)-\delta_2 Z(t)\big)=\lambda_2^*(t)Z_2(t)\end{cases} \tag{13.58}$$

的 Λ^* 的元素:

评注:首先假设 $\delta_1=\delta_2=0$。在这种情况下,Λ^* 的元素满足

$$\begin{cases}\lambda_{1,2}^*(t)\big(1-D_{21}(t)\big)+\lambda_{1,3}^*(t)=\lambda_1^*(t)\\ \lambda_{2,1}^*(t)\big(1-D_{12}(t)\big)+\lambda_{2,3}^*(t)=\lambda_2^*(t)\end{cases}$$

其中,设 $D_{ij}(t)=Z_i(t,\ T)/Z_j(t,\ T)=D_i(t,\ T)/D_j(t,\ T)$。注意到,系数 $\lambda_{ij}^*(t)$不是唯一决定的。例如,我们可以取 $\lambda_{1,2}^*(t)=\lambda_{2,1}^*(t)=0$(在评级等级 1 和 2 间没有发生信用等级转移)以得到 $\lambda_{1,3}^*(t)=\lambda_1^*(t)$ 和 $\lambda_{2,3}^*(t)=\lambda_2^*(t)$,但是也不能排除其他的选择。另外,也要注意到,我们不能设 $\lambda_{1,3}^*(t)=\lambda_{2,3}^*(t)=0$(即违约不可能发生),因为在此设定下,要么有 $\lambda_{1,2}^*(t)<0$,要么有 $\lambda_{2,1}^*(t)<0$。现在假设 $\delta_1+\delta_2>0$,在这种情况下,有

$$\begin{cases}\lambda_{1,2}^*(t)\big(1-D_{21}(t)\big)+\lambda_{1,3}^*(t)\big(1-\delta_1 d_{31}(t)\big)=\lambda_1^*(t)\\ \lambda_{2,1}^*(t)\big(1-D_{12}(t)\big)+\lambda_{2,3}^*(t)\big(1-\delta_2 d_{32}(t)\big)=\lambda_2^*(t)\end{cases}$$

其中,$d_{ij}(t)=Z(t,\ T)/Z_j(t,\ T)=B(t,\ T)/D_j(t,\ T)$。

我们再回过来分析过程 $\hat{Z}(t, T)$。在式(13.58)下,$\hat{Z}(t, T)$满足

$$\begin{aligned}\mathrm{d}\hat{Z}(t, T) := &(Z_2(t, T) - Z_1(t, T))\,dH_t^{1,2} + (Z_1(t, T) - Z_2(t, T))\,\mathrm{d}H_t^{2,1} \\ &+ (\delta_1 Z(t, T) - Z_1(t, T))\,\mathrm{d}H_t^{1,3} + (\delta_2 Z(t, T) - Z_2(t, T))\,\mathrm{d}H_t^{2,3} \\ &+ H_t^1 \mathrm{d}Z_1(t, T) + H_t^2 \mathrm{d}Z_2(t, T) + (\delta_1 H_t^{1,3} + \delta_2 H_t^{2,3})\mathrm{d}Z(t, T)\end{aligned}$$

其初值条件为式(13.57)。结合式(13.55)和式(13.66),从上面过程 $\hat{Z}(t, T)$的表达式可以推出下面这个重要公式:

$$\hat{Z}(t, T) = \mathbb{1}_{\{C_t=1\}} Z_1(t, T) + \mathbb{1}_{\{C_t=2\}} Z_2(t, T) + (\delta_1 H_t^{1,3} + \delta_2 H_t^{2,3}) Z(t, T)$$

也可表示为

$$\hat{Z}(t, T) = \mathbb{1}_{\{C_t \neq 3\}} Z_{C_t}(t, T) + \delta_{\hat{C}_t} \mathbb{1}_{\{C_t=3\}} Z(t, T) \tag{13.59}$$

最后,通过下述设定(也可对照式(13.29))

$$D^\delta(t, T) := B_t \hat{Z}(t, T) = \mathbb{1}_{\{C_t \neq 3\}} D_{C_t}(t, T) + \delta_{\hat{C}_t} \mathbb{1}_{\{C_t=3\}} B(t, T)$$

引入 T 期—到期的可违约债券的价格过程:

评注:在目前的假设下,由式(13.59)给定的过程 $\hat{Z}(t) := \hat{Z}(t, T)$ 也可定义为下面随机微分方程(对照式(13.26))的唯一解:

$$\begin{aligned}\mathrm{d}\hat{Z}(t) = &(Z_2(t) - H_t^1 \hat{Z}(t-))\,\mathrm{d}M_t^{1,2} + (Z_1(t) - H_t^2 \hat{Z}(t-))\,\mathrm{d}M_t^{2,1} \\ &+ (\delta_1 Z(t) - H_t^1 \hat{Z}(t-))\,\mathrm{d}M_t^{1,3} + (\delta_2 Z(t) - H_t^2 \hat{Z}(t-))\,\mathrm{d}M_t^{2,3} \\ &+ (H_t^1 \hat{Z}(t) b_1(t, T) + H_t^2 \hat{Z}(t) b_2(t, T) + H_t^3 \hat{Z}(t) b(t, T))\,\mathrm{d}W_t^*\end{aligned}$$

其初值条件为式(13.57)。的确,因为

$$H_t^3 = 1 - H_t^1 - H_t^2 = H_t^{13} + H_t^{23}$$

我们可以将这个随机微分方程改写为:

$$\begin{aligned}\mathrm{d}\hat{Z}(t) = &(Z_2(t) - H_t^1 \hat{Z}(t-))\,\mathrm{d}H_t^{1,2} + H_t^1 \hat{Z}(t)(\lambda_1^*(t)\mathrm{d}t + b_1(t, T))\,\mathrm{d}W_t^* \\ &+ (Z_1(t) - H_t^2 \hat{Z}(t-))\,\mathrm{d}H_t^{2,1} + H_t^2 \hat{Z}(t)(\lambda_2^*(t)\mathrm{d}t + b_2(t, T))\,\mathrm{d}W_t^* \\ &+ (\delta_1 Z(t) - H_t^1 \hat{Z}(t-))\,\mathrm{d}H_t^{1,3} + (\delta_2 Z(t) - H_t^2 \hat{Z}(t-))\,\mathrm{d}H_t^{2,3} \\ &+ (H_t^{1,3} + H_t^{2,3})\hat{Z}(t) b(t, T)\mathrm{d}W_t^* \\ &- H_t^1[\lambda_{1,2}^*(t)(Z_2(t) - \hat{Z}(t)) + \lambda_{1,3}^*(t)(\delta_1 Z(t) - \hat{Z}(t)) + \lambda_1^*(t)\hat{Z}(t)]\mathrm{d}t \\ &- H_t^2[\lambda_{2,1}^*(t)(Z_1(t) - \hat{Z}(t)) + \lambda_{2,3}^*(t)(\delta_2 Z(t) - \hat{Z}(t)) + \lambda_2^*(t)\hat{Z}(t)]\mathrm{d}t\end{aligned}$$

根据式(13.52)、式(13.53)和式(13.58)，不难验证上面这个随机微分方程的唯一解 $\hat{Z}(t, T)$ 和式(13.59)右边给定的过程是一致的。

13.2.4 一般情况

现在，我们来考察一般的情况。对任意 $K \geqslant 3$，定义一个辅助过程 $\hat{Z}(t, T)$，假定它满足：

$$
\begin{aligned}
\mathrm{d}\hat{Z}(t, T) = & \sum_{i=1}^{K-1} H_t^i Z_i(t, T) b_i(t, T) \mathrm{d}W_t^* + \sum_{i=1}^{K-1} \delta_i H_t^{iK} Z(t, T) b(t, T) \mathrm{d}W_t^* \\
& + \sum_{i, j=1, i \neq j}^{K-1} \big(Z_j(t, T) - Z_i(t, T)\big) \mathrm{d}M_t^{ij} + \sum_{i=1}^{K-1} \big(\delta_i Z(t, T) - Z_i(t, T)\big) \mathrm{d}M_t^{iK}
\end{aligned}
$$

其初值条件为：

$$
\hat{Z}(0, T) = \sum_{i=1}^{K-1} H_0^i Z_i(0, T)
$$

接下来，将对相容性条件式(13.58)进行一般化。为了简洁，把 $Z_i(t, T)$ 记为 $Z_i(t)$。

条件(BR.6) 对任意 $i = 1, 2, \cdots, K-1$ 和每个 $t \in [0, T]$，满足下面等式：

$$
\sum_{j=1}^{K-1} \lambda_{ij}^*(t)\big(Z_j(t) - Z_i(t)\big) + \lambda_{iK}^*(t)\big(\delta_i Z(t) - Z_i(t)\big) + \lambda_i^*(t) Z_i(t) = 0
$$

在上面的假设下，过程 $\hat{Z}(t, T)$ 由如下的表达式所决定：

$$
\begin{aligned}
\mathrm{d}\hat{Z}(t, T) = & \sum_{i, j=1, i \neq j}^{K-1} \big(Z_j(t, T) - Z_i(t, T)\big) \mathrm{d}H_t^{ij} \\
& + \sum_{i=1}^{K-1} \big(\delta_i Z(t, T) - Z_i(t, T)\big) \mathrm{d}H_t^{iK} \\
& + \sum_{i=1}^{K-1} H_t^i \mathrm{d}Z_i(t, T) + \sum_{i=1}^{K-1} \delta_i H_t^{iK} \mathrm{d}Z(t, T)
\end{aligned}
$$

随后的引理给出了辅助过程 $\hat{Z}(t, T)$ 更方便的表达式。

引理 13.2.1 在假设(BR.6)下，过程 $\hat{Z}(t, T)$ 满足

$$
\hat{Z}(t, T) = \sum_{i=1}^{K-1} \big(H_t^i Z_i(t, T) + \delta_i H_t^{iK} Z(t, T)\big)
$$

或者，等价地

$$\hat{Z}(t, T)=\mathbb{1}_{\{C_t\neq K\}}Z_{C_t}(t, T)+\delta_{\hat{C}_t}\mathbb{1}_{\{C_t=K\}}Z(t, T) \tag{13.60}$$

进一步地，$\hat{Z}(t, T)$是下面随机微分方程的唯一解：

$$\begin{aligned}
d\hat{Z}(t, T)=&\sum_{i, j=1, i\neq j}^{K-1}\big(Z_j(t, T)-H_t^i\hat{Z}(t-, T)\big)dM_t^{ij}\\
&+\sum_{i=1}^{K-1}\big(\delta_iZ(t, T)-H_t^i\hat{Z}(t-, T)\big)dM_t^{iK}\\
&+\sum_{i=1}^{K-1}H_t^i\hat{Z}(t, T)b_i(t, T)dW_t^*+H_t^K\hat{Z}(t, T)b(t, T)dW_t^*
\end{aligned}$$

其初值条件为 $\hat{Z}(0, T)=\sum_{i=1}^{K-1}H_0^iZ_i(0, T)$。

证明:这个引理可以和 $K=3$ 的情况下一样证明。故证明过程留给读者自行完成。 □

和预期的一样，定义 T 期一到期零息票公司债券的价值过程为

$$D^{\delta}(t, T):=B_t\hat{Z}(t, T)=\mathbb{1}_{\{C_t\neq K\}}D_{C_t}(t, T)+\delta_{\hat{C}_t}\mathbb{1}_{\{C_t=K\}}B(t, T) \tag{13.61}$$

下面的命题可以由辅助过程 $\hat{Z}(t, T)$的性质直接得到。

命题 13.2.1 在风险中性概率$\mathbb{Q}^*$下，价格过程 $D^{\delta}(t, T)$的动态变化为

$$\begin{aligned}
dD^{\delta}(t, T)=&\sum_{i, j=1, i\neq j}^{K-1}\big(D_j(t, T)-D_i(t, T)\big)dH_t^{ij}\\
&+\sum_{i=1}^{K-1}\big(\delta_iB(t, T)-D_i(t, T)\big)dH_t^{iK}+\sum_{i=1}^{K-1}H_t^idD_i(t, T)\\
&+\sum_{i=1}^{K-1}\delta_iH_t^{iK}dB(t, T)+r_tD^{\delta}(t, T)dt
\end{aligned}$$

其中，伊藤微分 $dB(t, T)$和 $dD_i(t, T)$由公式

$$dB(t, T)=B(t, T)\big(r_tdt+b(t, T)dW_t^*\big)$$

和

$$dD_i(t, T)=D_i(t, T)\Big(\big(r_t+\lambda_i^*(t)\big)dt+b_i(t, T)dW_t^*\Big)$$

给出。

将要给出的定理表明可以根据违约时间和回收率来直观地解释由式(13.61)正式引入的过程 $D^{\delta}(t, T)$。为此，先做出下面这个技术性的假设(对照第 13.1.5 节的条件(HJM.7))条件。

条件(BR.7) 由式(13.60)给定的过程 $\hat{Z}(t, T)$ 在测度 $\mathbb{Q}^*$ 下服从一个 $\mathbb{G}$ —鞅(不是局部鞅)。

这一节的主要结论是在满足条件(BR.1)—条件(BR.7)之下才成立的。

定理 13.2.1 对任意 $i=1, 2, \cdots, K-1$,令 $\delta_i \in [0, 1)$ 为来自于第 i 级评级的可违约债券回收率。则 T 期—到期可违约债券的价格过程 $D^{\delta}(t, T)$ 等于

$$D^{\delta}(t, T) = \mathbb{1}_{\{C_t \neq K\}} e^{-\int_t^T g_{C_t}(t, u)du} + \delta_{\hat{C}_t} \mathbb{1}_{\{C_t \neq K\}} e^{-\int_t^T (t, u)du}$$

即

$$D^{\delta}(t, T) = \mathbb{1}_{\{C_t \neq K\}} D_{C_t}(t, T) + \delta_{\hat{C}_t} \mathbb{1}_{\{C_t \neq K\}} B(t, T)$$

等价地

$$D^{\delta}(t, T) = B(t, T)\left(\mathbb{1}_{\{C_t \neq K\}} e^{-\int_t^T s_{C_t}(t, u)du} + \delta_{\hat{C}_t} \mathbb{1}_{\{C_t \neq K\}}\right)$$

其中,$s_i(t,u) = g_i(t, u) - f(t, u)$ 表示第 i 级的信用利差。

进一步地,$D^{\delta}(t, T)$ 还可由下面形式的风险中性估值公式给定:

$$D^{\delta}(t, T) = B_t \mathbb{E}_{\mathbb{Q}^*}(\delta_{\hat{C}_T} B_T^{-1} \mathbb{1}_{\{\tau \leqslant T\}} + B_T^{-1} \mathbb{1}_{\{\tau > T\}} \mid \mathcal{G}_t) \tag{13.62}$$

其中,τ 为违约时间,即 $\tau = \inf\{t \in \mathbb{R}_+ : C_t = K\}$。上面这个公式还可以改写为如下形式:

$$D^{\delta}(t, T) = B(t, T) \mathbb{E}_{\mathbb{Q}_T}(\delta_{\hat{C}_T} \mathbb{1}_{\{\tau \leqslant T\}} + \mathbb{1}_{\{\tau > T\}} \mid \mathcal{G}_t)$$

这里 $\mathbb{Q}_T$ 是时期 T 的远期鞅测度,通过式(13.33)与即期鞅测度 $\mathbb{Q}^*$ 相对应。

证明:定理中第一个公式是式(13.61)结合式(13.50)和式(13.51)得到的直接结果。对于第二个公式,首先注意到,根据 T 期—到期零息票公司债券的价值过程定义式(13.61)的第二个等式和 τ 的定义,过程 $D^{\delta}(t, T)$ 满足终端条件

$$D^{\delta}(T, T) = \delta_{\hat{C}_T} \mathbb{1}_{\{\tau \leqslant T\}} + \mathbb{1}_{\{\tau > T\}}$$

再利用式(13.61)的第一个等式,可以推出贴现过程 $B_t^{-1}D^{\delta}(t, T)$ 和 $\hat{Z}(t, T)$ 一致,因此它服从一个 $\mathbb{Q}^*$ —鞅。从而,等式(13.62)显然成立。 □

13.2.5 备选回收方案

在第 13.1.9 节,我们在只有一种违约前信用评级等级,即 $K=2$ 的情况下研究了其他备选回收方案。对于 $K>2$,一般回收方案的估值结论可以通过将第 13.1.9 节和第 13.2.4 节介绍的思想直接综合起来得到。第 13.1.9 节的条件(HJM.8)现在要替换为下面这个条件。

条件(BR. 8) (终端)回收分布给定为一个$(K-1)$维过程$\delta(t)=(\delta_1(t), \delta_2(t), \cdots, \delta_{K-1}(t))$。在初始概率空间$(\widetilde{\Omega}, \mathbb{F}, \mathbb{P})$上,对于任意$i=1, 2, \cdots, K-1$,每个过程$\delta_i(t)$是一个$\mathbb{F}$—适应且(局部)有界过程。

在完成对一般回收结构的描述前,先定义一个辅助过程$\hat{Z}(t, T)$为

$$\hat{Z}(t, T)=\sum_{i=1}^{K-1}\left(H_t^i Z_i(t, T)+\delta_i(t)H_t^{iK}Z(t, T)\right)$$

或者,等价地定义

$$\hat{Z}(t, T)=\mathbb{1}_{\{C_t\neq K\}}Z_{C_t}(t, T)+\delta_{\hat{C}_t}(t)\mathbb{1}_{\{C_t=K\}}Z(t, T)$$

第13.2.4节中用于规定转移过程C的转移强度的条件(BR. 6)现在采取下面的形式。

条件(BR. 9) 对任意$i=1, 2, \cdots, K-1$和每个$t\in[0, T]$,满足下面等式:

$$\sum_{j=1}^{K-1}\lambda_{ij}^*(t)\left(Z_j(t)-Z_i(t)\right)+\lambda_{iK}^*(t)\left(\delta_i(t)Z(t)-Z_i(t)\right)+\lambda_i^*(t)Z_i(t)=0$$

现在可以对一般回收结构的金融含义进行描述。给定由条件(BR. 9)规定的转移过程C,假定在到期日T进行回收支付$\delta_{\hat{C}_\tau}(\tau)$(只要$\tau\leqslant T$)。具体地,如果$\tau\leqslant T$且在违约之前的信用评级为第$i$级别(即$\hat{C}_T(\tau)=i$),则债券持有者在时间$T$收到的回收支付等于$\delta_i(\tau)$。注意到,在条件(BR. 9)下,辅助过程$\hat{Z}(t, T)$在测度$\mathbb{Q}^*$下是一个$\mathbb{G}$—局部鞅。和之前一样,假定这个过程是一个鞅,并且定义T期—到期可违约债券的价格过程$\hat{D}^\delta(t, T)$为

$$\hat{D}^\delta(t, T):=B_t\hat{Z}(t, T)=\mathbb{1}_{\{\tau>t\}}D_{C_t}(t, T)+\mathbb{1}_{\{\tau\leqslant t\}}\delta_{\hat{C}_\tau}(\tau)B(t, T) \quad (13.63)$$

从而,得到一个类似于命题13.1.5的结果,即

$$\hat{D}^\delta(t, T)=B_t\,\mathbb{E}_{\mathbb{Q}^*}(\delta^*B_T^{-1}\mathbb{1}_{\{\tau\leqslant T\}}+B_T^{-1}\mathbb{1}_{\{\tau>T\}}\mid\mathcal{G}_t) \quad (13.64)$$

其中,$\delta^*=\delta_{\hat{C}_\tau}(\tau)$。接下来,把上面的结论具体应用到前一节也考虑过的两种特定回收方案中。

按面值部分回收。对于$i=1, 2, \cdots, K-1$,首先假设$\delta_i(t)=\delta_i B^{-1}(t, T)$,则可得

$$\hat{D}^\delta(t, T)=\mathbb{1}_{\{\tau>t\}}D_{C_t}(t, T)+\mathbb{1}_{\{\tau\leqslant t\}}\delta_{\hat{C}_\tau}B^{-1}(\tau, T)B(t, T)$$

这对应于T时的随机支付$\delta^*=\delta_{\hat{C}_\tau}B^{-1}(\tau, T)$。因此,对$T$期—到期可违约债券,可以得到如下价格公式

$$\hat{D}^\delta(t, T)=\mathbb{1}_{\{\tau>t\}}D_{C_t}(t, T)+\mathbb{1}_{\{\tau\leqslant t\}}\delta^*B(t, T)$$

从而有

$$\widehat{D}^{\delta}(t,\ T) = B_t\,\mathbb{E}_{\mathbb{Q}^*}\left(\delta_{\widehat{C}_\tau} B^{-1}(\tau,\ T) B_T^{-1}\,\mathbb{1}_{\{\tau \leqslant T\}} + B_T^{-1}\,\mathbb{1}_{\{\tau > T\}} \mid \mathcal{G}_t\right)$$

按市场价值部分回收。对于任意 $i = 1,\ 2,\ \cdots,\ K-1$,现在假定回收过程如下

$$\delta_i(t) = \delta_i D_i(t,\ T) B^{-1}(t,\ T),\ \forall\, i = 1,\ 2,\ \cdots,\ K-1$$

则有

$$\widehat{D}^{\delta}(t,\ T) = \mathbb{1}_{\{\tau > t\}} D_{C_t}(t,\ T) + \mathbb{1}_{\{\tau \leqslant t\}} \delta_{\widehat{C}_\tau} D_{\widehat{C}_\tau}(\tau,\ T) B^{-1}(\tau,\ T) B(t,\ T)$$

从而有

$$\widehat{D}^{\delta}(t,\ T) = B_t\,\mathbb{E}_{\mathbb{Q}^*}\left(\delta_{\widehat{C}_\tau} D_{\widehat{C}_t}(\tau,\ T) B^{-1}(\tau,\ T) B_T^{-1}\,\mathbb{1}_{\{\tau \leqslant T\}} + B_T^{-1}\,\mathbb{1}_{\{\tau > T\}} \mid \mathcal{G}_t\right)$$

13.2.6 可违约息票债券

考虑一个面值为 L,到期日为 T 的公司息票债券,其承诺在时间 $T_k(T_k < T,\ k = 1,\ 2,\ \cdots,\ n)$ 处支付(非随机的)息票利息 c_k。票息支付只在违约前进行,如果未支付票息的支付时间是在违约时间之后,则与此相连的回收支付就不存在。仅有的回收支付就只和债券的面值相关。不管债券的违约是发生在到期日之前还是到期日之时,假定回收支付都是在到期日 T 进行,债券的回收分布由一个回收率向量 $\delta = (\delta_1,\ \delta_2,\ \cdots,\ \delta_{K-1})$ 来给定,其中 $\delta_i \in [0,\ 1)$ 为确定性的数量。

考虑一转移过程 C,其转移强度满足条件(BR. 9),回收过程 $\delta_i(t)$ 为

$$\delta_i(t) = \sum_{k=1}^{n} c_k B^{-1}(T_K,\ T)\,\mathbb{1}_{\{T_k < t\}} + \delta_i \tag{13.65}$$

称过程 C 为公司债券的转移过程。显然,转移过程依赖于到期日 T、息票支付方案 $(c_k,\ T_k)(k=1,\ 2,\ \cdots,\ n)$ 和回收分布 δ。

正式地,一个可违约息票债券可表示为如下现金流:

$$\sum_{k=1}^{n} c_k\,\mathbb{1}_{\{\tau > T_k\}}\mathbb{1}_{T_k}(t) + (L\,\mathbb{1}_{\{\tau > T\}} + \delta_{\widehat{C}_\tau} L\,\mathbb{1}_{\{\tau \leqslant T\}})\,\mathbb{1}_T(t)$$

其中,τ 代表债券的违约时间:$\tau = \inf\{t \in [0,\ T^*]:\ C_t = K\}$。注意到,我们这里要处理的是一连串承诺支付的混合回收情况。在债券的到期日,承诺支付等于

$$X = \sum_{k=1}^{n} c_k B^{-1}(T_k,\ T) + L$$

且回收过程由式(13.65)给出。因此,一个可违约息票债券形式上等价于一个在到期日 T 数量为

$$\sum_{k=1}^{n} c_k \mathbb{1}_{\{\tau > T_k\}} B^{-1}(T_k, T) + (L \mathbb{1}_{\{\tau > T\}} + \delta \hat{C}_\tau L \mathbb{1}_{\{\tau \leqslant T\}})$$

的单笔随机支付。根据式(13.64)可以推出，具有上述现金流的公司息票债券的套利价格 $D_c(t, T) = \hat{D}^\delta(t, T)$ 为

$$D_C(t, T) = B_t \mathbb{E}_{\mathbb{Q}^*}(B_T^{-1} U 1_{\{\tau \leqslant T\}} + B_T^{-1} L \mathbb{1}_{\{\tau > T\}} \mid \mathcal{G}_t)$$

其中，U 定义为：

$$U = \sum_{k=1}^{n} c_k B^{-1}(T_k, T) \mathbb{1}_{\{\tau \leqslant T_k < \tau\}} + \delta \hat{C}_\tau L$$

13.2.7 违约相关

到目前为止，我们考虑了控制一个具有给定回收分布(参见条件(BR.8))和到期日的特定可违约债券行为的转移过程。对 $m = 1, 2, \cdots, M$，现在假设给定回收分布族：

$$\delta^m(t) = (\delta_1^m(t), \delta_2^m(t), \cdots, \delta_{K-1}^m(t)), \ \forall t \in [0, T^*]$$

考虑一个由如下原生资产组成的证券市场模型：

——具有到期日为 $T \in [0, T^*]$的零息票无违约债券；

——具有到期日为 $T \in [0, T^*]$的可违约零息票债券的 M 种类别；对每个 $m = 1, 2, \cdots, M$，我们只考虑一种特定类别的回收分布 $\delta^m(t)$。

对于每个类别 m 和任意到期日 $T \in [0, T^*]$，我们考虑一个强度 $\lambda_{ij}^*(t)$满足相容性条件(BR.9)的转移过程。根据条件(BR.9)，强度 $\lambda_{ij}^*(t)$显然既依赖于类别 m(更确切地，依赖于回收分布 $\delta^m(t)$)，也依赖于到期日 T。为了突出这种可能的相依性，记 $\lambda_{ij}^{*m}(t, T)$。按照惯例，与到期日 $T(T < T^*)$ 对应的转移过程可以同样地扩展到区间$[T, T^*]$上。

公司债券间的统计相依性。一般来说，即使所有四个部分的数据——到期日、转移强度、回收方案和初始评级等级——对两个零息票债券是完全相同的，这两个债券本身仍可能不完全相同。事实上，如果它们由两个不同的实体发行，一般来说，相应的转移过程 C 和 C' 也是不同的。这里要指出的是，如果上面列出的所有四个部分数据是相同的，则过程 C 和 C' 的有限维分布当然相同，但是两个过程本身并没有必要是一致的。

换言之，如果我们考虑联合转移过程(C, C')，则 C 和 C' 的边缘有限维分布是相同的，但是一般地，$C \neq C'$。如果 $C \neq C'$，信用转移过程 C 和 C' 或者(条件)独立，或者相互依赖。若转移过程 C 和 C' 相互独立，则两个债券的信用转移间就不存在统计上的相依性。在转移过程相互依赖的情况下，有必要对 C 和 C' 间的相依结构(或者，更通俗地说，相关结构)进行校准。

如果我们考虑将本章介绍的一般方法应用于个别可违约债券,即由特定机构发行的公司债券的估值和套期保值,以及相关信用衍生品的估值和套期保值时,前面这些观点是有效的。作为另一种选择,需要强调的是,本章介绍的方法也可以应用于完全相同的可违约债券,即上面列出的四个部分特征完全一致的债券。

在后一种备选方法中,将所有这些债券看成是一样的,并用一个具有代表性转移过程的典型债券来代替。这种方法的应用目的是为了对特定信用衍生品进行估值和套期保值,即与给定信用品质的公司债券平均市场价值紧密联系的信用衍生品。因此,我们可以忽略个别债券间的相关结构,只关注个别债券的边缘统计性质,并且在某个给定的评级等级中,所有的债券具有相同的边缘统计性质。

相关系数。考虑两种不同的可违约债券,并记相伴转移过程为 C 和 C'。违约事件分别为:

$$A = \bigcup_{t \leqslant T^*} \{C_{t-} \neq K,\ C_t = K\}, \quad A' = \bigcup_{t \leqslant T^*} \{C'_{t-} \neq K,\ C'_t = K\}$$

违约时间分别为:

$$\tau = \inf\{t \in [0,\ T^*]:\ C_t = K\}, \quad \tau' = \inf\{t \in [0,\ T^*]:\ C'_t = K\}$$

我们可以研究两种类型的违约相关:随机变量 1_A 和 $1_{A'}$ 间的相关和随机变量 τ 和 τ' 间的相关。不同的相关系数可以用来衡量这些相关的强度,如 Pearson 的(线性)相关系数。同样,我们可以分析形如 $S(t) = \{\tau > t\}$ 和 $S'(t) = \{\tau' > t\}$ 的生存事件间的相关。当然,相关结构一般会随着我们是使用风险中性概率 $\mathbb{Q}^*$ 还是真实世界概率 $\mathbb{Q}$ 而发生变化。

13.2.8 利率和信用风险的市场价格

前一节分析表明,与一个可违约债券相应的转移过程和跳跃鞅可能依赖于 T 和 m,这是因为转移强度依赖于 T 和 m。因此,记对应于回收类别 m 和到期日 T 的转移过程为 $C^{m,T}$,相应地,使用符号 $H^{i,m,T}$、$H^{ij,m,T}$ 和 $M^{ij,m,T}$ 来表示相应的跳跃过程和跳跃鞅。为了使进一步的分析更简单,我们施加如下条件。

条件(BR.10) 转移强度 $\lambda_{ij}^{*m}(t,\ T)$ 不依赖于到期日 T。

根据上面这个条件,我们在下文可以(也将)省略上标 T。因此,简记为 λ_{ij}^{*m}、C^m 等。

评注:(1)既然我们的目的是同时构造所有的过程 $C^m(m=1,\ 2,\ \cdots,\ M)$,显然,需要对扩大概率空间$(\Omega,\ \mathbb{G},\ \mathbb{Q}^*)$进行修改,但我们仍然沿用原来的记号。因此,从现在起,$(\Omega,\ \mathbb{G},\ \mathbb{Q}^*)$将代表修改后的扩大概率空间。

(2) 对于每个 m 和每个 $T \in [0,\ T^*]$,过程 $\hat{D}^{\delta m}(\cdot,\ T)$(参见式(13.63))在扩大概率空间$(\Omega,\ \mathbb{G},\ \mathbb{Q}^*)$上服从一个$\mathbb{G}$—鞅(在所有上面介绍的技术性假设成立的条件下)。

因此,本节考虑的证券市场模型是无套利的。

现在将利用一种合适版本的 Girsanov 定理,在$(\Omega, \mathcal{G}_{T^*})$上把概率测度$\mathbb{Q}^*$变换到等价概率测度$\mathbb{Q}$。假定下面要引入的概率测度$\mathbb{Q}$是作为我们模型中的真实世界概率。因此,对于无违约期限结构模型,要求$\mathbb{Q}$对初始概率空间$\tilde{\Omega}$的约束必须与真实世界概率$\mathbb{P}$对$\tilde{\Omega}$的约束一致。回忆一下,在目前的设定中,有(对照式(13.11))

$$\frac{\mathrm{d}\,\mathbb{P}^*}{\mathrm{d}\,\mathbb{P}}\bigg|_{\mathcal{F}_t} = \tilde{L}_t,\ \mathbb{P}\text{-a. s.}$$

其过程$\tilde{L}$满足随机微分方程

$$\mathrm{d}\tilde{L}_t = \tilde{L}_t\beta_t\mathrm{d}W_t,\quad \tilde{L}_0 = 1$$

因此,很自然地设定

$$\frac{\mathrm{d}\,\mathbb{Q}}{\mathrm{d}\,\mathbb{Q}^*}\bigg|_{\mathcal{G}_t} = L_t,\ \mathbb{Q}^*\text{-a. s.} \tag{13.66}$$

这里的过程L由如下随机微分方程确定

$$\mathrm{d}L_t = -L_t\beta_t\mathrm{d}W_t^* + L_{t-}\mathrm{d}M_t,\ L_0 = 1 \tag{13.67}$$

上面公式中的过程M定义如下:

$$\mathrm{d}M_t = \sum_{m=1}^{M}\sum_{i\neq j}\kappa_{ij}^m(t)\mathrm{d}M_t^{ij,\,m}$$

其中,对于任意$m=1, 2, \cdots, M$和$i\neq j$,用κ_{ij}^m表示一个非负的、$\mathbb{F}$—可料的过程,使得

$$\int_0^{T^*}\left(1+\kappa_{ij}^m(t)\right)\lambda_{ij}^{*m}(t)\mathrm{d}t < \infty,\ \mathbb{Q}^*\text{-a. s.}$$

更明确地有

$$\mathrm{d}M_t = \sum_{m=1}^{M}\sum_{i\neq j}\kappa_{ij}^m(t)\left(\mathrm{d}H_t^{ij,\,m} - \lambda_{ij}^{*m}(t)H_t^{i,\,m}\mathrm{d}t\right)$$

我们已经知道过程M在测度$\mathbb{Q}^*$下服从一个$\mathbb{G}$—局部鞅。一般地,这个过程将依赖于回收分布$\delta^m(m=1, 2, \cdots, M)$。

定义 13.2.1 称过程β和$-\kappa_{ij}^m$分别为利率风险的市场价格和信用风险的市场价格,其中$m=1, 2, \cdots, M$和$i, j=1, 2, \cdots, K, i\neq j$。

评注:(1) 明显地,信用风险的市场价格依赖于回收分布,因此具有不同回收分布的公司债券的信用风险的市场定价也不同。

(2) 本节分析的情形和命题 11.2.3 的结论没有直接的相似之处,主要的不同是对应

第 11.2.5 节中的过程 $\tilde{\kappa}^{ij}$，在这里假定过程 κ_{ij}^{m} 是 $\mathbb{F}$—适应的。在第 11.2.5 节，假定参照滤子 $\mathbb{F}$ 为平凡的，使得任何 $\mathbb{F}$—适应过程服从一个确定性函数。

根据上面的讨论，可以看出，在测度 $\mathbb{Q}^*$ 下过程 L 服从一个 $\mathbb{G}$—局部鞅；它定义在区间 $[0, T^*]$ 上，并且依赖于回收分布 $\delta^m(m=1, 2, \cdots, M)$。从现在起，假定 $\mathbb{E}_{\mathbb{Q}^*}(L_{T^*})=1$，这样概率测度 $\mathbb{Q}$ 在 $(\Omega, \mathcal{G}_{T^*})$ 上是定义良好的，并且由于条件(BR.10)，它不依赖于 T。但是，概率 $\mathbb{Q}$ 可能依赖于回收分布 $\delta^m(m=1, 2, \cdots, M)$，换言之，通过回收分布，它可能依赖于所有可违约市场工具。为了使下面的讨论更简单，还是假定在证券市场中只有一种回收类别，仍然保留条件(BR.10)。因此，我们只考虑一种转移过程，记为 C。从而，在本节剩下的内容中，上标 m 也将不再出现。

为了分析转移过程 C 在测度 $\mathbb{Q}$ 下的行为，引入点过程 $\bar{Z}:=(\tau_k, (\tilde{C}_k, \tilde{C}_{k-1}))(k\in\mathbb{N})$，和相应的"转移"过程(关于序列 $\tilde{C}_k$ 的定义，参见第 11.3.1 节)

$$\bar{\Phi}(t, i, l):=\sum_{k=1}^{\infty}\mathbb{1}_{\{\tau_\kappa\leqslant t, \tilde{C}_k=i, \tilde{C}_{k-1}=l\}}$$

还通过设定

$$\bar{\lambda}_{(i, k),(j, l)}(t)=\begin{cases}\lambda_{ij}^*(t), 若\ l=i\neq K\\ 0, 若\ l=i\ 或\ i=K\end{cases}$$

来引入一族过程 $\bar{\lambda}_{(i, k),(j, l)}(t)$：其中 $i, j=1, 2, \cdots, K$，$k, l=1, 2, \cdots, K-1$。显然，过程 $\bar{\lambda}_{(i, k),(j, l)}$ 是定义在有限状态空间 $\{1, 2, \cdots, K\}\times\{1, 2, \cdots, K-1\}$ 上的二维过程 $(C, \hat{C})$ 在测度 $\mathbb{Q}^*$ 下的转移强度。接下来，定义

$$\bar{\nu}_{\mathbb{Q}^*}(t, i, l):=\int_0^t\bar{\lambda}_{(C_{u-}, \hat{C}_{u-}),(i, l)}(u)\mathrm{d}u$$

由此可知，等式 $\bar{\Phi}(t, i, l)=H_t^{li}$ 和

$$\bar{\nu}_{\mathbb{Q}^*}(t, i, l)=\int_0^t\lambda_{C_{u-}, i}^*(u)H_{u-}^l\mathrm{d}u=\int_0^t\lambda_{li}^*(u)H_u^l\mathrm{d}u$$

是有效的。

根据推论 11.3.2，过程 $\bar{\nu}_{\mathbb{Q}^*}(t, i, l)$ 表示在测度 $\mathbb{Q}^*$ 下过程 $\bar{\Phi}(t, i, l)$ 的补。因此，根据局部鞅的 Girsanov 定理①，可以推出过程

$$\bar{\nu}_{\mathbb{Q}^*}(t, i, l):=\int_0^t(1+\kappa_{li}(u))\bar{\lambda}_{(C_{u-}, \hat{C}_{u-}),(i, l)}(u)\mathrm{d}u$$

是测度 $\mathbb{Q}$ 下过程 $\bar{\Phi}(t, i, l)$ 的补。注意到

---

① 可参考 Jacod 和 Shiryaev(1987)中的定理Ⅲ.3.11。

$$\Phi(t,\ i):=\sum_{k=1}^{\infty}\mathbb{1}_{\{\tau_k\leqslant t,\ \widetilde{C}_k=i\}}=\sum_{l=1}^{K}\bar{\Phi}(t,\ i,\ l)$$

可以推出测度$\mathbb{Q}$下过程 $\Phi(t,\ i)$的补等于

$$\nu_{\mathbb{Q}}(t,\ i)=\sum_{l=1}^{K}\bar{\nu}_{\mathbb{Q}}(t,\ i,\ l)=\int_0^t\sum_{l=1}^{K}(1+\kappa_{li}(u))\bar{\lambda}_{(C_{u-},\ \hat{C}_{u-}),(i,\ l)}(u)\mathrm{d}u$$

$$=\int_0^t\sum_{l=1}^{K}(1+\kappa_{C_{u-},\ i}(u))\lambda^*_{C_{u-},\ i}(u)H^1_{u-}\mathrm{d}u=\int_0^t\lambda_{C_{u-},\ i}(u)\mathrm{d}u$$

其中,对于任意 $t\in[0,\ T^*]$,过程 $\lambda_{ij}(t)$满足

$$\lambda_{ij}(t)=(1+\kappa_{ij}(t))\lambda^*_{ij}(t),\ \forall i,\ j=1,\ 2,\ \cdots,\ K,\ i\neq j$$

和通常一样,对于 $i=1,\ 2,\ \cdots,\ K$,有 $\lambda_{ii}(t)=-\sum_{j\neq i}\lambda_{ij}(t)$。重复第 11.3.1 节介绍的程序,我们可以在测度$\mathbb{Q}$下构造一个连续时间$\mathbb{F}$—条件马尔可夫链 $\bar{C}$,它的状态空间为$\mathcal{K}$,强度矩阵为:

$$\Lambda_t=\begin{pmatrix}\lambda_{1,\ 1}(t) & \cdots & \lambda_{1,\ K}(t)\\ \vdots & \vdots & \vdots\\ \lambda_{K-1,\ 1}(t) & \cdots & \lambda_{K-1,\ K}(t)\\ 0 & \cdots & 0\end{pmatrix}$$

对于如此定义的过程 $\bar{C}$,第 11.3.2 节和第 11.3.3 节中建立的全部结论都有效。因此,可以得到如下命题。

命题 13.2.2 在概率测度$\mathbb{Q}$下,过程 C 和 $\bar{C}$ 的有限维分布律是完全相同的。

因此,在式(13.66)和式(13.67)给定的概率测度$\mathbb{Q}$下,转移过程仍然是一个$\mathbb{F}$—条件马尔可夫过程,并且对每个 $t\in[0,\ T^*]$,它具有$\mathbb{Q}$下条件无穷小生成元 Λ_t。

评注:当然,对每个 i 和 j,当且仅当 $\kappa_{ij}\equiv 0$ 时,则等式 $\Lambda\equiv\Lambda^*$ 成立。如果信用风险的市场价格只依赖于目前的信用等级 i(而不依赖于跳跃后的等级 j),使得对每个 j,有 $\kappa_{ij}=\kappa_{ii}=:v_i$,那么 $\Lambda_t=V\Lambda_t^*$,其中 $V=\mathrm{diag}[v_i]$ 是对角矩阵。其他文献,如 Jarrow 等(1997)中也假定了类似的关系(对照第 12.1.1 节中的条件(JLT. 7c))。

13.3 信用衍生品的应用

这一节,考察两个信用衍生品例子的估值问题,并简单地评论信用衍生品的套期保值。

13.3.1 信用衍生品的估值

总收益率互换。首先考虑总收益率互换（TROR）的估值问题。选取第 13.2.6 节介绍的息票债券作为参照资产，该息票债券在时间 T_i 具有承诺的现金流 c_i。假定总收益率互换的到期日为 $\widetilde{T}(\widetilde{T}\leqslant T)$。另外，假设由投资者按照固定的事先预定的时间 $t_i(t_i\leqslant \widetilde{T},\ i=1,\ 2,\ \cdots,\ m)$ 来进行参照比率支付（年金支付）。

正如第 1.3.2 节介绍的，总收益率互换的所有者不仅在整个合约期间有权得到所有票息支付，而且在合约终止时有权得到一次付清的参照债券的价值变化量。我们用 κ 来表示由投资者支付的固定比率。从接受者的角度，现金流为：

$$\sum_{i=1}^{n} c_i\, \mathbb{1}_{\{T_i<\widetilde{\tau}\}}\mathbb{1}_{\{T_i\}}(t)+\left(D_c(\widetilde{\tau},\ T)-D_c(0,\ T)\right)\mathbb{1}_{\{\widetilde{\tau}\}}(t)-\kappa\sum_{i=1}^{m}\mathbb{1}_{\{t_i<\widetilde{\tau}\}}\mathbb{1}_{\{t_i\}}(t)$$

其中，$\widetilde{\tau}=\tau\wedge\widetilde{T}$，$\tau=\inf\{t\geqslant 0:\ C_t=K\}$。由此，从下面的等式计算得到比率 κ：

$$\sum_{k=1}^{n} c_i\, \mathbb{Q}^*\{T_k<\widetilde{\tau}\}\,\mathbb{1}_{[0,\,\widetilde{T}]}(T_i)+\mathbb{E}_{\mathbb{Q}^*}\left(B_{\widetilde{\tau}}^{-1}\left(D_c(\widetilde{\tau},\ T)-D_c(0,\ T)\right)\right)$$

$$=\kappa\sum_{i=1}^{m}\mathbb{Q}^*\{t_i<\widetilde{\tau}\}\,\mathbb{1}_{[0,\,\widetilde{T}]}(t_i)$$

违约互换和期权。考虑一个和具有国库券价值部分回收的公司零息票债券相关的普通香草型违约互换（plain-vanilla default swap）和期权。假定衍生合约在时间 $U(U\leqslant T)$ 到期，T 为标的债券的到期日。未定支付由违约事件 $\{C_t=K\}$ 所触发，其中转移过程 C 和第 13.2.4 节中规定的一样。权益在时间 τ 结算，且等于（假定名义本金 $L=1$）

$$Y=\left(1-\delta_{\hat{C}_U}B(\tau,\ T)\right)\mathbb{1}_{\{\tau\leqslant U\}}$$

注意到，通过违约时间 τ 和回收率 $\delta_{\hat{C}_U}$，Y 依赖于初始等级 C_0。我们区分两种由买者支付信用保险溢价的传统做法：

——买者在合约开始的日期一次性付清（违约期权）；

——买者在固定的时间点 $t_i(t_i<U,\ i=1,\ 2,\ \cdots,\ m)$ 支付年金（违约互换）。

违约期权在时间 $t=0$ 时的价值等于

$$\pi_0(Y)=\mathbb{E}_{\mathbb{Q}^*}\left(B_\tau^{-1}\left(1-\delta_{\hat{C}_U}B(\tau,\ T)\right)\mathbb{1}_{\{\tau\leqslant U\}}\right)$$

在违约互换情况下，信用保险溢价的支付是按照时间分布的。年金 κ 可通过如下等式得到：

$$\pi_0(Y) = \kappa\, \mathbb{E}_{\mathbb{Q}^*}\Big(\sum_{i=1}^{m} B_{t_i}^{-1}\, \mathbb{1}_{\{\tau > t_i\}}\Big) = \kappa \sum_{i=1}^{m} D^0(0,\ t_i)$$

注意,不管是价格 $\pi_0(Y)$还是年金 κ 都依赖于标的公司债券的初始信用评级 C_0。

13.3.2 信用衍生品的套期保值

通过对信用风险敏感型工具如信用衍生品的完全套期保值,我们可以完全消除与该工具相关的风险。这意味着完全套期保值涉及整个合约期间,包括可能发生违约的时间在内的所有信用转移时间点上的全部风险的消除。对具有同样市场风险和信用风险敏感的流动性工具,如果作为标的工具是可交易的,那么,一般来说,信用风险敏感型工具的完全套期保值是可能的。例如,一个普通香草型违约互换原则上可以通过对同样违约风险敏感的具有更短到期日的违约互换组合的滚动对冲互换来达到完全套期保值。关于这种实用方法的概要,可以参考一些论文,如 Arvanitis 和 Laurent(1999)、Arvanitis(2000),以及 Arvanitis 和 Gregory(2001)等。

如果信用风险敏感型工具的市场缺乏流动性,则不可能实现信用衍生品的完全套期保值;换言之,我们需要处理证券市场不完备模型的情况。最近几年有学者已经提出了一些在不完备金融模型中对未定权益进行套期保值的选择方法,如风险最小化套期保值(对这类方法的论述,可参见 Schweizer(2001))、分位数套期保值(参见 Föllmer 和 Leukert(1999)),以及不足套期保值(参见 Föllmer 和 Leukert(2000))。在一个具有固定违约强度的简单模型框架下,Lotz(1998)考察了通过局部风险最小化进行信用风险套期保值,而 Lotz(1999)研究了信用风险的最优不足套期保值。最后要指出的是,Collin-Dufresne 和 Hugonnier(1999)分析了可违约权益基于效用的定价。尽管如此,信用衍生品的套期保值问题(不管是在完备模型还是不完备模型下)仍然有待进一步深入研究。

14

可违约市场利率

在这一章，正式引入存在交易对手风险情况下的几种可能的利率合约结构。这些合约反过来又会导致几种与伦敦银行同业拆借利率及互换利率相关的信用风险的概念，把它们称为可违约市场利率，或者更确切地，称为可违约伦敦银行同业拆借利率和可违约互换利率。我们考察了与具有单方或双方交易对手风险的单期和多期合约有关的即期和远期利率，并导出了各种形式的可违约市场利率的公式。下文介绍的分类和术语尽管是试探性的，但有意思的是，某些具有交易对手信用风险的利率合约可以等价地重新表示为包含参照信用风险的利率合约。当分析可违约利率互换时，我们通常假定标的参照浮动利率为无违约伦敦银行同业拆借利率。

另外，还要明白的是，我们只重点关注含违约风险利率协议的正式定义。至于更实际的问题，即在具有不同信用品质交易对手的合约中，交易对手违约风险对合约中观测到的互换利率是否确实有不可忽略的影响，这里不予考虑(关于这个问题，可参见 Hull 和 White(1995)、Duffee(1996)或者 Collin-Dufresne 和 Solnik(2001))。

正如已经提到过的，可违约互换可以按各种不同的方式定义，而且，对这些合约进行估值的潜在模型实际上也有很多。因此，我们并不是想方设法地对可违约互换建立一个具体的估值结论，而是把注意力放在一般表达式的推导上。若读者对含违约风险互换合约的解析估值结论感兴趣，可以参考一些论文，如 Cooper 和 Mello(1991)、Hull 和 White(1995)、Li(1998a)、Hubner(2001)和 Yu 和 Kwok(2002)，他们都是在结构方法框架内进行研究。Duffie 和 Huang(1996)将基于强度的方法应用于互换合约的估值，扩展了 Duffie 和 Singleton(1994)和 Duffie 等(1996)的结论。在这篇论文中，两个交易对手具有不对称的违约风险。特别地，他们推出了一个拟—显性公式，用以分析当信用风险非对称增加时对可违约互换市场价值的边际影响。

14.1 含有违约风险的利率合约

本节的目的是简要地描述可违约利率合约的几个简单例子，并且推导出相关的可违约远期伦敦银行同业拆借利率和互换利率的表达式。这里只关注单期合约，多期合约将在本章后面研究。整节都假设给定一个重置/结算日有限族 $T_0 < T_1 < \cdots < T_m$。按照惯例，不失一般性，设下面分析的每个合约的名义本金都等于 1。

14.1.1 无违约伦敦银行同业拆借利率和互换利率

伦敦银行同业拆借利率（London Interbank Offered Rate，LIBOR）是由银行支付给来自欧洲货币市场上其他银行存款的利率。既然伦敦银行同业拆借利率代表银行相互借贷货币的利率，它就不是一个无违约利率。但是，在数理方法中，通常的做法是把伦敦银行同业拆借利率形式上等同于国库券市场价格隐含的无违约名义利率。本章也遵守这个惯例。因此，把现实中的伦敦银行同业拆借利率称作可违约的伦敦银行同业拆借利率。

固定时期 T_i。一个从时期 T_i 开始、计息期为 $[T_i, T_{i+1}]$、具有固定利率 κ 的无违约利率协议（IRA）按如下条款设定：

——在合约起始日 T_i，固定利率的支付者收到一单位的现金（即合约的名义价值）；

——在结算期 T_{i+1}，固定利率的支付者支付的金额为 $1+\kappa(T_{i+1}-T_i)$。

从支付者的角度，这样一个合约在时间 T_i 的价值等于

$$\mathbf{IRA}(T_i;\kappa):=1-(1+\kappa\Delta_i)B(T_i, T_{i+1})$$

其中，$\Delta_i=T_{i+1}-T_i$。一期 **IRA** 隐含地定义了即期伦敦银行同业拆借利率 $L(T_i)$，即使合约在起始日 T_i 价值为零的 κ 值。容易看出，$L(T_i)$ 满足

$$1+L(T_i)\Delta_i=\frac{1}{B(T_i, T_{i+1})} \tag{14.1}$$

同样，计息期 $[T_i, T_{i+1}]$ 的远期伦敦银行同业拆借利率 $L(t, T_i)$ 通过在时间 t 签订的远期利率协议来确定。在合约中，一方在 T_i 时存入一单位现金并在时间 T_{i+1} 从另一方收到数量为 $1+\kappa(T_{i+1}-T_i)=1+\kappa\Delta_i$ 的现金。在合约起始日 t 时 $\kappa=L(t, T_i)$ 的值，按照使得合约在 t 时的价值为零来决定。更明显地，κ 是方程 $\mathbf{FRA}(t, T_i;\kappa)=0$ 的解，这里

$$\mathbf{FRA}(t,\ T_i;\ \kappa):=B(t,\ T_i)-(1+\kappa\Delta_i)B(t,\ T_{i+1}) \tag{14.2}$$

显然有

$$L(t,\ T_i)=\frac{1}{\Delta_i}\left(\frac{B(t,\ T_i)}{B(t,\ T_{i+1})}-1\right) \tag{14.3}$$

正如上面定义的,即期还是远期伦敦银行同业拆借利率取决于存款期限是从现在的日期开始(即期利率)还是从未来某个日期开始(远期利率)。不难验证,在无违约情况下,即期伦敦银行同业拆借利率 $L(T_i)$ 还和互换利率是一致的,互换利率也就是指由在时间 T_i 开始、T_{i+1} 时结算的单期固定利率—浮动利率互换合约隐含的利率。同样,远期伦敦银行同业拆借利率 $L(t,\ T_i)$ 可以看作远期互换利率,这个远期互换利率对应于一个延滞结算,即具有重置日 T_i、结算日 T_{i+1} 的单期固定利率—浮动利率的远期互换。

为了证明上面的观点,固定利率 κ,并考虑远期互换(即期互换利率只是远期互换利率的一个特例)。根据延滞结算的固定利率—浮动利率的远期互换的合约性质,通常被称作支付者的多头方在时间 T_{i+1} 支付固定的金额 $\kappa(T_{i+1}-T_i)=\kappa\Delta_i$,同时收到对手方支付的浮动金额为

$$L(T_i)\Delta_i=B^{-1}(T_i,\ T_i)-1$$

合约双方的支付在 $t(t\leqslant T_i)$ 时的价值分别为 $B(t,\ T_{i+1})\kappa\Delta_i$ 和 $B(t,\ T_i)-B(t,\ T_{i+1})$。因此,对任意固定的 $t(t\leqslant T_j)$,使远期互换在 t 时价值为零的远期互换利率的大小可以通过对 $\kappa=\kappa(t,\ T_i)$ 求解方程 $\mathbf{FS}(t,\ T_i;\ \kappa)=0$ 得到。对支付者来说,这里的 $\mathbf{FS}(t,\ T_i;\ \kappa)$ 代表远期互换的价值。确切地有

$$\mathbf{FS}(t,\ T_i;\ \kappa):=B(t,\ T_i)-B(t,\ T_{i+1})-\kappa\Delta_i B(t,\ T_{i+1})$$

单期利率互换在起始日 T_i 的价值等于 $\mathbf{FS}(T_i,\ T_i;\ \kappa)=:\mathbf{IRS}(T_i;\ \kappa)$,其中

$$\mathbf{IRS}(T_i;\ \kappa):=1+B(T_i,\ T_{i+1})-\kappa\Delta_i B(T_i,\ T_{i+1}) \tag{14.4}$$

容易看出,$\mathbf{FS}(t,\ T_i;\ \kappa)=\mathbf{FRA}(t,\ T_i;\ \kappa)$ 和 $\mathbf{IRS}(T_i;\ \kappa)=\mathbf{IRA}(T_i;\ \kappa)$。另外,远期互换利率 $\kappa(t,\ T_i)$ 显然满足

$$\kappa(t,\ T_i)=\frac{B(t,\ T_i)-B(t,\ T_{i+1})}{\Delta_i B(t,\ T_{i+1})} \tag{14.5}$$

根据式(14.3)和式(14.5),可以推出在无违约情况下,远期互换利率 $\kappa(t,\ T_j)$ 和远期伦敦银行同业拆借利率 $L(t,\ T_j)$ 是一致的。最后要指出的是,和第一个重置日为 T_0 的 m 期固定利率—浮动利率互换对应的远期互换利率 $\kappa(t,\ T_0;\ m)$ 满足

$$\kappa(t,\ T_0;\ m)=\frac{B(t,\ T_0)-B(t,\ T_m)}{\sum_{j=1}^{m}\Delta_{j-1}B(t,\ T_j)} \tag{14.6}$$

关于这类问题更详细的分析，可以参考 Musiela 和 Rutkowski(1997a)中的第 14 章和第 16 章。

14.1.2　可违约即期伦敦银行同业拆借利率

这里，我们只关注具有一方违约风险的合约。做出如下标准假设：合约存在两方：(固定利率 κ 的)支付者和(固定利率的)接受者。

支付者的违约风险。 假定只有支付者可能违约。首先，介绍一个具有不变回收率的可违约即期利率协议的基本例子。一个在 T_i 时开始、计息期为$[T_i, T_{i+1}]$、具有固定利率 κ 和不变回收率 δ 的可违约利率协议(IRA)按如下条款设定：

——在时间 T_i，固定利率的接受者支付一单位现金(即合约的名义价值)；

——如果支付者在时间段$(T_i, T_{i+1}]$没有违约，则接受者在结算日 T_{i+1} 收到对手方支付的到期总金额：$1+\kappa\Delta_i$；

——如果支付者在时间段$(T_i, T_{i+1}]$发生违约，则接受者在 T_{i+1} 时只能收到对手方支付的部分金额：$\delta(1+\kappa\Delta_i)$。

如果支付者在合约的起始日 T_i 之前或者之时已经违约，则合约根本就没有发起(也就是，按照定义，所有的现金流均为零)。因此，称上面合约为具有单方信用风险的利率协议，因为该合约只与支付者的违约风险相关。令 τ 为违约时间(在这里，是指支付者的违约时间)，从支付者的角度来看，在集合 $\{\tau > T_i\}$ 上，合约起始日 T_i 时的价值等于

$$\mathbf{IRA}^{\delta}(T_i; \kappa) := 1-(1+\kappa\Delta_i)D^{\delta}(T_i, T_{i+1}) \tag{14.7}$$

其中，$D^{\delta}(T_i, T_{i+1})$为由支付方发行的贴现债券价格，该债券具有不变回收率 δ 且按国库券价值部分回收。

按照惯例，违约后——即在集合$\{\tau \leqslant T_i\}$上，合同的价值为零。这类利率协议的条款也可以重新表述如下。在时间 T_i：

——接受者对支付者支付金额 $(1+\kappa\Delta_i)^{-1}$；

——接受者得到一个具有单位面值、到期日为 T_{i+1}、以不变回收率 δ 按国库券价值部分回收的贴现债券。

因此，这里涉及的实际上是一个可违约债券的买断交易。按照这种理解，合约包含的交易对手风险就是债券发行者的违约风险。从而，确定固定利率 κ 的值本质上就等价于对支付方发行的债券进行估值。可违约即期伦敦银行同业拆借利率 $L^{\delta}(T_i)$(或者，更确切地说，支付方风险调整即期伦敦银行同业拆借利率 $L_p^{\delta}(T_i)$)可以定义为使合约在起始日 T_i 价值为零的固定利率 κ 的值。根据式(14.7)，可得

$$L_p^\delta(T_i) = L^\delta(T_i) = \frac{1}{\Delta_i}\left(\frac{1}{D^\delta(T_i, T_{i+1})} - 1\right) \tag{14.8}$$

利率 $L^\delta(T_i)$和由交易对手发行的贴现债券的收益直接相关，只要发行者在时间 T_i 还没有违约，它就是定义良好的。它也可以看作是一个延滞结算的单期固定利率—浮动利率无违约互换的即期互换利率，只是互换中的浮动利率是根据一个给定在 T_{i+1}时到期的可违约债券计算出来的。为了看清这点，考虑一个无违约合约，其中在时间 T_{i+1}，多头方支付 $\kappa\Delta_i$，并收到对方的支付为：

$$(D^\delta(T_i, T_{i+1}))^{-1} - 1 = L^\delta(T_i)\Delta_i$$

容易看出，合约双方的支付在 T_i 时的价值分别为：$B(T_i, T_{i+1})\kappa\Delta_i$和 $B(T_i, T_{i+1})L^\delta(T_i)\Delta_i$。因此，使得这种互换在 T_i 时价值为零的违约相关互换利率可以通过对 $\kappa = \hat{\kappa}^\delta(T_i)$ 求解如下方程得到：

$$L^\delta(T_i)\Delta_i B(T_i, T_{i+1}) - \kappa\Delta_i B(T_i, T_{i+1}) = 0$$

显然，$\hat{\kappa}^\delta(T_i) = L^\delta(T_i)$，也就是说，违约相关互换利率 $\hat{\kappa}^\delta(T_i)$和即期伦敦银行同业拆借利率 $L^\delta(T_i)$是一致的。总之，可违约即期利率协议实际上可以理解为一个具有参照信用风险的无违约互换——即具有参照债券的违约风险的无违约互换。

接受者的违约风险。现在假定具有违约倾向的是固定利率接受者，而固定利率支付者是无违约的。相应的可违约即期利率协议在结算日 T_{i+1}的现金流可以概括如下：

——固定利率接受者收到到期总金额：$1+\kappa\Delta_i$；

——如果固定利率接受者在 $(T_i, T_{i+1}]$ 没有违约，则他支付全部金额 $B^{-1}(T_i, T_{i+1})$；

——如果固定利率接受者在 $(T_i, T_{i+1}]$ 发生违约，则他只支付部分的金额：$\delta B^{-1}(T_i, T_{i+1})$。

令 τ 为接受者的违约时间。从支付者角度来看，在集合$\{\tau > T_i\}$上，合约在时间 T_i 的价值等于

$$\mathbf{IRA}_r^\delta(T_i; \kappa) := D^\delta(T_i, T_{i+1})B^{-1}(T_i, T_{i+1}) - (1+\kappa\Delta_i)B(T_i, T_{i+1})$$

其中，$D^\delta(T_i, T_{i+1})$为接受方发行的债券价格，该债券按国库券价值部分回收，并且具有不变回收率 δ。接受方风险调整即期伦敦银行同业拆借利率 $L_r^\delta(T_i)$使得合约在 T_i 时价值为零。显然有

$$L_r^\delta(T_i) = \frac{1}{\Delta_i}\left(\frac{D^\delta(T_i, T_{i+1})}{B^2(T_i, T_{i+1})} - 1\right)$$

14.1.3 可违约即期互换利率

利率协议和利率互换间的主要不同在于后者中名义本金是不变的，因此与利率互换

有关的只是净支付。这个特征在无违约的框架下可以不考虑,若考虑到违约风险,则这个特征显然是很重要的。下面我们将考察固定利率—浮动利率可违约互换,这种互换中的浮动利率是伦敦银行同业拆借利率。

支付者的违约风险。首先考虑一个可违约互换,其中只有固定利率的支付者可能违约。对于固定的重置日 T_i,合约起始日为 T_i,计息期为$[T_i, T_{i+1}]$,具有固定利率 κ 和不变回收率 δ 的合约按如下条款设定:

——固定利率接受者在时间 T_{i+1} 支付 $L(T_i)\Delta_i$;

——如果固定利率的支付者在时间段$(T_i, T_{i+1}]$没有违约,则接受者在结算日 T_{i+1} 收到对方支付的到期总金额:$\kappa\Delta_i$;

——如果固定利率的支付者在时间段$(T_i, T_{i+1}]$发生违约,则接受者在结算日 T_{i+1} 只能收到对方支付的部分金额:$\delta\kappa\Delta_i$。

用 $\kappa^\delta(T_i)$表示使得上面这种可违约互换在 T_i 时价值为零的固定利率 κ 的值,称 $\kappa^\delta(T_i)$为具有来自支付方单方违约风险的可违约即期互换利率(即支付方风险调整的即期互换利率)。因为可违约利率互换在时间 T_i 时的价值等于

$$\mathbf{IRS}^\delta(T_i;\kappa):=1-B(T_i, T_{i+1})-\kappa\Delta_i D^\delta(T_i, T_{i+1})$$

在集合 $\{\tau > T_i\}$ 上,可以推出可违约即期互换利率等于

$$\kappa^\delta(T_i)=\frac{1-B(T_i, T_{i+1})}{\Delta_i D^\delta(T_i, T_{i+1})} \tag{14.9}$$

接受者的违约风险。现在假定具有违约倾向的一方为固定利率接受者,而固定利率 κ 的支付者是无违约的。相应地,T_i 时可违约互换利率记为 $\kappa_r^\delta(T_i)$,称之为接受方风险调整的即期互换利率。容易验证

$$\kappa_r^\delta(T_i)=L(T_i)D^\delta(T_i, T_{i+1})B^{-1}(T_i, T_{i+1})$$

其中,$D^\delta(T_i, T_{i+1})$为接受方发行的可违约债券价格。

14.1.4 含有单方违约风险的远期利率协议

为了定义存在可违约交易对手的远期伦敦银行同业拆借利率和互换利率,需要考察具有起始日为 $t(t < T_i)$ 的利率协议。假定如果在重置日 T_i 之前或者 T_i 时没有发生违约,则这个合约就是一个可违约即期利率协议。要完成合约的设定,只需对合约规定:如果违约发生在 T_i 之前,则合约就被结算。下面将考察四种结算方案:如果违约发生在 T_i 之前的某个时刻 s,合约按下面的方式解除:

——第一种:在时间 s,接受者得到用 $1+\kappa\Delta_i$ 乘以违约债券价值的支付,并在时间 T_i 对支付方支付承诺的名义本金额1(或者,等价地,在时间 t 支付 $B(t, T_i)$);

——第二种:合约立即解除,没有现金流发生;

——第三种:合约变成一个具有削减名义本金额 δ 的无违约远期利率协议;

——第四种:合约终止并按照预定的盯市方式结算。

直观上看,以上结算方案之间的区别在于它们对违约风险的理解不同。有些作为交易对手风险,而有些起着参照风险的作用。第一种方案是之前提到的将可违约远期协议理解为可违约债券的买断交易。在违约时双方支付(损益)分别对应于面值等于 $1+\kappa\Delta_i$ 的可违约债券和面值为1的无违约债券在此时的价值。这种方案中,只涉及来自支付者一方的交易对手风险。把隐含的远期利率称为支付方风险调整的远期名义利率。

第二种方案规定如果违约发生在 T_i 之前,合约就是无效的。在远期利率协议情况下,而不是在远期互换情况下,这种做法似乎更自然。的确,如果可能的贷款者在 T_i 之前破产了,很自然地预期合约将会被取消,且不需要对任何一方进行补偿。作为另一种理解,这里的违约风险处理为参照风险(即两个交易对手都是无违约的)。那么,称这种方案产生的远期利率为参照风险调整的远期名义利率。

第三种方案描述了一种特定的结算方式:如果违约发生在重置日 T_i 之前,则减少远期利率协议的名义本金来补偿参照实体的价值损失。名义本金减少的合约就成为无违约的;这就支持了我们之前直观上的理解:这里涉及的是参照风险,而不是交易对手风险。因此,称隐含的远期利率为可违约远期伦敦银行同业拆借利率。

第四种结算方案实际上包含了很多不同的操作方式。例如,它可以描述终止一个可违约互换的通常标准的市场操作,这一互换合约规定:

——如果违约发生在 T_i 之前或之时①,违约方得到一个可比较的不可违约远期互换的市场价值,只要这个价值对违约方来说为正;

——如果上面提到的市场价值对违约方为负,则他不支付任何(或者支付某个确定回收价值)给对手方。

在这种情况下,隐含的远期利率称作盯市的可违约远期名义利率。

还有一种方案——由Lotz和Schlögl(2000)提出——假定如果违约发生在 T_i 之前,则标的远期利率协议在 T_i 之前没有违约的基础上重新估值。首先需要找到一个在 T_i 之前不可违约的证券在 t 时的价值,这个证券在 T_i 时的支付额为

$$(1+\kappa\Delta_i)D^{\delta}(T_i, T_{i+1})-1$$

① 在下文中,简单地用"在 T_i 之前"表述代替"在 T_i 之前或之时"。

如果这个值对违约方而言为正，他就从对手方收到此支付额。反过来，如果这个值为负，则违约方要么不支付任何金额要么支付某个确定回收价值给有偿付能力的对手方。

支付者风险调整的远期名义利率。根据第一种结算方案，在时间 $t(t < T_i)$，对支付者来说，合约的价值由如下表达式给定：

$$\widehat{\mathbf{FRA}}^{\delta}(t, T_i; \kappa) := B(t, T_i) - (1 + \kappa\Delta_i) D^{\delta}(t, T_{i+1})$$

称相应的利率 $\hat{L}^{\delta}(t, T_i)$ 为支付者风险调整的远期名义利率，它定义为使合约在 t 时价值为零的 κ 值。显然，在集合 $\{\tau > t\}$ 上，$\hat{L}^{\delta}(t, T_i)$ 等于

$$\hat{L}^{\delta}(t, T_i) = \frac{1}{\Delta_i}\left(\frac{B(t, T_i)}{D^{\delta}(t, T_{i+1})} - 1\right)$$

在时间 T_i，有 $\hat{L}^{\delta}(T_i, T_i) = L^{\delta}(T_i)$，其中 $L^{\delta}(T_i)$ 由式(14.8)给出。

参照风险调整的远期名义利率。考察和第二种方案对应的 T_i 时的支付。显然，在集合 $\{\tau > T_i\}$ 上，这个支付和可违约利率协议在 T_i 时的价值是一致的。更具体地，它等于 $\mathbf{IRA}^{\delta}(T_i; \kappa)$，其中 $\mathbf{IRA}^{\delta}(T_i; \kappa)$ 由式(14.7)给出。另外，也就是在集合$\{\tau \leqslant T_i\}$上，T_i 时的支付等于零。因此，这里涉及的是在时间 T_i 结算的支付 Y，且等于

$$Y = \mathbb{1}_{\{\tau > T_i\}}(1 - (1 + \kappa\Delta_i) D^{\delta}(T_i, T_{i+1})) \tag{14.10}$$

根据式(14.10)，显然，要估计参照风险调整的远期名义利率 $\tilde{L}^{\delta}(t, T_i)$ 的值(也就是使 Y 在 t 时价值为零的 κ 值)，只需利用一个特定的违约时间的随机模型。注意到，不管选择哪个特定模型，等式 $\tilde{L}^{\delta}(t, T_i) = L^{\delta}(T_i)$ 总是成立的。在零回收情况下，有

$$D^0(T_i, T_{i+1}) = \mathbb{1}_{\{\tau > T_i\}} D^0(T_i, T_{i+1}), \quad D^0(T_i, T_i) = \mathbb{1}_{\{\tau > T_i\}}$$

因此，式(14.10)可以重新改写为如下形式：

$$Y = D^0(T_i, T_i) - (1 + \kappa\Delta_i) D^0(T_i, T_{i+1})$$

在时间 $t \leqslant T_i$ 时，Y 的套利价格等于

$$\pi_t(Y) = D^0(t, T_i) - (1 + \kappa\Delta_i) D^0(t, T_{i+1})$$

在集合 $\{\tau > t\}$ 上，对于零回收的情况有

$$\tilde{L}^0(t, T_i) = \frac{1}{\Delta_i}\left(\frac{D^0(t, T_i)}{D^0(t, T_{i+1})} - 1\right) = \frac{1}{\Delta_i}\left(\frac{\tilde{D}(t, T_i)}{\tilde{D}(t, T_{i+1})} - 1\right) \tag{14.11}$$

下文中，将 $\tilde{L}^0(t, T_i)$ 简记为 $\tilde{L}(t, T_i)$。上面这个等式可以扩展到回收率 δ 为正的情形下(参见公式(14.12))。当然，要得到一般化的推广，需要施加一个不同的结算方案。

可违约远期伦敦银行同业拆借利率。根据第三种结算方案，可违约远期利率协议设定为：

——如果支付者在时间段$(t, T_i]$违约，则接受者在 T_i 时支付 δ，并在 T_{i+1}时收到对手方的支付 $\delta(1+\kappa\Delta_i)$；

——如果支付者在时间段$(t, T_i]$没有违约，则接受者在 T_i 时支付金额 1，在 T_{i+1}时或者收到削减的部分金额 $\delta(1+\kappa\Delta_i)$，或者收到全部金额 $1+\kappa\Delta_i$，这取决于支付者在$(T_i, T_{i+1}]$有无违约。

对支付者而言，在集合 $\{\tau>t\}$ 上，上面规定的合约价值等于

$$\mathbf{FRA}^{\delta}(t, T_i; \kappa) = D^{\delta}(t, T_i) - (1+\kappa\Delta_i)D^{\delta}(t, T_{i+1})$$

将可违约远期伦敦银行同业拆借利率 $L^{\delta}(t, T_i)$定义为使等式$\mathbf{FRA}^{\delta}(t, T_i; \kappa)=0$ 成立的固定利率 κ 的值。利用上面的公式，可得到

$$L^{\delta}(t, T_i) = \frac{1}{\Delta_i}\left(\frac{D^{\delta}(t, T_i)}{D^{\delta}(t, T_{i+1})} - 1\right) \tag{14.12}$$

在式(14.12)中，令 $t=T_i$，在集合$\{\tau>T_i\}$上，可得 $L^{\delta}(T_i, T_i)=L^{\delta}(T_i)$，其中 $L^{\delta}(T_i)$由式(14.8)给出。公式(14.12)能自然地推广到一个抽象的可违约债券的情况。即设

$$L^{d}(t, T_i) := \frac{1}{\Delta_i}\left(\frac{D(t, T_i)}{D(t, T_{i+1})} - 1\right) \tag{14.13}$$

产生等式(14.12)的合约设定是人为的，因为在重置日 T_i 之前违约只导致了合约的名义本金减少，合约就变成了无违约的。因此，这里的违约风险是处理为参照风险，而不是交易对手风险。不过，既然式(14.13)是模仿了式(14.3)，不妨把它作为可违约远期伦敦银行同业拆借利率的一个方便的抽象定义。

盯市的远期名义利率。假定如果违约发生在 T_i 之前或者之时，合约被盯市。假设在违约时，已知其他条款都相同的无违约远期利率协议的价值，并且

——如果等价的无违约远期利率协议的价值 $\mathbf{FRA}(\tau, T_i; \kappa)$对于支付者而言为正，那么他就从接受者处得到这一价值；

——如果价值 $\mathbf{FRA}(\tau, T_i; \kappa)$对接受者而言为正，则他从支付者处仅得到这一价值的固定比例 δ 部分。

从支付者的角度，合约可以表示为如下在 T_i 时结算的未定权益 Y：

$$Y = \mathbb{1}_{\{t<\tau\leqslant T_i\}}B^{-1}(\tau, T_i)\Big((\mathbf{FRA}(\tau, T_i; \kappa))^{+} - \delta(-\mathbf{FRA}(\tau, T_i; \kappa))^{+}\Big)$$

$$+\mathbb{1}_{\{\tau>T_i\}}\mathbf{IRA}^{\delta}(T_i; \kappa)$$

这里的 $\mathbf{FRA}(\tau, T_i; \kappa)$和 $\mathbf{IRA}^{\delta}(T_i; \kappa)$分别由式(14.2)和式(14.7)给出。

另一方面，未定权益 Y 也可以表示为

$$Y = \mathbb{1}_{\{t<\tau\leqslant T_i\}} B^{-1}(\tau, T_i) Z(\tau, T_i; \kappa) + \mathbb{1}_{\{\tau>T_i\}} \mathbf{IRA}^{\delta}(T_i; \kappa)$$

其中，对 $t \leqslant T_i$，回收过程 Z 满足

$$Z(t, T_i; \kappa) = \mathbf{FRA}(t, T_i; \kappa) + (1-\delta)\big(-\mathbf{FRA}(t, T_i; \kappa)\big)^+ \tag{14.14}$$

要决定隐含的盯市远期名义利率 $\bar{L}(t, T_i)$，也就是要求出使得权益 Y 在 t 时价值为零的 κ 值，需要对违约风险和利率风险联合建模。

14.1.5 含有单方违约风险的远期互换

接下来的目的是要分析各种隐含于可违约远期互换的利率。

支付者风险调整的远期互换利率。 根据第一种结算方案，对支付者而言，远期互换在 $t(t<T_i)$ 时的价值等于：

$$\widehat{\mathbf{FS}}^{\delta}(t, T_i; \kappa) := B(t, T_i) - B(t, T_{i+1}) - \kappa\Delta_i D^{\delta}(t, T_{i+1})$$

因此，在集合 $\{\tau>t\}$ 上，相应的远期互换利率 $\hat{\kappa}^{\delta}(t, T_i)$ 满足

$$\hat{\kappa}^{\delta}(t, T_i) = \frac{B(t, T_i) - B(t, T_{i+1})}{\Delta_i D^{\delta}(t, T_{i+1})}$$

特别地有 $\hat{\kappa}^{\delta}(T_i, T_i) = \kappa^{\delta}(T_i)$，其中 $\kappa^{\delta}(T_i)$ 由式(14.9)给出。

参照风险调整的远期互换利率。 现在假定远期互换采用第二种结算方案。在这种情况下，合约实际上可以表示为如下在 T_i 时结算的未定权益：

$$Y = \mathbb{1}_{\{\tau>T_i\}}\big(1 - B(T_i, T_{i+1}) - \kappa\Delta_i D^{\delta}(T_i, T_{i+1})\big)$$

显然，除非引入某个违约和利率风险的模型，否则无法找出参照风险调整的远期互换利率 $\tilde{\kappa}^{\delta}(t, T_i)$。在 $\delta = 0$ 情况下，可得到

$$\tilde{\kappa}^{\delta}(t, T_i) = \frac{D^0(t, T_{i+1}) - \pi_t(\widetilde{Y})}{\Delta_i D^0(t, T_{i+1})}$$

其中，$\pi_t(\widetilde{Y})$ 表示在 T_i 时结算的支付 $\widetilde{Y} = \mathbb{1}_{\{\tau>T_i\}} B(T_i, T_{i+1})$ 在 t 时的价值。

可违约远期互换利率。 在第三种方案下，远期互换对应于权益 Y，Y 表示为：

$$Y = D^{\delta}(T_i, T_i)\big(1 - B(T_i, T_{i+1})\big) - \kappa\Delta_i D^{\delta}(T_i, T_{i+1})$$

因此，可违约远期互换利率 $\kappa^{\delta}(t, T_i)$ 等于

$$\kappa^{\delta}(t, T_i) = \frac{D^{\delta}(t, T_{i+1}) - \pi_t(Y)}{\Delta_i D^{\delta}(t, T_{i+1})}$$

其中，$\pi_t(Y)$表示在时间 T_i 结算的支付 $Y = D^{\delta}(T_i, T_{i+1})B(T_i, T_{i+1})$ 在 $t \leqslant T_i$ 时的套利价格。

盯市的远期互换利率(mark-to-market forward swap rate)。现在来关注最后一种结算方案中的一个特殊情况，其中，根据盯市的程序，合约在时间 $\tau < T_i$ 解除。一个在 t 时发起，计息期(accrual period)为$[T_i, T_{i+1}]$，具有固定利率 κ 和回收率 δ 的可违约远期互换设定如下：

——如果在 T_i 之前没有违约，合约就成为一个具有单方信用风险的可违约互换；

——如果在 T_i 之前发生违约，并且等价的无违约远期互换的价值 $\mathbf{FS}(\tau, T_i; \kappa)$对接受者而言为负，则他必须偿付其全部债务；

——如果在 T_i 之前发生违约，且价值 $\mathbf{FS}(\tau, T_i; \kappa)$对接受者而言为正，则他从支付者处仅得到这一价值的固定比例 δ 部分。

按照惯例，如果支付者在合约的起始日 t 之前就已经违约，那么合约根本就没有发起，从而根据定义，现金流也为零。因此，合约可以表示为在 T_i 时结算的单一未定权益 Y，Y 等于

$$Y = \mathbb{1}_{\{t<\tau\leqslant T_i\}} B^{-1}(\tau, T_i)\Big((\mathbf{FS}(\tau, T_i; \kappa))^+ - \delta(-\mathbf{FS}(\tau, T_i; \kappa))^+\Big) + \mathbb{1}_{\{\tau>T_i\}} \mathbf{IRS}^{\delta}(T_i; \kappa)$$

或者，等价地有

$$Y = \mathbb{1}_{\{t<\tau\leqslant T_i\}} B^{-1}(\tau, T_i) Z(\tau, T_i; \kappa) + \mathbb{1}_{\{\tau>T_i\}} \mathbf{IRS}^{\delta}(T_i; \kappa)$$

这里，通过下述设定

$$Z(t, T_i; \kappa) = \mathbf{FS}(t, T_i; \kappa) + (1-\delta)\big(-\mathbf{FS}(t, T_i; \kappa)\big)^+ \tag{14.15}$$

来定义回收过程 Z(注意到，由式(14.15)给出的过程 Z 和由式(14.14)给出的过程 Z 是一致的)：用$\mathbf{FS}^{\delta}(t, T_i; \kappa)$表示权益 Y 在 t 时的价值。盯市的远期互换利率 $\tilde{\kappa}^{\delta}(t, T_i)$定义为使上面描述的可违约远期互换在 t 时的价格等于零的 κ 值，即它通过等式$\mathbf{FS}^{\delta}(t, T_i; \tilde{\kappa}^{\delta}(t, T_i)) = 0$ 隐含地定义。

在结束本节之前，需要强调的是，上面介绍的各种远期利率并不是标准的。事实上，我们的目的就是要说明由可违约利率协议派生出的即期或远期利率的概念是相当含糊的，它严重依赖于具体的契约，有时甚至是人为设定的契约。大部分市场实践是基于信用利差的概念——也就是一个给定合约的无违约交易对手隐含的利率差异，而不是可违约利率的差异。换句话说，实践中的方法依赖于假设：市场风险和信用风险紧密不可分，

特定合约的信用利差反映了其中信用风险的水平。为了简便,这里仅考察了具有单方违约风险的合约。对双方违约风险情况的研究将在第 14.5 节进行。

14.2 含有单方违约风险的多期利率协议

这一节的目的是讨论具有单方违约风险的多期利率协议。对于这类合约,有很多方式来定义契约,没有必要去考虑所有可能的定义方式,只需要讨论结算方案的几个例子。下面将关注两个基本情况:固定利率可违约利率协议和浮动利率可违约利率协议。

为了简化对合约的描述,这里将采用有偿付能力方(贷方)进行预付款(advance payment)的契约形式。注意到,如果把协议修改为使得没有违约的一方需要在结算日进行支付,则下面描述的合约就与可违约互换等价。

假定有一个事先规定的重置/结算日有限族 $T_0 < T_1 < \cdots < T_m$。按照惯例,且不失一般性,下面分析的所有合约的名义本金都设定等于 1。如果任何一方在合约起始日之前或者之时违约,则合约没有被发起,所有的现金流均为零。

固定利率可违约利率协议。首先假定只有固定利率的支付者可能违约;因此,这里的利率协议可以看成固定利率贷款。一个在时间 T_i 发起,计息期为 $[T_i, T_{i+1}]$, …, $[T_{m-1}, T_m]$,具有固定利率 κ 和回收率 δ 的可违约多期利率协议可以按如下条款设定(和之前一样,记 $\Delta_j = T_{j+1} - T_j$):

——在时间 T_i,固定利率的接受者支付本金 1;

——如果 j 在 $i \leqslant j < m-1$ 范围内,且固定利率支付者在 $(T_j, T_{j+1}]$ 没有违约,则固定利率接受者在时间 T_{j+1} 收到全部应得金额(full due amount):$1 + \kappa\Delta_j$,并在时间 T_{j+1} 支付 1;因此他在时间 T_{j+1} 得到的净支付为 $\kappa\Delta_j$;

——如果 j 在 $i \leqslant j < m-1$ 范围内,且固定利率支付者在时间段 $(T_j, T_{j+1}]$ 发生违约,则合约按照如下规则进行结算:固定利率接受者在时间 T_{j+1} 收到削减的部分承诺未来支付现值:

$$\delta \sum_{l=j+1}^{m} B(T_{j+1}, T_l)(1 + \kappa\Delta_{l-1})$$

并在时间 T_{j+1} 支付削减的部分金额:

$$\delta \sum_{l=j+1}^{m-1} B(T_{j+1}, T_l)$$

——如果 $j = m-1$,且固定利率支付者在时间段 $(T_{m-1}, T_m]$ 没有违约,则固定利率

的接受者在结算日 T_m 收到全部到期金额：$1+\kappa\Delta_{m-1}$；

——如果 $j=m-1$，且固定利率的支付者在时间段$(T_{m-1}, T_m]$发生违约，则固定利率的接受者在时间 T_m 收到部分金额：$\delta(1+\kappa\Delta_{m-1})$。

为了方便读者理解，首先考察 $m=i+3$ 时的情况。记 $\mathbb{1}_j=\mathbb{1}_{\{T_j<\tau\leqslant T_{j+1}\}}$。从支付者的角度，现金流为：

$$\begin{aligned}
&\mathbb{1}_{\{t=T_i\}}-\mathbb{1}_{\{\tau>T_{t+3}\}}[\mathbb{1}_{\{t=T_{i+1}\}}\kappa\Delta_i+\mathbb{1}_{\{\tau=T_{i+2}\}}\kappa\Delta_i\mathbb{1}_{\{\tau=T_{i+3}\}}(1+\kappa\Delta_i)]\\
&\quad-\mathbb{1}_{i+2}[\mathbb{1}_{\{t=T_{i+1}\}}\kappa\Delta_i+\mathbb{1}_{\{\tau=T_{i+2}\}}\kappa\Delta_i+\delta\mathbb{1}_{\{t=T_{i+3}\}}(1+\kappa\Delta_i)]\\
&\quad-\mathbb{1}_{i+1}\left[\mathbb{1}_{\{t=T_{i+1}\}}\kappa\Delta_i+\mathbb{1}_{\{t=T_{i+2}\}}\delta\Big(\sum_{l=i+2}^{i+3}B(T_{i+2}, T_l)(1+\kappa\Delta_{l-1})-1\Big)\right]\\
&\quad-\mathbb{1}_i\left[\mathbb{1}_{\{t=T_{i+1}\}}\delta\Big(\sum_{l=i+2}^{i+3}B(T_{i+1}, T_l)(1+\kappa\Delta_{l-1})-\sum_{l=i+1}^{i+2}B(T_{i+1}, T_l)\Big)\right]
\end{aligned}$$

因为在 t 时数量为 1 的支付等价于在时间 $s\leqslant t$ 时数量为 $B(s, t)$的支付，并且显然有 $\mathbb{1}_{\{s<\tau\leqslant t\}}=\mathbb{1}_{\{\tau\leqslant t\}}-\mathbb{1}_{\{\tau\leqslant s\}}$，那么上面的现金流可以改写为：

$$\begin{aligned}
&\mathbb{1}_{\{t=T_i\}}-\mathbb{1}_{\{\tau=T_{t+1}\}}\kappa\Delta_i(\mathbb{1}_{\{\tau>T_{i+1}\}}+\delta\mathbb{1}_{\{T_i<\tau\leqslant T_{i+1}\}})\\
&\quad-\mathbb{1}_{\{t=T_{i+2}\}}\kappa\Delta_{i+1}(\mathbb{1}_{\{\tau>T_{i+2}\}}+\delta\mathbb{1}_{\{T_i<\tau\leqslant T_{i+2}\}})\\
&\quad-\mathbb{1}_{\{t=T_{i+3}\}}(1+\kappa\Delta_{i+2})(\mathbb{1}_{\{\tau>T_{i+3}\}}+\delta\mathbb{1}_{\{T_i<\tau\leqslant T_{i+3}\}})
\end{aligned}$$

因此，从支付者的角度，可违约三期利率协议在时间 T_i 时的价值为

$$\begin{aligned}
\mathbf{IRA}_p^\delta(T_i; \kappa, 3)&=1-\kappa\Delta_iD^\delta(T_i, T_{i+1})-\kappa\Delta_{i+1}D^\delta(T_i, T_{i+2})\\
&\quad-(1+\kappa\Delta_{i+2})D^\delta(T_i, T_{i+3})
\end{aligned}$$

记 $c_j=\kappa\Delta_{j-1}(j=i+1, j+2, \cdots, m-1)$ 和 $c_m=1+\kappa\Delta_{m-1}$。对于任意 $m\geqslant i+1$，在集合$\{\tau<T_i\}$ 上，可违约多期利率协议在其起始日 T_i 时的价值为

$$\mathbf{IRA}_p^\delta(T_i; \kappa, m-i)=1-\sum_{j=i+1}^{m-1}c_jD^\delta(T_i, T_j)-c_mD^\delta(T_i, T_m) \tag{14.16}$$

其中，$D^\delta(t, T)$表示由支付者发行的以不变回收率 δ 按国库券价值部分回收的债券价格。支付者风险调整的名义利率 $L_p^\delta(T_i; m-i)$现在可以脱离上面描述的合约，正式地定义为使合约在起始日价值为零的固定利率 κ 值，也就是求解方程 $\mathbf{IRA}^\delta(T_i; \kappa, m-i)=0$ 的 κ 值。容易看出，这个方程的唯一解由如下公式给出

$$L_p^\delta(T_i; m-i)=\frac{1-D^\delta(T_i, T_m)}{\sum_{j=i+1}^{m}\Delta_{j-1}D^\delta(T_i, T_j)} \tag{14.17}$$

评注:(1) 上面描述的可违约多期即期利率协议的契约安排实际上完全对应于一个可违约息票债券的买断交易。在起始日 T_i,接受者支付金额 1,且得到一个由支付者发行的、支付日期为 T_{i+1}, T_{i+2}, …, T_m、具有息票利息 $c_j=\kappa\Delta_{j-1}(j=i+1, i+2, \cdots, m-1)$ 和 $c_m=1+\kappa\Delta_{m-1}$ 的息票债券。

(2) 在上面描述的可违约多期即期利率协议中,假设违约后的支付比例对双方是不同的:支付方的支付比例为 δ_p,而接受方的支付比例为 δ_r,也就是没有违约时的支付比例。容易证明,与此对应的可违约多期名义利率为(记 $\hat{\delta}=\delta_r-\delta_p$)

$$L^{\delta_p,\delta_r}(T_i;m-i)=\frac{1-D^{\delta_p}(T_i,T_m)-\hat{\delta}\sum\limits_{j=i+1}^{m}\left(B(T_i,T_j)-D^0(T_i,T_j)\right)}{\sum\limits_{j=i+1}^{m}\Delta_{j-1}D^{\delta_p}(T_i,T_j)}$$

其中,$D^0(T_i, T_j)$(和 $D^{\delta_p}(T_i, T_j)$分别)是支付者发行的具有零回收(和回收率为 δ_p)的贴现债券的价格。

浮动利率可违约利率协议。现在假定可能违约的当事人是浮动利率支付者,而固定利率支付者是无违约的。正如已经提到的,假定无违约的当事人进行预付款支付,即在重置日 T_i, T_{i+1}, …, T_{m-1}进行支付,而具有违约倾向的当事人(贷款人)是延滞支付,即在结算日 T_{i+1}, T_{i+2}, …, T_m 进行支付。按照惯例,把这样的浮动利率贷款称作具有接受者违约风险的利率协议。相应地,多期可违约即期利率协议的现金流可以概括如下:

——在时间 T_i,(固定利率的)接受者获得对方支付额为 $B(T_i, T_{i+1})(1+\kappa\Delta_i)$;

——如果 j 在 $i+1\leqslant j\leqslant m-1$ 范围内,且接受者在$(T_{j-1}, T_j]$没有违约,则接受者在时间 T_j 获得的对手方支付的金额为 $B(T_j, T_{j+1})(1+\kappa\Delta_j)$,并同时接受者支付给对方的全部应付金额为 $B^{-1}(T_{j-1}, T_j)$;

——如果 j 在 $i+1\leqslant j\leqslant m-1$ 范围内,且接受者在$(T_{j-1}, T_j]$发生违约,则合约按如下方式解除:接受者在 T_j 时获得对手方支付的金额为

$$R_j:=\delta\sum_{l=j}^{m-1}B(T_j,T_{l+1})(1+\kappa\Delta_l)$$

另外,他在 T_j 时支付给对方的金额为

$$P_j:=\delta B^{-1}(T_{j-1},T_j)+\delta\sum_{l=j}^{m-1}B(T_j,T_l)$$

——如果 $j=m$,且接受者在$(T_{m-1}, T_m]$没有违约,则他在结算日 T_m 支付给对方的全部应付金额为 $B^{-1}(T_{m-1}, T_m)$;

——如果 $j=m$,且接受者在$(T_{m-1}, T_m]$发生违约,则他在时间 T_m 支付给对方的削

减金额为 $\delta B^{-1}(T_{m-1}, T_m)$。

显然,如果在 $(T_{j-1}, T_j]$ 发生违约,对支付者来说,在时间 T_j 的净现金流等于 $N_j = P_j - R_j$,或者更具体地,有

$$N_j = \delta\Big(1 + B^{-1}(T_{j-1}, T_j) - \sum_{l=j+1}^{m-1} \kappa\Delta_{l-1} B(T_j, T_l) - (1+\kappa\Delta_{m-1}) B(T_j, T_m)\Big)$$

为了方便分析,引入如下定义。

定义 14.2.1 对任意随机时间 τ,随机时间 τ_* 满足:对 $j = 0, 1, \cdots, m-1$,在集合 $\{T_j < \tau \leqslant T_{j+1}\}$ 上有 $\tau_* = j$,而在集合 $\{\tau > T_m\}$ 上有 $\tau_* = m$。

令 τ 表示接受者的违约时间。从支付者的角度,合约在 T_i 时的价值等于

$$\begin{aligned}\mathbf{IRA}_r^\delta(T_i; \kappa, m-i) &= B_{T_i}\, \mathbb{E}_{\mathbb{P}^*}\Big(\sum_{j=i+1}^{\tau_*} B_{T_j}^{-1} B^{-1}(T_{j-1}, T_j) \mid \mathcal{F}_{T_i}\Big)\\ &\quad - B_{T_i}\, \mathbb{E}_{\mathbb{P}^*}\Big(\sum_{j=i}^{\tau_* \wedge (m-1)} B_{T_j}^{-1} B(T_j, T_{j+1})(1+\kappa\Delta_j) \mid \mathcal{F}_{T_i}\Big)\\ &\quad - B_{T_i}\, \mathbb{E}_{\mathbb{P}^*}\Big(\sum_{j=i}^{m-1} \mathbb{1}_j B_{T_{j+1}}^{-1} N_{j+1} \mid \mathcal{F}_{T_i}\Big)\end{aligned}$$

其中,$\mathbb{1}_j = \mathbb{1}_{\{\tau_* = j\}}$。观察到,$I_j$ 和 K_j 可以表示如下:

$$I_j = \delta \sum_{l=j}^{m-1} B_{T_j}\, \mathbb{E}_{\mathbb{P}^*}\big(B_{T_l}^{-1} B(T_l, T_{l+1})(1+\kappa\Delta_l) \mid \mathcal{F}_{T_j}\big)$$

和

$$K_j = \delta \sum_{l=j}^{m} B_{T_j}\, \mathbb{E}_{\mathbb{P}^*}\big(B_{T_l}^{-1} B^{-1}(T_{l-1}, T_l) \mid \mathcal{F}_{T_j}\big)$$

可以推出

$$\begin{aligned}\mathbf{IRA}_r^\delta(T_i; \kappa, m-i) &= B_{T_i}\, \mathbb{E}_{\mathbb{P}^*}\Big(\sum_{j=i+1}^{\tau_*} B_{T_j}^{-1} B^{-1}(T_{j-1}, T_j) \mid \mathcal{F}_{T_i}\Big)\\ &\quad - B_{T_i}\, \mathbb{E}_{\mathbb{P}^*}\Big(\sum_{j=i}^{\tau_* \wedge (m-1)} B_{T_j}^{-1} B(T_j, T_{j+1})(1+\kappa\Delta_j) \mid \mathcal{F}_{T_i}\Big)\\ &\quad - \delta B_{T_i}\, \mathbb{E}_{\mathbb{P}^*}\Big(\sum_{j=i}^{m-1} \mathbb{1}_j \sum_{l=j+1}^{m-1} \mathbb{E}_{\mathbb{P}^*}\big(B_{T_l}^{-1} B(T_l, T_{l+1})(1+\kappa\Delta_l) \mid \mathcal{F}_{T_j}\big) \mid \mathcal{F}_{T_i}\Big)\\ &\quad + \delta B_{T_i}\, \mathbb{E}_{\mathbb{P}^*}\Big(\sum_{j=i}^{m-1} \mathbb{1}_j \sum_{l=j+1}^{m-1} \mathbb{E}_{\mathbb{P}^*}\big(B_{T_l}^{-1} B^{-1}(T_{l-1}, T_l) \mid \mathcal{F}_{T_j}\big) \mid \mathcal{F}_{T_i}\Big)\end{aligned}$$

接受者风险调整的名义利率 $L_r^\delta(T_i; m-i)$ 现在可以正式地定义为：使 $\mathbf{IRA}_r^\delta(T_i; \kappa, m-i)=0$ 成立的 κ 值。

14.3 多期可违约的远期名义利率

在第 14.1.4 和第 14.1.5 节，讨论了单期可违约远期利率协议和可违约互换协议下的各种结算方案。现在研究多期利率协议情况下的类似方案。和单期情况下一样，考察具有起始日 T_i 的合约，并且假定如果双方在第一个重置日 T_i 仍具有偿付能力，则正如前一节所描述的那样，合约就变为相应的可违约多期即期合约。

固定利率可违约远期利率协议（FRA）。假定只有固定利率的支付者可能违约。和第 14.1.4 节一样，如果在某个时间 $s(s<T_i)$ 发生违约，则考察如下四种可能的结算方案：

——第一种：在时间 s，（固定利率的）接受者得到由支付者发行的可违约息票债券的价值，并且在时间 T_i，他向支付者支付承诺的数额 1（或者等价地，在时间 t 支付 $B(t, T_i)$）；这个方案是将具有支付者违约风险的可违约多期即期利率协议理解为接受者对支付者发行的息票债券的买断交易（对照第 14.2 节）；

——第二种：合约立即解除，没有现金流；

——第三种：合约变成一个具有部分名义本金为 δ 的无违约多期远期利率协议；

——第四种：合约按照事先预定的盯市方式进行结算。

在单期可违约远期利率协议情况下，对这些类似结算方案直观意义上的讨论，可以参考第 14.1.4 节。上面列出的四种结算方案导致了四种截然不同的关于多期可违约远期利率的定义。

支付者风险调整的远期名义利率。根据第一种结算方案，在时间 $t(t<T_i)$ 处，对支付者而言，合约的价值由如下表达式给出：

$$\widehat{\mathbf{FRA}}_p^\delta(t, T_i; \kappa, m-i)=B(t, T_i)-\sum_{j=i+1}^{m-1} c_j D^\delta(t, T_j)-c_m D^\delta(t, T_m)$$

其中，对于 $j=i+1, i+2, \cdots, m-1$ 有 $c_j=\kappa\Delta_{j-1}$，而对于 $j=m$ 有 $c_m=1+\kappa\Delta_{m-1}$。定义 $\hat{L}_p^\delta(t, T_i; m-i)$ 为使合约在 t 时价值为零的 κ 值，并称为支付者风险调整的远期名义利率。显然，在集合 $\{\tau>t\}$ 上有

$$\hat{L}_p^\delta(t, T_i; m-i)=\frac{B(t, T_i)-D^\delta(t, T_m)}{\sum_{j=i+1}^{m} \Delta_{j-1} D^\delta(t, T_j)} \tag{14.18}$$

注意到，在重置日 T_i，有 $\hat{L}^{\delta}(T_i, T_i; m-i) = L^{\delta}(T_i; m-i)$，其中 $L^{\delta}(T_i; m-i)$ 由式(14.17)给出。

参照风险调整的远期名义利率。考察对应于第二种方案下 T_i 时的支付。在集合 $\{\tau > T_i\}$ 上，这种支付与可违约多期即期利率协议在 T_i 时的价值一致。更确切地，它等于 $\mathbf{IRA}^{\delta}(T_i; \kappa, m-i)$。而在集合$\{\tau \leqslant T_i\}$ 上，T_i 时的支付等于零。因此，这里处理的是在 T_i 时结算且等于

$$Y = \mathbb{1}_{\{\tau > T_i\}} \mathbf{IRA}^{\delta}(T_i; \kappa, m-i) \tag{14.19}$$

的未定权益 Y：显然，要估计参照风险调整的远期名义利率 $\widetilde{L}^{\delta}(t, T_i; m-i)$ 的值（即令 Y 在 t 时价值为零的 κ 值），必须引入违约时间的某个随机模型。尽管如此，等式 $\widetilde{L}^{\delta}(T_i, T_i; m-i) = L_p^{\delta}(T_i; m-i)$ 总是满足的。

可违约远期多期伦敦银行同业拆借利率。根据第三种结算方案，可违约多期远期利率协议可设定如下：

——如果支付者在时间段$(t, T_i]$违约，则支付者在 T_i 时的净现金流为

$$\delta \sum_{j=i}^{m-1} B(T_i, T_j) - \delta \sum_{j=i+1}^{m} (1 + \kappa \Delta_{j-1}) B(T_i, T_j)$$

——否则，支付者在起始日 T_i 的净现金流为 $\mathbf{IRA}^{\delta}(T_i, \kappa; m-i)$。

在 $\{\tau > t\}$ 上，对支付者而言，上面设定的合约价值为

$$\mathbf{FRA}^{\delta}(t, T_i; \kappa, m-i) = D^{\delta}(t, T_i) - \sum_{j=i+1}^{m-1} c_j D^{\delta}(t, T_j) - c_m D^{\delta}(t, T_m)$$

其中，$D^{\delta}(t, T_j)$是支付者发行的债券价格，对于 $j = i+1, i+2, \cdots, m-1$，有 $c_j = \kappa \Delta_{j-1}$，而对于 $j = m$，有 $c_m = 1 + \kappa \Delta_{m-1}$。将可违约远期多期伦敦银行同业拆借利率 $L^{\delta}(t, T_i; m-i)$ 定义为使等式 $\mathbf{FRA}^{\delta}(t, T_i; \kappa) = 0$ 成立的固定利率 κ 的值。利用上面的公式，得到

$$L^{\delta}(t, T_i; m-i) = \frac{D^{\delta}(t, T_i) - D^{\delta}(t, T_m)}{\sum_{j=i+1}^{m} \Delta_{j-1} D^{\delta}(t, T_j)} \tag{14.20}$$

正如所预期地，如果回收率 $\delta = 1$（即全部回收的情况），利率 $L^1(t, T_i; m-i)$和无违约远期互换利率 $\kappa(t, T_i; m-i)$一致。

评注：这里有和单期情况下类似的结论（对照第 14.1.4 节）。特别地，导致等式(14.20)成立的合约设定是人为的。确实，如果违约发生在重置日 T_i 之前，则唯一的结果就是合约名义本金（对称的）减少，合约成为无违约的。这意味着，这里的违约风险是作为参照风险来处理，而不是作为交易对手风险。

盯市的远期多期名义利率。 现在假定，如果违约发生在起始日 T_i 之前或者之时，合约是被盯市的。很自然地假定，根据无违约期限结构，一个除了延滞结算(in arrears)之外，其他条款设定相同的无违约固定—浮动远期利率互换协议在违约时的价值为 $\mathbf{FS}(\tau, T_i; \kappa, m-i)$①，并且

——如果等价的无违约互换协议的价值 $\mathbf{FS}(\tau, T_i; \kappa, m-i)$ 对于支付者而言为正，那么他就从接受者处得到这一价值；

——如果等价的无违约互换协议的价值 $\mathbf{FS}(\tau, T_i; \kappa, m-i)$ 对接受者而言为正，则他从支付者处仅得到这一价值的固定比例 δ 部分。

从支付者的角度，合约可以表示为如下在时间 T_i 结算的未定权益 Y：

$$Y = \mathbb{1}_{\{t<\tau\leqslant T_i\}} B^{-1}(\tau, T_i)\Big((\mathbf{FS}(\tau, T_i))^+ - \delta(-\mathbf{FS}(\tau, T_i))^+\Big) + \mathbb{1}_{\{\tau>T_i\}} \mathbf{IRA}_p^\delta(T_i; \kappa, m-i)$$

其中，$\mathbf{FS}(t, T_i) = \mathbf{FS}(\tau, T_i; \kappa, m-i)$，而 τ 代表支付者的违约时间。对任意 $t \leqslant T_i$，可知(参见 Musiela 和 Rutkowski(1997a))

$$\mathbf{FS}(\tau, T_i; \kappa, m-i) = B(t, T_i) - \sum_{j=i+1}^{m-1} c_j B(t, T_j) - c_m B(t, T_m)$$

其中，对于 $j = i+1, i+2, \cdots, m-1$，有 $c_j = \kappa\Delta_{j-1}$，而对于 $j = m$，有 $c_m = \kappa\Delta_{m-1} + 1$。另一方面，$\mathbf{IRA}_p^\delta(T_i; \kappa, m-i)$ 由式(14.16)给出，即有

$$\mathbf{IRA}_p^\delta(T_i; \kappa, m-i) = 1 - \sum_{j=i+1}^{m-1} c_j D^\delta(T_i, T_j) - c_m D^\delta(T_i, T_m)$$

总之，这里涉及的是如下形式的未定权益 Y：

$$Y = \mathbb{1}_{\{t<\tau\leqslant T_t\}} B^{-1}(\tau, T_i) Z(\tau, T_i; \kappa, m-i) + \mathbb{1}_{\{\tau>T_i\}} \mathbf{IRA}_p^\delta(T_i; \kappa, m-i)$$

其中，对于 $t \leqslant T_i$，回收过程 Z 满足

$$Z(t, T_i; \kappa, m-i) = \mathbf{FS}(t, T_i; \kappa, m-i) + (1-\delta)\big(-\mathbf{FS}(t, T_i; \kappa, m-i)\big)^+$$

要决定隐含的盯市远期名义利率 $\bar{L}(t, T_i; m-i)$——即定义为使权益 Y 在时间 t 时价值为零的 κ 值——需要对违约时间 τ 和无违约利率期限结构联合建模。

再次强调，这里只考察了可违约固定利率远期利率协议的情况，对于可违约浮动利率远期利率协议的情况，可沿用第 14.2 节类似的思路进行分析。

① 正如已经提到过的，延滞结算的无违约远期利率互换也可以理解为无违约多期远期利率协议。

14.4 含有单方违约风险的可违约互换

下面将要重点关注可违约互换应用最广泛的结算规则,即盯市互换的情形。这个结算支付将和一个等价的不可违约互换的市场价值联系起来。但是,这种规则既没有被现实合约采用,也没有被金融文献接受。另外一种备选结算规则规定回收支付是合约违约前市场价值的一部分,这种规则导出了可违约互换价值的后向随机微分方程(Duffie 等(1996)、Duffie 和 Huang(1996),以及 Huge 和 Lando(1999))。随后,我们只考察即期合约和即期利率。

对任意 $t \in \mathbb{R}_+$,用 t_* 表示使得 $t \in (T_j, T_{j+1}]$ 的整数 j。下面的记号将会经常用到:

$$\alpha_t = \frac{B(t, T_{t_*+1})}{B(T_{t_*}, T_{t_*+1})} - B(t, T_m) - \sum_{l=t_*+1}^{m} \kappa \Delta_{l-1} B(t, T_l) \tag{14.21}$$

不难验证,在任意一个期限结构无套利模型中,对 α_t 都可以做出如下概率意义上的解释

$$\alpha_t = B_t \mathbb{E}_{\mathbb{P}^*}\Big(\sum_{l=t_*+1}^{m} B_{T_l}^{-1}\big(B^{-1}(T_{l-1}, T_l) - 1 - \kappa\Delta_{l-1}\big) \mid \mathcal{F}_t \Big)$$

$$= B_t \mathbb{E}_{\mathbb{P}^*}\Big(\sum_{l=t_*+1}^{m} B_{T_l}^{-1}\big(L(T_{l-1}) - \kappa\big)\Delta_{l-1} \mid \mathcal{F}_t \Big)$$

其中,第二个等式得自下面这个明显的关系:

$$B^{-1}(T_{l-1}, T_l) - 1 - \kappa\Delta_{l-1} = \big(L(T_{l-1}) - \kappa\big)\Delta_{l-1}$$

然而,从表达式(14.21)可以清楚地看出,α_t 不依赖于模型的具体选择。实际上,α_t 可以从观测到的无违约债券的市场价格推出,这个事实使得下面描述的结算规则容易在实践中得以执行。按照金融学的解释,在所有从 t 时之后直到到期日 T_m 的未来现金流都是无违约且合约双方都延滞进行各自支付的假设下,α_t 表示互换协议余下的现金流在 t 时的套利价值。换句话说,α_t 表示一个具有首个重置日为 T_{t_*}($T_{t_*} < t$)和首个结算日为 T_{t_*+1}($T_{t_*+1} > t$)的无违约固定利率—浮动利率互换在 t 时的价值。下面将考察三种可供选择的盯市规则:

——第一种:合约被盯市,并在违约时间 τ 立即结算;

——第二种:合约在时间 τ 被盯市,但是结算支付被推迟到违约时间之后的首个重

置日进行；

——第三种：盯市的程序和合约的结算支付被推迟到违约时间之后的首个重置日进行。

14.4.1 第一种结算方案

支付者的违约风险。假定只有固定利率 κ 的支付者可能违约，并用 τ 表示支付者的违约时间。互换协议设定如下：

——对于 j 在 $i \leqslant j \leqslant m-1$ 范围内，如果支付者在 $(T_j, T_{j+1}]$ 没有违约，则支付者在 T_{j+1} 时支付给对方的全部固定金额为 $\kappa\Delta_j$，并从对手方得到的全部浮动金额为 $L(T_j)\Delta_j$；

——对于 j 在 $i \leqslant j \leqslant m-1$ 范围内，如果支付者在时间 $\tau \in (T_j, T_{j+1}]$ 违约，则合约按如下方式展开：

(a) 如果支付者在违约时间处于价内状态(in-the-money)，即如果 $\alpha_\tau > 0$，则支付者在 τ 时的净现金流为 α_τ；

(b) 如果接受者在违约时间处于价内状态，即如果 $\alpha_\tau < 0$，则接受者在 τ 时的净现金流为 $-\delta\alpha_\tau$。

从支付者的角度，合约在 T_i 时的价值 $\mathbf{IRS}_p^\delta(T_i;\kappa, m-i)$ 等于(回忆一下，τ_* 在定义14.2.1中被引入)

$$B_{T_i}\,\mathbb{E}_{\mathbb{P}^*}\Big(\sum_{l=i+1}^{\tau_*} B_{T_l}^{-1}(L(T_{l-1})-\kappa)\,\Delta_{l-1} + \mathbb{1}_{\{T_i<\tau\leqslant T_m\}} B_\tau^{-1}(\alpha_\tau^+ - \delta\alpha_\tau^-)\mid \mathcal{F}_{T_t}\Big)$$

或者，等价地等于

$$\begin{aligned}\mathbf{IRS}_p^\delta(T_i;\kappa, m-i) &= B_{T_i}\,\mathbb{E}_{\mathbb{P}^*}\Big(\sum_{l=i+1}^{\tau_*} B_{T_l}^{-1}(L(T_{l-1})-\kappa)\,\Delta_{l-1}\mid \mathcal{F}_{T_i}\Big)\\ &\quad + B_{T_i}\,\mathbb{E}_{\mathbb{P}^*}\big(\mathbb{1}_{\{T_i<\tau<T_m\}} B_{T_{\tau_*}+1}^{-1} B^{-1}(\tau, T_{\tau_*+1})(\alpha_\tau^+ - \delta\alpha_\tau^-)\mid \mathcal{F}_{T_i}\big)\end{aligned}$$

定义使合约在起始时价值为零的固定利率 κ 为第一种方案的支付者风险调整互换利率，也就是方程 $\mathbf{IRS}_p^\delta(T_i;\kappa, m-i)=0$ 的解。

评注：有意思的是，可以观察到，对于 $\mathbf{IRS}_p^\delta(T_i;\kappa, m-i)$，如下表示有效：

$$\begin{aligned}\mathbf{IRS}_p^\delta(T_i;\kappa, m-i) &= B_{T_i}\,\mathbb{E}_{\mathbb{P}^*}\Big(\sum_{l=i+1}^{m} B_{T_l}^{-1}(L(T_{l-1})-\kappa)\,\Delta_{l-1}\mid \mathcal{F}_{T_i}\Big)\\ &\quad + (1-\delta)B_{T_i}\,\mathbb{E}_{\mathbb{P}^*}\big(\mathbb{1}_{\{T_i<\tau\leqslant T_m\}} B_\tau^{-1}\alpha_\tau^-\mid \mathcal{F}_{T_i}\big)\end{aligned} \tag{14.22}$$

容易看出,上面这个公式的第一项表示一个延滞结算的标准无违约互换的价值。第二项可以看作一个在随机时间 τ 执行的远期接受者互换期权在 T_i 时的削减后的部分价值(回忆一下,本节讨论的所有估值公式都是在集合 $\{\tau > T_i\}$ 上有效,否则,即如果是在集合 $\{\tau \leqslant T_i\}$ 上,所考察的每个合约的价值都为零)。Lotz 和 Schlögl(2000)也提出了相同的观点。

例 14.4.1 此例将说明,在对违约时间 τ 施加特定的假设条件后,如何计算支付者风险调整的互换利率。假定 τ 和短期利率在给定的 σ—域 $\mathcal{F}_{T_i}$ 下是条件独立的,用 $F(t;\ i)$ 表示给定 $\mathcal{F}_{T_i}$ 下的 τ 的某种形式的条件累积概率分布函数,则有

$$\mathbf{IRS}_p^{\delta}(T_i;\ \kappa,\ m-i) = \mathbf{FS}(T_i;\ \kappa,\ m-i) + \mathbf{PS}(T_i,\ T_m;\ \kappa) \tag{14.23}$$

其中,$\mathbf{FS}(T_i;\ \kappa,\ m-i)$ 表示一个等价的无违约固定利率—浮动利率互换的价值,具体地有

$$\begin{aligned}\mathbf{FS}(T_i;\ \kappa,\ m-i) &= B_{T_i}\ \mathbb{E}_{\mathbb{P}^*}\Big(\sum_{l=i+1}^{m} B_{T_l}^{-1}(L(T_{l-1})-\kappa)\,\Delta_{l-1}\mid \mathcal{F}_{T_i}\Big)\\ &= 1-B(T_i,\ T_m)-\sum_{l=i+1}^{m}\kappa\Delta_{l-1}B(T_i,\ T_l)\end{aligned}$$

而 $\mathbf{PS}(T_i,\ T_m;\ \kappa)$等于

$$\mathbf{PS}(T_i;\ T_m;\ \kappa) = (1-\delta)\int_{T_i}^{T_m} B_{T_i}\ \mathbb{E}_{\mathbb{P}^*}(B_t^{-1}\alpha_t^- \mid \mathcal{F}_{T_i})\mathrm{d}F(t;\ i) \tag{14.24}$$

对每个 $t \in (T_i,\ T_m]$,$B_{T_i}\ \mathbb{E}_{\mathbb{P}^*}(B_t^{-1}\alpha_t^- \mid \mathcal{F}_{T_i})$ 表示执行日为 t 的无违约远期接受者互换期权在 T_i 时的价值。假设无违约远期互换利率为对数正态分布,那么利用所谓的 Black 互换期权公式(具体可以参见 Jamshidian(1997)、Musiela 和 Rutkowski(1997a)的第 16 章或者下面的第 15.1.2 节),可以得到这个价值的显性解。

如果还设定了违约时间 τ 的条件分布函数 $F(t;\ i)$,可以利用公式(14.23)—(14.24)来求解方程 $\mathbf{IRS}_p^{\delta}(T_i;\ \kappa,\ m-i) = 0$ 的解 κ。由于这个方程的非线性性,我们只能得到由模型预测的支付者风险调整互换利率的一个近似值(对照 Lotz 和 Schlögl(2000)的描述)。

接受者的违约风险。如果只有接受者可能违约,则合约可以描述为(τ 为接受者的违约时间):

——对于 j 在 $i \leqslant j \leqslant m-1$ 范围内,如果接受者在$(T_j,\ T_{j+1}]$ 没有违约,则在时间 T_{j+1},他支付给对方的全部浮动金额为 $L(T_j)\Delta_j$,并从对手方收到的全部固定金额为 $\kappa\Delta_j$;

——对于 j 在 $i \leqslant j \leqslant m-1$ 范围内,如果接受者在时间 $\tau \in (T_j,\ T_{j+1}]$ 违约,则合

约按如下方式解除：

(a) 如果支付者在违约时间处于价内状态，即如果 $\alpha_\tau > 0$，则支付者在重置日 T_{j+1} 的净现金流等于 $\delta B^{-1}(\tau, T_{j+1})\alpha_\tau$；

(b) 如果接受者在违约时间处于价内状态，即如果 $\alpha_\tau < 0$，则接受者在重置日 T_{j+1} 将得到金额 $-B^{-1}(\tau, T_{j+1})\alpha_\tau$。

从支付者的角度，合约在其起始日 T_i 时的价值 $\mathbf{IRS}_r^\delta(T_i; \kappa, m-i)$ 等于

$$B_{T_i}\,\mathbb{E}_{\mathbb{P}^*}\Big(\sum_{l=i+1}^{\tau_*} B_{T_l}^{-1}(L(T_{l-1})-\kappa)\Delta_{l-1} + \mathbb{1}_{\{T_i<\tau<T_m\}} B_\tau^{-1}(\delta\alpha_\tau^+ - \alpha_\tau^-) \mid \mathcal{F}_{T_i}\Big)$$

或者，等价地有

$$\begin{aligned}\mathbf{IRS}_r^\delta(T_i; \kappa, m-i) &= B_{T_i}\,\mathbb{E}_{\mathbb{P}^*}\Big(\sum_{l=i+1}^{\tau_*} B_{T_l}^{-1}(L(T_{l-1})-\kappa)\Delta_{l-1} \mid \mathcal{F}_{T_i}\Big)\\ &\quad + B_{T_i}\,\mathbb{E}_{\mathbb{P}^*}(\mathbb{1}_{\{T_i<\tau\leqslant T_m\}} B_{T_{\tau_*+1}}^{-1} B^{-1}(\tau, T_{\tau_*+1})(\delta\alpha_\tau^+ - \alpha_\tau^-) \mid \mathcal{F}_{T_i})\end{aligned}$$

定义方程 $\mathbf{IRS}_r^\delta(T_i; \kappa, m-i) = 0$ 的解为第一种方案的接受者风险调整互换利率。

14.4.2　第二种结算方案

回忆一下，第二种结算方案规定一旦违约发生，合约被盯市，但是结算支付(如果有的话)却被推迟到违约时间后的首个结算日进行。按照我们的记号，将随机时间 τ 之后的首个结算日记为 T_{τ_*+1}。

支付者的违约风险。存在支付者违约风险的情况下，合约按如下规定执行：

——对于 j 在 $i \leqslant j \leqslant m-1$ 范围内，如果支付者在 $(T_j, T_{j+1}]$ 没有违约，则支付者在 T_{j+1} 时支付给对方的全部固定金额为 $\kappa\Delta_j$，并从对手方收到的全部浮动金额为 $L(T_j)\Delta_j$；

——对于 j 在 $i \leqslant j \leqslant m-1$ 范围内，如果支付者在时间 $\tau \in (T_j, T_{j+1}]$ 违约，则合约按如下方式展开：

(a) 如果支付者在违约时间处于价内状态，即如果 $\alpha_\tau > 0$，则支付者在 T_{j+1} 时的净现金流等于 α_τ；

(b) 如果接受者在违约时间处于价内状态，即如果 $\alpha_\tau < 0$，则接受者在 T_{j+1} 时的净现金流等于 $-\delta\alpha_\tau$。

从支付者的角度，合约在 T_i 时的价值等于

$$\begin{aligned}\mathbf{IRS}_p^\delta(T_i; \kappa, m-i) &= B_{T_i}\,\mathbb{E}_{\mathbb{P}^*}\Big(\sum_{l=i+1}^{\tau_*} B_{T_l}^{-1}(L(T_{l-1})-\kappa)\Delta_{l-1} \mid \mathcal{F}_{T_i}\Big)\\ &\quad + B_{T_i}\,\mathbb{E}_{\mathbb{P}^*}(\mathbb{1}_{\{T_i<\tau\leqslant T_m\}} B_{T_{\tau_*+1}}^{-1}(\alpha_\tau^+ - \delta\alpha_\tau^-) \mid \mathcal{F}_{T_i})\end{aligned}$$

第二种方案的支付者风险调整互换利率就是使合约在起始时价值为零的固定利率 κ 值，也就是方程 $\mathbf{IRS}^{\delta}(T_i; \kappa, m-i)=0$ 的解。

接受者的违约风险。如果只有接受者可能违约，则合约可以描述为（τ 代表接受者的违约时间）：

——对于 j 在 $i \leqslant j \leqslant m-1$ 范围内，如果接受者在 $(T_j, T_{j+1}]$ 没有违约，则接受者在 T_{j+1} 时支付给对方的全部浮动金额为 $L(T_j)\Delta_j$，并从对手方获得的全部固定金额为 $\kappa\Delta_j$；

——对于 j 在 $i \leqslant j \leqslant m-1$ 范围内，如果接受者在时间 $\tau \in (T_j, T_{j+1}]$ 违约，则：

(a) 如果支付者在违约时间处于价内状态，即如果 $\alpha_\tau > 0$，则支付者在重置日 T_{j+1} 的净现金流等于 $\delta\alpha_\tau$；

(b) 如果接受者在时间 τ 处于价内状态，即如果 $\alpha_\tau < 0$，则接受者在重置日 T_{j+1} 的净现金流等于 $-\alpha_\tau$，并且合约终止。

从支付者的角度，合约在其起始日 T_i 时的价值等于

$$\begin{aligned}\mathbf{IRS}_r^{\delta}(T_i; \kappa, m-i) = {} & B_{T_i}\, \mathbb{E}_{\mathbb{P}^*}\Big(\sum_{l=i+1}^{\tau_*} B_{T_l}^{-1}(L(T_{l-1})-\kappa)\Delta_{l-1} \mid \mathcal{F}_{T_i}\Big) \\ & + B_{T_i}\, \mathbb{E}_{\mathbb{P}^*}\big(\mathbb{1}_{\{T_i<\tau\leqslant T_m\}} B_{T_{\tau_*+1}}^{-1}(\delta\alpha_\tau^+ - \alpha_\tau^-) \mid \mathcal{F}_{T_i}\big)\end{aligned}$$

定义方程 $\mathbf{IRS}_r^{\delta}(T_i; \kappa, m-i)=0$ 的解为第二种方案的接受者风险调整互换利率。

14.4.3 第三种结算方案

现在假定合约是在违约后的首个结算日被盯市，并且合约在此时解除。

支付者的违约风险。首先假定只有固定利率的支付者可能违约。在这种情况下，合约描述为：

——对于 j 在 $i \leqslant j \leqslant m-1$ 范围内，如果支付者在 $(T_j, T_{j+1}]$ 没有违约，则支付者在 T_{j+1} 时支付给对方的全部固定金额为 $\kappa\Delta_j$，同时接受对方支付的全部浮动金额为 $L(T_j)\Delta_j$；

——对于 j 在 $i \leqslant j \leqslant m-1$ 范围内，如果支付者在时间 $\tau \in (T_j, T_{j+1}]$ 违约，则合约按如下方式展开：

(a) 如果支付者在违约后的首个重置日处于价内状态，即如果 $\alpha_{T_{\tau_*+1}} > 0$，则支付者在 T_{τ_*+1} 时的净现金流等于 $\alpha_{T_{\tau_*+1}}$；

(b) 如果接受者在违约时间处于价内状态，即如果 $\alpha_{T_{\tau_*+1}} < 0$，则接受者在 τ 时的净现金流等于 $-\delta\alpha_{T_{\tau_*+1}}$。

对于支付者而言，这样一份合约在起始日 T_i 的价值为

$$\mathbf{IRS}_p^{\delta}(T_i;\kappa,m-i)=B_{T_i}\,\mathbb{E}_{\mathbb{P}^*}\Big(\sum_{l=i+1}^{\tau_*}B_{T_l}^{-1}(L(T_{l-1})-\kappa)\Delta_{l-1}\mid\mathcal{F}_{T_i}\Big)$$

$$+B_{T_i}\,\mathbb{E}_{\mathbb{P}^*}\big(\mathbb{1}_{\{T_i<\tau\leqslant T_m\}}B_{T_{\tau_*+1}}^{-1}(\alpha_{T_{\tau_*+1}}^{+}-\delta\alpha_{T_{\tau_*+1}}^{-})\mid\mathcal{F}_{T_i}\big)$$

称使合约在 T_i 时价值为零的 κ 值为第三种方案的支付者风险调整互换利率。

接受者的违约风险。为了使上面的合约适用于只有接受者可能违约的情形，直接做出如下修改即可：

——对于 j 在 $i\leqslant j\leqslant m-1$ 范围内，如果接受者①在 $(T_j,T_{j+1}]$ 没有违约，则他在 T_{j+1} 时支付给对方的全部固定金额为 $\kappa\Delta_j$，同时接受对方支付的全部浮动金额为 $L(T_j)\Delta_j$；

——对于 j 在 $i\leqslant j\leqslant m-1$ 范围内，如果接受者②在时间 $\tau\in(T_j,T_{j+1}]$ 违约，则合约按如下方式展开：

(a) 如果支付者在违约后的首个重置日处于价内状态，即如果 $\alpha_{T_{\tau_*+1}}>0$，则支付者在 T_{τ_*+1} 时的净现金流等于 $\delta\alpha_{T_{\tau_*+1}}$；

(b) 如果接受者在违约时间 τ 处于价内状态，即如果 $\alpha_{T_{\tau_*+1}}<0$，则接受者在 τ 时的净现金流等于 $-\alpha_{T_{\tau_*+1}}$。

对于支付者而言，这样一份合约在其起始日 T_i 的价值为

$$\mathbf{IRS}_r^{\delta}(T_i;\kappa,m-i)=B_{T_i}\,\mathbb{E}_{\mathbb{P}^*}\Big(\sum_{l=i+1}^{\tau_*}B_{T_l}^{-1}(L(T_{l-1})-\kappa)\Delta_{l-1}\mid\mathcal{F}_{T_i}\Big)$$

$$+B_{T_i}\,\mathbb{E}_{\mathbb{P}^*}\big(\mathbb{1}_{\{T_i<\tau\leqslant T_m\}}B_{T_{\tau_*+1}}^{-1}(\delta\alpha_{T_{\tau_*+1}}^{+}-\alpha_{T_{\tau_*+1}}^{-})\mid\mathcal{F}_{T_i}\big)$$

称使合约在 T_i 时价值为零的 κ 值为第三种方案的接受者风险调整互换利率。

14.4.4 市场公约

本节介绍的所有结算方案都可以看作被称为全额双向支付规则的市场公约的特例。一般术语全额双向支付规则指的是任意明确的结算方案，它规定若发生违约，如果互换协议的市场价值（或者违约前价值）对违约方为正，则违约方收到互换协议市场价值的全额；否则，他将支付给无违约方互换协议市场价值的部分比例。另外一种市场公约——

①② 原文为支付者，译者认为应为接受者。——译者注

称作限额双向支付规则——假定在违约时两个对手方的支付都是互换协议价值的部分比例。换句话说，在违约情况下，如果互换协议的价值对违约方为正，则他只有权得到一定比例的支付，这与全额双向支付规则不同，在全额双向支付规则下，违约方有权得到全额终止支付。一种特殊情形的限额双向支付规则规定两个回收率是相同的，在违约情况下，结算规则是对称的。

值得强调的是，在实践中，互换协议违约时价值这个概念要远远比在学术文献中含糊得多。因为互换协议是柜台交易的，那么互换协议的"违约前价值"可以用很多不同方式来设定，因此，基本术语全额/限额双向支付规则并不能完全确定具有盯市互换结算的复杂现实契约。

14.5 含有双方违约风险的可违约互换

现在转向探讨利率合约每一方的违约风险都不可忽略的情形。我们只考察在任何一方违约的情况下具有盯市结算条款的可违约多期即期互换的几个特殊例子。

令 τ_p 和 τ_r 分别代表支付方和接受方的违约时间。在此，做一个技术性假设，即在真实概率下，从而也在任意等价鞅概率测度下，有 $\tau_p \neq \tau_r$ 几乎处处成立。和之前几节不同的是，用 τ 表示两个违约时间中的最小值，即设：

$$\tau = \tau_p \wedge \tau_r := \begin{cases} \tau_p, \text{ 如果 } \tau_p \leqslant \tau_r \\ \tau_r, \text{如果 } \tau_p \geqslant \tau_r \end{cases}$$

这里重点考察全额双向结算的第一种方案（其他情况没有太大的不同）。一个盯市的可违约多期即期互换现在可以设定如下：

——对于 j 在 $i \leqslant j \leqslant m-1$ 范围内，如果在 $(T_j,\ T_{j+1}]$ 没有违约，则在重置日 T_{j+1}，支付者支付全部的固定金额 $\kappa\Delta_j$，并收到全部的浮动金额 $L(T_j)\Delta_j$；

——对于 j 在 $i \leqslant j \leqslant m-1$ 范围内，如果在 $(T_j,\ T_{j+1}]$ 发生了违约，并且（首个）违约方是支付者，即如果 $\tau \in (T_j,\ T_{j+1}]$ 且 $\tau = \tau_p$，则合约按照如下盯市程序展开：

(a) 如果支付者在违约时间处于价内状态，即如果 $\alpha_\tau > 0$，则支付者在 T_{j+1} 时的净现金流等于 $B^{-1}(\tau,\ T_{j+1})\alpha_\tau$；

(b) 如果接受者在违约时间处于价内状态，即如果 $\alpha_\tau < 0$，则接受者在 T_{j+1} 时的净现金流等于 $-\delta_p B^{-1}(\tau,\ T_{j+1})\alpha_\tau$；

——对于 j 在 $i \leqslant j \leqslant m-1$ 范围内，如果在 $(T_j,\ T_{j+1}]$ 发生了违约，并且（首个）违约

方是接受者，即如果 $\tau \in (T_j, T_{j+1}]$ 且 $\tau = \tau_r$，则合约按照如下方式展开：

(a) 如果支付者在违约时间处于价内状态，即如果 $\alpha_\tau > 0$，则支付者在 T_{j+1} 时的净现金流等于 $\delta_r B^{-1}(\tau, T_{j+1})\alpha_\tau$；

(b) 如果接受者在违约时间处于价内状态，即如果 $\alpha_\tau < 0$，则接受者在 T_{j+1} 时的净现金流等于 $-B^{-1}(\tau, T_{j+1})\alpha_\tau$。

从支付者的角度，合约在其起始日 T_i 时的价值为

$$\begin{aligned}\mathbf{IRS}_f^\delta(T_i;\kappa, m-i) &= B_{T_i}\,\mathbb{E}_{\mathbb{P}^*}\Big(\sum_{j=i+1}^{\tau_*} B_{T_j}^{-1}(L(T_{j-1})-\kappa)\Delta_{j-1} \mid \mathcal{F}_{T_i}\Big)\\ &+ B_{T_i}\,\mathbb{E}_{\mathbb{P}^*}\big(\mathbb{1}_{\{T_i<\tau=\tau_p\leqslant T_m\}} B_{T_{\tau_*+1}}^{-1} B^{-1}(\tau, T_{\tau_*+1})(\alpha_\tau^+ - \delta_p\alpha_\tau^-) \mid \mathcal{F}_{T_i}\big)\\ &+ B_{T_i}\,\mathbb{E}_{\mathbb{P}^*}\big(\mathbb{1}_{\{T_i<\tau=\tau_r\leqslant T_m\}} B_{T_{\tau_*+1}}^{-1} B^{-1}(\tau, T_{\tau_*+1})(\delta_r\alpha_\tau^+ - \alpha_\tau^-) \mid \mathcal{F}_{T_i}\big)\end{aligned}$$

其中，$\delta_p \in [0, 1)$（和 $\delta_r \in [0, 1)$）分别是支付者（和接受者）的回收率。

有意思的是，观察到

$$\begin{aligned}\mathbf{IRS}_f^\delta(T_i;\kappa, m-i) &= B_{T_i}\,\mathbb{E}_{\mathbb{P}^*}\Big(\sum_{j=i+1}^{m} B_{T_j}^{-1}(L(T_{j-1})-\kappa)\Delta_{j-1} \mid \mathcal{F}_{T_i}\Big)\\ &+ (1-\delta_p)B_{T_i}\,\mathbb{E}_{\mathbb{P}^*}\big(\mathbb{1}_{\{T_i<\tau=\tau_p\leqslant T_m\}} B_{\tau_p}^{-1}\alpha_{\tau_p}^- \mid \mathcal{F}_{T_i}\big)\\ &+ (1-\delta_r)B_{T_i}\,\mathbb{E}_{\mathbb{P}^*}\big(\mathbb{1}_{\{T_i<\tau=\tau_r\leqslant T_m\}} B_{\tau_r}^{-1}\alpha_{\tau_r}^+ \mid \mathcal{F}_{T_i}\big)\end{aligned} \tag{14.25}$$

式(14.25)的第一项是延滞结算的无违约互换的价值。如果支付者比接受者先违约，第二项是在支付者违约时间行权的一个远期接受者互换期权 T_i 时的削减价值。如果接受者先于支付者违约，则第三项是在接受者违约时间行权的一个远期支付者互换期权 T_i 时的削减价值的负值。如果合约双方没有一方在到期日 T_m 之前违约，则这两种情况下的互换期权在到期日终止并失去价值。Lotz 和 Schlögl(2000)在一些特定的模型假设下，对表达式(14.25)进行了分析。

评注：观察到，如果 $\tau_r = \infty$ 或者 $\tau_p = \infty$，则合约就简化为只有支付者（或者接受者）可能违约的可违约互换。上面介绍的情况对应于全额双向结算规则。对于限额双向结算规则，有

$$\begin{aligned}\mathbf{IRS}_l^\delta(T_i;\kappa, m-i) &= B_{T_i}\,\mathbb{E}_{\mathbb{P}^*}\Big(\sum_{j=i+1}^{\tau_*} B_{T_j}^{-1}(L(T_{j-1})-\kappa)\Delta_{j-1} \mid \mathcal{F}_{T_i}\Big)\\ &+ B_{T_i}\,\mathbb{E}_{\mathbb{P}^*}\big(\mathbb{1}_{\{T_i<\tau=\tau_p\leqslant T_m\}} B_{T_{\tau_*+1}}^{-1} B^{-1}(\tau, T_{\tau_*+1})(\hat{\delta}_r\alpha_\tau^+ - \delta_p\alpha_\tau^-) \mid \mathcal{F}_{T_i}\big)\\ &+ B_{T_i}\,\mathbb{E}_{\mathbb{P}^*}\big(\mathbb{1}_{\{T_i<\tau=\tau_r\leqslant T_m\}} B_{T_{\tau_*+1}}^{-1} B^{-1}(\tau, T_{\tau_*+1})(\delta_r\alpha_\tau^+ - \hat{\delta}_p\alpha_\tau^-) \mid \mathcal{F}_{T_i}\big)\end{aligned}$$

其中,$\hat{\delta}_p$ 和 $\hat{\delta}_r$($\hat{\delta}_p$, $\hat{\delta}_r \in [0, 1)$)是常数。特别地,若另外还假设 $\delta_p = \hat{\delta}_p$ 和 $\delta_r = \hat{\delta}_r$,则得到

$$\mathbf{IRS}_l^\delta(T_i;\kappa, m-i) = B_{T_i}\,\mathbb{E}_{\mathbb{P}^*}\Big(\sum_{j=i+1}^{\tau_*} B_{T_j}^{-1}(L(T_{j-1})-\kappa)\Delta_{j-1}\,|\,\mathcal{F}_{T_i}\Big)$$
$$+ B_{T_i}\,\mathbb{E}_{\mathbb{P}^*}(\mathbb{1}_{\{T_i<\tau\leqslant T_m\}} B_{T_{\tau_*+1}}^{-1} B^{-1}(\tau, T_{\tau_*+1})(\delta_r\alpha_\tau^+ - \delta_p\alpha_\tau^-)\,|\,\mathcal{F}_{T_i})$$

最后,在具有共同回收率 δ 的限额双向结算规则这一特殊情况下,即当 $\delta_p = \hat{\delta}_p = \delta_r = \hat{\delta}_r = \delta$ 时,可违约互换的价值等于

$$\mathbf{IRS}_l^\delta(T_i;\kappa, m-i) = B_{T_i}\,\mathbb{E}_{\mathbb{P}^*}\Big(\sum_{j=i+1}^{\tau_*} B_{T_j}^{-1}(L(T_{j-1})-\kappa)\Delta_{j-1}\,|\,\mathcal{F}_{T_i}\Big)$$
$$+ B_{T_i}\,\mathbb{E}_{\mathbb{P}^*}(\mathbb{1}_{\{T_i<\tau\leqslant T_m\}} B_{T_{\tau_*+1}}^{-1} B^{-1}(\tau, T_{\tau_*+1})\delta\alpha_\tau\,|\,\mathcal{F}_{T_i})$$

14.6 可违约远期互换利率

在第 14.1.5 节,讨论了单期可违约远期互换的不同结算规则。现在要简单地研究多期远期互换情况下结算方案的两个例子。重点关注违约发生在起始日之前的被盯市的互换。和通常一样,考察起始日为 T_i 的合约,并假定如果合约双方在时间 T_i 都具有偿付能力,则合约就成为一个相应的可违约多期即期互换。

14.6.1 含有单方违约风险的远期互换

下面仅考察只有支付者可能违约的情况,并且把这里考虑的远期合约和第 14.4 节分析的盯市可违约即期互换联系起来。显然,对标的即期互换的结算方案不需要做更多的设定。因此,下面的价值 $\mathbf{IRS}_p^\delta(T_i;\kappa, m-i)$ 可由第 14.4.1—第 14.4.3 节中的任意一个公式给出。

盯市的远期互换利率。在起始日 T_i 之前或者之时,如果支付者在时间 τ 不具有偿付能力,则此处考虑的可违约远期互换按照如下方式盯市:根据无违约期限结构,一个等价的延滞结算的无违约固定利率—浮动利率远期互换在时间 τ 的价值为 $\mathbf{FS}(\tau, T_i;\kappa, m-i)$,并且:

——如果对支付方而言,等价的无违约互换的价值 $\mathbf{FS}(\tau, T_i;\kappa, m-i)$ 为正,则他从

接受方处收到该价值；

——如果 $\mathbf{FS}(\tau, T_i; \kappa, m-i) < 0$，也就是等价的无违约互换的价值对接受方为正，则他仅从支付方处得到 $-\mathbf{FS}(\tau, T_i; \kappa, m-i)$ 的固定比例 δ 部分。

从支付方的角度，这样一个合约对应于在 T_i 时结算的未定权益 Y，且 Y 等于

$$Y = \mathbb{1}_{\{t<\tau\leqslant T_i\}} B^{-1}(\tau, T_i)\Big(\big(\mathbf{FS}(\tau, T_i)\big)^+ - \delta\big(-\mathbf{FS}(\tau, T_i)\big)^+\Big) + \mathbb{1}_{\{\tau>T_i\}} \mathbf{IRS}_p^\delta(T_i; \kappa, m-i)$$

其中，记 $\mathbf{FS}(\tau, T_i) = \mathbf{FS}(\tau, T_i; \kappa, m-i)$。未定权益还可等价地表示为

$$Y = \mathbb{1}_{\{t<\tau\leqslant T_i\}} B^{-1}(\tau, T_i) Z(\tau, T_i; \kappa, m-i) + \mathbb{1}_{\{\tau>T_i\}} \mathbf{IRS}_p^\delta(T_i; \kappa, m-i)$$

其中，对 $t \leqslant T_i$，回收过程 Z 满足

$$Z(t, T_i; \kappa, m-i) = \mathbf{FS}(t, T_i; \kappa, m-i) + (1-\delta)\big(-\mathbf{FS}(t, T_i; \kappa, m-i)\big)^+$$

为了找到隐含的具有单方风险的远期互换利率 $\bar{\kappa}_p(t, T_i; m-i)$（即，使权益 Y 在 t 时价值为零的 κ 值），需要联合设定违约时间 τ 和无违约期限结构。

14.6.2 含有双方违约风险的远期互换

延续第 14.5 节的分析，并将重点放在全额双向结算规则上。和之前一样，令 τ_p 和 τ_r 分别代表支付方和接受方的违约时间；并且也用 τ 表示首次违约时刻，即 $\tau = \tau_p \wedge \tau_r$。再次假定两个违约时间以概率 1 不相等。

盯市的远期互换利率。如果在起始日 T_i 之前，互换双方中有一方不具有偿付能力，则此处考虑的可违约远期互换被盯市。更确切地，一个等价的延滞结算的无违约固定利率—浮动利率远期互换在违约时间 τ 的价值为 $\mathbf{FS}(\tau, T_i; \kappa, m-i)$，并且：

——如果首先违约的一方为支付者，则合约按如下方式展开：

(a) 如果支付者在违约时间处于价内状态，即如果等价的无违约互换的价值对支付者而言为正：即 $\mathbf{FS}(\tau, T_i; \kappa, m-i) > 0$，则由具有偿付能力的接收方支付该价值；

(b) 如果 $\mathbf{FS}(\tau, T_i; \kappa, m-i) < 0$，则接受者仅从支付者处得到 $-FS(\tau, T_i; \kappa, m-i)$ 的固定比例 δ_p 部分；

——如果首先违约的一方为接受者，则合约按如下方式展开：

(a) 如果接受者在违约时间处于价内状态，即如果等价的无违约互换的价值满足：$\mathbf{FS}(\tau, T_i; \kappa, m-i) < 0$，则他从支付者处得到全部的金额 $-\mathbf{FS}(\tau, T_i; \kappa, m-i)$；

(b) 如果 $\mathbf{FS}(\tau, T_i; \kappa, m-i) > 0$，则支付者仅从接受者处得到该价值的固定比例 δ_r

部分。

从支付者的角度，为了确定这个合约在 $t(t < T_i)$ 时的价值，只需要考虑一个在时间 T_i 结算的未定权益 Y 即可，且 Y 由如下公式给出：

$$Y = \mathbb{1}_{\{t<\tau=\tau_p\leqslant T_i\}} B^{-1}(\tau, T_i)\Big((\mathbf{FS}(\tau, T_i))^+ - \delta_p(-\mathbf{FS}(\tau, T_i))^+\Big)$$

$$- \mathbb{1}_{\{t<\tau=\tau_r\leqslant T_i\}} B^{-1}(\tau, T_i)\Big((\mathbf{FS}(\tau, T_i))^+ - \delta_r(-\mathbf{FS}(\tau, T_i))^+\Big)$$

$$+ \mathbb{1}_{\{\tau>T_i\}} \mathbf{IRS}_f^\delta(T_i; \kappa, m-i)$$

其中，$\mathbf{FS}(\tau, T_i) = \mathbf{FS}(\tau, T_i; \kappa, m-i)$。再次得到，要确定隐含的具有双方风险的远期互换利率 $\bar{\kappa}_f(t, T_i; m-i)$，需要对违约时间 τ 和利率的无违约期限结构进行联合建模。显然，限额双向结算规则对应于如下权益 Y：

$$Y = \mathbb{1}_{\{t<\tau=\tau_p\leqslant T_i\}} B^{-1}(\tau, T_i)\Big(\hat{\delta}_r(\mathbf{FS}(\tau, T_i))^+ - \delta_p(-\mathbf{FS}(\tau, T_i))^+\Big)$$

$$- \mathbb{1}_{\{t<\tau=\tau_r\leqslant T_i\}} B^{-1}(\tau, T_i)\Big(\hat{\delta}_p(\mathbf{FS}(\tau, T_i))^+ - \delta_r(-\mathbf{FS}(\tau, T_i))^+\Big)$$

$$+ \mathbb{1}_{\{\tau>T_i\}} \mathbf{IRS}_f^\delta(T_i; \kappa, m-i)$$

其中，如果违约方处于价内状态，则 $\hat{\delta}_p$（和 $\hat{\delta}_r$ 分别）是支付者（和接受者）的回收率。

15

市场利率建模

在第13章中，我们介绍了基于希斯—加罗—默顿（Heath-Jarrow-Morton）建模思想对可违约期限结构进行建模的方法。在那里，将动态瞬时连续复利的远期利率作为对无违约和可违约期限结构建模的基本构建模块。

从 Musiela 和 Sondermann（1993）以及 Sandmann 和 Sondermann（1994）开始，对没有交易对手信用风险的固定收入产品，理论界提出了所谓的利率市场模型。Miltersen 等（1997）在这个领域取得了主要的突破，他们假定存在一个远期伦敦银行同业拆借利率（LIBOR）的对数正态模型，并对应于通常意义上的标准市场公式，找到了利率上限价值的闭式解。他们的想法被 Brace 等（1997），Jamshidian（1997）以及 Musiela 和 Rutkowski（1997b）所继承，为无违约远期伦敦银行同业拆借利率和互换利率建模提出了各种不同的严格的数学方法。值得注意的是，所有这些论文的重点都放在对容易观测到的市场利率建模上，而不是放在瞬时连续复利的远期利率这个抽象概念上。

我们将在第15.1节中对这些发展进行简单的回顾。对于有关远期伦敦银行同业拆借利率和互换利率建模的介绍，有兴趣的读者可以参考 Musiela 和 Rutkowski（1997a）的第14章，Hunt 和 Kennedy（2000）的第18章或者 Brigo 和 Mercurio（2001）的第6章。对各种市场模型及其应用的更详尽的分析还可以在一些原始论文中找到，如 Glasserman 和 Zhao（1999，2000）、Rebonato（1999，2000）、Rutkowski（1999，2001）、Schlögl（1999）、Schoenmakers 和 Coffey（1999）、Andersen 和 Andreasen（2000）、Brace 和 Womersley（2000）、Hunt 等（2000），以及 Sidenius（2000）。关于市场模型校准的实际问题，Brigo 和 Mercurio（2001）的第7章和第8章对此进行了全面考察。

近几年来，为了涵盖可违约利率合约的情况，学术界试图扩展市场利率的建模研究。Lotz 和 Schlögl（2000）和 Schönbucher（2000b）已经建立了一些关于可违约市场利率的初步结论,对此,我们将在第 15.2 节分析。

15.1 无违约市场利率模型

假定有一预先决定的重置/结算日集 $0 < T_0 < T_1 < \cdots < T_m = T^*$,我们称之为进程结构(tenor structure),对 $i = 0, 1, \cdots, m-1$,记 $\Delta_i = T_{i+1} - T_i$,其中按照惯例有 $T_{-1} = 0$。为了方便,对每个 $n = 0, 1, \cdots, m$,记 $T_n^* = T_{m-n}$。和之前一样,$B(t, T_i)$表示一个到期日为 T_i 的无违约零息债券在 t 时的价格。最后,假设给定一个滤子化的概率空间$(\Omega, \mathbb{F}, \mathbb{P})$,在该空间上赋予一个 d 维标准布朗运动以模拟经济中的不确定性。

15.1.1 远期伦敦银行同业拆借利率建模

对任意 $i = 0, 1, \cdots, m-1$,远期伦敦银行同业拆借利率 $L(\cdot, T_i)$满足(对照(式 14.3))

$$L(t, T_i) = \frac{B(t, T_i) - B(t, T_{i+1})}{\Delta_i B(t, T_{i+1})},\ \forall t \in [0, T_i]$$

定义 15.1.1 如果对每个 $k = 0, 1, \cdots, m$,相对债券价格

$$U_{m-i+1}(t, T_k) = \frac{B(t, T_k)}{B(t, T_i)},\ \forall t \in [0, T_k \wedge T_i]$$

在测度$\mathbb{P}_{T_i}$下服从一个$\mathbb{F}$—(局部)鞅,则对任意 $i = 0, 1, \cdots, m-1$,称$(\Omega, \mathcal{F}_{T_i})$上概率测度$\mathbb{P}_{T_i}$为时期 T_i 的远期伦敦银行同业拆借利率测度。

根据定义 15.1.1,显然,远期伦敦银行同业拆借利率测度这个概念和对于一个给定时期的远期鞅测度的基本概念是密切联系的(因此两者的符号也是密切联系的)。另外,还容易观察到,在 T_{i+1}时的远期伦敦银行同业拆借利率测度下,远期伦敦银行同业拆借利率 $L(\cdot, T_i)$是一个局部鞅。此外,如果它是一个严格为正的过程,通过标准的推理方法,可以证明其相应的波动过程存在。但在后面进一步的分析中,我们将按照另一种方式进行证明,也就是假定对任何日期 T_i,远期伦敦银行同业拆借利率 $L(\cdot, T_i)$的波动性 $\nu(\cdot, T_i)$都是预先设定的。原则上,它可以是时间的一个确定性函数,或者是标的远期伦敦银行同业拆借利率的函数,或者可以服从一个适应的随机过程。为了简化分析,假定远期伦敦银行同业拆借利率的波动是有界过程。我们做出下面的标准假设(对照

Brace 等(1997), Miltersen 等(1997),以及 Musiela 和 Rutkowski(1997b))。

假设(LR) 假设给定一有界的$\mathbb{F}$—适应过程族 $\nu(\cdot, T_i)(i=0, 1, \cdots, m-1)$,用以表示远期伦敦银行同业拆借利率 $L(\cdot, T_i)$ 的波动性。另外,还给定由一债券价格族 $B(0, T_i)(i=0, 1, \cdots, m)$ 规定的初始利率期限结构。这里,假定对 $i=0, 1, \cdots, m-1$,有 $B(0, T_i)>B(0, T_{i+1})$。

我们的目的是要用如下方式来构造伦敦银行同业拆借利率 $L(\cdot, T_i)(i=0, 1, \cdots, m-1)$,一个相互等价的概率测度集 $\mathbb{P}_{T_i}(i=0, 1, \cdots, m)$ 和一个过程族 $W^{T_i}(i=1, 2, \cdots, m)$:

——对任意 $i=1, 2, \cdots, m$,过程 W^{T_i} 在概率测度 $\mathbb{P}_{T_i}$ 下服从标准布朗运动;

——对任意 $i=0, 1, \cdots, m-1$,远期伦敦银行同业拆借利率 $L(\cdot, T_i)$ 满足随机微分方程:

$$\mathrm{d}L(t, T_i)=L(t, T_i)\nu(t, T_i)\mathrm{d}W_t^{T_{i+1}}, \ \forall t\in[0, T_i] \tag{15.1}$$

其初值条件为

$$L(0, T_i)=\frac{B(0, T_i)-B(0, T_{i+1})}{\Delta_i B(t, T_{i+1})}$$

下面的构造依赖于向后归纳法。

第一步。 首先,定义具有最长到期期限 T_{m-1} 的远期伦敦银行同业拆借利率。在基础概率测度$\mathbb{P}$下,假定过程 $L(\cdot, T_{m-1})=L(\cdot, T_1^*)$ 由如下随机微分方程确定:

$$\mathrm{d}L(t, T_1^*)=L(t, T_1^*)\nu(t, T_1^*)\mathrm{d}W_t, \ \forall t\in[0, T_1^*] \tag{15.2}$$

其初值条件为

$$L(0, T_1^*)=\frac{B(0, T_1^*)-B(0, T^*)}{\Delta_{m-1}B(0, T^*)} \tag{15.3}$$

注意到,为了简单起见,我们选择了基础概率测度$\mathbb{P}$作为关于时间 T^* 的远期伦敦银行同业拆借利率测度,使得 $\mathbb{P}_{T^*}=\mathbb{P}$;但是这样的选择并没有实质性的影响。根据式(15.2)—(15.3),可以得到

$$L(t, T_1^*)=\frac{B(0, T_1^*)-B(0, T^*)}{\Delta_{m-1}B(0, T^*)}\varepsilon_t\left(\int_0^{\cdot}\nu(u, T_1^*)\mathrm{d}W_u\right)$$

其中,ε_t 为 Doléans 指数。既然 $B(0, T_1^*)>B(0, T^*)$,显然,在 $\mathbb{P}_{T^*}=\mathbb{P}$下,远期伦敦银行同业拆借利率过程 $L(\cdot, T_1^*)$ 是一个严格为正的$\mathbb{F}$—鞅。

第二步。 接下来的一步,将设定关于时间 T_2^* 的远期伦敦银行同业拆借利率。为此,首先需要构造关于时间 T_1^* 的远期鞅测度。根据定义 15.1.1,它是一个定义在$(\Omega, \mathcal{F}_{T_1^*})$

上等价于$\mathbb{P}$的概率测度$\mathbb{Q}$,并使每个过程

$$U_2(t, T_k^*) = \frac{B(t, T_k^*)}{B(t, T_1^*)}, \ \forall t \in [0, T_k^* \wedge T_1^*]$$

为一个$\mathbb{Q}$—(局部)鞅:过程$U_2(\cdot, T_k^*)$容许有如下表示

$$U_2(t, T_k^*) = \frac{U_1(t, T_k^*)}{\Delta_{m-1} L(t, T_1^*) + 1}$$

观察到这点是很重要的。下面介绍一个辅助性结论,它是伊藤公式的直接结果。

引理 15.1.1 令K和H为两个实值过程,并且对$\mathbb{F}$—适应过程α和β,有$dK_t = \alpha_t dW_t$和$dH_t = \beta_t dW_t$成立。另外,还假定对每个t,有$H_t > -1$,并记$Y_t = (1 + H_t)^{-1}$。则

$$d(Y_t K_t) = Y_t(\alpha_t - Y_t K_t \beta_t)(dW_t - Y_t \beta_t dt)$$

对任意的$k = 1, 2, \cdots, m$,对某个过程ψ^k(ψ^k具体如何对我们的目的并不重要),根据引理 15.1.1 可以直接得到:

$$dU_2(t, T_k^*) = \psi_t^k \left(dW_t - \frac{\Delta_{m-1} L(t, T_1^*)}{1 + \Delta_{m-1} L(t, T_1^*)} \nu(u, T_1^*) dt \right)$$

因此,只需要找到一个概率测度,在这个概率测度下,由下式给定的过程$W_t^{T_1^*}$($t \in [0, T_1^*]$)

$$W_t^{T_1^*} = W_t - \int_0^t \frac{\Delta_{m-1} L(u, T_1^*)}{1 + \Delta_{m-1} L(u, T_1^*)} \nu(u, T_1^*) du = W_t - \int_0^t \gamma(u, T_1^*) du$$

服从标准布朗运动(根据上下文,$\gamma(\cdot, T_1^*)$的定义是很清楚的)。利用 Girsanov 定理,容易达到这个目标,因为在$(\Omega, \mathcal{F}_{T_1^*})$上,可以推出

$$\frac{d\mathbb{P}_{T_1^*}}{d\mathbb{P}} = \varepsilon_{T_1^*}\left(\int_0^{\cdot} \gamma(u, T_1^*) dW_u \right), \ \mathbb{P}\text{-a. s.}$$

现在,我们能够设定$\mathbb{P}_{T_1^*}$下关于时间T_2^*的远期伦敦银行同业拆借利率的动态变化过程,即

$$dL(t, T_2^*) = L(t, T_2^*) \nu(t, T_2^*) dW_t^{T_1^*}, \ \forall t \in [0, T_2^*]$$

其初值条件为

$$L(0, T_2^*) = \frac{B(0, T_2^*) - B(0, T_1^*)}{\Delta_{m-2} B(0, T_1^*)}$$

一般归纳步骤。假定已确定过程$L(\cdot, T_1^*)$, $L(\cdot, T_2^*)$, $\cdots$, $L(\cdot, T_n^*)$。特别

地，这意味着，远期伦敦银行同业拆借利率测度$\mathbb{P}_{T^*_{n-1}}$和相关的布朗运动$W^{T^*_{n-1}}$是已经预先设定的。我们的目的就是要找到远期伦敦银行同业拆借利率测度$\mathbb{P}_{T^*_n}$。容易验证

$$U_{n+1}(t, T^*_k) = \frac{U_n(t, T^*_k)}{\Delta_{m-n}L(t, T^*_n) + 1}$$

再次运用引理 15.1.1，对每个$t \in [0, T^*_n]$，得到如下关系

$$W^{T^*_n}_t = W^{T^*_{n-1}}_t - \int_0^t \frac{\Delta_{m-n}L(u, T^*_n)}{1 + \Delta_{m-n}L(u, T^*_n)} \nu(u, T^*_n)\mathrm{d}u$$

从而，利用 Girsanov 定理，容易找到远期伦敦银行同业拆借利率测度$\mathbb{P}_{T^*_n}$。最后，将过程$L(\cdot, T^*_{n+1})$定义为如下随机微分方程的解：

$$\mathrm{d}L(t, T^*_{n+1}) = L(t, T^*_{n+1})\nu(t, T^*_{n+1})\mathrm{d}W^{T^*_n}$$

其初值条件为

$$L(0, T^*_{n+1}) = \frac{B(0, T^*_{n+1}) - B(0, T^*_n)}{\Delta_{m-n+1}B(0, T^*_n)}$$

现在，假设波动系数$\nu(\cdot, T_i)$：$[0, T_i] \to \mathbb{R}^d$为确定性函数，其中$d \geqslant 1$为参照布朗运动$W$的维数。则对任意$i=1, 2, \cdots, m$和任意日期$t \in [0, T_i]$，随机变量$L(t, T_i)$在远期鞅测度$\mathbb{P}_{T_{i+1}}$下具有对数正态概率分布。在这种情况下，称模型为远期伦敦银行同业拆借利率的对数正态模型。这样一个模型由 Miltersen 等(1997)和 Brace 等(1997)首先提出。

上限和下限。一个利率上限(或者一个上限利率协议)是这样一种契约协定：如果在未来某个日期或者某些日期，特定的利率超出了相互约定的水平，则合约的授予者(卖者)有义务向合约的持有者(买者)支付现金。同样，在利率下限中，如果利率低于事先约定的水平，则合约的授予者有义务支付现金给合约的持有者。一旦现金支付给了持有者，持有者的净头寸就等价于以事先约定水平的固定利率借入(或者存入)现金。这里假定了利率上限(或下限)协议的持有人还持有某种标的资产(如存款)或者某种标的负债(如贷款)。对于持有者而言，如果利率最终要比约定的水平更有利，他不会受协议的影响。利率上限(或下限)协议的这个特征使它类似于一份期权。确切地，远期起始(生效)上限(forward start cap)(或远期起始下限，分别地)是由一系列的"上限期权(上限元)"(caplet)(或下限期权(下限元)，floorlet)组成的，其中每个上限期权(或下限期权)分别是远期利率的看涨(或看跌)期权。

用κ表示上限协议的执行利率。一个从T_0时开始、$T_{i+1}(i=0, 1, \cdots, m-1)$时延滞结算的远期上限协议或远期下限协议，对每单位美元的名义本金，在T_{i+1}时的现金流

分别为 $(L(T_i)-\kappa)^+\Delta_i$ 和$(\kappa-L(T_i))^+\Delta_i$。和之前一样,利率 $L(T_i)=L(T_i,T_i)$ 在重置日 T_i 确定,且满足

$$1+\Delta_i L(T_i)=B(T_i,T_{i+1})^{-1} \tag{15.4}$$

令利率上限协议的名义价值为 1。远期利率上限在 $t\leqslant T_0$ 时的价格 $\mathbf{FC}_t$ 可以根据标准的风险中性估值公式得到:

$$\mathbf{FC}_t=\sum_{i=0}^{m-1}\mathbb{E}_{\mathbb{P}^*}\left(\frac{B_t}{B_{T_{i+1}}}(L(T_i)-\kappa)^+\Delta_i\mid\mathcal{F}_t\right)$$

其中,$\mathbb{P}^*$ 代表即期鞅测度。因此,只有在给定的利率期限结构无套利模型中容易得到这个概率,上面的公式才有用。

在我们面对的情况下,应用如下价格 $\mathbf{FC}_t$ 的等价表达式将更方便:

$$\mathbf{FC}_t=\sum_{i=0}^{m-1}B(t,T_{i+1})\,\mathbb{E}_{\mathbb{P}_{T_{i+1}}}\left((L(T_i)-\kappa)^+\Delta_i\mid\mathcal{F}_t\right) \tag{15.5}$$

利用上面这个公式,我们将检验每个上限期权(也就是,利率上限的一支(leg))可以看作一份看跌期权,该期权的执行价格为 1(每单位美元的名义本金)、在上限期权起始日终止、标的是一个面值为 $1+\kappa\Delta_i$ 且在上限期权终止日到期的零息债券。的确,第 i 个上限期权在 T_i 时的现金流显然可以表示为一个 $\mathcal{F}_{T_{i-1}}$—可测的随机变量,则有

$$\mathbf{FC}_t=\sum_{i=0}^{m-1}B(t,T_i)\,\mathbb{E}_{\mathbb{P}_{T_i}}\left(B(T_i,T_{i+1})(L(T_i)-\kappa)^+\Delta_i\mid\mathcal{F}_t\right)$$

从而对 $t\in[0,T]$,利用式(15.4)得到如下等式

$$\mathbf{FC}_t=\sum_{i=0}^{m-1}B(t,T_i)\,\mathbb{E}_{\mathbb{P}_{T_i}}\left((1-\widetilde{\Delta}_i B(T_i,T_{i+1}))^+\mid\mathcal{F}_t\right)$$

其中,$\widetilde{\Delta}_i=1+\kappa\Delta_i$。因此,很显然,每个上限期权本质上等价于一个写在零息债券上的欧式看跌期权组合。上限期权和基于零息债券的欧式看跌期权的等价性还可以通过一种更直观的方式来解释:当且仅当 $L(T_i)-\kappa>0$,或者等价地,当且仅当

$$B(T_i,T_{i+1})^{-1}=1+L(T_i)(T_{i+1}-T_i)>1+\kappa\Delta_i=\widetilde{\Delta}_i$$

则上限期权协议在 T_i 时执行。只要 $\widetilde{\Delta}_i B(T_i,T_{i+1})<1$,上面这个不等式就成立。这表明所考虑的两个期权都是在同样的情况下执行。一旦合约被执行了,上限期权在 T_{i+1} 时支付 $(L(T_i)-\kappa)\Delta_i$,或者等价地,在 T_i 时支付

$$\Delta_i B(T_i,T_{i+1})(L(T_i)-\kappa)=1-\widetilde{\Delta}_i B(T_i,T_{i+1})=\widetilde{\Delta}_i(\widetilde{\Delta}_i^{-1}-B(T_i,T_{i+1}))$$

从上面分析看出，具有执行利率水平 κ 和名义价值 1 的上限期权与一份看跌期权等价，该看跌期权具有执行价格 $\widetilde{\Delta}_i^{-1}$ 和名义价值 $\widetilde{\Delta}_i$、标的为 T_{i+1}时到期的单位零息债券。

对于利率下限合约的分析可以按照类似的思路进行。根据定义，对于 $i=0, 1, \cdots, m-1$，第 i 份下限期权在 T_{i+1}时支付$(\kappa-L(T_i))^+\Delta_i$。因此，利率下限的价格 $\mathbf{FF}_t$ 等于

$$\mathbf{FF}_t = \sum_{i=0}^{m-1} B(t, T_{i+1})\, \mathbb{E}_{\mathbb{P}_{T_{i+1}}}\Big((\kappa - L(T_i))^+ \Delta_i \mid \mathscr{F}_t\Big) \tag{15.6}$$

另外，也有

$$\mathbf{FF}_t = \sum_{i=0}^{m-1} B(t, T_i)\, \mathbb{E}_{\mathbb{P}_{T_i}}\Big((\widetilde{\Delta}_i B(T_i, T_{i+1}) - 1)^+ \mid \mathscr{F}_t\Big)$$

和之前一样，这里 $\widetilde{\Delta}_i = 1 + \kappa\Delta_i$。结合式(15.5)和式(15.6)，得到如下上限—下限平价关系：

$$\mathbf{FC}_t - \mathbf{FF}_t = \sum_{i=0}^{m-1}\big(B(t, T_i) - \widetilde{\Delta}_i B(t, T_{i+1})\big)$$

利率上限的估值。正如所预期的，在远期伦敦银行同业拆借利率的对数正态模型中，利率上限的估值是十分简单的。在远期鞅测度$\mathbb{P}_{T_{i+1}}$下，远期伦敦银行同业拆借利率 $L(t, T_i)$的动态变化为

$$\mathrm{d}L(t, T_i) = L(t, T_i)\nu(t, T_i)\mathrm{d}W_t^{T_{i+1}}$$

其中，$W_t^{T_{i+1}}$ 服从远期鞅测度$\mathbb{P}_{T_{i+1}}$下的标准布朗运动，$\nu(\cdot, T_i):[0, T_i]\to\mathbb{R}^d$为确定性函数。从而，对每个 $t\in[0, T_i]$，有

$$L(t, T_i) = L(0, T_i)\varepsilon_t\Big(\int_0^{\cdot} \nu(u, T_i)\mathrm{d}W_u^{T_{i+1}}\Big) \tag{15.7}$$

下面这个命题是公式(15.5)结合表达式(15.7)直接得到的结果。和通常一样，N 为标准高斯概率分布函数，而$|\cdot|$表示$\mathbb{R}^d$中的 Euclidean 范数。命题 15.1.1 的证明留给读者自行完成(也可以参见 Musiela 和 Rutkowski(1997a)的第 16.3 节或者 Rutkowski(1999, 2001))。

命题 15.1.1 考虑一个执行水平为 κ，在 $T_i(i=0, 1, \cdots, m)$ 时延滞结算的利率上限。假定采用伦敦银行同业拆借利率的对数正态模型，利率上限在时间 $t\in[0, T]$的价格等于

$$\mathbf{FC}_t = \sum_{i=0}^{m-1} \Delta_i B(t, T_{i+1})\Big(L(t, T_i)N(d_1(t, T_i)) - \kappa N(d_2(t, T_i))\Big)$$

其中，对每个 $i=0, 1, \cdots, m-1$，有

$$d_{1,2}(t, T_i)=\frac{\ln(L(t, T_i)/\kappa)\pm\frac{1}{2}v^2(t, T_i)}{v(t, T_i)}$$

和

$$v^2(t, T_i)=\int_t^{T_i}|v(u, T_i)|^2\mathrm{d}u$$

既然利率上限基本上是上限期权的组合,那么对于结算日处于集合$\{T_1, T_2, \cdots, T_m\}$中的其他利率上限可以得到类似的估值公式。

评注:在本节介绍的框架中,上面给出的利率上限估值公式最初是由 Miltersen 等(1997)通过偏微分方程方法建立的。随后,Goldys 和 Rady(1997)又通过概率方法再次推出这个公式。最后,Brace 等(1997)利用远期鞅测度方法得到了同样的结论。

15.1.2 远期互换利率的建模

本节介绍的对远期互换利率进行直接建模的无套利方法最初是由 Jamshidian(1996, 1997)提出来的;在这里,我们沿用 Rutkowski(1999)提出的方法。假定进程结构$0<T_0<T_1<\cdots<T_m=T^*$是已知的。对任意固定的i,考虑一个在T_i时开始,具有$m-i$个计息期的固定利率—浮动利率远期(支付方)互换协议,其计息期的长度分别为$\Delta_i, \Delta_{i+1}, \cdots, \Delta_{m-i}$,其中$\Delta_j=T_{j+1}-T_j(j=i, i+1, \cdots, m-1)$。对于$l=i+1, i+2, \cdots, m$,在每个重置日$T_l$,支付的固定利率为$\kappa$,相应地,浮动利率为伦敦银行同业拆借利率$L(T_{l-1})$;对每单位名义本金,$T_l$时对多头方的净支付等于$(L(T_{l-1})-\kappa)\Delta_{l-1}$。假定名义本金等于1。利用无套利原理,不难证明,对于$t\in[0, T_i]$,第i个互换协议的价值$\mathbf{FS}_t(\kappa)$等于

$$\mathbf{FS}_t^i(\kappa)=B(t, T_i)-\sum_{l=i+1}^{m}c_lB(t, T_l)$$

其中,对于$l=i+1, i+2, \cdots, m-1$,有$c_l=\kappa\Delta_{l-1}$, $c_m=1+\kappa\Delta_{m-1}$。远期互换利率$\kappa(t, T_i; m-i)$,也就是指使第i个互换协议在t时价值为零的固定利率κ,对$t\in[0, T_i]$和$i=0, 1, \cdots, m-1$,远期互换利率等于

$$\kappa(t, T_i; m-i)=\frac{B(t, T_i)-B(t, T_m)}{\Delta_iB(t, T_{i+1})+\cdots+\Delta_{m-1}B(t, T_m)} \tag{15.8}$$

我们要考虑一族远期互换利率:对$i=0, 1, \cdots, m-1$, $\hat{\kappa}(t, T_i)=\kappa(t, T_i; m-i)$。要强调的是,尽管基础互换协议在期限长度上不同,但是它们都有一个共同的到期日$T^*=T_m$。

首先假设给定一族债券价格 $B(t, T_i)(i=1, 2, \cdots, m)$，它定义在具有标准布朗运动 W 的滤子化概率空间$(\Omega, \mathbb{F}, \mathbb{P})$上。对任意的 $n=1, 2, \cdots, m-1$，引入息票过程 $\hat{G}(n)$，当 $t\in[0, T_{m-n+1}]$时，$\hat{G}(n)$设定为

$$\hat{G}_t(n)=\sum_{i=m-n+1}^{m}\Delta_{i-1}B(t, T_i)=\sum_{k=1}^{n}\Delta_{m-k}B(t, T_{k-1}^*) \tag{15.9}$$

远期互换测度就是一个等价于$\mathbb{P}$的概率测度，其中测度$\mathbb{P}$与选择作为计价资产的息票过程相对应。正式地，有如下定义。

定义 15.1.2 对每个 $k=0, 1, \cdots, m$，如果由下式给定

$$Z_{m-i+1}(t, T_k):=\frac{B(t, T_k)}{\hat{G}_t(m-i+1)}=\frac{B(t, T_k)}{\Delta_{i-1}B(t, T_i)+\cdots+\Delta_{m-1}B(t, T_m)}$$

的相对债券价格 $Z_{m-i+1}(t, T_k)(t\in[0, T_k\wedge T_i])$ 在$\hat{\mathbb{P}}_{T_i}$下服从一个$\mathbb{F}$—(局部)鞅，则对 $i=1, 2, \cdots, m$，称$(\Omega, \mathscr{F}_{T_i})$上与$\mathbb{P}$等价的概率测度$\hat{\mathbb{P}}_{T_i}$为时间 T_i 的远期互换测度。

换言之，对固定的 $n=1, 2, \cdots, m$ 和任意的 $k=0, 1, \cdots, m$，相对债券价格 $Z_n(t, T_k^*)$在远期互换测度$\hat{\mathbb{P}}_{T_{n-1}^*}$下服从一个$\mathbb{F}$—(局部)鞅，且对 $t\in[0, T_k^*\wedge T_{n-1}^*]$，债券价格由下式给出：

$$Z_n(t, T_k^*):=\frac{B(t, T_k^*)}{\hat{G}_t(n)}=\frac{B(t, T_k^*)}{\Delta_{m-n}B(t, T_{n-1}^*)+\cdots+\Delta_{m-1}B(t, T^*)}$$

对 $t\in[0, T_n^*]$，关于时间 T_n^* 的远期互换利率等于

$$\hat{\kappa}(t, T_n^*)=\frac{B(t, T_n^*)-B(t, T^*)}{\Delta_{m-n}B(t, T_{n-1}^*)+\cdots+\Delta_{m-1}B(t, T^*)}$$

非常重要的一点是，它还可以表示为 $\hat{\kappa}(t, T_n^*)=Z_n(t, T_n^*)-Z_n(t, T^*)$。因此，过程 $\hat{\kappa}(\cdot, T_n^*)$在远期互换测度$\hat{\mathbb{P}}_{T_{n-1}^*}$下也服从一个$\mathbb{F}$—(局部)鞅。此外，明显有 $\hat{G}_t(1)=\Delta_{m-1}B(t, T^*)$，则通过适当的选择，可得到概率测度$\hat{\mathbb{P}}_{T^*}$和远期鞅测度$\mathbb{P}_{T^*}$一致。

评注：因为显然有 $\hat{G}_t(1)=\Delta_{m-1}B(t, T^*)$，所以远期互换测度$\hat{\mathbb{P}}_{T^*}$也可以解释为远期鞅测度$\mathbb{P}_{T^*}$。但是，这一点并不适用于对 $n\geqslant 1$ 的概率$\hat{\mathbb{P}}_{T_n^*}$。

我们希望通过如下方式构造一族远期互换利率：对任意 $i=0, 1, \cdots, m-1$

$$\mathrm{d}\hat{\kappa}(t, T_i)=\hat{\kappa}(t, T_i)\hat{\nu}(t, T_i)\mathrm{d}\hat{W}_t^{T_{i+1}} \tag{15.10}$$

其中，每个过程 $\hat{W}^{T_{i+1}}$ 在相应的远期互换测度$\hat{\mathbb{P}}_{T_{i+1}}$下都服从标准布朗运动。该模型还应该和初始利率期限结构一致，这意味着

$$\hat{\kappa}(0, T_i)=\frac{B(0, T_i)-B(0, T^*)}{\Delta_i B(0, T_{i+1})+\cdots+\Delta_{m-1}B(t, T_m)} \tag{15.11}$$

另一方面,我们也可以假定远期互换利率的初始值 $\hat{\kappa}(0, T_i)(i=0, 1, \cdots, m-1)$ 是已知的(如它们可以从现实的互换协议市场上取得)。我们可以做出下面这些标准的假设来描述模型的输入信息。

假设(SR) 对于 $i=0, 1, \cdots, m-1$,给定一有界的 $\mathbb{F}$—适应过程 $\hat{\nu}(\cdot, T_i)$;对于 $t\in[0, T_i]$,假定每个过程 $\hat{\nu}(t, T_i)$ 表示远期互换利率 $\hat{\kappa}(\cdot, T_i)$ 的波动性。另外,对 $i=0, 1, \cdots, m$,还给定由一债券价格族 $B(0, T_i)$ 规定的初始利率期限结构。对每个 $i=0, 1, \cdots, m-1$,假设 $B(0, T_i)>B(0, T_{i+1})$。

与在远期伦敦银行同业拆借利率模型的情况下类似,我们将进行向后归纳法。

第一步。 为了方便,假定参照概率测度 $\mathbb{P}$ 为关于时间 T^* 的远期互换测度 $\hat{\mathbb{P}}_{T^*}$,并且过程 $W=W^{T^*}$ 是相应的布朗运动。在第一步,通过假定过程 $\hat{\kappa}(\cdot, T_1^*)$ 为如下随机微分方程的解

$$d\hat{\kappa}(t, T_1^*)=\hat{\kappa}(t, T_1^*)\hat{\nu}(t, T_1^*)d\hat{W}_t^{T^*}, \ \forall t\in[0, T_1^*]$$

来设定对应于 T_1^* 时的远期互换利率:其中,$\hat{W}^{T^*}=W$,初值条件为

$$\hat{\kappa}(0, T_1^*)=\frac{B(0, T_1^*)-B(0, T^*)}{\Delta_{m-1}B(0, T^*)}$$

第二步。 为了定义过程 $\hat{\kappa}(\cdot, T_2^*)$,我们首先引入一个远期互换测度 $\hat{\mathbb{P}}_{T_1^*}$ 和一个相应的布朗运动 $\hat{W}^{T_1^*}$。为此,可以观察到每个过程 $Z_1(\cdot, T_k^*)=B(\cdot, T_k^*)/\Delta_{m-1}B(\cdot, T^*)$ 在 $\hat{\mathbb{P}}_{T^*}=\mathbb{P}_{T^*}$ 下服从一个严格为正的局部鞅。特别地,对某个适应过程 $\gamma_1(\cdot, T_k^*)$,我们有

$$dZ_1(t, T_k^*)=Z_1(t, T_k^*)\gamma_1(t, T_k^*)d\hat{W}_t^{T^*}$$

根据远期互换测度的定义,假定对每个 k,过程

$$Z_2(t, T_k^*)=\frac{B(t, T_k^*)}{\Delta_{m-2}B(t, T_1^*)+\Delta_{m-1}B(t, T^*)}=\frac{Z_1(t, T_k^*)}{1+\Delta_{m-2}Z_1(t, T_1^*)}$$

在 $\hat{\mathbb{P}}_{T_1^*}$ 下服从一个局部鞅:将引理 15.1.1 应用于过程 $K_t=Z_1(t, T_k^*)$ 和 $H_t=\Delta_{m-2}Z_1(t, T_1^*)$,因此得出,要使这个性质成立,只需要假定对 $t\in[0, T_1^*]$,等于

$$\hat{W}_t^{T_1^*}=\hat{W}_t^{T^*}-\int_0^t\frac{\Delta_{m-2}Z_1(u, T_1^*)}{1+\Delta_{m-2}Z_1(u, T_1^*)}\gamma_1(u, T_1^*)du$$

的过程 $\hat{W}^{T_1^*}$ 在 $\hat{\mathbb{P}}_{T_1^*}$ 下服从一个布朗运动(概率测度 $\hat{\mathbb{P}}_{T_1^*}$ 还没有设定,但是很快将通过 Girsanov 定理得出):注意到

$$Z_1(t, T_1^*) = \frac{B(t, T_1^*)}{\Delta_{m-1}B(t, T^*)} = \hat{\kappa}(t, T_1^*) + Z_1(t, T^*) = \hat{\kappa}(t, T_1^*) + \Delta_{m-1}^{-1}$$

将上式两边进行微分，我们得到

$$Z_1(t, T_1^*)\gamma_1(t, T_1^*) = \hat{\kappa}(t, T_1^*)\hat{\nu}(t, T_1^*)$$

从而，对 $t \in [0, T_1^*]$，$\hat{W}^{T_1^*}$ 可由下面的公式明确给出：

$$\hat{W}_t^{T_1^*} = \hat{W}_t^{T^*} - \int_0^t \frac{\Delta_{m-2}\hat{\kappa}(u, T_1^*)}{1 + \Delta_{m-2}\Delta_{m-1}^{-1} + \Delta_{m-2}\hat{\kappa}(u, T_1^*)}\hat{\nu}(u, T_1^*)\mathrm{d}u$$

现在，利用 Girsanov 定理的经典版本，可以定义相应的远期互换测度 $\hat{\mathbb{P}}_{T_1^*}$。接下来，引入过程 $\hat{\kappa}(\cdot, T_2^*)$。通过解如下随机微分方程

$$\mathrm{d}\hat{\kappa}(t, T_2^*) = \hat{\kappa}(t, T_2^*)\hat{\nu}(t, T_2^*)\mathrm{d}\hat{W}_t^{T_1^*}, \ \forall t \in [0, T_2^*]$$

可以得到过程 $\hat{\kappa}(\cdot, T_2^*)$：其中，初值约束条件为：

$$\hat{\kappa}(0, T_2^*) = \frac{B(0, T_2^*) - B(0, T^*)}{\Delta_{m-2}B(0, T_1^*) + \Delta_{m-1}B(0, T^*)}$$

第三步。为了方便读者理解，我们再简单地推导一步，以寻找 $\hat{\kappa}(t, T_3^*)$。现在，考虑过程

$$Z_3(t, T_k^*) = \frac{B(t, T_k^*)}{\Delta_{m-3}B(t, T_2^*) + \Delta_{m-2}B(t, T_1^*) + \Delta_{m-1}B(t, T^*)}$$

观察到

$$Z_3(t, T_k^*) = \frac{Z_2(t, T_k^*)}{1 + \Delta_{m-3}Z_2(t, T_2^*)}$$

因此，对 $t \in [0, T_2^*]$ 有

$$\hat{W}_t^{T_2^*} = \hat{W}_t^{T_1^*} - \int_0^t \frac{\Delta_{m-3}Z_2(u, T_2^*)}{1 + \Delta_{m-3}Z_2(u, T_2^*)}\gamma_2(u, T_2^*)\mathrm{d}u$$

注意到

$$Z_2(t, T_2^*) = \frac{B(t, T_2^*)}{\Delta_{m-2}B(t, T_1^*) + \Delta_{m-1}B(t, T^*)} = \hat{\kappa}(t, T_2^*) + Z_2(t, T^*)$$

其中又有

$$Z_2(t, T^*) = \frac{Z_1(t, T^*)}{1 + \Delta_{m-2}Z_1(t, T^*) + \Delta_{m-2}\hat{\kappa}(t, T_1^*)}$$

且过程 $Z_1(\cdot, T^*)$可以从前一步知道(显然地,有 $Z_1(\cdot, T^*)=1/\Delta_{m-1}$)。将上面的等式求微分,可以因此确定过程 $Z_2(\cdot, T^*)$的波动性,从而可以定义$\hat{\mathbb{P}}_{T_2^*}$。

一般归纳步骤。假设已知远期互换利率 $\hat{\kappa}(\cdot, T_1^*)$, $\hat{\kappa}(\cdot, T_2^*)$, …, $\hat{\kappa}(\cdot, T_n^*)$,远期互换测度$\hat{\mathbb{P}}_{T_{n-1}^*}$和相伴的布朗运动 $\hat{W}^{T_{n-1}^*}$。我们的目的是要确定远期互换测度$\hat{\mathbb{P}}_{T_n^*}$和相伴的布朗运动 $\hat{W}^{T_n^*}$,以及远期互换利率 $\hat{\kappa}(\cdot, T_{n+1}^*)$。为此,假定对每个 $k=0$, 1, …, m,定义为

$$Z_{n+1}(t, T_k^*)=\frac{B(t, T_k^*)}{\hat{G}_t(n+1)}=\frac{B(t, T_k^*)}{\Delta_{m-n-1}B(t, T_n^*)+\cdots+\Delta_{m-1}B(t, T^*)}$$

$$=\frac{Z_n(t, T_k^*)}{1+\Delta_{m-n-1}Z_n(t, T_n^*)}$$

过程 $Z_{n+1}(t, T_k^*)$在$\hat{\mathbb{P}}_{T_n^*}$下服从一个$\mathbb{F}$—(局部)鞅:

将引理 15.1.1 应用于过程 $K_t=Z_n(t, T_k^*)$ 和 $H_t=Z_n(t, T_n^*)$,显然,对 $t\in[0, T_n^*]$,可以设定

$$\hat{W}_t^{T_n^*}=\hat{W}_t^{T^*}-\int_0^t \frac{\Delta_{m-n-1}Z_n(u, T_n^*)}{1+\Delta_{m-n-1}Z_n(u, T_n^*)}\gamma_n(u, T_n^*)\mathrm{d}u \tag{15.12}$$

因此,只需要分析过程

$$Z_n(t, T_n^*)=\frac{B(t, T_n^*)}{\Delta_{m-n}B(t, T_{n-1}^*)+\cdots+\Delta_{m-1}B(t, T^*)}=\hat{\kappa}(t, T_n^*)+Z_n(t, T^*)$$

最后,只需要注意到

$$Z_n(t, T^*)=\frac{Z_{n-1}(t, T^*)}{1+\Delta_{m-n}Z_{n-1}(t, T^*)+\Delta_{m-n}\hat{\kappa}(t, T_{n-1}^*)}$$

即可。的确,根据前面的步骤,我们知道过程 $Z_{n-1}(\cdot, T^*)$是远期互换利率 $\hat{\kappa}(\cdot, T_1^*)$, $\hat{\kappa}(\cdot, T_2^*)$, …, $\hat{\kappa}(\cdot, T_{n-1}^*)$的一个(有理)函数。因此,式(15.12)右边积分号下的过程可以用 $\hat{\kappa}(\cdot, T_1^*)$, $\hat{\kappa}(\cdot, T_2^*)$,…, $\hat{\kappa}(\cdot, T_{n-1}^*)$和它们的波动率来表示(由于显性公式比较长,我们在此就不列出)。已经确定过程 $\hat{W}^{T_n^*}$ 和概率测度$\hat{\mathbb{P}}_{T_n^*}$,我们就可以通过式(15.10)—(15.11)引入远期互换利率 $\hat{\kappa}(\cdot, T_{n+1}^*)$等。

如果所有远期互换利率的波动率都是确定性的,则称模型为远期互换利率的对数正态模型。提出这个模型的主要原因基于一个事实:在这个框架下,互换期权的估值结果和传统的市场公式——即所谓的布莱克互换期权公式——是一致的。

支付方和接受方互换期权。一个执行利率水平为 κ,在 $T=T_0$ 时到期的支付方(或

接受方)互换期权的所有者在 T 时有权进入延滞结算的基础远期支付方(或接受方)互换。我们重点关注一个 m 期支付方互换期权的特殊例子:即假定基础固定利率—浮动利率互换在 T_0 时开始,具有 m 个计息期和固定利率 κ。按照惯例,假设基础互换的名义本金,从而还有互换期权的名义本金,都等于 1。

令 $\mathbf{FS}_T(\kappa)$ 表示基础互换协议在 T 时的价值。因此,支付方互换期权在时间 $t \in [0, T]$ 的价格 $\mathbf{PS}_t$ 等于

$$\mathbf{PS}_t = B(t, T)\, \mathbb{E}_{\mathbb{P}_T}\Big((\mathbf{FS}_T(\kappa))^+ \mid \mathscr{F}_t\Big)$$

我们来考察价值 $\mathbf{FS}_T(k)$ 的一些等价表示,这些等价表示给出了支付方互换期权的不同解释。首先,观察到

$$\mathbf{FS}_T(\kappa) = \sum_{i=1}^{n} B(t, T_i)\, \mathbb{E}_{\mathbb{P}_{T_i}}\Big((L(T_{j-1}) - \kappa)\, \Delta_{i-1} \mid \mathscr{F}_T\Big)$$

另一方面,明显有 $\mathbf{FS}_t(\kappa(t, T, m)) = 0$,从而

$$\mathbf{FS}_t(\kappa) = \mathbf{FS}_t(\kappa) - \mathbf{FS}_t(\kappa(t, T, m)) = \sum_{i=1}^{m} \Delta_{i-1} B(t, T_i)(\kappa(t, T, m) - \kappa)$$

使得

$$\mathbf{FS}_T(\kappa) = \sum_{i=1}^{m} \Delta_{i-1} B(T, T_i)(\kappa(T, T, m) - \kappa)$$

于是

$$(\mathbf{FS}_T(\kappa))^+ = \sum_{i=1}^{m} \Delta_{i-1} B(T, T_i)(\kappa(T, T, m) - \kappa)^+$$

正式地,一个 m 期支付方互换期权可以表示为由在结算日 $T_1, T_2, \cdots, T_m$ 收到的现金流 $(\kappa(t, T, m) - \kappa)^+ \Delta_{i-1}$ 组成的有限序列,但在互换期权的到期日 T,这个有限序列的价值就是已知的。换而言之,一个支付方互换期权可以看作一个具有固定行权价格 κ 的基于标的远期互换利率的特殊看涨期权,这个特殊期权的行权日为 T,但损益发生在每个日期 $T_1, T_2, \cdots, T_m$。另外,也不难证明

$$(\mathbf{FS}_T(\kappa))^+ = \Big(1 - \sum_{j=1}^{m} c_j B(T, T_j)\Big)^+$$

这样,支付方互换期权也还可以看作一个标准的看跌期权,其执行日期为 T,执行价格为 1,写在一个具有息票利率 κ 的附息债券上。归纳起来,支付方互换期权可以看作:

——一个执行日期为 T,执行利率水平为 0,写在基础互换协议价值上的欧式看涨期权;

——一个特殊的基于远期互换利率的看涨期权,其具有固定执行利率水平 κ、执行日

期 T 和在不同时期 T_1，T_2，…，T_m 的损益序列；

——一个执行日期为 T，执行价格为 1，写在具有息票利率 κ 的附息债券上的欧式看跌期权。

关于接受方互换期权，也有同样的观点。特别地，一个 m 期接受方互换期权也可以看作一个关于互换利率的看跌期权序列，这些看跌期权不允许单独执行。在时间 T，多头方收到一个定义为 $\Delta_{i-1}(\kappa-\kappa(t, T, m))^+$ 的现金流序列从时间 $T_j(j=i, i+1, \cdots, m)$①到 T 的贴现价值。一个接受方互换期权还可以看成一种看涨期权，该看涨期权的执行价格为 1、到期日为 T、标的息票债券的息票利率等于基础远期互换的执行利率 κ。最后需要指出的是，只要支付方互换期权和接受方互换期权都在相同的日期 T 到期（当然，还要有相同的合约特征），互换期权具有看跌—看涨平价关系：

$$(t\text{ 时})\text{ 支付方互换期权} - (t\text{ 时})\text{ 接受方互换期权} = (t\text{ 时})\text{ 远期互换}$$

互换期权的估值。对固定的，但是任意选取的初始日期 $T_i(i=0, 1, \cdots, m-1)$，我们考虑一个支付方互换期权，它的到期日为 T_i、标的资产为延滞结算的远期支付方互换。基础互换协议在 T_i 时开始，具有固定利率 κ 和 $m-i$ 个计息期。为了简便，在下文中，把这样的合约称作第 i 个互换期权。

第 i 个互换期权可以看作一个证券，它在每个结算日 T_k 向合约的所有者支付金额 $(\kappa(T_i, T_i, m-i)-\kappa)^+\Delta_{k-1}$，其中 $k=i+1, 2, \cdots, m$（回忆一下，按照惯例，互换期权的名义本金等于 1）。等价地，第 i 个互换期权可以表示为如下的单一现金流 $\hat{Y}_i$：

$$\hat{Y}_i := \mathbf{PS}^i_{T_i} = (\mathbf{FS}^i_{T_i}(\kappa))^+ = \sum_{k=i+1}^{m}\Delta_{k-1}B(T_i, T_k)(\hat{\kappa}(T_i, T_i)-\kappa)^+$$

其结算日为第 i 个互换期权的到期日 T_i。关键是要考察根据式(15.9)给出的息票过程 $\hat{G}(m-i)$ 对损益 $\hat{Y}_i$ 容许一个乘积分解，即

$$\hat{Y}_i = \hat{G}_{T_i}(m-i)(\hat{\kappa}(T_i, T_i)-\kappa)^+$$

远期互换利率模型利用如下随机微分方程来设定过程 $\hat{\kappa}(\cdot, T_i)$的动态变化：

$$d\hat{\kappa}(t, T_i) = \hat{\kappa}(t, T_i)\hat{\nu}(t, T_i)d\hat{W}^{T_{i+1}}_t$$

其中，$\hat{W}^{T_{i+1}}$ 在相应的远期互换测度 $\hat{\mathbb{P}}_{T_{i+1}}$ 下服从标准布朗运动。远期互换测度 $\hat{\mathbb{P}}_{T_{i+1}}$ 的定义意味着，对任意 $k=0, 1, \cdots, m$，相对价格 $B(t, T_k)/\hat{G}_t(m-i)$ 在 $\hat{\mathbb{P}}_{T_{i+1}}$ 下服从一个局部鞅。另外，从关于选择计价资产在套利定价中作用的一般性考虑②，容易看

① 原文为 T_i，疑为印刷错误。——译者注

② 参见 Geman 等(1995)或者 Musiela 和 Rutkowski(1997a)。

出，对任何一个形如 $X = g(B(T_i, T_{i+1}), B(T_i, T_{i+2}), \cdots, B(T_i, T_m))$ 的可达未定权益 X，只要它在时间 T_i 结算，则对 $t \in [0, T_j]$，它的套利价格 $\pi_t(X)$ 等于

$$\pi_t(X) = \hat{G}_t(m-i)\,\mathbb{E}_{\hat{\mathbb{P}}_{T_{i+1}}}(\hat{G}_{T_i}^{-1}(m-i)Y \mid \mathcal{F}_t)$$

把上面这个公式应用于损益 $\hat{Y}_i$，那么对于第 i 个互换期权在 $t(t\in[0, T_i])$ 时的套利价格 $\mathbf{PS}_t^i$，我们得到如下表达式

$$\mathbf{PS}_t^i = \pi_t(\hat{Y}_i) = \hat{G}_t(m-i)\,\mathbb{E}_{\hat{\mathbb{P}}_{T_{i+1}}}\Big((\hat{\kappa}(T_i, T_i)-\kappa)^+ \mid \mathcal{F}_t\Big)$$

从现在起，假定在 $[0, T_i]$ 上，$\hat{\nu}(\cdot, T_i)$ 是一个有界的确定性函数。换句话说，将我们的分析设定在远期互换利率的对数正态模型中。下面这些结论是由 Jamshidian (1996, 1997) 首先建立的，其证明不是很难，留给读者自行完成。

命题 15.1.2 对任意 $i = 1, 2, \cdots, m-1$，以及每个 $t \in [0, T_i]$，第 i 个互换期权 t 时的套利价格等于

$$\mathbf{PS}_t^i = \sum_{k=i+1}^{m} \Delta_{k-1} B(t, T_k)\Big(\hat{\kappa}(t, T_i) N(\hat{d}_1(t, T_i)) - \kappa N(\hat{d}_2(t, T_i))\Big)$$

其中，N 表示标准高斯累积分布函数，$\hat{d}_{1,2}(t, T_i)$ 为

$$\hat{d}_{1,2}(t, T_i) = \frac{\ln(\hat{\kappa}(t, T_i)/\kappa) \pm \frac{1}{2}\hat{v}^2(t, T_i)}{\hat{v}(t, T_i)}$$

而 $\hat{v}^2(t, T_i) = \int_t^{T_i} |\hat{\nu}(u, T_i)|^2 du$。

要使这节建立的估值结果完全令人满意，有必要提供适当的基于复制的论证，这些论证能够支持命题 15.1.1 和命题 15.1.2 中得到的封闭形式表达式。显然，在远期伦敦银行同业拆借利率（和互换）的对数正态模型中，利率上限（和互换期权）的动态套期保值是比较直接的。关于这方面更多的细节，可以参见 Musiela 和 Rutkowski(1997a) 或者 Rutkowski(2001)。

15.2 可违约远期伦敦银行同业拆借利率的建模

这一节，将介绍最近的两篇论文：Lotz 和 Schlögl(2000) 以及 Schönbucher(2000b) 中的一些思想。在这两种情形下，我们都假定采用无违约远期伦敦银行同业拆借利率的对

数正态模型。和通常一样，记这些模型的参照（布朗）滤子为$\mathbb{F}$。

15.2.1 Lotz and Schlögl 方法

就我们所知，Lotz 和 Schlögl(2000)首次试图将伦敦银行同业拆借利率的市场模型扩展到可违约合约的情形。关于这篇论文所采用的传统做法，已经在第 14.1.4 节提到过，现在我们要对它进行详细地讨论。为此，首先回顾一下，在第 14.1.2 节，我们已经介绍了具有单方违约风险的可违约利率协定。一个在 T 时发起，计息期为$[t, T+\Delta]$，具有固定利率 κ 和不变回收率 δ 的合约设定如下：

——在 T 时，固定利率的接受方支付金额 1（合约的名义价值）；

——如果固定利率支付方在时间段$(t, T+\Delta]$没有违约，则在结算日 $T+\Delta$，接受方收到对手方支付的全部应得金额：$1+\kappa\Delta$；

——如果固定利率支付方在时间段$(t, T+\Delta]$发生违约，则在时间 $T+\Delta$，接受方收到对手方支付的削减后部分金额：$\delta(1+\kappa\Delta)$。

从支付方的角度，在集合 $\{\tau > T\}$ 上，合约在起始日 T 时的价值等于

$$\mathbf{IRA}^{\delta}(T;\,\kappa):=1-(1+\kappa\Delta)D^{\delta}(T,\,T+\Delta) \tag{15.13}$$

其中，τ 为支付方的违约时间，$D^{\delta}(T, T+\Delta)$为由支付方发行的零息债券价格，该债券回收规则为以不变回收率 δ 按国库券价值部分回收。

现在考虑一个在 $t < T$ 时发起，在 T 时的损益为 $Y:=\mathbf{IRA}^{\delta}(T;\,\kappa)$ 的无违约合约。为了使分析容易处理，Lotz 和 Schlögl(2000)还假定违约时间 τ 的$\mathbb{F}$—强度 γ 是确定性的，使得可违约债券在 T 时的价格等于

$$D^{\delta}(T,\,T+\Delta)=B(T,\,T+\Delta)\big(\delta+(1-\delta)\mathrm{e}^{\Gamma(T)-\Gamma(T+\Delta)}\big)$$

其中，风险函数 Γ 等于 $\Gamma(t)=\int_0^t\gamma(u)\mathrm{d}u$。在这个假设下，容易确定损益 $Y=\mathbf{IRA}^{\delta}(T;\,\kappa)$ 在 t 时的套利价格 $U_t(\kappa)$。的确，我们有

$$U_t(\kappa)=B(t,\,T)-B(t,\,T+\Delta)(1+\kappa\Delta)\big(\delta+(1-\delta)\mathrm{e}^{\Gamma(T)-\Gamma(T+\Delta)}\big) \tag{15.14}$$

需要强调一下，上面这个等式和随后的结论都只有在违约时间的$\mathbb{F}$—强度 γ 是确定性的这个严格假定下才成立。

Lotz 和 Schlögl(2000)中考虑的可违约远期利率协定设定如下：

——如果到 T 时还没有违约发生，则合约就变成上面描述的可违约利率协定；

——如果在 $t < T$ 时发生违约，则合约是被盯市；确切地，如果 $U_t(\kappa)\geqslant 0$，则支付方

收到 $U_t(\kappa)$，如果 $U_t(\kappa) < 0$，则接受方从对手方收到削减后的部分金额 $-\delta U_t(\kappa)$。

利用第 8 章的方法，再结合远期测度方法，我们容易建立如下引理。

引理 15.2.1 对任意日期 $t < T$，上面描述的可违约远期协议对支付方的价值 $V_t(\kappa)$ 在集合 $\{\tau > t\}$ 上等于

$$V_t(\kappa) = B(t, T+\Delta)\int_t^T \gamma(u) e^{\Gamma(t)-\Gamma(u)} \mathbb{E}_{\mathbb{P}_{T+\Delta}}\left(\frac{Z_u}{B(u, T+\Delta)}\middle| \mathcal{F}_t\right) du$$

$$+ B(t, T+\Delta) \mathbb{E}_{\mathbb{P}_{T+\Delta}}\left(e^{\Gamma(t)-\Gamma(T+\Delta)} B^{-1}(T, T+\delta) \mathbf{IRA}^{\delta}(T, \kappa) \mid \mathcal{F}_t\right)$$

其中，$Z_u = U_t(\kappa) + (1-\delta)U_t^-(\kappa)$，而 $U_t^-(\kappa) = \max(-U_t(\kappa), 0)$。

证明：这个公式可以看作第 8.2.2 节中的结论的变形，只要把到期日 $T+\Delta$ 的债券价格选作贴现因子即可。 □

推论 15.2.1 我们有

$$V_t(\kappa) = U_t(\kappa) + (1-\delta)B(t, T+\Delta)\int_t^T \gamma(u) e^{\Gamma(t)-\Gamma(u)} J(t, u, \kappa) du$$

其中，

$$J(t, u, \kappa) := \mathbb{E}_{\mathbb{P}_{T+\Delta}}\left(\frac{U_u^-(\kappa)}{B(u, T+\Delta)}\middle| \mathcal{F}_t\right)$$

证明：根据引理 15.2.1，我们只需要证明，在集合 $\{\tau > t\}$ 上有

$$U_t(\kappa) = B(t, T+\Delta)\int_t^T \gamma(u) e^{\Gamma(t)-\Gamma(u)} \mathbb{E}_{\mathbb{P}_{T+\Delta}}\left(\frac{U_u(\kappa)}{B(u, T+\Delta)}\middle| \mathcal{F}_t\right) du$$

$$+ B(t, T+\Delta) \mathbb{E}_{\mathbb{P}_{T+\Delta}}\left(e^{\Gamma(t)-\Gamma(T+\Delta)} B^{-1}(t, T+\delta) \mathbf{IRA}^{\delta}(T; \kappa) \mid \mathcal{F}_t\right)$$

即可。而这一点是显然的，因为 $U_T(\kappa) = \mathbf{IRA}^{\delta}(T; \kappa)$。这样，上面这个公式的右边代表了一个合约在 t 时的价格，这个合约能够保证不管什么情况下，其持有者在某个时间 s（可能随机）都能够收到价值 $U_s(\kappa)$。正式地，上式右边等于一个具有回收过程 $Z_u = U_u(\kappa)$ 和承诺支付 $X = U_T(\kappa)$ 的可违约权益 $DCT = (X, 0, 0, Z, \tau)$ 在时间 $t < \tau$ 时的价值。既然已知过程 $U_u(\kappa)(u \in [t, T])$ 表示无违约未定权益 $Y = \mathbf{IRA}^{\delta}(T; \kappa)$ 的套利价格，所以要证明的等式是显然成立的。 □

对一个固定的 $t < T$，关于上面介绍的可违约远期利率协定，Lotz 和 Schlögl(2000) 通过假定随机变量 κ_t^{δ} 满足 $V_t(\kappa_t^{\delta}) = 0$，提出了可违约远期利率 κ_t^{δ}。为了找到 κ_t^{δ} 满足的积分方程，观察到结合式(15.14)和无违约远期伦敦银行同业拆借利率的定义：

$$1 + \Delta L(u, T) = \frac{B(u, T)}{B(u, T+\Delta)}$$

得到

$$\frac{U_u^-(\kappa)}{B(u,\ T+\Delta)}=(K-\Delta L(u,\ T))^+$$

这里的常量 K 等于

$$K=(1+\kappa\Delta)\big(\delta+(1-\delta)\mathrm{e}^{\Gamma(T)-\Gamma(T+\Delta)}\big)-1$$

因此,显然有

$$J(t,\ u,\ \kappa)=\mathbb{E}_{\mathbb{P}_{T+\Delta}}\Big((K-\Delta L(u,\ T))^+\mid\mathscr{F}_t\Big)$$

在目前的假设下,无违约远期利率 $L(u,\ T)$ 在远期鞅测度 $\mathbb{P}_{T+\Delta}$ 下服从对数正态概率分布,确切地,对某个函数 $\nu(\cdot,\ T_i):[0,\ T]\to\mathbb{R}^d$,有

$$\mathrm{d}L(t,\ T)=L(t,\ T)\nu(t,\ T)\mathrm{d}W_t^{T+\Delta}$$

其中,$W^{T+\Delta}$ 在测度 $\mathbb{P}_{T+\Delta}$ 下服从一个 d 维标准布朗运动。

从而

$$J(t,\ u,\ \kappa)=KN\big(-h_2(t,\ u,\ T)\big)-\Delta L(t,\ T)N\big(-h_1(t,\ u,\ T)\big)\quad(15.15)$$

其中,

$$h_{1,2}(t,\ u,\ T)=\frac{\ln(\Delta L(t,\ T)/K)\pm\dfrac{1}{2}v^2(t,\ u,\ T)}{v(t,\ u,\ T)}\quad(15.16)$$

而

$$v^2(t,\ u,\ T)=\int_t^u|\nu(s,\ T)|^2\mathrm{d}s\quad(15.17)$$

在只有支付方具有单方违约风险的情况下,Lotz 和 Schlögl(2000)建立的主要结论如下。

命题 15.2.1 对任意固定的 $t<T$,可违约远期利率 κ_t^δ 是如下方程

$$U_t(\kappa_t^\delta)+(1-\delta)B(t,\ T+\Delta)\int_t^T\gamma(u)\mathrm{e}^{\Gamma(t)-\Gamma(u)}J(t,\ u,\ \kappa_t^\delta)\mathrm{d}u=0$$

的解,其中,$U_t(\kappa)$ 由式(15.14)给出,而 $J(t,\ u,\ \kappa)$ 满足式(15.15)—式(15.17)。

Lotz 和 Schlögl(2000)还考察了一个具有双方违约风险的可违约远期利率协定和可违约互换协议的例子。和之前一样,他们假定对每一方,违约的 $\mathbb{F}$—强度分别是确定性函数:γ_1 和 γ_2。如果两个违约是相互独立的并具有相同的强度,即 $\gamma=\gamma_1=\gamma_2$,他们证明,相应的可违约远期利率 $\tilde{\kappa}_t^\delta$ 等于

$$\widetilde{\kappa}_t^{\delta}=\frac{1}{\Delta}\Big((1+\Delta L(t,\ T))\frac{B(T,\ T+\Delta)}{D^{\delta}(T,\ T+\Delta)}-1\Big)$$

或者，等价地等于

$$\widetilde{\kappa}_t^{\delta}=\frac{1}{\Delta}\Big(\frac{B(t,\ T)B(T,\ T+\Delta)}{B(t,\ T+\Delta)D^{\delta}(T,\ T+\Delta)}-1\Big)$$

回忆一下，在目前的设定下，比率

$$\frac{B(T,\ T+\Delta)}{D^{\delta}(T,\ T+\Delta)}=(\delta+(1-\delta)\mathrm{e}^{\Gamma(T)-\Gamma(T+\Delta)})^{-1}\geqslant 1$$

是非随机的。并且，根据上面这个不等式可以得到 $\widetilde{\kappa}_t^{\delta}\geqslant L(t,\ T)$（当 $\delta=1$ 和 / 或 $\gamma=0$ 时，等式成立）。

评注：在 Lotz 和 Schlögl(2000)中，称上面介绍的利率 κ_t^{δ} 和 $\widetilde{\kappa}_t^{\delta}$ 为可违约远期伦敦银行同业拆借利率。和第 14.1.4 节中表明的一样，这样定义的利率概念是相当不明确的。根据上下文，(具有单方违约风险的)可违约远期伦敦银行同业拆借利率这个名称归因于表达式(14.12)给定的过程 $L^{\delta}(t,\ T)$，其中这个过程对应于国库券价值部分回收方案，或者，更一般地，归因于式(14.13)给定的过程 $L^{d}(t,\ T)$。下面一节中，沿用 Schönbucher (2000b)研究思路考察对应于零回收方案的远期伦敦银行同业拆借利率的建模。

15.2.2 Schönbucher 方法

我们下一个目的是要介绍有关 Schönbucher(2000b)试图将伦敦银行同业拆借利率的市场模型扩展到具体的可违约市场利率的情形。对一个事先决定的时间集 $0<T_0<T_1<\cdots<T_m=T^*$，Schönbucher 重点关注可违约远期伦敦银行同业拆借利率 $\widetilde{L}(t,\ T_i)$

$$\widetilde{L}(t,\ T_i)=\frac{1}{\Delta_i}\Big(\frac{\widetilde{D}(t,\ T_i)}{\widetilde{D}(t,\ T_{i+1})}-1\Big),\ \forall t\in[0,\ T_i]\tag{15.18}$$

其中，$\widetilde{D}(t,\ T_i)$表示具有零回收的公司债券的违约前价值，使得 $D^0(t,\ T_i)=\mathbb{1}_{\{\tau>t\}}\widetilde{D}(t,\ T_i)$。一单位具有零回收的零息债券在违约时的价格满足(对照式(8.50))

$$D^0(t,\ T_i)=B(t,\ T_i)\,\mathbb{Q}_{T_i}\{\tau>T_i\mid\mathcal{G}_t\}=_{\{\tau>t\}}B(t,\ T_i)\frac{\mathbb{Q}_{T_i}\{\tau>T_i\mid\mathcal{F}_t\}}{\mathbb{Q}_{T_i}\{\tau>t\mid\mathcal{F}_t\}}$$

如果 τ 是由规范方法构造而得的，则根据引理 14.2.1 有

$$\widetilde{D}(t,\ T_i)=B(t,\ T_i)\frac{\mathbb{Q}_{T_i}\{\tau>T_i\mid\mathcal{F}_t\}}{\mathbb{Q}_{T_i}\{\tau>t\mid\mathcal{F}_t\}}$$

对任意 $t \in [0, T_i]$,定义远期伦敦银行同业拆借利率信用利差为

$$\widetilde{S}(t, T_i) := \widetilde{L}(t, T_i) - L(t, T_i) \tag{15.19}$$

并把远期伦敦同业拆借利率的风险率过程定义为

$$H(t, T_i) := \frac{1}{\Delta_i}\left(\frac{G(t, T_i)}{G(t, T_{i+1})} - 1\right) \tag{15.20}$$

这里远期生存过程 $G(t, T_i)$ 又等于

$$G(t, T_i) := \frac{\widetilde{D}(t, T_i)}{B(t, T_i)} = \frac{\mathbb{Q}_{T_i}\{\tau > T_i \mid \mathcal{F}_t\}}{\mathbb{Q}_{T_i}\{\tau > t \mid \mathcal{F}_t\}} = \mathbb{Q}_{T_i}\{\tau > T_i \mid \mathcal{G}_t\}$$

其中最后一项等式只有在集合 $\{\tau > t\}$ 上成立。注意到

$$\widetilde{S}(t, T_i) = H(t, T_i)\big(1 + \Delta_i L(t, T_i)\big) \tag{15.21}$$

评注:假定即期鞅测度 $\mathbb{Q}^*$ 存在,对每个 $t \in [0, T_i]$,等式 $\mathbb{Q}_{T_i}\{\tau > t \mid \mathcal{F}_t\} = \mathbb{Q}^*\{\tau > t \mid \mathcal{F}_t\}$ 成立,并且对每个 $i = 0, 1, \cdots, m$ 有

$$\mathbb{Q}_{T_i}\{\tau > T_i \mid \mathcal{F}_t\} = \mathbb{Q}^*\{\tau > T_i \mid \mathcal{F}_t\}$$

则式(15.20)变为

$$H(t, T_i) := \frac{1}{\Delta_i}\left(\frac{\mathbb{Q}^*\{\tau > T_{i+1} \mid \mathcal{F}_t\}}{\mathbb{Q}^*\{\tau > T_i \mid \mathcal{F}_t\}} - 1\right)$$

上面提到的在鞅测度 $\mathbb{Q}_{T_i}$ 和 $\mathbb{Q}^*$ 下有关 τ 性质的假设并不具有限制性。事实上,如果违约时间是由规范方法构造而得到的,则不难建立这些性质。

基本假设。第一个假设规定了远期伦敦银行同业拆借利率族 $\{L(\cdot, T_i), i = 0, 1, \cdots, m-1\}$ 在相应的远期伦敦银行同业拆借利率测度 $\mathbb{P}_{T_{i+1}}$ 下的动态变化。回忆一下,如果在模型中设定了债券价格 $B(t, T_i)$,则这些概率测度和远期鞅测度都是一致的。

假设(S.1) 对任意 $i = 0, 1, \cdots, m-1$,远期伦敦银行同业拆借利率 $L(\cdot, T_i)$ 对每个 $t \in [0, T_i]$ 满足如下随机微分方程

$$\mathrm{d}L(t, T_i) = L(t, T_i)\nu(t, T_i)\mathrm{d}W_t^{T_{i+1}} \tag{15.22}$$

其初值条件为 $L(0, T_i) > 0$。

通常地,假定波动率 $\nu(\cdot, T_i):[0, T_i] \to \mathbb{R}^d$ 是确定性的,这样每个远期伦敦银行同业拆借利率在相应的"风险中性概率" $\mathbb{P}_{T_{i+1}}$ 下都服从对数正态过程。特别地,根据 Brace 等(1997)和 Miltersen 等(1997)的研究,在第 15.1.1 节已经建立了这个市场模型的变形,并称作伦敦银行同业拆借利率的对数正态模型。我们在这样的框架下进行分析。

在第 13.1 节，我们已经证明了，如何对典型的无违约 HJM 期限结构方法进行扩展以将可违约期限结构也包括进来。主要核心是构造违约时间 τ，而 τ 指的是与预先设定的公司债券违约前动态变化相应的违约时间。在目前的框架下，我们仍然需要处理 τ 的合理构造问题。但处理的思路并不是设定公司债券的动态变化，而是做出下面的假设(S. 2)或假设(S. 3)。

假设(S. 2) 对任意 $i=0, 1, \cdots, m-1$ 和每个 $t\in[0, T_i]$，远期伦敦银行同业拆借利率信用利差 $\widetilde{S}(\cdot, T_i)$ 满足：

$$d\widetilde{S}(t, T_i)=\widetilde{S}(t, T_i)\left(\mu_{\widetilde{S}}(t, T_i)dt+\nu_{\widetilde{S}}(t, T_i)dW_t^{T_{i+1}}\right) \tag{15.23}$$

其初值条件为 $\widetilde{S}(0, T_i)=\widetilde{L}(0, T_i)-L(0, T_i)$，其中波动率 $\nu_{\widetilde{S}}(\cdot, T_i):[0, T_i]\to\mathbb{R}^d$ 是一个(有界的)可测函数，而 $\mu_{\widetilde{S}}(\cdot, T_i)$ 是一个 $\mathbb{F}$—适应实值随机过程。

假设(S. 3) 对任意 $i=0, 1, \cdots, m-1$ 和每个 $t\in[0, T_i]$，远期伦敦同业拆借利率风险率过程 $H(\cdot, T_i)$ 满足

$$dH(t, T_i)=H(t, T_i)\left(\mu_H(t, T_i)dt+\nu_H(t, T_i)dW_t^{T_{i+1}}\right) \tag{15.24}$$

其初值条件为式(15.20)，其中 $\nu_H(\cdot, T_i):[0, T_i]\to\mathbb{R}^d$ 是一个(有界的)可测函数，而 $\mu_H(\cdot, T_i)$ 是一个 $\mathbb{F}$—适应实值随机过程。

根据式(15.21)，容易证实，对每个 $t\in[0, T_i]$，我们有

$$\nu_{\widetilde{S}}(t, T_i)=\nu_H(t, T_i)+\frac{\Delta_i L(t, T_i)\nu(t, T_i)}{1+\Delta_i L(t, T_i)} \tag{15.25}$$

因此，要了解 $\nu_{\widetilde{S}}(t, T_i)$ 就等价于了解 $\nu_H(t, T_i)$。当然，如果 $\nu_{\widetilde{S}}(t, T_i)$ 是确定性的，则 $\nu_H(t, T_i)$ 就是随机的，反之亦然。

下文中，我们将在通过规范构造已设定了违约时间 τ 这个隐含的假定下进行分析。主要的目的不是对相应的信用风险模型进行详细构造，而是在假设(S. 1)和假设(S. 2)(或者假设(S. 1)和假设(S. 3))下考察与可违约远期伦敦银行同业拆借利率最有关的一些性质。为此，做出标准假设，即排除在时间 0 违约的情况，使得 $\mathbb{Q}^*\{\tau>0\}=\mathbb{Q}_{T_i}\{\tau>0\}=1$。

可违约远期测度。 现在，我们引入一个概率测度作为具有零回收和结算日 T_i 的可违约权益的定价概率。

定义 15.2.1 给定 (Ω, G_{T_i}) 上的 T_i 时可违约远期鞅测度 $\widetilde{\mathbb{Q}}_{T_i}$ 定义为

$$\frac{d\widetilde{\mathbb{Q}}_{T_i}}{d\mathbb{Q}_{T_i}}=\frac{B(0, T_i)}{D^0(0, T_i)}D^0(T_i, T_i),\ \mathbb{Q}_{T_i}\text{-a. s.}$$

下面给出一些 $\widetilde{\mathbb{Q}}_{T_i}$ 关于 $\mathbb{Q}_{T_i}$ 的 Radon-Nikodým 密度的等价表达式。一方面，因为

$D^0(T_i, T_i) = \mathbb{1}_{\{\tau > T_i\}}$和$D^0(0, T_i) = \widetilde{D}(0, T_i)$,我们得到

$$\frac{\mathrm{d}\,\widetilde{\mathbb{Q}}_{T_i}}{\mathrm{d}\,\mathbb{Q}_{T_i}} = \frac{B(0, T_i)}{\widetilde{D}(0, T_i)} \mathbb{1}_{\{\tau > T_i\}}, \ \mathbb{Q}_{T_i}\text{-a. s}$$

另一方面,利用等式$\widetilde{D}(T_i, T_i) = B(T_i, T_i) = 1$,我们还可以发现,

$$\frac{\mathrm{d}\,\widetilde{\mathbb{Q}}_{T_i}}{\mathrm{d}\,\mathbb{Q}_{T_i}} = \mathbb{1}_{\{\tau > T_i\}} \frac{B(0, T_i)\widetilde{D}(T_i, T_i)}{\widetilde{D}(0, T_i)B(T_i, T_i)} = \mathbb{1}_{\{\tau > T_i\}} \frac{G(T_i, T_i)}{G(0, T_i)} = \frac{\mathbb{1}_{\{\tau > T_i\}}}{\mathbb{Q}_{T_i}\{\tau > T_i\}}$$

显然,$\widetilde{\mathbb{Q}}_{T_i}$关于$\mathbb{Q}_{T_i}$是绝对连续的,即对任意使得$\mathbb{Q}_{T_i}\{A\} = 0$成立的事件$A \in \mathcal{G}_{T_i}$,也有$\widetilde{\mathbb{Q}}_{T_i}\{A\} = 0$。值得注意的是,两个概率测度$\widetilde{\mathbb{Q}}_{T_i}$和$\mathbb{Q}_{T_i}$并不是相互等价的。事实上,对任意$t \leqslant T_i$,事件$A = \{\tau \leqslant t\}$在$\widetilde{\mathbb{Q}}_{T_i}$下具有零概率,而在$\mathbb{Q}_{T_i}$下具有严格为正的概率。这也表明了测度$\widetilde{\mathbb{Q}}_{T_i}$下的违约强度在区间$[0, T_i]$上变为零。关于这点,有意思的是,回忆一下,我们原来讲过违约强度在即期鞅测度$\mathbb{Q}^*$和远期鞅测度$\mathbb{Q}_T$下是同样的。

从另一个角度,容易把概率测度$\widetilde{\mathbb{Q}}_{T_i}$看作对应于可违约债券价格过程$D^0(\cdot, T_i)$作为一个折现因子(即看作计价资产)的选择。然而,注意到价值过程$D^0(\cdot, T_i)$在$\mathbb{Q}_{T_i}$下以概率1不是严格为正的。后面这个性质就明显地表明为何两个鞅测度$\mathbb{Q}_{T_i}$和$\widetilde{\mathbb{Q}}_{T_i}$在大多数情况下不是相互等价的。

在Schönbucher(2000b)研究中,称概率测度$\widetilde{\mathbb{Q}}_{T_i}$为$T_i$—生存测度。为了证实这个术语的合理性,只需要注意到对任意事件$A \in \mathcal{G}_{T_i}$,从前面最后一种Radon-Nikodým密度的表达式可得到

$$\widetilde{\mathbb{Q}}_{T_i}(A) = \frac{\mathbb{Q}_{T_i}(A \cap \{\tau > T_i\})}{\mathbb{Q}_{T_i}\{\tau > T_i\}} = \mathbb{Q}_{T_i}(A \mid \{\tau > T_i\})$$

其中,最后一项只需从初等层面来理解,即理解为一个实数,而不是一个随机变量。从这个层面来理解的话,可违约远期鞅测度$\widetilde{\mathbb{Q}}_{T_i}$可以看作以一直生存到时间$T_i$为条件的远期鞅测度$\mathbb{Q}_{T_i}$。

接下来,要考察上面的Radon-Nikodým密度对σ—域$\mathcal{G}_t$的约束。既然$D^0(t, T_i)$表示一个可交易证券的价格过程,则贴现过程

$$\frac{D^0(t, T_i)}{B(t, T_i)} = \mathbb{Q}_{T_i}\{\tau > T_i \mid \mathcal{G}_t\}$$

在远期鞅测度$\mathbb{Q}_{T_i}$下服从一个$\mathbb{G}$—鞅:从而,我们得到(回忆一下,σ—域$\mathcal{F}_0$和$\mathcal{G}_0$是平凡的)

$$\left.\frac{\mathrm{d}\widetilde{Q}_{T_i}}{\mathrm{d}\,\mathbb{Q}_{T_i}}\right|_{\mathcal{G}_t} = \frac{B(0, T_i)D^0(t, T_i)}{D^0(0, T_i)B(t, T_i)} = \mathbb{1}_{\{\tau > t\}} \frac{B(0, T_i)\widetilde{D}(t, T_i)}{\widetilde{D}(0, T_i)B(t, T_i)}$$

$$= \mathbb{1}_{\{\tau > t\}} \frac{G(t, T_i)}{G(0, T_i)} = \frac{\mathbb{1}_{\{\tau > t\}}}{\mathbb{Q}_{T_i}\{\tau > T_i\}} \frac{\mathbb{Q}_{T_i}\{\tau > T_i \mid \mathcal{F}_t\}}{\mathbb{Q}_{T_i}\{\tau > t \mid \mathcal{F}_t\}}$$

受约束的可违约远期测度。在某些情况下，考虑概率测度$\widetilde{\mathbb{Q}}_{T_i}$对$\mathcal{G}_{T_i}$的子$\sigma$—域$\mathcal{F}_{T_i}$的约束$\widetilde{\mathbb{P}}_{T_i}$比较方便。我们有

$$\mathbb{E}_{\mathbb{Q}_{T_i}}\left(\frac{\mathrm{d}\,\widetilde{\mathbb{Q}}_{T_i}}{\mathrm{d}\,\mathbb{Q}_{T_i}}\mid \mathcal{F}_{T_i}\right)=\frac{\mathbb{Q}_{T_i}\{\tau>T_i\mid \mathcal{F}_{T_i}\}}{\mathbb{Q}_{T_i}\{\tau>T_i\}}=\frac{B(0,\ T_i)}{\widetilde{D}(0,\ T_i)}\mathbb{Q}_{T_i}\{\tau>T_i\mid \mathcal{F}_{T_i}\}$$

注意，概率测度$\mathbb{P}_{T_i}$是$\mathbb{Q}_{T_i}$对σ—域$\mathcal{F}_{T_i}$的约束。这就产生了下面的受约束概率测度$\widetilde{\mathbb{P}}_{T_i}$的定义。回忆一下，在HJM框架中，我们就已经介绍了对应的概念(参见定义13.1.2)。

定义15.2.2 对在$(\Omega,\ \mathcal{F}_{T_i})$上的时期$T_i$，受约束的可违约远期鞅测度$\widetilde{\mathbb{P}}_{T_i}$定义为

$$\frac{\mathrm{d}\,\widetilde{\mathbb{P}}_{T_i}}{\mathrm{d}\,\mathbb{P}_{T_i}}=\frac{B(0,\ T_i)}{\widetilde{D}(0,\ T_i)}\mathbb{P}_{T_i}\{\tau>T_i\mid \mathcal{F}_{T_i}\},\ \mathbb{P}_{T_i}\text{-a. s.}$$

显然有

$$\left.\frac{\mathrm{d}\,\widetilde{\mathbb{P}}_{T_i}}{\mathrm{d}\,\mathbb{P}_{T_i}}\right|_{\mathcal{F}_t}=\mathbb{E}_{\mathbb{P}_{T_i}}\left(\frac{\mathrm{d}\,\widetilde{\mathbb{P}}_{T_i}}{\mathrm{d}\,\mathbb{P}_{T_i}}\middle|\mathcal{F}_t\right)=\frac{B(0,\ T_i)}{\widetilde{D}(0,\ T_i)}\mathbb{P}_{T_i}\{\tau>T_i\mid \mathcal{F}_t\}$$

在$\mathbb{P}_{T_i}$下，对于某些$\mathbb{F}$—适应过程$\mu_G(\cdot,\ T_i)$和$\nu_G(\cdot,\ T_i)=\tilde{b}(t,\ T_i)-b(t,\ T_i)$，远期生存过程$G(t,\ T_i)$服从

$$\mathrm{d}G(t,\ T_i)=G(t,\ T_i)\left(\mu_G(t,\ T_i)\mathrm{d}t+\nu_G(t,\ T_i)\mathrm{d}W_t^{T_i}\right)\tag{15.26}$$

回忆一下，对每个$t\in[0,\ T_i]$有

$$\left.\frac{\mathrm{d}\,\widetilde{\mathbb{Q}}_{T_i}}{\mathrm{d}\,\mathbb{Q}_{T_i}}\right|_{\mathcal{G}_t}=\mathbb{1}_{\{\tau>t\}}\frac{B(0,\ T_i)\widetilde{D}(t,\ T_i)}{\widetilde{D}(0,\ T_i)B(t,\ T_i)}=\mathbb{1}_{\{\tau>t\}}\frac{G(t,\ T_i)}{G(0,\ T_i)}$$

由此推出

$$\left.\frac{\mathrm{d}\,\widetilde{\mathbb{Q}}_{T_i}}{\mathrm{d}\,\mathbb{Q}_{T_i}}\right|_{\mathcal{G}_t}=\mathbb{1}_{\{\tau>t\}}\exp\left(\int_0^t\mu_G(u,\ T_i)\mathrm{d}u\right)\varepsilon_t\left(\int_0^{\cdot}\nu_G(u,\ T_i)\mathrm{d}W_u^{T_i}\right)\tag{15.27}$$

和通常一样，这里的符号ε表示Doléans指数。根据第5章的结论(尤其是，引理5.1.7)，自然地得到

$$\left.\frac{\mathrm{d}\,\widetilde{\mathbb{Q}}_{T_i}}{\mathrm{d}\,\mathbb{Q}_{T_i}}\right|_{\mathcal{G}_t}=\mathbb{1}_{\{\tau>t\}}\exp\left(\int_0^t\gamma_u\mathrm{d}u\right)\varepsilon_t\left(\int_0^{\cdot}\nu_G(u,\ T_i)\mathrm{d}W_u^{T_i}\right)$$

其中，γ代表在测度$\mathbb{Q}^*$下(和在$\mathbb{Q}_{T_i}$下)τ的$\mathbb{F}$—强度过程，并且漂移项$\mu_G(t,\ T_i)$独立于i。要强调的是，和HJM方法不一样，在目前的设定下，并没有明确地对违约时间τ进

行建模。但是,我们可以得到下面这个有用的结论。

引理 15.2.2 我们有

$$\left.\frac{\mathrm{d}\,\widetilde{\mathbb{P}}_{T_i}}{\mathrm{d}\,\mathbb{P}_{T_i}}\right|_{\mathscr{F}_t} = \varepsilon_t\Big(\int_0^{\cdot}\nu_G(u,\ T_i)\mathrm{d}W_u^{T_i}\Big) = \exp\Big(-\int_0^t \mu_G(u,\ T_i)\mathrm{d}u\Big)G(t,\ T_i)$$

对于 $t\in[0,\ T_i]$,如下定义的过程 $\widetilde{W}_t^{T_i}$

$$\widetilde{W}_t^{T_i} = W_t^{T_i} - \int_0^t \nu_G(u,\ T_i)\mathrm{d}u \tag{15.28}$$

在 $\widetilde{\mathbb{P}}_{T_i}$ 下服从一个关于滤子 $\mathbb{F}$ 的标准布朗运动。

证明:我们只是大概地描述一下证明过程。公式(15.27)提供了 $\mathbb{G}$—鞅的一个乘积表达式,将其表示成一个 $\mathbb{G}$—带跳鞅和一个连续 $\mathbb{F}$—鞅(也服从一个 $\mathbb{G}$—鞅)的乘积。然而,由于参照滤子 $\mathbb{F}$ 只支撑连续的鞅,因此要证明的表达式成立。 □

评注:令 $\widetilde{b}(t,\ T_i)$ 和 $b(t,\ T_i)$ 分别表示 $B(t,\ T_i)$ 和 $\widetilde{D}(t,\ T_i)$ 的波动率,则有 $\nu_G(t,\ T_i) = \widetilde{b}(t,\ T_i) - b(t,\ T_i)$ 和(对照第 13.1 节)

$$W_t^{T_i} = W_t^* - \int_0^t b(u,\ T_i)\mathrm{d}u,\ \widetilde{W}_t^{T_i} = W_t^* - \int_0^t \widetilde{b}(u,\ T_i)\mathrm{d}u$$

在目前的设定下,并没有具体指定波动率 $b(t,\ T_i)$ 和 $\widetilde{b}(t,\ T_i)$ 的形式,因此表达式(15.28)更适合。

$\widetilde{L}(t,\ T_i)$ 和 $\widetilde{S}(t,\ T_i)$ 在 $\widetilde{\mathbb{P}}_{T_{i+1}}$ 下的动态变化。在假设(S. 1)和假设(S. 2)(或者假设(S. 1)和假设(S. 3))下,可以找到 $\widetilde{\mathbb{P}}_{T_{i+1}}$ 下过程 $\widetilde{L}(t,\ T_i)$、$\widetilde{S}(t,\ T_i)$ 和 $H(t,\ T_i)$ 动态变化的显性表达式。对远期伦敦银行同业拆借利率的无违约和可违约期限结构市场模型的构建方法,下面的漂移约束提供了有用的启示。

命题 15.2.2 对任意 $i=0,\ 1,\ \cdots,\ m-1$,可违约远期伦敦银行同业拆借利率 $\widetilde{L}(\cdot,\ T_i)$ 在 $\widetilde{\mathbb{P}}_{T_{i+1}}$ 下满足如下随机微分方程

$$\mathrm{d}\widetilde{L}(t,\ T_i) = \widetilde{L}(t,\ T_i)\widetilde{\nu}(t,\ T_i)\mathrm{d}\widetilde{W}_t^{T_{i+1}} \tag{15.29}$$

其中,

$$\widetilde{\nu}(t,\ T_i) = \widetilde{L}^{-1}(t,\ T_i)\big(\widetilde{S}(t,\ T_i)\nu_{\widetilde{S}}(t,\ T_i) - L(t,\ T_i)\nu(t,\ T_i)\big) \tag{15.30}$$

进一步有

$$\mathrm{d}\widetilde{S}(t,\ T_i) = L(t,\ T_i)\nu(t,\ T_i)\nu_G(t,\ T_{i+1})\mathrm{d}t + \widetilde{S}(t,\ T_i)\nu_{\widetilde{S}}(t,\ T_i)\mathrm{d}\widetilde{W}_t^{T_{i+1}}$$

证明:公式(15.29)已经在 HJM 框架内推导过(参见引理 13.1.7)。而在目前的设定下,基于比率 $\widetilde{D}(t,\ T_i)/\widetilde{D}(t,\ T_{i+1})$ 在 $\widetilde{\mathbb{P}}_{T_{i+1}}$ 下服从鞅过程这个事实,确实有

$$\frac{\widetilde{D}(t,\ T_i)}{\widetilde{D}(t,\ T_{i+1})}=(1+\Delta_i L(t,\ T_i))\frac{G(t,\ T_i)}{G(t,\ T_{i+1})}$$

上面公式右边的第一个过程服从一个$\mathbb{P}_{T_{i+1}}$—鞅，而第二个过程与$\widetilde{\mathbb{P}}_{T_i}$关于$\widetilde{\mathbb{P}}_{T_{i+1}}$的Radon-Nikodým 密度成比例。表达式(15.30)是等式$\widetilde{L}(t,\ T_i)=L(t,\ T_i)+\widetilde{S}(t,\ T_i)$和假设式(15.22)和式(15.23)的结果。要建立命题中的最后一个公式，只需要把第一个公式和等式$\widetilde{S}(t,\ T_i)=\widetilde{L}(t,\ T_i)-L(t,\ T_i)$结合起来就可以了。详细的证明留给读者自行完成。 □

根据等式(15.30)，很明显，如果波动率$\nu(t,\ T_i)$和$\nu_{\widetilde{S}}(t,\ T_i)$是确定性的，则波动率$\widetilde{\nu}(t,\ T_i)$必须为随机的。对于$i=0,\ 1,\ \cdots,\ m-1$，如果波动$\widetilde{\nu}(t,\ T_i)$是确定性的，则要通过与式(15.22)对应的表达式来直接指定可违约伦敦银行同业拆借利率的动态性似乎不是很方便。确实，对于$i=0,\ 1,\ \cdots,\ m-1$，关键是要保证远期伦敦银行同业拆借利率信用利差$\widetilde{S}(\cdot,\ T_i)$的非负性。

下面这个结论是命题 15.2.2 和关系式(15.21)的一个简单结果。

推论 15.2.2 $H(t,\ T_i)$在$\widetilde{\mathbb{P}}_{T_{i+1}}$下的动态变化为

$$\mathrm{d}H(t,\ T_i)=\widetilde{\mu}_H(t,\ T_i)\mathrm{d}t+H(t,\ T_i)\nu_H(t,\ T_i)\mathrm{d}\widetilde{W}_t^{T_{i+1}}$$

其中，

$$\widetilde{\mu}_H(t,\ T_i)=\frac{L(t,\ T_i)\nu(t,\ T_i)}{1+\Delta_i L(t,\ T_i)}\big((1+\Delta_i H(t,\ T_i))\nu_G(t,\ T_i)-\Delta_i H(t,\ T_i)\nu_H(t,\ T_i)\big)$$

可违约权益的估值。现在，要通过可违约远期鞅测度$\widetilde{\mathbb{Q}}_{T_i}$和$\widetilde{\mathbb{P}}_{T_i}$来进行可违约权益的估值。考虑一个可违约权益$(X,\ 0,\ 0,\ 0,\ \tau)$，其结算日为$T_i$。按照第 8.1 节介绍的惯例，这里考虑一个具有承诺支付X、承诺红利$A\equiv 0$和违约后零回收的可违约权益。我们将研究两种特定的情况：$\mathcal{G}_{T_i}$—可测支付X的一般情况和$\mathcal{F}_{T_i}$—可测支付X的标准情况。假定一个可违约权益$(X,\ 0,\ 0,\ 0,\ \tau)$是可达的。则它违约前的价值等于

$$S_t^0=B(t,\ T_i)\,\mathbb{E}_{\mathbb{Q}_{T_i}}\{X\mathbb{1}_{\{\tau>T_i\}}\mid\mathcal{G}_t\}\tag{15.31}$$

命题 15.2.3 假定承诺支付X是$\mathcal{G}_{T_i}$—可测的并关于$\mathbb{Q}_{T_i}$可积，则对每个$t\in[0,\ T_i]$有

$$S_t^0=\mathbb{1}_{\{\tau>t\}}\widetilde{D}(t,\ T_i)E_{\widetilde{\mathbb{Q}}_{T_i}}\{X\mid\mathcal{G}_t\}=D^0(t,\ T_i)E_{\widetilde{\mathbb{Q}}_{T_i}}\{X\mid\mathcal{G}_t\}$$

如果X是$\mathcal{F}_{T_i}$—可测的，则

$$S_t^0=\mathbb{1}_{\{\tau>t\}}B(t,\ T_i)\,\mathbb{E}_{\widetilde{\mathbb{P}}_{T_i}}\{X\mid\mathcal{F}_t\}\tag{15.32}$$

证明：记

$$\widetilde{\eta}_{T_i}=\frac{\mathrm{d}\widetilde{\mathbb{Q}}_{T_i}}{\mathrm{d}\mathbb{Q}_{T_i}},\ \widetilde{\eta}_t=\frac{\mathrm{d}\widetilde{\mathbb{Q}}_{T_i}}{\mathrm{d}\mathbb{Q}_{T_i}}\Big|_{\mathcal{G}_t}=\mathbb{E}_{\mathbb{Q}_{T_i}}(\eta_{T_i}\mid\mathcal{G}_t)$$

则对任意的 $\mathcal{G}_{T_i}$—可测和 $\widetilde{\mathbb{Q}}_{T_i}$—可积随机变量 X,有

$$\eta_t \mathbb{E}_{\widetilde{\mathbb{Q}}_{T_i}}(X \mid \mathcal{G}_t) = \mathbb{E}_{\mathbb{Q}_{T_i}}(\eta_{T_i} X \mid \mathcal{G}_t),\ \forall t \in [0, T_i]$$

或者,等价地有

$$\mathbb{1}_{\{\tau>t\}} \frac{B(0, T_i)\widetilde{D}(t, T_i)}{\widetilde{D}(0, T_i)B(t, T_i)} \mathbb{E}_{\widetilde{\mathbb{Q}}_{T_i}}\{X \mid \mathcal{G}_t\} = \frac{B(0, T_i)}{\widetilde{D}(0, T_i)} \mathbb{E}_{\mathbb{Q}_{T_i}}\{X \mathbb{1}_{\{\tau>T_i\}} \mid \mathcal{G}_t\}$$

简单处理以后,得到

$$\mathbb{1}_{\{\tau>t\}} \widetilde{D}(t, T_i) \mathbb{E}_{\widetilde{\mathbb{Q}}_{T_i}}(X \mid \mathcal{G}_t) = B(t, T_i) \mathbb{E}_{\mathbb{Q}_{T_i}}(X \mathbb{1}_{\{\tau>T_i\}} \mid \mathcal{G}_t) = S_t^0$$

这就是要证明的公式。现在考虑 $\mathcal{F}_{T_i}$—可测随机变量 X 的情况。在这种情况下,有(参见引理 5.1.2)

$$\begin{aligned}\mathbb{E}_{\mathbb{Q}_{T_i}}(X \mathbb{1}_{\{\tau>T_i\}} \mid \mathcal{G}_t) &= \mathbb{1}_{\{\tau>t\}} \frac{\mathbb{E}_{\mathbb{Q}_{T_i}}(X \mathbb{1}_{\{\tau>T_i\}} \mid \mathcal{F}_t)}{\mathbb{Q}_{T_i}\{\tau > T_i\} \mid \mathcal{F}_t\}} \\ &= \mathbb{1}_{\{\tau>t\}} \frac{\mathbb{E}_{\mathbb{P}_{T_i}}(X \mathbb{Q}_{T_i}\{\tau > T_i \mid \mathcal{F}_{T_i}\} \mid \mathcal{F}_t)}{\mathbb{Q}_{T_i}\{\tau > T_i \mid \mathcal{F}_t\}} \\ &= \mathbb{1}_{\{\tau>t\}} \mathbb{E}_{\widetilde{\mathbb{P}}_{T_i}}(X \mid \mathcal{F}_t)\end{aligned}$$

其中,最后一个等式从贝叶斯法则很容易得到。将刚刚建立的等式和式(15.31)结合起来,就得到命题中的第二个公式。 □

远期违约互换利率建模。回忆一下(参见第 13.3 节),在一个标准的违约互换协议中:

——在违约之前或者在合约的到期日 U 之前(取两者中较早的日期),合约购买方在事先决定的日期 $T_i(i = 1, 2, \cdots, m)$ 支付年金 κ;

——如果违约发生在到期日 U 之前或者之时,合约购买方在违约时收到标的资产的面值为它违约后的市场价值之间的差额。

Schönbucher(2000)考察了一个违约互换,其中的标的资产为一个具有固定息票利率 c 的公司息票债券,并且假定这个标的债券是服从面值部分回收方案的。确切地,如果债券在时间区间 $[T_i, T_{i+1}]$ 违约,债券持有者在违约时收到金额 $\delta(1+c)$。费用流(fee stream)在 0 时的价值等于

$$\kappa \mathbb{E}_{\mathbb{Q}^*}\left(\sum_{i=1}^{m} B_{T_i}^{-1} \mathbb{1}_{\{\tau>T_i\}}\right) = \kappa \sum_{i=1}^{m} D^0(0, T_i)$$

既然违约时标的债券价值为 $\delta(1+c)$,故违约时的支付等于 $\widetilde{X} = 1 - \delta(1+c)$。为了使模型更实用,假定将回收支付推迟到下一个票息日是合理的。在这种约定下,回收支

付在 0 时的价值等于

$$\pi_0(\widetilde{X}) = \sum_{i=1}^{m} \mathbb{E}_{\mathbb{Q}^*}(B_{T_i}^{-1}\widetilde{X}\,\mathbb{1}_{\{T_{i-1}<\tau\leqslant T_i\}}) = (1-\delta(1+c))\sum_{i=1}^{m} D_i$$

其中,为了简化,假定了 $U = T_m$,并且在这里记

$$D_i = \mathbb{E}_{\mathbb{Q}^*}(B_{T_i}^{-1}\,\mathbb{1}_{\{T_{i-1}<\tau\leqslant T_i\}})$$

因此,0 时的违约互换利率,即使得合约在 0 时无价值的 κ 值等于

$$\kappa_0 = (1-\delta(1+c))\frac{\sum_{i=1}^{m} D^0(0,\ T_i)}{\sum_{i=1}^{m} D_i}$$

一个基于违约互换协议的看涨期权使其购买者有权在到期日 T 以预定的利差进行违约互换。令 $\bar{\kappa}(t,\ T_i)$表示关于日期 T_i 的 t 时远期违约互换利率。Schönbucher(2000)建议在与将可违约息票过程 $\bar{G}_t(m-i)$ 选作计价资产相对应的可违约远期互换测度下,直接设定过程 $\bar{\kappa}(t,\ T_i)$的动态变化,这里

$$\bar{G}_t(m-i) = \sum_{j=i+1}^{m} \Delta_{j-1} D^0(t,\ T_j)$$

仿照第 15.1.2 节介绍的 Jamshidian 方法,Schönbucher 假定

$$\mathrm{d}\bar{\kappa}(t,\ T_i) = \bar{\kappa}(t,\ T_i)\bar{\nu}(t,\ T_i)\mathrm{d}\bar{W}_t^{T_{i+1}}$$

其中,波动系数 $\bar{\nu}(t,\ T_i)$是确定性的。从而,一个类似于命题 15.1.2 的结论成立。详细的内容,可以参考 Schönbucher(2000)。

参考文献导引

数学模型背景知识: Itô and McKean(1965), Dellacherie(1970, 1972), Chou and Meyer (1975), Dellacherie and Meyer(1978a, 1978b), Davis(1976), Eliott(1977), Jeulin and Yor(1978), Jacod(1979), Mazziotto and Szpirglas(1979), Çinlar, Jacod, Protter and Sharpe(1980), Jeulin(1980), Aven(1985), Brémaud(1981), Jennen and Lerche(1981), Jacod and Shiryaev(1987), Shaked and Shanthikumar(1987), Ikeda and Watanabe(1989), Bhattacharya and Waymire(1990), Pardoux and Peng (1990), Protter(1990), Karatzas and Shreve(1991), Revuz and Yor(1999), Williams(1991), Durbin(1992), He, Wang and Yan(1992), Syski(1992), Yor(1997, 2001), Davis(1993), Peng(1993), Artzner and Delbaen(1995), Krylov(1995), Last and Brandt(1995), Borodin and Salminen(1996), Yin and Zhang(1997), Øksendal(1998), Gill(1999), Rolski, Schmidli, Schmidt and Teuggels(1998), Ma and Yong(1999), Elliott, Jeanblanc and Yor(2000), Rogers and Williams(2000), Steele(2000)。

套利定价理论: Black and Scholes(1973), Merton(1973), Harrison and Pliska(1981), Merton(1990), Duffie and Stanton(1992), Cvitanic and Karatzas(1993), Geman, El Karoui and Rochet(1995), Baxter and Rennie(1996), Duffie(1996), Lamberton and Lapeyre(1996), Neftci(1996), El Karoui and Quenez(1997a, 1997b), Hull (1997), Pliska(1997), Musiela and Rutkowski(1997a), Bingham and Kiesel (1998), Björk(1998), Karatzas and Shreve(1998), Shiryaev(1998), Elliott and Kopp(1999), Föllmer and Leukert(1999, 2000), Mel'nikov(1999), Hunt and Kennedy(2000), Jarrow and Turnbull(2000a), Schweizer(2001)。

期限结构建模：Vasicek(1977)，Cox，Ingersoll and Ross(1985a，1985b)，Jamshidian(1989，1997)，Heath，Jarrow and Morton(1990，1992)，Brace，Gątarek and Musiela(1997)，Miltersen，Sandmann and Sondermann(1997)，Musiela and Rutkowski(1997a，1997b)，Rutkowski(1999，2001)，Schlögl(1999)，Hunt and Kennedy(2000)，Hunt，Kennedy and Pelsser(2000)，Jarrow and Turnbull(2000a)，Pelsser(2000)，Brigo and Mercurio(2001)，Martellini and Priaulet(2001)。

信用风险：Litzenberger(1992)，Das(1998a，1998b)，Caouette，Altman and Narayanan(1998)，Tavakoli(1998)，Francis et al.(1999)，Nelken(1999)，Saunders(1999)，Arvanitis and Laurent(1999)，Arvanitis(2000)，Cossin and Pirotte(2000)，Duffie and Singleton(2003)。

结构方法：Merton(1974)，Black and Cox(1976)，Geske(1977)，Brennan and Schwartz(1977，1978，1980)，Pitts and Selby(1983)，Vasicek(1984)，Chance(1990)，Rendleman(1992)，Kim，Ramaswamy and Sundaresan(1993)，Nielsen，Saá-Requejo and Santa-Clara(1993)，Hull and White(1995)，Longstaff and Schwartz(1995)，Klein(1996)，Zhou(1996)，Briys and de Varenne(1997)，Pierides(1997)，Rich and Leipus(1997)，Cathcart and El-Jahel(1998)，Crouhy，Galai and Mark(1998)，Delianedis and Geske(1998)，Ericsson and Reneby(1998，1999)，Li(1998)，Barone-Adesi and Colwell(1999)，Shirakawa(1999)，Wang(1999a)，Buffet(2000)，Ericsson and Renault(2000)，Collin-Dufresne and Goldstein(2001)，Klein and Inglis(2001)，Yu and Kwok(2002)，Eom，Helwege and Huang(2003)。

结构方法与策略行为：Leland(1994)，Anderson and Sundaresan(1996)，Anderson，Sundaresan and Tychon(1996)，Leland and Toft(1996)，Fan and Sundaresan，(1997)，Mella-Barral and Perraudin(1997)，Ericsson(1999)，Mella-Barral and Tychon(1999)，Anderson，Pan and Sundaresan(2000)，Anderson and Sundaresan(2000)，Sarkar(2001)。

简化式方法：Pye(1974)，Ramaswamy and Sundaresan(1986)，Litterman and Iben(1991)，Artzner and Delbaen(1995)，Hull and White(1995)，Jarrow and Turnbull(1995)，Das and Tufano(1996)，Duffie，Schroder and Skiadas(1996)，Hughston(1996，1997，2000)，Schönbucher(1996，1998a，1998b)，Duffie and Singleton(1994，1997，1999)，Lando(1997)，Monkkonen(1997)，Lando(1998)，Lotz(1998，1999)，Schlögl(1998)，Wong(1998)，Collin-Dufresne and Hugonnier(1999)，Kusuoka(1999)，Maksymiuk and Gątarek(1999)，Pugachevsky(1999)，Blanchet-Scalliet and Jeanblanc(2000)，Elliott，Jeanblanc and Yor(2000)，Greenfield(2000), Jarrow, Lando and Yu(2000), Jeanblanc and Rutkowski(2000a, 2000b, 2002), Kijima(2000), Kijima and Muromachi(2000), Laurent(2000), Lotz and Schlögl(2000), Bélanger, Shreve and Wong(2001), Collin-Dufresne and Solnik(2001), Duffie and Lando(2001), Hübner(2001), Jarrow and Yu(2001)。

评级基准法: Das and Tufano(1996), Jarrow, Lando and Turnbull(1997), Nakazato (1997), Duffie and Singleton(1998a), Arvanitis, Gregory and Laurent(1998), Kijima(1998), Kijima and Komoribayashi(1998), Thomas, Allen and Morkel-Kingsbury(1998), Bielecki and Rutkowski(1999, 2000a, 2000b), Lando(2000a), Schönbucher(2000a), Wei(2000), Crouhy, Galai and Mark(2001), Eberlein and Õzkan(2001), Israel, Rosenthal and Wei(2001), Krahnen and Weber(2001), Lando and Skødeberg(2002)。

混合方法: Crouhy, Galai and Mark(1998), Madan and Unal(1998, 2000), Wong (1998), Davydov, Linetsky and Lotz(1999), Bélanger, Shreve and Wong(2001), Duffie and Lando(2001)。

信用利差建模: Das and Tufano(1996), Nielsen and Ronn(1997), Zheng(2000), Brunel (2001)。

相互依赖的违约: Lucas(1995), Gersbach and Lipponer(1997a, 1997b), Zhou(2001), Duffie(1998a), Duffie and Singleton(1998b), Davis and Lo(1999, 2001), Jarrow and Yu(1999), Jarrow, Lando and Yu(1999), Kusuoka(1999), Wang(1999b), Li (1999a, 2000), Erlenmaier and Gersbach(2000), Frey and McNeal(2000), Kijima (2000), Kijima and Muromachi(2000), Lando(2000b), Lindskog(2000), Nyfeler (2000), Bielecki and Rutkowski(2001b, 2002, 2003), Embrechts, McNeal and Straumann(2002), Embrechts, Lindskog and McNeal(2003)。

流动性风险: Amihud and Mendelson(1991), Boudoukh and Whitelaw(1991), Longstaff (1995, 2001), Bangia et al. (1999), Ericsson and Renault(2000)。

计量经济学的研究与实施: Johnson(1967), Fons(1987), Altman(1989), Sarig and Warga(1989), Sun, Sundaresan and Wang(1993), Duffie and Singleton(1994, 1997, 1999), Fons(1994), Altman and Bencivenga(1995), Duffee(1996), Fridson and Jónsson(1995), Foss(1995), Altman and Kishore(1996), Uhrig(1996), Carty (1997), Carty and Lieberman(1997), Lehrbass(1997), Monkkonen(1997), Wei and Guo(1997), Wilson(1997a, 1999b), Altman and Saunders(1998), Delianedis and Geske(1998), Duffee(1998, 1999), Schwartz(1998), Kiesel, Perraudin and Taylor(1999, 2002), Taurén(1999), Altman and Suggit(2000), Christiansen

(2000), Dai and Singleton(2000), Diaz and Skinner(2000), Finger(2000), Kavvathas(2000), Liu, Longstaff and Mandell(2000), Rachev, Schwartz and Khindanova(2000), Bakshi, Madan and Zhang(2001), Carey and Hrycay(2001), Collin-Dufresne and Solnik(2001), Collin-Dufresne, Goldstein and Martin(2001), Shumway(2001), Lando and Skødeberg(2002)。

参考文献

Abken, P. (1993) Valuation of default-risky interest-rate swaps. *Adv. Futures Options Res.* 6, 93–116.

Altman, E.I. (1989) Measuring corporate bond mortality and performance. *J. Finance* 44, 909–922.

Altman, E.I. (1997) The importance and subtlety of credit rating migration. Working paper, Stern School of Business, New York University.

Altman, E.I. (1998) Market dynamics and investment performance of distressed and defaulted debt securities. Working paper, Stern School of Business, New York University.

Altman, E.I., Bencivenga, J.C. (1995) A yield premium model for the high-yield debt market. *Finan. Analysts J.* 51(5), 49–56.

Altman, E.I., Kishore, V.M. (1996) Almost everything you wanted to know about recoveries on defaulted bonds. *Finan. Analysts J.* 52(6), 57–64.

Altman, E.I, Saunders, A. (1998) Credit risk measurements: Developments over the last 20 years. *J. Bank. Finance* 21, 1721–1742.

Altman, E.I., Suggit, H. (2000) Default rates in the syndicated bank loan market: A mortality analysis. *J. Bank. Finance* 24, 229–253.

Amihud, Y., Mendelson, H. (1991) Liquidity, maturity, and yields on U.S. Treasury securities. *J. Finance* 46, 1411–1425.

Amin, K., Bodurtha, J. (1995) Discrete time valuation of American options with stochastic interest rates. *Rev. Finan. Stud.* 8, 193–234.

Ammann, M. (1999) *Pricing Derivative Credit Risk. Lecture Notes in Econ. Math. Systems* 470. Springer-Verlag, Berlin Heidelberg New York.

Ammann, M. (2001) *Credit Risk Valuation: Methods, Models, and Applications.* Springer-Verlag, Berlin Heidelberg New York.

Andersen, P.K., Borgan, Ø., Gill, R.D., Keiding, N. (1993) *Statistical Models Based on Counting Processes.* Springer-Verlag, Berlin Heidelberg New York.

Andersen, L., Andreasen, J. (2000) Volatility skews and extensions of the Libor market model. *Appl. Math. Finance* 7, 1–32.

Anderson, R., Sundaresan, S. (1996) Design and valuation of debt contracts. *Rev. Finan. Stud.* 9, 37–68.

Anderson, R., Sundaresan, S. (2000) A comparative study of structural models of corporate bond yields: An exploratory investigation. *J. Bank. Finance* 24, 255–269.

Anderson, R., Sundaresan, S., Tychon, P. (1996) Strategic analysis of contingent claims. *European Econ. Rev.* 40, 871–881.

Anderson, R., Pan, Y., Sundaresan, S. (2000) Corporate bond yield spreads and the term structure. *Finance* 21(2), 15–37.

Anderson, W.J. (1991) *Continuous-Time Markov Chains. An Applications-Oriented Approach.* Springer-Verlag, Berlin Heidelberg New York.

Artzner, P., Delbaen, F. (1992) Credit risk and prepayment option. *ASTIN Bulletin* 22, 81–96.

Artzner, P., Delbaen, F. (1995) Default risk insurance and incomplete markets. *Math. Finance* 5, 187–195.

Arvanitis, A. (2000) Getting the pricing right. *Risk* 13(9), 115–119.

Arvanitis, A., Gregory, J. (2001) *Credit: The Complete Guide to Pricing, Hedging and Risk Management.* Risk Books, London.

Arvanitis, A., Laurent, J.-P. (1999) On the edge of completeness. *Risk,* October.

Arvanitis, A., Gregory, J., Laurent, J.-P. (1999) Building models for credit spreads. *J. Derivatives* 6(3), 27–43.

Aven, T. (1985) A theorem for determining the compensator of a counting process. *Scand. J. Statist.* 12, 69–72.

Bakshi, G., Madan, D.B., Zhang, F. (2001) Investigating the sources of default risk: Lessons from empirically evaluating credit risk models. Working paper.

Bangia, A., Diebold, F.X., Schuermann, T., Stroughair, J.D. (1999) Modeling liquidity risk, with implications for traditional market risk measurement and management. Working paper, University of Pennsylvania.

Barone-Adesi, G., Colwell, D.B. (1999) Valuing risky debt with constant elasticity of variance effects. Working paper, University of Alberta and UNSW.

Baxter, M., Rennie A. (1996) *Financial Calculus. An Introduction to Derivative Pricing.* Cambridge University Press, Cambridge.

Baz, J., Pascutti, M.J. (1996) Alternative swap contracts: Analysis and pricing. *J. Derivatives* 4(2), 7–21.

Bélanger, A., Shreve, S.E., Wong, D. (2001) A unified model for credit derivatives. Forthcoming in *Math. Finance.*

Bhattacharya, R.N., Waymire, E.C. (1990) *Stochastic Processes with Applications.* J. Wiley, Chichester.

Bicksler, J., Chen, A.H. (1986) An economic analysis of interest rate swaps. *J. Finance* 41, 645–655.

Bielecki, T.R., Rutkowski, M. (1999) Defaultable term structure: Conditionally Markov approach. Forthcoming in *IEEE Trans. Automatic Control.*

Bielecki, T.R., Rutkowski, M. (2000a) HJM with multiples. *Risk* 13(4), 95–97.

Bielecki, T.R., Rutkowski, M. (2000b) Multiple ratings model of defaultable term structure. *Math. Finance* 10, 125–139.

Bielecki, T.R., Rutkowski, M. (2001a) Credit risk modelling: Intensity-based approach. In: *Option Pricing, Interest Rates and Risk Management,* E. Jouini, J. Cvitanić, M. Musiela, eds., Cambridge University Press, Cambridge, pp. 399–457.

Bielecki, T.R., Rutkowski, M. (2001b) Martingale approach to basket credit derivatives. Working paper, Northeastern Illinois University and UNSW.

Bielecki, T.R., Rutkowski, M. (2002) Intensity-based valuation of basket credit derivatives. In: *Mathematical Finance*, J. Yong, ed., World Scientific, Singapore, pp. 12–27.

Bielecki, T.R., Rutkowski, M. (2003) Dependent defaults and credit migrations. *Appl. Math.* 30, 121-145.

Bingham, N.H., Kiesel, R. (1998) *Risk-Neutral Valuation.* Springer-Verlag, Berlin Heidelberg New York.

Björk, T. (1998) *Arbitrage Theory in Continuous Time.* Oxford University Press, Oxford.

Black, F., Cox, J.C. (1976) Valuing corporate securities: Some effects of bond indenture provisions. *J. Finance* 31, 351–367.

Black, F., Scholes M. (1973) The pricing of options and corporate liabilities. *J. Political Econom.* 81, 637–654.

Blanchet-Scalliet, C., Jeanblanc, M. (2001) Hazard rate for credit risk and hedging defaultable contingent claims. Forthcoming in *Finance Stochast.*

Bliss, R. (1997) Testing term structure estimation methods. *Adv. Futures Options Res.* 9, 197–231.

Bollier, T.F., Sorensen, E.H. (1994) Pricing swap default risk. *Finan. Analysts J.* 50(3), 23–33.

Borodin, A., Salminen, P. (1996) *Handbook of Brownian Motion. Facts and Formulae.* Birkhäuser, Basel Boston Berlin.

Boudoukh, J., Whitelaw, R.F. (2001) The benchmark effect in the Japanese government bond market. *J. Fixed Income* 1(3), 52–59.

Bouyé, E., Durrleman, V., Nikeghbali, A., Riboulet, G., Roncalli, T. (2000) Copulas for finance: A reading guide and some applications. Working paper.

Brace, A., Womersley, R.S. (2000) Exact fit to the swaption volatility matrix using semidefinite programming. Working paper, National Australia Bank and UNSW.

Brace, A., Gątarek, D., Musiela, M. (1997) The market model of interest rate dynamics. *Math. Finance* 7, 127–154.

Brace, A., Dun, T., Barton, G. (2001) Towards a central interest rate model. In: *Option Pricing, Interest Rates and Risk Management,* E. Jouini, J. Cvitanić, M. Musiela, eds., Cambridge University Press, Cambridge, pp. 287–313.

Brémaud, P. (1981) *Point Processes and Queues. Martingale Dynamics.* Springer-Verlag, Berlin Heidelberg New York.

Brémaud, P., Yor, M. (1978) Changes of filtrations and of probability measures. *Z. Wahrsch. Verw. Gebiete* 45, 269–295.

Brennan, M.J., Schwartz, E.S. (1977) Convertible bonds: Valuation and optimal strategies for call and conversion. *J. Finance* 32, 1699–1715.

Brennan, M.J., Schwartz, E.S. (1978) Corporate income taxes, valuation and the problem of optimal capital structure. *J. Business* 51, 103–114.

Brennan, M.J., Schwartz, E.S. (1980) Analyzing convertible bonds. *J. Finan. Quant. Anal.* 15, 907–929.

Brigo, D., Mercurio, F. (2001) *Interest Rate Models: Theory and Practice.* Springer-Verlag, Berlin Heidelberg New York.

Briys, E., de Varenne, F. (1997) Valuing risky fixed rate debt: An extension. *J. Finan. Quant. Anal.* 32, 239–248.

Brooks, R., Yan, D.Y. (1999) London Inter-Bank Offer Rate (LIBOR) versus Treasury rate: Evidence from the parsimonious term structure model. *J. Fixed Income* 9(1), 71–83.

Brunel, V. (2001) Pricing credit derivatives with uncertain default probabilities. Working paper, HSBC CCF.

Buffet, E. (2000) Credit risk: The structural approach revisited. *Proceedings of the Third Seminar on Stochastic Analysis, Random Fields and Applications, Ascona 1999*, R. Dalang, M. Dozzi, M. Russo, eds., Birkhäuser, Basel Boston Berlin.

Cao, M., Wei, J. (2001) Vulnerable options, risky corporate bond and credit spread. *J. Futures Markets* 21.

Caouette, J.B., Altman, E.I., Narayanan, P. (1998) *Managing Credit Risk: The Next Great Financial Challenge.* J. Wiley, Chichester.

Carey, M. (2001) Dimensions of credit risk and their relationship to economic capital requirements. In: *Prudential Supervision: Why Is It Important and What Are the Issues*, F.S. Mishkin, ed., University of Chicago Press and NBER.

Carey, M., Hrycay, M. (2001) Parametrizing credit risk models with rating data. *J. Bank. Finance* 25, 197–270.

Carty, L.V. (1997) Moody's ratings migration and credit quality correlations, 1920-1996. Moody's Investors Service.

Carty, L.V., Lieberman, D. (1997) Historical default rates of corporate bond issuers, 1920-1996. Moody's Investors Service.
Cathcart, L., El-Jahel, L. (1998) Valuation of defaultable bonds. *J. Fixed Income* 8(1), 65–78.
Chance, D. (1990) Default risk and the duration of zero-coupon bonds. *J. Finance* 45, 265–274.
Chance, D., Rich, D. (1998) The pricing of equity swaps and swaptions. *J. Derivatives* 6(4), 19–31.
Chou, C.-S., Meyer, P.-A. (1975) Sur la répresentation des martingales commes intégrales stochastiques dans les processus ponctuels. In: *Lecture Notes in Math.* 465, Springer-Verlag, Berlin Heidelberg New York, pp. 226–236.
Christiansen, C. (2002) Credit spreads and the term structure of interest rates. *Intern. Rev. Finan. Anal.* 11, 279–295.
Çinlar, E., Jacod, J., Protter, P., Sharpe, M.J. (1980) Semimartingales and Markov processes. *Z. Wahrsch. Verw. Gebiete* 54 (1980), 161–219.
Collin-Dufresne, P., Goldstein, R.S. (2001) Do credit spread reflect stationary leverage ratios? *J. Finance* 56, 1929–1957.
Collin-Dufresne, P., Hugonnier, J.-N. (1999) On the pricing and hedging of contingent claims in the presence of extraneous risks. Working paper, Carnegie Mellon University.
Collin-Dufresne, P., Solnik, B. (2001) On the term structure of default premia in the swap and LIBOR markets. *J. Finance* 56, 1095–1115.
Collin-Dufresne, P., Goldstein, R.S., Martin, J.S. (2001) The determinants of credit spread changes. *J. Finance* 56, 2177-2207.
Cooper, I.A., Martin, M. (1996) Default risk and derivative products. *Appl. Math. Finance* 3, 53–74.
Cooper, I.A., Mello, A.S. (1988) Default spreads in the fixed and in the floating interest rate markets: A contingent claims approach. *Adv. Futures Options Res.* 3, 269–289.
Cooper, I.A., Mello, A.S. (1991) The default risk of swaps. *J. Finance* 46, 597–620.
Cooper, I.A., Mello, A.S. (1992) Pricing and optimal use of forward contracts with default risk. Working paper, London School of Economics.
Cossin, D., Pirotte, H. (1998) Swap credit risk: An empirical investigation on transaction data. *J. Bank. Finance* 21, 1351–1373.
Cossin, D., Pirotte, H. (2000) *Advanced Credit Risk Analysis*. J. Wiley, Chichester.
Cox, D. (1955) Some statistical methods connected with series of events. *J. Roy. Stat. Soc.* B17, 129–164.
Cox, J.C., Ingersoll, J.E., Ross, S.A. (1980) An analysis of variable rate loan contracts. *J. Finance* 35, 389–403.
Cox, J.C., Ingersoll, J.E., Ross, S.A. (1985a) An intertemporal general equilibrium model of asset prices. *Econometrica* 53, 363–384.
Cox, J.C., Ingersoll, J.E., Ross, S.A. (1985b) A theory of the term structure of interest rates. *Econometrica* 53, 385–407.
CreditRisk$^+$ (1997) *CreditRisk$^+$: A Credit Risk Management Framework*. Credit Suisse Financial Products, London [www.csfb.com/creditrisk].
Crouhy, M., Galai, D., Mark, R. (1998) Credit risk revisited. *Risk – Credit Risk Supplement*, March, 40–44.
Crouhy, M., Galai, D., Mark, R. (2000) A comparative analysis of current credit risk models. *J. Bank. Finance* 24, 59–117.
Crouhy, M., Galai, D., Mark, R. (2001) Prototype risk rating system. *J. Bank. Finance* 25, 47–95.
Crosbie, P.J. (1997) Modeling default risk. KMV Corporation, San Francisco [www.kmv.com].

Cvitanić, J., Karatzas, I. (1993) Hedging contingent claims with constrained portfolios. *Ann. Appl. Probab.* 6, 652–681.

Dai, Q., Singleton, K. (2000) Specification analysis of affine term structure models. *J. Finance* 55, 1943–1978.

Das, S. (1998a) Credit derivatives – instruments. In: *Credit Derivatives: Trading and Management of Credit and Default Risk,* S.Das, ed., J. Wiley, Singapore, pp. 7–77.

Das, S. (1998b) Valuation and pricing of credit derivatives. In: *Credit Derivatives: Trading and Management of Credit and Default Risk,* S.Das, ed., J. Wiley, Singapore, pp. 173–231.

Das, S.R. (1995) Credit risk derivatives. *J. Derivatives* 2(3), 7–23.

Das, S.R. (1997) Pricing credit derivatives. Working paper, Harvard Business School and National Bureau of Economic Research.

Das, S.R., Tufano, P. (1996) Pricing credit-sensitive debt when interest rates, credit ratings, and credit spreads are stochastic. *J. Finan. Engrg* 5(2), 161–198.

Das, S.R., Sundaram, R.K. (2000) A discrete-time approach to arbitrage-free pricing of credit derivatives. *Management Science* 46(1), 46–62.

Davis, M.H.A. (1976) The representation of martingales of jump processes. *SIAM J. Control* 14, 623–638.

Davis, M.H.A. (1993) *Markov Models and Optimization.* Chapman & Hall, London.

Davis, M.H.A., Lischka, F. (1999) Convertible bonds with market risk and credit risk. Working paper, Tokyo-Mitsubishi International.

Davis, M.H.A., Lo, V. (1999) Modelling default correlation in bond portfolios. Working paper, Tokyo-Mitsubishi International.

Davis, M.H.A., Lo, V. (2001) Infectious defaults. *Quantitative Finance* 1, 382–386.

Davydov, D., Linetsky, V., Lotz, C. (1999) The hazard-rate approach to pricing risky debt: Two analytically tractable examples. Working paper.

Delianedis, G., Geske, R. (2001) Credit risk and risk neutral default probabilities: Information about rating migrations and defaults. Forthcoming.

Dellacherie, C. (1970) Un exemple de la théorie générale des processus. In: *Lecture Notes in Math.* 124, Springer-Verlag, Berlin Heidelberg New York, pp. 60–70.

Dellacherie, C. (1972) *Capacités et processus stochastiques.* Springer-Verlag, Berlin Heidelberg New York.

Dellacherie, C., Meyer, P.-A. (1978a) *Probabilities and potential.* Hermann, Paris.

Dellacherie, C., Meyer, P.-A. (1978b) A propos du travail de Yor sur les grossissements des tribus. In: *Lecture Notes in Math.* 649, Springer-Verlag, Berlin Heidelberg New York, pp. 69–78.

Diaz, A., Skinner, F.S. (2000) Term structure misspecification and arbitrage free models of credit risk. Working paper.

Duffee, G. (1996) On measuring credit risks of derivative instruments. *J. Bank. Finance* 20, 805–833.

Duffee, G. (1998) The relation between Treasury yields and corporate bond yield spreads. *J. Finance* 53, 2225–2242.

Duffee, G. (1999) Estimating the price of default. *Rev. Finan. Stud.* 12, 197–226.

Duffee, G., Zhou, C. (1996) Credit derivatives in banking: useful tools for loan risk management? Working paper, Federal Reserve Board.

Duffie, D. (1994) Forward rate curves with default risk. Working paper, Stanford University.

Duffie, D. (1996) *Dynamic Asset Pricing Theory.* 2nd edition. Princeton University Press, Princeton.

Duffie, D. (1998a) First-to-default valuation. Working paper, Stanford University.

Duffie, D. (1998b) Defaultable term structure models with fractional recovery of par. Working paper, Stanford University.

Duffie, D. (1999) Credit swap valuation. *Finan. Analysts J.* 55(1), 73–87.

Duffie, D., Epstein, L. (1992) Stochastic differential utility. *Econometrica* 60, 353–394.

Duffie, D., Gârleanu, N. (2001) Risk and the valuation of collateralized debt obligations. *Finan. Analysts J.* 57(1), 41–59.

Duffie, D., Huang, M. (1996) Swap rates and credit quality. *J. Finance* 51, 921–949.

Duffie, D., Kan, R. (1996) A yield-factor model of interest rates. *Math. Finance* 6, 379–406.

Duffie, D., Lando, D. (2001) The term structure of credit spreads with incomplete accounting information. *Econometrica* 69, 633–664.

Duffie, D., Liu, J. (2001) Floating-fixed credit spreads. *Finan. Analysts J.* 57(3), 76–87.

Duffie, D., Pan, J. (2001) Analytical value-at-risk with jumps and credit risk. *Finance Stochast.* 5, 155–180.

Duffie, D., Singleton, K.J. (1994) Econometric modeling of term structures of defaultable bonds. Working paper, Stanford University.

Duffie, D., Singleton, K.J. (1997) An econometric model of the term structure of interest-rate swap yields. *J. Finance* 52, 1287–1321.

Duffie, D., Singleton, K.J. (1998a) Ratings-based term structures of credit spreads. Working paper, Stanford University.

Duffie, D., Singleton, K.J. (1998b) Simulating correlated defaults. Working paper, Stanford University.

Duffie, D., Singleton, K.J. (1999) Modeling term structures of defaultable bonds. *Rev. Finan. Stud.* 12, 687–720.

Duffie, D., Singleton, K.J. (2003) *Credit Risk. Pricing, Measurement and Management.* Princeton University Press, Princeton.

Duffie, D., Stanton, R. (1992) Pricing continuously resettled contingent claims. *J. Econom. Dynamics Control* 16, 561–573.

Duffie, D., Schroder, M., Skiadas, C. (1996) Recursive valuation of defaultable securities and the timing of resolution of uncertainty. *Ann. Appl. Probab.* 6, 1075–1090.

Duffie, D., Schroder, M., Skiadas, C. (1997) A term structure model with preferences for the timing of resolution of uncertainty. *Economic Theory* 9, 3–22.

Durbin, J. (1992) The first passage density of the Brownian motion process to a curved boundary. *J. Appl. Probab.* 29, 291–304.

Eberhart, A.C., Moore, W.T., Roenfeldt, R.L. (1990) Security pricing and deviations from the absolute priority rule in bankruptcy proceedings. *J. Finance* 45, 1457–1469.

Eberlein, E. (2001) Application of generalized hyperbolic Lévy motions to finance. Working paper.

Eberlein, E., Õzkan, F. (2001) The defaultable Lévy term structure: Ratings and restructuring. Working paper.

Eberlein, E., Raible, S. (1999) Term structure models driven by general Lévy processes. *Math. Finance* 9, 31–53.

El Karoui, N., Quenez, M.C. (1997a) Nonlinear pricing theory and backward stochastic differential equations. In: *Financial Mathematics, Bressanone, 1996,* W.Runggaldier, ed., Springer-Verlag, Berlin Heidelberg New York, pp. 191–246.

El Karoui, N., Quenez, M.C. (1997b) Imperfect markets and backward stochastic differential equations. In: *Numerical Methods in Finance,* L.C.G. Rogers, D. Talay, eds., Cambridge University Press, Cambridge, pp. 181–214.

El Karoui, N., Peng, S., Quenez, M.-C. (1997) Backward stochastic differential equations in finance. *Math. Finance* 7, 1–71.

El Karoui, N. (1999) *Modélisation de l'information.* Lecture notes, CEA-EDF-INRIA.

Elliott, R.J. (1977) Innovation projections of a jump process and local martingale. *Math. Proc. Cambridge Phil. Soc.* 81, 77–90.

Elliott, R.J. (1982) *Stochastic Calculus and Applications.* Springer-Verlag, Berlin Heidelberg New York.

Elliott, R.J., Kopp, P.E. (1999) *Mathematics of Financial Markets.* Springer-Verlag, Berlin Heidelberg New York.

Elliott, R.J., Jeanblanc, M., Yor, M. (2000) On models of default risk. *Math. Finance* 10, 179–195.

Embrechts, P., McNeal, A.J., Straumann, D. (2002) Correlation and dependence in risk management: Properties and pitfalls. In: *Risk Management: Value at Risk and Beyond*, M.A.H. Dempster, ed., Cambridge University Press, Cambridge, pp. 129–144.

Embrechts, P., Lindskog, F., McNeal, A.J. (2003) Modelling dependence with copulas and applications to risk management. In: *Handbook of Heavy Tailed Distributions in Finance*, S. Rachev, ed., Elsevier, pp. 329–384

Eom, Y.H., Helwege, J., Huang, J.-Z. (2003) Structural models of corporate bond pricing: An empirical analysis. Forthcoming in *Rev. Finan. Studies.*

Ericsson, J. (2000) Asset substitution, debt pricing, optimal leverage and maturity. *Finance* 21(2), 39–70.

Ericsson, J., Renault, O. (2000) Liquidity and credit risk. Working paper, McGill University and Université Catholique de Louvain.

Ericsson, J., Reneby, J. (1998) A framework for valuing corporate securities. *Appl. Math. Finance* 5, 143–163.

Ericsson, J., Reneby, J. (1999) A note on contingent claims pricing with non-traded assets. Working paper, Université Catholique de Louvain and Stockholm School of Economics.

Erlenmaier, U., Gersbach, H. (2000) Default probabilities and default correlations. Working paper, University of Heidelberg.

Fabozzi, F.J. (2000) *The Handbook of Fixed Income Securities.* 6th edition. McGraw-Hill, New York.

Fan, H., Sundaresan, S. (1997) Debt valuation, strategic debt service and optimal dividend policy. Working paper, Columbia University.

Finger, C.C. (2000) A comparison of stochastic default rate models. Working paper, RiskMetrics Group.

Finnerty, J.D. (1999) Adjusting the binomial model for default risk. *J. Portfolio Management* 25(2), 93–103.

Fisher, L. (1959) Determinants of risk premium on corporate bonds. *J. Political Econom.* 67, 217–237.

Fons, J.S. (1987) The default premium and corporate bond experience. *J. Finance* 42, 81–97.

Fons, J.S. (1994) Using default rates to model the term structure of credit risk. *Finan. Analysts J.* 50(5), 25–32.

Föllmer, H., Leukert, P. (1999) Quantile hedging. *Finance Stochast.* 3, 251–273.

Föllmer, H., Leukert, P. (2000) Efficient hedging: Cost versus shortfall risk. *Finance Stochast.* 4, 117–146.

Fooladi, I.J., Roberts, G.S., Skinner, F.S. (1997) Duration for bonds with default risk. *J. Bank. Finance* 21, 1–16.

Foss, G.W. (1995) Quantifying risk in the corporate bond markets. *Finan. Analysts J.* 51(2), 29–34.

Francis, J.C., Frost, J.A., Whittaker, J.G. (1999) *Handbook of Credit Derivatives.* Irwin/McGraw-Hill, New York.

Francois, P. (1996) Bond evaluation with default risk: A review of continuous time approach. Working paper, ESSEC.
Franks, J., Torous, W. (1989) An empirical investigation of U.S. firms in reorganization. *J. Finance* 44, 747–769.
Franks, J., Torous, W. (1994) A comparison of financial recontracting in distressed exchanges and Chapter 11 reorganizations. *J. Finan. Econom.* 35, 349–370.
Frey, R., McNeil, A.J. (2000) Modelling dependent defaults. Working paper, University of Zurich and ETHZ.
Fridson, M.S., Jónsson, J.G. (1995) Spread versus Treasuries and the riskiness of high-yield bonds. *J. Fixed Income* 5(3), 79–88.
Frydman, H., Kallberg, J.G., Kao, D.L. (1985) Testing the adequacy of Markov chains and mover-stayer models as representations of credit behavior. *Operations Res.* 33, 1203–1214.
Galai, D., Masulis, R.W. (1976) The option pricing model and the risk factor of stock. *J. Finan. Econom.* 3, 53–81.
Galai D., Schneller, M.I. (1978) Pricing of warrants and the value of the firm. *J. Finance* 33, 1333-1342.
Gauthier, C., de la Noue, P., Rouzeau, E. (1998) Analyzing corporate credit risk: A quantitative approach. *Quants No.29*, Recherche and Innovation, Crédit Commercial de France.
Geman, H., El Karoui, N., Rochet, J.C. (1995) Changes of numeraire, changes of probability measures and pricing of options. *J. Appl. Probab.* 32, 443–458.
Gersbach, H., Lipponer, A. (1997a) The correlation effect. Working paper, University of Heidelberg.
Gersbach, H., Lipponer, A. (1997b) Default correlations, macroeconomic risk and credit portfolio management. Working paper, University of Heidelberg.
Geske, R. (1977) The valuation of corporate liabilities as compound options. *J. Finan. Quant. Anal.* 12, 541–552.
Geske, R. (1979) The valuation of compound options. *J. Finan. Econom.* 7, 63–81.
Geske, R., Johnson, H.E. (1984) The valuation of corporate liabilities as compound options: A correction. *J. Finan. Quant. Anal.* 19, 231–232.
Gill, R.D. (1999) Applications of product-integration in survival analysis. In: *Proc. Workshop on Product Integrals and Pathwise Integration,* University of Aarhus.
Glasserman, P., Zhao, X. (1999) Fast greeks by simulation in forward LIBOR models. *J. Comput. Finance* 3(1), 5–39.
Glasserman, P., Zhao, X. (2000) Arbitrage-free discretization of lognormal forward Libor and swap rate model. *Finance Stochast.* 4, 35–68.
Gordy, M.B. (2000) A comparative anatomy of credit risk models. *J. Bank. Finance* 24, 119–149.
Greenfield, Y. (2000) *Hedging of Credit Risk Embedded in Derivative Transactions.* Ph.D. dissertation, Carnegie Mellon University.
Grinblatt, M. (2001) An analytical solution for interest rate swap spreads. Forthcoming in *Rev. Intern. Finance.*
Grundke, P. (2001) Pricing defaultable securities in firm value and intensity models: A comparison. Working paper, University of Cologne.
Gupton, G.M., Finger, C.C., Bhatia, M. (1997) *CreditMetrics: Technical Document.* J.P. Morgan & Incorporated, New York [www.riskmetrics.com/research].
Harrison, J.M., Pliska, S.R. (1981) Martingales and stochastic integrals in the theory of continuous trading. *Stochastic Process. Appl.* 11, 215–260.
He, H. (1999) Modeling term structures of swap spreads. Working paper, Yale School of Management.
He, H., Keirstead, W.P., Rebholz, J. (1998) Double lookbacks. *Math. Finance* 8, 201–228.

He, S.W, Wang, J.G, Yan, J.A. (1992) *Semimartingale Theory and Stochastic Calculus*. Science Press and CRC Press Inc.

Heath, D.C., Jarrow, R.A., Morton, A. (1990) Bond pricing and the term structure of interest rates: A discrete time approximation. *J. Finan. Quant. Anal.* 25, 419–440.

Heath, D.C., Jarrow, R.A., Morton, A. (1992) Bond pricing and the term structure of interest rates: A new methodology for contingent claim valuation. *Econometrica* 60, 77–105.

Helwege, J., Turner, C. (1999) The slope of the credit yield curve for speculative-grade issuers. *J. Finance* 54, 1869–1884.

Ho, T.S., Singer, R.F. (1982) Bond indenture provisions and the risk of corporate debt. *J. Finan. Econom.* 10, 375–406.

Ho, T.S., Singer, R.F. (1984) The value of corporate debt with a sinking-fund provision. *J. Business* 57, 315–336.

Hodges, S., Webber, N., Wong, M.C.W. (2000) Pricing of corporate bonds with call and default features. Working paper, Warwick School of Business.

Houweling, P., Hoek, J., Kleibergen, F. (2001) The joint estimation of term structures and credit spreads. *J. Empirical Finance* 8, 297–323.

Huang, J.-Z. (1997) The option to default and optimal debt service. Working paper, Stern School of Business, New York University.

Hübner, G. (2001) The analytic pricing of asymmetric defaultable swaps. *J. Bank. Finance* 25, 295–316.

Huge, B., Lando, D. (1999) Swap pricing with two-sided default risk in a rating-based model. *European Finance Review* 3, 239–268.

Hughston, L.P. (1996) Pricing of credit derivatives. *Financial Derivatives and Risk Management* 5, 11–16.

Hughston, L.P. (1997) *Pricing Models for Credit Derivatives*. Lecture notes, Merrill Lynch, London.

Hughston, L.P., Turnbull, S. (2000) Credit derivatives made simple. *Risk* 13(10), 36–43.

Hull, J.C. (1997) *Options, Futures, and Other Derivatives*. 3rd edition. Prentice-Hall, Englewood Cliffs (New Jersey).

Hull, J.C., White, A. (1995) The impact of default risk on the prices of options and other derivative securities. *J. Bank. Finance* 19, 299–322.

Hull, J.C., White, A. (2000) Valuing credit default swaps I: No counterparty credit risk. *J. Derivatives* 8(1), 29–40.

Hull, J.C., White, A. (2001) Valuing credit default swaps II: Modeling default correlations. *J. Derivatives* 8(3), 12–22.

Hunt, P.J., Kennedy, J.E. (2000) *Financial Derivatives in Theory and Practice*. J. Wiley, Chichester.

Hunt, P.J., Kennedy, J.E., Pelsser, A. (2000) Markov-functional interest rate models. *Finance Stochast.* 4, 391–408.

Ikeda, N., Watanabe, S. (1989) *Stochastic Differential Equations and Diffusion Processes*. 2nd edition. North-Holland, Amsterdam.

Israel, R.B., Rosenthal, J.S., Wei, J.Z. (2001) Finding generators for Markov chains via empirical transition matrices, with applications to credit ratings. *Math. Finance* 11, 245–265.

Itô, K., McKean, H.P. (1965) *Diffusion Processes and Their Sample Paths*. Springer-Verlag, Berlin Heidelberg New York.

Iyengar, S. (1985) Hitting lines with two-dimensional Brownian motion. *SIAM J. Appl. Math.* 45, 983-989.

Jacod, J. (1979) *Calcul stochastique et problèmes de martingales. Lecture Notes in Math. 714*. Springer-Verlag, Berlin Heidelberg New York.

Jacod, J., Shiryaev, A.N. (1987) *Limit Theorems for Stochastic Processes.* Springer-Verlag, Berlin Heidelberg New York.

James, J., Webber, N. (2000) *Interest Rate Modelling.* J. Wiley, Chichester.

Jamshidian, F. (1989) An exact bond option pricing formula. *J. Finance* 44, 205–209.

Jamshidian, F. (1997) LIBOR and swap market models and measures. *Finance Stochast.* 1, 293–330.

Jarrow, R.A., Madan, D.B. (1995) Option pricing using the term structure of interest rates to hedge systematic discontinuities in asset returns. *Math. Finance* 5, 311–336.

Jarrow, R.A., Turnbull, S.M. (1995) Pricing derivatives on financial securities subject to credit risk. *J. Finance* 50, 53–85.

Jarrow, R.A., Turnbull, S.M. (2000a) *Derivative Securities.* 2nd edition. Southwestern Publishers, Cincinnati (Ohio).

Jarrow, R.A., Turnbull, S.M. (2000b) The intersection of market and credit risk. *J. Bank. Finance* 24, 271–299.

Jarrow, R.A., van Deventer, D.R. (1998) Integrating interest rate risk and credit risk in asset and liability management. Working paper, Kamakura Corporation.

Jarrow, R.A., Yu, F. (2001) Counterparty risk and the pricing of defaultable securities. *J. Finance* 56, 1765-1799.

Jarrow, R.A., Lando, D., Turnbull, S.M. (1997) A Markov model for the term structure of credit risk spreads. *Rev. Finan. Stud.* 10, 481–523.

Jarrow, R.A., Lando, D., Yu, F. (2000) Default risk and diversification: Theory and applications. Working paper.

Jeanblanc, M., Rutkowski, M. (2000a) Modelling of default risk: An overview. In: *Mathematical Finance: Theory and Practice,* Higher Education Press, Beijing, pp. 171–269.

Jeanblanc, M., Rutkowski, M. (2000b) Modelling of default risk: Mathematical tools. Working paper, Université d'Évry and Warsaw University of Technology.

Jeanblanc, M., Rutkowski, M. (2002) Default risk and hazard process. In: *Mathematical Finance – Bachelier Congress 2000,* H. Geman, D. Madan, S.R. Pliska, T. Vorst, eds., Springer-Verlag, Berlin Heidelberg New York, pp. 281–312.

Jennen, C., Lerche, H.R. (1981) First exit densities of Brownian motion through one-sided moving boundaries. *Z. Wahrsch. verw. Gebiete* 55, 133–148.

Jeulin, T. (1980) *Semi-martingales et grossissement de filtration. Lecture Notes in Math.* 833, Springer-Verlag, Berlin Heidelberg New York.

Jeulin, T., Yor, M. (1978) Grossissement d'une filtration et semi-martingales: formules explicites. In: *Lecture Notes in Math.* 649, Springer-Verlag, Berlin Heidelberg New York, pp. 78–97.

Johnson, H., Stulz, R. (1987) The pricing of options with default risk. *J. Finance* 42, 267–280.

Johnson, R.E. (1967) Term structure of corporate bond yields as a function of risk of default. *J. Finance* 22, 313–345.

Jonkhart, M.J.L. (1979) On the term structure of interest rates and the risk of default: An analytical approach. *J. Bank. Finance* 3, 253–262.

Jones, E., Mason, S., Rosenfeld, E. (1984) Contingent claim analysis of corporate capital structures: An empirical investigation. *J. Finance* 39, 611–625.

Kao, D.L. (2000) Estimating and pricing credit risk: An overview. *Finan. Analysts J.* 56(4), 50–66.

Karatzas, I., Shreve, S. (1991) *Brownian Motion and Stochastic Calculus.* 2nd edition. Springer-Verlag, Berlin Heidelberg New York.

Karatzas, I., Shreve, S. (1998) *Methods of Mathematical Finance.* Springer-Verlag, Berlin Heidelberg New York.

Kavvathas, D. (2000) Estimating credit rating transition probabilities for corporate bonds. Working paper, University of Chicago.

Kealhofer, S., Kwok, S., Weng, W. (1998) Uses and abuses of bond default rates. Working paper, KMV Corporation.

Kiefer, N.M. (1988) Economic duration data and hazard functions. *J. Econ. Literature* 26, 646–679.

Kiesel, R., Perraudin, W., Taylor, A. (1999) The structure of credit risk. Working paper, Birbeck College.

Kiesel, R., Perraudin, W., Taylor, A. (2002) Credit and interest rate risk. In: *Risk Management: Value at Risk and Beyond*, M.A.H. Dempster, ed., Cambridge University Press, Cambridge, pp. 129–144.

Kijima, M. (1998) Monotonicity in a Markov chain model for valuing coupon bond subject to credit risk. *Math. Finance* 8, 229–247.

Kijima, M. (1999) A Gaussian term structure model of credit risk spreads and valuation of yield-spread options. Working paper, Tokyo Metropolitan University.

Kijima, M. (2000) Valuation of a credit swap of the basket type. *Rev. Derivatives Res.* 4, 81–97.

Kijima, M., Komoribayashi, K. (1998) A Markov chain model for valuing credit risk derivatives. *J. Derivatives* 6, Fall, 97–108.

Kijima, M., Muromachi, Y. (2000) Credit events and the valuation credit derivatives of basket type. *Rev. Derivatives Res.* 4, 55–79.

Kim, I.J., Ramaswamy, K., Sundaresan, S. (1993a) The valuation of corporate fixed income securities. Working paper, Wharton School, University of Pennsylvania.

Kim, I.J., Ramaswamy, K., Sundaresan, S. (1993b) Does default risk in coupons affect the valuation of corporate bonds? *Finan. Management* 22, 117–131.

Klein, P. (1996) Pricing Black-Scholes options with correlated credit risk. *J. Bank. Finance* 20, 1211–1129.

Klein, P., Inglis, M. (2001) Pricing vulnerable European options when the option's payoff can increase the risk of financial distress. *J. Bank. Finance* 25, 993–1012.

Krahnen, J.P., Weber, M. (2001) Generally accepted rating principles: A primer. *J. Bank. Finance* 25, 3–23.

Krylov, N.V. (1995) *Introduction to the Theory of Diffusion Processes.* American Mathematical Society, Providence.

Küchler, U., Sørensen, M. (1997) *Exponential Families of Stochastic Processes.* Springe Verlag, New York.

Kusuoka, S. (1999) A remark on default risk models. *Adv. Math. Econom.* 1, 69–82.

Lamberton, D., Lapeyre, B. (1996) *Introduction to Stochastic Calculus Applied to Finance.* Chapman and Hall, London.

Lando, D. (1993) A continuous-time Markov model of the term structure of credit risk spread. Working paper, Cornell University.

Lando, D. (1994) *Three Essays on Contingent Claim Pricing.* Ph.D. dissertation, Cornell University.

Lando, D. (1997) Modelling bonds and derivatives with credit risk. In: *Mathematics of Derivative Securities,* M. Dempster, S. Pliska, eds., Cambridge University Press, Cambridge, pp. 369–393.

Lando, D. (1998) On Cox processes and credit-risky securities. *Rev. Derivatives Res.* 2, 99–120.

Lando, D. (2000a) Some elements of rating-based credit risk modeling. In: *Advanced Fixed-Income Valuation Tools,* N. Jegadeesh, B. Tuckman, eds., J. Wiley, Chichester, pp. 193–215.

Lando, D. (2000b) On correlated defaults in a rating-based model – common state variables versus simultaneous defaults. Working paper.

Lando, D., Skødeberg, T. (2002) Analyzing rating transitions and rating drift with continuous observations. *J. Bank. Finance* 26, 423–444.
Last, G., Brandt, A. (1995) *Marked Point Processes on the Real Line. The Dynamic Approach.* Springer-Verlag, Berlin Heidelberg New York.
Laurent, J.-P. (2000) Default swap and credit spread options. Working paper, BNP Paribas, London.
Lehrbass, F. (1997) Defaulters get intense. *Risk – Credit Risk Supplement*, July, 56–59.
Leland, H.E. (1994) Corporate debt value, bond covenants, and optimal capital structure. *J. Finance* 49, 1213–1252.
Leland, H.E., Toft, K. (1996) Optimal capital structure, endogenous bankruptcy, and the term structure of credit spreads. *J. Finance* 51, 987–1019.
Leland, H.E. (1998) Agency costs, risk management, and capital structure. *J. Finance* 53, 1213–1244.
Li, H. (1998) Pricing swaps with default risk. *Rev. Derivatives Res.* 2, 231–250.
Li, D.X. (1998) Constructing a credit curve. *Credit Risk: Risk Special Report*, November, 40–44.
Li, D.X. (1999a) The valuation of basket credit derivatives. *CreditMetrics Monitor,* April, 34–50.
Li, D.X. (1999b) The valuation of the ith-to-default basket credit derivatives. Working paper, RiskMetrics Group.
Li, D.X. (2000) On default correlation: A copula function approach. *J. Fixed Income* 9(4), 43–54.
Lindskog, F. (2000) *Modelling Dependence with Copulas and Applications to Risk Management.* Master thesis, Swiss Federal Institute of Technology.
Linetsky, V. (1997) Modeling defaultable securities by diffusions with killing. Working paper.
Linetsky, V. (1999) Step options. *Math. Finance* 9, 55–65.
Liptser, R.S., Shiryaev, A.N. (1978) *Statistics of Random Processes, Volume II Applications.* Springer-Verlag, Berlin Heidelberg New York.
Litterman, R., Iben, T. (1991) Corporate bond valuation and the term structure of credit spreads. *J. Portfolio Management* 17(3), 52–64.
Litzenberger, R. (1992) Swaps: Plain and fanciful. *J. Finance* 47, 831–850.
Liu, J., Longstaff, F.A., Mandell, R.E. (2000) The market price of credit risk: An empirical analysis of interest rate swap spreads. Working paper, UCLA.
Longstaff, F.A. (1995) How much can marketability affect security values. *J. Finance* 50, 1767–1774.
Longstaff, F.A. (2001) Optimal portfolio choice and the valuation of illiquid securities. *Rev. Finan. Stud.* 14, 407–431.
Longstaff, F.A., Schwartz, E.S. (1995) A simple approach to valuing risky fixed and floating rate debt. *J. Finance* 50, 789–819.
Lotz, C. (1998) Locally minimizing the credit risk. Working paper, University of Bonn.
Lotz, C. (1999) Optimal shortfall hedging of credit risk. Working paper, University of Bonn.
Lotz, C., Schlögl, L. (2000) Default risk in a market model. *J. Bank. Finance* 24, 301–327.
Lucas, D.J. (1995) Default correlations and credit analysis. *J. Fixed Income* 4(4), 76–87.
Ma, J., Yong, J. (1999) *Forward-Backward Stochastic Differential Equations and Their Applications.* Springer-Verlag, Berlin Heidelberg New York.
Madan, D.B. (2000) Pricing the risks of default: A survey. Working paper, University of Maryland.

Madan, D.B., Unal, H. (1998) Pricing the risk of default. *Rev. Derivatives Res.* 2, 121–160.
Madan, D.B., Unal, H. (2000) A two-factor hazard-rate model for pricing risky debt and the term structure of credit spreads. *J. Finan. Quant. Anal.* 35, 43–65.
Maksymiuk, R., Gątarek, D. (1999) Applying HJM to credit risk. *Risk* 12(5), 67–68.
Martin, M. (1997) *Credit Risk in Derivative Products.* Ph.D. dissertation, London Business School, University of London.
Martellini, L., Priaulet, P. (2001) *Fixed-Income Securities. Dynamic Methods for Interest Rate Risk Pricing and Hedging.* J. Wiley, Chichester.
Mason, S.P., Bhattacharya, S. (1981) Risky debt, jump processes, and safety covenants. *J. Finan. Econom.* 9, 281–307.
Mazziotto, G., Szpirglas, J. (1979) Modèle général de filtrage non linéaire et équations différentielles stochastiques associées. *Ann. Inst. H. Poincaré* 15, 147–173.
McNulty, C., Levin, R. (2000) Modeling credit migration. Working paper, J.P. Morgan Securities, Inc., New York.
Miltersen, K., Sandmann, K., Sondermann, D. (1997) Closed form solutions for term structure derivatives with log-normal interest rates. *J. Finance* 52, 409–430.
Mella-Barral, P. (1999) The dynamics of default and debt reorganization. *Rev. Finan. Stud.* 12, 535–578.
Mella-Barral, P., Perraudin, W. (1997) Strategic debt service. *J. Finance* 52, 531–556.
Mella-Barral, P., Tychon, P. (1999) Default risk in asset pricing. *Finance* 20(1).
Mel'nikov, A.V. (1999) *Financial Markets. Stochastic Analysis and the Pricing of Derivative Securities.* American Mathematical Society, Providence.
Merton, R.C. (1973) Theory of rational option pricing. *Bell J. Econom. Manag. Sci.* 4, 141–183.
Merton, R.C. (1974) On the pricing of corporate debt: The risk structure of interest rates. *J. Finance* 29, 449–470.
Merton, R.C. (1976) Option pricing when underlying stock returns are discontinuous. *J. Finan. Econom.* 3, 125–144.
Merton, R.C. (1990) *Continuous-Time Finance.* Basil Blackwell, Oxford.
Miltersen, K., Sandmann, K., Sondermann, D. (1997) Closed form solutions for term structure derivatives with log-normal interest rates. *J. Finance* 52, 409–430.
Monkkonen, H. (1997) *Modeling Default Risk: Theory and Empirical Evidence.* Ph.D. dissertation, Queen's University.
Monkkonen, H. (2000) Margining the spread. *Risk* 13(10), 109–112.
Moody's Investment Services (1997) *The Binomial Expansion Technique. Technical Document.*
Musiela, M., Rutkowski, M. (1997a) *Martingale Methods in Financial Modelling.* Springer-Verlag, Berlin Heidelberg New York.
Musiela, M., Rutkowski, M. (1997b) Continuous-time term structure models: forward measure approach. *Finance Stochast.* 1, 261–291.
Musiela, M., Sondermann, D. (1993) Different dynamical specifications of the term structure of interest rates and their implications. Working paper, University of Bonn.
Nakazato, D. (1997) Gaussian term structure model with credit rating classes. Working paper, Industrial Bank of Japan.
Neftci, S.N. (1996) *An Introduction to the Mathematics of Financial Derivatives.* Academic Press, New York.
Nelken, I. (1999) *Implementing Credit Derivatives. Strategies and Techniques for Using Credit Derivatives in Risk Management.* Irwin/McGraw-Hill, New York.
Nelsen, R. (1999) *An Introduction to Copulas.* Springer-Verlag, Berlin Heidelberg New York.

Nickel, P., Perraudin, W., Varotto, S. (2000) Stability of rating transitions. *J. Bank. Finance* 24, 203–227

Nielsen, S.S., Ronn, E.I. (1997) The valuation of default risk in corporate bonds and interest rate swaps. *Adv. Futures Options Res.* 9, 175–196.

Nielsen, T.N., Saá-Requejo, J., Santa-Clara, P. (1993) Default risk and interest rate risk: The term structure of default spreads. Working paper, INSEAD.

Nyfeler, M.A. (2000) Modeling dependencies in credit risk management. Diploma thesis, ETHZ.

Øksendal, B. (1998) *Stochastic Differential Equations.* 5th edition. Springer-Verlag, Berlin Heidelberg New York.

Pardoux, E., Peng, S. (1990) Adapted solutions of a backward stochastic differential equations. *Systems Control Lett.* 14, 55–61.

Patel, N. (2001) Credit derivatives: vanilla volumes challenged. *Risk* 14(2), 32–35.

Pelsser, A. (2000) *Efficient Methods for Valuing Interest Rate Derivatives.* Springer-Verlag, Berlin Heidelberg New York.

Peng, S. (1993) Backward stochastic differential equation and its application in optimal control. *Appl. Math. Optim.* 27, 125–144.

Pierides, Y.A. (1997) The pricing of credit risk derivatives. *J. Econom. Dynamics Control* 21, 1579–1611.

Pitts, C., Selby, M. (1983) The pricing of corporate debt: A further note. *J. Finance* 38, 1311–1313.

Pliska, S.R. (1997) *Introduction to Mathematical Finance: Discrete Time Models.* Blackwell Publishers, Oxford.

Protter, P. (1990) *Stochastic Integration and Differential Equations. A New Approach.* Springer-Verlag, Berlin Heidelberg New York.

Pugachevsky, D. (1999) Generalizing with HJM. *Risk* 12(8), 103–105.

Pye, G. (1974) Gauging the default premium. *Finan. Analysts J.* 30(1), 49–52.

Rachev, S., Schwartz, E., Khindanova, I. (2000) Stable modeling of credit risk. Working paper, UCLA.

Ramaswamy, K., Sundaresan, S.M. (1986) The valuation of floating-rate instruments, theory and evidence. *J. Finan. Econom.* 17, 251–272.

Rebholz, J.A. (1994) *Planar Diffusions with Applications to Mathematical Finance.* Ph.D. dissertation, University of California, Berkeley.

Rebonato, R. (1999) *Volatility and Correlation in the Pricing of Equity, FX and Interest-Rate Options.* J. Wiley, Chichester.

Rebonato, R. (2000) On the simultaneous calibration of multifactor lognormal interest rate models to Black volatilities and to the correlation matrix. *J. Comput. Finance* 2(4), 5–27.

Rendleman, R.J. (1992) How risks are shared in interest rate swaps. *J. Finan. Services Res.* 5–34.

Revuz, D., Yor, M. (1999) *Continuous Martingales and Brownian Motion.* 3rd edition. Springer-Verlag, Berlin Heidelberg New York.

Rich, D. (1994) A note on the valuation and hedging of equity swaps. *J. Finan. Engineering* 5, 323–334.

Rich, D., Leipus, R. (1997) An option-based approach to analyzing financial contracts with multiple indenture provisions. *Adv. Futures Options Res.* 9, 1–36.

Rogers, L.C.G. (1999) Modelling credit risk. Working paper, University of Bath.

Rogers, L.C.G., Williams, D. (2000) *Diffusions, Markov Processes and Martingales.* 2nd edition. Cambridge University Press.

Rolski, T., Schmidli, H., Schmidt, V., Teuggels, J. (1998) *Stochastic Processes for Insurance and Finance.* J. Wiley, Chichester.

Rutkowski, M. (1999) Models of forward Libor and swap rates. *Appl. Math. Finance* 6, 29–60.

Rutkowski, M. (2001) Modelling of forward Libor and swap rates. In: *Option Pricing, Interest Rates and Risk Management,* E. Jouini, J. Cvitanić, M. Musiela, eds., Cambridge University Press, Cambridge, pp. 336–395.

Saá-Requejo, J., Santa-Clara, P. (1999) Bond pricing with default risk. Working paper, UCLA.

Sandmann, K., Sondermann, D. (1994) On the stability of lognormal interest rate models and the pricing of Eurodollar futures. Working paper, University of Bonn.

Sarig, O., Warga, A. (1989) Some empirical estimates of the risk structure of interest rates. *J. Finance* 46, 1351–1360.

Sarkar, S. (2001) Probability of call and likelihood of the call feature in a corporate bond. *J. Bank. Finance* 25, 505–533.

Saunders, A. (1999) *Credit Risk Measurements: New Approaches to Value at Risk and Other Paradigms.* J. Wiley, Chichester.

Schlögl, E. (1999) A multicurrency extension of the lognormal interest rate market model. Working paper, University of Technology, Sydney.

Schlögl, L. (1998) An exposition of intensity-based models of securities and derivatives with default risk. Working paper, University of Bonn.

Schmid, B., Zagst, R. (2000) A three-factor defaultable term structure model. *J. Fixed Income* 10(2), 63–79.

Schmidt, W.M. (1998) Modelling correlated defaults. Working paper.

Schönbucher, P.J. (1996) The term structure of defaultable bond prices. Working paper, University of Bonn.

Schönbucher, P.J. (1998a) Term structure modelling of defaultable bonds. *Rev. Derivatives Res.* 2, 161–192.

Schönbucher, P.J. (1998b) Pricing credit risk derivatives. Working paper, University of Bonn.

Schönbucher, P.J. (1999) A tree implementation of a credit spread model for credit derivatives. Working paper, University of Bonn.

Schönbucher, P.J. (2000a) *Credit Risk Modelling and Credit Derivatives.* Ph.D. dissertation, University of Bonn.

Schönbucher, P.J. (2000b) A Libor market model with default risk. Working paper, University of Bonn.

Schoenmakers, J. and Coffey, B. (1999) Libor rates models, related derivatives and model calibration. Working paper, WIAS, Berlin.

Schwartz, T. (1998) Estimating the term structures of corporate debt. *Rev. Derivatives Res.* 2, 193–230.

Schweizer, M. (2001) A guided tour through quadratic hedging approaches. In: *Option Pricing, Interest Rates and Risk Management,* E. Jouini, J. Cvitanić, M. Musiela, eds., Cambridge University Press, Cambridge, pp. 538–574.

Scott, J. (1981) The probability of bankruptcy: A comparison of early predictions and theoretical models. *J. Bank. Finance* 5, 317–344.

Shaked, M., Shanthikumar, J.G. (1987) The multivariate hazard construction. *Stochastic Process. Appl.* 24, 241–258.

Shimko, D., ed. (1999) *Credit Risk: Models and Management.* Risk Books, London.

Shimko, D., Tejima, N., van Deventer, D.R. (1993) The pricing of risky debt when interest rates are stochastic. *J. Fixed Income* 3(2), 58–65.

Shirakawa, H. (1999) Evaluation of yield spread for credit risk. *Adv. Math. Econom.* 1, 83–97.

Shiryaev, A.N. (1999) *Essentials of Stochastic Finance: Facts, Models, Theory.* World Scientific Publ.

Shumway, T. (2001) Forecasting bankruptcy more accurately: A simple hazard model. *J. Business* 74, 101–124.

Sidenius, J. (2000) LIBOR market models in practice. *J. Comput. Finance* 3(3), 5–26.

Skinner, F.S. (1998) Hedging bonds subject to credit risk. *J. Bank. Finance* 22, 321–345.

Steele, M. (2000) *Stochastic Calculus and Financial Applications.* Springer-Verlag, Berlin Heidelberg New York.

Sun, T., Sundaresan. S., Wang, C. (1993) Interest rate swaps: An empirical investigation. *J. Finan. Econom.* 34, 77–99.

Syski, R. (1992) *Passage Times for Markov Chains.* IOS Press, Amsterdam.

Szatzschneider, W. (2000) CIR model in financial markets. Working paper, Anahuac University.

Taurén, M. (1999) A comparison of bond pricing models in the pricing of credit risk. Working paper, Indiana University.

Tavakoli, J.M. (1998) *Credit Derivatives: A Guide to Instruments and Applications.* J. Wiley, Chichester.

Thomas, L.C., Allen, D.E., Morkel-Kingsbury, N. (1998) A hidden Markov chain model for the term structure of bond credit risk spreads. Working paper.

Uhrig, M. (1996) An empirical examination of the Longstaff-Schwartz bond option valuation model. *J. Derivatives* 4, 41–54.

Vasicek, O. (1977) An equilibrium characterisation of the term structure. *J. Finan. Econom.* 5, 177–188.

Vasicek, O. (1984) Credit valuation. Working paper, KMV Corporation.

Wang, D.F. (1999a) Pricing defaultable debt: Some exact results. *Internat. J. Theor. Appl. Finance* 2, 95–99.

Wang, S.S. (1999b) Aggregation of correlated risk portfolios: Models and algorithms. Working paper.

Wei, J.Z. (2000) A multi-factor, Markov chain model for credit migrations and credit spreads. Working paper, University of Toronto.

Wei, D.G., Guo, D. (1997) Pricing risky debt: An empirical comparison of the Longstaff and Schwartz, and Merton models. *J. Fixed Income* 7(2), 8–28.

Weiss, L.A. (1990) Bankruptcy resolution: Direct costs and violation of priority of claims. *J. Finan. Econom.* 27, 285–314.

Williams, D. (1991) *Probability with Martingales.* Cambridge University Press, Cambridge.

Wilson, T. (1997a) Portfolio credit risk. I and II *Risk* 10(9,10), 111–117, 56–61.

Wong, D. (1998) A unifying credit model. Working paper, Research Advisory Services, Capital Markes Group, Scotia Capital Markets.

Yawitz, J. (1977) An analytical model of interest rate differentials and different default recoveries. *J. Finan. Quant. Anal.* 12, 481–490.

Yin, G.G., Zhang, Q. (1997) *Continuous-Time Markov Chains and Applications. A Singular Perturbation Approach.* Springer-Verlag, Berlin Heidelberg New York.

Yor, M. (1997) *Some Aspects of Brownian Motion. Part II: Some Recent Martingale Problems*, Lectures in Mathematics. ETH Zürich. Birkhäuser, Basel.

Yor, M. (2001) *Exponential Functionals of Brownian Motion and Related Processes.* Springer-Verlag, Berlin Heidelberg New York.

Yu, H., Kwok, Y.K. (2002) Contingent claim approach for analyzing the credit risk of defaultable currency swaps. *AMS/IP Stud. in Adv. Math.* 26, pp. 79–92.

Zheng, C.K. (2000) Understanding the default-implied volatility for credit spreads. *J. Derivatives* 7(4), 67–76.

Zhou, C. (1996) A jump-diffusion approach to modeling credit risk and valuing defaultable securities. Working paper, Federal Reserve Board, Washington.

Zhou, C. (2001) An analysis of default correlations and multiple defaults. *Rev. Finan. Stud.* 14, 555–576.

基本符号注释

A_t: promised dividends,承诺的红(股)利

B_t: savings account,储蓄账户

$\widetilde{B}_t$: default-risk-adjusted savings account,违约风险调整的储蓄账户

$B(t, T)$: price of a default-free zero-coupon bond,无违约零息票债券价格

C_t: credit migration process,信用转移(迁移)过程

D_t: dividend process,红利(股利)过程

$D(V_t)$: value of the firm's debt,公司债务价值

$D(t, T)$: price of a defaultable zero-coupon bond,可违约零息票债券价格

$D^0(t, T)$: price of a defaultable zero-coupon bond with zero recovery,具有零回收的可违约零息票债券价格

$D^\delta(t, T)$: price of a defaultable zero-coupon bond with fractional recovery of Treasury value,按国库券价值部分回收的可违约零息票债券价格

$\widetilde{D}(t, T)$: pre-default value of a zero-coupon bond,零息票债券违约前价值

$\widetilde{D}^\delta(t, T)$: price of a defaultable zero-coupon bond with fractional recovery of par value,按面值部分回收的可违约零息票债券价格

$D_c(t)$: price of a defaultable consol bond,可违约永久(息)债券价格

$D_c(t, T)$: price of a defaultable coupon bond,可违约息票债券价格

DCT: defaultable claim,可违约权益

DCT^1: defaultable claim with recovery at maturity,到期日回收的可违约权益

DCT^2: defaultable claim with recovery at default,违约时回收的可违约权益

δ: recovery rate，回收率(或挽损率)

$\delta(T)$: recovery rate upon default，基于违约的回收率

δ_t: terminal recovery process，终端回收过程

$E(V_t)$: value of the firm's equity，公司的股权价值

$\varepsilon(Y)$: Doléans' exponential of Y，Y 的 Doléans 指数

$f(t, T)$: default-free instantaneous forward rate，无违约瞬时远期利率

$\mathcal{F}_t$: σ-field，σ—域(或代数)

$\mathbb{F}$: filtration，滤子(或流)

$\mathbb{F}^0$: trivial fitration，平凡滤子

$\mathbb{F} \vee \mathbb{H}$: joint filtration，联合滤子

$\mathbf{FC}_t$: value of a cap，(利率)上限价值

$\mathbf{FF}_t$: value of a floor，(利率)下限价值

$\mathbf{FS}_t^i$: value of a swap，互换价值

$g(t, T)$: defaultable instantaneous forward rate，可违约瞬时远期利率

$g_i(t, T)$: defaultable instantaneous forward rate，可违约瞬时远期利率

$G(t)$: survival function，生存函数

G_t: survival process，生存过程

$\hat{G}_t$: coupon process，息票过程

$G(t, T)$: forward survival process，向前生存过程

$G(t, T_i)$: forward survival process，向前生存过程

$G_t(\phi)$: gains process of ϕ，ϕ 的增益过程

$\mathcal{G}_t$: σ-field，σ—域

$\mathbb{G}$: filtration，滤子(或流)

$\Gamma(t)$: hazard function，风险(或危险)函数

Γ_t: hazard process，风险(或危险)过程

$\gamma(t)$: intensity function，强度函数

γ_t: intensity process，强度过程

H_t: jump(default)process，跳跃(违约)过程

$H(t, T_i)$: forward LIBOR hazard rate process，远期伦敦银行同业拆借利率风险过程

$\mathcal{H}_t$: σ-field，σ—域

$\mathbb{H}$: filtration of H，H 的滤子

$\mathcal{K}=\{1, 2, \cdots, K\}$: credit ratings，信用评级

κ: payout ratio,派息率

$\kappa(t, T_o; m)$: forward swap rate,远期互换利率

$\kappa(t, T_i; m-i)$: forward swap rate,远期互换利率

$\hat{\kappa}(t, T_i)$: forward swap rate,远期互换利率

L: face value of a bond,债券面值

$L(T)$: spot LIBOR rate,即期伦敦银行同业拆借利率

$L(T_i)$: spot LIBOR rate,即期伦敦银行同业拆借利率

$L(t, T)$: forward LIBOR rate,远期伦敦银行同业拆借利率

$L(t, T_i)$: forward LIBOR rate,远期伦敦银行同业拆借利率

$\tilde{L}(t, T)$: defaultable forward LIBOR rate(zero recovery),(具有零回收的)可违约远期伦敦银行业拆借利率

$\tilde{L}(t, T_i)$: defaultable forward LIBOR rate(zero recovery),(具有零回收的)可违约远期伦敦银行业拆借利率

$L^d(t, T_i)$: defaultable forward LIBOR rate,可违约远期伦敦银行同业拆借利率

$L^\delta(t, T_i)$: defaultable forward LIBOR rate(fractional recovery of Treasury value),(按国库券价值部分回收的)可违约远期伦敦银行同业拆借利率

$\Lambda(t)$: martingale hazard function,鞅风险函数

Λ_t: martingale hazard process,鞅风险过程

λ_t: martingale intensity process(martingale hazard rate),鞅强度过程(鞅风险率)

λ_{ij}: real-world intensity of migration,真实世界转(迁)移强度

λ_{ij}^*: risk-neutral intensity of migration,风险中性转移强度

M^{ij}: martingale associated with transitions(migrations),与转移(迁移)相伴(关)的鞅

N: standard Gaussian cumulative distribution function,标准高斯累积分布函数

N_t: Poisson process,泊松过程

$\hat{N}_t$: compensated Poisson process,泊松过程的补,补泊松过程

$\mathbb{N}$: set of natural numbers,自然数集

$\mathbb{N}^*$: set of non-negative integers,非负整数集

P: transition matrix,转移矩阵

p_{ij}: transition probability,转移概率

p_t^*: conditional risk-neutral probability of default,违约的条件风险中性概率

$\mathbb{P}$: real-world probability,真实世界概率

$\mathbb{P}^*$: spot martingale measure,即期鞅测度

$\mathbb{P}_T$: forward martingale measure,远期鞅测度

$\mathbb{P}_{T_i}$: forward LIBOR measure,远期伦敦银行同业拆借利率测度

$\hat{\mathbb{P}}_{T_i}$: forward swap measure,远期互换测度

$\widetilde{\mathbb{P}}_{T_i}$: restricted defaultable forward martingale measure,受约束的可违约远期鞅测度

$\mathbf{PS}_t$: value of a swaption,互换期权的价值

π: partition of the set $\{1, 2, \cdots, n\}$,集合$\{1, 2, \cdots, n\}$的划分

$\Pi^{(i, j)}$: collection of partitions of the set $\{1, 2, \cdots, n\}$,由集合$\{1, 2, \cdots, n\}$的若干划分构成的集合

$\mathbb{Q}$: real-world probability measure,真实世界概率测度

$\mathbb{Q}^*$: spot martingale measure,即期鞅测度

$\mathbb{Q}_T$: forward martingale measure,远期鞅测度

$\widetilde{\mathbb{Q}}_{Ti}$: defaultable forward martingale measure,可违约的远期鞅测度

r_t: short-term interest rate,短期利率

$\widetilde{r}_t$: default-risk-adjusted short-term interest rate,违约风险调整的短期利率

$\mathbb{R}$: set of real numbers,实数集

$\mathbb{R}_+$: non-negative real numbers,非负实数集

S_t^o: ex-dividend price process,除息后的价格过程,股利发放后的价格过程

$s(t, T)$: instantaneous forward credit spread,瞬时远期信用利差

$S(t, T)$: forward credit spread,远期信用利差

$\widetilde{S}(t, T_i)$: forward LIBOR credit spread,远期伦敦银行同业拆借利率信用利差

σ_v: volatility coefficient of V,V 的波动系数

τ: default time,违约时间

$\hat{\tau}$: terminal default time,末期违约时间,Merton 违约时间

$\bar{\tau}$: early default time,最早违约时间

$\tau_1 \wedge \tau_2$: minimum of τ_1 and τ_2,τ_1 和 τ_2 中的最小者

$\tau_{(1)}$: minimum of τ_1, τ_2, …, τ_n, τ_1, τ_2, …, τ_n 中的最小值

$\tau_{(n)}$: maximum of τ_1, τ_2, …, τ_n, τ_1, τ_2, …, τ_n 中的最大值

$U_t(\phi)$: wealth process of ϕ, ϕ 的财富过程

V_t: value of the firm process,公司价值过程

$\widetilde{W}_t$: standard Brownian motion,标准布朗运动

W_t^*: standard Brownian motion,标准布朗运动

$w(T)$: writedown rate upon default,违约后的减值率

w_t^*: conditional expected writedown rate upon default,违约后减值率的条件期望

$w^*(t, T)$: conditional expected writedown rate,减值率条件期望

w_t^T: conditional expected writedown rate upon default under a forward measure,远期测度下的违约后减值率的条件期望

$w^T(t, T)$: conditional expected writedown rate under a forward measure,远期测度下的减值率条件期望

X: promised claim,约定权益,承诺的权益

$\widetilde{X}$: recovery claim,回收权益

$X^d(t, T)$: ex-dividend price process,除息后的价格过程,股利发放后的价格过程

X^τ: process X stopped at τ,过程 X 在 τ 处停止

$[X, Y]_t$: quadratic covariation of processes X and Y,过程 X 和 Y 的二次协(共)变

$\langle X, Y\rangle_t$: predictable covariation of processes X and Y,过程 X 和 Y 的可料协变

$Y(t, T)$: yield-to-maturity(default-free),(无违约)到期收益率

$Y^d(t, T)$: yield-to-maturity(default-able),(可违约)到期收益率

Z_t: recovery process,回收过程

$\mathbb{1}_A$: indicator function of the set A,集合 A 的示性函数

名词中英文对照表

Assumption　假设

Bankruptcy　破产

　-cost　成本

　-endogenous　内生的

　-exogenous　外生的

　-optimality　最优

Barrier　界限,挡板,障碍

　-default triggering　违约触发

　　--constant　常量

Bond　债券

　-convertible　可转换的

　-default-free(Treasury)　无违约(国库券)

　-defaultable(corporate)　可违约(公司债券)

　　--consol　永久性债券

　　--coupon　息票

　　--zero-coupon　零息票

Brady bonds　债券

BSDE (backward stochastic differential equation) (向后随机微分方程)

Cap　(利率)上限

　-valuation formula　估值公式

Cap-floor parity　(利率)上限—下限平价

Caplet　上限期权,上限元

Ceiling rate agreement　上限利率合约

Claim　权益

　-attainable　可达的

　-defaultable　可违约的

　-promised　承诺的

　-vulnerable　可损的

Collateral　担保

Collateralized bond obligation　担保债券义务,抵押债券义务

Compensator　补,补偿元

　-of a Poisson process　泊松过程的

　-of a random time　随机时间的

　-of a increasing process　增量过程的

Condition　条件

Conditional　条件(的)

　-expected recovery rate upon default　违约后预期回收率

-expected writedown rate　预期减值率
-expected writedown rate upon default　违约后预期减值率
-Poisson process　泊松过程
Conditional independence　条件独立
-of σ-fields　σ—域的
-of random times　随机时间的
Contingent claim　未定权益,或有权益
Counterparty risk　交易对手风险
-bilateral　双方
-unilateral　单方
Coupon process　息票过程
Cox process　考克斯过程
CRA(ceiling rate agreement)　CRA(上限利率合约)
Credit　信用
-derivative　衍生品
--basket　篮子
-event　事件
-linked note　关联票据
-migration　转移,迁移
--process　过程
-rating(class, grade)　评级(等级,类别)
-risk　风险
--bilateral　双方
--counterparty　交易对手
--reference　参照
--unilateral　单方
-swap　互换
Credit agreement　信用协议
-default-free　无违约
-defaultable　可违约
Credit default　信用违约
-option　期权
-swap　互换
Credit spread　信用利差
-forward　远期
-model　模型
-option　期权
-swap　互换
Cross default　交叉违约
Debt　债务
-corporate　公司
--borrower(obligor)　借者(债务人)
--Merton's model　默顿模型
-protected　受保护的
-service　服务
-sovereign　主权
-structure　结构
-unprotected　不受保护的
Debt　债务
-corporate　公司
--lender(creditor)　出借者(债权人)
Default　违约
-correlation　相关
-distance-to　距离
-infectious　传染性
-put　看跌期权
--digital　数字
-swap　互换
--basket　篮子
-time　时间
--canonical construction　规范构造
Defaultable　可违约的
-bond　债券
-claim　权益

-interest rate 利率
-martingale measure 鞅测度
-swap 互换
Distance-to-default 违约的距离
Dividend 红利,股利
-process 过程
-promised 承诺的
Doléanś exponential Doléanś 指数
Doubly stochastic Poisson process 双重随机泊松过程
Econometric models 经济计量学模型
Exponential martingale 指数鞅
Filtration 滤子,流
-Brownian 布朗
-of default 违约的
Financial distress 财务困境
First passage time 首次经(通)过时间,首达时
First-to-default 首次违约
-contract 合约
-swap 互换
Floor (利率)下限
Forward 远期
-martingale measure 鞅测度
Forward martingale measure 远期鞅测度
Forward rate 远期利率
-instantaneous 瞬时的
--defaultable 可违约的
--risk-free 无风险
-LIBOR 伦敦银行同业执借利率
-swap 互换
Forward survival process 向前生存过程
FRA(forward rate agreement) FRA(远期利率合约)
Fractional recovery of 部分回收
-market value 市场价值
-par value 面值
-Treasury value 国库券价值
Frictionless market 无摩擦的市场
Gains process 利得(增益)过程
Gaussian 高斯
-bivariate distribution(law) 二维分布(定律)
-HJM set-up HJM 设置
-probability distribution(law) 概率分布(定律)
Hazard 风险,危险
-function 函数
-process 过程
-rate(stochastic intensity) (随机强度)率
Hedging 对冲,套期保值
-corporate bond 公司债券
-defaultable claims 可违约权益
Hybrid 混合
-approach 方法
-derivative 衍生工具
Intensity 强度
-deterministic 确定性的
-martingale 鞅
-matrix 矩阵
-stochastic 随机过程
Interest rate 利率
-defaultable 可违约的
-deterministic model 确定性模型
-stochastic model 随机模型

Interest rate swap　利率互换
-default-free　无违约
-defaultable　可违约的
--multi-period　多期
--single-period　单期
IRA＝interest rate agreement　利率合约
Kusuoka's example　Kusuoka 例子
LIBOR(London Interbank Offered Rate)　LIBOR(伦敦同业拆借利率)
Liquidity risk　流动性风险
Market price　市场价格
-of credit risk　信用风险
-of interest rate risk　利率风险
Markov chain　马尔可失链
-conditional　条件的
--continuous-time　连续时间
--discrete-time　离散时间
-continuous-time　连续时间
-discrete-time　离散时间
--embedded　嵌入
Martingale　鞅
-associated with　相伴，与……相关
--Poisson process　泊松过程
--transitions(migrations)　转移
--Wiener process　维纳过程
-hazard process　风险过程，危险过程
-hypotheses　假设
-intensity　强度
-invariance property　不变性
-measure　测度
--defaultable　可违约的
--forward　远期
--spot　即期
-representation theorem　表述理论
Migration intensity　转移强度
-real-world　真实世界
-risk-neutral　风险中性
Migration process　转移过程
-hybrid　混合
-of credit migrations　信用转移
-of credit spreads　信用利差
-of defaultable rates　可违约利率
-reduced-form　简约形式
-structural　结构
Note　票据
-fixed-coupon　固定息票
-floating-rate　浮动利率
Optimal capital structure　最优资本结构
Option　期权
-call(put)　看涨期权(看跌期权)，买入权(出售权)
-credit default　信用违约
-vulnerable　可损的，易损的
PDE(partial differential equation)　偏微分方程
-Black-Scholes　布莱克-斯科尔斯
-fundamental　基本
-Pricing　定价
Poisson　泊松
-probability distribution(law)　概率分布(定律)
-process　过程
--compensated　补
Predictable covariation　可料协(共)变
Priority rule　优先原则
Process　过程

-counting 计数
-Cox 考克斯
-forward survival 向前生存
-marked point 标值点
-migration 转移
-Poisson 泊松
--compensated 补
--conditional 条件的
--doubly stochastic 二重随机
--marked 标值
--time-homogeneous 时间齐次，齐时
-stopped 停止
-survival 生存
Protective covenant 保护性契约
Put-call parity 看涨期权—看跌期权平价，买入权—卖出权平价
Put-to-default 违约看跌期权，违约出售权
Quadratic covariation 二次协(共)变
Radon-Nikodým density Radon-Nikodým 密度
Random times 随机时间
-conditionally independent 条件独立
-ordered 有序的
Recovery 回收
-at default 违约
-at maturity 到期
-claim 权益
-payoff 支付，损益
--non-random 非随机
-process 过程
--terminal 终端
-profile 分布
-rate 率
-rule(scheme) 规则(方案)
--endogenous 内生的
--multiple ratings 多重评级
--single rating 单一评级
Safety covenant 安全性契约
Savings account 储蓄账户
-default-risk-adjusted 违约风险调整
Seniority rule see priority rule 优先原则
Sovereign debt 主权债务
Spot martingale measure 即期鞅测度
State variable 状态变量
Stopping time 停时
-predictable 可料的
-totally inaccessible 绝不可及
Strict priority rule 严格优先原则
Swap 互换
-asset 资产
-default 违约
-interest rate 利率
--default-free 无违约
--defaultable 可违约的
-option 期权
-spot rate 即期利率
--default-free 可违约的
Swaption 互换期权
Syndicated bank loan 银团贷款
Tax benefit 税收收益
Term structure 期限结构
-defaultable 可违约的
-of credit spreads 信用利差
Terminal recovery process 终端回收过程
Threshold process 阈值过程
Total rate of return swap 总收益率互换

Total value 总价值
  -of a firm 公司
  -of firm's assets 公司资产
Trading strategy 交易策略
  -admissible 可容许的
  -buy-and-hold 买入并持有
  -replicating 复制
  -self-financing 自融资
TROR(or TRS) 总收益率互换(或总收益互换)
Value 价值
  -of a firm 公司
  -pre-default 违约前
  -process 过程
    --ex-dividend 红利(股利)发放后
    --integral representation 积分表示
Vulnerable claim 可损权益
Wealth process 财富过程
Writedown rate 减值率

译后记

当我接手翻译这本书时，正值美国次贷危机引发全球金融危机，而导致金融危机的一个重要原因就是信用风险敏感性工具的风险问题。因此，这本书将为我国金融分析师、参与信用衍生品交易者，以及信用风险敏感型投资组合管理的市场实践者提供有价值的参考。同时，数理金融、金融工程和概率论领域的研究生和研究人员也将从中受益。

本书的主要特色在于试图弥合信用风险的数学理论与金融实践之间的差距，基于信用风险的无套利(或鞅)建模方法，研究公司债券、可损权益和信用衍生品三种类型信用风险敏感性工具的估值和对冲(或套期保值)。书中内容既涉及金融理论、数理金融、金融工程等金融学科知识，又涉及概率理论、随机过程理论、随机分析基本原理以及偏微分方程等数学知识，因此翻译难度较大。由于我们的水平有限，为译好这本书，我们对译稿中的专业术语反复推敲、仔细琢磨，对涉及的最新研究进展查找相关文献，反复阅读，逐字逐句地斟酌。另外，书中数学符号、公式众多，编辑起来十分复杂，也不得不反复校对、修改。针对原书中的有些错误，以译者注的形式进行了说明。这一切花费了我们太多的时间和精力。出版后，仍诚惶诚恐；若有理解不当或表达不通顺的地方，请读者批评指正。

在本书的翻译过程中，不少章节有过互译或另译的情况，当然最后一道译文，是经过本人校阅的，如有不当，责无旁贷。另外，华中科技大学经济学院的许多研究生参加了本书部分内容的翻译、部分章节公式的编辑、校对和整理工作。他们是胡晓珍、王佳恒、张俊、柳舒逸、承海燕、梁超燕、陈郝勤等,对他们付出的艰辛劳动在此一并致谢!

感谢上海世纪出版股份有限公司格致出版社钱敏女士的信任和鼓励,是她的盛情邀请才使我下定决心接手翻译本书。感谢责任编辑王韵霏女士的认真和细致,她所付出的努力使本书添色不少。另外,特别要感谢我的家人,感谢他们一直以来对我的支持和帮助。他们的理解、鼓励和包容使我能全身心的投入到工作之中,他们是我坚强的后盾和重要的支柱!

唐齐鸣

2011 年 4 月于华中科技大学

Credit Risk*: *Modeling, Valuation and Hedging
by Tomasz R. Bielecki, and Marek Rutkowski,

上海市版权局著作权合同登记号:图字 09-2007-638 号